新曲綫 New Curves | 用心雕刻每一本……
http://site.douban.com/110283/
http://weibo.com/nccpub

用心字里行间　雕刻名著经典

Personality Psychology

——*Domains of Knowledge About Human Nature*

Second Edition

RANDY J. LARSEN
DAVID M. BUSS

Translators

GUO YONG-YU et al.

人格心理学

——人性的科学探索

（第2版）

［美］兰迪·拉森　戴维·巴斯　著

郭永玉　等译

人民邮电出版社

北　京

本书的翻译工作由人格心理学领域的7位专业人士通力合作完成，各部分的译者依次为：

郭永玉（华中师范大学）

序 言

导 言

陈继文（江汉大学）

第一编 特性领域

贺金波（华中师范大学）

第二编 生物学领域

孙灯勇（武汉理工大学）

第三编 心理动力领域

杨子云（中南财经政法大学）

第四编 认知/经验领域

马一波（湖北民族学院）

第五编 社会与文化领域

刘 娅（湖北中医药大学）

第六编 调适领域

总结与展望

图书在版编目（CIP）数据

人格心理学——人性的科学探索（第 2 版）/（美）拉森（Larsen，R. J.），巴斯（Buss，D. M.）著；郭永玉 等译.
- 北京：人民邮电出版社，2011.8（2023.4 重印）
ISBN 978-7-115-25947-9

Ⅰ.①人… Ⅱ.①拉… ②巴… ③郭… Ⅲ.①人格心理学 Ⅳ.① B848

中国版本图书馆 CIP 数据核字（2011）第 134926 号

Randy J. Larsen，David M. Buss
Personality Psychology: ***Domains of Knowledge About Human Nature***, 2nd Edition
ISBN 0-07-292049-1

人格心理学——人性的科学探索（第 2 版）

◆ 著　　　［美］兰迪·拉森　戴维·巴斯
译　者　郭永玉 等
策　划　刘 力　陆 瑜
责任编辑　刘丽丽
装帧设计　陶建胜

◆ 人民邮电出版社出版发行　北京市丰台区成寿寺路 11 号
邮编　100164　电子邮件　315@ptpress.com.cn
网址　http://www.ptpress.com.cn
电话（编辑部）010-84931398　（市场部）010-84937152
三河市少明印务有限公司印刷
新华书店经销

◆ 开本：850×1092　1/16
印张：41.25
字数：858 千字　2011 年 8 月第 1 版　2023 年 4 月第 11 次印刷
著作权合同登记号　图字：01-2006-3979

定价：88.00 元

本书如有印装质量问题，请与本社联系　电话：(010) 84937152

内容简介

一直以来，人格心理学不仅是心理学研究的重要领域，也是普通读者非常感兴趣的领域。近年来，人格心理学已经进入了它的黄金时期，本书的第二版汇聚并及时更新了人格心理学领域内各个方面的研究成果，见证了该学科的繁荣景象。

本书不是围绕传统的人格的宏大理论来组织内容，而是设计了有关人格功能的六个重要知识领域框架。这种架构给人耳目一新之感，代表着当代人格心理学体系构建的新趋势。这六大知识领域揭示了人格的不同侧面，它们分别是：特性领域（特质、特质分类和跨时间的人格特性），生物学领域（生理、遗传和进化），心理动力领域（心理动力、动机），认知经验领域（认知、情绪和自我），社会和文化领域（社会交互作用、性别和文化），以及调适领域（压力、应对、健康和人格障碍）。本书具有三个主要特点：第一，强调人格的整体性。第二，注重联系性。第三，体系上具有新颖性。

本书既适用于心理学专业的本科生、研究生和专家学者研读，也适合对人格感兴趣的读者拿来轻松阅读。

因出版需要，《人格心理学：人性的科学探索》自本次印刷起对书中图片进行了调整更换，特此说明。

Dedication

To my children.

RL

To my father and first personality teacher, Arnold H. Buss.

DB

作者简介

兰迪·拉森 (Randy J. Larsen) 于1984年在伊利诺伊大学–香槟分校获得人格心理学博士学位。1992年，他被美国心理学会授予人格心理学学术新人杰出科学成就奖，于1987年获得心理健康国家研究院颁发的科学研究发展奖。他是 *Journal of Personality and Social Psychology* 和 *Personality and Social Psychology Bulletin* 的副主编；还是 *Journal of Research in Personality*、*Review of General Psychology* 和 *Journal of Personality* 的编委。拉森是美国国家健康研究院数个科学评审小组的成员。他对于人格心理学的研究得到了心理健康国家研究院、国家科学基金、认知神经科学的 McDonnell 基金以及 Solon Summerfield 基金的资助。2000年，他当选为美国中西部心理学会主席。目前，拉森是圣路易斯华盛顿大学的心理学系主任、人类价值与道德系的 William R. Stuckenberg 教授。他教授人格心理学及其他课程，他与妻子和两个孩子生活在圣路易斯。

戴维·巴斯 (David M. Buss) 于1981年在伯克利加利福尼亚州大学获得心理学博士学位。他曾就职于哈佛大学和密歇根大学。1996年开始执教于奥斯汀得克萨斯州大学，获得教授资格。巴斯于1988年获得美国心理学会授予的人格心理学学术新人杰出科学成就奖，1990年被美国心理学会授予 G. Stanley Hall 奖，2001年获得美国心理学会颁发的杰出科学教授奖。巴斯的著作包括：《欲望的演化：人类的择偶策略》（修订版），该书被译为10种语言；《进化心理学：心理的新科学》（第四版）（*Evolutionary Psychology: The New Science of the Mind*, Allyn & Bacon, 2011），该书获得 Robert W. Hamilton 图书奖；《危险的激情：为什么嫉妒与爱和性一样是必需的》，该书被译为13种语言。巴斯发表了180余篇（部）科学论文或著作，同时还为《纽约时报》（*New York Times*）和《泰晤士报高等教育副刊》撰写文章。2003年，他出现在 ISI 收录的全球范围内引用率最高的心理学家的名单之中，以及心理学导论类教科书中引用率最高的心理学家，排名第27位。他在全美各地及海外讲学，有着一大批跨文化研究的合作伙伴。巴斯特别热爱教书，2001年他获得了得克萨斯州大学校长杰出教学奖。

译者序

什么是人格心理学？对这样一个基本问题，该领域的早期开拓者之一默瑞(Henry A. Murray, 1893~1988) 提出，人格心理学研究个人，并将个人视为一个整体。但要研究整体，仍需要对其加以分析，只是应该在整体观的前提下进行分析。人格心理学家大体从三个层面分析一个人：第一，人类本性的层面，即一个人首先是人，与所有人相似；第二，个体差异和群体差异的层面，即一个人与部分他人是相似的，个体之间的差异仅仅是程度的差异，如外向的程度不同而已。并且一个人与其所在群体的其他成员是相似的，但与其他群体的成员明显不同；第三，个人唯一性的层面，即一个人不同于任何人的、独特的、不可重复、不可替代的特征 (Kluckhohn & Murray, 1953)。在此三个层面中，“与所有人相似”的层面是基础，要在理解人类本性的基础之上来探讨“与部分他人相似”的层面和“不同于任何人”的层面。由此可见，人格心理学家在人类本性与个体差异问题上，往往优先关注前者；而在绘制人格整体图景与深入探讨具体变量问题上，往往也是优先关注前者。这样就形成了理论先于研究的学科发展历程。这里所说的人格理论是心理学家对人性及其差异进行描述和解释，从而对人的行为进行预测和改变所使用的概念体系。而人格研究即人格的经验研究或实证研究，是研究者对人格及其有关变量之间关系的假设进行验证的一种活动。显然，对于探讨人类本性且从整体上绘制人格图景，理论有其优势，尽管人格理论也要描述或解释个体差异，也要通过研究揭示具体变量之间的关系，理论和研究不可能截然分开。我们熟知的精神分析、行为主义、人本主义、特质理论、认知理论和生物学理论等“大理论”，主要关注的都是从整体上解决人格的结构、动力、形成与发展，以及人格改变的可能、机制与方法等宏观问题。尽管每一种理论也只是从某一种视角来解决问题，但这些理论家几乎都认为自己在回答整体人格的问题。在这种以大理论为主要内容的学科体系中，研究与理论的关系在于：研究只是为了验证理论并在理论的指导下进行。这是人格心理学的传统体系。

然而，在过去的三四十年里，各种不同的研究主题成为新的关注点。有很多主题是在经验中产生的，例如 A 型行为，与大理论联系较少，研究者在经验研究的基础上形成了特定的理论；有些主题虽明显受某种大理论的影响，例如潜意识，但随着研究特别是实验室研究的深化，新的发现越来越超出了原有理论的范畴；还有的主题与某种大理论没有特定的联系，例如社交焦虑，但是可以用多种大理论来解释，进而为理论与理论之间的连结搭建桥梁。此外，人格心理学家始终没有放弃对人格的基本问题的探讨，例如：天性与教养在人格形成与发展中的作用以及如何起作用？人格在多大程度上具有跨时间的稳定性和跨情境的一致性？根据人格预测行为是否可行？等等。问题研究或围绕明确主题展开的研究更多地关注个体差异，即如何描述个体差异以及一个人为什么会成为这样的人等问题。在此基础上，形成特定的理论，上升到对人性的认识。这与之前的传统体系是不同的。在以研究为主要内容的学科体系中，研究与理论的关系在于：理论服务于研究，服务于具体问题的解决，而不是试图解决人格领域的所有主要问题。大体上，我们可以将前一种思路说成是“自上而下”的，将后一种思路说成是“自下而上”的。

由此可见，理论与研究是人格心理学的两大知识领域。共同人性与个体差异是在不同的层面上探讨人格，都值得关注。此外，大理论并存的局面提供了从不同角度研究人格的可行性，而各种研究主题的探讨又深化了我们对人格的不同层面、不同维度的认识。问题是如何将上述不同理论观点、不同研究发现整合到一个好的学科体系之中，以揭示完整丰富的人格。一本好的人格心理学教科书的作者，应以此为己任，使感兴趣于人格的读者获得全面、系统、有深度且具有动态联结关系的人格心理学知识体系。也就是说，如何使“自上而下”和“自下而上”这两种思路下获得的人格知识得到整合？这是摆在所有人格心理学教科书作者面前的共同难题。

已有的人格心理学教科书大体有四种体系：第一种是大理论架构，也就是一些人格理论派别，这种架构提供了心理学大师们对于人的各种解说，但越来越不能组织、吸纳和整合人格心理学领域不断增长的研究成果。以下三种体系可以被视为解决人格理论与人格研究整合问题的不同方案。第二种是以大理论来整合问题研究的架构，试图将不同取向的理论和问题研究整合起来，但仍以大理论为线索，虽整合了一些问题研究成果，但这种整合是在大理论的统领之下的，往往割裂了问题之间的联系。问题研究的成果不仅没有被很好地整合到理论体系中，反而被切割得支离破碎。被呈现出来的问题研究成果是片段性的、相互孤立的，并且只是大理论的派生物或附属物。第三种是大理论与问题研究相加的架构，这种架构打破了大理论统整一切的局面，避免了将当前丰富的研究成果分割开来填塞到不同学派或取向之下的尴尬，为问题研究及其成果被组织、吸纳和整合到相应的学科体系中争得了空间。但这种架构主要由两大块组成，二者之间联系不够紧密，而且仍以大理论为主，只涉及少数几个研究主题，很不全面。第四种是问题中心架构，完全抛开传统的大理论或让这些理论服务于具体问题的解决。这种架构给人以耳目一新之感，代表着当代人格心理学体系建构的新趋势。但第四种思路很可能要冒很大的风险，即顾及了学科的前沿性，却失去了学科结构的系统性和完整性，因为主题之多，相互关系之复杂，很难建构起一种完整的系统来呈现人格心理学的丰富而又杂乱的知识。

本书《人格心理学：人性的科学探索》基本属于第四种体系，并且较好地解决了这种思路可能面临的难题。作者有感于人格心理学的现状，思索如何才能以整合的思路将该领域的理论与研究成果组织起来，真正为读者呈现完整的关于人格的心理学知识。作者将人格心理学分成六大知识领域，不同领域揭示人格的不同侧面，集六大领域知识之总和，形成完整的人格心理学知识体系。这是一种令人欣喜的尝试，因为这六大领域的划分既是对本学科已有知识的重新组织，也反映了当前的研究趋势。

这六大领域分别是：第一，特性领域。人格心理学以个人为研究对象，认识个人通常始于对个人特征的描述。关注人格特性或特质的心理学家试图找到描述个体差异的基本维度。如何找到这些基本维度？究竟有哪些维度？如何进行分类？以及这些维度在个体一生发展历程中的稳定性与可变性如何？对这些问题的探索构成了第一部分的内容。研究往往始于描述，而描述的内容往往是基本的事实，这些基本事实则构成了其他领域研究的基础。第二，生物学领域。如果要对人格特质进行解释，可能涉及许多复杂的层面，其中生物性是人格的基本层面。生物性是人类本性的基础，是行为、思想和情绪的基本组成单元。作者从遗传、生理和进化三个方面总结了心理学家对人格之生物性的研究成果。第三，心理动力领域。人格虽有其生物性的基础，但更是一种心理性的存在。人格研究必然从生物学层面进入到心理性层面，从人格的生理机制上升到心理机制。心理动力领域，一方面与生物性保持着密切的联系，另一方面又超越了生物性，为人格的其他层面提供动力来源。作者在这一部分介绍了弗洛伊德的理论及其在当代引起的各种研究，还包括动机的理论和当代的研究。第四，认知与经验领域。认知是人格的重要功能领域，人要知觉和解释世界，并且不同的人知觉和解释世界的方式不同。同时，目标的设立和实现策略的选择则是人的认知功能的主观性和能动性的重要体现。此外，人们通常还将认知与情绪相提并论。自古以来，知和情都被视为人性经验的基本因素，且两者之间紧密相关。情绪自然受到人格心理学家的关注。人与人之间在情绪上既有共同性更有明显的差异性，心理学家试图从状态、特质、类型等方面对其进行描述和解释。人的知和情既能够以外界为对象，也能够以自我为对象。以自我为对象和内容的意识就是自我意识，包括自我概念、自尊和自我同一性等不同的方面。第五，社会与文化领域。人格要以基因和神经系统为基础，并可以追溯到漫长的进化历程，但人格更要受到个体所处的社会、文化背景的影响。个体在与他人的互动中，在性别、种族的差异上，无处不显露出社会情境和文化背景影响的痕迹。第六，调适领域。个人在应对和适应生活中的压力事件时，人格起着关键的作用。同时，应对与调整的历程也可能使人格发生改变。人格还与某些身体疾病如心脏病之间密切相关，还会影响与健康状况密切相关的行为，如吸烟、酗酒等。而人格障碍本身则是心理疾病分类中的一部分。人格健康问题不仅关系到个人的生活质量，也关系到周围他人的感受和社会的和谐。全书将调适和健康问题作为人格心理学六大知识领域的最后一个领域，是因为这一领域具有较强的应用性，而且体现了人格心理学对于人的健康与幸福的关怀。六大知识领域加上导言与结论部分（介绍人格心理学学科本身的界定、任务、方法、现状与未来走向等），全书一共 20 章。

通过以上我对本书内容结构的介绍，读者不难发现作者对人格心理学六大领域的划分不是生硬的、牵强的，不仅有其自身的逻辑依据，而且反映了学科研究的实际状况。作者除了依次介绍各领域的理论和有关研究，还探讨了该领域区别于其他领域之处，并特别强调各领域与整体人格的关系，以及它们之间如何相互作用构成整体人格。

本书的两位作者兰迪·拉森（Randy J. Larsen）教授和戴维·巴斯（David M. Buss）教授都是当今人格心理学界的著名人物。在出版这本书之前，两位作者就曾有过数次合作，联合发表多篇论文。拉森教授的主要学术兴趣在情绪控制研究，但他总是将自己视为人格心理学家。他因为对人格心理学的杰出贡献而在1992年获美国心理学会（APA）颁发的“杰出科学成就奖（Distinguished Scientific Achievement Award）”，并于2000年当选中西部心理学会主席。拉森现任《人格与社会心理学杂志》副主编，执教于圣路易斯的华盛顿大学。巴斯教授是进化心理学的主要代表人物。他从1996年开始，任教于得克萨斯大学。在此之前，他曾就职于哈佛大学和密歇根大学。他曾在2001年荣获美国心理学会（APA）颁发的“杰出科学教授奖（Distinguished Scientist Lecturer Award）”。他不仅是一位杰出的学者，还是一位多产的作家。发表学术论文180余篇，并为《纽约时报》等报刊撰写文章。他先后出版学术著作7部，其中有些著作被翻译成十多种文字，在世界各地出版。两位作者都有多年的教学经验，深知教与学的原理。他们编写的这本教科书内容丰富有趣、文字优美、表述流畅、深入浅出。

这部教科书的第一版于2002年出版，现在大家看到的是第二版。第二版秉承了第一版的基本结构，并补充了大量近年来人格心理学领域的新研究成果。本书的主要特点：第一，强调人格的整体性。作者反复论及人格分析的三个层面，即与所有人相似、与部分他人相似和不与任何人相似，从共同人性、群体差异性和个体独特性三个相互联系的层面上了解整体的人格。第二，注重联系性。作者不仅在内容上注重六个领域之间的联系，在章节编排上亦注重学习的联系性。每章都设置有练习、阅读、应用等环节。根据练习的要求，读者有机会结合本章的关键概念，自己尝试着收集相关信息；通过背景资料的阅读，读者可以了解观念的演变与研究的发展历程；在应用环节上，作者会叙述一个研究主题在当代是如何被探究的，有时还会评介当代的一个研究例证。第三，体系上具有新颖性。如前所述，将人格心理学划分成六大知识领域，在此架构下揭示人性及其个体差异，是一种全新的尝试。其实三个特点可以归结到一点上，这就是整合。整合是新世纪人格心理学的基本主题。

如果你不了解人格心理学，本书会使你对该学科发生兴趣；如果你对人格心理学已有兴趣且有所了解，它会使你的知识更加系统深入；如果你已经系统地了解了人格心理学，它会为你提供一个新的组织知识的架构，以及富有时代气息的各种生动、丰富的研究成果。这是一本对心理学专业的师生以及其他专业的心理学爱好者很有用的书，因为它向我们呈现了一幅完整而丰富的人格图景。尽管如此，本书也只是人格心理学短暂历史所积累的知识的阶段性总结。面对人性，面对他人和我们自己，我们的知识还太有限了。在认识人自身的道路上，我们仍需谦恭而执著地前行。

翻译是一项浩繁的工作，要做到“信、达、雅”更是要花去大量的时间查阅与推敲。我们采用分工协作的方式，初稿翻译分工如下：序言、导言，郭永玉、孙灯勇；第一编，陈继文；第二编，贺金波；第三编，孙灯勇；第四编，杨子云；第五编，马一波；第六编及总结与展望，刘娅。陈继文、韩磊、喻丰、胡小勇分别对译稿进行了反复校对加工，还有多位人格研究方向的研究生和修读人格心理学课程的2008级本科生阅读了译稿并提出了修改意见。郭永玉组织翻译并审校了全部译稿，西南大学陈建文教授审校了部分译稿。尽管我们很认真，但我们知道一定还有翻译得不好甚至错误的地方，恳请读者提出宝贵的修改意见。

郭永玉

2011年2月7日农历辛卯年正月初五于武昌

简要目录

目　录

第 16 章 性、性别与人格 458

第 17 章 文化与人格 484

第六编 调适领域 514

第 18 章 压力、应对、调适与健康 516

第 19 章 人格障碍 546

第 20 章 总结和展望 580

序　言

我们把毕生奉献给人格的研究，并相信这是心理学中最令人兴奋的领域之一。因此，看到对我们第一版非常满意的读者的大量电邮、信件和评论时，我们非常欣慰。同时，准备第二版是一种谦恭的经历：人格心理学领域中层出不穷的令人振奋的研究文献使人心怀敬畏，所以不仅需要更新，也需要增加新的内容。然而，在一些重要方面，我们的第一版被证明是有预见性的。

我们不是围绕传统的人格的宏大理论来组织内容，而是设计了有关人格功能的六个重要知识领域这种框架。这六个领域分别是**特性领域**（特质、特质分类和跨时间的人格特性），**生物学领域**（生理、遗传和进化），**心理动力领域**（心理动力、动机），**认知经验领域**（认知、情绪和自我），**社会和文化领域**（社会互动、性别和文化），以及**调适领域**（压力、应对、健康和人格障碍）。我们相信这些知识领域反映了人格心理学的现状，并且自第一版出版后该领域中的进步，一直在证实着这个信念。

我们的第一版强调文化、性别和生物学，这是本书与其他书本相区别的重要方面。而且这些也是在近几年里，表现出巨大进步的人格领域。但是我们也见证了人格的六个主要领域中每个领域的发展，它们形成了本书组织的核心。

我们一直希望把这本书作为人格领域的反映。我们期望捕捉到关于人格科学的一切兴奋点。在第二版中，我们尽最大的努力来保持这一点。我们相信人格心理学领域现在已经进入到它的黄金时期，并期望我们在第二版中所作的改进是以一种前所未有的、鲜明的特点揭示该学科。毕竟，没有任何其他领域把它的全部奉献给人性的研究。

第二版的新内容是什么：要点

第 1 章

更详细地解释人格理论的重要性，评价理论并且解释为什么没有一种无所不包的人格理论。

第 2 章

增加了 fMRI 的生理测量方法，包括一张新图片。对每一种数据来源的优点和缺点给予更多的评价。

第 3 章

更深入地看待大五人格分类和大五变量的组合。新增加人格描述性名词的单元。

第 4 章

新增加的主要介绍性单元描述了通过在线数据使用人格测验的情况；GRE 分数预测研究生阶段学业成功的准确性；迈尔斯-布里格斯人格类型测验 (Myers-Briggs Type Indicator) 在商业人员选拔中的通用性，以及其用途与局限性。

第 5 章

在“受欺凌者”部分增加了对欺凌的新讨论。在人格的时代效应部分，以女性的自信心研究作为一种实例。对人格跨时间的一致性和预测社会相关结果方面有更多例子和更深入的介绍。

第 6 章

增加人类基因谱工作的内容，包括“基因垃圾”的概念。在性别同一性障碍方面增加了新的研究（Coolidge et al.，2002）。扩充和更新了分子遗传学关于 DRD4 的研究。

第 7 章

增加了人格和大脑功能研究的新材料，包括关于盖吉 (Gage) 案例的“阅读”内容。增加了关于艾森克与格雷的人格理论中相重叠部分的新内容。新增了关于大脑不对称和情绪的研究。

第 8 章

扩充和更新了关于嫉妒的性别差异的内容。新增了对心理变态这一源于频率依赖性选择的个体差异的介绍。新增了大五以及与进化有关的适应问题的内容。

第 9 章

新增的部分有“精神分析为什么很重要？”。增加了关于荣格和费尼谢的新内容。对弗洛伊德提出的防御机制中与自尊保护有关的内容作了更深入的解释。

第 10 章

更新了错误记忆的部分。增加了同一性发展和同一性获得的新材料。增加了儿童时期依恋关系的破坏和依恋类型对成人生活结果影响的新内容，包括相应的实证研究文献。新增“陌生情境”实验的成人版本。

第 11 章

呈现了 TAT 实证研究的新结果，以及关于 nAch、nPow 和 nInt 量表分数的产生及其效度的信息；对这 3 种主要需要结构的研究结果进行了更新。增加了关于不付薪水对工作动机影响的研究（Zinovieva，2001）。增加了自我实现倾向和情绪智力之间关系的研究（Bar-On，2001）。

第 12 章

新增凯利的个人建构理论。增加了多元智力的详细内容；智力作为成绩预测源的新信息；以及智力和反应时的关系。详细阐述了对负面事件的归因/解释风格。

第 13 章

增加了关于情绪的生物学基础方面的内容，包括遗传学和大脑活动的研究；新增抑郁和神经递质的生物学理论。增加了几个新的量表，包括**生活满意度量表**（*Satisfaction with Life Scale*）和**多维度生气调查表**（*Multidimensional Anger Inventory*）。增加了关于愤怒控制和控制失败的内容，以及愤怒如何与暴力和攻击性相关。

第 14 章

对于社会同一性，新增了关于身份盗用的“应用”内容。增加了关于自尊和攻击/敌意的新材料，特别强调了鲍迈斯特和布什曼的新工作。扩充了关于羞怯的内容，包括一个问卷测量、对津巴多和亨德森贡献的讨论，以及奇克和卡根对害羞的 fMRI 成像的最新工作。

第 15 章

新增需要补偿理论和相似吸引理论的内容。增加了自恋和社会交往的新内容，包括选择、唤起和操控过程；还有人格和社会交往的内容，包括戈斯林关于人格与房间整理行为的研究工作。

第 16 章

新增了基本情绪频率和强度的性别差异。新增身体形象在女性抑郁中的作用。增加了子宫内荷尔蒙环境可能造成的影响。

第 17 章

新增在不同文化间推广个体主义和集体主义分类存在的限制问题。增加了关于自我提升偏向和文化差异的内容。

第 18 章

增加了对各类压力进行区分的内容，包括急性的、慢性的、情境性的和创伤性的压力；新增《学生压力调查表》(*Student Stress Scale*)。澄清和区分了乐观主义特质的两种版本：由卡弗等人提出的乐观主义和由彼特森等人提出的乐观主义。对情绪压抑的材料进行了更新，新增格罗斯用 fMRI 对情绪控制与前额皮质的关系进行研究的结果（Ochsner et al.，2002）。讨论了彭尼贝克提出的为什么表露促进了健康调适的两种理论。

第 19 章

主要的新增部分是“人格障碍的成分”，给出了到目前为止所有书中曾述及的材料，这些材料被集合到一起用以理解和描述人格障碍。对“阅读”部分的“炸弹客”案例进行了完全重写，引用该案件中由法庭任命的精神病学家所写的报告阐述了多重人格障碍的问题。新增了人格障碍的普遍程度问题，以及边缘型人格障碍的新内容。

第 20 章

对当前的学科发展进行了新的讨论，包括新的手册和新的学术团体。

致 谢

非常感谢我们的导师和同事，多年以来，他们使我们对心理学保持了浓厚的兴趣。他们是 Arnold Buss、Joe Horn、Devendra Singh 和 Lee Willerman（得克萨斯大学）；Jack Block、Ken Craik、Harrison Gough、Jerry Mendelsohn 和 Richard Lazarus（伯克利加利福尼亚州大学）；Brian Little、Harry Murray、David McClelland

（哈佛大学）；Sam Gosling、Bob Josephs、Jamie Pennebaker、Bill Swann（现在得克萨斯大学）、Ed Diener（伊利诺伊大学）、Gerry Clore（维吉尼亚大学）、Chris Peterson（密歇根大学）、Hans Eysenck 和 Ray Cattell（两位均已逝世）和 Tom Oltmanns、Roddy Roediger、Mike Strube（华盛顿大学）；Lew Goldberg（俄勒冈州研究所）和 Jerry Wiggins（英国哥伦比亚大学，已退休），感谢他们从遥远的地方进行指导。特别感谢 Vicki Babbitt（华盛顿大学），他在这一版本中对许多特殊要求进行了处理，曾多次通宵加班。我们也感谢 McGraw–Hill 的团队，包括执行编辑 Mike Sugarman、资深项目经理 Diane Folliard 和自由摄影师 David Tietz。特别感谢资深发展编辑 Elsa Peterson，调整了这一修订版的发展方面。Elsa 表现出了作者们希望与之合作的编辑的所有特征，包括诚信、守时、准确、面对不足时的灵活性、清晰地交流期望、不滥用编辑的权利、大胆使用编辑的智慧以及我们两个都很欣赏的幽默感。

最后，兰迪·拉森要感谢他的家人。他们给予了他莫大的支持，容忍了当他将精力集中于本书时对家庭的疏忽，感谢他的妻子 Zvjezdana、孩子 Tommy 和 Ana。戴维·巴斯要感谢与他共享“50%”遗传基因的亲属：父母 Arnold 和 Edith Buss，他的兄弟姐妹 Arnie 和 Laura Buss，他的孩子 Ryan 和 Tara Buss。

本书的范围和篇幅的设计需要许多人的努力。我们非常感谢同事们在各个阶段对手稿的评论。我们真诚地感谢以下指导者在本书上所花费的时间和精力：

Timothy Atchison
West Texas A&M University
Nicole E. Barenbaum
University of the South
Michael D. Botwin
California State University–Fresno
Mark S. Chapell
Rowan University
Wayne A. Dixon
Southwestern Oklahoma State University
Barry Fritz
Quinnipiac University
Steven C. Funk
Northern Arizona University
Glenn Geher
State University of New York–New Paltz
Evan Harrington
John Jay College of Criminal Justice
Gail A. Hinesley
Chadron State College
Jill C. Keogh
University of Missouri–Columbia
John E. Kurtz
Villanova University
Brian Little
Harvard University
Todd Nelson
California State University–Stanislaus
Stephen J. Owens
Ohio University
David Pincus
Chapman University
Stephanie Sogg
Massachusetts General Hospital; Harvard Bipolar Research Program
David Harold Zald
Vanderbilt University

我们也依然非常感谢对第 1 版提出宝贵意见的评论者。

Michael Ashton
Brock University
Michael D. Botwin
California State University at Fresno
Fred B. Bryant
Loyola University Chicago
Joan Cannon
University of Massachusetts at Lowell
Scott J. Dickman
University of Massachusetts at Dartmouth
Richard Ely
Boston University
Stephen G. Flanagan
University of North Carolina
Irene Frieze
University of Pittsburgh
Lani Fujitsubo
Southern Oregon State College

Steven C. Funk
Northern Arizona University
Susan B. Goldstein
University of Redlands
Jane E. Gordon
The McGregor School of Antioch College
Marjorie Hanft-Martone
Eastern Illinois University
Marvin W. Kahn
University of Arizona
Carolin Keutzer
University of Oregon
Laura A. King
Southern Methodist University
Alan J. Lambert
Washington University
Michael J. Lambert
Brigham Young University

Mark R. Leary
Wake Forest University
Len B. Lecci
University of North Carolina at Wilmington
Christopher Leone
University of North Florida
Charles Mahone
Texas Tech University
Gerald Matthews
University of Cincinnati
Gerald A. Mendelsohn
University of California at Berkeley
Julie K. Norem
Wellesley College
William Pavot
Southwest State University

Bill E. Peterson
Smith College
Mark E. Sibicky
Marietta College
Jeff Simpson
Texas A&M University
Robert M. Stelmack
University of Ottawa
Steven Kent Sutton
University of Miami
Vetta L. Sanders Thompson
University of Missouri at St. Louis
Forrest B. Tyler
University of Maryland at College Park
Barbara Woike
Barnard College

1

人格心理学概观

1 导 言

> 那些过度幽默的人被看成是庸俗的小丑，他们不惜代价地制造幽默，完全不顾及自己给娱乐对象所造成的伤害；……而那些从未开过玩笑，也不能容忍他人开玩笑的人则被认为是呆板和缺乏文雅风度的。但是，以一种有品位的方式开玩笑的人被认为是机智、得体的……像一个有教养的人那样述说和倾听幽默的事情，是机智者的标志。

在《尼各马可伦理学》一书中，亚里士多德描述了幽默这一主题以及有幽默感和没有幽默感的人。从这段引述中，我们看到亚里士多德几乎扮演了人格心理学家的角色。他分析了具有适宜幽默感的人所具备的特点，提供了与幽默感相关联的许多细节特征。亚里士多德把他们与那些过度幽默，或缺乏幽默感的极端个体进行了比较。在这本伦理学著作中，亚里士多德描述和分析了许多人格特征，包括诚实、勇敢、才智、自我放纵、易怒和友善。

我们也许会说亚里士多德是一位业余的人格心理学家，但是在某种程度上，我们自己不也同样是一位业余人格心理学家吗？难道我们不会对人们所具有的特征以及我们自己所具有的特征感到好奇吗？难道我们在描述他人时没有用到过人格特征吗？难道我们没有用人格特征来描述过自己或他人的行为吗？当我们说朋友是一个好交际的、喜欢参加聚会的人时，便是在用人格解释其行为。当我们说另一个朋友有责任心、可信的时候，也是在描述他的人格特征。当我们说自己有思想、聪明和有志向的时候，同样是在描述我们的人格。

人格特征使人们各不相同，在描述一个人的人格特征的时候，我们常常使用形容词，例如，约翰是一个懒惰且不值得信赖的人；玛丽是一个乐观的人；弗雷德是一个易焦虑的人。能被用以描述人们特征的形容词被称为**特质描述性形容词**(trait-descriptive adjectives)。在英语中，有两万多个这样的形容词。仅这一令人吃惊的事实就能告诉我们，在日常生活中，努力理解和描述他人及自己的人格特征是多么重要。

描述人格的形容词涉及人们的不同方面。如有思想的指的是内在的心理特征；迷人的和幽默的是指个人对他人的影响；盛气凌人的指与一个人相对于他人的地位和姿态有关；有雄心的指期望达到的目标的强度；创造性的既指心理的特征，也指我们生产的产品特性；欺诈的指一个人用来达成其目标的策略。所有这些特征描述了人格的不同方面。

练习

以一位你很熟悉的人为例——如朋友、亲属或室友，想想这个人的各种与众不同的特征。列出你认为最能描述他（她）人格的五个形容词，即如果要对他人描述这个人，你会使用哪五个形容词？现在，让另一个人列出他认为最能描述这个人的五个形容词。然后比较你们所列的形容词。

人格定义

给复杂的人格下定义是非常困难的。第一本人格教科书的作者高尔顿·奥尔波特（Gordon Allport，1937）和亨利·莫瑞（Henry Murray，1938）都曾努力去界定人格。问题在于，如何给出一个足够全面的定义，使它能包含本章中所提到的各个方面，如内在特征、社会作用、心理特征、身体特征、人际关系和内在目标等。由于其复杂性，一些人格心理学教科书全然省略了一个正式的定义。不过，下面的定义抓住了人格的本质成分：**人格**（personality）是个体内部的心理特质和机制的集合，具有组织性和相对持久性，它们影响到个体对心灵内部的、物理的和社会环境的适应以及与它们的相互作用。现在，让我们更详尽地去了解此定义的各个方面。

人格是心理特质的集合……

心理特质（psychological traits）是用来描述人们彼此间差异的各种特征。我们说一个人是害羞的，是指他（她）与开朗的人有所不同。同时，特质也界定了人们之间的相似性。例如，害羞的人都有一些相似之处，如在社交情境，特别是在有观众注意的情境中，他们会焦虑。

思考另一个例子——健谈的特质，这一特质可以很好地描述某些人之间的差

在许多方面，人与人之间是不同的。人格心理学这门科学从心理学的角度对人与人之间的差异作出了解释。

异。一个典型的健谈者每日、每周乃至每年都是如此。当然，最健谈的人也可能有安静的时候，如安静几天甚至是几周。但从长时间来看，健谈者比不健谈者的言语行为更加频繁。就此意义而言，特质描述的是一个人的**平均倾向**（average tendencies）。平均来看，健谈者比不健谈者话多。

人格特质的研究需要回答以下四类问题：

- 存在多少种特质？
- 这些特质是如何被组织的？
- 这些特质的根源是什么？
- 特质间的关联和因果关系是什么？

首要的问题是有多少种基本特质。几十种、几百种，还是仅仅只有几种？第二类问题涉及到特质的组织，或结构。例如，健谈如何与其他特质，诸如冲动性和外向性相联系？第三类问题涉及特质的根源，即它们从何而来，怎样发展。遗传会影响健谈吗？什么样的儿童抚养方式会影响健谈这一特质的发展？第四类问题也是最为关键的问题，涉及到特质在个体的经历、行为和生活事件中表现出的相关和因果关系。例如，健谈者有更多的朋友吗？他们在遇到困难的时候会有更广泛的社会关系网络可以利用吗？他们会妨碍那些正在努力学习的人吗？

这四类问题成为许多人格心理学家研究的核心内容。至少有三个理由可以证明心理特质的有用性。第一，特质可以帮助我们描述人，从而有利于理解人与人之间的差异。第二，特质可以帮助我们解释行为。人们行为的部分原因可能是由于其人格特质作用的结果。第三，特质可以帮助我们预测将来的行为。例如，个体会对什么样的职业感到满意；谁更能承受压力；谁能更好地与他人相处。因此，人格能有效地描述、解释和预测个体间的差异。任何优秀的科学理论都能使研究者对其所研究的领域进行描述、解释和预测，就像某种经济理论可以很好地描述、解释和预测股票市场的波动一样，在人类的行为和经验领域，人格特质可以描述、解释和预测人们之间的差异。

机制……

心理机制（psychological mechanisms）与特质类似，但机制一词更多指人格的过程。例如，绝大多数的心理机制包括信息加工活动。一个外向的人可能会去寻求和发现与他人互动的机会，也就是说，外向的人时刻注意着特定类型的社会信息，并对其做出反应。

大多数的心理机制具有三种基本成分：输入、决策规则和输出。心理机制可以使人们对来自环境的某些信息（输入）更加敏感，使他们趋向某种选择（决策规则），并引导他们做出某些类型的行为（输出）。例如，一个外向的人会寻求与他人在一起的机会，思索在每一种情境中与他人接触和交流的可能性，并为了促使他人与自己互动而表现出特定的行为。我们的人格中有许多这样的心理机制，它们是包含输入、决策规则和输出这些关键成分的一套信息加工程序。

这并不意味个体所有的特质和心理机制在任何时候都能被激活。事实上，在任一特定时间，只有少数几种特质会被激活。以勇敢特质为例，这种特质仅在特殊的情境下才被激活，例如，当生命安全受到严重威胁之时。一些人比另一些人更勇敢，但是只有合适的情境出现时，我们才知道哪些人更勇敢。想知道你们班上的同学谁具有勇敢特质吗？只有在一种能激活勇敢行为的情境中你才能得知答案。

勇敢是仅在特殊情境中才被激活的一种特质。

个体内部的……

个体内部（within the individual）意指人格存在于个体之内，且在不同时间、不同情境中具有一定的稳定性。通常，我们觉得现在的自己与上周、上个月以及去年的自己没什么不同，在将来的岁月里，这些人格也将继续为我们所有。虽然人格会受到我们所处环境、特别是生活中重要他人的影响，但环境改变时，我们所具有的人格并未改变。人格定义强调人格的重要根源存在个体内部，因而具有跨时间的稳定性以及在某种程度上跨情境的一致性。

组织性和相对持久性……

对个体来说，**有组织**（organized）意指心理特质和机制并不仅仅是各种成分的简单与随机的整合。人格是有组织的，因为这些机制和特质以一种协调的方式彼此联系。设想一个仅有两种需求的简单情境——对食物的需求和对亲密的需求。假如你已经很长时间没吃东西，正忍受饥饿，那么你对食物的需求就可能超过对亲密的需求；相反，如果你已经吃过东西，那么对食物的需求可能会暂时处于次要地位，你便会去寻求亲密的需求。人格是有组织的，它包含着决策规则，这些决策规则依据具体情境来确定激活哪一种需求。

心理特质还具有跨时间的相对**持久性**（enduring），特别是在成人期，心理特质一般还具有跨情境的一致性。我们说某人此刻很生气，并非是在描述他的某一特质。因为一个人可能现在在生气，但明天不一定生气；可能在一种情境中生气，但在其他的情境中不一定生气。因而这里说的生气更可能是一种状态而不是特质。但是，若说某人易生气或通常是易怒的，则是在描述一种心理特质。与其他人相比，易怒的人经常生气，且在不同的情境中一次又一次表现出这种倾向（如在工作中好争执；在娱乐性活动或运动中表现出敌意和攻击性；经常与家人争吵）。

人格并非在所有情况下都表现出跨情境的一致性。某些情境的力量可能非常大，足以抑制某种人格特质的表达。例如，健谈者在听报告、看电影或在电梯里时可能会保持安静，尽管你肯定会碰到个别在这样的情境中不能、也不愿保持沉默的人！

关于人格是否具有跨情境一致性的争论在人格心理学中由来已久。一些心理学家认为支持一致性的证据不足（Mischel，1968）。例如，在一种情境中（比如在测验中作弊）测出的诚实性，可能与从另一情境中（比如谎报所得税）测出的诚实性没有关系。在本书的后面部分，我们将对这一争论进行更为全面的探讨。现在，我们只能简单地说，尽管人们并不具有完全的一致性，但大多数人格心理学家认为一致性在人格的定义中仍应该占有一席之地。

人格包括相对持久的心理特质和机制这一事实并不排除人格的跨时间的变化。事实上，精确地描述个体随时间而发生的改变也是人格心理学家的目标之一。

影响……

在人格的定义中，对人格**影响力**（influential forces）的强调，意指人格特质和机制可以影响到人们的生活。人格会影响我们如何行动，如何评价自己，如何认识整个世界，如何与他人互动，如何感知，如何选择环境（特别是社会环境），在生活中所追求的目标和期望是什么，如何对环境作出反应。人们并不是仅仅对外部力量被动地作出反应，相反，在人们的生活中，人格扮演着关键的角色。在此意义上，人格特质被看做是影响我们如何思考、行动和感受的力量。

他（她）与……的相互作用……

人格的这一特征也许是最难被描述的，因为**个体—环境相互作用**（person-environment interaction）非常复杂。在第4章中，我们将会更详细地探讨相互作用论。但在此值得一提的是，个体与环境的相互作用包括知觉、选择、唤起和操控。

知觉是指我们如何去“看”或去解释某种环境。当两个人面对同样的客观事件时，他们注意的内容和对事件的解释可能非常不同，这种差异就是人格的一种功能。例如，两个人看同一张墨迹图，一个人知觉到的可能是两个食人者正在火上烤人；而另一个人知觉到的可能是一个微笑的小丑在招手问好。再举一个例子，假如一个陌生人在大街上对他人微笑，其中一个人可能觉得这是假笑；而另一个人却视其为友好的表示。就像同样的墨迹图一样，虽然微笑是相同的，但是人们如何解释它却是由他们的人格决定的。

选择描述了我们如何选择我们所处的环境。例如，如何选择朋友、爱好、大学课程和职业。至少在一定程度上，如何选择反映了我们的人格，特别是我们如何支配自由时间更是一种人格特质的反映。一个人可能参与跳伞活动，而另一个人可能更喜欢安静地打理花园。我们选择什么样的生活，这是人格的功能之一。

唤起指的是我们促使他人产生反应，这种行为通常是无意的。在一定程度上，我们创造了自身所在的社会环境。例如，高活动水平的儿童可能会引起父母对其活动的限制，尽管这并不是儿童所期望的。再如一个身材魁梧的人并不想威胁他人，但他仍可能引起他人的被威胁感。唤起的相互作用也是人格的基本特征。

操控是指个体有意地去影响他人。易焦虑或易害怕的人会试图影响他所在的群体，以避免看恐怖电影或进行冒险活动；高尽责性的人坚持每个人都应该遵守规则；一个非常爱整洁和有条理的男性，会坚持要求妻子收好自己的东西并每天清理家务。操控他人的行为、思想和情感的方式是人格的基本特征。知觉、选择、唤起和操控这四种个体与环境之间的相互作用的形式是理解个体人格与所处环境之间关系的核心。

适应……

强调**适应**（adaptation）传达了这样的观点：人格的核心特征涉及适应功能，即实现目标、应对、调整和处理生活中面临的挑战和问题。人类行为的目标导向性、功能性和目的性显而易见。即使行为看起来没有表现出适应性，如过分担心的神经质行为，但实际上它也具有适应功能。例如，过分担心的人经常会得到他人的支持和鼓励。因此，表面上表现出的不适应（担心），事实上却可能得到一些回报（引起社会支持）。另外，人格过程的某些方面会表现出正常适应的缺失，例如缺乏应对压力、调整社会行为或管理自己情绪的能力。通过认识这些失调行为在适应方面的不利后果，我们就可以理解正常人格的功能及特性。但是，目前心理学家们对人格特质和机制的适应功能所知有限，对于理解人格本质，这仍然是个挑战，而且亟待解决。

环　境

物理**环境**（environment）经常对人们形成挑战。某些环境对人类生存具有直接的威胁。例如，食物短缺会产生没有充足营养来维持生存的问题；极端的温度会导致体内温度失去平衡；高空、蛇、蜘蛛和陌生人都可能会对个体生存产生威胁。与其他动物一样，人类通过进化解决了这些适应问题。饥饿的痛苦促使我们寻找食物，味觉偏好引导我们选择食物，打颤帮助我们战胜寒冷，汗腺帮助我们对抗酷热。在心理层面上，对高空、蛇、蜘蛛和陌生人的恐惧，即人类最常见的恐惧，使我们免于接触这些威胁生存的环境，使我们与环境的互动变得安全。

社会环境也给我们的适应带来挑战。我们可能期望拥有好工作、好朋友和好伴侣，但是其他人也在为此而竞争。我们可能期望与重要他人有更多的情感联系，但如何达成这一期望也许不是我们能马上搞清楚的。我们应对社会环境的方式——我们在努力从他人那里获得归属感、爱和尊重时所面临的挑战——对理解人格来说甚为关键。

许多情况下，人格决定了环境中的哪些特定方面对其来说是重要的。例如，与不健谈的人相比，健谈者会更多地寻求在社会环境中进行交谈的机会。脾气暴躁的人会经常处于争吵的社会环境中。认为身份地位非常重要的人会更多地关注他人的相对地位等级，如谁的地位高，谁的地位低；谁会有发展，谁正在走下坡路。简言之，在我们所处的无限环境中，“有效环境”仅仅是一小部分特征的集合，心理机制引导着我们如何参与其中及如何对其作出反应。

除了物理和社会环境外，我们还有内在的心理环境。心灵内部的意指“在头脑中”，如我们都有记忆、梦、期望、想象以及日常生活中的许多私人体验。尽管心灵内部的环境不能像社会和物理环境那样被客观证实，但对每一个人来说，它是真实的，它是构成心理现实的重要部分。例如，自尊，即在任何时刻我们对自己好坏程度的感觉，会依赖于在实现目标的过程中，我们对目标达成程度的评价。工作的成功和友谊的成功会提供两种不同形式的成功体验，从而形成不同的内心记忆。只要我们思考自己的自我价值，便会受到这些记忆经验的影响。在理解人类的人格时，心理环境的重要性决不亚于物理环境和社会环境。

练习

请写一篇短文来描述你的一个好朋友。在文章中要描述这个朋友的特质及其持久性与功能性。描述中要包含他（她）对物理、社会和心理内部环境的适应或与这些环境的互动方式。

人格分析的三种水平

尽管本书采用的人格定义相当宽泛，但我们可以在三种水平上来分析人格。克拉孔和莫瑞（Kluckhohn & Murray，1948）在一本关于文化与人格的书中很好地总结了这三种水平。他们认为，每个人都在某种程度上：

1. 与其他所有人相似（人类本性水平）。
2. 与某些人相似（个体和群体差异水平）。
3. 与任何人都不相似(个体独特性水平)。

理解这些区别的另一种方法是，第一种水平指“普遍性（universals)”（我们都相似的方面），中间的水平指“特殊性（particulars)”（我们与一些人相似但与另一些人不相似的方面），第三种水平指“惟一性（uniqueness)”（我们和其他所有人都不相似的方面）。

人类本性

人格分析的第一种水平是描述**人类本性**（human nature）的普遍性，即几乎每个人都具备的、人类这一物种所拥有的那些典型人格特质和机制。例如，几乎每个人都具有语言技能，这使得我们能学习和使用语言。地球上每种文化下的人都使用某种语言，因此口语是人类本性的一部分。在心理层面上，所有的人都拥有基本的心理机制，例如，与他人共同生活和归属社会群体的愿望，这些机制是人类本性的一部分。在许多方面，每个人都与任何其他的人相似。通过了解这些方面，我们可以理解人类本性的一般规律。

人格心理学家有时也研究群体差异，例如男性与女性之间的差异。

个体和群体差异

人格分析的第二种水平是个体和群体差异。一些人爱社交，喜欢参加聚会；另一些人则喜欢安静的晚间阅读。一些人为寻求刺激去跳伞、驾驶摩托车或飚车；另一些人却避免冒险。一些人具有高自尊，过着相对不焦虑的生活；另一些人则经常焦虑和被自我怀疑所困扰。这些是**个体差异**（individual differences）的维度，是个人与其他某些人（如外向者、感觉寻求者、高自尊者）相似的方面。

我们也可以通过研究**群体差异**（differences between groups）来考察人格。也就是说，同一群体中的人可能具有某些共同的人格特征，它们使该群体的人有别于其他群体。人格心理学家研究的群体差异包括不同文化、不同年龄、不同政治党派和不同社会经济背景等。还有一个重要差异是男性与女性之间的差异，虽然人类的许多特质和机制在两性之间是相同的，但仍存在一些性别差异。例如，大量的证据表明，在所有的文化中，男性通常比女性表现出更多的身体攻击，男性对社会中的多数暴力事件负有责任。人格心理学的目标之一是探究为什么不同的群体在人格的某些方面具有差异。例如，女性的人格是怎样的以及为何与男性不同；为什么一种文化中的人不同于另一种文化中的人。

个体独特性

任何两个个体都不会具有完全相同的人格，即使是在同样的家庭和同样的文化中由同样的父母抚养的同卵双生子也不相同。每个个体都具有一些他人所没有的个人特质。人格心理学的目标之一是考察个体的独特性和发展多种方法来捕捉个体丰富性的独特生活方式。

在该研究领域中，一种争论是用一般规律（把个体看做总体中具有一般特征的个案）还是用特殊规律（把个体看做是单一的、独特的个案）的方法来研究个体。**一般规律**（nomothetic）研究通常包括对个体或群体进行统计学上的比较，需要大量被试样本来开展研究。一般规律研究常被用于识别普遍的人类特征以及个体或群体的差异。**特殊规律**（idiographic）（字面意义为“对个体的描述”）研究通常关注单一被试，试图观察个体在生活中表现出的一般规律。特殊规律研究通常采用个案研究或个体的心理传记研究等方法（Runyon，1983）。例如，弗洛伊德曾写过关于达芬奇的心理传记（1916/1947）。有研究者（Rosenzweig，1986，1997）提供了特殊规律研究的另一种途径，即分析人们生活中的一系列事件，并尝试通过理解个体生活史中的关键事件来进行研究。

需要强调的是，人格心理学家关注三种水平的分析：普遍水平、个体和群体差异水平以及个体独特性水平。对于全面理解人格的本质，每种水平都贡献了有价值的知识。

人格领域的分歧

不同的人格心理学家注重不同水平的分析，因此，该研究领域内存在着分歧，尚未得到很好的整合。分歧存在于两种分析水平之间，人类本性水平与群体和个体差异水平。许多心理学家已经将自己对人性的一般看法理论化，但在进行具体研究时，心理学家们却更多地关注人格的个体和群体差异。于是在人格的大理论和当代研究之间出现了分歧。

人格的大理论

大部分人格理论专注于人类本性水平的分析，换言之，这些理论试图为人类这一物种的基本心理过程和特征提供一种普遍性的解释。例如，弗洛伊德强调普遍存在的性本能与攻击本能；普遍存在的本我、自我和超我这三种结构；普遍存在的心理性欲发展阶段（口唇期、肛门期、性器期、潜伏期和生殖期）。这些理论的中心便是描述人类本性中共有的核心部分。

大学课程中使用的许多人格心理学教材都是围绕大理论来组织结构的。但是，这类书籍已经受到批评，因为许多理论只具有历史意义，仅有一小部分经受住了时间的考验，并为当代的人格研究提供信息。虽然大理论在人格心理学历史上占有重要地位，但是当代许多有趣的人格研究却并不与之直接相关。

当代的人格研究

在当代的人格研究中，大多数实证研究集中于个体和群体差异方面。例如，大量有关外向和内向、焦虑和神经质以及自尊的研究报告都关注人们之间的差异。关于男性化、女性化和双性化的大量研究涉及心理上的性别差异，以及如何获得社会性别角色与行为模式。关于文化的研究表明，文化差异的一个主要维度涉及个体所持集体主义观念或个体主义观念的程度，东方文化更倾向于集体主义，而西方文化则更倾向于个体主义。

探索人格心理学的一种方法是选取十几个当代的研究主题，考察每一主题下心理学家们所研究的内容。例如，大量关于自尊的研究，包括自尊是什么、自尊是怎样形成的、如何维持自尊，以及它在人际关系中的作用。在当代人格心理学中有许多有趣的主题，例如害羞、攻击、信任、支配欲、催眠易感性、抑郁、智力、归因风格、目标设定、焦虑、气质、性别角色、A 型行为、自我监控、外向、感觉寻求、随和性、冲动、反社会倾向、道德、控制点、人格与职业选择、乐观主义、创造力、领导能力、偏见和自恋等。

仅仅考察当前的人格研究主题似乎并不太令人满意，就像在拍卖会上对每一件物品都进行投标一样，很快你就会被众多的东西所湮没而不知所措。仅选取一些研究主题不能将人格的各个方面有机地联系起来，事实上，人格领域已因其包含了太多独立的研究领域而受到批评，这些分离的研究主题忽视了人的整体性。因此这一研究方法难以整合人格的各方面，难以使之成为协调一致的领域。

你可能听过盲人摸象的古老故事，三个盲人试图勾画出整头大象的模样。第一个盲人小心地接近大象，伸开双手抱住大象的腿，惊呼："哦，大象整个像一棵树，又细又高。"第二个盲人抱住大象的鼻子大叫："不，大象像一条大蛇。"第三个盲人抓住大象的耳朵说道："你们两个都错了，大象更像一把扇子。"三个盲人继续争论着，每个人都坚持认为自己的看法正确。在某种意义上，每个盲人对大象的知觉只是掌握了有关大象的一部分事实，但是他们都没有认识到：每个人都没有抓住整个大象的形象。但是，如果三个盲人一起合作，那么他们对大象的认识就有可能变得合理。

当前对人格的研究就像对大象的认识，人格心理学家们有点像那几个盲人，一次只选取了一个视角。心理学家们经常只从某个视角来研究人格的主题，尽管这一视角也揭示了人类本性的一方面，但还应与其他方面密切联系。例如，一些心理学家研究人格的生物学方面；另一些心理学家研究文化引起的个体之间和群体之间的人格差异；一些人研究心理的各个方面如何相互作用共同形成人格；另外还有一些人研究人际关系，认为人格对社会生活中的互动具有重要意义。这些人格研究的每一个视角都抓住了事实的一部分，但是，每个单独的特定领域都难以描述完整的人格，这正如每个盲人对整个大象的认识不完整一样。

人性知识的六大领域

人格研究者的观点不一样，并非是说谁对谁错，而是因为他们研究的是不同的知识领域。**知识领域**（domain of knowledge）指的是科学和学术的一个特殊领域，在该领域中，心理学家专注于人类本性的某些特定的方面。知识领域描绘了研究者们的知识、专长和兴趣范围。

在很大程度上，这种专门化是合理的。事实上，专门化是许多科学领域的特征。例如，医学领域有心脏病专家和脑专家，他们更细化地聚焦于自己的领域。因此，在人格心理学领域有心理动力专家、文化专家和生物学专家也是合情合理的。人格研究中的每个领域（心理动力、文化、生物）都已经积累了自己的知识基础。但研究者们仍然期望整合各领域，使它们成为一个有机的整体。

像大象一样，人格是各个部分的总和。对于人格，每个部分都是一个知识领域，代表了人格某一方面知识的集合。这些知识领域是如何被界定的呢？在很大程度上，人格心理学领域已经形成了自然的分界线，也就是说，研究者们已经将研究主题自然地归并成一些群组，他们知道哪些主题应结合在一起，哪些主题与其他群组的知识有区别。在这些可认同的领域中，研究者们已发展出了问题提出的共同方法；积累了已知事实的依据；并提出了理论解释，用以说明从每个领域的视角下所了解的人格。

这样一来，人格领域可以被分成六个有关人性的不同知识领域：人格受与生俱来的或发展而来的特质的影响（特性领域）；受生物事件的影响（生物学领域）；受个体内心冲突的影响（心理动力领域）；受个人的思维、情感、期望、信念以及其他主观经验的影响（认知—经验领域）；受社会、文化和性别角色的影响（社会与文化领域）；受个体应对生活中不可避免的挑战时所作出的调节的影响（调适领域）。

不同领域中的人格心理学家经常持有不同的理论观点并关注人性的不同方面。因此，不同领域的心理学家们有时显得相互对立。例如，弗洛伊德的精神分析观点认为，人格是由非理性的性本能和攻击本能组成，这些本能最终导致人的所有行为。相比之下，20 世纪下半叶发展起来的人格的认知观点则认为，人是理性的“科学家”，试图冷静地预期、预测和控制周围世界中发生的事件。

从表面看，这些观点显得并不相容。人类怎么能兼具理性与非理性呢？人类如何被欲望所驱使，而又冷静地去寻找准确的预测？进一步考察会发现，这种冲突可能只存在于表面。例如，人类完全有可能既有很强的性和攻击动机，又具有能准确知觉和预测事件的认知机制。在某些时候基本的情绪和动机被唤起，而在另一些时候冷静的认知机制被激活。还有可能两种机制在某些时候会联合作用：比如通过理性的机制满足基本的欲望。简言之，人格领域中的每一种理论观点都关注人类心理功能的某一个关键部分，但是每一种观点自身并不能把握完整的人。正如必须从不同的角度来观察大象才能准确把握整个大象一样，对人格的理解也必须综合不同的理论观点，这样才能形成对整个人的认识。

本书按照人格功能的六个领域来组织——特性领域、生物学领域、心理动力领域、认知—经验领域、社会与文化领域以及调适领域。在每一个人格领域中，我们将关注两项关键内容：（1）每一领域中已经提出的理论，包括对人性的基本假设；（2）每一领域中已积累的实证研究。为了在人格的理论与实证研究之间架起一座桥梁，我们主要关注每个领域中最受重视的理论研究以及知识积累最为丰富的那些主题。

特性领域

特性领域（dispositional domain）的研究核心是个体之间的差异。该领域与其他所有领域都有交集。因为个体之间在习惯化的情绪、习惯化的自我概念、生理倾向，甚至是心理动力机制上都可能存在差异。但是，特性领域有别于其他领域的地方在于，它对基本特质的数量与种类感兴趣。特性领域的人格心理学家的核心目标是找到并测量最重要的个体差异。他们也对个体重要差异的起源、发展与维持感兴趣。

生物学领域

生物学领域（biological domain）的核心假设是，人首先是生物系统的集合体，这些生物系统为个体提供行为、思想和情感的基础。人格心理学家们使用术语*生物学取向*时，通常指这一基本领域中的三个研究方面：遗传学、生理心理学和进化论。

第一个方面是人格的遗传学。随着行为遗传学的发展，我们对人格的遗传已经有了相当多的认识。该研究领域涉及的问题包括：同卵双生子与异卵双生子相比，在人格上更相似吗？将同卵双生子分开抚养或者一起抚养，将会有什么不同？行为遗传学的研究使我们能够提出这些问题，并暂时作出回答。

第二个方面是人格的生理心理学。在这个领域，研究者们依据神经系统的功能总结出了人格的生理基础。研究主题包括大脑皮层的唤醒与神经递质、基本的反射，神经系统的强度、耐痛性、生理节律（你是一只百灵鸟，还是一个夜猫子），以及人格和性激素之间的关系（如睾丸激素）。

第三个方面涉及人类的心理机能是如何进化而来的。它假设构成人格的心理机制经历了数千年的进化，这些机制能有效地解决适应性问题。进化的观点使人格的功能性清楚明白地显现出来。我们也将阐述一些关于动物“人格”的有趣研究（Gosling，2001）。

心理动力领域

心理动力领域（intrapsychic domain）研究人格的心理机制，其中许多机制是在意识之外起作用的。该领域的主导理论是弗洛伊德的精神分析理论。精神分析理论的基本假设是关于本能系统的，即性动机和攻击动机驱动人类的大多数行为。虽然这些基本假设常常无法得到直接的实证检验，但是相当多的研究已经表明，性动机和攻击动机是强有力的，可以对它们在实际行为中的表现进行实证研究。心理动力领域的研究还包括防御机制，例如压抑、否认和投射，其中一些机制已经得到实验室研究的检验。尽管心理动力领域与弗洛伊德的精神分析理论联系最为紧密，但它也具有现代的视角。例如，关于权力动机、成就动机和亲密动机的许多研究都是以心理动力为核心假设，这些动机通常在意识之外起作用。

26 岁的同卵双生子 Alvin Harrison（左）和 Calvin Harrison（右）庆祝他们于 2000 年 8 月 8 日在澳大利亚布里斯班举行的 400 米短跑中分别获得第一名和第二名。心理学家们正在研究这对双胞胎，以确定人格的某些方面是否受到遗传的影响。

弗洛伊德提出了一种全面的人格理论。虽然他的某些激进观点被摒弃，但该理论中的很多概念已得到相关研究的支持。

认知—经验领域

认知—经验领域（cognitive-experiential domain）关注认知和主观经验，例如关于自己和他人的有意识的思考、情感、信念和期望。但是，不同主观经验的心理机制在形式和内容上不尽相同。主观经验的一个重要成分是自我和自我概念。自我描述表明了我们对自己的看法：对自己的认识、过去的自我形象以及将来可能的自我形象。我们把自己看做好人还是坏人？过去的成功或失败对我们的自我认识很重要吗？想象过将来结婚生子或事业成功时的自我吗？我们如何评价自己，即自尊，是认知—经验领域的另一个方面。

在某些程度上，该领域有些不同的是，它还涉及我们人类的奋斗目标。例如，有些人格心理学家把人类的本性看做内在的目标定向，强调基本需要的影响，如归属的需要和影响他人的需要。这一传统方向的新近研究包括：通过个体在日常生活中试图完成的个人计划或任务来研究人格。个人计划可以是平凡的，也可以是宏大的：如可以是周六晚上的约会，也可以是改变西方文化的思维方式。

主观经验的另一个重要方面涉及我们的情绪。我们通常是高兴还是悲伤？是什么令我们生气或害怕？我们把自己的情绪埋藏得很深，还是很轻易地表现出来？高兴、悲伤、胜利感和绝望感等情绪都是包含在认知—经验领域之中的基本的主观经验。

社会与文化领域

本书的特征之一在于强调人格的**社会与文化领域**（social and cultural domain）。其假设是：人格不仅仅是存在于个体的大脑、神经系统和基因之中的东西，人格影响社会与文化，并被社会与文化所影响。

通过研究不同文化中的人，心理学家正在探寻社会是如何通过鼓励或阻止特定行为来塑造人格的。

在文化的层面上，不同群体之间具有非常大的差异，如委内瑞拉的雅洛马马（Yanomamö）印地安人具有很强的攻击性。事实上，一个雅洛马马男人只有在杀死另一个男人之后，才能完全获得作为男人的身份。相反，博茨瓦纳的孔桑（Kung San）人的文化则相对注重和平与顺从，它禁止公然地表现攻击行为，违背者将会受到社会谴责。这些群体间的人格差异，很可能是受其文化的影响使然。换言之，不同的文化会塑成人格的不同方面，并通过行为表现出来。每个人身上不仅有暴力的倾向，也有和平的倾向。我们会表现出哪种倾向，这在很大程度上取决于何者是其所处文化所鼓励和接受的。

在特定文化内的个体差异水平上，人格也会表现在社会生活中。支配性还是顺从性会影响到生活的各个方面，比如它会影响到我们是否会与伙伴发生冲突以及操控他人使用什么策略。焦虑抑郁还是开朗乐观，会产生不同的社会结果，例如离婚。内向还是外向，会影响我们的朋友数量以及我们在群体内部受欢迎的程度。许多最重要的个体差异会在人际交往中表现出来。

男性与女性之间的关系是一个重要的社会领域。在性别差异水平上，人格对男性的影响与对女性的影响有很大的不同。性别是同一性的一个基本成分。

人格与健康的关系在于：它会影响与健康相关的行为，例如吸烟。

调适领域

调适领域（adjustment domain）是指人格在人们应对、适应和调节日常生活的各种起起落落中起着关键作用。例如，相当多的现有证据表明，人格与重要的健康状况有关，例如心脏病。人格确实与各种和健康相关的行为有关，例如吸烟、酗酒和冒险行为。甚至有研究发现人格与我们的寿命有关。

除了健康以外，应对和调适领域的许多重要问题都可以追溯到人格。在该领域中，特定的人格特征与适应不良有关，并被认定为人格障碍。第 19 章将介绍人格障碍，例如自恋型人格障碍、反社会型人格障碍、回避型人格障碍等。我们可以通过考察人格障碍去理解“正常”的人格机能，这非常像医学领域的做法。在医学领域中，通常是通过对疾病的研究来理解正常的生理功能。

练习

思考自己或熟人身上的一种有趣的行为模式或特征，比如拖延、自恋或完美主义等，任何使你感兴趣的人格特征都可以。然后写下六个关于该特征的句子，每一句代表六个领域的一个方面：特性、生物学、心理动力、认知—经验、社会和文化以及调适。每个句子应该从特定领域的角度就此特征进行陈述或提出问题。

人格理论的作用

本书的一个核心目的在于强调人格理论与研究之间的相互影响。在每个知识领域，都有许多流行的理论，因此我们将以对理论的探讨来结束本章。在所有的科学尝试中，理论是根本，它有许多益处。科学中的一个**好理论**（good theory）可以达到以下三个目的：

- 为研究者提供指导。
- 组织已有的发现。
- 作出预测。

最重要的目的之一是理论为研究者提供指导，引导他们把注意力放在研究领域中的重要问题上。

理论的第二个目的是组织已有的发现。例如，在物理学中有一系列令人困惑的事件——苹果从树上落下，行星之间相互吸引以及黑洞吸收光线。重力理论简洁而有力地解释了这些发现。通过解释已有的发现，理论可以帮助我们理解已知的世界，并使之保持一致。人格理论亦是如此，除了指导心理学家对重要的领域进行研究外，强有力的理论还能够成功解释已有的发现。

理论的第三个目的是对至今还无人证明或观察的行为和心理学现象作出预测。例如，早在我们有技术验证预言之前，爱因斯坦的相对论就已预测光会在大行星周围发生弯曲。当研究者们最终证实光确实在行星附近发生弯曲时，这便验证了爱因斯坦理论的权威性。

最后，我们需要区分科学的**理论与信念**（theories and beliefs）。例如，占星学是关于人格与出生时恒星位置关系的一些信念。即使这些信念缺乏系统的数据支持，有些人还是认为这样的关系是真实的。到目前为止，心理学家们通过标准的研究方法和系统的观察，仍然没有发现可信的事实来支持个体出生时恒星的位置会影响其人格的观点。因此，占星学是一种信念，而不是一种科学理论。当然，也许某一天将发现可信的证据，占星学将变成一种科学理论。但是，在那之前，如果你认为占星学是真实的，那么你只是在坚持一种信念，而不是科学理论。信念对个体而言通常是非常有用的，也许对某些人还会至关重要。但是信念只是基于信仰，而不是基于可信的事实和系统的观察。另一方面，理论是可以通过系统的观察来进行检验，其他人可以重复这种系统的观察并得出相似的结果。

总之，人格理论具有三个关键目标，它们强调理论与研究的相互影响。这些目标指导研究者对重要的领域进行调查，解释已有的发现，并对新现象进行预测。同时，这些理论以系统的、可重复的观察为基础。

评价人格理论的标准

当我们逐一探讨完六个领域时，记住五个**评价人格理论的科学标准**（scientific standards for evaluating personality theories）是十分有益的：

- 综合性。
- 启发价值。
- 可检验性。
- 简约性。

- 跨领域与水平的相容性与整合性。

第一个标准是**综合性**（comprehensiveness），理论能够很好地解释该领域内的所有事实与观察吗？能解释更多实证数据的理论比那些仅解释少数研究结果的理论更合理。

第二个评价标准是**启发价值**（heuristic value），即理论能为获取以前所不知的新的人格发现提供指导吗？能指引科学家们获得新发现的理论优于那些不能提供指导的理论。例如，地理学中的板块构造理论指导研究者发现了火山活动区域，而在此理论出现之前这是未知的。同样，一个好的人格理论将引导人格研究者获得前所未知的发现。

第三个重要评价标准是**可检验性**（testability），即理论是否提出了足够精确的预测，人格心理学家可以通过实证研究来检验它们吗？例如，弗洛伊德的内部心理冲突理论的某些方面受到了批评，因为它们很难或根本不可能得到检验；但该理论的其他方面是可以检验的（见第 9 章和第 10 章）。一般来说，理论的可检验性取决于预测的精确性。精确的理论预测促进科学进步，因为它们使不适当的理论被摒弃（这些理论所作出的预测被证实是错误的），而好的理论得以保留（理论预测被实证研究证实）。假如一个理论不能经受实证研究的检验，那么它一般是拙劣的理论。

第四个评价标准是**简约性**（parsimony），即理论包含很少的假设（简约）还是很多的假设（不简约）？作为一般规则，需要很多假设才能解释一系列发现的理论与只用较少假设就能解释的理论相比，就显得拙劣。尽管简约性非常重要，但请记住，这并不意味着简单的理论总是比复杂的理论好。事实上，若不能满足这里描述的五个标准中的一个或多个，简单的理论通常会消亡。例如，它可能不具有综合性，因为它几乎不能解释什么。我们相信人类的人格是非常复杂的，因此，包含许多假设的复杂理论也可能是必需的。

第五个标准是**跨领域与水平的相容性和整合性**（compatibility and integration across domains and levels）。例如，天文学中某些违背了已知物理定律的宇宙理论，由于它不具跨水平的相容性，因此从根本上来说是错误的；违背了已知化学定律的某些生物学理论同样具有致命的错误。如果某个领域的人格理论违背了另一领域中的已根基稳固的规律，也会被认为有很大的问题。例如，与生理学和遗传学中已经根深蒂固的理论不一致的人格特质发展理论就被认为是有问题的。同样，某个影响人格的进化理论与已知的文化对人格的影响相矛盾，所以它是有问题的。虽然跨领域与水平的相容性和整合性标准已成为大部分科学领域中的一条公认原则（Tooby & Cosmides，1992），但它极少被用于评价人格理论的适宜性。我们认为本书中所采用的“领域”划分法，强调了跨人格分析水平的相容性这个评价标准的重要性。

总之，当你探索人格功能的六个领域时，请记住每个领域中的理论都具有五个评价标准，即综合性、启发价值、可检验性、简约性和跨领域的相容性。

会有一种最终的和正确的人格大理论吗?

生物学领域包含一种宏大的、统一的理论——自然选择的进化理论。它最初由达尔文（1859）提出，后经改进形成新达尔文主义，包含了适应性理论(Hamilton，1964)。这一理论具有综合性，它指引着生物学家进行新的发现，已经受了成千上万的实证检验，具有高度简约性，与邻近科学领域中的已知原理相容。进化理论提供了一个宏大的、统一的框架，大多数甚至所有的生物学家都在这个框架之下开展他们的工作。从理论上讲，人格心理学领域也应该有这样一个宏大的、统一的理论，但目前却没有。

也许精神分析理论的创始者弗洛伊德曾雄心勃勃地试图创建一个宏大的、统一的人格理论（见第 9 章）。在弗洛伊德的激励下，确实产生了许多重要的理论。但是在过去的几十年里，大多数研究者只是关注特定的功能领域，所以人格研究者意识到，人格领域仍缺乏一个宏大的、统一的理论。正因为如此，本书按照六个领域来组织，每一领域中的内容都包含了各自的已有成果、科学发现和最新发展。

在我们看来，最终将出现一种人格心理学的宏大理论统一这六个领域。它将解释人格特征及其随时间的发展（特性领域）；它将解释人格的进化、遗传和生理基础（生物学领域）；它将深入地解释根源性动机和心理动力过程（心理动力领域）；它将解释人们如何感知世界和如何进行有关的信息加工（认知—经验领域）；它将解释人格如何影响人们所处的社会与文化背景，以及如何被其所影响（社会与文化领域）；它将解释当人们在生活中碰到诸多不可避免的适应问题时是如何应对的，包括调节失败（调适领域）。

从这个意义上说，尽管人格心理学领域目前还缺乏一个宏大的理论，但我们相信，在这六个领域内开展的工作将最终为建立起这样一种统一的人格理论奠定基础。

关键术语

特质描述性形容词
人　格
心理特质
平均倾向
心理机制
个体内部
有组织和持久性
影响力
个体—环境相互作用
适　应
环　境
人类本性
个体差异
群体差异
一般规律
特殊规律
知识领域
特性领域
生物学领域
心理动力领域
认知—经验领域
社会与文化领域
调适领域
好理论
理论与信念
评价人格理论的科学标准
综合性
启发价值
可检验性
简约性
跨领域与水平的相容性和整合性

2 人格评鉴、测量和研究设计

导　言

假设总统大选临近，你要从两名候选人中选出一个，那么候选人的人格可能会影响你的决定。他们如何应对压力？他们对堕胎和枪支控制的态度是怎样的？与其他国家的领导人谈判时，他们的立场坚定吗？本章会涉及我们获取他人人格信息的方法，包括人格数据的来源，以及在人格的科学研究中我们所采用的研究设计。

在考虑两位总统候选人时，你可能想知道他们是如何谈及自己的价值观和态度——这是*自我报告*。你可能想知道人们如何看他们在与其他国家的领导人交涉中的坚定性——这是*观察者报告*。这两种资料来源可以告诉你很多信息，但并不包括所有的事实。你可能还想把这两位候选人放在控制情境（比如辩论）中观察每个人的表现——获得*测验数据*。而且你可能还想知道他们生活中的特定事件，例如他们是否曾经使用过非法药物，是否曾逃避过服兵役，或者是否曾经卷入过令人难堪的性丑闻——*这是生活史数据*。

不同来源的这些数据都揭示了总统候选人某些方面的人格，但任一种单独的资料都是不完整的，可能带有偏见（对总统候选人的人格分析，见 Immelman，2002；Post，2003；Renshon，1998）。候选人可能自我报告说对犯罪持强硬的态度，但之后却不能坚持到底。观察者们可能会说候选人是一个诚实的人，但他们可能并未意识到该候选人曾经撒过谎。在辩论中，一位候选人可能表现得神采飞扬，但或许另一位候选人那天碰巧感冒了而不能发挥其优势。公众记录显示服过兵役，但或许不能显示候选人利用家族关系免于前线作战。每一种数据来源都提供了重要的信息，但是，每一种数据来源本身都只具有有限的价值，并不完整和全面。

本章包含了人格评鉴与研究的三个主题。第一个涉及我们从哪里获得有关人格的信息，即人格数据的来源以及人格心理学家采用的实际测量方法；第二个主题涉及我们如何评价测量的质量；第三个主题涉及到在实际的研究设计中我们如何使用这些测量方法来研究人格。

第一个问题提供的一个最基本的着眼点是：个体人格的关键信息来源是什么？

人格数据的来源

个人信息的最明显来源也许是**自我报告数据**（self-report data，S-Data），即个人依据某些程序，如问卷或访谈所提供的信息。很明显，由于种种原因，个体可能并不总是提供自己的准确信息，比如人们都愿意以积极的方式展现自己。无论如何，期刊上发表的人格的最新研究表明，自我报告是测量人格的最常见方法。

自我报告数据（S-Data）

可以通过多种方法获得自我报告的数据，包括向个体提问题的访谈，个体记录并定期汇报所发生的事件以及各类问卷。问卷法，即个体回答一系列有关自己信息的题目，是目前为止最普遍的自我报告评鉴程序。

使用自我报告是有合理依据的，最明显的理由是个体与他人相比，拥有关于自身的丰富信息。个体可以报告他们的感受、情绪、愿望、信念和私人经历。个体不仅能报告自己的自尊水平，也能报告他人对自己的尊重情况。个体能报告内心最深处的恐惧与幻想；能报告自己与他人之间的关系；能报告自己的当前目标和长远目标。由于其潜在的丰富信息，自我报告是一种必不可少的人格数据来源。

自我报告有多种形式，从开放式的“填空”到迫选式的“是或否”的问题。有时它们也被称作**非结构化**（unstructured）（开放式的，例如“告诉我你最喜欢哪种聚会”）与**结构化**（structured）（“我喜欢人多且热闹的聚会”——“是”或“否”）人格测验。一个重要的开放式的自我报告测验是20项陈述测验（下页的阅读材料中提供了更多的信息）。在该测验中，参与者会拿到一张纸，上面除了重复的20项“我是……”之外，其余地方是空白，要求参与者将每项不完整的陈述补充完整。例如，一个人可能按照这样的顺序回答：*我是一个女孩；我19岁；我是羞怯的人；我是聪明的人；我是一个喜欢在家度过安静夜晚的人；我是内向的人；*等等。为了对收集到的回答进行分类，开放式的人格测量工具需要有编码方案。换句话说，心理学家必须设计一种计分或解释的方法，从而从参与者的开放式反应中获取意义。例如，为了得知本例中的这位女性的外向程度，心理学家会统计

阅读

我是谁?

20 项陈述测验(Twenty Statement Test)是由社会学家库恩和麦克帕特兰(Manford Kuhn & Thomas McPartland)编制的。他们感兴趣于人们对待自身的态度,1954 年他们发表了一篇研究报告,在其中设计了一种称之为“我是谁?”的测验。该测验非常直接,它要求受测者补全 20 个以“我是 ________”开头的句子。库恩和麦克帕特兰开发了一种对测验进行记分的方法,对个体的反应内容和反应顺序进行分析,他们认为反应顺序是非常有意义的(前面提到的比后面提到的事情可能对自我定义更重要)。

虽然该测验发表在一本心理学者们通常不会阅读的杂志《美国社会学评论》(*American Sociological Review*)上,但是,由于测验涉及让参与者完成 20 个有关自己的陈述句,心理学家们还是很快就获悉了这个测验,并很快让其在心理学中得到了广泛应用。

在最初的十年里,心理学家们主要将 20 项陈述测验(TST)用于临床与人格研究。例如,在一项使用 TST 的研究中,探讨了婚姻“适应良好”的个体与婚姻“适应不良”的个体的自我概念是否存在差异(Buerkle, 1960)。结果显示,与婚姻适应不良的人相比,那些婚姻适应良好的人在自我概念中更多提到配偶、婚姻和家庭。该结果告诉我们,成功婚姻的部分原因在于把婚姻角色整合到个人的自我概念中,使自我概念包括个体的配偶、夫妻关系和家庭。

在 20 世纪 70 年代,研究者开始以更挑剔的眼光审视 TST。比如,它是一种开放式问卷,所以语言能力较低的人不能像语言能力高的人那样快速或详尽地完成测验,参与者的智力差异会导致测验分数上的偏差(Nudelman, 1973)。但是,假如给予个体充足的时间(至少 15 分钟)来完成这 20 个问题,那么智力偏差的影响似乎就会被消除。总而言之,在经历了近十年的审视与质疑之后,TST 的用途(测量人们如何界定自己)得以显现,并最终幸存下来。

到了 20 世纪 80 年代,TST 被用于许多人格主题的研究中,如性别和其他社会角色对自我定义的影响。例如,一项研究依据被试对 TST 的回答,对已婚女性和单身女性进行了比较(Gigy, 1980)。结果表明,已婚女性倾向于提及人际关系(我是一位母亲,我是一个妻子)、家庭生活中获得的角色(我是抚养孩子的人)以及家务劳动(我是购买日用品的人)。很明显,婚姻意味着自我概念的重大改变。这类研究证实了社会角色和个体看待自己的方式之间存在着联系。

根据文化和种族进行自我定义已经成为一种趋势(Bochner, 1994),这与人们越来越对跨文化研究感兴趣是一致的。研究者使用 TST 进行了一项跨文化研究,将肯尼亚人与美国人进行比较。依据参与者在 20 个陈述中涉及社会群体(例如,我是当地校委会的一员,或者我是当地垒球队的成员)的比例,对几个小组进行了比较。结果表明,美国大学生在自我定义中提到社会群体的次数约是总数的 12%,肯尼亚大学生在自我定义中提到社会群体的次数约占总数的 17%。但是,传统的肯尼亚农民的测验结果却非常不同。肯尼亚的玛赛(Massai)部落的人在反应中提到社会群体的次数占 80%,而萨布鲁(Samburu)部落的人在反应中提到社会群体的次数占 84%(Ma & Schoenoman, 1997)。这些结果说明,我们的文化背景对我们如何看待自己、定义自我时认为什么是重要的以及对回答“我是谁?”的问题有非常大的影响。TST 对于测量人们如何定义自己,以及了解个体在自我理解上看重什么来说是一种有用的方法。

有多少陈述涉及社交方面的特点。

比开放式问卷更普遍的是结构化的人格问卷，结构化问卷的反应选项是给定的。最简单的结构化的自我报告问卷包含了一系列特质描述性形容词，例如活跃的、有雄心的、焦虑的、自大的、风雅的、大方的、爱社交的、贪婪的、温和的、排外的和愚蠢的等。要求参与者指出每个形容词是否描述了自己。呈现这些词的最简单形式是检核表，例如“形容词检核表”（Adjective Check List，ACL）（Gough，1980）。在完成 ACL 时，个体只需对那些他们感觉非常准确地描述了自己的形容词做记号，而不必理会那些不能描述自己的词条。一种更复杂的方法是要求受测者以数字的形式指出每一特质在多大程度上能够准确描述自己的特征，如一个从 1（非常不符合）到 7（非常符合）的 7 点评价量表。这种量表被称为**李克特评价量表**（Likert rating scale）（以发明者的名字命名），对个体来说，这是用数字来表达自身某种特质程度的简单方法。典型的李克特评价量表如下：

精力充沛的

1	2	3	4	5	6	7
非常不符合						非常符合

最常见的人格量表的分数是由一系列的个体评价量表的分数相加而成的。例如，关于活动水平的分数可能是由精力充沛的、主动的和活泼的等几个评价量表的得分相加而成的。

练习

指导语：下面列出了一系列形容词，请快速阅读它们，然后在每一个你认为描述了自己的词旁写下“X”。请尽量真实和准确作答。

______ 心不在焉的	______ 高兴的	______ 依赖的
______ 主动的	______ 文明的	______ 意志消沉的
______ 适应的	______ 思维清晰的	______ 坚决的
______ 冒险的	______ 聪明的	______ 高贵的
______ 做作的	______ 粗俗的	______ 谨慎的
______ 慈爱的	______ 冷淡的	______ 混乱的
______ 仁慈的	______ 暴躁的	______ 愚蠢的

但是，比形容词检核表更普遍的是陈述式的自我报告问卷。广为使用的自我报告调查表是 NEO 人格调查表（NEO Personality Inventory）（Costa & McCrae，1989）和加利福利亚心理调查表（California Psychological Inventory，CPI）（Gough，1957/1987）。CPI 的题目样例如下：我喜欢社交聚会，喜欢与人们在一起；我敬佩我的父亲，他是一个完美的人；一个人需要不时地“表现”一下自己；我有一种取得成功的强烈愿望；我需要较长时间才能拿定主意。受测者阅读每一条陈述，在答题纸上作出回答，当认为它描述了真实的情况时，就作出肯定的回答；而当

认为描述不符合实际情况时，就作出否定回答。NEO 人格调查表的样例如下：我喜欢我遇到的大多数人；我很容易笑；我通常讨厌那些我不得不应付的人。受测者采用从 1 到 5 的李克特量表值指出题目与自身相符合的程度，1 代表非常不赞同，5 代表非常赞同。

练习

选取一种你想要测量的人格特征，例如，你可能选择类似这样的特征，如友善的、尽责的、焦虑的或自恋的。首先写下该特征的清晰定义，然后编制一个大约包含五个题目的简短问卷来测量这一特征。你的题目可以是陈述句，也可以是形容词。其形式可以是开放式的，或者“是”或“否”式的，抑或是一个李克特评价量表。最后让其他人来做问卷。你认为编制题目容易吗？你认为你的问卷准确地测量了该特质吗？

像其他所有的方法一样，自我报告法也有其局限性和缺点。为了使自我报告法有效，受测者必须愿意作答和能够作答。但是人们并不总是诚实的，特别是被问及非常规的经历时，例如不寻常的欲望、不寻常的性经历以及不受欢迎的特质。有些人则可能缺乏准确的自我认识。由于这些局限，人格心理学家也经常使用另外一些方法来获取数据，这些方法不依赖于受测者的诚实度和理解力，例如观察法。

应用

经验取样——自我报告的一种新方法。人格研究中一种相对较新的数据来源被称为**经验取样**（experience sampling）（Hormuth, 1986; Larsen, 1989）。在这种方法中，受测者在数周或更长的时间里，每天都要回答有关情绪或身体状况的一些问题。研究者每天随机抽取时间段，以传呼机的方式与他们取得联系（一至数次），并要求他们完成测验。在一项研究中，74 名大学生在连续的 84 天里，每天都报告他们的情绪状况（Larsen & Kasimatis, 1990）。研究者对探查时间（以每周中的某天为单位）与情绪之间的关系很感兴趣。毫无疑问，他们发现大学生的情绪具有非常强的周期性。积极情绪在周五和周六时达到顶峰，消极情绪在周二和周三时达到顶峰（周一不是一周中最糟糕的一天）。与外向者相比，内向者每周的情绪周期更具规律性。也就是说，在一周的 7 天中，与外向者相比，内向者的情绪更具可预测性。这种差异可能是由于外向者不等周末到来，就开始做一些使他们心情愉悦的事情，比如聚会、社交或者与朋友们一起聚餐。通常，外向者在日常生活中避免一成不变，内向者的生活则更具有可预测性。

虽然经验取样也是采用自我报告作为数据来源，但它与传统的自我报告法不同，它能探查跨时间的行为模式。因此，经验取样可以提供仅在某一时间点施测的问卷法所无法获得的信息。经验取样是一种非常好的方法，例如，利用它可以获取个体自尊随时间波动的信息，还可以获得个体如何对日常生活中的压力作出反应的信息。

观察者报告数据（O-Data）

在日常生活中，我们会对交往对象形成某种印象和作出评价。而对于每一个人，通常会有许多观察者对其形成这样或那样的不同印象。我们的朋友、家人、老师和邂逅者都是我们人格特征的潜在信息源。**观察者报告的数据**（observer-report data，O-Data）利用这些资源为我们提供了有关个体人格的信息。

作为人格数据的一种来源，观察者报告既有优点，也有缺点。一个优点是观察者可以获得其他来源不能获取的信息。例如，观察者能够报告一个人给他人的印象，他（她）的社会声望，与他人相处得很好还是冲突不断，以及这个人在群体中的相对地位。

观察者报告的第二个优点是可以通过许多观察者来评价一个人，而在自我报告中只有一个人提供信息。使用多个观察者使研究者能够评价观察者之间的一致程度，这被称为**内部评价者信度**（inter-rater reliability）。而且，通过统计程序计算多个观察者的评价均数，可以减少单一观察者所持风格和偏见的影响。通常，使用多个观察者能够获得更有效和更可信的人格评鉴。

观察者的选择

当要使用多名观察者时，研究者面临的一个关键问题是如何选择观察者。人格研究者们提出了两种策略：一种策略是使用事先不认识受测者的专业人格评鉴人员；另一种策略是使用实际生活中认识受测者的人。下面依次讨论每一种策略。

伯克利加利福尼亚州大学的人格与社会研究所（Institute of Personality and Social Research，IPSR）就是一个使用专业观察者进行研究的机构。作为专门研究的一部分，受测者应邀来到人格与社会研究所。受测者在研究所待 1 到 5 天，以便接受广泛而深入的人格评鉴。例如，一项研究联系了一组被同伴认为具有高创造力的建筑师，以确定能预测创造力的人格因素；另一项研究关注那些被认为具有创造力的小说家；第三项研究是评估 MBA 培训班中的研究生，以确定能预测商业成功的人格。在 IPSR 的研究中，受过训练的人格观察者在多种背景下观察受测者。随后，每个观察者独立提供一份对受测者的人格描述。

获得观察数据的第二种策略是使用实际生活中认识受测者的人。例如，亲密朋友、配偶、母亲和室友等都曾被用来提供受测者的人格数据（Buss，1984；Ozer & Buss，1991）。与专业评估者相比，与受测者已经存在关系的观察者有其优点与缺点。一个优点是，这样的观察者能更好地观察受测者的自然行为。相比之下，在 IPSR 相对公众化的评估情境中，专业观察者不能目睹到更多的私人行为，只能获得受测者的公众人格。配偶或亲密朋友则能够得到其他渠道无法获取的私人信息。

观察者的报告可被当做人格信息的来源之一。

使用亲密观察者的第二个优势是可以评估**多重社会人格**（multiple social personalities）（Craik，1986）。每个人会对不同的人展现自己的不同方面，例如对朋友我们可能是和蔼的；对敌人我们是残忍的；我们关爱配偶；与父母发生冲突。换言之，我们在不同的情境中会展现不同的人格，这取决于我们与他人的关系。多个观察者的观察为多方面评估个体的人格提供了一种可行的方法。

虽然在人格评鉴中使用亲密观察者有许多优势，但也有一些缺点。因为亲密观察者与受测者存在一定关系，所以他们可能会在某些方面出现偏差。例如受测者的母亲可能忽略孩子的消极特征而强调孩子的积极特征。另外，观察者的人格特征和个人行为也会影响到人格评鉴。有几个因素会降低观察者报告的准确性，包括观察者是否得到与特定判断有关的信息；他们是否注意到该信息；在对受测者做出一个可靠的评定时是否用到该信息（Funder，1995）。

自然观察与人为情境观察

除了确定使用哪种类型的观察者外，人格研究者还必须确定观察是发生在自然情境还是人为情境中。在**自然观察**（naturalistic observation）中，观察者观察和记录发生在受测者正常生活中的事情。例如，观察者跟随一个孩子一整天，或是待在受测者家里进行观察。与此不同，观察也可以在人为设定的情境中进行。例如在 IPSR 的情境中，实验者指导受测者完成一项任务，如参与小组讨论，然后观察他们在这些结构化的情境中如何表现。有心理学家（John Gottman & Robert Levenson）曾让若干对夫妻到他们的实验室讨论一些常引起他们争论的话题，然后观察他们之间的争论。结果发现，夫妻争吵的方式可以预测夫妻关系是否可以维持下去（Gottman，1994）。

自然观察提供给研究者的好处是，能够确保信息来自个体日常生活的真实情境，但其代价是不能控制被观察的事件和行为。在实验者创设的情境中观察，优点是可以控制条件以引发有关行为。但也要付出代价，即失去了日常生活的真实性。

总之，人格研究者要考虑到不同观察数据的不同性质。究竟是使用专业评估者还是亲密观察者，自然观察还是人为情境观察，一定要以具体的人格研究目的为依据，依据研究目标对各种方法的优点和缺点进行评价。从理论上来说，没有哪一种单一的方法适用于所有的人格评估目标。

测验数据（T-Data）

除了自我报告和观察者报告的数据外，第三种常见的人格信息源是标准化测验，即**测验数据**（test data，T-Data）。在这样的测量中，受测者被置于一种标准化的测验情境中，目的是考察不同的人对相同的情境是否作出不同的反应。研究者设计情境引发某种行为，以此行为作为人格变量的指标（Block，1977）。在莫瑞（Henry Murray，1948）的经典著作《人的评鉴》（*The Assessment of Men*）中有一个有趣的例子，即搭桥测验。在测验中，给受测者一些木头、绳子和工具，为他们安排两名助手，要求其在小溪上搭一座桥。但是受测者不能自己来搭桥，而是指导两名助手去做这项工作。受测者并不知道，两名助手在进行角色扮演：一个扮演愚蠢的、理解指令有困难的人；另一个假装博学多闻的人，他对如何搭桥有自己的观点，并且经常和受测者发生冲突。这两名“助手”实际上是在给受测者制造麻烦。受测者以为这是在评估他（她）的领导能力，而实际上却是在评估其在不利条件下的挫折耐受性。

在测验数据的使用上，一个很有意思的例子是梅加吉（Edwin Megargee，1969）关于**支配性**（dominance）的研究。梅加吉希望设计一个实验室测验环境，以便检验支配性对领导能力的影响。根据这一目的，他先对许多可能成为潜在被试的男性和女性实施了加利福尼亚心理调查表支配性分量表的测量，然后选取在支配性上得分非常高与非常低的男性和女性被试。完成了这一选择程序后，梅加吉让一名高支配性的人和一名低支配性的人组对，两人一组来参加实验。他创设了四种情形：（1）高支配性男性与低支配性男性；（2）高支配性女性与低支配性女性；（3）高支配性男性与低支配性女性；（4）高支配性女性与低支配性男性。

然后，梅加吉给每对被试一个大盒子，盒子由很多红色、黄色和绿色的螺母、螺栓和杠杆构成。被试被告知研究目的是测查压力情境下人格与领导能力的关系。每对被试作为一组解决问题的专家，需要尽可能快地修好盒子，即拿掉特定颜色的螺母和螺栓，并用其他颜色取代它们。要求每组被试中必须有一个人作为领导者，对伙伴发出指令；另一个人作为服从者，完成领导吩咐的任务。实验者告诉被试，他们必须自行决定谁是领导者，谁是服从者。

梅加吉感兴趣的关键变量是谁将成为领导者，谁是服从者。因此他简单地记录了每种情境下高支配性的被试成为领导者的百分比。他发现，在同性配对的情况下，有75%的高支配性男性和70%的高支配性女性担当了领导角色；而当高支配性男性和低支配性女性配对时，90%的男性成为领导者；但是，当高支配性女性和低支配性男性配对时，结果非常令人惊奇。仅有20%的高支配性女性担当了领导角色。

当共同工作时，谁将担当领导角色通常是由人格来决定的。

如果仅从这些实验结果来看，我们可能得出这样的结论：最后一种情境中的高支配性女性压抑了自己的支配性；或者尽管这一组的男性的支配性较低，但是他们迫于传统的性别角色压力而担当起了领导的角色。然而，这两种结论都没有得到证实。梅加吉通过录音记录了每组被试在确定谁是领导者时的对话。在分析这些录音时，他发现了惊人的结果：正是高支配性的女性任命了她们的低支配性伙伴作为领导者。事实上，91%的高支配性女性作了关于角色分配的最终决定。该结果表明，在异性配对的情况下，女性用一种不同于男性的方式表现她们的支配性。

梅加吉的研究强调了实验室研究的几个关键点。第一，它表明设置一种情境来观察人格的关键指标是可行的。第二，它表明实验者应该对实验中能够表现出人格特点的情形很敏感，例如被试之间的讨论。第三，通过问卷获得的自我报告数据和通过严格控制条件所获得的测验数据之间通常有着有趣的联系。这些联系提升了用来考察支配性的问卷和实验室测验的效度。

与其他数据来源一样，测验数据也有它的局限性。首先，一些被试可能会猜测被测量的是什么特质，然后努力改变自己的行为和反应，从而给别人留下一种特定的印象。其次，很难证实被试所理解的测验情境与实验者所界定的实验情境之间是否一致。一个研究“权威服从”的实验设计可能被错误地理解为“智力”测验，这样会增加被试的焦虑，歪曲随后的反应。实验者的设想与被试的理解之间的不一致可能会导致错误。

在使用测验数据的过程中应该注意的第三个问题是，这些情境本质上是人际间的，研究者可能会不经意地影响到被试的行为表现。例如，与冷淡的实验者相比，外向的和友善的研究者会激发被试更多的合作（见 Kintz，Delprato，Mettee，Parsons，& Schappe，1965）。简言之，选择由谁来操作实验，包括实验者的人格和举止，会不经意地歪曲所获得的结果。

虽然存在这些局限，测验数据仍然是获得人格信息的非常有价值的和不可替代的来源。可以设计程序来引发日常生活中很难观察到的行为，从而获得测验数据。这些程序允许调查者控制情境以消除无关影响源。最重要的也许是，通过尽力控制预想的因果变量，实验者可以通过这些程序检验特定的假设。由于这些原因，对人格研究者来说，测验数据仍是一种不可或缺的工具。

机械记录装置

为了研究人格，人格心理学家在适应技术革新方面已经有了很大的进步。体现研究者聪明才智的一个例子是用“活动度测量计”（actometer）评估在活动或能量水平上的人格差异。活动度测量计本质上是一种改装过的自动上发条的手表，可以绑在被试（通常是儿童）的胳膊或腿上。运动激活发条装置，通过手上的刻度计记录下个体的活动状况。当然，情绪、生理状态和环境在每天甚至每时每刻都会有波动，这限制了活动水平这一单一取样的有效性。但是，对于每个人来说，收集他在不同日子里的活动水平样本，便可以产生合成分数，从而反映出他是多动的、正常活动水平的还是安静的（Buss，Block，& Block，1980）。

在一项研究中，研究者曾让 3~4 岁的学前儿童在其非利手手腕上戴将近 2 个小时的活动度测量计（Buss et al，1980）。每个活动度测量计的刻度盘都用带子盖着，使儿童不会分散注意力。在预测验时，那些能够看到刻度盘的儿童确实被刻度盘所吸引，例如坐在一个地方，来回摇晃着测量计，这种活动干扰了测量的有效性。假如儿童在实验过程中摘掉测量计，或者生病，拟或寒冷的天气限制了其活动范围，使儿童的活动水平不能表现出来，那么实验者必须仔细地剔除这些数据。为了更可信地获得每个儿童的活动水平的指标，可采用分时记录的办法，之后把活动度测量计的读数进行合并。

实验者试图寻找以下三个问题的答案：(1) 用活动度测量计测量的活动水平与观察测量的结果一致吗？(2) 活动水平在多大程度上具有跨时间的稳定性？(3) 使用这种机械记录装置进行的活动水平测量与基于观察者的人格判断相关吗？为了回答这些问题，研究者通过加利福尼亚 Q 分类儿童版（用来描述儿童人格特征的工具），从儿童的老师那里获取了观察者的评价（Block & Block，1980）。Q 分类的题目样例如下：是一个健谈的人；对他人做出妥协；基本上是顺从的；是狡猾的、爱骗人的、控制性的和机会主义的；精力旺盛的。研究者分别在儿童 3 岁、4 岁和 7 岁时进行观察，而只在儿童 3 岁和 4 岁时进行活动度测量。

研究表明，活动水平的活动度测量计测量与观察测量之间具有很强的一致性。活动水平也被证明具有中等程度的跨时间稳定性。例如，3 岁时的活动度测量计测量结果与 4 岁时的测量结果具有中等程度的一致性。活动水平的活动度测量计测量与基于观察者的人格判断之间有一定关系吗？被活动度测量计评为高活动水平的儿童也被老师评价为生气勃勃的、精力充沛的和主动的。另外，高活动水平的儿童被评为好动的和坐立不安的，所有这些或多或少是过度活跃的标志。特别有趣的是，活跃的儿童在老师的眼里是不受约束的、自信的、好胜的、有肢体和言语攻击行为的、引人注意的且喜欢操控他人的。因此，活动度测量计测得的活动水平与其他对社会互动有重要影响的人格特质有关联。

活动水平具有跨时间的稳定性，并与教师所评定的生气勃勃、精力充沛和主动性之间存在相关。

总之，人格的某些方面可以通过机械记录装置进行测量，如活动度测量计。这类形式的测验数据有其自身的优点和缺点。主要的优点是，它提供了一种评估人格的机械测量方法，这种方法不会受到偏见的影响。当通过人来观察时，就有可能会受到偏见的影响。第二个优点是这些数据是在相对自然的情境中获得，例如儿童玩耍的操场。主要的缺点是，相对来说，几乎没有哪种人格特征能够直接被机械装置所测量。例如，没有机械装置能够直接测量内向性或责任心。但是，在适用的领域中，机械装置可以有效地获得人格数据。也许将来的技术发展会使更多的人格特质可用机械装置来进行测量。

生理数据

正在重新受到关注的人格数据的一个重要来源是生理测量数据。生理测量可以提供个体唤醒水平的信息、对各种刺激做出的反应以及吸收新信息的速度等所有的潜在人格指标。例如，可以把仪器放在人们身体的不同部位，测量交感神经系统的活动、血压、心率和肌肉收缩。研究者还可以评定对刺激做出反应的脑电波，甚至也可以通过阴茎膨胀测量器（Geer & Head，1990）或阴道血流测量仪这样的工具来测量与性唤醒有关的生理变化。

在第 7 章里，我们将更详细地介绍生理测量。在此，为了分析人格测量的各种方法，我们只介绍一个使用生理数据作为人格信息源的例子。心理学家帕特里克（Christopher Patrick，1994）一直在对精神病患者进行研究，特别是关押在监狱里犯了重罪的男性。一种关于精神病患者的理论认为，他们没有大多数人所具有的正常的恐惧或焦虑反应，让大多数人焦虑的事情可能不会让精神病患者感到焦虑。为了检验此观点，帕特里克博士采用了一种被称为"眨眼惊跳反射"的技术，这种技术以前一直在恐惧研究中使用。

当受到惊吓时，比如突然出现一个极强的噪音，我们就会做出惊跳反射。这个过程由眨眼、下巴压向胸部以及突然吸气构成。假如我们因为某种原因而焦虑，那么与在正常情感状态下相比，我们将更快地做出惊跳反射。它的意义在于，当我们处于害怕或焦虑的状态时，随时准备进行快速的防御性惊跳反应。给人们呈现吓人或令人厌恶的图片就能使其做出惊跳反射，例如蛇、凶猛的狗或蜘蛛的图片（大多数人认为这些图片能使自己产生轻微的焦虑）。与看到不吓人的物体相比，例如一座房子，一棵树或一把椅子等，人们在看到令人害怕的场景时，将更快地表现出眨眼惊跳反应。有趣的是，帕特里克发现，因暴力犯罪入狱的精神病患者观看诱发焦虑的图片时没有表现出更快的眨眼反应（与看到普通物体相比）。这说明他们并没有感受到与正常被试同样水平的恐惧与焦虑。也许精神变态者之所以犯罪，是因为他们不具有正常的焦虑水平和罪恶感，而正是这种正常的焦虑水平和罪恶感才阻止了我们中的大多数人做错事。这是一个很好的、能够说明生理测量如何被用于检验和理解各种人格特征的例子。

一种新近的生理数据来源是**功能性核磁共振成像**（functional magnetic resonance imaging，fMRI），这是一种用来确定人们在完成特定任务（例如言语问题或空间航行问题）时其大脑被"激活"区域的技术，它测量的是大脑特定位置的血氧含量。当大脑的某一区域被高度激活时，大量的血液流向该区域，血液中携带的氧离子在这里累积。而 fMRI 可以检测到血红细胞中氧离子携带的铁离子的浓度，进而确定执行任务时使用了大脑的哪一区域。fMRI 大脑扫描呈现的有色图像经常是非常生动的。

从理论上来讲，fMRI 提供的生理数据可以与人格特性、智力或精神病理学相关联。但在实际中，这种方法揭示的内容有一些局限。由于 fMRI 必须比较"兴奋"状态与"静息"状态的不同，因此掌握什么才是真正的静息状态非常关键。例如，假如男性的静息状态更多地转向运动状态，而女性的更多地转化为社交活动，那么比较诸如观察面部表情这类静息状态下的任务，将得出男性和女性完成该

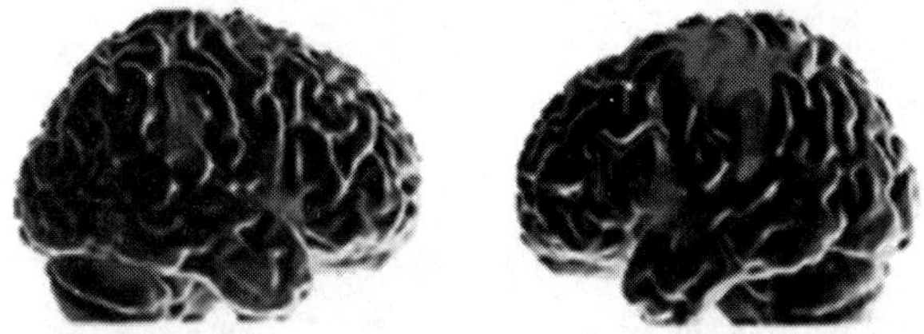

生理反应的测量，如 fMRI 大脑扫描，是人格研究的一种数据来源。

任务时脑活动不同的结论，但事实上这种差异完全是由静息状态的性别差异造成的（Kosslyn & Rosenberg，2004）。

生理数据的优点在于，被试很难做出虚假反应，特别是在唤醒或反射反应的测量上，例如眨眼惊跳反射。但是，生理记录程序有着其他实验室测验数据所具有的大多数局限，特别是，记录通常受到相对人为的实验情境的限制，记录的准确性取决于被试是否以实验者期望的解释方式来解释情境。

投射技术

另一类测验数据的来源是**投射技术**（projective techniques）。使用投射技术时，研究者会给人们提供一种标准化的刺激，然后询问他们看到了什么。人格评估中最著名的投射技术是由罗夏（Hermann Rorschach）发明的墨迹测验。当然，还有其他的投射测验，例如“手”测验（hand technique）。在这种测验中，研究者提供多张手的图片，要求被试就“手”正在做什么，以及接下来将要做什么编一个故事。投射技术的共同特点是呈现模棱两可的刺激，例如一张墨迹或一只手的图片，然后让个体通过描述自己的所见对刺激进行建构，例如从墨迹中看到了什么或这只“手”刚做完什么。投射技术背后的指导思想是，个体在刺激中的所见与其心理内容直接相关，个体对刺激内容的解释可以反映其人格的某些方面。通常一个人会把他（她）的关注点、冲突、特质、看待世界以及应对世界的方法“投射”到模棱两可的刺激上。

投射技术被当做一种测验数据，是因为它呈现给所有人的都是一种标准化的测验情境，给予同样的指导语，测验情境引发了可以表现人格的行为。也有人认为投射测验不属于测验数据，原因在于，在很大程度上，我们不能对其进行标准化评分，尽管也有一些例外（见 Wood，Nezworski，& Stejskal，1996，一个关键的测验）。机械观察装置（如活动度测量计）和生理记录装置（心率监视器）都是用客观的、受规则制约的程序来记分。记分是机械的、客观的、标准化的，而投射技术通常只能进行主观解释。

个体对墨迹进行解释时，会将其人格投射到其“所见”的内容上。

就心理学家解释个体对墨迹的反应而言，反应的内容是非常重要的。例如，同样的图片，一个人看见的是一只蝙蝠、一只死狗和一个食人者，另一个看见的却是一束花、一片浮云和两个小丑在玩拍手游戏，这有着非常大的不同。除了内容，心理学家们对知觉是如何形成的也非常感兴趣。例如，一个人可能把注意力集中在把墨迹与白色区域区分开的线上，但另一个人可能只注意墨迹本身。总而言之，所有的投射测验都要呈现给个体一些模棱两可的刺激，并让个体通过解释、绘画或编故事为刺激提供一种建构。支持投射测验的心理学家们认为，这样的测验对于获得被试自己可能没有意识到的，不可能在问卷法中报告的愿望、欲望、想象和冲突是非常有用的。其他一些研究者则对投射技术提出了批评，质疑其作为准确的人格测量的信度和效度（Wood et al.，1996）。

生活史数据（L-Data）

生活史数据（life-outcome data，L-Data）是指从可供公开查阅的个体生活事件、活动和结果中搜集到的信息，例如结婚和离婚就是一种公开的记录。人格心理学家有时可以获得个体参加俱乐部的信息，如个体是否曾参加过俱乐部；一个人在过去几年里收到多少次超速行驶的罚单；是否持有手枪。个体是否因为暴力犯罪或白领犯罪（white-collar crime）而被捕也是一种公众记录。个体在工作中的成就，如晋升还是降级；以及他创造的作品，如出版的书籍和音乐唱片等，这些都是个体的重要生活结果，它们都可被视为人格的重要信息源。

人格心理学家经常使用自我报告的数据和观察者报告的数据来预测生活史数据。有研究者提供了一个如何用观察者报告的数据来预测重要生活事件的例子（Caspi，Elder，& Bem，1987）。通过对 8 岁、9 岁和 10 岁儿童的母亲进行临床访谈，研究者编制了两个人格量表来测量孩子的坏脾气。一个量表以发脾气的严重程度为基础，它关注肢体行为（例如撕咬、踢打、扔东西）和言语表现（例如咒骂、尖叫与大叫）。另一个量表评估坏脾气发生的频率。卡斯比和同事把两个量表整合在一起，形成一个测量坏脾气的单一量表。这种测量属于观察者报告的数据，因为它以母亲的实际观察为基础。然后，当这些被试到了三四十岁时，研究者收集他们生活结果的信息，例如受教育程度、工作情况、婚姻状况、亲子关系等。最后，研究者考察儿童时期测量的人格特征（观察者报告数据）是否显著预测了二三十年后的生活结果（生活史数据）。

童年期爱乱发脾气的倾向可能导致成年后的消极生活结果，例如离婚概率的升高。

结果表明这种预测是非常显著的。对于男性来说，早期的坏脾气与成年生活的许多消极结果有关。儿童时期表现出坏脾气的男性在部队服役时的等级明显更低。与儿童时期没有被评价为坏脾气的人相比，他们的工作更不稳定，例如更频繁地换工作，失业的次数更多。而且，这样的男性与儿童期脾气相对温和的人相比，不太可能拥有满意的婚姻。到 40 岁时为止，坏脾气男性的离婚率是 46%，但是在很少发脾气的男性中，到 40 岁时离婚的只占 22%。

女性的结果也显示出了类似的模式，但与男性被试相比较，也有一些不同之处。与男性相比，女性早期的坏脾气与后来的工作状况没有关系。但是，儿童时期坏脾气的女性倾向于与职业地位显著低于自己的男性结婚，儿童时期坏脾气的女性中有 40% “下嫁”；而儿童期较温和的女性中，这一比例只有 24%。与男性一样，女性在儿童时期的坏脾气与离婚率相关。到 40 岁时为止，儿童时期坏脾气的女性中有 26%的人离婚；但是儿童时期相对冷静的女性中，到 40 岁时离婚的只有 12%。

除实证研究（例如用儿童期的人格预测成年期的离婚率）之外，生活史数据确实在影响着我们的日常生活。我们的驾驶记录，包括超速罚单和交通事故，都被保险公司用来确定我们应该支付多少车险。有时商业公司会跟踪我们的信用卡使用历史，以确定行为偏好，这种偏好影响着我们对广告的接收。最近，广告客户有时会跟踪我们浏览的网页，依据我们上网的行为模式向我们发送“兜售信息”或弹出广告。因此，驾驶记录、信用卡的使用记录和上网模式成为现代的生活史数据来源。你认为能够通过人格变量，如冲动性（更多的交通事故）、身份追求（用信用卡购买象征声望的物品）、性驱力（更频繁地浏览色情网页），来预测这些公开的、有迹可循的数据吗？未来的生活史数据研究可以很快回答这些问题。

总之，生活史数据可以被视为关于人格的真实生活信息的重要来源。早期测量的人格特征经常与数十年后的重要生活结果有关联。就此意义而言，我们可以说生活结果，如工作、结婚和离婚，在一定程度上是人格的表现。但是，我们必须认识到生活结果是由诸多因素导致的，包括个体的性别、民族、种族以及偶然的机会。人格特征仅仅是这些生活结果的原因之一。

练习

请想象一种你非常感兴趣的人格特征。例如，你可能想到活动水平、冒险行为、脾气或合作性这些特征。结合以上四种主要的数据源，想想你将使用什么样的具体方法来收集关于该特征的信息。对于你如何使用自我报告数据、观察者报告数据、测验数据或生活史数据来评鉴该特征，请给出详细的例子。对选定的人格特征你将如何评估，也请提供详细的例子。

人格评鉴中的问题

我们已经介绍了几种基本的人格数据来源，现在回过头来思索人格评鉴中的两大问题。第一个问题是在某项人格研究中使用两种或多种数据来源时，人格数据的各种来源之间的关系是怎样的？当不同的数据来源所得出的结果不一致时，可以得出什么结论？第二个问题涉及人格测量中的误差，以及如何使用多种数据来源克服单一数据源产生的偏差。

各种数据来源之间的关系

人格心理学者们必须处理的一个关键问题是：从一种数据来源获得的结果与从另一种数据来源获得的结果之间的相符程度如何。例如，一个人认为自己是支配性的，而其他观察者们，比如他（她）的朋友和配偶也这样认为吗？从机械记录装置，如活动度测量计获得的结果与观察者报告或自我报告的活动水平一致吗？

根据所考察的人格变量的不同，数据来源之间的一致性程度有的很低，有的呈适中水平。例如，有研究者（Ozer & Buss，1991）检验了八个人格维度的自我报告和配偶报告之间的关系。他们发现一致性程度取决于具体的特质和该特质的可观察性。外向性特质的不同数据来源之间显示出中等程度的一致性。“精明的”这一特质的自我报告与配偶报告数据显示出很低的一致性。那些很容易观察且几乎不需要观察者推理的特质（如外向性）较之那些很难直接观察且需要对内部心理状态推理的特质（如“精明的”），在自我报告与观察者报告上表现出更高的一致性。

在研究中使用多种测量方法的主要优点在于，每种测量方法有其独有的特性，而这些特性又独立于潜在的心理结构。通过多种测量方法来获得不同来源的数据后，研究者们就可以综合考虑各种测量方法的特性，进而对关键变量进行研究。

评价各种人格数据来源之间关系的一个主要问题是，确定这些来源是对同一结构的测量，还是对不同现象的评估。例如，一个人报告自己的相对支配性水平时，她可以依据大量的信息来做出评判，即在社会环境中与许多人之间的互动。而一个特定的观察者，如亲密朋友，却只能获得有限的、有选择性的相关行为样本。因此，假如朋友评价这位女性的支配性很高，但是该女性却认为自己只具有中等的支配性，这种不一致可能完全是由于每个人做出评价时选取的行为样本不同。所以，缺乏一致性并不一定意味着测量的错误（尽管测量有可能是错误的），它可能表明观察者们下结论时所依据的行为样本不同。

总之，对各种人格数据来源之间关系的解释，主要依赖于所呈现的研究问题。正如已经证实的外向性和活动水平的例子那样，如果两种数据源之间的一致性很高，那么就会使研究者相信不同测量方法测量的是同一人格现象。另一方面，缺乏高一致性可能意味着：不同的数据来源评价的是不同的现象；或者表明一种或多种数据来源是易出现错误或有问题的；这也是我们马上要讨论的一个问题。

人格测量中的误差

每种数据来源都有其缺陷，从而限制了其使用。科学中任何测量方法都如此。甚至所谓的客观科学工具，如望远镜，也不是完美的。因为微小的瑕疵，比如镜头的轻微变形，就会导致观察中出现误差。科学测量的易出错性在人格研究中也是存在的。

因此，人格评鉴的一种有效策略是检验用不同方法是否能得出统一的结果——这个过程有时被称为*三角测量*（triangulation）程序。假如发现了一种特殊效应，比如支配性在领导关系中的作用，那用观察者报告和自我报告来测量支配性时，是否也会发现这种作用？假如外向者比内向者更易厌倦，那么用生理记录装置（比如脑电波说明那个人几乎睡着了）能测量出来的结果也可以用自我报告测量出来吗？

贯穿全书，当讨论每一人格领域中的实证发现时，我们将特别注意避免单一数据源测量的局限性。假如从两种或多种数据来源中发现了同样的结果，那么研究者就更有信心认为该结果是可信的。

人格测量的评价

一旦确定了人格测量的方法，下一步的任务就是对它们进行科学的检验，以便研究者确定测量的好坏。一般说来，有三个评价人格测量的标准——信度、效度和概括性。虽然在这里是通过评价人格问卷来讨论这三个标准，但是这些标准对评价人格研究的所有测量方法都适用，而不仅仅适用于包括自我报告的人格问卷，要牢记这一点。

信 度

信度（reliability）可被界定为，一个测验的测量结果在多大程度上反映了被测特质的真实水平。假定每个人确实在某种程度上具有你希望测量的特质，而且你能够了解其真实水平，如果你的测量是有效的，那么测量的结果与真实的水平就是相关的。例如，若一个人的实际智商是115，那么一个完全可信的智商测验所测的此人的分数就是115。而且，一个可信的智商测验每次测得的此人的分数都会是115分；信度较低的测验获得的分数会在112分到118分之间；信度更低的测验获得的分数范围更广，在100分（平均水平）到130分（天才的临界线）之间。人格心理学家喜欢信度高的测验，因为这样所得的分数能够准确地反映所测的每个人的人格特征的真实水平。我们无法测到特质的真实水平，因此无法精确地计算实际测量的可信度。但是下面有几种方法可以用来估计信度。

估计测量信度的一种方法是**重复测量**（repeated measurement）。重复测量有不同的形式，因此产生不同类型的信度。常见的形式是对同一个样本进行跨时间重复测量，例如间隔一个月。假如第一次测验和第二次测验之间具有高相关，大部分人在两次测验上得到的分数相近，那么测量结果可被视为具有较高的*重测信度*（test-retest reliability）。

估计量表信度的第二种方法是在同一个时间点检验项目之间的关系。假如一个测验的项目彼此之间都高相关（被视为重复测量的一种形式），那么这个量表就被视为具有较高的*内部一致性信度*（internal consistency reliability）。这种信度是内部的，因为是通过测验本身来评估信度。使用内部一致性作为信度的指标，其基本原理在于，心理学家假设一个量表中的所有项目测量的是同一特征。假若确实如此，那么这些项目之间应该具有正相关。

第三种方法是通过多个观察者来得到测量信度，这种方法仅适用于以观察法为基础的人格测量。当不同的观察者之间具有一致性时，视该测量具有较高的内部评价者信度（inter-rater reliability）；当不同的观察者意见不一致时，则测量的内部评分者信度较低。

无论是通过重测信度、内部一致性信度，还是内部评分者信度，证明人格测量是可信的非常重要。但这仅是评价人格测量的第一步，下一步是检验它是否有效。

应用

结构化人格测验的**历史偏差**（historical bias）。一些结构化的人格测验，如明尼苏达多项人格调查表（Minnesota Multiphasic Personality Inventory，MMPI），包含许多涉及个人过去生活事件的测验项目。例如：*我从未陷入法律纠纷；在学校里，我有时因为捣乱被送去见校长；我饮酒过度；年少时，我曾偷过东西*。这些项目被用于评估异常行为、社会病态，以及个体对社会标准的认同程度等（见 Gough，1980）。当个体对含有过去生活事件的题目诚实作答时，测验分数可能有一定程度的稳定性或较好的信度，但从跨时间的角度看时，这种稳定性或信度可能存在较大的偏差。

假如一个人参加了两次含有过去生活事件项目的人格测验，其中一次在青少年期，另一次在 25 岁；假如这个人在青少年时很叛逆，但到成年时已经安顿下来成为一个有责任感的公民；假如这个人在测验中真实作答，那么不管此人的人格在成年时改变了多少，他将总是赞同关于叛逆的那些历史项目（如离家出走、饮酒过度、与父母打架）。简言之，涉及过去行为的测验项目表现出了比实际情况更高的信度或稳定性。当对人格进行跨时间测量时，避免过分依赖含有历史偏差的自我报告是明智的选择。

效　度

效度（validity）是指一个测验在多大程度上测量到它所要测量的东西（Cronbach & Meehl，1955；Wiggins，2003）。证实一个测验是否确实测量了它所要测量的东西是一项复杂而具挑战性的任务。这里有五类效度：表面效度、预测效度、聚合效度、区分效度和结构效度。最简单的效度是**表面效度**（face validity），是指从表面上看，测验是否测量了其应该测量的东西。例如，测量“操控”特质的量表可能包含以下具有表面效度的题目：*我交朋友仅仅是为了获得好处；我欺骗朋友以使他告知我他的个人信息；我试图通过表现出合作来达到自己的目的；我假装受到伤害，好让他人帮助我*。由于大多数人认同这些行为是操控性的，因此含有这些题目的量表具有很高的表面效度。表面效度可能是效度中最不重要的一种。事实上，一些心理学家认为表面效度是虚假的效度，而不是真实效度的依据。

更重要的一种效度是**预测效度**（predictive validity）。预测效度是指测验是否预测了外在效标，因此它有时也被称为**效标效度**（criterion validity）。例如，旨在测量追求感觉和刺激的量表应该可以预测什么样的人会为了获得兴奋和刺激而采取冒险行为，例如跳伞或骑摩托车。最近的一项研究发现，感觉寻求的测量结果确实成功地预测了许多冒险行为，例如买彩票、体育活动的赌博、玩视频扑克游戏和吃角子老虎机，这证明感觉寻求量表具有良好的预测效度（McDaniel & Zuckerman，2003）。测量尽责性的量表应该能预测什么样的人会按时参加会议和遵守规则。成功地预测了应该预测的内容的量表具有高预测效度。

第三种类型效度是**聚合效度**（convergent validity），是指一个测验是否与其他测量同一构想的测验相关。例如，对忍耐性的测量，如果自我报告测量和同伴评价之间具有很好的一致性，那么就说这个量表具有高聚合效度。在本章前面，我们所描述的“活动水平”研究就是聚合效度的一个例子，在该研究中，机械记录的活动水平和观察者判断的活动水平之间具有高相关。聚合效度是考察同一构想的各种测量间的相关或与目标测量聚合的程度。

第四种类型的效度被称为**区分效度**（discriminant validity），它经常与聚合效度一起使用。聚合效度是指一个测量*应该*与什么相关，而区分效度是指一个测量*不应该*与什么相关。例如，一位心理学家进行了一项关于生活满意度的测量。生活满意度是指相信个体的生活是幸福的、有价值的和令人满意的倾向。但是，也有另一种被称为社会称许性（social desirability）的特质，即自己做出良好评价的倾向。因此，该心理学家可能会关心生活满意度测量的区分效度，并尽力表明这种测量与对社会期望的测量不同。了解一种测量实际测的是什么，可以通过了解它没有测量什么来获得。

最后一类效度是**结构效度**（construct validity），指测验是否测量了其要测的内容，是否与其假设相关的变量相关，与其假设不相关的变量无关。很明显，结构效度是最宽泛的效度，包括了表面效度、预测效度、聚合效度和区分效度。把这种效度称为结构效度，是因为它以人格变量是**理论建构**（theoretical constructs）这一观念为基础。假如要求“表现你的智力”或“表现你的外向性”，你将很难做出反应。因为你不能提供任何一个具体的事物，然后说“这是我的智力”或“这是我的外向性”。智力和外向性，与所有的人格变量一样，都是抽象的。但是，这些理论建构可以帮助心理学家们描述和解释人们之间的差异。确定实际的测量是否有效地测量了这些结构是结构效度的根本。

我们如何知道某个测验是否具有结构效度呢？假如一个测验与其他具有相同结构的测验聚合，与理论所述应该相关的其他变量相关，与理论所述不应该相关的变量无关，那么我们就说这个测验具有结构效度。例如，研究者编制了一份测量创造力的问卷，且很想知道它的结构效度。那么可以考察一下，同一样本在该问卷上的得分与通过其他方式测量的创造力分数相关吗？如朋友提供的创造力评价（聚合效度），或在美术课上获得的奖励或等级（预测效度）。另外，该结果与和创造力有关的行为测验（如要求被试指出普通物体——锤子和绳子的创造性用途）相关吗？

最后，如果研究者假设创造力与智力不同，那么证明创造力的测量与智力的测量不相关也是非常重要的（区分效度）。这些数据为确定一种测量是否具有结构效度提供了基础。当一个测量的大部分已知关系被确立后，我们就相信这个测量是特定人格结构的可信的测量。例如，如果我们掌握了足够多的关于创造力与其他变量之间相关关系的信息，那么我们就可以说该测验具有很好的结构效度，它可以用来对创造力做出推论，检验创造力的理论，以及测量人们的创造力。

概括性

评价人格测量的第三个标准是**概括性**（generalizability）（Cronbach & Gleser，1965；Wiggins，1973）。概括性是指测量在不同情境中保持其效度的程度。研究者感兴趣的情境之一是不同的人群。例如，人格心理学家可能对一个问卷是否在不同年龄、性别、文化或种族群体中仍然具有预测效度感兴趣。一种量表在男性中使用与在女性中使用是否具有相同的效度？一个测验是否对非裔美国人和欧裔美国人具有相同的效度？该测验对日本人和爪哇人是否也具有相同的效度？该测验在大学生和中年人中所测量的特质相同吗？假如这个测验在不同的人群和不同的文化背景中具有广泛的适用性，那么可以说该测验具有跨群体的高概括性。概括性对测量是否可被用于不同的社会和文化背景来说非常关键。

概括性的另一个方面指不同的情境。例如，预测在工作情境中谁会成为领导的支配性量表，是否也适用于非正式的、工作之余的情境？能预测谁将准时来上课的尽责性量表是否同时还能预测谁将保持宿舍的整洁？具有高概括性的量表能够广泛用于不同的情境和条件。

事实上，信度和效度都可以被包含在概括性的概念之中。例如，重测信度可被看做跨时间的概括性；预测效度可被看做跨情境的概括性。因此，在考虑量表的分数时，可以问“这些分数在不同情境中的概括性如何？”这些情境包括人、环境、文化和时间等。

概括范围很小的量表也可能是有用的。例如，测量生活在没有重力的世界中人的反应，即使它对地球上的人或情境没有一点概括性，但在成功地预测宇航员的行为上极为有用。概括性更高并不总是更好，重要的是从经验上来确定某种测量适用和不适用的情境。

人格研究的设计

在本章，我们已经介绍了人格测量的类型和评价测量质量的方法。人格研究的下一步将是在实际的研究设计中使用这些测量方法。尽管方法的变化几乎是无限的，但是在人格心理学研究领域中有三种基本的研究设计：实验研究、相关研究和个案研究。每种研究设计都有其优点和缺点，每种研究设计都提供一些其他研究设计所不能提供的信息。

实验法

实验法（experimental methods）常被用于确定变量间的因果关系，也就是说，发现一种变量是否影响另一种变量。变量是指用来区别不同人的属性，不同的人在该属性上具有不同的值。例如，高度是一个变量，因为不同的人高度不同；攻击性也是一个变量，不同的人的攻击性水平不同；人格特征，如外向性和随和性，也是变量。为了确立一个变量对另一变量的影响，好的实验设计必须满足几个关键要求：（1）**操控**（manipulation）一个或多个变量；（2）确保每种实验条件下的被试在实验开始时相互之间是同质的。

第一个要求是操控，在实验中对被认为是影响因素的变量进行操控。例如，假如一种药物会影响记忆，那么让一部分被试服用这种药物，另一些被试吃糖丸，然后让所有的被试参加记忆测验。第二个要求是同质性，通过以下两种方法中的一种可以实现。假如实验操控在组间进行，那么**随机分配**（random assignment）被试到各组是一个保证所有组在研究开始时同质的程序。但是，在一些实验中，操控是在组内进行。例如，在一项记忆实验中，被试先吃药，进行记忆测验；然后再吃糖丸，再进行记忆测验。在这种情况下，每个被试接受了两种实验条件。这类实验（被称为被试内设计）可通过**平衡**（counterbalancing）实验条件的顺序来获得同质：让一半被试先服药物，然后吃糖丸；另一半被试与之相反。

通过例子来说明将会使这些概念变得更加清晰。也许你很好奇，为什么有些人喜欢学习的时候开着音响或电视，而另一些人则需要绝对的安静条件才能学习。一种人格理论预测，这种差异与个体的外向—内向水平有关。外向的人喜欢大量的刺激，而内向的人不喜欢刺激。如果你对这一假设感兴趣，即外向者在高外部刺激的条件下表现得最好，而内向者在低刺激的条件下表现得最好。那么为了检验该假设，你可以首先让被试完成一份测量外向—内向的自我报告问卷。然后，仅选择那些分数比较极端的个体，即非常内向的人和非常外向的人来参加实验。接下来，把被试带到实验室，让他们在两种不同的条件下完成关于数学和句子理解的问题：一种是充满刺耳的收音机声的环境，另一种是绝对安静的环境。每组被试的一半（即一半外向者和一半内向者）先被随机安排在噪音条件下进行实验，然后是安静条件；另一半被试先被随机安排在安静条件下进行实验，然后是噪音条件。接下来，你可以考察每组被试在每种条件下所犯的错误。假如被检验的人格理论是正确的，你应该得到如图 2.1 所示的结果模式。图 2.1 中虚拟的结果说

喜欢在图书馆里单独学习的人很可能是内向的，而那些喜欢在群体中学习的人倾向于外向。

明：外向者在吵闹的条件下犯错少，而在安静的条件下犯错多；内向者表现出了相反的模式，即噪音影响了他们的成绩，而在安静的条件下他们表现得最好。

尽管是虚拟的研究，但它突出了好的实验设计的关键特征。第一是操控，在本例中，外部条件（自变量）被操控，即实验室中环境噪音的大小。第二个特征是平衡，即一半被试先接受噪音条件，另一半被试先接受安静条件。平衡非常关键，因为总是先面对一种条件可能会产生*顺序效应*。平衡使实验者在解释结果时能够排除顺序效应。第三个特征是随机分配。通过随机分配，所有的人都有相同的机会被分配到某种条件下。随机化可以通过抛硬币或更常见的随机数字表的方式进行。分配中事先确定的模式将影响到最终结果的解释，而随机化就可以确保分配中没有事先确定的模式。

在实验设计中，通常的希望是确定不同条件组之间是否具有*显著的*差异。在内向/外向的例子中，我们想知道内向者和外向者在噪音条件下的成绩是否有显著差异；内向者的成绩与外向者的成绩在安静的条件下是否有显著差异。为了回答这些问题，我们需要知道五个具体的指标，即样本大小、平均数、标准差、t 检验和 p 值（两种条件之间差异的显著性）。

*平均数*是指平均水平，而在本例中，指每种条件下的平均错误数。*标准差*是每种条件下的变异量。既然不是所有被试犯错误的次数都与平均数相同，那么我们需要一种方法来估计每种条件下被试犯错误的次数与平均数的差异量，这种估计就是标准差。用这些数值，我们就能够通过一种统计方法，即 t *检验*，来计算两组被试的平均数之间的差异。

下一步是看这种差异是否足够大，是否达到了显著性差异（p 值）。尽管“足够大”或多或少是个主观概念，但心理学家已经接受了如下规范：假如平均数之间的差异*偶然*（比如数据的随机波动）产生的概率是 1/20 或更少，那么这一差异在 $p<.05$ 的水平上达到了**统计显著性**（statistically significant）（.05 指 5%或 1/20 的概率水平）。在.05 水平上显著的平均数差异说明，此结果偶然出现的可能性是 100 次中只有 5 次；另一种思考方法是，假如实验重复 100 次，我们预期偶然产生此结果的可能性是 100 次中仅有 5 次。

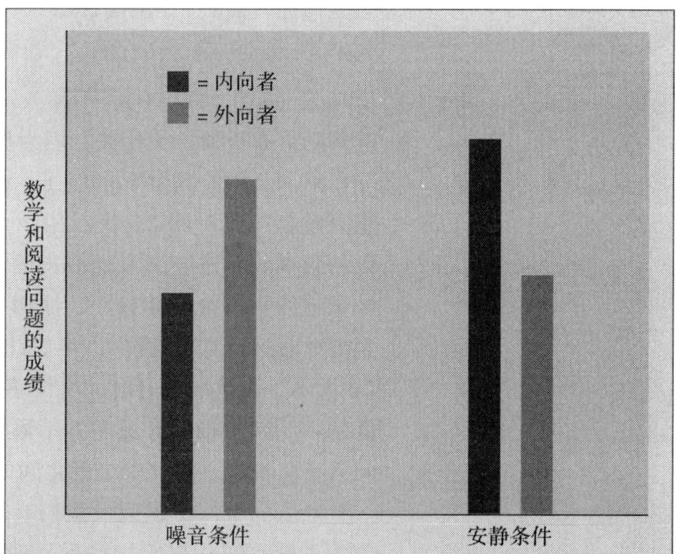

图 2.1
数学和阅读问题的成绩

总之，实验法在证明*变量之间关系*上是有效的。例如，与上面所述类似的实验已经证实了内向—外向与高低噪音条件下的作业成绩之间的联系。对实验条件的操控，平衡实验条件的顺序，以及随机分配被试到各种条件可以确保排除可能会影响成绩的无关因素（虽然研究者不可能控制所有可能影响到成绩的因素。）然后，在计算了平均数和标准差之后，使用 t 检验和 p 值来比较两组平均数差异，确定两种条件下被试的差异是否具有统计上的显著性。如此一来，研究者就能够确定人格是否能够影响人在不同条件下的行为表现。

相关研究

人格研究设计的第二种主要类型是相关研究。在**相关法**（correlational method）中，统计程序被用于确定两个变量之间是否存在某种关系。例如，大学里成就需要高的人比成就需要低的人在成年后会拿更高的薪水吗？在相关研究设计中，研究者试图直接确认两个或多个变量之间的关系，而不进行实验设计中所提到的各种类型的操控。也就是说，相关设计通常试图确定自然条件下的关联，而不是对试图操控或影响的某种现象进行观察。例如，我们可能对自我报告的自尊与他人观察到的自尊之间的关系感兴趣，或者我们可能对测量的成就动机与依据年级平均成绩评估的学术表现之间的关系感兴趣。相关研究的一个主要优点在于，它使我们能够确认各种变量之间自然发生的关系。我们继续以外向—内向和噪音条件下的成绩表现为例，可以测量真实生活中，人们喜欢在有音乐还是没有音乐的情况下学习，然后看它们与内向—外向分数之间是否存在相关。

相关研究中最常见的测定变量之间关系的统计指标是**相关系数**（correlation coefficient）。为了便于理解相关系数意味着什么，可以借用身高和体重之间的关系来说明。我们选取 100 个大学生作为样本，测量他们的身高和体重。假如把结果画成散点图，我们会看到，高个子的体重相对较重，矮个子的相对较轻。但是也有一些例外，如图 2.2 中所见。

相关系数的范围从+1.00 到 0.00，然后到–1.00。也就是说，变量之间可以是正相关（+.01 到+1.00），不相关（0.00）或负相关（–.01 到–1.00）。身高和体重之间恰巧具有很强的正相关，因为根据图 2.2 所示，它们之间的相关系数是+.60。

举一个更心理学化的例子。假设我们对人的自尊与不愉快的时间之间的关系感兴趣，可以看图 2.3 所示的散点图。这个散点图是以大学生为样本，使用标准化的自尊问卷进行测量而获得的。对第二个变量不愉快的时间的测量，则是要求被试连续写两个月的日记，注明每天总体上是好（感觉愉快）还是不好（一天里大部分时间感觉不愉快）。然后计算每个被试报告不愉快的天数的百分比。正如图 2.3 所示，当自尊提升时，个体感觉不愉快的时间的百分比降低。相比而言，自尊低的人倾向于报告有更多的不愉快时间。换言之，自尊和不愉快时间的百分比之间具有负相关，本例中二者之间的相关系数大约是 –.60。

最后一个例子，假设我们对外向性和情绪稳定性（焦虑和担心的倾向）之间的关系感兴趣。它们的关系呈现在图 2.4 中，正如你所见，外向性和情绪稳定性之间不存在相关。因为当样本中的一个变量的值（外向性）增加时，另一个变量的值（情绪稳定性）有可能增加，有可能降低，还有可能保持不变。在这种情况下，相关系数是 0.00。这意味着你能发现人们的外向性与情绪稳定性之间具有各

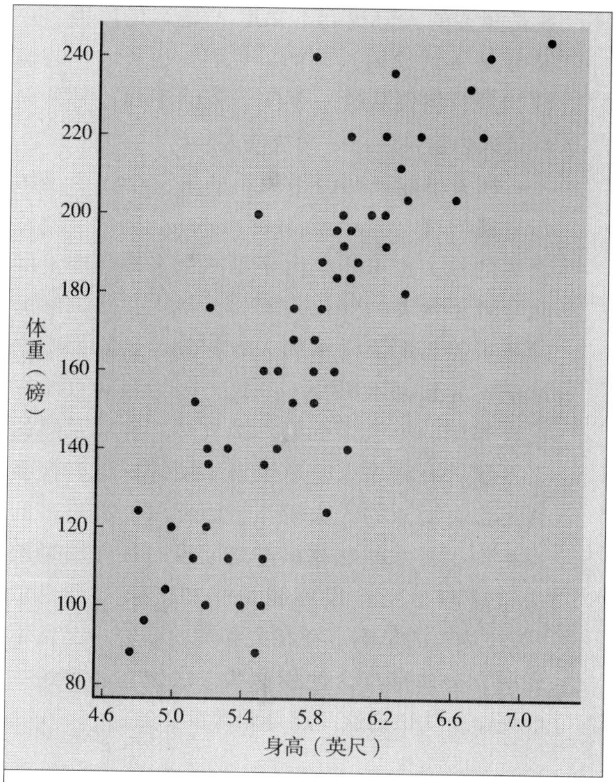

图 2.2

55 个被试的散点图，表明身高和体重之间具有很强的正相关。每一个符号（•）代表一个被同时测了身高和体重的人，越重的人倾向于越高；越轻的人相对越矮。

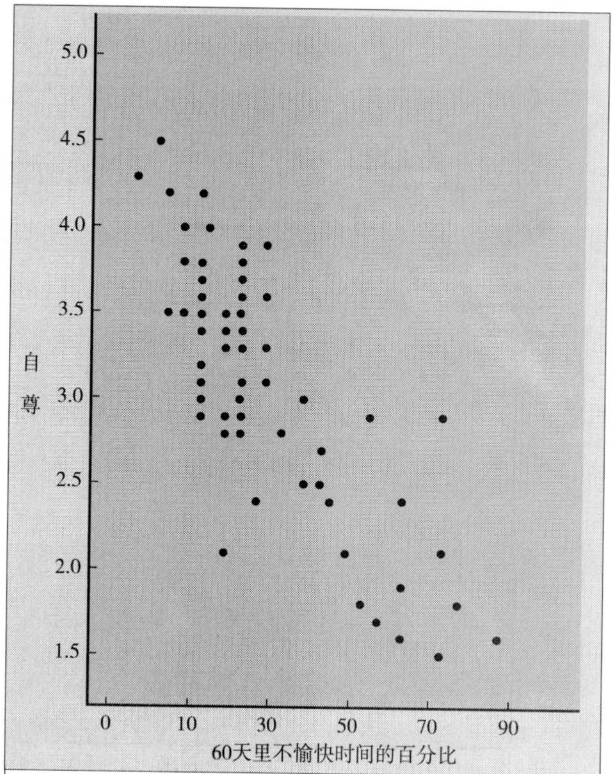

图 2.3

58 个被试的散点图，表明自尊和在两个月里报告不愉快时间的百分比之间具有负相关。相关系数是 –.60，说明与低自尊者相比，高自尊者不愉快的时间更少。

种不同的组合。例如有些人是外向的、好社交的，同时表现出很高的神经质和不稳定性。总之，变量之间的关系可能是正向的、负向的或非正非负，即表示为正相关、负相关或零相关。

大多数研究者不仅对变量间关系的方向感兴趣，还对关系的大小感兴趣。尽管判定关系的大小依赖于很多因素，但社会科学家们已经形成了一套常规：.10 左右的相关被认为是很小的；.30 左右是中等的；.50 或者以上被认为相关很高（Cohen & Cohen，1975）。以图 2.2—2.4 为例，身高与体重之间的相关是+.60，被认为相关很高；自尊与不愉快时间的百分比之间的相关是–.60，也被认为相关很高。这两个相关大小相等，但是方向不同。

统计显著性的概念也适用于相关，这是统计推断的基本部分之一。它以数字的形式来表述，即基于已知的测量变量和样本大小，偶然发现这种程度的相关的可能性有多少。在提到相关显著时，心理学家也需要以.05 或更小的概率为前提。

不能从相关推论因果关系，记住这一点非常重要。至少有两个理由说明为什么相关不能证明因果关系。一个是**方向性问题**（directionality problem），即使 A 和

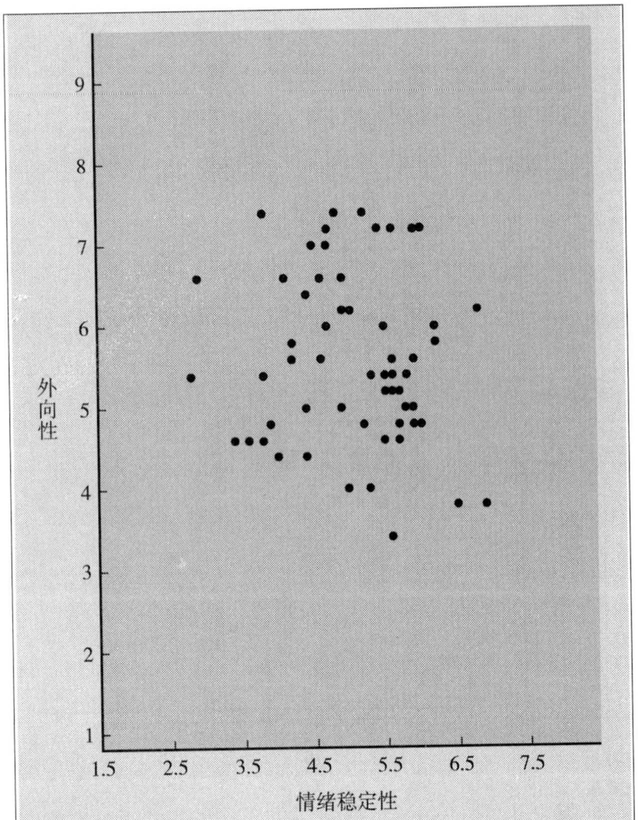

图 2.4
57 个被试的散点图，表明情绪稳定性和外向性之间的关系。两个变量的相关基本上是 0.00，这意味着二者不相关。所以，在散点图中，我们看到散点相当均等地落在图中各个方向，没有清晰的模式。

B 是相关的，但我们不知道 A 是 B 的原因，还是 B 是 A 的原因。例如，我们知道外向性与愉快相关，但仅从这一事实，我们不知道是外向导致人们愉快，还是愉快使人外向。

相关不能证明因果关系的第二个原因是**第三变量问题**（third variable problem）。两个变量之间的相关也可能是由于第三个未知的变量同时导致了两者的变化。例如，某一天冰淇淋的销量可能与那天溺水的人数相关，这能说明吃冰淇淋导致溺水吗？不一定。因为很有可能存在起作用的第三个变量：天气热。在非常热的天气里，有许多人吃冰淇淋。同样，也有很多并不很会游泳的人去游泳，因此可能有更多的人溺水。溺水与吃冰淇淋之间没有任何因果关系；这两个变量很可能是受到了第三个变量“天气热”的影响。在相关和实验研究中，并不是所有个体都符合使用这些方法建立起来的一般规律，认识到这一点是非常重要的。

个案研究

有时人格研究者对深入调查个人生活的个案研究非常感兴趣。**个案研究法**（case study method）有许多优点。研究者使用此方法能够非常详细深入地研究人格，这在包含了大量被试的研究中是不可能的。个案研究能使研究者洞悉人格，之后形成更一般的理论，然后在大量被试中进行检验。另外它还能提供关于杰出个体的详细信息，例如甘地和马丁·路德·金。个案研究也可被用于研究罕见的现象，例如一个具有像照相般精确而持久记忆的人或一个具有多重人格的人——具备类似特点的大样本很难或不可能得到。

最近的一项个案研究占据了《人格杂志》（Journal of Personality）的一整个专题（Nasby & Read，1997），研究介绍的是道奇·摩根（Dodge Morgan）。他在 54 岁时，独自一人凭借一条小船完成了环球航行。研究者（Nasby & Read）报告的这项个案研究具有较高的可读性，解释了这个有趣的人完成了一件几乎不可能完成的任务。解释集中说明了摩根早期的生活经历如何形成了其特殊的成年人格，使他完成了单独乘小船环游世界这一极端的行为。在实施个案研究时，心理学家利用了摩根的航海日志、自传材料，进行访谈，甚至采用了标准化的人格问卷等方法。这项研究报告非常值得关注，因为为了推进人格心理学，心理学家们也在此讨论了个案研究法的优缺点。作者总结说，人格理论为讨论个体的生活提供了一种语言；反过来，分析个体的生活为评价人格理论如何帮助我们理解具体的个体提供了一种方法。

在个案研究设计中，有许多工具可以利用。研究者可以建立一套编码系统，用来分析书面材料，如被调查者的个人信件；可以对许多认识目标个体的人进行访谈；可以对个体深入地访谈数小时；可以使用摄像机跟拍个体，用声音和影像记录他（她）在日常生活中的行为。总之，个案研究中使用的评估技术只会受到研究者想像力的限制。

当凭借一条小船“美国希望号”，独自一人不间断地完成环绕地球一周时，摩根正值 54 岁。对这个魅力非凡的男人，心理学家们（William Nasby & Nancy Read）进行了详尽的个案调查，并在文章“航海和航海者”中进行了报告，文章发表在 1997 年的《人格杂志》，第 65 卷第 823~852 页。

个案研究：一个寻求关注的男孩

个案研究最有力的倡导者之一是奥尔波特（Gordon Allport），他是现代人格心理学的创始人之一。奥尔波特坚信，关于人格的重要假设可以来自对个体的深入研究。他相信也可以用个案研究法检验关于单一个体潜在人格特征的假设。下面的例子说明了这类假设的形成和检验：

> 一个男孩在学校里表现出模范行为：遵守秩序、勤奋好学、关心他人；但在家里，他吵闹、难以管教，并且欺侮年幼的孩子……
>
> 这时心理学家可能假设：这个男孩的核心特质是渴望关注。他发现，在学校里遵守规则可以更好地达到目的；而在家里，不遵守规则能更好地达到目的。
>
> 做出这个假设后，心理学家可以实际地统计这个儿童一天中的行为（由独立的观察者来考察），看看有多少行为是“功能上同等”（functionally equivalent）的，即表现出吸引他人注意的行为。假如这一比例很高，我们认为假设被证实，该人格特质被确定。（Allport，1961，p368）

个案研究：连环杀手泰德·邦迪

虽然邦迪（Ted Bundy）被判杀死了三名女性，但他可能在 20 世纪 70 年代的 5 年里进行了疯狂杀戮，在俄勒冈、华盛顿、科罗拉多和佛罗里达强奸并杀死了 36 名女性（Rule，2000）。许多个案研究试图解释是什么驱使邦迪去强奸和杀人。有些研究追溯到他被别人收养，以从来不知道自己的亲生父母是谁而深感羞耻。有些研究者联想到他想成为律师的抱负失败，即身份需求动机受挫。有些研究者指出他被一个在社会经济地位上高于他、且让他十分痴迷的女性拒绝后，对所有女性产生了深深的敌意。无论如何，所有关于邦迪的个案研究揭示出他与其他连环杀手具有许多共同的特质。他具有“典型的”反社会人格，其特征是自大、极端的权力欲、满脑子不现实的对成功和权力的幻想、对他人缺乏同情心、

泰德·邦迪，一个连环杀手，表现出了典型的反社会人格特征。

长期欺骗、经常无法满足学校与工作的一般要求、人际关系高度匮乏。此外，邦迪还表现出与已知的连环杀手相似的早期行为和人格特征，即所谓的“连环杀手三特征”：（1）小时候虐待动物；（2）进行破坏性的放火；（3）尿床。对邦迪的个案研究不仅可以揭示他生活的独特方面（如被地位更高的女性拒绝，想当律师而失败），还能揭示与连环杀手有关的一般性的人格倾向（如虐待动物、尿床；可见近期的 Keith Hunter Jesperson 案件，他承认 2002 年在奥尔森强奸并杀死了 8 名女性）。在这个个案中，邦迪两次成功从监狱逃跑后，在佛罗里达州杀死了最后一位受害者，最终被逮捕和判刑。经过近十年的上诉最终都败诉后，邦迪于 1989 年在佛罗里达州被执行死刑。邦迪的人格和他的生活都结束了，他再也不会去杀人了。

虽然深入的个案研究法有很多优点，但也有一些关键性的缺点。最重要的一点是，个案研究是基于一个人的研究发现，不能推广到其他人。就此意义而言，个案研究与其他研究的关系，就如火星研究与行星系统研究的关系。我们可以发现火星（或者一个人）的许多信息，但是这些信息可能不适用于其他行星（或其他人）。鉴于此，个案研究常被用做假设的来源，或者通过现实生活中的例子，来更好地说明一个原理。无论如何，人格中的个案研究可被看做是一种非常有价值的研究方法，在阐述独特个体的生活上具有本质性的意义。

什么情况下使用实验、相关和个案研究设计

对于这三种主要的研究设计，每一种都有其优点和缺点，或者更准确地说，每一种研究设计都能很好地回答一些问题，但对另一些问题则不能做出很好的回答。对于确立变量之间的因果关系，实验法是比较理想的。例如，它可被用来确定噪音环境是否妨碍了内向者的成绩，但不会影响外向者；另一方面，确定日常生活中自然发生的各种变量之间的关系时使用实验法就不适宜了。而且，对某些问题而言，使用实验法可能是不切实际与不道德的。例如，假如研究者对营养在智力发展上的作用感兴趣，那么进行实验研究，让一半儿童在童年期的几年里营养不良，从而考察营养是否会影响他们成人期的IQ，这样做是不道德的。

练习

思考人格方面的一个问题，大部分问题采用这样的形式“变量A是与变量B相关，还是由变量B引起的呢?”。例如，外向的人比内向的人能更好地应对压力吗？高自尊的人比低自尊的人更可能取得成功吗？自恋的人与他人相处有困难吗？写下你的问题。现在考虑如何使用实验法、相关法和个案研究法来解决你的问题，并简单描述你将如何使用这三种研究设计解答你的问题。

但是，由于不幸的环境，总有一些人会经历几年缺乏营养的生活。因此，我们可以用相关研究来确定营养水平是否与智力的发展有关。实验研究的这一弱点正好是相关研究的优势。确定发生在日常生活中的两个或多个变量之间的关系，使用相关设计是非常理想的，例如身高与支配性；尽责性与年级平均成绩；焦虑与发病的频率。但是相关设计不能确定因果关系，例如，相关设计不能确定是频繁生病导致焦虑，还是焦虑导致生病，可能存在第三个变量既对频繁生病、又对频繁焦虑产生影响。

个案研究非常适用于提出假设，这些假设可经后续的相关或实验法进行检验。个案研究可被用于确认个体心理功能的模式，这在相对严格的人为的实验设计和受到限制的相关设计中，可能会被忽视。而且，个案研究在描述人类经验的丰富性和复杂性上是非常适用的。虽然个案研究具有这些优点，但它不能像实验法一样确立因果关系，也不能确定发生在自然条件下的变量间的共变模式，个案研究的结论也不能推广到所研究个体之外的其他任何人。总之，三种研究设计为探讨人类的人格提供了互补的方法。

总结与评论

人格评鉴和测量从识别人格数据的来源开始——从这些数据中我们获得人格信息。四种主要的人格数据来源是自我报告（S 数据）、观察者报告（O 数据）、实验室测验（T 数据）和生活史（L 数据）。每种数据来源都有其优点和缺点。例如，在自我报告中，被试可能会造假或说谎；在观察者报告中，观察者可能无法获取有关的信息；实验室测验对于确定日常生活中自然发生的变量模式可能不是很充分。但是，人格数据的每种来源都是非常有价值的，每一种来源都提供了其他来源不能获得的信息。而且，新的测量技术也不断被探索和开发出来。最近的一项新技术是功能性核磁共振成像（fMRI），它可以考察个体从事特殊任务时大脑的活动区域与模式。

一旦选定了人格测量的数据来源，研究者就要检验它们，评估测量的质量。理想状态是：人格测量是可信的，通过重复测量获得的分数相同；也应该是有效的，它们测量了想要测量的东西。研究者应该确定测量的概括性，即确定测量最适用的人、环境和文化。例如在美国，仅适用于大学生的量表比适用于不同年龄、不同经济背景、不同种族群体和不同文化的量表的概括性小。

人格研究的下一步是选择采用上述测量方法的研究设计。有三种基本类型的研究设计：第一种是实验研究设计，控制或操控感兴趣的变量，最适合用来确定两个变量之间的因果关系。第二种是相关研究设计，最适用于确定自然发生的变量之间的关系，但不适于确定因果关系。第三种是个案研究法，非常适合用来产生新的人格假设和了解单一的个体。

也许最重要的人格评鉴和测量原则在于，数据来源与研究设计的确定主要依赖于研究目的。没有完美的方法，也没有完美的设计。但是某些数据来源和方法比其他的数据来源和方法更适用于某些研究目的。因此，当我们检验本书中的理论和研究结果时，请记住不同的研究者会使用不同的数据来源及不同的研究设计，因为他们在进行研究时有不同的目标和意图。

关键术语

自我报告数据（S 数据）
结构化与非结构化
李克特评价量表
经验取样
观察者报告的数据（O 数据）
内部评价者信度
多重社会人格
自然观察
测验数据（T 数据）
功能性核磁共振成像
投射技术
生活史数据（L 数据）
信　度
重复测量
历史偏差
效　度
表面效度
预测效度
效标效度
聚合效度
区分效度
结构效度
理论建构
概括性
实验法
操　控
随机分配
平　衡
统计显著性
相关法
相关系数
方向性问题
第三变量问题
个案研究法

第一编

特性领域

特性领域关注那些具有跨时间稳定性、跨情境相对一致性并使人们各不相同的人格。例如，有些人外向、健谈；另一些人内向、害羞。内向、害羞的人在大多数时候（具有跨时间稳定性）都会是这个样子；在工作、娱乐中以及在学校里（具有跨情境的稳定性）也会表现得内向、害羞。又如，有些人情绪多变、喜怒无常；而另一些人则平静、镇定。一些人有责任心、可信赖；而另一些人不可靠、不诚实。人与人之间有很多不同之处，这些差异通常是个人行为中稳定的、一致的特征。

特性领域是由对特质的研究组成。之所以使用特性（disposition）这一术语是因为，它指的是以一种独特的方式或偏好去做某事的先天倾向性。术语特质（trait）与特性可以互换使用。特性领域的心理学家的主要工作是解决以下问题：存在多少种人格特质？最好的特质分类系统是什么？如何才能最大限度地发现和最有效地测量特质？人格特质如何发展？特质如何与环境交互作用而产生行为？

在这个领域，特质被看作人格的组成成分。个体的人格被看作由一组共同特质所组成。心理学家关心的是识别最重要的特质，形成个体之间所有差异的特质。为达此目的，心理学家开发了三种传统策略，并得以发展。第一种策略是分析自然语言，特别是特质术语，以决定哪些是基本特质。这里的隐含思想是，如果有些个体差异具有社会重要性，比如说一个人的可靠程度，那么我们的祖先应该在语言中增加了一些描述这些差异的词语。第二种识别人格特质的策略是统计学上的，依靠各种统计技术来确定描述基本特质的数据的模式。最后一种策略是理论上的，用一些先验的理论推断基本特质。在实践中，人格心理学家通常把这三种策略综合在一起使用，或者用其中一种来验证通过其他策略所得到的研究结果。

在努力认定人格的基本特质的基础上，一些人格心理学家提出了人格的分类系统。分类在所有科学领域中都十分有用，在人格领域也是一样。目前，最流行的人格分类包含了五种基本特质：外向性（extraversion）、神经质（neuroticism）、随和性（agreeableness）、尽责性（conscientiousness）和对经验的开放性（openness to experience）。当然也有其他的分类法，重要特质数量从3种至16种不等。此外，一些分类还提出了关于特质之间相互关联的结构。我们将讨论这种分类的一个例子，即所谓人际特征环形（interpersonal circumplex）分类模型，该模型认为所有特质都涉及人际间的行为，而且它们排列成圆环形。

特性领域强调测量。与人格的其他知识领域相比，特性领域更强调用量化技术测量和研究人格特质。而且为了发展更好的特质测量技术，心理

I

学家们在特性领域做了大量工作，使参加测验的人不能轻易作假。

这个领域也有其应用性的一面。人格特质经常被用在人员的甄选工作中，如为某些特定的职业、教育、人事的晋升等选拔合适的人员；以及一些其他应用，比如假释人员的选择。这里的思想是，人格特质对预测大有帮助。具有这类人格特质的人会喜欢这类工作吗？具有如此高的攻击和敌对水平的在押犯应该被假释吗？这个人会是个好警官吗？因此，特质心理学家常常从事人员的选拔与筛选工作。我们将会在后面讨论这种使用人格测验方式的有关法律问题。

特性领域中有一个独特的概念，即人们如何在改变的同时保持稳定性。我们将会讨论作为行为内在原因的特质如何能够保持稳定，而通过行为表现出的特质如何能够随着人的生活而改变。以支配性特质为例，假设一个具有支配性的8岁女孩成长为一位具有支配性的20岁的年轻女性。作为8岁大的孩子，这个女孩会通过如下行为表现出高水平的支配性：喜欢打闹的游戏；把支配性较弱的同伴称做胆小鬼；坚持独占群体中任何自己喜欢的玩具。然而，到了20岁她会以截然不同的行为表现她的支配性：也许是在政治问题讨论中说服他人接受自己的观点；或者大胆地向男孩子提出约会，并决定约会的时候去哪家餐馆。因此，特质水平可以保持长期的一致，而表现特质的行为会随着年龄而改变。

后面我们将会详细讨论特质心理学家开展特质发展研究的途径，以及他们关于特质在一生中如何变化的研究。

I

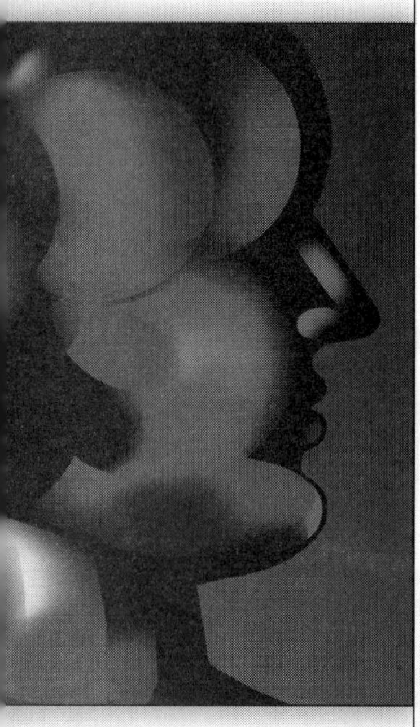

特质与特质分类

什么是特质？两种基本的表述

- 作为内因属性的特质
- 作为纯粹描述概括的特质

特质的行为频率观——描述性概括观的一个例证

- 行为频率的研究程序
- 对行为频率观的批评

识别最重要的特质

- 词汇学取向
- 统计学取向
- 理论取向
- 对各种取向的评价

人格的分类

- 艾森克的人格层次模型
- 卡特尔的分类：16 种人格因素系统
- 人格的环形分类模型
- 五因素模型

总结与评论

关键术语

3

3

特性领域

假设你和朋友去参加聚会，她向主人（她的一个熟人）介绍你。你们三个人聊了十分钟，然后你和其他客人一起交谈。最后，离开的时候，朋友问你对主人的看法。你考虑一下那十分钟的交流，脑子里会出现什么想法呢？也许你会把主人描述为*友善的*（她微笑了很多次），*慷慨的*（她告诉你随便吃宴会的丰盛食物），或是*泰然自若的*（她显然能够应对来来往往的客人的众多需要）。这些词都是*特质描述性形容词*（trait-descriptive adjective），即能够描述一个人的特质或属性的词，是*一个人特有的特征，具有跨时间的稳定性*。正如你可能会把玻璃描述为*易碎的*，汽车是*经久耐用的*（玻璃与汽车的稳定特征）。人格描述性形容词意味着一致性与稳定性的特征。在过去的一个世纪里，许多心理学家一直关注组成人格的基本特质，以及这些特质的本质与起源。

大部分人格心理学家假设，特质（也被称做特性或气质）具有适度的跨时间稳定性与跨情境一致性。例如，前面描述的宴会女主人在以后的其他宴会中也会被认为是友善的、慷慨的、泰然自若的——这是跨时间的稳定性。而且在其他情境中她也会表现出这些特质：也许对电梯里的人微笑表现友善；给无家可归的人金钱表现慷慨；在课堂上被点名回答问题时表现泰然自若，这是跨情境的一致性。然而，特质在实际中表现出多大程度的跨时间稳定性与跨情境一致性是一个颇具争议且需进行实证研究的主题。

有三个基本问题指导着人格特质的研究：第一个问题是“如何将特质概念

化”，每一个领域都需要清楚界定它的关键术语。例如，生物学中物种是个关键术语，因此物种的概念界定相当明确，即能够相互间生殖繁衍的一组有机体。在物理学中关键的概念，如质量、重量、力以及重力也都经过了明确界定。因为特质是人格心理学中的核心概念，所以也应该被精确表述。

第二个问题是“在众多个体差异中，如何识别最重要的特质”。个体在许多方面存在差异，这些差异既反映出了个人特性，又表现出了稳定性。有些人极端外向，喜欢喧嚣拥挤的聚会；而另一些内向的人情愿在安静的夜晚读书。一些人高谈阔论，希望成为社交关注的焦点；另一些人更愿意保持沉默，让其他人发表言论。人格心理学的一个重要目标是识别出最重要的个体差异。

第三个问题是“如何构想一个全面的特质分类系统，即一个包含所有主要人格特质的系统”。一旦确定了重要的特质，下一步就是构想一个有组织的系统，即分类系统，将单个特质集合在一起。比如，元素周期表并不仅仅是随机列出已经发现的所有物质元素，而是通过内在准则来组织元素的一种分类系统，即依据原子序数（原子核的质子数）排列元素。又如，如果没有内在的组织架构，而仅仅罗列数千种现存的物种，生物学将会无可救药地走向消亡。因此，每个物种都被组织到类别之中，通过简单的谱系树就可以把所有的植物、动物、微生物系统地联系起来。同样，人格心理学的一个核心目标是提出可以包容所有重要特质的分类系统。本章将介绍人格心理学家是如何为解决这三个基本问题而奋斗的。

什么是特质？两种基本的表述

当你把某人描述为冲动的、不可靠的、懒惰的时候，你所特指的是什么？人格心理学家对这些特质意义的表述不尽相同。一些人格心理学家把特质看做内在的（或隐藏的）属性，是行为的原因。另一些人格心理学家没有做因果假设，只是使用特质术语描述人类行为的稳定方面。

作为内因属性的特质

当我们说黛恩有物质的欲望，丹需要激励，或者多米尼克渴望得到控制他人的权力时，我们指的是使他们以独特的方式行事的内在的东西。特质被假定为内在的东西，因为它们使个体在不同的环境中表达着自己的欲望、需要与渴望（Alston，1975）。另外，这些欲望与需要被假定为与行为之间存在因果关系，因为它们可以解释个体的行为。例如，黛恩的物质欲望会使她将大量的时间花在购物上，她会拼命工作挣更多的钱，以获取更多私人物品。她内在的欲望影响外在的行为，导致她以独特的方式行事。

把特质看做内在属性的心理学家并没有将特质等同于外在行为。用一个食物的例子就可以很容易地解释这种区别。哈里可能有想吃大汉堡包以及热的炸薯条的强烈欲望，然而，因为他正在减肥，所以他在行为上限制自己的欲望——他饥饿地看着食物，抑制着想吃的诱惑。同样，多米尼克可能渴望在大多数社会情境中负责，即使他并不总是表现出这种欲望。例如，有些情境中可能已有确定的领导者，比如有心理学教授参与的班级讨论。（这种表述假定，不用通过测量多米尼克的实际行为表现，我们就可以独立地测量他的权力需要）

可以以玻璃做个类比。玻璃的特质是易碎，即使某块玻璃永远不碎，它仍然拥有易碎的属性。总体上，把特质看做内在属性的心理学家相信特质是潜在的，即使个体没有实际表现出特定行为，*特性*也是存在的。即使缺乏可观测的行为表现，特质仍被假定为是存在的，如内在的需要、动力、欲望等。

把特质看做行为内因的科学意义在于它排除了导致某种行为的其他原因。当我们说琼参加了许多聚会是*因为*她外向时，我们潜在地排除了琼行为的其他可能原因（例如，琼参加聚会也许仅仅是因为她男朋友拉她去，而不是因为琼自己外向）。特质作为内因属性的表述与另一种将特质作为行为的纯粹描述概括的表述非常不同。

作为纯粹描述概括的特质

另一种观点的支持者把特质简单地界定为是对个体属性的*描述性概括*。他们没有任何关于内在性与因果关系的假设（Hampshire，1953)。设想这样一个例子，我们说乔治是一个具有*嫉妒*特质的年轻人。根据描述性概括论的观点，这种特质所起到的作用仅仅描述了乔治所*表现出的行为*。例如，乔治会怒视聚会中与其女朋友说话的其他男人，坚决要求她带着他送的戒指，要求她把所有的业余时间花在他身上。在这种情况下，嫉妒的特质精确地*概括*了乔治行为的一般倾向，然而没有给出任何关于导致乔治行为的原因假设。

尽管乔治的嫉妒可能有其内在原因，也许是源于内心深处的不安全感；但是他的嫉妒也可以归因为*社会环境*，乔治表现嫉妒可能是由于其他男人正在挑逗他的女友，而女友也做出了回应（情境因素），而不是因为乔治本质上是个嫉妒的人。重要之处在于，认为特质是描述性概括的研究者并不预先判断行为的原因。他们只是以一种概括的方式，用特质来描述个人行为的倾向。主张此观点的人格心理学家（Saucier & Goldberg，1998；Wiggins，1979）认为，我们必须首先识别并描述人与人之间的重要个体差异，然后才会提出因果关系的理论来解释这些差异。

特质的行为频率观——描述性概括观的一个例证

许多赞同将特质视为一种描述性概括的心理学家用一种称做“行为频率技术”（act frequency approach）的研究程序，考察了这一观点的含义（Amelang，Herboth, & Oefner, 1991; Angleiter, Buss, & Demtroder, 1990; Buss & Craik, 1983; Romero et al., 1994)。

行为频率技术的出发点在于，特质是行为的范畴。正如“鸟”的范畴包括特定的鸟类成员（例如知更鸟、麻雀）；特质范畴，比如“支配性”或“冲动性”，也有特定的行为“成员”。例如，支配性的范畴可能包含以下特定行为：

他发布命令使组织有序。
她试图在不被人察觉的情况下控制会议的结果。
他分配角色使游戏得以进行。
她决定他们应该看哪个电视节目。

支配性就是这样一个包含上述行为以及数百个其他类似行为的特质范畴。根据行为频率观，一个具有支配性的人与其他人相比，会表现出更多的支配行为。例如，把玛丽与她的十几个同伴在三个月期间的活动拍摄下来，然后统计每个人表现出的支配行为的次数。如果玛丽的次数比其他同伴多，她就会被认为具有支配性。因此，在行为频率观中，特质是对个体行为的一般倾向——由大量的范畴行为所组成的倾向——进行描述性概括。

行为频率的研究程序

研究特质的行为频率的方法包括三个关键元素：行为提名（act nomination）、原型性判断（prototypicality judgement）与记录行为表现（recording of act performance）。

行为提名

行为提名是一种用来识别哪种行为属于某一特质范畴的技术。以冲动性为例，现在想想你认识的某个冲动的人，列出体现他（她）冲动性的特定行动或行为。你可能会说，“即使在他（她）必须学习的时候，也会一时冲动地决定和朋友们外出”；“他（她）根本不考虑后果，立即就接受了做危险事情的挑衅”；“还没来得及思考当时的情景，他（她）就脱口而出流露了自己的愤怒”。通过行为提名程序，研究者可以确定上百种属于某特质范畴的行为。

原型性判断

研究程序的第二步是确定在每一特质范畴中，哪些行为最重要，或具有原型性。以“鸟”这一范畴为例。当你想起这个范畴时，哪种鸟首先进入脑海？大多数人想到知更鸟、麻雀，他们不会想起火鸡和企鹅，尽管火鸡与企鹅也是鸟的成员，但是人们认为知更鸟与麻雀更具原型性，也就是说它们是更好的鸟类的例子，更接近大多数人理解的“鸟”（Rosch, 1975）。

类似地，特质范畴中的行为在原型性上也有所不同。通常采用评定小组

(panels of raters) 来评定每个行为的原型性。例如，对支配性来说，评定者可能会发现“她试图在不被人察觉的情况下控制会议的结果”与“事故发生后她在负责控制局面”比“她开会故意迟到”更具原型性。

记录行为表现

第三步也是最后一步，包括获取个体日常生活中实际表现的信息。正如你所想，获得一个人日常活动的信息很困难。大部分研究者通常采用行为表现的自我报告或亲密朋友与配偶报告来收集信息，如表 3.1 所示。你可以对此测量做出自己的回答。

对行为频率观的批评

在行为频率研究中，将特质视为纯粹的描述性概括受到了多方质疑（参见 Angleitner & Demtroder，1998；Block，1989）。大部分批评针对研究的技术实施。例如，行为频率研究中没有明确指出描述与特质有关的行为时应包括多少背景信息。考虑以下的支配性行为：他坚持要其他人去他喜欢的餐馆吃饭。为了理解这一支配性行为，我们需要知道：（1）人们之间的关系；（2）出去吃饭的原因；（3）这些人常去的餐馆有哪些；（4）谁为这顿饭付账。需要多少背景信息才能认定这一行为是支配性行为？例如，如果恰好是另一个人的生日，而此人却坚持要去自己喜欢的餐馆，这就预示着此人具有较高的支配性。

另一种批评在于，对明显的行为来说，这种频率研究似乎可行，但是如果行为失败，或者不能被直接观察到又该怎样？例如，一个人可能很勇敢，但是在日常不需要展现勇气的生活环境中我们永远也无法得知他很勇敢。还有一种质疑是这种研究方法是否能够成功记录复杂特质，比如自恋者的自尊水平有忽高忽低的趋势（Raskin & Terry，1988）。

除去这些局限性以外，行为频率研究也取得了一些引人瞩目的成就。它特别有助于弄清楚大部分特质术语所指的行为现象，毕竟我们了解特质的基本方法是通过特质实际的行为表现。因此，人格的行为表现研究仍然是该领域里根本的、甚至是不可替代的部分。行为频率研究还有助于识别行为的规律性——这是任何全面的人格理论都必须解释的现象。对于探索一些很难研究的特质的意义，行为频率观也大有帮助，比如冲动性（Romero et al.，1994）以及创造力（Amelang et al.，1991）。与评价人格的其他研究方法一样，必须从贡献性与局限性两方面来评价行为频率研究。

总而言之，有两种主要的特质观。第一种把特质看做个人内在的属性，并影响外显的行为。第二种把特质看做对外显行为的描述性概括，随后再决定导致这些倾向的原因。无论怎样表述特质，所有的人格心理学家都必须面对下一个令人烦恼的挑战：识别最重要的特质。

表 3.1 冲动性行为自评问卷

指导语：下面是一个行为列表，依次阅读每一项，在最接近你通常行为表现频率的数字上画个圈。如果从来没有该行为圈"0"；如果偶尔表现圈"1"；如果适度表现圈"2"；如果经常表现圈"3"。

选项	行为
0 1 2 3	1. 我想到什么就说什么，不考虑可能带来的后果。
0 1 2 3	2. 对言语挑衅我会迅速进行攻击性的反击。
0 1 2 3	3. 没有过多考虑我就买了一辆新车。
0 1 2 3	4. 我不假思索就决定了和某人同居。
0 1 2 3	5. 我草率作决定。
0 1 2 3	6. 我会不假思索地说一些话。
0 1 2 3	7. 我受一时情绪所控。
0 1 2 3	8. 我把钱花在引起我兴趣的一切东西上。
0 1 2 3	9. 已经制订了明确的计划，但我忽然改变计划做了完全不相干的事。
0 1 2 3	10. 我一想到什么就做什么。

资料来源：摘自罗梅罗等人（Romero et al.，1994）的研究，选取其中最具原型性的冲动性行为。根据行为频率研究的观点，与同伴相比，如果你表现出这些冲动行为的总频率较高，就会被认为是冲动的人。

识别最重要的特质

在特性领域的历史中，有三种基本的研究取向用于识别重要的特质。第一种是**词汇学取向**（lexical approach）。这种取向是在辞典中找出所有的特质词汇以及它们的定义，这些词汇形成描述人际差异的自然途径（Allport & Odbert，1936）。因此，词汇学取向的逻辑起点是自然语言。第二种是一种相关的方法，是**统计学取向**（statistical approach）。这种取向采用因素分析或其他类似的统计方法，确定重要的人格特质。第三种是**理论取向**（theoretical approach）。研究者依靠理论指导识别重要特质。在讨论这些取向的时候，请记住有一些人格研究者会综合使用这些方法。

词汇学取向

词汇学取向对重要特质的识别开始于**词汇学假设**（lexical hypothesis）：所有重要的个体差异都被编码进自然语言中。随着时间的推移，人们会注意到重要的人际差异，并创造语言来谈论这些差异，创造了如支配的、创造的、可靠的、合作的、好脾气的或自我中心的等词。人们发现这些特质术语对描述和沟通信息很有帮助。因此，这些特质术语被传播开来，变得很普遍。而那些对描述和沟通无用的特质术语在自然语言的编码过程中逐渐消失，成为废弃的术语。

想想棒球运动员吧，他们这些年可发明了不少描述不同类型投球的词语，包括快速直球、曲线球、滑球、慢速变化球等等。其他人发现这些词对描述投球类型来说是有用的，所以就把它们编码进了棒球的词汇中。与之类似，就适应社会环境来说，那些特别重要的人际差异被注意到、被讨论，最后就会成为自然语言的一部分（Goldberg，1981）。

如果我们考察英语就会发现有大量特质术语被编码成形容词，比如控制的、傲慢的、懒散的、以及热情的。仔细查看字典你会发现约有 2800 个特质描述性形容词（Norman，1967）。依据词汇学取向的观点，这一发现的重要意义是不言自明的：在人与人的交往中，特质术语有着超乎寻常的重要性。

词汇学取向提出识别重要特质的两个明确标准：**同义词频**（synonym frequency）与**跨文化普适性**（cross-cultural universality）。同义词频标准意味着，如果用来描述某一属性的形容词不仅仅有一个或两个，而是有六个、八个或九个，那么这就是个体差异的一个更重要的维度。“属性越重要，形容词越多，而且在任何语言中都可以找到关于该属性微妙差别的描述”（Saucier & Goldberg，1996，p24）。来考察一下支配性这一个体差异，有许多词都描述这个维度：支配的、专横的、过分自信的、强有力的、固执己见的、有力的、像领导的、极权的、有影响力的、占优势的、权威的和傲慢的。有这么多流行的同义词，每个词都表达了支配性的重要及细微的差别，这不仅说明支配性是一种重要的特质，而且还说明支配性的不同方面在社会沟通中很重要。因此，同义词频提供了一个重要标准。

跨文化的普适性是词汇取向中识别重要物质的第二条重要标准：“人际交流中的个体差异越重要，语言中就会有越多描述它的词语”（Goldberg，1981，p142）。而且，“最重要的显型（可观察的）人格属性在每种语言中几乎都有相应的词”（Saucier & Goldberg，1996，p23）。这条标准的逻辑是，如果一种特质在所有的文化中都重要到足以使人们在语言中形成描述它的词语，那么该特质必定对人类交往有着普遍重要性。相反，如果一种特质仅存在于一种或少数几种语言中，而在大多数语言中完全找不到，那么该特质只具有局部适用性。这样的特质不太可能被纳入人格特质的普适性分类（McCrae & Costa，1997）。

例如，委内瑞拉的雅诺马马印第安人（Yanomamö Indians）的语言中有“unokai”与“non-unokai”这样的词，大意是“通过杀死其他人获得地位的人”（unokai），“杀死其他人没有获得地位的人”（non-unokai）（Chagnon，1983）。在雅诺马马人的文化中这种个体差异是至关重要的，因为 unokai 可以提高地位、使更多人敬畏、拥有更多的女人、被视做领导者。与之对应，在主流的美国文化中，有个通用的词“杀手”，但是没有一个简单的词具有 unokai 的特殊含义。因此，尽管这种个体差异对雅诺马马人来说非常重要，但它也不可能被纳入人格特质的普适性分类。

根据词汇学取向的跨文化的普适性标准，研究者的关键任务是考察自然语言以及跨文化特质。词汇学取向面临很多棘手的问题。首先，有许多特质术语是模棱两可的或比喻性的，比如椭圆的、蜿蜒曲折的与地狱的；有如此多晦涩或难以理解的词，比如爱闲谈的（闲谈或闲扯的倾向）与谄媚的（Saucier & Goldberg，

1998)。这些术语应该被识别出来并排除在外，因为大多数人不知道它们的具体意思。

词汇学取向的另一个问题在于，通过语言中不同词性的词来描述人格，包括形容词、名词与副词。例如，英语中有许多描述非常不聪明的人的名词：*笨蛋*（birdbrain，blockhead，bonehead，chucklehead，dope，dullard，dummy）、*白痴*（cretin）、*庸人*（deadhead）、*傻瓜*（dimwit，dunce，jughead，peabrain）、*呆子*（dolt，lunkhead）、*蠢人*（dumbbell，pinhead）、*低能者*（moron）、*傻子*（softhead）、*笨人*（thickhead）以及*木头脑袋*（woodenhead）。尽管还没有相关的大量研究，名词依然是揭示个体重要差异的可行信息来源。虽然如此，词汇学研究者有理由把注意力主要集中于形容词，因为大部分描述人格的词被编码为形容词。

在识别重要个体差异方面，词汇学取向是一个非常具有生命力的出发点。如果不有效利用这些信息，“我们就将自己排除在人类历史进程中获得的浩瀚知识之外”（Kelley，1992，p. 22），词汇学的研究展现了一个好的开始，但是不能仅仅使用这种方法而排斥其他方法。另外两种常用的取向是统计学取向与理论取向，我们将在下面的内容中讨论。

统计学取向

统计学取向在确定重要特质时的出发点是提出一些有关人格的问题。这些问题可以是关于特质词语，比如词汇学取向所发现的那些，或是关于行为、体验或情绪的一系列问题。事实上，大部分使用词汇学取向的研究者转向了统计学取向，他们提取自我评定的特质形容词，形成人格特质的基本分类。不过，研究的出发点也可以是对大量与人格有关的句子（例如，*我发现我能轻易说服他人同意我的观点*）进行自我评定。当收集到大量的、不同的形容词或句子后，就可以应用统计学方法了。包括让大量被试在这些项目上自我评定，然后用统计程序确定项目组或项目群。统计学取向的目标是识别人格“地图”的主要维度或“坐标”，就像横坐标与纵坐标可以用来描绘地图一样。

最常使用的识别这些维度的统计程序是**因素分析**（factor analysis）。虽然探讨因素分析背后复杂的数学过程超出了本章的范围，但我们还是可以简单地讲一讲它的基本逻辑。因素分析实质上是识别与本组*共变*（例如聚在一起）而与其他组不存在共变的项目。以空间位置来打一个比喻，想像一下你们学校的物理学家、心理学家与生物学家的办公室。尽管这些办公室可能分散在四处，但总体上，与物理学家和生物学家相比，心理学家的办公室彼此更靠近。而与生物学家或心理学家相比，物理学家的办公室相互挨得更近。因此，因素分析可以揭示三个教授集群。

类似地，识别共变的人格项目群的主要优点在于，它提供了一种手段，以决定哪些人格变量具有相同的属性。因素分析还有助于将大量的人格特质精简为更少的、或更有用的几个潜在因素。因素分析提供了数以千计的组织人格特质的办法。

表 3.2　人格形容词评定的因素分析样例

形容词评定	因素 1（外向性）	因素 2（雄心）	因素 3（创造力）
幽默的	**.66**	.06	.19
有趣的	**.65**	.23	.02
受欢迎的	**.57**	.13	.22
工作努力的	.05	**.63**	.01
多产的	.04	**.52**	.19
坚决的	.03	**.52**	.08
有想像力的	.01	.09	**.62**
独创的	.13	.05	**.53**
有创造力的	.06	.06	**.47**

注：数字是指因素负荷，表明一个项目与潜在因素的相关程度。

资料来源：摘自 Matthews & Oddy（1993）。

让我们用表 3.2 所示的例子考察如何进行因素分析。这张表汇总了 1210 名被试的数据。要求被试在一系列特质描述性形容词上进行自我评定。需要评定的词包括幽默的、有趣的、受欢迎的、工作努力的、多产的、坚决的、有想像力的、独创的以及有创造力的。

表 3.2 中的数字叫做**因素负荷**（factor loadings）：它是项目变异在多大程度上能被因素“解释”的指标。因素负荷表明项目与潜在因素相关的程度，或“负荷”的程度。在本例中，出现了三个明确的因素。第一个是“外向性”因素，“幽默的”、“有趣的”与“受欢迎的”三个项目在此因素上的负荷较高；第二个是“雄心”因素，“工作努力的”、“多产的”与“坚决的”三个项目负荷较高；第三个是“创造力”因素，“有想像力的”、“有创造力的”与“独创的”三个项目在此因素上负荷较高。本例中，因素分析对于识别三个不同的特质集群十分有效，每个集群之内的项目彼此共变，而集群之间相对独立（没有共变的趋势）。如果没有这一统计技术，研究者可能不得不把 9 个特质形容词看做是彼此独立的。而因素分析告诉我们“工作努力的”、“多产的”与“坚决的”三个项目的共变程度足以使我们把它们当做一种特质，而不是三个独立的特质。

在使用因素分析与其他统计方法识别重要特质的时候一般应该注意：你从中得到的，仅仅是你放入的。换言之，假如一种重要特质碰巧没被包含在某个因素分析之中，那么随后的结果将不会出现这个特质。因此，研究者密切关注最初选择的项目是至关重要的。

对人格研究者来说，因素分析以及类似的统计程序相当有价值。也许这些统计程序最大的贡献在于，它具有一种能力，能将大量难以处理的人格形容词或项目简化成更小、更有意义的基本因素。

理论取向

顾名思义，识别重要个体差异的理论取向的出发点是用理论决定哪个变量才是重要的。统计学取向可以被描述为非理论取向，因为它没有预先判断哪个变量是重要的；与之相反，理论取向非常明确地提出了哪个重要变量需要测量。

例如，对弗洛伊德学派的人而言，测量“口唇期人格”和“肛门期人格”至关重要，因为这代表着重要的、理论取向的结构。又或者对于自我实现的理论者而言，比如马斯洛，测量个体在自我实现上的动机差异至关重要（William & Page，1989）。简言之，理论取向严格限定了哪个变量才是重要的。

关于理论取向的一个例子，请参考由心理学家辛普森等人所提出（Jeff Simpson & Steve Gangestad，1991）的**社会性别定向**（sociosexual orientation）的理论。根据社会性别定向理论，男性与女性会从性关系的两种策略中选择其一。第一种策略是人需要寻求单一的忠诚关系，寻求一夫一妻制，对孩子大量投资；第二种策略的特点是频繁乱交，变换性伙伴以及较少投资于孩子。（应用于男性时，对应这两种策略的简单办法是给他们贴上“爸爸（dads）”或“无赖（cads）”的标签。）因为社会性别定向理论指出个人所追求的择偶策略是重要的个体差异，所以辛普森与甘斯塔德发展了一种测量社会性别定向的技术（见下面的练习）。

练习

指导语：请如实回答以下问题。对与行为有关的问题，请在空格处写下你的回答；对与想法和态度有关的问题，请在适合的数字上画圈。

1. 在过去的一年里，你与多少个不同的人发生过性关系？________
2. 在下一个五年里，你预计你会与多少个不同的人发生性关系？（请给出准确的、真实的估计）________
3. 你可能只与某人发生过一次性关系，这样的人在你生活中一共多少位？________
4. 你幻想与现任伴侣以外的其他人发生性关系的频率如何？（只圈一个答案）

   1. 从不
   2. 每两、三个月一次
   3. 一个月一次
   4. 每两周一次
   5. 每周一次
   6. 一周好几次
   7. 几乎每天
   8. 一天至少一次

5. 无爱的性是可以接受的。

1　2　3　4　5　6　7　8　9

我非常不赞成　　我非常赞成

6. 我可以想像自己会对“偶然”与不同的人发生的性关系感到舒适与享受。

1　2　3　4　5　6　7　8　9

我非常不赞成　　我非常赞成

7. 在与他/她发生令我感到舒适与完全享受的性行为之前，我必须与他/她形成亲密的依赖感（情感与心理上的）。

1　2　3　4　5　6　7　8　9

我非常不赞成　　我非常赞成

资料来源：来自 Simpson 和 Gangestad（1991）。

对各种取向的评价

总之，理论取向通过理论决定个体差异的哪一个维度重要。与其他取向一样，理论取向有其优点与局限。它的优点与理论自身的优点一致，如果一个有影响力的理论告诉我们哪个变量是重要的，我们就会避免漫无目的与彷徨，像没有地图与指南针的水手那样。理论能指导我们制订研究的计划。同时，它的局限性也与理论所具有的局限性一致。理论都具有一定程度的缺陷与不精确性，导致在随后识别重要个体差异的时候出现遗漏与曲解。

用“百花齐放”能最好地刻画出人格特质心理学领域的现状。一些研究者从理论出发，对个体差异的测量遵循理论指导；另一些研究者相信因素分析是惟一明智的方法；还有一些人认为词汇学策略利用了多年来人们智慧的结晶，是确保获取重要个体差异的最好方法。

在实践中，许多人格研究者将三种策略综合起来使用。例如，诺曼（Norman，1963）与戈德伯格（Goldberg，1990）开始用词汇学策略研究，确定一系列研究变量。然后采用因素分析技术将最初选择的特质数量简化到更少、更易处理的数目（五个）。这解决了人格领域的两个核心问题（Saucier & Goldberg，1996）：识别个体差异以及描述存在于个别差异识别中的顺序和结构问题。词汇学策略可用于特质术语的选取，然后因素分析作为有效的统计手段可以提供这些特质术语的结构和顺序。

人格的分类

在过去的一个世纪里，许多人格特质分类法被提出来。多数分类通常只是由

艾森克在其伦敦的办公室中。Randy J. Larsen 摄于 1987 年。

一些基于人格心理学家直觉的特质所组成的清单。正如人格心理学家霍根（Hogan，1983）所评述的，“人格理论的历史就是由那些宣称他们的个人魔力就是公众痛苦的人组成的”。实际上，某一本关于人格特质的书的两位编辑（London & Exner，1978）也因人格特质分类缺乏一致性而感到失望。于是，他们干脆就按照字母顺序罗列人格特质。但是，显然我们可以找到更坚实的基础来组织人格特质。因此，本章下面所呈现的特质分类就不是从诸多分类中随机抽样的，而是选取了那些经过可靠的实践和理论验证的人格分类法。

艾森克的人格层次模型

在所有的人格分类中，艾森克（Hans Eysenck）的模型具有浓厚的生物学背景。艾森克 1916 年生于德国。他成长的年代正是希特勒权力上升的年代，艾森克对纳粹政权表现出极度憎恶，所以 18 岁时他移民英国。尽管最初打算学习物理学，但是艾森克缺乏所需的基础知识。因此几乎是偶然的机会，他开始在伦敦大学学习心理学。1940 年艾森克获得博士学位，二战后成为伦敦莫兹里医院新精神病中心的心理科主任。艾森克是个相当多产的心理学家，他大约出版了 40 本书，发表了 700 多篇文章。直至 1998 年他死于脑癌，艾森克一直是在世心理学家中被引用最多的人。

艾森克提出了一种基于特质的人格模型，他相信这些特质具有高度的可遗传性（见本书第 6 章），且可能具有心理生理学基础。艾森克来认为，有三个主要特质符合这些标准，它们是内—外向性（extraversion-introversion，E）、神经质—情绪稳定性（neuroticism-emotional stability，N）与精神质（psychoticism，P）。将首字母合在一起的缩略词 PEN 是很容易记忆的。

描　述

让我们首先描述这三个高级特质。如图 3.1 所示，艾森克将每一个高级特质的概念放在自己所属层次的最高层。例如，外向性这一高级特质包含大量次级特质：好交际的、主动的、活泼的、爱冒险的、支配的等等。这些次级特质包含在外向性这一更高级特质之内是因为，它们彼此间共变的程度足以使它们负荷于同一个因素。典型的外向者喜欢聚会，有许多朋友，需要周围有人可以倾诉（Eysenck & Eysenck，1975）。许多外向者喜欢恶作剧，表现出无忧无虑、轻松的态度，而且他们具有较高的活动水平。

反之，内向者喜欢独自一人打发时间。他们喜欢安静，热爱读书。内向者有

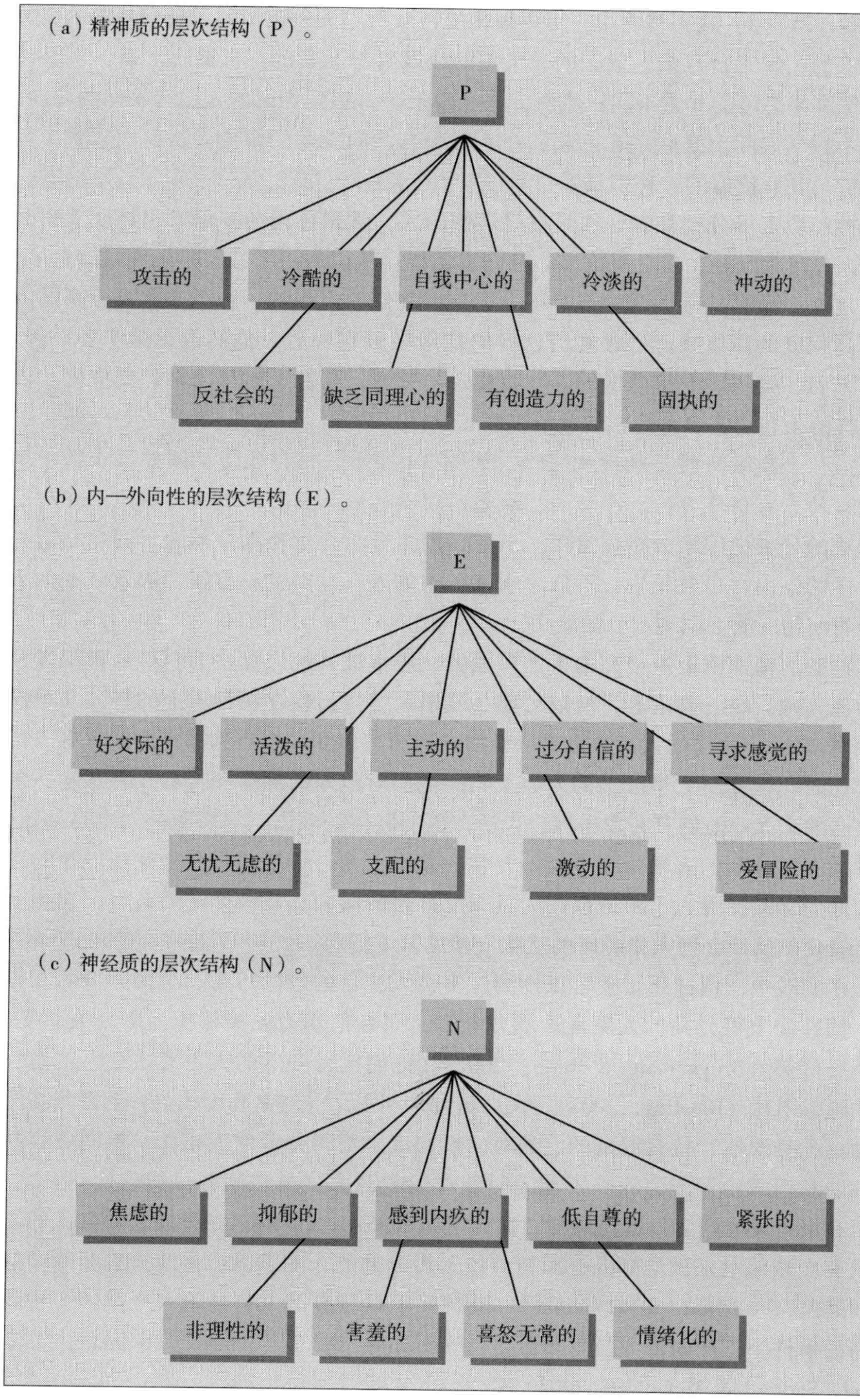

图 3.1

艾森克的重要人格特质层次结构图

每一个“高级特质”（P、E 和 N）占据了层次结构的最高层，代表一种更具概括性的人格特质。层次结构中的每个高级特质都包含更多的次级特质。(a) 精神质的层次结构（P）；(b) 内—外向性的层次结构（E）；(c) 神经质的层次结构（N）。

时看上去冷漠，有距离感，但是他们通常会有少数几个分享秘密的亲密朋友。内向者比外向者更严肃，更喜欢按适度的步调做事。他们易于管理，喜欢常规的、可预测的生活方式（Larsen & Kasimatis，1990）。

神经质（N）这一特质由一组更细化的特质所组成，包括焦虑的、易怒的、感到内疚的、缺乏自尊的、紧张的、害羞的以及喜怒无常的。从概念上讲，次级特质焦虑和易怒可能非常不同；然而，从经验上讲，感到焦虑的人也有易怒的倾向。这两个特质实际上是联系在一起，在人群中有共同发生的倾向，这再次证明了因素分析是颇有价值的一种工具。

神经质上得分较高者往往是自寻烦恼的人，常常焦虑与抑郁。神经质上得分高的人有睡眠问题，还会受许多心身病症困扰。他们的一个特点是负面情绪过多。也就是说，面对日常生活的正常压力，与得分低的人相比，神经质上得分高的人有更高程度的情绪唤起。在经历这样的情绪唤醒事件后，他们也更难恢复平静。另一方面，神经质上得分低的人情绪稳定、镇定、平静，对压力事件反应慢，而且这样的人在痛苦事件后很快就能恢复正常。

第三个高级特质是精神质（P）。如图3.1所示，精神质包括诸如攻击的、自我中心的、有创造力的、冲动的、缺乏同理心的和反社会的等次级特质。在对次级特质的分类中因素分析很有用。例如，因素分析显示冲动性与缺乏同理心有共同发生的倾向，也就是说，不假思索就行事的人（冲动性）也往往缺乏站在他人角度看问题（缺乏同理心）的能力。

典型的精神质上得分高的人是孤独的，经常被其他人描述为“不合群的人”。因为他（她）缺乏同理心，所以可能会残酷无情（男性在精神质上的得分几乎比女性高两倍）。这样的人通常有虐待动物的经历。例如，当有狗被车撞或者有人意外受伤时，精神质上得分高的人会大笑。他们对他人的疼痛和苦难没有感觉，包括自己的亲人；他们具有攻击性，包括言语与肢体的攻击，对所爱的人也是如此。精神质上得分高的人嗜好新奇与不寻常的事物，为追求新异会完全忽视危险的存在。他们喜欢捉弄人，常被描述为具有反社会的倾向。在极端的个案中，这类个体会表现出反社会型人格障碍的症状（参见第19章）。

在实践中，精神质量表可以预测许多引人注目的效标行为。与得分低的人相比，精神质上得分高的人更喜欢暴力电影，而且把暴力镜头评价为更令人享受，甚至更好笑（Bruggemann & Barry，2002）。他们比得分低的人更喜欢令人不愉快的油画或图片（Rawling，2003）。在马基雅维利主义（与P高度相关）上得分高的男性（不是女性）持有混乱的、敌对的性态度。与得分低的人相比，他们更容易将性隐私泄露给第三方；在不相爱时装作爱着对方；与嗜酒者保持性伙伴关系；甚至有报道说他们会强迫他人与之性交（McHoskey，2001）。精神质上得分低的人更具有虔诚信奉宗教的倾向，而精神质上得分高的人对宗教或多或少有些冷嘲热讽的态度（Saroglou，2002）。最后，精神质上得分高的人容易陷入严重的、威胁生命的事件中，比如暴力与犯罪活动（Pickering，Farmer，Harris，Redman，Mahmood，Sadler，& McGuffin，2003）。

你也许会料到，艾森克对这些高级特质，特别是P维度的命名已经引起了一些争议。事实上，有人建议对“精神质”更准确、更合适的命名应该是“反社会人格”或“精神变态人格”。不过，忽略其命名问题，精神质维度在常规的人格研究中常作为一个重要特质而出现。

现在让我们深入探讨艾森克分类系统的另外两个方面：层次结构和生物学基础。

艾森克分类系统的层次结构

图 3.1 呈现了艾森克层次模型的结构：每一个高级特质处于顶层，次级特质处于第二层。每一个次级特质又包含第三个水平，即*习惯化的行为*。例如，好交际的这一次级特质包含的习惯化行为可能是打电话闲聊，也可能是经常与其他同学一起喝咖啡来消遣时间。因此，次级特质可能包含不同的习惯化行为。

在层次结构的最底层是*特定的行为*（*例如，我和我的朋友在电话里聊天；早上十点半我与朋友喝咖啡聊天*）。如果许多的特定行为经常重复出现，这些行为就会成为第三水平的习惯化行为。习惯化行为聚类，形成第二水平的次级特质。再由次级特质聚类形成顶层的高级特质。层次结构的优点是：在精确的网状系统中，对每一种与人格有关的特定行为进行了定位。因此，第四水平的特定行为“*我在聚会上疯狂地跳舞*”在最高水平上可以被描述为外向的；第二水平上可被描述为好交际的；在第三水平上则是指具有定期参加聚会的习惯。

生物学基础

艾森克人格分类系统的生物学背景中有两个方面对理解模型至关重要，即*遗传力和可以确认的生理基础*。对艾森克来说，人格“基本”维度的重要标准是它应具有相当高的遗传力。行为遗传学的证据证实，艾森克分类的三个高级特质，即内—外向性、神经质和精神质，都具有中等程度的遗传力，许多其他人格特质亦是如此（见第 6 章关于人格遗传力的讨论）。

基本人格特质的第二个生物学标准是：它应当具有可以确认的生理基础，即可以在大脑、中枢神经系统中找到与特质相对应的成分，并且假定它们是产生这些特质的因果链的一部分。在艾森克的表述中，外向性与中枢神经系统的唤起和活动相联系。艾森克预测内向的人会比外向的人更容易唤起中枢神经系统的活动（见第 7 章）。相应地，他提出神经质与自主神经系统的不稳定（可变性）程度有关。最后，精神质上得分高的人被预期有高水平的睾丸激素和较低水平的单胺氧化酶（一种抑制性神经递质）。

总之，艾森克的人格分类有许多显著的特点。它的层次结构从高级特质开始，其下包含次级特质，次级特质又包含特定行为。层次结构系统中的高级特质已显示出具有中等的遗传力。而且艾森克试图将这些特质与生理机能联系起来，这是大多数人格理论所没有的重要分析层面。

除了这些值得赞美的优点之外，艾森克的人格分类也有一些局限性。第一，许多其他的人格特质也表现出中等的遗传力，而不仅仅是外向性、精神质与神经质。第二，艾森克可能在他的分类中遗漏了一些重要的人格特质，而这是其他人格心理学家，比如卡特尔、戈德伯格（Goldberg）、考斯塔与麦克雷（Costa & McCrae），所争论的焦点。卡特尔是艾森克同时代的人，因此下面我们首先讨论卡特尔的人格分类系统。

卡特尔的分类：16 种人格因素系统

卡特尔 1905 年生于英格兰。作为一个早慧的学生，他 16 岁就进入伦敦大学主修化学。为了理解当时的社会问题，他在研究生阶段转修心理学。在接受研究生教育期间，卡特尔与斯皮尔曼密切合作，后者是许多统计技术的发明者，其中就包括因素分析。卡特尔认为因素分析是建立客观、科学的人格分类的有效工具。他把职业生涯中的大部分时间献给了发展和应用因素分析技术来理解人格。他的目标是界定、描述、解释以及预测所有人际差异的重要方面。

1937 年卡特尔来到美国，成为纽约哥伦比亚大学著名的心理学家桑代克的研究助理。随后的几年里，他辗转于几所大学，包括克拉克大学与哈佛大学，最后在伊利诺伊大学安定下来。1973 年卡特尔从伊利诺伊大学退休，移居夏威夷，在那里继续著书撰文。卡特尔在很多方面都与艾森克相似，他也是在 1998 年去世的。

卡特尔提出了一种有关人格特质的最广泛分类。

在早期生涯中，卡特尔就树立了一个目标：识别并测量人格的基本单元。他以生物化学家为榜样，在那时，生物化学家发现了基本的维他命。卡特尔仿效维他命的研究者，用字母命名他发现的人格因素。正如生物化学家将第一个维他命命名为维他命 A，第二个为维他命 B 等等，卡特尔按照被证实确实存在的人格顺序将人格因素命名为 A、B，以此类推。缺失的一些字母（比如因素 D）意味着这个因素后来没有经受住广泛的交叉效度检验，因此就将其从系统中删除。带数字的字母（例如 Q1 到 Q4）是指那些主要通过自陈式问卷资料得到的特殊因素。

卡特尔认为真正的人格因素应该可以通过不同类型的资料获得，比如自我报告的资料与实验室测验资料（见第 2 章）。尽管不同的资料来源并不总是产生相同数目的人格因素，但它们确实具有足够的一致性使我们相信卡特尔的分类系统，它包含 16 种人格因素。从人格因素的数目来看，卡特尔的分类与艾森克的有很大的不同：艾森克的人格分类是最少（3）的人格分类中的一种，而卡特尔的人格分类是最多（16）的人格分类中的一种。许多研究考察了不同职业群体的人格剖面图，比如警官、科学研究者、社会工作者、门卫等。表 3.3 列出了对 16PF（人格因素）的描述，以及不同职业群体在其上得分的高低。

与艾森克一样，卡特尔发表了大量有关人格的著述，包括 50 多本著作与 500 多篇文章（例如，Cattell，1967，1977，1987）。20 世纪 60 年代中期是他最多产的时期，一年就发表了一千多页人格理论与研究的文章。可以说卡特尔发展了一种识别人格基本维度的强有力的实证研究策略，刺激并促进了人格特质流派的形成。虽然如此，卡特尔的工作，特别是 16 种人格因素模型还是受到了质疑。具体来说，一些人格研究者无法重复验证 16 个独立的因素，而且许多人提出较少的因素就可以捕捉到个体差异的重要方面。现在我们转向最现代的特质分类理论：环形分类模型和五因素模型。

人格的环形分类模型

几个世纪以来，人们一直对圆形很着迷。圆形很优美，它没有起点也没有终点，象征着完整与统一。圆形作为人格的一种可能的表征，也吸引了人格心理学家。

20 世纪倡导用圆形来表征人格的两位最著名的心理学家是利里（Timothy Leary，因他在哈佛大学所做的迷幻药实验而闻名）与威金斯（Jerry Wiggins）。他们用现代统计技术提出了环形模型（环形只是圆的一个精美的名字）。

威金斯（1979）从词汇学的假设出发，认为所有重要的个体差异均可以用自然语言进行编码；而他对分类学的进一步研究使他认为特质术语阐述了个体差异的不同类型。有一种个体差异涉及人们如何处理彼此间的关系，即**人际特质**（interpersonal traits）。

其他的个体差异被划分为以下的特质类型：*气质特质*，如紧张不安的、抑郁的、行动迟缓的以及易激动的；*性格特质*，如有道德的、坚持原则的、不诚实的；*物欲特质*，如贪婪的和吝啬的；*态度特质*，如虔诚的、注重精神的；*心智特质*，如聪明的、有逻辑性和感觉敏锐的；*生理特质*，如健康的和强壮的。

由于威金斯主要关注人际特质，因此他仔细地将人际特质从其他特质类别中分离出来。然后，以早期研究者（Foa & Foa，1974）的理论为基础，他将“人际”界定为人们在交流时的互动。界定社会交流的两个依据是爱与地位：“*人际事件可以被界定为：有着相对清晰的社会（地位）与情感（爱）关系的当事人双方的互动*”（Wiggins，1979，p.398）。因此，“地位”与“爱”构成了威金斯环形模型的两个主轴，如图 3.2 所示。

威金斯的环形模型分类有三个明显的优点。第一，它提出了人际行为的明确界定。因而有可能在圆

威金斯提出了测量环形模型中人格特质的量表。

表 3.3　16 种人格因素量表

1. 因素 A：乐群性。热心，惹人爱，容易相处，喜欢与他人相处，喜欢帮助他人，能很好地适应他人的需要而不是要他人适应自己的需要。这与艾森克的外向性因素类似。
2. 因素 B：聪慧性。智力活动或信息加工效率的粗略指标。
3. 因素 C：情绪稳定性。具有应对日常生活挑战的高水平情绪资源，能够朝着目标去工作，不容易分心，良好的情绪控制，能够经受打击，承受压力。这与艾森克的神经质因素类似（反向计分）。
4. 因素 E：支配性。武断，攻击，竞争，与他人关系中处于强迫或支配地位，喜欢将自己的观点付诸实际，特立独行。在此维度上得分高的职业群体包括运动员与法官；得分低的职业群体包括门卫、农夫和厨师。
5. 因素 F：冲动性。逍遥乐天，可爱，充满热情，有许多朋友，喜欢参加聚会，喜爱旅行，喜欢充满变化的工作。在此维度上得分高的职业群体包括空乘人员与销售人员；冲动性上得分较高的成年人倾向于在年龄较小时离开家庭独立生活，在成年生活中频繁搬家。
6. 因素 G：有恒性。坚持不懈，尊重权威，严格，遵从，遵循群体标准，喜欢规则与秩序，不喜欢新意与惊奇；军校学生与航空交通管制员得分高于平均水平，而大学教授得分通常低于平均水平。
7. 因素 H：敢为性。喜欢成为注意的焦点，喜欢冒险，交往大胆，对人友好，有信心，能够很快融入新群体，不会社交焦虑，没有怯场的困扰。
8. 因素 I：敏感性。有艺术气息，缺乏安全感，依赖，过于自我保护，喜欢做事有理由。得分较高的群体包括职业顾问、艺术家与音乐家；而工程师的得分较低。
9. 因素 L：猜疑性。怀疑，嫉妒，教条，挑剔，易怒，吝啬，非常担心他人如何看自己，有指责他人的倾向。会计是在此维度得分较高的一个职业群体。
10. 因素 M：幻想性。有时被称做“心不在焉的教授”，非传统的，不切实际的，不关心日常事务，不拘小节，通常对机械活动不感兴趣。机修工是在幻想性维度上得分最低的职业群体之一；高分群体包括艺术家与科学研究者。高分者比低分者更具创造力，但也更易出现意外情况。
11. 因素 N：世故性。有礼貌，有外交手腕，矜持，善于印象整饰，社交上泰然自若，久经事故，能很好地控制自己的行为。高分者会显得“强硬”，在社会关系中处于强势地位。
12. 因素 O：忧虑性。易担心，感到内疚，喜怒无常，容易忧郁，常常感到沮丧，对他人的批评敏感，很容易变得心烦意乱，焦虑，常有孤独感，自我贬损，自我谴责。分数极低者给人自鸣得意、自满、过于自信的深刻印象；低分者不受社会准则的约束，不会按照公认的社会习俗行事（例如，可能或多或少有些反社会）。
13. 因素 Q1：激进性。自由主义者，创新性，善于分析，觉得社会应该抛弃传统，喜欢按照反常规的方式行事。在群体决策的研究中，在此维度上的高分者倾向于成为有效的问题解决者；然而，由于高分者过于挑剔并具有言语攻击的倾向，所以他们是不受欢迎的领导者。
14. 因素 Q2：独立性。喜欢独处，不喜欢讨论会或者参与集体工作，回避他人的支持。社会工作者在此维度上的得分低于平均水平；会计与统计员得分较高；南极探险者是在此维度上得分最高的群体。
15. 因素 Q3：自律性。喜欢有组织性，三思而后行，爱整洁，不喜欢命运由天注定。一般而言，高分者对自己的行为和情绪有很好的控制能力；飞行员是在此维度上得分最高的群体之一。
16. 因素 Q4：紧张性。焦虑，感到灰心，烦乱过后通常需要很长时间来恢复平静，为小事情生气，容易对他人发怒，常有睡眠问题。

资料来源：摘自 Krug（1981）。

形的特定扇区依据“地位”与“爱”的交换对社会交流进行定位。这不仅仅包括给予爱（例如给朋友一个拥抱）或是承认地位（例如对父母表现出尊敬或敬意），还包括拒绝爱（例如对男朋友大声叫喊）以及否认地位（例如因某人不重要而忽视他，不与之交谈）。因此，威金斯的模型具有为人际交流提供清晰而精确界定的优点。

威金斯模型的第二个优点在于环形明确了模型内每一个特质与其他特质的关系。该模型区分了三种基本的关系类型。第一种是**接近性**（adjacency），或说特质之间彼此接近的程度。模型中彼此接近或邻近的变量之间具有正相关。因此，“社交—外向”与“热情—随和”之间相关，“傲慢—精明”与“敌对—好吵架”相关。

第二种关系类型是**两极性**（bipolarity）。两极的特质被安置在圆相对的两侧，彼此之间负相关。因此，“支配”是“顺从”的对立面，两者负相关；“冷漠”是“热情”的对立面，两者负相关。明确这种两极性关系非常有用，因为几乎每一种人际特质都有与之相对的特质。

第三种关系类型是**正交性**（orthogonality），指模型中彼此垂直的特质（以 90°为分界，或彼此呈直角）相互之间完全没有关系。换言之，这些特质之间零相关。例如，“支配”与“随和”正交，因此二者不相关。这意味着支配性可以用争吵的方式来表达（例如，为了达到目的大喊大叫），也可以用更随和的方式来表达（例如，我组织了一群人帮助我的朋友）。类似地，攻击性（好争吵的）可以通过自信/支配的方式来表达（例如，我利用自己的职权惩罚敌人），也可通过不自信/顺从的方式来表达（例如，当我沮丧时，通常对他沉默）。因此，正交性可以使个体更精确地区分实际行为中表现特质的不同方式。

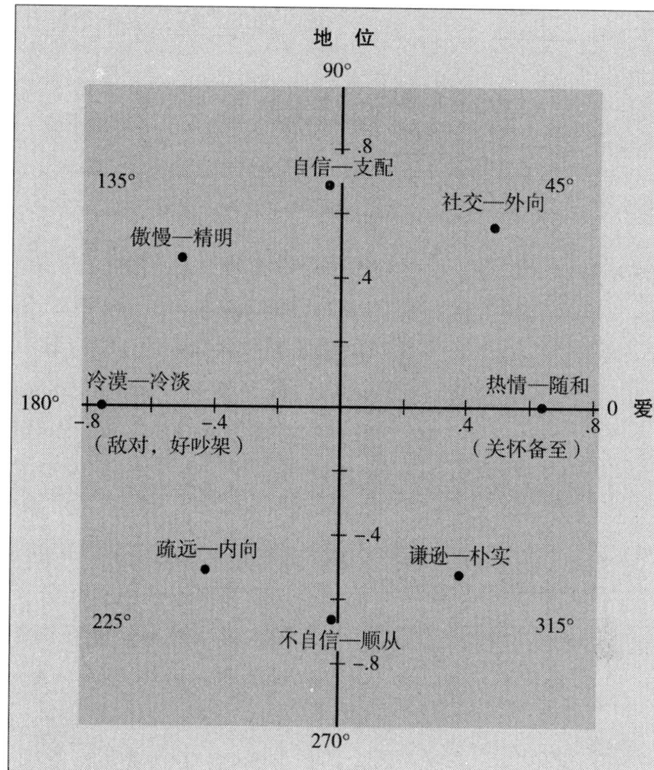

图 3.2

人格的环形模型

资料来源：摘自威金斯（1989）的《人际行为的环形推理》，《人格与社会心理学》杂志，第 56 期，297 页。版权所有：美国心理学会（APA）。被授权引用。

环形分类模型的第三个重要优点是，它能够提醒研究者关注人际行为研究中的空白。例如，尽管有许多关于支配与攻击的研究，但人格心理学家却很少关注“谦逊”与“精明”这样的特质。环形模型通过提供人际交流领域的地图，引导研究者对这些容易被忽略的心理机能进行研究。

总而言之，威金斯的环形分类模型提供了了解社会性领域内主要个体差异的地图，对人格分类学做出了重要的贡献。除了这些积极的品质外，环形分类模型也有其局限性。最主要的局限性在于其人际地图仅有两个维度。有人认为，这两个维度之外的其他特质也有重要的人际作用。例如，“尽责性”也可能成为人际特质，在此特质上得分高的人对朋友、配偶以及子女有强烈的社会责任感。即使是神经质或情绪稳定性特质也会在人际交往中表现得特别突出（例如，当主人长时间没有注意到他的存在时，他会反应过度，并坚持与同伴离开聚会）。包括这些维度在内的一个更全面的人格分类模型是五因素模型，我们将在下面进行讨论。

五因素模型

在过去的20年里，人格研究者关注与支持最多的人格特质分类说是**五因素模型**（five-factor model）。五因素模型有着不同的称谓，被称为“大五（big five）”，甚至是带有幽默色彩的“高五”（High Five）（Costa & McCrae，1995；Goldberg，1981；McCrae & John，1992；Saucier & Goldberg，1996）。构成“大五”的高级特质暂时被命名为：Ⅰ.外向性（surgency or extraversion），Ⅱ.随和性（agreeableness），Ⅲ.尽责性（conscientiousness），Ⅳ.情绪稳定性（emotional stability），Ⅴ.开放性—智力（openness-intellect）。对于人格特质的五因素分类，有许多极具说服力的倡导者（例如，John，1990；McCrae & John，1992；Saucier & Goldberg，1998；Wiggins，1996），也有一些激烈的批评者（例如，Block，1995b；McAdams，1992）。为了理解这五个因素的含义以及它们是如何被确定的，我们必须退回到几十年前，去考察该模型的起源。

五因素模型最初建立在词汇学取向与统计学取向相结合的基础上。词汇学取向在先导者奥尔波特等人（Allport & Odbert，1936）的努力下，始于20世纪30年代。他们艰辛地查阅了词典，从英语中识别出大约17953个特质术语（英语中大约包含550000个独立的条目）。奥尔波特和奥德伯特将最初的特质术语划分成四类：（1）稳定特质（例如，无虑的、有才智的）；（2）暂时的状态、情绪与活动（例如，不安的、兴奋的）；（3）社会评价（例如，迷人的、使人愤怒的）；（4）比喻性的、物质的与不确定性的术语（例如，多产的、贫瘠的）。

所列的第一类术语包括4500个假定的稳定特质，随后卡特尔（1943）用它们来作为对人格特质词汇学分析的出发点。然而，由于那个时代计算机技术的局限性，卡特尔无法对这些术语进行因素分析。取而代之，通过淘汰、汇总的方法，卡特尔将这些术语精简到171组（特质群），最终减少到35个人格特质群。

费斯克（Fiske，1949）从卡特尔的35个特质群中获取22个子集，通过因素分析技术发现了五个因素。然而，这个样本容量相对较小的简单研究很难成为人格特质分类的坚实基础。因此，在回顾五因素模型的历史时，费斯克虽被评为发现五因素模型的第一人，但并没有获得确定五因素模型精确结构的荣誉。

塔佩斯等（Tupes & Christal，1961）为五因素模型做出了另一个重要贡献。他们考察了8个样本的22个简化描述的因素结构，形成了五因素模型：外向性（surgency）、随和性（agreeableness）、尽责性（conscientiousness）、情绪稳定性（emotional stability）与文化（culture）。随后，诺曼（Norman，1963）以及后来的一批研究者（例如，Botwin & Buss，1989；Goldberg，1981；Digman & Inouye，1986；McCrae & Costa，1985）重复验证了这个因素结构。表3.4列出了由诺曼（1963）所界定的“大五”因素。

过去的20年见证了对“大五”的探索研究。事实上，在人格特质心理学的历史中，“大五”分类模型与其他分类相比，获得了更高程度的一致性。但它也引起了一些争议，我们需要从三个关键问题上进行考察：（1）人格五因素分类模型的经验证据是什么？（2）第五个因素到底是什么？（3）“大五”分类是否真的足够全面，还是说“大五”之外还有重要的特质维度？

人格五因素分类模型的经验证据是什么？

在以英语特质词为对象的研究中，五因素模型确实表现出了惊人的可重复验证性（Goldberg，1981，1990；John，1990）。至少有十多名研究者通过不同的样本发现了这五个因素。在过去的半个世纪里，五因素结构每十年就会被重复验证一次，说明它具有跨时间的可重复验证性。在不同的语言与不同的词语条目中也验证了这五个因素。

在现代的版本中，主要有两种测量“大五”分类的途径。一种是对单词形式的特质形容词进行自我评定，如健谈的、热情的、有序的、喜怒无常的和有想像力的（Goldberg，1990）；另一种则是对句子的自我评定，如“我的生活节奏很快”（McCrae & Costa，1999）。我们将会依次讨论。

戈德伯格（Lewis R. Goldberg）采用单一单词形式的特质形容词研究“大五”模型，他进行了最系统和最彻底的研究。戈德伯格利用因素分析技术确定的分类与诺曼（1963）发现的结构极为类似。根据戈德伯格的观点，“大五”模型的关键形容词成分如下：

1. 外向性：健谈的、外向的、自信的、热心的、坦率直言的；与之相对的是：害羞的、安静的、内向的、缺乏自信的、羞怯的。
2. 随和性：有同情心的、亲切的、热情的、有洞察力的、真诚的；与之相对的

表 3.4　诺曼命名的“大五”

Ⅰ. 外向性	**Ⅳ. 情绪稳定性**
健谈的—寡言的	平静的—焦虑的
好交际的—隐遁的	镇静的—易兴奋的
爱冒险的—谨慎的	不过分担心自己健康的—过分担心自己健康的
开放的—不坦率的	泰然自若的—紧张不安/紧张的
Ⅱ. 随和性	**Ⅴ. 文化**
和蔼的—易怒的	理智的—粗心大意的/眼光短浅
合作的—抗拒的	有美感的—缺乏美感的
温柔/温和的—任性的	富于想像力的—简单/直接的
不嫉妒的—嫉妒的	优美的/优雅的—粗鲁的/粗野的
Ⅲ. 尽责性	
尽责的—不可靠的	
细心的—不谨慎的	
坚忍的—不安定的	
爱挑剔的/整洁的—粗心的	

资料来源：Norman（1963）。

是：缺乏同情心的、不亲切的、苛刻的、残酷的。

3. 尽责性：有组织的、整洁的、有序的、实际的、准时的、做事谨慎的；与之相对的是：无组织的、无序的、粗心的、马虎的、不切实际的。
4. 情绪稳定性：平静的、悠闲的、稳定的；与之相对的是：喜怒无常的、焦虑的、不安的。
5. 智力或想像力：有创造力的、有想像力的、聪明的；与之相对的是：缺少创造性的、贫乏想像力的、愚笨的。

在讲英语的人群样本中，研究者利用不同的因素分析技术，广泛验证了五因素结构，并且男性与女性表现出了同样的因素结构。

除了用简单的特质形容词测量“大五”模型以外，考斯塔与麦克雷（Paul T. Costa & Robert R. McCrae）编制的句子形式的测量工具使用最为广泛，被称做NEO-PI-R（the neuroticism-extraversion-openness Personality Inventory Revised）(Costa & McCrae，1989)。NEO-PI-R的项目包括，神经质性（N）：我时常情绪波动；外向性（E）：我发现局面很难控制（反向计分）；开放性（O）：我喜欢尝试新的、外国的食物；随和性（A）：我认识的大多数人都喜欢我；尽责性（C）：我让自己的物品保持干净整洁。

练习

先找到一个你认识的人，比如一个朋友、室友或是家庭成员，然后选取一种方法对他（她）进行“大五”特质的测量。测量前先仔细阅读表3.4中的形容词直至你理解了“大五”中的每一种特质，然后思考第2章中介绍的人格资料的不同来源。

1. 自我报告，其典型做法是问卷或访谈。
2. 观察者报告，其典型做法是请熟知被试的人对其进行描述，报告被试是什么样的人。

	很低	有点低	一般	有点高	很高
外向性					
随和性					
尽责性					
情绪稳定性					
智力—开放性（文化）					

3. 测验资料，其典型做法是通过客观的作业任务、情境或生理记录来捕获个体在解决问题过程中表现的特质。投射测验资料也包括其中。
4. 生活史资料，是指个人生活史可能会揭示某些层面的特质。例如，内向的人会选择与他人打交道少的工作。

在“大五”的每一种特质上，结合各种资料来源评估被试。在你的报告中，首先应该列出测量每一种特质的方法，比如问卷的内容或访谈的过程，亦或是你认为能反映出该特质的生活史资料。然后是报告的第二步，在上表中画出被测者的人格轮廓图。也就是说，标出你认为被测者在以上五个特质中的高低程度。

在这点上你也许会认为五种因素太少了，不能捕捉复杂的人格。你的看法可能是正确的，但是请考虑一下：五种概括的人格因素中，每一种都有许多特定的“方面”有着很多微妙的差别。以尽责性为例，它包括六个方面：能力、秩序、尽责、上进心、自律与深思熟虑。概括特质“神经质”也有六个方面：焦虑、敌意、抑郁、自我意识、冲动与脆弱。每种概括特质的这些方面对增加人格描述的丰富性、多样性与细微差别大有帮助。

注意，尽管NEO-PI-R呈现的特质顺序（N，E，O，A，C）与戈德伯格的顺序不同，并且在少数情况下甚至命名也不同，但其实际测量的人格特质几乎与戈德伯格所发现的完全相同。形容词形式与句子形式的项目得到的因素结构之间的趋同性，为五因素模型的可重复验证性提供了坚实的依据。

第五个因素到底是什么?

尽管五因素模型在不同的样本、调查者与项目形式之间表现出了令人印象深刻的可重复验证性，但是在第五个因素的内容与可重复验证性上仍然存在一些争议。不同的研究者对第五个因素的命名各不相同：文化、才智智力、想像力、开放性、对经验的开放性，甚至是流体智力与空想（Brand & Egan，1989；De Raad，1998）。造成这些差异的主要原因在于不同的研究者采用了不同的项目库来做因素分析。从词汇学取向出发，将形容词作为研究对象的研究者通常认可把智力作为第五个因素（Saucier & Goldberg，1996）。与之相反，采用问卷方法的研究者倾向于使用开放性或对经验的开放性，因为这能够更好地反映项目内容（McCrae & Costa，1997；1999）。

消除这些差异的一种途径是回归到词汇学基本原理这一出发点，考察它们的跨文化与跨语言性。请回忆，根据词汇学取向的观点，那些在不同的语言与文化中普遍存在的特质被认为比缺少跨文化普遍性的特质更重要。这些普遍特质代表着人类经验的更基本的方面。

跨文化资料表明的结果是什么？在土耳其实施的一项研究中，发现了清晰的第五个因素，对其最准确的概括为开放性（Somer & Goldberg，1999）。然而，在荷兰的研究中，第五个因素被界定为批评性与反叛性（Hofstee et al.，1997）。德语中，用智力、才能与能力代表第五个因素（Ostendorf，1990）。意大利语中，第五个因素是传统性，以“反叛的”与“批评的”条目标记（Caprara & Perugini，1994）。综观这些研究，它们表明要确定第五个因素是非常困难的。

总之，尽管前四个因素在跨文化与跨语言的研究中具有高度的可重复验证性，但第五个因素的内容、命名与可重复验证性却是不确定的。也许某些个体差异在某些文化中比在另一些文化中更重要：一些文化中是智力；一些文化中是传统性；而另一些文化中是开放性。很显然，需要更广泛的跨文化研究，特别是对非洲文化、亚洲文化以及受到西方文化影响最少的传统文化的研究。

五因素与经验的关联是什么？

在过去15年里，围绕与五因素相关的经验变量已经展开了大量的研究。下面将总结最近的一些有趣发现。

外向性 外向者喜欢聚会，表现为他们经常参加社交活动，能够使枯燥的聚会具有活力，喜欢交谈。事实上，近期的证据表明**社会关注**（social attention）是外向性最重要的特征（Ashton，Lee，& Paunonen，2002）。从外向者的观点看，“获得的关注越多越愉快”。外向者对其所处的社会环境的影响大，通常处于领导地位；而内向者更像是局外人（Jensen-Campbell & Graziano，2001）。外向的男性面对不认识的女性更大胆；而内向的男性面对女性却很羞怯（Berry & Miller，2001）。外向者更快乐，而且当一个人以外向的态度行事时，能更强烈地体会到这种积极情感（Fleeson，Malanos，& Achille，2002）。但是外向性也存在不利的方面，例如外向者喜欢开快车，驾车时喜欢听音乐。因此，与内向者相比，他们会更多地卷入车祸，甚至死在事故中（Lajunen，2001）。

随和性 外向者的箴言可能是“让我们更加活跃”，而高度随和者的箴言是“让我们融洽相处”。那些在随和性上得分高者喜欢用协商解决冲突；而低随和者在解决社会冲突时，总是试图强调自己的权威（Graziano & Tobin，2002；Jensen-Campbell & Graziano，2001）。随和者也更容易从社会冲突中退出，回避不和谐的环境。随和性的个体把和谐的社会交往与合作的家庭生活当做最重要的目标。随和性的儿童在青少年早期更少受到恃强凌弱者的伤害（Jensen-Campbell et al.，2002）。正如你猜测的，政客在随和性上一般得分较高，至少在意大利是这样的（Caprara，Barbaranelli，Consiglio，Picconi，& Zimbardo，2003）。

随和性的另一个极端是攻击性。在一项引人注目的关于日常行为的研究中，研究者（Wu & Clark，2003）发现，攻击性与许多日常行为有很强的联系。例如，*因为愤怒而打别人；事情不能正常发展时勃然大怒；使劲摔门；大声叫喊；陷入争吵；握紧拳头；提高嗓门；故意变得粗鲁；破坏他人的物品；推搡或打他人以及摔电话*。所以下一次再看到争吵的人，你也许想找到他们在随和性—攻击性维度上的位置。

简言之，随和性的个体与他人相处融洽、广受欢迎、避免冲突、争取和谐的家庭生活，而且倾向于选择将他们受欢迎的特点变成优势的工作。不随和的个体具有攻击性，容易使自己卷入大量的社会冲突中。

尽责性　如果外向者喜欢聚会，随和者好相处，那么尽责的个体是勤勉的、走在前面的人。尽责者的努力工作、守时以及可信赖的行为带来了更多积极的生活结果，比如高于平均水平的学习成绩、更高的工作满意感、更强的工作安全感以及更多积极的、牢固的社会关系（Langford，2003）。反之，尽责性上得分低者很可能在学习与工作中表现得较差。另外，低尽责性与冒险的性行为相关，比如不使用避孕套（Trobst，Herbst，Masters，& Costa，2002）；而且在已经建立恋爱关系时，低尽责性的人会对其他潜在的对象做出更多响应（Schmitt & Buss，2001）。以囚犯为样本，尽责性得分低者有频繁被捕的趋势（Clower & Bothwell，2001）。总之，尽责性得分高者在学习和工作中表现得更好，他们避免破坏规则，拥有更稳定与安全的恋爱关系。

情绪稳定性　每个人都必须面对生活中的压力与困难。情绪稳定性维度涉及人们处理这些压力的方式。情绪稳定的个体就像在波浪滔滔的海水中保持航向的小船；情绪不稳定的人在与风浪的搏斗中，更有可能偏离航向。情绪不稳定或神经质是情绪跨时间的可变性，即这样的人比情绪稳定的人更容易情绪起伏不定（Murray，Allen，& Trinder，2002）。因此，情绪不稳定的个体在一天之中可能会体验到更多疲劳感（De Vries & Van Heck，2002）。在心理上，情绪不稳定的个体更有可能经历分离体验：比如不能回忆起重要的生活事件；感觉到与生活和其他人相脱离；感觉自己就像在陌生的、不熟悉的地方醒来（Kwapil，Wrobel，& Pope，2002）。

人际关系方面，那些在神经质或情绪不稳定性上得分高者，在社会关系中更容易经历起伏、波折。例如，在性关系中，神经质或情绪不稳定的个体体验到更多的性焦虑（例如担心自己的表现），因而更害怕卷入性活动（Heaven，Crocker，Edwards，Preston，Ward，& Woodbridge，2003；Shafer，2001）。在面对高度应激事件时，如意外流产，情绪不稳定的个体更容易患“创伤后应激障碍症”，心理创伤的体验深刻且持久（Englelhard，van den Hout，& Kindt，2003）。

情绪不稳定者很少取得事业成功，部分原因可能在于情绪不稳定的人在我们所有人都要经历的日常压力中偏离了航向，部分原因可能是他们体验到更多疲劳，但也有可能是由于他们有很多“自我设障”（Ross，Canada，& Rausch，2002）。自我设障（self-handicapping）被界定为“为了保护自尊，在工作或竞争中设置障碍阻碍成功”的一种趋势（Ross et al.，2002，p.2）。那些在神经质上得分高者似乎会自我设障，为自己的成功制造路障。总之，情绪稳定性低者的多变情感影响其生活的方方面面，从性生活到事业成就。

开放性　对下列句子，你是赞成还是反对？“晚上醒来时，我不确定自己是否真的经历过某事还是仅仅在做梦”；“我醒来时知道自己在做梦，甚至在梦里也知道”；“我能够控制或引导梦的内容”；“梦可以帮助我解决当前的问题或担忧”（Watson，2003）。如果你倾向于赞成这些陈述，你在人格的“开放性”上得分就会很高。开放性上得分高者能回忆起更多的梦，有更多清醒的梦、生动的梦、预言性的梦（梦到日后发生的事件）以及解决问题的梦（Watson，2003）。

开放性气质总是与喜欢新的食品、喜欢新奇的体验，甚至对婚外情有着“开放性”相联系（Buss，1993）。开放性的差异可能源于个体信息加工的差异。近期的研究发现，高开放性者很难忽视先前体验过的刺激（Peterson，Smith，& Carson，2002）。对于高开放性者而言，似乎他们的知觉和信息加工的“大门”在接受随时从各方涌来的大量信息时，的确更为“开放”。而开放性较低的人视野狭窄，容易忽略竞争性刺激。总而言之，开放性气质与许多吸引人的变量有关，如从偶然闯入的刺激到可能选择的性伙伴。

大五变量的组合。当然，用大五变量的组合比用单一的人格特质能更好地解释许多生活事件，下面举一些例子。

- 好成绩用尽责性（高）与情绪稳定性（高）能得到最好的预测（Chamorro-Premuzic & Furnham，2003）。一个可能的原因是情绪稳定的、尽责的人不太可能拖延时间（Watson，2001）。
- 冒险的性行为，比如拥有众多性伙伴、不用避孕套，用高神经质性、低尽责性与低随和性能进行最好的预测（Trobst et al.，2002）。
- 酗酒用高外向性与低尽责性能得到最好的预测（Paunonen，2003）。
- 珠穆朗玛峰的攀登者倾向于外向、情绪稳定以及高精神质（Egan & Stelmack，2003）。
- 幸福感与每天的积极情绪体验可用高外向性与低神经质性来预测（Cheng & Furnham，2003；Steel & Ones，2003；Yik & Russell，2001）。
- 商业活动中的领导效力用高外向性、高随和性、高尽责性以及高情绪稳定性能得到最好的预测（Silverthorne，2001）。

我们不必惊讶，在预测重要生活事件时，变量组合通常比单一变量更好。可以预期将来的研究会逐渐关注这些变量组合。

五因素模型是否全面？

五因素模型的批评者认为五个因素漏掉了人格的其他重要方面。例如，有研究者（Almagor，Tellegen，& Waller，1995）提供了七个因素的证据。他们的研究结果表明应该加上两个因素：正性评价（杰出的还是平庸的）与负性评价（可怕的还是亲切的）。五因素模型的倡导者之一戈德伯格发现，尽管“虔诚”（religiosity）与“精神性”（spirituality）对变异量的解释力明显地比这五个因素小，但是有时也会作为独立的因素出现（Goldberg & Saucier，1995）。

有研究者（Lanning，1994）采用加利福尼亚成人 Q 调查表（California Adult Q-set）进行重复研究发现了第六个因素，他命名为“吸引力”，包括“认为自己是有吸引力的、迷人的”）。还有研究者（Schmitt & Buss，2000）用相关法，在性领域发现了令人信服的个体差异，比如性感（例如性感的、相貌出众的、有吸引力的、迷人的、肉欲的以及诱人的）与忠诚（例如忠诚的、一夫一妻的、深爱的以及不通奸的）。这些个体差异与五因素有相关：性感与外向性正相关，忠诚与随和性与尽责性正相关。但是这些相关还不能解释全部的人格差异，说明性领域的个体差异并非完全包含于五因素模型中。

五因素模型得到了经验证据的证明，且其倡导者对五因素之外的潜在因素也持开放态度（Costa & McCrae，1995；Goldberg & Saucier，1995）。尽管如此，这些研究者并没有发现支持“大五”之外其他因素的证据。有些人认为正性评价与负性评价不是真正的独立因素，是由于评价者总是把所有事物评价为好或坏而产生的虚假因素（McCrae & John，1992）。至于有研究者(Lanning，1994）发现的吸引力因素，考斯塔与麦克雷（1995）认为它通常不被认为是人格特质，尽管在此因素负荷上的“迷人的”这一项目确实应被当做人格的一部分。

近期，一个超越“大五”人格因素的流派开始探索**人格描述性名词**（personality-descriptive nouns）而不是形容词。其中就有研究者（Saucier，2003）在人格名词领域中发现了八个因素，比如：*笨蛋*（例如笨蛋、低能者、白痴）；*小孩/美人儿*（例如美人、爱人、洋娃娃）；*哲学家*（例如天才、艺术家、个人主义者）；*违法者*（例如瘾君子、醉汉、反叛者）；*滑稽角色*（例如小丑、糊涂虫、喜剧演员）和*运动员*（例如爱好运动的人、坚强的人、机械般的人）。正如作者所总结的，“基于形容词的人格分类不可能是全面的，因为名词强调了不同于形容词的内容”(Saucier，2003，p.695)。

除了发现*超越*“大五”的其他维度的可能性外，一些研究者在“大五”的范围内，用五因素内的子因素极为成功地预测了重要的行为（Paunonen & Ashton，2001a，b）。例如，在预测大学的学业成绩方面，研究者们（Paunonen & Ashton，2001a）发现*成就需要*（尽责性的一个子因素）与*理解需要*（开放性的一个子因素）的预测力显著高于更高水平的因素尽责性与开放性本身的预测。他们认为，“从行为预测和行为解释的角度讲，将次级特质的测量聚合成对高级因素的测量可能会引起反作用”（Paunonen & Ashton，2001a，p.78)。

因此，存在一个重要的问题：五因素模型是否提供了关于人格的全面描述？站在“是”的一面，五因素模型确实比其他声称全面的人格分类更有力，更具可重复验证性。五因素中的四个因素被证明在不同的研究者、资料来源、项目形式、样本、语言和文化中具有高度可重复验证性。此外，五因素模型被发现是隐含在现存许多人格调查表中的主要结构。站在“否”的一面，正如五因素模型的倡导者也欣然承认的那样，断言五因素模型是全面的可能为时过早。事实上，寻求超越“大五”的其他因素是研究者正在进行的努力，这使得人格心理学成为令人振奋和充满活力的学科。

但是该模型也面临旗帜鲜明的批评者，比如麦克亚当斯（McAdams，1992）和布洛克（Block，1995b)。布洛克认为，这五个因素在日常生活中对外行也许有用，但是却不能解释研究者真正感兴趣的人格过程的内在原因。比如，将某人描述为高*神经质*，在描述社会交往与总体性格方面或许有用，但是不能解释诸如感到有罪、过于受到恶劣处境的困扰、过于担心他人不回复邮件信息等事件的内在心理过程。

五因素模型的倡导者对批评做出回应，认为“大五”分类仅仅是作为一种表型的结构而提出，是编码进自然语言的人格的表型结构，并没有声称解释内在的人格过程（Goldberg & Saucier，1995）。这样的争论对科学事业而言非常重要，标志着一个领域的欣欣向荣和兴旺。只要人格心理学家为发展出更好、更充分以及更全面的人格分类而努力，我们就可以预期这样的争论将会继续存在。

总结与评论

本章集中探讨了人格心理学家特质考察中的三个基本问题：如何将特质概念化；如何识别最重要的特质；如何提出一种全面的特质分类。

有两种基本的特质概念。第一种将特质视做导致个体行为的内在属性。在行为内因的概念中，特质导致了外在行为。第二种将特质视做外显行为的描述性概括。这种观点并没有假设特质产生行为，而是在行为概貌被识别并被描述后，单独地考察因果关系问题。

识别重要人格特质的基本取向有三种。第一种是词汇学取向，认为所有重要的特质都可被记录于自然语言中。词汇学取向采用同义词频与跨文化普适性作为识别重要特质的标准。第二种取向是统计学取向，采用统计程序识别重要特质，如因素分析，并试图识别共变的特质群。第三种是理论取向，采用现存的人格理论决定哪些特质是重要的。在实践中，人格心理学家有时将三种取向综合使用。例如，以词汇学取向为出发点识别普适性的特质，然后应用统计程序，比如因素分析，识别共变的特质群，以便形成宏观的因素。

第三个基本问题是提出全面的人格特质分类。该问题已经有了许多解决办法。艾森克提出了层次结构模型，其中高级特质（外向性、神经质与精神质）包括更多的次级特质（比如行为活动水平、喜怒状态以及自我中心）。艾森克的分类以因素分析为基础，但是也有着明显的生物学基础，包括特质的可遗传基础以及识别特质内在的生物学基础。

卡特尔的16种人格特质分类也以因素分析为基础，包含的特质数目是艾森克分类的五倍之多。卡特尔的分类利用了多种资料来源，包括问卷资料、测验资料与生活史资料。但是艾森克认为卡特尔的16种特质类别可以用因素分析缩减到他的3种特质类别。

人格的环形分类模型的目标更窄，它关注人际特质领域而不是整体人格。环形模型围绕两个关键维度——地位（支配性）与爱（随和性）——将特质组织为环形结构。

人格的五因素模型包含了环形模型，因为五因素模型的前两个特质，即外向性和随和性，基本上与环形模型的支配性和随和性维度相同。然而，五因素模型还包括尽责性、情绪稳定性以及开放性—智力（有时称为文化）。五因素模型因为不全面，并且不能充分解释内在心理过程而受到批评与质疑。尽管如此，五因素模型还是得到许多人格心理学家的广泛认同，并继续在各种各样的研究与应用领域中被使用。

关键术语

词汇学取向
统计学取向
理论取向
词汇学假设
同义词频
跨文化普适性
因素分析
因素负荷
社会性别定向
人际特质
接近性
两极性
正交性
五因素模型
外向性
社会关注
随和性
尽责性
情绪稳定性
开放性
大五变量的组合
人格描述性名词

4

特质心理学中的理论与测量问题

理论问题

- 有意义的个体差异
- 跨时间的一致性
- 跨情境的一致性
- 个体—情境交互作用
- 汇聚技术

测量问题

- 粗心
- 欺骗
- 反应定势

人格与预测

- 人员甄选：选择合适的人从事警官工作
- 解释人格测验时当心巴纳姆效应
- 教育选拔：研究生入学考试（GRE）与研究生阶段的学业成功
- 商业选拔：迈尔斯—布里格斯人格类型测验（MBTI）与领导选拔

总结与评论

关键术语

4

特性领域

莎拉是一名大三学生，由于同时专修数学与计算机科学两个专业，所以她没有时间参加社交活动。她有一点羞怯，特别是面对与她年龄相仿的男性时。尽管希望有更多的约会，但是她对所找男性具有的特质非常挑剔。她打定主意要通过网络约会服务中心来找人约会，并认为这是一条有效的途径。于是便在网络约会服务中心注册，她发现第一步是完成一份详尽的人格问卷。莎拉回答了许多问题，包括她的好恶，她的习惯、特质以及其他人对她的看法，甚至询问她开哪类车以及她的驾驶风格。然后，她得到了网站认为很适合她的几位男性的基本人格信息。其中有一个人令她非常感兴趣，于是莎拉花了几个小时与他进行网聊。由于进展顺利，莎拉决定和他通几次电话。莎拉发现他们两个人有许多共同点，与他交谈很轻松，他们在谈话中感到愉快。所以他们决定进一步接触，约定共进午餐。当一切安排妥当后，莎拉惊奇地发现他们住在同一个公寓，很有可能已经见过对方，而且甚至交谈过。但实际上他们是通过网络约会服务中心，通过人格匹配程序而找到彼此的。

网上有许多网络约会服务中心，并且大多数会雇佣人格心理学家来帮助他们更好地做匹配工作。例如，如果一个人是内向、敏感的，那么他（她）能否与务实、尽责的人融洽相处？心理学家也在利用网络收集资料，研究是什么使两个人成为彼此的好伴侣。然后他们将资料输入软件程序中，通过复杂的匹配程序来进行匹配，以此来为在线约会服务。

首次约会的重要任务是弄清楚你和对方的共同点是什么，即你们的人格有多少相似之处。

例如，eHarmony.com网站使用了480个项目的人格问卷。同时提供“坏行为”的清单让申请人核对，确定哪些行为是他们“完全不能忍受”的。这个网站采用组合的匹配程序：依据主要人格特质选择匹配者，然后再根据申请者描述的不能容忍的对方行为进行筛选。其他约会服务网站，比如Matchmaker.com与Emode.com也收集广泛的人格资料用于复杂的匹配程序。

对人格特质进行匹配听起来是个好主意，但是否能够奏效则取决于人们在回答有关自己的问题时说真话的程度。人们可能提供生理特征方面的假信息，例如，说自己是娇小的而实际上并不是；声称自己有浓密的卷发而实际上是秃头。在人格方面也会错误地描述自己，例如，人们可能试图掩盖攻击性与虐待性的人格。因此，许多约会服务网站非常重视安全问题，会使用人格评鉴的技术测查有潜在问题的客户。例如，有网站会询问一些较小的错误行为，诸如“别人要求我归还我喜爱的东西时，我从不怨恨”或是“我偶尔撒些小谎”之类。对大量否认这些常见错误的人要小心，因为他（她）很可能没有在所有的问卷项目上如实地描述自己。事实上，eHarmony.com声称，基于对这些问题的回答，有16%的客户被要求离开网站（载于《美国新闻与世界报道》，2003年9月29日）。

人格测验的这种用途引起了人们对一些特质测量问题的关注。特质是否代表了一贯的行为模式，使我们可以根据一个人的特质准确地预测他（她）的未来？人格特质与情境，特别是社会情境如何相互作用？是否有办法察觉那些在人格问卷中没有真实作答的人？是否有一些人做问卷时具有伪装好或者伪装坏的动机？

人格测量也在其他的“选择”情境中被使用，比如对工作人员的选择，对假释罪犯的选择以及在组织内部对工作职位的安排。在利用人格测量做这些决定时面临的法律问题是什么？各种选择程序之间有什么共同点？雇主能否通过“诚实”特质的测量筛选出不诚实的雇员？怎样基于能力倾向测验或所谓的其他智力测验选择进入大学、法学院或者医学院的人？

尽管许多问题看起来很抽象，但它们对于我们如何考虑人格特质很重要，对于理解有争议的问题也很重要，如在商业、工业和教育中用人格测验选择、训练以及提拔申请者。

理论问题

人格的特质理论提供了许多关于人性基本成分的观点。如第3章中所述，不同的理论在特质由什么构成、存在多少种特质，以及什么才是发现基本特质的最好方法等问题上不尽相同。尽管有这些不同之处，但特质理论却共享着三个重要的人格特质假设。这些假设超越任何一种人格特质理论或分类，因此形成了特质心理学的基础，这三个重要假设是：

- 有意义的个体差异。
- 跨时间的稳定性或一致性。
- 跨情境的一致性。

有意义的个体差异

特质心理学家首先对确定人们之间*存在的差异*感兴趣。任何有意义的个体差异都可能被识别为人格特质。有些人爱说话，另一些则不然；有些人积极主动，另一些则终日懒散在家；有些人喜欢解决复杂的谜题，另一些则避免心理挑战。由于特质心理学关注个体差异的研究，有时也被称做**差异心理学**（differential psychology），这个领域因此与人格心理学的其他分支不同（Anastasi，1976）。除了人格特质，差异心理学还研究其他形式的个体差异，比如能力、能力倾向与智力。在本章中，我们主要关注人格特质。

从历史来看，特质流派一直关注精确的测量。它采用量化的手段，强调一个特定的个体与公认的平均值之间存在多大程度的差异。在所有的人格研究取向与策略中，特质取向最具数学与统计学导向，因为它强调数量。毕竟，人们之间的差异在于不同特质的*数量*。

你也许会感到疑惑，几个关键特质如何能够捕捉并代表个体间的大量差异。每一个体的独特性怎么能够仅用几个特质来描述？有些特质心理学家像化学家，认为将几种基本特质进行不同的组合，可以提取出每一个体的独特属性。这一过程可与三原色的合成过程类比。光谱上每一种可见的颜色，从灰紫色到深褐色，都可以通过红、绿、蓝三原色的不同组合而产生。根据特质心理学家的观点，每一种人格，不管有多复杂或非同寻常，都是由几种基本特质的特殊组合产生的。

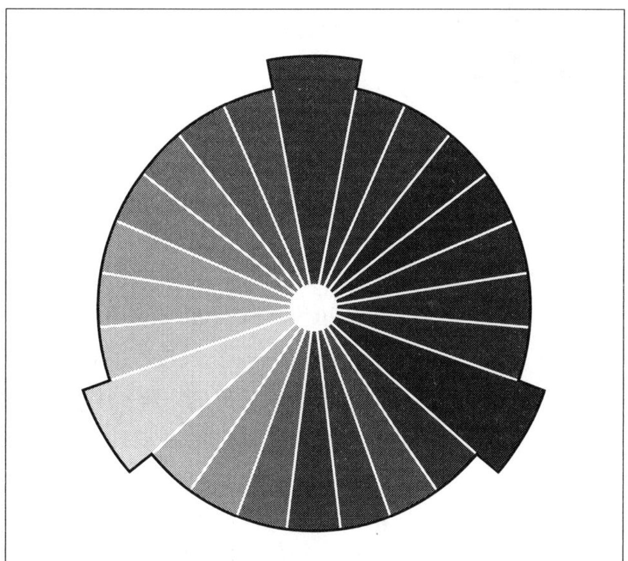

色轮。所有的颜色都是由三原色合成的。类似地，特质心理学家认为，各种各样的人格也是由几种基本特质组合而产生的。

跨时间的一致性

所有特质理论的第二个假设是人格具有一定程度的跨时间的**一致性**（consistency）。如果在一段时期内观察到某人高度外向，特质心理

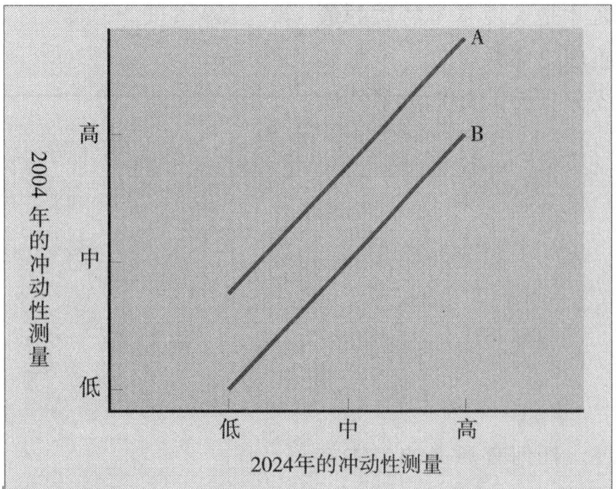

图 4.1

20 年间两次测量冲动性的理论回归直线。直线 A 表示冲动性随着年龄的变化而变化，所有的人都是年龄越大，冲动性的得分越低。直线 B 表明那些年轻时最具冲动性的个体在 20 年后仍是最具冲动性的人。而这两条直线一起则表明了个体在冲动性等级顺序上的一致性，以及冲动性的重测相关。

学家倾向于认为他（她）在明天、下一周、一年后甚至是二十年后仍然是外向的。许多人格特质表现出相当程度的跨时间一致性，这一观点已得到大量调查研究的支持，我们将在第 5 章中进行总结。智力、情绪反应性、冲动性、羞怯和攻击性等特质表现出高度的重测相关，甚至两次测验之间间隔数年或数十年亦如此。被认为具有生物学基础的人格特质，如外向性、感觉寻求、活动水平和羞怯，也表现出显著的跨时间一致性。然而，态度的跨时间一致性较低，兴趣与观念也是如此（Conley，1984a，1984b）。当然，整个成年期间，人们确实会在重要的行为方式上发生改变，比如对政治的参与、对社会问题的态度、参加社会变革运动、亦或接受心理治疗（Stewart，1982）。对广泛的人格特质而言，跨时间的一致性通常是一种准则，而不是例外（Izard et al.，1993）。

一种特质可能具有跨时间的一致性，但是实际行为中表现该特质的方式可能充满了变化。以低随和性为例，一个高度不随和的儿童容易发脾气、屏息、挥拳、肆无忌惮地发火；而成人后，不随和的表现可能是很难相处，因此可能会由于很难维持人际关系而丢掉工作。研究者已经发现，儿童期的乱发脾气与 20 年后保住工作之间存在-.45 的相关（Caspi，Elder，& Bem，1987）。这个发现是特质（低随和性）一致性的证据，尽管特质的行为表现会随时间而变化。

随着年龄增长而强度降低的特质的情形如何？如活动水平、冲动性和反社会性。如果已知一种特质会随年龄而改变，那么它如何表现其一致性？例如，犯罪倾向通常随年龄增长而减弱。因此，一个 20 岁时反社会的人，随着其年龄的增加，对社会的危害性逐渐变小。此问题的答案在于**等级顺序**（rank order）的概念。如果在特定特质上所有人都随年龄增长而表现出相同比例的减弱，那么他们彼此间仍然保持相同的等级顺序。解释这种随年龄而产生的一般变化，可以将特质测量中每一个参与者的得分加上或者减去一个常数。图 4.1 说明，冲动性随年龄增长而表现出的下降趋势对 20 年间两次测量之间的相关没有实际影响。随着年龄的增加，人们的冲动性一般会表现出减弱的趋势，但是年轻时最具冲动性的个体在后来仍是最具冲动性的人。在第 5 章中我们将重提等级顺序的一致性、稳定性与可变性的观点。

跨情境的一致性

特质心理学家的第三个假设是特质会表现出跨情境的一致性。虽然特质的跨

哈茨霍恩和梅（Hartshorne & May）的研究考察了儿童在学习与游戏中的跨情境一致性。然而他们在这些情境中并没有发现诚实性特质的一致性。但批评者认为，他们的研究在每种情境中只对儿童进行了一次施测，那些将每种情境中的多次测量汇聚在一起的研究发现了更高水平的跨情境一致性。

时间一致性有很多证据，但是关于特质在情境之间的一致性问题上却存在更激烈的争论。传统上，特质心理学家相信，人们的人格表现出了跨情境的一致性。例如，如果一个年轻人"真的很友好"，那么他（她）会在工作中友好，在学校里友好，在娱乐活动中也友好。这个人对陌生人、不同年龄的人以及权威人物都会很友好。

当然，尽管一个人真的很友好，他（她）还是会在有些情境中表现出不友好。也许有些特殊的情境会影响大多数人的友好表现。例如，在聚会中人们更有可能与陌生人交谈，而不是在图书馆里。如果人们的行为主要是由情境控制，那么用特质具有跨情境一致性的观点就很难解释行为。

跨情境一致性的问题在人格心理学中有着漫长而曲折的历史。哈茨霍恩和梅（Hartshorne & May，1928）研究了一大群夏令营中的小学生，研究主要关注他们的诚实特质。他们在许多情境中观察诚实或不诚实行为。例如，哈茨霍恩和梅观察哪些孩子在夏令营的户外游戏中作弊，哪些孩子在学校考试时作弊，发现这两种情境中诚实性的相关相当低。知道在夏令营的一个晚上玩踢罐子游戏时一个孩子作弊，并不能告诉我们这个孩子在参加学校考试时是否抄袭邻座同学的试卷。哈茨霍恩和梅报告，在助人和自我控制特质上，也有类似地较低的跨情境相关。

40 年后的 1968 年，米歇尔（Walter Mischel）出版了名为《人格与评鉴》（*Personality and Assessment*）的奠基性著作。在书中，米歇尔汇总了哈茨霍恩和梅的研究以及许多其他报告中不同情境中人格分数低相关的研究结果。在回顾了这些研究后，米歇尔总结道："行为一致性并没有得到证实，因而将人格特质作为广泛的预测源是站不住脚的"（p140）。

米歇尔认为人格心理学家应该放弃用人格特质解释行为，并建议他们将焦点转移到情境上来。如果不同情境之间的行为不同，那么应该是情境差异决定行为，而不是内在的人格特质。这种观点被称做**情境论**（situationism），可以用下面的例子来说明。一名年轻的女性在学校里对熟人可能会很友好，但对陌生人却有所保留；一名年轻男性可能很想在学业上取得好成绩，但却并不在意在体育运动方面是否胜过他人。情境论者的观点是，情境决定一个人的行为有多友好，或者表现出多少成就需要，而不是人格特质。米歇尔提出，行为更多的是情境的函数而不是人格特质的函数。

1968 年米歇尔的著作出版后，在随后的 20 年里他对特质流派的质疑占据了整个特质心理学的领域。许多研究者通过提出新的理论视角，收集拯救特质论的新数据来回应米歇尔的情境论（例如，A. H. Buss，1989；Endler & Magnusson，1976）。反过来，米歇尔自己也有新观点与新数据来支持他的观点，即特质概念的有效性是有限的（例如，Mischel，1984，1990；Mischel & Peake，1982）。

尽管长期的争论仍未尘埃落定，但是我们可以肯定地说，争论的结果是特质心理学家和米歇尔都修正了自己的观点。米歇尔缓和了自己的观点，认为情境总是行为的最有力的决定因素。然而，他始终坚持认为，特质心理学家夸大特质的重要性是不对的。在米歇尔提出质疑之前，特质心理学家通常用人格测验的分数预测行为。米歇尔指出心理学家并不擅长预测特定情境中某个个体将会如何行事。特质心理学家也修正了自己的观点。两项最深远的转变在于，特质心理学家接受了**个体—情境交互作用**（person-situation interaction）的观点，以及实施**汇聚技术**（aggregation）或平均策略（averaging）来作为评价人格特质的工具。

个体—情境交互作用

在第 1 章中我们第一次接触了个体—情境交互作用的问题。在本节里，我们将更细致地考察此问题，关注对米歇尔的质疑做出回应的交互作用论。正如米歇尔与特质心理学家的争论所显示的，对行为，或为什么人们在特定的情境中会那样行事有两种可能的解释：

1. 行为是人格特质的函数，$B=f(P)$。
2. 行为是情境力量的函数，$B=f(S)$。

显然，两种论述都有正确的地方。例如，人们在葬礼上的行为不同于体育运动中的行为，说明情境在特定方面引导行为，这正如米歇尔所强调的。然而，有些人却会一直很安静，即使在体育运动中也是如此；而另一些人则爱说话，好社交，即使在参加葬礼时也是如此，这些例子支持了传统的特质观，即强调人格决定人们为何如此行事。

显然，整合这两种观点就是认为人格与情境交互作用产生行为，即

$$B=f(P\times S)$$

该公式表明行为是人格特质与情境之间*交互作用*的函数。例如，考虑“急性子”这一特质，它是一种对小挫折做出攻击反应的倾向。在此特质上得分高的人，如果熟人没有看到他（她）如何应对挫折情境，可能不会察觉到这一点。只有在

合适的情境下，比如在挫折情境中他（她）才会表现出急性子的特质。如果一个人在情境中受挫（如自动售货机吞了钱但是没有给他物品），而且这个人碰巧是个急性子（人格因素），那么他就会烦躁，也许还会攻击挫折源（例如，一再踢打自动售货机，并且大声诅咒）。解释为什么这样的人会如此烦躁，需要综合考虑特定情境（挫折）与人格特质（急性子）两个方面。这种观点被称为个体—情境交互作用，并已成为现代特质理论中相当普遍的观点。另一种解释方法是“如果……如果……那么……”形式的陈述（Shoda，Mischel，& Wright，1994），例如，“如果情境是挫折情境，如果个体是个急性子，那么将会导致攻击行为”。

交互作用论认为，个体差异是指特定情境下表现出来的差异。某些特质是特定情境所特有的，如考试焦虑。一个年轻人通常是从容自信的，但是当他处在一系列非常特殊的情境下时，比如参加重要考试，他会变得非常焦虑。在这些特殊情境中，一个在其他情境下从容不迫的人会变得紧张、焦虑、心烦意乱。这个例子表明某种特定的情境会唤起与个体特质不符的行为，我们称之为**情境特异性**（situational specificity），即个体在特定的情境下表现出特殊的行为方式。

一些关于特质—情境交互作用的例证很难获取，因为引发与特质有关的行为的情境本身就很少。例如，你也许感到很难认定谁是班上最勇敢的人。如果有一类特定的情境，如发生校园人质劫持事件时，你就能发现谁是勇敢的人。

要点在于人格特质与情境力量的交互作用产生行为。人格心理学家已经放弃了在“所有时间对所有人”进行预测的希望，而是确定了这样的观点，即他们能够预测“某时的某些人”。例如，以焦虑特质为例，我们也许能够预测在某些情境中（例如评价性的情境—考试）谁有可能会焦虑，但是在其他情境中（例如与家人一起在家休息时）他们却不会焦虑。

然而，有些情境的力量如此之强，以致于几乎每个人都以同样的方式做出反应。例如，在一项对生活事件的情绪反应的研究中，研究者们（Larsen，Diener，& Emmons，1986）希望找出谁在日常事件中具有做出过度情绪反应的倾向。研究者要求被试在两个月的时间里每天写日记，同时对自己每天的情绪做出等级评价。结合情绪反应特质的测量结果，研究者能够预测谁将会对小的或中等的压力事件，如轮胎漏气、被爽约、户外活动计划因下雨被取消等产生过度反应。而当真正严重的事发生时，如宠物死去，几乎每个人都有强烈的情绪反应。研究者创造出了一个新术语**强情境**（strong situation），意指几乎所有人都会以同样的方式做出反应的情境。

特定的强情境，比如葬礼、宗教活动以及拥挤的电梯似乎会导致统一的行为。与之相反，当处于弱情境或不确定情境时，人格对行为的影响最强。罗夏墨迹图片是弱情境或不确定情境的经典例子，施测者要求受测者描述自己从图片中看到了什么。实际生活中也有许多不确定的情境：当一个陌生人对你微笑时，是友好的微笑还是讥笑？当一个陌生人迎着你的眼睛长时间盯着你看时，意味着什么？许多社会情境与此类似，我们需要解释他人的行为、动机和意图。如同对墨迹图的解释一样，我们对社会情境的解释将揭示我们的人格。例如，具有马基雅维利主义性格（Machiavellian character）的人（例如喜欢利用他人，操控，冷酷）通常认为别人跟他们过不去（Golding，1978）。特别是在不确定的社会交往情境中，具有马基雅维利主义性格的人很可能将他人视为一种威胁。

情境选择

人格特质与情境的交互作用有另外三种形式，我们将会概要地讨论每一种形式。交互作用的第一种形式是**情境选择**（situational selection），即人们倾向于自己选择所处的情境（Ickes，Snyder，& Garcia，1997；Snyder & Gangestad，1982）。换言之，人们通常不会随波逐流。相反，他们主动选择自己想身处的环境。有研究者（Snyder，1983）简要地表达了这个观点："很有可能个体选择生活环境的方式反映了个体的人格特点；一个人会选择严肃的、矜持的和理智的生活情境，正因为他（她）是一个严肃、矜持、爱思考的人。"（p. 510）

研究者考察了特定的人格特质是否可以预测人们去选择特定情境（Diener，Larsen，& Emmons，1984）。他们让参与者佩戴寻呼机，以便对其进行全天候的监控。参与者在佩戴寻呼机的六周时间里仍照常活动。他们每天被传呼两次，这样每个参与者都有 84 个样本事件。每次发出传呼时，参与者都要完成一份简短的问卷，并询问参与者此时所处的情境。当参与者被"抓住"84 次后，研究者推断，人格特质可以预测个体有多少次处于特定情境中。例如，研究者发现成就需要特质与花在工作情境中的时间相关；秩序需要特质与花在熟悉情境中的时间相关；外向者选择社交形式的娱乐活动（例如团体活动，如棒球或排球；而不是个体活

人格会影响人们选择参与到何种情境中。例如，一个人是选择团体活动，如篮球；还是个体活动，如长跑；这取决于他自身的外向性水平。研究表明，外向者偏爱团体活动，而内向者偏爱个体活动。

动，如长跑或游泳）。

人格会影响人们所处的情境，因此我们可以通过调查人们在生活中的选择来研究人格。当面对选择时，人们通常选择与人格相适合的情境（Snyder & Gangestad，1982）。人格会导致较大的生活差异并非夸大其词。例如，比别人多花 10%的时间在工作上（如多花 10%的时间在学习上，或额外工作十分之一的时间）会导致实际生活结果的极大差异，如获得一个学位或更多的薪水。想想你会选择如何打发你的自由时间，你的选择是否在某种程度上反映了你的人格。

唤　起

巴斯（Buss，1987）讨论的个体—情境交互作用的另一种形式是**唤起**（evocation），此观点认为特定人格特质会唤起环境中的特定反应。例如，不随和的、控制型的人会唤起他人的特定反应，如敌对和回避。换言之，人们会通过引发他人的特定反应来形成自己的环境。设想一位男性患者，他在与女性维持关系方面存在障碍（Wachtel，1973），已离过三次婚。他向治疗师抱怨说，每一个与他一起生活的女性都会变得坏脾气、恶毒和可恨；他抱怨说他的每段关系都从满意开始，以女人变得愤怒并离开他而告终。研究者（Wachtel，1973）推测，这个男人一定做了什么事唤起了他生活中的女人们的这种反应。

唤起的观点与第 9 章精神分析所讨论的移情观点类似。移情产生于患者向分析师重现自己与重要他人的人际问题之际。这样做时，患者会唤起治疗师的某些反应和情感，而这些其实是患者唤起的其他人的反应和情感。有研究者（Malcomb，1988）报告了关于一名男性精神分析师的例子。他发现自己的一名女性患者特别烦人，他在治疗阶段很难保持清醒，因为对他而言患者和她的问题似乎既无趣又琐碎。然而，体验数周这样的反应后，治疗师意识到患者使他感到厌烦，正如她在生活中会让其他男人感到厌烦一样。治疗师总结道：为了避免男性的注意，并把他们赶走，她使自己看起来很无趣。但是，她来治疗的部分原因在于，她抱怨感到孤独。这个案例说明人们如何唤起他人的反应——在其日常生活中创造或再创造某些特定的社会情境。

操　控

个体—情境交互作用的第三种形式是**操控**（manipulation），可以界定为人们影响他人行为的不同方式。操控是指故意使用特定策略来控制、影响或改变他人。操控与选择不同，选择涉及对现存环境的选择，而操控则要改变现有的环境。个体使用的操控策略各不相同。例如，研究者发现，一些人为了影响他人而采用怀柔策略，恭维他人，表现得热情有同情心，以及施以恩惠。另一些人使用冷处理的操控策略，忽略他人或对他人不做反应。还有一些人采用的是强制，包括提要求、大声喊叫、指责、咒骂，并威胁他人以达到自己的目标（Buss et al.，1987）。

有趣的是，这些操控形式与人格特质相关。例如，外向者比内向者更倾向于使用怀柔策略；高神经质者倾向于采用冷处理策略；好争吵的个体则倾向于选择强制策略。总之，个体稳定的人格特质与他们使用的操控其社会环境的策略之间存在着有趣的联系。

汇聚技术

我们已经看到人格心理学家与米歇尔的争论使他们意识到行为是人格特质与情境交互作用的结果。特质心理学家学到的另一个重要经验是，他们发现了在测量人格特质时汇聚技术（aggregation）的价值。汇聚技术是指累加或平均几个独立观察的结果，以获得比单一行为观察更好的（即更可靠的）人格特质测量。这种方法通常能为心理学家提供比使用单一观察更好的人格特质测量。以棒球选手的击球率为例，击球率可以视为对棒球选手击球能力（特质）的测量。但击球率并不是一个好指标，它不能预测选手是否能够在某一次击球时击中。事实上，有心理学家（Abelson，1985）分析了整个赛季运动员的单次击球情况。他发现击球率只能解释“击中”总变异的0.3%，这是相当微不足道的关系。那么为什么人们如此密切关注击球率，为什么击球率高的选手能挣更多的钱？因为它关心的是选手相当长的一段时间内的表现，不只是一个完整赛季的表现。这也是汇聚技术的原理。

将人格与击球率做个类比，假如你决定和某人结婚，其中部分原因在于这个人性格开朗。显然，总会有些时候你的配偶是不开朗的，但是你关心的是配偶的长期（即你配偶总体上的开朗程度）行为，而不是他（她）某天或某种情况下的情绪。

假如参加一个只有一道题的智力测验，你认为这一道题能够很好地测量你总体的智力吗？如果你认为一个问题不能精确与公平地测量总体智力，那么你是对的。一个相似的例子是，人格课程的老师在期末考试时仅通过一个问题就确定你的成绩，一个问题当然不可能测查你掌握的这门课程的所有知识。对任何事情来说，单个问题或单一观察都不是好的测量。

回忆哈茨霍恩和梅的研究，他们通过儿童在夏令营的一次游戏中是否作弊来评估诚实性。你认为这种单一项目测验是参与者真实诚实水平的精确反映吗？当然不是。这是哈茨霍恩和梅发现诚实性的不同测量结果之间相关很小的原因之一(因为它们都是单一项目的测量)。

有些人格心理学家发表了许多文章（Seymour Epstein，1979，1980，1983），指出将问题或观察汇聚在一起会得到更好的测量结果。长测验比短测验更可信(第2章介绍了信度)，因此长测验是更好的特质测量工具。如果我们想知道一个人的尽责性如何，那么应该在多种情况下观察与尽责性有关的大量行为（如他有多整洁、多准时)，并汇聚或平均这些行为反应。任何一次的单一行为都可能受到与人格无关的各种环境条件的影响。

假设特质心理学家正在编制测量“助人”、“同情心”与“尽责性”反应的问卷。问卷中包含了如下项目：“在过去的几年里，你有多少次停下来帮助因车子陷入雪中而受困的人？”进一步设想：你居住的地方很少下雪，你的答案会是“从不”，尽管你总是帮助他人。现在设想你被问到一系列问题，诸如你为慈善事业捐款，参与献血，在社区做义工的频率。与你对一道问题的回答相比，对一系列问题的回答提供了更真实的“助人性”水平的指标。

心理学家在 20 世纪 80 年代“重新发现”了汇聚技术。回溯到 1910 年，斯皮尔曼（Charles Spearman）发表文章指出，与项目较少的测验相比，项目多的测验一般更可信。斯皮尔曼还提供了公式，即现在的斯皮尔曼—布朗预测公式（Spearman-Brown prophesy formula），精确计算了随着测验长度增加，测验信度增加的程度。尽管所有主要的测量与统计学教科书中都有这个公式，人格心理学家似乎已经忘记了汇聚的原理，直到有研究者（Epstein，1980，1983）在 20 世纪 80 年代初期发表文章予以提醒。从那以后，其他研究者提供了大量的例证来说明汇聚技术在增加人格测量与行为测量之间关系的强度方面如何起作用。例如，有研究（Diener & Larsen，1984）发现，某一天测量的活动水平与另一天的活动水平之间的相关仅有.08。然而，将三周的活动水平加以平均，它与另外三周的平均活动水平之间的相关达到了.66。显然，与单一观测相比，汇聚技术提供了对个体特质的更稳定、更可靠的测量。

汇聚技术是一种通过增加问卷项目或增加观察次数而获得一个总分，以改善特质测量的技术。汇聚技术表明特质只是行为的一个影响源。也就是说，在任何给定的时间，对任何一个特定的行为，许多因素共同影响了一个人做出这样的行为而不是其他行为。汇聚技术也表明特质指的是个人的平均水平。特质与体重的设定值（set-point）概念类似：一个人的体重每天都会波动，但有一个设定值，或者说是平均水平，体重通常会回归到这个值。又如，一个令人愉快的女性可能会在某种情况下（比如胃疼）发怒。但是，如果你在很多场合下观察她，就会认为她总体上是令人愉快的。

这个例子表明人格特质是以特定方式行事的**平均倾向**（average tendencies）。人格心理学家从不擅长预测单个情境下的单一行为。例如，我们知道尽责性与平均的上课迟到次数之间存在很强的负相关。然而，即使知道了班级里每一个人的尽责性分数，我们能够预测某个人在某天会迟到吗？不可能。我们能够预测谁在整个学期有可能迟到，但是仅从人格测验分数本身，我们无法预测他（她）会在哪天迟到。情境力量（如闹钟没响或者爆胎）将决定为什么一个人在某一天迟到，而人格（如尽责性低）对为什么一个人经常迟到起着决定性的作用。

测量问题

与人格的其他流派相比，特质流派更多地依赖自我报告问卷来测量人格。尽管特质心理学家能够采用其他测量技术（如投射技术、行为观察），但问卷是测量特质时最频繁使用的方法（Craik，1986）。人格心理学家假定人们所拥有的特质在量上彼此不同，所以测量的关键问题是个体所拥有的某种特质的程度。

特质通常代表着人际差异的维度。以尽责性特质为例，在尽责性维度的一端是有责任的、可靠的、值得信任的人，即使是在外貌与个人习惯上也反映出他们的严谨。也许你认识的某个人符合这个描述。尽责性维度的另一端是不可靠的、不关心细节的、不整洁的、粗心的，甚至在个人事务方面也混乱不堪，不可信赖。评估一个人处于人格特质维度哪一端的最有效的简单方法是询问他们的特征：他们有多整洁，是否按时赴约等等。正如特质观所认为的，如果问对了问题，就能获得关于个体某个特质维度的准确评定。

特质测量的这种强制性观点假定，人们总体上愿意而且能够正确报告自己的行为。然而，有些人可能不愿意透露自己的信息，或者受某些原因的驱使歪曲事实，甚至在自我报告中撒谎，比如在就业面试或假释听证中。特质心理学家一直关注影响特质测量的准确性、信度、效度以及效用的环境。我们现在将讨论特质研究中的一些重要的测量问题。

粗 心

一些参与者在填写特质问卷时可能缺乏仔细或诚实作答的动机。例如，一些大学或学院需要心理学的初学者参加心理学实验，很多时候包含了人格问卷。这些自愿参加的人可能缺乏认真完成问卷的动机，他们会着急赶着做问卷，随机作答。另一些参与者可能有正确作答的动机，但是他们的答卷可能会因为偶然因素而无效。例如，有时要求参与者在答题卡上用 2B 铅笔画圈，参与者不小心漏画一两个圈是正常的，但这意味着随后的所有回答都是不正确的。另一个问题是，参与者没有仔细阅读问卷就做出了回答，原因也许是参与者有阅读障碍、疲倦或者甚至经历幻觉。

人格测验通常是大规模施测。在这样的情境中，有些人可能会粗心，甚至会欺骗。心理学家已经找到了许多方法来探查个体作答时的粗心、欺骗和反应定势。

探查这些问题的常见手段是在一系列问卷项目中嵌套使用**低频率量表**（infrequency scale）。低频率量表包含了大多数人或所有人都会以特定方式回答的项目。以《人格研究列表》（Personality Research Form）(Jackson & Messick, 1967）为例，低频率量表包括如下内容：“我不相信木头真的能燃烧。”“我自己动手做所有的衣服和鞋子。”“只要爬楼梯，我总是手脚并用。”从美国与加拿大选取的样本中，95%以上的人回答“否”。如果参与者对此类问题中的一个或两个回答“是”，我们就怀疑他（她）的回答是无效的。这样的参与者可能是随机作答，可能有阅读障碍，或者是弄错了答题卡。

另一种测查粗心的技术是在问卷中间隔设置重复问题。心理学家能够确定参与者对相同问题做不同回答的次数。如果这种情况经常发生，心理学家就会怀疑是粗心或其他原因导致了此人的回答无效。

欺　骗

欺骗（faking）是指故意歪曲作答问卷的动机。当人格问卷被用来做出与个人生活有关的重要决定时（如雇佣，提升，因精神失常而免于刑法或允许犯人假释），在作答过程中通常有欺骗的可能。有些人有“伪装好”的动机，即表现得比实际经济状况好或者适应良好；另一些人有“伪装坏”的动机，表现得比实际经济状况更差或适应不良。例如，起诉公司的恶劣工作条件造成自己出现心理问题的员工，在法院指派的心理学家面前会受某种动机驱使而表现得更痛苦。

问卷的编制者们尝试设计了探查伪装好或伪装坏的方法。例如，在建构人格16因素问卷时，研究者（Cattell，Eber，& Tatsouoka，1970）让多组参与者在特定的指导语下完成问卷。引导一组参与者“伪装好”，即尽可能表现得适应良好；引导另一组参与者“伪装坏”，即尽可能表现得适应不良。用两组数据形成“伪装好的轮廓图”与“伪装坏的轮廓图”。然后将真正的参与者的数据与两组伪装情境中的基本数据进行比较，心理学家就可以计算个体的回答在多大程度上与被要求伪装的参与者的数据相符。这种方法给心理学家提供了一种虽不完美、但却合理的途径来确定一个人在问卷中欺骗的可能性。

在试图区分真实反应与欺骗反应时，心理学家可能会出现两种错误。他们可能将真实作答归结为欺骗，而拒绝其数据，称做**虚假否定**（false negative）；或是将欺骗作答当做真实的，称做**虚假肯定**（false positive）。当虚假肯定与虚假否定的百分率降到最小的时候，心理学家便无法真正得知欺骗量表的效果如何。由于这些无法察觉的欺骗的存在，许多心理学家对自我报告的人格问卷结果表示怀疑。

反应定势

当参与者回答问题时，心理学家通常假定参与者是在对问卷项目的内容进行反应。例如，当参与者碰到这样的问题“我从未想把东西砸得粉碎”，心理学家假定参与者会考虑令他（她）生气或受挫的所有时刻，然后回忆在那种情况下自己是否感觉到想砸东西或者真的砸了东西。心理学家还假定，参与者会在有意识地努力理解题目的内容后，才做出诚实地反映他们行为的回答：“是”或“否”。但这种假设有时可能是不正确的。

反应定势（response sets）的概念是指有些人的回答与问题内容无关的一种趋势，有时也被称为**与内容无关的反应**（non-content responding）。反应定势的一种类型是**默认**（acquiescence），或回答“是”。这种定势表现为简单地赞同问卷中的项目，而不管项目的内容是什么。心理学家会故意将一些问卷项目反向计分以抵消默认定势，比如这样陈述一个关于外向性的题目：“我经常喜欢独处”。**极端反应**（extreme responding）是另一种反应定势，是指做出极端反应的趋势，比如“非常赞成”或“非常不赞成”；而回避选择反应量表的中间部分，如“有点赞成”或“有点不赞成”。

许多人格心理学家担心反应定势影响问卷信息的效度。如果参与者不是对题

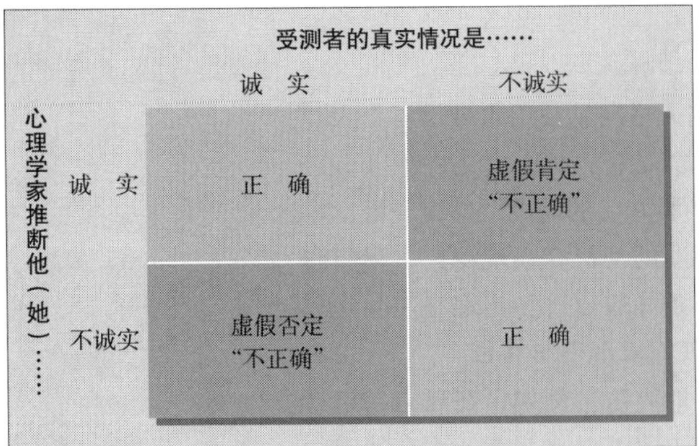

当决定个体是否在人格问卷中做出欺骗反应时所犯的两种错误。

目的内容做出反应，而是依据其他因素来反应，那么他（她）的回答就没有反映所测的人格。反应定势可能会使自我报告的人格测量无效，因此心理学家找到了一些方法，以探查和消除与内容无关的反应。

社会称许性（social desirability）定势受到了最多的研究和测量。社会称许性反应是指以一种给人留下具有社会吸引力或可爱印象的方式回答问题。以这种方式反应的人想要给他人留下好印象，显得适应良好，希望是一个好公民。例如，如果要对“大多数时间我是快乐的”做出“是”或“否”的回答。一个人实际可能只有 45%的时间是快乐的，但他（她）仍然回答“是”，因为在我们的文化中，快乐是适应良好的表现。人们喜欢快乐的人，因此社会期望的反应是“是的，大多数时间我很快乐”。这个例子代表了一种反应定势：不是以项目的内容，而以“是”或“否”的回答会产生怎样的印象来作答。

有两种关于社会称许性的解释。第一种认为社会称许性代表着歪曲与错误，应该将之消除或降到最小；另一种认为它是一些良好的人格特质（如幸福感、尽责性或随和性）的有效部分。我们首先讨论心理学家如何将社会称许性看做是一种歪曲地回答问题的趋势。

将社会称许性看做是一种歪曲回答问题的趋势，并不是认为人们有意识地努力制造积极形象。社会称许性定势实际上可能并非完全是歪曲的反应，因此它与完全的欺骗或撒谎不同。有些人可能只是对自己有一种歪曲的认识，或者强烈地需要他人认为自己很好。为此，大多数心理学家反对将此定势称做“撒谎”或“欺骗”（不同的观点见 Eysenck & Eysenck, 1972）。然而许多人格心理学家认为社会称许性导致了测验成绩的不准确性，应该被消除或控制。例如，如果你想知道一个人认为自己有多快乐，那么你想要准确知道的是他（她）真实的快乐水平，而不是那些为制造良好印象而被污染的数据。

有些杰出的个体，如特雷莎修女，在社会称许性上的得分会很高。因为他们确实很好，而不是因为他们想要通过对问卷项目撒谎来使自己给他人留下好的印象。

应对社会称许性反应的一种方法是，假定它是错误的或欺骗性的，然后测量这种定势，并在统计上将其从其他问卷反应中消除。人格心理学家有几种可选的方法来测量社会称许性。表 4.1 列出了研究者（Crowne & Marlowe, 1964）提出的备受欢迎的测量方法中的几个项目。研究者们认为社会称许性反映了对赞誉的需要，而且在他们的著述《赞誉动机》（*The Approval Motive*）中刊登了社会称许性量表。考察量表中的项目你会发现，他们提及的通常是大多数人都愿意承认的小过错，或者我们大多数人都不会因此而苦恼的一些不足之处。此外，其他一些项目涉及的几乎是圣人般的行为。个体否认普通错误或问题，赞成大量完美的、适应良好的行为，就会在社会称许性上得分较高。在此量表上的得分可用来对个体在其他问卷上的得分进行统计调整，从而控制这种反应定势。

第二种解决社会称许性定势的方法是编制不易受社会称许性影响的问卷。例如，在选择问卷题目时，研究者只选择与社会称许性没有关联的问题。这种方法使问卷编制者在建构问卷时，就能够防止社会称许性问题的发生。

第三种将社会称许性效应降至最低的方法是使用**迫选式问卷**（forced-choice questionnaire）。在这种问卷形式中，被测者面临成对的陈述，要求他们指出每一对中的哪一个陈述与其自身的真实情况更相符。问卷选择的每一对陈述都在社会称许性上相似，迫使参与者从具有相等社会称许性（或不具有称许性）的两个陈述中做出选择。以下项目来自《凡度减小放大量表》（Vando Reducer Augmenter Scale）（Vando，1974），举例说明了迫选的格式：你更偏好哪一个（a 或者 b)？

1. a 读书
   b 看电影
2. a 吃松软的食物
   b 吃松脆的食物
3. a 持续的感觉缺失
   b 持续的幻觉
4. a 需要集中注意力的工作
   b 需要外出的工作

表 4.1　Crowne 和 Marlowe 的社会称许性量表

指导语：下面是一些关于个人态度和特质的陈述。阅读每一个条目，并判断此陈述是否与你自身的情况相符。

	是	否
1. 我总是乐意承认自己所犯的错误。	___	___
2. 我总是试图将自己所说的话付诸行动。	___	___
3. 别人要求我归还我喜爱的东西时，我从不怨恨。	___	___
4. 他人表达的观点与我的相悖时，我也从不心烦。	___	___
5. 我从未故意说过伤害他人感情的话。	___	___
6. 我有时爱讲闲话。	___	___
7. 我有时利用别人。	___	___
8. 有时我只想报复，而不是去宽恕和遗忘。	___	___
9. 有时我确实会坚持以自己的方式行事。	___	___
10. 有时我想把东西砸得粉碎。	___	___

资料来源：Crowne & Marlowe，1964。

阅读

诚实性测验

从古至今，雇主都很关注雇员的偷窃行为。如果在雇佣之前就有办法知道一个人是诚实的还是不诚实的，就可以避免偷窃行为或者至少将其减少到最低限度。约两个世纪以前，中国人发明了测谎测验。测验包括：问嫌疑犯一个问题，等待回答，然后在嫌疑犯的嘴里撒一把面粉。如果嫌犯不能吞下面粉，就被当做是在说谎。这些听起来好像是迷信，但是如果你了解到紧张往往伴随着口干舌燥，因而难以吞咽面粉，那么这一早期的测谎技术应该具有一定的表面效度。

现代测谎仪，即多导生理记录仪，是一种依赖心理生理测量（如心率、呼吸和皮电反应）的机器(见第 7 章)。利用生理测量来测谎始于 20 世纪初期的美国。这种方法的依据是生理测量对探查与说谎相伴随的神经唤醒（如感到有罪）非常有效。1917 年，加里福尼亚州伯克利市一名叫拉森的警官出版了一本手册，介绍如何制造与使用测谎仪。直到 20 世纪 30 年代，在豪普特曼（Bruno Hauptman）的案件中——他被控谋杀了林德伯格之子——引入测谎仪之后，测谎仪才受到广泛关注。从 20 世纪 70 年代开始，商业领域开始广泛使用测谎仪。

测谎仪最初被用于探查当事人否认特定犯罪行为之时所产生的心虚反应。然而，后来许多雇主开始使用测谎仪和所谓的其他测谎测验，筛选潜在的诚实雇员。也就是说，最初的意图是评估状态（心虚)，但测谎仪通常被用于评估特质(诚实性)。给受测者绑上这些仪器，并询问他们各种有负罪感的问题，如是否曾经拿了不属于自己的东西。如果他们表现出任何紧张或唤起的信号（如心率加快或呼吸微弱)，就不会被雇佣。雇主也会使用测谎测验对已被雇佣的员工进行例行检查。从 1970 年至 1988 年，快餐连锁业是测谎仪的最大使用群体。管理者雇佣测谎者将测谎仪绑在员工身上，然后问诸如在过去的几个月里，他们是否拿了汉堡包或钱这样的问题。如果测谎仪测出“紧张”的信号，员工就会被开除。

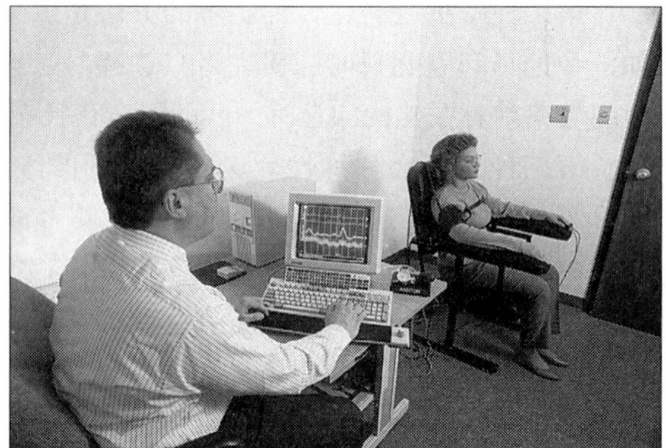

测谎仪曾一度被广泛用于雇佣筛选中，直至 1988 年美国国会禁止在私人招聘中使用它。但是，政府仍旧使用测谎仪进行雇佣筛选和对敏感职位人员进行定期的诚实性检查。事实上，美国政府还开办了几所训练学校，培训能够实施标准化测谎测验的人。

从 20 世纪 70 年代至 80 年代，仅在美国，每年就会实施三百万次测谎测验（Murphy，1995)。在 20 世纪 80 年代的大学里，如果你走进一个大班级间，是否有人曾经参与过测谎测验，你通常会发现每一百个人里就会有几个人举手表示参加过。大多数人会说参加测谎测验是求职筛选程序的一部分，而且通常是指申请快餐店的工作。

1983 年美国联邦政府技术评估部对作为测谎仪的多导生理记录仪进行了科学的评估。评估的结论是：没有仪器可以作为测谎仪。从技术上讲，这是正确的。因为多导生理记录仪探查的是生理的唤起水平，但有时说谎不会伴随生理唤起；另外，有时没有说谎也会有生理唤起。政府的评估员还总结得出，没有一种测谎方法是绝对正确的，而且有几种有效的方法可以击败测谎仪。再者，工作中采用测谎仪考察诚实性特质，会更多地导致工作歧视，而不是诚实性的测查。

1988 年，美国国会禁止了在私营机构中以雇佣为目的使用测谎仪。有趣的是，政府仍然用测谎仪来为政府的几个分支部门筛选雇员，如经济情报局、中央情报局、联邦调查局、药物强制执法局、海关，甚至邮局。政府还保留了几所测谎仪学校，在那里人们接受如何使用测谎仪的训练。然而，这时政府却严禁在私营机构中使用测谎仪筛选雇员。

政府的禁令使私营机构的雇主们失去了探查潜在雇员诚实与否的技术手段。然而，由于禁止了测谎仪的使用，许多出版公司开发并推广了问卷法测量，以此取代测谎仪（DeAngelis，1991）。这些问卷被称为**诚实性测验**（integrity tests），用来评估一个人总体上是否诚实。许多测验被认为具有合理的信度与效度，因此可以被合法地用于雇员筛选（DeAngelis，1991）。最近对诚实性问卷的一篇综述（Ones & Viswesvaran，1998）考察了这些测验在组织中的使用情况。他们总结道，测量是可信的（初测—重测相关在.85左右）。对照“大五”特质，诚实性似乎是高尽责性、高随和性与低神经质性的结合。而且，这些研究者发现诚实性测验对旷工、反生产行为、工作暴力以及偷窃等行为有良好的预测效度。他们得出结论：诚实性的概念在工作绩效理论与反生产行为中扮演着重要角色，诚实性测验可以作为雇员筛选中传统测量方法（例如背景调查、推荐信）的有效补充。

如果一个人全部回答“b”，则这个量表测得的是唤起偏好或强刺激偏好。每个项目中呈现的两个选项在社会称许性上几乎相同，因此，参与者必须基于其他因素而不是社会称许性来回答。他们必须对项目的内容做出反应，因此提供了关于人格的准确信息。另外也有心理学家（Crandall，1991；Buss，1992）发展了其他一些使用迫选形式来控制社会称许性的量表。

尽管许多心理学家将社会称许性看做是错误地回答问题的趋势，应该避免或消除；但也有人将其视为有效的反应，这些心理学家认为社会称许性本身就是一种特质。它与其他的积极特质，如幸福感、适应良好以及尽责性相关。这些心理学家认为，事实上，维持心理健康需要对自己以及自己的能力持有过度积极的看法。在社会心理学家泰勒（Shelly Taylor，1989）的《积极的错觉》（*Positive Illusions*）一书中，她总结了大量研究，发现对自己、对世界以及对将来的积极的、自我提升的错觉能够促进心理适应与心理健康。近来，泰勒（2000）等人对已有研究的回顾又发现，对自己不现实的信念（积极错觉）与生理健康相关，如感染了艾滋病毒（HIV）的男性的病情会发展得更缓慢。如果心理学家以社会称许性的形式测量积极错觉，将它从其他人格测量中分离出来，这实际上是将婴儿与洗澡水一起泼掉。也就是说，社会称许性是个体在心理调整和心理健康等相关特质测量上得分高的部分原因。

一些心理学家对社会称许性进行研究，试图从印象整饰（impression management）分离出自欺的乐观主义。有心理学家（Delroy Paulhus，1984，1990）发展了社会称许性量表，称做《社会称许行为均衡量表》（Balanced Inventory of Desirable Responding），包括两个独立的分量表：自欺性提升分量表（the Self-deceptive Enhancement subscale），用于测量过分自信的自我欺骗，涉及这样的问题“我对他人形成的第一印象往往是正确的”；印象整饰分量表（the Impression Management subscale），测量以社会所期望的方式表现自己，是一种歪曲解释的趋势，涉及这样的项目“我不对别人的事说三道四”。后者对自我表现动机很敏感，这些动机促使个体希望给别人留下好印象。在一项研究中，印象整饰分量表强烈地受到了指导语的影响，这种指导语会使参与者伪装好或伪装坏；而自欺性提升分量表——测量过于自信和积极错觉的部分——则几乎不会受到这些指导语的影响（Paulhus, Bruce & Trapnell, 1995)。因此，印象整饰分量表可能对发生在求职或假释听证中的自我表现策略的改变很敏感（Paulhus, Fridhandler & Hayes, 1997)。

到目前为止，我们已经讨论了特质心理学中的理论与测量问题，特质心理学家并非仅关注深奥的学术问题，特质心理学也关注一些实际的应用领域。现在我们将转到人格特质测量的实际应用问题上。

人格与预测

在工业与政府部门中，人格测量的使用有很长的历史。联邦监狱与州监狱系统用它们对囚犯做出决策。人格测量也被广泛用于工业领域，在人员聘用和提拔中筛选合适的人选，使个人与特定工作相匹配。雇主可能会觉得某项特定的工作（如消防队员）需要情绪稳定的人，或者认为诚实特质特别重要（如珠宝店的店员或运钞车的驾驶员)。另一些工作需要有很强的组织能力、社交能力或在混乱环境中工作的能力。一个人是否能够在工作中干得出色一定程度上取决于个体的人格特质是否与工作需要相吻合。简言之，人格特质可以预测谁有可能做好特定的工作，因此根据特质测量决定雇佣对象是有意义的。

用测验选择雇员也有局限性与潜在的不利因素。用问卷选择雇员成为许多民事诉讼的对象（见阅读部分)。这些诉讼有许多理由来反对如此使用特质测验，包括歧视、侵犯隐私以及宗教信仰自由。例如，一些较陈旧的人格问卷包含宗教信仰或性别偏好的问题。显然，对这些特定项目的回答不能作为雇佣选择的基础，因为这将违背平等就业法（例如，雇主不能因宗教问题拒绝接纳雇员)。但是，大多数雇主得到的只是测验的总分，而不是申请者在每一个具体项目的得分。

平等就业机会委员会（Equal Employment Opportunity Commission, EEOC）于1978年制定了标准化的联邦指导方针，意在指导雇员筛选测验的使用，即我们所知的《文职人员任用改革法案》（Civil Service Reform Act, 1978)。尽管这些指导方针没有禁止在雇佣选择中使用人格测验，但给雇主施加了很大的压力，雇主需要用证据来表明所使用的这些测验确实预测了工作绩效。测验的使用者（雇主）在选拔雇员时必须满足两个主要条件：第一，测验必须真实预测某一特定工作的工作绩效，或与所选工作类似的工作绩效。第二，对受保护的群体，如女性、各种少数群体或残疾人，测验不能带有偏见或“不适当的影响”。

阅读

我适合这项工作吗

霍罗威茨申请纽约市缓刑监督官的工作。他有在纽约社会服务部门做社会工作的优秀履历，成为缓刑监督官将是他事业的一次真正提升。在申请该职位时，他收到一份《明尼苏达多项人格调查表》（Minnesota Multiphasic Personality Inventory，MMPI）。最后，纽约人事部门的官员决定不雇佣霍罗威茨，因为测验结果表明他“可能容易忧虑”，“可能是被动的与依赖的”。

霍罗威茨先生联合纽约公民自由联盟控告纽约的人事部门。在霍罗威茨提交给州人权司的申诉中，声称他被拒绝雇佣是基于“精神病学的不适宜性”，而这违背了州人权法。申诉还对测验的解释提出了质疑。人权司裁定使用测验来决定霍罗威茨是否适合该工作是不适当的，霍罗威茨获得了赔偿金。认为该测验不适当，是因为它被设计用于诊断精神障碍，而不是雇佣选择。

纽约公民自由联盟心理障碍患者权利委员会的主席利维处理了霍罗威茨的案子。在美国律师协会的一次访谈中他指出，每年他都会收到许多对雇佣选择程序中使用测验的控告。他说，大部分控告认为测验的内容与工作或工作绩效无关。一部分认为测验结果的评估不恰当，或者测验没有准确测量潜在的工作成就。还有一些认为测验是对隐私的侵犯，是建立在不恰当的、非法基础上的歧视（如性别偏好、宗教信仰）。

有时测验效度及无歧视雇佣方面的考虑的确与公司确保所雇佣的员工在工作中成功的愿望相冲突。即使招聘和雇佣一个办事员也要花掉公司两万美元，而一个中层或高层管理人员的花费将数倍于此。随时需要花费这么多的钱，雇主有理由要找到与职位相匹配的人。他们也有理由避免诉讼，于是他们努力避免错误地拒绝不合适的人，或努力地避免以错误的理由做出拒绝。出于这些顾虑，雇主有时会求助于工业与人格心理学家帮他们做出最好的雇佣决策。

在帮助雇主为某项特定工作雇佣人时，心理学家往往以对该工作的需求分析作为出发点。心理学家会对正在从事该工作的员工进行访谈，或是访谈该工作的管理者。然后观察该工作的员工，记录该项工作中需要的特定言语技能、书写能力、工作表现与社交技巧。心理学家还会考虑工作环境的社会与物理条件，努力识别与工作有关的任何特殊压力与责任。

以这种全面的**岗位分析**（job analysis）为基础，心理学家提出关于做好该工作所需要的能力与人格特质的假设——这是个体—情境交互作用概念的最好例证。然后，人格心理学家收集此工作从业者的人格与能力数据，同时测量他们的工作绩效。这些数据可以用来考察特质、技能与工作绩效之间是否存在相关。如果法院要求雇主证明雇佣时使用的选择测验确实能够预测工作绩效，那么这些数据也是有用的。

资料来源：摘自 Silas，1984。

人员甄选：选择合适的人从事警官工作

假设给一个人一枚徽章、一辆车，还有几支枪，要求这个人围着社区巡逻并维护法律。如果你确信没有将这些权利赋予一个不合适的人，这将是有益的。人格测验常被用来从大批申请警官工作的人中筛除不合适者。最常采用的测验是修

警官的基本人格特征是勇敢与自信（这些品质有助于指导或控制他人）；强烈的冒险需求；对他人支持的需要较低（暗示着自信）。优秀警官所具有的人格特质在男性与女性中是相同的（Krug，1981）。

订后的《明尼苏达多项人格调查表》（MMPI Ⅱ），它被用于测查各种心理疾病。MMPI Ⅱ有四百多道题目，主要用于识别有显著心理问题的人。得分高表明个体具有心理或情绪障碍，需要将他们从候选的警官中筛除（Barrick & Mount，1991）。

直到最近，人们对警官工作的成功可归因于哪些人格特质仍知之甚少。有研究者（Hargrave & Hiatt，1989）考察了《加利福尼亚人格调查表》（California Personality Inventory，CPI）与警官工作表现的关系。在研究中，教官认为受训的警校学员中有 13%的人是“不合适”的。此外，这些“不合适”的学员在 CPI 的 9 个量表上不同于“合适”的学员，其中包括服从量表与社会表现量表。对于另一个 45 名在职且具有严重问题的警官样本，研究者们（Hargrave & Hiatt，1989）发现 CPI 也能将他们与其他没有问题的警官区分开来。这些发现为说明 CPI 适用于警官选择提供了证据，CPI 以及其他人格问卷也正在被用于此目的（如，Black，2000；Coutts，1990；Grant & Grant，1996；Lowry，1997；Mufson & Mufson，1998）。

第 3 章中介绍的 16 种人格因素问卷（16 Personality Factor questionnaire，16PF）也被用于职业指导与选择。16PF 测验表明，最适合警官工作的基本人格特征是勇敢与自信，这些品质使个体有能力指导或控制他人，从而达成目标（Krug，1981）。一个人能否享受挑战和有控制机会的工作与其是否有强烈的冒险和影响他人的需要有关。警官的基本人格特征是对他人支持的需要较低，这意味着一种非常自信的人格。所有这些人格特征结合起来就勾勒出了“男性化”的基本轮廓。然而，与警察原型匹配的基本人格特征在美国“正常”男性与女性中出现的比例通常是相同的（Krug，1981）。在心理上，男性与女性似乎同样具有与警官原型最匹配的人格特质。

解释人格测验时当心巴纳姆效应

“我们有着适合于所有人的东西。”

——巴纳姆（P. T. Barnum）

巴纳姆陈述（Barnum statements）就是所谓的通则，即适用于任何人的陈述，尽管它们看起来似乎是针对某个人的预测。这类预测在报纸与杂志中相当流行，例如：“有时你会怀疑你是否做了正确的事”，或是“你需要他人喜欢或崇拜你”，亦或是“尽管在危急关头你有能力应付，但是如果可以的话，你通常喜欢避免它”。这些就是巴纳姆陈述。人们在读到这样的陈述时会想，“是的，那确实是我”，而实际上这样的陈述适用于任何人。

人格测验的解释者有时也会提供巴纳姆陈述式的解释。为了举例说明，本书的作者之一在网上完成了迈尔斯—布里格斯人格类型测验（Meyers-Briggs Type Indicator），它是一种非常流行的人格测验。然后将答案提交给三个不同的在线解释中心，以获得关于自身人格的反馈。读完第一种解释，他觉得是对的："你趋利避害……；你讨厌错过发生在身边的事……；你总是尽力对身边的人说实话……；你尽力做到可信与真诚，你与其他人相处得很好……"。第二种解释听起来也很正确："你想要被他人喜欢或崇拜……；你对新观点感兴趣……；你相当有魅力，其他人真的很喜欢你……；有时你的注意范围有限……；你不喜欢官僚作风……"。第三种解释看起来也适用："你是有趣的人……；虽然你聪明、认真、务实，但你也会突然变得孩子气，喜欢找乐子……；你喜欢学习新的事物，自律能力很强……"。

这些解释听起来都与作答的个人有关。惟一的问题是，他对问卷的回答是随机的。也就是说，本书的作者并没有读问题，而仅仅是随机地点击"是"或"否"。那么这些测验解释怎么可能有针对性地适用于作答个体？把这些解释再读一遍，你会发现它们是巴纳姆陈述，它们适用于任何人。

这个例子并不是暗示 MBTI 人格类型测验是一个不好的测验；而是说，有时人格的反馈或测验解释不准确。想想上述这些解释是从三个不同的免费在线服务中心得到的。因此，这个例子也说明了"一分钱，一分货"，大多数可信的测验解释服务中心需要付费。

可信的测验解释服务中心提供的陈述通常是量化的，或者提供个人在某特质上相对于他人的位置的信息。例如，他们会这样解释："你在外向性上的得分表明你处于外向性水平最高的群体中，或者说你处于占总体 10%的最外向的群体中"。或者陈述会提及研究的结果，如"外向性得分与你一样高的人，被发现更喜欢从事经常与社会接触的工作，如销售、教师或与公众有关的工作"。可信的测验解释服务中心通常也会检查本章前面提到的不负责任的回答，尤其，他们也会提供一种关于人们回答有效性的评估。本例中免费的测验解释服务中心没有提供这样的检查，因此它们没有发现这些作者的反应是随机的。

教育选拔：研究生入学考试（GRE）与研究生阶段的学业成功

在美国，打算进入医学院或法学院的大学生需要参加医学院入学考试（Medical College Admissions Test，MCAT）或法学院入学考试（Law School Admissions Test，LSAT）。那些打算进入研究生院学习的学生也需要参加研究生入学考试（Graduate Record Exam，GRE）。大多数心理学研究生院需要申请者参加 GRE 考试，而且在某种程度上它们用 GRE 成绩来决定谁将进入它们的教育项目。尽管研究生入学的决策中也参考其他信息源（如大学平均成绩等级、推荐信、个人自述与课外活动），但是作为对知识与一般智能的概括估计，GRE 分数被认为是一种有用的选拔工具。这些一般智力的测量对研究生阶段学业成功的预测如何呢？

GRE 是一种能力倾向测验，反映了一般智力或学习能力。一些心理学家认为智力不是人格的一部分。然而，智力似乎确实具有作为特质的资格，因为它通常具有跨时间的稳定性和跨情境的一致性，并且反映了有意义的个体差异。许多人格心理学家将智力视做展现人格特质的背景。例如，两个同样反社会但智力不同的人，聪明者与愚笨者的行为会非常不同，而且很有可能导致不同的生活。也许其中一个人在监狱里待的时间更长，尽管他们的罪行相同。

已有许多研究评估了 GRE 分数成功预测心理学研究生学业的程度。对许多研究者来说，研究结果是不确定的。对于每一个发现 GRE 分数与研究生学业表现有高相关的研究，似乎总有另一个研究发现它们之间没有或仅有弱相关。因而研究者用元分析来评价这些结果（例如，Goldberg & Alliger，1992）。在元分析中，研究者收集关于某一主题的所有研究，用统计方法合成结果，然后根据合成结果得出关于该主题的结论。这些元分析研究得出，GRE 分数确实能预测研究生阶段的学业成功，但它们之间只是中等程度的相关（比如，相关系数从.15 至.40）（Kuncel，Hezlett，& Ones，2001）。

对招生委员会的一些成员来说，低相关意味着在决定接受谁将进入心理学研究生院学习时，不能使用 GRE 分数。然而，另一些人则认为即使 GRE 分数的预测力只是中等的，也应该使用它。下面所述说明了为什么尽管大多数研究表明只有中等的预测力，但仍然要使用 GRE 分数。

一种观点认为，高于随机水平的预测力，即使只高一点点也是有用的（Dennis，1979）。如果批准录取的学生人数相对于所有申请者的人数而言是一个很低的比例的话，那么上述观点就更合理。与研究生学业表现等效标只有中等相关的 GRE 考试，在招生委员会只打算从大量申请者中挑选少数几个人时也极为有用，而从众多的申请者中录取少数几个学生的情况在许多心理学研究生院都很普遍（Dole & Baggaley，1979）。

使用预测力仅仅略高于随机水平的测验，另一个理由在于，不能正确选择合适的人进入研究生院的成本问题。一个学生被选入研究生院，但后来的学业却是失败的，那么学校和个人都将付出代价。个人浪费的是在学校里的几年时间以及所支付的数千美元的学费。由于失败的成本增加，所以学校也会使用仅有中等预测力的测验。

关于 GRE 分数与研究生学业成功之间只是中等程度的相关的观点亦存在争论。其中一个争论是**效标问题**（criterion problem）（Boudreau，1983；Hirschberg & Itkin，1978）。效标问题关注我们如何界定和测量预测的效标。在 GRE 的例子中，效标问题表现为：我们如何界定与测量研究生阶段的学业成功？是第一年的成绩？还是第四年标准化考试的得分？是特定课程的得分，如统计课程或研究方法课程？是教授给出的等级评定？是一个人是否完成了学业？还是完成学业所需要的年限？决定哪一个或哪一些问题能最好地界定“研究生阶段的学业成功”是该情境的效标问题（Furst & Roelfs，1979；Hebert & Holmes，1979）。

许多研究考察了 GRE 分数与研究生第一年成绩之间的关系，发现了中等程度的相关。然而，研究生第一年的成绩不能预测一个人最终是否能够获得博士学位（Goldberg & Alliger，1992）。GRE 是“完成博士学位”的相当好的预测源（House & Johnson，1993）。因此，GRE 的效度取决于研究者用来界定“学业成功”的标

阅读

证据：全距限制影响相关

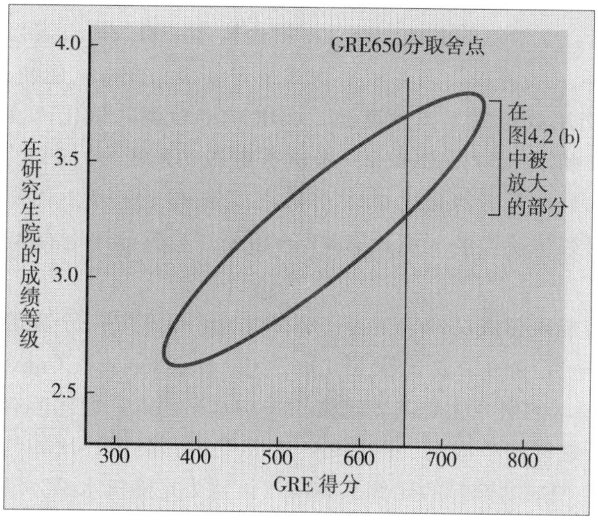

图 4.2（a）

散点图显示了总体的 GRE 分数与平均成绩等级的相关。许多研究生院选择 GRE 分数处于顶端的学生，就是图中 GRE 成绩 650 分的取舍点。

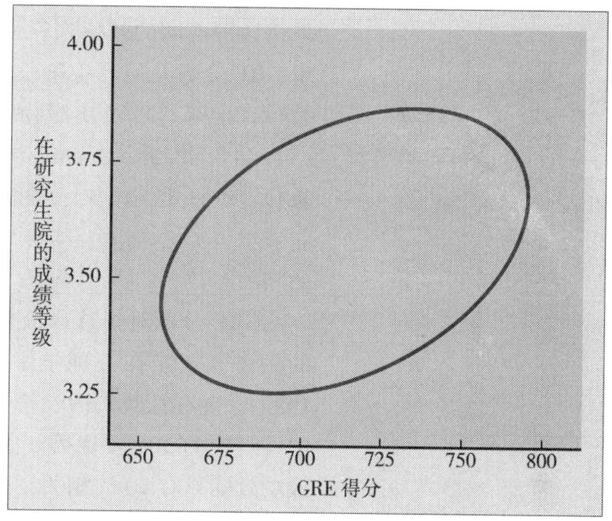

图 4.2（b）

如果从被限制的 GRE 成绩范围内选择被试，那么该样本所测得的变量之间就不会有高相关。

当两个变量彼此相关时，相关大小在一定程度上取决于每个变量是否包含了研究样本的所有范围。当根据其中一个变量来选择被试，然后再根据这同一批被试在另一个变量上所测的数据来求两个变量之间的相关时，就违背了上述原则，这被称做全距限制（restriction of range）。以 GRE 分数与研究生院的平均成绩等级（grade-point average，GPA）两个变量为例。理论上来讲，如果每一个参加 GRE 考试的学生都被研究生院接受，那么相关情况就如散点图 4.2（a）所示。这个散点图表明 GRE 与 GPA 呈中等程度的正相关。然而，如果以 GRE 分数为依据准许学生进入研究生院，那么整个相关关系将变得不明显。也就是说，许多研究生院仅接收 GRE 成绩在 650 分以上的学生。他们只选择 GRE 分数在顶端范围的学生，即在 GRE 变量上选取了全距限制的样本。如果我们用这个限制样本的 GRE 与 GPA 分数做散点图，就会看到如图 4.2（b）所示。由于所测变量的全距限制，GRE 与 GPA 的真实相关变得不明显。

这似乎是个不常见的问题。但在人格研究中偶尔会发生全距限制，并且研究者没有意识到有问题。例如，设想有一个研究者对刺激寻求与外向性特质之间的关系感兴趣。研究者想知道从哪里能找到一组刺激寻求的个体。他决定在登山的高峰季节去国家公园的登山区域，在那里研究者发给所有准备好攀登悬崖峭壁的人两份问卷：一份测量刺激寻求，一份测量外向性。研究者给问卷打分，计算分数间的相关，结果相关几乎为零。为什么呢？很有可能是因为样本中的参与者是自愿登山的，因此有全距限制。所有攀登悬崖的参与者在刺激寻求这一人格特质上的得分都很高——这就是他们在那里登山的原因。当一个变量（或两个）的分数范围受限时，两个变量的相关就会变小，这是数学事实。

另一个例子，假设研究者在大学教室里发放政治态度问卷，碰巧该班是一个自由政治运动的班级，这样的班级很有可能吸引了赞同自由的学生。那么在政治态度的测量上就会有全距限制，大部分参与者在政治态度维度上处于“自由”的一端。研究者应该警惕全距限制，它导致无法发现两个变量之间的相关，而当包括所有范围的参与者时却能发现相关。

准。如果“成功”被界定为完成学业并取得博士学位，那么 GRE 分数就是一个有效的预测源（House，1989）。

最近发表的关于 GRE 预测学业成功的效度的元分析研究，提供了测验效用的有力证据（Kuncel，Hezlett，& Ones，2001）。该元分析在数千个样本的基础上，采用各种不同的效标来评估研究生学业的成功。综合不同的样本来看，研究者发现 GRE 分数是研究生阶段平均成绩等级、第一年平均成绩等级、综合考试成绩、教师评定等级以及出版物被引用数量的重要预测源。GRE 的专业类考试比语文（Verbal）、数学（Quantitative）和分析（Analytical）考试有更好的预测力。例如，教师等级评定与语文、数学和分析考试的合成 GRE 分数之间有.45 的相关。而专业考试（如心理学）本身与研究生阶段的成绩就有.41 的相关，与教师评定有.49 的相关。

GRE 分数对于选择最有可能获得成功的学生有怎样的帮助？我们举一个精确的例子。假定在心理学中，研究生的录取比率是 10%（Chernyeshenko & Ones，1999）。现在让我们假设符合要求的研究生是其表现高于平均水平的人，即比所有申请者中的 50%要优秀。鉴于这样两个假设，即使是一个很弱的预测源，比如与成功效标只有.10 的相关，也会使成功选择的比例从 50%（被认为是随机水平）增加到 57%。我们可以预期 GRE 分数作为预测源会比 50%的比例有怎样的提高？如果我们仅使用 GRE 专业考试，它与研究生阶段的成绩有.41 的相关，那么成功预测学生的比例将会从 50%升到 78%。仅使用一个 GRE 分数就使符合要求的学生比例提高了 28%，这为使用 GRE 选拔学生提供了强有力的证据。

即使有效相关处于中等水平，人们还是利用 GRE 来为研究生院挑选学生，这样做的最后一个理由是基于**全距限制**（restriction of range）的概念。全距限制问题的根源在于，GRE 是用来选拔学生进入研究生院的考试，因此效标研究以 GRE 分数处于顶端范围的学生为样本（House，1983）。这是一个数学事实：如果样本中的分数范围受到限制（如全都分布在高分端），该分数与其他分数的相关性就会降低。这也是 GRE 研究中的一个特殊问题：“全距限制几乎影响到了所有已发表的关于 GRE 效度的研究”（Huitema & Stein，1993，p. 123）。

为了估计全距限制的影响，研究者需要开展一类特殊研究。在研究中，理想情况是不以 GRE 分数作为接收学生进入研究生院学习的参考，然后考察 GRE 与学业表现之间的关系（Humphreys & Taber，1973）。有两项已发表的研究采用了这种方法。一项研究是在西密歇根大学实施的，从 20 世纪 70 年代至 80 年代中期，该大学只是记录 GRE 成绩，但是不用于对心理学研究生的选拔（Huitema & Stein，1993）。另一项研究是在南伊利诺大学进行的，在那里只是连续 10 年记录 GRE 分数而不用于录取决策（Dollinger，1989）。研究中的学生可以在不考虑其 GRE 成绩的情况下被接收入学。因而，这些样本中包括从第 10 个百分位到第 99 个百分位的所有学生。通常只有第 50 个百分位及以上的学生才会被准许进入研究生院学习，而这会导致全距限制问题（Kirnan & Geisinger，1981）。两项研究表明，没有全距限制的 GRE 分数与学业表现（如取得学位、考试分数、特定学科的学分）之间的相关相当高，相关系数的范围从.30 至.70。

这一讨论说明，特质心理学的理论与测量对理解实际生活中的争议话题非常重要。

商业选拔：迈尔斯—布里格斯人格类型测验（MBTI）与领导选拔

商业领域的重要决策是成功与否的关键。不同的工作提出了不同的要求，而人格很可能对个体在不同职位上取得成功扮演着重要的角色。到目前为止，商业中最广为使用的人格评价工具是**迈尔斯—布里格斯人格类型测验**（MBTI）（Myers，McCaulley，Quenk & Hammer，1998）。事实上，每年约有数百万人接受该测验。该测验是由母女俩，凯瑟琳·布里格斯与伊莎贝尔·迈尔斯根据荣格的概念发展而来的（见第 10 章）。测验通过测试八种基本偏好来提供人格信息。其中一个项目是："你通常更重视情感还是更重视逻辑？"这种项目采用的是"迫选"的形式，个体必须选择其一，即使他们认为自己的表现可能介于中间的某一点。表 4.2 列出了八种基本的偏好。

这八种基本偏好可以折合成四个分数：外向的**或**内向的；感觉的**或**直觉的；思维的**或**情感的；判断的**或**知觉的。然后将这四个分数合并得到所属的类型。事实上，每个人都属于四个分数合成所形成的 16 种类型中的一种。例如，你可能是 *ESTP* 类型：外向、感觉、思维与知觉。据 MBTI 的作者所言，这种类型的人在商业中有一种与众不同的领导风格。当出现危机时，喜欢掌控局面；善于说服他人接受自己的观点；自信，带领团队直奔目标；想要看到即时的结果。

与之对应的一个类型是 *INFJ*：内向、直觉、情感与判断。根据本测验作者的观点，这是一种完全不同的领导风格：不去掌控局面和下断言，INFJ 类的领导者更有可能发展出一种对组织的愿景；与他人达成合作而不是要求合作；激励他人而不是命令他人；踏实地工作，为了达到事业的目标而忠心耿耿、始终如一。很容易想像，不同类型的商业领导适合不同的组织环境。例如，在危机时期，ESTP 类的领导能更好地组织他人处理眼前的威胁。在稳定时期，INFJ 类的领导更适合

表 4.2　迈尔斯—布里格斯人格类型测验所测的 8 种基本偏好

外向（E） 从外界汲取能量；喜欢与人交往；喜欢参与活动	**思维（T）** 偏好逻辑的、有组织的、完全客观的结构
内向（I） 从内在的思想与观点获取能量	**情感（F）** 偏好个体定向与价值定向的信息处理方式
感觉（S） 偏好通过感官获取信息；关注真实存在的事物	**判断（J）** 偏好有序与可控的生活
直觉（I） 偏好来自"第六感"的信息；关注"可能是什么"，而不是"是什么"	**知觉（P）** 偏好活得自然，为灵活的、临时的活动留有余地

资料来源：Myers 等人（1998）；Hirsh & Kummerow（1990）。

思索组织的长远目标。

尽管在整个商业领域MBTI正在被大量地用于领导者或其他职位人员的选择（例如，Levesque，2001），该测验也受到了质疑（Pittenger，1993）。与其他人格测验相比，该测验的信度较低，其中部分原因在于迫选的形式。事实上，在一道题目上的分数变动就会使你从一个类型变成另一个类型。例如，本书的作者之一参加了两次测试，他只改变了一个题目的答案，却得到了不同的结果：一次为“外向”，另一次为“内向”。另一种质疑是，广泛收集的证据表明，该测验在预测商业环境中的实际工作绩效时并不可靠（Pittenger，1993）。虽然如此，该测验还是有着巨大的直观吸引力，这也许是因为人们习惯于将他人划分为“类型”，而不是从分布或连续体的角度去理解他人。

总结与评论

本章叙述了各种特质理论共同涉及的重要问题与概念。特质流派的特点是强调人们之间的差异。特质心理学集中于研究差异，划分差异，并且分析差异的后果。特质心理学家认为，由于所拥有的各种特质，人们的行为将会具有跨时间的相对稳定性；特质心理学家还认为特质具有某种程度的跨情境一致性。他们假定，人们的行为或多或少是一致的，这取决于研究的特定特质以及观察情境。但是，就对行为的影响而言，某些情境具有非常强的影响力，甚至超过人格特质的影响力。一个重要的认识是，当情境较弱或不明确，并且不强求所有人都一致时，特质更有可能影响一个人的行为。

大部分特质心理学家认为人格特质分数主要是指行为的平均趋势。一个特质测量的得分是指，在多数场合与情境中，一个人通常有可能如何行事。特质心理学家能够更好地预测行为的平均趋势，而不是特定情境下的特定行为。例如，一个人在敌意特质上得分很高，人格心理学家无法预测他在第二天是否会打架；然而，心理学家却可以有信心地预测，与敌意得分低者相比，这个人在今后的几年里会更多地打架。特质代表行为的平均趋势。

特质心理学家还对准确的测量感兴趣。与其他任何人格流派相比，特质心理学更加努力地改善着对特质的测量，特别是自我报告测量。设计问卷的心理学家努力使他们更少受到欺骗、粗心与反应定势的影响。

一个特别重要的测量问题是社会称许性，或者说是夸大个人人格积极方面的趋势。目前特质心理学家认为，社会称许性的一个动机是受测者想要传达特定的印象（通常是积极的）。这种行为有时被当做印象整饰。许多心理学家担心社会称许性是一种反应定势，认为它降低了特质测量的效度。但是，另有观点认为社会称许性是有效的反应，有些人只是认为自己比大多数人更好或更令人满意，或者他们在心理上欺骗自己，认为自己比可能的自己更好。鉴于此，特质心理学家设计了测量手段来识别与区分这两种类型的社会称许性。

最后，对测量与预测的兴趣使特质心理学家将这些技术用于对求职申请者的选择与筛查，以及其他可能由人格导致差异的情境。在使用特质测量来做出重要雇佣或晋升决策时，有一些法律问题雇主必须牢记在心。例如，测验不能歧视或者不公平地对待受保护的群体，如女性和特定的少数群体。另外，必须表明所使用的测验与重要的现实生活变量有关，比如工作绩效。本章还探讨了影响人格预测的测量问题，比如在研究两个或多个变量的相关时，为避免全距限制的缺陷，考察全距范围的参与者是非常重要的。

关键术语

差异心理学
一致性
等级顺序
情境论
个体—情境交互作用
汇聚技术
情境特异性
强情境
情境选择
唤　起
操　控
平均倾向
低频率量表
欺　骗
虚假否定
虚假肯定
反应定势
与内容无关的反应
默　认
极端反应
社会称许性
迫选式问卷
诚实性测验
岗位分析
巴纳姆陈述
效标问题
全距限制
迈尔斯—布里格斯人格类型测验

5

跨时间的人格特性：稳定性、可变性和一致性

5

特性领域

回忆你的中学时代，你能记起那时的自己是什么样子吗？努力回忆你最感兴趣的事；你如何打发时间；在那个时期你最看重什么，什么对你最重要。如果你同大多数人一样，那么你可能会觉得在很多方面，你已不是中学时代的自己了。你的兴趣可能已经有所改变，对你来说重要的事情已有所不同，你对学校、家庭和亲人的态度可能都有一些改变，也许现在的你更成熟，更善于表达，对世界有了更多的体验。

想想你曾经的样子以及现在的样子，你也许会觉得这么多年来“你”的核心本质还是相同的。如果你像大多数人一样，你会感觉到自己是连续的，感觉现在的自己和那时的一样，“的确”是同一个人。当然，你变老了、更有经验、更成熟了，但是某种内在的属性似乎是不变的。那时认识你的人现在也能认出你。而且，在某些本质方面，你当然会觉得自己是“同一个人”。

本章中，我们将讨论这些问题及其相关的话题。心理上的跨时间的连续性与可变性界定了人格发展的主题。对于人格，俗语说得好“有些方面改变了，有些还是老样子”。本章我们将讨论心理学家是如何看待人格发展的，特别是对人格特质的关注。

概念问题：人格的发展、稳定性、可变性与一致性

本节的主要内容是界定人格的发展，考察人格跨时间稳定性的主要研究途径，以及探索人格变化的意义。

什么是人格的发展？

人格发展（personality development）是指一个人具有的跨时间的连续性、一致性与稳定性以及个体随时间的改变。稳定性与可变性中的任何一方都需要进行界定。人格的稳定性有多种形式，同样，人格的可变性也有多种形式。稳定性的三个重要形式是等级顺序的稳定性、均数水平的稳定性和人格的一致性。我们将依次展开讨论，然后再考察人格的可变性。

练习

为了阐明“有些方面改变了，有些依旧不变”的说法，请回忆高中之前的你（初中）并与高中之后（通常是你的大学时期）的你相比较。找出三个显著改变了的特征，这些特征可能是你的兴趣、态度、价值观，以及你愿意花时间去做的事。然后列出三个没有改变的特征，这些特征能反映出人格的特定方面，你的兴趣、价值观，甚至是你对各种话题的态度。请在下面的空格里写出来：

	初中时的我	高中毕业后的我
改变的特征	1. ________	1. ________
	2. ________	2. ________
	3. ________	3. ________

未改变的特征

1. ________
2. ________
3. ________

等级顺序的稳定性

等级顺序的稳定性（rank order stability）是指在群体中保持个体的相对位置。从 14 岁至 20 岁，大部分人会长高，但是身高的等级顺序却倾向于保持相对稳定，因为这种发展对所有人来说是相同的，每个人都会长高几英寸。14 岁时个子高的人，到了 20 岁，一般也会处于身高分布的顶端。这同样适用于人格特质。随着时间的推移，如果一些人与所处群体的其他人相比，倾向于维持自身的支配地位或外向性，那么这项人格特质就有较高的等级顺序稳定性。反之，如果人们不能保持他们的等级顺序，例如，一个群体内顺从的人变多，支配的人变少，那么这个

群体就表现出等级顺序的不稳定性或等级顺序的可变性。

均数水平的稳定性

另一种人格稳定性是指水平的稳定性，或称为**均数水平的稳定性**（mean level stability）。以政治倾向为例，随着总体人口年龄的增长，如果自由主义或保守主义的平均水平保持不变，那么总体就在该特征上表现出较高均数水平的稳定性。如果政治倾向的平均程度改变，例如，随着年龄增长，不变群体中的人变得越来越保守，那么总体则表现出**均数水平的可变性**（mean level change）。

人格的一致性

人格发展的一种更复杂的形式涉及到特质表现形式的改变。以支配性特质为例，假设 8 岁时具有支配性的人，到了 20 岁时同样具有支配性。然而，8 岁的男孩子们倾向于通过在打闹游戏中表现得坚韧，把他们的对手叫做“胆小鬼”，独霸电视节目等方式来表现支配性。20 岁时，他们则通过在政治讨论中说服他人接受自己的看法、大胆地邀请他人外出约会、坚持要求团队去某餐馆用餐等形式来表现自己的支配性。

虽然特质的表现形式改变了，但是相对于他人的等级顺序却保持不变，这种形式的人格发展被称做**人格的一致性**（personality coherence）。注意，这种人格的一致性不需要特质的确切行为表现保持不变。事实上，表现是如此不同，以至于 8 岁时的表现与 20 岁时的表现之间几乎没有交叠的地方。行为表现全部改变了，但关键的东西保持不变，例如支配行为的总体水平。因此，人格的一致性既包括连续的成分又包括可变的成分——内在特质的连续性，特质外在表现的可变性。

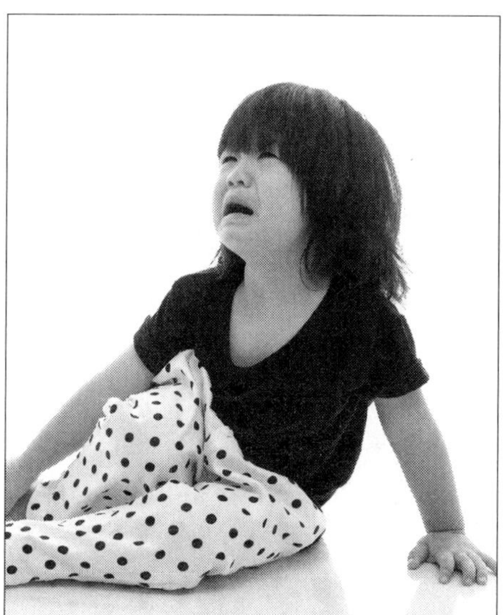

不友好特质的表现在一生的不同时期会有所不同。婴儿时期表现为爱发脾气，成人时期表现为爱争论、急性子。尽管不同时期的行为表现不同，但这些行为都体现了同样的内在特质。这种一致性被称做人格的一致性。

聚焦

人格稳定性的一个案例

莫罕达斯·卡拉姆昌德·甘地1869年生于印度一个中等收入的家庭。他的母亲虔诚地信奉宗教，母亲的信仰和举动给小莫罕达斯留下了深刻印象。甘地一家人不仅信奉传统的印度教，还诵读佛经，读可兰经，吟诵波斯教的诗句，甚至会唱传统的天主教圣歌。小莫罕达斯发展出了个人的生活哲学，他放弃了所有的个人需求，而致力于为他的人类同胞服务。

在英格兰学完法律，并在南非实践了几年后，甘地回到了印度。那时，印度正处于英国的统治之下，大部分印度人憎恶殖民统治者的压迫。甘地献身于印度自治以及从英国的压迫中解放出来的理想。例如，当英国人决定采集所有印度人的指纹时，甘地提出了“消极抵抗”的办法，鼓励所有的印度人拒绝参加指纹采集。在1919至1922年间，甘地领导了广泛的非暴力大罢工，而且联合了全印度人民抵制英国。他组织并协调任何能针对英国的非暴力不合作运动：他号召印度人不要把自己的孩子送到英国人开办的学校；不要参加开庭；甚至不使用英语。在受挫之后，英国士兵有时会攻击联合抵制或罢工的印度人。许多印度人被杀，但其他人会接着替补他们的位置。印度人民如此爱戴甘地，他们追随他的指引，记录他所说与所做的每一件事。逐渐地，关于他的言语和行动的记录达到了九十多卷，完整描述了他的一生。他成为活着的传奇，人们称他为圣雄（Maha Atma）或卓越之魂（Great Soul）。我们今天称他是圣雄甘地。

圣雄甘地生活在一个动荡的年代。他领导了人类历史上最伟大的一次社会革命。尽管他的生活环境不断变化，但他的人格表现出显著的稳定性。例如，终其一生，他都在践行着克己与自足。与世界上各个伟大民族的领导人都穿着的西装和领带相比，他更喜欢简单的缠腰带和围巾。

1930年，甘地领导印度人民以非暴力的形式对抗禁止印度人自己制盐的法律。开始，他和几个追随者朝着印度海岸行进，打算从海水中制盐。当甘地到达海边时，数千人加入到这一非暴力不合作行动中来。这一次，英国关押了6万多名违抗英国法律的印度人。印度的监狱里住满了因对抗英国法律而被捕的本地居民。最终英国统治者为自己的处境感到尴尬和羞愧。从整个世界来看，这个体质虚弱的男人以及他的非暴力追随者动摇了大英帝国在印度的根基。

甘地不是印度政府的官员，也没参加过任何选举。然而，英国人与他就从英国的统治中解放印度这一问题进行了谈判。谈判中，英国人态度强硬，并把甘地关进了监狱。印度人民举行示威游行，约有近千人被英国人杀害。在世界人民看来，这再一次令殖民统治者感到羞耻。甘地最终被释放，几年后，即1947年，英国将主权交还给印度。甘地领导的非暴力反抗与不合作的和平主义迫使强大的英国放弃了对印度的殖民统治。

在成年期，甘地成为地球上最大国家之一的印度的深孚众望的领袖。他成功地领导印度完成了从由英国统治向印度人民自治的和平过渡。他受到数百万人民的敬仰与爱戴，他们很高兴将自己的生命交给甘地。在甘地的时代，他是世界上最具影响力的领袖之一。从此他的观念影响了许多受压迫群体的斗争。任何领导人，只要他号召人民采用非暴力行动，并心甘情愿地接受不合作运动带来的惩罚，都是甘地的追随者。后来的革命领导者从他身上学到了很多，包括莱赫·瓦文萨、马丁·路德·金和纳尔逊·曼德拉。

1948 年，一个暗杀者向甘地开了三枪，他是印度教的一个狂热分子，认为甘地利用他的地位在印度宣扬对穆斯林的仇恨。然而甘地宣扬的是包容与信任，号召穆斯林与印度教徒加入到新的印度之中。这个最包容且非暴力的人却成为暴力的受害者。

即使甘地成为了“印度之父”，但在整个成人阶段他的本质自始至终也没有改变过。他是世界上最伟大的领袖之一，但这个削瘦的男人通常只裹白色的缠腰带，戴普通布料的围巾；在生活中，他只是洗去自己的灰尘，从不使用昂贵的香皂；他用一把破旧的、迟钝的剃刀，而不是更贵的刀片刮脸；他几乎每天都自己打扫房间，清扫庭院。每天下午，他手摇纺车纺线一两个小时。纺出的线被制成布料，然后制成他自己及其追随者的衣服。他践行着在早期生活中学到的克己与自足。尽管他处在历史上最喧嚣的社会革命的中心，但他人格的许多方面在其一生的时间里都表现出显著的稳定性。

人格的可变性

对于人格随时间变化而发展的观点也需要做出详细说明。首先，并非所有的变化都是发展。例如，如果你从一间教室走到另一间，你与环境的关系改变了，但我们不能说你“发展”了，因为这种改变对你来说是外部的，且并不持久。

而且，并非所有的内在改变都能被视作发展。例如，生病时，你的身体发生了重要的改变，如体温升高、流鼻涕与头痛。但是这些改变并不构成发展，因为改变不是持久的，你很快就会恢复健康，停止流鼻涕，精力充沛地回到工作中。同样，人格的暂时改变，例如，由酗酒或吸毒导致的改变，并不构成人格的发展，除非它们能产生更为持久或永久的人格改变。

然而，如果随着年龄增长，你变得越来越尽责或有责任感，那么这就是一种人格发展。如果随着年龄增长，你逐渐变得不再精力充沛，也是一种形式的人格发展。而且，如果你变得越来越关心政治，同样是一种人格的发展。

总之，人格改变的定义包含两方面。第一，改变通常是个人的“内在”改变，而不是外部环境的改变，比如走进另一个房间。第二，改变是相对持久的，而不是暂时的。

人格分析的三个层面

我们可以从三个层面分析人格的跨时间性：总体层面；总体中的群体差异；

群体中的个体差异。我们在考察人格发展的实证研究时，牢记这三个层面将会很有帮助。

总体层面

有些人格心理学家将每个人从婴儿到成人都会经历的改变加以理论化。例如，弗洛伊德的心理性欲发展理论中的人格发展概念被认为适用于地球上的每一个人。根据弗洛伊德的观点，所有的人都会经历一些固定的、相继出现的发展阶段，从口唇期一直到成熟的生殖器期（见第 9 章）。

这个层面的人格发展涉及的可变性与稳定性基本上适用于每个人。例如，几乎每个人在青春期都会有性冲动增加的趋向。类似地，随着年龄的增长，人们的冲动性与冒险行为有下降的趋势。这就是为什么当人们变老后汽车保险率会下降，因为 30 岁的人通常不会像 16 岁的人那样以冒险的方式驾车。因此，这种冲动性的变化是人格在总体层面上的一部分变化，描述了一种全人类人格发展的一般趋势。

群体差异层面

有些跨时间的变化对不同群体的影响不同。性别差异是群体差异的一种类型。例如，在生理发展方面，平均来看女性比男性早两年进入青春期；在生命的尽头，美国男性有比女性早七年死亡的趋势，这些就是发展的性别差异。

人格发展领域也会有类似的性别差异。青春期时，在冒险行为的平均水平上，男性群体与女性群体的发展突然变得彼此不同（男性更冒险）。在对他人同情心的表现水平上，男性与女性也有不同的发展（女性表现出更强的同情意识，更能理

有些人格发展对不同群体的影响不同。例如，整体而言，欧裔美国女性对自己身体的满意度低于非裔女性。因此，与其他女性群体相比，欧裔美国女性更有可能患饮食障碍，如厌食症或贪食症。

解他人的感受）。这些人格发展的形式属于人格分析的群体差异层面。

其他群体差异包括文化与种族群体差异。例如，在美国，欧裔美国女性与非裔美国女性对自己身体形象的满意度有很大差异。作为一个群体，欧裔美国女性对自己身体的满意度低于非裔女性。因此，欧裔美国女性与其他女性群体相比，更有可能患饮食障碍，如厌食症或贪食症。这种大的群体差异主要是在青春期形成的，这时很大比例的白人女性会对自己的身体形象产生不满意感。

个体差异层面

人格心理学家也关注人格发展的个体差异。例如，根据个体的人格特质，我们能否预测哪一个人会经历中年危机？我们能否依据早期的人格测量，预测谁更有可能在日后的生活中出现心理障碍？也许最有趣的是，我们能否预测哪些个体将会随时间变化而变化，哪些又将保持不变？这些都是人格分析的个体差异层面的主题。

人格的跨时间稳定性

在人格的发展中，也许没有哪个问题会像人格特征是否保持稳定这样受到广泛研究。该问题如此受关注的一个原因是，人格心理学家对人们在整个生命历程中都保持的东西感兴趣。本节将考察关于人格跨时间稳定性的研究与发现。首先考察婴儿期的稳定性，然后探讨儿童期的稳定性，最后来看看成人阶段的稳定性。

婴儿期气质的稳定性

许多有两个或更多孩子的父母会告诉你，他们的孩子从出生那天起就有着不同的人格。例如，诺贝尔奖得主阿尔伯特·爱因斯坦——“现代物理学之父”，与他的第一个妻子有两个男孩。这两个男孩彼此颇为不同。大一点的汉斯在还是孩子时就对难题感兴趣，拥有数学天赋。他后来成为加州大学伯克利分校一名杰出的水力学教授。小儿子爱德华在孩提时代喜爱音乐与文学。然而，他很年轻时就被送进了瑞士精神病医院，直到他去世。尽管这是一个极端的例子，但是即使在自己的孩子还是婴儿时，许多父母就注意到了他们之间的差异。父母的直觉与科学证据一致吗？

到目前为止，最常受到研究的婴儿与儿童的人格特征是气质类型。尽管对此术语的含义有所争议，但大多数研究者将**气质**（temperament）界定为具有遗传基础的（见第 6 章）、在生命早期出现的个体差异，它常常包括与情绪和唤起有关的行为。

有研究者（Mary Rothbart，1981，1986）研究了一组不同年龄的婴儿，从三个月大开始。她考察了六种气质因素，由婴儿的照料者来完成测量：

1. 活动水平：婴儿全部的活动，包括胳膊与腿的运动。
2. 微笑与大笑：婴儿微笑或大笑的频率如何？
3. 恐惧：婴儿接近新异刺激时的恐惧和勉强。
4. 受限制后的挫折感：在婴儿的进食要求被拒、被迫穿衣服、行动受限制或者不能接近想要的东西时表现的挫折感。
5. 受抚慰的能力：在得到抚慰以后，婴儿压力减少或平静下来的程度。
6. 注意的持续性：在没有突然变化时，婴儿持续注意物体的程度。

大部分婴儿的照料者是母亲，她们在观察的基础上完成测量这 6 种气质因素的量表。表 5.1 所示的是不同时间间隔的跨时间相关。如果你仔细看表中的相关，就会注意到，首先它们之间都是正相关。这意味着在某一阶段的活动水平、微笑或大笑以及其他人格特质上得高分的婴儿，在后来的时间里也倾向于在这些特质上得高分。

其次你会注意到表 5.1 最上面两行的相关比下面四行的相关要高。这意味着活动水平、微笑与大笑比其他人格特质表现出更高的稳定性。

最后请注意，表 5.1 中最右边两列的相关总体上比左边各列的相关高。这说明与婴儿早期（3 至 6 个月）相比，人格特质在婴儿末期（9 至 12 个月）变得越来越稳定。

与所有的研究一样，这个研究也有缺陷。最主要的一点在于，婴儿的照料者对自己的孩子已经形成了某种固有的观念，因此可能是照料者的观念而不是婴儿的实际行为表现出跨时间的稳定性。毕竟，这些相关是以照料者的评定为基础。但是，这些发现揭示了四个重要方面。第一，稳定的个体差异似乎在生命的早期就出现了，并且能够通过观察者来测量。第二，对于大部分气质变量来说，出生后的第一年就表现出中等水平的跨时间稳定性。第三，短时间间隔内的气质的稳定性高于长时间间隔内的稳定性，在成年人中也发现了这一结果。第四，气质的稳定性水平随着婴儿的成熟有提高的趋势（Goldsmith & Rothhart，1991）。

表 5.1 气质量表的稳定性相关

量表	月份					
	3~6	3~9	3~12	6~9	6~12	9~12
AL——活动水平	.58	.48	.48	.56	.60	.68
SL——微笑与大笑	.55	.55	.57	.67	.72	.72
FR——恐惧	.27	.15	.06	.43	.37	.61
DL——受限制后的挫折感	.23	.18	.25	.57	.61	.65
SO——受抚慰的能力	.30*	.37*	.41	.50	.39	.29
DO——注意的持续性	.36*	.35*	.11	.62	.34	.64

*表示：只基于一个小组的相关。

儿童期的稳定性

纵向研究（longitudinal study）是指在不同的时间段考察同一组人，它的特点是花费较高，难于实施。因此，很少有这样珍贵的研究以资借鉴。但布拉克等人的纵向研究是一个例外。研究首先测量了加利福尼亚州伯克利—奥克兰地区的 100 多个儿童，当时这些孩子只有 3 岁（见 Block & Robbins，1993）。从那时起，研究者开始追踪该样本，分别在 4 岁、5 岁、7 岁、11 岁，对他们进行重复测量，直到成人期。

源于这项研究的第一篇文章关注的是活动水平的个体差异（Buss，Block & Block，1980）。在孩子们 3 岁和 4 岁时，以两种方式评价他们的活动水平。第一种是使用**活动度测量仪**（actometer），游戏期间戴在孩子手腕上的一种记录装置。肌肉的运动会激活测量仪，实际上就是一种自动上发条的腕表。另外，孩子的老师独立完成对孩子的行为与人格的等级评定。活动水平的行为测量包含三个直接相关的方面："是身体活动"；"是有生气的、精力充沛的、活跃的"以及"有很快的个人节奏"。这些问题加在一起形成教师观察的活动水平的全部测量项目。这是汇聚技术的一种，与仅使用其中一个方面的问题相比，我们能获得更具信度的活动水平指标（见第 2 章的讨论）。在孩子们 3 岁和 4 岁时，实施以观察为基础的测量，到 7 岁时进行再测。

表 5.2 所示的是活动水平之间的相关，包括相同年龄之间的相关以及测量儿童活动水平稳定性的跨时间相关。两个不同时间点获得的相同测量之间的相关叫做**稳定性系数**（stability coefficients），有时也被称做初测—重测信度系数。同一时间获得的对同一特质的不同测量之间的相关称做**效度系数**（validity coefficient）。

从表 5.2 中可以得出关于效度与稳定性的几个重要结论。第一，注意表 5.2 中活动度测量仪所测的活动水平与观察测量的活动水平之间正相关，效度系数显著。儿童的活动水平可以通过观察评定与活动度测量仪记录两种方式来得到有效的测量。在每一个年龄段两种测量都呈中等程度的相关，为每种测量提供了交叉

表 5.2　活动水平测量之间的互相关

	活动度测量仪		基于观察判断		
	3 岁	4 岁	3 岁	4 岁	7 岁
活动度测量仪					
3 岁	…	.44*	.61***	.56***	.19
4 岁	.43**	…	.66***	.53***	.38**
基于观察判断					
3 岁	.50***	.36**	…	.75***	.48***
4 岁	.34*	.48***	.51***	…	.38**
7 岁	.35*	.28*	.33*	.50***	…

* 表示 p<.05，** 表示 p<.01；*** 表示 p<.001（双侧检验）。省略号（…）以上的相关依据男孩的数据，以下的相关依据女孩的数据。

效度。

第二，请注意在表 5.2 中，年龄较小时所测的活动水平与年龄较大时所测的活动水平之间是正相关。从这些相关中我们可以认为活动水平在儿童期表现出中等程度的稳定性。3 岁时高度活跃的孩子在 4 岁、7 岁时有可能还是活跃的,那些 3 岁时不太活跃的孩子到了 4 岁、7 岁时仍然不太活跃。

第三，注意表 5.2 中相关系数的大小随着不同测试之间时间间隔的增加呈下降的趋势。这一发现与同时期的其他研究者（Rothbart，1986）所做的婴儿研究的结果类似。一般来说，测试之间的时间间隔越长，稳定性系数越低。换言之，早期的测量可以预测后期的人格，但预测力会随着最初的测试与被预测行为之间的时间间隔增加而减弱。

这些一般性的结论同样适用于其他人格特质。我们的社会一直都很关注攻击与暴力问题。近年来，至少在美国，许多暴力事件吸引了整个社会的注意力。例如，科隆比纳高中两名学生的杀人案震惊了全国。这些以及其他类似的枪击事件使许多人不禁要问：“是什么导致孩子做出如此疯狂的攻击行为?”

因此，人格心理学家开展了许多对儿童攻击性的研究。奥维斯（Dan Olweus，1979）回顾了 16 项儿童攻击行为的纵向研究。这些研究在许多方面大为不同，比如儿童首次被测时的年龄（2 岁~18 岁）；初次测试与最后一次测试之间时间间隔的长短（从半年到 18 年不等）；以及采用的特定测量手段（教师评定、直接观察与同伴评定）。

图 5.1 是所有这些研究结果的总结。如图所示，攻击性的稳定性系数是第一次与最后一次测试之间时间间隔的函数。正如你所见，攻击性的显著差异出现在生命早期，在 3 岁时就出现了（Olweus，1979）。个体的攻击性在很大程度上保持了稳定的等级顺序。而且，正如婴儿的气质与儿童活动水平一样，稳定性系数随着两次测量之间时间间隔的增加有下降的趋势。

总体而言，我们可以得出结论，人格的个体差异发生在生命早期，某些特质很有可能在婴儿期就表现出了差异，而另一些特质差异则出现在儿童期，如攻击性。这些个体差异具有跨时间的中等程度的稳定性，因此在某种特质上得分较高者，在该特质上的得分会一直较高。最后，稳定性系数随着测试之间时间间隔的增加而逐渐下降。

成年期等级顺序的稳定性

关于成人人格的稳定性已有过许多研究，最长的纵向研究跨越了 40 年的时间。此外，研究还考察了许多年龄段，年龄跨度从 18 岁到 84 岁不等。

表 5.4 是由考斯塔与麦克雷（Costa & McCrae，1994）总结的研究数据。这个表按照五因素模型的特质对人格测量进行分类（见第 3 章）。每个样本的第一次与最后一次人格评估之间的时间间隔短至 3 年，长至 30 年。最后得出了强有力的一般性结论：在人格的自我报告测量上，虽然这些研究由不同的研究者实施，时间间隔也不同，但神经质、外向性、开放性、随和性与尽责性都显示了中等到很高

阅读

从儿童到成人的恃强凌弱者与代人受过者

有时生命早期产生的个体差异对个体的生活和社会有着深远的影响。挪威心理学家奥维斯实施了关于“恃强凌弱者”与“代人受过者”的纵向研究（Olweus，1978，1979）。顾名思义，恃强凌弱者是那些捉弄和伤害其他孩子的人。他们在走廊上绊倒受害者，将他人推进衣柜并上锁，用肘攻击他人的胃部，向他人索要午餐钱，并且直呼其绰号。甚至有些恃强凌弱者给受害者涂抹大便，还强迫他们吞食混合了洗洁精的牛奶。

尽管没有任何外在特征能使我们将受害者，或“代人受过者”区分出来，但他们确实具有某些特定的心理特征。最常见的是，受害者倾向于焦虑、胆小、心神不定以及缺乏社交技巧。他们情感脆弱，可能体质也很差，这使他们不会做出还击。受害者的自尊心低，对学校失去兴趣，而且通常很难建立和保持友谊关系。他们受到欺凌时似乎缺少可以缓冲的社会支持。据估计，10%的中、小学生在上学时害怕恃强凌弱者，其中大部分孩子至少有一次受到恃强凌弱者的伤害（Brody，1996）。

在一项纵向研究中，研究者采用教师提名的方法来鉴别 6 年级中的恃强凌弱者与代人受过者。一年后，这些孩子进入了不同的学校，从小学升入初中。在 7 年级时，在不同的环境中由一组不同的老师将男孩子们分类，分成恃强凌弱者、代人受过者、或者两者都不是的三类。结果如表 5.3 所示。从表 5.3 对角线上的划圈数字中，你能看到一年后多数男孩获得了同样的分类，即使环境不同，学校不同，做出分类的教师不同。

然而，似乎恃强凌弱并没有在儿童期结束。从小学到成人期，奥维斯追踪了数千名男孩，发现了明显的连续性。儿童期的恃强凌弱者在青少年期更有可能变成青少年犯，且更可能在成人期犯罪。令人吃惊的是，在 6 年级时被老师划分为恃强凌弱的男孩，到 24 岁时有 65%的人因犯重罪而被判死刑（Brody，1996）。显然许多恃强凌弱者一生都保持着恃强凌弱的特性。很不幸，对于那些受害者，我们除了知道他们一般不会卷入犯罪活动之外，不知其命运如何。

近期对 228 名 6 岁~16 岁的孩子的研究发现，一些引人注目的人格和家庭关系与欺凌行为有关（Connolly & O'Moore，2003）。根据自我评定，以及至少两个同学将其划分为恃强凌弱者这两个标准，总共有 115 名孩子被划分为“恃强凌弱者”。然后将这些孩子与 113 名控制组的孩子进行对比，控制组的孩子既没有自己提名自己是恃强凌弱者，也没有被任何同学划分为欺凌者。恃强凌弱者在艾森克量表的外向性、神经质与精神质（见第 3 章）上的得分更高。简言之，恃强凌弱者更喜欢外出，好社交（外向性），情绪不稳定、焦虑（神经质）以及冲动、缺乏同情心（精神质）。此外，与控制组相比，恃强凌弱者对家庭成员表现出更多的矛盾心理与冲突，包括他们的兄弟姐妹与父母。简言之，家庭冲突似乎与这些孩子在学校里的冲突有联系，这表明了某种程度的跨情境一致性。

表 5.3　男孩攻击行为分类的纵向研究

	7 年级		
6 年级	恃强凌弱者	既非前者也非后者	代人受过者
恃强凌弱者	(24)	9	2
既非前者也非后者	9	(200)	15
代人受过者	1	10	(16)

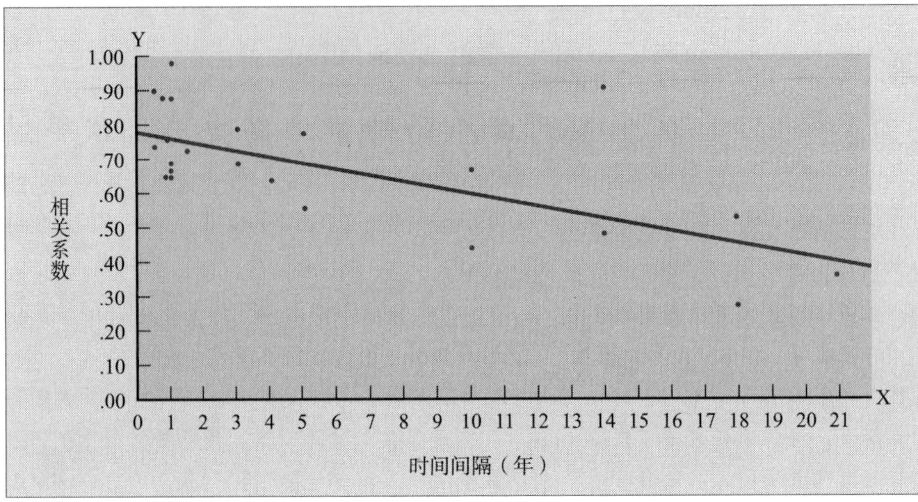

图 5.1

如图所示，男性的攻击性在不同时间间隔上表现出稳定性。攻击性在短时间间隔内表现出最高水平的稳定性，比如一年。但是，随着测试时间间隔的增加，相关系数在变小，说明与短时间间隔相比，攻击性在长时间间隔下变化更大。

的稳定性水平。不同特质在不同时间间隔及不同量表上的平均相关为+.65。

这些研究都采用自我报告法。如果使用其他资料来源，稳定性系数是多少呢？一项历时 6 年采用配偶评定来考察成人人格的纵向研究显示，神经质的稳定性系数为+.83，外向性为+.77，开放性为+.80（Costa & McCrae，1988）。另一项历时 7 年的研究采用同伴评定研究人格稳定性。在人格的五因素分类上，稳定性系数的范围在+.63 至+.81 之间（Costa & McCrae，1992）。总之，从个体差异的角度讲，无论资料的来源是自我报告、配偶评定还是同伴评定，研究结果都显示了中等至高水平的人格稳定性。

近期的研究继续证实了成年期人格等级顺序的稳定性。在一项研究中，研究者（Robins，Fraley，Roberts，& Trzesniewski，2001）考察了 275 名大学生，分别在大一和大四期间使用 NEO-PI 调查表测量"大五"人格。得到的结果是，大学四年期间他们的人格等级顺序的稳定性分别是：外向性为.63；随和性为.60；尽责性为.59；神经质为.53；开放性为.70，所有相关在统计学上高度显著。总之，考斯塔与麦克雷早期发现的"大五"因素中等水平的等级顺序稳定性似乎在不同的总体与研究者之间具有高度可重复性。

在不是严格包含于"大五"的人格特质上也发现了类似的结果。对自尊稳定性（即人们对自己感觉良好的程度）的大规模元分析研究中，研究者（Trzesniewski，Donnellans，& Robins，2003）发现了跨时间的高水平连续性。在汇总了 50 篇已发表的研究（包括 29839 名个体），以及四个大型国家研究（包括 74381 名个体）后，他们发现自尊稳定性系数的范围在.50~.70 之间。人们对自己感觉如何，即自信的水平，表现出了显著的跨时间一致性。对亲社会倾向和人际移情的研究也获得了类似的发现（Eisenberg，Guthrie，Cumberland，Murphy，Shepard，Zhou，& Carlo，2002）。总之，人格特质，不管是"大五"特质还是其他特质，在成人期都表现出从中等至高水平的等级顺序稳定性。

研究者从个体差异角度上对人格等级顺序的稳定性提出了一个令人感兴趣的

表 5.4　成人样本在所选人格量表上的稳定性系数

因素/量表	时间间隔	相关系数（r）
神经质		
NEO-PI：神经质性	6	.83
16PF Q4：紧张	10	.67
ACL 儿童版	16	.66
神经质	18	.46
GZTS：情绪稳定性（低）	24	.62
MMPI 因素	30	.56
	中数	.64
外向性		
NEO-PI：外向性	6	.82
16PF H：冒险	10	.74
ACL 自信	16	.60
社交外向性	18	.57
GZTS 社交性	24	.68
MMPI 因素	30	.56
	中数	.64
开放性		
NEO-PI：开放性	6	.83
16PF I：空想	10	.54
GZTS 思虑	24	.66
MMPI：智力兴趣	30	.62
	中数	.64
随和性		
NEO-PI：随和性	3	.63
随和性	18	.46
GZTS 友善	24	.65
MMPI：玩世不恭（低）	30	.65
	中数	.64
尽责性		
NEO-PI：尽责性	3	.79
16PFG：尽责性	10	.48
ACL 忍耐力	16	.67
冲动性控制	18	.46
GZTS 抑制	24	.64
	中数	.67

注意：时间间隔单位为“年”；所有重测相关在 $p < .01$ 水平上显著。NEO-PI：NEO 人格调查表；ACL：形容词检核表；GZTS：吉尔福特—齐默尔曼气质量表；MMPI：明尼苏达多项人格调查表。

问题：什么时候人格的稳定性达到最高点？换言之，人的一生中是否有一个点，个体的人格特质此时会变得固定，相对于其他人而言不再改变？为了解决这个令人着迷的问题，有研究者（Roberts & DelVecchio，2000）对 152 项人格纵向研究进行了元分析。我们知道，元分析是一系列统计程序，用于发现大量各自独立的实证研究之间的共同趋势。他们考察的关键变量是“人格一致性”，用人格测量的时间 1 与时间 2 之间的相关来表示（如 15 岁时与 18 岁时同一人格特质之间的相关）。此研究中包含的研究的时间间隔不少于一年。

研究者（Roberts & DelVecchio，2000）在考察这些研究时发现了两个重要结果。第一，人格一致性随年龄的增加以阶梯式的方式增强。例如，十几岁时人格一致性的平均值是+.47，二十几岁时达到了+.57，三十几岁时达到+.62。第二，人格一致性在五十几岁时达到顶峰，平均值为+.75。正如作者所总结的，“我们对这些研究的量化回顾表明，从婴儿期开始到中年期特质的一致性以线性的方式增加，50 岁后达到顶峰”（Roberts & DelVecchio，2000，p. 3）。显然，随着人们年龄的增长，人格表现得越来越“顽固”。

成年期均数水平的稳定性

如图 5.2 所示，人格的五因素模型还表现出相当程度的均数水平的稳定性。特别是 50 岁后，开放性、外向性、神经质、尽责性与随和性的均数水平很少会有变化。

但是，少有变化并不意味着没有变化。事实上，这些人格特质有着很小但稳定的变化，特别是在二十几岁的时候。从图 5.2 中可以看出，开放性、外向性与神经质随着年龄的增加而有逐渐下降的趋势，直到 50 岁左右才停止下降。同时，尽责性与随和性表现出随着时间的发展逐渐增加的趋势，但年龄的影响作用并不大。年龄与这些特质之间的相关在+.09 至+.17 之间，其中与尽责性的相关最低（+.09），与随和性的相关最高（+.17）。尽管这些相关系数很小，但考虑到五因素模型包含的特质都是普遍特质这一事实，它们仍值得我们注意。

近期的研究证实了人格特质的均数水平在成人期有着微小但重要的变化。到目前为止，最一致的变化是，随着年龄的增长，人们在神经质或消极情感上的得分变低，这些都是积极的变化。例如，从大学一年级到四年级，学生们在神经质上的得分相应下降大约半个标准差（d =−.49）(Robins et al.，2001)。在一项从大学一年级开始、为期两年半的小规模纵向研究中也有类似的发现。学生报告说，随着时间推移他们体验到更少的消极情绪、更多的积极情绪（Vaidya，Gray，Haig，& Watson，2002）。一项从青少年期追踪至中年的纵向研究也得出了消极情感体验下降的结论，即个体步入中年后，较少感到焦虑、沮丧与愤怒（McCrae et al.，2001）。类似地，在一项包括 2804 名个体、历时 23 年的大规模纵向研究中也发现，随着参与者变老，消极情绪体验减少（Charles，Reynold，& Gatz，2001）。

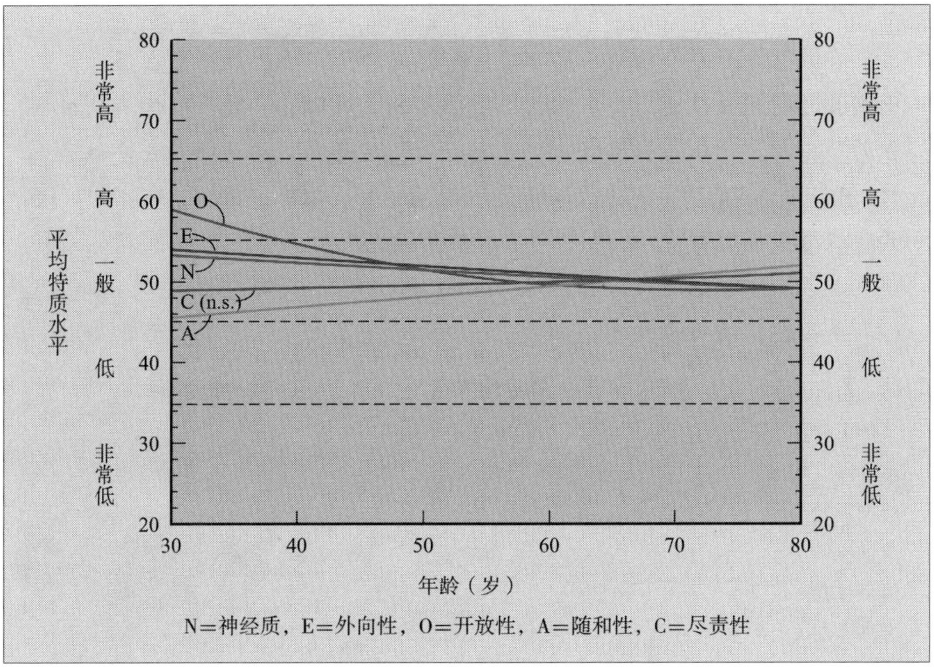

图 5.2
此图为五因素特质在一生中的均数水平。尽管每种特质的平均得分在不同时间段上有着一定的稳定性，但开放性、外向性与神经质在 30 岁~50 岁期间表现出逐渐下降的趋势；与之相反，随和性特质表现出逐渐增加的趋势。

神经质与消极情绪随着年龄的增加而下降；而随着年龄的增长，人们在随和性与尽责性上的得分有所提高。一项研究发现，随和性增加了几乎半个标准差（d = +.44），而尽责性上的得分则增加了约四分之一个标准差（d = +.27）（Robins et al.，2001）。其他研究者也发现了类似的结果：大学生在进大学后两年半的时间里，变得越来越随和、外向与尽责（Vaidya et al.，2002）；随和性与尽责性在成人早期与中期始终增长着（Srivastava，John，Gosling，& Potter，2003）；积极情绪从十八九岁开始到五十几岁都在增加（Charles et al.，2001）。也许，纵向研究者们就人格均数水平的变化得出了一个很好的总结："从青少年期至成人期，人格变化反映出人们是向着更成熟的方向发展；许多青少年变得更能控制自己，更善于社交，更自信，以及更少生气和被疏离"（Roberts，Caspi，& Moffitt，2001，p. 670）。

最后，"大五"人格特质在治疗过程中是可变的。在一项独特的研究中，研究者（Ralph Piedmont，2001）评估了门诊病人药物康复治疗程序对人格特质的影响。以"大五"作为指标，82 名男性和 50 名女性在 6 周时间内的治疗揭示了令人感兴趣的结果。那些接受了整个疗程治疗的患者在神经质上的得分下降，随和性与尽责性上的得分增加（d = .38）。15 个月后的追踪评估发现，尽管这些人格的变化不显著（d = .28），但大部分被保留了下来。

总之，尽管人格特质总体上表现出高水平的跨时间的均数稳定性，但随着年龄增长以及治疗，它们会发生可预期的变化：神经质与消极情绪水平变低，随和性增强，尽责性增强。

练习

在某些方面每个人的人格都具有跨时间的稳定性；然而，在另一些方面则会随时间而改变。在本练习中，你可以通过回答“现在的你是什么样子的”以及“你认为自己将来会是怎样的”这两个方面的问题来评估自己(Markus & Nurius，1986)。以下是所列的项目，对每一项目，用从1到7的等级进行简单评定。1表示“根本不能描述我”，7表示“高度精确地描述了我”。对每个项目进行两次等级评定：(1) 是否描述了现在的我？(2) 是否能描述将来的我？

项 目	描述现在的我	描述未来的我
是快乐的		
是有信心的		
是抑郁的		
是懒惰的		
到处旅行		
有许多朋友		
是贫穷的		
是性感的		
是身材好的		
在公共场合谈话得体		
自己做决定		
操控别人		
是强大的		
是可信的		
是不重要的		
是令人讨厌的		

现在比较你在两个问题上的答案。如果在有些项目上你给出同样的回答，这表明你相信对你来说，这个特质会随着时间的推移保持稳定。但是，在另一些项目上你的回答发生了变化，这反映出你的这方面的人格随时间的推移将发生变化。

你可以通过多种途径看待可能的自我 (possible self)，但是有两种特别重要。第一种是期望的自我 (desired self)，即你希望成为的人。一些人希望变得更快乐，更强大，有更好的身材。第二种属于恐惧的自我 (feared self)，即你不希望成为的那类人，比如穷人或呆板的人。你希望的可能自我是什么样子？你恐惧的可能自我是什么样子？

人格的可变性

对人格特质的全面测量暗示我们的人格会随时间而变化，比如通过五因素模型所获得的那些信息就说明了人格的可变性。但是把大部分精力放在人格稳定性上的研究者们，通常不会明确地设计研究来评估人格的可变性。因此，关于人格的可变性依然知之甚少，记住这一点很重要。

可变性知识相对贫乏的原因在于，研究者们对寻找人格的可变性存在一种偏见（Helson & Stewart，1994）。如布拉克（Block，1971）所说，即使是用来描述稳定性与可变性的术语也都充斥着评价性的意义。涉及稳定性的术语总是积极的：一致性、稳定性、连续性以及坚定性，所有这些看上去似乎都是好的，值得拥有的。另一方面，不一致性、不稳定性、不连续性以及不坚定性似乎都是讨厌的或不可预测的。

青少年期至成人期的自尊变化

在一项独特的纵向研究中，布拉克等人（Block & Robbins，1993）考察了自尊以及与自尊变化相联系的人格特质。**自尊**（self-esteem）被界定为“在多大程度上一个人认为自己接近自己想要成为的人，或远离自己不想成为的人，它涉及个人属性的积极评价与消极评价”（Block & Robbins，1993，p. 911）。可以通过测量个体对现在自我的描述与理想自我的描述之间的总体差异来测量自尊：研究者假设，现在我与理想我之间的差异越小，自尊水平越高；反之，二者之间的差异越大，自尊水平越低。

在参与者 14 岁时对他们的自尊进行首次评估，基本上是高中的第一年。然后在他们 23 岁时再评估一次，大约是高中毕业 5 年后。在每一个时间点上，除了对自尊进行评估以外，研究者还测量了他们的人格。

从整个样本来看，随着年龄的增加自尊没有变化。然而，当分别考察男性与女性时，却出现了令人吃惊的趋势。随着时间的推移，两性的发展趋势彼此分离，男性的自尊倾向于增加，而女性的自尊倾向于降低。男性的自尊平均增加了大约五分之一个标准差，而女性的自尊平均下降了约一个标准差。这是人格在群体层面上变化的一个例子，即随着时间的推移两个亚群体（男人与女人）在不同的方向上发生了变化。

此外，那些自尊随时间而变化的人表现出了一些有趣的人格特质。随时间的变化，自尊增加的女性被观察者评价为具有极强的幽默感、保护他人、爱给予、健谈。另一方面，自尊下降的女性被评价为喜怒无常、敌对、易怒、抗拒、难以琢磨、谦逊、屈尊。

随着时间的推移，自尊增加的男性被观察到在社交中游刃有余；认为自己很有吸引力；表现得镇定、放松。而自尊降低的男性表现出焦虑、易于感到压力、自我防御和沉默的倾向。

总之，女性从青少年早期向成人初期的过渡比男性更困难，至少从自尊来看是这样。从整体上看，女性自尊有降低的趋势，表明现在的自我概念与理想自我之间的差距在增加。然而，在同样的时间段里，男性的实际自我与理想自我之间的差异则变小。最后，男性与女性都各自有一系列人格变量与自尊的跨时间变化相联系。

灵活性与冲动性

人格变化的另一个例证来自对有创造力的设计师的研究。在该研究中，研究者在25年间分别对人格进行了两次测量（Dudek & Hall，1991）。每次测量都采用两种大的人格调查表：加利福尼亚心理调查表（CPI）和形容词检测表（Adjective Check List，ACL）。设计师在刚开始从业时和从业25年后两次接受调查。一些设计师被证明非常成功和具有创造力；而另一些设计师则很一般。在两次测试中，具有高创造力的设计师表现出高自发性、强动机性和独立性的人格特征。另一方面，创造力较低的设计师开始时在服从性上得分很高，25年后在服从性上的得分仍然较高。然而，作为整体，参与者表现出的冲动性与灵活性随着年龄增长明显下降。这些发现与我们对老年人的直觉一致，即随着年龄增加老年人会控制他们的冲动性，而且在处事的方式上可能会变得越来越固执和僵化。

自主性、支配性、领导与抱负

另一项纵向研究考察了美国电话电报公司的266名男性经理候选人（Howard & Bray，1988）。在这些男性二十几岁时（20世纪50年代末），研究者对他们进行了第一次测试，然后在之后20年的时间里对他们进行定期追踪研究，直至他们四十几岁（20世纪70年代末）。其中一个关键的人格测量量表是《爱德华个人偏好量表》（Edwards Personal Preference Schedule）（Edwards，1959）。这是一个宽泛的人格调查表，用来测量广泛的人格特质。

从整体样本来看，研究者发现了一些显著的人格变化。最令人吃惊的变化是抱负得分的急剧下降，这种下降在前八年最急剧，但是在随后的十二年里仍然持续下降。对上过大学的人来说，这一下降最急剧，没上过大学的人下降的程度小一些；但是应该注意到一开始上过大学的人比没有上过大学的人在抱负上的得分高。后续的访谈资料表明，这些人对自己在公司中是否可能提升的认识变得更加现实。他们并没有对工作失去兴趣，或者战斗力下降。事实上，他们在*自主性*、*领导动机*、*成就*和*支配性*上的分数随时间的变化都有所增加（见图5.3）。这些男性似乎变得更少依赖他人，因为他们认为自己有责任支撑家庭。

感觉寻求

传统智慧认为，人们会随着年龄的增长变得更谨慎和更保守，感觉寻求研究

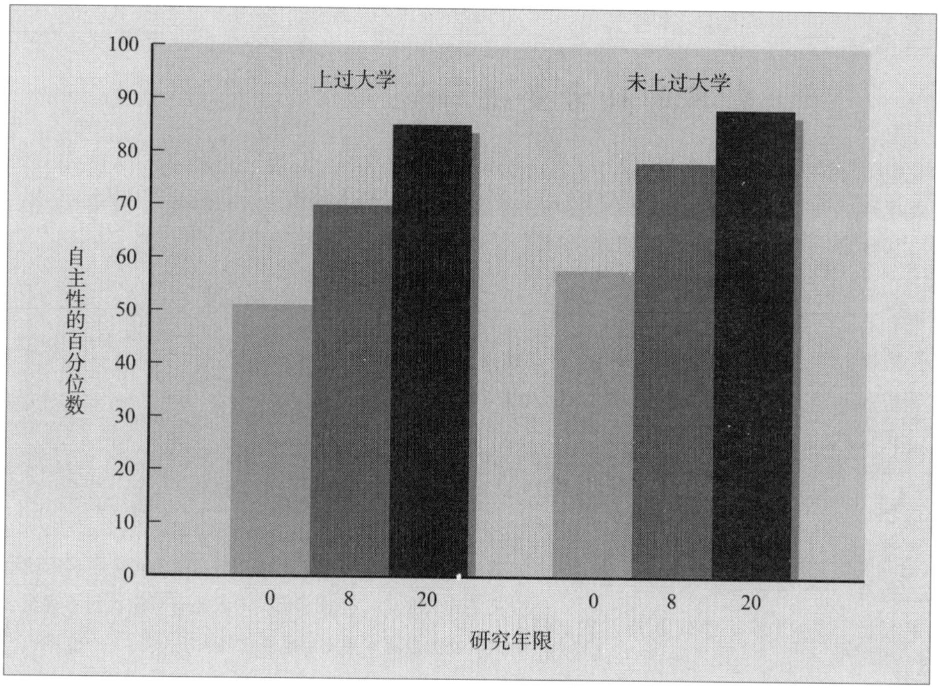

图 5.3
如图所示，随年龄的变化美国电话电报公司的男性在自主性上得分也随之变化。随着年龄增长，上过大学与未上过大学的男性都变得更自主、更独立。

证实了这个观点。第 7 章将主要从生物学的观点描述感觉寻求的一般特质。在这里，我们需要回顾对感觉寻求的一般描述。感觉寻求量表（Sensation-Seeking Scale，SSS）包括四个分量表，每一个分量表包含需在两个不同选项之间迫选的项目或短语。第一个分量表是*刺激性与冒险性寻求*，比如“我想尝试跳伞”与“我永远也不想尝试从飞机上往下跳，无论有没有降落伞”。其他分量表分别是*经验寻求*（例如“我对体验本身不感兴趣”与“我喜欢新的、令人激动的体验与感觉，即使它们有一点吓人、是违反传统的和违法的”）、*去抑制*（“我喜欢狂野的、不受限制的聚会”与“我偏好交谈愉快的安静聚会”）、以及*对单调的敏感性*（“看到同样的熟悉面孔我感到厌烦”与“我喜欢熟悉的、令人舒适的朋友”）。

从儿童期到青少年期，感觉寻求一直在增强，直到青少年末期达到顶峰（18~20 岁），之后随着年龄增长或多或少有所下降（Zuckerman，1974）。感觉寻求与年龄之间的平均相关是-.30，这说明青少年期以后，随着年龄的增长，感觉寻求有适度的或者说是逐渐下降的趋势。跳伞以及不受限制的聚会似乎对年长的人具有较少吸引力。

女性化

有研究者在旧金山湾地区对毕业于米尔斯学院的女性进行了一项纵向研究，研究者（Helson & Wink，1992）考察了这些女性从四十出头到五十出头这段时间里的人格变化。两次测试都使用了加利福尼亚人格调查表。研究发现被试在女性

阅读

自尊的日常变化

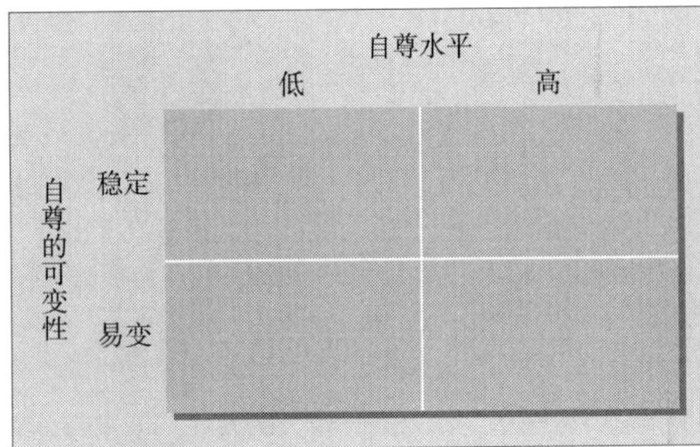

自尊的水平（无论是高还是低）与自尊的可变性（无论稳定还是天天变化）彼此不相关。因此有可能找到不同组合的人，比如自尊水平高且易变化的人。

大多数研究自尊的人格心理学家关注个体自尊的平均水平（总体上是高、低或是处于中等水平）。已有一些研究考察了人的一生中自尊随时间所发生的变化，例如，从青少年期到成人期。然而，只要稍加思考，大多数人都会意识到，我们对自己的感觉通常是天天变化的。关于自尊，有些时候我们感觉自己比其他时候要好；有时候感到自己没有能力，事情都难以掌控，甚至觉得自己没有价值；也有时候我们会对自己的强大或能力感到很满意，对自己是什么样的人以及能变成什么样的人很满意。也就是说，自尊似乎会变化，不仅是一年一年地变，而且是一天一天地变。

心理学家科尔尼斯对人们的自尊在日常生活中如何发生变化感兴趣。**自尊的可变性**是自尊发展中的短期改变（Kernis, Grannemann, & Mathis, 1991）。研究者通过要求人们记录连续几天内的自我感受来测量自尊的可变性，有时会是数周或数月。从这些日常记录中，研究者可以判断每个人的自尊波动频率以及平均自尊水平。

研究者区分了自尊的水平与可变性，并且已有研究证明自尊的这两个方面彼此不相关。在此基础上，研究者们假设它们之间的相互作用可以预测重要的生活结果，如抑郁（Kernis, Grannemann, & Barclay, 1992）。例如，自尊的可变性意味着该个体的自尊是脆弱的，易受到压力的影响，即使其自尊水平很高。因此，我们可以认为自尊水平与可变性是自尊的两个不同属性，如右图所示。

科尔尼斯等人（Kernis et al., 1991, 1992）认为，自尊的可变性与一个人的自我观在多大程度上受事件、特别是社会事件的影响有关系。与其他人相比，有些人的自尊更易受生活中偶然事件的影响。例如，对一些人来说，受到恭维自尊会高涨，遇到怠慢自尊又会骤降；而另一些人能更好地承受生活的冲击，自尊更稳定，生活中的得意之事或怠慢对他们的自我观没有大的影响。自尊的这种稳定与变化是一种心理特质，即自尊的可变性。

一些研究考察了自尊的可变性是否能预测生活的结果，如面对压力时的抑郁反应，而这种预测不同于以自尊水平来做的预测。一项研究（Kernis et al., 1991）发现，抑郁与自尊水平相关，但是对于自尊可变性高的人来说，这种相关较强；对于自尊可变性低的人来说，这种相关较弱。换言之，在所有的自尊水平上，可变性低的受测者与可变性高的受测者相比，自尊与抑郁之间的相关更小。其他研究者（Butler, Hokanson, & Flynn, 1994）也有类似的发现，他们指出自尊的可变性是预测谁将在六个月后变得抑郁的良好指标，特别是在此期间出现生活压力时。这些研究者还得出结论，自尊的可变性预示着一个人的自我价值感很脆弱，在压力条件下，与自尊更稳定的人相比更容易陷入慢性抑郁。

基于这些研究发现，研究者开始将自尊的可变性视为应对生活压力事件的不利因素（Roberts & Monroe, 1992）。也就是说，自尊的可变性是由个人敏感的自我价值感导致的。研究者认为（Deci & Ryan, 2000），自尊易变者的自我价值感取决于他人的肯定。这种观点认为，自尊易变者对社会反馈非常敏感，他们主要通过他人的看法评价自己。心理学家科尔尼斯很好地总结了这些观点，他指出自尊具有高度可变性的人表现出：（1）对评价性事件具有过度的敏感性；（2）对自我概念的关注持续增加；（3）对自我的评价过于依赖社会信息源；（4）当事情没有按照他们的想法发展时，会出现生气与敌对的反应。

化量表（现在称为女性化/男性化量表）上发生了最显著的变化。女性化得分高者倾向于被观察者描述为依赖、情绪化、女性的、温和、容易兴奋、温柔、紧张、敏感、感情脆弱、服从、有同情心和焦虑的（Gough，1996）。与之相比，得分低者（即那些得分偏向男性化的人）容易被描述为攻击的、过分自信、爱自夸、大胆、坚决、有说服力、独立、男性化、自信、强壮和坚韧。从行为表现的角度讲（请回忆第 3 章中的行为频率技术），正如这些女性的配偶所报告的，女性化量表上得分高者在节日时喜欢做诸如给朋友寄贺卡之类的事情，她们会记得熟人的生日，即使其他人不会这样做；反之，得分低者倾向于负责委员会会议，在性活动中比较主动（Gough，1996）。

在这些受过教育的女性中发生了令人感兴趣的变化，即从四十岁出头向五十岁迈进的时候，她们的女性化表现出稳定的下降，这一人格变量表现出了群体层面的变化。人们并不确定为什么女性特质会下降，也许与这段时期雌激素水平的下降有关。

能　力

对米尔斯学院的女性进行的纵向研究还有一个关于能力自我评估的重要发现（Helson & Wink，1992）。用形容词检测表（ACL）来测量能力，这些形容词包括：目标定向的、有组织的、细心的、高效率的、实际的、思维清晰的、现实的、精确的、成熟的、自信的以及知足的（Helson & Stewart，1994）。得分高者倾向于认

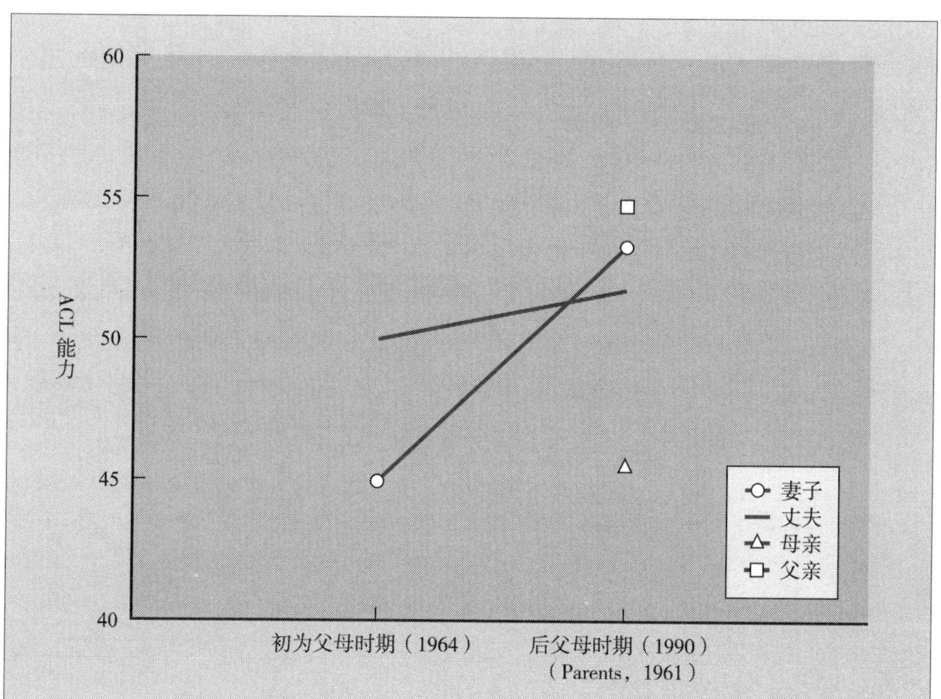

图 5.4
用形容词检测表测查初为父母时期（*n*=65）与后父母时期（*n*=48）的女性以及她们的配偶的能力的变化，将后父母时期的能力与女性的父母（*n*=29 对）在自己当初为人父母后的能力进行比较，女性在后父母时期对自己能力的估计远远高于母亲同龄时对自己能力的估计。

同其中的许多项目是对自己的描述，而低分者只认同少数。图 5.4 展示了在这些女性 27 岁和 52 岁时，对她们及其配偶测量的结果。

样本中的女性在能力的自我评价方面表现出急速的增长，而她们的丈夫在两次测验中所得的分数相当稳定。此外，女性对自我能力评价的递增并不依赖于她们是否有孩子。那些有孩子与没有孩子的女性在自我能力评价上都表现出了相似的增长。

独立性与传统角色

对米尔斯学院女性的纵向研究（Helson & Picano，1990）还得到了另一个引人关注的发现。将参加研究的女性分成四组：（1）有孩子、有完整婚姻的家庭主妇；（2）有孩子并参加工作的母亲（新传统者）；（3）离异的母亲；（4）非母亲（Helson & Picano，1990）。图 5.5 呈现的是用 CPI 独立性量表所测的结果。CPI 测查了人格的两个相关方面：第一个方面是自信心、足智多谋与能力；第二个方面是使自己不同于他人和不向社会传统屈服。与此量表有关的行为频率显示（Gough，1996）：独立性量表上得分高者倾向于为其所在的群体设定目标；在聚会上与许多人交谈；在环境需要的时候负责管理群体。高分者还喜欢打断别人谈话，而且并不总是听从领导者的指令（在这些方面表现出自己不同于他人）。

对于离异母亲、非母亲与工作的母亲来说，独立性上的得分会随着时间推移而显著增加。只有传统家庭主妇的独立性没有表现出随着时间的推移而增加。当

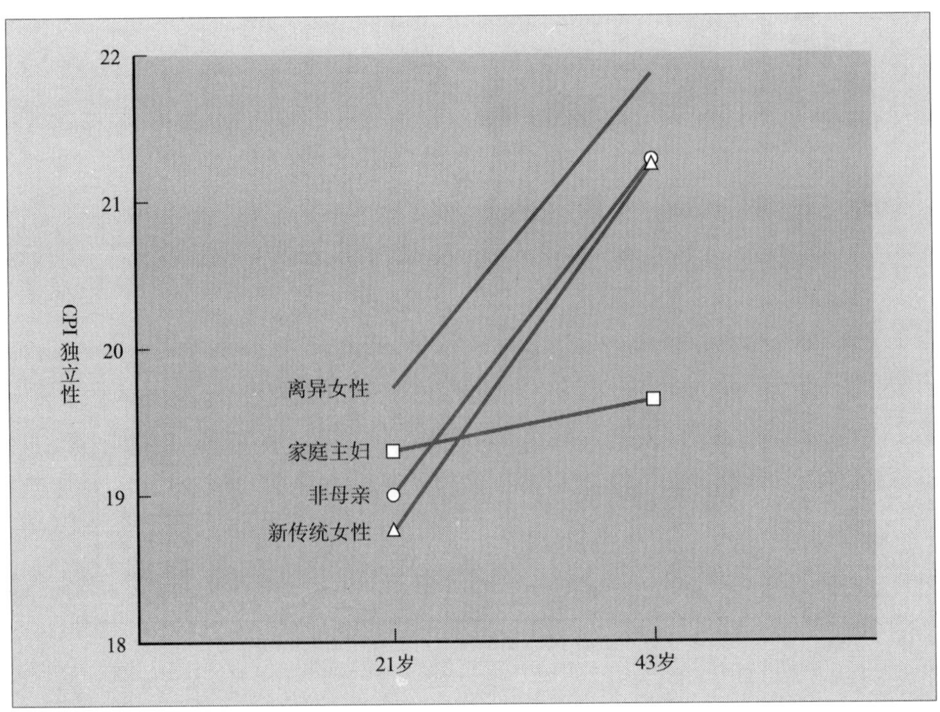

图 5.5
此图为在 21 岁与 43 岁时用 CPI 独立性量表测得的女性在独立性上的平均值。包括家庭主妇 (n=17) 以及非传统角色的三组女性：新传统女性（*n*=35）；离异女性（*n*=26）；非母亲 (*n*=26)。

然，这些是相关数据，因此我们无法推论因果关系。有可能是角色因素使女性变得更独立；也有可能是独立性低的女性更满足于维持传统的家庭主妇角色。且不管这些解释，这个研究说明考察总体中的亚群体是有效的。人格的改变可以在特定的亚群体中得以揭示，而当不加区分地对总体进行考察时，这种变化就会变得不明确了。

总之，尽管证据很少，但还是有足够的经验线索说明人格特质随着年龄的增长而表现出可预期的变化。第一，随着年龄的增长，冲动性与感觉寻求表现出可预期的下降。第二，随着年龄的增长，男性的心理灵活性下降，抱负降低。同时有迹象表明男性与女性都会随着年龄的增长而变得更有能力、更独立。第三，有线索表明独立性的变化与社会角色和选取的生活方式有关，与离异的、或更少从事传统工作的女性相比，传统家庭主妇在独立性上的变化更小。

人格变化的时代效应：社会地位与社会角色的变化对女性自信的影响

在探索人格的跨时间可变性时，一个令人感兴趣的问题是确定是不是所有人随着年龄的增长都将经历真实的人格改变，就如前面介绍的纵向研究所确定的那样；还是改变只是**时代效应**（cohort effects）——人们生活的时代所造成的变化。有研究者（Jean Twenge，2000，2001a，2001b）已经走在了探索可能导致人格改变的时代因素的最前沿。她认为在过去的七十年里，美国社会发生了巨大的改变。最显著的变化之一集中在女性的社会地位和所扮演的角色上。例如，在 20 世纪 30 年代的萧条时期，女性被期望能够自给自足，但到了五六十年代，女性被认为应扮演更多的家庭角色。此后从 1968 年到 1993 年，女性投身于工作之中，美国社会逐渐接受了两性平等的准则。例如，从 1950 年至 1993 年，获得学士学位的女性的数目翻了一番，从 25%增加到约 50%。而且获得博士学位、医学学位与法学学位的女性数量都增长了三倍还多。假如这些巨大的社会变革对女性的人格完全没有影响的话，这是不可思议的。

从 1968 年至 1993 年，女性的自信得分提高了，这说明了一种时代效应。

该研究者（Twenge，2001a）发现，由于这些女性所处的时代的影响，她们在自信特质上的得分会出现明显的起伏。从 1931 年至 1945 年，女性的自信分数总体上提高了半个标准差；从 1951 年至 1967 年，大约降低了半个标准差；从 1968 年至 1993 年标准差再次提升。以 CPI 支配性量表的测量为例，从 1968 年至 1993 年，女性的自信分数提高了一个标准差（+.31）；与之相比，男性在自信水平或支配性上没有表现出显著的时代差异。该研究者（Twenge，2001a）认为，“社会变化确实会被个体所内化……女性从周围的世界中获取文化信息，进而她们的人格也受到了这些信息的塑造”。对现在与将来的一代女性进行研究将会确定这些有趣的时代效应保持或改变的程度。

人格的跨时间一致性：对相关社会事件的预测

我们将考察的人格发展的最后一种形式被称做人格的一致性（personality coherence），它被界定为：当根本的特质保持稳定时，人格因素的表现形式或结果随时间的推移而发生可预期的改变。我们将特别关注与社会事件有关的人格，如婚姻稳定性与离婚、酗酒与情绪困扰以及成年后的工作情况。

婚姻稳定性、婚姻满意度与离婚

在一项时间跨度空前的纵向研究中，研究者（Kelly & Conley，1987）考察了300对夫妇，从他们20世纪30年代的订婚开始，一直到80年代晚年生活的方方面面。最后一次施测时，被试年龄的中数是68岁。在全部的300对夫妇中，有22对解除了婚约，没有结婚。剩下的278对结了婚，其中有50对在1935年~1980年中的某一时间离婚。

20世纪30年代的第一次测试中，让每一个参与者的熟人在多个维度上对参与者的人格进行评定。结果发现人格的三个方面对婚姻满意度和离婚有很强的预测力：丈夫的神经质、丈夫缺乏对冲动的控制以及妻子的神经质。高水平的神经质被证明是最强的预测源。在20世纪30年代，1955年和1980年的研究都证实神经质与男女双方对婚姻的满意度存在相关。

此外，夫妻双方的神经质以及丈夫缺乏对冲动的控制都可以有力地预测离婚。无论夫妻双方是否离婚，人格的这三个主要方面解释了大部分的预测变异，这是人格研究中少见的一种强效应。拥有稳固与满意婚姻关系的夫妇，比后来离婚的夫妇在神经质上的得分低大约半个标准差。另外，在情感稳定的夫妇中，丈夫的冲动控制比不稳固婚姻中的丈夫约高半个标准差。

离婚的原因似乎与早期测量的人格特质有关。例如，第一次施测时表现出低冲动控制性的丈夫在以后的生活中易出现婚外情——违背婚姻的誓言是尤为突出的离婚理由。冲动控制性高的男性似乎能够避免自己陷于对婚姻有害的性关系中（Buss，2003）。

从这个跨越了45年、贯穿了被试大部分成年期生活的研究中，我们得出了关于人格一致性的重要结论。人格可能不是命运，但是人格能够预测一些生活事件，如不忠行为、婚姻不幸以及离婚。

有趣的是，神经质在其他重要的生活事件中也起着作用，如从丧失配偶的痛苦中恢复过来。一项引人关注的纵向研究表明，成功应对配偶死亡的最好预测源是情绪稳定性特质（Bonanno，Wortman，Lehman，Tweed，Haring，Sonnega，

心理学家已经识别出了能够预测婚姻是否幸福和是否将以离异而告终的人格特质。尽管人格并不是命运，但它确实与一些重要的生活事件有关，如婚姻不幸和离婚。

Carr，& Nesse，2002）。该研究总共有 205 名被试，这些被试在配偶去世前几年接受了测试，然后在配偶去世后 6 个月和 18 个月的时候分别再次接受测试。那些在情绪稳定性上得分高者更少悲痛，表现出更少的消沉行为和更快的心理恢复。情绪稳定性低者（高神经质）在配偶去世半年后、甚至一年半后仍然沉浸于悲痛之中。简言之，人格影响婚姻生活的许多方面：谁有可能获得成功的婚姻关系（Shiner，Masten，& Tellegen，2002）；谁的婚姻保持稳定与高满意感（Kelly & Conley，1987）；哪些人更有可能离婚（Kelly & Conley，1987）；人们如何应对配偶去世后的生活（Bonanno et al.，2002）。

酗酒与情绪困扰

一项纵向研究发现，早期的人格特征能够预测后来的酗酒行为和情绪困扰情况（Conley & Angelides，1984）。被研究的 233 名男性中，有 40 人被认为有严重的情绪问题或酗酒行为。这 40 名男性早先被熟人评定为具有较高的神经质特性。说得确切点，他们在神经质上的得分比没有酗酒或严重情绪困扰的男性高出约四分之三个标准差。

此外，早期的人格特质对于区分谁将酗酒和谁会产生情绪困扰问题很有用，冲动控制性是其中的关键因素。与有情绪困扰问题的男性相比，酗酒的男性在冲动性控制上的得分整整低一个标准差。这些人格特质比测量早期生活的压力体验或后来的压力体验能更有效地预测成人期的问题。近期的研究相继发现，那些在感觉寻求与冲动性人格特质上得分高、且在随和性与尽责性特质上得分低者，与他们的同龄人相比更倾向于饮酒和酗酒（Cooper，Wood，Orcutt，& Albino，2003；Hampson，Severson，Burns，Slovic，& Fisher，2001；Markey，Markey，& Tinsley，2003；Ruchkin，Koposov，Eisemann，& Hagglof，2002）。总之，早期生活中的冲动性与神经质和后期生活中的相关社会事件之间具有一致性。

教育、学业成就与辍学

冲动性在教育与学业成就中也扮演着重要的角色。有研究者（Kipnis，1971）

阅读

乱发脾气的孩子的成年期表现

在一项跨度为40年的纵向研究中，研究者（Caspi et al.，1987）探索了童年期人格对成年期职业地位与工作成就的意义。他确定了一组暴躁的、不受控的孩子，对他们的母亲进行访谈。在孩子8岁、9岁与11岁时，让母亲评定他们乱发脾气的频率与严重程度。将大发脾气界定为撕咬、踢打、撞击、扔东西、尖叫与大喊等行为。样本中38%的男孩与29%的女孩被界定为经常不受控制的乱发脾气者。

这些孩子在以后的时间里一直被追踪研究。男孩子的童年期人格在成人期的表现方式特别令人吃惊。孩提时代经常乱发脾气的男孩，成年后的受教育水平更低。他们第一份工作的职业地位也普遍低于那些性格安静的同伴。中产阶级的暴躁儿童有社会地位下降的趋势。到了中年，他们的职业成就与那些工人阶级的同龄人没什么分别。此外，他们倾向于频繁更换工作；表现出频繁失业的不稳定工作模式，而且平均失业的时间更长。

由于样本中70%的男性曾在军队中服役，因此也考察了他们在军队中的记录。与同龄人相比，小时候被评为脾气暴躁的男性获得的军衔更低。最后，这些男性中约一半（46%）的人到40岁时处于离异状态；与之相比，儿童期不乱发脾气的男性的离婚比例只有22%。总之，早期的儿童人格与成年后的一些重要的社会表现，如工作成就、更换工作的频率、失业、军事成就以及离异等有着内在联系。

很容易想像为什么暴躁、不受控的个体成就更低，离异人数更多。生活中有很多挫折，人们以不同的方式应对这些挫折。例如，暴躁的、不受控制的人更有可能爆发对老板大喊大叫，或一时冲动而辞职。同样，暴躁的、不受控制的人更有可能拿他们的配偶出气，或者因冲动导致婚外情。所有这些事件都有可能导致低水平的工作成就与较高的离婚率。

要求一组个体自我报告他们的冲动性水平，并收集了其学术能力测验（Scholastic Aptitude Test，SAT）的分数，该测验被普遍认为是对学业成就与潜能的测量。SAT得分低者，其冲动性与之后的总平均分之间没有关系。但是，在SAT得分高者之中，冲动性高的个体的总平均分普遍地低于冲动性低的个体。另外，冲动性高的个体与那些冲动性低的个体相比，更有可能因不及格而退学。另一位研究者也发现了类似的关系：被试进入大学之前由同伴评定的冲动性与后来的总平均分之间表现出-.47的相关（Smith，1967）。冲动性（或缺少自控）会继续影响工作中的表现。一项纵向研究考察了参与者18岁时的人格特质以及26岁时的有关工作结果（Roberts，Caspi，& Moffitt，2003），发现那些18岁时自控能力高者，在26岁时具有更高的职业成就，在工作中更投入，有更好的经济保障。反之，18岁时冲动的个体不太可能在工作中取得进步，表现出更少的心理投入，获得的经济保障更低。

有趣的是，工作经历对人格变化也有影响（Roberts et al.，2001）。那些在26岁时得到高职位的人，自18岁以后就变得更快乐、更自信、更少焦虑和更少的自我挫败。那些持有较高工作满意感的人在从青少年向成人的过渡中更少体验到焦虑，更不易受到压力的影响。最后，在工作中赚很多钱的人是怎样的呢？这些个体不仅较少疏远他人，还能更好地应付压力，而且他们的亲社会水平得到了提高，例如他们更喜欢与人交往，更容易求助于他人以获得安慰，喜欢被人围绕。总之，18 岁时的人格可以预测 26 岁时的工作成就（如自我控制预测收入），工作成就可以预期跨时间的人格改变。我们再一次认识到，冲动性是一个关键的人格因素，它与后期生活事件之间存在有意义的联系。

对人格变化的预测

我们能够预测谁的人格有可能改变，而谁的有可能不变吗？在一项引人注目的纵向研究中，卡斯皮与赫贝纳（Caspi & Herbener，1990）对中年夫妇进行了长达 11 年的研究。这些夫妇被测试了两次：一次是在1970 年，另一次在 1981 年。所有的被试不是在 1920~1921 年出生就是在 1928~1929 年出生，而且此研究是一个更大的纵向研究计划的一部分。

引发卡斯皮与赫贝纳研究兴趣的问题是：对婚姻伴侣的选择是造成人格稳定性或可变性的一个原因吗？具体来说，与和自己不相似的人结婚相比，和与自己相似的人结婚会使人格保持更多的跨时间稳定性吗？研究者推断，配偶之间的相似性会加强人格的稳定性，因为夫妻双方会在态度上彼此强化；寻求相似的外在刺激源；甚至可能会共同加入同样的社会关系网。反之，和与自己的人格不像的人结婚，会产生观点的碰撞，要面对独自生活时本来不会遇到的社会事件与环境事件，而且一般而言，为了维持现状还会导致一种令人不适的环境。

根据对丈夫和妻子的人格测量，卡斯皮与赫贝纳将所有的夫妇划分为三组：人格高度相似组、人格中等相似组和人格低相似组。然后研究者在这些个体中年时对他们进行测试，考察其人格在 11 年之后表现出的稳定性程度。结果如图 5.6 所示。

从图 5.6 中可见，同与自己高度相似的人结婚的个体表现出了最稳定的人格；与配偶相似性最低的人表现出了最大的人格变化；中等相似组处于二者之间。这个研究很重要，它指出了人格稳定性与可变性的一个潜在来源：配偶的选择。这将会很有趣，想像一下将来的研究是否能够证明人格稳定性与可变性的其他来源，例如也许可以考察选择相似或不相似的朋友对人格稳定性与可变性的影响。

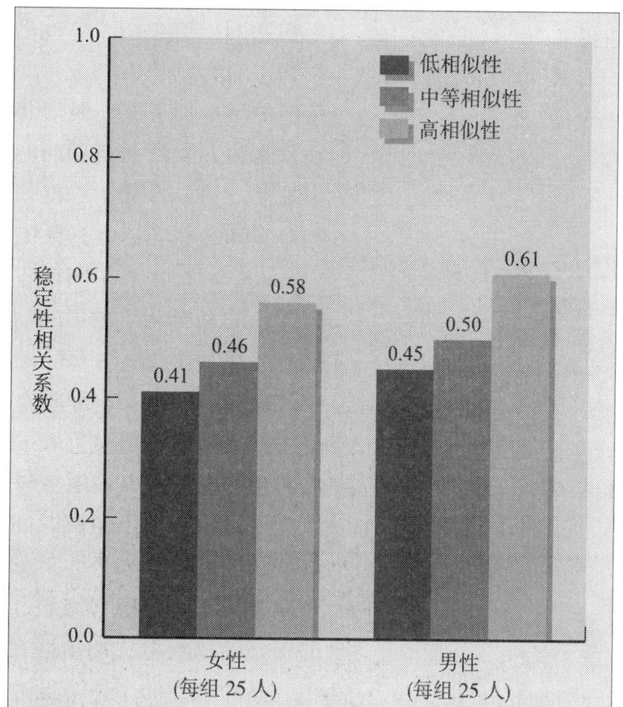

图 5.6

如图所示，跨时间的人格稳定性是个体与其配偶的相似性（低、中、高）的函数。那些与自己人格相似的人结婚的男性和女性表现出了最高水平的跨时间人格稳定性。

总结与评论

人格发展包括跨时间的人格稳定性与可变性两个方面。人格的稳定性有三种形式：（1）等级顺序的稳定性，即随时间的流逝依然保持一个人在群体中的相对位置；（2）均数水平的稳定性，即保持特质或特征的跨时间的平均水平；（3）人格的一致性，即特质表现形式的可预期的变化。我们可以从三个层面来对人格发展进行分析：总体层面、群体差异层面和个体差异层面。

强有力的证据表明人格具有跨时间的等级顺序稳定性。气质，如活动水平和恐惧在婴儿时期表现出中等到高水平的稳定性。活动水平和攻击性在童年期表现出中等到高水平的稳定性。童年期的恃强凌弱者往往会在青少年期变成青少年犯，在成年期成为罪犯。人格特质，如五因素模型中包括的特质，在成年期表现出中等到高水平的稳定性。一般而言，稳定性系数随着两次测试之间时间间隔的增加而下降。

随着时间的推移，人格也会发生可预测的变化。以“大五”人格为例，现在公认的一点是神经质一般会随着时间推移而减弱，随着年龄增加，人们的情绪变得更稳定。此外，随和性与尽责性有随时间变化而增加的趋势。所有这些变化暗示着人们日渐成熟，因为青少年期的不时骚动在成熟的成人期变得平静。从青少年初期到成年初期，男性的自尊有增加的趋向，而女性的自尊倾向于降低。在成年期，对有创造力的设计师进行的一项研究表明，他们的灵活性和冲动性会随着年龄的增加而下降。随着年龄增长，感觉寻求也会有可预期的下降。而且，对于女性来说，女性化有随时间推移而下降的趋势，从四十出头到五十出头这个时期最显著。另一方面，一些研究表明自主性、独立性与能力等人格特质随着年龄增长有下降的趋势，这一点在女性身上尤为明显。

人格的变化除了归因于年龄之外，也有证据表明人格的均数水平会受到个体所成长的社会背景的影响。研究者（Jean Twenge）已证明了几种这样的影响，最显著的是时代发展对女性自信与支配性水平的影响。女性的自尊水平在 20 世纪 30 年代以后一度很高，那时女性极为独立；到了 20 世纪 50 至 60 年代，女性多为家庭主妇，很少有职业女性，自尊下降。然而，从 1967 年至 1993 年，随着女性社会角色的改变和更多地参与职业工作，她们的自尊水平也相应地提高了。

人格也表现出了跨时间的一致性。早期的人格测量可以用来预测后来生活中与之相关的社会事件。例如，夫妻双方在神经质上的高分和男性的高冲动性可以预测婚姻不满意感和离婚。成年早期的神经质也是后来酗酒或产生情绪困扰问题的很好的预测源。冲动性在形成酗酒以及无法发挥学业潜能方面扮演着重要的角色。高冲动性的个体与低冲动性的同伴相比，学业分数更低，更多地辍学。脾气暴躁、爱乱发火的孩子成年后会表现出：在工作上走下坡路；更频繁地变换工作；获得更低的军衔；离婚率更高。18 岁时冲动性高的人在后来的工作中倾向于表现较差，例如他们获得的职业成就更少，而且经济保障更低。反过来，工作体验会影响人格的变化。那些获得职业成功的人倾向于变得更快乐、更自信和更少焦虑。

究竟是一些什么因素维持了人格的跨时间稳定性和一致性？人们对此知之甚

少，一种可能的因素是我们对婚姻伴侣的选择。有证据表明我们倾向于选择那些与自己的人格相似的人，而且伴侣之间越相似，人格特质越能保持跨时间的稳定性。

我们如何才能更好地协调跨时间的人格稳定性与可变性的大量发现和重要证据呢？第一，纵向研究表明，人格特质，如“大五”特质，表现出很强的跨时间的等级顺序稳定性，也表现出跨时间的一致性。例如，中学时的恃强凌弱者很可能在成年期变成罪犯。青少年期具有自控能力与尽责性的人在后来的生活中，倾向于表现出很高的学术成就与工作成就。第二，在这些粗略的稳定性的背景之下，人们也明显地表现出了均数水平的稳定性——作为一个整体，随着年龄的增加，人们会表现出更少的神经质、更少的焦虑、更少的冲动、更少的感觉寻求，更多的随和性以及更多的尽责性。对某些变化而言女性尤为显著，例如，随着时间的推移，她们的女性特质减少，变得更有能力、更加自主。另外，某些人格改变只影响某些个体，比如那些在工作中获得成功的人。简言之，尽管人格特质具有跨时间的稳定性，但是它们不是“一成不变的”，有时在某些个体身上也发生某些改变。

关键术语

人格发展	人格的一致性	稳定性系数
等级顺序的稳定性	气　质	效度系数
均数水平的稳定性	纵向研究	自　尊
均数水平的可变性	活动度测量仪	时代效应

第二编

生物学领域

II

生物学领域关注影响人格或被人格影响的内在生理因素。与人格的其他研究领域相比，生物学领域既没有深厚的基础，在人格方面也没有接近"真理"的知识。该领域仅仅是提供了一种看待人格本质和其中因果关系的视角。

人类对身心关系的猜测和思辨有着悠久的历史。有些猜测走进了死胡同。例如，大约一个世纪前，有人相信头骨的隆起揭示了一个人的人格。这种所谓的颅相学已经受到质疑并被摒弃。然而，许多现代的人格心理学家相信，人们在一些其他生理因素上的差异（如大脑和周围神经系统的活动性）与他们的人格有关。例如，喜欢追求刺激的人与不喜欢这样做的人相比，血液中影响神经递质的某些特定化学物质上可能有所不同。另外，与社交自信者相比，害羞者可能有更加敏感的交感神经系统。

生物学领域关注人体的物质元素和生理系统，它们既影响着人的行为、思想和情感，反过来也被行为、思想和情感所影响。例如，一种可以影响人格的生理因素是基因。正是基因构成决定了我们的头发是卷还是直，眼睛是蓝色还是棕色，体格是粗壮还是纤细。基因构成还影响着人的活动性，是否暴躁、不友好，是喜欢社交还是偏好独处。研究基因是否以及如何影响人格属于生物学领域的范畴，这是本书第6章要涉及的内容。

生物学与人格交叉的另一个领域是生理系统，如大脑或周围神经系统。生理系统之间微小的不同就可能导致人格的差异。例如，一些人的大脑右半球的活动性水平可能高于左半球，根据近来的研究结论来看，这些人体验到的抑郁和其他负性情绪会更强。也就是说，生理差异伴随着不同的情绪类型。因为这些差异是持久而稳定的，符合本书第一章关于人格的定义，所以这些生理上的特征代表了人格的某些方面。我们将在第7章介绍人格的生理研究。

一些研究认为生理反应与人格特质相关，或者是人格特质的指标。把生理反应视作人格发生的生理机制尚存疑问，而将其视作人格特质的生物学关联更加适合。

人格心理学研究文献中有许多生理测量的结果都被认为与人格之间存在相关。例如，当陌生人在场时，与不害羞的孩子相比，害羞的孩子表现出心率加速的反应（Kagan & Snidman, 1991）。那么，消除心率的反应是否能让害羞的孩子变得不再害羞呢？恐怕不能。这是因为，生理反应只是与特质相关，而不是产生或导致人格特质的内在基础。

但不能据此认为，研究与人格特质相关联的生理指标是徒劳无益的。相反，生理指标常常揭示出重要的人格结果。例如，A型人格特质的人具有较高的心血管反应，这可能会导致严重的后果，如发展成心脏病。因此，确定与人格相关联的生理指标也是一项有用的、重要的科学任务。

另一方面，许多现代的人格理论强调，内在的生理因素在产生或形成特定的人格差异方面有着更为重要的作用。在第 7 章，我们将详细考察这些理论。这些理论的共同点是，具体的人格特质以内在的生理差异为基础。每一种理论都认为，如果内在的生理基础改变了，与这一特质相关的行为方式也将随之改变。

我们将讨论的第三个生物学领域以达尔文的进化论为基础。支持进化论的证据主要来自化石研究，即物种形成了对环境的生物适应性。有利于种族成员生存、繁衍的适应作为进化的特征被代代相传。例如，能够直立行走的灵长类动物开拓原野，他们的手可以自由地使用工具。有关进化的这类生理特征的证据是可靠的。心理学家正在寻找心理特征进化的依据。他们采纳了进化的原理，譬如自然选择法则，并将其用于分析人格特质。例如，自然选择使我们的祖先选择群体协作，那些能够在群体中进行协作的早期人类，更有可能得到生存和繁衍；而那些不喜欢合作的早期人类，更有可能灭亡，而不能成为我们的祖先。因而，现代人的群体归属需要可能是一种进化而来的心理特征。人格的进化论观点将在第 8 章讨论。

与其他领域不同的是，人格的生物学领域关注人体内部的生理因素。法国哲学家梅洛—庞蒂曾说，身体是我们“通向世界的入口”。其意是说：首先，我们是生物，我们依赖于我们的身体来获取周围世界的信息，以及与周围世界的交互作用。我们了解的和体验的世界也因此受到生理功能和生理状况的影响。例如，一个神经过于敏感的人可能感到自己周围的世界是一个焦虑源。同时，他自己也可能被他人看做是个紧张的、神经兮兮的人。

在本编中，我们将描述人格生物学领域研究的一些主要观点和发现。当你阅读时，切记一点：生物属性不是命运。和其他领域一样，看待人格生物学领域的最佳方式是：生物因素是一系列影响人格或与人格相关的因素。人格是由多种因素决定，是本书介绍的六个知识领域所涉及的诸多因素的集合。

II

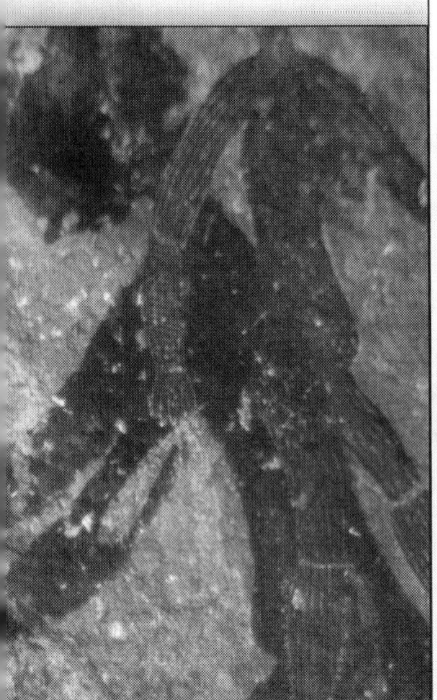

6 遗传学与人格

6

生物学领域

吉姆兄弟是一对同卵双生子，在出生时就被分开，被两个不同的家庭收养。他们一直处于分离状态，直到39岁才第一次见面。当施普林格得知自己还有一个孪生兄弟路易斯，住在中西部，于是他于1979年2月9日打了第一个电话，他们立刻取得了联系。三周后，他成了哥哥婚礼的伴郎。

初次见面，兄弟俩就发现彼此有着许多惊人的相似之处。他们均为6英尺高，180磅重；都结过两次婚，且他们的两任妻子的名字都相同，第一任妻子叫琳达，第二任妻子叫贝蒂；每个人都有一个儿子叫詹姆士；他们的工作也相似，都是兼职的县治安官；都喜欢抽沙龙薄荷烟，喝米勒建兴啤酒；都患有同样的头痛综合症，有咬手指甲的习惯；都喜欢把给妻子的情书满屋子乱扔；在标准化的人格测验中他们的得分也相似（Segal，1999）。

当然，吉姆兄弟俩并非在所有方面都完全一样。他们一个擅长写作，一个擅长演说。他们的发型不同，一个梳向前额，一个梳向后面。但是从总体上来看，他们的相似之处是惊人的，特别是考虑到他们从婴儿时期就分别成长在两个完全不同的家庭中。当然，这只是一对双胞胎，我们不能据此得出某种结论。但是，吉姆兄弟的例子提出了一个非常有趣的问题：遗传到底是如何影响人格的呢？

人类基因组

基因组（genome）是指有机体拥有的完整的基因系列。人类基因组由 30 000~40 000 种基因构成，所有这些基因都位于 23 对染色体上。每个人的每对染色体都是一条来自父亲，一条来自母亲。我们可以这样想像，人类基因组就像一本书，它共有 23 章，每一章是一对染色体，其中包含数千种基因。而每一种基因由长长的 DNA 分子链组成。令人惊讶的是，体内的每一个细胞核均含有两列基因，一列来自父亲，一列来自母亲。只有红细胞核是个例外，它不包含任何基因。女性的卵细胞和男性的精子细胞只含有一种类型的基因。因为人体内约有一百万亿个细胞，每一个还没有针尖大，所以，实际上我们每个人体内包含有大约一百万亿对基因。

人类基因组计划是一项耗资数十亿美元的研究，目的是描绘出整个人类基因组的序列。也就是说，确定人类物种特殊的 DNA 分子序列。2000 年 6 月 26 日，科学家们宣称已经完成了人类基因组的草图。但确定了 DNA 的分子序列并不意味着已弄清楚了所有这些 DNA 分子的功能。科学家们现在已经手握“生命之书”，但他们还需弄清楚，基因序列对人的身心和行为有何具体作用。

事实上，最近的发现似乎正在改变着关于人类基因组的一般性假设，其中的两个发现特别值得一提。第一，虽然人类拥有的基因数量和老鼠、蚯蚓的相差无几（30 000~40 000），但就基因解码生成蛋白质的方式来说，人类远比其他物种要多得多。这些可供选择的解码形式能够生成成千上万的蛋白质（大大超过鼠和蚯蚓），它们可以说明为什么人类和啮齿类动物之间存在着复杂的区别（Plomin，2002）。第二，这些蛋白编码基因，约占人类基因组的 2%，只是其中的一小部分。人类染色体中其他 98%的 DNA 曾经被当做“**基因垃圾**（genetic junk）”，因为科学家们认为它们没有什么功能。但最近的基因研究者发现，“垃圾 DNA”并非垃圾，相反地，它们之中的一部分对人的各个方面（从体格到人格）均有潜在影响（Gibbs，2003；Plomin，2002）。人类基因组的这些复杂的隐藏基因——被称为“假遗传因子”（pseudogenes）或“核糖开关”（riboswitches）——意味着要搞清楚基因和人类行为之间复杂而神秘的关系，我们还有很长的路要走。

地球上每个人的基因组中的大多数基因是相同的，所以我们才会拥有许多共同的特征：两只眼睛、两条腿、三十二颗牙齿、十个手指、一个心脏、一个肝脏、两个肺等等。然而，还是有为数不多的基因存在个体差异。因此，虽然都有两只眼睛，但有些人的眼睛是蓝色的，有些人的是棕色的，还有少数人的是紫色的。正是这些不同的基因影响了我们的身体特征，如眼睛的颜色、身高和体格。更具争议且同时也让人感兴趣的问题是：是否正是某些不同的基因，造成了不同人格类型的个体在行为方式上的差异？

基因与人格关系之争

或许，人格心理学中没有其他任何领域像行为遗传学的研究那样充满争议。该领域的研究者试图确定人格的个体差异在多大程度上是由遗传或环境的不同所导致的。行为遗传学的研究报告时常成为头条新闻和封面故事。例如，1996 年 2 月 2 日，《纽约时报》一则有关行为遗传学研究取得突破性进展的报道引起了较大轰动，标题是："不同的基因与寻求新异刺激的爱好相关"。报告声称发现了一种具体的新奇寻求基因：外向、冲动、放纵、易激动、易怒和喜欢探险的倾向。一些大众传媒提出了"设计婴儿"的想法，父母亲可以从列出的基因表中选择他们喜欢的婴儿特征。这样的想法颇具争议，因为它只强调了基因差异在塑造人格核心特征时所起的作用，而忽视了父母的社会化和个人经验的影响。这类报告常常是耸人听闻的，其解释也过于简单。

人类基因组计划的目的是绘出人类的 DNA 序列。鉴于此目的，一些支持者希望能找出每一种现象（从酗酒到态度）与特定基因的关联。分子遗传学领域中的研究进展，重新点燃了人们从遗传角度研究人格心理学的热情。可是，与此同时，遗传学的观点也激起了关于遗传对人的行为和人格影响的争论。

争论的部分原因来自意识形态领域。许多人担心，行为遗传学的这些发现会被用来（或误用）支持某些政治议案。例如，如果个体在冒险寻求上的差异源自特定基因，那么，这是否意味着我们不应该让那些为了飚车而偷车的少年犯承担相关责任呢？如果科学家将行为模式或人格特质归因于基因的影响，一些人会担心这类发现将导致人们对改变的可能性持悲观态度。例如，如果犯罪行为受基因的影响，那么对这些行为的矫正将注定失败。

另一方面的争论来自优生学。**优生学**（eugenics）的观点认为，我们可以鼓励具有某些特质的人生育后代，而限制不具有这些特质的人生育后代，从而实现对未来人种的优化设计。社会上的许多人担心遗传学的研究结果可能会被用于支持限制某些人的生育，更糟糕的是，会成为一些人鼓吹创造"优等民族"而消灭另一些人种的借口。

然而，现代从事人格遗传学研究的心理学家们通常会很认真地教育人们该如何正确地应用他们的研究成果，以及注意潜在的滥用（Plomin，2002）。他们认为知道总比不了解好。例如，人们认为孩子的多动症是因为父母养育行为不当而导致的，可实际上，多动症主要受遗传基因影响。试图通过改变父母的养育行为来矫正孩子的多动症，只能让其父母遭受挫败，产生抱怨。此外，心理学家们指出，遗传学的发现不一定会导致让人担忧的恶果。例如，发现某种人格特征具有遗传基础，并不意味着环境对人格塑造就没有作用了。因此，现在就让我们将目光转到遗传学与人格的研究领域，看看纷乱的争论之下隐藏着什么。

行为遗传学的目标

为了理解行为遗传学研究的基本目标，让我们来看一个具体的例子——身高上的个体差异。有些人个子很高，篮球运动员奥尼尔身高超过 7 英尺；而有些人的个子较矮，比如演员丹尼·迪维图身高只有约 5 英尺。遗传学家关心的关键问题是：什么原因导致有人高有人矮？或者说，造成个体身高差异的原因是什么？

原则上，有许多原因会导致个体身高的差异。例如，个体成长期间的饮食差异会造成身高差异，遗传也能部分解释身高差异。遗传学研究的主要目标之一是确定个体差异归因于遗传因素和环境因素的百分比。

对身高来说，环境因素和遗传因素都很重要。显而易见，孩子的身高倾向于与父母相似，一般而言，较高的父母所生的孩子的身高高于同龄孩子的平均值；而较矮的父母所生的孩子的身高低于同龄孩子的平均值。遗传学研究已证实，个体在身高上的差异大约有 90%源于遗传，环境因素的作用相当微弱，只占 10%。拿美国来说，在过去的一个世纪，成年人的平均身高增长了约 2 英寸，最可能的原因是美国人饮食的营养价值提高了。这个例子表明了一个重要的观点：即使可观测的个体差异源于基因，但并不意味着，环境在改变差异的程度上毫无作用。

练习

你能想到人类哪些特征最可能受遗传影响吗？例如，眼睛颜色的不同。你能想到其他受遗传影响不大的特征吗？例如，是用叉子还是用筷子吃饭。你将如何证明个体之间的差异是否受到遗传的影响？

在决定身高的因素中，遗传因素解释了 90%的变异，而环境因素，如饮食等，解释了 10%的变异。丹尼·迪维图（左）比奥尼尔（右）矮大约 2 英尺。

本章将讨论的行为遗传学的研究方法适用于任何的个体差异研究。它们能够被用来确定在身高、体重、智力、人格、甚至态度——如自由主义还是保守主义，以及艺术类型偏好——等上面存在个体差异的原因。它们能被用于所有这些现象的研究中。

但是，行为遗传学家通常并不满足于简单计算出遗传和环境因素所导致的**变异率**（percentage of variance）。变异率是指个体存在变异，或说是彼此之间不同，而这种变异能被分解，不同的影响因素各自导致多大比例的变异。他们还对遗传和环境相互作用的途径以及彼此的相关感兴趣。行为遗传学家对准确确定在什么情境下环境因素起作用饶有兴趣。例如，个体之间的差异是因为父母对孩子的社会化训练，还是孩子遇到的老师。我们将在本章最后讨论这些更为复杂的问题，而首先，我们必须阐述行为遗传学的基础知识：什么是遗传率？行为遗传学家使用什么方法来获得问题的答案？

什么是遗传率？

遗传率（heritability）是一项统计指标，指从一组个体身上可观察到的变异中，能由遗传因素解释的比例（Plomin，DeFries，McClearn，& McGuffin，2001）。它描述了可观察到的个体差异（如身高、外向性或者感觉寻求）中由遗传变异引起的程度。遗传率是心理学中最易被误解的概念之一。然而，如果定义准确，它能为确定遗传和环境对人格的决定性作用提供有用的信息。

遗传率有一个正式的定义：*表现型变异中可归因于基因型变异的比例*。**表现型变异**（phenotypic variance）是指可观察到的个体差异，如身高、体重、人格等。**基因型变异**（genotypic variance）是指每个个体拥有的所有基因上的个体差异。因此，遗传率为 0.5 意味着在表现型变异中有 50%的变异可归因于基因型变异；遗传率为 0.2 意味着只有 20%的表现型变异可归因于基因型变异。在这些例子中，不能归因于基因型变异的部分，可简单的认为是环境因素所导致的变异。也就是说，遗传率为 0.5 说明环境因素占 50%，遗传率为 0.2 说明环境因素占 80%。这是最简单的情况，它假定基因和环境之间不存在相关或交互作用。

对环境作用的界定是类似的。一组个体的表现型变异中能够归因于环境因素（非遗传作用）的百分比称之为**环境解释力**（environmentality）。一般来说，遗传率越大，环境解释力越小。反之，遗传率越小，环境解释力越大。

练习

讨论以下句子的意义：“所有发展正常的人都拥有语言能力，但是，有人讲中文，有人讲法语，有人讲英语”。这种个体语言类型的变异在多大程度上可归因于基因差异，又在多大程度上可归因于个体成长环境的差异？

对遗传率的误解

对遗传率最普遍的一种误解是认为它能应用于单一个体，事实上它不能被用于单一个体。我们说身高的个体变异有 90%源于遗传是有意义的，但是说“麦勒迪斯身高的 90%源于遗传”却毫无意义。例如，你不能说，麦勒迪斯身高的前 63 英寸源自遗传，另外的 7 英寸归因于环境。对个体来说，遗传和环境的作用是不可分割的，它们都对身高起着作用，并难于被区分。因此，遗传率仅涉及样本或总体的差异，而不是某一个体。

另一种常见的误解是认为遗传率不变，而事实并不是这样。遗传率是一个统计指标，它只适用于某个时期的特定环境中的人群。随着环境变化，遗传率也会改变。例如，遗传率可以在某一人群（如瑞典人）中很高，而在另一人群（如尼日利亚人）中很低；或者在某个时间段高，而在另一个时间段低。遗传率总是取决于人群中的基因差异和环境差异。根据第 2 章的相关概念，遗传率并不总是能被推广到不同的人和不同的环境中。

最后一种常见的误解是：遗传率是一个绝对准确的统计指标（Plomin et al., 2001）。事实并非如此，测量的不稳定性或随机误差，都能够导致遗传率的偏差。而且，因为遗传率通常是用相关法计算出来的，样本与样本之间必然存在波动，这也会导致进一步的不准确。总而言之，最好只把遗传率看做是对基因型差异引起表现型差异的百分比的一种估计。它不是一个精确的指标，也不具有个体意义，更不是恒定不变的。

天性与教养之争

在介绍行为遗传学的方法和研究成果之前有必要澄清遗传率的意义，即它是什么，不是什么，这有助于我们更加清楚地看待**天性与教养之争**（nature-nurture debate）（遗传和环境，哪一个对人格更具决定性）。遗传率概念的澄清需要在两个分析水平上清楚地进行区分：个体水平和总体水平。

在个体水平上，不存在天性与教养的争论。每个个体都具有独一无二的基因丛。这些基因通过个体生存的环境，产生一个可识别的个体。从这个意义上说，阅读本书的每一位读者都是遗传和环境相互作用的产物。在解释萨莉的人格特征时，遗传和环境哪个更重要呢？这样的问题毫无意义。在个体分析水平上，不需要讨论这个问题。打个比方，这就像烤一个蛋糕。每个蛋糕都是用面粉、糖、鸡蛋和水制成。若问在成品蛋糕中是面粉重要还是水重要，就没有什么意义了。面粉和水都是必需的原料，在成品蛋糕中二者混和在一起，是分不开的。遗传和环境对于个体来说，就像面粉和水之于蛋糕，两者都是必需的。在逻辑上，我们不能把它们分开看看哪一个更重要。

然而，在总体水平上，我们能够将遗传和环境的作用分开，这是行为遗传学家的操作分析水平。在这一水平上提这样的问题相当有意义：在解释不同个体在某种特质上存在差异时，遗传和环境哪一个更重要？就如同问：你烤了 100 个蛋糕，这些蛋糕的味道都有点不一样，是什么原因造成了它们的味道彼此不同呢？

在总体水平上，我们能将个体之间的差异分为两种类型：基因差异和环境差异。对于某一时期的特定人群来说，我们能做出明确的陈述，*在解释差异时*，遗传和环境哪一个更重要。再来看蛋糕的例子。如果你有 100 个蛋糕，问这些蛋糕的甜度差异更可能与所用面粉的多少有关还是与所用的糖量有关才是有意义的。

现在来看看人的差异。如身高差异大约表现出了 0.90 的遗传率，体重差异的遗传率是 0.50，配偶选择偏好差异（即我们所喜欢的婚姻伴侣的品质）的遗传率只有 0.10（Waller，1994）。因此，我们可以说，对身高来说，基因型变异比环境变异更重要；对体重来说，基因型变异和环境变异基本上同样重要；对选择配偶而言，环境变异明显比基因型变异更重要。

因此，当你再次陷入天性和教养问题的争论中时，你一定要问：“你问的是个体水平还是总体水平上的个体差异？”只有明确了分析水平，你的回答才有意义。

行为遗传学的研究方法

为了将遗传和环境对个体差异造成的影响区分开，行为遗传学家发展出了一系列的方法。动物的选择性繁殖是其中一种方法，第二种方法是家族研究，第三种或许也是最著名的一种方法是双生子研究，第四种方法是收养研究。我们将简要讨论这些方法的逻辑，并解释遗传率估计的来源。

为了培育特定的身体特征，已经对拉布拉多寻回犬（左）和切萨皮克湾寻回犬（右）进行了选择性繁殖。例如，两种狗均有足蹼，这使它们成为游泳健将和出色的水中寻回犬。对它们进行选择性繁殖还为了使它们具有某些“个性”特征。拉布拉多寻回犬被培育成合群的和友善的，而切萨皮克湾寻回犬则被培育成仅忠于一个主人而不信任陌生人。结果，切萨皮克湾寻回犬除了具有运动型犬的技能之外，也是一种很好的看门犬；而拉布拉多寻回犬因其友好性和乐于被喂养，成为了美国最流行的家庭犬。图片由 Randy Larsen 提供。

选择性繁殖——对人类最好朋友的研究

如果我们想把狗喂养成具有某些特征的狗，那么我们可以采用人工选择的方法，只选取具有这些特征的狗来进行繁殖。**选择性繁殖**（selective breeding）首先确定某种具有我们所期望特征的狗，然后让它只与具有该特征的狗交配。因为喂养者期望的许多特征具有中度到高度的遗传性，所以喂养者能够取得成功。

狗的一些可遗传的特征是生理上的，我们能够明确地看到，比如体形大小、耳朵的长度、皮肤皱纹和皮毛等。另一些我们试图保留的特征更多地表现在行为上，甚至可以被当做“个性特质”。例如，人人都知道有些狗，如比特犬，整体来看比其他大多数狗更具攻击性。其他的喂养狗，像拉布拉多犬，通常更友善、更亲切。还有些狗，如切萨皮克湾寻回犬有强烈地通过寻回物体来取悦主人的愿望。所有这些行为特征——攻击性、友善性、取悦主人的愿望——都是通过选择繁殖而培育出来的。

如果这些特征在狗的繁殖中的遗传率接近零，那么为获得这些特征进行选择性繁殖的努力注定是要失败的。另一方面，如果这些特征的遗传率很高（如，>80%），那么选择性繁殖将会很快见效并取得较好的成果。对狗类选择性繁殖的成功这一事实告诉我们，某些个性特质，像攻击性、友善性和乐于讨好等确实与遗传有关。

对科学的发展来说，研究者们（Scott & Fuller，1965）对狗进行的几十年的选择性繁殖研究是非常关键的，它让人们认识到：对狗来说，不仅身体特征可以遗传，行为特质也可遗传。但是，狗的行为特质的遗传率不能揭示我们人类人格特质的遗传率。原因很明显，我们不能对人开展选择性繁殖实验。然而，幸运的是，还有其他的行为遗传学方法可以用于对人的研究。

家族研究

家族研究法的假设是，对于具有较高遗传性的特质来说，亲属之间的相似性与共享基因的数量或亲缘程度成正比。

家族研究（family studies）是利用家庭成员之间具有遗传重叠性这一事实，来研究家族成员的基因重叠程度与人格相似程度的相关性。通常情况是，父母之间的基因不具有相关性。但是，父母中的任何一方都与子女共享50%的基因。同样，兄弟姐妹之间的平均基因重叠率也是50%；祖父母和孙辈，叔伯、伯母与侄子、侄女之间共享25%的基因；第一代堂亲、表亲之间只有12.5%。

如果某种人格特质是高度遗传的，那么，基因相关高的成员之间比基因相关低者之间，在这一人格特质上应该更相似。如果某种人格特质根本没有遗传性，那么，即使基因相关高的家族成员，像父母与子女，也不会比低相关者在这一人格特质上有更高的相似性。

如果你已经理解了环境与遗传之争的逻辑，你可能会注意到家族研究的一个潜在缺陷或混淆，即具有共享基因的家庭成员也共享了环境。也就是说，一个家庭的两个成员具有相似的人格特质可能不是因为遗传，而是源于共同的家庭环境。例如，某些兄弟姐妹都很腼腆可能并不是因为有共享基因，而是由于有共同的父母教养方式。因此，单独的家族研究的结论不能被作为定论。随着基因重叠百分率的增加，家庭成员之间的相似也逐渐增加，这一结果与行为遗传学的假设是吻合的。但是，这不能被当做决定性的证据。还有一个更有说服力的行为遗传学方法是双生子研究。

双生子研究

双生子研究（twin studies）是通过测量同卵双生子是否比异卵双生子更相似来估算遗传率的一种研究方法。前者的共享基因是 100%，而后者的共享基因只有 50%。双生子研究，特别是对分开抚养的双生子的研究，获得了媒体的大量关注。本章开篇提到的吉姆兄弟是自出生就被分开抚养的一对同卵双生子。因为自小生长在不同的家庭里，他们不知道彼此还有一个兄弟。当他们第一次见面时，令所有人惊奇的是，他们在许多行为习惯上是相同的：喜欢同一类型的电视节目，使用同一个牌子的牙膏，都养着一只杰克拉塞尔狗等等。经有效的人格量表测试，他们还有着许多相同的人格特质，如责任心强、情绪稳定。这是一种巧合吗？也许是。但这些巧合在双生子研究中似乎常常出现，甚至会出现在那些一生下来就被不同的父母分开收养的双生子之间（Segal，1999）。当然，这些个案对遗传率来说没有什么意义。因为，如果你仔细观察，即使随机挑选两个人，也总能找到他们的相似之处（比如，都不喜欢“椰菜”）。所以，只有运用双生子研究法才能得出令人信服的结论。

双生子研究利用了有趣的自然突发事件。几乎所有的个体都是由受精卵发育而来，与其他哺乳动物（如老鼠）相比，人类通常一次只能生一个孩子。可是偶尔也会生出双生子，这一概率仅有 1/83（Plomin et al.，1990）。双生子有两种类型，即同卵双生和异卵双生。

同卵双生子通常也被称做**同卵双生子**（monozygotic twins，MZ）。他们由同一个受精卵（或称合子（zygote）， monozygotic 就是由它而来）在孕期的某一时间分裂而成。没有人知道受精卵为什么会偶然分裂，但它却分裂了。因为来自同一个受精卵，同卵双生子最显著的特点在于他们的基因完全相同，就像克隆一样，他们几乎共享了 100%的基因。相反，如若不是同卵双生子，人们拥有完全相同基因的几率只有数十亿分之一。

另一种双生子的基因并不完全相同，他们只共享 50%的基因。因为由分开受精的两个卵细胞（“di” 意思是 “二”，所以，dizygotic 的意思是 “来自两个受精卵”）发育而成，所以被称为二卵双生子，或**异卵双生子**（dizygotic twins，DZ）。

双生子有两种类型：同卵双生子和异卵双生子。你能判断出这两对双生子中，哪对是同卵双生子，哪对是异卵双生子吗？你是根据什么线索来判断的？

异卵双生子可以是同性别，也可以是不同性别。而同卵双生子的性别总是相同的，因为他们来自同一个受精卵。至少从共享基因的角度来看，异卵双生子之间的相似性并不比其他兄弟姐妹之间的相似性更高。他们只是碰巧在同一时间生长在同一子宫内，并同时出生而已。在双生子中，1/3 是同卵双生，2/3 是异卵双生。

双生子研究正是利用了这一点：一些是同卵双生子，有着 100%的共享基因；而另一些是异卵双生子，只有 50%共享基因。如果在某种人格特质上，异卵双生子之间的相似性与同卵双生子之间的相似性差不多，那么就可以推论这种人格特质不具有遗传性。同卵双生子之间基因的相似性更高，但这并没有使他们在此人格特质上更相似。相反，如果在某人格特质上，同卵双生子比异卵双生子有更高的相似性，那么就支持了遗传率的解释。事实上，研究显示，在支配性、身高和指纹上，同卵双生子比异卵双生子更为相似（Plomin et al，1990），这说明遗传是导致这些个体差异的原因。例如，在支配性特征上，同卵双生子之间的相关是+.57，而异卵双生子之间的相关只有+.12（Loehlin & Nichols，1976）。在身高特征上，同卵双生子之间的相关高达+.93，而异卵双生子之间的相关只有+.48（Mittler，1971）。

可以通过几个公式来计算遗传率，但每种都存在其问题和局限性。然而，一种简单的计算方法是将同卵双生子的相关系数与异卵双生子的相关系数的差乘以 2：

$$h_2 = 2\ (r_{mz}-r_{dz})$$

在此公式中，h_2 表示遗传率，r_{mz} 指同卵双生子之间的相关系数，r_{dz} 指异卵双生子之间的相关系数。以身高为例，代入相关系数得：身高遗传率 = 2 × (.93 – .48) = .90。因此，按照这个公式，身高具有 90%的遗传性（10%是环境作用，环境作用与遗传作用之和为 100%）。这种方法的基本逻辑适用于任何类型的表现型特征：人格特质、态度、宗教信仰、性取向和药物成瘾等等。但我们必须意识到双生子研究必须满足两个重要的假设，如果其中任何一个假设不能被满足，双生子研究的结果便会受到质疑。

第一个假设是所谓的**平等环境假设**（equal environments assumption），即假设同卵双生子的环境经历并不比异卵双生子的环境经历更相似。如果同卵双生子的环境经历更相似，那么他们之间的高相似性似乎可能是由相同的环境经历而造成，而不是因为他们拥有更多相同基因。如果父母对待同卵双生子的方式比对待异卵双生子的方式更相似（例如，父母更喜欢给同卵双生子穿相同的衣服），那么同卵双生子之间的高相似性可能是因为他们被给予了更多的相同对待而造成的。

行为遗传学家们一直担心平等环境假设的效度问题，并设计了研究来对此进行检验。检验的途径之一是分析那些被误诊的同卵或异卵双生子（Scarr，1968；Scarr & Carter-Saltzman，1979）。也就是说，有些被父母认为是同卵的双生子其实是异卵双生子；而有些被认为是异卵双生子的却被证明是同卵双生子。这种错误分类令研究者有机会考察那些被认为同卵的异卵双生子实际上是否比正确分类的异卵双生子更相似。同样，研究者还能考察那些被认为异卵的同卵双生子实际上是否比正确分类的同卵双生子之间有更大差异。对这些双生子进行的大量认知和人格测验结果支持了平等环境假设，父母的判断和信念对他们在认知和人格上的相似性没有影响。这意味着，虽然双生子们被贴上同卵或异卵的标签，但同卵双生子的环境经历与异卵双生子的环境经历相比，似乎并不会导致更多的相似性。

这样的研究并不能完全排除其他可能原因所引起的混淆。譬如，还可能存在这样的情况，无论被当做哪种类型的双生子，父母都会给予同卵双生子更多相同的对待，因为他们看起来更为相似。然而，多年来的深入研究进一步支持了平等环境假设（如，Loehlin & Nichols，1976；Lytton，Martin，& Eaves，1977）。虽然同卵双生子比异卵双生子穿得更相像，待在一起的时间更长，有更多共同的朋友，但没有证据表明，这些环境上的相似性使他们的人格比以前更相似（Plomin et al.，1990）。

双生子研究的第二个潜在问题是，双生子对其所在的总体人口来说可能不具有代表性（representative）。通常，双生子倾向于提前几周出生，体重也低于非双生子（MacGillivary，Nylander，& Corney，1975）。如果双生子对总体人口不具代表性，那么从双生子研究中得出的遗传率的推广性就会受到限制。可是，大多数行为遗传学者认为，双生子对所在总体来说具有相当的代表性。克服双生子研究潜在偏差的一种方式是采用收养研究，即我们将要介绍的最后一种行为遗传学研究方法。

收养研究

收养研究（adoption studies）是可利用的、最有效的行为遗传学研究方法。通过收养研究可以考察被收养儿童与其养父母（他们之间没有共同基因）之间的相关性。如果在被收养儿童与其养父母之间发现了正相关，那么就有充足的理由说明环境对人格特质存在影响。

同样，我们也能分析被收养儿童与其生父母（对孩子的生长环境没有影响）之间的相关性。如果我们发现他们之间的相关系数为 0，则充分说明遗传对人格特质没有影响。相反，如果我们发现他们之间存在正相关，那就能提供存在遗传性的证据，因为被弃养的儿童与其生身父母之间一直没有接触。

收养研究特别有效是因为它能使我们避开双生子研究必须满足的平等环境假设。在双生子研究中，因为父母同时为儿童提供基因和环境，那么就可能给予同

表 6.1　行为遗传学研究方法总结

方　法	优　点	缺　点
选择性繁殖研究	如果选择性繁殖成功，就能够推导出遗传率。	用人类做实验有悖伦理。
家族研究	提供遗传率的评估。	违反平等环境假设。
双生子研究	对遗传率和环境解释力同时进行评估。	有时候违反平等环境假设，可能违反代表性假设。
收养研究	提供遗传率和环境解释力的评估，避开了平等环境假设问题。	被收养的儿童可能对总体人口没有代表性，存在选择性安置的问题。

卵双生子较之异卵双生子更相似的环境，所以，就必须要以平等环境假设为前提。在收养研究中，生父母对被收养儿童的成长环境没有影响，因此不会造成遗传与环境的混淆。

可是收养研究也有潜在的问题。或许，最重要的问题是代表性假设。收养研究假定，被收养儿童、其生父母和养父母对总体人口来说具有代表性。例如，研究假设收养了孩子的父母与没有收养孩子的父母之间没有差异。幸运的是，代表性假设能够被直接检验。在认知能力、人格、受教育水平甚至社会经济地位上，代表性假设已经得到了一些研究的证实（Plomin & DeFries，1985；Plomin，DeFries，& Fulker，1988）。

收养研究的另一个潜在问题是**选择性安置**（selective placement）。如果儿童被与其生父母相似的养父母收养，那么，被收养儿童与养父母之间的相关性就会被夸大。在这种情况下，被夸大的相关性使得对环境影响的估计也被人为地夸大，因为看起来这一相关是由养父母提供的收养环境直接造成的。幸运的是，似乎并不存在选择性安置，所以这个潜在问题在实际研究中并不存在（Plomin et al.，1990）。

无疑，最有效的行为遗传学研究设计是同时结合双生子研究和收养研究的长处，研究分开抚养的双生子。实际上，分开抚养的同卵双生子之间的相关能直接作为遗传率的指标。如果他们在某个人格特质上的相关是+.65，就意味着在此人格特质上个体差异的65%来自遗传。遗憾的是，出生后就被分开抚养的同卵双生子非常稀有。直到最近，一些非常勤奋的研究者才努力寻找这样的双生子来开展研究（Segal，1999）。这种努力是很有价值的，因为研究发现了很多有趣的结果——我们马上将要讨论。表 6.1 总结了行为遗传学的各种研究方法及其优点和缺点。

行为遗传学研究的主要发现

本节总结了我们已知的关于人格遗传率的知识，结果可能会让你很吃惊。

人格特质

行为遗传学最常研究的人格特质是外向性和神经质。回想一下，外向性是这样一种人格维度：处于一端的人活泼开朗、善言谈（外向）；而处在另一端的人则表现为安静和退缩（内向）。在神经质上，处于一端的人倾向于焦虑、紧张和情绪易波动；而另一端的人则倾向于镇静和情绪稳定。研究者（Henderson，1982）对 25000 多对双生子的研究文献进行了回顾，发现外向性和神经质确实具有很高的遗传性。例如，瑞典的一项对 4987 对双生子的研究发现，同卵双生子之间外向性的相关为+.51，而异卵双生子之间的相关是+.21（Floderus-Myrhed，Pedersen，& Pasmuson，1980）。运用简单的经验法则，将两种相关之差乘以 2，得到的遗传率为.60。

关于神经质的研究结果也十分相似（Floderus-Myrhed et al.，1980）。同卵双生子在神经质上的相关为+.50；而异卵双生子的相关为+.23。这意味着遗传率为.54，或者说 54%的变异来自于遗传。大量的双生子研究都得到了相似的结果，说明外向性和神经质这两种人格特质有近 50%的变异来自于遗传。

通过收养研究得到的关于这两种特质的遗传率稍低。例如，有研究者（Pedersen，1993）发现，在被收养者与其生父母之间，外向性的遗传率估计值是.40，神经质是.30；而他们与养父母的相关几乎为 0，这说明环境因素对这两种特质的直接影响甚微。但是，却有同样的研究指出了重要的环境影响因素。

个体在*活动水平*上的差异也接受了行为遗传学的分析。你也许还记得第 5 章中曾提及活动水平的个体差异，这种差异在出生后不久就出现，并且在整个儿童期保持稳定，我们能够用一种被称做活动度测量仪的机械记录设备测量这一差异。最近，一项研究评估了 300 对德国成年人中的同卵双生子和异卵双生子的活动水平（Spinath，Wolf，Angleitner，Borkenau，& Riemann，2002）。研究者用一种自动上发条的类似腕表的活动记录装置测量每一个体身体活动时所消耗的能量。人的肢体活动能够激活该装置，记录身体活动的频率和强度。结果发现活动水平的遗传率为.40，说明运动耗能的个体差异可以适当地归因于基因差异。

活动水平特质，即一个人的活力和精力的旺盛程度，表现出中等程度的遗传率。

行为遗传学研究也被广泛应用于其他的人格维度。基于来自明尼苏达双生子库的 353 对男性双胞胎的研究，研究者考察了所谓“精神病（psychopathic）”这一人格特质的遗传率（Blonigen，Carlson，Krueger，& Patrick，2003）。精神病特质包括马基雅维利主义（以操控他人为乐)、冷漠(拥有冷漠的情感类型)、冲动的反世俗性(对社会传统漠不关心)、大胆(是个冒险者，缺乏对伤害的预期焦虑)、责备外化(因为自己的问题而责备他人)和压力免疫性(在面对生活中的压力事件时缺乏焦虑感)。所有这些精神病特质均表现出中等至较高的遗传率。例如，“冷漠”的 r_{mz} 是+.34，r_{dz} 是-.16；而“大胆”的 r_{mz} 是+.54，r_{dz} 是.03。将这两种相关之差乘以 2，计算结果表明这些与精神病性有关的人格维度均具有明显的遗传率。

有趣的是，人格的遗传率并非只限于人类。在一项以黑猩猩为被试的开创性研究中，研究者(Weiss，King，& Enns，2002)以训练有素的观察者的评价为指标，考察了黑猩猩在支配性(高外向性，低神经质)与幸福感(看起来高兴、满足和快乐)上的遗传率。结果发现黑猩猩的幸福感具有中等程度的遗传率(.40)，而支配性的遗传率高达.66。这些结果说明遗传基因对人格的重要影响不仅限于人类，还可以扩展到其他的灵长类动物身上。

随着人格跨文化研究工作的开展，行为遗传学研究采用更全面的人格调查表，把研究范围扩大到了许多不同的国家。一项对 296 对日本双生子的研究揭示出 Cloninger 提出的七因素人格(包括新奇寻求、避免伤害、奖励依赖和坚韧性等)具有中等程度的遗传率(Ando，Ono，Yoshimura，Onoda，Shinohara，Kanba，& Asia，2002)。一项用观察法对德国的 168 对同卵双生子和 132 对异卵双生子进行的研究，发现“大五”人格的遗传率为.40(Borkenau，Reimann，Angleitner，& Spinath，2001)。关于“大五”人格特质的遗传率，加拿大和德国的研究报告了类似的结果，他们采用的是自我报告测量法(Jang，Livesley，Angleitner，Reimann，& Vernon，2002)。

或许，最吸引人的人格特质研究当数明尼苏达双生子研究(Bouchard & McGue，1990；Tellegen et al.，1988)。该研究涉及被分开抚养的 45 对同卵双生子和 26 对异卵双生子。被分开抚养的同卵双生子之间的相关见表 6.2。这些发现令

表6.2 分开抚养的同卵双生子之间的相关

人格特质	相关系数
幸福感(Sense of well-being)	.49
社交潜力(Social potency)	.57
成就取向(Achievement orientation)	.38
社会亲密性(Social closeness)	.15
神经质(Neuroticism)	.70
孤立感(Sense of alienation)	.59
攻击性(Aggression)	.67
抑制控制(Inhibited control)	.56
低冒险性(Low risk taking)	.45
传统主义(Traditionalism)	.59
专注或幻想(Absorption or imagination)	.74
平均相关系数	**.54**

资料来源：Bouchard & McGue，1990；Tellegen et al.，1988.

许多人震惊。例如，传统主义，即个体对已有做事方式的态度或偏好，为什么表现出如此高的遗传率？传统的观点认为，父母前后不一致的强化和不适宜的依恋教养造成了孩子的神经质。可为什么神经质的遗传率也是如此之高？这些行为遗传学的发现使一些研究者开始质疑长久以来持有的关于个体差异起源的假设——在本章后面的内容“共享环境与非共享环境的影响：一个难解之迷”中，我们将继续讨论这一问题。

综合行为遗传学对重要人格特质的研究，如外向性、随和性、尽责性、神经质、开放性，得出遗传率的估计范围为.20~.45（Bouchard，1994；Loehlin，1992）。总的来说，重要人格特质明显显示出了中等程度的遗传率，至少在研究样本中如此。然而，同样的研究也说明人格特质的变异有很大部分是环境因素造成的。

态度和偏好

稳定的态度一般被视作人格的一部分，它表现出广泛的个体差异，具有跨时间的稳定性，至少在有些时候与实际行为相关。行为遗传学家也研究了态度的遗传率。明尼苏达双生子研究的结果显示，传统主义（对保守价值的支持超过对现代价值的支持）的遗传率为 .63。一项对生活在澳大利亚的 2000 多对双生子的研究发现，在传统主义上，同卵双生子的相关系数为 .63，异卵双生子的相关系数为 .46（Martin et al.，1986），遗传率大约是.34。

近期一项对来自科罗拉多收养计划的 654 名收养和非收养儿童进行的纵向研究表明，遗传对保守态度有显著的影响（Abrahamson，Baker，& Capsi，2002）。保守态度的测查包括考察受测者是否赞同特定的词或短语，如“死刑”、“同性恋的权利”、“检察制度”、“共和党人”等。该研究表明，遗传的影响早在 12 岁时就出现了。

基因似乎还影响职业偏好。职业偏好并非一时之兴，它对个体一生的工作、财富，以及最终获得的社会地位有着极重要的影响。在一项大规模的调查中，研究者（Ellis & Bonin，2003）要求居住在加拿大和美国的 435 名被领养子女和 10880 名亲生子女从 14 个方面评价一些具有良好前景的工作，量表的评分范围从 1 到 100（1 为“完全不吸引人”，100 为“非常吸引人”）。这 14 个方面包括：高收入、竞争性、名声、受人羡慕、风险性、危险因素、控制他人、被他人畏惧、无人监督、独立性、工作安全性、团队归属、职责明确和帮助他人。然后将子女的这些职业偏好与父母的七个社会状况求相关，包括受教育水平、职位、收入等。结果发现，亲生子女中有 71%的相关达到了统计学上的显著性；而被领养子女中只有 3%的相关具有统计学意义（说明抚养环境没有产生任何效应）。研究者认为：“这项研究不仅说明基因影响到与职业相关的各种偏好，而且这些偏好也会对社会地位的获取产生影响（Ellis & Bonin，2003。p. 929）”。简言之，诸如追求竞争和财富这类职业偏好会引导个体选择可以获得更高社会地位和收入的职业。我们为之付出大部分生命的工作以及它们带来的名望和收入在一定程度上受到父母基因的影响。

阅读

性取向

性取向（sexual orientation）涉及一个人追求的性欲对象，他（她）是被同性吸引还是被异性吸引。虽然并不是所有的人格研究者都把性取向差异视为人格的一部分，但把它当做一种重要的个体差异还是合理的。性取向的个体差异似乎具有跨时间的稳定性，而且还与许多重要的生活事件相联系，如个体所属的社会群体，追求的休闲活动和接受的生活方式等。按照第1章提出的人格定义，性取向可以被明确地归于人格的范畴。

一些关于性取向的行为遗传学研究总是见于报纸的头条。同性恋是遗传的吗？心理学家迈克尔·贝利对此问题进行了广泛的研究。他和同事们对男同性恋的孪生样本和收养样本进行了研究，发现遗传率的估计值取决于不同的研究假设，其范围从.30至.70。关于女同性恋的研究结果也是类似的（Bailey et al., 1993）。

这些遗传性研究发现紧随另一个令人震惊的、曾发表于《科学》杂志的发现之后（LeVay, 1991）。脑科学家西蒙·列维发现，同性恋和异性恋的男士们在大脑的特定区域下丘脑上有所不同。下丘脑的中前区似乎在一定程度上控制着典型的男性性行为（LeVay, 1993, 1996）。列维得到了死于艾滋病的男同性恋者的大脑，他将其与死于艾滋病或其他原因的男异性恋者的大脑相比，发现前者下丘脑的中前区（这一区域被认为控制着典型的男性性行为）比后者的小2~3倍。遗憾的是，限于脑科学研究的巨大成本，这项研究的样本数量非常少。而且，没有人能够重复验证这些发现。

行为遗传学家迪安哈默公布了一些证据，证明男性性取向受到X染色体上一种基因的影响（Hamer & Copeland, 1994）。然而，这一发现需要再次验证，一些研究者已对其效度表示怀疑（如Bailey, Dunne, & Martin, 2000）。

显然，这一研究领域充满争议，研究发现引发了热烈的讨论。此外，同性恋的行为遗传学研究已经吸引了很多批评者。有的研究者从根本上对取样提出了质疑，通过男、女同性恋刊物上的广告招募的被试不具代表性（Baron, 1993）。例如，那些同为男同性恋的双生子更有可能对寻找男同性恋双生子的广告做出反应，从而夸大了对遗传率的估计。

已有研究的另一个缺陷是忽视了性取向的相关性。例如，童年期的性别不协调与成年后的性取向具有很强的相关。成年后的男同性恋者忆起童年期的自己具有女子气；而成年后的女同性恋者则忆起童年时的自己具有男子气。这种相关很强，得到了许多数据来源的支持（例如，童年期性别不协调的同伴报告）。关于童年期性别不协调的重要性，一位著名的研究者说："很难想像还有其他的个体差异能够如此可靠、如此强有力地预测个体毕生的重要社会事件，对男女两性来说都如此"（Bem, 1995, p. 323）。事实上，贝姆提出了自己的成人性取向来源的理论，认为生物因素导致了童年期的性别不协调，这种早期的不协调使儿童感到自己与其他的同性伙伴不同。因此，他们被这些与自己"不同"的人所吸引（尽管他们的性别相同）。

贝利和他的同事实施了一项迄今为止最大的成人双生子性取向的研究，试图克服这两种缺陷，即取样不具有代表性和缺乏对童年期性别不协调的考虑（Bailey et al., 2000）。被试来自澳大利亚的一个约25000对双生子的样本，其中有约1000对同卵双生子和1000对异卵双生子。他们接受调查时的平均年龄是29岁。被试需要完成一份问卷，问卷涉及童年期（12岁之前）参与的与性别角色有关的各类刻板活动和游戏。他们还需完成一份关于成人性取向与性活动的详细问卷。例如："当你开始性幻想时，你的性伙伴是男性的频率是多少？是女性的频率是多少？"

结果显示，异性取向的男性和女性的比例相同，均约为92%。然而，在性行为的分布上发现了一个有趣的性差异。与男性相比，女性更可能有轻微的同性恋倾向而非纯粹的同性恋；男性则倾向于是纯粹的异性恋，或者是纯粹的同性恋。超过 3%的男性在性吸引和性幻想方面是纯粹的同性恋，而女性只有 1%。这个发现表明，应该分开研究男性和女性的性行为和性取向，研究者应该建立不同的理论来解释男性群体与女性群体。

关于同性恋是否会在家庭内部蔓延的问题，本研究发现，男性同卵双生子之间的一致性是 20%；而女性同卵双生子的是 24%，低于先前研究得出的比例。一致性是指双胞胎中的一个是同性恋，另一个也是同性恋的概率。先前的研究发现双生子是同性恋的一致性比率一般在 40%至 50%之间。贝利认为，先前的研究过高地估计了遗传的作用，这是由在同性恋杂志上以广告的方式招募被试所致。也许两个人都是男同性恋的双生子更可能对广告招募做出反应，以至于夸大了对一致性的估计。

在贝利等人（Bailey et al., 2000）所做的研究中，被试是从更大范围的双生子中随机选择的，所以没有选择偏差。遗传对性取向的实际贡献率似乎比先前认为的要低很多。在该研究中，排除环境的影响，遗传的直接贡献率没有达到统计学上的显著性。而童年期的性别不协调则表现出了显著的遗传性，男性的遗传率为 .50，女性的遗传率为.37。这个发现支持了贝姆（Bem, 1995）的理论：成人性取向的遗传成分可能是童年期的性别不协调。也就是说，儿童表现与自身生理性别相反的行为的倾向（如，男孩喜欢洋娃娃，女孩喜欢攻击性游戏）可能具有中度的遗传性。虽然童年期性别不协调与成年后的同性恋倾向之间的相关具有统计显著性，但证据还远远不足。显然，近期的大部分研究说明，基因对成人性取向具有相对适中的、非直接的影响。

最近一项控制较好的研究发现，同性恋取向的一致性比率大约是 20%，比先前认为的要低很多。

近来的双生子研究发现了另一种现象，称为**性别认同障碍**（gender identity dis order, GID）（Coolidge, Thede & Young, 2002）。被诊断为 GID 需要同时具备两个特点：（1）强烈而持久的跨性别的认同；（2）对自己的生理性别有着长期的不适应（APA, 1994）。该研究的 314 对双胞胎中，显著的性别认同障碍者约占 2.3%。研究结果表明，在是否被诊断为 GID 上，遗传起了很大的作用——其中 62%的变异源于遗传。因此研究者认为“性别认同可能更多地是由生物因素决定的，而非选择的结果”（Coolidge et al., 2002, p. 251）。

总之，行为遗传学研究和脑科学研究的发现提出了一个有趣的问题，性取向（一种个体差异，与个体所属的社会组织、追求的休闲活动和接受的生活方式密不可分）可能具有一定程度的遗传性。然而，哪些是可遗传的，遗传如何间接影响成人的性取向，还需要进一步的研究。

然而并非所有的态度和信仰都表现出中等的遗传性。一项关于 400 对双生子的研究发现，在对上帝的信仰、宗教事务的参与性以及种族融合的态度上，实际遗传率是 0（Loehlin & Nichols, 1976）。近期一项对收养和非收养儿童的研究也证实，没有证据表明遗传会对宗教态度产生影响（Abrahamson et al., 2002）。个体态度差异的原因取决于所研究的态度。比如传统主义的遗传率范围在.30~.60，而宗教信仰则降为 0。

目前，还没有人知道为什么某些态度具有一定程度的可遗传性。是特定的基因使人更保守？还是说这些遗传性只是控制其他特征的基因的副产品？行为遗传学将来的研究或许能解开态度上的遗传率之谜。

吸烟和饮酒

吸烟和饮酒常被认为是某些人格特征的行为表现，比如感觉寻求（Zuckerman & Kuhlman，2000）、外向性（Eysenck，1981）、神经质（Eysenck，1981）等。吸烟和饮酒习惯存在很大的个体差异，虽然人们时而戒断又时而开始，但这种个体差异具有跨时间的稳定性。吸烟和饮酒习惯的个体差异也表现出一定的遗传性。一项对澳大利亚双生子的研究发现，两个同卵双生子都吸烟的概率比仅有一个吸烟的概率高大约 16 倍（Hooper，1992）；而异卵双生子的概率只有 7 倍左右，这证明吸烟和饮酒存在遗传性。对荷兰的 1300 个青少年双生子进行的研究也得出了相似的结果（Boomsma et al.，1994）。对吸烟行为不同过程的研究——开始、持续与戒断——也发现了中等的遗传性。这些研究还同时指出了环境因素的重要作用(将在接下来的章节中介绍)。

关于饮酒遗传性的研究更为复杂。一些研究发现饮酒的遗传只见于男孩不见于女孩（Hooper，1992）；另一些研究则发现遗传只见于女孩而不见于男孩（Koopmans & Boomsma，1993）。但是，大部分研究显示，饮酒行为对两性来说均具有中等的遗传率，其范围是.36~.56。就像罗斯（Rose，1995）总结的那样："成年人的饮酒模式是稳定的，遗传在其中起了很大的作用"（p. 640）。

与日常饮酒习惯相比，对酗酒的遗传学研究表明，酗酒具有更高的遗传性。实际上，几乎所有关于酗酒的行为遗传学研究都显示，酗酒的遗传率为.50 或者更高（Kendler et al.，1992）。其中一项研究发现，男性酗酒的遗传率为.71，女性为.67（Health et al.，1994）。有趣的是，同样的研究还发现酗酒和"行为异常"（反社会行为）之间具有遗传学的联系，它表明这两种基因可能同时存在于同一个体身上。

共享环境与非共享环境的影响：一个难解之谜

研究发现有如此多的人格特征具有中等程度的遗传率，但我们也不能忽视另一个重要的事实：这些研究本身也为环境影响的重要性提供了最好的证据。如果许多人格特征的遗传率在.30~.50 之间，则意味着环境对这些人格特征的最大解释力在.50 至.70 之间。但是，下这种结论时要谨慎。实际上，任何测量都有缺陷，都存在测量误差。有些人格差异可能既不是由环境造成的也不是由遗传造成的，而是由测量误差所引起的。然而，因为行为遗传学的证据指出了环境对人格影响的重要性，所以，研究者们也在考虑如何用行为遗传学的方法考察环境影响的实质。

行为遗传学家做出的一种重要区分是提出了**共享和非共享环境的影响**（shared and nonshared environmental influences）。想想同一家庭里的兄弟姐妹吧，他（她）们共享某些环境特征，如书籍的数量；家里是否有电视机、DVD 和电脑；食物的数量和质量；父母的价值观和态度；父母送孩子上学的学校，送孩子去的教堂、犹太教会堂或清真寺等。这些都是共享环境。另一方面，同一家庭的兄弟姐妹并不是共享所有的环境特征。一些孩子可能受到父母的特殊对待；可能被父母贴上不同的标签；可能有不同的朋友圈子；住在不同的房间；每个夏天，有的孩子去参加夏令营，而其他的孩子则待在家里。这些特征被称为非共享环境，因为不同的孩子体验了不同的环境。

练习

请写出五个你与兄弟姐妹分享的共享环境（如果你是独生子女，就想想假如你有兄弟姐妹，会受到什么样的共享环境的影响），然后再列出五个非共享环境的影响。在这些环境因素中，哪种因素对你的人格、态度或行为影响最大？

我们知道环境对人格有重要的影响，它解释了相当大的一部分总变异。但是，究竟哪种环境因素的影响最大，是共享环境、还是非共享环境？一些行为遗传学的研究设计让我们能够弄清楚共享环境还是非共享环境的影响大。这些设计的细节太技术化，我们无法在本书中陈述。如果你有兴趣，可以仔细阅读有关研究者（Plomin & Daniels，1978）的精彩文章以知其详。

基本情况是这样的：对大多数人格变量来说，共享环境对它们几乎没有或根本没有可辨别的影响。例如，收养研究中，被收养的兄弟姐妹之间没有共享基因，有着大部分的共享环境，但他们的人格变量之间的平均相关仅为.05。这说明，尽管这些养子女生活在一起，即他们有着同样的父母、上同样的学校、接受同样的宗教训练等等，但共享环境（如父母教养、幼儿训练、价值观教育）中发生的一切并没有导致他们人格的相似性。

反而，大多数环境作用似乎在于兄弟姐妹们经历的不同环境。因此，起作用的环境因素不是家中书籍的数量，不是父母的价值观和训练婴儿的方式。事实并非如大多数心理学家长久以来所深信的那样。对人格来说，最主要的环境因素似乎是每个儿童的独特经历。

不必惊讶于这些发现。同卵双生子，甚至那些一起成长的非孪生兄弟姐妹，他们都会努力形成自己的同一性，培养自己的技能，形成自己独特的生活方式。对于共同成长的同卵双生子，人们可能有一种既定的区分他们的兴趣，因此创造了一种强调他们之间差异的环境。关键点在于人格发展中影响极大的环境因素，而不是兄弟姐妹之间共享的环境特征。似乎兄弟姐妹间的不同环境和经历才是人格发展的关键。

哪种独特的经历才是重要的呢？这次我们似乎碰壁了。对非共享环境重要性的发现是近来的事，它从近几年开始才吸引了学术界的注意。数十年来，大多数社会化理论无一例外地聚焦在共享环境上，如父母的育婴态度。因此，心理学家对非共享环境的研究才刚刚起步。

他们的研究可能会有两种发现。一种可能性是取得重大突破——找到长期被关注共享环境的心理学家们所忽视的重要环境变量；另一种发现可能会令人不太满意。可以想像的是，有许多环境变量对人格存在影响，但每一种环境的独立影响都只能解释很小一部分变异（Willerman，1979）。如果情况是这样，我们将受困于这些较小效应的发现。

这是否意味着共享环境不起作用呢？把焦点放在共享环境的影响上，对心理学家而言是否完全是一种误导？当然不是。在某些领域，行为遗传学研究已经揭示了共享环境的重要影响，如态度、宗教信仰、政治立场、健康行为，甚至某种程度上的语言智能（Segal，1999）。例如，共同成长的养子女之间虽然没有基因联系，但他们却在抽烟和饮酒行为上有相关，男孩之间的相关是.46，女孩之间的相关是.41（Willerman，1979）。因此，尽管吸烟和饮酒在很大成分上是遗传的，但也存在着较大的共享环境的影响。

另一项新近的研究发现，共享环境解释了“适应性”领域内的许多人格特质（Loehlin，Neiderhiser，& Reiss，2003），包括反社会行为（如表现出行为问题和破坏社会规则）、抑郁症（如忧郁、离群）、自主机能（如能够照顾自己的基本需要和娱乐活动）。与使用自我报告法所得到的结果相比，一项使用观察法（通过行为录像对被试进行特质评价）对成年双生子进行的研究揭示出：共享环境在解释“大五”人格特质方面有更重要的作用（Borkenau，Reimann，Angleiter，& Spinath，2001）。如果这项研究将来能被重复验证，那么它将对现在流行的认为共享环境不会影响人格特质的观点形成挑战。

练习

讨论你能想到的、对抽烟倾向能产生影响的共享环境。也就是说，环境中的什么因素促使多数烟民开始抽烟，并保持抽烟的习惯？

总之，兄弟姐妹之间的共享环境在某些领域所起的作用是很重要的。但对许多人格特质（如外向性和神经质）而言，共享环境似乎不起作用，每一个兄弟姐妹的独特环境经历则可能产生因果效应。

基因和环境

确定基因和环境如何相互作用同确定环境和遗传对人格的影响具有同样的重要性。更为复杂的行为遗传学分析包括这样的观点，如基因型—环境的交互作用和基因型—环境的相关。下面让我们来分别进行讨论。

基因型—环境的交互作用

基因型—环境的交互作用（genotype-environment interaction）是指携带不同基因型的个体对相同的环境会有不同的反应。以内、外向为例，内向者和外向者的基因型有所不同。当房间里没有其他刺激时，内向者能很好地完成认知任务；而当环境中有干扰时，如收音机发出刺耳的响声或有人在旁边走动，内向者的表现很糟糕。相反，外向者在立体音响刺耳、电话铃声不断和有人进进出出的环境下，能表现得很好；但在刺激较少和任务单调乏味的情况下，外向者则会在认知任务上犯许多错误。

外向—内向的例子较好地体现了基因型—环境的交互作用，不同基因型的个体（内向—外向）对同一环境（如房间里的噪音）会有不同的反应，个体差异与环境的*交互作用*影响了行为表现。当你设置学习环境时，你可能需要考虑到这一点。在打开立体声音响之前，请先确定你在特质维度的连续体上，是靠近内向端还是外向端。如果你是内向者，最好在一个干扰少的、安静的环境下学习。不同基因型的个体（内向者—外向者）会对特定环境（如噪音环境）产生不同的反应，这就是基因型—环境的交互作用的涵义所在。

基因型—环境的相关

基因型—环境的相关（genotype-environment correlation）或许比基因型—环境的交互作用更有趣，它是指拥有不同基因型的个体接触到不同的环境。例如，一个孩子拥有良好语言能力的基因型。她的父母注意到这种天赋，会给她买许多书来读、和她进行各种智力讨论、让她玩词语游戏和字谜游戏等。而对那些不具有这种基因型、语言技能差的孩子，父母可能很少意识到要给孩子提供这些刺激。这就是基因型—环境相关的一个例子——拥有不同基因型（高—低语言能力）的个体会面临不同的环境（高—低刺激）。又如，与不具运动潜能的孩子相比，父母会更加督促具有运动潜能的孩子参与体育活动。

研究者（Plomin，DeFries，& Loehlin，1977）描述了三种不同种类的基因型—环境相关：被动的、反应的、主动的。**被动性基因型—环境相关**（passive genotype-environment correlation）是指，父母既给孩子提供了基因，又提供了相应环境，而孩子不做任何努力就可以获得该环境。例如，假设父母拥有语言天赋，并通过基因将这种天赋传递给子女。另外，因为语言能力较高的缘故，父母会买许多书放在家中。因此，孩子的语言能力（基因型）和家里的书籍数量（环境）之间便有了相关。但是，对于书的存在孩子并未做任何事情，这是一种被动关联。

与之形成鲜明对比的是**反应性基因型—环境相关**（reactive genotype-environment correlation），它是指父母（或其他人）会根据孩子的基因型分别做出不同的反应。一个贴切的例子是喜欢拥抱和不喜欢拥抱的孩子。有些孩子喜欢被抚摸，

关于人格的起源问题，现在关于天性和教养的观点之争更为复杂。其中一种观点认为基因和环境的交互作用决定了人格。

当被抚摸时，他们会哈哈地微笑或大笑，表现得很愉快。而另一些孩子很孤僻、很冷淡，不喜欢被抚摸。假设母亲开始时会对两个孩子都做出较多的抚摸和拥抱，而一个孩子喜欢这样，另一个讨厌这样。这样几个月后，母亲会给予喜欢拥抱的孩子更多拥抱和爱抚，而不再拥抱不喜欢拥抱的孩子。这个例子说明了反应性基因型—环境的相关是如何的：人们根据孩子的遗传天性（如喜欢被拥抱）采取不同的反应方式。

主动性基因型—环境相关（active genotype-environment correlation）是指拥有某种基因型的人主动去创造或寻求某种环境。如高感觉寻求者将自我暴露于危险的环境中，例如跳伞、摩托越野赛、吸毒等。才智高的人喜欢参加演讲、读书、热衷于和他人辩论。这种主动创造环境和选择环境的行为被称为“选窝”（niche picking，寻找与自己基因型相符合的环境的倾向——译者注）（Scarr & McCartney，1983）。主动性基因型—环境的相关强调，我们不是环境的被动接受者，而是去塑造、创造和选择我们所处的环境，其中的某些行为与基因型有关。

基因型—环境的相关可以是积极的也可以是消极的。即环境既能促进、也能阻止基因的表达。例如，活动性强的孩子的父母会试图让孩子安静地坐着、保持平静；活动性弱的孩子的父母总想让孩子振作、充满活力。在这种情况下会产生负相关，因为父母的行为与孩子的特质刚好相反（Buss，1981）。另一个负相关的例子是，支配性水平极高的人容易引发他人的消极反应，试图对其进行“约束”（Cattell，1973）。关键在于，环境既能抑制个体的基因型，导致基因型—环境的负相关，也能够促进个体的基因型，产生基因型—环境的正相关。

近来，有人研究了180对分开抚养的双生子，发现了一种很有趣的基因型—环境相关（Krueger，Markon，& Bouchard，2003）。研究运用多维人格问卷（Mutlidimensional Personality Questionnaire，MPQ）评估人格特质，得到了三种主要的人格因子：积极情绪（幸福、满足）、消极情绪（焦虑、紧张）、约束性（抑制、尽责）。然后评价每个被试对自己所成长的家庭环境的感知，得到两个主要因子：家庭内聚力（如父母亲切，没有家庭冲突）和家庭地位（如父母提供的智力和文化培养、积极的娱乐活动、经济资源）。结果发现，人格和家庭环境感知之间的相关受到遗传的调节。也就是说，被试对自己成长的家庭环境的感知，很大程度上取决于遗传的人格特质。具体来说，感知到家庭有内聚力的被试没有受到约束性和消极情绪这两种遗传性人格特质的影响。相反，他们知觉到家庭环境在文化、智力和经济地位上占优势主要是因为积极情绪这一遗传性人格特质的作用。

这些结果可能有多种解释。一种解释是，人格影响了个体对其早期环境的主观感受。或许安静、约束性的个体更易于忘记童年时期发生的真实家庭冲突，所以回忆出的家庭内聚力比实际存在的要强。另外，可以用基因型—环境相关来解释：安静、约束性的个体（高约束性，低消极情绪）实际上促进了家庭成员的内聚力；反过来，他们创造出的有内聚力的家庭环境又进一步培养了其安静、约束性的人格特质。未来关于人格、父母的养育和家庭环境感知的研究能为我们提供希望，揭示出基因和环境之间微妙而复杂的相关性和交互作用（Spinath & O'Connor，2003）。

基因型—环境的交互作用和基因型—环境的相关是非常有趣的，它们为人格的功能性提供了更加复杂的构想。来自行为遗传学的研究已经清楚表明基因遗传和共享环境、非共享环境均会对人格产生影响。令人振奋的是，在接下来的几十年里，如果我们按照这个思路继续研究，一定能够揭示出这些交互作用和相关的真正本质。

分子遗传学

近年来，行为遗传学的发展已经进入到了**分子遗传学**（molecular genetics）的领域。采用分子遗传学的方法是为了确定与人格特质相关的特定基因，这些方法在细节上有较高的技术要求。采用最多的是关联研究法（association），即确定拥有某种特定基因（或等位基因）的个体与不具有该基因的个体相比，是否在某种人格特质上的得分更高或更低。近来研究者才开始用这些方法研究人格特质，第一篇这方面的文章发表于 1996 年（Benjamin et al.，1996；Ebstein et al.，1996）。

被研究最多的基因是位于 11 号染色体短臂上的 **D4DR**。这种蛋白基因编码被称为多巴胺受体。正如你所猜测的，其功能是对多巴胺（一种神经递质）做出反应。当多巴胺受体遇到来自大脑中其他神经元的多巴胺时，它就会释放电信号，激活其他神经元。

最常受到考察的与 D4DR 基因相关的人格特质是新奇寻求，它表现为寻求一种新奇体验的倾向，特别是那些相当危险的体验，如吸毒、冒险的性活动、赌博和飚车（Zuckerman & Kuhlman，2000）。在新奇寻求的得分上，携带长的 D4DR 基因复制体的个体比携带短 D4DR 基因复制体的个体要高（Benjamin et al.，1996）。研究者推测，这是因为携带长 D4DR 基因复制体的个体对多巴胺不敏感，所以，他们才去寻求新奇体验，从而使“多巴胺飙高”。反之，携带短 D4DR 基因复制体的个体对大脑内任何类型的多巴胺均敏感，所以他们不需要寻求新奇体验，避免使多巴胺升高到让他们感到不舒服的水平。

尽管 D4DR 与新奇寻求之间的关联已得到多次重复验证，但也有一些实验结果与该结论不一致（Plomin & Crabbe，2001）。例如，最近的一项研究发现，新奇寻求和 D4DR 之间没有任何关联（Burt，McGue，Iacono，Comings，& MacMurray，

2002)。另一项对学龄前儿童的研究发现，D4DR 与母亲报告的儿童的攻击行为相关，但与观察到的攻击行为之间的相关不显著（Schmidt，Fox，Rubin，Hu，& Hamer，2002）。还有研究发现，高新奇寻求与另一种基因（D2DR）的不同等位基因（A1）相关（Berman，Ozkaragoz，Young，& Nobel，2002）。

问题在于上述这些研究得出的关联都很小。最早的研究者（Benjamin et al.，1996）估计 D4DR 只能解释新奇寻求变异的 4%，并推测可能还有另外 10 个基因（还未发现）在解释新奇寻求时与 D4DR 同等重要。另外有研究者（Ridley，1999）认为，有 500 个左右的基因与人格的其他方面有关。因此，可能的情况是，没有任何一种基因能单独地解释人格变异中哪怕是一个较小的比例。

虽然通过分子遗传学方法得到的研究结果令人振奋，但对这些结果的解释需持谨慎态度。例如，有几项研究均发现某些人格特质（如焦虑和注意缺失障碍）与某种特定基因有关联，但后来的研究却没能重复验证这些发现（Plomin & Crabbe，2000）。但是，随后数十年的研究应该能确定已发现的基因和人格特质之间的关联程度。最初对研究新奇寻求与 D4DR 之间关联的热情，因为不能重复验证已经减退，但对攻击、羞怯和神经质的严格的分子遗传学研究又开始火热起来，并且展现出了蓬勃发展的前景（Plomin，2002；Benjamin，Ebstein，& Belmaker，in press）。例如，研究发现神经质与血清素系统中的基因相关联。血清素中的神经递质与心情、情绪、睡眠和食欲等多个方面有关联（Jang，Hu，Livesley，Angleitner，Reimann，Ando，Ono，Vernon，& Hamer，2001；Lesch，in press）。

至此，我们已经阐述了人格的行为遗传学研究中的一些基本概念和研究发现。接下来，我们有必要从科学、政治和价值观的角度，对这些研究结果予以回顾和审视。

行为遗传学、科学、政治和价值观

行为遗传学研究的历史是有趣的、曲折的，也是很有价值的（见 Plomin et al.，1990，对历史的很好的总结）。过去的一个世纪里，行为遗传学在美国的遭遇可以用“冷遇”一词来形容。一些关于人格特质具有中度遗传率的研究发现，似乎与占统治地位的研究范式——环境主义（尤其是行为主义）相悖。盛行的**环境主义观**（environmentalist view）认为，人格是由社会经验决定的，如父母的教养方式和其他社会事件。而且，人们担心行为遗传学的研究结论可能会被误用，想想纳粹鼓吹的优良种族的罪恶观点吧。所谓“种族清洗”的观念，有着浓烈的遗传学色彩。

在人格遗传学研究中，很大一部分争论是围绕着智力进行的。智力通常被认为是一种人格变量。许多人担心，行为遗传学的研究结论将被错误地给人们贴上某种标签，认为一些人天生比别人聪明或愚蠢（参阅 Herrnstein & Murray，1994）。另一些人担心研究结论会使某些人在教育和工作安置上获得优先待遇。还有人担心，标准的智力测验没有涵盖智力的多样性，如社会智力、情绪智力和创造力等。所有这些担心都是合情合理的。担心者建议，研究者必须基于人类的自然性和社会性谨慎对待行为遗传学的研究结果，做出负责任的解释。

在过去的几十年里，心理学界的态度已有所转变，行为遗传学的研究发现日益成为了主流。行为遗传学的研究不再像前几十年那样引起激烈的争论，但最近一项关于性取向的遗传研究引发了一些媒体的争议。例如，同性恋不像先前认为的那样在很大程度上取决于遗传，而是更多地取决于环境和学习。因此，有些群体提出，同性恋可以被消除或“治愈”。

科学与政治以及知识与价值观之间的联系是复杂的，但我们必须面对。因为科学研究可能因政治原因而被误用，所以科学家负有仔细而准确公布研究结果的重大责任。有人说，科学和价值观不可分离，甚至认为科学本身就是用来压迫某些人的政治工具。在科学与价值观的复杂关系上，或许没有哪门分支学科像行为遗传学这样，两者之间的联系如此密切。

事实上，科学能够与价值观分开。科学是为发现客观存在而建立的一系列方法，价值观则是人们*希望*存在的观念——是想要的或追求的。虽然科学家会因自身的价值观而带有某种偏见，但科学方法的优点在于其自我修正性。方法是公开的，所以其他科学家也能够检验研究发现，找出研究过程中的错误。因此，随着时间的推移，悄悄混进科学中的偏见会得以矫正。当然，这并不意味着科学家就没有偏见。事实上，在科学发展的历史中，有许多这样的事件：价值观影响了对问题本质的陈述，以及对某些发现和理论的接受与拒绝。然而，无论如何，从长远来看，科学将会提供矫正这些偏见的方法。

总结与评论

在 20 世纪，人格的行为遗传学研究有一段光辉的历史。在早期，行为遗传学方法尚处在发展之中，心理学领域被行为主义范式所主导。这种形势下，行为遗传学研究的成果并不受人青睐。同时，社会科学家担心，行为遗传学的研究成果可能会因意识形态的原因而被误用。

在过去的 20 年里，关于遗传率的实证证据越来越有说服力，部分原因在于各种行为遗传学方法所得到的结果具有汇聚性。行为遗传学的方法主要有四种：选择性繁殖、家族研究、双生子研究和收养研究。因为伦理问题，选择性繁殖不能用来研究人类；家族研究常常因难以将遗传和环境的作用分开而让人质疑；双生子研究存在潜在的问题，例如违背了平等环境假设（同卵双生子并不比异卵双生子受到更多相同对待）和代表性假设（双生子和非双生子一样）；收养研究也有问题，例如没有把收养儿童随机分配到收养家庭，而且和双生子研究一样，它也违背了代表性假设（认为收养儿童和非收养儿童在所有主要方面都一样）。对假设进行实证检验后发现，这些方法没有过多地违反假设，或者违反假设的程度似乎不足以对结果造成很大的影响。然而，对人格遗传率研究来说，最有力的证据来自于这些方法的交叉应用，各种方法都有自己的一套方法论。因此，如果双生子研究和收养研究得到了相同的结论，那么就比单独使用任何一种方法而得到的结论更有说服力。

一起抚养的双生子大样本研究，分开抚养的同卵双生子小样本研究，再加上精巧的收养研究，已经大大提高了行为遗传学研究的可信度。实证研究的结果清楚表明，人格变量，如外向性和神经质，以及“大五”人格的其他方面都具有中等的遗传率。或许，更令人惊讶的研究发现是，饮酒、吸烟、态度、职业偏好，甚至性取向似乎也具有中等的遗传性。然而，同样重要的是，这些研究也为环境对人格的影响提供了最好的依据。总的说来，人格特质的30%~50%受遗传影响，50%~70%受环境影响。

最有趣的可能是，环境因素中的非共享变量最重要。非共享变量指的是虽然兄弟姐妹生长在同样的家庭，但却有着不同的经历。这个发现令人震惊，因为几乎所有的环境影响理论（如重视父母的价值观和教养方式）均是共享变量论。因此，行为遗传学研究可能提供了一个洞悉教养本质的非常重要的视角——即确定对人格影响最大的环境因素。接下来的十年，人格研究将见证在确定这些非共享环境影响上所取得的进步。研究中很重要的一点是将感知到的环境从客观的环境中分离出来。

在解释研究结果时，牢记遗传率和环境解释力的概念是很重要的。遗传率是指，在特定的人口总体或样本中，能够观察到的差异中由遗传所导致的差异的比例。遗传率不属于单一个体。因为在个体水平上，基因和环境的影响交织在一起，难以分开。遗传率并不意味着环境对引起个体差异毫无作用。另外，遗传率不是固定不变的统计指标，它的高低可因群体而异，也会随时间而变化。环境解释力是指可观察到的差异中，由环境所导致的差异的比例。同遗传率一样，环境解释力也不是一个固定的统计指标，它也可以随时间或情境而改变。例如，原则上，一个作用很强的环境干预能极大地增加环境解释力，降低遗传率。关键的一点是，遗传率和环境解释力在不同的时间和情境中都不是固定不变的。

除了估算遗传率和环境解释力外，一些行为遗传学研究还考察了遗传和环境变量之间的交互作用和相关。基因型—环境的相关主要有三种：被动性、反应性和主动性。当父母既提供基因型，又提供恰好与之相关的环境时，被动性相关就发生了。例如，父母把语言能力的基因传递给孩子，并在家里堆满书籍。书和语言能力产生了相关，但是是以一种被动的方式相关。因为孩子并没有为相关的发生做什么。当父母、老师或其他人对一些孩子的反应与对另一些孩子的反应不同时，反应性基因型—环境相关就发生了。与不爱笑的婴儿相比，父母总会更多地逗弄爱笑的婴儿，在微笑的基因型和爱抚的社会环境之间创造了一种相关。这种相关是因为父母对婴儿的反应不同而产生的。主动性基因型—环境的相关是因为带有某种基因型的个体自主寻求环境。例如，外向者会热衷于各种聚会，将自己更多地置身于与独居的内向者不同的社会环境中。这种相关是个体主动创造的。

这些更为复杂和有趣的行为遗传学概念，如基因型—环境的相关，一直以来都很少引起研究者的关注，但最近的一项有趣的发现可能是个例外。那些消极情绪低、约束性高的个体更容易将早期的家庭环境回忆为高度内聚型。对于这一点，基因型—环境相关的一种解释是：安静、非神经质的个体可能实际上增强了家庭环境的静谧和内聚，而这种生长环境又进一步培养了他们安静和控制性的人格特征。现在已经确定了遗传率和环境解释力的基本估计值，下一轮的研究应该致力于揭示导致个体人格差异的更复杂的原因。

分子遗传学代表了人格心理学领域内的最新进展。此项研究技术的目的是确定特定基因与人格特质得分之间的关联。可是，最初的关于 D4DR 基因与新奇寻求之间关联的发现，还没有得到重复实验的成功验证。最近的工作更多地集中于考察神经质的潜在基因上，具体说就是包含在复合胺系统中的基因。

关键术语

基因组
基因垃圾
优生学
变异率
遗传率
表现型变异
基因型变异
环境解释率
天性与教养之争
选择性繁殖
家族研究
双生子研究
同卵双生子
异卵双生子
平等环境假设
收养研究
选择性安置
性别认同障碍
共享环境影响
非共享环境影响
基因型—环境的交互作用
基因型—环境的相关
被动性基因型—环境相关
反应性基因型—环境相关
主动性基因型—环境相关
分子遗传学
D4DR 基因
环境主义观

7 人格的生理学取向

生物学领域

埃利奥特是一位成功的商人，一位令人骄傲的父亲，一个好丈夫。在公司，他是年轻同事的楷模；私下里，他是一个迷人的、友善的人；他的社交能力很强，时常被请去解决工作上的争端；他受人尊敬；他在社区中的地位，他那令人满意的个人生活和成功的职业地位全都令人羡慕。

有一天埃利奥特突然开始出现严重的头痛。几天后，他去看医生，被怀疑患上了脑肿瘤。怀疑很快被证实了，的确有个正在生长的小肿瘤，但位置不在大脑，而是附着于脑部组织的内膜上。恰好定位在眼睛上方、前额后面。肿瘤已经压迫了他的脑组织，损坏了前脑组织的一小部分和部分前额叶皮质，所以必须尽早动手术将其切除。

手术很成功，埃利奥特术后康复得也很快，没留下明显的后遗症，至少在做常规检查时如此。术后埃利奥特接受了智力测验，发现他的智商和术前一样超常。他的记忆完好无损；使用和理解语言的能力、算数技能、记忆单词表、视觉、判断和阅读地图的能力均未受到手术的影响。埃利奥特所有的认知功能均保持正常或高于正常水平，似乎没有受到切除一小部分前额叶皮质的任何影响。

可是，埃利奥特的家人抱怨说他的性格变了。在工作中的表现也和以前不同了，他似乎没有了时间观念，早晨起床都要妻子多次催促。不能完成工作任务，如果工作受到干扰而中断，他便无法从中断处接着开始。他时常被工作的某部分所吸引而数小时“不务正业”。例如，装运图书一般需要 15 分钟，而他常常停下来拿起其中的一本来读，几个小时后才重新工作。他知道自己的工作是什么，但却不能按顺序完成。

埃利奥特不久就失业了。他尝试了各种不同的职业，最终拿出全部积蓄开办了一个投资管理公司。他不顾许多朋友和家人的反对，与一个名声不好的人合作。结果，生意失败，他所有的积蓄都打了水漂。在妻子和孩子们看来，他的行为完全是冲动性的，他们对他已经无能为力。随后埃利奥特离婚了，但很快又再婚，他的家人和朋友都不赞同他娶这个女人。所以不久第二次婚姻又以离婚而告终。没有了经济来源，也没有了家庭的支持，埃利奥特成了一个流浪汉。

埃利奥特的遭遇引起了爱荷华大学一位神经学家达马西奥的注意，他后来以埃利奥特的事例为原型写了一本书（Damasio，1994）。达马西奥分析，被脑瘤破坏的那一小部分脑皮质实际上起着把情绪信息传递到大脑高级推理中心的作用。埃利奥特自己说，他能感觉到的仅有的改变是：手术后，他再也没有强烈的情绪波动，或者说，没有什么事情能让他情绪波动。

埃利奥特的案例提示我们，人的身心是紧密相连的。事实上，手术后，埃利奥特身上发生的最大改变是人格的变化，而不是记忆、推理或知识。

许多研究显示，创伤性脑损伤能够引起人格的巨大变化（Tate，2003）。通常的一种变化是削弱了个体抑制和控制冲动的能力。这一点在出生时就遭受脑创伤的儿童（Christ，White，Brunstrom，& Abrams，2003）、脑外伤的成人（Kim，2002）以及因中风使脑部受伤的老人（Freshwater & Golden，2002）身上均可以观察到。这种冲动性的增强和自我控制的缺乏很可能是具有执行控制功能的额叶与其他脑区的联系被切断的缘故。因而，严重脑损伤者虽然保持了大部分的认知能力，但却丧失了某种程度的自我控制（Lowenstein，2002）。脑外伤后出现人格改变的人，时常出现自发的情感爆发、突然的情绪改变、间歇的攻击行为，从而导致家庭破裂。事实上，上面列举的这些症状是对最著名的脑损伤病人——盖奇的人格描述。19世纪初，盖奇在修筑铁路时，一根铁钎子刺穿了他的头颅（见阅读）。

人格是生理过程的产物这一观念由来已久。公元170年，古罗马医生盖伦在古希腊医生希波克拉底思想的基础上，著书阐述了人格或性格受生理因素影响的观点。盖伦宣称决定人格的是四种体液的数量：粘液使人消极、安静和多虑（粘液质）；血液使人快乐、开朗和活泼（多血质）；黄胆汁使人易变、好争斗和易激动（胆汁质）；黑胆汁使人不快、悲观和忧郁（抑郁质）。盖伦写道："抑郁质……表现出害怕和压抑，对生活不满，憎恨所有人。主要是担心死亡……黑色液体（胆汁）……产生恐惧……人们都称此为折磨……用抑郁质概括这种性格，黑色液体是罪魁祸首"（来自 Siegel，1973，p195）。人格的**体液说**（bodily-fluid theory）流行了很多世纪，对哲学家（如康德）和早期的心理学家（如冯特）都产生了影响。虽然今天的生理学和医学已经摒弃了盖伦的理论，但因其最早从生物学视角来解释人格，还是值得一提的（Stelmack & Stalkas，1991）。生理学取向的研究假设是：心理特征，如友好和体贴，取决于内在的生理系统。

生理学取向的一个研究优势是可以对生理特征进行可靠的机械测量。生理特征是指机体内各种器官系统的功能。**生理系统**（physiological systems）有神经系统

阅读

盖奇的脑损伤

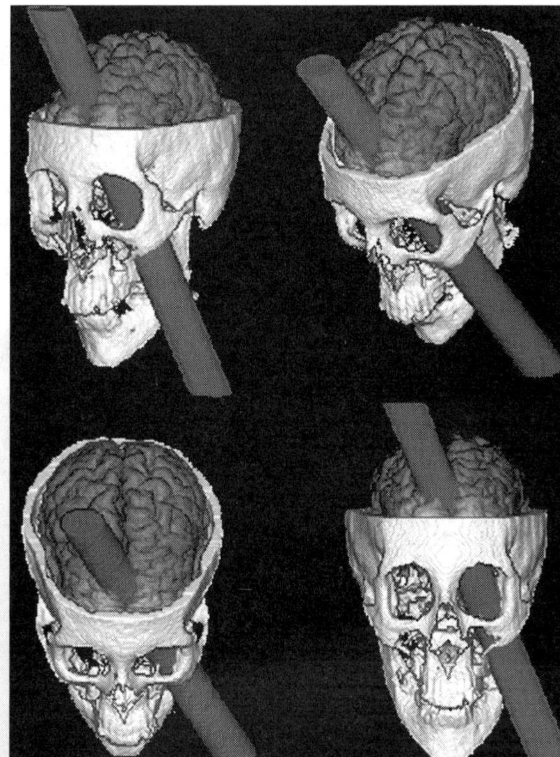
铁钎子贯穿盖奇头颅时的路径模拟。

盖奇是19世纪的一位铁路工人，他是某一建筑队的工头，负责佛蒙特州拉特兰至柏林顿这段铁路的修建工作。他的工作需要用炸药将大岩石炸碎。一天，他在一次严重的事故中受伤。事故发生之前，他工作勤奋、为人随和、有责任感，被雇主们视作能力最强、效率最高的工头之一。1848年9月13日，在他用铁钎子向岩石炮眼中填塞火药时，火药突然爆炸。炸飞的铁钎子就像一颗子弹一样击中了他。盖奇痛苦地蜷缩在工地上。铁钎子重14磅、长3英尺7英寸、直径1.25英寸，呈锥形。沉重的铁钎子自岩石洞中崩出，从盖奇左脸颊骨正下方钻入，穿过左眼后方，从颅顶穿出，落在约75英尺远处。盖奇被击倒在地，但并没有丧失意识。铁钎子损伤了盖奇脑前部的大部分区域，但他奇迹般地活了下来。经过10个星期的治疗，盖奇回到了新罕布什尔州的家里。更令人吃惊的是，他大部分的智力完好无损，但人格却明显地改变了。他的医生约翰·哈洛对"新"盖奇的描述是："倔强固执、变化无常、犹豫不决。刚刚为未来制订了很多计划，却马上又放弃。孩童般天真，一个充满热情的人。"(Carter，1999) 他缺乏自我指导能力，不能将计划付诸行动以达成目标，冲动且具有攻击性。他开始使用污言秽语，不遵从社会风俗，对周围的人也不友好。人们告诫女性要躲着他。他再也不能当工头了，只能干些农活，干得最多的是喂马和打扫马厩。盖奇死于1860年5月21日，距离那次毁灭性的事故约12年。现在他的颅骨和那根铁钎子一起被陈列在哈佛大学医学图书馆中。可参阅麦克米伦(Macmillan，2000) 对该著名案例的新评论。

(包括脑和神经)、心血管系统（心脏、动脉、静脉)、骨骼肌肉系统（包括肌肉和骨骼等，使各种运动和行为成为可能）等。关于这些生理系统的重要性，你可以想像一下，如果切除其中任何一个将会是什么后果。没有大脑，人就不能思考和对环境做反应；没有肌肉骨骼系统，人就不能运动和改造环境；没有心血管系统，后果就更加明显了。所有的生理系统对维持生命都很重要，对它们的研究导致了医学、解剖学和生理学的产生。

从人格心理学的角度来说，生理十分重要：生理上的差异可以产生或解释心理机能的差异。例如，人们的神经系统对刺激的敏感性不同。置身于高噪音环境中，有人相当烦躁，有人却不会有半点不适。特别敏感的人可能更喜欢安静的环境（如图书馆），避免拥挤（如不去参加热闹的聚会），控制环境中刺激的数量（从不听摇滚音乐）。生理学取向的人格心理学家会说这个人是内向的（一种心理学特征），因为他（她）有极度敏感的神经系统（一种生理学特征）。因此，生理学取向假设：生理特征的差异与重要的人格特征差异和行为模式差异相关。本章将讨论几种生理—人格的相关关系。

人格的生理学取向的另一个特征简单明了，或者说相当简约。生理学理论通常用几个概念来解释许多行为。这些理论通常做出如下的简单表述：生理差异造成了某种人格或重要行为模式的不同。例如，为什么有些人喜欢跳伞、赛车和其他的高风险运动呢？一种生理学理论的解释是，这些人的神经系统中缺乏某种化学物质。尽管这些理论有着明显的简约性，但人类本性实际上更为复杂。例如，两个人的感觉寻求得分都很高，但其中一个人以社会认可的方式满足这种需要（如做一个急救医生）；而另一个人却热衷于社会所不能接受的行为方式（如从事许多非法行为来获得刺激，像赌博、吸毒等）。大多数生理学取向的心理学家都不同意“生理是惟一因素”的观点，而是认为：在解释行为的原因时，生理只是其中一种原因而已。

在第 1 章中，你已经了解到奥尔波特写了第一本关于人格的教科书（1937年）。在书中奥尔波特指出：“（人格的）组织有赖于身心两方面的活动，二者密不可分，形成人的统一体。”（p. 48）因为人格由身心两个方面组成，所以对人格的研究也可从这两个视角展开。在本章，我们将集中介绍几个有助于理解人格的生理系统。

谢尔顿的人格生理学研究

人格生理学研究的早期倡导者谢尔顿（William Sheldon）认为体型决定人格（Sheldon & Stevens，1940，1942）。在 20 世纪 30~40 年代，进入常春藤盟校（Ivy League）的男、女学生们被要求拍摄裸照，以作为他们卫生、体型和教育课程的一部分。通过这些照片和后来拍摄的照片，结合访谈，谢尔顿建立了体型和人格关系的理论。他认为有三种重要的体形：瘦削型（**外胚叶体型** ectomorph）、肌肉型（**中胚叶体型** mesomorph）和脂肪型（**内胚叶体型** endomorph）。他还提出了三个重要的人格维度：沉思—内向型、自信—果敢型和交际—爱好玩乐型。在研究中谢尔顿发现，外胚叶体型者倾向于沉思—内向，中胚叶体型者倾向于自信—果敢，内胚叶体型者倾向于交际—爱好玩乐。

谢尔顿的研究存在的最大问题在于，他既是体型评价者，又是人格评价者。换句话说，他在对一个因素进行评价时（如人格），没有对另一个因素（体型）实行**盲评**（blind ratings）。体型的评价者应该不知道人格评价的情况。像谢尔顿那样做，就可能因为研究者的偏见和预期而影响结果。在一项控制较好的研究设计中，一个人评估体型，另一个不知道体型评价结果的人评估人格，并没有得到支持谢尔顿结论的结果（Eysenck，1970）。

一些研究者发现体型有时与职业选择有关。例如，一般来说，与典型的正常男性相比，男性警察可能属于肌肉型。我们还注意到一个有趣的现象，罪犯的胸肌往往也比正常男性的更为发达（Eysenck & Gudjonsson，1989）。

练习

依你所见，为什么个体的体型与其从事的某些职业相关呢？能说肌肉型的人更喜欢体力活和劳神费力的生活方式吗？你能想出还有哪些其他职业可能要求从业者具备特定的身体特征吗？从业者会主动寻求与其体型相匹配的职业并从中获得满足么？是否存在依据体型的职业选择（第 1 章讨论过）？你能举例说明依据体型选择职业的原理吗？

如今，大多数生理取向的人格心理学家不再关心整体变量，如体型等。他们往往测量性质不同的生理系统指标，如心率或脑电波。当代人格心理学家研究的典型问题是：在特定条件下，一些人是否比另一些人表现出更多或更少的生理反应？例如，与不羞怯的人相比，当被要求当众完成较困难的任务时，羞怯的人是否会表现出更高水平的焦虑，心率水平是否会更高？注意，这个问题包括：在特定条件下（观众），特定人格特征（羞怯）产生特定的心理反应（焦虑），这种反应会表现在特定的生理指标上（心率）。这些联系如图 7.1 所示。

特别需要指出的是，人格心理学家正在讨论生理机能的方式——何种特质在何种条件下与何种心理反应相联系，或说是对何种刺激做出何种反应。为了使生理学概念能帮助我们理解人格，研究者必须在感兴趣的人格维度和生理变量之间搭建一座**理论桥梁**（theoretical bridge）（Levenson，1983）。现在让我们简要地回顾一些生理变量，看看在人格研究中是如何测量它们的。

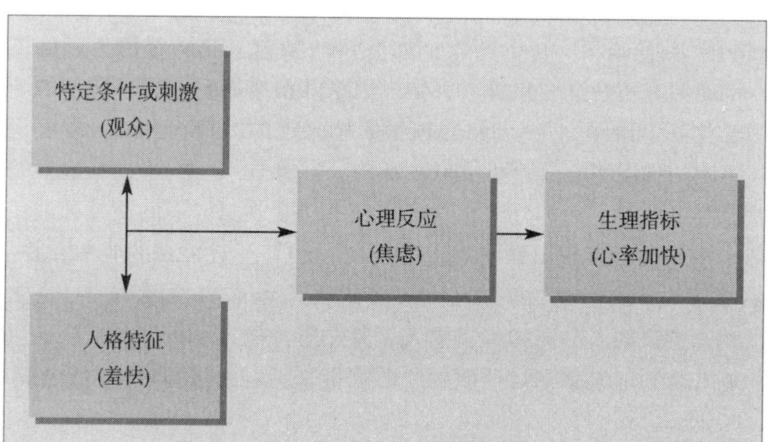

图 7.1
在人格与由特定环境唤醒的用特定生理指标测量的心理反应之间搭建一座理论桥梁。理论详细说明了哪种条件或刺激能与人格特质相互作用产生特定反应，并且能通过生理方法考察。

人格研究中常用的生理测量法

大部分人格研究中常用的生理测量是通过在被试皮肤表面放置**电极**（electrodes）或传感器来进行的。这些电极不会刺穿皮肤置入体内，不会给被试带来任何不适。但有一个缺点是被试被固定在记录仪（常用的一种是测谎仪）上，其活动会受到限制。然而，新一代的电极使用**遥控测量**（telemetry）克服了这个限制，遥控测量技术是指采用无线波的方式而不是有线的方式将电信号从被试身上传到记录仪上。这种方法已经被用在了航天员身上，以便航天员在太空时的生理系统能被远在地球上的研究者所监控。人格心理学家最感兴趣的三种生理测量是：皮肤电活动（皮肤电传导）、心血管活动和大脑活动。其他的测量，如血液中的荷尔蒙量，也很有趣。下面我们将分别讨论。

皮肤电活动（皮肤电传导）

手掌和脚底的皮肤上集中了大量的汗腺，它们直接受交感神经系统支配。交感神经系统是**自主神经系统**（autonomic nervous system）的一部分，其作用是为身体活动做准备，即"对抗或逃避"（fight-or-flight）机制。当交感神经系统兴奋时（如焦虑、惊恐、愤怒等状况），汗腺开始充满汗液。如果兴奋的强度足够大或持续时间足够长，汗液便溢出手掌，使人手心汗渍连连。有趣的是，所有哺乳动物的手掌或爪的表面也同样是汗腺的集中之处。

即使汗液还没有分泌出来，也可通过一种由几个电极组成的设备探测，因为水（即汗液）可以导电。皮肤上的水分越多，皮肤就越容易携带电或导电。这种生物电的作用过程被称之为**皮肤电活动**（electrodermal activity）或**皮肤电传导**（skin conductance），这可以使研究者得以直接测量交感神经系统的活动。

在测皮肤电活动时，把两个电极放在一个手掌中，让电压非常低的电流穿过其中一个电极传导到皮肤内，测量另一个电极上的电流量。两个电极的电流差可以向研究者表明皮肤导电的情况。交感神经越兴奋，汗腺分泌的汗液越多，皮肤的导电性就越好。由于电流很小，所以被测者根本感觉不到。

各种类型的刺激均可诱发皮肤电反应，如突然的噪声、充满感情色彩的图片、条件刺激、心理努力、疼痛、焦虑、害怕、内疚等情绪性反应（在所谓的测谎测验中就使用了皮肤电传导）。令人格心理学家感兴趣的一种现象是，有些人在没有任何外部刺激的情况下也会产生皮肤电反应。想像让一个人坐在静谧昏暗的房间里，告诉他尽量放松，大部分人在这种情况下会表现出较弱的交感神经系统的活动；但是有些人也会表现出自发的皮电反应，尽管没有客观的刺激存在。无疑，与非特异性皮电反应相关最稳定的人格特质是焦虑和神经质（Cruz & Larsen，1994）。焦虑感强的人和高神经质的人，其交感神经系统可以长期处于兴奋状态。这仅仅是人格心理学家如何使用皮肤电测量来确定人格的个体差异的一个例子。

心血管系统的活动

心血管系统由心脏及与其相连的血管组成，测量心血管系统活动的生理指标包括血压和心率。血压是血液在血管内流动时对动脉管壁产生的压力，常用两个数值来表示：舒张压和收缩压。收缩压是指当心肌收缩时，心血管系统产生的最大压力，数值较大；舒张压是心肌两次收缩之间系统放松时的压力，数值较小。许多情况都能导致血压升高，例如，当心脏加大了收缩力度、输出的血量增加或者血液通过狭窄的动脉管时，血压就会升高。这些情况发生在交感神经系统的兴奋引起的对抗或逃避反应中。尽管血压对许多条件都很敏感，但是人格研究者对压力引起的血压改变尤其感兴趣。

另一个易于测量的心血管指标是心率，即心脏每分钟搏动的次数（beats-per-minute，BPM）。心率不断变化，所以准确的测量需要较为复杂的技术。方法之一是测量相邻两次搏动之间的时间间隔。如果间隔为 1 秒，那么心率就是 60 BMP。如果间隔时间变短，心脏搏动就快；反之，如果间隔时间变长，心脏搏动就慢。通过测量连续心跳之间的间隔，心理学家能够得到心率的读数。心率很重要，因为当它增加时，说明人的身体在为某种行动做准备，例如，对抗或是逃跑。心率告诉我们一个人是痛苦的、焦虑的、害怕的，或其他比正常水平更高的唤起状态。专心从事认知活动（如解决较难的数学问题）时，心率也会增加。人与人之间的心率反应存在差异，面对同样的刺激或任务，有的人心率增加很多，有的人增加很少。

研究者对一个人当众完成具有挑战性的任务时其心血管系统的变化很感兴趣。一种引发暂时压力的技术是让被试完成连续减法任务（如，用 784 减去 7，所得结果再减 7，如此继续，直至被告知停止）。被迫完成连续减法任务是一种压力，特别是当实验者在场时，他一边记录答案，一边告诉被试："快点，继续，我知道你能做得更好。"无疑，在这种情景下，每个人的血压和心率都会上升，但有些人上升的幅度比另一些人更大。这个现象称为**强心反应**（cardiac reactivity），它与 **A 型人格**（Type A personality）有关。A 型人格的行为特征是急躁、好竞争、敌意。有证据表明，长期的强心反应会导致冠状动脉疾病。这就是为什么 A 型人格，特别是其中的敌意性与心脏病或心脏病的高发生率有关的缘故。心血管反应和 A 型人格的相关为生理测量如何应用于人格研究提供了另一个范例。

大脑活动

大脑会自发产生少量电流，这可以通过放置在头皮上的电极来测量，该测量被称为脑电图（electroencephalogram，EEG）。在被试睡眠、清醒而放松、或从事某种任务时，均可以记录不同脑区的 EEG。这种定位测量能够提供关于不同脑区活动模式的有用信息，因为不同脑区的活动模式可能与不同的信息加工任务有关（如听觉—空间信息加工，口头指引方向或通过一张地图指导如何走）。人格心理学家特别关注的是，对于不同的人（如内向—外向），大脑的不同区域是否表现出

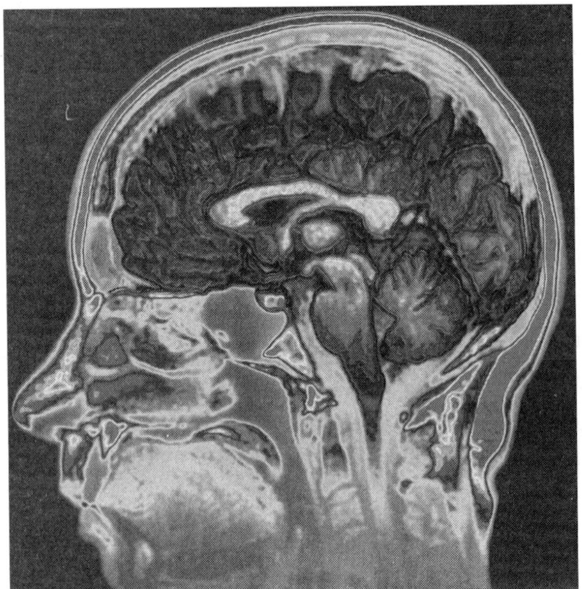

脑区之间以及脑区与身体其他部分之间都存在电信号的联系。脑成像技术使研究者得以探查这些联系。

不同的活动性。

另一种测量大脑活动的技术是诱发电位技术。操作程序是：给被试一个刺激，如一个声音或一个光点，然后记录EEG，研究者借此评估被试大脑对刺激的反应。关于测量大脑活动如何有助于理解人格差异的几个研究实例，我们将在本章“脑的不对称研究部分”进行介绍。

人格研究中非常有用的另一类生理测量是现在正在发展和日益完善的、功能强大的脑成像技术。如正电子发射成像（positron emission tomography，PET）与**功能性核磁共振成像**（functional magnetic resonance imaging，fMRI），它们是非植入性的成像技术，能用来绘制脑的功能或结构图像。事实上，2003年的诺贝尔医学奖将奖项授予劳特布尔和曼斯菲尔德就是因为他们对fMRI的贡献。这一功能强大的成像技术开始主要是因医学诊断的需要发展起来的，现在它能使医生了解病人脑内的工作情况，也能使研究者看到被试脑内的加工过程。它能显示出人正在从事某种任务时哪个脑区被激活。例如，我们想知道记忆中枢在哪里，就可以给被试一项记忆任务（如识记5分钟的电话号码），同时使用fMRI扫描被试的大脑。

这些脑成像技术现在也被用于人格研究。其中坎利及其同事（Canli et al., 2001）就发表了此领域中的一项重要研究。在该研究中他们给被试呈现20张能激发负性情绪的图片（如蜘蛛、哭泣的人）和20张能激发正性情绪的图片（快乐的夫妻、可爱的小狗），并通过fMRI记录脑活动。他们发现看不同的情绪图片时，大脑特定的区域有所变化。更重要的是，他们发现人格与对正性、负性情绪图片产生反应时脑区的激活程度有关。神经质者看负性情绪图片时，前额叶活性增强；外向者看正性情绪图片时，前额叶活性增强。研究者还发现人格与其他脑结构的相关，这和人格与大脑对情绪刺激的反应性存在相关的结论是一致的。这篇报告的全文发表在美国心理学会（American Psychological Association，APA）的网站上（http://www.apa.org/journals/bne/bne115133.html）。脑成像技术在接下来的几年里，很可能使我们对脑与人格关系的认识发生革命性的变化，并且使这个领域成为研究的热点（Canli & Amin，2002）。

其他测量

虽然皮电、心率和大脑活动是人格的生理研究中最常用的测量，但其他的生理测量也是有用的，其中一个重要的类型是对血液和唾液进行生化分析。例如，对唾液样本的生化分析可以提取反映免疫系统功能的一些指标（Miller & Cohen，2001）。免疫系统的功能会随着情绪和压力的变化而升降，因此它可能与人格有关。与重要行为有关的荷尔蒙，如睾丸酮，也能从唾液标本中提取。睾丸酮与去抑制、攻击和冒险行为有关（Dabbs & Dabbs，2000）。皮质醇是去甲肾上腺素的代谢产物，我们可以很容易地通过唾液标本来对它进行评估。研究发现，羞怯的孩子的皮质醇水平较高（Kagan & Snidman，1991），说明他们可能比不羞怯的孩子体验到更多压力。单胺氧化酶（Monoamine oxidase，MAO）是血液中的一种酶，调节着在神经细胞之间传递信息的神经递质。MAO 可能是感觉寻求这一人格特质的生理原因。其他的人格理论直接以神经系统内不同量的神经递质为基础，我们将在讲述感觉寻求时提到它们。

以生理为基础的人格维度

我们已经介绍了人格研究中使用的一些基本生理测量，下面将转到某些令人格心理学家感兴趣或引起他们注意的理论。首先从最广为人知的人格生理学理论开始——该理论提出了一种生理学的解释：为什么有的人内向，而有的人外向？

外向性—内向性

在你认识的人中，一些人可能符合下面的描述：健谈、友好、喜欢交新朋友、去新地方、精力充沛、有时冲动和冒险、容易厌烦、不喜欢老套和单调。这样的人在完成外向—内向人格量表时，在外向性上得分高。表 7.1 列出了流行的艾森克人格量表中有关测试内向和外向的题目。

也许你还认识一些人，他们可能恰恰相反：安静、退缩，在人多的时候喜欢独处或与少数几个朋友在一起，做事有规律有计划，喜欢常规而不是意外。这样的人在完成外向—内向人格量表时，在内向性上得分高。如果你纳闷为什么内向者和外向者如此不同，生理学取向的人格心理学家给出了一个很令人感兴趣的解释：艾森克的理论。

1967 年，艾森克在《人格的生物学基础》（*The Biological Basis of Personality*）一书中提出了生理取向的人格理论的一种经典范例。艾森克认为，内向者的大脑**上行网状激活系统**（ascending reticular activating system， ARAS）的活动水平比外向者高。ARAS 位于脑干，控制着整个大脑皮质的唤醒水平。在 20 世纪 60 年代，ARAS 被认为是神经刺激进入大脑皮质的门户。如果这个门户的开放程度低，那么大脑皮质的基线**唤醒水平**（arousal level）就较低；如果其开放程度高，那么大脑皮质的基线唤醒水平就高。照此理论解释，内向者的大脑皮质有较高的基线唤醒水平，因为他们的 ARAS 允许太多的刺激进入。内向者之所以表现出内向行为（安静、喜欢低刺激的环境，如图书馆），是因为他们需要使已经较高的大脑皮质唤醒水平得到控制。相反，外向者的外向行为是为了提高大脑皮质的唤醒水平（Claridge et al.，1981）。

表 7.1　艾森克人格问卷中外向性的测试题目

外向性的测试题目		
每一个问题只能选择一个回答		
你是一个健谈的人吗？	是	否
你相当活泼吗？	是	否
在热闹的聚会中，你通常能尽情寻找快乐吗？	是	否
你喜欢结识新朋友吗？	是	否
在社交场合你不愿引人注目吗？（反）	是	否
你喜欢经常外出吗？	是	否
你喜欢读书而不喜欢与人交谈吗？（反）	是	否
你有许多朋友吗？	是	否
你认为自己是随遇而安的吗？	是	否
在交新朋友时，你时常比较主动吗？	是	否
当和其他人在一起时，你总是很安静吗？（反）	是	否
你总是很轻易地能给一个单调的聚会带来活力吗？	是	否
你喜欢给你的朋友讲笑话或有趣的故事吗？	是	否
你喜欢扎人堆吗？	是	否
当人们和你谈话时，你总是“即问即答”吗？	是	否
你喜欢做一些需要快速反应的事情吗？	是	否
你能使一场聚会进行下去吗？	是	否
你喜欢整天忙碌和充满刺激吗？	是	否
其他人认为你是一个充满活力的人吗？	是	否

计分方法：将带有“(反)”的题目进行反向计分。然后，统计回答“是”的数量。大学生在这个问卷上的平均得分是 11 分。

摘自：Eysenck，S.B.G.，Eysenck，H.J. & Barrett，P.，(1985). A revised version of the Psychoticism scale. *Personality & Individual Differences*，6，21–29.

你是一个健谈者吗？你喜欢和人交往吗？你喜欢整天忙碌和充满刺激吗？对这些问题说“不”，说明你是一个内向者。

你喜欢给朋友讲笑话或有趣的故事吗？你喜欢扎人堆吗？你能使一个聚会进行下去吗？对这些问题说“是”，说明你是一个外向者。有趣的是，艾森克的内向—外向理论不是基于对与人相处的需要，而是基于对唤醒和刺激的需要。

艾森克还将赫布（Hebb，1955）的"最佳唤醒水平"的观点整合进了自己的理论。赫布认为，最佳唤醒水平是指正好适于某项任务的唤醒水平。例如，试想你在一个低唤醒状态下（磕睡、疲惫）参加期末考试。此时，低唤醒的状态同过度唤醒（如焦虑和激动）的状态一样糟糕。参加考试需要一个最佳的唤醒水平：注意力集中、适度紧张、专心，但不要达到焦虑状态。图 7.2 呈现的是最佳唤醒水平曲线，即著名的耶克斯—多德森定律（Yerkes-Dodson Law）。

如果内向者的基线唤醒水平（即放松状态下的唤醒水平）高于外向者，那么内向者高于最佳唤醒水平的状态要多于外向者。根据艾森克的理论，总是处于过度唤醒状态使内向者采取更多的控制或压抑策略，他们回避积极的社会交往，因为这将增强已经过高的刺激水平。另一方面，外向者需要提高唤醒水平，所以总是寻求刺激性的活动，做出一些不受约束的行为。典型的内向者安静、退缩，典型的外向者好动、忙碌。他们这样做是为了使其唤醒水平降低（内向者）或升高（外向者），以维持各自的最佳唤醒水平。

在艾森克的理论发表后的数十年里，许多研究对此进行了验证（参考下面的文章：Eysenck，1991；Matthews & Gilliland，1999；Stelmack，1990）。如果内向者的皮质唤醒水平真的比外向者高，那么，内向者应该表现出脑皮质活动反应的提高，如 EEG 的增强；以及交感神经系统活动的增加，如皮电反应。为了检验这个经典假设，研究者（Gale，1986）通过在不同的刺激条件下得到的生理指标，对内向者和外向者进行了比较。在无刺激或弱刺激条件下，内向者和外向者之间没有差异或差异很小。但是在中等刺激条件下，内向者的神经系统的反应比外向者更大或更快，这与依据艾森克理论所做的预测一样（Bullock & Gilliland，1993；Gale，1983）。

内向者和外向者在基线唤醒水平上没有不同，而在中等刺激条件下存在差异，这个事实使艾森克修改了他的唤醒理论（Eysenck & Eysenck，1985）。1967 年，艾森克首次提出他的理论时，并没有对静息水平（或基线水平）、唤醒水平与唤醒反应进行区分。现在有大量证据表明，内向者和外向者的真正不同在于**唤醒能力**（arousability）或者唤醒反应，而不是基线唤醒水平。例如，当睡眠或闭着眼静静躺在一个黑暗且安静的房间里时，内向者和外向者的脑活动水平没有不同（Stelmack，1990）。当给予中等程度的刺激时，内向者表现出了比外向者更强的生理反应（Gale，1987）。

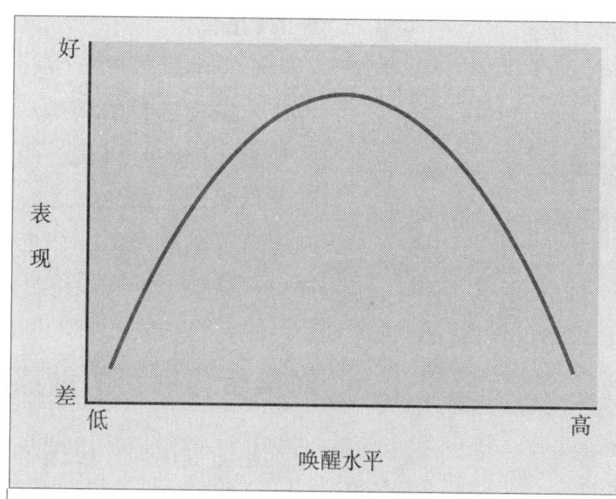

图 7.2
最佳唤醒水平曲线

设想让内向者和外向者同时执行一项单调的任务，如盯着计算机显示器监视一个核电站的运行情况。显示器很少变化，因此刺激水平很低，工作环境相当枯燥乏味。按照艾森克的理论，在此种情境下，内向者能保持更高的警觉性，工作表现也较好；而外向者的唤醒水平相对较低，很容易昏昏欲睡。

然而，假如核电站出现紧急故障，警笛响起，警灯闪烁，人们奔走呼喊……在这种高唤醒条件下，外向者将表现得更好一些，因为内向者会对此刺激表现出过度警觉。

练习

柠檬汁实验：该实验表明内向者对刺激的反应性比外向者更强。有些老师曾经尝试在课堂上做这个实验，结果导致课堂秩序有点混乱。所以，最好的方法是在想像中完成实验，以指出不同类型人格（内向—外向）的不同反应性。实验程序：找一根双头棉签，在正中间系一根细线，调节到悬挂时能使棉签保持平衡（例如，是水平的）。连续吞咽三次后，将棉签的一头放在你的舌头上停留 30 秒。拿开棉签，滴 4 滴柠檬汁在舌头上。再做三次连续吞咽，然后把棉签的另一头放在舌头上保持 30 秒。拿开棉签后，提起中间的细线看它是否保持平衡。如果你是外向者，棉签很可能会保持平衡，因为柠檬汁没有让你分泌较多的唾液，说明你对刺激的反应性低。如果你是内向者，很可能棉签不再保持平衡，因为柠檬汁使你分泌较多的唾液，使放在舌头上的棉签变重了。这就是艾森克所做的经典实验。（Eysenck & Eysenck，1967）

该理论的一个重要推论是，当可以自己选择时，外向者选择的刺激水平高于内向者。有间接的证据来支持这个推论。例如，实验室研究表明，当按按钮能够引起视觉环境改变时（如换电视频道，切换幻灯片等），外向者按按钮的频率高于内向者（Brebner & Cooper，1978）。在大学图书馆里进行的一项自然情境研究中，外向者更多地选择在吵闹的而不是安静的阅览室学习（Campbell & Hawley，1982）。这些研究表明，当自由选择时，较之于内向者，外向者倾向于选择更高水平的刺激。

心理学家吉恩（Geen，1984）用一个精巧的设计检验了以下假设：虽然内向者比外向者选择的刺激水平低，但二者在自己选择的刺激水平下，其生理唤醒水平却是相同的。可是，当给外向者呈现内向者选择的刺激水平时，外向者应该会处于低唤醒、疲惫状态，在任务中的表现也会很糟糕。反之，当给内向者呈现外向者选择的刺激时，内向者应该处于过度唤醒的、不适的状态，任务中的表现同样也很糟糕。该假设很复杂——若想了解该研究请参阅后面的阅读材料。

对奖赏与惩罚的敏感性

格雷（Gray）提出了另一个有影响力的人格生理理论（Gray，1972，1990），被称为**敏感性强化理论**（reinforcement sensitivity theory）。基于动物脑功能的研究，格雷建构了一个人格模型，其基础是假设人脑内存在两种生理系统。一种是**行为激活系统**（behavioral activation system，BAS），它对奖励信号敏感，控制着趋近行为。当 BAS 意识到某个刺激代表一种潜在的奖励时，就启动趋近行为。例如，在还是孩子时你可能已经知道，当某种音乐响起时就是冰淇淋车在给邻居派发冰淇淋。所以，当听到这个音乐时（奖励线索），你的 BAS 就产生一种冲动，想要冲到街上找那辆冰淇淋车（趋近动机）。格雷（1975）提出的另一个系统是**行为抑制系统**（behavioral inhibition system，BIS），它对惩罚、失败和不确定的线索敏感，其作用是消除、抑制某种行为或产生回避行为。接着上面的例子，你可能曾经因为冲上街寻找冰淇淋车而受到母亲的批评和惩罚，此时街道变成一个惩罚的线索，使你抑制冲上街道的行为。打个比方，BAS 是趋近行为的加速器；而 BIS 是抑制行为或使人停止行动的制动器。

格雷认为，人们之间的差异在于他们的 BAS 或 BIS 的敏感性相对不同。BIS 敏感者对惩罚、失败或新奇事物反应强烈，对消极情绪敏感，如焦虑、害怕和悲伤等。BIS 负责**焦虑**（anxiety）这一人格维度。另一方面，BAS 敏感者对奖励反应强烈，对积极情绪敏感，倾向于接近刺激。BAS 敏感的个体在趋近目标时，抑制行为的能力降低。BAS 负责**冲动性**（impulsivity）这一人格维度。

格雷和其他人（Fowles，1987）把冲动性和焦虑模型当做对艾森克的外向性和神经质维度的另一种解释，如图 7.4 所示。在格雷的模型中，焦虑和冲动性维度旋转 30 度即可得到外向和神经质维度。高度外向和轻微神经质的人最具冲动性，冲动性维度的另一端是内向和情绪稳定者。轻微内向和高度神经质的人最容易焦虑，焦虑维度的另一端是外向和情绪稳定者。

在艾森克的外向性和内向性维度所界定的概念范畴中，BAS（冲动性）和 BIS（焦虑）确切处在哪个位置还存在一些争议（Gomez，Cooper，& Gomez，2000；Zuckerman et al.，1999）。事实上，本书的作者之一就此问题与格雷及其同事进行了一系列交流（Pickering，Corr，& Gray，1999；Rusting & Larsen，1997，1999）。格雷的模型和艾森克的模型之间的关系似乎是直接的：BAS 相当于外向性，而 BIS 相当于神经质。实际上，在前面提到过的坎利等人的研究（2001 年）中发现，同内向者比较，外向者对引发高兴和奖励的图像更敏感。而且，与低神经质的人相比，高神经质者的大脑对与负性情绪相关联的图像更敏感。许多研究者认为 BIS 和 BAS 与神经质和外向性是类似的，因为它们都涉及到逃避惩罚或追求奖励的一种先天倾向（Davidson，2003；Kosslyn，et al.，2002；Sutton，2002）。为此，格雷已经修正了他的模型，对 BIS 的定位更接近神经质，对 BAS 的定位更接近外向性（Pickering et al.，1999）。

格雷相信，对奖励和惩罚的敏感性的不同使人们产生了各种与焦虑/神经质和冲动/外向性有关的行为。如果我们问，为什么有些人比其他人更容易焦虑、害怕、担忧、忧郁、恐惧、困惑或强迫？格雷的回答是，他们具有过于敏感的行为抑制系统。这些人倾向于注意惩罚和失败，且对此非常敏感。此外，他们会因为不确定和陌生而感到压力。那么，如果我们问，为什么有些人比其他人更易受到积极情绪的影响、有更多趋近行为、追求社交？格雷会说这些人具有过于敏感的行为激活系统。

受到格雷理论的启发，一个研究团队构建了测量 BIS 敏感性的量表。BIS 的敏

阅读

吉恩的研究

吉恩（Geen，1984）依据个体对艾森克人格量表中的外向性量表（表7.1列出了题目）的回答选择被试。30名高分被试组成外向组，30名低分被试组成内向组。要求被试在同一时间段来实验室，并告诉他们将参加“噪音对学习影响”的实验。要求每个被试都完成一项较为困难的联想—配对学习任务，即呈现一对单词，让被试猜测哪个词是实验者依据某一规则选定的，而且被试必须学会这个规则。主要规则有：“所有的词都是动物”，“所有的词以元音字母开头”或“所有的词是颜色的名称”。在被试完成任务的过程中，记录他们的心率和皮肤导电性。

实验开始之前，告知被试在从事作业任务时，会听到来自耳机内的随机噪音。三分之一的被试（内向和外向各10人）可以选择噪音背景的水平。自由选择组的被试可以通过旋钮调节噪音的大小。他们的指导语是调整音量，直到噪音达到“最适合”完成任务的水平。虽然有两个被试（都是内向者）在给出指导语之前要求不要给予噪音，但是还是告知他们不能选择静音作为噪音背景。

该研究中有两个控制组。一组称做相同分配组：三分之一的内向者和外向者分别接受第一组中内向者和外向者选择的噪音水平。另一组被称做交叉分配组：最后三分之一的内、外向者分别交叉接受第一组中外向者和内向者选择的噪音水平。这种实验条件下的被试必须在与自己人格**相对**的被试选择的噪音背景下完成任务。两个控制组使得实验更有说服力。

关于自由选择组被试选择的噪音强度，结果正如预期的那样，外向者选择的噪音水平显著高于内向者。外向者选择的平均噪音水平是72分贝，内向者的是55分贝。图7.3所示的是心率和皮电反应的结果。当在自选的噪音水平下工作，或是处在相同分配组的条件下，内向者与外向者之间的反应没有差异。

然而，当采用交叉噪音分配时，两组被试的人格差异就非常明显了。在此条件下，内向者比外向者表现出更高的唤醒水平。当给予内向者选择的噪音水平时，外向者的唤醒水平达到最低——事实上他们感到很无聊；而当给予外向者选择的噪音水平时，外向者的唤醒水平提高，内向者提高得更加明显。外向者觉得“恰好”时，内向者已经是过度唤醒了。

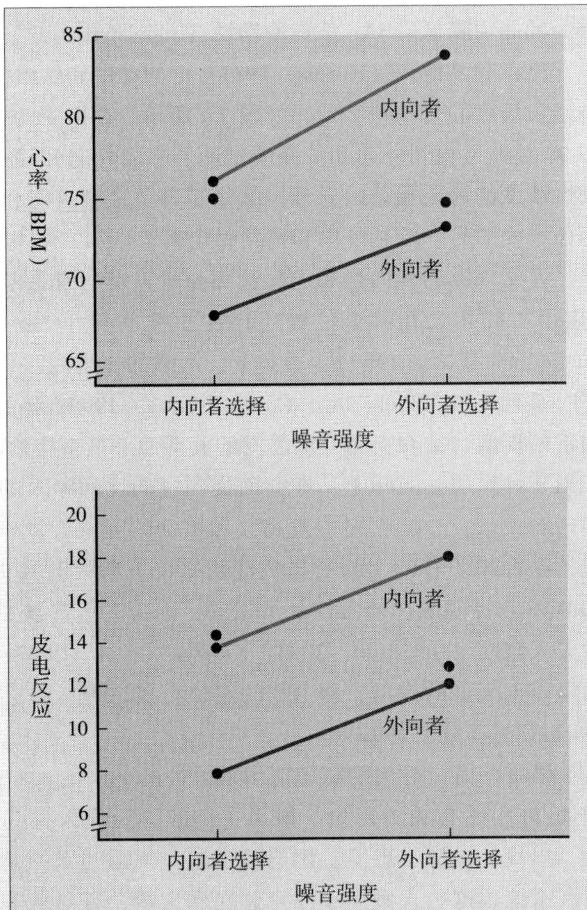

图 7.3

吉恩对内、外向者偏好的刺激水平的研究。未连接的点是相同分配组的结果。

至于作业任务的成绩，内向者被给予外向者选择的噪音时，成绩最差。在外向组选择的噪音条件下，内向者平均需 9.1 次才能学会联想规则；而在内向组选择的噪音较小的条件下，平均只需 5.8 次。内向者作业成绩的下降可能是较大的噪音带来过度刺激的缘故。另一方面，外向者在噪音条件下表现得相当好，平均只需5.4 次就学会了规则；而当在内向者选择的噪音较小的条件下时，外向者表现得有点糟糕，平均需要 7.3 次。

这个研究的重要性在于它清楚地证明了，外向者比内向者更偏好高强度的刺激。外向者觉得正好的刺激，对内向者来说已是过度唤醒了，会导致成绩较差。同样，内向者觉得正好的刺激，则会降低外向者的唤醒水平和作业成绩。当分别给予合适强度的刺激时，内向者和外向者才有最好的行为表现。

感性是指焦虑、害怕，避免不确定性和避免冒险的倾向（MacAndrew & Steele，1991）。研究者找到了害怕和不害怕两组被试，以确定哪些问题能把他们区分开。其中一些问题是：“我很独立，不受家庭的约束”；“我十分自信”；“有些人很容易被利用，但对于利用者我是不会谴责他们的。”对于高 BIS 组，研究者选择了一些有焦虑和恐慌发作病史的女精神病患者；而低 BIS 组需要不顾及自身安危、爱冒险、不考虑危险后果的被试。因此，为了使样本具有代表性，研究者选择了一些有犯罪前科的妓女（经常从事非法活动、高风险的性行为和吸毒）。结果发现，问卷题目能明确区分这两组被试，妓女的分数低于焦虑女病人的分数。该发现说明此问卷在测量对风险环境、危险和无畏的容忍性上具有一定效度。

心理学家卡弗（Charles Carver）及其同事组成了应用格雷理论的另一个研究团队（Carver，Sutton，& Scheier，1999；Carver & White，1994）。他们发展和确定了测量 BAS 和 BIS 的量表，随后其他研究者对此进行了验证。例如，有研究者（Zelenski & Larsen，1999）发现这个量表是测量 BAS 和 BIS 的最好工具之一。卡弗等人（1999 年）对格雷的理论进行了综述，强调个体在趋近或激励动机（外向性或冲动性）上的个体差异，以及在退缩或厌恶动机（内向性或神经质）上的差

图 7.4
艾森克的外向性和神经质维度与格雷的冲动性和焦虑维度的关系。

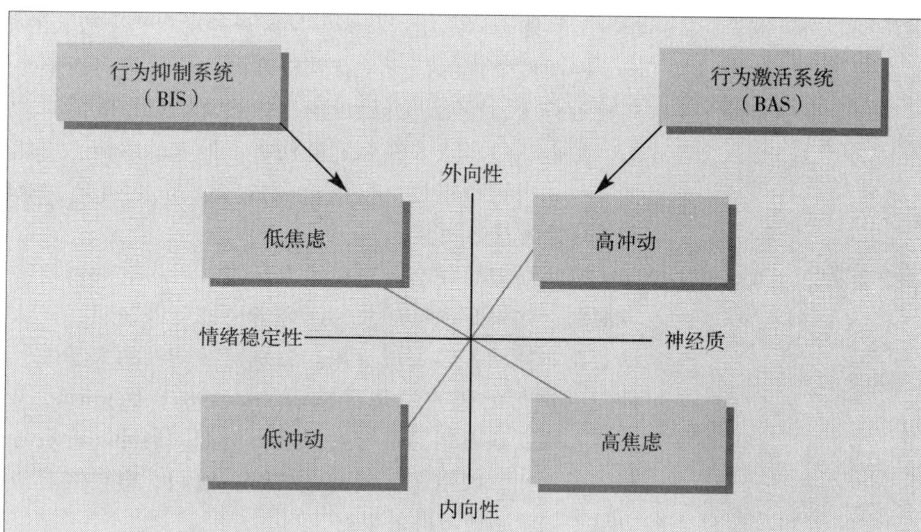

异。他们将一些研究整合起来，发现人类似乎拥有两个分离的系统分别对诱因和威胁做出反应。这两个系统表现出稳定的个体差异；它们与大部分情感特质相关；都位于大脑皮质的内侧面；对奖励学习和惩罚学习的反应也不同。卡弗和他的同事们将之称为“大二”人格维度。这篇综述显现了格雷人格理论非凡的整合能力。

格雷主要采用动物进行实验，因为对动物可以使用药物或手术来切除某个脑区，然后观察脑区切除后是否会影响到动物的惩罚学习或奖励学习能力。格雷将焦虑和冲动性与两种学习原理联系起来：强化（正强化和负强化）和惩罚（无强化）。许多证据表明这两种学习受不同的神经通路控制。当一个人或一只动物通过奖励或惩罚进行学习时，可能具有不同的脑机制（Gray，1991）。因此，人们对奖励和惩罚应该具有不同程度的敏感性（高度、中度、低度）。

在一项研究奖励和惩罚的实验中，要求被试完成数百次困难的反应时任务（Larsen，Chen，& Zelenski，2003），他们要尽可能快速且准确地说出从电脑屏幕上弹出的词的颜色。这是一项困难的任务，因为被试需要在不到一秒的时间内做出反应，所以只能正确地完成一半任务。对其中一组被试，在每次正确且快速的反应之后给予奖励，他们在 20 分钟实验时间内能赚取 5 美元；对另一组被试，在每次错误且缓慢的反应后给予惩罚，尽管在实验开始之前他们曾得到 10 美元，但实验过后只剩下 5 美元。这样，两组被试实际上最终都得到了 5 美元。但其中一组是每次给予奖励，而另一组是每次给予惩罚。结果，BAS 的分数能够较好预测被试在奖励条件下的成绩。高 BAS 者在奖励条件下变得越来越准确和迅速。另一方面，BIS 分数能够较好预测惩罚条件下的成绩。与低 BIS 者相比，高 BIS 者在惩罚条件下表现得更好。

对格雷理论进行验证的许多研究集中在冲动性（抑制反应的能力）上。我们的监狱里到处是缺乏行为控制能力的人，特别是对于那些能产生即时回报的行为，更是缺乏控制力。例如，一个 17 岁的男孩看见一辆昂贵的跑车停在路上。他可能会想，要是能开开这辆车该多么爽啊！他注意到车钥匙留在启动装置上，街道上没有人，车主也不在旁边。于是，他开始把手伸向车门……在能得到即时回报的情况下，能否停止趋近行为，是区分冲动者和一般人的依据。

冲动性个体的特征是有着较强烈的趋近倾向而不是退缩行为，他们很少能抵制趋近行为，特别是当趋近的目标或奖励就在眼前时。你可能认识这样的人，他们时常祸从口出或未经思索就伤害了他人的感情。虽然知道自己会伤害他人的感情，也觉得这很糟糕（即受“自责”惩罚）。可是，他们就是不能控制自己的言行，这是为什么呢？

按照格雷的理论，冲动的人惩罚学习的效果较差，因为他们的行为抑制系统较薄弱。如果此理论成立，研究者应该可以证明，在从事包含惩罚的任务时，冲动者比非冲动者的表现要差。分别对冲动性的大学生、少年犯、精神病患者和在押犯人进行的研究发现（Newman，1987；Newman，Widom，& Nathan，1985），这些人确实缺乏惩罚学习的能力。例如，当冲动者玩游戏时，与因正确反应而获得奖励相比，因错误反应而受罚时，他们学得更慢。似乎冲动性的人惩罚学习的效果不如奖励学习的效果好。

假设你有一个室友，你想让她养成打扫室内卫生的习惯。当她每一次收拾屋子时，你可以尝试用糖果或表扬来给予奖励；或者当她每一次乱丢乱放时，你用尖叫或指责来给予惩罚。如果她是个冲动的人，你最好采用奖励策略；相反，如果她是个焦虑的人，你最好采用惩罚策略。

练习

假设有这样一个情境：你打算教他人学习一些新东西。先举例讨论你会采取何种奖励策略教他（她），再接着讨论你会采取何种惩罚策略教他（她）学习同样的内容。

感觉寻求

另一个被认为存在生理基础的人格维度是**感觉寻求**（sensation seeking）。感觉寻求是指一种寻求刺激和兴奋、享受冒险、避免厌倦的倾向。对此维度的研究源于对**感觉剥夺**（sensory deprivation）的研究。所以，我们将从感觉剥夺的研究开始阐述。

假设你自愿参加一项研究，研究中你被关进一个很小的房间。房间里没有灯光，没有声音，仅保留最微弱的触觉。假设你同意在里面待够 12 个小时，那么这将是一种怎样的感觉？研究表明，一开始你会感到放松，接着觉得无聊，之后开始焦虑，以致出现幻觉和错觉。赫布（1955）的早期研究显示，在这种情境下，大学生宁肯选择反复听一盘告诫 6 岁男孩不要喝酒的磁带。在早期的感觉剥夺实验中，还有些志愿者选择一遍遍地听一盘老式的股市报告录音，以避免感觉剥夺的不愉快体验。在感觉剥夺实验中，被试似乎愿意寻求任何形式的感觉输入，即使是那些在正常情况下非常无聊的刺激。

赫布的最佳唤醒水平理论

感觉寻求理论解释了为什么尽管有些刺激体验会带来特定的风险，但是一些人仍然乐此不疲。

赫布提出了**最佳唤醒水平**（optimal level of arousal）理论，它被艾森克用于其外向性理论之中。赫布认为，个体试图达到最佳唤醒水平。如果低于最佳唤醒水平，唤醒水平的增加就是一种奖赏；反之，如果高于最佳唤醒水平，那么唤醒水平的降低就是一种奖赏。在赫布那个年代，其理论是充满争议的。因为大多数研究者认为缓解紧张是所有动机的目标。而赫布却指出，我们的动机是寻求紧张和刺激。我们该如何解释这样的事实：人们喜欢玩智力拼图；喜欢轻微的挫败感；偶尔冒险或做一些引起轻度害怕的事情，如坐过山车。赫布相信个体需要刺激和感觉输入，这与感觉剥夺的研究一致。而且，至少神经系统本身需要一些感觉输入。

查克曼的研究

查克曼和哈伯（Zuckerman & Haber，1965）注意到，在早期的感觉剥夺研究中，有些人经历感觉剥夺后并不像其他人那么痛苦；而有些人却觉得感觉剥夺特别痛苦，整个实验期间他们不断要求放录音或阅读材料，退出实验的时间也相对较早。查克曼认为，这些人对感觉剥夺的耐受性低，对感觉刺激的需求高。他称这样的人为感觉寻求者，因为他们不仅在感觉剥夺实验里，而且在日常生活中也总是倾向于寻求刺激。

查克曼编制了一个量表，用来测量人们需要新奇或兴奋体验和醉心于激动或兴奋的程度。他称此量表为感觉寻求量表，表 7.2 列出了该量表的部分项目。查克曼假设，一些人（高感觉寻求者）需要大量刺激以达到最佳唤醒水平。此外，当刺激和感觉输入被剥夺时（如关在一个感觉剥夺的小房间里），这些人会觉得特别难受。

果不其然，查克曼编制的测量人们日常生活中刺激偏好的量表可以很好地预测其忍受感觉剥夺的程度。高感觉寻求者认为感觉剥夺实验特别难受；而低感觉寻求者则能忍受更长时间的感觉剥夺。20 世纪 60 年代早期，查克曼放弃了对感觉剥夺的实验室研究，转而开始了对与感觉寻求维度有关的其他特征的研究。注意，查克曼对感觉寻求的理论诠释与艾森克对外向性的解释是一致的。事实上，感觉寻求和外向性之间具有中等程度的正相关。

30 多年来，查克曼和他的同事，以及其他研究者致力于感觉寻求的研究，得出了许多有趣的发现。大量研究一致发现：高感觉寻求者在日常生活中需要高水平

表 7.2　感觉寻求量表的项目

这个量表反映了感觉寻求的几个方面

刺激和冒险寻求（thrill and adventure seeking）——题目涉及需要户外运动或冒险活动，如飞行、戴水肺潜水、跳伞、摩托车比赛和登山等。例如“我有时喜欢做些有点可怕的事情”（高）与“一个明智的人应避免危险行为”（低）。

经验寻求（experience seeking）——包括一些反应通过选择非常规、非世俗的生活方式来寻求新感觉或新生活体验的题目。例如，“我喜欢新的和有刺激性的体验或感觉，哪怕它们有悖于世俗或者是非法的”（高）与“我对经验自身不感兴趣”（低）。

去抑制（disinhibition）——包括一些反应“失控”或对疯狂聚会、赌博和乱交感兴趣的题目。例如，“我喜欢的事情几乎都是不合法的或有悖道德的”（高）与“我喜欢完全合法和遵循道德规范的事情”。

厌倦感受性（boredom susceptibility）——不喜欢重复、一成不变的工作；不喜欢单调、墨守成规、迟钝的人；当事情没有变化时，变得坐立不安。例如，“我讨厌看同一张老面孔”（高）与“我喜欢老朋友的那种令人舒适的熟悉性”（低）。

感觉寻求量表的所有题目及记分方式，可参看查克曼（1978）的量表。

的刺激（Zuckerman，1978）。在感觉寻求量表的得分上，自愿参加平暴行动的警察比不愿参加平暴行动的警察要高；跳伞者的得分比不跳伞者高。在自愿参加心理实验的大学生中，感觉寻求得分较高者更喜欢非常规的研究（如 ESP、催眠或吸毒的研究），而不是经典研究（如学习、睡眠或社交研究）。在赌博行为的研究中，高感觉寻求者更喜欢下大注。根据报告，高感觉寻求者拥有大量性伙伴，喜欢各种性行为，比低感觉寻求者更早发生性行为。与感觉寻求有关的研究结果还有很多，想要对此人格特质了解更多，你可以查阅各种综述（Zuckerman，1984，1991）。

查克曼认为感觉寻求具有生理基础。他最近的研究（1991 年）主要聚焦于神经递质在感觉寻求差异中的作用。**神经递质**（neurotransmitters）是神经元内的化学物质，其作用是在神经元之间传递神经冲动。你可能记得曾在心理导论课上学到，相邻神经元之间有一个很小的间隙（称为突触间隙），神经冲动要持续传递到达目的地，就必须穿过这个间隙。神经递质是神经元释放的化学成分，它使得神经冲动通过突触继续传递下去。

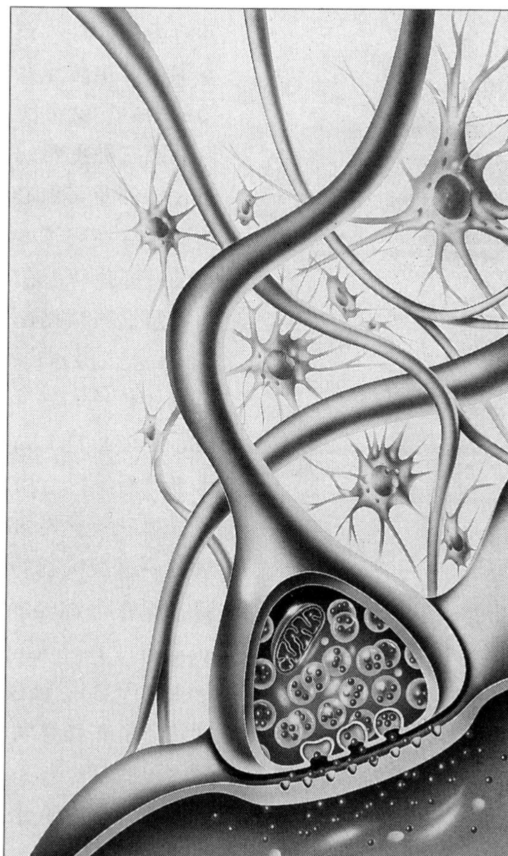

两个神经元的连接处就是一个突触。突触将电信号从一个神经元传递给下一个神经元。当一个电信号到达突触时，就引起了突触小泡（粉色）内神经递质（红色）的释放。突触小泡的隔膜破裂，形成一个微小的间隙，称为突触间隙。神经递质通过这个间隙与受体结合，从而引起了电冲动的传导。

一旦神经冲动传导完成，神经递质将被分解。否则，就会导致过多的神经传导。就像剧院或地铁的旋转门，一次只允许一个人进入。如果把门打开，许多人都可以通过，这会使太多人进入；如果门紧闭着，那么就没人能够进入。神经递质系统与此类似，突触内的化学平衡必须适当，从而使适量的神经传递正常通过突触，继续进行传导。

某些酶，特别是**单胺氧化酶**（monoamine oxidase，MAO）能够使神经递质维持在合适的水平。当一种神经冲动通过后，单胺氧化酶就会将多余的神经递质分解。如果单胺氧化酶过多，就会导致太多的神经递质被分解，神经传导将受阻；如果单胺氧化酶过少，会使太多的神经递质堆积在突触内，以致发生过多的神经传导。假设你要用手指做一个简单的动作，如从平坦的地面捡起一枚硬币。如果你体内的单胺氧化酶太少，你的手指会颤抖，动作急促（太多神经传导）；然而，如果单胺氧化酶太多，你的手指将会很笨拙，因为你感觉迟钝、运动控制感匮乏。只有当单胺氧化酶适量，神经递质维持在恰当的水平时，神经系统才能正常地控制肌肉、思想和情绪。

与低感觉寻求者相比，高感觉寻求者血液里的单胺氧化酶水平较低。交叉研究表明，感觉寻求与单胺氧化酶水平之间存在着从低至中等水平的相关，且均为负相关（Zuckerman，1991）。如果高感觉寻求者的单胺氧化酶水平倾向于较低，而单胺氧化酶低意味着神经元内有更多的神经递质，那么感觉寻求的产生和维持或许是因为神经系统内神经递质过多的缘故。单胺氧化酶就像神经系统的制动器，通过降解神经递质来抑制神经传导。单胺氧化酶水平低，感觉寻求者神经系统的抑制水平低，因而对行为、思想和情绪的控制程度低。依据查克曼（1991）的理论和研究，感觉寻求行为（如不恰当的性行为、吸毒和疯狂派对）并非是由寻求最佳唤醒水平引起的，而是因为神经突触内的生化“制动器”（MAO）太少。

神经递质与人格

查克曼的理论关注单胺氧化酶（可以分解神经递质）的水平，而其他研究者假设，神经递质本身的水平决定了特定的个体差异。神经递质作为人格差异的一种可能来源，已经受到了广泛关注。神经递质中的一种——**多巴胺**（dopamine），似乎与高兴相关。例如，为了得到多巴胺，动物会像渴望得到食物那样工作。因此，多巴胺似乎起着奖赏的功能，甚至被称为快乐剂（Hamer，1997）。成瘾物质，如可卡因，作用机理类似神经系统中的多巴胺。这就是摄入可卡因会使人快乐的原因。但是，这些药物降低了人体内自然分泌的多巴胺水平，当神经系统内的药物消失后，就会使人产生厌烦的情绪，从而驱动人急切地获取更多的药物。

第二种重要的神经递质是**5-羟色胺**（serotonin）。有研究者曾撰文指出5-羟色胺在抑郁及其他心境障碍（如焦虑）中的作用。有些药物，如百忧解、佐洛夫和帕罗西汀妨碍了5-羟色胺的再吸收，使它们长时间滞留在突触内，从而缓解抑郁者的抑郁症状。在一项研究中，让非抑郁的被试服用百忧解。经过几周观察发现，与控制组被试相比，这组被试报告的负性情绪更少，外出和社交行为更多（Knutson et al.，1998）。在以猴子为被试的研究中，5-羟色胺水平高的猴子控制欲较高，更喜欢修饰自己；而5-羟色胺水平低的猴子则更频繁地表现出害怕和攻击行为（Rogness & McClure，1996）。综合动物研究的结果，有研究者提出，低5-羟色胺水平与易怒行为相关（Depue，1996）。

第三种重要的神经递质是**去甲肾上腺素**（norepinephrine），它是交感神经系统对抗—逃避机制的激活剂。无疑，许多人格理论是基于多巴胺、5-羟色胺和去甲肾上腺素等神经递质提出的。也许最全面的是克罗宁格的**三维人格模型**（Tridimensional Personality model）(Cloninger，1986，1987；Cloninger，Svrakic，& Przybeck，1993)。该模型认为，有三种人格特质取决于这三种神经递质的水平。第一种特质是**新异寻求**（novelty seeking），以低水平多巴胺为基础。回想一下，低水平的多巴胺使个体迫切想要获取能够增加多巴胺的物质或经验，而新异、刺激、兴奋可以补偿过低水平的多巴胺。因此，新异寻求行为被认为是由多巴胺水平过低引起的。

克罗宁格模型中提到的第二种人格特质是**伤害避免**（harm avoidance），与5-羟色胺的异常代谢有关。虽然其他理论认为5-羟色胺的增加或减少与伤害避免有关，但克罗宁格本人（与作者的个人交流，2003年10月）认为，5-羟色胺的绝对水平和伤害避免之间存在简单线性相关的说法是不明智的。脑脊液中的5-羟色胺的主要代谢产物——5-HIAA的水平很低时，存在严重抑郁的风险。但在焦虑和压力状态下，5-羟色胺的水平却能升高。选择性5-羟色胺对抑制剂的吸收（如抗抑郁药百忧解、佐洛夫和帕罗西汀）能引起突触间隙内的 5-羟色胺水平升高，从而使人首先产生焦虑感，然后减少对压力的过度反应。这可能是因为应对压力时释放的 5-羟色胺降低了其敏感性。因此，我们必须明确 5-羟色胺的重要作用：在急性应激状态下，它会升高；在整个生命过程中 5-羟色胺水平的降低与低水平的避免伤害有关。伤害避免水平较低的人表现为充满活力、开朗、乐观；而伤害避免水平较高者则表现为警觉、压抑、羞怯和不安。伤害避免水平高的人似乎总是预期伤害性的、不快乐的事情即将发生，所以他们不停地寻找威胁性的信号。就像狗因害怕狂吠，而不是愤怒一样，伤害避免水平高的人是易怒、敏捷和有敌意的。

第三种人格特质是**奖励依赖**（reward dependence），克罗宁格认为它与低水平的去甲肾上腺素有关。奖励依赖水平高的人坚持不懈，持续地以能带来回报的方式行事。他们能千方百计、连续数小时不停息地工作。即使其他人都放弃了，他们还在继续奋斗。

基因通过神经递质系统影响人格

虽然我们将在随后的章节里更详细地讨论行为遗传学的内容，但这里值得一提的是，许多对基因和人格感兴趣的研究者把研究重点放在了基因对神经递质的调节上。例如，如果低水平的多巴胺与新异寻求相关，那么，负责多巴胺传导的基因可能是研究人格特质遗传基础的好的着眼点。芬兰的研究者们（Keltikangas-Järvinen et al.，2003）发现，**多巴胺 D4 受体基因**（D4DR）与高水平的新异寻求有关。但是，其他的研究没有发现相同的结果（Azar，2002)。一项对新异寻求的元分析研究（Schinka，Letsch，& Crawford，2002）发现，D4DR 基因上的一些特定遗传密码确实与新异寻求有关。这些发现意味着，任何一种人格特质的形成都可能涉及多种基因。因此，寻找人格特质的某种基因基础就像大海捞针一样。现在的研究者开始寻找人格特质的多种基因基础，也就是说，他们在寻找多种基因以交互作用的方式对神经递质系统产生的影响。该领域的权威研究者迪安哈默(Dean Hamer）最近发表评论指出："非常明显，10 年后，至少可以发现大部分人格特质与大量基因有关"（Azar，2002)。随着基因序列分析这一新技术的发展，此类研究将变得更易于操作。然而，将来的研究可能会发现：对于任何具有生理基础的人格特质来说，基因之间复杂多样的交互作用可能需要环境来引发。

克罗宁格的理论对精神病学也有一定的影响，它可用来解释不同类型的成瘾。例如，酗酒者并非都因相同的原因而成为酒鬼。克罗宁格认为，有些酗酒者开始饮酒是因为其新异寻求感较高。他们饮酒是为了补偿过低的多巴胺水平，享受多巴胺升高带来的快感。另一些酗酒者开始饮酒是因为他们是高伤害避免者，是为了缓解长期的压力和焦虑感。他们饮酒的主要动机是解除焦虑（Cloninger，Sigvardsson，& Bohman，1988)。理解人们物质滥用的动机可以帮助他们克服成瘾。例如，一些人吸烟是因为吸烟能缓解压力，而另一些人吸烟的原因在于吸烟能增强活动的愉悦性，就像喝咖啡与社交活动。

很明显，克罗宁格的理论与格雷、艾森克和查克曼的理论有许多共同点。例如，新异寻求与格雷理论中行为激活系统的奖励敏感性相似。但是，这些理论对人格的生理基础有不同的解释（Depue & Collins，1999）。例如，格雷认为，决定人格特质的重要的生理基础是控制奖励学习和惩罚学习的大脑系统。艾森克也强调脑和神经系统的作用。查克曼聚焦于神经突触和在神经突触中发现的神经化学物质。克罗宁格则特别强调特定的神经递质。所有这些理论描述的或许是同一行为特质，只是站在不同的生理角度（从突触到大脑）进行解释。

现在让我们来看看另外两种人格维度，它们的生理基础似乎与生理反应无关。这两种人格维度是早晨型—夜晚型和大脑的不对称性。

早晨型—夜晚型

你也许是个喜欢晚睡晚起的人，将重要的学习或工作任务放在午后或晚上来做，因为那时你精力最旺盛。或许你是个早晨型的人，生活很有规律，不用闹钟每天也能很早起床。你倾向于一大早做重要的工作，因为这个时候你感觉状态最好，并且晚上睡得也很早。早晨型和夜晚型的人表现出稳定的特征。人格心理学家对这种稳定的差异很感兴趣，用**早晨型—夜晚型**（morningness-eveningness）来描述这一人格维度。

早晨型—夜晚型的人格差异有时也被称为“百灵鸟型”和“猫头鹰型”。二者差异的根源在于内在生物节律的不同。许多生理过程呈现出大约24~25小时的波动周期，这就是**昼夜节律**（circadian rhythms，circa意思是“周期”，dia意思是“一天”或“24小时”）。研究者特别感兴趣的是体温和内分泌的昼夜节律。例如，一般而言，人的体温在晚上8~9点左右最高，而在早晨6点左右最低。图7.5显示了一天之中人体体温随时间变化的情况。

研究者采用时间隔离设计来研究昼夜节律。时间隔离设计是这样的：被试自愿住进一个由实验者完全控制时间线索的环境里。房间内没有窗户，所以被试无法知道是白天还是黑夜。没有固定的进餐时间，被试不知道吃的是早饭、午饭还是晚饭，只要想吃东西就能得到食物。没有现场直播的电视或电台节目，但是被试有大量的影碟或录音带以供消遣。实验时间为几个星期或更长。多数时候，志愿者是一些学生，因为他们需要利用单独的时间准备一项重要的考试或是撰写论文。

图 7.5
体温的昼夜节律

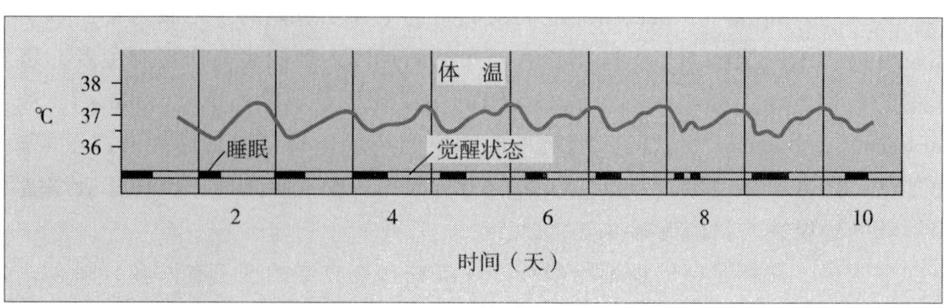

假如你是该实验的一个被试，你可以想睡就睡；想睡多久就睡多久；什么时候想吃就吃；只要愿意，随时可以看电影或工作。这被称为**自由运转**（free running）时间，在此期间，没有任何时间线索影响你的行为或生理。在这样的环境下，你的体温每小时被测一次，如果你和大多数人一样，你就会发现你的体温遵循 24~25 小时的一个波动周期：醒来之前开始升高，睡觉之前开始下降（Aschoff，1965；Finger，1982；Wever，1979）。

值得注意的是，24~25 小时的波动周期是平均值，人与人之间生理节律的实际值有较大的差异（Kerkhof，1985）。采用时间隔离研究得到的昼夜节律中，最短者只有 16 小时，最长的可达 50 小时（Wehr & Goodwin，1981）。在时间隔离实验的"自由运转"时间里，最短的睡—醒周期为 16 小时，而最长的睡—醒周期持续约 50 多个小时。

如此大的差异只出现在时间隔离研究的实验情境下。现实生活中，我们周围有许多在 24 小时左右波动的时间线索，其中最显著的当数昼夜交替。这些时间线索使我们适应了一天 24 小时的周期。尽管生理节律高于或低于 24 小时的人对 24 小时周期适应得较好，但他们生理节律的峰值与谷值存在差异。假设一个人的昼夜节律稍长，约 26 小时，而另一个人的较短，为 22 小时。两个人都需要适应一天 24 小时这一周期，但是前者体温的峰值可能出现得相对较晚（约晚上 10 点左右），后者的体温峰值出现得相对早些（约为下午 6 点）。

生理节律短的个体体温和警觉水平的峰值在一天之中出现的早一些，因此，他们比那些生理节律长的人睡得早（Bailey & Heitkemper，1991）。虽然闹钟已经告知新的一天开始了，但生理节律为 26 小时的人很难在早晨 6 点起床，因为还差 2 小时才到他们的周期。生理节律为 22 小时的人很早就能起床，因为他们已经完成了一个 22 小时的生理节律，在 24 小时的时钟信号发出之前就已经开始新的一天了。

练习

你认识早晨型的人吗？有什么具体的依据使你断定他（她）是早晨型的人？早晨型的人与夜晚型的人还有哪些不同？例如，早晨型的人还有哪些人格特质？本杰明·富兰克林说："早睡早起可以使人健康、富有和聪明。"你认为早晨型的人确实更聪明，或是在生活中能够取得更好的成就吗？怎样设计一个研究来回答这个问题？

对昼夜节律的个体差异的研究为理解早晨型—夜晚型的人格奠定了基础。你已经知道，生理节律短的人多是早晨型，而生理节律长的人多是夜晚型。霍恩和奥斯伯格（Horne & Ostberg，1976，1977）编制了一个包含了 19 个题目的量表来测量早晨型—夜晚型人格（表 7.3）。题目主要涉及个体在一天里喜欢什么时间活动。在一项研究中，研究者招募了 48 名被试，连续数天里每隔一个小时对其体温进行测量。结果发现，他们在此量表上的得分与每天体温达到最高的时间之间的相关系数为-.51。该研究最早是在瑞典进行的，随后在美国（Monk et al.，1983）、

表 7.3 早晨型—夜晚型人格问卷的题目

指导语

回答之前请仔细阅读每一个问题，并对每个问题做出独立回答。请不要反复修改或检查您的答案。

每个问题都有可供选择的答案，且只能有一个答案，请在您选择的答案的序号上划圈。请您尽可能如实地回答每一个问题。

1. 只从“感觉最好”的角度考虑，如果您能完全自主地安排白天的活动，您会选择何时起床？
   ①上午 11:00~中午
   ②上午 9:30~11:00
   ③上午 7:30~9:30
   ④上午 6:00~7:30
   ⑤上午 6:00 以前
2. 只从“感觉最好”的角度考虑，如果您能完全自主地安排晚上的活动，您会选择何时睡觉？
   ①至少凌晨 1:30 以后
   ②午夜~凌晨 1:30
   ③晚上 10:30~午夜
   ④晚上 9:00~晚上 10:30
   ⑤晚上 9:00 以前
3. 一般来说，您感觉早晨起床容易吗？
   ①一点都不容易
   ②不容易
   ③比较容易
   ④很容易
4. 早晨起床后的半小时内您的清醒程度如何？
   ①一点都不清醒
   ②不清醒
   ③比较清醒
   ④很清醒
5. 早晨起床后的半小时内您的食欲如何？
   ①很糟糕
   ②比较糟糕
   ③比较好
   ④很好
6. 如果第二天（比如周末）没有什么事情，您会比平时晚多长时间才去睡觉？
   ①超过 2 小时以上
   ②1~2 小时
   ③不到 1 小时
   ④很少或从不
7. 有一场持续 2 个小时，会使您心力耗竭的考试，您希望能以最佳状态参加该考试。假如您能完全计划自己的生活，只从“感觉最好”的角度考虑，您会选择下面哪个时间段参加这个考试？
   ①晚上 7:00~9:00
   ②下午 3:00~5:00
   ③上午 11:00~下午 1:00
   ④上午 8:00~10:00
8. 如果您晚上 11 点上床睡觉，此时您的疲倦程度如何？
   ①一点也不疲倦
   ②有点疲倦
   ③比较疲倦
   ④很疲倦
9. 因某种原因，您必须比平时晚几个小时睡觉。第二天早上您不必在某个特定时间起床，下面哪种情况是您最可能做的？
   ①比平时晚很长时间才醒来
   ②和平时一样醒来但马上又睡着了
   ③和平时一样醒来但又迷糊了一会儿
   ④和平时一样醒来，一点睡意都没有
10. 假设您可以自由选择工作的时间。如果您每天只工作 5 个小时，且这项工作很有趣，以工作的效果获得薪酬。您将选择哪 5 个连续的小时？（把您选择的 5 个小时一起圈起来）
    午夜 1 2 3 4 5 6 7 8 9 10 11 中午 1 2 3 4 5 6 7 8 9 10 11
11. 在一天中的哪个小时里，您感觉自己状态最佳？（圈一个时间）
    午夜 1 2 3 4 5 6 7 8 9 10 11 下午 1 2 3 4 5 6 7 8 9 10 11

摘自：Horne，J.A. & Ostberg，O.（1976). A self-assessment questionnaire to determine morningness-eveningness in human circadian rhythms. International Journal of Chronobiology，4，97–110.

意大利（Mecacci，Scaglione，& Vitrano，1991）、西班牙（Adan，1991，1992）、克罗地亚(Vidacek et al.，1988）和日本（Ishihara，Saitoh，& Miyata，1983）进行的研究也得到了同样的结果。

这些得到跨文化研究重复验证的结果符合早晨型—夜晚型活动的理论。一天中的最佳时间是一种稳定的、具有生理基础的特质。运用霍恩和奥斯伯格编制的量表测量的结果也具有跨时间的稳定性。克罗地亚的研究者用此量表测试了 90 名大学生，待 7 年后他们大学毕业时进行重测。结果发现两次测量结果呈显著的正相关，说明早晨型—夜晚型人格特征具有跨时间的稳定性（Sverko & Fabulic，1985）。然而，整个样本也表现出向早晨型转变的趋势。可能的原因在于，这是一个从大学生向工作者转移的群体。

许多研究者研究了该量表的效度。例如，在一项研究中，研究者（Larsen，1985）要求大学生被试完成连续 84 天的自我记录，记录内容包括：每天何时睡觉，何时起床，何时感觉状态最好。霍恩和奥斯伯格的量表与被试的平均作息时间，以及每天感觉最好的时间具有高度正相关。通常，早晨型的人比夜晚型的人起得早、睡得早，最佳状态也出现得早。

如果早晨型和夜晚型的人不得不住在一起（如大学室友）结果会怎么样呢？有人喜欢晚睡晚起，有人则喜欢早睡早起，即使在周末亦如此。你认为他们住在一起会快乐吗？有研究者（Watts，1982）以密歇根州立大学一年级的住校学生为被试对该问题进行了研究，被试都只有一个室友。室友们除了完成早晨型—夜晚型问卷（Morningness-Eveningness Questionnaire，MEQ）之外，还对彼此的友谊进行全面评价。结果发现，室友之间 MEQ 得分的差距越大，友谊评价等级也越低。得分差距较大的室友们说，他们彼此相处得很不好，不喜欢这种关系，彼此不是朋友，也不想继续住在一起。其他人格维度上的差异，如成就动机和竞争性，不能预测室友关系的满意程度。这似乎表明，早晨型—夜晚型的人格差异与人际关系融洽问题直接相关。

其他研究关注这两种类型的人格在一天的不同时段内的认知表现。研究者们（Monk & Leng，1986）先用早晨型—夜晚型问卷对被试进行分类，然后测试他们在一天不同时间里完成系列搜索和逻辑推理任务时的表现。结果发现，早晨型的人在上午 8~11 点表现得最好，而夜晚型的人在下午 5 点至晚上 11 点表现最佳。另一些研究者（Revelle et al.，1980）发现，这种差异可以通过使用兴奋剂（如咖啡因）来减弱。如果在早晨摄入咖啡因，可以大大提高夜晚型的人的表现；如果在晚上摄入咖啡因，则可以大大提高早晨型的人的表现。人们可以根据自己是早或晚类型，定时摄入咖啡来充分提高工作和学习效率。

早晨型或夜晚型的人偏好一天内的某些时段是有其生理基础的。然而，有时候却会打乱这种偏好。比如一个夜晚型的大学生，他需要选修的课程只被安排在上午 8 点；或者在工厂上班的一个早晨型工人，被安排上“晚班”（下午 4 点到午夜）。改变一个人的自然生理节律是困难的，但并非不可能。人们可以适应倒班的工作或者睡—醒周期的改变。有些证据表明，夜晚型的人调节被打乱的睡—醒周期的能力好于早晨型的人（Ishihara et al.，1992）。对于穿越子午线飞行（产生飞行时差）或整晚上班不休息（通宵工作）的情况，夜晚型的人的耐受性好于早晨型的人。

总之，人们在一天之中何时开始活跃，喜欢在何时做重要的事，需要早些时候还是晚些时候开工，取决于内在昼夜节律的长短。这是人格生理取向研究的一个典型例子，因为它强调了这样的观点：行为模式（即对一天中不同时段的偏好）取决于内在的生理机制（昼夜节律）。

大脑不对称性与情感类型

你可能意识到左右脑是专门化的，在控制不同心理机能方面具有不对称性。受到研究者关注的一种不对称性是左右脑半球额叶的相对活动量。大脑会持续地产生少量的电活动，我们可以通过装在头部的敏感装置对其进行测量，并称这种电活动的记录为**脑电图**（electroencephalograph，EEG）。随着脑的神经生物活动呈现出或快或慢的波动，这种电活动是有节律的。有种脑电波被称为 α **波**（alpha wave），频率为每秒 8~12 次。某时段 α 波的数量是该时段脑活动的反向指标。α 波产生于个体安静、放松、感到有点困和对环境不加注意的状态下。在一个特定时段的脑电波记录中，α 波出现得越少，此时的脑活性越高。

在脑的任何区域都可以测得脑电波。在情绪研究中，研究者特别关注脑的额叶，比较左右脑的活动性。研究结果表明，当人处在高兴的状态下时，左半球比右半球的活动性更高；反之，当人不高兴时，右半球比左半球活动性更高。例如，戴维森及其同事（Davidson et al.，1990）让被试看一些能引起人愉快或厌恶情绪的电影片段，同时记录他们的脑电波，并对他们看电影片段的过程进行录像。结果发现，愉快时，被试的左额叶较右额叶显示了更多的脑活动；反之，当被试表现出厌恶表情时（抿嘴、咂舌、皱鼻），被试的右额叶比左额叶显示了更多的脑活动，结果见图 7.6。

对婴儿的研究也得到了相似的结果。福克斯和戴维森（Fox & Davidson，1986）没有使用电影片段，而是将或甜或苦的汁液滴进十个月大的婴儿嘴里，引发其愉快或不愉快的情绪反应。结果，甜汁液诱发了更多的左脑活动，苦汁液则诱发了更多的右脑活动。在对 10 个月大的婴儿进行的另一项研究中，研究者让婴儿的母亲离开，把婴儿单独留下，接着一个陌生人进入房间（Fox & Davidson，1987）。在这个标准的引发焦虑的情境中，一些婴儿变得痛苦，一些婴儿开始哭闹和喊叫，另一些则不然。研究者据此将婴儿分为两组，哭喊组和不哭喊组。结果发现，同不哭喊组相比，哭喊组表现出了更多的右脑活动（相对于左脑）。研究结果揭示，痛苦与否的倾向（与 EEG 不对称性有关）是婴儿的一种稳定特征。福克斯及其同事（Fox，Bell，& Jones，1992）对婴儿的额叶脑电不对称性进行了重复测量（分别在 7 个月和 12 个月时），两次测量结果之间高度相关，这说明两侧额叶脑活动的不对称性具有跨时间的稳定性。在成人中也得出了类似的结果，各种研究中的 EEG 不对称性的重测相关在 .66~.73 之间（Davidson，1993，2003）。这些发现说明，**前额不对称性**（frontal brain asymmetry）的个体差异是相当稳定和一致的，可以将它作为内在人格特质的生理指标。

其他研究也揭示出 EEG 的不对称性是愉快易感性的指标。许多研究者（Tomarken，Davidson，& Henriques，1990；Wheeler，Davidson，& Tomarken，1993）都曾考察过正常被试对情感性电影片段的反应与其前额不对称性之间的关系。在这些研究中，先在被试休息状态下测出 EEG 的不对称性类型，接着给被试播放好笑、快乐的电影和痛苦、可怕的电影，要求被试回答电影带给他们的感受，作为因变量。研究假设是，在休息状态下右脑活动性更高（看电影之前的测量）

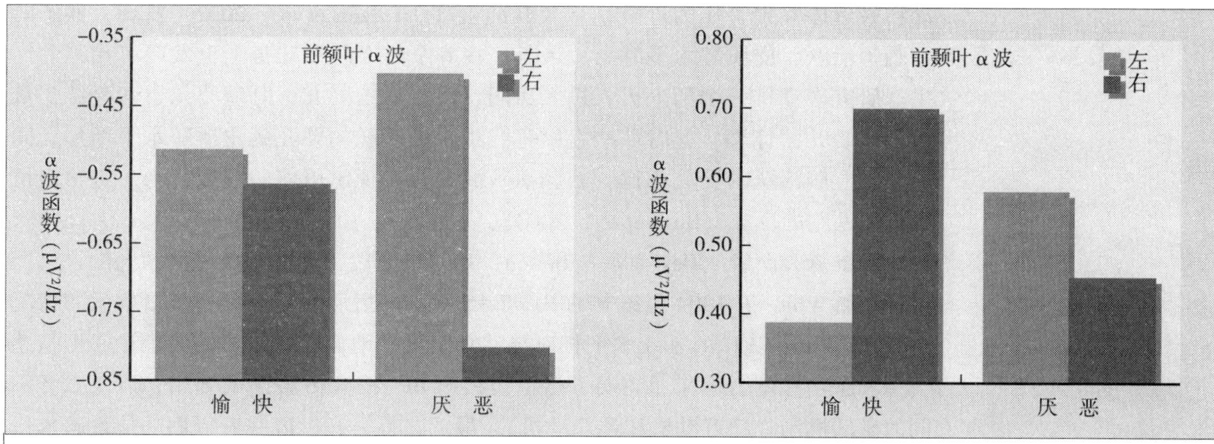

图 7.6

戴维森等人的研究结果（1990）

的被试对痛苦、可怕的电影会报告更多的负性情绪。与之相对，左脑活动性更高的被试对好笑、快乐的电影会报告更多的正性情绪。预测得到了实验结果的支持，看电影之前的额叶不对称性测量，预示了接下来被试自我报告的对电影的情绪反应。右脑优势的被试对令人厌恶的电影报告了更多的痛苦；而左脑优势的被试对令人快乐的电影有更快乐的反应。

应用

没有 EEG也可以评估脑的不对称性。EEG 不是获取脑活动不对称性的惟一途径。当人集中精力回答难题时，眼球偏向的方向也可以反映他的左右脑活动水平。例如，要求一个人用“狂喜”和“高兴”造一个句子。在思索时，人的眼球会偏到左边或是右边（Davidson，1991）。对右利手的人来说，偏向右边意味着左脑活性高，偏向左边意味着右脑活性高。如果问一个人几个难题，如“从你的住所走到最近的商店，需要转多少个弯?”你就会注意到他（她）的眼睛通常向一边偏。据此可以判断他（她）的优势脑。当然，这种快速的判断并不如 EEG 可靠，但还是可以作为一种粗略的测量手段。

你可以找几个朋友或熟人试试这个方法。大多数人眼球偏向的方向不是每次都一致，所以多问几个问题很重要，这样可以观察最常见的方向。观察的同时，你还需要确定他们的情绪通常是正性还是负性。频繁偏向右边的人是左脑优势，应该易于表现出更多的正性情绪（如幸福、愉快、热情）；频繁偏向左边的人是右脑优势，应该易于表现出更多的负性情绪（如痛苦、焦虑、悲伤）。

当然，影响人们感受和情绪的因素很多。脑活动方式只是其中之一，它影响了我们体验某种情绪的可能性。

在猴子身上也发现了相似的结果。因为猴子无法告知我们它的感觉是积极的还是消极的，所以研究者通过检测**皮质醇**（cortisol）来评价猴子的情绪反应。皮质醇是一种应激激素，为机体的对抗或逃避反应做准备。皮质醇含量的增加表明动物最近体验到了压力。戴维森及其同事（Davidson et al.，2002）发现，猴子的右脑越活跃，皮质醇水平越高。最近，在 6 个月大的婴儿身上也发现了相同的结果。研究者安排一个陌生男人进入房间，慢慢靠近婴儿，盯着婴儿看两分钟，从而引发婴儿的惊恐。此时那些右脑基线水平更活跃的婴儿的皮质醇水平增加。同时，与左脑活跃的婴儿相比，右脑活跃的婴儿表现出更多的哭喊行为、害怕表情和试图逃跑的反应（Buss et al.，2003）。

戴维森和萨顿（Davidson & Sutton，1997）发现，具有积极情绪倾向的人（用 Carver 和 White 于 1994 年编制的 BIS/BAS 量表测量所得）在没有情绪刺激的情况下，左前额的 EEG 的基线水平相对更活跃。显然他们吸收了格雷的理论，把情感类型和脑功能结合起来，表明了格雷提出的 BIS 和 BAS 概念的效用，以及二者不同的激活机制（趋近动机和逃避动机）。最近，有另一批研究者应用功能性脑成像技术验证了这个结果（Canli et al.，2001）。

大脑不对称研究的重要性在于，给予不同的情绪刺激，大脑的不同区域会对快乐或厌恶情绪产生不同的反应。福克斯和卡尔金斯（Fox & Calkins，1993）用反应阈限的观点来解释这个现象。当不快乐事件发生时，右脑活跃的人对负性情绪的反应阈限降低，只需很少的情绪刺激就能唤起他们的负性感受。而左脑活跃的人对正性情绪的反应阈限较低。反应阈限的概念意味着，只需很少的情感刺激，就能诱发出左脑或右脑活跃者相应的情绪反应。脑功能的不对称可能是情感类型的根源，或者，至少可以预测人的情感类型。

总结与评论

我们可通过生理途径来研究人格。生理对人格影响的理论具有悠久的历史。有两种研究生理变量如何影响人格的思路。一种是研究生理变量与人格特质的相关。例如，以大学生为被试，发现他们在安静状态下的心率与神经质得分呈正相关（或许是由于高水平的慢性焦虑与神经质之间的相关）。在这里，生理变量是作为人格维度（神经质）的相关变量。那么，是较高的心率导致了人的神经质吗？或许不是，而只是高心率与神经质相伴随，或称为相关。

第二种思路认为生理变量促成了人格变量，或者说生理变量为人格的产生提供了物质基础。本章介绍了此种理论下的六个例子，它们都是关于特定人格维度的生物学基础。分别是：外向性（神经兴奋性或唤醒能力）；对奖励或惩罚线索的敏感性（基于 BIS 和 BAS 系统）；感觉寻求（血液中的 MAO 和激素水平）；三维度人格理论（以神经递质为基础）；早晨型—夜晚型（体温的昼夜节律）；情感类型（大脑前额的不对称性）。这些理论认为，生理变量不仅仅与人格相关，而且是形成人格特质的生物学基础。

关键术语

体液说
生理系统
外胚叶体型
中胚叶体型
内胚叶体型
盲　评
理论桥梁
电　极
遥控测量
自主神经系统
皮肤电活动（皮肤电传导）
强心反应
A 型人格
功能性核磁共振（fMRI）
上行网状激活系统（ARAS）
唤醒水平
唤醒能力
敏感性强化理论
行为激活系统（BAS）
行为抑制系统（BIS）
焦虑
冲动性
感觉寻求
感觉剥夺
最佳唤醒水平
神经递质
单胺氧化酶（MAO）
多巴胺
5-羟色胺
去甲肾上腺素
三维人格模型
新异寻求
伤害避免
奖励依赖
多巴胺 D4 受体基因
早晨型—夜晚型
昼夜节律
自由运转
脑电图（EEG）
α 波
前额不对称性
皮质醇

人格的进化观

8

8

生物学领域

想象一下，假如你回到一百万年前过着与祖先一样的生活，那会是一个什么样的情景呢？你在黎明时分醒来，拍拍衣服，除去夜晚的寒冷。火堆上还有余火闪烁，你用干木条重新引燃它，伙伴们围聚在火堆边取暖，看着太阳从地平线升起。这时，你的肚子开始咕咕叫，你想到了食物。于是，人们开始结成小团队出去摘浆果、寻找可食的植物和小动物。

一整天的狩猎和采摘结束后，人们陆续回到临时居地。夜幕降临，人们重新聚集在火堆旁。白天的狩猎和采摘很成功，群体气氛温暖而活跃。人们品尝着采摘的浆果，谈论着狩猎的经历。吃饱之后，又开始讨论明天是迁移他处还是继续待在此地。一位狩猎英雄看着他的心上人，而她害羞地将目光移开。其他人看到了这一幕，但并没有在意，寻找配偶总是有趣的。人们渐渐困了，孩子们也睡着了。恋爱中的年轻人悄悄地离开人群享受他们的二人世界。他们温暖地依偎在一起，就像生命的轮回中曾数百万次发生的那样。

进化心理学是一门新兴的、快速成长的、富有前景的学科，它为人格的研究提供了重要的视角。本章，我们将从三个方面来讨论其中的一些观点：人类本性、性别差异以及个体差异。现在，我们来看看进化心理学理论如何与人格心理学的发现相结合，同时为人格心理学研究提供新的方向。我们将了解到，为什么与进化机制密切相关的人类择偶行为和性行为是人格心理学的核心问题。现在，让我们首先来回顾一下进化理论的基本知识。

进化与自然选择

我们所有的祖先在悠长而绵延的发展史中都完成了两大任务：生存和繁衍。假如你的某位祖先没能成功繁衍，那么你今天就不会在这儿延续其存在。从这个意义上说，每一个活着的人都是一个成功进化的故事。作为这些成功祖先的后代，我们携带着使他们成功繁衍的适应机制的基因。因此，人类本性——使我们之所以成为人的机制的集合——是进化过程的产物。然而，人类本身却很少意识到这些机制。

早在达尔文提出进化论之前，人们就知道机体的结构随时间变迁而发生改变。已经灭绝了的恐龙的骨骼化石说明，并非所有过去存在的物种都能延续到今天。古生物学证据显示了动物体型的变化，没有任何生物是静止不变的。而且，物种的结构对环境似乎有巨大的适应力。长颈鹿的长脖子使其能够吃到高处的叶子；乌龟的硬壳是为了保护自己；鸟的喙是为了啄破坚果的外壳获取里面的果仁。那么，我们如何来解释这种随时间变迁而发生的变化，以及这些变化对环境条件的适应呢？

自然选择

达尔文的贡献不在于观察到有机体随时间变迁而发生改变，也不在于注意到适应的进化机制，而在于他提出的适应过程与变化的理论给生物学带来了一场革命，他称这个理论为**自然选择**（natural selection）。

远方！作者：加里拉森（Gary Larson）

“哎，兰迪，你看，雄麻雀正通过唱歌来宣告它的领地呢……这对于低等动物来说是普遍存在的本能”。

达尔文注意到，物种繁殖的后代似乎总比可能存活的后代多。他推测，是那些能使有机体更好生存和繁衍的变化，或变异，导致更多的后代存活，而后代又会继承这些变化。通过这个过程，成功的变异被选择，不成功的变异被淘汰。随着成功变异的频繁发生，逐渐扩散到整个基因谱，从而取代成功率较低的变异。因此，自然选择导致物种随时间渐渐发生改变。一代又一代，这些成功变异开始成为整个种族的特征，而不成功的变异越来越少，逐渐消失。

这种自然选择的过程，有时又被称为*生存选择*，它使达尔文关注妨碍物种生存的事件，他称之为**天敌**（hostile forces of nature）。这些天敌包括食物短缺、疾病、寄生虫、掠食者和恶劣天气等。任何能帮助有机体对抗这些天敌的变异都将增加成功繁衍的概率。例如，选择富含脂肪、糖和蛋白质的食物，将有助于机体幸免于食物短缺；充满抗体的免疫系统将有助于机体幸免于疾病和寄生虫感染；对蛇和蜘蛛的恐惧将使有机体免遭掠食动物的袭击。通过长期、反复的自然选择过程形成的这些机制被称做**适应**（adaptations）。适应使天敌导致的生存和繁衍问题得到内在的解决。

尽管达尔文提出了自然选择理论，但生物世界里还有很多问题困扰着他。他注意到，许多机制似乎公然违背了生存原则。从生存的角度看，漂亮的羽毛、硕大的鹿茸以及雄性物种表现的其他奇怪特征似乎太奢侈。他不明白，色彩斑斓的孔雀羽毛为何能够得以进化，得以普遍化，这样的羽毛显然会威胁到它们的生存。因为当它们开屏时，对掠食者来说，就像显眼的广告。随着对这些反常现象的积累，达尔文又提出了第二个进化理论——性选择理论。

性选择

达尔文认为，孔雀的屏和雄鹿的硕大鹿茸等特征之所以得以进化，是因为它们有助于雄性个体求偶的成功，在竞争理想配偶时能够显示出自己的优势。为了求偶利益而不是生存需要而形成的进化，被称为**性选择**（sexual selection）。

根据达尔文的理论，性选择有两种形式。一种形式是，通过同性的相互竞争，竞争优胜者获得更多接近异性的权利。两只雄鹿抵角相斗的情景构成了这种**同性内部竞争**（intrasexual competition）的经典画面。有利于在争斗中获胜的那些特征（如强壮、聪明），或对异性的吸引力得到了进化，因为胜利者获得了更多的交配机会，从而可以传递更多基因。

另一种性选择形式是**异性选择**（intersexual selection），根据对某些异性特征的偏好来选择配偶。这些特征得以进化，是因为拥有它们的个体会有更多的机会被异性择为配偶，从而繁衍自己的基因。缺乏这些特征的动物被异性排斥，它们的基因逐渐消失。因为雌孔雀喜欢羽毛闪闪发光的雄孔雀，那些羽毛黯淡的雄孔雀就在进化中被淘汰了。主导理论认为，今天的雄孔雀拥有光彩闪闪的羽毛是因为，在进化的历程中，雌孔雀喜欢选择拥有色彩斑斓的雄孔雀为偶（Trivers，1985）。为什么雌孔雀喜欢羽毛光亮的雄孔雀呢？最可能的解释是，这样的羽毛是健康的标志；相比之下，患有严重寄生虫病的雄孔雀的羽毛常常显得暗淡无光。

基因和族内适应性

基因（genes）是 DNA 的汇聚体，由子代从亲代处继承而来。基因是最小的、完整的、通过后代传递的遗传信息单位。将基因作为遗传信息单位促成了另一个重大的发现：自然选择和性选择并不是两个独立的过程。现代的进化生物学家们认为，进化过程是通过**相异基因复制**（differential gene reproduction）来实现的。相异基因复制是指相对于其他基因而得以成功复制的现象。与复制较少的基

同性内部竞争中的胜利有助于获得求偶上的成功，有助于使赢得这些竞争的特质在繁衍中被保留下来，并在种系中得到进化。

由于族内适应，特质得以进化。

因相比，复制较多的基因相对来说更有可能被传递给下一代。因为生存对成功繁衍来说很重要，所以导致更多可能存活的特征会得到传递。求偶也是成功繁衍的关键，所以能在同性内部竞争中获胜或优先被择为配偶的特征也会得到传递。因此，成功生存和竞偶成功是相异基因复制的两个方面。

因此，那些能导致较多繁殖的基因特征被选择，并随时间而进化。从这个意义上说，生存的重要性在于它是基因复制所必需的。然而，许多生物学家坚持认为，自然（生存）选择和性选择是有区别的，因为它们有助于区分两种重要的适应，即帮助个体生存（如对蛇的恐惧）和帮助个体繁衍（如雄鹿抵角相斗）的适应。

建立在相异基因复制基础上的现代进化理论被称为**族内适应性理论**（inclusive fitness theory）（Hamilton，1964）。“inclusive”是指不影响个体的繁殖、但却有助于基因复制的特征，它们可能会影响亲属的生存和繁衍。例如，假如你冒着生命危险去保护妹妹或其他亲属，那么就能使她更好地生存和繁衍。因为你和妹妹有着共享基因（兄弟姐妹平均有50%共享基因），帮助她们生存和繁衍也就等于传播了自己的基因（成功的基因复制）。

帮助这一特质之所以能够进化的关键条件是：作为帮助行为代价的自身繁殖机会的损失必须小于与亲属共享基因得以复制的收益。以跳进湍急的河流中去救落水的妹妹为例，根据帮助行为的进化选择机制，你救起她的概率必须双倍于你被淹死的概率，这样你才会冒着生命危险跳水救她。因此，族内适应性可以说是个体的成功繁衍（通俗来说就是你的后代的数量）加上你对血缘亲属繁衍施加的影响，这一影响的大小取决于血缘关系的远近程度。族内适应性让你为血缘亲属的利益去冒险，但不至于过度冒险。族内适应性理论是对达尔文进化论的扩展和深入，代表了在理解人类特质上取得的重要进展，如利他主义。

进化过程的产物

每个人都是进化过程的产物，都是那些能成功生存、繁衍并帮助其血缘亲属的祖先的后代。进化过程就像一系列的过滤器，每一代只有少量的优秀基因被允许通过过滤器。反复的过滤后只允许三样事物通过——适应、适应的副产品，以及噪音或随机变量。

适　应

适应是选择过程的基本产物。适应可以被界定为“有机体稳定发展起来的生命结构，因为它能够与反复出现的环境结构相吻合，故能导致适应问题的解决”

(Tooby & Cosmides, 1992, p. 104)。适应可以是对甜和油腻食物的味觉；可以是保护血缘亲属的动机；也可以是择偶的特定偏好，如健康的对象。

在大多数的进化史中，过去人们往往生活在一个小的、封闭的群体之中，通常不到 100 人。而在今天，这种情况很少见了。

让我们来逐一考察适应的定义所涉及的内容。强调“稳定发展起来的结构”是指，适应在个体生命全程中有规律地出现。如视觉机制就是稳定发展的，但这并不意味着视觉发展是一成不变的。眼睛的发展也可能因基因突变或外伤而遭到破坏。强调稳定发展并不是说进化就是“遗传决定论”的产物。环境总是适应过程所必需的，环境事件总能干扰或促进适应的进程。

强调“与反复出现的环境结构相吻合”是指，适应的出现或形成来源于环境的选择。环境特征必须重复出现多次才能导致适应的进化。在对它们形成适应之前，毒蛇必须始终有毒；熟果子必须总是那么富有营养；栖身洞穴必须总能提供安全保障。

最后，适应必须有助于适应问题的解决。**适应问题**（adaptive problem）是指阻碍生存和繁衍的任何问题。更准确地说，所有的适应必须在进化的过程中，有利于个体生存、繁衍，或能帮助血缘亲属成功地繁衍。总而言之，适应是解决适应问题的方式，产生于不断出现的环境结构中，并与环境发生交互作用，进而促进机体的成功繁衍。

适应的标志是*特别设计*。也就是说，适应的特征被当做专门化的、问题解决的手段。解决特定适应问题的*效率*、*准确性*、*可靠性*是确认适应特别设计的关键标准。适应就像钥匙，每把钥匙专为一把锁而设计。钥匙（适应）的齿形与锁（适应问题）内的结构必须完全吻合。

所有适应都是历史选择的产物。就此意义而言，我们以石器时代就已有的大脑生活在现代社会中，但现在的世界与那个年代已有诸多不同。例如，古代人的生活圈子相对较小，只有 50~150 人，靠狩猎与采摘来获取食物（Dunbar, 1993）。而现在，许多人都生活在由成千上万的人组成的大城市里。一些古人的适应特征，如**仇外**（xenophobia）或称惧怕陌生人，已经不适应现在的环境了。同时，现代人的一些人格特质，放在已经不存在的古代环境中也会显得是一种退化。

适应的副产品

进化过程中也产生了一些不适应的东西，如**适应的副产品**（by-products of adaptations）。以电灯泡为例，设计电灯泡是用来发光的——这是它的功能，但电灯泡也能发热。发热不是该设计的目的，只是伴随发光而产生的副产品。同理，人类的适应也会产生**进化副产品**（evolutionary by-products），或者说是不能被作为适应的偶发效应。例如，人的鼻子显然是为嗅觉而存在，但实际上它也被用来支撑眼镜，架眼镜就是偶发的副产品。注意，这里的假设是，没有特定的适应（鼻子）就没有适应的副产品（支撑眼镜）。因此，两种进化假设，即适应假设和副产品假设，都是对适应特征的描述。

噪音或随机变量

进化过程的第三个产物是**进化噪音**（evolutionary noise），或称随机变量，它与选择无关。如灯泡的设计，灯泡的表面质地是次要变量，不会影响到灯泡的基本用途。无关变量通过突变进入基因库，如果它不妨碍适应，就会代代不变地遗传下去。

例如，人类耳垂的形状就是一种进化噪音。有的人耳垂长，有的人短；有的人耳垂薄，有的人厚。这些变量是进化噪音，不会影响到耳朵的基本功能。

总之，进化过程有三种产物：适应、适应的副产品、噪音或随机变量。适应是选择过程的主要产物。所以，进化心理学主要识别和描述人类的心理适应。没有特定的适应，就没有特定适应的副产品，因此对副产品的分析，还是需要描述适应。噪音是无关变量的残留物，它与选择无关。因而噪音本质上是不可预测的，它会导致进化机制的随机变化，一般不是进化研究的主要关注点。

进化心理学

进化论的基本观点适用于地球上所有的生命，从粘液菌到人类。下面我们将讨论这一理论在人类心理学中的具体应用，它被称做进化心理学。

进化心理学的前提

进化心理学有三个关键的前提：领域特异性、多样性、功能性。

领域特异性

适应理应是**领域特异性**（domain-specifici）的，因为适应的出现是为了解决进化过程中特定的问题。例如，在选择食物时，我们从周围各种各样的物品中选吃正确的食物。如果采用一个一般决策规则，如“吃你碰到的第一个物品”，将会导致高度的适应不良。因为它不能引导你选择小而精致、既可吃又富营养的食品，而你可能会以有毒植物、小树枝、垃圾或粪便为食，这会妨碍成功生存。进化过程中偏好的机制更具针对性。以食物选择来说，领域特异性是指我们偏好热量丰富和甜美的食物，这使我们选择糖分多的食物，比如熟果子或浆果。一般决策规则不会引导我们从大量的不适应解决策略中找到成功的解决办法。

进化适应具有领域特异性的另一个理由是，不同的适应问题要求不同类型的解决方法。成功解决食物选择问题的味觉偏好，并不能帮助我们成功选择配偶。如果我们用食物偏好作为一般原则来指导配偶选择，就会选择到奇怪的配偶。成功的择偶需要不同于食物选择的机制。领域特异性意味着，每一种适应问题倾向于选择特定的机制。

多样性

在人类进化的历程中，我们的祖先面临着各种各样的适应问题，因而有了多样性的适应机制。如果你翻看一本人体手册，将会发现许多解剖机制和生理机制。心脏用于泵血；肝脏为了解毒；喉能避免我们窒息；汗腺能进行体温调节。

进化心理学家认为，人类的心理，即进化后的心理，也包含许多机制——心理机制。以最常见的害怕和恐惧心理为例，我们倾向于害怕蛇、高处、黑暗、蜘蛛、悬崖和陌生者。因为自然界中有很多危险的敌对力量，所以我们形成了大量针对害怕的适应机制。我们可能还有择偶、社会交往中识别欺骗、喜好、养育子女以及团队合作策略的形成等心理机制。进化心理学家认为，人类有多少需要反复面对的独特适应问题，就有多少与之对应的特定领域的心理机制。

功能性

第三个关键的前提是**功能性**（functionality），其基本观点是心理机制是为了完成特定的适应目标。假如你是一个从事肝脏研究的医学工作者，如果不了解肝脏的功能（如解毒），那么你的研究只能是浅尝辄止。进化心理学家认为，对适应功能的理解也是探究进化了的心理机制的关键。例如，不清楚择偶偏好的作用（例如，选择健康还是繁殖力强的配偶）就不能理解这种选择偏好的意义。探究功能性就需要确定某种进化而来的机制要解决的特定适应问题是什么。

进化心理学假设的实证检验

为了理解进化心理学家是如何检验假设的，我们需要先了解一下进化分析水平的层级（图 8.1 所示）。最上层是选择性进化，可以通过现代的族内适应性理论来理解它（Hamilton，1964）。这个理论已经得到许多事例的直接检验。应用该理论，能在实验室生成新物种。采用选择性进化的原理，能对狗进行选择性繁殖。因为从来没有案例证明选择性进化理论是错误的，因此大多数科学家理所当然地接受它，并进而提出更详细的假设。

下一个层级是中层进化理论，如亲代的投资和性选择理论。依照该理论，两性中能够为后代提供更多投资的一方，对伴侣的选择更“挑剔”。两性中只能给后代提供较少投资的一方，为了接近异性，就需要和大量同性进行更多的竞争。根据此假设，可以派生出许多特定的预测，并通过实验来加以证明。以人类为例，女性承担了亲代投资的重担——体内受精和十月怀胎，属于高投资方。因此，与只需要提供精子的男性相比，她们对配偶的选择会更挑剔。从这个假设中可以得出两种具体预测：（1）女性会选择那些更愿意对自己及后代投资的男性做配偶；（2）女性会离开不能继续给自己及后代投资的男性。

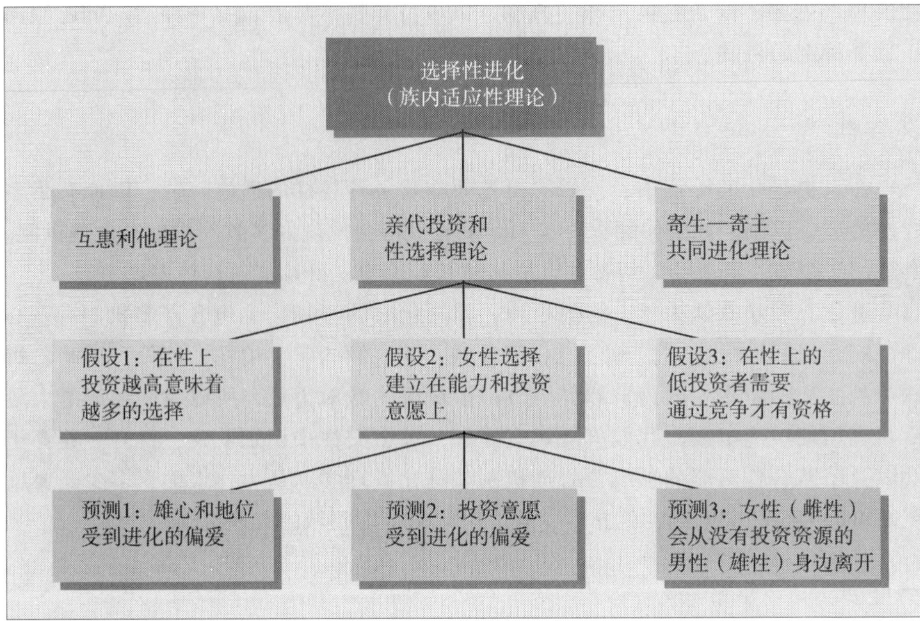

图 8.1

进化分析的层级描述了进化分析的概念层次。最高层是自然选择理论，其现代形式是族内适应性理论。下面的层级是中级进化理论，以及从中衍生的具体假设和预测。通过对衍生的预测进行大量的实验研究来加以证明层级的每个水平。

摘自：Buss，1995a。

从理论中衍生出某种可供检验的预测，研究者通过这种方法能够进行规范的科学实证研究。如果实验结果不支持预测或假设，那么作为其源头的中层理论就存在疑问。如果多次开展的独立研究的结论都一致地支持预测或假设，那么中层理论的可信度就会增加。

由理论推动的实证研究属于**演绎推理法**（deductive reasoning approach），或称“自上而下法”，是科学研究的重要方法之一。另一种同样有效的方法是**归纳推理法**（inductive reasoning approach），或称“自下而上法”，是由数据推动的实证研究。对于归纳推理法来说，首先观察到某种现象，然后研究者寻找或提出与之适应的某种理论。就好像天文学家首先发现宇宙扩张中的星系，然后提出理论解释该现象。心理学家在提出某个理论之前，也发现和记录了许多现象。例如，在人格心理学领域，我们注意到男性比女性更具有身体上的攻击性。尽管选择性进化论不能预测到这种男女差异，但却为接下来的理论研究提供了目标。当然，演绎法和归纳法不仅仅适用于进化论，也适用于人格心理学中的所有理论。

一旦提出某个理论来解释攻击性的性别差异，我们会问：“如果这个理论是对的，那么我们还未观察到的、进一步的预测是什么？” 一个理论的价值所在正是这些进一步的推论预测。如果理论能产生大量的预测，并能被实证研究所证实，我们就知道研究在沿着正确的方向进行。如果理论没有进一步产生可检验的预测，或预测没有被实证研究所证实，那么该理论就有待商榷。例如，一个关于对女性性侵犯的理论指出，被剥夺了与女性性接触机会的男性更有可能对女性攻击，这被称为配偶剥夺理论（mate deprivation theory）（Lalumiere et al.，1996）。但是，研究证据并不支持该假设，因为对女性没有吸引力的男性并不比那些非常具有吸引力的男性更具性攻击性。简言之，配偶剥夺理论似乎是错误的。

进化论的假设有时被批评为含糊的、推测的“假设故事”，意思是说这些假设就像是神话故事，缺乏科学价值。这些批评也有一定合理性，在进化心理学的早期，更多的是空想的思辨者而不是实证研究者。但是最近，进化论的假设开始以一种准确和可检验的方式提出，因此，这些批评也就失效了（Buss，2004；Buss，待发表；Kenrick & Luce，2004）。规范科学的所有标准都适用于进化心理学的假设。每个研究者都有责任尽可能准确地、以可检验的方式提出进化论的假设。

理解这些理论背景之后，让我们再来看看进化论对人格分析的三个关键水平的解释：人类本性、性别差异和个体差异。

人　性

在心理学的历史上，人格的“大”理论旨在解释人类本性的一般内容。例如，弗洛伊德的精神分析理论认为，人类有性与攻击两大核心动机。弗洛伊德的弟子阿德勒认为人的核心动机是追求卓越。一位当代的人格理论家霍根（Robert Hogan）则主张，人会被追求地位（当领导）和被群体接受（和睦相处）的动机所驱使。甚至最激进的行为主义者斯金纳也提出一种内隐的人格理论，认为人类本性是由几个广泛适用的学习机制组成。因此，所有的人格理论都试图回答以下问题：如果人的本性不同于大猩猩、狗、老鼠或者螳螂，那么，它是什么？我们如何找到它？

进化心理学的观点为探索人格的人性成分提供了一系列的工具。进化心理学认为，人性是进化过程的基本产物。那些成功帮助人类生存和繁衍的心理机制逐渐替代了那些成功几率低的心理机制。在进化进程中，成功的机制不断传播开来，逐渐成为种族特征。现在，让我们来逐一考察几个关于人性的进化论假设。

归属需要

霍根（1983）认为，人类最基本的动机是追求社会地位和被群体接受。为了生存和繁衍，早期人类需要解决的最重要的社会问题是如何与群体内的其他成员建立协作关系，以及确立等级关系。获得社会地位与声望更有可能使个体获得大量与繁衍有关的资源，如得到较好的保护、更多的食物和更满意的配偶。

按照霍根的理论，被群体排斥将是一种极大的伤害。因此可以预测，人类已经进化形成了防止被排斥的心理机制。鲍迈斯特和泰斯（Baumeister & Tice，1990）提出，这是**社会焦虑**（social anxiety）的根源和作用。社会焦虑是指个体担心或害怕在人际交往中受到他人的消极评价，是一种防止个体被种族排斥的特有的适应性。漠视他人的排斥，可能导致个体在生存过程中失去群体的保护，并可能因此找不到配偶。因而与建立了群体归属机制（避免做一些会引起批评的事情）的人相比，他们繁殖成功的机率更低。

人类进化形成了群居生活。因此，被群体排斥的人会感到焦虑。

如果这个假设是正确的，我们将得出什么样的可被检验的预测呢？一系列可检验的预测都与能引发社会焦虑的事件有关（Buss，1990）。在生存和繁衍过程中，群体希望避开那些会给群体内其他成员带来损失的人。面临危险时怯懦逃跑、攻击群体内的其他成员、引诱群体内他人的配偶、偷他人东西和谋杀群体成员的行为都会给部分群体成员带来损失。因此，可预期这些社会事件会引发群体排斥，故而社会焦虑机制特别适用于这些事件。

鲍迈斯特和另一研究者（Baunmeister & Leary，1995）通过实验证实，归属需要是人性的主要动机之一。他们认为，群体为成员提供了许多至关重要的适应功能：第一，群体能分享食物、信息和其他资源；第二，群体能抵御外来威胁，或抵御其他群体；第三，群体内有许多可选的配偶，能满足繁殖需要；第四，群体内通常有血缘关系，成员间有机会互相帮助。

许多实证研究支持了鲍迈斯特等关于归属需要的理论。首先，反复出现的外来威胁增加了群体凝聚力（Stein，1976）。有一项研究考察了二战老兵社会联系的持久性（Elder & Clipp，1988）。非常引人注目的是，他们最持久的社会联系是，在 40 年后仍与共同战斗的战友保持联系。在有些战友牺牲的群体中，该效应更强。这说明外来的威胁越大，社会联结越强。

其次，获得资源的机会似乎也是触发社会凝聚力的有力情境。一项研究中，随机将被试分为两组（Rabbie & Horwitz，1969）。分组本身没有增强群体凝聚力，但当根据抛硬币规则，对其中一组给予奖励（晶体管收音机），另一组不给予奖励时，两组的凝聚力都增强了。显然，当资源与群体成员相联时，人们的群体关系会变得更加牢固。

因为人类总是群居的，且在古代环境中，如果不生活在群体内几乎意味着死亡。所以我们有强烈的归属需要，它是人性的一个关键部分。

帮助和利他

进化论为人类的帮助和利他行为提供了一系列相对直接的预测（Burnstein，Crandall，& Kitayama，1994）。一些研究者提出的假设源于汉密尔顿（Hamilton）的族内适应性理论。他们假设，如果受助者有能力使助人者的总体适应性更强，则会使更多的助人行为发生。据此假设，随着助人者和受助者之间共享基因的减少，帮助行为也应该减少。因此，与侄女和外甥相比，你更愿意给亲兄弟姐妹提供帮助。因为侄女和外甥与你的平均共享基因是 25%，而亲兄弟姐妹是 50%。对第一代表兄妹或堂兄妹的帮助机率会更低，因为他们和你共享的基因只有 12.5%。心理学中还没有其他的理论能做出如此精确的梯级预测，并将帮助作为基因关联度的函数，或是明确将血缘关系作为利他行为的潜在影响因素。

美国和日本的一系列研究结果支持了这些预测。一项实验要求被试想像不同的人睡在一栋火势快速蔓延的房子里，告诉他们只有营救一个人的时间。然后要求被试在最可能营救的人上画圈，最不可能营救的人上打叉。结果如图 8.2 所示，帮助是基因共享程度的直接函数，尤其在生死存亡的紧要关头。

然而，基因相关仅是利他主义进化分析的开始。研究者（Burnstein et al.，1994）预测，人们会更多地帮助年轻亲属，而不是年老亲属。因为就成功繁衍来说，对年老者的帮助不及对年轻人的帮助大。具有较高繁殖价值（生养孩子的能力）的个体比繁殖价值低的个体得到的帮助更多。

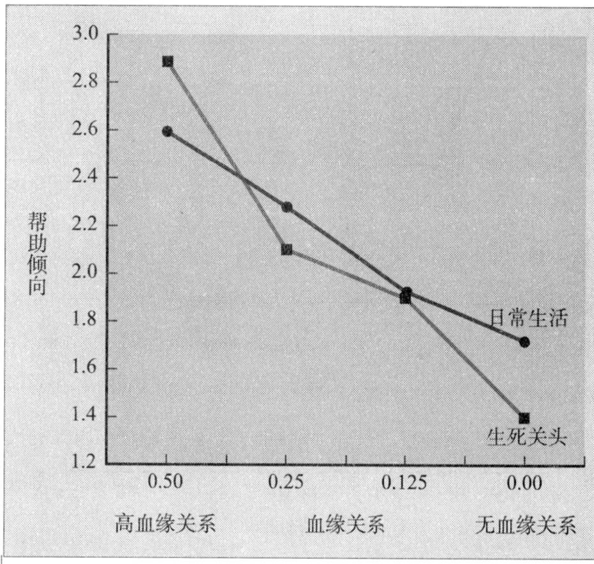

图 8.2

图为在日常生活情境和生死存亡关头两种情境下帮助同族的倾向。基因的共享程度预测了施助的趋势，特别是在生死关头。

资料来源：Burnstein，E.，Crandall，C. & Kitayama，S.（1994）. "Some Neo-Darwinian Decision Rules for Altruism：Weighing Cures for Inclusive Fitness as a Function of the Biological Importance of the Decision." *Journal of Personality & Social Psychology*，67，773-789，figure 2，p. 778. copyright ⓒ 1994 by the American Psychological Association. Reprinted with permission.

一项研究发现，1 岁的孩子会比 10 岁的孩子得到更多的帮助，而 10 岁孩子得到的帮助又多于 45 岁的成年人，75 岁的老年人得到的帮助最少（Burnstein et al.，1994）。对日本人和美国人进行的跨文化研究也验证了这个结果。这些研究进一步支持了这样的假设：亲属的年纪越大，其在生死关头得到的帮助越小。有趣的是，这种现象在生死关头表现得最为明显，而在需要较小帮助的条件下，情况却恰恰相反。例如，在日常生活中帮助某个人跑跑腿之类的小差事，75 岁的人会比 45 岁的人得到更多帮助（图 8.3）。

在一项更有趣的研究中发现，在关乎存亡的危急关头，年轻人更容易获得帮助，如饥荒（Burnstein et al.，1994）。研究要求被试想像自己生活在一个靠近撒哈拉沙漠的非洲国家，那里的饥荒和疾病正在肆虐蔓延。如图 8.4 所示，年龄和帮助倾向之间存在曲线关系。在这种条件下，婴儿得到的帮助比 10 岁孩子得到的帮助要少的多，10 岁孩子得到的帮助最多。然后帮助曲线开始下降，75 岁的老年人得到的帮助最少。

这些研究说明，帮助是人性的一个核心成分，但这种帮助是以一种高度特异性的方式进行的。帮助行为会因人而不同，可以用进化论的观点很好地预测人们帮助他人的方式。

情绪的普遍性

进化心理学家从三种独立的视角出发，对情绪（如恐惧、愤怒和嫉妒）展开研究。第一种以埃克曼（Paul Ekman）的研究为代表。他考察了情绪的面部表达

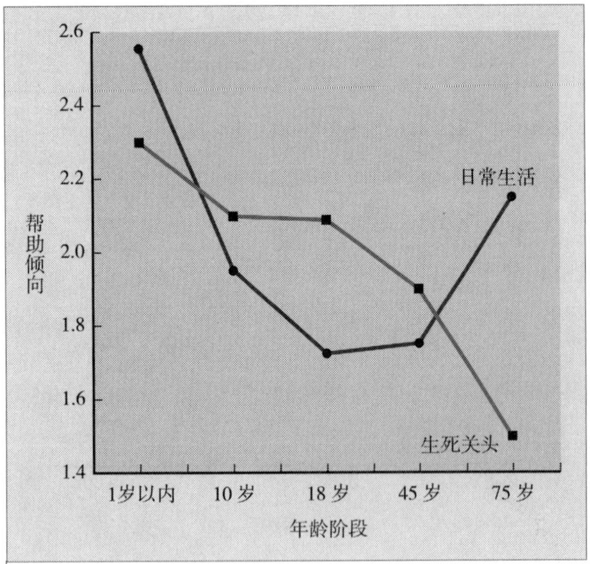

图 8.3

日常生活情境和生死存亡关头接受帮助者的年龄对帮助趋势的影响。当施助事件很小时，人们倾向于帮助那些最需要帮助的人，如老人和孩子；但当帮助成本较大时，年轻人比年老者得到的帮助要多。

资料来源：Burnstein, E., Crandall, C. & Kitayama, S. (1994). "Some Neo-Darwinian Decision Rules for Altruism: Weighing Cures for Inclusive Fitness as a Function of the Biological Importance of the Decision." *Journal of Personality & Social Psychology*, 67, 773-789, figure 3, p. 779. copyright © 1994 by the American Psychological Association. Reprinted with permission.

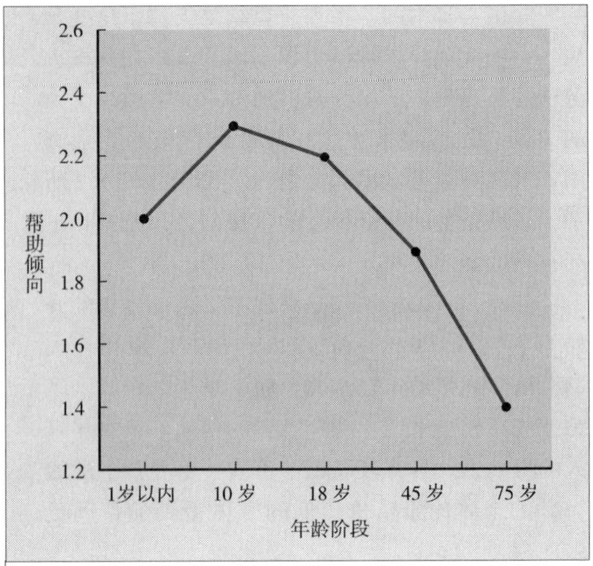

图 8.4

饥荒条件下的帮助倾向。在面临可能会被饿死的情况下，老人和孩子得到的帮助最少；那些最有可能去提供帮助的 10 岁到 45 岁的人，反而得到最多的帮助。

资料来源：Burnstein, E., Crandall, C. & Kitayama, S. (1994). "Some Neo-Darwinian Decision Rules for Altruism: Weighing Cures for Inclusive Fitness as a Function of the Biological Importance of the Decision." *Journal of Personality & Social Psychology*, 67, 773-789, figure 6, p. 780. copyright © 1994 by the American Psychological Association. Reprinted with permission.

是否具有跨文化的一致性，其基本假设是：普遍性是适应的关键指标之一（Ekman，1973，1992a，1992b）。也就是说，如果所有人都拥有某种适应行为（如用微笑表达快乐），那么这种适应就可能是人性的核心成分之一。第二种视角认为，情绪是适应的心理机制，这种机制传达了在社会环境中的各种“适宜可用性”（Ketelaar，1995）。根据这种观点，情绪指导人们朝向与传统环境相适宜的目标（例如，当在群体中的地位提升后一个人会感到快乐），或者避免不适宜的环境条件出现（如被打或虐待）。第三种关于社会情绪的进化论视角是“操控假设”，认为情绪是利用他人的心理机制。如用愤怒的情绪来表达口头威胁，可能比不愤怒情况下的表达更有效。

所有这些关于情绪的进化论视角依赖于这样的假设：情绪是普遍的，并以同样的方式被人们普遍认可。埃克曼（1973，1992a，1992b）率先进行了情绪的跨文化研究。他收集了面部表情不同的几张照片，每张表现一种情绪：快乐、厌恶、愤怒、害怕、惊奇、悲伤和轻蔑。将这些照片分别展示给日本人、智利人、阿根

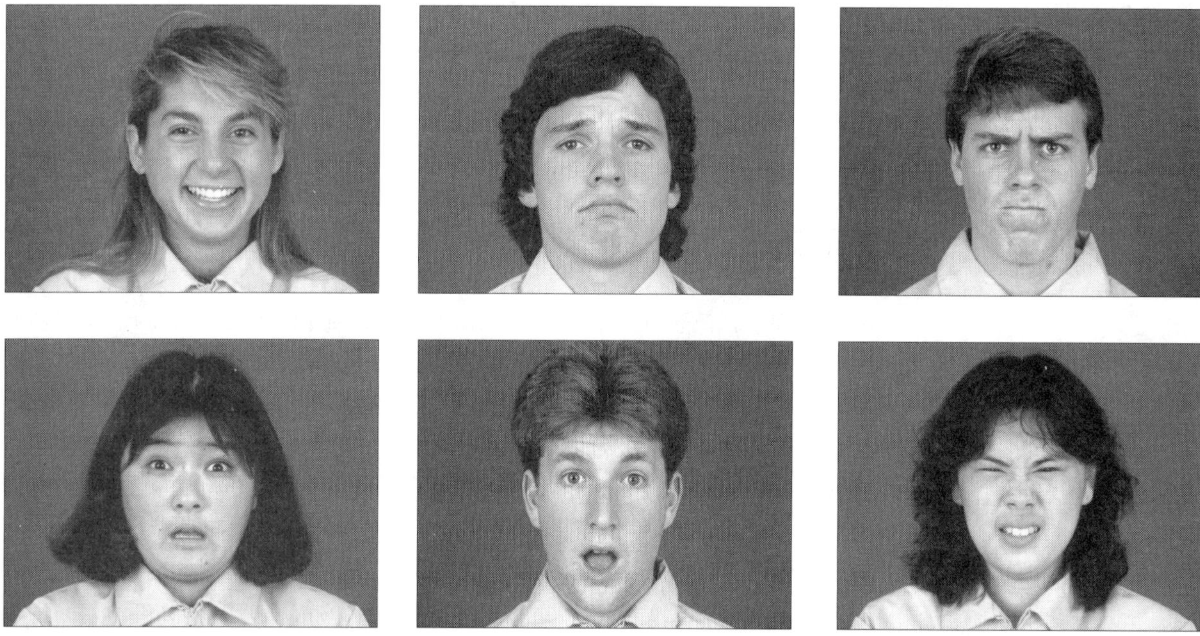

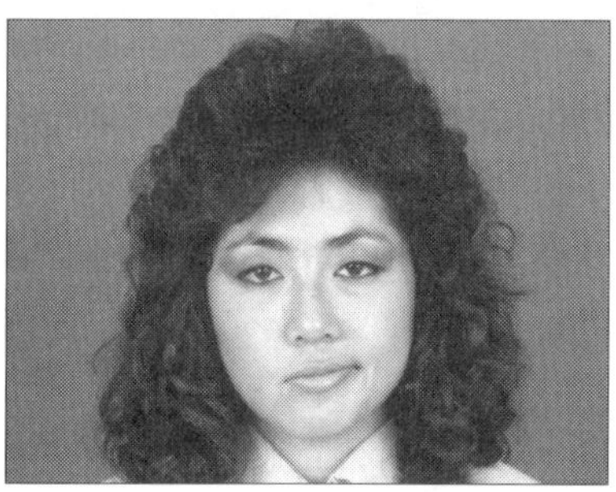

埃克曼的 7 种情绪图片得到了不同文化中的人的正确识别。你能识别与以下情绪对应的图片吗：快乐、厌恶、愤怒、害怕、惊奇、悲伤和轻蔑？

廷人、巴西人和美国人看，结果不同国家的人在面部表情和情绪认知之间表现出了极大的一致性。接下来对意大利、苏格兰、爱沙尼亚、希腊、德国、中国香港、苏门答腊以及土耳其人的研究也支持了情绪认知的普遍性（Ekman et al.，1987）。

对新几内亚福瑞人的研究更是使人印象深刻。这是一个与外界没有任何交流的部落，他们不说英语，没有电视和电影，从未与白种人一起生活过。然而，这个部落的人也表现出了对面部表情和情绪匹配的普遍性。随后的研究显示，轻蔑的面部表情也具有普遍性（Ekman et al.，1987）。虽然情绪的进化心理学研究还处在最初级的阶段，但埃克曼的研究说明：情绪作为人格的主要内容之一，能够被普遍地表达和认知，因而满足了适应的一个重要标准。情绪可以作为进化而来的人性的一部分。

我们仅仅回顾了进化论关于人性成分的几个假设：归属需要、害怕被排斥的社会焦虑、帮助动机和情绪的普遍性。实际上，进化心理学的观点也可以解释人类本性的其他可能成分：如儿童害怕巨响、黑暗、蜘蛛和陌生人；愤怒、嫉妒、热情和爱的情绪；儿童游戏的普遍性；感到受侵害后的报复和复仇；谋求权势以及失去社会地位、名声后的心理痛苦等等。但是，人类本性代表的只是人格分析的一个水平，现在我们来看第二个水平：性别差异。

性别差异

进化心理学预测：在所有人都必须应对的相同或相似的适应问题上，男性和女性是相同或相似的。男性和女性都有汗腺，因为他们都必须解决散热调节的适应问题。男性和女性都有相似的（虽然不是完全相同）味觉偏好，如偏好脂肪、糖、盐，特别是氨基酸，因为他们均面临相似的（虽不完全相同）饮食问题。

在人类的进化史上，男性和女性也面临着大量不同的适应问题。如生理方面，女性要生孩子，而男性则不需要。因此女性进化出男性所没有的特殊适应机制：分娩时子宫收缩，将催产素释放进血液。

在某些适应问题上，男性和女性也面临着不同的信息加工问题。例如，由于受精发生在女性体内，所以男性不太确定后代的血缘。没有解决这个问题的男性面临着为别人孩子投资的风险。所有人都是男性祖先的后裔，他们以增加自己做父亲的可能性，减少为他人后代投资（以为是自己的后代，基因却是其他男性的）的方式行事。

当然，这并不意味着男性会有意识地思考这种危及父亲身份的适应问题。男性不会去想："哦，如果我的妻子与其他男性有染，我敢肯定这将危及我作为孩子亲生父亲的地位，使我的基因复制处于危险之中。我真得快要疯了。"或者，如果一个男性的妻子服了避孕药，他也不愿去想："哎呀，琼吃了避孕药，她是否与他人有染并不是问题了。毕竟，我的父亲身份是确定无疑的。"然而，猜忌是一种盲目的激情。就像我们对甜食的食欲，对友谊的渴望，他们都是盲目的激情。盲目的猜忌"能力"是在数百万年的进化过程中，由成功的祖先世代传下来的(Buss，2000a)。

女性则需要找一个可靠的、可持续供应资源的来源，从而使其安全度过怀孕期和哺乳期，特别是当食物匮乏的时候（如干旱和寒冷的冬天）。我们也都是女性祖先的后代，女性祖先成功地解决了这种适应性挑战，例如，选择那些有能力积聚资源并且愿意为特定女性付出的配偶（Buss，2003）。没有解决该问题的女性，自己难于生存，后代的生存机会更渺茫，所以未能成为我们的祖先。

进化预测的性别差异（evolutionary-predicted sex differences）指出，在男性和女性面临不同适应问题的领域内，两性之间存在差异（Buss，2004）。从人类漫长的进化历程来看，男性和女性在许多领域内都面临着不同的适应问题。进化心理学家认为他们保持同样心理进化机制的可能性实际为零（Symons，1992）。因此，关键问题不是"男性和女性心理上有差异吗？"从进化心理学的观点来看，两性的差异问题主要是以下几个问题：

1. 男女在什么领域内面临不同的适应问题?
2. 面对不同的进化适应问题，男女形成的不同的心理机制是什么?
3. 哪些社会的、文化的和情境的因素影响了性别差异表现?

本节将回顾一些被认为存在性别差异的主要领域：攻击性、嫉妒、追求性伴侣的多样性和择偶偏好。

攻击性的性别差异

我们所知的最早死于他杀的人是尼安德特的一位男性，他死于 5 万年前(Trinkaus & Zimmerman, 1982)。他被人从前面刺中左胸，说明行凶者是右利手。随着古生物学探查工作的逐渐深入，有关我们祖先的史前暴力证据正在迅速增加(Daly & Wilson, 1988)。从古代人的骨骼残骸中所发现的头盖骨和肋骨似乎说明不了什么，除非留有匕首刺伤或棍棒打击的痕迹。偶尔也能在骨骼残骸中发现凶器的碎片。这些考古学的证据表明，人类似乎有着很长的暴力进化史。

1965 年~1980 年，芝加哥的杀人犯中 86%是男性 (Daly & Wilson, 1988)。这些案件中 80%的受害者也是男性。尽管这些确切的百分比可能存在文化差异，但对杀人者的跨文化统计研究显示了惊人的相似性。在各种文化的统计数据中，男性杀人犯占绝大多数，被害者也多为男性。任何关于攻击性的全面且合理的理论必须要能解释这样两个事实：为什么男性比女性更多地采取暴力攻击? 为什么大多数暴力攻击的受害者是男性?

同性内部竞争的进化理论为解释该现象奠定了基础。该理论从亲代投资和性选择理论进行了分析 (Trivers, 1972)。在女性对后代的投资高于男性的种族里，对男性来说，女性是繁衍后代的稀有资源。限制男性繁衍的不是其自身的生存能力，而是其获得性接触的能力。也就是说，在一个女性只能养育少量后代的种族里，如人类，女性会特别挑剔地选择男性配偶，而男性必须通过竞争才能获得女性配偶。

雌性哺乳动物要承担怀孕和哺乳的生理负担，因而在亲代投资的最低保障上，两性存在明显的性别差异。雄性能够比雌性拥有更多的后代。换句话说，雄性繁殖的上限比雌性更高。这种差异导致了两性的繁殖差异 (variances)。因此，在有没有后代的问题上，雄性面临的问题大于雌性：大多数雌性都会有后代；而对于雄性，有的多子多孙，有的却一无所有。这就是**一夫多妻效应** (effective polygyny)。

一般而言，繁殖差异越大，差异较大一方的内部竞争就越激烈。一个极端的例子是生活在北加利福尼亚附近海岸的海象，在特定的哺育季节，5%的雄海象繁育了 85%的小海象 (Le Boeuf & Reiter, 1988)。越是在同一性别内部表现出高度繁殖差异的物种，越具有较高的**性别分化** (sexually dimorphic) 倾向，即在大小和结构上出现较大的性别差异。一夫多妻效应越强，性别分化越高；性别分化越高，结构和大小的差异越大 (Trivers, 1985)。海象体型的大小具有很大的性别差异：雄海象相当于雌海象的 4 倍 (Le Boeuf & Reiter, 1988)。黑猩猩的体型性别差异

男性倾向于采取冒险的竞争策略，如攻击和暴力。

较小：雄性体型约是雌性的 2 倍。人类只有轻微的差别，男性比女性高大约 12%。在原始物种里，一夫多妻效应越大，性别分化越严重，两性间繁殖差异也越大（Alexander et al.，1979）。

一夫多妻效应意味着某些雄性可以得到较多的交配机会，而另一些则完全没有交配机会，因而他们对繁殖后代几乎没有任何作用。这种机制引发了高繁殖差异一方同性间的激烈竞争。本质上，一夫多妻制选择的是冒险策略，如与对手的暴力争斗和为获得吸引异性配偶所需的资源而采取更多的冒险行为。

暴力既可能发生在社会上层也可能发生在社会底层。假设男女比率相等，如果一个男性占有两个女性，就会使另一个男性被迫成为单身汉（Daly & Wilson，1996）。对于面临无繁殖机会的男性来说，冒险和攻击可能是最后的手段。暴力犯罪资料显示，与已婚的富裕男性相比，贫穷的未婚男性更可能成为杀人犯（Wilson & Daly，1985）。当然，这只是相关研究的结果。所以，我们不能断定贫穷和未婚是暴力行为的原因（第三变量，如攻击性人格特质，可能是由于贫穷、未婚和暴力的原因）。

这为跨文化谋杀研究的两个结果提供了解释。一夫多妻制的漫长历史导致暴力罪犯者多为男性。纵观人类进化的历程，男性性策略的特征是：为了女性，为了吸引女性的社会地位和资源而进行同性内部竞争。男性的平均死亡年龄比女性年轻 7 岁，这就是攻击和冒险策略的标志之一（Promislow，2003）。

与女性相比，男性更多成为暴力攻击的受害者是因为男性之间总是进行竞争。对任一男性来说，其他男性都有可能阻碍他接近女性。随着攻击性的增强，受伤或早死的概率就会增加。总之，通过同性内部竞争的进化理论可以很好地预测攻击方式。即使那些坚持认为大多数心理和行为的性别差异源于社会角色的心理学家也不得不承认，攻击性的性别差异最有可能源于男性和女性在漫长进化过程中所面临的不同适应问题。

嫉妒的性别差异

适应问题导致另一个性别差异是因为，受孕发生在女性体内，具有不可见性。这意味着，在整个进化历程中，男性始终冒着为别人的孩子投资的风险。但是，女性从不用担心孩子是不是自己的。因此，从一个男性祖先的角度来看，对繁衍伤害最大的行为是配偶与其他男性性交而怀孕，这将损害其基因传递的确定性。

然而，从一个女性祖先的角度来看，配偶和其他女性有染将不会损害到其作为孩子母亲的确定性。可是，这种不忠对女性的成功繁殖却是一种极大的威胁，她有可能因此失去配偶的资源、时间、承诺以及投资，所有这些都可能转向其他女性。

为此，进化心理学家预测，对于引发性嫉妒的因素，男性和女性有着不同的评价。具体说，男性最嫉妒女性的性不忠；而女性则最妒忌男性承诺的长期转移，如移情别恋。为了检验这些假设，让被试置身于苦恼的两难情境以观察其反应，你也可以参与进来。具体看下面的练习。

练习

请思考你曾拥有过的，或正在经历的，亦或将来将体验到的一段认真、付出承诺的浪漫恋爱关系。假如你发现你真心爱恋的人变得对他（她）人感兴趣，下面哪种情况使你更痛苦或心烦？

1. 你的恋人在情感上深深依恋别人。
2. 你的恋人热衷于与别人的性关系。

如图 8.5 所示，当想像恋人与别人有性关系时，男性比女性更痛苦（Buss et al.，1992）。相反，当想像恋人感情出轨时，绝大多数的女性感到更痛苦。但这并不意味着男性对恋人的移情别恋，或女性对恋人的性不忠不在意，事实并非如此。无论是性不忠还是情感不忠，都会使男性和女性感到苦恼。然而，当被迫选择哪种情况更令人痛苦时，正如进化理论所预测的那样，出现了很大的性别差异。对痛苦程度进行的生理测试也支持了这个结论（Buss et al.，1992；Pietrzak，Laird，Stevens，& Thompson，2002）。当想到恋人与别人有性关系时，男性的心率每分钟增加 5 次，相当于一次喝了三杯咖啡。同时，他们的皮肤导电性也升高了，而且眉头也皱起来了。与之相对，当想像恋人移情于别人时，女性表现出较大的生理痛苦。

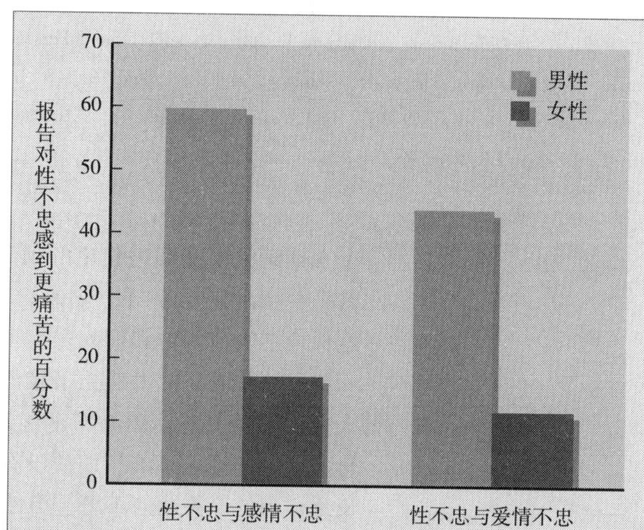

图 8.5

报告对性不忠比对情感和爱情不忠感到更痛苦的百分比。男性和女性有较大差异，较多男性对性不忠感到更痛苦，绝大多数女性对情感不忠和爱不忠感到更痛苦。

资料来源：Buss，D.M.，Larsen，R.，Westen，D. & Semmelroth，J.（1992）. "Sex Differences in Jealousy: Evolution. Physiology，and Psychology，" *Psychological Science*，3，251–255，fig.1，top panel，p. 251. Copyright © 1992 Blackwell Publishers UK. Reprinted by permission.

跨文化研究中是否发现了这些性别差异呢？迄今为止，研究者已在德国、荷兰和韩国进行了重复验证（Buunk et al.，1996），结果见图 8.6。其他研究者在韩国和日本也得到了同样的结果（Buss et al.，1999）。嫉妒的性别差异在各种文

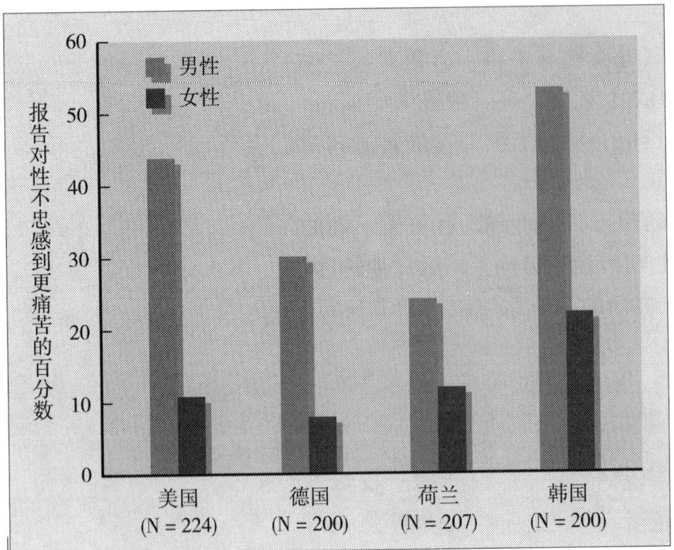

图 8.6

四种文化中嫉妒的性别差异。在四种文化背景下，均是较多男性对恋人的性不忠感到更痛苦，而大多数女性对恋人的感情不忠感到更痛苦。

资料来源：Buunk，A.P.，Angleitner，A.，Oubaid，V. & Buss，D.M.(1996). "Sex Difference in Jealousy in Evolutionary and Cultural Perspective：Tests from the Netherlands，Germany，and the United States." *Psychological Science*，7，359–363，fig.1，p. 361. Copyright © 1996 Blackwell Publishers UK. Reprinted by permission.

化背景下都很稳定。

并非每一个心理学家都同意进化论的解释。有研究者（DeSteno & Salovey，1996）提出，男女的差异在于他们对性不忠和感情不忠有着不同的看法。例如，当男性想像他的女伴与其他男性有性关系时，他可能也会认为女伴同时有情感的投入，这就是所谓的双重不忠。这些研究者认为，男性对性不忠比对感情不忠感到更痛苦的理由不是因为男性真的更嫉妒性不忠，而是因为男性"相信"性不忠将会造成双重不忠，其中包含了情感不忠。

这些研究者认为女性有着不同的看法。虽然无法解释其原因，他们认为女性相信反方向的双重不忠：如果她的男伴与别的女人有感情纠葛，同时也会有性卷入。正是这种双重不忠的信念使女性更痛苦，而并不是女性真的对伴侣的感情不忠感到更痛苦。

进化论反对双重不忠的解释。进化心理学家认为，两性之间巨大差异的根源在于生物繁殖基础的不同。选择过程中对两种不忠形式在心理上不产生性别差异是不可能的。然而，科学争端通常由坚实可信的数据资料来解决。研究者在三种文化背景下进行了四个实证研究来证实进化论的预测，反驳双重不忠假设的预测（Buss et al.，1999）。其中一项研究包括 1122 名来自美国东南部一所人文学院的被试。研究者要求他们想像自己的情人对其他人产生了兴趣，然后问：下面哪件事情使你更痛苦或苦恼？（a）你的情人与他人建立了较深的感情关系，但没有性关系？（b）你的情人与他人发生了性关系，但没有感情投入？结果男性和女性的反应约有 35%的不同，符合进化论的准确预测。即使没有性不忠，女性仍然对男性的感情不忠感到更苦恼。反之，即使没有感情不忠，男性仍然对女性的性不忠感到更苦恼。如果双重不忠假设是正确的，那么在只有性不忠或只有感情不忠的情况下，两性的差异应该消失，但事实并不是这样。

第二项研究包括了 234 名男性与女性，研究者使用不同的策略考察了这两种对立的假设（Buss et al.，1999）。研究者要求被试想像发生了最坏的事情，即他们的伴侣对自己双重不忠，与他人发生了性关系并产生了感情。然后要求被试表态，双重不忠的哪一方面更令自己痛苦？结果很明确。研究者发现了较大的性别差异，正如进化理论所预测的那样：63%的男性和 13%的女性表示，性不忠使他们最痛苦；而 87%的女性和 37%的男性表示，感情不忠使他们最痛苦。不论问题如何表述，也不论使用什么方法，每一次检验中都出现了同样的性别差异。其他研究者采用稍有不同的研究方法，在不同的文化背景中，如在瑞典（Wiederman & Kendall，1999），证实了这些发现。研究者（Wiederman & Kendall）在其研究报告中总结道："与双重不忠的解释相反，被试所做的选择与另一半对恋爱关系之外的性关系是否满意无关"（p. 121）。

如今，同样的或相似的性别差异在中国、德国、荷兰、韩国、瑞典和日本得到了重复验证。跨文化研究支持了性别差异普遍存在的理论。而双重不忠不能解释为什么这些性别差异是普遍存在的。从已有的证据来看，双重不忠既没有得到跨文化研究结果的支持，也没能得到证实其预测观点的实验支持，这些实验均支持了基于进化理论假设所做的预测。

尽管运用不同的研究方法进行的跨文化研究——从对嫉妒事件的回忆（Schutzwohl & Koch，待发表）到生理测量（Pietrzak et al.，2002），都发现引发嫉妒的事件存在性别差异，但是这一结果还在不断地面临挑战（Harris，2000；DeSteno，Bartlett，Salovey，& Braverman，2002）。在信念理论遭到反复驳斥之后，该理论的提出者似乎完全抛弃了它。可是，他们现在开始改变立场，不再提出另一种解释，而是指出嫉妒的性别差异仅仅是实验条件下的人为产物（DeSteno et al.，2002）。这些研究者使用极端令人不安的任务将被试置身于"高认知负荷"条件下。在此类情况下，他们发现性别差异消失了。就好像将一个饥饿的人吊在悬崖上，他面临着随时掉下悬崖摔死的威胁，这时你会发现"人类没有体验到饥饿"。压倒性的无关刺激会使所有的实验效应都消失。

许多研究使用不同的方法发现了性别差异的存在。在这些研究面前，用"实验的人为性"来驳斥嫉妒存在性别差异的新尝试，还是没能站住脚。例如，在最近的一项设计精巧的研究中，研究者（Schutzwohl & Koch，待发表）使用了在过去的嫉妒研究中从未使用过的全新方法。他们让被试听关于自己的浪漫恋爱关系的故事，故事中发生了不忠。在故事里面插入了 10 个已经提前得到证明的不忠线索，其中 5 个被一致诊断为性不忠（如，当他或她希望与伴侣做爱时，伴侣突然变得难以性唤起），5 个被一致诊断感情不忠（如，当他或她告诉伴侣"我爱你"时，伴侣没有任何反应）。一周后突然测试被试的回忆情况，结果男性自然回忆起的性不忠线索（42%）多于感情不忠线索（29%）；而女性自然回忆起的感情不忠线索（40%）多于性不忠线索（24%）。这些发现再一次证明确实存在嫉妒的性别差异，以"实验的人为性"为理由是无法驳倒该假设的（Schutzwohl & Koch，待发表）。

科学的黄金法则是独立的重复验证性。依据这个法则，进化理论已经为嫉妒的性别差异做出了相当好的解释。每一次面临挑战，研究者们各自运用新的研究进一步找出支持嫉妒存在性别差异的证据，以及进化理论对此所做的解释（如，Cann，Mangum，& Wells，2001；Dijkstra & Buunk，2001；Fenigstein & Pelz，2002；Geary et al.，2001；Pietrzak et al.，2002；Sagarin et al.，2003；Shackelford，Buss，& Bennett，2002；Schutzwohl & Koch，待发表）。

追求多个性伴侣的性别差异

进化心理学理论预测的另一种性别差异是追求多个性伴侣（desire for sexual variety）的差异（图 8.7）。该预测源于亲代投资和性选择理论。根据此理论，两性中对后代投资较少的一方，在选择性伴侣时更少挑剔，更倾向于追求多个性伴侣。在古代，男性可以通过增加与不同女性的性接触来提高其繁殖成功的概率。

如果问及你的想法，你希望在下个月有多少个性伴侣？明年呢？整个一生呢？未婚大学生被问到这些问题时，女生的回答是：下个月想要 1 个，一生大约 4 个~5 个（图 8.7，Buss & Schmitt，1993）。而男生希望下个月是 2 个左右，接下来两年 8 个以上，整个一生约 18 个左右。从他们表达的期望来看，男女差异正如进化论所预测的那样。

追求多个性伴侣的性别差异现在得到了一项大型的跨文化研究的验证。研究者们（David Schmitt et al.，2003）调查了来自 52 个国家（从阿根廷到斯洛伐克，再到津巴布韦）遍及 10 个地区的 16288 名被试。研究者使用统一的研究工具，并将其翻译成适合每种文化的语言。在接下来的 30 年内，全球范围的男性希望能有 13 个性伴，女性希望能有 2.5 个性伴侣。简言之，追求多个性伴侣的性别差异很大、很普遍，详见阅读材料。

择偶偏好的性别差异

进化心理学家还预测，男性和女性对长期伴侣的要求也不同。因为女性要承担较重的、不可推卸的亲代投资，所以她们在选择长期伴侣时，更强调潜在男伴

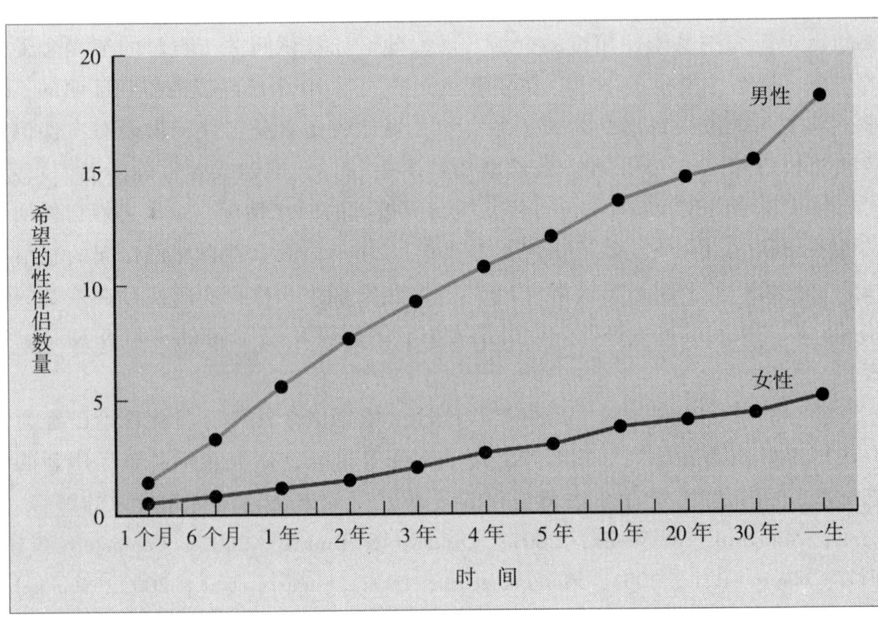

图 8.7

从一个月至一生，在不同的时间内希望的性伴数量。男性和女性在每个时间间隔都表现出不同，并且在一生中需要的性伴侣数量上显示出了最大的性别差异。

资料来源：Buss, D.M. & Schmitt, D.P. (1993). "Sex Strategies Theory: An Evolutionary Perspective on Human Mating." *Psychological Review*, 100, 204-232, figure 2, p.211. Copyright © 1993 by the American Psychological Association. Reprinted with permission.

的经济资源，以及能获得这些资源的品质。相反，男性更注重女性的外貌，并据此来判断繁殖能力。在以大学生为样本的研究中，男性对身体吸引力的等级评价为 4.04，而女性的评价则较低，为 6.26（采用 13 级反向记分，最注重外貌记“1”，最不注重外貌记“13”）。对赚钱能力的评价，男性为 9.92，女性为 8.04（Buss & Barnes，1986）。很明显，男性和女性都把许多其他特征放在外貌和资源之上。特别是，两性都更重视“友好和善解人意”（平均等级：2.20）以及拥有“乐观积极的人格”（平均等级：3.50）。简言之，在选择婚姻伴侣时，人格起着关键作用。但是在该研究中，男性和女性对外貌与资源的评定差异与预测方向相同。事实上，研究者已在 37 种文化中发现了这种性别差异（Buss，1989）。和美国一样，赞比亚、中国、印度尼西亚和挪威的男性均比女性更强调身体吸引力。同样，从世界范围来看，女性比男性更注重未来伴侣的经济前景。或许更重要的是，能带来经济成功的人格特质，如雄心、勤奋和独立，也受到女性的高度重视。

一些心理学家对这些性别差异提出了另外的解释。巴斯等（1986）提出了“结构性无力假说”（structural powerlessness hypothesis，SPH）。该假设认为女性根据收入评价男性不是进化的偏好，而是由于男性往往控制着资源，所以从传统来看，女性获取所需资源的基本途径就是婚姻。女性不得不“以资取人”，因为她们自己没有资源。另有一些研究者（Eagly & Wood，1999）沿着这一思路进一步提出，这种差异的根源在于男性和女性被赋予了不同的社会角色：男性赚钱，女性持家。这是一个令人鼓舞的研究领域，目前各种理论正在竞争中相互碰撞——此为前沿科学的特点之一。再过几年，这样的争论将可以通过实证研究来解决。

练习

下面列出的是你的潜在性伴或配偶可能具有的一些品质。按照你的期望程度给它们排序。1 代表第一期望；2 代表第二期望；3 代表第三期望……13 代表第十三期望。

___ 热情和善解人意	___ 善于持家	___ 大学毕业
___ 虔诚的	___ 聪明	___ 外貌吸引人
___ 乐观积极的人格	___ 能赚钱	___ 健康
___ 有创造力和有美感的	___ 想要孩子	
___ 温和的	___ 遗传力好	

总之，从全球范围来看，人格在择偶偏好中起着关键作用。男女希望自己的婚姻对象具备哪些品质，在某些人格维度上存在普遍的性别差异。虽然关于这一问题的进化论假设已经得到了跨文化研究的支持，但还是有些假设对此提出了挑战，目前的研究正在检验这些假设。

阅读

同意和陌生人发生性关系

行为研究的数据表现出了追求多个性伴侣的性别差异。在佛罗里达州的一所大学进行了一项调查(Clark & Hatfield，1989)，实验助手去接近一些异性，在一番自我介绍后，他们中有人会说：“嗨，最近我一直在注意你，你很迷人。今晚你愿意出去和我约会吗?”另一组说：“今晚你愿意到我宿舍去吗?”第三组说：“今晚你愿意和我做爱吗?”

实验者简单记录了同意者的百分比。在被询问的女生中，55%的同意约会，6%的同意去宿舍，没有人同意做爱。在被询问的男生中，50%的同意外出约会，69%的同意回宿舍，75%的同意做爱。

对提出的性要求，男女的反应有很大差异。许多女性感到被侮辱，认为这样的要求简直太奇怪了。相反，男性通常感觉很受用。在拒绝要求的男生中，25%的人表示抱歉，其他人找出一些借口婉拒，如他的父母或未婚妻正在造访。

这些研究和许多其他研究支持了进化论的假设，即男女在追求多个性伴方面存在差异。男性的性幻想是女性的两倍之多，且在性幻想的过程中，男性常常不断地“变换性伴侣”。也就是说，在一个幻想情节中，男性往往会想像两个或更多的性伴侣(Buss，2003)。事实上，最近的一项元分析发现，在随意的性行为上的态度差异，是两性性领域中的最大差异之一，在这个问题上，男性一般比女性更积极(Oliver & Hyde，1993)。

记者安吉尔对这些结果表示质疑。他认为，女性在这些情况下和男性一样容易上床，但是对自己人身安全的担心去阻止了此行为(Angier，1999)。北德克萨斯大学的克拉克(Russell Clark，1990)调查了这种可能性。首先，他在不同的地区，采用不同的样本重复了“与陌生人发生性关系”的研究。研究结果相当一致：男性比女性更愿意与陌生人发生性关系。然后，克拉克注意到，每次研究中都有近半数女性非常愿意与陌生男性出去约会，如果女性担心自己的安全，那么这个举动似乎令人费解。最后，当被问到拒绝的理由时(如果被试选择了拒绝)，男女的回答几乎一样：要么是有男友或女友，要么是对陌生人不够了解。

或许，只要能保证安全，女性确实会想和陌生男性上床；她们愿意约会，只是觉得约会比上床更安全。为了验证这种可能性，克拉克(1990)做了另一个实验。被试经朋友介绍与陌生人接触，这些朋友保证陌生人的诚实性与品格。确保陌生人是热情的、真诚的、可靠的和迷人的。然后问被试一两个问题：“你愿意和他(她)出去约会吗?”，或是“你愿意和他(她)上床吗?”，并要求被试说出理由。

绝大多数被试都同意约会：男性为96%，女性为91%。可是，在上床的问题上，男女之间出现了很大差异：50%的男性同意，而只有5%的女性同意。至于回答拒绝的理由，没有一个女性提到安全问题。很明显，创造一个安全的条件增加了女性同意和陌生人上床的概率(从0到5%)。因此，不能排除安全因素，但性别差异依旧很大。虽然大多数女性都同意和朋友介绍的热情而诚实的陌生人约会，但95%的女性还是不同意和他们上床。

差异不在于“女性是腼腆的”：故作害羞，假装对性不感兴趣，或是像孩童般撒娇；也不在于女性对性没有兴趣。一旦女性决定和某个男性上床，从其表现上看，她的性驱力并不比男性低。然而，毋庸置疑，大多数女性确实会非常小心地选择性交对象。大多数情况下，她们会避免和一个完全陌生的男性上床。而男性则很愿意这样做。他们对性请求的反应更多地是说：“什么时间?”或者“为什么不呢?”，接着便会索要请求者的电话号码和住址。

这种差异也同样体现在对婚外情的渴望上。萨克拉曼多州立学院的研究者(Ralph Johnson，1970)发现，48%的美国男性表示希望有婚外性行为，而女性只有5%。推孟(Lewis Terman，1938)所做的一项经典研究调查了769名美国男性和770名美国女性，结果发现72%的男性承认有时希望婚外性行为，而女性只有27%。德国的一项研究结果与此类似，46%的男性和6%的女性承认，如果有机会和婚外性伴做爱，他们会利用这个机会(Sigusch & Schmidt，1971)。新墨西哥大学的研究者也发现了相似的性别差异(Seal，Agosinelli，& Hannett，1994)。

当然，面对调查者，女性可能不好意思承认她们有性欲望。所以，上面的调查数据可能低估了女性的性驱力。然而，这一性别差异得到了很多调查和研究的充分证明，我们没有理由怀疑男性和女性在性欲望上的差异。

个体差异

对个体差异的研究是人格心理学的核心问题，也是进化心理学家面临的最大挑战和最困难的分析层面。科学家们在性别差异领域已经积累了较多的研究证据，而关于适应的个体差异问题，研究证据还很少。因此，这一部分内容肯定比前面的内容更主观、更初步。

进化心理学的主导观点对个体差异有几种不同方式的解释。最普遍的解释认为，个体差异是由不同的环境作用于物种（人类）的心理机制所引起的。以人的手掌或脚掌上出现的老茧来做个类比，老茧的个体间差异可以解释为：个体皮肤反复摩擦的次数不同。假设所有的个体产生老茧的机制是一样的，那么个体差异就是环境差异的结果，是不同环境不同程度地激发了老茧的生成机制。进化心理学家援引了相似的解释来说明个体的心理差异。我们将在本节讨论这种基于环境效应的解释，以及其他的两种基于进化论的解释：可遗传特征的适应性自我评价和频率依赖性选择策略。

环境诱发的个体差异

一种理论认为，早期的重要事件，例如有没有父亲照顾，造成了个体特定的性策略（Belsky，Steinberg，& Draper，1991）。依据该理论，出生后头 5 年成长在没有父亲的家庭中的孩子会产生这样的预期：亲代资源是不可靠的或不能依赖的。这些孩子还会进一步预期：成人的婚姻关系并不会持久。他们逐渐形成以性早熟、早期性行为和频繁更换性伴为特征的性策略，即繁殖大量后代的性策略。外向和冲动的人格特质会与之相随，并且促进此策略的形成。他们认为其他人是不可靠的，人与人的关系也只是暂时的。他们从短暂的性关系中获得的资源是偶然获取的，并且会很快消失。

反之，依据此理论，5 岁之前拥有稳定父爱的孩子对他人的本性和可靠性有着不同的期望。他们认为他人是可靠的，人与人的关系也是长久的。这些早期的环境因素促使个体采取长期性的性策略：性成熟较晚；初次性行为的年龄较大；寻求长期稳定的成人依附关系；不会要太多的孩子，但对孩子的投资较多。

一些实证研究支持了该理论。例如，离异家庭的孩子比完整家庭的孩子表现出更多的性乱交（Belsky et al.，1991）。此外，缺乏父爱的女孩较之拥有父爱的女孩的月经初潮（第一次来月经）来得更早（Kim，Smith，& Palermiti，1997）。然而，这些都是相关研究，因此不能推测因果关系。事实也可能是，追求短期婚姻策略的男性有一种先天的遗传基因，他们更容易离婚，也更可能将此基因传递给后代（Bailey，Kirk，Zhu，Dunne，& Martin，2000）。尽管目前缺乏确凿的数据支持，但这个理论还是很好地用进化的观点阐述了个体差异的出现：环境差异对特定物种的影响机制。

适应性自我评价的先天个体差异

关于人格的另一种进化论分析是评价一个人的强弱。例如，在社会交往中人们可能采取两种策略：以使用暴力为特征的攻击性策略和旨在合作的非攻击性策略。然而，这些策略的成功取决于个体的体格、力量和搏斗能力。体形强健的人较之瘦弱者或肥胖者能更成功地实施攻击性策略。如果人类在进化过程中形成了对自己身体能力的评价，他们便能确定采取哪种社交策略最有可能取得成功。因此，在攻击性和合作性维度上，适应性自我评价能够产生稳定的个体差异。在本例中，攻击性倾向并不是直接遗传而来的，而是属于**反应性遗传特征**（reactively heritable）：体型遗传特征的次级产物（Tooby & Cosmides，1990）。有一些证据支持了这个观点：对体型的自我评价影响到个体是否采取攻击性策略（Buss，2004）。

研究表明，中胚叶型（强健型）的男性较之外胚叶型（瘦弱型）或内胚叶型（肥胖型）的男性，更有可能成为青少年犯（Glueck & Glueck，1956；Stewart，1980）。然而，这些是相关性的数据，所以体型的自我评价与攻击性之间的因果关系尚不明确。然而，对遗传特征的适应性自我评价为理解适应方式的个体差异开辟了一条令人激动的新途径。但这不是惟一的途径，另一条途径是通过频率依赖性选择策略来理解适应性的个体差异。

频率依赖性策略的个体差异

按照反应性遗传的观点，与一个健壮结实的男性相比，一个瘦弱、纤细的男性更少使用攻击策略。

选择进化的过程倾向于消灭遗传变异。也就是说，成功的遗传变异倾向于取代不成功的变异，致使物种的典型适应表现出较小的遗传变异，或没有变异。例如，人类都有两只眼睛。

这种研究趋势有一个重大例外：**频率依赖性选择**（frequency-dependent selection）。某些情境下，一个物种内可以有两个或多个遗传变异得到进化。最典型的例子就是性别。在有性繁殖的物种中，基于频率依赖性选择，两种性别的个体的数量大致相等。如果一种性别的个体相对变少了，进化机制将会增加这种性别的个体的数量。从这个例子来看，频率依赖性选择使得男性和女性的数量大致相等。

甘杰斯特和辛普森（Gangestad & Simpson，1990）提出，女性择偶策略的个体差异就是由频率依赖性选择所造成（以及保持）的。研究者（Maynard Smith，1982）通过观察发现，采取同样择偶策略的个体间的竞争最激烈，这为进化论的选择策略奠定了基础。

根据甘杰斯特和辛普森的观点，女性择偶主要考虑两个关键因素：男性对亲代的投资和他的基因品质。找一个能够并愿意为自己和孩子投资的男性是成功繁殖的极大保障。同样，不考虑男性的投资能力，女性通过选择具有优秀遗传品质的男性也可以从中获利，因为这种优秀基因品质可以传递给下一代。例如，携带健康、帅气或性感基因的男性能将这些基因传递给子女。

然而，有时候这二者不可兼得，需要权衡。例如，对许多女性都有吸引力的男性，可能不愿意对一位女性做出承诺。因此，追求男性优秀基因的女性将不得不接受没有亲代投资的、短期的性关系。

根据甘杰斯特和辛普森的观点，这些不同的选择因素使女性产生两种择偶策略。追求较高亲代投资的女性将会采取**约束型性策略**（restricted sexual strategy），即推迟发生性关系，延长求爱期。这将使她能够评估一个男性的责任心，考察这个男性是否与其他的女性或孩子有瓜葛，同时表明自己对该男性的忠实程度，以确保男性与后代之间的亲子关系。

另一方面，追求高遗传品质的女性没有理由推迟发生性关系。对她而言，男性的责任心不太重要，所以无需对他是否与其他女性有关系进行评价。事实上，如果对一个追求短期性策略的男性采取拖延政策，很可能会失去与其性交的机会，从而与她择偶所使用的主要适应性理由相悖。这就是**非约束型择偶策略**（unrestricted mating strategy）。

甘杰斯特和辛普森认为，女性的这两种策略通过进化而来，并通过频率依赖性选择得以保持。当采取非约束型的择偶策略的女性增加时，下一代中“性感儿子”(sexy son）的数量也会增加。然而，“性感儿子”之间的竞争会随着他们数量的增加变得更激烈。由于太多的“性感儿子”竞争数量有限的女性，因而他们的平均成功率也会下降。

再来看看当采取约束型性策略的女性增加时会发生什么。由于有如此多的女性追求高亲代投资的男性，她们只好彼此竞争。因此，随着寻求高亲代投资的女性数量的增加，该策略的平均成功率就下降了。简言之，频率依赖性选择的关键在于，任何一种策略的成功与否取决于采取该策略的人在总体人口中的数量。当采取某种策略的人增加时，其成功概率就会下降；当采取某种策略的人减少时，其成功概率就会上升。

有些证据支持了这个理论。第一，女性择偶策略的个体差异具有遗传性(Gangestad & Simpson，1990)。第二，有证明表明这两种不同的策略确实存在。第三，采取非约束型性策略的女性更注重与优秀基因有关的男性品质，如外貌迷人和身体健康（Greiling & Buss，2000)。对这种重要的择偶策略的个体差异，我们还需要进行更多的研究。因为它们对社会生活有重大意义，如父亲缺失和单身母亲。

另一种源于频率依赖性选择的人格差异假设是**心理病态**（psychopathy)。它包括这样一簇人格特质：不负责任、行为变化无常、自我中心主义、冲动、缺乏形成持久人际关系的能力、戏剧性人格，以及情感缺乏（如缺乏爱、羞耻心、犯罪感和同情心）（Cleckley，1988；Lalumiere，Harris，& Rice，2001)。心理病态者在社交中采取一种欺诈性的“骗子”策略。病态心理在男性中比在女性中更普遍，但是两性都会出现心理病态者（Mealey，1995)。心理病态者采取一种剥削他人合作倾向的社交策略。在开始假装合作之后，他们通常背叛、说谎或违反协约关系。那些不太可能在主流或传统社会阶层的竞争中获胜的人会使用这种骗子策略（Mealey，1995）。

按照进化论的解释，病态心理策略因频率依赖性选择而得以保持。随着欺骗者数量的增加，合作者的平均损失会升高，进化的适应机制会使这些合作者采取甄别和惩罚的方法来对付病态的欺骗者，从而使欺骗行为的效率降低（Price，Cosmides，& Tooby，2002）。因为心理病态者被甄别和得到惩罚，这种欺骗策略成功的平均机率就会下降。然而，只要病态者的比例不是太大，合作者的比例就会保持在一个合适的状态。

有一些实证研究结果与此关于个体差异的进化理论一致。第一，行为遗传学研究表明，病态心理具有中等的遗传力（Willerman，Loehlin，& Horn，1992）。第二，心理病态者通常追求一种利用性的性策略，这是心理病态者的基因得以增加或被保持的主要途径（Rowe，2001）。例如，同心理正常的男性相比，心理病态的男性更容易性早熟，与更多的女性性交，有更多私生子，结婚后更有可能离婚（Rowe，2001）。这种短期的利用性性策略在高流动人口中会更高，因为在流动人口中，这一策略不用付出名声的代价（Buss，2004）。这是一个给人警示的信息：随着现代社会人口流动性的增加，我们会看到越来越多的心理病态者。最近的研究支持了频率依赖性理论对这种个体差异的解释，它是正常人格变量的一部分，不是“病理症状”（Lalumiere et al.，2001）。总之，这一系列人格特质上的个体差异，如不可靠、自我中心、冲动、戏剧性人格、同情心和其他社会情感的缺失等，可能是频率依赖性选择进化的结果（也可参阅 Millon，1990b，1999，从进化的角度对人格做出更多的探讨）。

总之，我们已经介绍了进化心理学家研究适应性个体差异的三种途径。第一种途径是，不同的环境能够导致个体采用不同的策略。如幼年缺乏父爱导致孩子形成短期的性策略。第二种途径是对遗传特质的适应性自我评价。如中胚叶型体型的个体比外胚叶型的个体采取更多的攻击性策略。第三种途径是，两种可遗传的性策略能够得到频率依赖性选择理论的支持。

当然，这三种类型的个体差异，并不是全部都能用进化论来解释。例如，进化选择的力量在不同的时间和空间会有所不同。因此，进化而来的个体差异可能是由于个体在当地生态环境中面临不同的进化选择压力。例如，我们知道，“镰状细胞”是为了免受蚊传疟疾的感染而产生的一种适应机制，血液中是否存在镰状细胞就是当地生态环境造成的不同进化选择压力而决定的。虽然还没有实验证实人格的个体差异属于这种进化途径，但在解释人格的各种进化论理论中，它仍具有可行性。

大五理论和与进化相关的适应性问题

进化论心理学家试图在进化论的框架下理解“大五”人格维度的重要性

(Buss, 1991b, 1996; Buss & Greiling, 1999; Ellis, Simpson, & Campbell, 2002)。他们把主要的突破口放在下面这个问题上：最具适应性的重要个体差异是什么？因此，大五人格特质成了个体“适应性景观”（adaptive landscape）的最重要的几簇特征(Buss, 1991b)。按照此观点，人类已经进化了“不同的鉴别机制”，以注意并记录那些解决社会适应问题最为有效的个体差异。详细说来，大五的五种因素为如下问题提供了重要答案：

- 谁有可能得到升迁，在社会阶层中获得较高位置和社会地位？（精力充沛、外向性、支配性）
- 谁可能是好的合作者和接纳者；谁将成为你忠诚的朋友和浪漫的伴侣？（随和性）
- 在需要时，谁将是可靠的和可依赖的，并且能用勤奋工作为自己赢得资源？(尽责性)
- 谁将耗尽我的资源，用他们的问题来拖累我，占用我的时间，而自己无法应对逆境？（神经质）
- 我能从谁那里得到明智的忠告？（开放性、智力）

在最近的一项设计精巧的研究中，艾利斯及其同事（Ellis et al., 2002）提出了将大五与进化心理学的理论整合，并开展研究，用以考察大五因素是否和这些与适应性相关的个体差异有关。他们在研究中又添加了两种与进化心理学中的浪漫关系高度相关的个体差异：身体吸引力（健康和繁殖能力的标志）和身体力量(标志着危险时保护朋友或爱侣的能力)。通过因素分析，他们发现大五因素确实与这些重要的适应问题密切相关。例如，随和性高的人，合作性也高，忠于配偶，与配偶真心相爱。外向性高的人，更易升迁，成为组织的领导者，表现出不断提升自己在社会阶层中地位的热情。责任性和效率高的人（尽责性的标志）在关键时候靠得住，易于组织，有较好的赚钱潜力。

这些研究仅仅是用进化论框架来解释大五人格的开始。但是它们已经昭示了一个重要的观点：某种社会环境下的个体差异是适应的结果。我们有理由假设，人类已经形成了注意、探测、命名和准确记忆个体差异的心理敏感性，个体差异与解决关键的社会适应性问题密切相关，这些社会适应问题又最终与生存和繁衍有关。

进化心理学的局限性

同人格的其他研究取向一样，进化心理学也有许多局限性。第一，适应涉及成千上万代的进化历程，我们根本无法回到过去进行准确判断：究竟是何种选择力量作用于人类。科学家们只能对过去的环境和选择力量进行推论。然而，我们现在的行为机制为理解过去提供了一个窗口。例如，我们恐高、怕蛇，说明在过去的进化过程中我们曾经深受其害。人类似乎很轻易就学会一些事情，如怕蛇、怕蜘蛛、怕陌生人等（Seligman & Hager，1972）。男性的强烈性嫉妒说明，在进化过程中，不确定的亲子血缘是一个适应问题。对被组织排斥感到特别痛苦是因为在进化过程中，能够成为一个组织的成员对其生存和繁衍至关重要。因此，知晓越来越多的进化机制可以成为一种重要工具，它有助于我们克服对祖先所处环境的知识了解甚少的限制。

第二，进化科学家对进化而来的心理机制的本质、细节以及特征的理解还仅仅停留在表面。以嫉妒为例，我们对如下问题还知之甚少：引发嫉妒的线索有哪些；产生嫉妒时个体的想法和情绪的特点是什么；嫉妒的行为表现有哪些，如警惕和暴力等，这都是显而易见的。随着更多研究的实施，这种限制也将被克服。

第三，毫无疑问，现在的条件与过去的条件在许多方面是不同的。因此，过去的适应性特征在今天不一定有用。古代人的生活群体一般只有50~150人，且都为近亲（Dunbar，1993）。今天我们生活在大城市，和许许多多的陌生人居住在一起。所以，我们必须记住，选择力已经改变了。就此意义而言，可以说人类是居住在现代社会，而有着石器时代大脑的群体。

第四，对同样的现象，进化论有时候很容易形成不同的、甚至是互相竞争的假设。在很大程度上，这是所有科学都存在的问题，包括人格的其他理论在内。因此，理论上存在矛盾并不是件尴尬的事，而是科学的本质特点之一。科学家的主要责任是以足够准确的方式阐述他们的假设，以便由此推导出对现实的预测。这样，一些矛盾的理论可以相互竞争，并通过客观的实证研究证据来评估它们。

最后，进化论假设有时候被指责为不可证实、也无法证伪的。本章提到的关于攻击性、嫉妒等的进化论假设已经表明，有些指责肯定是错误的。然而，勿庸置疑，某些进化论假设（如某些标准的“社会的”假设）实际上只是构建了一个模糊框架，科学价值不大。这个问题的解决需要对所有相互竞争的理论设立相同的高科学标准。要具备科学上的有用性，应该以尽可能准确的方式形成理论和假设，据此做出预测，以便能够通过实证研究检验其正确性。

总结与评论

选择是进化的关键，或者说是生活形式随时间变迁的关键。更有利于生存、繁衍或血缘亲属成功繁殖的变异被保存下来，并在种族内传播。

进化心理学基于三个基本假设。其一，适应理应具有领域特异性。适应是用来解决特定适应问题的。对某一个适应问题有效的适应，如选择食物，不能用于解决其他适应问题，如选择配偶。其二，适应理应是多样性的。在进化过程中人类面临多少问题，就有可能产生多少种适应。其三，适应是功能性的。只有明白适应是为了解决什么适应性问题，我们才能理解它们。

对进化论假设的实证研究沿着两种途径进行。第一，对中层水平的进化理论，如亲代投资和性选择，我们可以通过自上而下的研究方法来据此推导出特定的预测。第二，从现象观察出发，然后提出一种关于其功能的理论，这是自下而上的研究方法。使用这种研究方法，从关于现象的理论中推导出的特定预测还没有得到观察。

进化心理学的分析适用于人格的三个分析水平：人类本性、性别差异和个体差异。关于人类本性，有证据表明人有进化而来的群体归属的需要；帮助特定他人的需要，如亲属；拥有基本情绪的需要，如快乐、厌恶、愤怒、害怕、惊奇、痛苦和轻蔑。关于性别差异，男性和女性的差异仅仅存在于那些在进化过程中需要他们反复面对的具有不同适应问题的领域，如暴力和攻击倾向、追求多个性伴侣、触发嫉妒的事件、具体的择偶标准（如外貌或资源）等。

个体差异可以用下面三个进化论观点中的任何一个来解释：首先，个体差异是不同环境信息作用于特定类型的心理机制（人格）而产生的。其次，个体差异可以通过对遗传特质的自我评价来理解。再次，个体差异可以通过频率依赖性选择的视角来分析。

进化心理学也开始了对大五人格特质的研究。最近的研究证据表明，大五人格维度可以为解决社会生活中的如下关键问题提供适应性的相关信息：在合作、投入和交换中我能信赖谁（那些随和性高的人）？谁可能得到社会升迁（那些外向性高的人）？谁可能勤奋工作、值得依赖和具有获得资源的潜力（那些责任性高的人）？进化论的进一步研究无疑将解释那些与解决群体生活中的重要社会适应问题有关的个体差异。

在科学发展的现阶段，进化心理学还存在一些局限。首先，我们对人类过去的进化环境以及祖先面临的选择压力的真实情况还知之甚少。其次，我们对进化机制的特征、细节和运作还所知不多，包括引发进化机制的特征以及进化所导致的行为。然而，毫无疑问，进化的观点为我们在人类本性、性别差异和个体差异三个水平上进行人格分析提供了一套非常有用的理论工具。

关键术语

自然选择	适应问题	社会焦虑
天　敌	仇　外	进化预测的性别差异
适　应	适应的副产品	一夫多妻效应
性选择	进化副产品	性别分化
同性内部竞争	进化噪音	反应性遗传特征
异性选择	领域特异性	频率依赖性选择
基　因	功能性	约束型性策略
相异基因复制	演绎推理法	非约束型择偶策略
族内适应性理论	归纳推理法	心理病态

第三编

心理动力领域

III

现在我们把目光转向心理动力领域，主要探讨影响行为、思维和情感的内部心理因素。这一领域的创始人是西格蒙德·弗洛伊德（Sigmund Freud）。弗洛伊德是一位医生和精神病学家，在他的一生中，生物学对其影响深远。弗洛伊德经常采用生物学的术语来比喻心理，例如，弗洛伊德认为心理具有独立的“器官系统”，这些器官系统相对独立地发生作用，同时也相互影响。弗洛伊德的毕生目标就是分析这些心理成分，并描述它们是如何作用于个体的。他称这项工作为精神分析，具体包括人格心理动力理论及其治疗患者的技术。

在该领域中，我们将用两章的内容介绍精神分析理论。在第9章，我们将按照弗洛伊德最初的观点和框架来介绍经典精神分析的理论基础。我们将介绍弗洛伊德最富有影响力的观点，他把人类的心理分为意识和潜意识两个部分。而且，弗洛伊德认为人类心理有三种力量——本我、自我和超我——在调和性与攻击或生本能与死本能的过程中，这些力量之间不断发生相互作用。我们还将谈到弗洛伊德的人格发展观，以及他如何强调童年期的经历在成年人格形成过程中所起的重要作用。

弗洛伊德的一些观点，例如压抑、潜意识过程和记忆的恢复等，久经时间的考验，至今仍是人格研究的主题。尽管如此，弗洛伊德的许多弟子对他的一些观点进行了修正。因此，在第10章，我们将讨论一些当代精神分析理论的观点。如：人格的发展贯穿整个成年期，而不像弗洛伊德最初所提出的那样，人格发展在儿童期就结束了。当代精神分析还充分探讨了依恋在个体发展后期的人际关系方面的重要性。

心理动力领域与其他各个领域的区别在于，心理动力领域更关注心理内部的力量，它们共同活动，相互影响，并与环境发生交互作用。在一定程度上，这一领域类似于生物学领域，因为生物学领域也强调个体内部的力量。但是，在心理动力领域，人们关心的是*心理方面*的机能。在生物学领域，人们关心的是*身体方面*的机能，例如大脑、基因和血液中的化学成分等。

心理动力领域中精神分析的一个基本的假设是，存在潜意识的心理领域。即在个体内部，有一些我们自己拥有却无法了解的部分，这就是潜意识心理。精神分析学者们认为潜意识心理有它们自己的存在方式，包括它们的动机、意志和能量。

心理动力领域的另一个假设是：绝大多数事件的发生都不是偶然的。每一种行为、思想和经验都有一定的意义，或者展现了个体人格的某些方面。例如，口误的发生不是偶然的，而是由于内在的心理冲突。忘记了某人的名字也不是偶然的，而是由于某些事情才不能记起他（她）的名字。梦到飞翔，不是因为梦的随机性，而是因为潜意识的愿望通过梦的形式得以表达。一个人所做、所说和所感受的每一件事情都有其独特的意义，并且能够通过分析内在的心理成分和能量来加以揭示。

我们还将考察弗洛伊德的学生荣格和霍妮的一些主要观点。荣格发展了集体潜意识这一概念，它对所有人来说具有普遍性，而霍妮则是最先采用女权主义来解释弗洛伊德观点的人之一。

在第 11 章，我们将介绍人格的动机方面。在这一方面，心理学家们强调对同一动机而言，不同的个体，其强度不同。动机的个体差异能够帮助心理学家们回答这样一个问题："为什么人们为其所为？"在这一领域，心理学家们研究的最普遍的三种动机是：对成就的欲望、与他人形成亲密人际关系的需要以及权力和影响他人的动机。我们将介绍已经发展起来的用来评估这三种动机的投射技术，以及一些基本的研究。我们还将介绍一种当代的观点，它们认为动机可以是有意识的，也可以是潜意识的，潜意识的动机比有意识的动机对行为的影响更大。

许多关于动机的研究强调匮乏性动机，即动机的产生是由于个体缺乏某些东西。但是，也有学者认为，有一种特殊的动机不是由于匮乏引起，而是由于成长和改变的需要。这是一种更为抽象的需要，是指我们希望实现自我，并且在实现自我的过程中充分发挥我们的潜能。自我实现的需要也可以发生在意识之外，我们做出某种行为，不是由于我们已经详细斟酌了这一行为的合理性，而是直觉告诉我们此时此刻必须那样做。

在本书的第三部分，我们将探讨人格心理动力领域的一些主要观点和研究成果。当你阅读这一部分时，牢记心理动力领域和其他任何领域一样，只涉及到影响人格的某些因素。人格是由多种因素决定的，就像一个拼图游戏，图形由多部分组成。现在就让我们来考察人类心理的深层部分。

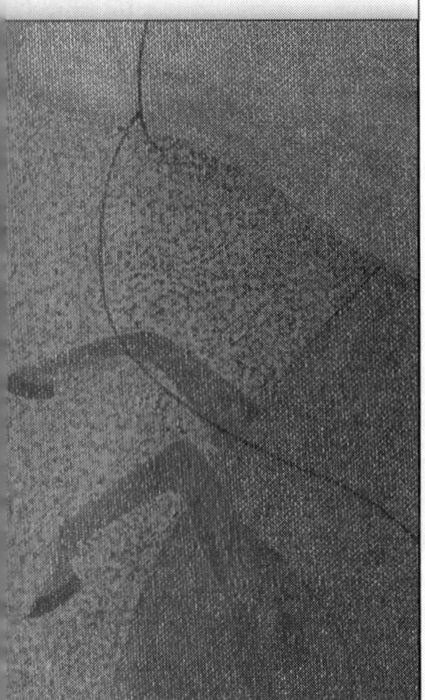

9 人格的精神分析取向

9

心理动力领域

凯特博士是布朗大学的一位政治学与公共政策学教授。1992年，他姐姐给他打来电话说他的外甥参加了一个男童合唱团，正好是凯特小时候参加过的那个。听到这个消息，凯特并没有为外甥步其后尘而高兴，而是感到一种莫名的不愉快。在接下来的几个星期里，凯特变得越来越抑郁烦闷，越来越焦躁不安，甚至在与妻子的关系上也开始出现了不曾有过的困扰。但是，他并没有把这些麻烦与姐姐的电话联系在一起。

不久之后，凯特隐隐约约回忆起一位男性，这个人已经在他的记忆中封存了25年。凯特记得这个人叫法墨，法墨当时是旧金山男童合唱团夏令营的一名管理员，凯特在10岁到13岁之间曾参加过这个夏令营。如今凯特38岁了，在这过去的25年里，他第一次回想起法墨如何在晚上进入他的睡棚，坐到他的床上，触摸他的胸部，然后是腹部，最后伸入他的睡裤里。

为了收集自己遭遇性骚扰的客观证据，凯特还雇佣了一名私家侦探。凯特当时参加的那个合唱团的管理者是马蒂·培根，现在已经87岁了，住在伯克利。当凯特找到她，与她第一次交谈并提到法墨这个名字时，她非常自然地说，由于法墨与合唱团的那些小男孩们“关系过于亲密”，她不得不把他解雇了。当时，凯特的第一感觉就是，非常确信自己所回忆起的性骚扰。而且，在与培根谈过之后，凯特意识到自己不是惟一被法墨骚扰过的男孩。

通过查找合唱团通讯录，凯特教授找到了25年前和他一起参加过合唱团的

118 名男孩中的几十个人的住址。和他们联系之后，凯特很快发现其他的男孩也受过法墨的骚扰，但他们都对这一往事绝口不提。他们之中，一位密歇根大学的教授，一位中西部图书馆的图书管理员，还有一位无家可归的旧金山流浪汉，都声称曾被法墨骚扰过。当时夏令营的护士现在还能非常确信地回忆起曾经看见法墨和一个生病的男孩躺在医务室的床上。那个护士声明当时自己曾把这件事告诉培根，但培根并没有采取任何行动。凯特教授的调查资料表明，当时，夏令营的管理者至少有四次被告知夏令营中有骚扰男孩的事件发生，但他们没有采取任何措施来解决这一问题。

至此，凯特教授比之前更加确信自己被骚扰的记忆是真实的，他决定直接去找法墨谈谈。法墨住在俄勒冈州一个名叫赛欧的小镇上。凯特教授拨通了他的电话，法墨毫不费劲地回忆起了凯特，一下子就知道了凯特是 25 年前夏令营中的某个男孩。法墨问道："我可以为你做点什么？"凯特教授平静地说："能否告诉我，你是否因你对我以及夏令营中其他的一些男孩所做的事情感到自责？"凯特和法墨谈了将近一个小时，并进行了电话录音。法墨承认自己某天晚上到他的睡棚里骚扰了他；承认当时夏令营的管理者知道这件事情，但仍然让自己继续留在夏令营中；承认自己曾经因为骚扰儿童而失去过其他工作；也承认自己知道对儿童们所做的这些行为是违法的。

凯特教授和他的父母于 1993 年 8 月 19 日正式对旧金山男童合唱团提起诉讼，控告合唱团"疏忽或故意"让其员工对参加合唱团的儿童进行性骚扰。最初，合唱团的辩护律师否认这一控告。凯特教授要求合唱团答应以下三个条件：道歉并承认有罪；设置保护措施来保护现在参加夏令营的儿童；支付给凯特教授 450 000 美元赔偿金。在诉讼过程中，凯特教授提供了五个证人的证明材料和法墨与自己的录音记录。一年之后，这一诉讼才得以审理结束。合唱团同意向凯特教授道歉，并设置保护措施来保护现在参加合唱团的儿童，以免他们继续受到性侵犯，同时支付给凯特教授 35 000 美元赔偿金。目前，凯特教授正在撰写一部关于儿童性侵犯的法律方面的著作。

凯特教授是幸运的，因为正好加利福尼亚州做了一些法律调整。对儿童性侵犯者的控告，如果原告回忆起这一事实，获得了独立地有效证据，那么三年之内的任何时侯都可以控告对方。1994 年 7 月 12 日，警方在法墨家中将其逮捕，并把他送到德克萨斯州，然后引渡到加州的普勒玛斯县，即儿童合唱团夏令营所在的地区。根据该地区的法律，法墨被控告在 1967 年和 1968 年分别对三个男孩进行了总共不少于 6 次的性侵犯，其中包括凯特教授。法墨因 25 年前所犯的罪行而受到控告，但他并不认罪。好几本书中都提及了这一精彩个案中的细节（Chu，1998；Schachter，1997）。

一个人可能遗忘诸如性侵犯这样的创伤性事件吗？沉寂多年的记忆，会因为偶然的事件，如一个电话，而再度浮现吗？一旦恢复了对往事的记忆，它会导致抑郁和焦躁不安等情绪困扰，而且本人还不知道其中的原委吗？一些心理学家相信，人们有时并没有意识到自身问题的原因。当对一个有心理问题的人进行治疗时，有些治疗师相信问题的原因存在于个体的潜意识之中，潜意识处于个体意识之外。他们认为，虽然可以完全记忆不起过去的创伤性事件，但多年以后，这些创伤性事件还是会导致心理问题的产生（Bass & Davis，1988）。这种推理使许多州修正了自己的法律条款，例如加利福尼亚州。如果个体回忆起了童年期遭遇的性侵犯，那么可以在三年之内向侵犯者提出控诉。这些治疗师还认为，假如他们能够帮助患者将这些潜意识记忆意识化，即他们能够帮助病人回忆起曾经被遗忘的创伤性记忆，那么就能够帮助病人恢复到正常状态（Baker，1992）。

关于心理问题的原因和治疗的观点源于弗洛伊德（1856~1939）提出的人格理论，人们一般称之为精神分析。在本章，我们将介绍经典精神分析理论的基本观点，并探讨对该理论的内容进行检验的一些实证研究。我们还将分析儿童期记忆的压抑、潜意识动机等概念的科学证据。虽然弗洛伊德的有些观点未能经受住时间的考验，但他的某些观点至今仍被保留，并且是目前研究的热点。由于这一理论多是出自于个人的思考，现在我们首先来简要地回顾一下弗洛伊德的人生经历。

弗洛伊德简介

弗洛伊德于 1856 年出生于摩拉维亚的弗莱堡（现在是捷克共和国的一部分），4 岁的时候，他们举家迁至维也纳，在那里，他度过了自己之后的人生。弗洛伊德在学校读书时成绩非常优秀，并且获得了维也纳大学的医学学位。起初，他是一位神经病学研究者，但是后来他意识到如果自己到一个私人诊所去工作，便能够挣到更多的钱来养活妻子和这个不断壮大的家庭。于是他来到巴黎，跟随沙可（Jean-Martin Charcot）学习催眠。几年之后，弗洛伊德回到维也纳并进行个人实践，治疗患有“神经紊乱”的病人。在这期间，弗洛伊德开始萌生了一个理念：人类心理有不能意识到的成分。潜意识就是指个体没有意识到的那一部分心理。为了理解人们的生活以及生活中所出现的问题，弗洛伊德从经验层面来探索潜意识的含义。从与病人的早期接触中，弗洛伊德推测潜意识心理有其自身的驱动力，并且有其自身的动机和运作逻辑。在以后的职业生涯中，弗洛伊德孜孜不倦地探讨潜意识心理的本质和规律。

这是弗洛伊德 82 岁时的照片，为了避免照出自己受损伤的下颚和咽喉癌等一系列手术留下的难看的疤痕，他坚持拍侧面照。在拍摄了这张照片之后不到一年的时间，弗洛伊德去世（1939）。

弗洛伊德的第一部个人著作《梦的解析》（*The Interpretation of Dreams*）出版于 1900 年。在这本书中，他描述了潜意识心理如何在梦中得以表现，以及梦中所潜藏的能够体现个体内心深处的秘密、欲望和动机的线索。对梦的分析是其治疗方法的基础。最初，这本书的销售情况非常糟糕，然而它却吸引了一些试图理解心理问题的医疗师的关注。到 1902 年，弗洛伊德已经有了一小批追随者（如 Alfred Adler），他们每周三晚上和弗洛伊德聚会一次。在这些聚会中，弗洛伊德讲述他的理论，分享他的灵感，讨论病人的病情。聚会期间，弗洛伊德必然会抽掉一支雪茄，而他一天之中要抽大约 20 支雪茄。在这一时期，弗洛伊德建立起了他的理论体系，并由那些知识渊博的同行们来检验其理论的可行性。到 1908 年，星期三心理学小组的人数有了显著增加，这促使弗洛伊德成立了维也纳精神分析学会（Grosskurth，1991）。

1909 年，弗洛伊德应著名心理学家霍尔（G. Stanley Hall，他后来成为克拉克大学的校长）之邀，前往美国做了一系列精神分析讲座，这是他生命中惟一的一次美国之旅。罗森茨威克（Rosenzweig，1994）描述了弗洛伊德美国之旅期间的一些吸引人的细节。1910 年，国际精神分析协会（International Psychoanalytic Association）成立，弗洛伊德的理论首次在世界范围内得到认可。

人们对弗洛伊德及其工作的评价可谓毁誉参半。接受其观点的人认为他的观点体现出了对人类本性的杰出洞察力，而另一些人则从不同的科学或形而上学的层面来反对他的观点。在一定程度上，他的治疗方法（所谓的谈话治疗）看起来是荒谬可笑的。弗洛伊德认为，一个人在童年期处理性本能和攻击本能的方式决定了其成年期人格的形成。依据维多利亚时代的道德标准，从政治上讲这一观点是不正确的。尽管维也纳精神分析学会的一些初创成员也逐渐不赞同弗洛伊德理论中的发展观，但弗洛伊德继续改进并应用他的理论，终其一生，他完成了 20 本专著和撰写了大量文章。

1938 年，德国入侵奥地利，纳粹开始迫害那里的犹太人。这使作为犹太人的弗洛伊德感到了恐惧。纳粹烧毁了他以及当时的其他一些知识分子的著作。在他人的协助下，弗洛伊德和妻子以及 6 个孩子逃亡到伦敦。次年，弗洛伊德在与下颚癌和喉癌进行了长期痛苦的、令人形毁骨销的抗争后离开了人世。

弗洛伊德逝世后，女儿安娜·弗洛伊德（Anna Freud，也是一位卓越的精神分析学家）一直居住于他在伦敦的房子里，直到 1982 年去世。这栋房子现在已经成为伦敦弗洛伊德博物馆的一部分。参观者可以信步走进弗洛伊德当年的图书室和研究室，这些地方基本上还保留着他在世时的陈设。研究室是当时弗洛伊德治疗病人的地方，目前仍然保存着弗洛伊德的长沙发，上面盖着一张东方毛毯。那里还保存着许多古老的手工艺术品、一些小雕塑和圣像，弗洛伊德似乎对此很着迷，这或许透露出了他不为人知的考古学热情。因此，人们通常把弗洛伊德称做最早的人类心理的考古学者。

精神分析为什么很重要

在整个 20 世纪，弗洛伊德的观点对理解心理的运作方式一直具有深刻的影响，其持续影响从以下几个方面可以看出。首先，即使是在今天，精神分析的观点对心理治疗实践的影响也无处不在，精神分析分会是美国心理学会的第二大分会。“谈话治疗”的基本构想可以追溯到弗洛伊德。即使一位不从事经典精神分析研究的治疗师，其治疗的许多方面也需要依赖精神分析的观点和方法，例如自由联想（作为治疗的一部分，想到什么就说出什么），或者移情（病人在与治疗师的交流中重现自己的人际关系问题）。

另一方面的影响表现在，心理学界对弗洛伊德的某些观点重新掀起了一股研究热潮。心理学研究者重新燃起了对诸如潜意识（如 Bornstein，1999）和防御机制（Cramer & Davidson，1998）这类主题的兴趣。虽然，这些研究者并不赞同弗洛伊德的所有理论观点，他们仍然在为弗洛伊德的某些观点寻找实证支持，无论是弗洛伊德最初的观点还是经其他精神分析学者修正过的观点。

第三方面的影响体现在大众文化中，弗洛伊德的大量观点被整合到我们的日常语言，我们也经常用弗洛伊德的许多观点来理解自己和他人的行为。例如，若某人说“他不能和他的老师好好相处，因为他和权威之间有冲突”，这一评论很明显是基于弗洛伊德的观点。或者假如某人把一个人当前的问题归因于父母教育的不当，这也是弗洛伊德式的解释。又如一个人逃避约会，把她的所有时间都花在琐碎的工作上，若你认为这是由于性冲突，无疑，你采用的也是弗洛伊德的观点。日常行为解释和言语中已经广泛渗透了弗洛伊德的思想，所以，我们对弗洛伊德理论的了解可能比我们实际意识到的要多。

最后说明其理论重要性的是弗洛伊德为许多至今仍被探讨的一些心理学主题和问题奠定了基础。他提出了解决内部冲突的办法。弗洛伊德认为人格发展是阶段性的，提出了一种人格基本成分的结构，同时，他还描述了可能存在于这些成分之间的主要动力关系，并指出心理中有一部分内容是我们本身无法意识到的。至今，当代心理学家们仍然在探讨这些问题。

弗洛伊德开创了一种更加有趣、极富影响甚至是充满争议的理解人类本性的方式。因此，尽管这一理论在当代人格研究中并没有扮演很重要的角色，但每一位学习人格心理学的人都不应该忽略它。弗洛伊德理论中的某些思想至今仍然影响着当代人格理论与研究的许多方面。因此，无论是弗洛伊德的经典理论还是当代修正后的精神分析理论，都值得细细体味。

精神分析理论的基本假设

弗洛伊德关于人类本性的模型是基于“**心理能量**”（psychic energy）这一概念，而正是它驱动了所有的人类活动。是什么驱使人们去做这件事而不是那件事？是什么驱使人们为其所为？弗洛伊德假定每个人的内部都有一个能量来源，并用心理能量这一术语来指称这一动机源泉。弗洛伊德认为，心理能量按照能量守衡的原理来工作：个体所具有的心理能量的量在其整个一生中是恒定的。一个人人格的改变意味心理能量的方向发生了改变。

基本本能：性和攻击

心理能量的基本来源是什么？弗洛伊德认为有一种强大的天生的力量，它为心理系统提供所有的能量。弗洛伊德把这些力量称为**本能**（instincts）。弗洛伊德最初的本能理论深受达尔文进化论的影响。弗洛伊德出生后没几年，达尔文出版了有关进化论的著作。弗洛伊德最初的理论框架包括两类基本本能：自我保护本能（self-preservation instincts）和性本能（sexual instincts）。非常有意思的是，这一观点与达尔文自然选择观点中的两种主要成分很一致：生存的选择和繁衍的选择。因此，弗洛伊德最初的本能分类可能是借鉴了达尔文选择进化的两种形式（Ritvo, 1990）。

但是，在弗洛伊德后来的理论中，他把自我保护本能和性本能合二为一，并把它称为生本能。由于目睹了第一次世界大战给人们带来的恐惧，他提出了死本能的观点。弗洛伊德假定人类具有一种天生的破坏本能，这一本能经常在攻击其他人的过程中表现得非常明显。通常，他把生本能看成是**力比多**（libido），把死的本能看成是**塔纳托斯**（thanatos）。虽然一般把力比多看成是性，但弗洛伊德也用这一术语指所有满足需要、维持生命和追求快乐的动力。同样，塔纳托斯被看成是死本能，但是在很大程度上弗洛伊德也用这一术语来表示所有破坏、伤害和攻击他人或自己的动力。在弗洛伊德的早期生涯中，他的著作更多地涉及到力比多，因为那时这一问题与他自己的生活息息相关。在其晚期生涯中，他更多关注死本能，此时他正在接近死亡。

虽然，最初弗洛伊德认为生本能和死本能是相互对立的，但是后来他认为两者能以不同的方式联系起来。比如吃东西这一行为，弗洛伊德认为，吃东西明显是生本能，为了生存而吸收必需的营养。同时，吃也包括撕、咬、咀嚼，这些行为则是死本能的表现。在另一个例子中，弗洛伊德把强奸看成是极端的死本能的表现，是一个人采用一种极端方式把自己的性能量直接发泄给另一个人。性欲和攻击本能合成单一的动机是一种特别不稳定的混合剂。

按照弗洛伊德的观点，每一个人都有固定的心理能量，这一能量如果被用于一种类型的行为，那么它就不能被用于其他类型的行为。个体通过社会接受的渠道来释放自己的死本能，例如竞争性的运动，那么他就没有更多的能量来从事其他的破坏性活动。每一个人内部的心理能量是固定而有限的，它可以通过各种方式得到这样或那样的释放。

潜意识动机：有时我们不知道自己为什么要那样做

在弗洛伊德看来，人类的心理由三部分构成。**意识**（conscious）部分包括人们当下能够意识到的所有思想、情感和知觉。不管你正在知觉什么或正在思考什么，它们都处于你的意识层面。而这些思想仅仅代表了一小部分对你有用的信息。

如果你需要，还有大量的记忆、梦境与想法能轻易地进入你的头脑中。昨天你穿什么样的衣服？七年级的时候，你最要好的朋友叫什么名字？你有关母亲的最早记忆是什么？这些信息存储于**前意识**（preconscious）之中。任何你目前不能想起，但能够轻易被提取并进入意识中的信息，都处于前意识层面。

潜意识（unconscious）是心理的第三个部分，也是人类心理中最大的一部分。弗洛伊德经常用冰山来比喻心理地形。冰山在水面以上的部分代表意识，我们能够看见的刚好在水表面以下的部分代表前意识，水面以下完全看不见的部分（也是最大的一部分）代表潜意识。图 9.1 是弗洛伊德于 1932 年所绘，他采用图的形式展现了意识的三个水平。最上面的部分是知觉和意识，简写为“pcpt-cs”，中间部分是前意识，最下面的部分是潜意识。潜意识里所包含的是一些不可接受的信息，完全隐藏于意识之外，以致于不能被看成是前意识的。潜意识中所包含的记忆、情感或冲动是非常麻烦的，甚至是令人厌恶的事情，因此，意识到它们会使个体产生焦虑。许多精神分析个案都涉及到令人烦恼的潜意识主题——例如乱伦；对兄妹、父母或配偶的憎恨；儿童时期的创伤性记忆等。

社会不允许人们毫无顾虑地表现他们的各种性本能和攻击本能，所以，个体必须学会控制这些驱力。弗洛伊德认为，控制这些冲动的方式之一是一开始就不让它们进入意识层面。例如，一个对父母非常生气的儿童，可能有一种希望父母死掉的想法。这种想法会使儿童感到非常难受，所以儿童阻止这一想法进入意识层面，并把它们压抑在潜意识中。潜意识中包含个体没有意识到的思想和记忆。在儿童期，许多不可被接受的性冲动和攻击冲动、思想和情感可能会积压在潜意识中。

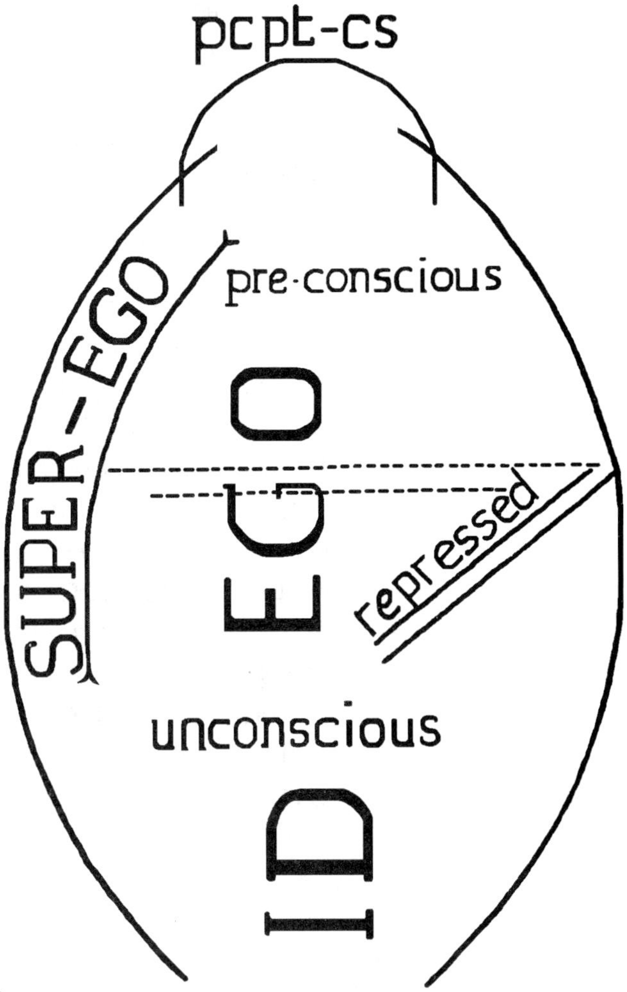

图 9.1

弗洛伊德最初所画的用来描述人格结构和意识水平的图，来自于“第三十一讲”（LECTURE XXXI，1932），《心理人格的解剖》（1932），该书再版于《精神分析引论》一书中，由荷加斯出版社于 1933 年出版。关于这幅图，弗洛伊德主要的不满在于他认为潜意识中的本我所占的空间应该比自我或超我的空间大更多。“假如你愿意的话，你一定要在你的脑海中进行纠正，”弗洛伊德这样建议读者。

弗洛伊德的著名弟子：荣格

荣格（Carl Gustav Jung，1875~1961）是瑞士的一位精神病医生，他对弗洛伊德的人格理论和潜意识思想极为感兴趣，专程前往维也纳拜见弗洛伊德，他们的第一次会面竟然谈了 13 个小时！在此之后，他们的联系非常密切，相互之间的交往信件已经被出版（McGuire，1974）。在弗洛伊德的惟一一次美国之旅中，荣格一路陪同（Rosenzweig 描述，1994）。在去美国的船上，他们有充分的时间相互交谈，并分析彼此的梦。弗洛伊德拒绝讨论他的某些梦时，这可能是他们的关系破裂的前兆。为了维护自己的权威，弗洛伊德不愿与荣格一起对他的一些梦进行无限制的联想（Rosen，1993）。

荣格开始觉得弗洛伊德的理论过于强调性和攻击的作用。弗洛伊德认为潜意识冲突总扮演着与生俱来的负面角色，荣格对这一点也不赞成。对于心理的运作方式，虽然荣格借用了弗洛伊德的基本概念，但他提出了自己的见解，并发展出一套关于生活的理论。荣格为人格心理学贡献了很多观点，例如，他的特质理论促使迈尔斯—布里格斯（Myers-Briggs）类型问卷的形成，这是一个被广泛使用的人格问卷，我们在第 3 章已经做过介绍。荣格还发展了字词联想测验。目前，心理学家基于这一测验的基本观点（对字词的情绪反应影响到对字词的认知加工过程）发明了情绪的 Stroop 测验（将在第 13 章中进行介绍）。

存在个体身上的**集体潜意识**（collective unconscious，也译作“集体无意识”）是荣格提出的最著名的概念，它是对**个人潜意识**（personal unconscious）的一种补充。个人潜意识源于个体自己的独特经历，与弗洛伊德的潜意识非常类似。但是，集体潜意识是历史发展的结果，是人类祖先遗传下来的潜意识内容，包含整个人类所共有的集体原始意象。这些普遍的象征性符号是人类核心情感和经历的知识库，它们在各种不同文化中以神话和故事的形式出现，荣格称之为**原型**（archetypes），它是我们一出生就带有的各种基本的人类需要和本能的表达或意象。例如，新生儿都以一种非常相似的方式对他们的母亲做出反应。因为，出生时在他们的集体潜意识中就有“好母亲”这一原型。生活在不同文化下的人都害怕黑暗，是因为我们有一种恶的隐藏在阴影中的原型。其他两种重要的原型分别是阿尼玛和阿尼姆斯（anima & animus），前者代表人类本性中女性化的一面，后者代表人类本性中男性化的一面。荣格认为，所有人的集体潜意识中都具有男性化和女性化的原型。

然而，集体潜意识是荣格的观点中最有争议的概念之一，荣格坚持认为它存在的依据仅仅是各种不同文化的神话和故事中都具有相同的意象和象征性符号。因此，许多人格心理学家因其未获支持而拒绝他的观点。但是，一个我们意识不到却影响着我们目前行为的远古的集体观念，真的是一种牵强的观点吗？在某些方面，我们在第 8 章中介绍的进化心理学机制，很接近荣格的集体潜意识概念。假如我们把集体潜意识看成是祖先的普遍经验，包含了某些知觉和信息加工的倾向，那么它似乎符合进化心理机制的观点。尽管荣格的理论和进化心理学的理论产生于不同的时代，受到不同理论渊源的影响，但二者具有相似的看法，即我们出生时不是一块“白板”，而是带着从祖先那里遗传下来的先天倾向来到这个世界的。

练习

回想你在孩提时代住的第一套房子或公寓。假如你和大多数人一样，那么你大概能够回忆起 4 岁或 5 岁时的情形。试着回想房子或公寓的结构，房间之间的相对位置。画一幅楼层图，假如有地下室的话，从地下室开始，然后是第一层，然后是上面的房间（假如房子有两层）。在你的楼层图中，标明每一个房间。现在回想每个房间，回想在每个房间里所发生的事情。你很有可能会想起一些人和事，这些人或事是你在十年甚至是更长的时间里都没有想起过的。你也会注意到，许多记忆带有感情色彩，一些记忆是愉快的，而另一些则是不愉快的。能够进入意识层面的记忆处于前意识之中，可能还有一些曾经发生的事情没有被回忆起，因为它们处于潜意识之中。

弗洛伊德认为潜意识中的思想、情感和冲动有它们自己的活动方式。因此，弗洛伊德把这一部分心理称为**动机性潜意识**（motivated unconscious）。许多心理学研究者赞成弗洛伊德的观点，认为人类心理的一部分可能包含的某些信息是心理的另一部分所不能意识到的。我们将在第 10 章中谈到，并不是所有相信有潜意识的心理学家都相信动机性潜意识（Shevrin & Dickman，1980）。弗洛伊德认为，动机性潜意识中的内容在某种意义上具有动力性，它能导致某些特殊的行为、思想和情感。潜意识的冲动，可以通过以下一些方式进入到意识层面：伪装的梦或重复性的恶梦，口误，对其他人的非理性情感（如难以解释的吸引、生气或嫉妒），生理症状（如瘫痪或饮食障碍），或莫名的焦虑等。

心理决定论：没有什么事情是偶然发生的

弗洛伊德认为任何事情的发生都不是偶然的，每一种行为、思想和情感的背后都有其原因。我们的所做、所想、所说和所感都是心理的表现：意识、前意识和潜意识。在他的著作《日常生活的精神病理学》（*The Psychopathology of Everyday Life*）一书中，弗洛伊德谈到这样一个观点，日常生活中看起来很微小的“偶然事件”，通常都是动机性潜意识的表达。例如，叫错某人的名字，错过了某一次约会，摔坏其他人的东西等等。得克萨斯州的共和党成员迪克·阿梅曾把马萨诸塞的国会议员“Frank”喊为“Fag”（Fag，俚语指男同性恋者——译者注）。像这样的混淆经常会令人难堪，但在弗洛伊德看来，这恰恰代表了迪克·阿梅的潜意识动机。每一次口误、迟到、忘记一个人的名字和摔坏其他人的东西都有特定的原因，假如潜意识的成分能够被分析的话，我们就可以找寻它们的原因。

弗洛伊德认为绝大多数心理疾病的症状是由潜意识动机引起的。弗洛伊德不仅提供了与几十个特殊病人的简短谈话内容，还给出了其中 12 个病人的详细病史。通过这些个案，他的心理问题由潜意识记忆或欲望所引起的这一理论得到了支持。例如，弗洛伊德所整理的安娜·欧的个案。虽然弗洛伊德没有参与直接治疗，甚至没有见过安娜·欧这个人，但她的医生布洛伊尔曾咨询过弗洛伊德。当时布洛伊尔正在对安娜·欧进行治疗，安娜·欧的左臂瘫痪，但没有明显的生理原因。在这一治疗过程中，弗洛伊德鼓励布洛伊尔和她讨论她可以回忆起来的任何创伤性经历。最终，安娜·欧不仅回忆起了父亲离开人世的经历，还附带回忆起一条黑蛇。在和布洛伊尔的交谈中，当安娜·欧回忆起这些令人害怕的往事后，其左臂就不再瘫痪了。

安娜·欧这一个案阐明了弗洛伊德的信念，即为了治疗心理上的症状，首先必

阅读

阈下心理动力激活

心理学家和精神分析学家西尔弗曼最先采用**阈下心理动力激活**（subliminal psychodynamic activation，SPA）来研究精神分析概念的效度（Silverman，1976）。

阈下是意识阈限以下的意思。在研究中，通过计算机屏幕给被试呈现一系列字词或短语。这些字词的呈现速度很快，以至于被试不能确定自己的所见。短语是阈下刺激，即在被试的意识之外。

心理动力学意指，精神分析用作刺激的某些短语会对个人造成重要的心理影响。"打爸爸是错误的"这一短语明显具有弗洛伊德所认为的涵义，即所有男孩与父亲之间存在冲突。任何能刺激那些童年期冲突的记忆，甚至是潜意识记忆的语词和表象都具有心理动力。

激活的意思是指心理动力刺激会导致个体心理的某些活动，进而导致个体行为、思维和情感的明显改变。阈下心理动力激活（SPA）技术的操作如下：以很快的速度给实验组被试呈现与精神分析相关的视觉刺激，这种刺激是阈下刺激，即在意识知觉以下。然后，通过考查被试的行为、投射，或以自我报告的方式来测量这一阈下刺激的效果。而呈现给控制组被试的刺激是与心理动力无关的中性短语，例如"人们正在散步"。实验是双盲实验：被试不知道他们所看见的短语是什么（因为是阈下刺激），实验者也不知道每一个被试所看见的是什么短语。但研究结果表明，对于那些令人烦躁的字词，被试表现出很强的皮肤电反应，即使这些字词呈现的速度快到被试无法意识到（5毫秒以内）（Bornstein & Masling，1991）。

20世纪70年代初，自从西尔弗曼介绍了这一技术之后，人们已经采用这一方法进行了数百个研究。研究最多的短语之一是"妈妈和我是一体的"，它代表共生这个心理动力概念，被用来描述母亲和出生后2到6个月的婴儿之间的关系。从6个月到大约3岁左右，儿童逐渐能够把自己与母亲区别开，并开始探究外部世界。许多精神分析学者认为，童年期的精神分裂是由于共生阶段的发展出现问题，导致不能确立自我的边界。

SPA研究采用"妈妈和我是一体的"是为了验证"童年早期的好妈妈"这一共生想象对缓解精神分裂者的症状有益（Silverman & Weinberger，1985，p. 1297）。其他的一些SPA研究使用正常的被试来证明"妈妈和我是一体的"能让被试感觉更好，或对他们的行为产生正向的影响（Weinberger & Silverman，1990）。在一些代表性研究中，给一半被试呈现"妈妈和我是一体的"的阈下刺激，给另一半被试呈现一些中性的阈下刺激，例如"人们正在散步"，然后测量因变量。对于精神分裂的被试，因变量通常是由护士对他们在医院病房里所做出的反应进行评价，或对其他一些痛苦行为、障碍思维的评价。对于正常的被试，因变量通常是他们对内心感受的自我报告，或通过如罗夏墨迹等投射技术所测量的痛苦表现。

几十年来，研究者采用SPA技术已经进行了许多研究，同时也引发了许多争议。有些研究表明SPA技术对被试有益，而有些研究却不支持这一结果。至少有一项研究（Leiter，1982）发现，在给被试呈现"妈妈和我是一体的"阈下刺激后，精神分裂症者的症状反而加剧了。西尔弗曼（1976年）自己的研究结果表明，支持与不支持的比例是4:1。

心理学家哈德威采用元分析技术，对以"妈妈和我是一体的"的研究进行了评价。元分析是指对某个特定主题的所有研究结果进行统计上的合并与平均。在对以共生短语"妈妈和我是一体的"作为刺激的56项已发表的研究进行元分析之后，哈德威（1990年）得出结论，这一阈下刺激"能给适应性行为带来一种适度而可信的改善"（p. 184）。

西尔弗曼最初选择阈下心理动力激活技术是为了理论上的研究。按照精神分析理论，刺激短语必须进入到被试的潜意识中。实验者必须设计一种方法绕过被试的意识层面，直接把刺激置入到被试的潜意识中（Weinberger，1992）。很显然阈下技术正是这样操作的。研究者专门设计了几项实验验证刺激是否真的处于意识层面之外，并能产生预想的效果，正如像精神分析所认为的那样。在这些研究中，把阈下刺激“妈妈和我是一体的”呈现给一部分被试(呈现时间为 4 毫秒)；然而，对于另一部分被试，按阈限以上的方式呈现该刺激（认知阈限之上，持续 10 秒)。研究表明，这些刺激必须要阈下呈现才能影响行为（Hardaway，1990)。

由于研究者使用 SPA 技术时，采用严格控制的实验室设计来研究精神分析的假设，因而广受欢迎(Weinberger，Kelner，& McClelland，1997)。总体来说，这些研究得出了以下三个结论：阈下呈现材料能够影响行为；阈下呈现的心理动力主题具有预测效果；只有当材料阈下呈现时才具有预测效果（Balay & Shevrin，1988)。但是，并不是所有的研究者都认为精神分析的解释是理解这些效果的惟一方法。温伯格和哈德威（Weinberger & Hardaway，1990）对 SPA 的效果给予了另一种可行的解释。例如，从一个研究到另一个研究，因变量发生了变化。一些研究者仅仅报告了支持 SPA 效应的测量变量，而忽视了不能支持这一效应的数据。采用一系列标准的重复测量才能使结果为更多的心理学家所信服。有关阈下心理动力激活的全面讨论可以在《潜意识精神分析的经验观点》（*Empirical Perspectives on the Psychoanalytic Unconscious*）一书中找到（Bornstein & Masling，1998)。

须了解症状的潜意识原因。这种治疗过程常常使人们发掘那些令人不安、不愉快甚至让人厌恶的经验，这些经验早已被压抑，或进入了潜意识之中（Masson，1984)。

人格的结构

精神分析的人格理论描述了在文明社会的种种限制下，人们处理性本能和攻击本能的方式。性本能和攻击本能是经常导致个体与社会和现实之间相冲突的驱力。心理中的一部分产生这些冲动，另一部分了解文明社会的各种期望，还有一部分则试图在现实社会的界限内来满足这些冲动。那么，心理为什么会有这些部分，它们又是如何共同起作用进而形成人格的？

打个比方，我们可以把心理看做管道系统，里面装有水，水产生压力。我们把压力比喻成心理能量，它包括性本能和攻击本能，而能量积累后需要释放。按照弗洛伊德的观点，当内部出现压力时，将会有三种疏通管道的方法：一个管道工认为应该把所有的阀门打开，将压力维持在最低水平；另一个管道工建议采用间接引流法，以免造成混乱；第三个管道工则想使所有的阀门都关闭。现在让我们用弗洛伊德的术语来详细地讨论每一个“心理管道工”。

本我：心理能量的源泉

弗洛伊德认为**本我**（id）是人类心理最原始的部分。人一出生便具有本我，本我是所有驱力和冲动的源泉。如果采用管道来作比喻的话，本我是想把所有的压力释放出来，将紧张维持在最低水平的那个“管道工”。本我像一个被宠坏的孩子：自私、冲动、追求享乐。按照弗洛伊德的观点，本我遵循**快乐原则**（pleasure principle），希望自己的需要立刻得到满足。在满足冲动时，本我不能容忍任何延缓。婴儿期，本我处于主导地位。当婴儿看见一个非常吸引人的玩具时，他（她）就想伸手去拿，拿不到就会大哭大闹。有时婴儿的需要是明显不合理的，因为本我遵循快乐原则，所以它不讲道理，不遵循逻辑，没有价值和道德感（而是即刻的满足），几乎没有一丁点儿耐心。

本我还遵循**初级加工思维**（primary process thinking），这种思维既不遵循意识思想中的逻辑原则，也没有现实基础，梦和想象就是初级加工思维的经典例子。虽然它不遵循一般的现实性原则（如在梦中，人们会飞檐走壁），但弗洛伊德坚信初级加工思维的运作是有章可循的，并且人们可以揭示其中的规律。假如来自本我的冲动使得个体意欲接近一个外界的物体或一个特定的人，而碰巧其暂不可得，那么，本我可能会产生一种心理意象以满足需要，在这种幻想中，心理能量得以释放，冲动也得到暂时满足，这个过程即为**愿望实现**（wish fulfillment）。个体可以幻想不能到手的任何东西，尽管这种满足是暂时的。例如，某个人是如此生气，但生气的对象是如此强大而不能直接攻击他，在这种情况下，个体为了使愿望得以实现，就可能采用报复性幻想想象他过去的错误。愿望实现的策略只能暂时满足本我的需要，因为这种需要在现实生活中并没有得到满足。一个人要么寻找其他途径来满足本我的冲动，要么抑制这些冲动。

在精神分析的人格理论中，儿童和父母之间的冲突是普遍的、必要的，它甚至是人格发展的一个重要部分。

自我：人格的执行者

自我是改变压力方向的管道工，它使本我的本能变得可以被接受，至少不会产生问题。**自我**（ego）是心理的一部分，它限制本我进入现实。弗洛伊德认为，自我在儿童两岁或三岁时就开始出现了（在“可怕的 2 岁”之后）。自我遵循**现实原则**（reality principle）。自我知道本我的冲动与社会现实和物理现实之间存在冲突。举两个简单的例子：一个儿童不能偷货架上的棒棒糖；无论妹妹把哥哥惹得多么生气，哥哥不能打妹妹。虽然偷东西和打妹妹可能会减轻儿童内心的紧张，但这些行为与父母和社会既定的规则相冲突。自我知道此类行为会产生问题，因此，必须避免、改变或延迟本我冲动的直接释放。

自我的工作是延迟本我冲动的释放，直到遇到适当的情境。自我遵循**次级加工思维**（secondary process thinking），这是解决问题和获得满足的发展性策略。这一过程考虑物理现实的限制，权衡满足欲望和冲动的时机和方式等等。例如，相对于直接打妹妹而言，取笑妹妹是社会可接受的方式，这同样可以满足本我的攻击冲动。然而，无论情况如何，按照社会现实和传统的道德标准，有一些冲动总是不被接受的。心理的第三部分是超我，它担负着重大的责任：维持基本的社会价值和观念。

超我：社会价值和观念的支持者

大约 5 岁左右，儿童开始发展出心理的第三部分，弗洛伊德称之为超我。**超我**（superego）负责内化社会价值、道德和观念。这种内容通常是通过社会中各种社会化的媒介，如父母、学校和宗教组织等等，逐渐灌输给儿童。弗洛伊德特别强调父母在儿童自我控制和良心发展中的重要作用，这表明超我的发展与儿童对父母的认同密不可分。

现在回到上面提到的管道比喻，超我是另一种类型的管道工，这种类型的管道工希望所有的阀门在任何时候都是关闭的，甚至希望增加更多的阀门来控制压力。超我是人格的一部分，当我们做了“错误的”事情，它使我们感受到罪恶感、羞耻和尴尬；当我们做了“正确的”事情，它使我们感受到骄傲和自豪。超我判定孰对孰错：它确立美好的道德目标和观念，指导我们的判断。超我就是一些人所说的良心，超我主要通过内疚感来判别正义与邪恶。

如同本我一样，超我也不受现实限制。它自由地确立美德和自我价值的标准，其中有些标准甚至是非常完美的、非现实性的和苛刻的。如果儿童形成了低的道德标准，其结果是，当他们伤害了别人时并不感到内疚。然而，由于超我要求完美，另一些儿童发展出了强有力的内在标准。超我使这些儿童为几乎不可能达到的超高道德标准所累。这些非现实的标准导致儿童接二连三的失败，因此他们可能长期经受羞愧和自责的折磨。

本我、自我和超我的交互作用

心理的三个部分（本我、自我和超我）处于无休止的相互作用之中。它们各自有着不同的目标，从而导致个体的内部冲突。经常出现这样的局面，我们心理的一部分想要某一个东西，而另一部分却希望得到其他的东西。例如，设想一位年轻的女士正在快餐店排队买快餐，她排在队尾，前面站着一位男士，这位男士并没有意识到自己的钱包里掉出了 20 美元。这位女士看见钱正好落在她前面的地上，此时，她人格的三个部分便出现了冲突。本我说：“抓起它，赶快跑！假如有必要的话，还可以把那个人推到一边去。”超我说：“不许偷。”自我不仅要面对本我和超我的要求，还要面对现实情境，它琢磨着：“那个员工看到掉落的 20 美元了吗？其他顾客看见地上的 20 美元了吗？我可以在不被其他人看见的情况下，用脚踩着它吗？我是否应该把它拾起来并还给那个人，或许他会给我一些酬谢。”在这种情境下，该女士将会体验到**焦虑**（anxiety）。焦虑是一种不愉快的状态，意味着事情是不对的，必须要做些什么。它是一种信号，代表着自我正受到现实、来自本我的冲动以及超我的严格控制的威胁。这样的焦虑可能会以某种身体症状来表现，例如心跳加速、手心出汗、呼吸不规律等等。处于这种状态中，个体也会感到自己正处在惶恐的边缘。除了这些症状之外，个人的欲望与现实，或与内化的道德之间的冲突将使他（她）在此类情况下显得更加焦虑不安。

强大的自我能使人心理平衡，远离焦虑。自我一方面协调来自本我的力量，另一方面协调来自超我的力量。假如这两部分竞争力量中的任何一方超过了自我的力量，那么就会导致焦虑。

人格的动力

由于焦虑使人感到不愉快，所以人们试图消除其产生的条件。这些使个体免于焦虑的努力称为**防御机制**（defense mechanisms），它们被用来防御各种形式的焦虑。

焦虑的类型

弗洛伊德认为有三种类型的焦虑：实因性焦虑、神经性焦虑和道德性焦虑。

实因性焦虑（objective anxiety）即恐惧。这种焦虑多发生于个体受到一种真实的外部威胁时。例如，对大多数人而言，当他们抄近路，走进一条小巷子，遇到一个拿着刀，长相凶猛，看起来颇具攻击性的男性时，就会产生实因性焦虑。在这种情况下，自我受到外部因素的威胁，而不是内在冲突。与实因性焦虑不同，其他两种类型焦虑的威胁来自于内部的冲突。

神经性焦虑（neurotic anxiety）是产生于本我与自我之间的直接冲突。具体来讲，其危险性在于自我会因本我中不被接受的欲望而失控。例如，当一位女士感到被某人吸引时，就会感到紧张，甚至仅仅想到性唤醒也能使她感到惊惶。那么，我们可以说她正经历着神经性焦虑。再举一个例子，如果一位男性过分担心自己会在公共场所脱口说出不被接受的想法或期望，这也是神经性焦虑的表现。

道德性焦虑（moral anxiety）是由自我和超我之间的冲突引起的。例如，一个人由于没有达到某个“特定的”标准（即使是不可实现的标准）而长期感到羞愧或内疚，这就是一种道德性焦虑。一个患有易饥症且进食失调的女性可能会跑3公里或做100个俯卧撑来为自己吃了“被禁止的”食物做出补偿。总是折磨自己、低自尊、感到没有价值和羞愧的人最可能经受道德焦虑，这些症状的产生是由于一个过于强大的超我，而这个超我总是提醒人们不要辜负那些越来越高的期望。

自我在试图平衡本我的冲动、超我的要求和外部世界的现实时，经常会遇到困难。本我说：“我现在就要它！”超我说：“你永远都不能要它！”可怜的自我夹在中间说：“也许吧，如果我能解决的话。”大多数时候，三者之间的交流和对话处于人的意识之外。有时，本我、自我和超我之间的冲突通过一种伪装的方式表现在思维、情感和行为中。按照弗洛伊德的观点，这些冲突经常在梦中得以表达。当然，也可以通过催眠、自由联想（说出进入你意识中的任何东西）和投射评价工具（如墨迹测验）来引发。

防御机制

在这三种类型的焦虑中，自我的功能是应对威胁、防御危险，以达到减轻焦虑的目的。自我通过运用各种形式的防御机制来完成这一任务，防御机制能够使自我控制焦虑，甚至是实因性焦虑。尽管内心的冲突会频繁地引起焦虑，但人们能成功地防御它们且不必意识到焦虑的存在。例如，在转换反应中，一种冲突转换成一种症状，内心冲突以身体症状的形式表现出来，即表现为身体某一部分的疾病或虚弱。奇怪的是，这些人自身对症状可能表现得很冷漠，他们对挥之不去的头痛或腿部失去知觉并不感到焦虑。症状没有给他们带来焦虑，反而帮助他们逃避焦虑。不难看出，防御机制具有两种功能：（1）保护自我；（2）减少焦虑和痛苦。现在我们着重讨论弗洛伊德经常谈到的一种防御机制——压抑，人格心理学的研究者也对这个概念给予了充分的重视。

压　抑

在早期理论中，弗洛伊德使用**压抑**（repression）这一术语来指阻止不可接受的思维、情感和冲动进入意识层面的过程。压抑是所有其他形式的防御机制的先行者。压抑在一定意义上是防御性的，一旦个体意识到社会不允许的内容，通过压抑能避免可能产生的焦虑。弗洛伊德从临床实践经验中得出结论，他认为人们更容易回想起愉快的事件，而压抑不愉快的记忆。

弗洛伊德最先提出了压抑概念，并把它作为一种普遍地协助自我防止潜意识中的冲动进入意识层面的策略。人们今天仍然在使用这一术语，指“被遗忘的”愿望、冲动或事件，正如本章开始提到的那些“被压抑的”创伤性记忆。后来，弗洛伊德又划分出几种更具体的防御机制。所有这些形式的防御机制均包含有一定程度的压抑，为了缓解焦虑、保证自我对心理系统的控制，个体有必要否认甚至扭曲某些现实。

其他的防御机制

弗洛伊德的女儿安娜作为一位卓有成就的精神分析家，在理清和描述其他的防御机制中起到了举足轻重的作用（A. Frued，1936）。她认为，为了防止自尊的下降和保护心理存在不受威胁，自我能够使用一些极具创造性且非常有效的防御机制。下面将详细介绍其中几种防御机制。

弗洛伊德的学生费尼切尔（Fenichel，1945）对防御机制的理念进行了修正，他更关注这些防御机制在保护自尊方面的作用，即人们对自己都有一种提升偏好，拒绝接受对自我不利的观点。显然，认识到自己的性欲望和攻击冲动无疑会给自我观带来沉重打击，尤其是在维多利亚时代。但是，在现代社会，还有其他威胁到自尊的事件，例如失败、窘态和被群体排斥等。许多当代心理学家认为，人们普遍抵制威胁自尊的事件（Baumeister & Vohs，2004）。当代许多关于自尊维持的研究几乎都可以在精神分析的防御机制概念中找到根源。鲍迈斯特和他的同事们

(Baumeister, Dale, & Sommer, 1998) 对有关自尊保护和防御机制的研究进行了评论和回顾，必要时我们会使用其综述中的一些例子。

否　认　当现实情境极易唤起焦虑时，个人可能会求助于**否认**（denial）这种防御机制。压抑是指把一种经历排斥在记忆之外，否认则是指坚持事情不是自己所看见的那样，拒绝自己所看见的事实。一位丈夫在被妻子抛弃之后，还坚持在晚餐桌上为妻子留出位子，并坚信她随时可能会回到他身边。相比承认妻子已经离开这一事实，每天晚上设置这样一个情境可能会让他感到舒服一些。否认的程度也会逐渐降低，因为在否认的情况下，当一个人对唤起焦虑的情境进行重新评估时，他不再觉得那么可怕。例如，那位男性可能坚信他的妻子是由于某种原因而不得不离开他，这并不是她的错，只要有可能她将会回来。也就是说，他否认妻子的自愿选择，而承认整个情境的真实性。

否认的一般形式是把令人不快的反馈看成是错误的或不相关的。当人们受到管理者的消极评价时，有些人会拒绝这一评价，而不是尝试改变对自己的看法。他们不接受个人应该承担的责任，不反思自己应该做何种改变，却总是一味地抱怨没有好机遇和环境。实际上，把失败归因于外部不能控制的因素，把成功归于自己，这一现象非常普遍，心理学家们称之为**基本归因错误**（fundamental attribution error)。我们可以把它解释为否认的具体形式之一。

健康心理学家也对否认很感兴趣。为什么一个人可以一天抽两包烟而不担心自己的健康问题？一种解释是他否认自己对香烟危害的易感性，或者否认吸烟与疾病有关，或者否认自己想活得长久和健康的愿望。鲍迈斯特等人（Baumeister et al., 1998）得出结论，人们经常弱化各种不健康行为的危险性。

否认还常常表现在白日梦和幻想中。在白日梦中，个体总是幻想事情应该是什么样的。在一定程度上，白日梦否认事实真相，而聚焦于臆想中的事物。这样做可以降低或防止个体目前所处情境中潜在的且易唤醒的焦虑。例如，一个人做了难为情的事，通过白日梦，她就可以想象自己没有做过那么愚蠢难堪的事情。

替　代　在**替代**（displacement）中，带有威胁性的或不被接受的冲动从最初的源头转向不具有威胁性的目标和对象。例如，一位女性和她的主管在工作中发生了争执，虽然她对主管非常生气，但因为主管毕竟是上司，且在工作中管理自己，于是她的自我使她克制了自己的愤怒情绪。而回到家中，她可能对丈夫大发脾气，或朝丈夫叫嚷抱怨，或不断地挑剔他、贬低他。尽管这种方法可能会导致夫妻间的问题，但是它避免了对公司老板发脾气所带来的麻烦。有时，替代具有多米诺效应，配偶的一方训斥另一方，另一方训斥他们的孩子，孩子又去虐待他们家的狗。作为一种防御机制，替代通常被用来转移攻击本能的方向，也可以把性本能从不被接受的对象引向被接受的对象。例如，一位男性可能对工作中的一位女下属产生了强烈的性冲动，但是这位女士并不喜欢他。他没有直接骚扰这位女下属，而是把这种性能量转向妻子，重新发现妻子还是非常具有吸引力的。弗洛伊德甚至认为，在某些时候，害怕的对象也可以通过替代得以转移。例如一个男孩原本害怕他的父亲，但转向了害怕马。

虽然这些例子看上去包括了意识和对如何表达不被接受的情感时的决策权衡，但替代过程却发生于意识之外。虽然故意地转移愤怒可以用以控制情境，但这并非替代。真正的替代是一种无意识的方法，用以避免一个人对某一客体或事物的不适当的或难以接受的情感认知（如愤怒或性欲望）。然后，把那些情感宣泄在其他合适的或可接受的个体或事物上。

研究者们已经研究了攻击性冲动的替代。在一项研究中，实验者使实验组的学生经历挫折（控制组的学生没有经历挫折）。之后，所有被试都有机会攻击实验者、实验者的助手或其他的参与者。结果发现，对每一个被试而言，虽然他们对实验者、助手和其他参与者的攻击是等同的，但受挫组的被试更具有攻击性（Hokanson，Burgess，& Cohen，1963）。其他的一些研究也验证了这一结果。有一个这样的研究，让被试 1 激怒被试 2，然后给机会让被试 2 攻击被试 1 或其他的没有激怒过他的被试。结果表明，被试 2 变得更具有攻击性，且在不同的攻击目标上似乎没有区别。

这些结果能够证明替代吗？鲍迈斯特等人（1998 年）认为不能。愤怒的人的行为更具攻击性并不能证明替代是防御性的。虽然替代是一个有趣的动力概念，但很少有实证证据来支持这一观点，即冲动像封闭系统中有高强压力的液体，能通过替代以这样或那样的方式加以释放。

合理化　另一种常见的防御机制是**合理化**（rationalization），这一防御机制在受过教育的人中得到较多使用，例如大学生。合理化是指为社会所不能接受的事情找出可以被大家接受的理由，用一个容易被接受的解释来取代真实的原因，从而达到减轻焦虑的目的。例如，一个学生在一门课程的学期论文中获得了很差的成绩，他可能会坚持认为是老师没有很清楚地指导他如何写论文。或者一位女士的男朋友和她分手了，她可能会对朋友们说，她从一开始就没有真正喜欢过他。与那些不是特别巧妙的或如人所愿的理由相比，类似这样的说法在情感上更易被接受。

反向作用　在试图压制一种不可接受的冲动时，一个人可能总是做出与内在冲动相反的不安行为，这种策略被称为**反向作用**（reaction formation，也译作“反向形成”）。例如，设想一位女性对她的上司很生气，我们讨论替代时描述过她。假如她没有采用替代来转移气愤，她的自我可能会无意识地求助于反向作用，她可能会对上司过分地友好，表现得特别恭谦、体贴。

有研究者（Copper，1998）提供了一个非常有趣的反向作用的例子，他讨论了“以仁慈杀人”这一概念。假设一位男士非常生女友的气，但他没有意识到这种情绪，没有意识到自己实际上有多生气。外边正下着雨，他把自己的伞给女朋友。女朋友不要，但他坚持给她。她坚持不拿，他也一直坚持让她拿。此处，他用显而易见的好意替代了他的敌意。但是，他的坚持不懈和对女朋友愿望的忽视体现了他的攻击性。按照精神分析的观点，使用防御机制时，人们可能会有意掩盖他们的愿望和目的，但在不经意之间，还是会留下蛛丝马迹。

阅读

压抑的实证研究

自从弗洛伊德提出压抑这一概念之后，精神分析学者们就对此概念非常感兴趣，但是关于它的实证研究非常少，直到近年才出现了压抑的实证研究（Holmes，1990）。也许这是因为，为达到研究的目的，以一种能精确测量的方式去界定压抑是十分困难的。如今，研究者们已经编制了问卷来确定人们是否使用压抑应对恐惧、紧张和焦虑的情境。

弗洛伊德认为，压抑的本质是有目的地压制使人不愉快、痛苦和不安的情感（Bonanno，1990）。他认为压抑是一个过程，通过这个过程，排除不愉快的情感，使它“远离意识”(Freud，1915，1957，p147)。大约65年之后，温伯格等人(Weinberger，Schwartz，& Davidson，1979）率先指出压抑作为一种处理不愉快情感的方式可以被测量，通过合并焦虑和防御量表上的各种分数进行考察。具体程序如下：研究者让一组被试完成一个焦虑量表和一个防御量表。焦虑量表考察被试在从事各种活动如在公共场合讲话时，是否有强烈的焦虑症状（如心怦怦跳)。防御问卷包含一些考察日常过失的条目，如是否说别人闲话；是否变得非常生气，以至于想砸东西；或者对某人的请求感到反感。几乎每个人都会对内心的这些想法感到内疚不安，如果被试倾向于否认自己有此类行为，他在防御量表上的得分会很高。研究者把被试在焦虑和防御量表上的得分进行分析，结果得到四种类型，见图9.2。压抑的许多后续研究一般都沿用了这样的范式：在因变量的测量上，将压抑组被试和其他三组进行比较。

最初的研究是这样进行的，被试完成测验之后，温伯格等人(1979）让被试进行短语连接任务，让被试把一列中的短语与另一列中具有相似意义的短语连接起来，其中的一些短语具有愤怒和性的含义。当被试尝试着匹配短语时，研究者测量他们的生理反应。被试匹配完成之后，研究者立刻测量他们自我报告的痛苦水平。结果发现，压抑组的被试报告的主观痛苦水平最低，但是研究者发现他们的生理唤醒水平最高（如心率、皮肤电)。简而言之，压抑组被试**口头上**说他们不痛苦，但**生理上**却表现得非常痛苦。其他一些研究者获得了相似的结果（如Asendorpf & Scherer，1983；Davis & Schwartz，1987）。这些实验结果与弗洛伊德的观点“压抑使不愉快的经历处于意识之外”相一致。而且，这些研究结果也与弗洛伊德的另一观点一致，即压抑的不愉快经历仍然影响着个体，尽管它们处在意识之外（在这种情况下，虽然个体没有明显地意识到焦虑情绪，但被压抑的经验已经影响了个人的生理唤醒水平)。

考察压抑的另一种方法是让被试回忆童年期愉快与不愉快的情绪。1987年心理学家戴维斯和施瓦茨(Penelope Davis & Gary Schwartz）的研究就是这样做的。他们要求被试回忆并描述与愉快、悲伤、生气、害怕和好奇等情绪相关的童年经历。研究结果表明，压抑组被试，即被研究者定义为高防御—低焦虑的个体，比其他组的被试回忆起更少的消极情绪经历，而且，压抑组回忆的最早的消极情绪的发生年龄也更大一些。令研究者感到有些奇怪的是，压抑组的被试在积极事件的回忆上也受到了限制。这一结果也许体现了压抑的某些代价：有意识回忆时，积极情绪会像消极情绪一样丧失。

戴维斯（Davis，1987）对压抑者情绪记忆受到限制这一基本观点进行了拓展。首先，她发现在有关自我的记忆上这种效应最强。在研究中，当压抑者回忆发生在别人身上的坏事情时没有遇到困难（如兄妹)。但是，当回忆自己经历的不愉快事件时，他们的回忆就会受到阻碍。第二，当涉及到与害怕和自我意识有关的记忆时，压抑的效果最强。尽管弗洛伊德（1915/1957）写道：“压抑的动机和目的无非是为了避免不愉快的事情”（p. 153)，但按照戴维斯的观点，只有与害怕和自我意识有关的记忆才会引起强烈的压抑动机。为什么会这样呢？因为这些情绪通常是在采用评价性或警告性的方式来看待自我时被唤起。例如害怕，它会威胁自我的存在性。在自我意识中，他人的消极评价会被个体放大，从而导致其产生暴露感与易受伤害感。

有研究（Hansen & Hansen，1988）发现，与非压抑者相比，压抑者的情绪记忆更简单。也就是说，压抑者很少完善、整理和丰富自己对情绪事件的记忆。研究者们提出了一个让人感兴趣的问题：为什么压抑者的情绪记忆如此匮乏？一般有两种解释。第一，压抑者可能限制了自己对情绪经验的回忆。也就是说，压抑者可能有许多丰富的情绪经历，那些经历实际上还在记忆中，只是他们在回忆这些经历时存在困难。第二，压抑者可能一开始就把某些情绪经历排除在他们的记忆之外，压抑的影响可能在编码时就已经发生了，而不是在回忆阶段。

尽管许多有关压抑的研究证实了对过去事件的记忆，也有一些研究（如 Hansen，Hansen，& Shantz，1992）表明，压抑者不仅可以抑制自己对消极事件的回忆，而且，当消极事件发生时，他们还可以抑制自己的实际反应。这是弗洛伊德已经预测到的，即压抑者体验到的消极情绪没有非压抑者那么强烈。我们可能会问，这仅仅是压抑者缺乏对消极事件的回忆，还是当消极事件发生时压抑者较之非压抑者体验到了更少的消极情绪，抑或二者兼有。

在一项研究（Cutler，Larsen，& Bunce，1996）中，研究者要求压抑者和非压抑者连续 28 天坚持在日记中记下 40 种不同的情绪，要求被试每天报告这些情绪体验。28 天之后，再要求被试对这一个月的情绪进行回忆，并评定每种情绪的平均强度。这样，研究者不仅能测量回忆起的情绪，而且还能够对每天的实际情绪进行测量，并能记下被试经历这些情绪时的确切时间。这一方法使得研究者们能够检验压抑者是否报告了更少的消极情绪，是否回忆了更少的消极情绪，或者两者都有。结果表明，与非压抑者相比，压抑者报告其日常经历了更少的和更低强度的不愉快情绪。而且，压抑者的不愉快情绪记忆的准确性稍逊于非压抑者。压抑似乎发生于经历不愉快事件时，此时，压抑者会多多少少地抑制他们对不良事件的情绪反应。

弗洛伊德认为，压抑的功能是使不愉快的经历处于意识之外。现在，我们可以更确切地说，当不良事情发生时，压抑立即开始发挥作用。压抑者并没有不良记忆，他们只是一开始就阻抗不愉快的事件进入其记忆。

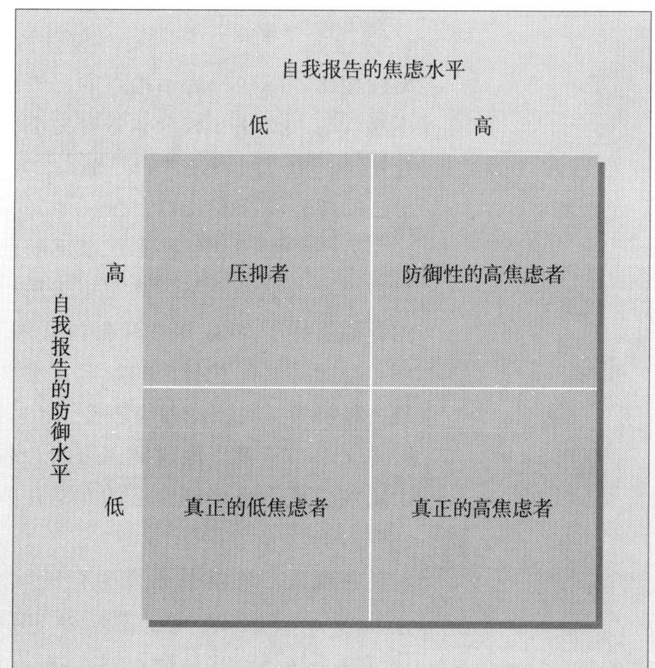

图 9.2

通过测量焦虑和防御找出压抑者。否认自己焦虑但高防御的被试最有可能是压抑者。

在投射中，我们在他人身上看到那些最令我们不安的特质或欲望。之后，我们经常拿这些不被接受的特质去诋毁他们，并极力地去否认自己也具有此特质。

根据反向作用的防御机制，精神分析师能够做出这样的预测：人们有时会做与你认为的他应该做的完全相反的事。因此，当某人过分坚持某件事时，我们就应该对该事件敏感。举一个具体的例子，某人对我们过于友好而又说不出原因。在这种情况下，那个人真正的目的也许就是行为的反面。反向作用的一个突出特点就是过分的或坚持的行为。

投　射　**投射**（projection）是指我们把最令自己苦恼的特质和欲望强加到别人身上。把自己的一些不被接受的品质“投射”（归因）到其他人身上。这样我们便会憎恶他们，而不是憎恶自己，因为他们具有那些不被接受的特质和欲望。同时，我们可能会诋毁有问题的倾向或特性，却不承认自己具有这样的倾向和特性。他人非常不幸地成了靶子，因为他们拥有我们不喜欢的品质，而我们自己也拥有这些品质。例如，一个小偷经常担心别人偷他的东西，并认为其他人是不值得信任的。一位妇女否认自己对性感兴趣，但是她坚信她认识的所有男性“心中只有性。”与其他已婚男性相比，那些行为不检点的已婚男性更可能怀疑妻子的忠诚度。一个人如果极不喜欢与人交往，或者非常容易不安，则反映了他（她）内心深处的不安全感和冲突。一个人如果经常侮辱别人，叫别人“蠢货”，那么，很可能说明他（她）对自己的智力没有多大的信心。

另一个例子是那些参加了反同性恋运动的人。一些人在公开场合中对同性恋表现出道德上的愤怒，甚至主张采用暴力的方式来反对同性恋的人。参议院多数党领袖洛特于 1998 年 6 月在电视讲话中说，同性恋与酒精依赖和盗窃狂是相似的病。与此同时，基督教的原教旨主义者正在进行一个空中电视广告，宣传同性恋是一种疾病，同性恋者应该接受治疗。帕特·罗伯特逊是基督教广播电台中的原教旨主义的布道者，他说飓风可能会袭击奥兰多和佛罗里达州，因为那里最近聚集了同性恋者。恐惧同性恋的人是在将投射作为一种防御机制来抵制自己有问题的性取向吗？

在现代心理学的研究中有一种类似于投射的效应，被称为**错误一致性效应**（false consensus effect）。罗斯等（Ross，Greene，& House，1977）首次对这一效应进行了描述。它是指人们认为其他人和自己相似的一种倾向。也就是说，外向的人认为其他人也是外向的，有良知的人认为其他人也是有良知的。简言之，认为其他人具有与自己一样的喜好、动机或特质就是错误一致性效应的表现。

研究者们（Baumeister et al.，1998）认为，对不受欢迎的特质的错误一致性效应可能是一种自我防御。例如，如果只有某一个人的信用卡逾期不还，这意味着他是惟一一个缺乏道德的人。但是假如他认为许多人的信用卡也逾期，或者接近逾期，那么这种错误一致性信念就可以保护其自我概念。一些青少年通常用“嘿，每个人都这样做”来开脱自己的不良行为，尤其是“我也不是特别差，因为每个人都这么差”，这很明显地体现了错误一致性效应的防御作用。

升 华 在弗洛伊德看来，**升华**（sublimation）是最理想的防御机制。升华是把不可接受的性本能和攻击本能通过某种渠道转化为社会期望的行为。一个常见的例子是，当你十分气恼时出去劈柴，而不是发脾气或采用如替代这类不适宜的防御机制。观看足球赛或拳击赛比直接打某人更合理。爬山或自愿参军打仗可能是对死的愿望的一种升华形式。弗洛伊德一度语出惊人：所有的性能量被升华足以建成纽约的一栋栋摩天大楼。不被接受的冲动的升华可以解释一个人的职业选择（如运动员、殡仪业者、急诊室护士）。升华的积极特征是使本我倾向在有限的范围内得以表达，从而自我不必再投入能量抑制本我。弗洛伊德认为，文明的最高成就归功于对性本能和攻击本能的有效升华。

日常生活中的防御机制

生活给予我们每个人许多心理上的碰撞和伤痛。不能获得我们想要的工作，熟人说了一些伤感情的话，感到自己不讨人喜欢等等。简而言之，我们总要时时准备着面对那些无法预料的或令人失望的事实。在应对这些事件以及由它们引起的情绪时，防御机制可能会起到一些作用（Larsen，2000a，2000b；Larsen & Prizmic，2004）。每个人都不得不处理面临的压力，在一定程度上，防御机制帮助了我们，使我们的生活变得更加美好（见 Valliant，1994，防御机制的讨论和分类）。

但是，也不难想象因防御机制使用不当而使事情变得更糟的情况（Cramer，2000，2002）。人们可能会回避具有过分投射倾向的人，而经常采用替代策略的人可能几乎没有朋友。另外，防御机制的使用耗费了大量的心理能量，以至于人们不能有效地从事其他的事情。你如何识别防御机制带来的问题？此问题可以从两个方面进行回答：如果个人的建设性能力受到抑制，或者维持良好的人际关系的能力受到限制，则说明某种特定的行为会带来问题。假如工作或人际关系受到负面影响，那么你可能就要考虑心理问题了。有许多人赞成直接面对难题并积极采取行动。但是，有些问题不是那么容易就能解决的，或者根本没有直面它们的能力、勇气和资源。在这种棘手的情况下，防御机制可能是非常有用的权宜之计。一般而言，偶尔使用防御机制并不会影响我们的工作和社会生活。按照弗洛伊德的观点，成熟的成年人有能力有效地工作，并且能够发展和维持满意的人际关系。要成为一个成熟的成年人，必须经历人格发展的几个阶段。

人格发展的心理性欲阶段

弗洛伊德认为，人格发展要经历一系列的阶段。每一阶段包含某种特定的冲突，个体解决这一冲突的方式形成其人格的一个方面。因此，在精神分析理论中，个体差异源于儿童在各个发展阶段解决冲突的方式。经历所有阶段之后，个体的整体人格便最终形成。因为所有这些都发生在童年期，因此可以用一句名言来形容弗洛伊德的核心思想，即“儿童是成人之父”。

在前三个阶段中，年幼的儿童必须面对和解决每个阶段所特有的冲突。这些冲突的解决方式是获得一种性满足。基于这一原因，人们把弗洛伊德的发展理论称为**心理性欲阶段理论**（psychosexual stage theory）。按照这一理论，在每一个阶段，儿童通过把力比多能量聚集到身体的某一具体部位来获得性满足。发展过程中的每一阶段都以性能量所聚集的身体部位来命名。

假如在发展的某一阶段，儿童不能解决该阶段的冲突，那么他（她）就会停滞在这一阶段，这一现象被称为**固着**（fixation）。每一个后续阶段代表着更成熟的获得性满足的模式。假如儿童固着在某一特定阶段，他（她）就会表现出不成熟的获得性满足的方式。在发展的最后阶段，成熟的成年人可以从健康的亲密关系和工作中获得快乐。但是，在通往最后阶段的路上，充斥着种种冲突和潜在的固着。下面，我们将了解各个阶段，探讨这些阶段中伴随的冲突，以及产生固着后的结果。

弗洛伊德把第一个阶段称为**口唇期**（oral stage），这一阶段是从出生到第 18 个月。在这段时间里，缓解快乐和紧张的主要源头是嘴、嘴唇和舌头。不用观察太多婴儿，你就会发现婴儿的嘴是多么地繁忙（无论他们拿到一个什么样的新东西，如一个拨浪鼓或玩具，他们总是先将其放进嘴里）。这一阶段的主要冲突是断奶，即离开乳头或奶瓶。这一冲突同时包含生物学和心理学的内容。按照生物学的观点，本我想要通过口唇活动来立刻获取营养和快感；按照心理学的观点，冲突是快乐与依赖之间的一种强烈对抗，在这个过程中，婴儿害怕被遗弃和自我谋生。有时婴儿在断奶的过程中会产生痛苦的或创伤性的经验，或仅仅发现嘴是获得高快感满足的来源，从而导致一定程度的口唇期固着。那些仍然通过口唇的“吸入”来获得快乐的成年人，可能就是固着在这一阶段（如无节制地吃东西、吸烟或说话的人）。他们也可能会出现咬指甲、吸指头或咬铅笔的问题。在心理水平上，固着在口唇期的人可能会过于依赖他人：他们希望自己像婴儿般被娇纵、被养育、被照料，希望别人替自己做决定。一些精神分析师还认为药物依赖（因为它涉及到通过“吸入”来获得快乐）也是一种口唇固着。

口唇期的另一冲突可能与咬有关，这一冲突发生在儿童长牙之后。他们发现可以通过咬或咀嚼来获得快乐。一般父母非常讨厌儿童咬东西，特别是当孩子咬其他儿童或成年人时。因此，儿童咬东西的冲动和父母的限制之间产生了冲突。固着于此阶段的人会发展出敌意、争执或讥讽的人格。不难理解，他们是继续通过心理上的“咬”或言语上的攻击来获得满足。

儿童发展的第二个阶段是**肛门期**（anal stage），这一阶段发生在 18 个月到 3 岁之间。在这一阶段，肛门括约肌是性快感的来源。期间，儿童首先通过排便来获得快感，然后在排便训练阶段，通过控制排便来获得快感。最初，无论何时，只要直肠中有压力感，本我便要求立刻缓解紧张。只要欲望产生，就通过随时随地排便来加以满足。但是，父母通过对儿童进行排便训练使儿童发展出一定程度的自我控制。这样，在培养儿童自我控制的过程中就产生了许多冲突。如果儿童没有发展出良好的自我控制，他们长大之后就会表现得懒散和肮脏。有些儿童则出现了相反的问题：他们过于自我控制，并因为一些很琐碎的自我控制行为产生快感。按照精神分析的观点，强迫、有洁癖、呆板和极端井井有条的成年人很有可能固着在这一阶段。总之，排便训练向儿童首次提供了练习选择与意志力的机会。当父母把儿童放到尿壶座上，并对儿童说“现在开始小便”时，儿童有机会说“不!”并且坚持自己的决定。这也许是吝啬、抑制、固执、过度任性和不给他人想要的东西等性格开始形成的信号。

第三个阶段发生于 3 到 5 岁之间，被称为**性器期**（phallic stage），因为此时儿童发现他有一个阴茎（或她发现自己没有）。事实上，这一阶段主要的事件是儿童发现他们自己的生殖器，并认识到通过触摸自己的生殖器可以获得快感，这也是性欲望首次指向外部。在弗洛伊德看来，这种性欲望直接指向异性父母。小男孩爱上了母亲，小女孩爱上了父亲。根据弗洛伊德的理论，儿童感受到的不只是父母与子女间的血缘感情。具体来说，就是一个小男孩渴望他的母亲，并想和母亲发生性关系。他认为父亲是其竞争对手，因为父亲阻止儿子占有母亲并吸引了母亲的所有注意力。对于这个小男孩来说，首要的冲突，即弗洛伊德所说的**俄狄浦斯冲突**（Oedipal conflict），是其排除父亲从而独占母亲全部的潜意识愿望。（俄狄浦斯是希腊神话中的一个人物，他在不知情的情况下弑父娶母。）父亲是我们获得母亲注意力的竞争者，应该殴打他、将其赶出家门甚至杀死他。但殴打、杀死父亲是错误的。

于是，部分俄狄浦斯冲突是儿童的爱，但这需要与同性父母竞争。而且，小男孩变得害怕父亲，是因为父亲的高大与强健会阻止所有这些事情的发生。弗洛伊德认为，小男孩开始相信父亲会先发制人地割除此冲突的根源，即阴茎。**阉割焦虑**（castration anxiety）是对失去阴茎的恐惧，它使小男孩放弃对母亲的性欲望。男孩最希望做的事情就是变得像占有妈妈的人那样，换句话说，就是像他的父亲。这种想成为像父亲一样的人的过程被称为**自居**（identification），这意味着男孩们开始能够解决俄狄浦斯冲突和性器期的心理性欲发展问题。弗洛伊德认为，俄狄浦斯冲突的解决不仅是男性性别角色发展的开始，也是超我和道德发展的开始。

对于小女孩来说，情况有同有异。相似之处在于冲突也集中于阴茎，实际上是小女孩们缺少阴茎。按照弗洛伊德的观点，一个小女孩会因为自己没有阴茎而责备母亲。她渴望父亲，同时会妒忌他有阴茎。这被称为**阳具妒羡**（penis envy），它是阉割焦虑的反面。其不同在于小女孩没有必要害怕母亲，而男孩却害怕父亲。因此对女孩来说，放弃对父亲的渴望的动机没有男孩放弃对母亲的渴望的动机那么强烈。

弗洛伊德的学生荣格把女孩的这种冲突称为**厄勒克特拉情结**（亦称为**恋父情结**，Electra complex）。厄勒克特拉也是古希腊神话中的人物，厄勒克拉特确信，母亲谋杀了父亲后，哥哥又把母亲给杀死了。事实上，弗洛伊德不接受恋父情结的观点，对于女孩是如何解决性器期冲突的问题，他含糊其辞。他认为，对于女孩来说，这一阶段的问题可能遗留到后来的生活中，甚至永远不会得到完全解决。由于冲突的成功解决能够促进超我的发展，因而弗洛伊德认为女性在道德发展水平上必定不如男性。弗洛伊德发展理论的这一面并不被广为接受，他对性别差异的看法使他受到了强烈的批评（Helson & Picano，1990）。

心理性欲发展的下一个阶段叫做**潜伏期**（latency stage）。这一阶段发生于 6 岁左右至青春期。此阶段的儿童在心理上没有什么发展，它是儿童进入学校学习成年人应具有的各种知识和技能的主要阶段。由于在这一阶段没有特殊的性冲突，弗洛伊德认为这一时期的心理处于休息或潜伏状态。但是，随后的精神分析家们认为在这一时期有很多发展，例如，学会为自己做决定，学会社交与交友，发展同一性，学习工作的意义和价值。由于这更多地涉及到当代人对弗洛伊德理论所做的修正，我们将在第 10 章阐述。

青春期的性唤醒标志着潜伏期的结束。假如个体已经解决了俄狄浦斯或厄勒克特拉情结，那么他（她）将进入到下一个也是最后一个发展阶段，即**生殖期**（genital stage）。这一阶段大约开始于青春期并一直延续至整个成年生活。这一阶段，力比多主要集中于生殖器，但不是采用与性器期相关的自我控制的方法。这一阶段和前面几个阶段不同，它没有特殊的冲突。人们只有在解决了前面几个阶段的冲突后，才能进入生殖期。正因为如此，按照弗洛伊德的观点，人格的主要发展在 5 到 6 岁时就已经完成，成年人的人格主要取决于个体在婴儿阶段和童年阶段解决冲突的方式。

弗洛伊德采用了战斗中的军队的比喻来描述各个心理性欲发展阶段。假如没有完全解决某个阶段的问题，那么一些士兵必须留下来监管那些特殊的冲突。就如同一些心理能量必须进行保卫工作，以免心理性欲的冲突再次爆发。问题解决得越差，留下来的心理能量就越多，从而导致用于完成成熟任务的心理能量就越少。如果有越多的心理能量进入到生殖期，就意味着有越多的心理能量可用来建立成熟的亲密关系和丰富的人际关系以及进行更好的人格调整。有意思的是，在弗洛伊德的成功人格发展概念中，并没有直接涉及到幸福和生活满意度的概念。他把成功人格定义为具有建立和维持爱的关系的能力。

人格与精神分析

精神分析（psychoanalysis）不仅是一种人格理论，也是一种心理治疗的方法，是一门技术，它能帮助那些正经历心理障碍，甚至仅仅是在生活中遇到小问题的人。精神分析可被视为一种重塑人格的方法。精神分析的人格理论和精神分析治疗之间的联系非常密切。精神分析治疗的原则直接以精神分析理论中的人格结构和功能理论为基础。在治疗病人的过程中，弗洛伊德发展了他的人格理论。同样，许多现代精神分析学者，甚至是从事学术研究的人，也坚持接待病人。弗洛伊德认为，要成为一名合格的精神分析学者，必须实践精神分析的心理治疗，大多数精神分析学者坚持了这一惯例。

揭示潜意识的技术

精神分析的目标是使潜意识层面的内容进入意识层面。心理疾病、生活中的困扰和不能解释的生理症状都可以被看成是潜意识冲突的结果。有些思维、情感、冲动或记忆令人感到痛苦不堪，具有威胁性，所以它们被压抑到潜意识之中。但由于人类心理的动力特性，这些受到限制的冲动或冲突溜出了潜意识，并最终通过心理症状或生理症状得以表现。

精神分析的首要目标是确认这些潜意识的思维和情感。一旦病人认识到了这些问题，第二个目标就是引导病人采用现实和成熟的方法来处理这些潜意识的冲动、记忆和思维。所以，精神分析师面临的主要挑战是如何揭示病人的潜意识心理。根据定义，我们知道潜意识心理是个体没有意识到的一部分。一个人（治疗师）如何知道另一个人（病人）的一些不为其自身所知的事情呢？弗洛伊德和其他的精神分析师发展出了一套标准技术，这些技术可以用来挖掘病人潜意识心理中的内容。

自由联想

让自己处于放松状态，躺在一把舒适的椅子上，让思想恣意漫游，说出任何进入你思维中的东西，这是你在进行**自由联想**（free association）。在自由联想过程中，你可能会说出令自己惊讶的话，甚至会为某种想法感到难为情。如果你在说之前能抵制检查思维的冲动，那么你就知道为什么接受精神分析时要耗费漫长的时间。典型的精神分析会谈可能持续几年的时间，一个星期进行几次会谈，一次大约 50 分钟。会谈的目标是使病人能够确认潜意识中的内容，这些内容可能正是问题的症结所在，同时治疗师还要帮助他们用成人的方式来处理这些困扰。

通过解除对日常思维的监控和稽查，自由联想技术使得潜在的重要内容浮出意识层面。这需要一些练习。鼓励病人说出任何进入到他（她）思维中的内容，不管是多么荒唐、多么琐碎和多么淫秽。这种技术有点像在大海里捞针，因为精神分析师在找到潜意识冲突的重要线索之前可能会遇到一大堆琐碎的内容。

自由联想中，精神分析师要极其敏锐地捕捉病人提到要紧之处时的微妙变化：言辞微颤、话语踌躇、主题急转、错误开端、笑容紧张或持久停顿。高水平的精神分析师能够觉察出这些信号，打断病人，让他（她）继续谈论这一主题，并进行更深入的自由联想。用考古来比喻这一方法是非常恰当的，精神分析师在挖掘各种各样的内容，以便找出过去冲突和创伤的线索。

梦

思想家们一直在推测梦的意义，长期以来，人们认为梦是觉醒状态时不能意识到的来自深层心理的信息。1900 年，弗洛伊德出版了《梦的解析》一书，在这本书里，他对梦的意义和目的进行了解释。他认为梦的目的是为了满足冲动和实现潜意识的欲望，所有冲动和欲望都在梦中得到保护。但是，绝大多数梦难道不是荒唐和无意义的吗？它们与欲望和愿望又有什么关系呢？例如，一个人做了一个梦，他骑着一匹白色的马飞了起来。难道这个梦的意思是那个人希望有一匹会飞的马吗？不，弗洛伊德认为，梦中包含的愿望以伪装的形式表现出来。弗洛伊德采用**梦的分析**（dream analysis）这一技术，通过解释梦来揭示梦中的潜意识内容。弗洛伊德认为，我们必须区分梦的**显意**（manifest content，梦中包含的内容）和梦的**隐意**（latent content，梦的成分所表征的内容）。他认为愿望的直接表达会使人很痛苦，可能使做梦的人醒来。睡眠时，自我在一定程度上仍处于工作状态，它能够继续掩饰我们潜意识中令人痛苦的内容。为了让人继续睡眠，同时也为了潜意识愿望的满足，必须伪装那些不被接受的冲动和愿望。例如，一个杀死父亲的梦可能会使做梦的人非常痛苦，这个梦会使具有俄狄浦斯固着的小男孩从梦中惊醒。但是，如果在梦中梦到一个国王有一个花园，花园中有一个喷泉，但喷泉被一个小动物弄坏了，不能再喷水了。这个梦可能表达了同样的心理问题，但它可以让做梦者继续保持睡眠状态。

虽然我们的梦看起来荒谬可笑、难以理解，但对一个精神分析师来说，一个梦可能包含有重要的潜意识线索。弗洛伊德把梦称为“通向潜意识的康庄大道”。精神分析师通过解读潜意识中不被接受的冲动和欲望如何转换成梦中的**象征符号**（symbols）来解梦。在梦中，国王和皇后可能代表父母，小动物可能代表儿童。因此，国王的喷泉被小动物损坏的梦，可以被解释为俄狄浦斯愿望的实现。

按照弗洛伊德的观点，梦具有三种功能。首先，虽然只是用象征的形式，但它能实现愿望、满足欲望。第二，梦提供了一种安全的阀门，使得一个人能通过表达深层的愿望来缓解潜意识的紧张，即便这是通过一种伪装的形式来实现的。第三，梦是睡眠的守护神。即使梦中正发生着许多事情，比如愿望与欲望的表达，但个体仍然处于睡眠之中。尽管缓解了紧张，但没有唤起焦虑，个体的睡眠没有受到干扰。

弗洛伊德在许多著作中提供了对梦的一般性象征符号的解释。不足为奇，许多象征符号具有性的含义。这可能是由于弗洛伊德受到他所生活的维多利亚时代的影响。那个时候，许多人在性问题上受到严重的禁锢。弗洛伊德认为，由于人们压抑了他们的性感受和性欲望，这些被禁锢的冲动会以象征的形式闯入到梦中。许多后来的思想家对弗洛伊德的泛性论进行了批评，他们把这归因于当时特定的历史。

练习

连续几天在你的床头放上笔和纸。每天清晨醒来的时候，立刻写下你能记起的晚上所做梦的任何内容。几天之后，阅读这些梦的日记并寻找其主题。在所有的梦中，你能发现一些重复性的主题或内容吗？你梦中的一些普遍象征符号是什么，你认为它们代表什么？为了帮助你回答这些问题，试着对梦的内容进行自由联想。也就是说，找个安静的地方放松，大声描述你的梦。不停地说，讲出进入你思维的任何东西，不管是愚蠢的还是琐碎的。做完这一练习之后，你对自己有了更多的了解吗？或者，领悟到对你最重要的东西是什么了吗？

投射技术

毫无疑问，你肯定看到过一些可以用两种或两种以上的方式来解释的图片（如某一图形，有时看起来是一个花瓶，有时又像两张脸）。或者你可能玩过这样的儿童游戏，在一幅很大的图画中，隐藏着你要找出的许多图像。假设你给某人一张模棱两可的图片，例如墨迹图，问他（她）看见了什么。从墨迹勾画出的形状中，他（她）可能会看到许多事物：一艘飞船，两条游动的鱼，一顶皇冠等等。个体在两可图（如墨迹）中的所见反映了其人格，这一观点被称为**投射假设**（projective hypothesis）。该观点认为，人们把自己的人格投射到了其在含糊不清的刺激中的所见上。具有敌意和攻击性的人在墨迹图上看见的可能是牙齿、爪子和血迹。口唇期固着的人可能看到食物或有人在吃东西。一些心理学研究者经常批

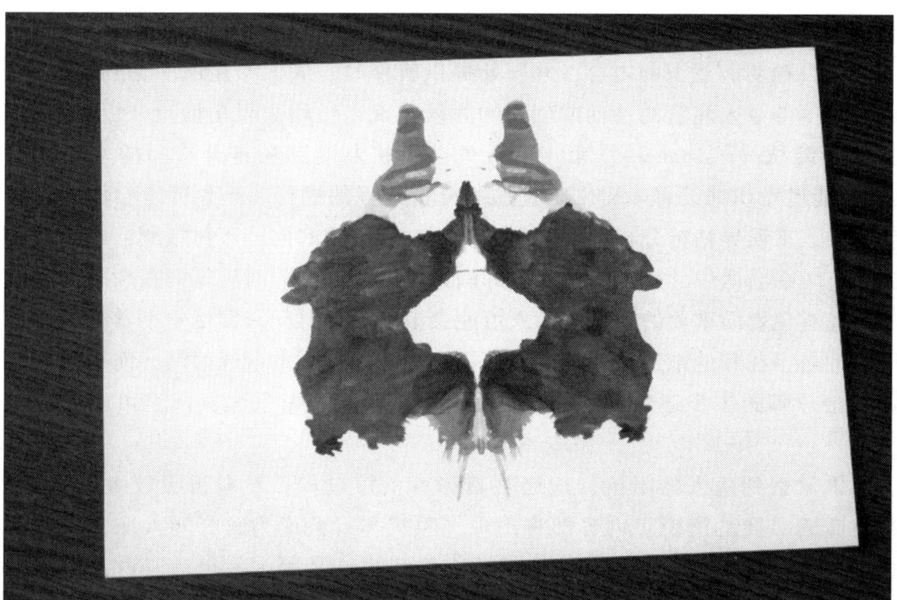

投射技术，如瑞士精神病学家罗夏发明的墨迹图，被广泛用来评估人格的潜意识层面，如被压抑的愿望或冲突等。

评墨迹投射技术和其他的投射方法，因为这类方法缺乏效度和信度方面的科学证据（Wood，Nezworski，Lilienfeld，& Garb，2003）。

另一种类型的投射技术是让一个人来画某个事物，如画一个人。画者所画的内容可能是对自己内心冲突的投射。设想让一位年轻的男性画一个人，他只画了一个头。让他再画另一个人，这次要求他画一个异性，他又只画了一个头。最后，让他画一张自己的图象，他还是只画了一个头。这时，我们可以据此推测此人潜意识中对自己的身体意象有冲突的认知。与梦和自由联想一样，投射技术的目标是绕过病人的意识检查，揭示其潜意识冲突和被压抑的冲动和愿望。

精神分析的过程

借助于自由联想、梦的分析和投射技术，精神分析师逐步了解了病人问题的潜意识根源。同时，病人也必须明白自身状况的潜意识动因。为了使问题真正得到解决，精神分析师要给病人**解释**（interpretation）问题产生的心理动力根源，并让病人相信，有问题的思维、梦、行为、症状或情感都有其独特的潜意识根源，它们是潜意识冲突或被压抑的冲动的表现。精神分析师可能会说："当你与男朋友一起出去时，你感觉非常疲倦，昏昏欲睡，是因为你害怕自己对他产生性的吸引吗？"病人必须直面这一自己屡屡回避的解释。通过解释，病人逐步明白了问题的潜意识根源，这是**顿悟**（insight）的开始。在精神分析中，顿悟不只是对个人问题的内部心理原因的简单认知理解。当然，简单的认知理解是顿悟的一部分。顿悟指的是一种紧张的情绪体验，伴随着被压抑内容的释放。当这一内容被重新整合到意识中后，如果个体经历到与早先的压抑内容相关的情绪体验，那么我们就说是实现了一定程度的顿悟。

正如你所想象的那样，顿悟的过程极其艰难。为了不感到焦虑，病人或者至少是病人的自我，耗费了很多能量来压抑问题的根源。当治疗师通过自由联想和梦的分析去触动潜意识的内容，并开始提供解释时，病人明显地感觉到了威胁。曾经用来压抑令人痛苦的冲动或创伤的力量，现在被用来阻止精神分析的过程，这被称为**阻抗**（resistance）。由于病人的防御机制受到精神分析师的威胁，他（她）可能潜意识地设置障碍来阻止这一分析过程的进行。病人可能会使用各种聪明的方法来误导精神分析师。病人可能会忘记会谈时间，不付报酬，或者会谈迟到。有时在会谈中，处于阻抗阶段的病人可能把大部分时间耗费在琐碎的事情上，以此避免直面重要的问题。病人可能会浪费很多时间来回忆中小学时的每一个同学的名字和其他细节，这一过程可能会浪费掉几周的会谈时间。而有些病人在面对治疗师的步步逼问和难以接受的解释时，会非常气愤，甚至可能侮辱对方。

如果觉察到病人的阻抗，这通常意味着治疗过程已经取得了较大的进展。阻抗意味着重要的潜意识内容即将出现，阻抗本身会成为解释病人症状的有机组成部分。例如，分析师可能会说“你侮辱我也许是因为你想逃避讨论你试图减少对男人的性吸引力，现在我们继续讨论你试图回避并与我发生争执的问题。”

在大多数精神分析过程中，另外一个重要的阶段是**移情**（transference）。在这一阶段，病人开始对分析师做出反应，好像分析师是自己生活中的一个重要人物。病人把过去和现在对生活中重要他人的情感转移到分析师身上。如病人也许会用对父亲的感情和行动来对待分析师。病人转移到分析师身上的情感可能是积极的，也可能是消极的。例如，一个病人可能崇拜分析师的聪明智慧和热心友善，这类似于儿童对父母的那种爱慕。在这一治疗过程中，尘封已久的冲突和反应都表现了出来。

移情的深刻涵义是指，在治疗期间病人与其生活中重要他人之间的人际关系问题重现于其与治疗师之间。弗洛伊德把这一现象称为“强迫性重复”，即个体与陌生人（包括治疗师）的交往中重现已有人际关系问题。移情可能是病人潜意识冲突的一种线索来源，它为治疗师提供解释病人行为的机会。

练习

移情不仅发生于精神分析过程中，也发生在我们的日常生活中。过去的人际关系模式可能会影响日常生活中我们与其他人的互动方式。例如，为了让一个自己喜爱的教授高兴，某位学生可能会努力地写文章，但很不幸，那篇文章没有获得优异的成绩（如 B+），这可能使该学生很难过，或者在教授面前流泪，或者是非常气愤。感到惊奇的教授可能不知所措，他不知道这个学生为什么会这样。也许该学生是在重新表现出不成熟的儿童反应模式，这一儿童反应模式会在其寻求支持的人（如苛求的父母）感到失望时出现。

回想你或你所认识的某人对某一件事情过度反应的情境。一旦你确定了这一情境，你能想起过去特别是童年时的某些很相似的情境吗？你有理由认为你或你所认识的那个人正在重复过去的冲突吗？

电影和其他一些现代媒体经常描绘精神分析会导致瞬间的顿悟，在这种情况下，病人立即就获得了永久性治愈，而现实生活中的情况并非如此简单。一个彻底的精神分析过程可能要持续几年，有时是十几年或者更长。精神分析师必须反复地解释，向病人阐明症结的潜意识根源。在这一过程中，病人可能会产生阻抗，同时，移情也是这个过程中的一个典型问题。通过病人和分析师双方持久而艰苦的工作，病人逐步获得了顿悟。完成该过程之后，早先病人自我中那些用来压抑冲突的心理能量得以释放，可直接用于两大目标：爱和工作，弗洛伊德认为这两大目标是成年人格发展的标志。

对弗洛伊德贡献的评价

对当代人格心理学家来说，弗洛伊德的人格理论仍然具有争议性。一些人格心理学家（如 Eysenck，1985；Kihlstrom，2003）认为应该摒弃精神分析理论。其他的一些人格心理学家则声称精神分析依然充满生命力（Westen，1992，1998；Weinberger，2003）。人格心理学家的观点的分歧主要集中于精神分析理论的正确性、价值和重要性，双方之间经常就精神分析的价值展开激烈的论战（Barron，Eagle，& Wolitsky，1992）。

支持者认为，精神分析理论是第一个，也许是惟一一个关于人类本性的较为全面的理论。关于人类本性和心理的运作方式，弗洛伊德的很多著述为我们提供了从未有过的概观。即使是那些不赞同精神分析的人也不得不承认，这一理论涉及的范围广阔、影响深远。

精神分析的支持者认为弗洛伊德的理论对西方的思想产生了重要影响。许多精神分析的术语（本我、自我、超我、俄狄浦斯冲突）已经成为我们日常生活中的用语。除了在心理学中的影响，弗洛伊德的著作在其他学科中也扮演着重要的角色，如社会学、文学、艺术、历史、人类学和医学等。心理学界引用频率最多的理论来自弗洛伊德。心理学的许多后续发展都借鉴了弗洛伊德的理论，甚至直接根植于他的理论。弗洛伊德形成了现代的人格心理学，并影响了人格心理学半个世纪的发展，他关于心理性欲的发展观在发展心理学领域中也起到了重要作用。人们把他关于焦虑、防御机制和潜意识的观点加以修正后，广泛应用于现代临床心理学的众多领域。他所倡导的精神分析技术被频繁地用于实践，尽管有时是以修正后的形式出现。虽然许多现在的治疗师不再用睡椅，但他们仍然会询问病人

在电影《杀死比尔》（Kill Bill）中（第一部和第二部），演员乌玛·瑟曼扮演了一个极具暴力倾向和攻击性的人物。这部电影受欢迎的程度暗示了人们普遍喜欢攻击、报仇和死亡这样的主题和内容。

的梦，让病人进行自由联想，识别和解释阻抗形式，运用移情等等。而且，假如我们认为弗洛伊德过分地强调性和攻击，我们只需要看看那些受欢迎的电影、书籍和电视节目就足以明白了。

当然，精神分析也受到了相当强烈的批评（如 Kihlstrom，2003）。批评者们认为弗洛伊德的理论仅仅具有历史价值，并不能为当代的人格心理学研究提供很多信息。如果你随便浏览一下主流人格心理学杂志上所发表的研究性文章，你将会发现几乎没有与经典精神分析直接相关的文章。批评者坚持认为，精神分析没有获得非精神分析师的验证，它的价值不能依据科学的方法来评价。在确立精神分析的效度时，弗洛伊德本人根本不相信假设检验和实验的价值（Rosenzweig，1994）。科学的方法是自我矫正（self-correcting），因此实验是用来反驳理论的。如果精神分析不能被科学地检验，不能被证实或证伪，那么它就完全得不到科学事实的支持。因此，一些心理学者认为，精神分析更像是一种信念，而不是科学事实。

对精神分析的另一种批评指向精神分析所依据的证据的性质。弗洛伊德主要是依赖于个案法，而他研究的个案是其病人。他的病人是谁？主要是那些富有的、受过较高教育的、能说会道的妇女，这些妇女有很多的自由时间来与弗洛伊德进行多次会谈，她们有丰厚的可观的收入来付报酬。他的观察仅仅来自于治疗时的会谈，这些有限的观察只涉及一小部分人。以这些观察为基础，弗洛伊德建构了一种关于人类本性的普遍理论。而且，在其著作中，他提供的证据不是最初的观察，而是他对观察的解释。他不同于科学家，科学家提供原始数据以便别人能检验和证明其结果。弗洛伊德写下的是他对病人行为的解释，而不是对行为本身的详细报告或描述。假如能够获得实际的原始观察资料，那么一个有趣的问题是，读者们是否会从资料中得到与弗洛伊德相同的结论？当今的精神分析师可以把治疗会谈录下来，以便作为证据。但是，这么做的人非常少，因为分析师认为，知道正在录像的病人可能不会做出自然的反应。

弗洛伊德理论的其他一些方面也受到质疑。例如，许多人认为，弗洛伊德在儿童发展理论中过分地强调性驱力是不恰当的，也许弗洛伊德更多地关注他所生活的时代，而不是童年期发展的实际主题。弗洛伊德认为在大约 5 岁时，个体人格的发展就已经完成，许多心理学家们对这一观点不敢苟同。他们指出，在青少年乃至整个成年阶段，人格有时会有很大的改变。在第 10 章，我们将介绍一些其他的人格发展概念，它们从弗洛伊德那里发展而来，是一种拓展。我们还将检验当代精神分析思想中的其他问题，包括现代潜意识观以及人际关系对人格发展的重要性（Kihlstrom，Barnhardt，& Tataryn，1992）。

弗洛伊德对人类本性基本上持消极态度，一些人格心理学家对这一观点表示怀疑。在本质上，弗洛伊德的理论暗示人类的本性是暴力的、自我中心的和冲动的。事实上，弗洛伊德认为，如果没有社会对个人的抑制作用和超我的调节，人类将是自我毁灭性的。其他的一些人格心理学家认为人类的本性是中性的，甚至是积极的，我们将在第 11 章介绍。最后，当弗洛伊德写到对女性的看法时，他暗示女性比男性低等（Kofman，1985）。认为与男性相比，女性的超我发展不够完善（这使她们更原始，具有更弱的道德特征），女性的问题比男性的更难治疗，甚至女性普遍都有一种要变得像男性一样的潜意识愿望（恋父情结中的阳具妒羡）。女权主义者批评弗洛伊德，认为他混淆了充满压迫和男性优势的社会所赋予女性的角色与女性真正的能力和潜能，该观点我们将在第 10 章做深入的讨论。女权主义者对弗洛伊德的更猛烈的批评，请阅读《女权主义和精神分析理论》（*Feminism and Psychoanalytic Theory*）（Chodorow，1989）。

总结与评论

弗洛伊德提出了一种具有重要影响力的人类本性理论。这一理论的独特之处在于强调心理分为意识和潜意识两个部分。弗洛伊德的理论认为，心理有三种主要的力量：本我、自我和超我。在驾驭性和攻击两种动机时，这三部分经常相互作用。这些动机可以产生唤起焦虑的冲动、思维和记忆，因此它们被压抑在潜意识之中。把这些不可被接受的思维、愿望和记忆排斥于意识之外需要防御机制，比如压抑。一些防御机制在当代仍被学院派人格心理学家们所研究。弗洛伊德也提出了发展阶段理论，他认为每个人都必须经历这些阶段，而每一发展阶段均包含一种性欲望表达的冲突。解决这些冲突的方式，以及学会在文明社会的限制范围内满足自己的愿望就是人格的发展。也就是说，成年人之间的差异是由个体在儿童时期学会的处理各种类型冲突的不同策略所引起的。

弗洛伊德还发展了一套心理治疗的理论和技术，称为精神分析。精神分析取向的治疗目标是使病人的潜意识转化为意识，并帮助病人明白问题的创伤性根源。有关精神分析的价值，不同的心理学家持不同的看法，他们之间的争论非常激烈。毫无疑问，当精神分析的观点受到更科学的检验后，当研究者们采用严格控制的实验室实验对精神分析的假设进行检验后，人们将会对弗洛伊德理论的价值和效度有更多的了解。

所有关于人类本性的理论中，弗洛伊德提出的人格理论是最完整的理论之一；但是，许多当代人格心理学家并非不加批判地全盘接受弗洛伊德提出的理论。相反，许多心理学家只是接受了他的一部分理论，或者认同修正后的理论。例如，很多心理学家认同意识之外还存在潜意识心理的观点，但他们中的很多人不认为潜意识是被弗洛伊德所提出的方式所激发的。在第 10 章中，我们会讨论这将如何影响有关压抑性记忆的争论。

关键术语

心理能量
本　能
力比多
塔纳托斯
意　识
前意识
潜意识
集体潜意识
个人潜意识
原　型
动机性潜意识
阈下心理动力激活
本　我
快乐原则
初级加工思维
愿望实现
自　我
现实原则
次级加工思维
超　我
焦　虑
防御机制
实因性焦虑
神经性焦虑
道德性焦虑
压　抑
否　认
基本归因错误
替　代
合理化
反向作用
投　射
错误一致性效应
升　华
心理性欲阶段理论
固　着
口唇期
肛门期
性器期
俄狄浦斯冲突
阉割焦虑
自　居
阳具妒羡
恋父情结
潜伏期
生殖期
精神分析
自由联想
梦的分析
显　意
隐　意
象征符号
投射假设
解　释
顿　悟
阻　抗
移　情

10

精神分析取向：当代的议题

心理动力领域

以下信息来自于加利福尼亚州法院 1994 年的判决（拉蒙纳控告伊莎贝拉案，加利福尼亚州高级法院，纳帕县，C61898）。约翰斯顿于 1999 年对这一案件做了详细的描述。

霍莉·拉蒙纳是一位 23 岁的女性，因患有贪食症而接受治疗师的治疗。伊莎贝拉，其中的一位咨询师，承认曾告诉过她几乎所有患有贪食症的女性在童年时都受到过性骚扰。治疗中治疗师给霍莉·拉蒙纳注射了催眠药物（安米妥钠），在这种情况下，她回忆起发生在童年时的性骚扰事件。在治疗师更为仔细的诱导下，霍莉开始"恢复"记忆，她回忆起在 5 岁到 8 岁时，父亲经常强暴她。治疗师确信地告诉霍莉，由于安米妥钠是一种"能使人吐露实情的麻醉药"，假如在它的作用下，能够回忆起性骚扰，那么这一定是真实的。

霍莉的父亲加里·拉蒙纳由于女儿的控诉受到了巨大打击。当霍莉把这一乱伦行为公开之后，妻子和他离了婚，家庭中的其他成员也迅速离开了他，他失去了在大型酒厂高管的高薪工作，其社会名誉完全被毁掉。拉蒙纳先生声称自己是清白的，并控告女儿的治疗师在她的头脑中移植了错误的乱伦记忆。

法律上并没有这样的先例，拉蒙纳决定控告治疗师给他和他的家庭带来的伤害。他控告女儿所恢复的被他强暴的记忆实际上是由治疗师创造的。治疗师不停地暗示，性虐待是女儿贪食症的原因，只有回忆起曾经受到的骚扰，才能完全康复。拉蒙纳认为，对女儿移植这些错误记忆是治疗师们工作疏忽的一种形式，因此他控告治疗师的治疗不当。

治疗师们认为，拉蒙纳没有法律依据判定他们的行为属于渎职，因为他不是他们的病人。但是，审判官认为，作为病人的家庭成员，特别是作为一个因治疗师的行为受到严重伤害的人，拉蒙纳先生确实有权控告原告的治疗不当，这是一个重要的里程碑式的决定。

审判过程持续了七周，拉蒙纳先生坚决否认骚扰过他的女儿，但是女儿重复声称在童年的时候，父亲多次强暴她。这是一个非常典型的口供相反的案例。在这样的情况下，经常要传唤专家证人来澄清问题的真实情况。心理学家洛夫特斯是一位杰出的记忆研究者，她在审判过程中这样说道，“没有证据能证明你遭遇强暴的事实……过了这么多年，已经完全忘记了。”一位法律方面的精神病学者帕克·戴兹证实，尽管霍莉回忆起被强暴，但她不可能立刻回忆起强暴者是谁。因为在她被注射了安米妥钠后的会谈中，治疗师曾暗示霍莉的强暴者是她的父亲，所以她才“记起”强暴者是父亲，很显然这种情况下的回忆让人难以置信。精神病学者、心理学家和催眠专家马丁奥·恩也证实，注射安米妥钠药物后的会谈是“不值得信任和不可靠的”，并且“霍莉的记忆被扭曲得如此厉害，以至于她不可能再知道真正的人是谁。”最后，哈佛大学的精神病学家哈里森·珀普教授认为，霍莉已经受到“低劣的和粗心的治疗，导致了灾难性的后果”。

法官最终判决治疗师们有渎职罪，赔偿拉蒙纳先生475000美元损失费。陪审团主席的话被媒体引用报道，因为他说这一判决的目的是“传递关于错误的儿童性骚扰记忆的信息”。拉蒙纳先生的律师说，这种判决对其他治疗师是一种警告，特别是那些认为成年时的心理问题是由被压抑的儿童创伤所导致的治疗师。被告之一伊莎贝拉认为该判决是对心理健康职业的打击，并仍然坚信“压抑的记忆是真实的”。

为什么这一案例的结果与第9章开头所描述的凯特教授的案例有如此大的差异？这两个案例之间的主要区别在于，与霍莉不同，凯特提供了充分的证据来支持他恢复的记忆。凯特的记忆内容得到许多其他人的共同证实，包括骚扰者本人承认罪行的录音记录。

但是，这些案例能告诉我们关于精神分析的动机性潜意识观点吗？头脑里可以埋藏令人恐惧的事件，并在多年之后精确浮现这些记忆吗？就其本身而言，单一的案例既不能支持也不能反对潜意识动机性压抑。人们会遗忘各种类型的事情。你能记起上星期二晚餐吃的什么东西吗？即使有正确的线索，你能够正确地回忆吗？其他的一些线索会导致你不准确地回忆晚餐吃了什么吗？

一般性遗忘和动机性压抑之间有什么区别呢？有科学证据证明动机性压抑吗？人们可以被诱导而“回忆起”实际上没有发生的事情吗，就像霍莉这个案例一样？为了回答这些问题，我们将检验对经典精神分析的修正和完善，一般被称为新精神分析运动。

新精神分析运动

弗洛伊德提出的经典精神分析产生于 20 世纪的早期，该理论详细而完整地反映了人性。但弗洛伊德的许多观点已经过时。即使如此，当代的精神分析学家韦斯滕（Drew Westen，1998）认为，过时是必然的，毕竟，弗洛伊德逝世于 1939 年，“他不可能做更深入的修改”（p. 333）。韦斯滕幽默地说道，“像埃尔维斯一样，弗洛伊德已经去世了许多年，但是人们总是不断地引用他的观点。”(p. 333) 随着时间的流逝，弗洛伊德的许多观点已经失去了影响力，其他一些观点也已被整合到当代精神分析理论中。现在，人们普遍认为精神分析理论是最伟大的思想，是弗洛伊德天才般的创见，并得到了他人的修正和发展。

韦斯滕（Westen，1990，1998）是当代精神分析最活跃的拥护者之一。在总结弗洛伊德的科学遗产时，韦斯滕提到，当代精神分析学家不再过多地去谈论本我、超我和被压抑的性冲动；他们也不再把治疗看成是对遗忘的记忆内容的“考古”。相反，绝大多数当代精神分析家更关注童年期的关系和成人与他人之间的冲突，比如，难以建立亲密关系或容易与不适合自己的人建立亲密关系等（Greenberg & Mitchell，1983）。韦斯滕（1998）以下面五种假设为基础来定义当代的精神分析：

1. 潜意识虽然不像弗洛伊德所认为的那样具有无所不在的影响，但潜意识在生活中仍然扮演着重要的角色。
2. 行为经常是情感、动机和思维等心理过程之间相互作用的结果，是冲突的折衷反应。
3. 童年期在人格的发展中扮演着重要的角色，尤其影响了成年期人际关系风格的形成。
4. 自我和人际关系的心理表征引导个体与他人之间的互动。
5. 人格的发展不仅仅包括管理性和攻击情绪，也包含从不成熟的个体蜕变为成熟的个体，从社会依赖型人际关系风格的个体发展为社会独立型人际关系风格的个体。

在某些方面，与弗洛伊德最初的观点相比，新精神分析的观点更为广泛流行，并获得了更好的实证支持。现在转入当代精神分析的研究主题，我们将从讨论压抑和记忆开始。

压抑和当代的记忆研究

提到动机性压抑，心理学家之间有颇多的争论。一篇关于动机性压抑的临床文献综述这样总结道：“压抑的证据是令人信服且显而易见的”（Erdelyi & Goldberg，1979，p. 384）。然而，另一篇同类文章总结道：“压抑概念缺乏实验研究的效度”（Holmes，1990，p. 97）。

伊丽莎白·洛夫特斯（Elizabeth Loftus）教授在拉蒙纳的案件中作证，并且她为压抑性记忆的争论提供了许多科学证据，做出了很大贡献。

伊丽莎白·洛夫特斯是一位心理学教授，世界著名的记忆研究专家，在考察个体所恢复记忆的真实性方面，她做了许多研究。在“压抑记忆的真实性”这篇文章中（Loftus，1993），她讨论了许多当事人突然之间回忆起一些重大事件的案件：有一些是真实的记忆，但是其他一些记忆是错误的或者是不准确的，后来当事人都公开承认错误。但是她认为，我们不能因为一些如同霍莉这样的案例就断定所有被恢复的记忆都是**错误记忆**（false memories）；同样地，我们也不能仅仅因为凯特这样的例子就认为所有被恢复的记忆都是正确的。洛夫特斯相信，关键是要意识到可能导致不准确记忆或错误记忆产生的过程。洛夫特斯（Loftus，1992，1993）认为许多因素影响着错误记忆的形成。

大众出版物可能是影响人们产生错误记忆的一个因素。目前市场上的许多书籍主要是为那些受到性虐待的幸存者提供指导，毫无疑问，这些书籍大大慰藉了那些有受虐经历的人，他们带着痛苦的记忆活着。对于没有此类记忆的人来说，这些书给予了他们很强的暗示，即使是没有关于虐待的记忆，也可能发生过这样的事。例如，在这类书中，《康复的勇气》（*The Courage to Heal*）（Bass & Davis，1988）很受欢迎，书中写道：

> 你可能认为你没有这些记忆……请你试着说“我遭遇过虐待，”不需要像站在法庭上一样。通常你被虐待的信息始于一种很细微的感受，一种直觉……假定你的感受是正确的……假如你认为自己经历过虐待，在生活中表现出了一些症状，那么你就是被虐待过。（p. 22）

这一段话具有很强的暗示性，可能会导致某些人得出错误的结论，认为自己受过虐待。一个开始具有这种观点的人，为了使受虐待的故事显得更可信或更一致，可能会通过补充一些细节来修饰这种暗示。假如治疗师按照这种方式进行更深入地引导和询问，那么错误记忆可能就会变得越来越可信。洛夫特斯（1993年）在实验室中对这一现象进行了验证，实验中让被试看一段小轿车发生事故的录像，然后以一种引导的方式提问被试，结果被试在引导下得出结论：一辆小轿车撞上了停车牌，但录像中并没有停车牌。而且，引导问题越多，被试越相信那辆小轿车的车主应该受到惩罚，因为被试确信小轿车撞上了停车牌。上面引用的《康复的勇气》中的那段话可以给人非常强烈的暗示，使人相信心理症状是由已被遗忘的虐待记忆引起的。

《康复的勇气》所暗示的能够证明某人可能遭受过虐待的症状有哪些？在其他方面，作者列出了低自尊、自我破坏性思维、抑郁和性功能失调等问题。这本书以及其他类似的书表明，即使没有任何具体的记忆，很多人还是相信自己曾经受到过虐待。但是，导致低自尊、抑郁和性功能失调的原因有很多。另外，伴随这些症状，还有其他心理障碍出现，比如恐怖症和焦虑，显然，这些障碍在没有受虐经历的情况下也可能发生。

导致错误记忆产生的另一个因素是某些治疗师的行为。洛夫特斯谈到了一位女性，当治疗师确定她的抑郁症是由童年遭受的性侵犯引起的之后，她给洛夫特斯写了一封信。虽然病人一再声明自己没有任何有关受性虐待的记忆，但治疗师坚持做出这样的诊断。这位女性还说，她简直不能相信会发生这么糟糕的事情，而自己却毫无记忆。洛夫特斯还谈到另一个案例：一位男性因父亲自杀而神经错乱，从而去接受心理治疗。病人谈论他生活中的痛苦事件，但治疗师一直暗示一定有其他事情。病人因为不知道这“其他事情”到底指什么，变得更加抑郁了。之后，在一次治疗会谈中，治疗师终于说出了他想说的话“你表现出了与其他病人相似的特征，他们都是……仪式性性虐待的受害者”（引自 Loftus，1993，p. 528）。

在治疗过程中，许多技术被用来鼓励病人回忆童年经历。催眠就是其中一种，使病人在一种放松、暗示引导和恍惚的状态下自由回忆童年经历。但是，大量科学证据表明，催眠并没有改善记忆（Nash，1987，1988）。与没有被催眠的证人相比，催眠状态中的证人并不能提供更准确的事实（Wagstaff，Vella，& Perfect，1992）。事实上，催眠可能增加了记忆扭曲的程度（Spanos & McLean，1986）。所以，在法庭上不允许对目击证人进行催眠。在一个催眠案例中，一位受暗示性很高的男性在催眠师的诱导下，“回忆”起自己犯了罪，但事实上他并没有犯罪行为（Ofshe，1992）。在催眠状态下，人们通常会更具有想象力，更具有自发性，更容易激动，还经常报告出一些非常态的身体感觉（Nash，1988）。通过催眠被带回到童年时代后，人们竟然可以回忆起自己被驾着宇宙飞船的外星人绑架（Loftus，1993）。关于催眠在多大程度上可以使想象和幻想进入意识，并被作为记忆来解释，目前还不清楚。

最近，洛夫特斯和她的同事们指出，有些特定的技术在心理治疗中可以导致错误记忆的产生（Loftus，2000；Lynn，Lock，Loftus，Krackow，& Lilienfeld，2003）。这些技术包括催眠、暗示性访谈、把症状解释为过去创伤性事件的标志、回忆创伤性事件时权威的压力、梦的解释等等。这样的技术可以促使人们回忆出现实中没有发生的事情（Tsai，Loftus，& Polage，2000）。在实验室研究中，洛夫特斯和她的同事们发现，如果让被试想象各种事件，那么后来他们会认为对这些事件更熟悉；如果诱导被试对想象的事件形成更为精细的记忆表征，那么在评价想象中的事件时，被试会认为这些事件真的发生过（Thomas，Bulevich，& Loftus，2003），这一效应被称为**想象膨胀效应**（imagination inflation effect）。当通过想象形成一种记忆，使得人们把想象的事件与实际发生的事件相混淆时，这一效应就会发生。例如，给人们展示一张图片，暗示他们在童年时和 Mickey Mouse 握过手，结果那些人后来就会更相信自己小时候和 Mickey Mouse 握过手。另一项研究让人们想象和 Bugs Bunny 握过手，也产生了相似的效应（Braun，Ellis，& Loftus，2002）。让人们想象某些事情，即使是让人们想象类似于与 Bugs Bunny 握手这类不寻常的事情，他们也会确信想象的事情真的发生过。洛夫特斯和其他研究者指出了这些研究对法庭上允许把被压抑的记忆内容作为终审证据的意义（Hyman & Loftus，2002；Loftus，2003）。

为什么治疗师会暗示病人产生一些错误的记忆呢？许多治疗师认为，有效的治疗能使病人战胜被压抑的记忆，直面过去的创伤。他们认为，通向健康的路途中，

阅读

看，你想有一个错误的记忆

假设你参加一个心理学实验，实验者让你仔细听15个单词，并告诉你听完之后将进行测试。这些单词是**床、休息、清醒、疲劳、梦、醒来、打盹、毛毯、小睡、熟睡、打鼾、午休、安静、打哈欠、昏昏欲睡**。现在把这些单词遮盖起来，请你指出下面的几个单词是否在这一列单词之中：

	在这一列单词中吗？	
	在	不在
打盹	——	——
母亲	——	——
床	——	——
电视	——	——
睡觉	——	——
椅子	——	——

假如你像大多数人一样，你会认为**睡觉**一词在单词表之中。实际上，许多人都会非常确信地认为**睡觉**在其中。当告诉他们事实上这个词不在其中时，他们会与实验者进行争论。因此，当让你回忆这些单词时，假如你认为**睡觉**一词在最初的15个词之中，并且你认为确实记得看见过**睡觉**这个词，那么你恰好产生了一种错误记忆。大约80%的正常被试产生了这种错误记忆。也就是说，他们相信**睡觉**一词在最初给出的单词表中（Roediger, Balota, & Watson, 2001; Roediger, McDermott, & Robinson, 1998）。

你刚才所完成的实验是由心理学家罗伊迪杰和麦克德莫特（Henry Roediger & Kathleen McDermott, 1995）设计的。他们依据记忆的**激活扩散**（spreading activation）模型发明了这一技术。激活扩散模型认为，相互之间有联系的心理成分（单词和表象）储存在一起。例如，在大多数人的记忆中，**医生**和**护士**相关，因为这两个概念之间有紧密的联系和相似性。我们可以很容易地演示两个概念之间的心理联结：事先呈现一个相关概念（nurse），然后被试判断一个字母串（doctor）是否为一个单词的速度比事先呈现一个不相关的词（table）所做判断的速度快。对这种现象的解释是，通过相互联系的神经网络，护士一词激活了其他相关概念，例如医生，因此我们才能够更快地识别它们。

那么，如何解释上面的实验中对睡觉一词的错误记忆呢？像其他概念一样，“睡觉”被储存在与其他单词相关的记忆网络中，如**床、休息、清醒、疲劳、梦、醒来、打盹、毛毯**和**小睡**等。这一相关网络见图10.1。

对初始列表里的许多单词的激活扩散到或启动了个体记忆网络中的出现在回忆列表里的目标概念（**睡觉**）。与睡觉一词相关的其他所有单词的激活（如**床、休息**和**疲劳**）累积起来，使得个体更容易回忆和识别**睡觉**这一概念，即使初始列表中没有**睡觉**这个词。

研究者们还认为，任务中出现

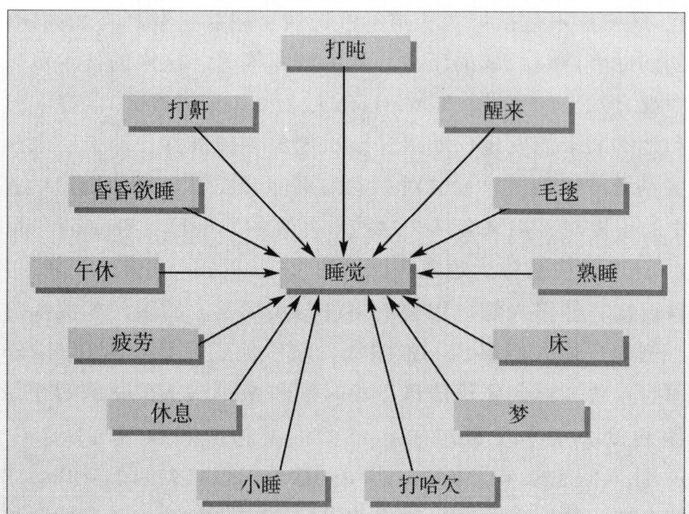

图 10.1

与“睡眠”一词相关的概念的假设网络。

资料来源：Roediger, Balota, & Watson, 2001.

错误记忆的可能性与初始列表中与目标词相关的词的数目有关（如睡觉）。也就是说，初始列表中与目标词相关的词的数目越多，初始列表中相关词与目标词的联结强度越大，那么，出现错误记忆的概率也就越高。联结强度取决于当人们从其他词汇中寻找进入意识的第一个单词时，目标词被提及的频率。事实上，心理学家们已经确定了各个单词之间的一般联结强度，从初始列表中的条目到目标条目之间联结强度的总和决定了错误回忆的概率（Roediger et al., 2001）。

这一事实与精神分析的错误记忆的观点如何关联呢？首先，这一事实证实了大部分认知心理学家，甚至是有着强烈科学价值取向者的观点：错误记忆是可以发生的。研究者们普遍认为人们具有**建构性记忆**（constructive memory），即记忆以各种形式(增加，减少等）作用于或影响着回忆的内容。人类不是对过去发生的事情进行原始地、客观地回忆，而是容易犯错误。内容相似的成分被重复提起时，更可能发生错误。一个人可能会识别出或回忆起与这些成分相关的新成分，甚至这些新成分并没有发生过。例如，在审问过程中，假设一个人在某件事情上受到各种不同引导方式的重复性审问。一段时间之后，这个人被问到一些新的但与以前的信息相关的信息时，他很有可能认为这些新的事情发生过。事实上，不是因为它们真正地发生过，而是因为它们与先前呈现的信息相关。词表再认时出现的错误能帮助我们理解法律案件中更大和更富戏剧性的错误记忆，如霍莉的案例。

需要把创伤性记忆带到意识中来，使病人明白和克服它们，或者至少采用一种成熟的方式来处理这些事情。与常人一样，治疗师也会受到**确认偏误**（confirmatory bias）的影响。确认偏误是这样一种倾向：寻找能够证实他们先前直觉的证据，回避能够证伪他们信念的证据。假如一个治疗师认为童年创伤是许多成年人问题的原因，他最有可能去探究童年时的创伤记忆。因此，在治疗师的引导下，顺从和受暗示性强的病人，通常会耗费大量的时间试图回想起童年期发生过的导致目前问题的事情。同时，治疗师会把具有相似问题的病人的故事关联起来，帮助病人回忆和处理童年时期的虐待。治疗师作为一位“权威者”，为了使病人朝向健康的方向发展，必须坚持证明创伤回忆的真实性，建构一种共享的现实是理想状态。尽管双方都相信创伤回忆的正确性，但事实上它是不真实的。

然而，在了解了儿童受虐待的比率之后，我们就要做进一步的权衡了。最近的调查表明，儿童遭受了大量的创伤。例如，1998 年，美国大约有 903000 名儿童成为虐待的受害者。其中，54%是因为疏忽引起的，23%涉及到身体方面的虐待，12%受到性虐待，大约有 5.5%涉及到心理虐待和医疗事故。就在报告的这一年里，估计有 1100 名儿童死于虐待和医疗事故，在这些儿童当中，77%的在 5 岁以下(所有的统计数据来自于美国卫生与公共服务部，2000)。

虽然心理学家们不同意动机性压抑，但在虐待儿童会对儿童造成心理伤害这一点上，他们具有一致的看法。美国心理学会强烈反对虐待儿童，特别是性虐待(Martin, 1999)。显然，当在病人的治疗过程中证实了虐待经验时，那么它应该成为治疗的焦点问题。但是，治疗师（或者陪审团）如何确信虐待真的发生过呢？目前，惟一有效区别真实记忆和错误记忆的准确方法是客观证据，如第 9 章中凯特的个案。除此之外，治疗师、警察和律师们在调查记忆的过程中，应该非常谨慎，尽量避免进行暗示性的探究和不加辨别地接受那些瞬间回忆起来的“记忆”。任何时候，都应该客观地寻求独立的旁证来证明创伤记忆。假如正在审判一名犯罪嫌疑人，旁证就显得格外重要了。为此，洛夫特斯（1993）提出警告，最危险的一种情况是，社会有可能支持错误记忆的案例，以至不能严肃地对待真正有儿童虐待的案例，这些才是特别值得注意的。

当代的潜意识观

动机潜意识（motivated unconscious）的观点是经典精神分析理论的核心。大多数当代心理学家仍然承认潜意识，但是他们所认为的潜意识与经典精神分析理论中的潜意识不同。让我们来看一下雅各比（Larry Jacoby）的观点，他是一位认知心理学家，他对潜意识过程的研究深刻地影响了认知心理学，他说：“潜意识的影响无处不在。显然，人们有时是有意识地计划和行动。但是，更多时候是潜意识的，行为受到潜意识过程的影响……行动之后，假如有人问为什么，我们将会寻找行为的原因。”（Jacoby et al.，1992，p. 802）像雅各比和他的同事们一样，虽然许多心理学家认为存在潜意识，但是，他们并不都认为潜意识是动机性的、自主性的、能够广泛地影响行为。

我们把潜意识的两种不同观点分别称为**认知潜意识**（cognitive unconscious）观和**动机潜意识**（motivated unconsious）观。持认知潜意识观的心理学家承认，在我们没有意识到的情况下，某些信息也能进入记忆（Kihlstrom，1999）。例如，**阈下知觉**（subliminal perception）现象，一些信息（如短语“买可口可乐”）在屏幕上呈现的速度非常快，以至于你根本无法辨认实际的单词。也就是说，你可能报告你看到了闪光，但是不能辨认出上面的内容。与那些如“房子”之类没有呈现的词相比，你猜中“可口可乐”这个词的准确率确实好不到哪里去。但是，假如以反应时为因变量（你做出这一判断的速度）让你判断一串字母串是否是一个单词，一般说来，你判断可口可乐为词的速度比判断其他词（与可口可乐或其他饮料不相关的词）为单词的速度快得多。阈下信息启动了记忆中的相关材料，**启动**（priming）使相关材料比无关材料更容易进入意识中。使用阈下启动的研究结果清楚地表明，在没有意识体验的情况下，信息仍然能够进入头脑之中并产生影响。

假如给某人呈现阈下信息“买可口可乐”，他（她）更会自发地出去买可口可乐吗？毕竟，这与精神分析的动机潜意识的观点是一致的：潜意识中的某些事情能导致行为的发生。广告商能够采用阈下信息来无意地激发顾客的购买动机吗？同样，那些提倡自杀和暴力的阈下摇滚音乐又带给人们怎样的影响呢？大多数关于阈下知觉的研究表明，潜意识信息并不能影响人们的动机。也就是，大多数暴露在含有阈下暴力信息的歌曲中的青少年不大可能进行暴力犯罪活动。同样，人们在接触了阈下短语信息“买可口可乐”后，也不大可能会去买可口可乐。

认知潜意识观认为，潜意识思维的操作方式与意识思维的操作方式是一样的。思维是潜意识的，不是因为它们受到压抑，或者它们表现了不可接收的冲动或愿望，而是因为它们处于意识知觉之外。例如，我们可以说扣衬衣扣子这一行为是

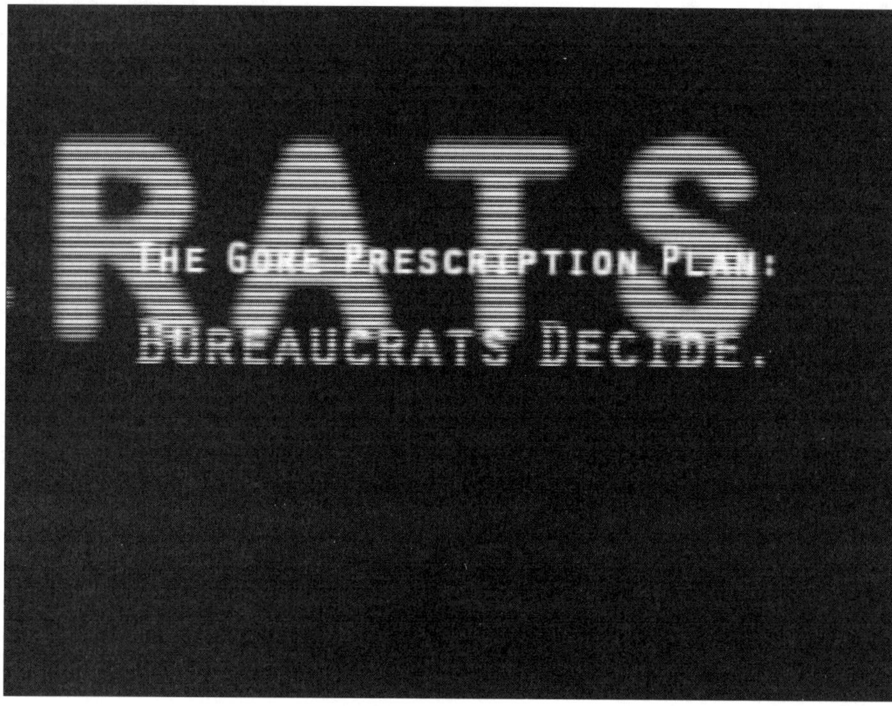

在 2000 年的美国总统大选活动中，共和党投放了一个电视广告，表达了对民主党候选人艾伯特·戈尔的一些募款的努力的质疑。在这一广告中，他们采用阈下的方式呈现单词“RATS”和有关戈尔的信息。戈尔阵营发现之后，非常愤怒，并在公开场合斥责布什阵营采用这种阈下信息的方式来影响投票率。布什阵营立刻撤消了这一广告，布什否认他自己曾在这一阈下宣传中扮演过任何角色。事实上，双方阵营都认为这样的阈下信息会影响投票动机。这一实例表明，许多人相信潜意识动机的存在。但是，研究者们目前还没有发现，没有证据支持广告中的阈下信息的影响作用。

潜意识的，因为我们不需要任何注意就可以完成这一动作。对擅长打字的人来说，打字活动也是潜意识的。信念和价值等其他类型的心理内容也可能是潜意识的。这些内容是潜意识的，不是因为它们威胁到我们，也不是因为它们会影响我们的行为。虽然潜意识的材料能够影响到随后的思维或行为，比如启动中的这个例子，但这些影响与经典精神分析理论中的动机潜意识的影响是不同的（Kihlstrom，2003；Nash，1999）。同样，当代心理学家们所认为的认知潜意识和弗洛伊德在一百多年以前提出的潜意识观也相去甚远。按弗洛伊德的说法，潜意识是装着愤怒与性欲的一口炽热且沸腾的大锅。他认为，潜意识按照自己原始的和非理性的原则来运行，对我们的意识行为、思维和情感具有广泛而深远的影响。与弗洛伊德的观点相比，当代心理学中的潜意识是平静的、温和的，且更理性。虽然当代心理学家们认为潜意识仍然影响着行为、情感和思维，但是与弗洛伊德的观点相比，这种影响更具限定性、原则性和特殊性（Greenwald，1992）。

自我心理学

对经典精神分析的另一个重大修正是研究兴趣从本我转向了自我。弗洛伊德的精神分析关注本我，特别是性和攻击这对孪生本能，以及自我和超我对本我需要的反应。我们可以把弗洛伊德的精神分析称为**本我心理学**（id psychology）。后来的精神分析学者更多地关注自我，因为自我表现出了许多建设性的功能。事实上，弗洛伊德的女儿安娜认为，自我强大的防御力量能够使个体免于焦虑，她重视对自我的研究。弗洛伊德的学生埃里克森强调：自我是人格中的一个强有力且独立的部分。而且，埃里克森认为自我与控制环境、完成个人的目标和建立个人的同一性有关。因此，人们把从安娜开始的，由埃里克森发扬光大的精神分析取向称为**自我心理学**（ego psychology）。

自我的首要功能是建立安全的同一性。同一性被认为是一种内在感觉，包括以下几个方面：我是谁、个人的独特性、跨时间的连续感和整体感。你可能听说过**同一性危机**（identity crisis）这一术语。该术语来自于埃里克森的著作，它是指个体未能发展一种强大的同一性认同时所体验到的分离和混淆感。当你对自己不确信，不能确定你是谁，或不能确定他人对你的评价，不能确定你的价值观、期望的生活方式和未来去向时，你就有可能产生了同一性危机。青少年时期，在某一段时间内体验到同一性危机是一种普遍的经历。但是，对于某些人来说，它可能发生在生活的后期，或者可能持续相当长的时间。第 11 章将讨论的所谓中年生活危机常常是由同一性危机引起的（Sheldon & Kasser，2001）。

埃里克森最大的贡献是发展了同一性这个概念，他把同一性看做是人格发展的重要成就。同一性被认为是一个人关于自我发展的故事（McAdams，1999）。这个故事回答了以下问题：我是谁？在成人的世界中我处于何种位置？我生活的统一主题是什么？我存在的目的是什么？麦克亚当斯（McAdams，1999）把同一性看成是个体建构的叙事故事。虽然一个人能够重新安排和重新建构生活故事的情节，但作为个人的独特故事，对于其本人来讲，这些情节仍然具有不可替代的重要性。麦克亚当斯认为，一旦故事具有了连贯的主题，个体可能基本上不会改变故事情节。但是，某些事件可能会导致同一性的重大变化，个体会把这些变化整合到原来的故事中，例如毕业、结婚、小孩的出生、进入 40 岁或者退休等。不可预料的事件也可能成为故事的一部分，例如配偶的死亡、失业或者没有预料到的财富。下面，引用埃里克森（1978）的一段阐述，它描述了我们如何建构人生的故事，以及我们发展为成年人的过程如何成为该故事的主题：

> 作为一个成年人就意味着在每件事情上都要以一种连续性的观点来看待自己的生活，不仅包括过去，还包括未来。人们通常根据经济地位、在连续几代人中的位置和社会结构中的身份等来定义自己是谁。成年人能够采用这种方法有选择地一步一步地重新建构他（她）的过去。这似乎是计划好的，确切地说，是我们自己计划了这一切。在这种意义上，我们确实在心理上选择了我们的父母、我们的家族史以及我们的国王、英雄和神的历史。我们使他们为自己所有，我们成为自己的主人，成为自己的创造者。(Erikson，1978，pp. 111–112)

埃里克森的八个发展阶段

弗洛伊德认为人格在大约 5 岁时就已经形成了，埃里克森却不同意这种观点，他认为发展的关键时期贯穿生命的整个过程。例如，弗洛伊德把 6 岁到青春期这一阶段称为潜伏期，并认为在这一时期几乎没有什么发展心理。但是，在该阶段，儿童开始上学；他们学习知识，并从成功和成就中获得满足；他们学习社会化，学习分享和与同伴协作；他们学着了解社会结构，例如教师是负责人并代表权威这一事实。埃里克森（1963，1968）指出，许多发展正好发生在弗洛伊德认为的风平浪静的潜伏期中。他认为，人格的发展一直持续到成年，甚至到老年（Erikson，1975），提出了每个人都将经历的**八个发展阶段**（eight stages of development）（图 10.2）。

埃里克森不同意弗洛伊德的发展阶段的观点，他也不同意弗洛伊德提出的每个阶段存在的冲突和危机。弗洛伊德认为危机由内在固有的性欲所决定，但埃里克森却认为危机是社会性的。总之，埃里克森认为，与父母的关系是我们所建立的第一个社会关系。因此，在学着信任父母，学习他们的自律以及按照成年人的方式行事的过程中，都有可能产生冲突。与弗洛伊德的发展阶段中的心理性欲冲突不同，埃里克森把这些称为**心理社会冲突**（psychosocial conflicts）。

虽然埃里克森在这两个发展问题上不同意弗洛伊德的观点，但在其他几个方面，他认同弗洛伊德的观点。第一，像弗洛伊德一样，埃里克森也采用了**发展阶**

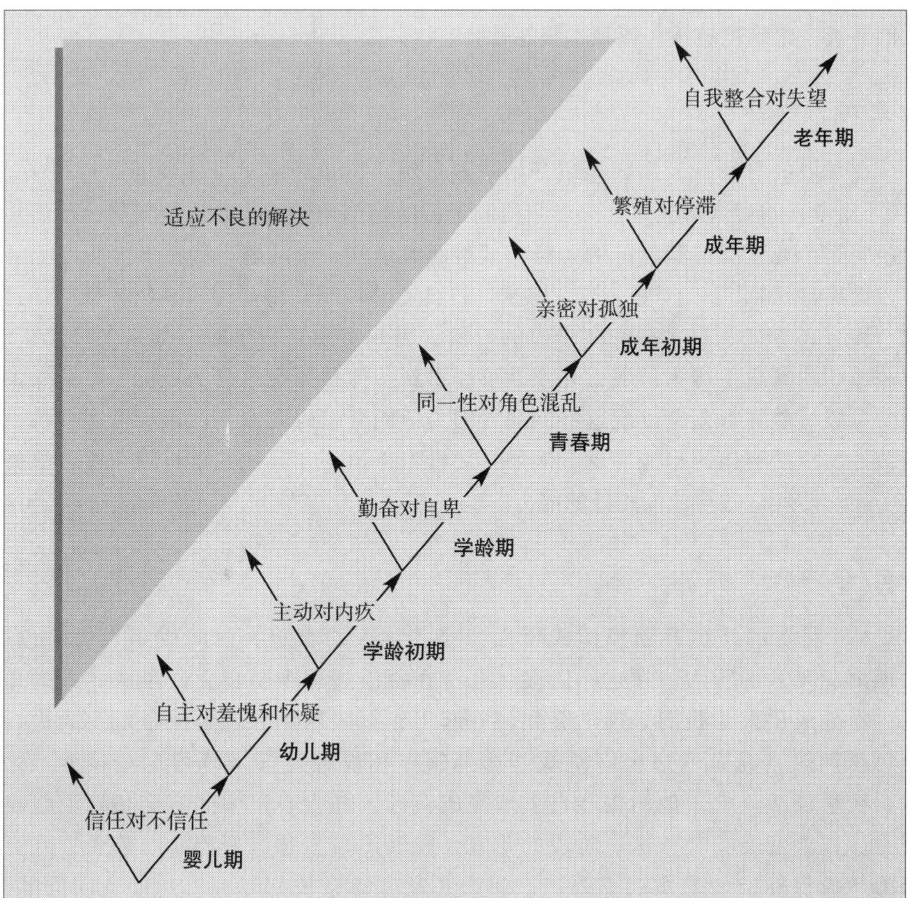

图 10.2
埃里克森的八个发展阶段

段模型（stage model of development），人们按照某一特定顺序经历这些阶段，每一个阶段包含代表那一阶段特征的特殊问题。第二，埃里克森认为每一个阶段代表一种冲突，或者一种**发展危机**（developmental crisis），这些冲突或危机需要加以解决。第三，埃里克森保留了**固着**（fixation）这一概念，意思是假如个体未能成功和有效地解决危机，那么人格的发展可能会停滞，个体在发展过程中可能继续充斥着那种危机。现在我们简单地来描述一下每一个发展阶段。

信任对不信任

儿童出生后完全依赖于周围的人，面临的第一个问题最有可能是"谁会来照顾我，他们能做好吗？当我饿的时候，他们会喂我吗？当我冷的时候，他们会给我穿上衣服吗？当我哭的时候，他们会安慰我，会照料我吗？"假如儿童受到了周全的照料，基本需要得到了满足，那么他们将形成对照看者的信任。按照埃里克森的观点，这种信任将成为未来人际关系的基础。在这种环境中成长起来的儿童认为其他人是可以亲近的、值得信赖的、友善的和富于爱心的。但是由于各种原因，有些婴儿没有受到很好的照料，从来没有获得他们需要的爱和呵护。这样的婴儿可能对他人缺乏信任，这种不信任的关系模式甚至会持续一生，在群体中，他们怀疑、感到被疏远、孤独，报怨社会。

自主对羞愧和怀疑

在 2 岁的时候，大多数儿童开始学习走路。这是许多父母所说的"可怕的 2 岁"。儿童开始尝试新能力，父母叫他们走，他们却偏偏跑；让他们安静，他们却大声叫嚷。儿童在检验自己的力量，试着回答这样一个问题"我在多大程度上能掌控世界？"如果发展得好，儿童感觉到自己能够控制和精通许多事情，很信任自我，而且还养成了自主探究和学习的习惯。当儿童独立行事时，如果父母禁止、限制或惩罚其自主行为，那么儿童就可能感到羞愧并怀疑自己的目标。过分保护的父母极可能导致儿童出现这些问题，因为他们会阻碍儿童去探索和遭遇各种生活事件、生活经历的本能冲动。例如，父母阻止孩子和其他儿童打闹，这可能使孩子逐渐怀疑自己与他人相处的能力。

主动对内疚

3 岁左右的儿童开始模仿成年人，穿成年人的衣服、扮演成年人的角色、表现出成年人的行为。在这一阶段，儿童在扮演过程中初步尝试了成年人的角色。作为成年人，我们必须学会如何一起工作、服从领导、解决争端。当进行角色扮演时，儿童通过组织游戏、选择领导和设置目标来练习这些技能。之后，在学校活动中，他们也能自主地完成目标，并为心目中的特定目标而付出努力。如果发展顺利，这一阶段的儿童会发展出自主感，变得雄心勃勃，并且努力达成目标；如果发展不顺利，那么儿童可能会放弃目标，从而走向失败，不会主动地去追寻目标。

勤奋对自卑

成功的经历当然会令人感到非常舒适，但是每个人的能力有限，并且会遇到许多竞争对手。大约从 4 岁开始，儿童特别是同龄儿童之间会互相进行比较。许多儿童（并不是所有的）发展出了能力感和成就感。假如儿童具有很多成功经历，那么他们会对自己的力量和能力充满信心，并认为只要努力工作，就能够完成他们所期望的事情。这种勤奋感，即感觉自己能够通过努力获得自己想要的，使儿童逐渐成为具有创造性的社会成员。但是，假如儿童经历了很多失败，他们就可能产生自卑感，感到自己没有天赋或能力，无法在生活中获得成功。

同一性对角色混乱

在青少年时期，人们经历了一系列急剧的身体变化。在这一时期，不管人们是否准备好了，他们都将从儿童转变为成年人，这可能是人生中特别困难的一个时期。埃里克森特别关注这一时期，并把获得同一性作为发展中最重要的目标。

在这一阶段，青少年开始问自己一些这样的问题“我是谁?”和“其他人对我的认识与我对自己的认识一样吗?”许多人会进行大量的探索，尝试多种不同的同一性探索。第一个学期中，一个高中生可能尝试运动员的角色；在第二个学期中，他可能尝试当庞克摇滚乐歌手；第三个学期，他又会经常去教堂做礼拜；到第四个学期时，他又开始喜欢歌特派摇滚乐。在这个阶段，同一性探索是非常普遍的，青少年采用各种方式来寻求同一性。一个学生可能会说，他将到夏威夷去“发现自我”。事实上，不管你身处何地，你还是你，没有获取同一性的特殊地方。许多人会参加社团，周游全国，致力于各种不同的目标或理想，体验吸毒，参与政治或宗教，所有这些都是为了努力地寻找真实的“我”。最终，大多数人解决了什么是最重要的，他们的价值观是什么，他们想要的生活是什么样的等问题，获得了一种“我是谁”的感觉，形成了一定程度的稳定的自我理解。然而，有些个体没有那么幸运，他们的发展呈现出了角色混乱的局面，在没有明确认识自己和生活意义的情况下便仓促地进入了成年期。往返于各种角色之间，没有稳定的人际关系、工作、目标和价值观。

人们之间的区别体现在其致力于他们的价值观、职业、人际关系和意识形态的程度（Marcia，2002）。许多人将经历**同一性混乱**（identity confusion）的困惑，即个体不能强烈地体会到自己到底是谁。在某些文化中，个体到一定年龄后会让他们接受一种**通过仪式**（rite of passage），这是典型的帮助儿童过渡到成年人的仪式。例如，美洲西南部的印第安人把男性青少年单独扔到原始森林中进行斋戒，直到他们自己回来为止。当他们回来后，可能给他们一个新名字，赋予他们一个新的成人身份。虽然一些宗教会提供某些仪式，如罗马天主教的坚信礼，或犹太教中的成人礼，但现世的美国文化一般不提供这样的仪式。

在解决同一性危机的过程中，有些人发展出了**消极同一性**（negative identity），

2002年，马尔沃和约翰·穆罕默德因在华盛顿射杀数人而被逮捕。马尔沃犯罪的时候只有17岁。他曾申诉，年龄比他大很多的约翰·穆罕默德时时控制并影响着他，因此，他不应该为枪杀案负责任。可以看出，当时的马尔沃极有可能处于同一性混乱阶段。

他们认同了不受社会欢迎的角色，如街道绑架团伙。不幸的是，现代文化提供了很多不被接受的角色模型。因为在青少年时期，年轻人正急于寻找同一性模型，所以他们中的大多数人极容易受环境的影响。这就是许多州把青少年法庭系统与成年人法庭系统分开来的原因之一，这样青少年罪犯就不会和成人罪犯接触。

人必须要获得同一性。假如一个人形成了某种同一性，但他（她）并未为之付出努力或只是别人传递给他的一种同一性，那么该同一性可能是非常肤浅的或者容易改变（Marcia，1966）。研究者（Marcia，2002）认为，成熟的同一性发展包括经历某种危机并对个人的价值观、人际关系或职业生涯做出坚定的承诺。假如没有经历危机，或者在没有经过选择的情况下就形成了同一性，例如不假思索地接受了父母的价值观，这种情况被称为**同一性早闭**（identity foreclosure）。同一性早闭的人一般都有很强的道德感，非常保守，当要求他们解释自己的信念和观点时，他们不知所措，不能给出合理的说法。

延缓（moratorium）是与同一性发展相关的最后一个概念，尤其是对大学生来说。这一概念主要是指在形成同一性承诺之前，花费大量的时间去探究各种可能的选择。在一定程度上讲，大学阶段是社会认可的、年轻大学生正式进入社会之前探究各种角色和学习承担责任的阶段。也就是说，他们在形成对某种观点和价值的承诺之前，可以改变专业、加入不同的社会群体、探究不同的人际关系、结识不同背景的个体、到国外学习、了解各个研究领域。埃里克森（1968）本人强调，在对某一特殊的同一性做出承诺之前，可以探索各种选择。他认为，只有考虑了各种选择，花费大量时间进行“货比三家”之后，个人才可以做出承诺，并用余生来执行和完成这些承诺。不难发现，同一性的获得需要付出大量的努力

(Newman & Newman，1988)。

亲密对孤独

在青少年生活的后期，他们关注的重点是自己与他人之间的友谊和亲密关系，需要发展出相互满意和亲密的人际关系。在这种人际关系中，人们的情感得到发展，并发展成具有爱心、养育后代和可以提供帮助的成年人。对大多数人来说，一般以婚姻的形式形成对对方的承诺。但有许多人在没有社会婚约的情况下也能够获得亲密关系。当然，婚姻并不能保证亲密关系，因为没有亲密感情的婚姻的确可能存在。

孤独是由于没有获得亲密关系或者不能维持这一关系而引起的。在美国，结婚的人的百分比在下降，从 1970 年的 72%下降到 2000 年的 62%。1970 年美国离婚者的数量是 430 万，但是到 2000 年，这一数目已经飙升到了 2 000 万。当今美国社会大约有 49%的婚姻已经破裂。显然，对许多人而言，生活中的一件大事是努力处理亲密对孤独的危机。诚然，独处自有其妙处，但是不管如何，大多数人还是渴望一种令人满意的亲密关系。不能建立亲密关系经常会严重损害一个人的幸福感和生活满意度。

繁殖对停滞

这一阶段占据了大部分的成年期，此阶段的主要问题是个体是否找到了真正关注的生活事件，经常以职业的形式表现出来。当然，有时是指家庭中父母对子女的关怀。有时候，个体在业余爱好和富有社会价值的志愿活动中实现了自己的关注需要。这一阶段的危机是，当人们回顾自己的成年生活时，他们可能会感觉到仅仅是在原地踏步，像一个不断转动却停滞不前的轮子。换句话说，他们觉得生活中没有值得真正关注的事情，生活不值一提，仅仅是“得过且过”。他们不关心生活是怎样进行的，不关心自己正在做什么，刚才做过什么，一切都像假像。例如，也许你有一位老师，他从来不关心课程内容，而只是夹着教案走入教室，温和地讲课，然后离开教室。你的另一些老师可能非常关心上课的内容，他们讲课时，兴趣浓厚，富于激情，灵活多变。显然，从教学过程中，他们体验到了生命的乐趣和意义。这就是繁殖和停滞之间的不同。

自我整合对失望

这是发展的最后一个阶段，发生在生命的后期，它也有需要面对的危机和问题。当我们放弃了繁殖的角色时，这一阶段就开始了。也许是我们离开了曾经热爱的工作；也许是我们深爱的孩子离开了家，开始他们自己的生活；也许是那些有意义的爱好和志愿者活动已经不再适合我们。生活开始收缩，我们从精力充沛的成年角色中退出来，并准备面对死亡。在这一阶段，我们回顾并评价我们的生活：“我所做的都是有意义的吗?”“我完成了我想完成的大多数事情吗?”。假如

在生命的后期仍然需要经历一些发展阶段，仍然要面对许多问题："我的一生是有价值的吗？我完成了许多我想完成的事情吗？"一个人对这些问题的回答决定了他（她）的余生是充满了苦涩和失望，还是满意和整合。

我们对自己的生活是满意的，那么我们的生活就是整合的。但是，假如我们对自己的生活不满意，并希望拥有更多的时间去改变，修补我们的人际关系，纠正错误，那么我们将体验到更多的失望。留有许多遗憾的人在生命的后期会变成苦涩的老人，他们有许多耻辱和愤怒。另一方面，如果人们感到自己的一生是可以接受的，感到非常满意，没有任何遗憾，那么他们将以自我整合的方式来面临死亡。

德国哲学家尼采在他的著作《查拉图斯特拉如是说》中提到这样一个故事，故事中讲到了一个在山中旅行的人。在旅行过程中，他被一个突然跳出来的巨人给杀了。但是，这个被杀的人立刻重新投胎到他原来的父母家里，并被赋予一个同样的名字，过着像以前一样的生活。一天，这个人又到山中旅游，巨人又突然跳出来并把他杀死，这个人再次投胎到原来的父母家里，被赋予与原来同样的名字，过着同样的生活。第三次这个人在山中旅行，巨人跳出来把他杀死，他再次出生等等。尼采说，透过这个故事，人们也许会思考生命的永恒轮回。假如你不想过一种重复的生活，那么也许你应该现在就对它进行一些改变，因为你正生活在其中。有人说"是的，我不介意我的人生重来一遍，即使它会完全一样。"那么这个人在埃里克森所说的最后阶段获得了自我整合。也就是说，假如一个人对他（她）的一生整体上感到满意，那么他们将以整合的形式迈向生命的终点。

霍妮：一个女权主义者对精神分析的解释

霍妮是自我心理学的另一位早期拥护者。她是一位医生，同时还是一位精神分析学家；而在当时，绝大多数的医生和几乎所有的精神分析学家都是男性。她从 20 世纪 30 年代开始进行实践，一直坚持到 1950 年。她质疑弗洛伊德精神分析中的父权制观念（paternalistic notion），并修改了其中的一些观点，提出了一种更具有女权主义性质的人格发展观。例如，她反对弗洛伊德提出的阳具妒羡的观点。弗洛伊德在解释女性性器期的性冲突时，认为是由于小女孩意识到她没有阴茎而引发的。按照弗洛伊德的观点，小女孩会因为没有阴茎而责备母亲，并期望像父亲一样有一个阴茎。霍妮认为女性不是期望拥有阴茎这个性器官，而是期望阴茎所象征的**社会权力**（social power）。霍妮认为，女孩们在早期就认识到，由于性别原因而不被赋予社会权力。她们并没有期望成为男孩，而只是期望拥有在那个时期的文化中男孩们所拥有的社会权力和优待。**文化**（culture）是判断许多行为的共享的标准。例如，一个人是否会因为乱交而感到羞耻，这是由文化标准决定的。而且，文化对男性和女性可能具有不同的标准，如果女孩有乱交行为，她们应该感到羞耻；但是男孩则可能因这样的行为而感到骄傲，对他们来说，文化接受他们的行为，甚至允许他们以这样的行为来炫耀自己。

弗洛伊德最初的理论对于女性来说是很苛刻的。他认为，女孩意识到自身没有阴茎将变得依赖、顺从、敏感和爱慕虚荣。弗洛伊德的生物决定论立场影响了他对女性角色的看法。霍妮指出是文化而不是生物性影响了男性和女性的生活。例如，在霍妮生活的时代，即使妻子有一个职业，即使妻子比丈夫更有天赋和潜能，但为了丈夫的事业，妻子通常会牺牲自己的事业，甚至会因此得到社会赞许。

霍妮是最早强调文化和历史决定人格的精神分析学家之一，在第 16 章和 17 章我们将会进一步探讨。霍妮认为许多性别角色是由文化决定的。例如，她使用**成功恐惧**（fear of success）一词来强调在竞争和成就反应上的性别差异。她认为，许多妇女感觉到，假如她们取得成功，那么她们将会失去朋友。因此，许多女性怀有一种对成功的潜意识恐惧。然而，男性则认为通过取得成功他们可以获得朋友，因此他们并不害怕奋斗和追求成就。这说明了文化对行为的一种重要影响。

霍妮强调，虽然性别具有内在的生物学基础，但是文化标准决定了特定文化中不同性别的典型行为模式。受霍妮的影响，现在我们经常使用**男性化**（masculine）和**女性化**（feminine）来指某一特殊文化中男性或女性的典型特征或角色，并把由文化决定的角色和特征差异称为**性别差异**（gender differences），而不是*性差异*（*sex differences*）。二者之间的区分对现代女权运动的发展来说非常重要，它可以追溯到霍妮。不幸的是，霍妮于 1952 年逝世了，她并没有看到妇女运动所取得的进步，然而她是一位名副其实的妇女运动的早期领导者。

霍妮对当时压迫妇女的社会文化力量有独到的个人见解。在男性占优势的精神分析领域，同事们不赞成她对经典精神分析观点的质疑。1941 年，纽约精神分析协会的成员通过投票撤消了霍妮的领导地位。霍妮立刻离开了这一组织，并独自成功地建立了美国精神分析协会。她继续发展精神分析的一些主要概念，强调社会影响超过生物因素的影响，并特别强调人际过程在形成心理障碍和生活困扰以及导致其他心理健康问题中的重要作用。在其一系列十分易读的书籍中，我们可以看到她那些别具一格而又富有深意的理论观点（Horney, 1937, 1939, 1945, 1950）。

对自我和自恋概念的强调

自我心理学一般都强调同一性的作用，它使人体验到自我感。关于精神分析中的自我在正常人格机能和人格障碍中起何种作用这个问题，当代精神分析学家奥托·科恩伯格和海因茨·柯赫特（Otto Kernberg, 1975；Heinz Kohut, 1977）做出了重要的贡献。在正常的人格机能中，大多数人发展了稳定的和相对高水平的自尊，他们为自己所获得的成就感到骄傲，他们踌躇满志，意气风发，感觉到自己获得了应该获得的注意和情感。大多数人都处于一个健康的自尊水平；认为自己是有价值的，喜欢自己，并且相信其他人也同样喜欢自己。并且大多数人都有**自我服务偏差**（self-serving biases），这是把成功归因于自己但对失败不负责任的一种倾向。

有些人的自尊太高，并试图从各个方面来提升自己的自我价值。例如，他们经常试图表现的比别人更强，更具有独立性，或更招别人喜欢。这种夸张的自赏和对自己持续不断的关注，以及使他人关注自己的风格被称为**自恋**（narcissism）。有时，自恋走向极端会发展成为一种自恋人格障碍（见第 19 章）。然而，也可以出现正常范围内自恋倾向，其主要特征是过度的自我聚焦、感到独特、感到有某种权利（一个人不需要努力就值得敬佩和注意），并且经常寻找一些可能会追随自己的人。

有一种矛盾通常被称为**自恋矛盾**（narcissistic paradox）：虽然自恋者表现出高自尊，但是实际上他们怀疑自己作为一个人的价值；虽然自恋者表现得很自信，但他们经常需要其他人的表扬、安慰和注意。自恋者常常表现出一种不切实际的自我重要感，他们的自尊非常脆弱，经不起打击，不能很好地处理他人的批评。当代精神分析认为，自恋是一种自我感的混乱，通常会导致生活问题和人际关系问题。

当自恋者受到批评或挑战时，他们通常有这样的表现：可能表现出攻击性，并试图通过贬低批评者重新获得尊重。《诊断和统计手册第四版》中介绍到，具有自恋人格障碍的人，当有动摇其自尊的事件发生时，如在工作中受到上司的谴责或者配偶离开了自己，他们可能会表现出暴力行为。某些心理学家（Brad Bushman & Roy Baumeister，1998）所做的实验室研究已经证明这个观点，自恋人格障碍的人具有对批评做出暴力反应的倾向。实验是这样进行的：首先，让被试进入实验室，给他们一个主题，让他们写一篇短文。然后，让其他人对他们所写的短文进行评论，并对被试的观点进行猛烈的批评，之后，让他们和批评者玩计算机游戏，并允许他们用很大的声音“指责”对手；也就是说，在竞争中，被试可以用令人气愤的指责声来分散对手的注意力。结果表明，与非自恋者或没有受到批评的自恋者相比，受到批评的自恋者对批评者的指责更具有攻击性。这一研究结果表明，当自恋者被激怒或遭到批评时，可能会做出攻击行为。但是，具有安全的和正常水平的自尊的人在受到侮辱时，不会变得痛苦和富于攻击性（Rhodenwalt & Morf，1998）。

练习

测量自恋的量表。以下是摘自“自恋人格问卷”中的一些条目（NPI）（Raskin & Hall，1979）。

1. 我认为我是一个特殊的人。 对 或 错
2. 我期望从其他人那里获得很多。 对 或 错
3. 我嫉妒其他人的好运气。 对 或 错
4. 直到获得我应该得到的一切我才满意。 对 或 错

5. 我非常喜欢成为注意的焦点。　　　　　　对　或　错

在一个非常有趣的自恋研究中，研究者发现个体在一篇文章中使用的第一人称词的数目（主格我、我的、宾格我）与其自恋分数之间存在正相关（Emmons，1987）。在另一个研究中，让被试通过录像观察自己或者他人，与观察他人相比，自恋的人花费更多的时间来观察自己（Robins & John，1997）。这一研究还表明，自恋的人评价录像中自己的表现时，比其他人对自己的评价更高、更积极，这暗示他们会夸大自己的能力。

总的来说，虽然自我心理学对自恋研究的兴趣始于低自尊的防御方式，但是，研究已经证实，自恋的人专注于自我、对批评非常敏感、夸大他们的自我价值、应对挑战时变得生气和具有攻击性。自恋者表现出高自尊，但其内部自我的表征很脆弱，很容易受伤。当代精神分析中的一个重要概念是，内部自我表征在个体如何与社会环境相互作用，以及如何对社会环境做出反应中扮演着重要的角色。在“对象关系理论”这一部分中，我们将看到当代精神分析学家还研究了个体对他人的内部表征，以及表征如何影响社会相互作用。

对象关系理论

对象关系理论对弗洛伊德观点的改动很大，这个新的理论取向抛弃了“分析”这一术语。弗洛伊德强调人格发展中的性欲，他认为成年人格是个体解决不可避免的冲突的结果，这种冲突源自身体各部分的性欲望与父母、社会组织和文明社会的限制之间的张力。现代精神分析学家重新全面思考了弗洛伊德强调的性欲观。这个新的取向，即**对象关系理论**（object relations theory），强调社会关系及其在儿童期的起源。

回顾一下发展中的俄狄浦斯阶段。弗洛伊德强调异性父母对儿童的性吸引，以及对同性父母的害怕、愤怒、生气和嫉妒。弗洛伊德之后的精神分析学家们也考察了同一时期儿童的情况，但是，他们认为还未成形的社会关系对人格的发展来说非常重要。后来的精神分析学者们强调的不是性，而是有意义的社会关系的发展。毕竟，与我们首先建立有意义关系的对象是父母。

现代精神分析学家都非常重视儿童成长过程中的社会任务，如埃里克森和霍妮等。事实上，成年人的许多问题与人际关系有关（如婚姻问题、工作中的人际关系障碍等），不能建立或维持人际关系会导致一系列困扰。因此，分析者们开始探索儿童期的人际关系，并把它作为成年人际关系的原型。现代精神分析学者坚持认为，童年经历决定了成年期的人格，但是他们强调的是早期社会关系的作用，而不是性的作用。我们如何与其他人建立关系，我们的人际交往为什么会失败或成功，以及人际交往中的一般主题都可以在早期的儿童人际关系中找到根源，特别是与父母的关系。这就是对象关系理论的主题。

虽然对象关系理论有几种不同的取向，各自强调的重点不同，但是，所有的理论都共享了一套核心的基本假设。第一个假设是，儿童内部的期望、需要和冲动不如他（她）与重要他人之间发展的人际关系重要，特别是与父母的关系。第二个假设是，他人，特别是母亲，被儿童以心理对象的形式加以**内化**（internalized），形成了一种对母亲的潜意识心理表征，即在心理中有了一个潜意识的“母亲”，儿童可以与它建立关系。即使真实的母亲不在现场，儿童仍然能够与内化的对象建立关系，这就是称此理论为对象关系理论的原因。

儿童内化的关系对象建立在与母亲形成的关系的基础之上。假如母亲和婴儿之间的关系发展得很好，那么婴儿便内化了一个有爱心、善养育、值得信任的母亲形象。这种形象为儿童如何看待日后与自己形成关系的人奠定了基础。假如儿童内化的母亲形象不值得信任，可能是因为现实中的母亲经常把儿童一个人留下来，或者喂养儿童时缺乏规律。这样，在以后的生活中，他们就很难信任他人。婴儿发展的第一个社会依恋成为将来所有有意义的人际关系的模板。这与经典精神分析的“儿童是成人之父”的观点一致，在这种意义上，童年期的发展决定着成年期的结果。总而言之，新精神分析强调依恋的作用，并认为个体与早期的照料者，特别是与最初的照料者之间的依恋关系决定了成年期的人格。

早期的童年依恋

在发展心理学中，对早期的童年依恋的研究沿着两条路线。第一条路线是哈洛（Harry Harlow）和其他研究者对幼年的猴子所做的研究。哈洛的著名实验是让幼年的猴子离开真实的母亲，并用由铁丝或绒布制作的猴子模型作为母亲来抚养它们。这些虚假母亲不能像真实的母亲一样给小猴子们理毛、拥抱、支持或社会联系。由虚假母亲抚养的小猴子在青少年期和成年期出现了一些问题。它们成年之后，表现出缺乏社会安全感，一般都比较焦虑，不能像其他的成年猴子那样发展正常的性关系（Harlow，1958；Harlow & Suomi，1971；Harlow & Zimmerman，1959）。而且，当让年幼的猴子进行选择时，它们选择真实的母亲而不是虚假母亲，选择绒布制作的母亲而不是铁丝制作的母亲。哈洛认为，婴儿和最初照料者之间的**依恋**（attachment）的形成需要与一个温暖和敏感的母亲的身体接触，这对婴幼儿的心理发展是非常重要的。

出生后 6 个月内与母亲之间形成的依恋对包括人类在内的所有灵长目动物来说都至关重要。当婴儿对人的偏好超过对物体的偏好时，依恋就发生了。例如，相比玩具而言，儿童更喜欢看人的脸。然后，这一偏好开始缩小到熟悉的人。与陌生人相比，儿童喜欢以前见过的人。最终，这种偏好进一步缩小，儿童对母亲或最初照料者的喜欢程度超过了其他任何人。

第二条研究路线是英国心理学家鲍尔比（John Bowlby，1969a，1969b，1980，1988）对儿童与照料者之间依恋方式的研究。鲍尔比集中研究了儿童与母亲的依恋关系，以及这种关系满足婴儿对保护、喂养和支持等需要的方式。鲍尔比对依恋关系暂时破裂导致的情况感兴趣，即当母亲必须离开而让婴儿独自呆一会儿时会发生什么。他注意到，有些婴儿似乎相信母亲会回来，并再次照顾他——当母亲回来时，这些婴儿非常高兴。然而，有些婴儿的分离反应非常消极，母亲离开会变得愤怒和很难过，一直到母亲回来后，他们才能安静下来。鲍尔比认为这些婴儿体验到了**分离焦虑**（separation anxiety）。鲍尔比还观察到了第三种类型的婴儿，当母亲离开时，这些婴儿变得特别沮丧，当母亲回来后，他们会回避并远离母亲，或者表现出对母亲很生气的样子。

婴儿和最初的照料者之间的紧密联系被称为依恋，它在包括人类在内的所有灵长目动物的发展中发挥了非常重要的作用。

心理学家安斯沃斯（Mary Ainsworth）和她的同事们提出了**陌生情境程序**（strange situation procedure），该程序共 20 分钟，主要用来研究分离焦虑和测量儿童对与母亲分离所做反应的差异。在这一程序中，母亲和她的孩子进入一个看起来很舒服、类似于起居室的实验室中。进入房间之后，母亲坐下来，儿童在房间里自由地玩各种玩具，探究房间中的其他事物。几分钟之后，一位陌生的但友善的成年人进入房间，然后母亲离开房间，儿童独自一人和不熟悉的成年人待在房间里。几分钟过后，母亲又回到房间，陌生人离开房间。母亲单独和儿童再待一段时间。在这整个过程中，研究者对儿童的所有行为进行录像，以便之后对其反应进行分析。

通过许多研究，安斯沃斯和同事们（Ainsworth et al.，1972，1979）发现了与鲍尔比提出的三种依恋行为模式相同的行为类型。第一种类型被称为**安全型依恋**（securely attached），这种类型的儿童能容忍分离，继续探究房间，安静地等待，甚至会接近陌生人，有时想要陌生人抱他们。当母亲回来时，婴儿看到母亲会非常高兴，典型的表现是与母亲玩一会儿，然后再继续探究新的环境。他们似乎相信母亲会回来，因此采用“安全”这一术语。这一类型的婴儿在三类婴儿中所占的比率最多（66%的儿童属于这种类型）。

第二种类型被称为**回避型依恋**（avoidantly attached），这种类型的婴儿当母亲回来时，会回避母亲。他们的典型行为是，母亲们离开时，他们表现得毫不惊慌；母亲回来时，也不注意母亲，好像不在乎母亲。大约 20%的婴儿属于这一类型。

安斯沃斯把第三类婴儿对分离的反应称为**矛盾型依恋**（ambivalently attached）。这一类型的婴儿对母亲的离去感到非常焦虑，母亲还没有走出房间，他们就开始哭泣，表现出强烈的反对。当母亲离开之后，他们很难平静。但是，当母亲回来后，这些婴儿表现出了一种矛盾的行为，既非常生气，又期望和母亲接近，既表现出接近母亲的行为，又拒绝母亲拥抱他们。

在这三种依恋类型中，母亲的行为也有差异。依据安斯沃斯和鲍尔比（1991）所做的研究，与其他两组婴儿的母亲相比，安全型依恋婴儿的母亲为婴儿提供了更多的情感和刺激，并做出了更多的反应。这些研究提供的证据表明，照料者对婴儿更周到的照料能够使儿童和父母在后来的生活中形成更和谐的关系。例如，有一个这样的研究，在头几个月里，如果婴儿哭了，照料者马上给出回应，那么这些婴儿在1岁时哭的次数更少。虽然这一发现开始时并不被认可，特别是不被那些学习论者所承认，但该结果最终还是影响了对父母照看行为的建议（Bretherton & Main，2000）。

矛盾型和回避型婴儿的母亲对孩子的关注较少，对孩子需要的反应比较迟缓，她们不怎么配合孩子，也不怎么跟婴儿玩耍。面对母亲的这种反应，一些婴儿变得生气（矛盾的婴儿），另一些婴儿则在情感上与母亲分离，对母亲漠不关心（回避的婴儿）。

婴儿对父母，特别是对母亲的反应和这些早期经历，鲍尔比称之为后来成年人际关系的**工作模型**（working models）。这些工作模型以潜意识预期的形式内化到个体心中。假如儿童体验到没有人关怀自己，或者母亲不值得他们依赖，那么他们的内化预期可能是没有人需要他们。相反，假如儿童的需要得到了满足，那么，他们对父母的爱会非常有信心，而且认为自己很讨人喜欢（Bowlby，1988）。这些人际关系的预期首先在个体与照料者之间的关系中得到发展，它们成为潜意识的一部分，并时时刻刻影响着成年后的人际关系。

“陌生人情境”范式不仅可以用来研究照料者暂时离去时儿童的反应方式，还可以用来研究成年人的依恋关系。比如，有人用这种方法研究因生活环境而不得不暂时分离的已婚夫妻（Cafferty，Davis，Medway，O'Hern，& Chappell，1994）。研究者采用了纵向研究法，被试是卫国部队和军事服务部的一些成员，在沙漠风暴行动中，他们为了执行海外任务而被迫与妻子分离。研究人员发现，依恋风格预测了分离情绪反应上的个体差异（安全依恋的人表现得不是非常难过），以及团聚时婚姻调整上的个体差异（矛盾依恋的人的困难最大）。当成年人的婚姻关系暂时受到干扰时，他们可能采用与儿时类似的方式来调整自己的婚姻，这表明婚姻关系受到早期与照料者之间形成的依恋风格的影响。

成年人际关系

通过考察儿童期的依恋类型与成年后人际关系风格之间的相关，研究者验证了对象关系理论的观点。研究（Cindy Hazan & Philip Shaver，1987）表明，成年人的人际关系模式与安全、回避和矛盾型的儿童依恋模式相类似。在**安全型人际关系风格**（secure relationship style）中，个体在发展满意的友谊和人际关系上很少遇到问题。安全型的个体信任他人，并与他人发展出良好的人际关系。成年人的**回避型人际关系风格**（avoidant relationship style）的典型特征是很难信任他人。回避型的成年人怀疑他人行动的动机，害怕做出承诺，不愿意依赖他人，因为他们预期自己将会失望，会遭人抛弃或被迫分离。最后，**矛盾型人际关系风格**（ambivalent relationship style）的个体表现出对人际关系的敏感性和不确定性，他们过分依赖同伴和朋友，并且要求苛刻，需要高水平的人际关系，需要持久的关注和保护。

练习

依据“哪种风格最符合你”的自我报告，可以确定个体的成人依恋类型。阅读以下的一些叙述，并选择最适合描述你的项目：

1. 和其他人在一起时我感到很舒服，并很容易与人建立亲密的友谊关系。当其他人依靠我时，我也很容易依靠他们，并为此感到高兴。我不担心被抛弃，别人想要亲近我是件很容易的事情。
2. 有时，当我和其他人距离太近时，我会紧张。我不是非常信任他人，我不喜欢他人做某事时依靠我。当他人与我的关系比较亲近，或者要求我对他们做出情感上的承诺时，我会变得焦虑不安。人们经常希望我表现得更亲密一些。
3. 在人际关系上，我经常担心其他人不是真正地想和我在一起，或者不是真正地爱我。我经常希望我的朋友能够与我分享更多的信任。也许是我迫切地准备与他们建立亲密关系，或者特别希望他们成为我的生活中心，这让他们感到惊慌失措，无法忍受，导致他们一个个离我而去。

第一题描述的是安全型人际关系风格，第二题描述的是回避型人际关系风格，第三题描述的是矛盾型人际关系风格。很有可能，对于不同的人，你表现不同的风格，或者所列的项目中没有特别适合你的描述。

有研究表明，父母—婴儿的依恋类型与后来的成年人际关系风格之间存在正相关（Philip Shaver et al.。与安全型人际关系风格的成年人相比，回避型人际关系风格的成年人更多地报告说父母的婚姻很不幸（Brennan & Shaver，1993）。前者倾向于报告自己来自于一个充满信任和支持的家庭，父母有幸福的婚姻；后者倾向于报告来自于缺乏信任与温暖、冷漠而关系疏远的家庭。

依恋理论的一个突出主题是，成年人的浪漫恋爱关系是对过去依恋模式的反映，尤其是对早期人际关系的反映。早期的人际关系表征可作为后来人际关系的原型，并影响整个一生的依恋行为。最近，有心理学家对依恋类型的长期影响进行了元分析（Fraley，2002a，2002b）。通过回顾分析不同研究，评估不同模型的可变性和稳定性，他发现从婴儿期到成年期，依恋关系的安全性显示出中等程度的可靠性。对早期依恋与后来生活中任何时间点的依恋之间的相关的最好估计大约是.39，这一相关系数显著地大于零，但它只是中等程度的相关。

成年人际关系风格可能对理解浪漫恋爱关系来说最重要。浪漫关系中，人们在寻找什么？期望什么？真的被配偶抛弃，或者假想被抛弃时，人们会如何应对？研究表明，不同依恋类型的个体在回答这些问题时具有很大的差异（Hzazn & Shaver，1987）。回避型依恋类型的人倾向于回避浪漫恋爱，认为真正的爱非常少，

对象关系理论认为，成年期人际关系的特点和性质，一定程度上是由儿童早期经历的人际关系决定的。

而且也难以天长地久。他们害怕亲密，很少发展并承诺较深的情感，他们不是非常支持配偶，至少是情感上如此。

矛盾型依恋类型的成年人具有很多短暂的浪漫关系。他们非常容易坠入爱河，也非常容易失恋，很少对浪漫关系感到快乐。他们害怕失去配偶，在关系中感到绝望，总是关注使他人高兴的事，易于妥协和屈服，并会为了避免冲突而改变自己。可想而知，回避型的成年人认为与配偶分离是非常痛苦的事情。

安全型依恋类型的成年人与配偶分离时不会感到紧张，就像安全依恋的儿童，当母亲离开房间时，这些儿童仍然保持平静。与回避型或矛盾型的成年人及其配偶相比，安全型成年人在浪漫关系中，一般表现出更多的体贴和支持，配偶对双方的关系也更满意（Hazan & Shaver，1994）。而且，如果配偶需要的话，安全型成年人会给配偶更多情感上的支持。安全型成年人需要支持时，他们比另外两类成年人更积极地去寻找支持。一般说来，安全型成年人在浪漫关系出现问题时会努力度过这一难关。

心理学家做了一个有趣的研究，阐明了成年人际关系中依恋类型的作用（Simpson，Rholes，Orinea，& Grich，2002）。在这个研究中，被试为约会中的情侣。实验中告诉情侣，作为实验的一部分，男方将经历一种紧张的不愉快的体验。然后把男方带到一个房间，实验者一边记录他的脉搏，一边说：

> “在接下来的几分钟里，你将暴露在一种环境中，接受令人相当焦虑和难受的实验程序。由于这些程序的特殊性，现在我们不能再告诉你任何信息。当然，在实验结束之后，我将回答你提出的任何问题。”

这一陈述的目的是使男性被试产生焦虑。然后，把他带到一个黑暗的、没有窗户的房间里，里面装有多项记录器。实验者告诉被试“装备还没有准备好”，在“紧张阶段”开始之前，他不得不再等一会儿。同时，另一些实验者告诉女性被试，她的恋人将参加一个“让人紧张且需要积极表现的讨论”，这一讨论将在5分钟或10分钟后开始。然后让这一对情侣一起等待，期间采用隐蔽的录像机录下他们的表现，时间为5分钟。5分钟过后，实验者进入房间，告诉被试实验结束，并解释实验目的，告诉被试如果他们希望的话，可以销毁录像带（没有一个被试这样做）。

实验者对录像中的行为进行了编码。他们感兴趣的是女方对男方的支持程度和男方从女方那里寻求支持的程度。在实验开始之前，实验者采用访谈的方法评估了情侣双方童年的经历和依恋类型。通过访谈，实验者评估了每个被试在儿童早期对最初的照料者回避依恋或安全依恋的程度。

结果表明，与父母之间有回避依恋经历的女性被试明显地更少为男友提供支持和鼓励，即使男友向她们寻求帮助。如果男性向安全型依恋的女友寻求帮助，她们会提供支持；但是，如果他不向女友寻求帮助，女友提供的帮助就会很少。这是一种依条件而定的支持模式，有些研究者认为这是一种理想的人际关系模式（George & Solomon，1996）。在这个研究中，没有哪一种依恋类型能够预测男性的求助行为。但是，该研究中使用的压力变量既不强烈也不持久。有人研究了真实情景下，经历了强烈而持久压力的个体的表现（受到导弹的攻击，经历作战训练），结果表明，依恋类型与求助行为有关（Mikulincer，Florian，& Weller，1993；Mikulincer & Florian，1995）。特别是，安全型依恋的人在遇到困难时，希望从其他人那里寻找支持；但是回避型依恋的人在压力条件下，会试图远离他人，并想独处一段时间，从而使自己从压力中解脱出来。也就是说，当压力非常大或者持续时间很长时，一个人的依恋类型与他们寻求支持的模式相关。

不同的个体具有不同的依恋类型，这体现在生活的方方面面。在亲近他人、与他人保持良好关系、信任他人、探索不同的人际关系等方面表现出很大不同（Elliot & Reis，2003）。一项成人研究验证了依恋类型与工作满意度、家庭满意度、社会角色满意度以及压力情景下的生活事件满意度之间的相关（Vasquez，Durik & Hyde，2002）。研究者发现，安全型依恋的人在这些领域中表现出最好的适应。而回避/矛盾型依恋的人报告他们存在许多家庭生活方面的难题和一些工作方面的困扰。其他的研究也表明，回避/矛盾型依恋类型的男性有虐待女性的倾向（Dutton，Saunders，Starzomski，& Bartholomew，1994）。

假如一个人发展了某种特定的儿童依恋类型，那么，他在成年后的生活中一定会表现出这种风格吗？这一疑问成为许多理论争论和实证研究的主题（Cassidy & Shaver，1999；Simpson & Rholes，1998）。依恋理论专家认为，即便是儿童期经历了最糟糕的人际关系，人们依然可以战胜自己。安斯沃斯和鲍尔比（1991）认为，虽然在婴儿时有不幸的抚养经历，但儿童不一定会永远都受到伤害。他们认为，随后的积极经历可以补偿早期的负面人际关系。虽然开始时的生活比较糟糕，但在充满关怀与爱的人际关系中，成年人可以改善他（她）的对象关系工作模型。安斯沃斯和鲍尔比认为，在积极、充满支持的人际关系中，人们可以内化出更安全更可信的心理模板，这种心理模板会对人与人之间的关系做出更积极的预期。

父母离婚：这对儿童后来的人际关系有影响吗？

在美国，每年大约有 100 万儿童改变了身份——父母离婚了，他们成为“失败婚姻的孩子”。对这些儿童而言，这只是沮丧和不确定生活的开始。他们想知道自己将到哪里去，是否能再见到自己的朋友，是否喜欢母亲或父亲找的新配偶，母亲的新男朋友是否也会离去，父亲是否会以同样的方式与新女友打架。假如儿童长期受父母关系的影响，形成了内化的人际关系表征，他们就会认为不存在持久的人际关系，其中充满了苦楚和争吵，一旦问题恶化就会遭到抛弃。

对象关系理论能够预测父母离婚对儿童的具体影响，特别是当离婚发生在儿童生活的早期时。那时，依恋对象和依恋关系的内部表征正在形成之中。对象关系理论认为，离异家庭的儿童在后来的生活中很难形成亲密的人际关系，尽管可以更新和修正不良的内化表征，但是假如个体缺乏人际关系心理图式的良好记忆，那么，他（她）就不知道在亲密而持久的人际关系中人们是如何表现的。也就是说，他（她）没有合适的模板来帮助他建立和谐的成年期人际关系。按照对象关系理论，儿童与父母之间的互动形成多种印象，他们内化这些印象，并形成一种模板，以此来理解一般情境下的人际关系。这一模板不仅适用于男性和女性之间的交往，也适用于父母与孩子之间、兄弟与姐妹之间以及儿童与其他儿童之间的交往。

20 世纪 70 年代，美国的离婚率急剧上升，在过去的三十年里，每年仍然保持相当高的增长比率。图 10.3 是对离婚率的统计。20 世纪 70 年代父母离婚的儿童现在已经是成年人，并且有了自己的婚姻，其中也有离婚的。为了了解离婚对儿童的长期影响，几位研究者对一些儿童期父母离异的成年人进行了访谈。

茱蒂丝·沃勒斯坦（Judith Wallerstein）和同事们（2000）写了一本颇具争议的关于父母离异儿童的书。沃勒斯坦一直对 131 名儿童进行追踪研究，这些儿童的父母在三十年前就已离婚，这是她依据该样本所写的第三本书。在沃勒斯坦的前两本书中，她主要关注离婚对童年时期的影响。她得出结论，离婚对儿童具有不良影响，与那些完整家庭中的儿童相比，离异家庭的儿童经常梦见自己的父母重新和好、遭受着抑郁的折磨，以及学习上有困难，他们也更可能出现其他方面的问题。

现在这 131 名被试已经成为成年人，沃勒斯坦报告了他们在社会适应方面的信息，情况不太乐观，许多人耗费了大量的时间和精力才克服父母离婚给他们带来的影响。当这些成年人努力建立自己的人际关系和婚姻时，许多深刻的影响就表现出来了。“父母离婚的儿童在成年时遭受的痛苦最大。当他们寻找爱情、建立亲密的性关系和做出感情上的承诺时，父母的离婚对他们的影响是十分巨大的。他们内心缺乏男性和女性如何建立稳定关系的内在概念，这导致他们很难寻找到爱，致使他们伤心欲绝，甚至失望透顶。他们没有好的模式来构建希望”（Wallerstein et al，2000，p. 299）。

沃勒斯坦的观点属于对象关系理论。她认为，父母离婚的儿童在建立人际关系时出现问题是因为当他们要建立亲密关系时，过去的“幽灵”就会出现。沃勒斯坦用幽灵指父母婚姻失败的印象和潜意识中极度害怕重复父母曾经的错误的信念。同时，他们极度希望能够做得比父母更好，这通常也是潜意识的。因此，他们内部的人际关系概念非常矛盾。当这些个体进入成年期，并开始建立成年的人际关系时，这种概念伴随着情感和期望进入到他们生活舞台的中心。

沃勒斯坦等（2000）简述了卡伦的故事。卡伦把她与同居男友之间的关系描述为“一个可怕的错误：他喝酒、没有志向、没有生活目标、没有受过教育、没有正当的工作。当我下班回家时，他正坐在电视机前看电视，而且是一整天都坐在那里”（p. 29）。当问到为什么要和他同居时，卡伦回答道：“我不知道，我知道我不爱他，我知道我不想和他结婚，但是我非常害怕独自一人。我害怕我将变

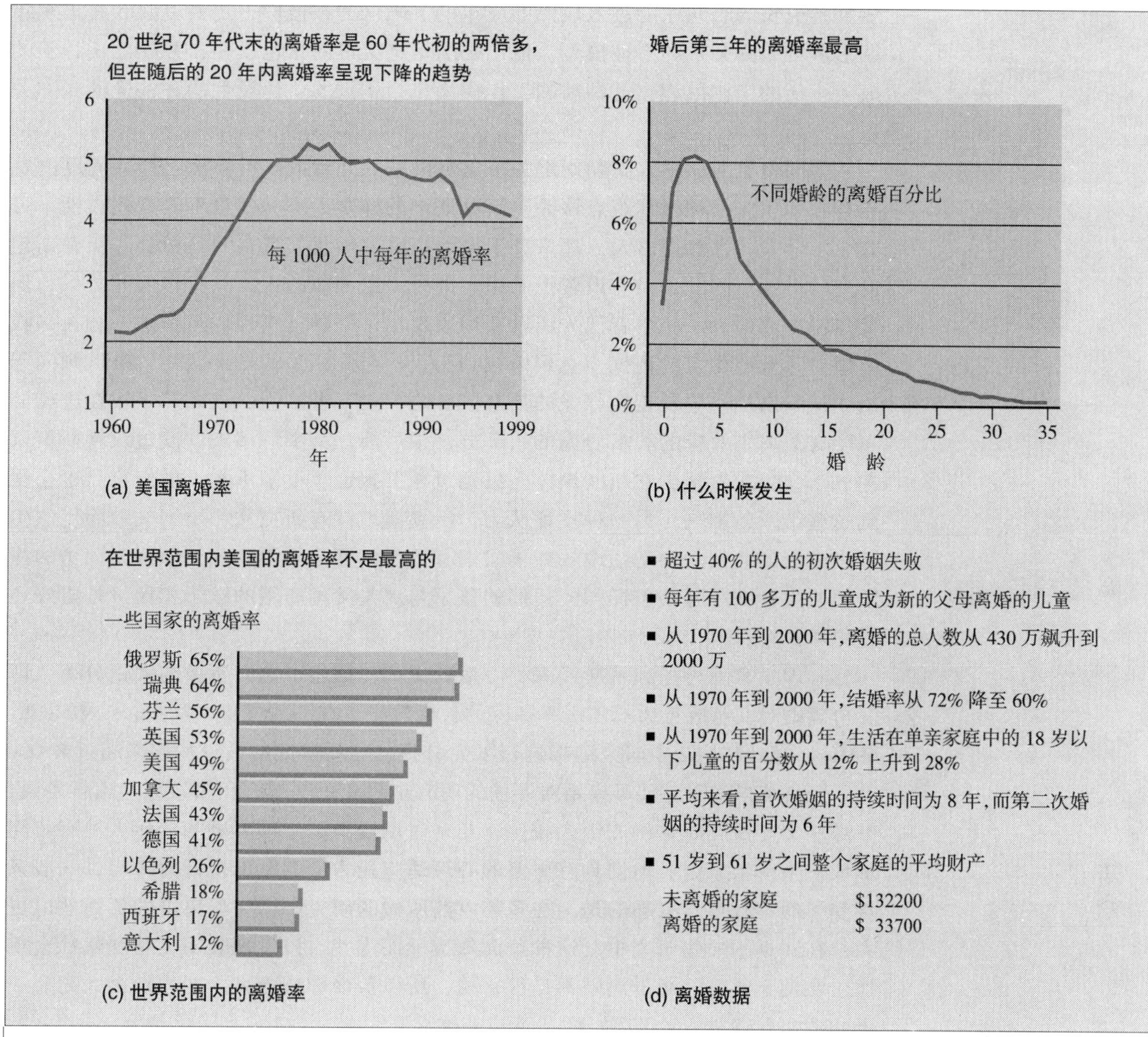

图 10.3

关于离婚的统计数据。

资料来源：*Times*, September 25, 2000.Copyright © 2000 Time, Inc. Reprinted by permission.

老，没有其他的机会了。我一直在想我应该结束孤独，像我的父亲和母亲一样”(p. 30)。很容易看出，这一案例反应了一种矛盾型依恋类型，卡伦是因为害怕孤独才投向男友而不是因为爱。她不想和他结婚，但同时她又不想离开他。她真的很矛盾，被这种人际关系拖向相反的两个方向。

沃勒斯坦认为，父母离婚的儿童阻止自己发展人际关系，因为他们看到的是令人害怕和失望的人际关系。她认为，尽管不是注定要失败，但父母离婚的儿童要耗费更长的时间才能进入成熟的成年期。她认为，他们一定要克服和修正童年期形成的人际关系的心理模型。他们必须拒绝父母的角色模型，并建立一种新的成年生活的工作模型，这种新的工作模型包括积极的、建设性的和关爱的人际关系。

如同想象的那样，沃勒斯坦关于父母离婚的儿童成年后会面临严峻问题的观点存在争议。一种批评观点认为，沃勒斯坦的样本太小，而且不具有代表性。只有 131 个人，且都是白人，都来自于加利福尼亚州北部富有的马林县。沃勒斯坦研究的另一个问题是没有设置控制组，即另一组相似的人，具有相似的背景，但父母没有离婚。一些学者认为沃勒斯坦表现出了一种证实性偏差：她一直在寻找离婚对儿童有伤害的证据，直到她找到为止。与此相关的批评认为，被试倾向于给予沃勒斯坦一些她正在寻找的信息。总之，批评者认为，被试只是正在进行的一个有关离婚效应的著名研究的一部分，很可能，其中许多被试读过沃勒斯坦以前的著作，或者至少在新闻媒体上见到过相关报道。不知不觉，他们自己也会受到这些结果的影响。另一种批评认为，沃勒斯坦没有研究父母婚姻失败而仍然生活在一起的儿童。换句话说，如果父亲和母亲相互之间不和睦，但因为孩子的缘故仍然生活在一起会怎样呢？他们的孩子与那些父母离婚的孩子相比，是更好还是更坏？

心理学家阿马托和基斯发表了一系列文章，描述了他们所做的大量分析，即父母离婚对儿童成年后的主观幸福感的长期效应。在一篇文章中（Amato & Keith, 1991a），他们对 37 项研究结果进行了元分析，这些研究的被试加起来超过 81000 人。分析结果表明，父母离婚对评估的所有结果变量都具有负面效应。也就是说，与那些父母没有离婚的成年人相比，儿童时期经历了父母离婚的成年人更有可能形成一个单亲家庭，他们具有更差的心理适应能力，容易出现行为障碍，一般只接受了低等教育。有趣的是，在多年以前所做的研究中，父母离婚的负面效应更大；在新近的一些研究中，这种负面效应反而小些。该发现表明，与现代社会相比，在几十年前，父母离婚不是很普遍，所以负面影响更大。现代社会大约有一半的婚姻会破裂，父母离婚的儿童越来越常见。

在阿马托和基斯（1991b）的另一个研究中，他们把注意力集中于童年时期与父母分离的个体在成年后的经济状况。在绝大多数的研究中，与父母或父母中的其中一个分离的个体，他们的社会经济主观幸福感比常人低，一般把这一结果归因于较低的受教育水平。最后，阿马托和基斯（1991c）对 92 个研究进行了元分析，估计父母离婚对儿童影响的效应大小。通过分析发现，平均效应虽然很小，但是达到了显著性水平（d=.14）。这表明与那些儿童时期具有完整家庭的成年人相比，儿童时期父母离婚的成年人生活得更差。但是，最近一些研究显示这种效应非常微弱，表明现在的离婚现象越来越普遍，它对儿童日后生活的影响越来越小。

总结与评论

在这一章，我们介绍了新精神分析的观点，它们是对弗洛伊德原有理论的发展和修正。我们从对压抑记忆的评价开始，分析了一个案例。在这个案例中，个体的记忆被证明是错误的，至少在法庭上被确定是错误的。当然，不能单凭这一案例就说明不存在因虐待和创伤而导致记忆被遗忘或压抑的真实案例。事实上，这样的案例是存在的，而且与创伤经历可以被排除到意识之外的观念相符。但是，本章的内容总体上是让你对压抑记忆的主题有一个折衷的立场。虽然压抑的记忆能够被回忆起，但并非在所有的案例中都真正存在被遗忘的记忆。技术高明的治疗师和他人能够通过有效的询问将某些记忆植入对方的意识。我们也讨论了区分真实记忆和错误记忆的方法。其中，最关键的成分是证据，找到为被试重新记起的事件提供支持的人。

压抑记忆的观点也突出了当代的潜意识观。虽然许多当代认知心理学家承认潜意识的存在，但他们不赞成弗洛伊德提出的动机潜意识。确切地说，他们认为材料可以在缺乏意识参与的情况下进入到个体的心理，如通过阈下知觉，但是，这些材料不具有弗洛伊德所说的广泛的动机效应。

对弗洛伊德理论的另一个重新建构是对“自我”作用的强调。当代理论家强调自我功能的重要性，包括计划、为完成目标发展策略、发展一种稳定的同一性、实现对环境的掌握等，而弗洛伊德强调把攻击和性的本我冲动作为心理生活的两种动力源。不难看出，在这一点上，弗洛伊德的理论和当代精神分析理论大不相同。我们讨论了自我心理学的两个支持者。第一个是埃里克森，他以人格发展的选择理论而著名。在几个重要方面，他的理论与弗洛伊德的理论有所不同，包括：对社会任务的强调，以及人格发展贯穿整个一生的观点。自我心理学的第二个重要的支持者是霍妮，她最先强调了个体人格发展中文化角色和社会角色作为核心特征的重要性，当时持这种观点的精神分析家为数不多，她是其中之一。霍妮还开始从女权主义的角度对弗洛伊德的理论进行了重新解读，直到今天，还有研究者从事这方面的工作。自我心理学对发展自我和保护自我的各种策略也很感兴趣。自恋是一些人用来保护自己的一种有问题的方法。自恋的矛盾表现在，虽然自恋者表现出强大和自信，但他们过分依赖其他人的表扬和敬佩。

对象关系理论是这一领域里的另一个新发展，自从弗洛伊德逝世后，这一理论被认为是精神分析中最重要的理论发展。术语对象关系用来指与亲密他人之间关系的行为模式和产生行为模式的情感、认知和动机过程。这一理论认为，儿童与照料者的关系使儿童产生心理表征，这种内化的心理表征进而决定他（她）的人际关系。这个理论最先研究了儿童与最初照料者（特别是母亲）之间的依恋。儿童与照料者之间的关系可能逐渐成为一种行为模式，并影响他们的成年生活。另外，儿童眼中父母之间的关系在儿童的发展中也非常关键。这种关系以心理表征的形式被儿童加以内化，指导他们如何与他人相处和人际关系中的行为。

对象关系理论家主要把人际关系的发展和维持作为生活中关键的心理目标。

他们认为，最重要的问题和心理障碍都涉及人际关系上的困难。人际关系上有困难的人内心充满了悲观消极的意象，认为虐待是生活的有机组成部分。他们在维持稳定的表征上也经常存在困难，比如，容易忘记爱人的美好形象，甚至在正常人际关系中会发生一些可以避免的分歧。其结果是，这些人一旦生起气来，经常会做出过度的反应，伤害甚至破坏一些重要的人际关系。

我们还详细地分析了离婚对儿童发展中对象关系的影响。对象关系理论认为，处在不幸、矛盾或紧张教养环境下的儿童将内化一种适应不良的人际关系工作模型。这种模型可能会潜伏几十年，在个体成年早期才表现出来，并影响他们的成年人际关系行为。一些证据表明，父母离婚的儿童在人际关系上遇到的困难比人们预期的要多得多。但是，像前面介绍的大规模调查研究所表明的那样，其中许多人后来还是获得了满意的生活。

弗洛伊德精神分析理论中有一些观点至今仍然是有很强的生命力并广受欢迎。但是，当代精神分析学家们没有过于关注本我的潜意识冲突，他们更关注人际关系的行为模式和这些行为模式所伴随的情感和动机。弗洛伊德认为人格是儿童与父母之间的一系列性冲突的结果，而新精神分析说认为，在解决一系列社会危机和与他人形成成熟人际关系的过程中，个体发展了自己的人格。最后一点不同的是，经典精神分析理论的形成仅仅源自于一个人天才般的见解，然而许多当代精神分析理论是众多研究者实证研究的结果，他们发展并完善了弗洛伊德的理论。

关键术语

错误记忆
想象膨胀效应
激活扩散
建构性记忆
确认偏误
认知潜意识
动机潜意识
阈下知觉
启　动
本我心理学
自我心理学
同一性危机
埃里克森的八个发展阶段
心理社会冲突
发展阶段模型
发展危机
固　着
同一性混乱
通过仪式
消极同一性
同一性早闭
延　缓
社会权力
文　化
成功恐惧
男性化
女性化
性别差异
自我服务偏差
自　恋
自恋矛盾
对象关系理论
内　化
依　恋
分离焦虑
陌生情境程序
安全型依恋
回避型依恋
矛盾型依恋
工作模型
安全型人际关系风格
回避型人际关系风格
矛盾型人际关系风格

11 动机与人格

基本概念
- 需　要
- 压　力
- 统觉和主题统觉测验

三种主要的动机：成就、权力和亲密
- 成就需要
- 权力需要
- 亲密需要

人本主义的传统：自我实现动机
- 马斯洛的贡献
- 罗杰斯的贡献

总结与评论

关键术语

11

心理动力领域

1996年8月亚特兰大一个炎热的夜晚，一声枪响，奥运会200米短跑决赛开始了，迈克尔·约翰逊冲出了起跑线。就在几天前，迈克尔刚刚获得了400米比赛的金牌，他能成为历史上第一个在奥运会上同时获得200米和400米决赛金牌的运动员吗？比赛开始，迈克尔差点摔倒，但他迅速稳住了阵脚，这是他一贯的风格。在拐弯的时候，他运动鞋上的商标闪闪发光，人们都知道，他赛跑绝对不仅仅是为了得到金牌。当迈克尔远远超过了所有的竞争对手时，人们意识到他们正在见证一件有着特殊意义的事情。迈克尔竟然领先了第二名5米的距离。当他越过终点线时，记时员报告时间为19.32秒！人们都知道这个时间的意义，包括迈克尔本人，但他们简直不敢相信这是事实。他以0.3秒的时间差打破了自己早先创下的世界记录。在短跑中，这是一个奇迹，在此之前，没有人打破过迈克尔所创造的200米记录。

迈克尔是怎么样使自己在获得400米金牌的同时，还能创造一个200米的世界记录的？按照运动员们的观点，400米和200米的比赛具有很大的不同。在400米比赛中，运动员可以使用一定的策略，可以花一定的时间计划战术；而200米比赛则需要运动员全速跑下去。

迈克尔说，在400米比赛之前，他用耳机听爵士音乐；在200米比赛之前，他则听冈斯特说唱乐。在跑200米之前，他试着使自己感受攻击性，试着进入到他所说的“危险区”。在为亚特兰大奥运会200米比赛做准备的过程中，迈克尔穿上了一件印有“危险区”的T恤衫。“现在我不得不考虑200米，”他说，

"我已经进入到危险区，我不得不更具有攻击性。其他参赛的运动员说我是脆弱的，这种说法完全错误!"他以一种战斗的本能来准备 200 米比赛，采用进攻式的跑，不仅仅是为了打败对手，而是把他们打得惨败。迈克尔的教练也通过给他灌输紧张和快速的想象来帮助他形成强烈的攻击欲。当迈克尔接近 200 米比赛的终点线时，从他的脸上你可以看到攻击性，这是一种看起来好像要袭击对手的表情。不过，他所要袭击的仅仅是世界纪录而已。当冲过终点线后，他脸上的攻击性也随之消失了，迈克尔走出了危险区。一直以来，他总是激励自己要跑得比任何活着的人都快[1]。

我们在第 1 章了解到，人格心理学家们会问："为什么人们做他所做的事情?"动机心理学家们的问法稍有不同："他们想要什么?"所有的人格心理学家都试图解释行为。然而，他们对行为的动机非常感兴趣，特别喜欢寻找那些驱动人们行为的愿望和动力（Cantor，1990）。

在这一章中，我们将介绍有关人类动机的一些主要理论，并将检验基于这些理论的一些研究结果。不难发现，这些理论之间有很大的差异，例如默瑞的理论和马斯洛的理论。事实上，许多人格心理学教材都包含了这两种理论，只不过放在不同的章节中。我们介绍的所有理论都有两个共同的特征。第一，所有的理论都认为人格包含一些一般的动机，所有人都具有或者能够具有这些动机。第二，这些动机主要通过心理过程发生作用，它们是行为的内部心理因素，个体可能意识到这些动机，也可能意识不到（King，1995）。

基本概念

动机（motive）是唤醒和指导行为朝向特定事物或目标的一种内部状态。一种动机经常是由某种事物的缺乏而引起的。例如，假如一个人连续好几个小时都没吃东西了，这时他会被饥饿所驱动。动机在类型、数量上均有不同。例如，饥饿不同于口渴，而且这两者在动机的实现和优势上也不同。动机的强度不同，这依赖于个体和他所处的环境。例如，饥饿动机的强度会不时变化，这取决于你是一顿没吃饭还是几天没吃饭。同时，动机也经常以**需要**（need）为基础，需要是个体的紧张状态。当需要得到满足时，个体的紧张状态就会得以解除。紧张是由匮乏引起的，例如，食物的匮乏导致吃的需要，吃的需要产生饥饿的动机。饥饿的动机驱使个体去寻找食物，总是想着如何得到食物，甚至会把不是食物的物体看成食物。例如，一个饥饿的人可能会注视着天空喊："哦，云彩看起来像汉堡包。"动机促使人们以满足需要的特殊方式来知觉、思考和行动。图 11.1 描述了需要和动机之间的关系。在本章的自我实现部分，你将了解到某些动机不是基于匮乏的需要，而是基于成长的需要。

[1] 在 2000 年悉尼奥运会上，迈克尔再次赢得了 400 米比赛的金牌，但是他却不得不退出 200 米的比赛。

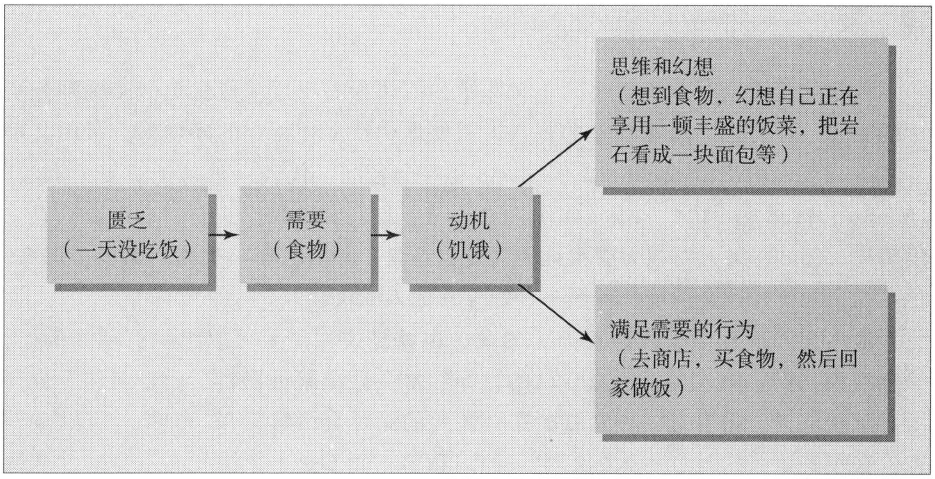

图 11.1

匮乏导致需要，需要导致动机的产生。动机或者通过激发人们现实中的特定行为来满足需要，或者通过想象来满足需要。

动机从属于心理动力领域的原因如下。首先，研究动机的学者强调内部心理需要和冲动的重要性，这些需要和冲动促使人们以某种可预见的方式进行思考、知觉和行动。动机可以是潜意识的，在一定意义上，人们并不清楚自己想要什么，就像人们也许不能完全意识到自己为什么会有特殊的幻想一样，他们也可能不清楚是什么促使自己以某些特定的方式去反应。这种相似性促进了投射技术的发展，对动机和其他心理动力结构感兴趣的心理学家都运用这一技术。像精神分析学家一样，动机心理学家认为，想象、自由联想和对投射技术的反应透露了隐藏在思维、情感和行为中的许多潜意识动机（Barenbaum & Winter，2003）。

我们在本书的第一部分已经介绍过特质心理学家的工作。像特质心理学家一样，动机心理学家也强调：（1）人们在动机的类型和强度上存在个体差异；（2）这些差异是可以测量的；（3）这些差异导致了不同的生活事件，或者与重要的生活事件相关联，例如，事业成功或婚姻美满；（4）个体在不同动机的相对数量上的差异具有跨时间的稳定性；（5）动机可以解释“为什么人们做他们所做的事情”。我们可以认为动机是心理动力领域和特质领域的结合点（Winter，John，Stewart，Klohnen，& Duncan，1998）。我们将通过探讨动机来考察心理动力领域，因为动机不仅可以存在于意识之中，还可以在意识之外影响我们日常的行为、思维和情感。

默瑞（Henry Murray）是最早提出现代动机理论的研究者之一，他于 20 世纪 30 年代开始从事心理学研究，直到 20 世纪 60 年代。最终把默瑞引向心理学的是一条与众不同的道路。他先在医学院学习，后来成为一名医生，在外科实习。再后来，默瑞开始从事胚胎学研究，并在剑桥大学获得了生物化学博士学位。在英国学习期间，他于 1925 年的春天到苏黎世去拜访著名的精神分析学家荣格（见第 9 章），连续三个星期，他每天都去会见荣格，这使他“获得新生”（Murray，重印于 Shneidman，1981，p54）。精神分析的思想深刻地影响了默瑞，他放弃了医学工作和研究，把精力完全投入到心理学中。默瑞接受了精神分析的培训，并在哈佛大学任职，他在那里一直工作到退休（Murray，1967）。

需 要

默瑞的研究从对术语需要的定义开始，他认为需要这个概念类似于精神分析中的驱力。简言之，根据默瑞的观点，需要是“在某种特定的环境下，采用某种方式进行反应的潜能或反应准备……它是一个名词，代表一种易于重复的事实”(Murray，1938，p. 124)。需要组织知觉，引导我们看见我们想要（或需要）看见的事物。例如，某人对权力有很强的需要，这是一种要去影响他人的需要，那么，他可能会把每种社会情境都看做一种领导其他人的机会。

个体会强迫自己去做满足需要的事，也就是说，需要可以组织行动。例如，一个有成就需要的人为了达成自己的目标经常会做出某种牺牲，而且工作十分努力。默瑞认为，需要是一种紧张状态，需要的满足会缓解紧张。但是，在默瑞看来，在缓解紧张的过程中人们产生一种满意感，而不是不紧张状态本身。默瑞认为，人们实际上也可能去寻求增加紧张（如玩过山车或看恐怖电影），以便体验紧张缓解的快感（例如在过山车或恐怖电影结束后）。

依据他与策略服务机构（Office for Strategic Services）所做的研究，默瑞提出了一系列人类的基本需要，其中的一些已列在表 11.1 中。每一种需要都涉及到：(1) 一种特定的期望或意图；(2) 一种特殊的情感；(3) 特定的行为倾向，而且每一种需要都可以用特质名称来描述。例如，合群/亲密的需要是期望建立和维持与他人的关系。与这种需要相关的基本情感是人际间的温暖、愉悦和合作；与这种需要相关的行为倾向是接受他人，和他人共度美好时光，并努力保持联系。具有强烈合群需要的人一般可以用以下特质来形容：讨人喜欢、友爱、忠诚且心地善良。

默瑞认为，每个人都有一个独特的**需要层次**（hierarchy of needs）。个体的不同需要处于不同的强度水平，例如，一个人可能具有高支配需要，中等的亲密需要和低成就需要。在个体内部每一种需要与其他的各种需要相互作用。这种相互作用形成了动机的**动力**（dynamic）。术语*动力*指个人内部力量之间的相互影响——在这种情况下，个体内部的各种动机相互作用。让我们来看一个高支配需要的人，假如他（她）的支配需要伴随着不同水平的亲密需要，那么个体的整个行为将表现出非常大的差异。假如高支配需要伴随的是高亲密需要（如对发展和维持人际关系具有很强的期望），那么他（她）将极有可能发展出一种社会性的领导才能，他（她）的支配行为会使人感到很舒适。相比之下，假如伴随的是低亲密需要，那么，他（她）可能仅仅是对他人施以号令，而不会考虑到他人的感受。这时他（她）给别人留下的印象可能是好争论的、爱争吵的、令人不愉快的、不近人情的甚至是独裁的。

压 力

默瑞对人格心理学的另一大贡献是其对情境因素的思考方式。按照默瑞的观点，环境会影响一个人的需要。例如，一个具有高亲密需要的人可能对所处环境

表 11.1　默瑞理论中的几种需要的简单描述，这些需要可以概括为 5 种更高的类别

抱负的需要

- **成就**：掌控、操纵或组织他人、事物或观点。尽可能快速和独立地完成困难的任务。克服困难并表现卓越。发挥自己的才能来超越对手。
- **展示**：使自己成为注意的焦点，让别人看到自己或听自己讲话。给别人留下一种深刻的印象。使其他人激动、好奇、高兴、着迷、惊奇。
- **秩序**：有规则地安排事情，期望干净、井井有条、平衡、整洁和准确。

维护地位的需要

- **支配**：通过劝说、命令、暗示或诱惑来影响或指导他人的行为。控制环境，特别是社会环境。限制或阻止其他人。

与社会权力相关的需要

- **谦卑**：接受伤害、批评和责备。消极地承受外部的压力，服从命运。承认比别人差、承认自己的错误。承认、补偿或选择痛苦和不幸。
- **攻击性**：竭力战胜对手。报复伤害自己的人。攻击、伤害或杀死另一个人。强烈地反对或惩罚其他人。
- **自主**：打破限制，突破局限。获得自由，反抗压力和限制。避免被他人操控。按照自己的意愿自由地行动，保持独立性。
- **避免责备**：不惜一切代价来避免被人羞辱。避免那些可能使自己难堪或贬低自己的情境。由于害怕失败或担心其他人的藐视、嘲笑或冷漠而克制自己的行为。

社会情感需要

- **合群/亲密**：加入团队或与相似的人互动。与他人保持亲近。获得想要的情感。忠实于朋友。
- **关怀**：照顾处于危难中的人，给予同情并满足无助的人的需要，例如儿童，或虚弱的、残疾的、没有经验的、踌躇不前的、受到羞辱的、孤独的、灰心丧气的或头脑混乱的人。帮助、支持、安慰、保护、照顾、抚养和治疗他人。
- **援助**：从他人那里获得帮助。从他人那里满足自己的需要，被照顾、支持、保护、给予建议、宠爱、爱和安慰等。总有一个支持者或一个无私奉献的帮助者。

来源：摘自 Murray，H. A.（1938）. *Explorations in personality*. New York：Oxford University Press.

中的社会因素比较敏感，比如在场的人数；他们之间是否互动；他们看起来是否容易亲近；是否开朗外向。默瑞使用**压力**（press）这一术语来指环境中与需要有关的方面。比如，如果没有适当的环境压力（如友善者的在场），那么个人的亲密需要将不会影响其行为。与低亲密需要的人相比，高亲密需要的人更有可能去注意他人，更有可能去寻找机会与他人互动。

默瑞还谈到，有一种所谓的真实环境（他称之为 **α 压力**（alpha press），即客观现实）和一种知觉环境（他称之为 **β 压力**（beta press），即知觉的现实）。在一种特定的环境中，一个人所看到的情形可能与另一个人所看见的情形非常不同。假设有两个人正在大街上行走，这时第三个人向他们走来，并朝他们微笑，可能会发生什么呢？一个人可能把微笑看做友善的信号和对方想进行交流的非语言表达，然而另一个人可能把同样的微笑看成一种假笑，并怀疑朝他微笑的人。从客观上来看（α 压力），两人面对的是相同的微笑，但在主观上（β 压力），这两个人意识到的却是非常不同的事件。

阅读

动机的TAT与问卷测量：它们是测量动机的不同方面吗？

心理学家麦克里兰（David McClelland）和他的同事主要用TAT来测量动机。而批评者认为，TAT的重测信度很低，受测者对一张图片的反应可能与对另一张图片的反应无关，也就是说，TAT的内部信度很低（Entwisle，1972）。而且，当用TAT来预测与动机相关的实际行为时（例如，用成就需要的TAT分数预测个体整个大学期间的平均成绩或一次成就测验中的表现），这种相关总是非常低，还会出现不一致（Fineman，1977）。史密斯和阿特金森（Smith & Atkinson，1992）回顾了针对TAT的主要批评观点及其支持者的回应。

由于TAT的这些缺点，一些研究者发展了动机的问卷测量法（Jackson，1967）。这些问卷仅仅是直接询问人们的动机和期望，以及他们是否会从事暗示高动机水平的行为。这些量表具有令人满意的测量特征，例如足够高的重测信度和预测效度（Scott & Johnson，1972）。但问题在于，测量同一动机时，TAT的测量结果与问卷测量的结果之间经常不相关（Fineman，1977）。因此，许多研究者认为，应该抛弃TAT测量和其他一些投射技术的测量。

麦克里兰和其同事面对这些批评并没有保持沉默（McClelland，1985；Weinberger & McClelland，1990；Winter，1999）。在反驳这些批评时，麦克里兰认为，假如恰当地使用TAT，适当地记分，TAT的动机分数也能够显示出可以接受的重测信度。另外，他认为TAT预测了长期的真实生活结果，例如事业上的成功，在这一点上它比问卷测量要好。他认为，问卷测量在预测短期行为上更有效，例如在一个心理学的游戏实验中，问卷测量可以更好地预测一个人将表现出什么样的竞争性。麦克里兰认为，TAT与问卷测量之间的不相关是因为它们测量了两种不同类型的动机。现在我们就来讨论这两种动机。

一种类型的动机被称为**内隐动机**（implicit motivation）。这些动机以需要为基础，例如成就需要（nAch）、权力需要（nPow）、亲密需要（nInt），测量它们必须采用基于想象的方法（如TAT）。当用TAT来对它们进行测量时，那么测量到的就是内隐动机，因为写故事的人没有明显地把自己的动机告诉心理学家。相反，他们诉说的是其他人的故事。研究者认为这些故事反映了写故事者的内隐动机——他们潜意识中的期望、抱负和他们未说出口的需要和愿望。TAT所依据的假设是，个体将自己的真实动机投射到图片上，然后讲故事，而这些故事恰恰反映了个体自己的期望。所以，我们可以说，个体对TAT图片做出的反应反映了他们的真实动机，但这是潜意识动机。人们可能不会把这些动机直接表现在外部行为上，但这些动机影响了他们对TAT图片的知觉。

另一种类型的动机是外显动机，或称为**自我归因动机**（self-attributed motivation），麦克里兰认为它基本上反映了一个人能够自己意识到的动机，或者"有关期望目标和品行方式的规范性信念"（McClelland, Koestner, & Weinberger, 1989, p. 690）。这些自我归因的动机反映了人们意识到的生活中对他重要的东西。这样，它们代表了个体意识的自我理解部分（如"尽管我非常想在所有的课程上都获得高分［高自我归因的成就需要］，想有一个稳定的恋爱对象和许多朋友［高自我归因的亲密需要］，但我从来不想影响他人，也从来不想当老板［低自我归因的权力需要］"）。

麦克里兰认为，内隐动机和自我归因动机基本上代表了动机的不同方面，它们将预测不同的生活事件。内隐动机能够预测长期的和自发的行为倾向。例如，与问卷测量相比，评估成就需要的TAT对于长远的事业上的成功具有更好的预测力；评估权力需要的TAT对一个公司管理者的长远成功具有更好的预测力（McAdams，1990）。另一方面，自我归因动机对突发的、具体情境的反应以及选择行为和态度，具有更好的预测力（因为它测量的是个体意识到的期望和愿望）。例如，如果希望预测一个人在心理实验中会付出多大的努力以获得报酬，那么评估成就需要的问卷会更有效；如果希望预测一个人对社会不平等的态度，那么评估权力需要的问卷则是更好的选择（Koestner & McClelland，1990；Woike，1995）。

研究文献支持了内隐动机和外显动机之间的区别，至少证明了二者在成就动机上的不同（Spangler，1992；Thrash & Elliot，2002）。斯潘格勒（Spangler）考察了 100 多个有关成就需要的研究，并对这些研究进行了元分析（在元分析中，把许多研究组合到一起，进行统计学上的分析，看是否具有平均效应，并探讨影响效应大小的因素）。斯潘格勒进行元分析的文献中有一半的研究是使用 TAT 的方法（内隐动机），另外一半是使用问卷法（自我归因动机）。然后，斯潘格勒仔细地分析被成就动机预测的各种变量。他把这些研究分成对具体任务的短期反应（如大学课程中的成绩、能力测验中的表现、实验室成就测验中的表现）和长期的成就（如一生中的收入、在组织中获得的工作级别、著作的多少、参与社团组织的情况）。斯潘格勒发现，以 TAT 为基础的测量对长期的事件有更好的预测力；问卷测量则对短期的反应具有更好的预测力。

斯潘格勒认为，这些结果支持了麦克里兰的观点，即问卷法和 TAT 分别测量了动机的不同方面。斯潘格勒的元分析表明，TAT 和问卷测量在帮助心理学家理解短期动机效应和长期动机效应方面都扮演着重要的角色。假如你想知道某人今天或明天将会有怎样的成就需要，心理学家将建议你使用问卷或者直接询问成就需要方面的问题；假如你想预测群体中谁将获得最多的收入或谁将在组织中升到最高的位置，那么，你最好使用评估成就需要的 TAT 测验。

统觉和主题统觉测验

默瑞认为，个人的需要影响其对环境的知觉，特别是当面对模棱两可的环境（比如一个陌生人对另一个人微笑）时。知觉到的环境的意义和对环境的解释被称为**统觉**（apperception）（Murray，1933）。由于需要和动机影响着统觉，那么如果想了解一个人的基本动机，我们也许可以让其解释一个模糊情境，描述情境中事件的发生发展。

基于需要和动机影响人们对世界的知觉这一观点，默瑞和他的同事摩根（Christiana Morgan）编制了**主题统觉测验**（Thematic Apperception Test，TAT），用来测量需要和动机的结构（Morgan & Murray，1935）。TAT 由一系列意义模棱两可的黑白图片构成，让被试根据图片中的内容编一个故事。例如，在一张图片中，一个人骑在窗沿上，那么这个人是准备进入房间（进行抢劫？）还是准备出去（跳楼自杀？）。有些图片中甚至根本没有人，例如一只小船停泊在小河边。这样的图片可能是最模棱两可的：谁把小船停在那儿？那个人即将出现吗？还是刚刚离去？他为什么没有出现在图片中？根据这类图形编故事是很容易的，因为它提供了一个丰富而模糊的情境。

在使用 TAT 时，给被试呈现每张图片，让他（她）创造性地编一个简短的故事来解释每张图片中正在发生的事情，并鼓励他（她）编一个完整的故事，包括故事的发生、发展和结局。然后，心理学家对故事进行编码，故事中不同类型的想象与特定的动机相联系。比如，一个被试可能这样写道：“一个小男孩采集了

这张图片来自于美国政府的档案室，是一张被摩根和默瑞选用的TAT图片。你能依据图片中的小孩编写一个故事吗？你认为接下来将会发生什么？

许多野生草莓，他准备用这艘小船把草莓和农产品运到集市上去卖。这个男孩工作非常努力，后来他通过自己的努力进入大学读书，完成了大学学业，并成为一位著名的科学家。他专门研究植物，主要是农作物。”这个故事充满了许多成功的想象，因此写故事的被试可能具有高成就需要。

摩根和默瑞于1935年出版了TAT。此后，许多研究者在使用中对它进行了修正（如使用更少量的图片；选择其他的图片；为了让更多的人同时进行测验，使用投影仪显示图片）。TAT和类似的投射技术的基本特征是：（1）给被试呈现模棱两可的刺激，一般是图片；（2）要求被试描述和解释正在发生的事情。

摩根和默瑞没有为TAT制定标准的记分系统，只是简单解释了被试在各种需要上的水平。其他的研究者在摩根和默瑞的研究基础上为TAT发展了一套有效的客观记分策略（Winter，1998a，1999）。以成就需要为例，你可以通过计算一个人所编故事中涉及到以下方面的数目来记分，如希望更出色地完成任务、预料获得成功、有信心取得成功和战胜面临的困难等（Schultheiss & Brunstein，2001）。一些效度较好的研究经常采用这样的程序：首先，唤醒被试某些方面的动机，然后让被试对TAT做出反应。例如，在主试的指导下，一部分被试想象自己参加一个竞赛项目，与那些没有经历想象练习的被试相比，前者可能会写出更多的关于成就的主题（Zurbriggen & Sturman，2002）。有关TAT的最新研究表明，人们对图片主题的反应是有差异的，例如，高成就需要的人与低成就需要的人对成就图片的反应有非常大的差异（Kwon，Campbell，& Williams，2001；Tuerlinckz，DeBoeck，& Lens，2002）。

多动机网格技术（Multi-Motive Grid）是评估动机的新形式，它结合了TAT与自我报告问卷的特色（Schmalt，1999）。在这一测验中，一共选择了14种图片来唤醒三种主要动机（成就、权力和亲密）。主试把图形和有关动机状态的问题同时呈现给被试，被试在图片内容的基础上回答问题。这一设计的逻辑是：图片唤起某种动机，这种动机将影响人们对问题的回答。尽管这是一种较为新颖的技术，但最初的结果却表现出了很高的信度（Sokolowski，Schmalt，Langens，& Puca，2000）。最初的效度数据也非常鼓舞人，例如，成就需要的动机网测验有效地预测了实验室任务中个体的耐力和成绩（Schmalt，1999）。

直到现在，TAT仍然是一种非常受欢迎的人格评估技术，尽管有研究者发现TAT的重测信度不高（见Smith & Atkinson，1992）。另外，有研究者报告，对同一需要而言，TAT测量与相关问卷测量之间具有极低的相关，他们进而质疑TAT的有效性。这也正是我们本部分“阅读专栏”的主题。

三种主要的动机：成就、权力和亲密

虽然默瑞提出了几十种动机，但研究者们却将大部分注意力集中于少数几种动机。这些动机都是基于成就、权力和亲密的需要。一般来说，TAT 技术下的动机研究都涉及了上述三种主要动机。现在回顾一下我们对人类这些主要动机的了解。

成就需要

一直以来，心理学家都对成就需要激发的行为很感兴趣。有关成就需要的研究也最多，所以我们就从成就动机开始。

把事情做得更好

继默瑞之后，心理学家麦克里兰在哈佛大学继续进行动机研究。麦克里兰以对**成就需要**（need for achievement）的研究而闻名。成就需要是一种想做得更好，获得成功和感到有能力的愿望。同所有的动机一样，我们认为成就需要在某种环境（与成就相关）中将导致相应的行为。富于挑战性和多样性的刺激引发了个体的成就动机行为，同时还伴随着兴奋和惊讶的体验，以及好奇与探索等主观情感状态（McClelland，1985）。高成就需要的个体从完成任务或预期完成任务中获得满足感，他们从具有挑战性的活动过程中得到享受。

许多研究者已经证明我们可以唤醒个体的成就需要，而且个体在唤醒状态下所写的故事具有更多的成就想象。例如，在一项实验中，引导被试相信自己正在做一般智力测验和领导能力测验，测验之后，告诉一部分被试他们的测验分数很高，告诉另一些被试他们的分数很低，还有一些被试不予以任何反馈。实验者假设，对智力测验和能力测验的反馈将唤起个体的成就需要。间隔一段时间后，让被试完成 TAT。结果表明，与那些没有获得任何反馈信息的被试相比，获得反馈的被试（成功或者失败反馈）所写的故事包含有更多的成就想象。

TAT 分数中的成就唤醒效应不仅存在于不同性别的人中，而且在不同文化中也成功的得到了验证，如德国、印度、日本、波兰和巴西（见 Koestner & McClelland，1990）。有关种族影响的研究发现，非裔美国人和美国白种人被试在成就需要上的得分没有差异（Lefkowitz & Frazer，1980）。TAT 施测者的种族身份和 TAT 图形中人物的种族身份都没有影响成就需要的得分。这些跨文化和跨种族的验证是很重要的，因为它们表明不同文化下的个体都表现出了成就需要唤醒效应，其证据就是被试所报告的想象内容，尽管成就和成功的定义在不同文化、不同社会、不同语言中存

作为苹果电脑和皮克斯动画（Pixar Animation）这两个成功公司的领导，斯蒂夫·乔布斯（Steve Jobs）不断努力，以求更好。他就是高成就动机者的一个很好的范例。

在差异。这一发现例证了第2章中讨论的普遍化概念。

高成就需要的个体偏好中等难度的挑战，既不太高，也不太低。这一偏好是有意义的，它使高成就需要的个体比其他人做得更好。这类个体不会选择一项几乎不可能完成的任务，因为在这种任务中每个人都会做得很差，它不能提供做得更好的机会。同样，他们也不会选择一项太容易的任务，因为每个人都会把容易任务做得很好，所有人都会成功。理论上，我们预测高成就需要的人偏好中等难度的任务，也有许多研究的结果支持了这一观点。一项研究考察了儿童在许多游戏中对挑战的偏好（如投环游戏中，儿童试图投环套住物件）。具有高成就需要的儿童偏好中度挑战的任务（如套中间位置的物件）；然而，具有低成就需要的儿童要么尝试非常容易的任务（更近的物件），要么尝试几乎不可能成功的任务（McClelland，1958）。这种现象也体现在现实生活中。研究发现，高成就需要的年轻人选择中等困难的大学专业，并追求具有中等困难的职业（见 Koestner & McClelland，1990）。

高成就需要个体的特征是：（1）喜欢能够提供一定程度的挑战但挑战不是太大的活动；（2）喜欢从事需要个人对结果负责的工作；（3）喜欢能够给出反馈的任务。

练习

看一下在314页呈现的TAT图片，根据这张图片写一个故事。但是，请不要随意地去写，而是试着写一个关于高成就需要的故事。在这个故事中，主题是什么？什么样的行为和结果可以用来解释高成就需要？你有意识地写入故事中的主题和行为正是心理学家试图发现的人们在自然状态下所写故事的主题和行为。当给出一个模棱两可的情境，让人们写故事时，有些人会很自然地把看似与成就相关的主题和行为编入故事中，而有些人所写故事中的人物工作不努力，也不追求成功。每个人的故事在他们自己看来是理所当然的。

提高成就需要

研究成就动机的典型方法是获得TAT中成就需要的分数与相关成就变量测量之间的相关。比如，我们可以证实成就需要和事业之间的关系。对于一个高成就需要的人来说，创建并管理一个小公司无疑可以提供高度满意感。它可以提供具有挑战性的任务，可以提供做出决策、采取行动并承担责任的机会，还可以为个人表现提供客观及时的反馈。一项跨文化研究发现，与低成就需要的同伴相比，高成就需要的男性更关注公司事业（McClelland，1965）。一项对农场主（实际上是小本经营者）所做的研究表明，为了提高农产品的生产率，高成就需要的人比低成就需要的人更可能进行农场改革实践（Singh，1978）。

对企业经营天赋的研究不仅限于商业活动中，有些研究者考察了大学生的工作习惯。高成就需要的学生显然会刻意追求优异的学业成绩：在选课程之前，他们更可能调查课程需要；考试之前找老师谈话；知道成绩之后，还会联系老师探讨有关考试内容（Andrews，1967）。在一个差异非常显著的被试样本中发现，与那些被解雇的低成就需要的工人相比，高成就需要的蓝领工人被解雇之后会进行更多的解决问题的活动：他们很快开始寻找新工作，并在求职中会使用大量的策略（Koestner & McClelland，1990）。

最近，有关创业取向的研究考察了一组学习小型企业管理的学生的成就动机（认为他们具有较高的企业家潜能），把他们与一组专业为经济学的学生进行比较（认为他们具有较低的企业家潜能）。结果表明，学习小型企业管理的学生比经济学的学生具有更高的成就动机（Sagie & Elizur，1999）。这似乎表明，高成就动机的个体更倾向于选择具有潜在风险的和不太确定的事业，在这种工作中，成功是个体的责任，而且个体总是要准备着去解决接踵而至的突发事件。

确定性别差异

许多有关成就需要的研究，特别是 20 世纪 50~60 年代的研究，仅仅采用了男性被试。这也许是因为当时哈佛大学（默瑞和麦克里兰在那里做了许多研究）的学生基本上都是男性，或者是由于那个时代的偏见，认为成就仅仅在男性的生活中才重要。不管是什么原因，直到 20 世纪 80 年代和 90 年代，人们才开始做一些关于女性成就需要的研究。从此，人们开始发现男性和女性在成就需要上的相似性和差异性。高成就需要的男性和女性都偏好中等难度的、要求个人负责的并能够提供反馈的任务。男性和女性成就需要的区别主要表现在两个方面：由成就需要预测的生活事件和童年期经历。现在我们依次讨论这两个方面。

有关男性的研究基本上集中于事业上的成就，把它作为根据成就需要所预测的典型生活事件。然而，有关女性的研究则依据女性的关注焦点，即她认为家庭更重要还是认为家庭和工作目标都重要，以此来确定不同的“成就方向”。与在职业和家庭上都具有低成就需要的女性相比，那些认为工作和家庭都重要的女性可能会取得更好的成绩，完成大学学业，然后再结婚组建家庭。对于更重视家庭的女性，成就需要是指她们会在与约会和求爱相关的活动上花更多的时间，例如，更多地注重身体外表或者总喜欢与朋友们谈论自己的男朋友（Koestner & McClelland，1990）。这些发现带给研究者的启示是：为了更好地预测被试是否能够在某个领域中获得成功，我们有必要先搞清楚他们的目标。

第二个主要区别是与成就需要有关的童年经历。女性的成就需要与充满压力和困难的早期家庭生活相关。研究表明，高成就需要的女孩经常挨母亲的批评，并且母亲经常表现出攻击性和竞争性（Kagan & Moss，1962）。与低学业成绩的女孩的母亲相比，高学业成绩女孩的母亲对女儿倾注了更少的情感和关爱（Crandall et al.，1964）。相比之下，高成就需要的男性比较幸运，他们在早年生活中得到了父母的支持和关心。有一个非常有趣的研究，它调查了离婚家庭和分居家庭中儿童的成就需要水平。这个全国性的研究发现，与那些父母一直生活在一起的女性相比，儿童时期父母离婚或分居的女性具有更高的成就需要分数，而男性的结果恰恰相反（Veroff et al.，1960）。对年轻的女孩来说，单身母亲的生活经历可能提供了一种成功角色的榜样，她们会按照母亲的方式工作和学习；但是对男孩们来说，单身母亲可能意味着家庭生活中男性是无足轻重的，甚至是令人讨厌的。

提高儿童的成就动机

尽管儿童先前的成就动机存在性别差异，但麦克里兰认为，父母的行为能够提高儿童的成就动机。第一种方法是**独立性训练**（independence training）。父母可以采取各种方式来培养孩子的自主和独立。例如，如果训练一个儿童自己吃饭，那么在餐桌上会变得独立；一个较早接受入厕训练的儿童可以独立上厕所。一项纵向研究表明，如果儿童在童年早期接受了严格的入厕训练，26 年后他们可能具有高成就需要（McClelland & Pilon，1983）。训练儿童独立完成各种生活任务，能够提升儿童的控制感和自信心，这也是提高孩子成就需要的方法。

第二种方法是给儿童设置具有挑战性的标准（Heckhausen，1982）。父母需要让儿童知道他们期望什么样的行为，但这些期望不能超过儿童的能力，否则儿童可能因总是不能成功而放弃尝试。这个过程一般是这样的：父母给儿童提供具有挑战性的目标，并支持儿童朝这些目标努力，当儿童实现了其中一个目标时，给予儿童奖励。为了提高成就需要，频繁的成功经历必不可少。例如，对一个 4 岁的儿童来说，学习字母表是一种挑战性的任务，父母可以鼓励年幼的儿童进行学习，热心地教儿童唱字母歌，当他（她）能第一次独立地背出字母时，采用表扬和拥抱的方式来奖励儿童。

最后，新近的研究发现，与回避型或矛盾型依恋类型的人相比，安全型依恋类型的人发展了更高水平的成年成就动机（Elliot & Reis，2003）。这些研究的假设是：安全型依恋的儿童更可能去探索自己所处的环境，因此更容易习得新的技能。久而久之，有效的学习将使个体产生更高的成就动机，重视自己的能力，相信自己能够克服并战胜生活中的困难。

权力需要

心理学家对权力需要也很感兴趣，这是一种希望对他人施以影响的需要。

影响他人

虽然麦克里兰主要以成就动机的研究而闻名于心理学界，但他和他的几个学生还继续研究了其他动机。其学生温特（David Winter）便致力于**权力需要**（need for power，nPow）的研究。温特（1973）把权力需要定义为影响他人的准备或偏好。与成就需要一样，在一种可以行使权力的情境中，权力需要能够被激发并指导行为。TAT 同样也是评估权力需要的主要工具之一。给出一张图片，让被试根据图意编写故事，主试评估故事中与权力主题有关的想象，然后给出分数。权力主题的想象包括：影响他人的强有力的行动和行为，对人物身份和名誉的强调。

研究发现

许多研究考察了权力需要的个体差异。权力需要与一些行为存在正相关，如：喜欢与他人争论、被选为大学里的学生干部、博弈情境中的冒险行为、一个小团体组织中果断而积极的行为，以及获得更多的被温特称之为的“象征身份的财产”，例如跑车、信用卡和住宅等（Winter，1973）。

研究表明，高权力需要的个体对控制很感兴趣——控制环境和他人（Assor，1989）。高权力需要的男性对“理想的妻子”的评价是：妻子要受丈夫的控制，依赖于丈夫，因为这种关系能够为他们提供一种优越感（Winter，1973）。高权力需要的男性也更有可能虐待配偶（Mason & Blankenship，1987）。高权力需要的人喜欢与那些不出名或不受欢迎的人交朋友，因为这些人不会威胁到他们的威望和身份（Winter，1973）。

性别差异

对权力动机的研究发现，男性和女性在权力需要的平均水平上没有差异，在权力动机唤醒的情境上也不存在差异。另外，二者在与权力需要相关的生活事件上也没有差异，例如拥有正式的社会权力（当官），拥有与权力相关的职位（一名管理者），或者拥有代表身份的财产（跑车）。

研究发现最一致且最显著的性别差异是，高权力需要的男性表现出了更多冲动性和攻击性行为，而女性却没有。高权力需要的男性较之低权力需要的男性更易陷入不愉快的约会，更易与别人争吵，离婚率更高。其性关系也可能更混乱，他们会频繁地更换伴侣，性行为开始的时间比较早。同时，高权力需要的男性也更可能酗酒（在酒精的影响下，权力感经常会增加）。而在女性中却没有发现这些相关的行为表现。

研究表明，假如对个体进行了**责任训练**（responsibility training），“不检点的冲动”行为（酗酒、攻击和性虐待）出现的概率就会减少（Winter & Barenbaum，1985）。照看年龄小的弟弟妹妹是一种责任训练的例子。我们应该给孩子提供一些机会，让他们学会负责任。研究表明，那些接受过责任训练的人，他们的高权力需要并没有伴随不检点的冲动行为（Winter，1988）。这些研究结果使温特和其他学者（如 Jenkins，1994）确信，是社会化的经历，而非生物学因素，决定了权力需要是否以不良行为表现出来。

健康状态与权力需要

不难想象，高权力需要的人不能很好地处理挫折和冲突。当没有达到自己的目的，或者其权力受到挑战或阻碍时，他们更可能表现出强烈的压力反应。麦克里兰（1982 年）称这样的阻碍为**权力压力**（power stress），并提出假设：高权力需要的人对各种供给物和疾病更敏感，因为这些压力与权力受限相关。一项对大学生的研究发现，当限制或抑制被试的权力动机时，他们的免疫功能会降低，他们会报告经常生病，例如伤寒和流行性感冒等（见 McClelland & Jemmott，1980）。后来对男性犯人的研究也得到了相似的结果，高权力需要的犯人更容易生病且免疫力更低（McClelland，Alexander，& Marks，1982）。其他研究也表明，如果对那些高权力需要者的权力动机加以限制，则会导致他们的血压升高。在一项纵向研究中也发现了这种关系，该研究表明，三十几岁男性的权力动机受抑制能有效地预测血压升高和二十年后的高血压症（McClelland，1979）。

在一项有趣的实验室研究中，主试让被试领导一个小组进行讨论，并事先交待小组其他成员不同意组织者的意见，并且要表现出许多冲突。被试并不知道主试事先做了这些安排，以此来诱导权力压力（Fodor，1985），然后根据肌肉的紧张程度来评估被试。与麦克里兰的理论一致，在小组发生冲突的情境下，高权力需要的被试表现出最大程度的紧张反应。

战争、和平和权力

温特做了一系列有趣的研究，他研究一个国家的权力需要水平，并把它与战争、和平这样的宏大主题关联起来。传统上，研究者以被试根据 TAT 图片所写的故事来测量权力需要。但是，我们也可以通过对文件的评估来确定权力需要（甚至任何其他动机）。这种方法取材相当广泛，可以是儿童童话故事，可以是总统的演讲。温特分析了 300 年来英国首相们所做的所有的国会发言。首先，他评定所有发言中体现的对权力的渴望水平；然后，他用这些结果来预测英国历史上三个世纪以来的战争活动。温特发现，如果首相在国会发言中的权力渴望水平很高，那么战争就会发生。只有当首相在国会发言中没有了对权力的渴望时，战争才会结束。温特用相似的手法分析了 20 世纪 60 年代古巴导弹危机期间美国与前苏联的交流，以及第一次世界大战中英国与德国的对话（Winter，1993）。在这些情况下，权力渴望程度的增加先于军事行动，权力渴望程度的减少先于军事威胁的降低。

可以通过对国家领导人的讲话来分析权力这一主题。讲话所表现出的权力渴望程度可以预测战争的发生（Winter，2002）。

最近，温特（Winter，2002）研究了有效领导的动机维度。为了检验动机如何影响领导风格和成功，他分析了许多当代政治领导者（如布什总统）的动机形式。温特认为各种动机都有强弱，但是最终他提出了一种有效领导的动机形式：关键是保持动机之间的平衡，合群动机平衡权力动机，权力关注平衡成就动机。总之，有责任的领导期望更高的成就，并希望利用权力来达到这些目标，同时，也希望与所有重要的人物或政府维持良好的关系。

温特和他的学生对该研究进行了拓展，试图探讨交往中的权力渴望如何导致冲突的逐步升级（Peterson，Winter，& Doty，1994）。研究中，他们让被试回复来自真实冲突情境的信件。这些有待回复的信件加以转换之后可以归为两个版本：一种是权力渴望水平较高，另一种是权力渴望水平较低。但这些信的内容仍然是相同的。然后，分析被试回信中的权力主题。被试会根据自己对权力的渴望程度来对信中的内容做出回应。假设另一方的权力渴望水平也较高，并做出相似的回应，那么我们很容易就会发现冲突是如何上升到暴力水平的。对对方动机的误解，比如认为对方试图控制自己等，将导致不良的结果。例如，使不同群体的成员之间的偏见更加持久（Miller & Prentice，1994）。

最近有研究对陷入危机中的政府之间的交涉进行了考察，结果揭示了相似的动机模式（Langner & Winter，2001）。通过分析四次国际危机中的官方文件，研究者(Langner & Winter）发现，妥协与交涉中表现出的合群动机相关；但是，对权力的渴望与更少的妥协相关。在一个实验研究中，他们发现可以让被试阅读谈判对手的不同信息来事先启动权力动机或合群动机，这些事先启动的动机能够预测他们在后来谈判中妥协的可能性。这样的人格研究对于指导政府之间如何做出反应以便避免危机具有重大意义。

总之，权力需要是指影响其他人的一种期望。我们可以通过 TAT 和其他的口头公文材料（如讲话内容和其他形式的沟通信息）来测量权力需要。追求社会地位，追求名誉，使别人按照自己的意愿行事，这些都是与权力需要相关的主题。例如，温特（Winter，1988）就曾依据成就需要、权力需要和亲密需要对尼克松的讲话进行了有趣的分析。温特（1998b）还采用相似的方法对前总统克林顿的讲话内容进行了分析，把克林顿的动机与人气以及其他一些问题联系起来。

亲密需要

“大三”动机中的最后一种动机是对与他人建立让人感到温暖和满意的关系的期望，即亲密需要。

亲　密

第三种动机是亲密需要，人们对这种需要也做了大量研究。其中，麦克里兰的另一个学生麦克亚当斯（Dan McAdams）对该动机进行了最多的研究。麦克亚当斯把**亲密需要**（need for intimacy，nInt）定义为“对温暖、亲近和与他人交流的偏好或愿望”（McAdams，1990，p198）。与那些低亲密需要的人相比，高亲密需要的人希望在日常生活中体验更多亲密的、有意义的人际交往。

研究发现

为了确定高亲密需要者和低亲密需要者之间的差异，多年以来，麦克亚当斯和其他研究者一直致力于亲密需要的研究。和其他动机一样，人们经常采用 TAT

来测量亲密动机的强度。研究发现，高亲密需要的人与低亲密需要的人相比具有以下特点：（1）每天花费更多的时间去考虑人际关系；（2）当周围有其他人时，他们报告出更多的愉快体验；（3）微笑、大笑以及更多的目光接触；（4）更频繁地发起交谈和写更多的信件。我们可能认为高亲密需要的人就是外向的人，但研究结果并不支持这一解释。高亲密需要的人一般只拥有少数几个极其要好的朋友，在聚会中喜欢真诚而富于意义的交流，他们并不那么外向、开朗，也不太参加聚会活动。如果让人们描述自己与朋友呆在一起的典型表现，高亲密需要的人倾向于报告一对一的互动，而不是群体互动。与朋友在一起时，他们更可能细心聆听朋友的讲话，和朋友分享一些亲密的或私人的话题，比如情感、希望、信念和期望等。也许这就是为什么高亲密需要的人总被评价为特别“真诚”、“友爱”、“不控制”和“不自我中心”的原因（McAdams，1990）。

有些研究考察了亲密需要和主观幸福感的关系。在一项纵向研究中，以哈佛大学的男性毕业生为样本，测量他们30岁时的亲密需要。结果表明，他们的亲密需要与17年后的生活适应之间存在显著的相关（如有满意的工作和家庭生活，能很好地应对生活中的压力，远离酗酒问题）（McAdams & Vaillant，1982）。其他一些研究表明，对男性和女性来说，亲密需要与一定的利益和积极的生活事件存在相关。对于女性来说，亲密需要与幸福和生活满意度相关。对于男性来说，亲密需要与低生活压力相关。目前研究还未发现权力需要和成就需要在我们所关心的需要平均水平上存在性别差异，然而与之不同的是亲密需要存在性别差异：女性的平均水平高于男性的平均水平（McAdams，1990；McAdams & Bryant，1987）。

总之，亲密需要是对温暖和亲密人际关系的需要。与低亲密需要的人相比，高亲密需要的个体喜欢其他人的陪伴，喜欢表达和交流。亲密动机与外向不同，因为高亲密需要的人更喜欢少数几个关系密切的朋友，而不愿成为一个吵闹的群体中的一员。在成就需要和权力需要上，男性和女性的需要水平相当，而在亲密需要上，女性的需要通常高于男性的需要。

到目前为止，我们讲到的动机包括：权力需要、亲密需要和成就需要。它们都在学院派人格心理学的传统研究范围之内。但是，还有另一种动机研究传统，它源于临床心理学。这一传统已经进入到人格心理学的领域，其中的概念多多少少也出现在一些当代研究领域中。现在我们就转向人格心理学的人本主义取向。

人本主义的传统：自我实现动机

1995年，美国的一个传奇人物逝世了——杰瑞·加西亚（Jerry Garcia），他是“感恩而死”（Grateful Dead）乐队的主吉他手，他死于心脏病，享年53岁。很多新闻都提到了他的生活，记者认为按照加西亚的生活方式，他的寿命超过了人们的预期。连续三十几年，加西亚的乐队马不停蹄地到处演出，他经常定期地服用大量的药物，包括可卡因、海洛因和酒精等。

过去一些因滥用药物和酒精而致死的娱乐明星的寿命都比加西亚短，例如，约翰·贝鲁西（John Belushi，33 岁）、科特·柯本（Kurt Cobain，27 岁）、吉米·亨德里克斯（Jimi Hendrix，27 岁）、詹妮斯·乔普林（Janis Joplin，27 岁）、吉姆·莫里森（Jim Morrison，27 岁）、凯瑟·穆恩（Keith Moon，31 岁）和猫王艾尔维斯·普莱斯利（Elvis Presley，42 岁）。对于这样的事件，公众主要讨论艺术家们的个人责任和自我毁灭行为。有些人认为，这类艺术家是时代和文化的受害者。例如，人们认为加西亚和他的乐队是 20 世纪 70 年代最好（和最坏）的反主流文化代表，他们通常被认为是那个时代的治疗剂。

然而，另一种观点认为是加西亚自己杀死了自己，他缓慢地、固执地进行着自我毁灭。这一观点暗示加西亚对自己的死亡负有责任。在加西亚逝世的那一周的 MTV 访谈中，克林顿（后来成为总统）指出："尽管他是个天才，但他仍然逃不过一个很可怕的问题（海洛因成瘾）……成为一个天才并不意味着一定要过一种毁灭性的生活方式。"这暗示加西亚的天赋和他的自我毁灭倾向是其人格中相分离的两个部分，并不是一部分创造了另一部分。按照克林顿总统的观点，加西亚用自己的自由意志杀死了自己，多年以来他所选择的生活方式使其对自己的死亡有着不可推卸的责任。

加西亚是文化的牺牲品吗？或者，他应该对自己的自我毁灭行为负责任吗？这涉及到我们如何去看待与动机相关的自由意志。在阅读本部分之前，我们讨论一下潜意识（内隐）动机。人们通常不能意识到存在于自己身上的这类动机，它们指导行为、生活选择以及对 TAT 投射测验的反应。在许多方面，以潜意识动机为基础的选择是没有自由意志的。因此，加西亚的真正问题是他是否意识到自己的动机，当他做出许多自我毁灭的生活选择时，他是否知道自己正在做什么。

对需要、选择和个人责任的强调是**人本主义传统**（humanistic tradition）在动机研究方面的特征之一。在创建有意义的和完满的生活的过程中，人本主义心理学家强调责任和选择的重要性。按照人本主义的观点，任何人的生活意义，都可以从他所做的选择和为这种选择所承担的责任中找到。例如，在中年期，有些人认为日常生活中并没有许多选择，他们要么陷入了职业生活的泥潭中，要么陷入了纷繁复杂的人际关系中，抑或是两者兼而有之。例如，2000 年的奥斯卡获奖电影《美国丽人》（*American Beauty*）描述了一个失望的男人，他意识到正过着一种不是由自己选择的生活，于是他竭尽全力试图找回自己的生活，并为自己的生活负责。为创建生活而全力承担责任的这种觉悟使有些人不断做出改变。职业变动、离婚、迁居和其他的重大选择常常是中年危机的症状，有时是对危机的应对，这些危机总与责任二字密不可分。

人本主义传统的另一个主要特征是强调人的成长需要和实现全部潜能的需要。由此看来，人的本性是积极和肯定的。这一观点与精神分析的观点形成鲜明对比，精神分析用一种相当悲观的观点看待人的本性，它把人类本性看成原始的、充满破坏本能的沸腾的大锅。人本主义的观点正好相反，它强调积极成长的过程，一种期待的或理想化的人类潜能的发展。这里的人类潜能可以概括为自我实现动机。

“感恩而死”乐队成员的杰瑞·加西亚于 1995 年死于药物康复中心。一些人认为，他的使命就是维持 20 世纪 60 年代的反主流文化，他是那个时代的受害者。另一些人则认为，加西亚是一个富有音乐天赋的人，但是他选择了一种非常具有毁灭性的生活方式。在人本主义学派的动机理论中，个人的责任感非常重要。

我们现在来简单地定义一下自我实现。首先，我们必须注意到人本主义传统的第三个特征，以区别它与其他动机研究。人本主义认为许多动机建立在成长需要的基础之上，即成为一个自己想要成为的人。其他的一些学派，包括弗洛伊德、默瑞和麦克里兰所代表的学派，认为动机来自于一种特殊的匮乏或缺失。这是一种非常微妙却又至关重要的区别，它代表了动机理论和研究的历史性突破。我们以前讨论的动机（成就、权力和亲密）都是匮乏性动机。在人本主义中，人类所有动机中最人性的动机是自我实现，它不是基于匮乏，而是基于成长和发展，希望越来越成为自己。马斯洛（1968）于 20 世纪 60 年代提出自我实现这一术语，他认为**自我实现**（self-actualization）是一个不断成长的过程，“越来越成为独特的自我，完成自己能够完成的事情”（p. 46）。

马斯洛的贡献

对自我实现动机的任何讨论一定会包含马斯洛的贡献（见 Maslow & Hoffman，1996）。他的某些观点形成了这一领域中所有理论和研究的基础。

需要层次

马斯洛（Abraham Maslow，1908~1970）开始研究需要概念，最初，他基本上按照需要的目标来定义需要。马斯洛认为，需要按层次结构组织而成，更多的需要聚集在层次的底部，而自我实现的需要处于层次的顶部（见图 11.2）。他把需要的层次分为 5 个水平。

需要层次中的最底部是**生理需要**（physiological needs）。这些需要不仅对物种的长期生存非常重要（如性的需要），而且对个体的直接生存也非常重要（食物、水、空气和睡眠的需要）。紧接着是**安全需要**（safety needs）。这些需要是维护安全所必须的，如有一个居住的地方，能远离危险的威胁。马斯洛认为，有秩序的、结构性的可预见的生活也属于安全需要。在长途旅行之前检查汽车可以看成是安全需要的一种表现。

尽管只提到了其中两个水平的需要，我们仍然可以得出一些重要的结论。第一，在满足较高层次的需要之前，我们必须先满足较低层次的需要。马斯洛的贡献之一就是他将不同的需要按顺序组织起来，解释了这些需要之间的关系。显然，在我们考虑从同伴那里获得尊重之前，我们必须有足够的食物和水。当然，我们也可以找到不遵循这一需要层次的例子（如饥饿的艺术家，他们经常在没有充足食物保障的情况下继续进行创作）。像许多人格理论一样，马斯洛的理论意在描述一般的人类本性，适用于大多数人。虽然总是有一些例外，但总体上来说，人们的需要还是符合马斯洛所划分的需要层次，从最低的层次向最高的层次发展。马斯洛还认为，需要层次也存在于人类的发展过程中，与较高水平的需要相比，较低水平的需要在生命中出现得更早。

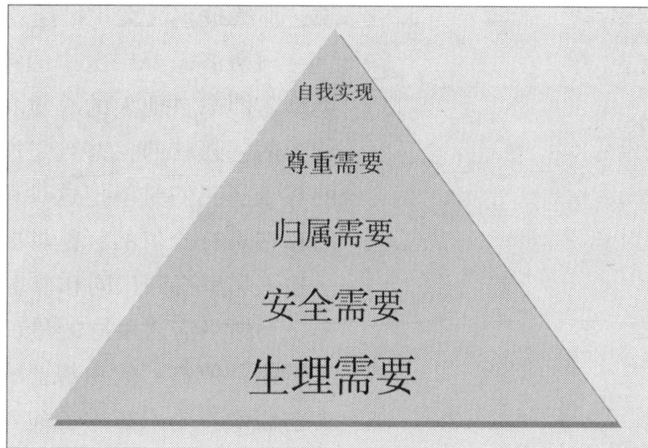

图 11.2

马斯洛动机理论中的需要层次。这些需要被划分成不同的层次水平。与较高水平的需要相比，较低水平的需要的满足更为迫切（采用更大的字体表示）。

第二，与较高水平的需要相比，较低水平的需要未得到满足时会变得更强大、更迫切。较高水平的需要与生存的关系不太大，因此，当它们得不到满足时，不会显得很急迫。换句话说，当人们致力于满足较高水平的需要时，他们的动机水平相对比较微弱，并且容易受到干扰。马斯洛（1968）写道："追求自我实现的内部倾向不像动物的本能那样强大、有力且显而易见。它如此微小、脆弱、微妙，以致于很容易被习惯、文化压力和错误态度所压倒"（p. 191）。

人们通常设法同时满足多种需要。在某一特定时间段内，我们能够很容易发现人们会从事各种活动以满足不同的需要（如吃饭、在门上安装一把新锁、参加家庭聚会，以及为考试取得好成绩而学习）。但是，在任何一个时间点，我们都可以确定一个人在哪一水平的投入最多。基本的一点是，即使我们的工作主要是为了满足自我实现的需要，但是我们还是必须先去完成一些事情（如购买商品）以保证较低层次的需要不断地得到满足。

很多电影中，特别是探险电影中，涉及到很多情境迫使人们关注较低层次需要的情节——这些情形把人的注意力拉向安全需要，甚至比安全需要更低的生理需要。《异形》（*Alien*）和《虎胆龙威》（*Die Hard*）的系列电影能很好地说明这一现象。在影片《势不两立》（*The Edge*）中，演员霍普金斯和鲍德温驾驶的飞机在原始森林中失事，他们受到一头身躯庞大的、饥饿的熊的持久威胁，这时他们不得不降低需要的层次。

马斯洛的需要层次中的第三个水平是**归属需要**（belongingness needs）。人类是一个社会性的物种，绝大多数的人具有归属于某个群体的强烈需要（比如家庭、妇女联合会/兄弟会、教会、俱乐部、团队）（Baumeister & Leary，1995）。与生理需要和安全需要相比，被他人接纳或受到某个团体的欢迎更多地意味着心理上的需要。一些研究者认为，在以往的社会中存在天然的群体，人们能自动成为其中一员（比如家族和让人们感觉自己是其中一员的小城镇等）。而现代社会却没有这么多的机会来满足我们的归属需要。孤独感和疏离感是归属需要没有得到满足的表现。在美国，街头帮非常受欢迎，它是归属需要的一种体

在电影《势不两立》中，两个高自尊的男人在一只庞大的熊的强烈而持久的攻击下，其需要瞬间降低了几个层次。

现，那些被主流文化排斥的人和感到被遗弃的人可以在这里寻找到一种群体身份。

马斯洛需要层次中的第四个水平是**尊重需要**（esteem needs）。尊重分为两种类型，即来自他人的尊重和自尊，后者依赖于前者。我们希望他人认为我们是有能力的、强壮的，并且是能够获得成功的；我们希望因成就和才华而获得其他人的尊重；我们希望把这种尊重转化为自尊；我们希望对自己感到满意，感到自己的存在是有价值的，能够胜任不同的任务。成人日常生活中的许多活动都是为了从他人那里得到认同和尊重，以此支撑自己的自信心。

马斯洛需要层次的最顶端是**自我实现需要**（self-actualization need），即发展个人潜能，使自己成为想要成为的那种人的需要。你可能认为这是非常困难的，因为它假设一个人必须首先勾勒出自己想要成为什么样的人。然而，自我实现者似乎只知道自己是谁，并且有坚定不移的生活方向。

应用

假如没有报酬，人们为什么而工作？当东欧处于共产主义的领导下时，每一个人都有一份工作。虽然按照西方的标准来看，他们所得的报酬很低，但是至少绝大多数人的基本需要得到了满足。他们有钱购买食物和衣服，有房子居住，经济、社会和个人安全都有一定的保障。20 世纪 80 年代末至 90 年代初，东欧巨变后，许多国营工厂不能再按时足额地支付工人报酬，甚至根本就没有报酬。但奇怪的是，许多工人继续有序地到工厂去工作。那么在很长一段时间内不能获得相应报酬的情况下，他们为什么还要继续工作呢？

关于这个问题，一位组织心理学家（Irina Zinovieva，2001）对东欧的一个纺织品工厂进行了个案研究。她访谈了近 200 名雇员，结果发现，尽管在应该支付工资的期限内没有发放工资，但雇员们仍然干劲十足。她运用马斯洛的需要理论来解释这一现象，认为工作本身提供了获得他人尊重和自尊的机会。就在绝大多数心理学家关注获取经济报酬这一工作诱因时，该研究突出了另一种工作诱因：工作能够为自我发展、需要满足和自我实现提供空间。有时候，至少在一段时间内，第二种诱因可以代替第一种诱因起作用（如今，东欧的绝大多数原国有工厂已经私有化，并按照市场经济来运营，如追求利润）。

研究发现

马斯洛对其理论的构建建立在其独特的动机观点和思想之上，而不是实证研究的基础上。例如，他从来没有提出过自我实现的测量方法，但其他研究者完成了该项工作（Flett & Blankstein，1991；Jones & Crandall，1986）。在研究者的研究中，他的理论是怎么样的呢？虽然并不是所有的研究都支持马斯洛的理论（如 Wahba & Bridwell，1973），但最近的一些研究支持了其主要观点（如 Hagerty，1999）。例如，一组研究者证实：当需要被剥夺时，较低层次的需要比较高层次的需要更强烈（Wicker et al.，1993）。在该研究中，研究者给被试呈现了各种各样的目标，这些目标反映了马斯洛理论中的需要层次。例如：有充足的食物和水；感到安全和不害怕；属于某个团体；被认为是一名优秀的学生；心理健康并充分发挥了自己的才能。然后，针对每个目标，要求被试回答几个问题，包括“假如你得到了它，你感觉有多好?”和“假如你得不到它，你感觉有多糟糕?”研究者发现，当被试没有达到较低层次的目标时，他们的消极反应最强烈。与无法满足自我实现的需要相比，当感觉到安全需要没有得到满足时，被试表现得更难过。对于积极反应的评价恰恰相反，达到的目标层次越高，他们表现出的积极情感越强烈。例如，与有充足的食物和水相比，从其他人那里获得尊重会使个人感觉更好。这一研究支持了马斯洛的动机层次理论，同时阐明了人们在各个需要水平上得到满足或遭遇挫折时，反应方式上的差异。马斯洛认为较低层次的需要是“有力的”，是生存所必需的，因此当这些需要没有得到满足时，它们比较高层次的需要更强烈。另外，在该研究中，研究者还让被试评定了在达到不同层次的目标后的满意程度，其结论支持了马斯洛的另一个观点：满足较高层次的需要比满足较低层次的需要更有价值，也更容易获得满意感。

在另一项研究中，研究者依据马斯洛的需要层次将被试划分为不同的组，然后比较不同组之间的幸福感（Diener，Horowitz & Emmons，1985）。每个被试都会被问道：“是什么使你感到最幸福?”根据回答来确定其属于哪种需要水平。例如，一个被试说“能够好好地去享受一顿美餐，这就是使我感到最幸福的事”，根据这一回答，主试可以把该被试分到生理需要水平的组别中。结果表明，幸福感与人们的需要水平之间不存在相关（研究使用问卷法测量幸福感）。对幸福感来说，它与人们正在致力于满足何种水平的需求无关。也就是说，正在寻求自我实现的人并不比寻求满足其他需要的人更幸福。马斯洛在书中也谈到，幸福感并不一定与自我实现的需要一起出现。

依据这些结果，我们可能会问：“究竟是什么特征区分了自我实现者与非自我实现者?”现在我们来讨论马斯洛的研究，他的研究指出了自我实现者的具体特征。

自我实现者的特征

大多数人都不是自我实现者。相反，许多人去工作是为了满足较低水平的需要：试图从其他人那里获得尊重，以此来提高自己的地位、威望和自尊；试图通过与家庭成员或其他一些重要群体的成员建立关系来满足归属需要；还有一些人是为了满足安全需要。

为了更多地了解自我实现，马斯洛对许多他认为的自我实现者进行了个案研究。马斯洛估计人口中约有 1%的人具有成长动机，努力地成为自己想要成为的人。马斯洛所调查的自我实现者的名单中包括几个当时还活着的人，但他没有公布他们的真实姓名。通过笔记和其他传记信息，他还研究了一些历史人物，包括爱因斯坦、罗斯福、杰斐逊。然后，马斯洛找出了这一组人具有的共同特征。在该研究中，他总共列举了 15 种特征，认为这些特征一般都可以在自我实现者身上找到（见表 11.2）。马斯洛所研究的大多数人都非常有名，其中许多人对科学、政治或人类做出了重大贡献。当阅读表 11.2 中所列的特征时，要记住这一理论并不是说“你必须做出重大贡献”才能够成为自我实现者。因为马斯洛所研究的个体都是具有杰出贡献的人，所以研究人格的学生很容易产生这种误解。不仅是非凡的人，一般的人也可以自我实现。

练习

回想一个你认识或者给你留下深刻印象的人。试着去鉴别一下他（她）是否可能是一位自我实现者。对照马斯洛所列举的与自我实现者有关的15种特征（表11.2），找出你选择的人具备其中的哪些特征。尽力根据他（她）生活中的例子，来具体阐述这15种特征。

罗杰斯的贡献

如果说马斯洛集中研究了自我实现者的特征，那么心理学家罗杰斯（Carl Rogers，1902~1987）则是致力于促进和获得自我实现的研究。在他四十多年的职业生涯中，罗杰斯提出了一种人格理论和一种心理治疗的方法（来访者中心疗法）。像马斯洛一样，罗杰斯认为人性基本上是好的、向善的和积极的。他认为人天生就是机能完善的，但是在某些情境下，人们在自我实现的路途中会变得停滞不前，其理论解释了人们是如何失去自己方向的。为了帮助人们回到实现自己潜能的轨道上来，他发明了一些技术。其自我实现的一般方法（即以人为中心）已经被广泛应用于团体、教育、企业组织，乃至政府部门（见罗杰斯，2002，他去世后出版的自传）。

罗杰斯理论的一个核心概念是**机能充分发挥者**（fully functioning person），是指那些正通向自我实现路途中的人。机能充分发挥者实际上或许并不能自我实现，但他们在朝向这一目标的过程中不会受到阻碍或发生偏离。有几个特征能够描述这种人：善于接受新经验；喜欢日常生活的多样性和新奇性；既不纠缠于过去的遗憾，也不生活在将来，他们关注当下；相信自己，相信自己的感觉，相信自己的判断；当面临选择时，不会盲目地迎合他人（如“怎么样才能使我的父母高兴?”），相反，他们相信自己能够出色地完成任务，不墨守成规，也不画地为牢，自己设定目标，并努力达成目标。

人们是如何成为机能充分发挥者的呢？罗杰斯的自我发展理论回答了这个问题。本书有整整一章的内容专门探讨自我（见第14章）。第14章中所涉及的许多研究都可以追溯到罗杰斯，罗杰斯坚信生活中的首要动机就是自我实现的动机，它使人们朝向自己的理想自我发展。

带你走进自我：积极关注和价值条件

在罗杰斯看来，所有的儿童天生就有被父母、被他人疼爱和接纳的愿望。他把这种寻求**积极关注**（positive regard）的期望称为天性的需要。而父母则是在某些特定条件下才表现出他们的积极关注，例如，“你展示了一个好孩子的形象，

表 11.2 自我实现者的特征（来自马斯洛的个案研究）

1. 对现实的有效知觉。他们不会让期望和欲望蒙蔽了自己的知觉。因此，他们能够识别出虚假和欺骗。
2. 接受自己、他人、天性或命运。他们认识到，包括自己在内，人们都会犯错误和都有弱点，并接受这一事实。他们接受自然事件，甚至是灾难，并把它们作为生活的一部分。
3. 自发性。他们的行为单纯和自然。他们不需要装腔作势或者尽力地去营造出某种效应。他们相信自己内心的冲动。
4. 以问题为中心。他们对所处时代的宏大的哲学问题和道德问题颇感兴趣。他们对小问题不怎么有兴趣。
5. 喜欢独处。他们独处时感到很舒服。
6. 独立于文化和环境。他们不随波逐流。他们更喜欢追随自我决定的兴趣。
7. 对新奇有持续的欣赏力。他们对任何事情都有一种“初学者的心态”，不管事件是多么平常，都如同第一次体验那样。他们欣赏一般的事物，能在世俗中发现快乐和敬畏。
8. 频繁的高峰体验。高峰体验是一种极其奇妙的、令人敬畏的和梦幻般的瞬间感受，有时也被称为“万能感”。它们是个体拥有的充满意义的特殊经历。
9. 真正地帮助人类的意愿。所有自我实现的人都发自内心地真诚地关心人类。
10. 与极少的几个人保持深厚的联系。虽然他们非常关心其他的人，但他们拥有相对较少的亲密朋友。他们倾向于喜欢独处，仅让少数的几个人真正地了解他们。
11. 民主价值观。他们尊重所有的人，并认为他们都具有价值，不会因为人们所具有的表面特征（如种族、宗教、性别和年龄）而对他们持有偏见。他们视他人为个体，而不是群体中的成员。
12. 区别目的和手段的能力。他们喜欢做一些事情，是由于这件事情本身的意义，而不是简单地为了完成活动目标。
13. 富于哲理的幽默感。许多幽默是为了取笑人们眼中低等的人或群体；自我实现者并不认为这样的笑话是可笑的。相反，他们发现人类所共有的愚蠢是多么地可笑。
14. 创造力。创造力是发现事物之间联系的能力，这些联系正是前人所没有发现的。他们更具有创造性，因为他们对每一件普通的事情都保持新鲜感。
15. 对文化适应的抵制。文化告诉我们如何行动，如何着装，甚至如何与他人互动。自我实现者对文化规则持一种审视和批判的态度，他们经常表现得与大众格格不入。

来源：摘自 Maslow，A. H. (1987). *Motivation and Personality* (3rd ed.). New York：Harper & Row (original work published 1954).

考试得了满分”和“我真的非常喜欢你在学校的表演中担任主角”。另一个例子是，父母经常让孩子参加各种运动，而孩子会参加并不是因为他们喜欢这些运动，只是为了获得父母的爱和积极关注。当然，父母对孩子抱有某种期望，这无可厚非，但不应该在只有孩子符合父母期望时，才相应地表现出他们的爱和关注。

价值条件（conditions of worth）是父母或重要他人提出的获得积极关注的条件。儿童可能总是想着如何不辜负种种期望，而不去发现那些令自己真正快乐的事。在生活中，他们通过一些特定的方法来赢得父母和重要他人的爱、尊重和积极关注。只有在满足了一定的条件时才获得的积极关注被称为**有条件的积极关注**(conditional positive regard)。

经历了许多价值条件的儿童可能会丧失自己的期望和想法。他们开始过着一种努力取悦他人的生活，变成了他人所期望的人，他们的自我理解仅仅包含了他人赋予的一些特性。他们不断地远离机能充分发挥者的标准，对他们而言，最重要的事情是使他人高兴，时刻萦绕他们的是“别人将会怎么想”，而不是“在这种情况下，我真正想做什么”。

长大成人后，他们依然对别人如何评价自己耿耿于怀。其工作基本上是为了得到他人的赞许，而不是出于自我导向。他们依赖他人的积极关注，并经常去寻找那些一定要被满足的价值条件。他们隐藏自己的弱点，扭曲自己的缺点，甚至否认自己的错误，并采用各种各样的方式来取悦除自己之外的其他人。长期以来，他们一直勤奋地工作来使他人高兴，以至于他们忘记了自己所希望的生活。他们已经失去了自我指导的能力，不再朝着自我实现的方向前进。

一个人如何避免这样的结局呢？罗杰斯认为，父母和重要他人的积极关注应该是没有附加条件的，任何时候都应该无条件地、充分地给予儿童积极关注。罗杰斯把这样的关注称为**无条件的积极关注**（unconditional positive regard），即父母和重要他人无条件地接纳儿童，表达他们对儿童的爱和对其价值的肯定，因为儿童本来就是有价值的。即使是在对孩子进行训练和辅导时，父母也要对其无条件接纳。例如，如果一个儿童做错了事情，父母在给予无条件积极关注的同时还可以这样纠正儿童：“你做错事了，但你并不差，我仍然爱你，只是你做的事情是错的，我希望你不要再那样做。”

在充分的无条件的积极关注下，儿童学会接纳所有的经验，而不是否认自己的经验。他们不必为了迎合他人而扭曲自己，或者为了适合他人设定的模式而改变自己的行为或经历。这样的人自由地接受自己，甚至自己的弱点和缺点，因为他们已经体验了无条件的**积极的自我关注**（positive self-regard）。他们能够给予自己无条件的积极关注，接受自己，相信自己，寻找自己的兴趣，依靠自己的感受来指导自己做正确的事情。简言之，他们开始表现出机能充分发挥者的特征，并且开始实现理想自我。

应用

保罗·高更（Paul Gauguin）因其绘的南太平洋岛屿的居民画而闻名于世，在这些画中，他使用了强烈的色调，拒绝采用透视法，采用了平面的两维形式。他那富于表现力的、质朴而又独具风格的绘画艺术成为了现代艺术的基础。但是，高更一开始并不是一位画家。1872 年，高更在巴黎成功地获得了一份股票经纪人的工作。他和他的丹麦籍的妻子梅特生有 5 个孩子，一家人在巴黎过着一种富有的、中产阶级以上的生活。可是，高更一直想画画。他认为自己可以成为一位伟大的画家。但是，股票经纪人的工作占据了他所有的时间（Hollmann，2001）。

1874 年，高更参观了在巴黎举行的首次印象派画展。他被这种风格的画深深震撼了，有了一种成为一名画家的强烈愿望。但他却把所有的精力都投入到股票经纪人工作中，并用他的收入购买了莫奈（Monet）、毕沙罗（Pissarro）和雷诺阿(Renoir)的一些画。他认为，作为未来的艺术家，这是他发掘自己潜能的最佳途径。

是幸运的同时也是不幸的，1884 年，雇佣高更的银行开始出现困难。高更便从工作中抽出一些时间来画画。他的收入在下降，一家人不得不从花费昂贵的巴黎搬到鲁昂

这是高更所画的一幅画，标题是“有黄颜色基督的自画像”（1890），来自于私人收藏。高更的一生中掺杂了责任、选择和自我实现这几个复杂的问题。

小镇，那里的消费水平比巴黎低很多。当高更把大量的时间花在画画上时，他的收入变得更少了，婚姻也开始出现危机。高更和妻子对当前的处境都不满意，但是他们不满的理由各不相同：高更更希望过着画画的生活；而妻子更想回到过去那种富足的生活，她希望返回巴黎，希望丈夫继续从事银行股票经纪人的工作。

在婚姻中出现这些不和谐之后，高更离开了妻子和 5 个孩子，带着绝对的真诚和坚定的信念，开始挖掘自己作为一名艺术家的潜能。他痴迷于梵高、德加和毕沙罗等大师的艺术之中，他们指引他成为一名印象派画家。1891 年，他决定逃离世俗的文明去寻找一种新的生活，一种更适合他绘画风格的生活；他崇尚原始的、大胆而又真诚的风格。他航行到塔希提岛和南太平洋的岛屿，除了一次短暂返程之旅，他在那里一直呆到 1903 年逝世（Gauguin，1985）。在塔希提岛，他那些有关土著人的绘画作品越来越有力度和个性，作为现代世界上最伟大的艺术家之一，他基本上实现了自己的潜能。

高更生活中的伦理问题涉及到责任之间的相互竞争。他可以是一位富有责任的银行家和股票经纪人，与其深爱着的妻子和 5 个需要照顾的孩子共度一生。另一方面，高更（真切地）感觉到自己具有成为一名真正的、杰出的艺术家的潜能。他应该追寻成为艺术家这一内心的呼唤，还是应该履行作为丈夫、父亲和家庭供养者的责任？对于他抛弃家庭，追求自我实现这一行为我们究竟应该如何评判呢？对于他所获得的成功，我们又该怎么看待呢？假若他抛弃了家庭，且在艺术追求上又失败了，这又该如何评价呢？生活中，当个人担负的责任与内心要成为某种人的呼唤发生对峙时，到底是哪一方更重要呢？人们在朝着自我实现的方向前进时，有时会面临选择和责任这些非常难做决断的伦理问题。

促进自己和他人的自我实现

没有沿着自我实现的方向前进的人会经常体验到焦虑。罗杰斯认为，**焦虑**（anxiety）源自与个人自我概念不相适应的经历。我们可以想象，一位年轻的女士，她在小学和中学时一直都非常勤奋，努力获取好的成绩，以此取悦父母。其自我概念的一部分是“她是聪明的和能取得优秀成绩的”。后来，她上了大学，在有些课程上没有取得优异的成绩。这一经历与以往的经历相抵触，与其聪明的和成绩优异的自我概念不相匹配，因此导致她产生焦虑。“他们将会怎么想，”她对自己说，“父母是否已经发现了这一成绩?”这种新的经历威胁到她的自我形象。自我形象对她而言非常重要，因为它曾经使得父母积极地关注她。罗杰斯认为，人们需要保护自己以免产生焦虑，减少自我概念和经历之间的不一致。机能充分发挥者能够改变自我概念去适应自己的经历（例如：“也许我并不是非常聪明，或者我并不是一直都需要取得好的成绩”）。

对焦虑的一种不良反应是采用防御机制来改变经历。罗杰斯强调了**歪曲**（distortion）的防御机制。采用歪曲这种防御机制的人，为了减少威胁，通常会去修饰或更改他们的经历，而不是去改变他们的自我形象。例如，一个学生可能会说：“这门课的教授不公平。”或者“那个成绩不能真正地反映我的水平。”还可能采用其他的方式来歪曲经历，或者个体可能仅仅选择那些“容易的”课程，因为这样她可以获得好成绩。她决定选择哪一门课程取决于在该课程中是否更有可能获得好成绩，以便使父母高兴（价值条件的原因），而不是基于自己的兴趣和期望（自我实现的原因）。然而选取较容易得高分的课程与聪明这一自我概念是不相称的，事实上，她会因为如此多的经历与自己的期望不相匹配而倍感焦虑。

最近的一项研究发现，自我实现倾向和情绪智力存在相关（Bar-On，2001）。**情绪智力**（emotional intelligence）是一个相对新颖的概念，它包括5种成分：觉知自己情绪的能力，调控情绪的能力，激发自己的能力，觉知他人感受的能力，影响他人感受的能力。这也许是智力的一种特殊适应形式，我们将在认知取向部分做更详细的描述（第13章）。在一项研究中（Bar-On，2001），自我实现被界定为努力工作以发挥自己才能和技能的倾向，研究发现情绪智力与该倾向相关。研究者认为，在自我实现的过程中，情绪智力比IQ即认知智力更重要。也许人们偏离了自我实现的方向，不是因为他们缺乏IQ或教育，而是因为他们不再有激情。

罗杰斯的治疗取向是使一个人回到自我实现的道路上去，这种治疗方法有时也被称为**来访者中心疗法**（client-centered therapy），它与弗洛伊德的精神分析疗法大相径庭。在来访者中心疗法中，治疗师从来不对来访者（罗杰斯的一个术语，指病人）的问题做出解释，也不指导来访者应采用何种行为方式来解决问题。治疗师不会直接地改变来访者，取而代之的是，治疗师试图创造一种宽松的、舒适的和安全的环境，使来访者在这种环境中可以自发地改变自己。

在来访者中心治疗中有三个**核心条件**（core conditions）（Rogers，1957），治疗过程必须满足这些条件，以便治疗顺利地进行。人们把罗杰斯对“歌莉娅（Gloria）”治疗的过程制作成一部影片，该影片得到了广泛的应用，有时还用于咨询师的培训。在这部电影中，罗杰斯在他与歌莉娅的会谈中熟练地创设了三种条件（见Wickman和Campbell对这部电影的分析，2003）。第一个核心条件是治疗师的真诚接纳（genuine acceptance），治疗师必须能够真诚地接纳来访者。第二个条件是，治疗师必须对来访者表现出无条件的积极关注（unconditional positive regard）。意思是治疗师在不对来访者进行任何评价的基础上接受来访者所讲的任何事情。来访者相信如果他们说出“错误的”事情，或者在治疗过程中十分耿直地讲一些事情，治疗师都不会拒绝他们。这一安全的氛围使来访者可以探讨自身问题。

治疗过程中的第三个条件是同感理解（empathic understanding）。来访者必须感受到治疗师理解自己。来访者中心疗法的治疗师试图理解来访者的思想和情感，就像这些思想和情感源于自身。**同理心**（empathy）是从对方的立场出发来理解他（她）(Rogers，1975)。治疗师通过重叙来访者的内容和情感来表达同理心，而不是解释内容背后的意义（如“你有一个严厉的超我，这个超我惩罚你是因为你的本我行为”）。以来访者为中心的治疗师只是倾听来访者所说的话，并把它们反馈回去。这类似于照镜子，一个优秀的罗杰斯式的治疗师把来访者的思想和情感反馈回去，以使来访者能够全面地和毫不歪曲地检查它们。通过治疗师的理解反馈，来访者越来越了解自己了。治疗师通过重叙内容（“我听见你说的是……”）和反馈来访者的感受（“你好像感到……”）来表达这种理解。这听起来似乎很简单，但是它在帮助人们理解自己和帮助人们改变对自己的看法上是非常有效的。

练习

共情倾听是一种能够轻而易举便能掌握的交流技术，你可以和一个朋友进行练习。找一个朋友和你进行角色扮演，让他描述生活中的一些小问题，你来扮演访者中心治疗中的咨询师。也就是说，你要尝试给出两种反馈：第一，试着只是重复朋友所说的内容，也就是确切地重复他说过的话，就像你理解它们一样（如“我听你说到……”）；第二，重叙他的感受，即确切地把他所提到的任何感受叙述给他听，就像你明白他的感受一样（如“在这种状况下你感觉到……”）。对方将纠正你或者进一步详细地描述那种状况或感受。几分钟过后，转换角色，让对方扮演同理心倾听者，你来描述一个很细小的问题。假如能够顺利进行的话，你应该感受到对方真正地理解了你，并且鼓励你去探讨问题情境以及你在该情境中的感受。

自从罗杰斯在其经典文章中将同理心描述为治疗转变中必备的条件之后(Rogers，1957)，许多心理学家试图理解同理心的本质。同理心是与生俱来的，还是可以通过培训来获得和提高的技能？一项对 839 对双胞胎的研究发现，遗传对理解他人能力的影响不大（Davis，Luce，& Kraus，1994）。该结果表明，人并不是生来就具有一种能以同理心的方式理解他人观点的禀赋。其他研究也表明训练可以有效地获得同理心的技能。例如，在一项研究中，研究者在培训之前和之后测量了同伴咨询中的同理心能力（Hacher et al.，1994），结果发现，强调倾听技术的培训程序使整个同理心分数得到了显著的提高。它对提高大学生和中学生设身处地为他人着想的能力大有帮助。有趣的研究发现是，虽然大学女生开始时具有更高水平的同理心能力，但男生和女生在这方面的可教育性是一样的。

另一研究发现，同理心能力可以随着实践的丰富得到提高（Marangoni et al., 1995）。研究中，让大学生观看三个关于个人问题的访谈记录（如“最近与妻子离婚”或“作为妻子与作为职业女性之间的矛盾”）。研究结果支持了研究者的假设：首先，与同理心水平低的人相比，同理心水平高的被试能够更准确地预感录像中的人正在想什么和感受到了什么。其次，被试练习的越多，他们识别他人感受和想法的能力就越强。最后，某些被试在同理心上比其他人做得更好。虽然每个人的表现随着练习都可以提高，但有些被试总是比其他人更有悟性。对将来的研究来说，探讨擅长同理心的个体所具有的特征是一个重要的研究主题。

应　用

镜子的比喻是非常形象的，它能帮助我们理解来访者中心疗法是如何操作的。假设你想改变你的外表，那么你会通过照镜子来审视自己，以确定改变的效果。同样，假如你想改变内在自我，可以利用积极的氛围和以来访者为中心的治疗师的同理心来审视自己，以做出改变。下面的例子描述了这种反馈技术：

来访者：我不知道下个学期该选择哪些课程，我希望有人能替我做出选择。

治疗师：你正在寻找一个能告诉你怎么做的人。

来访者：是的，但是我知道这是不可能的。［唉！］假如连我自己一点头绪都没有的话，谁还能为我做出正确的决定呢。

治疗师：你发现你在制定课业表上有非常大的困难，并且很恼火。

来访者：是的，在做这样的决定时，我的朋友中没有人会有困难。

治疗师：你感觉到你的状况是不正常的，与朋友们的经历不同。

来访者：是的，它让我发疯了。我应该能够选出 4 门或 5 门课程，并坚持我的决定，但我似乎不能。我知道这是愚蠢的。

治疗师：你认为它是一件很小的事情，但是你因不能做出决定而非常生气。

来访者：是的，你知道，它确实是非常小的事情，难道不是吗？我知道假如这些课程还没有被选出来，我可以一直变换课程。我想我需要尝试它们。

治疗师：你有很多选择，假如有些课程不适合你，你可以不选它。

治疗师从来不会指导来访者或为问题提供解释。这就是为什么罗杰斯式的治疗有时也被称为非指导性治疗，其焦点是在对来访者状况的理解上，而不是治疗师的解释。来访者的工作是澄清治疗师的理解，这样做的同时也增加了他（她）对自己的理解。来访者逐渐接受自己一直在否认或歪曲的经历，例如，上课仅仅是为了取得好成绩，而不是为了内心的兴趣。在帮助治疗师理解她为什么在制定课业表上遇到如此多的困难时，个体逐渐认识到她选择课程基本上是为了迎合父母。在这样一种充满信任的氛围中，她可以意识到逼真的事实，她可能会进一步探讨自己应该如何改变自我概念，以便接受这一新的理解。

对人格心理学来说，罗杰斯的理论非常重要。他的理论包含自我一生的发展，以及会破坏或促进这种发展的特殊过程。他对早期经验的重要性提出了一种新见解，类似于安全依恋，但是他称之为无条件的积极关注。像精神分析一样，他赋予焦虑一种重要的角色，把焦虑看成是事物与心理系统之间协调的信号。同经典精神分析一样，他还系统地提出了一种心理治疗方法，帮助人们战胜在实现全部潜能的过程中所遇到的障碍。在过去的半个世纪里，他的工作对心理治疗的实践产生了重大影响（Patterson，2000）。

总结与评论

我们可以用动机来解释人们为什么做他们所做的事情。动机的解释是非常独特的，因为它们暗示有一种目标来推动人们用某些方式去思考、行动和感受。许多动机产生于匮乏。例如，一个人如果感到自己生活中有许多事情还未完成，那么他（她）就会希望去完成它们。本章我们详细介绍了三种动机：成就、权力和亲密，它们都是匮乏性动机。我们还讨论了第四种重要的动机：自我实现。它不是一种匮乏性动机，而是一种成长动机，因为它是指个体期望成为一个自己想要成为的人。

默瑞是首先对人类的各种需要进行分类的学者之一。他认为，在需要的强度上存在个体差异，并且随着时间和情境的不同，需要的强度会发生变化。默瑞的理论回答了如下问题：对于基本需要而言，人们之间存在怎样的差异？为什么一些人的成就需要更强烈更持久？

研究者已经对成就需要的个体差异做了系统的理论探讨和实证研究。成就需要是把事情做得更好和在获得这些目标的过程中努力战胜困难。高成就需要的个体与低成就需要的个体在许多重要方面都具有差异，例如，高成就需要者偏好中等挑战水平的任务，在自己可以控制的和需要自己负责的情境中，他们通常做得更好，他们希望自己的表现和行为得到反馈等。

另一种匮乏性动机是权力需要，它也受到了研究者的重视。这种动机是一种影响他人，让他人做出回应和控制他人的欲望。高权力需要的个体会追寻一个位置，在该位置上，他（她）可以影响其他人和获得所有具有权力标志的财产，比如跑车和昂贵的立体声设备等。他们更喜欢那些不是非常具有影响力和不是很受欢迎的朋友。为了达到自己的目的，高权力需要的男性有时可能会采用一种不负责任甚至是不道德的社会影响策略。

亲密需要是一种希望获得温暖和融洽人际关系的动机。高亲密需要的人倾向于考虑他人的感受，与他人共度更多时间。交流和自我表露是他们互动的特征，他们更喜欢一对一的互动，而不太喜欢大规模的团体活动。

TAT 是评估动机水平的一种投射技术。该技术假设：个体的需要影响知觉。例如，一个孤独的人把所有的情境都看成是与人们交流的机会。TAT 非常有效，通过图片唤醒个体的某种需要，而需要会影响他们所编写的 TAT 故事，这些故事与唤醒的需要具有一致性。最新的文献综述表明，TAT 可以用来评估内隐动机，它能够更好地预测动机的长远结果，而不是短期行为。我们还介绍了更新的动机测量工具，如多动机网格技术。

自我实现的需要代表了动机心理研究中的另一个传统，它与强调匮乏动机的传统有本质的区别。人本主义强调人们要对自己做出的决定负责任，并且努力地朝着积极的方向发展。人本主义取向假设人的本性是积极的和有坚定的生活观，假如让人们自行发展，绝大多数人将成为机能充分发挥者。

马斯洛提出了动机的层次理论，最高层次是自我实现，从较低层次的需要（生理需要和安全需要）向较高层次的需要（尊重需要和自我实现的需要）发展。马斯洛还研究了自我实现者的特征，总结了一小部分人普遍具有的某些特质和行为模式，这些人是正在努力变成他们自己希望成为的人。

心理学家罗杰斯把自我实现过程中遇到的障碍进行了理论化，并提出了帮助人们战胜这些障碍的治疗技术。来访者中心疗法能够帮助人们重新获得成长和积极改变的潜能。治疗师通过无条件的积极关注和同理心来促进咨询的效果。研究发现同理心是一种可以学习的技能，这一点支持了罗杰斯的理论。

在人格心理学中，动机取向的研究有着悠久的历史，并且取得了丰富的成果，它们帮助人们理解自己的行为。这一取向认为，人们的具体需要的水平相对稳定。虽然需要水平可能会随着情境而发生波动，但高权力需要的人比低权力需要的人更可能会表现出该需要（如试图影响其他人）。也就是说，如果一个人的某种特殊需要的水平很高，那么，他（她）倾向于表现出特定的行动方式。术语气质（disposition）是指采用某些可预测的方式来行动或反应的倾向。事实上，人格心理学主要把气质作为特定的反应倾向。由于绝大多数对气质感兴趣的心理学家都没有提到潜意识动机或心理动力，所以，我们把气质划分到人格心理学的另一个领域中。

关键术语

动　机
需　要
需要层次
动　力
压　力
α 压力
β 压力
统　觉
主题统觉测验
内隐动机
自我归因动机
多动机网格技术
成就需要
独立性训练
权力需要
责任训练
权力压力
亲密需要
人本主义传统
自我实现
生理需要
安全需要
归属需要
尊重需要
自我实现需要
机能充分发挥者
积极关注
价值条件
有条件的积极关注
无条件的积极关注
积极的自我关注
焦　虑
歪　曲
情绪智力
来访者中心疗法
核心条件
同理心

第四编

认知/经验领域

IV

第四编涉及认知经验领域，强调对人的知觉、思维、情感、愿望以及其他意识经验的理解。这里，我们看重的是理解经验，尤其是从个人的视角来理解经验。个体的经验可以划分为不同的种类。

一种是认知经验：个体知觉到和注意到什么；个体如何解释生活中的事件；个体为实现未来想法的目标、策略和计划是什么。所有这些认知经验都涉及到个体如何对信息进行加工。

人类并不像计算机那样加工信息，精确地反映客观现实。相反，即使是在知觉水平上，个体也在知觉内容上表现出有趣的不同。

在对外部生活事件进行认知解释的时候，个体也表现出了明显的不同。我们会介绍一个理论：个体通过将个人建构应用于自己的感觉来构建他们的经验。一个相关的理论是关注个体如何寻找生活事件的原因。个体经常通过对事件进行责任归因来解释事件。也就是说，“为什么会发生这样的事？”“这是谁的错？”人格心理学家广泛地研究了个体如何进行责任归因，以及在对糟糕事件的自责倾向上的稳定个体差异。

我们还可以通过研究个人形成的计划、目标和达成目标的策略来研究认知经验。通过树立不同的奋斗目标，个体预期不同的未来。理解个体的目标，以及目标如何反映人格和社会标准，也是关于人类本性的认知经验领域研究的一部分。

在本编内容中会涉及到的且与认知经验有关的一个主题是智力。当前，关于智力的概念有一些争议。比如，最好的智力定义是什么——是个体后天习得的知识积累还是获取新信息的能力？智力只有一种类型，还是有几种不同分类？我们不能假装已经解决了所有这些争论，让学生们了解这些争论的内容以及心理学家们争论的方式是非常必要的。

第二类广泛且重要的经验类型是情绪，它与认知相关但又不同于认知。在过去的几十年里，心理学中的情绪研究剧增。我们可以直白地问一些关于情绪基调的问题：一个人通常是快乐的还是忧伤的？是什么让人感到焦虑和恐惧？为什么一些人很容易变得热情洋溢？是什么让人变得愤怒？为什么一些人能很好地控制自己的怒气，而另一些人却不能？

情绪经验常被认为是一些反复的状态：焦虑过后，终归平静；或平静被打破，转向愤怒。然而，情绪也可以被视为一种特质，是对某些特殊状态的频繁体验。例如，某些人可能会经常焦虑，或者说他们体验焦虑的阈限较低。因此，我们可以把焦虑易感性当做一种人格特质，即容易且经常陷入焦虑的倾向。

当把情绪看做特质时，我们可以根据情绪内容、情绪状态、情绪状态类型的变量或这些情绪通常是如何被体验的，将其划分为不同的变量。当谈及情绪内容时，往往是指个体可能体验过的情绪种类。情绪状态的内容可以分为愉快和不愉快两类。通常，与人格相关的愉快情绪特质是幸福感。最近，心理学家对幸福感的研究很有兴趣，本编我们将会讨论一些新近的相关研究。

至于不愉快的情绪特质，主要可以分为三种类型：愤怒、焦虑、抑郁。抑郁是大部分人都会遭遇的情绪体验，而且对全民的心理健康有重要意义。在关于人格的文献中，焦虑有着不同的名称，如神经质、负性情感和情绪不稳定性。愤怒易感性也具有特质的属性，是指容易或经常陷入愤怒的倾向性，是心理学家非常感兴趣的一种特质。在本编中我们将讨论心理学家所了解到的与这些情绪相关的人格特质的内容。

除了情绪的内容，个体还在情绪状态的类型上存在差异。情绪风格是指个体一般体验到的情绪是如何的。例如，一些人的情绪体验比他人更强。对这些高情绪强度的人而言，一个积极的事件会让他们非常地开心；而一个消极的事件会让他们非常伤心。所以这种人每天甚至在一天中，情绪波动都很大。

经验的第三个主要类型有别于认知和情绪，是一个对每个人而言都很重要的经验领域，这就是关于自我的经验。这些经验是非常独特的，因为人们把自己当做客体，关注自身，了解自身。自我经验与其他任何经验都不同，因为自我经验的认知者和被认知者都是同一个人。心理学家尤其重视人类的这一独特经验，有关自我的研究和理论在人格心理学中有着悠久的历史和丰富的研究成果。

在自我经验的类型上存在一些有用的分类。首先是自我的描述：我是谁？我们形成的关于过去的自我的重要意象是什么？可能的未来自我意象是什么？自我经验的第二个主要成分是自我评价：我们喜欢还是不喜欢自己现在的样子？这被称为自尊，它在我们的许多行为中具有核心的组织力量。自我经验的第三个成分是我们扮演的社会角色，即展现给他人的社会自我，被称为同一性。例如，很多学生在父母面前是一种样子，而在学校同伴面前是另一种样子。有时候个体会经历同一性危机，尤其是在面临生活转变，如上大学、结婚、开始新工作的时候。了解同一性的维持与发展也是认知经验领域的一个重要组成部分。

IV

12 人格领域的认知主题

从知觉看人格
- 场依存性
- 疼痛耐受性与感觉缩小—放大

从解释看人格
- 凯利的个人建构理论
- 控制点
- 习得性无助

从目标看人格
- 个人计划分析
- 生活任务、目标和策略

智　力

总结与评论

关键术语

12

认知/经验领域

1999 年2月4日的午夜，22岁的西非移民阿马杜·迪阿罗完成一天的工作后，刚刚踏上其位于布朗克斯的家门前的第一级台阶。一辆没有标志的车载着纽约警局街头犯罪调查小组的四名便衣警察巡逻经过此地。他们正在调查滋扰该地区的犯罪案件，包括一系列持枪强奸案。该地区是纽约最危险的地区之一。当巡逻车从迪阿罗身边经过时，迪阿罗正背对着他们准备进入打开的大门。这引起了便衣警察的注意，于是巡逻车倒退着开回来，正好停在迪阿罗的面前。

便衣警察走出巡逻车时，迪阿罗正站在门廊的最后一级台阶上。两个警察靠近迪阿罗说："我们是警察，想问你几个问题。"这时迪阿罗退回到门廊，于是两个警察命令道："站在原地，把你的手放在我们能看到的地方。"

迪阿罗把右手放进衣服前面的口袋，转身的同时拿出了一个黑色物体，并做出蹲伏姿势。一个警察喊到："枪！"另外两名警察就对迪阿罗开了枪。最靠近迪阿罗的警察尽力远离迪阿罗，后退到了台阶旁。其他警察以为后退的警察被击中了。

在接下来的4秒钟，警察总共发射了41发子弹，其中有19发击中了迪阿罗，他在一瞬间被击毙。当警察靠近迪阿罗的尸体时才发现他拿的不是枪，而是钱包。

在随后对警察的审判中，这个有争议的悲剧案件的细节被公诸于众。案件的关键资料，以及上述描述的新闻报道可以从 http://www.courttv.com/trials/diallo 中查到。陪审团认为那天晚上发生的一系列事故是令人震惊的，知觉和认知错误导致了灾难性的后果。警察“看到”了枪，他们“以为”一位警察被射中，他们还“以为”迪阿罗会开枪还击。而实际上，这是他们自己射出的子弹。警察们随后的行为是由错误的认知导致的。现在许多警官学校在训练新警察时，都会分析迪阿罗的案件，让他们理解是什么因素导致了这样的错误，从而避免以后再发生类似的错误。最终这个案子在 2004 年 1 月结案，纽约市通过赔偿迪阿罗的家人三百万美元和做出道歉解决了这起民事诉讼。

迪阿罗的案件说明了认知因素与行为之间的关系。个体首先知觉事物，然后思考，接着才会行动。有时这个过程瞬间内就完成了，有时我们却会再三思量。我们每时每刻都在处理信息，并且用这些信息来指导我们的行为。大多数情况下，我们的信息加工过程是相当准确的，并据此做出恰当的行为。但有时候，信息加工过程会出现失误，因而导致错误行为的发生。心理学家对人类的信息加工过程，以及加工过程中错误是如何发生的十分感兴趣。人格心理学家的兴趣则在此基础上更进一步，他们对个体在信息加工上的差异感兴趣。也就是说，他们对知觉和思维的风格，以及个体在解决问题时采用的不同策略感兴趣。

接下来的案例描述了不同个体之间的知觉差异。这个案例不像迪阿罗的案例那样具有悲剧性，但它却说明了两个人面对同一物体时，可以知觉到不同的东西。女生联谊会收养了一条狗，教授知道这件事后感到很好奇，而恰好这个班上有几个女生是联谊会成员，于是教授就问其中一个女生：“狗是什么样子的？”女生说：“它的块头很大，很友好，喜欢散步，喜欢向上跳，还喜欢添我的脸，我很喜欢它。”第二天，教授恰好碰到另一个女生，他问了同样的问题。而该女生则回答：“这条狗是一只 3 岁大的雄性金毛猎犬。体重大约 90 磅，很高大，毛是铁红色的。”这件事很有意思，同样的问题引发了两种不同的回答。第一个学生没有提到狗的品种信息，但她却讲述了她对狗的情感。第二个学生详细地描述了这条狗，但却没有提到她对这条狗的看法。当问及这条狗时，两个女生明显地加工了不同的信息。在日常生活中，这两个女生对许多事情的思考很可能也是不同的。个体思维上的差异揭示了人格的**认知取向**（cognitive approaches）的关注焦点。

几年前，一项研究调查了个体面对情绪诱发刺激时的想法（Larsen，Diener & Cropanzano，1987）。研究者向被试播放能激发情绪的幻灯片，然后问被试看到每张幻灯片时的想法（这项技术叫做思维抽样）。例如，一张图片显示的是一位母亲抱着一个头部严重受伤、正在流血的儿童。在该研究中，研究者感兴趣的不是被试在这些情境中的情感，而是被试的想法（头脑中处理的信息）。一位被试谈道：“有一次我弟弟的头部也受了重伤。我记得到处都是血，妈妈当时很沮丧。弟弟尖叫着，妈妈试图给他止血。我当时有种很无助和慌乱的感觉。”另一位被试看着同样的图片谈道：“头部伤口流血是因为头部的血管很集中，并且紧靠着皮肤的表面。我一看到图片就想起了头部的主动脉群。”第一个人看到图片后的知觉被称为

个人化认知（personalizing cognition），图片会促使他想起生活中类似的事情。第二个被试看到同样的图片所产生的知觉是**客观化认知**（objectifying cognition），图片会使他想起人类大脑中的血管分布。这两位被试之间的差异是一种认知差异。

认知（cognition）是一个一般性概念，它涉及意识与思想，以及具体的心理活动，譬如知觉、注意、解释、记忆、信任和预期。所有这些心理活动的总和被称为**信息加工**（information processing），也就是将感觉刺激转换成心理表象，并操控这些心理表象的过程。如果你曾经想知道他人思考问题的方式是否与你相同，那么你已是一个初级的认知人格心理学家了。也许你会怀疑他人看到的颜色是否与你看到的相同。例如，每个人对绿色的知觉是否都是相同的？

研究者感兴趣的认知主题（从知觉到问题解决）代表着人格中的信息加工领域。人格心理学中的信息加工取向在上世纪 70 年代至 80 年代得到了快速的发展，同时整个心理学界掀起了对认知研究的空前高潮。在信息时代强调人格心理学中的信息加工也许并非一种偶然。人类在某些方面类似于计算机，因为我们花费了许多时间处理信息；而不同于计算机的是，人类在处理信息时不能做到永远准确和无偏见。而且，人类彼此之间的信息加工过程存在很大差异，这种差异体现在：个体如何知觉、思考和建构自身、周围的世界以及他人。人类在信息加工上的认知差异代表了人类本性的一个领域，人格心理学家详细研究过的一个领域。

在本章中，我们将要揭示人格心理学家感兴趣的三个认知水平。第一个水平是**知觉**（perception），或者说是对感觉器官收集的信息施加指令的过程。你也许会认为不同个体间的知觉没什么不同，因为我们的感觉和知觉系统是相同的，我们所知觉到的就是外物的准确表征。但事实并非如此，两个人看到同样的事物，却可能会知觉为完全不同的东西。

在看右下方这幅图时，你可以看到三个维度。也就是说，你看到的不是二维的、平面的图形，而是具有深度、似乎跃然纸上的图形。这是因为你的知觉系统将深度线索当做三维物体的标志。另一方面，对于这个图形（被称为内克尔立方体），你看到的立方体可能是从底部右侧向上伸出的；而其他人看到的可能是从底部左侧向下延伸的。因此，尽管图形是客观存在的，是相同的，但并非所有的人都看到了相同的物体。内克尔立方体的一个非常有趣的特征是，大部分人都可以看到它的反转。如果你盯着图形看足够长的时间，就会看到两个不同的三维立方体。而且你会看到这两个立方体来回翻转，从朝上朝右倾斜变成朝下朝左倾斜。

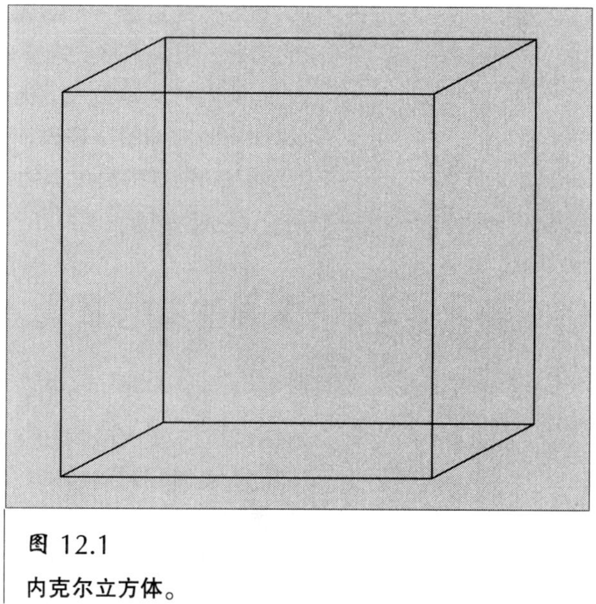

图 12.1
内克尔立方体。

想象一下，当个体面临更为复杂的社会情境时，他们所感知到的将会有多大的差异。即使是在知觉水平上，我们看到的世界也有着很大的不同。而且，这些不同与每个人的人格差异联系在一起。这就是诸如罗夏墨迹之类的投射性测验的理论基础。我们在第 2 章和第 9 章中已经讨论过，个体在墨迹中所见的是其人格的产物。在看同一幅墨迹时，一个人看到的可能是蝴蝶落在花园的花朵上；而另一个人看到的是一辆车撞上了一只狗，鲜血溅得满街都是。难道你不认为这两人的人格存在显著差异吗？

人格心理学家感兴趣的第二个认知水平是**解释**（interpretation），即给生活中的各种事件赋予意义。当你遇到一件事，并思索“这意味着什么？”或者“这件事是如何发生的？将会产生什么后果？”时，你就开始做解释了。举个例子，假设你在开车时遇到一点小意外，撞在护栏上刮花了挡板。有人可能问你“为什么会撞车？”你会立即自动地做出一种解释：“路况不太好。路太窄，并且弯道太急，许多人还在横穿马路。这是公路部门的责任。”然而，事实上你也可能会有另一种解释：“我是一个笨拙的司机，我不太会开车。也许我今后不应该再开车了。”上述只是许多不同解释中的两种，每一种都能揭示个体人格的某一方面。不同的解释代表着不同的人格，这就是诸如主题统觉等投射性测验（第 11 章中讨论过）合理性的基础。在主题统觉测验中，首先给被试看一幅模棱两可的图画，然后让被试解释正在发生着什么，接下来会发生什么。个体对主题统觉测验的解释极为不同。有证据表明这些解释揭示了个体的人格，尤其是个体的长期动机，比如对成功、权力、亲密关系的需求。

人格心理学家感兴趣的第三个认知水平是个体的**意识目标**（conscious goals），即个体形成的评估自己和他人的标准。个体在成长的过程中形成了一些特定的信念，比如生命中什么是重要的，哪些目标是适合去追求的。这些目标可能受年龄和文化背景所限，比如在西方文化中，个体在成人早期会建立起自己的独立性。个体将这些关于什么是合适和重要的任务的文化信仰转变成自己的愿望或目标。认知取向的最后一个话题是智力。虽然它是心理学领域中的一个较大且充满争议的话题，但是人格心理学的学生还是应该掌握该领域的一些基本概念和观点。

我们将从知觉入手探讨认知与人格。大多数心理学的门外汉认为知觉是对客观现实的准确的心理表征。接下来你将了解到，知觉者建构了心理表征，即使两个人看到同样的简单事物，他们的知觉也会有差异。

从知觉看人格

大多数人认为现实是客观存在的，我们对它的心理表征是它的精确复制，是对事实的完美无暇的知觉。这种看法是错误的。知觉着的人影响着心理表征，不同的人在看到相同的事物时，对事物的知觉也是有差异的。在本章中，我们将详细阐述这种观点，并从两个主题来探索知觉的个体差异。这两个主题表明知觉差异可以是稳定的、一致的，并与生活的各个方面息息相关。

场依存性

你听说过"只见树木不见森林"这句谚语吗？它指的是一个人不能超越细节去把握全局，不能使自己的知觉脱离特殊的细节而掌握事情的整体要旨。心理学家赫尔曼·威特金（Herman Witkin）用了大约 30 年的时间来研究个体在知觉类型上的差异。他称该研究主题为*场依存性—场独立性*。威特金的第一本书是《透过知觉看人格》（*Personality Through Perception*）（Witkin et al.，1954）。该书名体现了这样的观点：个体对环境的感知差异能揭示人格。

威特金一开始对个体在空间方位判断上所使用的线索非常感兴趣。如果看见一个倾斜的物体，你如何判断倾斜的是物体，而不是你的身体？为了做出判断，有些人会依赖物体周围的环境线索（其他的物体也是倾斜的吗?）；而另一些人更多依赖于身体线索，这些线索告诉他们身体是垂直的，所以倾斜的一定是物体。为了研究这种个体差异，威特金设计了一种装置叫做**棒框测验**（Rod and Frame Test，RFT）。使用该装置时，让被试坐在一个漆黑的房间里，注视由一个发光的方框包围的发光的直棒。实验者可以调节直棒、方框和被试椅子的倾斜度。被试的任务是通过转动一个刻度盘来调整直棒，直到直棒竖直。为了准确完成任务，被试必须忽略视野里和直棒有关的线索（比如直棒周围的方框是倾斜的）。如果被试将直棒调节到与方框的倾斜方向一致，那么这个人就是依赖视野线索的，称作**场依存性**（field-dependent）。相反，如果被试忽视外部线索，使用身体作为线索来调节直棒，使其竖直，则被称为**场独立性**（field-independent）。具有场独立性的人似乎依靠自己的感觉，而不是依赖对场的知觉来做判断。

用棒框实验测量场依存性—场独立性是一个困难且耗时的方法。因此威特金试图寻求新方法来测量这种知觉差异（Witkin et al.，1962）。一种精巧的方法是制作一个复杂的、包含许多简单图形或形状的图。就像儿童的拼图玩具，它是由一些较小的并嵌入其中的图形所构成的一个较大的图形。拼图测验的目标是尽可能多地找出大图形中嵌入的小图形。如图 12.2 就是一个隐藏图形测验。威特金设计了一个类似的测验，称为镶嵌图形测验（Embedded Figures Test，EFT）。即使不用棒框测验，通过它也能测量场依存性—场独立性。有些被试在做镶嵌图形测验的时候，很难从复杂的图形中找出嵌入其中的简单图形。表现出被"森林"所困而不见"树木"的现象，这种人属于场依存性。另一些被试能迅速发现很多或全部的嵌入图形，能从背景中分离出物体，他们属于场独立性。EFT 分数与 RFT 分数的相关很高（Witkin，1973）。此外，被试在场依存性—场独立性测验上的分数具有跨时间的稳定性。威特金和其他研究者已将场依存性—场独立性的研究结果扩展到生活中的各个领域，比如教育和社会关系中。

场依存性—场独立性和生活选择

知觉差异与人格功能的其他差异有关吗？1979 年，威特金在去世之前写了几篇文章来总结场依存性—场独立性在其所研究的两大领域——教育和人际关系——中的重要作用。一项大型的研究追踪了 1548 名大学生，从他们大学入学一

图 12.2

一个镶嵌图形测验，其目标是尽可能发现隐藏在大图中的小图。

直到毕业后若干年。结果发现，大学生的专业选择与场依存性—场独立性有关：场独立的学生偏爱自然科学、数学和工程学；而场依存的学生偏爱社会科学和教育学（Witkin，1977；Witkin et al.，1977）。

威特金和另一位研究者（Witkin & Goodenough，1977）指出与场依存性—场独立性有关的第二大领域是人际关系。可以预见，场依存性的人依赖于社会信息，经常询问他人的看法；他们关注社会线索，一般是他人导向的；表现出对他人的强烈兴趣，喜欢与他人走得很近；他们受社会环境的影响较大，与其他人相处得很好。另一方面，场独立性的人行事更加自主，对他人表现出一种更超然的倾向；他们对别人的意见不感兴趣，并与他人保持距离；偏爱非社会性的情境。

场依存性—场独立性的当前研究

威特金去世之后，有关场依存性—场独立性的研究停滞了大约 10 年之久，到 20 世纪 90 年代，有关文献中才又出现了新的研究（Messick，1994）。其中一个新研究领域关注的是，个体在充满多种感官刺激的环境中如何做出反应，以及场独立者能否将注意集中于一项任务并抵制场中的干扰信息。例如，一项研究考察了 100 名警察在自然情境下的模拟射击任务中抵御噪音和其他干扰刺激的能力。该研究与本章开头描述的迪阿罗案例极为相似。在布朗克斯的那个晚上，警察注意力集中在迪阿罗身上。但是，灯光昏暗，周围还有很多人。四个警察需要注意到彼此的情况，以及发出的命令等等。简言之，他们身处一个刺激丰富的环境。研究者预测场独立者在忽视干扰刺激的影响以及关注重要细节上做得更好。研究者在模拟的高刺激情境中考察了 100 名警察的表现，其研究结果与预期一致，场独立性的警察做得更好（Vrij，van der Steen，& Koppelaar，1995）。他们注意到的细节更精确，较少受噪音和其他活动的干扰，对开枪时机的把握更准确。结果表明，在高刺激条件下执行射击任务时，场独立性的警察比场依存性的警察表现更好，并能更好地描述目击事件。理论上，场独立性的警察较少受到周围环境中分心刺激的干扰，能更好地将注意力集中于目标。另一项研究显示，与场依存的人相比，场独立的人能更好地观察和编码复杂照片中人物的面部表情（Bastone & Wood，1997）。

场独立性可以预测警察在模拟射击中的成绩（Vrij et al.，1995）。场独立的人能更好地聚焦于疑犯，而不受周围活动与噪音的影响。

另一个刺激丰富的环境是基于超媒体和多媒体的计算机教育，例如，互联网上提供影音信息的教育资源。随着互联网在教育领域的普及，以及台式电脑运行多媒体应用程序能力的提升，基于超媒体的计算机教育正逐步成为小学和中学的主流教育方式。这种教育方式以多媒体的形式（电脑屏幕上显示的文本、图形、影像、声音）展示信息，学生则需要在这种充满感官和认知的信息中选择他们所需的信息。

场独立性特质与多媒体环境下的学习能力相关。多媒体环境下，信息内容丰富，呈现迅速。

在以八年级学生为被试的一项研究中，研究者发现在多媒体教育环境下，场独立的学生比场依存的学生能更有效地学习课程。理论上讲，场独立的学生能更好地发现贯穿于各种媒体信息中的线索。研究者得出结论，较之场依存的学生，场独立的学生能更快地抓住各种媒体资源的要点，并能更快地在媒体信息与感觉之间切换（Weller et al.，1995）。许多研究表明，知觉类型的差异导致了学习类型的差异。例如，场独立者在刺激丰富的环境中擅长选择性注意（只处理特定的信息，屏蔽不重要的信息）；而场依存者擅长处理组块信息，领会不同信息间的关联（Oughton & Reed，1999；Richardson & Turner，2000）。

场独立性好还是场依存性好呢？就像大部分的人格维度一样，每一种都有其正反两面（请记住，我们描述的是连续体上的点，而不是两类人）。场独立性的人擅于分析复杂的环境，并能从杂乱的背景中获取有用的信息。但是，他们多少缺乏一些社交技巧，总喜欢与他人保持距离。另一方面，场依存性的人拥有较强的社交技巧，更倾向于顺应他人，且比场独立性的人更关注背景线索。这样看来，这两种认知类型在特定的环境下都是合适的，很难说哪种倾向更好（Collins，1994）。

疼痛耐受性与感觉缩小—放大

个体知觉周围环境和搜索信息的方式——是倾向于知觉整体还是知觉部分，就是一种知觉风格。在知觉中还有没有其他的个体差异呢？一种典型的个体差异是**疼痛耐受性**（pain tolerance），它指的是个体在经受同样的物理刺激时（比如，接受医生注射），对痛感的报告程度却大不相同。你也许认识这样的人，他们不能忍受最轻微的疼痛，一点点不舒服都会让他们抱怨，即使只是想到打针他们都会觉得很紧张。你也许还认识这样的人，他们能够轻松地忍受疼痛，不会注意小病痛，或至少不抱怨，在打针时不会畏缩。疼痛耐受性上的个体差异引起了心理学家皮特里（Aneseth Petrie）的兴趣。在《疼痛耐受性的个体差异》（*Individuality in Pain and Suffering*）一书中，皮特里描述了她在个体感觉刺激耐受性差异方面所做的研究和提出的理论（Petrie，1967）。

皮特里的研究

皮特里研究的是医院里经历手术疼痛的病人，以及以人为方式引发疼痛的正常被试，即通过加热，或在被试手指的中间关节施加压力产生疼痛。通过这些研究，皮特里可以量化每位被试忍受疼痛的程度。她提出了这样的理论：疼痛耐受性低的被试，其神经系统会放大对感觉线索的主观感受；相反，疼痛耐受性高的被试的神经系统会缩小对感觉刺激的感受。所以，皮特里的理论也被称为感觉**缩小—放大理论**（reducer-augmenter theory）。“缩小—放大”指的是个体受到刺激后的不同反应程度：有人似乎缩小了感觉刺激，有人则放大了感觉刺激。

皮特里设计了一个巧妙的方法来测量个体放大或缩小感觉刺激的倾向。在测试中，蒙了眼睛的被试的手边放有大小不同的木条。被试的一只手边放的是一个长楔形的木条，被试可以用这只手在楔形物上来回触摸。被试的另一只手边放的是数个大小不同的长方形木条，被试可以用这只手感觉长方形木条的宽度。同时要求被试触摸楔形木条的手通过来回地滑动，在其上面找到一个位置，使它的宽度与另一只手上长方形木条的宽度相等。图 12.3 就是皮特里的木条草图。

如果被试总是高估长方形木条的宽度，就被归为“感觉放大者”，因其知觉到的木条宽度要比实际宽度大。如果被试总是低估长方形木条的宽度，则被归为“感觉缩小者”，因其知觉到的木条宽度要比实际宽度小。这一任务被称为**动觉图形后效**（kinesthetic figural aftereffect，KFA）(Herzog，Williams，& Weintraub，1985；Petrie，1967)。

动觉图形后效测量法有较高的表面效度，因为它清楚地测量了个体对感觉刺激大小的主观估计。而且，它对疼痛耐受性的测量也具有结构效度。在许多研究中，皮特里发现 KFA 感觉放大者较之感觉缩小者而言，疼痛耐受性更低。事实上，这是符合逻辑的，缩小感觉刺激效果的人比放大感觉刺激效果的人更能忍受疼痛。举个例子，皮特里（1967 年）发现，在报告分娩的疼痛时，KFA 任务中感觉缩小的女性比感觉放大的女性更能忍受疼痛。其他的研究者也证实并扩展了这些结论。

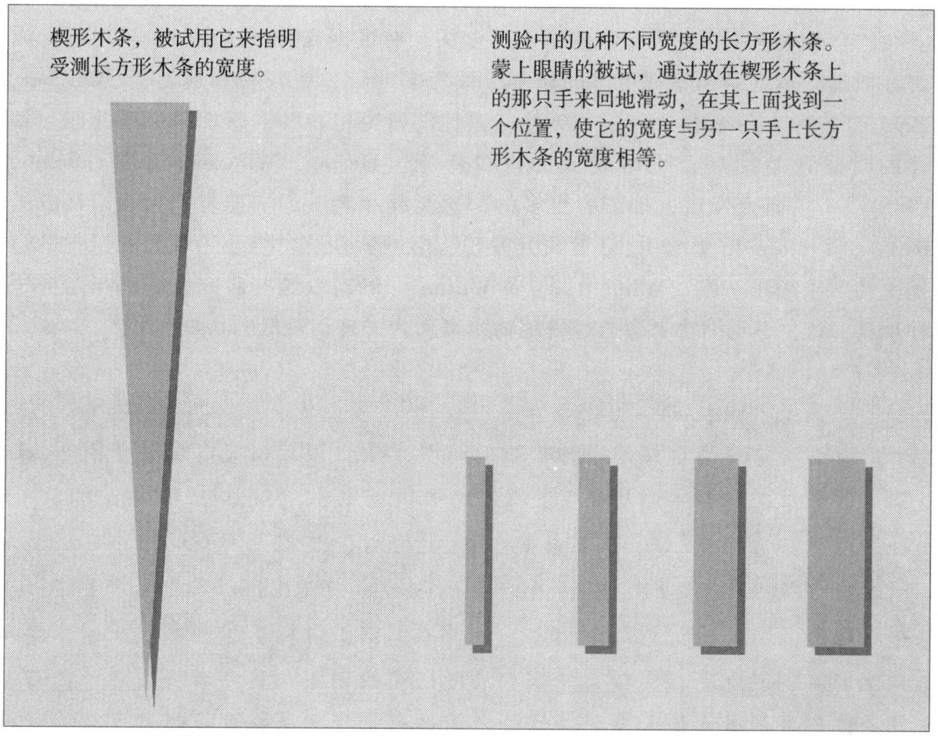

图 12.3

皮特里用来测量感觉缩小—放大的仪器，被称为动觉图形后效。总是高估被测木条宽度的被试被称为感觉放大者，因为他们放大了感觉刺激；反之，总是低估被测木条宽度的被试则为感觉缩小者，因为他们低估了感觉刺激的效果。

虽然皮特里对生理因素的解释有一些模糊，但她却认为个体在疼痛耐受性上的差异源于神经系统。她假设，感觉缩小者有着弱化感觉刺激的神经系统，而感觉放大者的神经系统则放大了感觉刺激。一些研究检验了与感觉缩小—放大有直接关系的神经系统的反应性。例如，有研究者报告说，与感觉放大者相比，感觉缩小者的大脑对闪光的反应较小（Spilker & Callaway，1969），对突发声音的反应也较小（Schwerdtfeger & Baltissen，1999）。最近，德国的一项研究也证明，即使听到完全相同的噪音，感觉缩小者较之感觉放大者而言，前者报告的声音强度比后者更小。

关于感觉缩小—放大的脑研究考察了大脑对不同水平的刺激的反应性，通常采用的刺激是不同强度的闪光或声音。研究发现随着刺激强度的增加，唤醒的反应程度也在增加，但变化的比率存在个体差异。感觉放大者对刺激强度增加的反应更加剧烈（Schwerdtfeger & Baltissen，2002）。此外，与人格的其他特质一样，感觉缩小—放大的大脑唤醒程度测量也显示出很高的重测信度（Beauducel，Debener，Brocke，& Kayser，2000）。在其他动物身上，如猫和老鼠，也研究了大脑缩小—放大的个体差异（Siegel，1997）。事实上，通过选择性繁殖形成感觉寻求或感觉逃避的老鼠，表现出了标志着缩小或放大效应的脑唤醒反应（Siegel & Driscoll，1996）。对人类来说，感觉寻求的问卷测量结果与感觉缩小倾向有关，如较高的疼痛耐受性（Zuckerman，1983）。

感觉缩小—放大的研究展示了个体在知觉方面的差异。也就是说，个体对感觉刺激的知觉有很大的差异，特别是对疼痛的知觉。然而这种知觉的个体差异与人格的其他功能也有联系。感觉缩小者会寻求更强的刺激来补偿其较低的感觉反应性，与第6章中讨论的最佳唤醒水平相关。有证据支持了这个假设，与感觉放大者相比，感觉缩小者喝更多的咖啡，抽更多的烟，更容易感到无聊（Clapper，1990，1992；Larsen & Zarate，1991）。其他的研究也表明，感觉缩小者会在更年轻的时候开始抽烟，更容易成为青少年犯（Herzog，Williams，& Weintraub，1985）。一项研究发现，抽烟者更多的是感觉缩小者，而非感觉放大者（Patton，Barnes，& Murray，1993）。还有研究发现，酗酒者在感觉缩小—放大测量中的得分更倾向于缩小一端（Milin，Loh，& Wilson，1992）。这些研究结果都与这样一种观点一致：感觉缩小者会通过使用物质来人为提升其较低的唤醒水平。

练习

由于动觉图形后效是一种较难的测量方法，因此研究者发展了问卷法来评估个体在缩小—放大维度上所处的位置。凡多（Vando，1974）编制了一个问卷，后经克拉珀（Clapper，1992）修订，这就是所谓的缩小—放大问卷修订版（Revised Reducer Augmenter Scale，RRAS）。该量表基于这样一种理念，即与感觉放大者相比，如果感觉缩小者缩小了刺激的强度，那么他们对刺激就有相对较大的需求。RRAS的测验项目要求被测者依据自己的偏好在刺激体验和非刺激体验之间进行选择。选择更多刺激体验项目的受测者就是感觉缩小者。下面是该测验的一些例题。对下列每一对活动，在最符合你的喜好的数字上画圈：

重摇滚乐	1	2	3	4	5	6	流行轻音乐
动作片	1	2	3	4	5	6	喜剧片
有身体接触的运动项目	1	2	3	4	5	6	无身体接触的运动项目
鼓独奏	1	2	3	4	5	6	长笛独奏
运动过多	1	2	3	4	5	6	运动过少

许多研究者发现，缩小—放大理论和对刺激进行反应的其他人格差异之间存在很大的相似性，如第 6 章所述的感觉寻求理论，以及第 3 章和第 6 章涉及的艾森克的外向性理论。本章中我们旨在表明，缩小—放大的研究揭示了人格心理学家如何研究知觉的个体差异这种最基本的认知。现在，我们将讨论个体在更高的认知层次——解释上的个体差异。

从解释看人格

出庭辩护的律师都很熟悉这样的情况，目睹了同一事件的两个或更多的人，对该事件提供的解释却完全不同。庭审的结果通常取决于陪审团对特定事件达成的一致解释。比如，嫌疑人是否故意伤人；是否事先计划了作案行为；在实施犯罪行为时是否具有理解行为后果的能力。要确定一个人是否蓄意而为，是否事先计划，是否理解行为的后果，需要我们对其行为的原因做出解释。许多辩护律师不否认其当事人犯事，而是辩护其没有犯罪动机。例如，梅内德斯兄弟承认用手枪射杀了自己的父母。在法庭上，律师认为兄弟俩出于自卫才这样做，因此没有犯谋杀罪，因为法律上认为谋杀需要动机。陪审团最后解释，兄弟二人的确并非有意谋杀父母，而是出于自卫。

当然，日常生活并不像在法庭里审理的案件一样富有戏剧性。然而，我们经常发现自己在对日常事件进行解释：为什么我考得这么差？我真的能减肥吗？我不能与恋人和睦相处，到底是谁的错？这些解释经常涉及责任或过失，比如成绩不好，谁之过？有时候，解释需要对未来的预期，比如某人是否能成功减肥。对这两种解释，即责任以及对未来的预期，人格心理学家已经都进行了研究。但是，在开始讨论这些内容之前，我们先看看凯利的工作，他的理论掀起了人格心理学的认知革命。

凯利的个人建构理论

心理学家凯利（George Kelly，1905~1967）的大部分职业生涯是在俄亥俄州立大学度过的。在人格心理学领域兴起认知研究的过程中，凯利起了重要的作用。尽管是一名临床心理学家，凯利却认为所有人都有一种去理解周围环境的动机，并可以预测最近将发生什么。他认为精神分析非常有效，因为它为个体提供了一种解释心理问题的体系（比如，你很沮丧是因为你的超我是不友好的、残酷的，可能是肛门期发展不顺利的结果）。凯利认为，解释的内容并不像个体所相信的事实本身那样重要，解释可以用于理解周围的环境。凯利发现人类的一个很基本的动机就是在日常生活中寻找意义，并用这种意义去预测个人的未来，预期可能会发生的事件（Francella & Neimeyer，2003）。

凯利的人性观是“人是科学家”。他觉得个体就像科学家一样，努力理解、预测以及控制生活事件。当个体不能理解为什么某事发生时（如“为什么我的女朋友同我分手？”），他们会感到更苦恼，而如果他们知道原因则要好得多。因此，人们为生活事件寻求解释的过程就像科学家在实验室为一种现象寻找解释一样。

科学家用**建构**（constructs）来解释现象。建构本身并非真实的存在，而是概括一系列的观察并传递观察意义的词语。例如重力就是一种科学建构。我们不能展示重力，但可以通过观察其他现象来说明重力的效果，如苹果从树上掉落。有许多建构可以用于人类：聪明、外向、傲慢、羞怯、异常等。正如科学家解释物质世界一样，我们一直在运用建构来解释社会生活。我们用建构概括对他人的观察，并且预测他人在将来生活中的行为。我们可以说某某是聪明的、某某是羞怯的。这是我们观察这些人后做出的解释。更重要的是，我们通过建构来揭示其意义。

个体惯常采用的解释和预测事件的建构被凯利称为**个人建构**（personal constructs）。凯利认为，个体有少数几个用来解释周围世界特别是社会的关键建构。没有哪两个人具有完全相同的个人建构系统。因此，个体对世界的解释是独一无二的。对凯利来说，人格是由人们建构世界、特别是社会生活的不同方式所构成。这种差异是由于个体常用的个人建构系统不同而造成。当第一次见到一个人时你倾向于注意什么？对你而言，可能一个人是否爱运动很重要，这构成了你对他人第一印象的很大一部分。而对另一个人来说，他采用的可能是聪明—不聪明的建构。因此，这个人与你看待目标个体的方式完全不一样，每个人都从自己的个人建构这一独特的视角出发。

凯利认为所有的建构都是两极的。也就是说，它们包含着相对的，或个体认为相对的两方面特征。因此，典型的建构有：聪明—不聪明，合作—不合作，高—矮，乏味—有趣。人们发展了多套常用于解释世界的建构，例如，一个人可以用聪明—不聪明来形容他（她）遇到的大多数人，对社会中的其他人进行分组。然后，采取不同的方法来对待聪明的和不聪明的人。个体正是根据自己的建构将熟悉的人进行分类，正是个人建构造成了社会群体的划分。

凯利在很多方面都领先于其所处时代。后现代主义开始流行之前，他就已经是后现代主义者了。**后现代主义**（Post-modernism）是一种理论视角，它基于这样一种理念：现实是建构的。每个人、每种文化都有一种独一无二的现实形式。任何一种形式都不比其他的更优越（Gergen，1992）。凯利强调个人的建构系统如何形成了每个人的心理现实，这使他进入了后现代主义的阵营（Raskin，2001）。

凯利提出了一套非常复杂但却系统的理论，该理论描述了人格和个人建构的关系。感兴趣的同学可以从凯利的著作（如 1955 年的）以及最近的综述文献（如 Fransella，2003）中获得详细的信息。在这里，我们只是简单地讲述一些基本的理论观点。凯利最基本的观点是其基本假设——“每个人的心理过程是由他对事件的预期所引导的”（1955，p. 46）。凯利在这一基本假设之上加入了一系列的推论。比如，如果两个人有相似的建构系统，那么他们在心理上也有相似性（普遍推论）。有些夫妻可能在很多方面都不太一样，但如果他们的个人建构系统是相似的，也有可能相处得不错。但要真的友好相处，个体则需要进一步去了解为什么他人会这样做或这样想。也就是说，需要了解他人如何建构这个世界，以及他人运用的主要个人建构是什么（社会性推论）。

像许多人格理论家一样，凯利在其理论中同样为“焦虑”这个概念留了一席之地。凯利认为，焦虑是无法理解和预期生活事件的结果。用他的话说，焦虑是个体的建构系统不能解释周围的环境。当无法理解发生在自己身上的事件，当感到事件超出了自己的控制，无法预期时，个体就会感到焦虑。建构系统为什么会失败呢？有时候对于新经验，个人建构太刻板了，不够灵活，有些事情发展了却得不到理解。例如，一位母亲把孩子养育成人，并送入大学之后，决定要去参加工作。而这时，她的丈夫就不能理解这件事情，因为他对美满婚姻的理解是“妻子不用工作”，也就是说他的“幸福婚姻—不幸婚姻”的建构不能理解妻子找工作的渴望。另一种情况是建构被运用得太过宽泛，没有限制。如果一个人将他遇到的每个人都归为聪明的或不聪明的，而且，一旦分类之后，即使出现完全相反的信息，也不再改变其观点。那么，他对“聪明—不聪明”这一建构的运用就太过宽泛和死板。当个体不能理解一些新经验（“我不能理解你为什么离开？”）或不能预测某事（“这件事真是让人吃惊！”）时，就是自己的建构系统出问题了。

评估个人建构系统

凯利（1955 年）提出了一种评估个人建构系统的方法，他称之为*行为方格技术*（repertory grid technique）。其中最常用的版本是**角色建构库测验**（Role Construct Repertory Test），简称 Rep 测验。该测验主要用于评估个人建构系统中的社会建构，测验实例如表 12.1 所示。被试首先列出自己生活中的 24 个人，被试对他们有一定了解，并进行分类，如被试不喜欢的老师、被试的母亲、受欢迎的舅舅或姨妈、受喜爱的老板、觉得抱歉的人、尊敬的人等等。将这些名字写入不同列中，表格的每一行有三个“×”，表明要将这三个人进行比较。被试需要指出其中两个人的相似之处，以及与第三人的不同之处。比如，“这两个人很友好，而第三个人不友好。”“友好—不友好”的建构被用到了。然后重复这个过程，比较另外三个人的异同之处。这次被试可能会采用聪明—不聪明的建构进行区分。凯利发现，要想弄清楚一个人的个人建构系统大约需要 20 对这样的比较概念。

表 12.1　修订后的 Rep 测验的实例

妈　妈	爸　爸	最喜欢的雇主	最好的朋友	倾慕的人	最好的老师	难相处的老板	邻　居	相似？
X			X		X			______
	X	X					X	______
		X	X	X				______
			X		X		X	______
				X	X	X		______
					X	X	X	______

指导语：在每一行中，对打住“X”的三个人进行比较。比较其中两个人的相似但与第三个人不同的地方，并在结尾的空格中写下该特征。

Rep 测验进行到最后，被试就已经列出了他（她）在生活中最常用的个人建构。这项技术常被临床心理学家用来评估治疗前后个体社会建构的改变情况。研究者曾使用 Rep 测验考察文化差异、印象是如何形成，以及如何确定特定人格的轮廓（Fransella，2003）。

凯利关于个体根据贯穿于生活的个人建构系统来建构经验的观点是人格心理学中认知革命的一部分。另一个强调认知的例子体现在学习理论中，与凯利提出的理论同步。下面将要介绍人格的认知取向的另一个重要发展。

控制点

控制点（locus of control）是一个描述个体对生活事件的责任知觉的概念。具体来说，控制点是指个体将责任归因于自身的内部因素还是外部因素，如命运、运气或机遇。例如，一个人取得好成绩，你认为仅仅是她运气好，还是因为她的努力？当一个人的健康状况很差，你认为是他命中注定，还是他没有照顾好自己？对这些问题的回答，将揭示你在控制点（认为事件受个体控制还是不受个体控制的倾向）这一人格维度上所处的位置。

有关控制点的研究始于上世纪 50 年代中期，当时心理学家罗特（Julian Rotter）提出了自己的社会学习理论。罗特最初研究传统的学习理论，该理论认为学习来自于强化。罗特扩展了这些概念，认为学习还取决于个体对特定强化物的评价，也就是强化的价值。罗特认为，并非所有的强化都是等值的。某些强化物，如社会赞许和认同，并不被一些人所看重，因此这些人对此强化物没什么反应。除了最看重的强化物之外，个体对强化的预期也存在差异。有些人预期特定的行为能带来强化。换言之，他们认为自己可以控制生活的结果。这就是罗特的学习行为的“期待模式”。有趣的是，预期在一定程度上包括个体在每个环境中表现出来的个人特征。也就是说，对强化的预期涉及到区分每一个体的个人特点。例如，

表 12.2 控制点量表的样题

是	否	
___	___	1. 你是否认为如果你不去管，大部分问题也都会自行得到解决？
___	___	2. 你是否认为你能让自己不患感冒？
___	___	3. 有些人生来就很幸运？
___	___	4. 大多数时候，你认为取得好成绩对你而言意味着很多吗？
___	___	5. 你是否经常因为那些不是因你而出错的事情受到指责？
___	___	6. 你是否认为只要足够努力，就能通过考试？
___	___	7. 你是否认为大多数时候都不需要太努力，因为事情永远都是不好的？
___	___	8. 你是否认为只要有个顺利的早晨，这一天不管你做什么都会是好的？
___	___	9. 你是否认为大多数时候父母会倾听孩子们要说的话？
___	___	10. 你是否认为愿望真的会带来好运？
___	___	11. 当你受惩罚时，是否通常只是因为你没有好的理由？
___	___	12. 大多数时候，你都发现让一个朋友改变观点很难吗？
___	___	13. 你是否认为欢呼呐喊比运气更能帮助一个球队获胜？
___	___	14. 你是否觉得要让你的父母改变态度是一件几乎不可能的事情？
___	___	15. 你是否认为父母应该让孩子自己做大部分的决定？
___	___	16. 你是否认为当你做错某事后，你就再也做不好了？
___	___	17. 你是否认为很多人生来就是运动健将？
___	___	18. 与你年龄相仿的人，是否大部分都比你强壮？
___	___	19. 你是否认为处理很多事情的最好方法就是置之不理？
___	___	20. 你是否认为在决定交什么朋友这个问题上，你有很大的自由？

资料来源：摘自 Rotter，1982.

假设一个人预期，以坚定的自信和命令的方式行事可以得到自己想要的东西。当她希望得到升迁时，就会预期在老板面前表现得坚定自信将得到升迁。另一个人可能有着正好相反的预期，认为这样的行事风格正好起反作用。因此她相信，坚定的自信不能带来工作上的提升。这两个人对同样的坚定自信行为模式有着不同的结果预期。一个人认为她可以做点什么来达到目的；而另一个则认为只需要等着老板做决定。两人在以后工作中表现出来的差异，如一个人是支配型的，另一个是服从型的，可能是由她们对特定行为（自信）是否带来强化（想要的升迁）的预期存在很大差异造成的。

1966 年罗特编制了内—外控制点的测量问卷。表 12.2 提供了该问卷的一些样题。

罗特强调，个体在不同的情境中都有对强化的预期，他称之为**泛化预期**（generalized expectancies）（Rotter，1971，1990）。当遇到新环境时，个体以泛化预期为基础确定将会发生什么，自己是否能应对。例如，如果一位年轻人通常认为自己很少能影响事件的发展，那么在新环境中，比如上大学后，他的泛化预期就是事情都不在他的掌控之中。他会认为成绩来自于运气、机会和命运，而不是任何他能够控制的事件。

这种认为事件不受控于自己的泛化预期，被称为**外控**（external locus of control)。而**内控**(internal locus of control)是指事情在自己控制之内的泛化预期，认为每个人应该为自己的主要生活后果负责。一个高内控者会认为，事情的后果主要依赖于自己的努力。相反，一个高外控者则认为，事情的后果主要归因于无法控制的外在力量。

有关一般控制点的研究近年来开始衰退。研究者越来越感兴趣于特定的生活领域，在某些情况下个体可能是内控的，而有些情况下则是外控的。例如，一个人可能在健康问题上是内控的，相信只要自己吃得好，多锻炼，她就可以控制自己的健康状况；但涉及到政府和政治问题时，她则是外控的，认为自己无论做什么都不可能影响到制度。罗特最初的问卷将众多领域融合在一起进行了泛化测量。最近，研究者开始开发个体对特定事件的控制点的量表。这种研究取向涉及到**特定预期**(specific expectancies)，强调不同生活事件中的控制点问题。

与控制点有关的具体生活事件之一是对健康的预期，人们是否相信健康取决于个人的行为(Wallston & Wallston, 1978; Wallston et al., 1989)。另一个特定领域涉及儿童对学业成绩的预期，儿童对自己在课堂上的行为表现是否会得到老师的表扬并给出他们好评价的期望程度(Crandall, Katkovsky, & Crandall, 1965)。研究者们还编制了一份问卷来研究婚姻中的控制点预期，即人们是否相信个人的行为能够影响婚姻的质量和结果(Miller, Lefcourt, & Ware, 1983)。对于所有这些领域——健康、学业以及婚姻，研究普遍发现，相对于外控者来说，内控者倾向于主动负责任，并为结果承担更多的责任。

练习

你能想象在哪些情境下内控倾向是不利的？在什么情境下，内控者比外控者觉得更有压力？什么情境将会符合外控者的预期？在什么情况下，外控倾向更健康？

有的情境真的超乎我们的控制，不管我们做什么，都无济于事。例如，我们深爱的人受着绝症的折磨，将要死去。这不是任何人的过错，也不能做任何事来阻止这件事情。然而，即使在这种情况下，有些人，尤其是亲人，总觉得自己应该受到谴责。在这种情况下，内控者的做法反倒成为个体应对事件的障碍。

另外一种情况是“幸存者综合征”。当个体从诸如战争或空难这样严重的事件中幸免于难，而其他人大多受伤或遇难后，他们总会说，“要是”他们当时做了一些什么本可以使更多的人幸免于难。他们总觉得应该为后果负责，尽管这样的可怕事情并非他们所能控制的。

当研究者想要了解并预测特定领域中的行为时，对特定控制点的测量是很有用的。例如，了解一个学生觉得自己能在多大程度上控制自己的大学学业，可以很好地预测他的学业成绩，及其对成绩和教授的看法。但却不能预测他对健康问题以及恋爱关系的预期和行为。相比较而言，罗特的问卷更全面，有助于了解个体的泛化预期，即人们对生活的不同领域都可能持有的预期。

习得性无助

现在我们来看看人们解释世界过程中的另一种个体差异：**习得性无助**(learned helplessness)。与罗特的研究情况类似，这方面的研究最早也是从学习理论开始的。从研究狗的逃避学习开始研究习得性无助。在狗不能逃避的情况下，对它施以电击。在最初几次电击时，狗会拉绳子，弹跳，扭动身体，试图逃跑。渐渐地，在经历若干次失败之后，它似乎逐渐接受了电击，不再试图逃跑。它们似乎明白了所有的努力都无济于事，只好被动地接受电击。

然后把狗放进另一个笼子。在这个笼子内，狗只要轻轻一跳，越过一个小小的障碍物，到达笼子的另一侧就可以躲避电击。然而，此前经受过电击的狗在新的环境下，却不再尝试逃跑。它们好似已经习得“逃脱环境是没有希望的”，因而放弃试图逃离痛苦环境的努力。而此前没有被电击的狗则很快学会了跳过障碍物以避免电击。令研究者大感吃惊的是，习得性无助的狗根本不打算逃跑，所以一分钟后研究者停止了电击。

下一步，研究者尝试帮助习得性无助的狗越过障碍物，进入笼子的安全部位。经过这个过程后，那些狗很快学会了跳跃障碍，避免电击。但是，如果没有经过这种训练，习得性无助的狗只是接受它们痛苦的命运，丝毫不打算逃离这种境地。

习得性无助效应（Seligman，1992，1994）得到了许多研究者的重复验证。这一结果使研究者提出了有关动物（包括人类）在面对危险和痛苦时如何习得无助的理论。研究者推论，当一个人处在不愉快或痛苦的情境中时，会努力改变环境。但当多次努力都失败后，这个人会接受环境是改变不了的这一事实。在这种情况下，个体甚至会放弃求助。然后，即使条件已经得以改善，个体可以逃脱痛苦的环境了，他也会继续表现出无助的行为。换言之，个体可以学会无助，学会不去尝试着改变环境。

很多研究报告了人类的这种行为。运用尖锐刺耳的噪音取代电击，研究者设置了如下的习得性无助情境：告知被试去解决一些问题（例如，以正确的顺序按按钮）。如果问题得到解决，他们就可以避免或关掉刺耳的噪音（Garber & Seligman，1980；Hiroto & Seligman，1975）。有些被试（习得性无助组）的问题事先设定是无法解决的。因此，对这些被试来说，噪音是不可避免的，即他们怎么做也不能控制刺耳的令人厌恶的噪音。但是，这些被试是否会将无助感泛化到新的环境中呢？

随后带被试进入新环境，给予一系列新问题，并要求其解决。这次没有刺耳的噪音。研究者告诉被试，他们只是对被试如何解决这些新问题感兴趣。结果表明，那些先前处于习得性无助情境下的被试在接下来的问题解决中表现得也很糟糕。他们似乎在说：“尝试解决这些问题有什么用呢？他们太难了。”这些被试似乎将无助体验从一种问题的解决情境泛化到了其他的情境中。

在真实的生活中，只要个体受到明显不受控制的不愉快情境的打击，就会导致习得性无助。例如，一位妻子想尽各种办法来阻止丈夫虐待她。她尽力对他好，这样会好一段时间，但很快他又恢复旧习；她威胁要离开他，这样也会好一段时间，但很快又再次遭受虐待。不管她怎么做，也不能解决这个问题。在这种情况下，妻子很容易习得性无助。她可能放弃做任何努力："有什么用呢，怎么做都不管用，我只能忍受。"

然而，习得性无助的个体不一定只能"忍受"。他们需要外部视角和新的乐观看法。需要有人帮助他们客观地分析当前的情境，并提出可行的解决问题的策略。当某事看起来无法解决或不可避免时，就是寻求外界帮助的时候了，需要一种外部视角（Seligman & Csikszentmihalyi，2000）。

我们将最初对狗所做的习得性无助的实验模式扩展到人类身上发现：人类比狗复杂得多，至少在对生活事件的思考、情境的分析以及形成对未来行为的期待方面是如此。是什么因素决定了在一种情境下的无助感能否扩展至其他情境？在什么情况下，个体会愿意努力控制自己的生活？又是什么因素决定了个体认为自己有能力或者没能力控制情境？为了寻求这些问题的答案，心理学家开始在习得性无助的情况下研究个体头脑中的想法（Peterson，Maier，& Seligman，1993）。这些努力导致了对习得性无助模型的修订，修订后的模型主要关注个体如何思考及解释生活事件（见阅读部分）。

从目标看人格

到目前为止，我们考察了人格中个体对世界的感知和解释有关的方面。下面我们谈谈认知的第三个方面：个人目标及其与人格的关系。个人目标可以是很小的事情，如准备一周的日用杂货；也可以是重要的大事，如减少世界贫困人口。该人格研究取向关注意图，即个体*希望发生什么*，希望从生活中得到什么。目标因人而异，这些差异是人格的一部分，可以揭示个体的人格。

不同的心理学家提出了不同的术语，如个人奋斗（Emmons，1989）、当前关注点（Klinger，1977a；1977b）、个人计划（Little，1999）以及生活任务（Cantor，1990）。所有术语都强调个体所相信的值得去追求的事，以及为了实现目标的各类目标定向行为。这一研究取向的重要性在于强调目标的年龄特异性、背景特异性、文化特异性，以及个体为了达到目标采取的策略的特异性。

个人计划分析

个人计划（personal project）是个体所选择的为了达到既定目标的一系列相关行为。心理学家布莱恩·利特尔（Brian Little）认为，个人计划是理解人格作用的自然单元，它反映了个体如何面对日常生活中的重要事件。如果被问起，大部分人都能够列出日常生活中的重要计划，如减肥、做家务、结识新朋友、开始并坚持一项体育锻炼项目、提交研究生入学申请、形成良好信仰、发现生活准则。个体在日复一日的生活中，通常会制定很多不同的目标，某项任务今天很重要，而明天就会有另一个不同的重要任务，并且其他任务也会接踵而来。

利特尔提出了个人计划分析法来评估个人目标。首先，要求被试列出尽可能多或少的、他们认为有重要意义的个人目标。大多数被试平均列出了 15 种当前生活中的重要目标。其次，被试从几个方面对每个目标进行评定。如，目标的重要性、目标的难易度、对目标的喜欢程度、目标的进度以及目标给生活带来的积极和消极影响。

个人计划分析对理解人格有许多有趣的暗示。研究者已经调查了“大五”人格特质（在第 3 章曾介绍过）与个人目标的关系。利特尔（Little，1999）就曾报告过二者之间的一些有趣关系。例如，在神经质上得分高者很有可能将个人目标评定为压力大、困难、很可能以失败而告终、超出个人控制能力，这些人同时也表示，他们在实现个人目标的过程中，进步总是很小。很明显，一些在神经质上得分高者在完成个人目标的过程中感觉到困难重重并且极不满意（Little，Lecci，& Watkinson，1992）。

研究者们对与总体生活满意度和幸福感相关的个人计划的特定方面也很感兴趣。利特尔（1999）的研究表明，总体幸福感与个人对计划的控制感、实现目标的无压力感以及坚信目标一定会实现的乐观主义相关最高。个人计划分析的各方面（低压力、高控制、高乐观）的确能够预测幸福感和生活满意度的总体水平(Palys & Little，1983)。这一系列的发现使得利特尔推断：“是否能把我们的个人目标带向圆满的成功……似乎是使我们的生活充满激情或彻底绝望的关键因素。”(Little，1999，p. 25）现在，让我们来看看该取向的另一种研究方法，它强调更广义的生活任务以及个体为了完成既定的生活任务而采取的策略。

生活任务、目标和策略

对一些大学新生来说，有的人认为重要的任务是培养离开家后的独立能力；对另一些人来说，最重要的任务是考高分、出类拔萃；还有一些人则认为最重要的任务是结识新朋友。以上都是美国大学生中的常见任务。个体认为什么任务最重要与人格的个体差异有关。事实上，人格在一定程度上由组织和建构日常生活的重要的生活任务所组成（Cantor & Harlow，1994a)。对比一下这种观点与传统特质观的区别：特质心理学家认为特质是个体具有的特性，强调人格的所有性(having）方面。相反，生活任务是个体所做的事情，强调人格的所为性（doing）方面。

在西方文化中，青年人普遍存在的问题来自三个领域：学业、社会生活和家庭关系。这三个领域内的常见问题分别是：获得好成绩、结交新朋友以及从家庭中独立。

阅读

修订后的习得性无助：解释风格

修订后的习得性无助理论重视引起个体无助感的认知或思维。具体说来，重视个体对生活事件，尤其是**不开心事件的解释**（Peterson el al.，1993）。假设你交了一篇论文，结果这篇论文得了超乎想象的低分。你通常会问自己“是什么导致了论文的低分?”对此问题的回答可以揭示你的解释风格。当事情出现问题时，通常是孰之过？心理学家偏好用**因果归因**（causal attribution）来提及个体对事件原因的解释。论文得分低是什么原因造成的？是因为你碰巧太过匆忙，写完就草草上交了？还是因为你只是不擅写作？抑或是因为教授的评分标准过于严格？还有一种可能，你的小狗吃掉了已写好的论文，因此你不得不迅速重写另一篇，而这一篇不如被小狗吃掉的那篇好？所有这些解释都是关于事件的因果归因。

心理学家用术语**解释风格**（explanatory style）指个体经常采用某种方式对事件原因进行解释的趋势。对事件原因的解释可以分为三大类。第一类，原因是**内在的**还是**外在的**。成绩差是你自身的原因（内在的，比如能力不够），还是环境的原因（外在的，比如老师过于严厉）。有些人无论发生什么问题都指责自己，经常为自己无法控制的事情道歉。这种趋势被称为**内在解释风格**（internal explanatory style）。相应地，倾向将事件原因解释为外在的、无法控制的环境因素，被称为**外在解释风格**（external explanatory style）。解释风格越内倾，你就越容易为不愉快的事情而责备自己，即使是那些你根本就无法控制的事情。

第二类，事件的原因是**稳定的**还是**不稳定的**。例如，假如是因为狗吃掉了论文而导致低分，那么这就是不稳定的原因（因为狗不会吃掉你所有的论文）。然而，如果是因为你缺乏写作技巧，那么这或多或少是持久、稳定的特征。当坏事发生的时候，有人倾向于将事件的原因视做稳定的长期存在的，这种倾向被称为**稳定解释风格**（stable explanatory style）。相反，将事件原因解释为偶然的、暂时的，则被称为**不稳定解释风格**（unstable explanatory style）。

第三类，事件的原因是**特殊的**还是**一般的**。特殊原因是指那些仅影响特定事件（如写论文）的原因；而一般原因则影响生活中的很多事情（所有涉及智力的领域）。例如，你可能这样解释论文得分低：“我写不了，我几乎不能把名词和动词放在一起组成句子。”这就是个一般性的原因，表明在需要写作的任何工作中你都会做得很糟糕。使用一般解释容易过分夸大某事。例如，某天晚上，一个人在公园散步时被抢劫了，他可能认为所有的人都很坏——“人类本性是恶劣的，是不可信的。”这种倾向被称为**一般解释风格**（globe explanatory style）。相反，将事件解释为特定原因的倾向（如“那个抢劫的人是坏人”），被称为**特殊解释风格**（specific explanatory style）。

个体提供的任意一种解释，都可以从以上三个方面进行分析：内在—外在、稳定—不稳定和一般—特殊。大多数人采取不同的解释组合：有时埋怨自己；有时埋怨外界；有时埋怨特定的原因等等。然而，有些人发展出了相对稳定的解释风格。例如，有人面对发生的任何坏事总是责备自己。一位女性坐的飞机晚点了，当到达目的地后，她会对前来接她的朋友道歉“实在对不起，我迟到了。”实际上，她不该为此负责。她可以这样说“对不起，我坐的飞机晚点了，给你们带来了不便。下次我会换一个航班。”这应该是对晚点问题的一个更合适的外在解释。

可以用很多种方法来评估解释风格。心理学家皮特森（Peterson，1991）编制的归因风格问卷（Attributional Style Questionnaire）描述了一些常见的好事或坏事。要求被试想象这些事情发生在自己身上，然后回答一系列有关事件原因的问题。这些问题涉及到内在—外在、稳定—不稳定、一般—特殊几个方面。尽管问卷既涉及到好事的原因，也涉及坏事的原因，但研究者发现，对坏事的解释风格才是最重要的。事实上，当使用“解释风格”一词时，心理学家是针对坏事而言的。

另外一种考察解释风格的方式是分析个人对坏事原因的描述。解释风格完全可以从日记、信件甚至TAT测验中得到（Peterson，1995；

Peterson & Ulrey，1994）。

最容易让人感觉无助和无法改变的解释风格是对坏事做内在的、稳定的和一般的归因，被称为**悲观解释风格**（pessimistic explanatory style），它与**乐观解释风格**（optimistic explanatory style）相对，后者强调外在的、暂时的和特殊的事件原因。例如，归因风格问卷中有一个场景，让你想象自己有一次不愉快的约会。不论是你，还是你的约会伙伴都觉得很糟糕。然后要求你回答为什么会出现这样的情况。如果你解释为外在的、不稳定的和特殊的因素（如，“我碰巧选择了一部我们都不喜欢的电影，然后去了一家服务极差的餐馆，最后我的车又陷在了泥里”），那么你比那些归因为内在的、稳定的和一般因素的人（如“我与人相处得很差，不能很好地与人交流，面对异性的时候我非常羞怯”）更乐观。（见图 12.4）

解释风格是否是一种稳定的特征？一项研究从生命全程的角度研究了解释风格（Burns & Seligman，1989）。一组平均年龄为 72 岁的被试，在完成解释风格的问卷后，向研究者提供年轻时（平均 52 年以前）所写的日记和信件。然后对这些日记和信件的解释风格进行内容分析。相距 50 年的两种关于消极事件的解释的测量之间的相关是.54，表明解释风格具有显著的稳定性。

悲观和乐观解释风格的后果之间有什么关系？在第 13 章中，我们将讨论解释风格对抑郁的影响；在第 18 章中，我们会就一些健康问题继续详细讨论解释风格。在本章中，我们将介绍与解释风格有关的早逝和健康两个有趣的话题。

其中的一项研究，研究者对 99 名 1942~1944 年入学的哈佛大学生实施了问卷测试，获得了他们的解释风格分数。当时学生的平均年龄为 25 岁。几十年后，当他们到了 45~60 岁时，通过体检了解他们的健康状况。研究发现大学期间的悲观解释风格预示了 25~30 年后的较差的健康状况。那些 60 岁之前去世的被试中，有很大一部分人是悲观的解释风格。研究者因此得出结论，大学期间的悲观解释风格是中年至老年健康状况差和死亡的一个危险因素（Peterson，2000；Peterson，Seligman，& Vaillant，1988）。

解释风格是如何对健康造成负面影响的？研究者推测了多种不同途径。悲观的感觉会使个体采取消极、无助的行为，而不是积极的适当的健康活动；悲观者的社会支持较少，因为他们会躲避社会关系，或是欠缺社交技巧；还有一种观点认为，悲观的人和乐观的人面对压力的生理反应不同。一项有关老年人（62~82 岁）的研究发现，悲观的解释风格与免疫力低下有关（测量 T 辅助细胞的数量以及 T 淋巴细胞对轻微感染的反应）。在控制了健康史、药物治疗、睡眠模式以及饮酒等因素后，这两者之间的相关依然存在。悲观的解释风格可能是早期疾病免疫系统中的一个重要的、危险的心理因素，至少在老年人中如此（Kamen-Siegel et al.，1991）。

	内在—外在	稳定—不稳定	一般—特殊
乐　观	外在：“我女朋友之所以和我分手是因为她的父母给她施加压力。”	不稳定：“我女朋友和我分手是因为她目前要将她所有的精力都放在慈善事业上，而这仅需要一个月而已。”	特殊：“我女朋友和我分手是因为她发现我上周末和朱莉约会了。”
悲　观	内在：“我女朋友和我分手是因为我家庭条件不好，我又没有上过大学，也没有什么事业心。”	稳定：“我女朋友和我分手是因为我比她矮，她想找个子高的男朋友。”	一般：“我女朋友和我分手是因为我是个不体贴、不专一、不忠诚的家伙，不能为她提供可靠长久的关系。”

图 12.4

对消极事件的三类解释风格，包括悲观与乐观两种截然不同的形式。

每个人在这三个领域中都有自己的问题，或称人生目标。例如，培养独立性是一个普遍目标。对一个人来说，独立可能指能够独立解决自己的经济事务；而对另一个人来说，这也许意味着放弃高中朋友们的情感支持；第三个人则可能认为，获得独立的主要任务是发展出一种不同于父母期望的自我认同感（Cantor & Harlow，1994）。**生活任务**（life tasks）是指受文化束缚的个人形式的目标，是个人日常生活的目标。

坎特（Cantor）的研究还关注个体为了完成生活任务而采取的策略。**策略**（strategies）是指个体在完成特定生活任务时采用的应对挑战的独特方法。在遇到问题时，个体总是使自己的行为指向问题解决。例如，策略有不同的成分，包括预测问题、预期后果、监控行为、理解原因。

以大学里的交友任务为例。对很多人来说，这个任务既简单又有趣。然而有些人即使一想到和陌生人交谈就感到紧张焦虑。对这种人来说，焦虑是一个主要障碍，会阻碍他们实现交友的目标。那么他们应该采取什么策略来交到新朋友呢？怎样才能帮助这些人在该过程中将焦虑和压力降到最低？总而言之，什么策略可以帮助个体克服完成生活任务中遇到的风险、不确定性以及自我怀疑呢？

坎特提出的一种解决交友困难和克服社会孤独感以及无能感的策略是**社会制约**（social constraint）。采用这种策略，个体通过在各种社会环境中响应其他人来克服焦虑。例如，当他人和你说话时，你应和其交谈；当他人和你交往时，你要有所回应。总之在社交情境下顺从他人，而不是主导他人。采用这种策略的学生认为交朋友是一件重要的、令人期望的，同时又是一件有压力的事情。他们报告说感觉自己不如其他人受欢迎，并且消极地看待自己（Cantor et al.，1991）。因此，他们的社交生活是他人导向的：让他人做决定、当领导，将注意力从自身转至他人身上。这些人没有自信，喜欢别人教他们怎么做。运用社会制约策略可以使他们参与社会交往，但是只能减少主动交往时的部分压力。

坎特的学生，心理学家诺伦（Julie Norem）深入研究了另一种策略：**防御性悲观主义**（defensive pessimism）。运用这种策略的个体往往在重要任务上表现良好，但缺乏应付新挑战的自信。悲观主义者总是认为最坏的事情将发生；而防御性悲观主义者期待最坏的事情发生，其目的是为了避免焦虑和失望，尽管事情可能并不会那么糟糕（Cantor & Norem，1989）。防御性悲观主义者以事先准备失败来控制焦虑：他们对未来的期望很低，通常做最坏的打算。比如，考试前，防御性悲观主义者预期成绩会很差。他们会在事情真实发生之前再三深思，事先计划失败，这一计划会帮助他们克服与任务相关的焦虑。诺伦的研究表明，虽然防御性悲观主义者总是预想自己失败，但他们并不比其他人差（Norem & Cantor，1986；Norem & Illingworth，1993）。

第三种策略是**结果聚焦策略**（outcome-focused strategy）。以学业任务为例，运用这种策略的人将任何情境，甚至是社会情境都当做关注学业的机会。例如，他们会从朋友那里寻求学业成绩的肯定；与他人进行社会交往时仍然想着学习的事情，甚至在休闲的时候也不例外。这一策略都是为了寻求肯定。在面对学业压力时，运用该策略的个体通常会寻找过去曾经给过他鼓励和肯定的人。这种行为会

社会制约	防御性悲观主义	结果聚焦策略
在社交中通过附和他人、响应他人以克服焦虑；指望他人做出重要的决定；不让自己成为焦点，让他人当领导。	承认有可能发生最坏的结果以应对焦虑；当重要的事情要发生时，事先做最坏的打算。如果坏事真的发生了，至少不会令你大吃一惊。通过预想最坏的结果，你可以事先做足准备，这样如果预期没有出现，你至少不会失望。	将每一种情境都变得能够使你关注最重要的事情。例如，如果你的任务是交朋友，那么尽力将每种情境都变成交朋友的机会，即使在教室里或工作中也如此。寻找有类似目标的人结成同盟，他们会给你鼓励和肯定。

图 12.5

完成生活任务时的策略。

资料来源：Cantor，1990.

把有意思的社会交往变成即兴咨询，从而妨碍个体享受社交的乐趣。无疑，寻求学业肯定与低生活满意感存在相关（Harlow & Cantor，1994；Cantor & Zirkel，1990）。

完成生活任务的每种策略都有其优点和缺点，图 12.5 列出了这三种策略及其特征。有些策略虽然能应付眼前的问题，但会产生新问题。例如，防御性悲观主义者总是做好结果会很差的准备，预期会有最坏的结果，这可能会导致情绪低落。什么情况下这些策略会弄巧成拙呢？不考虑成本问题，能促进个体在目标任务中的表现的策略就是有效的策略。但是，如果策略并没有带来成功，还需要较大的成本，那么就是弄巧成拙。尽管防制性悲观主义可能导致情绪低落，但会带来学业进步（Harlow & Cantor，1994）。因此，如果防御性悲观主义者能够学会品味成功，那么引发焦虑感的任务就会越来越少，他们就会越来越少地利用该策略。

智　力

讨论个体在认知和信息加工方面的差异必须要提及智力才算完整。关于智力有多种界定方式，或许存在多种不同的智力。其中一种界定与所受的教育有关。与同龄人相比，一个人学到了多少知识，这是**智力的成就观**（achievement view of intelligence）。其他定义不是把智力视作教育的产物，而是更多地看成是接受教育的能力，即学习的能力和天赋，这是**智力的潜能观**（aptitude view of intelligence）。传统的智力测量方法，即所谓的 IQ 测试，经常被当做潜能测试。在上世纪的大部分时间里，IQ 测试被用来预测一个人的学业表现和选拔人才接受教育。今天，IQ 测试仍在以这种方式被使用。例如，一项针对大学生的研究表明，一般智力能预测 16%的成绩变异。也就是说，IQ 和成绩之间有.40 的相关。有趣的是，我们在第 11 章中讨论过的成就需要解释了除 IQ 所解释的成绩变异之外的 11%变异。(Lounsbury，Sundstrom，Loveland，& Gibson，2003)

在智力的早期研究中，大多数心理学家将这种类似于特质的特征当做个体的特性。认为个体的智力差异在于量的不同，即个体拥有智力的多少。此外，智力被认为是一个宽泛的、单一的因素（g 因素）——通常称为**一般智力**（general intelligence）。但是，随着测验的发展，研究者开始识别出不同的智力，例如言语能力、记忆能力、知觉能力以及算术能力。学习能力倾向测验（Scholastic Aptitude Test，SAT）是许多大学生都很熟悉的测验，因为很多学生都曾接受过该测验。SAT 给出两个分数：言语分数和数学分数，这是两类不同的智力。顾名思义，许多人认为 SAT 是一项能力倾向测验，它测验个体学习和获得新信息的能力。然而 SAT 测验也包括一些只有受过教育的个体才能回答的问题。因此，很多人也认为 SAT 实际上是一种成就测验。不管怎么样，SAT 能够很好地预测大学时的平均学业水平。因此，就预测谁将在高等教育中有较好的表现来说，SAT 是个不错的工具。

其他智力测验甚至可以产生 2 个以上的分数。例如"韦氏儿童智力测验修订版"（1949 年由 Wechsler 提出，1991 年修订）就有 11 个子测验分数。其中 6 个基于言语能力，另外 5 个基于非言语能力，例如从一幅图中找到缺失的部分，或者拼图。测验还会产生 2 个综合分数，表示言语能力和操作能力。心理学家运用这种多维的分数来评估个人的优势和不足，同时还可以理解个人独特的解决问题的方法。

加德纳提出了一个被广为接受的智力定义（Gardner，1983）。他认为智力是指应用认知技能和知识解决问题、学习以及达到被个体和文化所认可的目标。加德纳对智力的界定如此宽泛，所以他认为很明显存在多种智力，智力的种类可能远多于传统的言语、数学和操作能力的分类。加德纳提出了**多元智力**（multiple intelligences）理论，包括七个方面，如人际智力（社会技能、交流能力以及与他人相处的能力）、自省智力（洞察自己、自己的情绪和动机）。加德纳的理论还包括空间知觉智力，即运动、舞蹈、杂技的能力，以及音乐智力（Gardner，1999）。其他研究者为智力形式的清单不断添加着新内容，如两位心理学家（Peter Salovey & Jack Mayer，1990）提出了情绪智力，记者戈尔曼（Dan Goleman，1995）将之推广普及。由此开始，情绪智力受到了研究者的大量关注（见 Zeidner，Matthews，Roberts，& MacCann，2003）。

练习

情绪智力用来解释为什么一些人学业良好，但在实践技能、人际技巧或者人情世故方面却所知甚少。戈尔曼（1995）在其可读性很强的著作《情绪智力》（*Emotional intelligence*）一书中提供了许多实例。这些人具有较高的传统智力，但在其他生活方面却很失败，如人际交往方面。戈尔曼还研究了一些心理学文献，他认为传统的智力测验尽管可以很好地预测学业成就，但却不能预测后来的生活状况，如职业成就、薪水、职业地位以及婚姻质量（Vaillant，1977）。戈尔曼认为情绪智力对这些生活事件有更强的预测力。

情绪智力包括以下五方面的能力：

- 意识到自己的感受和身体信号；能确定自己的情绪并做出区分（如明了隐藏在愤怒背后的恐惧感）。
- 管理和调控情绪的能力，特别是消极情绪；能进行压力管理。
- 克制冲动，引导注意和努力；能够专注于目标任务，延迟满足。
- 能够分析理解他人的社交和情绪信号；能够聆听；能站在他人的立场看问题（同理心）。
- 具有领导力——不触怒他人的情况下，影响和引导他人的能力；激发合作的能力；谈判和解决冲突的能力。

我们很容易就能发现，这些技巧和能力为何能够带来积极的生活成果，以及它们与传统的智力概念有多大不同，如学术成就和学术智力。你能想到自己认识的某些人，他们虽然有很高的学术能力，但在情绪智力上却存在一个或多个方面的缺失吗？这样的人在学校很成功，但在生活的其他方面却困难重重，如交朋友以及脱离家庭而独立生活方面。相应地，你能找出自己认识的某些人，他们的情绪智力相当高，但学术智力却不佳吗？

加德纳的多元智力理论颇具争议。一些智力研究者认为，智力的不同因素之间存在充分的相关（暗示在同一个人身上它们会共同出现），因此把智力作为一般智力因素（g）更合理（Hernstein & Murray，1994；Petrill，2002；Rammsayer & Brandler，2002）。有些研究者承认存在几大类智力因素，比如言语智力和数学智力，美国很多学校系统以此分类。还有一些研究者，包括教育界人士，继续讨论多元智力的意义。一些学校进行了课程改革，以发展和加强学生智力的不同方面。例如，有些学校设置了情绪智力课程；有些学校为那些非言语智力较高的学生开设专门的课程；还有些学校推动性格教育（公民能力的一种形式）。这些现代教育的努力，是人格心理学家研究智力基本特性的直接结果。

我们必须要在**文化背景**（cultural context）中讨论智力概念。显然，所谓的“智力行为”在不同的文化中是不同的。例如，生活在密克罗尼西亚岛的人认为航海以及其他海上生活能力是最重要的智力成分；对沿着海岸捕猎的爱斯基摩人来说，掌握复杂的阿拉斯加海岸的认知地图是更重要的智力。许多心理学家这样定义文化：在一定程度上，文化是关于有效地解决问题的方法的共享观念（Wertsch & Kanner，1992）。这些技能又成为该文化中成功人士思考问题的方法。例如，在西方文化中，强调口头和书面的言语能力，同时在技术先进的文化中数学及空间能力也被认为是必需的。然而，其他文化可能引导其成员发展出完全不同的问题解决技能，如方向感和对动物行为的理解，等等。

出于这些考虑，我们应当把智力看做是由特定文化所看重的技能组成的。然而，西方文化伴随其经济、社会和政治体系，已在世界各地迅速蔓延。世界会变成单一的文化吗？如果是这样，会产生一种被普遍认同的智力形式吗？或者不同文化仍会保持独立的身份，因而对智力行为的界定也不同？例如，最近很多欧洲人不只会说一种语言，许多人说 3 种或 3 种以上的语言，因为在欧洲会多种语言的人在解决问题时很占优势。很多欧洲人认为美国将面临语言方面的挑战，或者说美国人语言智力不够好，因为多数美国人只会一种语言。尝试到那些未受到西方文化影响的国家去游玩，你便能更好地理解语言能力差的感受。

智力研究中的一个新变量是**检测时**（inspection time），指个体对两个事物进行简单分辨所需的时间。例如，在电脑屏幕上出现两条线，要求被试指出哪一条更长。被试比较两条线段所需的时间以毫秒（千分之一秒）来计算，做出判断之前的时间就是检测时。检测时与一般智力的标准测量之间有较高相关（Osmon & Jackson，2002）。另外一个类似的测量是察觉听觉间隔的能力，这些差异有些仅有几毫秒。该能力也与一般智力有关（Rammsayer & Brandler，2002）。这些研究发现说明，与辨别极小差异有关的特定大脑机制是一般智力的敏感指标。

关于智力问题仍然还有很多争论，这已超出了人格心理学的介绍范围。如果你感兴趣，可以更深入地看一些资料，比如《智力》杂志或一些书籍，如奈塞尔的书（Neisser，1998）或赫恩斯坦和默瑞（Hernstein & Murray）编著的颇具争议的书《钟形曲线》（*The Bell Curve*，1994），以及对《钟形曲线》一书所引起的争议做直接回应的著作（如 Fraser，1995；Jacoby & Glauberman，1995）。关于赫恩斯坦和默瑞的立场，还可在斯腾伯格（Sternberg，1985）、加德纳（1983）以及西蒙顿（Simonton，1991）的著作中找到。你应该知道，现在仍存在一些关于智力的争论，包括智力是否能被准确地测量；智力的测量是否存在偏见，更适用于文化中的多数群体；智力的遗传程度如何，以及遗传力的意义是什么；不同种族是否在智力上有所不同，种族的这种差异能否解释为社会阶层的差异等等。这些问题与政治有关，对社会和政府政策有重要影响。因此，导致越来越激烈的讨论。人格心理学家有必要通过研究来为这些问题提供科学的解决之道。

总结与评论

人格心理学中的认知主题是个涵盖范围极广的主题。个体在思维、知觉、解释、记忆、需要、预期生活事件等很多方面都存在差异。在本章中，我们讨论了四个方面：知觉、解释、目标和智力。

在本章的开始部分，我们考察了个体知觉差异的一些问题，场依存性—场独立性涉及的“只见树木不见森林”的能力。知觉方式的个体差异与个体在复杂背景中关注细节的能力有关。它与学习方式以及职业选择有很大的关联。

我们讨论的第二种知觉差异是感觉的缩小—放大问题。它最初是指个体对疼痛刺激放大和缩小的趋势，与疼痛耐受性的个体差异有关。现在则更多地用来指个体对感觉刺激的感受差异，有些人（放大者）比其他人（缩小者）更敏感。这方面的个体差异可能与诸如抽烟、药物滥用等刺激寻求的问题行为有关。

认知的另一个方面是个体如何解释生活事件。这类人格研究始于凯利，他的个人建构理论强调个体如何运用个人建构来解释世界，从而建构个人经验。个体之间的另一种不同是控制点问题。控制点是指个体将事件解释为受个人控制或不受个人控制的一种倾向。现在许多研究者将控制点概念用于特定的生活领域，如健康的控制点、关系的控制点等。

习得性无助是个体在无法逃避的恶劣情境中产生的一种无助心理状态。无助感也可能泛化至新情境中，因此个体会继续表现得无助，放弃寻找解决问题的方法。习得性无助理论已得到了修正，整合了个体在生活中对事件特别是不愉快事件的想法。心理学家关注个体对一些特定事件的解释，如解释是内在的还是外在的，是稳定的还是不稳定的，是一般的还是特殊的。悲观主义的解释风格是内在的、稳定的和一般的。

我们也可以从个体如何选择生活的规划和任务来揭示人格。如果我们真的知道一个人想从生活中得到什么，那么就能相当了解这个人了。我们的目标以及为达到目标所采取的策略解释了日常生活中人格的积极方面。

本章还讨论了智力，以及不同的智力观（学业成就与学习能力）。我们回顾了智力理论的历史发展：最初智力被当做一个独立的、一般的特征，而目前的趋势是多元智力观。同时我们还注意到文化对与智力有关的技能和成就的影响，以及对智力进行的生物学解释。除此之外，我们还探讨了当今智力领域比较关注的一些重要争论。

关键术语

认知取向
个人化认知
客观化认知
认　知
信息加工
知　觉
解　释
意识目标
棒框测验
场依存性
场独立性
疼痛耐受性
缩小—放大理论
动觉图形后效
建　构
个人建构
后现代主义
角色建构库测验
控制点
泛化预期
外　控
内　控
特定预期
习得性无助
因果归因
解释风格
内在解释风格
外在解释风格
稳定解释风格
不稳定解释风格
一般解释风格
特殊解释风格
悲观解释风格
乐观解释风格
个人计划
生活任务
策　略
社会制约
防御性悲观主义
结果聚焦策略
智力的成就观
智力的潜能观
一般智力
多元智力
情绪智力
文化背景
检测时

情绪与人格

13

13

认知/经验领域

想象一下，你到一个陌生的城市去拜访一位朋友。你是坐火车去的，正在从车站步行到朋友的公寓。由于火车晚点，当你走在这条陌生的街区时，天已经黑了。你有些分辨不清方向，走了 20 分钟后，你开始想自己是不是走错路了。天已经晚了，街上的行人不多。你确定自己走错了方向。现在，你需要找一部电话打给你的朋友。你想抄近道，穿过一条小巷，返回火车站。小巷很黑，但是很短，可以让你更快地回到车站，所以你沿着巷子走了进去。你非常警惕，也有点紧张，因为你不熟悉这里的环境。你向后看时注意到有人跟着你拐进了小巷。你的心怦怦直跳。你转过头，看到前方也有人进入了巷子。你突然感到自己落入了一个陷阱，于是浑身僵硬。两头的路被堵，你的的确确落入了险境。你的呼吸加速，感到一片混乱，头也发晕。你在心里盘算着该怎么办，可当两个人从两头向你逼近时，你还是不知所措。你的掌心渗出汗水，脖子和喉咙都感到紧张，似乎随时都会尖叫起来。两个人离你越来越近。你看看前面，再看看后面，胃也开始变得非常紧张。你很想跑，但不知道该往哪边跑。你满是恐惧，动弹不得，惊颤地站在原地，不知道自己是该逃跑还是该为了生命而战斗。突然，其中一个人喊出了你的名字。慌乱中的你，认出那人竟是你的朋友。原来，他和室友在从车站到公寓的路上找你。你长长地舒了一口气，你的恐惧状态立刻平息了，身体平静下来，思维也清晰了。你热情地招呼你的朋友："见到你真高兴！"

在这个例子里，你体验到了恐惧的情绪，也体验到了放松的情绪。或许，在看到朋友的那一刻，还有兴高采烈的情绪。**情绪**（emotion）可以通过它的三种成分加以界定。首先，情绪有与之相伴的明显的主观感受或情感。其次，情绪伴随着生理上的变化，最主要的是神经系统的变化，并导致呼吸、心率、肌张力、血液化学物质以及身体、面部表情出现相应的变化。最后，情绪伴有明显的**行动倾向**（action tendencies），即增加特定行为的可能性。伴随恐惧情绪的有焦虑、混乱、恐慌等主观感受，以及相关身体机能的改变，如心跳加速、消化系统的血流量减少（导致胃部不适）、腿和手臂的大肌肉群血流量增多。这些变化为你做出攻击或逃离行为做好了准备。

为什么人格心理学家对情绪感兴趣？即使面对同样的事件，人们的情绪反应也各不相同。所以，在把人们区分开来时，情绪是非常有用的。例如，想象一下，你丢失了一个钱包，里面除了一大笔钱外，还有信用卡、所有的证件，包括你的驾照。你认为你会感受到什么样的情绪——愤怒、窘迫、无助、沮丧、恐慌、害怕、羞愧还是负罪感？不同的人对这一生活事件的反应也会不同，理解人们如何以及为何会在情绪上有所不同是理解人格的一个重要方面。

其他情绪理论强调情绪功能，比如产生有助于生存的短期适应行为。例如，厌恶情绪具有使我们迅速吐出不宜吃的东西的适应价值。有趣的是，即使厌恶情绪仅仅是由一个念头或者心理反感所引起，也会使人皱起鼻子、张开嘴巴、伸出舌头，好像要呕吐一样。

1872 年，达尔文在《人类与动物的表情》一书中对情绪和表情进行了**功能分析**（functional analysis）。其分析集中在为什么会有情绪和表情，特别是它们是否增强了个体的适应性（见本书第 8 章）。在这本书里，达尔文描述了他对动物、自己的孩子以及其他人的观察，将特定的表情与特定的情绪联系在一起。他意识到，自然选择所导致的进化不仅适用于生理，还适用于“心理”，包括情绪和表情。情绪是如何提高进化适应性的呢？达尔文总结为，表情使动物就将要发生的事情进行信息交流。狗呲牙咧嘴、背毛竖立，这是宣布它可能要发起攻击。如果识别了这一信息，对方可能会选择后退，避免被攻击。虽然许多现代情绪理论家认可对情绪功能性的强调，但是绝大部分人格心理学家则对人们在情绪上如何不同和为何不同感兴趣。

情绪研究的基本问题

情绪研究中存在几个重要议题（Davidson，Scherer，& Goldsmith，2003）。在每个议题上，心理学家通常都会各持己见。我们将讨论其中两个议题，首先来看一下情绪状态和情绪特质的区别。

情绪状态与情绪特质

我们通常把情绪看做是起伏的状态。一个人陷入愤怒，然后平息；一个人变得悲伤，然后重新振作起来。**情绪状态**（emotional states）是短暂的。而且，情绪状态更多地取决于个体所处的情境而非特定的个体。一个男人愤怒，是因为他受到了不公平的待遇；一个女人很悲伤，是因为她的自行车被偷了。大部分人在这种情境中都会变得愤怒或悲伤。作为状态的情绪都是短暂的，它们有特定的原因，这些原因一般来自于个体之外（环境中发生的某些事件）。

我们也可以把情绪视做气质或者特质。例如，我们经常可通过描述个体频繁体验或表达的某种情绪来概括其特点："玛丽是快乐的、充满激情的"，或者"约翰经常愤怒，大发脾气"。在这里，我们用情绪描述个体所拥有的气质或者说持久的情绪特质。在个体的情绪生活中，情绪特质具有一致性。正如在第 3 章中提到的，特质是指个体的行为或经验模式，它们至少具有跨情境的一致性和跨时间的稳定性。因此，**情绪特质**（emotional trait）是指个体在不同情境中持续体验到的情绪反应模式。这种情绪体验模式具有跨时间的一致性和个体的独特性。接着来讲玛丽的例子，我们会预期她在家、在学校和在工作的时候都是快乐的。而且，既然将快乐看做一种情绪特质，那么，如果她去年是快乐的，我们就可以预期她今年也是快乐的，除非她的人格发生了重大改变。

特质是人的内在属性，我们把特质看做是导致个体产生特定行为和感受的原因。如果玛丽的快乐情绪是一种特质，那么我们就假设，她激情饱满的行为和愉快的举止是这一内部属性的反应，而并不完全取决于外部事件。从某种意义上说，玛丽的快乐情绪具有跨情境和跨时间的一致性。

幸福可以被视为是一种状态或者一种特质。幸福特质高者会经常处在幸福状态，或者说体验到幸福的阈限比较低。在全世界范围内，幸福都通过微笑来表达。处于所有文化中的人，在幸福的时候都会微笑。

情绪类型取向与情绪维度取向

根据对以下问题的回答，情绪研究者可以被分为两大阵营：看待情绪的最佳方式是什么？有些研究者认为，最好把情绪看做是少数基本的、可区分的情绪（愤怒、喜悦、焦虑、悲伤）。另一些研究者则认为，最好把情绪视为多维的体验（比如从快乐到不快乐是一个维度）。那些认为只有主要情绪才是关键的人属于**类型取向**（categorical approach）。描述情绪类型的术语数以百计。例如有研究者（Arerill，1975）曾列出 550 个描述不同情绪状态的术语。这种情况类似于基本的特质术语，心理学家从数以千计的特质形容词出发，寻找它们潜在的基本因素，从而发现，在浩瀚的特质形容词海洋里可能存在五种主要的人格特质。

情绪类型取向的研究者通过寻找众多情绪术语背后的基本情绪来减少情绪的复杂性（Levenson，2003）。然而，他们并没有像人格特质研究领域那样达成一致；因为研究者用来界定基本情绪的标准各不相同。基本情绪是指那些不能再简化的情绪，它们的组合产生了我们所体验到的各种情绪，这与我们在第 3 章中所讨论的基本特质问题相似。众多研究者都提出了自己判定基本情绪的标准。例如，埃克曼（Ekman，1992a）认为基本情绪应当具有在不同文化下都可以辨认的独特面部表情。比如，悲伤伴随着蹙额与皱眉，这些面部表情被普遍认为是悲伤情绪的表达。相似地，咬牙切齿与愤怒相关，也被普遍认为是愤怒。事实上，即使是天生的盲人，悲伤时也会蹙眉，愤怒时也会咬牙切齿，高兴时也会微笑。因为天生的盲人从没有见过悲伤、愤怒、高兴等的面部表情，他们的这些表情不可能是学来的，所以表情似乎是人类天生的。基于这些独特的和普遍的面部表情，埃克曼列出的基本情绪有厌恶、悲伤、快乐、惊讶、愤怒和恐惧。

其他研究者在基本情绪的判定上持不同标准。例如，伊扎德（Izard，1977）指出，应当按照其独特的动机属性来区分基本情绪。也就是说，情绪通过促使人们采取某种具体的适应性活动来指导人的行为。恐惧就包含在伊扎德的基本情绪之列，因为它使人避免危险和寻求安全。兴趣也是一种类似的基本情绪，因为它促使人们去学习和获得新技能。伊扎德根据自己的标准提出了 10 种基本情绪。表 13.1 列出了在不同标准下产生的不同的基本情绪。

另一种理解情绪复杂性的取向是以实证研究而非理论标准为基础。在**维度取向**（dimensional approach）中，研究者让被试在一系列情绪上评价自己，然后采用统计技术（通常是因素分析）来确定情绪评估中所蕴含的基本维度。

在自我情感评估所产生的基本维度上，研究者取得了显著的一致性（Judge & Larsen，2001；Larsen & Diener，1992；Watson，2000）。大多数研究表明，人们在区分情绪时仅仅使用两个基本维度：愉快与否以及唤起的情绪水平的高低。如果这两个维度用一个二维的坐标系统表示，那么描述情绪的形容词就落在围绕两个维度的环形里，如图 13.1 所示。

这种情绪模型认为，每种情绪状态都可以被描述为愉快/不愉快与唤醒的结

表13.1 提供基本情绪列表的理论家

理论家	基本情绪	标 准
埃克曼、弗里森、埃尔斯沃斯（Ekman，Friesen，& Ellsworth，1972）	愤怒、厌恶、恐惧、高兴、悲伤、惊讶	普遍的面部表情
弗里达（Frijda，1986）	愿望、幸福、兴趣、惊讶、诧异、悲痛	采取特定行为的动机
格雷（Gray，1982）	愤怒、恐惧、焦虑、高兴	大脑回路
伊扎德（Izard，1977）	愤怒、轻蔑、厌恶、悲痛、恐惧、内疚、兴趣、高兴、羞愧、惊讶	采取特定行为的动机
詹姆斯（James，1884）	恐惧、悲伤、爱、愤怒	肢体的卷入
莫维尔（Mower，1960）	痛苦、快乐	非习得的情绪状态
奥特利和琼森—莱尔德（Oatley & Johnson-Laird，1987）	愤怒、厌恶、焦虑、快乐、悲伤	微弱的认知卷入
普拉奇克（Plutchik，1980）	愤怒、赞同、高兴、期待、恐惧、厌恶、悲伤、惊讶	生理过程的卷入
汤姆金斯（Tomkins，1984）	愤怒、兴趣、轻蔑、厌恶、恐惧、高兴、羞愧、惊讶	神经放电密度

资料来源：Ortony & Turner，1990.

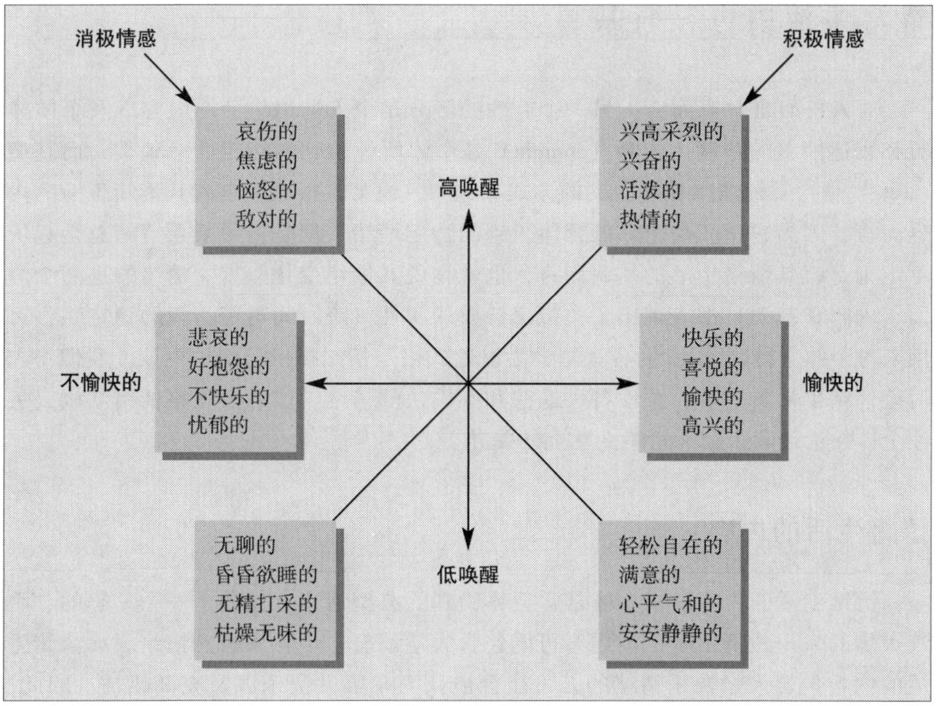

图 13.1
情绪的维度取向。展示了两种基本的情绪维度：唤醒水平（高/低）、愉快/不愉快。

合。例如，个体体验到的不愉快情绪可以发生在高唤醒水平上（紧张、焦虑、恐惧），也可以在较低的唤醒水平上（无聊、疲乏、厌倦）。同样，个体体验到的愉快情绪可以发生在高唤醒水平上（兴奋、热情、兴高采烈），也可以是在较低唤醒水平上（平静、放松）。这样，愉快和唤醒水平就被看做是情绪的基本维度。

情绪的维度观是建立在被试对自身情绪体验进行评价的基础之上。几种情绪同时发生，并且在体验上彼此相似，就可以被界定为同一维度。例如，抑郁、焦虑、恼怒、敌意在体验上具有相似性，可以被看做是消极情感。情绪的维度取向更多的是指人们如何体验情绪，而非如何思考情绪。相比之下，类型取向更多依靠情绪的概念特征：基本情绪具有独特的面部表情和独特的动机属性。另一方面，维度取向指出，我们所体验到的是不同程度的愉快和唤醒，我们体验到的每一种情绪都可以被描述为愉快与唤醒的结合（Larsen & Fredrickson，1999；Larsen & Prizmic，in press）。

一些研究者偏爱类型取向，发现类型取向比维度取向更有用。例如，尽管愤怒和焦虑情绪都是高唤醒的消极情绪，但却与不同的面部表情、情感和行为倾向相联系。类型取向的人格心理学家对人们在基本情绪（如焦虑和愤怒）上存在怎样的差异感兴趣。例如，这些个体或群体是否在焦虑、悲伤和攻击方面存在差异？也有人格心理学家对人们在情绪的基本维度上存在怎样的差异感兴趣。例如，哪些人在生活中拥有更多的愉快情绪？哪些人会频繁地体验到高唤醒的不愉快情绪？在本章，我们将述及这两种观点下的研究和发现。

情绪生活的内容与基调

对人格心理学家而言，另一个有效的区分是个人情绪生活的内容以及个体体验和表达情绪的基调。**内容**（content）是个体所体验到的特定情绪种类，而**基调**（style）是指某种情绪被体验到的方式。例如，说某人很愉快是就其情绪生活的内容而言，因为它指的是个体频繁体验到的特定情绪。但是，说某人情绪总是起伏不定则是就其情绪生活的基调而言，也就是说其情绪变化频繁。情绪的这两个方面（内容和基调）都表现出了类似于特质的属性（跨时间与跨情境的稳定性，可用来对个体进行区分）。内容和基调为讨论人格与情绪提供了组织框架。我们将先讨论情绪生活的内容，关注各种愉快和不愉快的情绪。然后再考察情绪基调，关注个体在情绪紧张度和情绪变化上的差异。

情绪生活的内容

情绪生活的内容是指个体常常会体验到的典型情绪。比如，一个易怒的、脾气火爆的人，他情绪生活的内容可能包含大量愤怒、烦躁和敌意情绪。而情绪生活的内容包含大量快乐情绪的人可能会被认为幸福、快乐以及充满热情。因此，内容的提法使我们可以思索个体在不同生活时间、不同情境中所体验到的情绪种类。下面我们先来讨论愉快的情绪特质。

愉快的情绪

在基本情绪的清单里，幸福或高兴是惟一被提到的愉快情绪（尽管有一些研究者将兴趣也视为愉快情绪）。在情绪的特质研究取向中，幸福以及对生活的满意度被视为主要的愉快特质。我们首先来认识这些概念。

威廉·詹姆斯将幸福定义为个体的成就与抱负的比率。

幸福和生活满意度的界定　早在 2000 多年前，古希腊哲学家亚里士多德就指出幸福是至善，生活的目标就是获取幸福。而且，他还教导人们通过有德性的生活和遵守社会规则来获得幸福。无数其他学者和哲学家也提出了许多关于人类幸福来源的理论。例如，与亚里士多德不同，18 世纪的法国哲学家让·卢梭推测幸福源于欲望的满足和对快乐的追求。19 世纪后期，美国心理学之父威廉·詹姆斯认为幸福是个体成就与抱负的比率。他指出，人们可以经由两种途径获得幸福：获取更大的成就或者降低抱负水平。

几个世纪以来，哲学家和心理学家对幸福的来源有诸多推测，但对幸福感进行科学研究却是新近的事情。心理学家对幸福感（也称主观幸福感或生活满意度）认真地进行研究始于 20 世纪 70 年代中期。从那以后，对幸福感的研究突飞猛进。近年来，每年都有数百篇关于幸福感的科学论文在心理学杂志上发表（Diener & Seligman，2002）。

界定**幸福感**（happiness）的一种方式是考察研究者如何对其进行测量。在调查和其他研究中广泛使用的是调查问卷。因为幸福感具有主观属性，即它依赖于个体对自己生活的主观判断，所以研究者也不得不依赖调查问卷。有些问卷关注个体对生活的评判，如"你对这些天来的整体生活状况满意吗？是非常满意、满意、不是很满意还是一点都不满意？"还有些问卷关注情绪，特别是个体生活中愉快情绪与不愉快情绪之间的平衡关系。可以来看其中一位研究者（Fordyce，1978）的问卷，被试需要回答以下问题：

你有百分之几的时间感到高兴？______
你有百分之几的时间情绪为中性？______
你有百分之几的时间感到不高兴？______
保证三者之和是 100%。

从大学生中收集的数据显示，平均每个人 65%的时间是高兴的，15%的时间是中性的，20%的时间是不高兴的（Larsen & Diener，1985）。测量幸福感的百分比量表具有很好的结构效度。例如它能预测许多其他与幸福感有关的人格特点，诸如每天的情绪、同伴报告的总体幸福感（Larsen，Diener，& Lucas，2002）。

研究者从两个互为补充的维度构想幸福感：（1）对生活满意度的评价，（2）与消极情绪相比，积极情绪在人的生活中所占的优势（Diener，2000）。然而，事实表明，个体的情绪生活与个体对生活满意度的评价之间具有高度相关。那些生活中愉快情绪多的人对生活的满意度更高，反之亦然（Diener，Lucas，& Larsen，2003）。

有没有可能幸福的人只是在欺骗自我，大部分人事实上是痛苦的，所谓幸福的人只是不知道或者否认了这一点？在做问卷时很容易撒谎或者把自己描述成幸福的和满意的。这就是我们在第 4 章讨论过的社会称许性（social desirability）。事实表明，幸福感的测量的确与社会称许性相关。也就是说，社会称许性得分高的人，在自我报告的幸福感量表中的得分也高。而且社会称许性测量也与非自我报告的幸福感分数相关，如同伴评定的幸福感分数。这些发现表明，一个幸福的人通常有一个积极的自我观。换言之，幸福在一定程度上取决于对自我的**积极错觉**（positive illusions），即夸大自己的品质，认为自己善良、有能力、有用，因为这些品质似乎是幸福感的一部分（Taylor，1989；Taylor et al.，2000）

尽管幸福感的自我报告测量与社会称许性存在相关，但也有其他研究表明幸福感的测量是有效的（Diener，Oishi，& Lucas，2003）。这些研究发现，自我报告和非自我报告的幸福感测量之间存在相关。那些自我报告感到幸福的人，其家人和朋友也会对此持赞同态度（Sandvik，Diener，& Seidlitz，1993）。另外，对个人日记的研究发现，幸福者比不幸福者报告了更多的愉快体验（Larsen & Diener，1985）。当不同的临床心理学家与同一组人会谈时，他们在哪些人是幸福的哪些人是不幸福的评价上非常一致（Diener，2000）。在一项十分有趣的实验研究中，研究者（Seidlitz & Diener，1993）给被试五分钟的时间，让他们尽可能多地回忆生活中的开心事件；然后再让他们花五分钟的时间尽可能多地回忆不开心的事件。

结果发现，与幸福感低的人相比，幸福感高的人回忆起更多的开心事件、更少的不开心事件。

幸福感的问卷测量还可以预测人们生活中与幸福感有关的其他方面（Diener, Lucas, & Larsen, 2003）。例如，与不幸福的人相比，幸福的人较少有虐待和敌对行为，较少自我关注，报告较少的疾病困扰。他们有更多的助人行为和合作行为，具有更多的社会技能，以及更多的创造性和热情，更宽容，更信任他人（Myers, 1993, 2000; Myers & Diener, 1995; Veenhoven, 1988）。总之，幸福感的自我报告是有效的、可信的（Larsen & Prizmic, in press）。毕竟，除了个体自己，谁还能担当主观幸福感的最佳评判者呢？表 13.2 介绍了生活满意度问卷的样题。

幸福的人是什么样子的？ 在一篇题为“谁是幸福的？”文章中，心理学家（Myers & Diener, 1995）总结了人们对“幸福的人”的理解。例如，是女性更幸福，还是男性更幸福？在美国，女性抑郁患者的比率是男性的两倍。这似乎表明男性比女性更快乐。然而，男性嗜酒的可能性至少是女性的两倍。饮酒可能是男性免于抑郁的一种方式。因此，男性和女性抑郁的真实比率可能是相近的。研究者只有通过实际的研究才能解答幸福感的性别差异问题。所幸，已有一篇优秀而全面的关于性别与幸福感研究的综述。研究者（Haring, Stock, & Okun, 1984）分析了 146 例关于总体幸福感的研究，发现性别只能解释 1%的幸福感变异。在不同的文化和国家中都发现男女之间在幸福感上不存在差异。另有研究者（Michalos, 1991）收集了来自 39 个国家的共 18032 名大学生的数据，他发现有相同比率的男性和女性评价自己对生活是满意的。迪纳（Diener, 2000）也报告男女在总体幸福感上没有差异。

幸福感更有可能出现在年轻人、中年人、还是老年人群体？我们通常认为某个年龄段感受到的压力可能比其他年龄段更大，比如中年危机或青春期压力。这会让我们认为人生的某个年龄段会比其他时间更幸福。有研究者（Inglehart, 1990）选取来自 16 个国家的 169776 名被试对该问题进行了研究。结果发现，能使人感到幸福的环境因素随年龄而改变。例如，对老人而言，有经济保障和健康是非常重要的，或说是让人感到幸福的；而对青少年而言，学业和工作顺利、满

表 13.2 生活满意度量表 *

下面有 5 个句子，你可能赞同也可能不赞同。请仔细阅读量表中的每一项并标出你对每个句子的赞同程度。请坦率、诚实地回答。

非常不赞同	一般不赞同	有点不赞同	有点赞同	一般赞同	非常赞同
1	2	3	4	5	6

1. ____我的生活几乎接近我的理想状态。
2. ____如果生活能重来一遍，我将不会做出任何改变。
3. ____我对生活很满意。
4. ____到目前为止，我认为的生命中最重要的东西，我都得到了。
5. ____我的生活条件非常优越。

* 来自 Diener, Emmons, Larsen & Griffin, 1985.

意的亲密关系对幸福感而言是非常重要的。然而，就总体幸福感而言，研究者（Inglehart）指出，没有明显的证据表明人生当中的某一段时间比另一段时间更快乐。

种族是否与幸福感有关？某些种族的人是否比其他种族的人感到更快乐些？许多研究都涉及种族认同问题，因此积累了大量的资料。总结了这方面的许多研究以后，研究者（Myers & Diener，1995）指出，种族身份与主观幸福感无关。例如，非裔美国人和欧裔美国人报告的幸福感大体相同。事实上，前者报告的抑郁水平还稍稍偏低（Diener et al.，1993）。另有研究者（Crocker & Major，1989）指出，来自底层社会群体的人通过标榜自己所擅长的活动，或与自己群体的其他成员做比较，以及将问题归因于不受自己控制的外部事件等手段来维持幸福感。

幸福感有没有国家差异?某些国家的人会比其他国家的人更快乐吗？答案似乎是肯定的。迪纳等（Diener，Diener，& Diener，1995）的一项令人印象深刻的研究通过概率调查的方法，获得了来自 55 个国家的幸福感分数。这些国家代表了地球上 75%的人口。表 13.3 是研究结果，按幸福感分数对这些国家进行了排名。看着这些排名，你认为是哪些因素导致了高幸福感和低幸福感国家之间的差异？

研究者罗列出一大堆关于国家环境、社会和经济的信息，然后检验这些变量是否与国家的平均幸福感有关。结果发现在国家水平上，贫穷国家的幸福感水平和生活满意度似乎比富有国家低。不同国家提供给公民的权利也不同。研究者发现，与公民权利和个体自由受法律保护的国家相比，在提供较少公民权利和政治权利的国家里，公民的幸福感相对较低。其他国家变量，如人口密度和文化同质性仅与幸福感呈微弱相关。迪纳等认为国家经济发展水平的差异是主观幸福感差异的主要根源。有研究者实施了类似的但是规模较小的调查，也得到了相似的结果（Easterlin，1974；Veenhoven，1991a，1991b）。

这些发现可能会让人相信金钱可以让人幸福。人们经常认为，如果他们再多挣一些钱或者再多拥有一些物品，就会更幸福。也有些人相信，如果能中彩票就可以安享余生。而研究者发现，关于金钱能否让人变得快乐这一问题，并没有一个简单的答案（Diener & Biswas-Diener，2002）。

表 13.3　主观幸福感的国家平均分数

国　家	主观幸福感	国　家	主观幸福感
冰岛	1.11	孟加拉国	-.29
瑞典	1.03	法国	-.38
澳大利亚	1.02	西班牙	-.41
丹麦	1.00	葡萄牙	-.41
加拿大	.97	意大利	-.44
瑞士	.94	匈牙利	-.48
美国	.91	波多黎哥	-.51
哥仑比亚	.82	泰国	-.62
卢森堡	.82	南非	-.63
新西兰	.82	约旦	-.77
北爱尔兰	.78	埃及	-.78
挪威	.77	南斯拉夫	-.81
芬兰	.74	日本	-.86
英国	.69	希腊	-.89
荷兰	.68	波兰	-.90
爱尔兰	.57	肯尼亚	-.92
巴西	.57	土耳其	-1.02
坦桑尼亚	.51	印度	-1.13
比利时	.51	韩国	-1.15
新加坡	.43	尼日利亚	-1.31
巴林	.36	巴拿马	-1.31
前西德	.18	前东德	-1.52
奥地利	.15	前苏联	-1.70
智利	.13	中国	-1.92
菲律宾	.10	喀麦隆	-2.04
马来西亚	.08	多米尼加共和国	-3.92
古巴	.00		
以色列	-.18	平均数	0.00
墨西哥	-.28	标准差	1.00

资料来源：Diener，Diener，& Diener，1995.

阅读

金钱可以让人快乐吗?

美国人经常被认为是物质主义的，众所周知的“物质女孩”流行歌手麦当娜，就曾高唱物质主义的赞歌。事实上，根据统计，变得富有往往是大一学生的首要目标，超过了助人、实现潜能、养家等其他目标（Myers，2000)。在一辆拖着游船的高级轿车的保险杠贴纸上，写着“当游戏结束时，钱最多的人才是赢家”，这可以说是对上述态度的很好的写照。拥有得更多会让一个人成为赢家吗？金钱会带来幸福吗？

根据各国的数据，在平均生活满意度上，富有国家的分数的确高于贫穷国家的分数。研究者（Myers & Diener，1995）指出，国家幸福感分数与其国民生产总值（根据人口数量进行调整）之间的相关为+.67。然而，国家财富会与影响幸福感的其他变量混淆在一起，例如保健服务、公民权利、养老和教育等。这是潜在的第三变量解释两个变量如何相关的典型例子（参见第2章中对该问题的讨论)。比如，富有国家的人会拥有更高的幸福感，因为他们有更好的健康保障。

为了明确这一问题，我们必须在某一具体国家内部考察收入与幸福感之间的关系。研究者（Diener & Diener，1995）报告，在一些非常贫穷的国家，如孟加拉国和印度，经济状况对幸福感起到中等程度的预测作用。然而，一旦人们可以负担得起基本的生活必需品时，财富的继续增加似乎与幸福感的关系不大。在一些生活水平较高的国家，大部分人的基本生活需要得以满足（比如欧洲和美国)，收入“对幸福感的影响微弱得令人吃惊（实际上可以忽略)”（Inglehart，1990，p. 242)。

如果我们只选择一个单一经济模式的国家来考察其国家财富的变化情况，那么国家变得越富强，人们是不是会变得越幸福呢？例如，美国的国家财富在过去的半个世纪里有了巨大的增长。从1957年到20世纪90年代末，人们的平均税后收入增长了两倍多，从年收入8000美元增长到20000美元。今天的美国人比1957年时的美国人更幸福吗？研究者（Myers，2000）的报告认为，今天的美国人并没有更幸福。图13.2表明，在过去几十年间，认为自己很幸福的美国人的比率保持稳定，在30%上下波动。这一相对稳定的比率与这些年间陡升的个人收入形成对比。另一研究者（Easterlin，1995）报告，在欧洲一些国家和日本也存在相似的情况，平均财富的增加并没有带来平均幸福感的增加。这些发现表明，至少在一个富足的社会里，经济的进一步增长未必会带来人们生活满意度的提高。

收入与幸福感之间缺少相关这一发现似乎与很多政治家、经济学家和政策制定者的观点相矛盾。此外，它还与我们的常识，以及来自贫穷和恶劣生活状况的研究资料相抵触。例如，经济水平处在最底层的人患抑郁的比率最高（McLoyd，1998)。经济困难会让人付出很大代价，如与日俱增的压力以及生活中的各种冲突。贫穷与各种消极生活状况有关，从婴儿教养到暴力事件的增加（Belle et al.，2000)。为什么贫穷与这些不幸的事件有关，而收入提高却与幸福无关呢？似乎可以用收入阈值这一概念来解释。当收入低于阈值时，人们很难变得幸福，至少在美国是如此（Csikszentmihalyi，2000)；而一旦人们的收入超过阈值时，钱越多越幸福的说法似乎就站不住脚了（Diener & Biswas-Diener，2002)。

研究者（Myers & Diener，1995）在财富与健康之间做了这样一个类比：无论是财富还是健康，其缺失都会带给人痛苦，但其存在却不能保证一定会产生幸福。可以通过一个有趣的实验来检验这一关于财富的论断。找到一群人，随机将他们分成两组。给第一组的每个成员一百万美元，给第二组的每个成员一美元。然后六个月后，观察第一组的人（新的百万富翁）是否比第二组的人更加幸福。当然，这个实验是不可能实施的，是吗？不是！随着国家彩票的出现，美国的很多彩民一夜之间就变身为百万富翁。研究者（Brickman，Coates，& Janoff-Bulman，1978）对彩票赢家做了一项研究，将他们的幸福感水平与背景相似、没有中大奖的人做比较。在中奖的六个月内，这些新的百万富翁并没有比控制组被试表现出更高的幸福感水平。显然，赢得彩票并没有那么美好，至少它不能带给人们持久的幸福感。在一项相关研究中，研究者（Diener，Horwitz，& Emmons，1985）让美国的49位最富有的人（根据《财富》杂志公布的年度名单）完成幸福感问卷。他们发现，这些享有最高财富的人并不比仅有中等收入的控制组的被试更

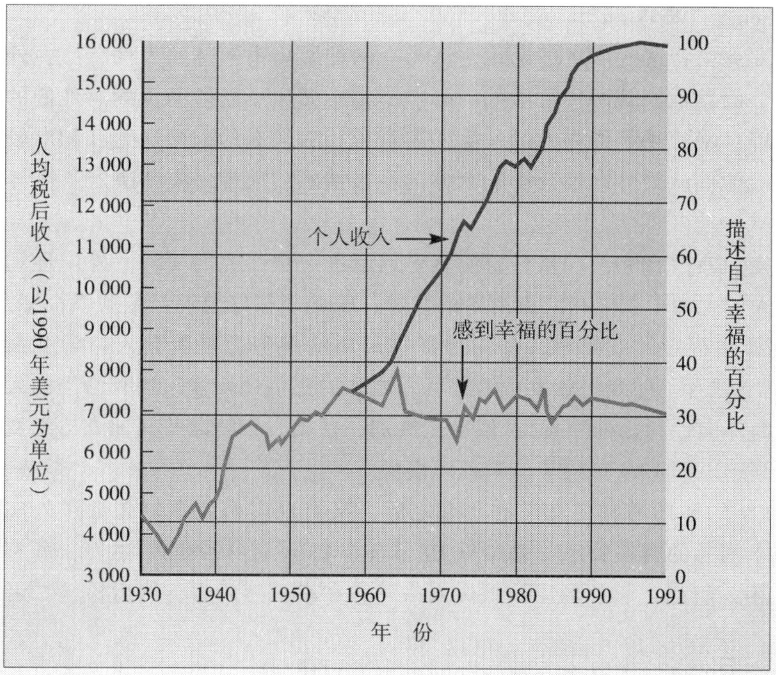

图 13.2

平均收入的大幅增长是否伴随着美国居民平均幸福感的增加？

资料来源：摘自 Mayer，D. G.（2000）. "The Funds，Friends，and Faith of Happy People，" *American Psychologist*，55-57，figure 1，Copyright © 2000 by the American Psychological Association. Reprinted with permission.

幸福。事实上，大概有 37%的顶级富翁的幸福感水平低于普通美国人。

那么关于金钱与幸福的关系，我们可以得出什么结论？最合理的推断是，当收入在某一最低水平之下时人们很难感到幸福。满足生活的基本需要（食物、住所、安全）是至关重要的。然而，一旦这些需要被满足，更多的财富却不一定会带来更多的幸福。例如，有研究（Diener et al.，1995）发现，在美国，个人收入与幸福感之间的相关为+.12。尽管是正相关，但还不足以让人相信巨额财富本身会让人快乐。富翁们选择用这些钱来做什么比拥有大量钱财本身更能影响其潜在的幸福感。

对一些客观条件的研究（如年龄、性别、种族、收入等）表明，这些因素与总体幸福感的相关十分微弱。然而我们知道，人与人之间的差异很大，有些人即使生命中充满了坎坷与失望，依然会比其他人更幸福快乐。考斯塔等（Costa，McCrae，& Zonderman，1987）对 5000 名成人所做的研究发现，在 1973 年报告幸福的被试 10 年后仍然如此，尽管他们的生活已经发生了很多变化。那么，还有什么其他因素可以解释有些人可以始终比其他人体会到更多幸福吗？

人格和幸福感 心理学家考斯塔和麦克雷（Costa & McCrae，1980）推测，人口学变量，诸如性别、年龄、种族和收入等，只能解释幸福感变异的 10%~15%。这一估计得到了他人研究的证实（Myers & Dierer，1995）。主观幸福感中仍有大部分变异未得到解释。他们（Costa & McCrae，1980）提出，人格对特定个体的幸福感的产生或许具有一定的作用，并开始进行这方面的研究。那时仅有的一些研究表明，幸福的人往往是开朗的、好交际的（Smith，1979），而且情绪稳定、低神经质

(Wessman & Ricks, 1966)。

考斯塔和麦克雷将这些信息理论化，认为有两种影响幸福感的人格特质：外向性和神经质，而且他们就两种特质如何影响幸福感做出了具体的预测。他们的观点简洁而精辟：幸福感是指在人的一生中表现出相对较高的积极情感和相对较低的消极情感。他们认为外向性会影响个体的积极情感，而神经质则决定了个体的消极情感。

考斯塔和麦克雷（1980，1991）的模型得到了进一步研究的支持。外向性和神经质能预测人们生活中积极和消极情绪的数量，因此能很好地解释主观幸福感。事实上，在解释幸福感的变异时，外向性和神经质的解释力是所有人口学变量（如收入、性别、教育、种族、宗教）的解释力之和的三倍还要多。拥有恰当的人格特质组合（高外向性和低神经质），似乎比性别、种族、年龄以及其他人口学变量更能产生幸福感。图 13.3 描绘了该幸福感模型。

自从 1980 年的考斯塔和麦克雷的研究之后，又有众多研究重复验证了外向性、神经质与幸福感的密切关系（总结见 Rusting & Larsen，1998b）。然而，所有这些研究都是相关研究，通常是让被试做人格问卷和幸福感问卷，然后检验二者的相关。

相关研究并不能确定人格与幸福感之间是否有直接的因果关系，或者人格是否可以导致个体以某种方式生活，而这种生活方式则会让个体感到幸福。例如，神经质会让个体成为担忧者或者抱怨者，而他人并不喜欢被一个过分担忧或者抱怨的人纠缠，所以人们可能会避开他（她）。因此，那个人会是孤独的、不开心的。这种不开心可能是由于他（她）终日抱怨导致他人远离自己这一事实所致。其神经质导致了特定的生活情境，比如使其他人感觉不舒服，而这些情境又使得他不开心（Hotard et al.，1989）。

我们可以将该观点与阐明人格和幸福感之间关系的另一个不同观点相对照。此不同观点认为，人格直接引发人们以不同强度的积极或消极情绪对同一情境做出反应，因此直接影响了幸福感。与低神经质的人相比，高神经质的人会有更多的负性情绪反应，甚至对同一情境的反应也是如此。图 13.4 描述了人格和幸福感之间的两种不同的关系模式——直接模型和间接模型。在间接模型中（b 框），人格导致个体形成某种生活模式，生活模式引发情绪反应。在直接模型中（a 框），即使处于同一情境，某些人会更积极地做出反应而有些人会更消极地做出反应，这取决于他们的外向性和神经质水平。

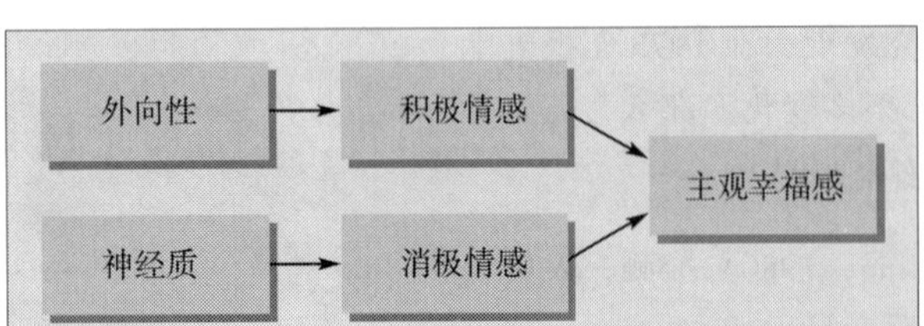

图 13.3

外向性和神经质使人们对积极情感或消极情感比较敏感，从而对主观幸福感产生影响。

资料来源：摘自 Costa & McCrae，1980.

研究者们（Larsen，2000a；Larsen & Ketelaar，1989，1991；Rusting & Larsen，1998b；Zelenski & Larsen，1999）已经实施过几项研究，探索人格特质的外向性、神经质是否对情绪反应有直接影响。在这些研究中，被试需要经历实验室的**情绪诱导**（mood induction）。其中一项研究让被试倾听一些诱导场景，有的是愉快的（在海滩漫步），有的则是不

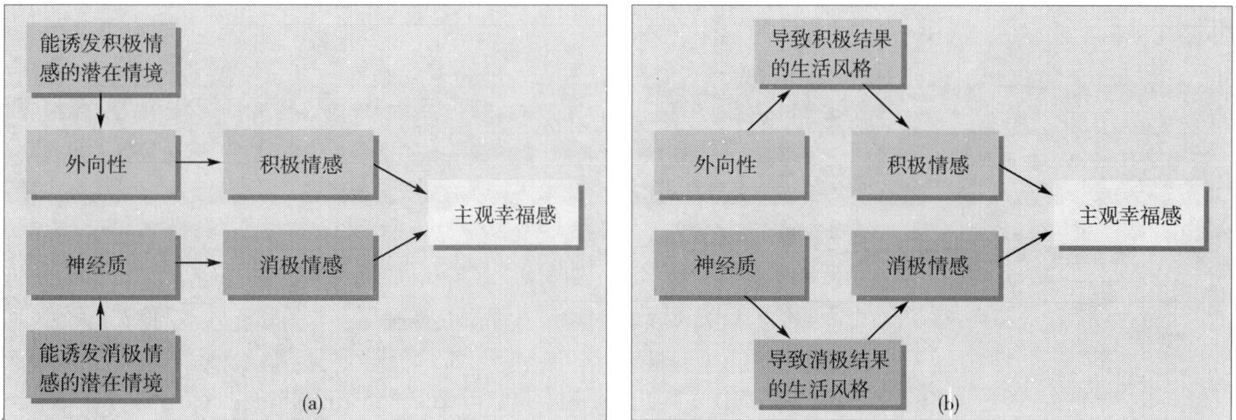

图 13.4

人格变量与主观幸福感之间关系的两个模型。模型 a：该模型体现了人格对情绪的直接影响。生活事件被人格特质放大，导致高外向性和高神经质的被试分别产生更强的积极或消极情绪。模型 b：人格与情绪关系的间接模型。人格导致个体形成某种生活风格，生活风格又促成了高外向者与高神经质者的某种积极或者消极的情感。

愉快的（听到朋友死于不治之症）。而其他研究通过让被试观看愉快或不愉快的图片来操控被试的情绪。实验室研究开始之前，通过问卷获得被试的外向性和神经质分数。这样研究者就可以考察外向性和神经质是否能预测实验室情绪诱导的反应。通过这几项研究发现，预测积极情绪诱导反应的最佳人格变量是外向性，预测消极情绪诱导反应的最佳人格变量是神经质。似乎外向者很容易产生好情绪，而高神经质者很容易产生坏情绪。而且研究表明，人格好比是生活事件的放大器，外向者对积极事件会表现出放大的积极情绪，高神经质者对糟糕事件则表现出放大的消极情绪。这些发现是非常重要的，因为它们表明人格对情绪有直接的影响。并且，即使是在控制条件下，人们对生活中的情绪事件也会做出不同反应，这取决于他们的人格。

应用

一个提高幸福感的方案。心理学家了解许多与幸福有关的内容，但是当一个普通人想维持或者提高其幸福感水平时，心理学家可以给出什么样的建议呢？巴斯（Buss，2000）提出了几条提高个体幸福概率的策略。另外，一些研究者（Fordyce，1988；也见于 Swanbrow，1989）开发了一个实践项目，用于提高个体日常生活的幸福感。而另一些研究者（Larsen，2000a；Larsen & Prizmic，2004）提出了应对和改善人们情绪的一组策略。大部分心理学家认为，幸福需要人们去争取（Csikszentmihalyi，1999，2000）。以下是这些心理学家给出的一些建议：

1. *与他人共度时光，特别是朋友、家人和爱人*。大部分快乐者的一个共同特点是爱社交，在与他人的交往中获得满足感。培养你对他人的兴趣，与朋友和爱人共度时光，尽量去认识你身边的人。

2. **寻找工作中的挑战和意义**。如果令人满意的关系是第一位的，那么排在第二位的就是找一份你能从中获得乐趣的工作。快乐的人喜欢他们的工作，并且在工作中很努力。如果你发现当前的工作（或所学专业）不能带给你成就感，那么可以考虑转向能够给你带来更多有价值感的事情。那些富有挑战性但又在你能力水平之内的工作通常是最令人满意的。
3. **寻找对他人有帮助的途径**。帮助他人能够让你自我感觉良好，还会让你觉得自己的生活是有意义的。因此，帮助他人会提升你的自尊。助人还有另一个好处，它可以引导你把注意力从自身问题上转移开，或者通过比较让你觉得自己的问题没什么大不了。现在有很多有价值的事情可做，而且许多组织都很欢迎志愿者。
4. **为你自己留出时间，享受能带给你快乐的活动**。不要消极等待，要去参与你最喜爱的活动，要去规划时间。许多人在大学里就学会了用日程表来安排工作和其他职责。那么我们也用它来规划有趣的事情吧。合理安排读书、看电影、定期锻炼身体，或者任何其他你喜欢的事情。想一想什么能带给你快乐，在你繁忙的日程表中，为这些活动做些安排。
5. **保持体型**。运动与幸福感存在正相关。运动不必太过剧烈和频繁，适度运动会对你的情绪有益。以轻松愉悦的心情来参加集体运动、跳舞、骑自行车、游泳、种植或者是散步，它们会为你带走一切烦恼。活动的内容无关紧要，只要有足够的运动，能使你保持体型即可。
6. **制定一份计划，但对新经验持开放性态度**。有计划的生活会使人更成功。然而，有时候，生活中最有趣的一刻是计划之外的。以开放的心态去尝试不同的事情，或感受不同的体验——尝试去一些你从未去过的地方，尝试用略微不同的方式去做常规的事情，或者尝试一下某种刺激性的事情。要保持灵活性，不要刻板，避免陷入同一种模式。
7. **保持乐观**。面带微笑，快乐地歌唱，从阴云中找到一丝光亮。当然，这听起来太美好而显得不真实，但是快乐地行动、努力看到事情闪光的一面，会让你走向幸福。尽量避免消极思维，不要做悲观的陈述，即使是对你自己。让你自己确信，那只杯子真的只是半满的。
8. **不要夸大事情的严重性**。有时候当发生某些糟糕的事情时，就好像到了世界末日。幸福的人具有退一步海阔天空的胸怀和正确看待事物的能力。他们会考虑自己的选择和生活中进展顺利的其他方面。他们思考怎样做才能解决问题，或者将来如何做才能避免这些问题，他们并不认为这是世界末日。经常问问自己："最糟糕的情况会是什么？"将有助于你正确看待事物。

仅凭期待并不能将幸福变为现实。心理学家认为：人们必须努力去寻找幸福，必须去战胜生活中的不愉快以及每个人所经历的失去和失败。上面所罗列的策略可被视为一种获取幸福的个人方案。

不愉快的情绪

与愉快的情绪不同，不愉快的情绪可被分为截然不同的种类。我们将讨论三种重要的不愉快情绪，心理学家认为它们具有气质的特点：焦虑、抑郁和生气。

特质焦虑与神经质 回想一下，神经质的人往往易于产生负面情绪。**神经质**（neuroticism）是大五人格的一个维度，它几乎以不同的形式出现在了每一种主要的人格理论中。

不同的研究者用不同的术语来表述神经质，比如情绪的不稳定性、焦虑易感性和负性情感（Watson & Clark，1984）。用以描述高神经质的形容词有喜怒无常、敏感、易怒、焦虑、反复无常、悲观、抱怨等。艾森克（Eysenck，1967，1990；Eysenck & Eysenck，1985）指出，高神经质的人容易对不愉快事件做出过度反应，如挫折和存在的问题等，他们要花较长的时间才能从低落的情绪中走出来。他们很容易发怒，会担心很多事情，而且似乎总是抱怨不停。你也许听过“担忧才会使她幸福”这句话，然而担忧当然不可能让人幸福。实际上，对总是在担忧的人来说，担忧或许是他们的一种需要。一些人担心身体健康（这些恼人的咳嗽是不是我患肺炎的征兆？我的头痛不会是因为患上了脑瘤吧？）；一些人担心社会关系(那人对我笑，是不是伪装出来的？)；也有人担心工作（为什么我的工作没有朋友们做的好？)

除了担忧和焦虑，高神经质的人还经常会愤怒。可以通过一个有趣的方式来证明这一点：让人们列出在过去的一周里使他们感到愤怒的所有事情。或许看到有人在公共场合吐痰会使很多人感到愤怒；或许看到有人在鼻子和眼睑上穿孔会使人愤怒；或许看到恋人们在公共场合接吻也会被列为生气事件。如果让人们列出所有激怒他们的事件，你会发现，高神经质的人所列的表单远远长于低神经质的人。高神经质的人经常被激怒，哪怕是最轻微的冒犯（如我去商店，有人把车停在消防通道上，这着实让我愤怒；我的数学教授连续两天穿同样的衣服，打同样的领带，真是古怪，他每次上课时就不能换条领带）。人们很快就会发现，高神经质的人是抱怨者，事实上这样的人会抱怨所有的事情，例如“前面的车没打转向灯就变道，真是个白痴！”

高神经质者常常会忧虑。他们担心自己的健康、社会关系、工作、未来，几乎会担心任何事情。担忧与抱怨占据了其大部分时间。

艾森克的生物学理论 第 3 章中我们曾简短讨论过艾森克（Eysenck，1967，1990）提出的神经质具有生物学基础这一观点。在他的人格理论中，神经质主要取决于大脑**边缘系统**（limbic system）易被激活的倾向性。边缘系统是大脑的一部分，负责情绪和对抗—逃避反应机制。如果某人的边缘系统容易被激活，那么他会有比较频繁的情绪反应，特别是与逃避（比如焦虑、恐惧和担忧）和对抗（比如愤怒、恼火和恼怒）相关的情绪。高神经质的人是焦虑的、易怒的、易不安的。正如理论所述，正是由于他们的边缘系统更容易被激活才产生了这些情绪。

艾森克关于神经质的边缘系统理论并没有经过直接的验证（直接测量边缘系统和神经质的关系）。因为边缘系统处在大脑的深层，其活动不易被放在头皮表层的EEG电极直接探测。有了新的脑成像技术，如MRI或PET，才允许人格研究者直接验证该理论（Canli et al.，2001）。尽管如此，艾森克（1990）还是做了一些逻辑阐述来说明神经质的生物学基础。第一，许多研究表明神经质具有很高的稳定性。例如，有研究者（Conley，1984a，b，1985）发现，在45年的时间间隔里，神经质表现出了较高的重测相关。尽管这并不能证明神经质具有生物学基础，但其稳定性与生物学解释是相符的。第二，神经质是不同研究者从来自不同文化和环境的不同类型数据中发现的主要人格维度（例如自我报告和同伴报告）。尽管这种普遍存在性也不能证明神经质具有生物学基础，但神经质在不同文化和数据来源中被广泛地发现这一事实与生物学解释是相符的。艾森克（1990）所提出的支持生物学解释的第三个论点是，许多遗传学研究发现，神经质表现出了较高的遗传率。消极情感表现出相当高的遗传率，积极情感则表现出显著的共享环境成分（Goldsmith et al.，2001）。也就是说，神经质似乎是可遗传的。大部分行为遗传学家认为，情绪特质中可遗传的部分是神经递质功能的个体差异，如多巴胺受体和5-羟色胺受体（Grigorenko，2002）。

其他关于情绪特质的生物学基础的研究关注当加工情绪信息的时候，比如看到悲伤的图片或者想到令人焦虑和愤怒的信息时，大脑的哪一部分会被激活（Sutton，2002）。大部分研究显示，情绪与前扣带回皮层活性的增强有关（Bush，Luu & Posner，2000；Whalen et al.，1998）。**前扣带回**（anterior cingulate）是大脑的一部分，位于脑中央深层，在神经系统进化早期就得到了发展。最近的一项研究显示，遭到社交拒绝时，扣带回皮层活性会增强（Eisenberger，Lieberman，& Williams，2003）。在这项巧妙的研究中，被试在fMRI机器监控下与另外两个人玩电脑接球游戏。一段时间后，这两个人不再向被试传球，取而代之的是他们两人互相连续传球40次。此时，扫描这个可怜的被试的大脑。研究者发现，社交拒绝通常伴随着难过与忧伤情绪，引起前扣带回活性的增强。

其他研究者关注负性情绪自我调控的生物学基础。例如，研究者（Levesque et al.，2003）让被试看一场悲伤的电影。要求一半被试尽其所能地停止或者避免悲伤情感，不要对电影做出任何情绪反应。成功做到这一点的被试，其右**前额叶皮质**（prefrontal cortex）内侧中央区的活性增强了，这是所谓的大脑控制执行中枢的一部分。其他研究也证明该区域在控制情绪的时候，其活性相当高（Beauregard，Levesque，& Bourgouin，2001）。正如我们将在下面的愤怒管理部分中看到的，许多实施暴力行为的人表现出了前额叶区的神经缺陷，该区被认为对负性情绪起着调节作用。

认知理论 另一种理解神经质的方式是将其看做一种认知现象。某些人格心理学家认为，神经质并非源于脑边缘系统，而是人的总体认知系统。这些理论家认为，神经质由信息加工（如注意、思维、记忆）的某种风格所导致。例如，有研究者（Lishman，1972）发现，与低神经质的人相比，高神经质的人更容易回忆起不愉

快的事情。神经质与快乐信息的回忆之间没有相关。在学习完一个含有愉快和不愉快词汇的列表后，高神经质的人对不愉快词汇的回忆快于愉快词汇。另有一些研究者（Martin，Ward，& Clark，1983）曾让被试学习关于自己和他人的信息。当要求回忆所学信息时，高神经质的人回忆起更多关于自身的消极信息，而并没有回忆出更多关于他人的消极信息。与神经质有关的信息加工过程非常独特：它似乎对关于自我（而不是他人）的消极（而非积极）的信息有较强的加工偏好。这些研究者（Martin et al，1983）指出，“高神经质者比低神经质者回忆起更多的消极自我词汇，是因其对消极自我词汇的记忆痕迹更深”（p. 500）。

对于神经质与不愉快信息的选择性记忆之间的关系，研究者采用我们在第 10 章中提到的激活扩散这一概念来解释。激活扩散是指储存在记忆中的信息与其他相似的信息相联结。许多心理学家认为，情绪体验也储存于记忆之中。而且，一些个体，即那些高神经质的人，有着更丰富的与负性情绪相关的记忆网络。所以，对他们而言，不愉快的信息更容易被触及，从而致使他们更容易回忆起不愉快的信息。

对疾病、伤害和病症的记忆是一类不愉快信息。如果高神经质的人的记忆中有较丰富的不愉快信息的网络联结，那么他们也很可能会回忆起更多的疾病和身体问题。试着询问高神经质的人：“近几个月你的身体如何？”你得做好准备去倾听一个很长的答案，有冗长的抱怨和关于具体症状的描述。研究反复证明，神经质和自我报告的健康抱怨相关。例如，有研究者（Smith et al.，1989）要求被试回忆在刚刚过去的三周里他们是否经历了列出的这 90 项症状。神经质与自我报告的症状频率相关，相关系数通常在 0.4~0.5 之间。这意味着，大概有 15%~25%的健康变异可以归因于神经质这一人格变量。

研究者（Larsen，1992）考察了神经质者身体疾病报告中的偏见来源。他要求被试每天报告是否体验到了某些身体症状，如流鼻涕、咳嗽、喉痛、背痛、胃痛、肌肉酸疼、头疼、胃口不佳等。被试在两个月内坚持每天都报告，为研究者提供关于身体症状的连续数据。这一阶段结束后，研究者要求被试尽可能准确地回忆，在两个月的日常报告中每项症状大概被汇报了多少次。通过这项非常规的研究设计，研究者既可以计算被试“真正”的症状总数（以每日报告的数据为基础），又可以计算记忆中的症状总数。研究证明，这两种数据都与神经质有关。也就是说，与稳定的低神经质被试相比，高神经质被试报告了更多的日常症状，也回忆起了更多的症状。而且，即使控制了每天报告的症状数目，神经质仍然与回忆症状数量的增加有关。

高神经质的人会回忆和报告更多的症状，但他们是不是比稳定的低神经质的个体拥有更多的身体疾病呢？这是一个很难回答的问题。因为即使是医生，也得依据病人的自我报告来确定其当前的身体症状。要回答这个问题，我们得考虑疾病的客观指标，看它们是否与神经质相关。一些主要的疾病类型，如冠心病、癌症或早产儿死亡，跟神经质几乎没有关系（Watson & Pennnebaker，1989）。考斯塔和麦克雷（Costa & McCrae，1985）回顾了相关文献后指出：“神经质影响对健康的知觉，而不是健康本身”（p. 24）。另有研究者（Holroyd & Coyne，1987）也得出了相似的结论，认为神经质反映出“一种对生理体验的偏见知觉”。

然而最近关于免疫系统的研究表明，在压力环境下，神经质与免疫功能的下降有关（Herber & Cohen，1993）。在一项有趣的研究中（Marsland et al.，2001），研究者要求被试注射乙型肝炎疫苗，同时测量他们对注射产生的抗体反应（测量免疫系统对疫苗中抗原的反应程度）。结果发现，低神经质的人产生并保持了最强的免疫反应。该发现说明，事实上高神经质的人可能更容易产生免疫调节疾病。换言之，他们不仅能记起更多的疾病，可能也会表现出更多症状。在第 18 章中我们将继续讨论人格与健康的问题，但是现在，我们要回到人格与情绪反应这一主题上来，考察从认知角度解释神经质者负性情绪反应的最后一个理论。

心理学家曾提出：高神经质的人会更加注意环境中的危险信息和不愉快信息（Dalgleish，1995；Matthews，2000；Matthews，Derryberry，& Siegle，2000）。与低神经质的人相比，高神经质者拥有更强的行为抑制系统，这使他们对惩罚和挫折线索有特别的易感性，激起他们警惕危险信号。研究者指出，高神经质者关注环境中的危险信息，不断地审视任何险恶的、有威胁性的和负性的信息。

研究者整合了 Stroop 效应，来探究注意偏差和神经质的关系。Stroop 效应是指当词的印刷颜色与词的意义相冲突，而任务是命名词的印刷颜色时，被试的反应时相对于二者一致时更长（Stroop，1935）。例如，如果单词“蓝”用红色印刷，那么被试命名颜色（红色）时，耗时要长于用红色印刷“红”所需的时间。研究者认为，在注意系统内，相关维度（印刷色）和无关维度（词义）之间产生了冲突。如果个体的注意系统能有效压制无关维度的信息，他就能更快地说出印刷色。

Stroop 任务被修改后用于研究对情绪单词的注意。在情绪 Stroop 任务中，词的内容通常是与焦虑和危险有关的，如恐惧、疾病、癌症、死亡、失败、悲伤、悲惨。词语被印刷成彩色的，要求被试忽略词意，只说出印刷色。假定如果命名与危险相关的词的颜色的时间超过辨别中性词的颜色的时间，那么就发生了情绪干扰。应用于神经质领域就是，高神经质者对特定刺激（如威胁性词语）有一种注意偏好，这些词显得更重要、更吸引注意力。那么当命名颜色时，他们就很难忽略威胁性词语。因此，当词涉及威胁内容时，如疾病、失败，命名单词颜色的反应时应当与神经质相关。

有研究者对该领域的研究做了全面的综述（Williams，Mathews，& MacLeod，1996）。他们回顾了 50 多个采用情绪 Stroop 任务的实验。许多研究表明，高神经质组（或焦虑症患者）命名焦虑、危险性词语的颜色的时间长于对中性、非情绪词语颜色的命名。因为情绪词吸引了高神经质者的注意，而对低神经质者无影响。一些研究者解释，情绪词激活了高神经质者的反思过程，消耗了其注意能量，使其不能全心投入颜色命名的任务中。其他研究者有略微不同的解释：高神经质者需要较多的认知努力来消除对威胁性词语的知觉，因而花在颜色命名上的努力较少。所有这些解释都依赖于个体在如何分配对情绪词的注意上存在的差异。简而言之，高神经质者的注意被负性词语所占据。

总之，神经质与许多负性情绪相关，如焦虑、恐惧、担忧、生气、愤怒和忧伤。高神经质者的情绪不稳定、容易沮丧，且不容易恢复。关于神经质者负性情绪的成因，既有生物学的解释也有认知理论的解释，而且二者都有科学证据支持。其中一项著名的研究是高神经质的人总会抱怨健康问题。另外，与情绪比较稳定的人相比，高神经质的人总是更关注威胁性的信息、生活中的消极事件和负性线索，不管它们有多微小。

抑郁和忧郁型抑郁症　**抑郁**（depression）是另一个类似特质的维度。在本章里我们只涉及抑郁的很小一部分内容。关于抑郁主题有大量的文献。据估计，作为一种心理障碍，20%的美国人在生活中的某段时间会经历抑郁（American Psychiatric Association，1994）。有许多关于抑郁的专著，有关于抑郁专题的本科课程，也有专门治疗抑郁的临床医生。研究者认为抑郁有很多种类（Rusting & Larsen，1998a），并尝试对抑郁进行归类，寻找方法帮助受抑郁煎熬的人（见表 13.4）。

素质—压力模型　**素质—压力模型**（diathesis-stress model）是看待抑郁的一种视角。这一模型指出，之后的生活中变抑郁的人对抑郁有一种先天的易感性或体质。除此之外，压力事件也是诱发抑郁不可或缺的因素，比如失去爱人、职业挫折或其他负面生活事件。天生的素质和压力事件中的任何一种因素单独都不足以诱发抑郁。它们必须同时发生，也就是说，一些糟糕的或者应激的事件必须发生在一个抑郁易感的人身上才会诱发抑郁。

贝克的认知理论　许多研究者强调，某种先天存在的认知风格会使人容易陷入抑郁（Larsen & Cowan，1988）。贝克（Aaron Beck，1967）对抑郁的认知理论进行了大量著述。他指出，对抑郁的易感性在于某种特定的**认知图式**（cognitive schema），或说是看待世界的方式。正如在 12 章中所提到的图式是加工输入信息、组织和解释日常生活事实的方式。在贝克看来，涉及抑郁的认知图式是用消极方式扭曲了输入的信息，导致了个体抑郁。

贝克认为，有三个重要的生活领域受抑郁认知图式的影响最大。这一**认知三元素**（cognitive triad）包括有关自我、世界和未来的信息。有关这些方面的信息

表13.4　抑郁的信号

在两周内，你若具有下面 5 种或 5 种以上的症状，那么表明你可能患有抑郁。

- 一整天都感到很压抑，而且几乎每天都是这样。
- 对大多数活动的兴趣减退。
- 体重的变化：体重显著地增加或在没有节食的情况下体重显著地减轻。
- 睡眠习惯的变化：失眠或比平常睡得更多。
- 行动的变化：坐立不安或躁动或感到自己变得迟钝了。
- 几乎每天都感到疲乏或缺少活力。
- 几乎每天都感到活着毫无意义或心存愧疚。
- 集中注意的能力或决策的能力几乎每天都在减退。
- 自杀或死亡的念头不断地闪现。

资料来源：摘自 American Psychiatric Association，1994.

被抑郁认知图式以特定的方式加以歪曲。如当考试不及格时，一个抑郁的人可能会对自己说："我是个彻底的失败者。"这是对自我进行*泛化*歪曲。过度泛化是指将一个例子推广到其他许多或所有方面。过度泛化的字面意思是指"夸大某事的重要性"。一个人或许在一次考试中失败了，但这并不意味着他（她）完全是个失败的人。同样的过度泛化模式也可以用于对世界（"任何可能出错的事终将出错"）和未来（"既然注定要失败，我为什么还要努力"）的认识。贝克（1976）的理论中还有许多其他的认知歪曲方式，比如*武断的推论*（即使在证据不支持的情况下也会得出消极结论）、*个人化*（假定所有的事情都是自己的错）、*灾难化*（认为最坏的结果总会出现）。图 13.5 描述了这些认知元素。

根据贝克颇有影响力的理论（1976），抑郁是将这些认知歪曲用于加工日常信息的结果。这些歪曲的应用如此之快，超出了即时注意的范围，从而导致一连串自动的消极思维，深深影响着个体的感受和行为方式（我不优秀；这个世界与我为敌；我的未来暗淡无光）。一个认为自己是彻底的失败者的人通常表现得也像个彻头彻尾的失败者，甚至放弃去做得更好的尝试，出现**自我实现预言**（self-fulfilling prophecy）。而且，抑郁情感会导致更多歪曲，反过来又产生更多负性情感，诸如此类，陷入一个自我不变的循环。贝克设计了一种改变认知歪曲的治疗形式。简言之就是通过提问来挑战人们的认知歪曲。例如，"仅仅一次不及格，就意味着你是个*完全的失败者*吗？"

图 13.5
贝克的抑郁认知模型，展示了关于自我、世界和未来的信息是如何被歪曲加工的。这些认知歪曲促生了抑郁。

	关于自我的信息加工	关于世界的信息加工	关于未来的信息加工
泛化	"这篇论文，我得到了一个很差的分数……，看来我是什么事都做不好了。"	"任何可能出错的事终将出错。"	"有尝试的必要吗？我做的任何事情注定都是失败的。"
武断推论	"今天老师没有时间见我，看来，她可能不喜欢我。"	"这个老师一点都不关爱学生……，看来没有一个老师是关爱学生的。"	"今后教我的老师，肯定会和这个老师一样糟。"
个体化	"今天，我们队在垒球比赛中失败了……，完全是我的错。"	"我小学时候的团队失败经历时刻在提醒着我。"	"我可能将永远都不会进入一个优胜队。"
灾难化	"这次考试的失败意味着我的学习能力有问题。"	"这次考试的失败意味着我将不能进入医学院校……"	"既然我今后进不了医学院校，那么我应该马上放弃上大学。"

解释风格　关于抑郁的另一种认知理论关注人们如何解释生活事件的起因。正如我们在第 12 章中看到的，该理论关注抑郁者和非抑郁者在解释风格上的差异。关于抑郁的研究通常发现，抑郁的人常持有一种内在的、稳定的、一般的解释风格。这就是所谓的悲观解释风格，它使个体面临陷入抑郁的风险（Peterson，1991；Peterson & Seligman，1984）。每个人在生活中都会遇到打击，遭受创伤和挫折。大部分人把这些解释为暂时的问题，或者是更大计划中的孤立的小障碍，所以努力去克服它们。然而，如果这些事件被解释为持久的个人失败并被泛化到生活的其他领域，那么这个人就会感到无助、无望和抑郁。

抑郁的生物学基础　大脑中的神经元通过神经递质传递信息（参见第 6 章）。神经递质被分解后通过突触在神经元与神经元间传递（图 13.6）。前一个神经元叫做突触前神经元，后一个叫做突触后神经元。如果神经递质有足够的力量到达突触后神经元，那么神经信号就会沿着完成目标行为（比如用遥控器变换频道，阅读书本里的另一个句子，与喜欢的人眉目传情等）的途径继续传递下去。当个体陷入抑郁时，大脑中的神经递质水平出现不平衡。抑郁的人经常描述一种迟钝的感觉，好像他们没有力气做想做的事。**抑郁的神经递质理论**（neurotransmitter theory of depression）坚持认为，这一情绪问题是由神经系统中突触间神经递质的不平衡造成的。被认为与抑郁关系最密切的神经递质包括去甲肾上腺素、5-羟色胺、多巴胺（相关程度稍低）。许多治疗抑郁的药物的目标就是这些神经递质。例如，百忧解、佐洛夫和帕罗西汀会抑制突触中 5-羟色胺的再吸收，提高神经系统中该神经递质的水平。药物盐酸丙咪嗪可以在 5-羟色胺和去甲肾上腺素之间起到一个较好的平衡作用。这些药物并非对所有的抑郁病人都有良好的疗效，这说明抑郁的种类可能有很多，一些抑郁更多的是源于生物学基础，另一些更多的是对压力的反应或源于认知。

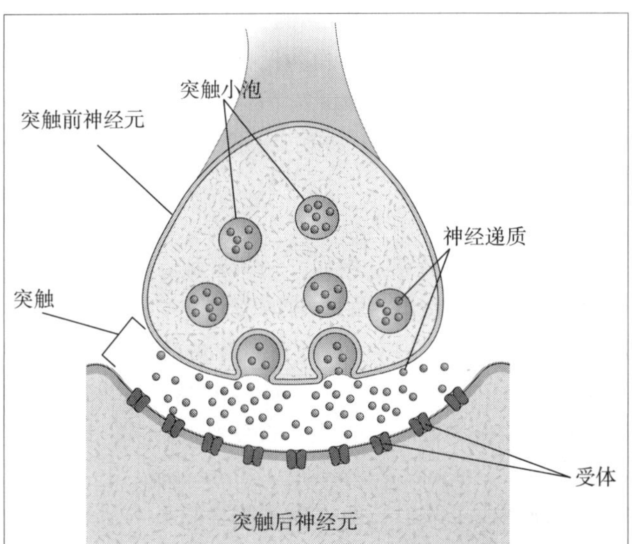

图 13.6
两个神经元之间的突触。展示了神经递质如何被释放、通过突触与突触后神经元的受体结合以完成神经冲动的传导。

最近的研究表明锻炼有助于治疗抑郁，至少对某些人来说是如此（Dubbert，2002）。在1996年的年度报告中，美国公共卫生署特种委任局秘书长（Surgeon General of the United States）大卫·萨裘（David Satcher）列举了锻炼对促进健康、预防疾病的积极作用，包括抑郁症的预防。一些研究者（Pixon，Mauzey，& Hall，2003）也描述了他们利用锻炼治疗抑郁患者的情况。

生气易感性与潜在敌意 另一重要的消极情绪是生气和敌意。心理学家长期以来一直对什么使人们产生敌意和表现出攻击很感兴趣。例如，社会心理学家考察了在哪些情况下，一般人会变得具有攻击性（Baron，1977）。其中一个发现是，大多数人都会攻击那些不公正地对待过他们的人。这里强调的是像受到不公正待遇这样的特定情境如何唤起了大多数人的攻击性。人格心理学家认为某些情况会使大多数人愤怒，但他们更感兴趣的是在愤怒易感性上的个体差异。他们的出发点是对同类型的情境（如挫折）做出反应时，某些人比其他人更具敌意。**敌意**（hostility）是指这样一种倾向：以愤怒和攻击应对日常挫折；容易变得急躁；频繁感到不满；在日常的交流中以粗暴、挑剔、敌对和不合作的方式行事（Dembrowski & Costa，1987）。

人格心理学家的科学目标是：（1）理解人为何会变得有敌意，是什么使他们保持敌意，他们与没有敌意的人在其他方面有何不同；（2）考察敌意对重要的生活事件的影响。

A型人格和心脏病 近来对A**型人格**（Type A personality）的研究集中在敌意和愤怒易感性这两种有害成分上，把它们当做A型模式（与心脏病关联最密切）的一部分（Contrada，Leventhal，& O'Leary，1990）。我们将在第18章更详细地讨论A型人格和健康的联系。但在这里会简要地描述A型人格与愤怒及敌意的体验和表达之间的关系。我们从简要地介绍A型人格的概念开始。

20世纪60年代，两名心脏病专家弗里德曼和罗森曼（Meyer Friedman & Ray Rosenman）开始注意到，许多冠心病（CHD）患者是好胜的、挑衅性的工作狂和有野心的高成就者；他们通常是敌对的，几乎总是匆匆忙忙，很少放松。弗里德曼和罗森曼把这种行为模式称为A型人格（Friedman & Rosenman，1974，p. 37）。为了测量A型人格，他们编制了一个结构化访谈。该访谈由25个问题组成，询问被试在涉及竞争、挫折或者需要匆忙行事的情境中的典型反应。统计以敌意、攻击应对挫折和时间紧迫事件的回答，形成A型人格的总分。访谈者在访谈期间也试图通过有意地使被试产生挫折感来引发敌意。例如，访谈者故意慢下来；问下一个问题前犹豫不决；假装没有理解受访者所说的内容等方式使受访者愤怒。有些人可能觉得这样的行为相当让人愤怒，并以一种敌意或攻击的方式做出回应（Dembrowski & MacDougall，1985；Dembrowski & Williams，1989）。如果被试诅骂或侮辱访谈者，这种敌意行为将形成一个更高的A型人格分数。后来，其他研究者出版了测量A型人格的问卷（例如Jenkins，Zyzanski，& Rosenman，1976）。

随着研究的积累，研究者逐渐达成了共识，即A型人格实际上不是单一的人格特质，而是一种**综合征**（syndrome），或是几种特质的集合，包括成就奋斗、急躁、竞争和敌意。而且，这些特质在同一个人身上并不总是一起出现。在界定 A 型人格的特质集合之外，研究者们开始猜测可能仅有一种特质是真正的病源。逐渐变得清晰的是，敌意成分比其他任何成分与冠心病的关系都密切（Wright，1988）。表 13.5 呈现了一个广泛用于评估生气特质的问卷。

研究关注的第二个方面是 A 型人格与生活质量的关系。有趣的是，A 型人格与生活中特定积极体验水平的提高相联系，如幸福、满足、自信（Bryant & Yarnold，1990）。在这种联系中也存在年龄趋势，即随着 A 型个体慢慢变老，他们越来越感到不满意（Strube et al.，1985）。此外，A 型个体在放松时感到煎熬，并且报告说休闲娱乐对他们来说充满压力（Bryant，Yarnold，& Morgan，1991）。显然，A 型人格因其与情绪生活风格的复杂关系而成为一个有趣的人格变量。

生气是会造成某些人失控的一种情绪。监狱里的大多数暴力罪犯在这种强烈情绪的自我调节上都有困难。长久以来，研究者们推测暴力和非暴力的人可能存在生物学上的差异，特别是在大脑功能方面。心理学家雷恩（Adrian Raine）花费多年时间考察了社会中最暴力和最好斗的成员（Raine，2002；Brennan & Raine，1997）。在一项专门针对暴力谋杀者的研究中，雷恩和他的同事（1998）发现这些人的前额叶表现出活动性下降，先前曾提到该区域与普通情绪的调节有关。另一位心理学家平卡斯（Jonathan Pincus）也专门研究了暴力犯罪。在一篇综述中，他（2001）呈现了许多关于连环杀人犯的生活信息。几乎所有案例中的杀人犯，其大脑都遭受过某种创伤，这些创伤或是通过暴力、意外伤害造成，或是由于过度吸毒或酗酒造成。此外，几乎所有的杀人犯所在家庭都存在严重的暴力倾向。平卡斯在另一章节里给出了这样的资料：暴力犯罪者的大脑损伤多发生在前额叶，它是与自我控制相关的区域。有趣的是，这也是第 6 章中讨论过的盖吉严重受损的脑区域。

情绪生活的基调

到目前为止，我们已经从情绪内容的角度，或者说是根据能帮助我们界定个体差异的情绪特征方面，讨论了人们的情绪生活。现在我们开始讨论情绪基调。作为一个简明的区分，我们可以说内容是指个体的情绪生活*是什么*，基调是指个体的情绪生活*是怎样的*。也就是说，内容涉及个体通常体验到的情绪，基调涉及情绪通常是如何被体验的。

作为一种情绪基调的情绪强度

当我们思考情绪如何被体验时，可能主要的基调差异是强度。从你自己的情绪反应体验中你就可以了解到，情绪强度有着极大的不同。情绪可能是微弱的和温和的，也可以是强烈的和几乎难以控制的。为了刻画个体的情绪基调，我们必须考察个人情绪体验的典型强度。为了说明情绪强度对人格理论有用，我们必须

表 13.5　多维度生气调查表

指导语：每个人都会有生气的时候。以下呈现大量人们用来描述生气时的陈述。请阅读每一条陈述，然后选择一个最能符合你自己的数字，写在每个陈述前的横线上。答案无对错之分。（各项目已根据它们所记分的分量表被放在一起；题号是项目的原始编号。）

1 = 完全不符合我的情况
2 = 大部分不符合我的情况
3 = 部分符合，部分不符合
4 = 大部分符合我的情况
5 = 完全符合我的情况

生气的频率[1]

__ 1. 我倾向于比大多数人更经常生气。
__ 6. 想让我生气很容易。
__ 9. 几乎每天都有某些事使我生气。
__14. 我对自己频繁生气而感到惊讶。
__17. 有时候，我会无缘无故地生气。

生气的持久性

__22. 当我生气时，我会连续几小时都生气。
__25. 当我生气时，我能比大多数人更快地平静下来。*

生气的强度

__ 2. 在相似情境下，其他人似乎比我更生气。*
__10. 我通常比自己认为的样子更生气。
__18. 我会因想起过去的某些事而生气。
__26. 我太生气了，感到自己可能会失去控制。

向内生气

__ 3. 我长时间怀着怨恨，从来没有对他人提及过。
__20. 当我对他人掩藏我的怒气时，我会长时间想着这件事。
__23. 当我对他人掩藏我的怒气时，我会很快就忘了这件事。*
__24. 我尝试和人们谈及问题所在，但不让他们知道我在生气。*
__27. 如果让人们了解了我的感受，我会被看成一个很难相处的人。
__29. 对我来说，很难让人们知道我在生气。

向外生气

__ 4. 当我对某人生气时，我会试图报复他（她）。
__ 7. 当我对某人生气时，我会让那个人知道。
__12. 当我对某人生气时，我会朝周围的人发泄。
__15. 一旦让人们知道我在生气，我就会忘掉怒气。
__19. 即使在我发泄过怒气之后，我仍耿耿于怀。

内　疚

__11. 我对发泄我的怒气而感到内疚。
__29. 对我来说，很难让人们知道我在生气。

沉　思

__15. 一旦让人们知道我在生气，我就会忘掉怒气。*
__19. 即使在我发泄过怒气之后，我仍耿耿于怀。
__20. 当我对他人掩藏我的怒气时，我会长时间想着这件事。
__23. 当我对他人掩藏我的怒气时，我会很快就忘了这件事。*

谈论生气

__24. 我尝试和人们谈及问题所在，但不让他们知道我在生气。

敌意态度

__ 5. 私底下我对他人相当挑剔。
__ 8. 我遇到过很多人，他们虽然是专家，却并不比我好。
__13. 某些朋友的习惯让我感到生气和苦恼。
__16. 人们在我背后谈论我。
__21. 仅仅是周围有人就能烦扰我。
__28. 我对那些过分友好、超过我预期的人保持警惕。

诱发生气的情境范围

__30. 我会生气，当：
a. 有人让我沮丧。
b. 人们是不公正的。
c. 有些事阻碍了我的计划。
d. 我的时间被耽搁。
e. 有人让我难堪、尴尬。
f. 我必须听从能力不如我的人的指令。
g. 我不得不与无能的人一起工作。
h. 我做了愚蠢的事。
i. 我完成了所做的事却没有得到赞许。

资料来源：摘自 Siegel，J. M.（1986），"The Multidimensional Anger Inventory"，*Journal of Personality and Social Psychology*，51，191–200.

[1] 若干项目合成生气特质的 10 个子量表。每个项目前的数字表示该项目在初始问卷中的位置。在这里，这些项目被归入到其子量表中，以便学生清楚项目评估了生气特质的哪些对应成分。

* 表示这个项目需要反向记分。在第 4 章中曾提及，使用反向记分用以控制默认倾向。学生们可以把在这些项目上的答案反过来记分，计算每类项目的总分。

确定情绪强度描述的是一种稳定的特征，它有助于在人与人之间做出区分。

情绪强度（affect intensity）可以通过描述一个人在该维度上处于高端或低端来界定。研究者（Larsen & Diener，1987）把高情绪强度的个体描述为：通常会强烈地体验到情绪，情绪反应强烈，情绪变化大。高情绪强度者的典型表现为：高兴时情绪高涨，沮丧时情绪低落。与低情绪强度者相比，他们的这两种极端体验更频繁、更迅速地变换。从另一方面来说，低情绪强度者的典型表现是，情绪体验温和，逐渐产生情绪波动，情绪反应较弱。这些人的情绪稳定、平静，通常不受消极情绪低潮的困扰。但他们也无法体验到热情、开心的巅峰以及其他强烈而积极的情绪。

注意，对高、低情绪强度的人的描述使用了这些限定词：典型地和通常地。这是因为特定的生活事件也可能会使情绪强度最低的人体验到相对强烈的情绪。例如，被自己的首选学校录取几乎会使每个人体验到强烈的积极情绪。然而，因为这些事件毕竟相当少，所以我们想要了解人们通常是什么样的或其典型反应如何：他们对日常引起情绪的事件有着怎样的反应特征。

图 13.7 呈现了某项研究（Larsen & Diener，1985）中两个被试的日常情绪资料。这两个人连续 84 天每天都记录自己的情绪。注意，被试 A 的情绪相当稳定，并且在整整三个月的报告期间，其情绪水平与基线水平没有太大的差距。事实上，在新学期伊始，她曾有过一周的糟糕情绪体验，从图左边的几个低点可以看出。除此之外，该被试的情况相当稳定。

另一方面，被试 B 的情绪随时间而极端变化。该被试几乎从未接近过他的情绪基线水平。相反，被试 B 会频繁体验到强烈的积极情绪与强烈的消极情绪，并

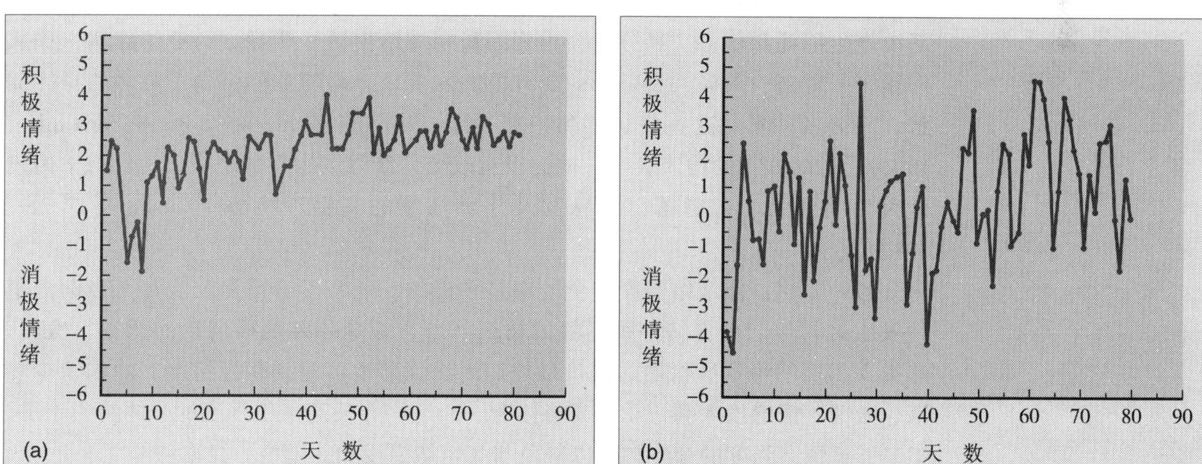

图 13.7

连续三个月记录自己情绪状态的个体的数据资料。(a) 被试 A 的资料。(b) 被试 B 的资料。B 比 A 有更多紧张情绪和更大的情绪波动。

资料来源：摘自 Larsen，1991.

且极频繁且快速地在这两种极端情绪间波动。换言之，这个高情感强度的人的日常情绪表现出了大量变异性，日复一日地在积极情感和消极情感之间来回波动。有意思的是，被试 B 在那个学期曾去过三次校医院，一次是由于感冒，另两次是因为感觉萎靡不振。

对情绪强度与情绪变异性的评估

在早期的情绪强度研究中（Diener，Larsen et al.，1985），这种情绪特征是通过一种日常经验抽样的方法来评估。也就是说，收集到的资料类似于图13.7 中 a 图与 b 图所呈现的那样。然后研究者会计算每个被试的一个总分，以代表该被试在这段时间的情绪强度和情绪变化。

这种纵向的测量情绪强度的方法简单直接，具有表面效度，它相当好地代表了情绪强度的构想。然而，对每个个体而言，这种方法需要他花费数周或更长的时间来报告每天的情绪，以产生一个可靠的情绪强度的合成分数。因此，研究者现已发展了一个情绪强度的测量问卷。它可以从强度方面对个体的情绪基调进行相对快速的评估。表 13.6 列出了该问卷中的 40 个项目，称为情绪强度测量（Affect Intensity Measure，AIM）（Larsen & Diener，1987）。

情绪强度的一个重要方面是，我们真的无法说在该特质上得分低或高究竟是好还是不好。高分或低分都会产生积极或消极的后果。例如，得高分的人会从生活中获得许多乐趣，享受到热情、欢乐以及积极情绪卷入的高峰体验。另一方面，当事情进行得不怎么顺利时，得高分的人容易有强烈的消极情绪反应，如悲伤、负疚和焦虑。此外，因为得高分的人经常体验到极端情绪（积极情绪与消极情绪），他们通常会遭受这种情绪卷入带来的身体后果。情绪激活了交感神经系统，使个体处于亢奋状态。即使是由强烈的积极情绪激活交感神经系统，也会对神经系统产生损耗和伤害。高分者会出现因长期情绪生活基调导致的身体症状，如肌肉紧张、胃痛、头痛、疲惫。一个有趣的发现是，即使他们报告了更多的身体症状，高分者并不对这些症状感到特别不开心或沮丧（Larsen，Billings，& Cutler，1996）。对高分者的访谈表明，他们没有改变情绪强度水平的愿望。他们似乎偏爱这种情绪卷入、起起落落的感觉及伴随情绪的高生理唤醒（Larsen & Diener，1987）。

另一方面，低情绪强度的个体却是平稳的，通常不容易沮丧。甚至当消极事件发生时，他们仍保持一种平静的情绪状态，避免陷入消极情绪的低谷。然而，这类人因情绪稳定所付出的代价是他们无法强烈地体验到积极情绪。他们缺少热情、激情、情感投入和快乐的高峰体验，而这些会使高情绪强度的个体精力十足。但是，低情绪强度的个体却可以避免与高情绪强度相伴随的心身症状。

情绪强度的研究发现

在一项情绪的日常研究中，研究者（Diener et al.，1986）让被试记录其日常生活事件。62 位被试连续 56 天记录了每天发生的最好与最坏的事件，研究者获得

表 13.6　AIM 问卷

指导语：下列陈述是对典型生活事件的情绪反应。请从下面量表中选出一个数字填在每个项目前的空白处，以表示你对这些事件的反应。作答时，请以你自己的反应为依据，而不要以你认为别人会怎样反应或应该怎样反应为依据。

从　不	几乎不	偶　而	通　常	几乎总是	总　是
1	2	3	4	5	6

1. ____ 当我完成了某件很难的事情时，我感到高兴或得意。
2. ____ 当我感到高兴时，该情绪是强烈的、充沛的。
3. ____ 我非常喜欢与他人在一起。
4. ____ 当我说谎时感觉相当糟糕。
5. ____ 当我解决了一个小小的个人问题时，我会感到十分愉悦。
6. ____ 我的情绪倾向于比大多数人的更强烈。
7. ____ 我的快乐情绪是如此强烈，就好像处在天堂一样。
8. ____ 我过度热情。
9. ____ 如果我完成了一项我认为不可能的任务，我就会欣喜若狂。
10. ____ 我的心随着期待一件令人兴奋的事件而狂跳。
11. ____ 悲剧电影深深触动了我。
12. ____ 当我开心时，我感到满足和没有烦恼，而不是热情十足和被唤醒。
13. ____ 当我第一次在一个群体面前讲话时，我的声音发抖，心跳加速。
14. ____ 当有好事情发生时，我通常比其他人更欢欣。
15. ____ 我的朋友们可能会说我是情绪化的。
16. ____ 我最喜欢的记忆是那些令我感到满足和宁静的时刻，而非那些充满热情和激情的时刻。
17. ____ 看到有人伤得很重会严重地影响我。
18. ____ 当我感觉良好时，从一种好情绪状态到真正的快乐状态对我来说很容易。
19. ____“平静与冷淡”可以很好地描述我。
20. ____ 当我快乐时，我感觉自己就好像被快乐燃烧着一样。
21. ____ 在报纸上看到一张严重车祸的图片就使我反胃。
22. ____ 当我快乐时，我感到精力充沛。
23. ____ 当我得到奖励时，我会欣喜若狂。
24. ____ 当我在某件事情上取得成功时，我的反应是平静的和满足的。
25. ____ 当我做了某件错事，我有强烈的羞愧感与负疚感。
26. ____ 即使在最烦恼的日子里，我也能保持平静。
27. ____ 当事情进展顺利时，我会感觉飘飘然，如上云端。
28. ____ 对我来说，生气时仍旧保持理性和不过度反应很容易。
29. ____ 当我知道某件事做得很好时，我感觉放松与满足，而不是兴奋与得意。
30. ____ 当我感到焦虑时，通常很强烈。
31. ____ 我的消极情绪的强度是微弱的。
32. ____ 当我对某事感到激动时，我想与每个人分享我的感受。
33. ____ 当我感到幸福时，这是一种平静的满足感。
34. ____ 我的朋友可能会说我是一个绷紧的或拉紧弦的人。
35. ____ 当我快乐时，我充满能量。
36. ____ 当我有负疚感时，这种负疚情绪相当强烈。
37. ____ 我会把自己的快乐情绪描述为更接近于满足，而不是欢欣。
38. ____ 当有人恭维我时，我快乐得都快“跳起来”了。
39. ____ 当我紧张时，我全身发抖。
40. ____ 当我快乐时，这种感受更像是满足与内心的平和，而不是振奋和激动。

了近6000个事件的描述。被试每天还根据主观体验评定事件好或坏的程度。之后由一个评定团队依据会使一般大学生感到好或坏的程度对同样的事件描述做出客观评定。结果表明，与低情绪强度的被试相比，高情绪强度的被试明显地把生活事件评定为*更严重*。也就是说，被客观评定者评为“一般好”的事件（如受到一位教授的赞赏），会被高情绪强度被试评为“非常好”。同样地，被客观评定者评为“一般糟糕”的事件（如丢失一支喜爱的钢笔），则被高情绪强度被试评为“非常糟糕”。因此，无论好事还是坏事，高情绪强度的被试在对生活事件进行评价时，比低情绪强度的被试倾向于认为它们有更强的情绪影响力。因此，高情绪个体对生活中能引起情绪波动的好事、坏事都表现出了更大的情绪反应。

这些发现中值得强调的一个方面是，高情绪强度的个体对其生活中的积极与消极事件都有更强的反应。这可能因为情绪强度与外向性及神经质均有正相关。情绪强度的特征使高分者看上去像个神经质的外向者：他们对好事做出强烈的积极情绪反应，对坏事做出强烈的消极情绪反应。然而，如果我们假定好事与坏事在生活中随机地发生，那么我们会预期高情绪强度的个体的日常情绪会随着这些事件而起起落落。换言之，高情绪强度的个体会展现出更多的**情绪变异性**（mood variability），或说他们的情绪会随时间而有更频繁地波动。研究（Larsen，1987）发现，在情绪强度这个维度上处于高端的个体实际上会表现出更频繁的情绪变化，而且这些变化比低情绪强度的个体的情绪变化的力度更大。

情绪强度的概念包含了情绪变异性，它是情绪的一般的普遍的特征。研究者已经发现情绪强度与各种标准人格变量有关。例如，有研究者（Larsen & Diener，1987）报告说，情绪强度与高活动水平、社交性、唤起性等人格维度相关。高情绪强度的个体有这样一些倾向：他们拥有充满活力的生活风格，开朗，喜欢与他人在一起，在日常生活中寻找令人兴奋的事情。在一个访谈中，某个高情绪强度的被试报告说，对她而言，生活中最糟糕的事就是无聊。她说，她常常做些可以使生活充满活力的事情，如对她的室友搞些恶作剧。尽管这样的行为有时会给她带来麻烦，但她觉得为了获得刺激这些都是值得的。另一个高情绪强度的被试把自己描述为“强度上瘾者”，陷入了对刺激性情绪生活风格的需求之中。

情绪生活内容与基调的交互作用

人们在积极情绪与消极情绪内容的相对量，以及情绪体验基调的强度方面存在个体差异。在试图把情绪当做人格的一个方面来理解的过程中，享乐平衡（个体生活中的愉快程度）似乎代表了情绪的内容。例如，研究者（Larsen，200b）曾报告，大学生平均每10天中有7天的积极快乐平衡，即每10天中，有7天时间积极情绪占主导，3天时间消极情绪占主导。然而，这也存在广泛的个体差异。因此，有些人的积极日子低至20%，而另一些人的积极日子却多达95%。这种积极情感与消极情感之间的快乐平衡，生活中好日子与坏日子的平衡，最好地代表了情绪的内容（Zelenski & Larsen，2000）。

情绪强度代表情绪的基调，涉及到个体典型的情绪反应强度。内容与基调两种特征一起提供了大量的描述和强大的解释力。然而有趣的是，快乐平衡和情绪强度之间并不相关（Larsen & Diener，1985）。这意味着，存在频繁体验到积极情绪的低情绪强度个体和频繁体验到积极情绪的高情绪强度个体。相似地，也存在频繁体验到消极情绪的低情绪强度个体和频繁体验到消极情绪的高情绪强度个体。换言之，快乐平衡与情绪强度的相互作用产生了情绪的独特风格，而这些情绪的独特风格可以描述不同的人格特征。图 13.8 阐明了快乐平衡与情绪强度的交互作用在创造情绪中的作用。

从图 13.8 中可以看到，高低情绪强度的个体通常以极为不同的方式体验情绪内容。一个低情绪强度的人拥有一种持久、平和以及缺少波动的情绪。如果这样的个体碰巧是一个快乐的人（生活中的积极情绪比消极情绪多），那么他会把这种快乐体验为一种宁静的持久满足。如果这样的个体碰巧是一个不快乐的人（生活中消极情绪比积极情绪多），那么他就会长期被一种有点令人生气或恼怒的消极情绪所困扰。相反，一个高情绪强度的人拥有一种意外的、变化的和易变的情绪。如果这种类型的人碰巧也是个快乐的人，那么他（她）会把这种快乐体验为热情、兴奋的顶峰；而如果这个高情绪强度的人是不快乐的人，那么他（她）会体验到各种极端的消极情绪，如焦虑、负疚、抑郁、孤独。

快乐平衡决定了个体情绪生活的主要内容，个体在情绪强度上的位置决定了情绪生活的基调。这两种情绪特征可以帮助我们理解人格的功能，因为它们既描述了个体的生活，又使我们能在人与人之间做出有益的区分（Larsen & Cutler，1996）。

	低情绪强度	高情绪强度
积极情绪的频率	体验到的情绪：满足、温和沉静、安详、镇静	体验到的情绪：兴高采烈、生机勃勃、十分热情
消极情绪的频率	体验到的情绪：长期抑郁、轻微但持续的不快乐、沮丧、不满	体验到的情绪：严重的不安的消极情感、痛苦、恼怒、消沉、阶段性的强焦虑

图 13.8
作为内容（快乐平衡）与基调（情感强度）的函数的情绪特征。

总结与评论

情绪可被看做状态或特质，这两者都是体验、生理变化以及行为变化或行动倾向的组合模式。情绪状态是短暂的，一般由环境中的事件引起。但作为特质的情绪则是个体生活中一贯的、稳定的体验模式，这些模式主要由个体的人格所造成。在本章中，我们把情绪看做特质。例如，人们在生气、快乐或抑郁的频率上存在差异，这些差异对描述人格是有帮助的。

情绪内容是个体可能拥有的情绪体验的类型。例如，如果知道个体情绪生活的典型内容，我们就会知道他（她）长时间内可能体验到的情绪种类。

情绪内容可被大致分为愉快情绪与不愉快情绪。愉快情绪包括幸福感和与生活满意度相关的评价。在大多数人的基本情绪清单中只有一种主要的愉快情绪，而不愉快的情绪却有许多种。从特质的视角出发，在愉快情绪方面我们讨论了倾向性的幸福感，有些人比另一些人更快乐。心理学家正在探索理论和收集资料来解释人们为何在幸福感上存在差异，以及人们怎样才能提高幸福感。

关于不愉快情绪的内容我们讨论了三种倾向：焦虑、抑郁及生气。在关于人格的文献中，焦虑特质有许多名称，包含神经质和消极情感。焦虑特质似乎有独特的认知成分，而且它与持续的健康，尤其是自我报告的健康有关。抑郁也被作为一种涉及相关体验和行为的综合征。我们同时也考察了几种抑郁的认知理论。我们把生气易感性和敌意作为情感特质来加以讨论，检验了这种倾向对健康和幸福感的意义。当前，神经科学家对焦虑、抑郁和生气有着强烈的兴趣。而且，他们正在积累这些体验及其调节所涉及的脑区的数据。

情绪基调是个体体验情绪的典型方式。我们集中讲述了情绪强度，或者说人们体验情绪的一般强度。在情绪强度这个维度上得高分的人对其生活事件有更大的反应，包括对愉快事件和不愉快事件的反应。而且他们在日复一日的情绪体验中也表现出更多的可变性。内容与基调的相互作用，产生了各种独特的情绪生活。

关键术语

情　绪
行动倾向
功能分析
情绪状态
情绪特质
类型取向
维度取向
内　容
基　调
幸福感
积极错觉
情绪诱导
神经质
边缘系统
前扣带回
前额叶皮质
抑　郁
素质—压力模型
认知图式
认知三元素
自我实现预言
抑郁的神经递质理论
敌　意
A 型人格
综合征
情绪强度
情绪变异性

14 走近自我

14

认知/经验领域

“认识你自己！”这是特尔斐神庙的希腊神谕。你了解自己吗？你是谁？你会怎么回答这个问题？你首先把自己界定为一名学生、父母的子女还是他人的配偶或恋人？或者你可以通过以下各种特征来定义自己：“我很聪明、乐观且自信”。或者你还可以描述一些身体特征：“我是一名男性，高6尺6寸，体重约200磅，有红色的头发，面色红润”。不管怎么回答这个问题，你的答案都是**自我概念**（self-concept）的一个重要方面，都是你对自己的理解。此外，一些人对自己是谁感到很满意；然而，还有很多人并不满意自己的自我概念，你对自己的这种感受便是**自尊**（self-esteem）。随着你将自己的一切呈现给他人，渐渐地，你便拥有了**社会同一性**（social identity）。有些时候，社会同一性和自我概念并不匹配。我们呈现在他人面前的自我与自己所了解的自我并不一样，这就导致了有些人在交往过程令人感到虚伪。

本章我们将探究心理学家如何研究自我。我们从自我的三个主要方面展开讨论：自我概念、自尊和社会同一性。

为什么我们想了解自己呢？对很多人来说，自我感受就是他们的支柱，是他们解释周围所发生的每件事的出发点。举个例子，当你从显影剂里取出（或者从数码相机里下载）一些合影的时候，你会最先看里面的哪个人？如果你和大多数人一样，你会说最先看自己。而且当看到照片上的自己时，你会立刻做出评价。你也许会想，照片没有照好，没有把你最好的一面展示出来；你也许会想，自己的笑容比照片上更灿烂，实际上，你比照片上的那个人更幸福；或者你也许会想，那时多长了几磅，所以看起来比照片上的其他人要胖些；或许你不喜欢长胖的事实，所以看这些照片对你的自尊是一个小小的打击；或许你非常想知道他人看到这些照片时对你有什么看法。你的父母是否喜欢你照片上的样子？例如，他们是否认可你和大学同学合影时的表现？

我们对自己的感受总是随时间的变化而变化。在婴儿期，我们就开始从周围的世界中辨别自我，并在毕生的发展过程中不断建构自我、评价自我，以及向他人展现自己是怎样的个体。在这个过程中，我们不断地经历挑战并改变着自我概念。例如，一位读高中的年轻人试图参加篮球队的选拔赛，但是却表现得很差。他把自己当做一名运动员，却总是经受失败，所以他不得不寻找其他途径来定义自己。或许他会把头发染成紫色，穿着风衣去学校，开始以另一种年轻人的生活方式定义自己。高中和大学的几年时间是许多人努力形成自我概念的时候，在这期间，他们对会挑战自我感受的事件尤其敏感。

一旦人们形成了一个相当稳定的自我感受，就开始用这种感受去评价其他事件和客体。例如，当一个年轻的女孩和男友分手后，她会从自我概念的角度评价这件事，判断这件事对她所认为的自己来说是好还是坏。如果男朋友在其自我概念中占据了很重要的一部分（“没有他我什么都不是”），那么分手对她来说就是毁灭性的；反之，如果这个年轻女孩在和男孩的交往中具有独立的自我，那么分手就没有那么糟糕。

对自我的感受使我们用某种特定的方式来评价生活中的事件。只有当这些事情对自我感受很重要时，才会对我们产生更好或更坏的影响。如果这些事情与自我感受无关，那么也就不会给我们带来烦恼。例如，如果取得良好学业成绩不是你的自我概念的一部分（也许由于其他原因你也能上大学），那么学业成绩差不会对你产生什么影响。我是谁，我们的自我概念决定了我们如何接触和评价这个世界。

当转向内心评价自己的自我概念时，人们并不总是喜欢或重视自我。这种喜欢或重视就是自尊。比如，有两个人都喜欢存钱而不愿意花钱，就餐时不会给小费，总是买便宜的东西。其中一个认为自己俭朴且传统，认为这是优点，所以她有积极的自尊，至少在这些方面如此。第二个人可能觉得自己很小气、吝啬且没有同情心，他认为这些特性不好，所以他的自尊水平很低，至少在这些方面很低。虽然他们有同样的自我概念——节俭且爱存钱，但是两人对这些品质的评价不同。因此他们的自尊不同。

最后，社会同一性是指展现在他人面前的自我。这是自我中相对持久的一部分，我们通过社会同一性给他人留下一种印象，让他人知道我们是谁，可以对我们产生怎样的期待。举个例子，驾照经常被当做社会身份的证明，它包含了社会同一性的信息：你的姓氏、名字、出生年月、家庭住址，以及一些身体特征的描述，如身高、体重、眼睛的颜色。这些特征把你同其他人区分开来，是你同一性中比较明显的且具有社交性质的方面。然而同一性中还有很多其他不容易得到的方面，包括你喜欢被他人看成怎样的人，你希望给他人留下什么样的印象。也许你希望自己受到重视，那么在他人面前表现出高效率对你而言很重要；也许你希望被大多数人都喜欢你，那么你将竭力争取成为友好且能让人感到愉快的人。

自我的三个组成部分，即自我概念、自尊和社会同一性，对我们的日常生活来说极其重要。人格心理学家已经对它们进行了研究，并获得了大量关于自我的知识。我们将从自我的描述性成分，即自我概念来开始介绍本章的内容。

应用

冒名顶替：谁都可能遇上这种事：想象你在某个晚上，接到一通电话要求你马上还清你名下的几笔过期的信用卡透支款。问题是，你从来没有开过这些账户！超市现在拒绝接收你的支票，因为最近已有几张支票被银行退票。可是你从来没有开出过这些被退的支票啊！这是怎么回事呢？

最新的调查显示，每年有 700 万~1000 万人是冒名顶替的受害者。通过各种不同手段，犯罪分子可以窃用社保号码、驾照号码、信用卡号码、ATM 卡号、电话号码以及其他表明个人身份的东西，如生日或者母亲婚前的姓氏。然后，他们用这些信息冒充受害者，在最短的时间里花掉尽可能多的钱。

冒名顶替有两种类型。其一是利用已有的个人账户信息，使用受害者的信用卡或者仅仅是账号在有效期内购买物品或者获取服务。这种类型的冒名顶替也被称为“账户接管”。第二种被称为“欺诈性申请”，这是真正的冒名顶替。小偷利用他人的社保号码和其他个人身份信息，以此人的名义开一个新账户。由于每个月的账单都会寄到冒名者所提供的地址，所以受害者在一段时间内很难发现欺诈性申请，其危害性过很久才会暴露出来。

大多数信用卡公司和银行为了减少因个人身份信息被盗而招致的经济损失，把个人债务限制在每人 50 美元。可是，冒名顶替对信用度造成的危害却留了下来，受害者必须花几个月甚至几年的时间去恢复信用度。此外，受害者在贷款、租房、银行开户等方面都会遇到困难，甚至还会被解雇。

有几个专门为预防个人身份信息被盗提供服务的网站，教你如何避免发生这样的事情，或者当这类事情发生了的时候怎么去应对。例如，www.privacyright.org。避免冒名顶替的主要方式是认真保护好你的所有个人信息，尤其是社保号码。比如，除非在需要的时候，否则不要随身携带信用卡、社保卡、出生证明、护照。不要通过电话、电子邮件或互联网给出你的社保号码、信用卡号或其他个人信息，除非你与该公司有着值得信赖的工作关系，并且是你先发起的交易。把信用卡回执带走，不要把它们扔进公共垃圾箱。每年一次或两次向一个或多个信用部门索要你的信用报告，检查账单上有无错误和欺诈性的交易。

自我的描述层面：自我概念

自我认识并不是一下子形成的，而是随着时间不断发展：始于婴儿期，快速发展于青春期，完成于晚年。自我概念是自我了解的基础，它回答了“我是谁”这个问题。

自我概念的发展

自我概念最初萌生于婴儿期，婴儿开始认识到某些事物总是存在的（比如他的身体），而某些事物只会在某些时候出现（比如母亲的乳房）。婴儿开始区分自己的身体与其他事物：发现“我”与“非我”的事物之间有明显的分界。渐渐地，婴儿开始明白自己与外界的其他事物是有区别的。这些区别形成了初步的自我感觉，即对身体的知觉。

你见过一条狗对着镜子里的自己狂叫吗？狗可能会叫一会儿，但是它很快就会忽略这个镜像，因为它不能理解里面的影像就是自己。狗对自我的认识是有限的，然而，人类却喜欢镜子，甚至连幼小的孩子也会花很长时间在镜子前研究自己。他们知道镜子映出来的是自己的影像，并且还有浓厚的兴趣去考察这种影像。甚至3个月大的婴儿看到自己在镜子里的动作都会咯咯地笑出声来（Lewis & Brooks-Gunn，1979）。

尽管很小的孩子就会对自己的镜像感兴趣，但是他们要从合影中认出自己还需要一段时间。2岁以后，儿童才能在一群人的合影中找出自己（Baumeister，1991）。差不多在2岁时，儿童才开始理解他人对自己的期望。例如，这时儿童能遵守父母定下的规则。他们开始知道有些行为是好的，有些行为是不好的，并根据这些标准评价自己的行为。当他们做对的时候，他们会笑；当他们做错的时候，会皱眉。根据这些标准，他们的自我感受开始形成，这就是自尊的起源。

在与自我有关的诸多方面中，人们最早识别的是性别和年龄。这通常发生在2~3岁之间，儿童开始称自己是男孩或是女孩，并且可以分辨其他小朋友的性别。对年龄的初步认知也在发展，儿童通常会掰着手指来数年龄。这个年龄的孩子也开始通过家庭关系来扩充自我概念。他们可能会说“我是莎拉的弟弟”，表明其自我概念包含了和莎拉处于同一个家庭之中。

从3~12岁，儿童的自我概念主要是基于正在发展中的智力和技能。孩子们认为自己能够做这件事，或者不能做那件事。比如背诵字母表、自己系鞋带、阅读、自己步行上学、看时间或者写字潦草。这个阶段的自我概念主要包括性别、年龄、家族血统以及孩子们认为自己能做或不能做的事情。

学前阶段（5~6岁），孩子们越来越多地将自己的技能与他人作比较。他们现在可能比其他小孩好，也可能比其他小孩差。这就是**社会比较**（social comparison）的开始，他们热衷于社会比较的程度不同，并会在今后的生活中一直延续（Baumeister，1997）。社会比较是指通过与参照组做比较来评估个人的表现。“我是否比我的朋友更快、更聪明、更受欢迎、更有吸引力等?”是该发展阶段的儿童反复问自己的问题。

这个阶段的孩子们还认识到自己能够撒谎和保守秘密。其基础是他们意识到自我具有可隐藏的一面，包括各种私人的属性，如思想、情感、欲望等。意识到“妈妈对我的事情并不是完全清楚”是其发展的一大进步。这是内在的、**私人自我概念**（private self-concept）的发展。在自我概念的发展过程中这很重要，但通常也很困难。开始，儿童会想像出一个朋友，只有他们才能看到或者听到这个朋友。实际上，想象中的朋友是儿童首次尝试告诉父母他们的自我了解有隐蔽的、内在的部分。然后，儿童才会逐渐充分认识到，只有他们自己才能完全接近自己的想法、感受和欲望。不会有其他人能够理解这些，除非他们选择告诉他人，是否告诉他人是儿童自己的权利，也是自我概念发展的一大步。

在少年阶段，儿童自我概念的最后演变是**观点采择**（perspective taking）：一种站在他人的视角看问题的能力，或者说是像其他人那样看自己，走出自我的角度，想像自己在其他人面前会是什么样子。这就是为什么十几岁的孩子会有一段时间表现出非常强烈的自我意识，十分关注自己在他人面前的样子。你或许可以生动地回忆起自己那段时间的生活经历，回忆起包含了**客体自我意识**（objective self-awareness）的强烈的情感，把自己看做他人关注的对象。你是否记得上体育课时所穿的可笑运动服，或者穿上你的新泳装第一次去海滩玩耍？通常，客体自我意识会以害羞的方式被体验到，对一些人来说，这是个长期困扰他们的问题。

一些心理学家认为，在成人早期，自我具有叙事的特点，是一个正在讲述的故事。**叙事自我**（narrative self）是个体对过去、现在和将来的自我的理解，是关于自己的故事。自我概念以叙事性故事表征这一观点的最佳代表人物是心理学家麦克亚当斯（McAdams，1999；McAdams，Josselson，& Lieblich，2001）。根据麦克亚当斯的自我模型，现代社会中的人在青春期后期或者成人早期开始用叙事的方式组织他们的生活。他们的生活具有故事的特性，有过去、现在、将来、情节、具体的主题和一系列的演员。人们创造了这些内化的自传故事，这些故事允许人们重构过去、预期未来，为他们的生活提供整合和目标。麦克亚当斯认为，“自我”主要是个体的叙述，为个体在现代社会创造了一个独特的心理定位。与其他的文学作品一样，人生故事也可以从情节、布景、场景、人物和主题来加以分析。

按照麦克亚当斯的观点，个体的人生故事可以被看做一系列内部建构的某个方面。这些内部建构包括特质（如外向性、神经质）、特征适应（如动机、目标、价值等）和整合的人生故事。简言之，特质为个体架构了气质性的框架，适应为之加入细节，生活叙事提供了总体的生活意义和目标。

在自我发展的过程中，儿童学会了将自己与他人比较。“我跑得比你快”是在儿童群体中常听到的一句话。这是社会比较的开始，人们开始通过与他人比较来界定和评价自己。

自我概念是一个独特的知识结构，它由许多不同元素组成，并保存在我们的记忆中，就像我们对自己故乡的认知地图一样。

自我图式：可能自我、应然自我和非期望的自我

至此，我们已经介绍了自我概念发展的一些主要阶段。自我概念一经形成，它便能为人们提供一种连续感，提供用以理解过去和现在并指导未来行为的框架。就成人而言，自我概念是由与自我相关的多维知识单元所组成的结构，“我是负责的、健壮的、合作的、有吸引力的、细心并且专断的吗？”

自我概念就像记忆中的信息网，它管理着个体的自我体验，并为之提供一致感（Markus，1983）。自我概念也指导着个体如何加工关于自我的信息（Markus & Nurius，1986）。例如，人们更容易加工与自我概念相一致的信息。如果你认为自己是高度男性化的，那么你可能很快就会同意诸如“我是自信的、我是强壮的”这样的陈述。

自我图式（self-schema）是指自我概念的具体知识结构或认知表征。自我图式是相关自我概念建构单元的组织体系。比如，某个人可能会有一个关于男性化意味着什么的图式，这一图式包含了果断、强壮和独立等品质。一个拥有男性化自我图式的人就会利用该图式来理解自己，解释过去的经验，组织当前与自我相关的信息。这种自我图式使他注意某些特定类型的信息，比如能够证明他是果断、强壮和独立的一些证据。在谈话中，当他人说起他的果断、强壮和独立时，他会非常高兴。就这点来说，自我图式是认知结构，它以过去的经验为基础，指导着对自我信息特别是社会交往中的自我信息的加工。

自我图式通常是指自我过去和现在的某些方面，然而也有些图式是关于人们能够想象的将来的自我。术语**可能自我**（possible self）是指人们所拥有的关于自己将来可能变成什么样、希望变成什么样或害怕变成什么样的各种观念（Markus & Nurius，1987）。对于将来的自我，人们总是有着特定的欲望、焦虑、幻想、恐惧、希望和期待。尽管可能自我并不以实际的过去经验为基础，但它们也是总体自我概念的一部分。也就是说，可能自我也是总体自我概念的一个建构单元。例如，你是会成为电影演员的那类人吗？即这是你的一种可能自我吗？

因为在界定自我概念时可能自我起到一定作用，所以它们能以某些方式影响人的行为。比如，一个高中生可能不知道成为宇航员会是什么样子，但由于这是她的一种可能自我，她就会对自己作为宇航员的形象有很多的想法和情感。关于宇航员的许多信息，如航天机构、航空科学等，对她而言就具有特别的意义，她会抓住一切可能的机会来了解这些知识。因此，这一可能自我会时时影响她当前的决定（如额外选修数学）。可能自我是现在和将来的桥梁，它们是未来自我的工作模型（Oyserman & Markus，1990）。然而，当这个可能自我是一个糟糕的角色模型时，该工作模型也许会导致问题行为。研究者（Oysenman & Saltz，1993）对一组青少年罪犯的研究发现，其中很大一部分人的可能自我是罪犯，只有相对较少

的人拥有传统的可能自我，比如，找份工作或好好学习。

可能自我是行为的灵感和动因。当人们的行为方式与自己希望的可能自我相一致时，他（她）会感到自己有能力、有价值。然而，也有些可能自我并不是人们所期望的，人们不想变成那个样子。例如，一个年轻人可能有心脏病的家族病史。正巧在大学的时候，他体重超重，有点高血压，身体状况不佳。这时他意识到的可能自我是一个正遭受冠心病困扰、承受医疗折磨甚至会早逝的人。这种不希望的可能自我同样会激发相应的行为。任何能够使他远离这种不想要的可能自我的行为，如戒烟、减肥、锻炼都会让他感觉良好；任何把他推向这一可能自我的行为，如过度饮食、缺乏锻炼都会让他感到痛苦。

可能自我允许我们遵照计划，朝着自我提升的方向努力。源于可能自我（希望的或不希望的）的行为可以激发强烈的情绪和情感。例如，对于一个不会患冠心病这一可能自我的人而言，错过几天的锻炼给他带来的痛苦并不像有这种可能自我的人那么严重。

心理学家希金斯（Tory Higgins，1987，1997，1999）详细阐述了可能自我的概念，并将之与理想自我和应然自我做了区分。**理想自我**（ideal self）是人们想要变成的自我；**应然自我**（ought self）是人们对他人想要他（她）变成的样子的理解。应然自我建立在个体对他人承担的责任和义务之上，是个体应该做的；理想自我则建立在个体自己的欲望和目标之上，是个体想要的。希金斯把理想自我和应然自我称为**自我导向**（self-guides），是个体用来组织信息和激发适宜行为的标准。自我导向通过情绪获得动机属性。希金斯指出，两种类型的可能自我分别以不同的情绪为基础：如果个体的真实自我与理想自我不符，那么个体会感到悲伤、沮丧和失望；如果个体的真实自我与应然自我不符，他（她）会感到内疚、忧伤和焦虑。

自我导向也会通过改变注意对象而影响个体的动机（Higgins，Shah，& Friedman，1997）。理想自我指导我们把注意力放在取得成就和完成目标上，希金斯称之为提升关注。另一方面，应然自我则具有防御性关注的作用，引导我们的注意力去寻找安全、避免伤害。与提升关注相关联的目标达成后会产生兴奋的感觉；与防御性关注相关联的目标达成后会产生释放的感觉。有些人更倾向于提升关注，他们依据想达成的目标来指导自己的行为；另一些人更倾向于防御性关注，依据不想发生的事情来指导自己的行为。

总的来说，自我图式是关于自我概念的认知结构，由自我过去的、现在的和将来的各方面组成。自我概念是人们的自我图式的总和，是他们所知道的和深信的对自己的了解。自我概念的一个重要部分是可能自我，它可以是人们希望的理想自我或是努力避免的非期望的自我。过去的我是怎样的？现在的我是什么样子？以后我想要成为什么样的人？这些问题的答案就是自我概念的定义。

可以从两个方面来将自我概念化：一是侧重其内容，每个人的自我概念是由什么组成的，即人们的自我图式和可能自我。另一方面是按照个人对自我概念的评价来界定自我。她喜欢以前和现在的自己吗？他通常对自己感到满意吗？她是否觉得自己有价值？他是否看重自己的价值？这些问题都与自尊相关，是我们即将讨论的一个重要话题。

自我的评价层面：自尊

当儿童确立了行为的标准，并努力达到标准的时候，就萌生了最初的自尊。例如，父母对排便训练的要求。当儿童最终掌握了这些要求后，便形成了骄傲和自尊的来源，至少在遇到更大的挑战之前如此。在童年晚期，儿童开始热衷于社会比较的时候，自尊的来源开始发生转变。儿童将自己和他人比较，如果自己做得比他人出色，他们就会感觉自己很好。再后来，人们发展出一套内在的标准，这些标准对自我概念来说十分重要。与这些内部标准不一致的行为和经验将会导致自尊的降低。总的来说，自尊是个体自我评价的结果。

自我评价

自尊是依据好或坏、喜欢或不喜欢的尺度对自我概念进行的总体评价：你是否喜欢自己并且认为自己有价值，你是一个出色的人吗？你是否感到他人很尊重你？你是否觉得自己基本上是个正派、公平的人？你是否对你所做的事、所扮演的角色以及想要成为的人感到骄傲并满意？自尊就是个体对自我概念所有方面的积极反应和消极反应的总和。

大部分人对自己都有各种不同的反应。好的、坏的我们都必须承受，承认自己不仅有优点也有缺点。我们对自己的看法每天甚至每小时都会发生改变。当我们做的事情与自我概念不一致时，比如伤害了他人的感情，而我们却不认为自己没有同情心，那么我们的自尊就会陷入一个低谷。然而，这样的波动是围绕着我们自尊的平均水平发生的。很多人格心理学家对自尊的平均水平感兴趣，即个体在自尊维度上所处的位置。例如，总体来看，我们是否有一个积极的、中性的或者消极的自我评价？

人格研究者已经开始承认，人们会从生活的不同角度正面或负面地评价自己。例如，你也许觉得自己智力出众，但在异性面前却非常害羞。因此，你可能在学业上有较高自尊，但在约会或涉及个人魅力时，自尊却较低。总体自尊是自我在不同领域中的自我评价的合成。个体能够对这些不同的方面进行独立的评价，而且研究者能够考察这些不同方面的自尊。例如，有一个量表就可以同时测量三个方面的自尊：成就自尊、容貌自尊以及社会自尊（Heatherton & Polivy，1991）。

尽管让人们感到自信的生活领域不同，比如友谊、学业和容貌，但是这些不同领域的测量结果显示它们之间具有中等程度的相关。也就是说，人们在某一方面有高自尊，那么在其他方面也会拥有高自尊。研究者发现，考察具体领域的自尊有时是很有帮助的，比如，饮食障碍与相貌自尊有关。然而，大部分研究者认

表 14.1		总体自尊问卷中的项目
1. 是	否	我自我感觉良好。
2. 是	否	我感到自己跟其他人一样，是一个有用的人。
3. 是	否	我可以像大部分人那样做事情。
4. 是	否	总的来说，我对自己感到满意。
5. 是	否	有时我觉得自己很没用。
6. 是	否	有时我觉得自己一点都不好。
7. 是	否	我觉得自己没什么值得骄傲的。

资料来源：摘自 Marsh，1996.

为，将自尊视为人们对自我概念的总体评价或平均评价才是有益的。表 14.1 展示了一个被研究者广为应用的总体自尊问卷。该问卷测量的是总体自尊，通过阅读和回答这些项目，你会对该测验中的自尊含义有所了解。如果 1~4 题回答“是”，5~7 题回答“否”，说明你的自尊很高。

自尊研究

很多关于自尊的研究关心人们如何对他人的评价做出反应。被评价是非常普通的事情，尤其是在学校的时候。家庭作业受到评价，考试也是一种评价，儿童还会定期收到成绩报告。即使在校外，很多儿童游戏也会涉及评价，比如一些竞争性的游戏。在成人期，游戏虽发生了改变，但评价还在继续。大多数工作都以某种形式进行常规性的评价，工人至少会以年度加薪多少的方式收到对其表现的反馈。在成年生活的其他方面也有很多竞争和评价，比如在经济、婚姻和子女方面，人们经常拿自己所做的事来与邻居相比较。因为自尊与评价相关，所以很多关于该主题的研究涉及到人们如何对批评和消极反馈做出反应。

对批评与失败反馈的反应

很多实验室研究探索了高自尊者和低自尊者如何对失败反馈与批评做出反应。一般来说，让被试到实验室完成一项重要任务。比如参加智力测验。告知被试，现在正在制定一个常模，他们要全力以赴，因为他们代表着自己的学校。通常，这会使被试非常投入，并激励他们做得更好。然后，在答题结束后研究者对测验评分，并故意表现出对被试的不满，说他们做得非常差。研究的问题是“高自尊者和低自尊者对批评和失败是如何反应的?”这个研究主要观察消极反馈如何影响被试在随后相似任务中的表现，以及失败是否会对高自尊者和低自尊者产生不同影响（Brown & Dutton，1995；Stake，Huff，& Zand，1995）。在被试得到消极反馈之后，让他们接着去做一个相似的智力测验。然后研究者观察被试的努力程度，他们能做到多好，是否会放弃随后的困难任务。研究发现：失败后，低自尊者会表现得更差些、更早放弃任务；相反，高自尊者却似乎受到了失败反馈的鞭策，他们很少会放弃，更多的是与完成第一次任务时同样努力（Brown & Dutton，1995）。

为什么失败会让低自尊的人感到无力而让高自尊的人重新振作呢？研究者认为，人们容易接受与自我概念相一致的反馈。对低自尊者来说，最初任务中的消极反馈与他们的自我概念相一致，所以他们确信自己是个失败多于成功的人。因此，当面对第二项任务时，低自尊者（第一项任务使他们确认了自己的消极自我观点）会认为接下来的任务也一定会失败，所以他们不愿努力去完成，或者干脆放弃。然而，对高自尊者来说，失败与他们的自我概念不一致，所以他们更倾向于不接受这一反馈。另外，他们不相信这一反馈，可能认为第一次的失败是源于某种意外或根本是个错误。因此，在接下来的工作中他们会和第一次一样努力并且不放弃，因为在他们的自我概念中自己并不是一个失败的人。心理学家鲍迈斯特和他的同事（Baumeister，Tice，& Hutton，1989）主张，高自尊者努力构造一个成功、向上、蓬勃的自我形象。相反，低自尊者更多地关心避免失败。区别两类人的重点在于：高自尊的人担心不成功，低自尊的人害怕失败。

自尊与攻击

在一篇富有争议的文章《高自尊者的阴暗面》（The Dark Side of High Self-Esteem）中，鲍迈斯特和其同事指出，把低自尊看做暴力的主要原因是一种荒诞的看法（Baumeister，Smart，& Boden，1996）。相反，他们认为，如果高自尊者因某人或某事而被质疑或威胁时，那么他们会倾向产生暴力或敌意。有过分优越感以及自恋倾向的人，最容易做出暴力回应。作者认为，将愤怒指向外部可能是其避免修正自我概念的一种方式。

在接下来的实证研究中，鲍迈斯特等人反复证明，当人们的自尊受到威胁时，自恋者（有夸大的自我概念，感觉自己比他人更优越，认为自己该受到特殊待遇）更趋向于对威胁的源头进行报复或攻击（例如，Baumeister，Bushman，& Campbell，2000；Bushman & Baumeister，1998）。在一项对男性犯人的研究中，鲍迈斯特及其同事（Baumeister & Bushman，2002）发现，有暴力侵犯史的罪犯的自恋倾向显著高于没有暴力史的罪犯。这些结论可以驳斥低自尊导致攻击的观点。同时表明，自我中心者受到威胁时更容易导致攻击和暴力。

自尊与对消极事件的应对

其他关于高自尊人群的研究探讨了他们应对生活事件的策略。每个人都会碰到不愉快的事。在日常生活的起起落落中，高自尊的人似乎能够保持对自己的积极评价。这是因为高自尊者懂得如何更有效地应对生活中的挑战吗？高自尊者如何克服人们都会遭遇的失望、缺点、损失以及失败呢？

研究者（Brown & Smart，1991）发现，高自尊者使用的一种策略是，在生活中的某一方面失败后，他们通常转而关注生活中其他的如意方面。拉森（2000a；Larsen & Prizmic，2004）认为这是最有效但也是最少被用于克服失败感的策略。

例如，假设你是一位心理学研究者，评价你工作的标准是每年发表的论文数量。如果你的某篇文章被出版机构驳回，那么这是你生活中的一个小小失败。如果你是个低自尊的人，这次失败将对你有很大影响。你会更坚信自己在大部分事情上都是个失败者，这件事不过再一次证明了你是多么无用。相反，如果你是个高自尊的人，也许你更愿意提醒自己仍旧是个好老师，仍旧是学校的好职工，仍旧是个好丈夫或者好妻子。对你的孩子来说，你仍旧是个好家长，你仍旧可以在壁球游戏中表现出色，你的狗仍旧喜欢你。研究者（Larsen & Prizmic，2004）指出，为了应对这类失败，人们应该列出自己生活中进展顺利的所有事情，并把清单装在钱包里。那么，如果在生活的某个领域遭遇失败，比如在工作中，他们就可以把清单拿出来看一遍，就像高自尊的人自然会做的那样。这可以帮助人们应对生活中不可避免的打击、挫折和失败。

这种分离自我的观念与心理学家林维尔（Patricia Linville，1987）的**自我复杂性**（self-complexity）研究相一致。林维尔指出自我概念中有很多角色和很多方面。然而，对有些人而言，其自我概念相当简单，仅由少数几个大方面组成。比如，当某人说"没有她，我什么都不是"时，则意味着他的整个自我概念只涉及这一种关系。其他人可能会有一个更复杂或分化的自我概念，他们的自我概念有很多方面：关系、家庭、工作、兴趣、朋友等等。对于自我复杂性较高的人而言，自我任何一个方面的失败（如关系破裂）都可以得到缓冲，因为其自我的许多其他方面并没有受该事件的影响。然而，如果一个人的自我复杂性比较低，那么同样的失败则可能会变成灾难，因为此人只通过一个方面来界定自己。谚语"不要把所有的鸡蛋放到一个篮子里"似乎也适用于自我概念。

保护自我与提升自我

假如你是一名即将毕业的大四学生，专业是计算机科学，具备良好的网页程式设计知识。一家热门的因特网创业公司将聘用你管理信息技术部门。你知道自己在这家公司会有很大的发展空间。事实上，如果公司上市，几年之内它可以让你变成百万富翁。然而你也清楚这将是一份非常辛苦的工作，几年之内你必须投入大量的时间，完全投身于公司。你还知道，你需要加入一个好的工作团队，成功地做好最初的几个项目。这是一个高收益和高风险并存的职位。你知道自己有着丰富的技能，但也知道自己很可能会一败涂地。你将会怎样做？你会选择这项工作吗？

有些人可能会放弃这个能带来巨大成功的机遇，因为他们要维护自己的自我概念。也就是说，他们关注的是*不失败*。当失败的可能性很大时，他们宁愿不去冒险。换言之，即对有些人而言，不失败远比巨大成功更重要。事实证明，低自尊的人往往如此，他们通过避免失败来维护自我概念，而不是通过成功来提升自我概念（Tice，1991，1993）。

该观点得到了几项不同研究的支持。例如，在一项研究中（Taylor et al.，2000），让被试参加智力测验，并被告知每个被试自己的测验分数和其他被试的分

阅读

羞怯：当客体自我意识变成习惯

盖瑞森·凯勒是广播秀《牧场之家好做伴》（*Prairie Home Companion*）中颇受欢迎的主角之一，他极为羞怯，这在其文章和访谈节目中都曾提及过。他说，当羞怯的人不得不与他人交往时，他们恨不得变成隐形人。他们不愿意交流，因为他们缺少社交自信，在人际互动中感到非常焦虑，也不会激励自我。由于这些感受的存在，羞怯的人总是逃避社交。

很多成功人士都很羞怯，其中包括歌唱家芭芭拉·史翠珊，作家塞林格，以及画家安德鲁·韦斯(Stocker，1997)。羞怯之人的共同点在于，他们都渴望友谊和社会交往，但却因为自己的不安全感和害怕而止步。因此，他们避免被公众注意，避免面对面的交流，并在谈话后过度反复思考，担心他们的表达是否恰当，是否给人留下了好印象，还是看起来很愚蠢。在同样的交往中，羞怯的人的内在体验与不羞怯的人完全不一样。

羞怯的人未必都是内向的人(Cheek，1989)。内向的人偏爱独处，他们喜欢平静和悠然的独居。而羞怯的人却希望与他人接触、融入社会；希望有朋友、渴望成为群体中的一员。但是羞怯者的自我怀疑和自我意识使得他们错过了参加社交活动的机会（Henderson & Zimbardo，2001a，b；见 www.shyness.com）。他们自我设障，不加入团体，不与陌生人说话，不与其他人接触；他们拒绝能学习和实践社交技巧、克服羞怯的机会。

心理学家卡根（Jerome Kagan）花了几十年的时间来研究羞怯（Kagan，1981，1994，1999）。在对婴儿的研究中，他发现大约有20%的4个月大的婴儿表现出了羞怯的征兆：当他们面前出现不熟悉的人和物体时，就会手脚乱动并哭闹。在接下来几年的跟踪研究里，卡根发现他们中的大部分人在儿童期表现出羞怯迹象。例如，他们在外面玩耍时不肯离父母太远。当有陌生儿童在周围时，有些甚至会粘着父母，寸步不离。又过了几年，卡根发现约半数的羞怯儿童发生了改变，他们在童年后期不再羞怯。通过考察父母的教养实践，卡根发现这些曾经羞怯的儿童的父母均会鼓励孩子参加社会活动。也就是说，父母经常逼迫孩子参加群体活动，与其他儿童交流，并且对孩子参加社交活动给予许多表扬。这通常是一种“粗暴的爱”（tough love），因为父母不得不逼迫这些毫不情愿、充满抱怨的孩子与同龄人玩耍。然而，几年后，这些儿童便不再羞怯了。仍旧羞怯的儿童的父母往往是在孩子不情愿加入群体时做出了让步。也就是说，当儿童抱怨或拒绝参加一个群体时，父母通常也会屈服，而不是把孩子推出去。因此，这些孩子显然从来没有认识到自己能够克服自我怀疑和缺乏社交自信（Kagan，1999）。其他研究也表明，对于那些过于管制或保护孩子的父母，他们的孩子往往是羞怯和紧张的（Wood et al.，2003）。

研究羞怯的心理学家有时更偏好用**社交焦虑**（social anxiety）一词，意指社交不适感，或甚至是预期的社交不适感（Chavira，Stein，& Malcarne，2002）。有社交焦虑的成人报告说，当他们与其他人交谈时会感到紧张或尴尬，尤其是面对陌生人的时候（Cheek & Buss，1981）。社交焦虑者似乎过于关注他人的感受。交谈过后，他们经常会认为自己说错了话，听起来或看起来很愚蠢（Ritts & Patterson，1996）。有时，社交焦虑是如此强烈以致会伴随各种外部迹象，如颤抖的声音或发抖的动作。与社交焦虑者接触的人，通常将其行为理解为不友好，而不是羞怯（Cheek & Buss，1981）。有时，羞怯的人会完全被焦虑击败，以致阻碍了交谈的能力。也许他们会长时间看着自己的鞋子而不说话，因为他们不知道该说什么。对羞怯的人来说，谈话中的暂时沉默是非常难受的。

在一个有趣的研究中，研究者要求被试完成一项特别任务。如果不向他人求助，就不可能完成这项任务（DePaulo et al.，1989）。研究者故意设计该项任务，以便研究羞怯者在需要帮助时是否会向他人求助。他们发现社交焦虑的被试并不情愿寻求其他人的帮助，大概是因为羞怯的人担心求助会遭到拒绝。

羞怯的人也倾向于对社交做出消极的解释：他们会把评论当做批评而非有帮助的建议。例如，有研究者（DePaulo et al.，1987）让学生以小组为单位工作，然后互相为对方的表现写汇报。随后研究者与学生单独会谈，询问他们认为其他人会怎么评价自己。结果显示，羞怯者认为其他人可能不太喜欢自己，他人会认为自己缺乏竞争力。这样看来羞怯的人不但不愿参与社会交往，而且还认为其他人不喜欢自己。这些想法也许会导致他们避免交谈或缩短交谈时间，从而失去了克服羞怯的机会。

是什么造成了羞怯者的社交焦虑呢？卡根相信羞怯部分源于遗传。毕竟羞怯在一些婴儿的早期就出现了。然而，也有一些社交焦虑是习得的。很多研究者认为羞怯者过于看重他人对自己的评价，这被称为评价恐惧，即羞怯的人对来自他人的评价会感到恐惧。例如，羞怯者认为正在与他们谈话的人会认为自己呆板、愚蠢和幼稚。他们害怕他人对自己做出消极评价。因此，仅仅是上台表演或者领导小组会议这样一个念头，都会使他们充满恐惧。所以，他们会避免这样的情境。如果不得不进行社交，他们会努力去限制或者缩短这一过程。他们避免接触他人的眼睛，这向别人暗示他们希望结束会谈；如果不得不进行会谈，他们会努力地避免谈及个人喜好，保持无威胁性。他们会不断点头表示赞同，不在谈话中卷入太深。他们尽量不表达内心的观点和给出个人信息，因为这会引起他人对自己的评价。总之，研究者认为，羞怯的根源是对消极评价的恐惧(Leary & Kowalski，1995)，这会转化成社交中缺失自信，感觉自己好像缺乏驾驭社交情境所必需的技巧(Cheek & Melchior，1990)。

最近的调查显示，在西方国家中大约有 7%~13%的人会在其一生中经历社交恐惧症或极端的羞怯(Furmark，2002)。这表明，羞怯现象在普通大众中并不少见。有研究者（Schmidt & Fox，2002）回顾了关于羞怯的发展过程以及羞怯种类的研究。比如，一种类型的羞怯者可能具有较高的社交能力，但是却充满焦虑和恐惧；另一种类型的羞怯者社交能力比较低，他们只是因为自己过度的自我意识而回避他人(Cheek & Krasnoperova，1999)。然而，由于性格特征的重叠，很难从经验上对羞怯者做出区分。羞怯者的自我报告与其同伴报告的结果显著相关，说明该特征可以通过问卷测量（Zarevski，Bratke，Butkovic，& Lazic，2002)。

从事大脑研究的心理学家指出，羞怯者有反应性较强的**杏仁核**(amygdala)——大脑边缘系统或者情感系统的一部分，主要负责恐惧情绪。卡根与其同事追踪研究了一组成人，他们在两岁的时候被评估为羞怯者。研究发现，与不羞怯的人相比，童年时羞怯的成人面对新奇面孔时，其杏仁核的 fMRI 反应强度大于面对熟悉面孔的反应(Schwartz，Wright，Shin，Kagan，& Rauch，2003)。在另一项有趣的研究中，研究者在入学第一天和第十五天分别检测了 35 名一年级学生的皮质醇（一种应激激素，第 6 章曾提到过）水平（Bruce，Davis，& Gunnar，2002)。他们发现大多数儿童在入学首日，其皮质醇反应都会增强。但是，羞怯的儿童在入学十五天后仍然表现出较强的、持续的皮质醇反应。

不管是什么原因，羞怯都会给羞怯者带来社交上的问题。一些研究考察了羞怯者如何利用网络来避免面对面的交流（Caplan，2002)。一项研究发现，羞怯的人更喜欢用互联网来消遣时光，而不喜欢在面对面的娱乐环境中与他人交往（Scealy，Phillips，& Stevenson，2002)。

一位研究者（Stocker，1997）在回顾了关于如何帮助羞怯者克服其面临的困难的研究之后，提出了七个切实可行的步骤：

1. **抛头露面**。羞怯者想回避带给他们焦虑的情境，然而，如果你真的想克服羞怯，就必须进入到这些不舒服的情境中：参加聚会或者与陌生人开始谈话。羞怯者经常会高估自己可能体验到的不舒服感；然而一旦交流开始，他们会发现事实并不像自己想像的那样糟糕。
2. **给自己打气**。停止对自己吹毛求疵。羞怯者通常对自己要求很苛刻，总是在事后蔑视和嘲笑自己的社交行为。如果表现出微小的社交失礼，他们往往会将之过分夸大，而忽略掉社交中 99%的表现是良好的这一事实。
3. **循序渐进**。把一个大目标分解为很多小步骤是很有用的。不要试图“成为一个出色的演说家”，尝试设置一些较小的目标，比如参加一个你一直想参与的社团会议。第一次，你不必说什么，只是参与并倾听。第二次，你的目标可以是开始说话，不必在会议中讲话，而是在会后与某人交谈。第三次，努力在会议中提出一个问题。关键是制定一系列的小目标，不断体验到小的成功。
4. **转向他人**。羞怯者非常紧张，所以在整个谈话中关注的是自己。把注意力转向他人，注视谈话者，仔细倾听他们说了什么，努力去发现有趣的东西并尽力问一些问题，给予他人一些赞扬或者言语上的支持。把注意力转向外部、转向他人，可以减少你对自我及自身紧张感的关注。
5. **流露出亲切**。羞怯者的紧张往往被他人理解为不友好或者紧张。通过微笑、目光接触、保持放松来努力制造一个积极的非言语印象。
6. **预期失败**。克服羞怯是一个学习的过程，这需要实践，小的失败是不可避免的。如果你在一次交谈中说错了什么，把它作为学习过程的一部分，并继续做更多的练习。
7. **加入人群**。没有人在任何时候都是完美的。许多人都不是完美的健谈者。此外，你可能认为闲聊是一件重要的事情。然而，当你听到他人闲聊时你会意识到，闲聊就是闲聊，别无其他。

表 14.2　亨德森/津巴多的羞怯问卷

指导语：用下表中的数字来评价你在问卷中每个项目上符合的程度。

完全不相符	有点符合	经常符合	非常符合	完全相符
1	2	3	4	5

1. 我担心自己在社交场合中会显得很愚蠢。
2. 在社交情境中，我经常感到不安。
3. 在社会交往中，其他人得到的乐趣似乎比我更多。
4. 如果有人拒绝我，我会猜想是自己做错了什么。
5. 我很难接近正在谈话的人。
6. 大部分时间里，我都感到很孤独。
7. 与表面上所看到的不同，实际上我对他人更挑剔。
8. 我很难拒绝他人的不合理要求。
9. 由于不会拒绝，所以在项目中我会承担额外的工作。
10. 从他人那里获取我想要的东西是件很容易的事。
11. 我不想让他人知道我的沮丧或愤怒。
12. 我发现同他人约会是件很困难的事情。
13. 向他人表达我的真实感受是件很困难的事情。
14. 我会怀疑他人接近我的意图。
15. 他人找我帮忙时，我会感到厌烦。
16. 在小组讨论中，我会坐到后面观察而不愿参与其中。
17. 我发现自己总害怕被拒绝或不被注意，不能融入新环境。
18. 我担心自己会成为他人的负担。
19. 他人所问的私人问题让我感到很焦虑。
20. 我让他人占我的便宜。
21. 当我认为他人对我有消极反应时，我会对自己产生消极评价。
22. 我努力想象一个给定的环境所期待的行为是什么，并依此而行事。
23. 当我看起来与他人不同时，我会感到很尴尬。
24. 我对自己感到失望。
25. 当事情没有按自己的预期发展时，我会责备自己。
26. 有时，我会在社交结束后感到羞愧。
27. 我通常能意识到自己的感受，哪怕我不知道是什么引发了它们。
28. 我经常关注他人的认可。
29. 我喜欢在社交场合冒险。
30. 如果有人对我很挑剔，我会想他们可能遭遇了糟糕的一天。
31. 如果让他人知道过多关于我的信息，他们会对我说三道四的。
32. 我认为取悦他人是件很重要的事情。
33. 当觉知他人感到社交焦虑时，人们会感到有优越感。
34. 当我与他人共度一段时间后，我会花很多时间回想自己当时的社交表现。
35. 我对自己的社会支持水平感到满意。

资料来源：The Shyness Institute，2000 Williams St，Palo Alto，CA 94306. 摘自 Henderson & Zimbardo，2001. Reprinted with permission of The Shyness Institute.

数。引导被试相信自己做得比他人好（虚假成功反馈）或者比他人差（虚假失败反馈）。然后让被试有机会获知更多与他人相比的反馈，这些反馈有可能与之前的测验分数结果一致。只有当确定是好消息，自己在平均水平之上时，低自尊的被试才会寻求更多反馈；而当他们认为自己处在平均水平之下时，便不再想要任何反馈。这与认为低自尊的人具有维护自我概念的动机的观点相一致：只有当他们确定是积极反馈信息时，才会要求更多反馈。另一方面，高自尊的人即使获知自己处在平均水平之下，也不回避更多的反馈。

低自尊的人有时会花大力气来回避任何关于自己的新的消极信息。一种策略是预期失败，那么当失败来临时，它就不再是新信息了。在第 12 章中我们曾讨论过这一策略，即防御性悲观主义。防御性悲观主义是指面临挑战时，如即将到来的考试，个体预期自己的表现会很糟糕。防御性悲观主义者受害怕失败的动机驱使，接受这种悲观的前景展望，因为，如果失败已经被事先预期，那么它所带来的影响将会减弱。例如，如果一个小男孩事先预期打棒球时会三击不中而出局，那么当他真正出局时便不会很沮丧。心理学家诺伦（Julie Norem）做了大量关于防御性悲观主义的研究，他看到了这种性格的积极方面。防御性悲观主义者可以建设性地应用他们的担忧和悲观，促使其解决导致自己悲观的事情。诺伦举了一位必须做公开演讲的男性的例子（Norem，1995）。尽管他已经进行了很多次公开演讲，且每次演讲都很成功，但他仍然十分焦虑并认为这次自己一定会出丑。因此，他决定进行更多额外练习，他一遍遍演练、一遍遍准备。到了真正演讲的时候，他像往常一样成功。通过反思最差的后果，防御性悲观主义者可以使这种最坏的结果免于发生。防御性悲观主义的消极方面在于，其消极性会让他人恼火（Norem，1998，2001）。

有些时候，人们不遗余力地制造失败，这被称做自我设障（Tice & Baumeister，1990）。**自我设障**（self-handicapping）是指个体故意做一些会增加失败可能性的事情（Tice & Bratslavsky，2000）。比如，一位年轻女士可能对即将到来的考试持悲观态度，所以她将此作为不学习的借口。然而，不学习对考试而言就是一个障碍，一个失败的理由。因为不学习增加了她失败的几率，同时也为她的失败提供了借口。失败后她可以说只是自己没有准备，而不是自己不够聪明或者没有能力做好。对低自尊的人而言，失败是件坏事，而没有借口的失败则是更糟糕的事。

自尊的可变性

大部分自尊研究关注自尊的平均水平，或说是一般情况下人们的自我评价是怎样的。但是通过第 5 章我们也知道，人的自尊每天甚至每小时都在发生波动。**自尊的可变性**（self-esteem variability）是一种个体差异，它是指自尊短期波动的程度（Kernis，Grannemann，& Mathis，1991）。在本节，我们只强调主要的两点。首先研究者就自尊的水平和可变性做了区分，自尊的这两个方面并不相关。而且我们假定，自尊的水平和可变性以两种不同的心理机制为基础，它们在预测一些重

阅读

弱势群体成员的自尊

心理学家克罗克和梅杰（Jennifer Crocker & Brenda Major）已经全面论述了自尊研究中的一项非比寻常的发现：与优势群体相比，尽管名誉受损的弱势群体成员会遇到各种不利条件，但他们的自尊水平并不比优势群体成员低。在美国，很多社会群体会遭受偏见、刻板成见和歧视。这些群体包括非裔美国人、同性恋、残疾人、女人、心理疾病患者以及缺少吸引力或容貌丑陋的人（Crocker & Major，1989）。而且研究者指出，在美国社会中，这些群体的成员会遭遇各种不利，特别是在经济机会和职位获取上。例如，平均来看，全职工作的女性获取的报酬只是全职男性的80%。

来自不同弱势群体的人，如残疾人，会体验到偏见和歧视。尽管如此，研究者发现，这些群体成员与优势群体成员的自尊水平相同。

其他受压制和受歧视的群体在经济和其他机遇上也会遇到相似的障碍。由于这些消极后果与他们是受压制或受歧视群体的成员密切相关，所以许多心理学家曾预测，他们的自尊水平应该比优势群体成员低。

这些预测有一系列的理论基础。一种理论认为，自尊形成于与他人的互动中，个体的自尊反映了他人如何评价自己。这里对自尊的形成起作用的“他人”，可以是社会中的“他人”，优势群体中的“他人”。该理论表明，社会常常贬低弱势群体的成员并通过媒体加以渲染，所以弱势群体成员就会同化这些评价，形成低自尊。

另一种理论提出，自尊源于社会环境中的成功体验。根据该观点，人们在教育、社会关系和职业中表现出胜任和掌控便可以赢得自尊。如果特定群体的成员缺少证明掌控能力的机会，体验到较少的成功，那么这些成员就不会形成高自尊。显然，弱势群体就遇到了这些成功的障碍。因此，该理论认为，与遭遇较少障碍的优势群体成员相比，弱势群体成员的自尊水平会比较低。

尽管有如此多的理论预测，但实证研究却没有发现任何与之相一致的证据。当把总体自尊定义为自我价值、自我接受、自我尊重等个人情感时，测量发现，在优势群体与弱势群体之间不存在差异。例如，非裔美国人的总体自尊水平等于或者略高于美国白人（Hoelter，1983a，1983b）。这种模式同样适用于墨西哥裔美国人、女性（与男性比）、残疾人、肥胖者、智力落后者、同性恋以及缺乏吸引力的人（Crocker & Major，1989）。

尽管偏见和歧视一般不会导致低自尊（Crocker & Major，1989），但这些发现不能被理解为偏见和歧视对受害者没有伤害和威胁。显然，偏见会带来很多不良后果，并导致许多不利条件和社会机会的丧失。然而自尊似乎并不受消极对待以及偏见的影响。

弱势群体成员如何保护其自尊免受偏见的消极影响？鉴于频繁地遭遇拒绝、歧视和偏见，弱势群体成员如何成功维持其对自身的积极评价？克罗克和梅杰提出了三种重要的机制。第一种是将自己的可怜状况和受到的消极待遇归咎于他人对其群体的偏见。这一过程被称为**偏见归因**（attribution to prejudice）。例如，当一位女性没有得到自己想要的工作时，她不确定是因为自己不适合这项工作还是因为自己是女性。这种不确定性（“是因为我，还是因为男权至上主义者的态度？”）可以保护她的自尊，特别是当归因为男权至上主义者似乎更为合理的时候。同样的自我保护机制在其他受压制的群体遭遇失败和消极后果时也适用。

在一项有趣的研究中，黑人大学生被试接受来自白人评价者的积极或消极反馈，白人评价者可能见过他们（Crocker & Major，1989），也可能没见过他们。研究者预测，如果黑人被试知道评价者见过他们，他们会将消极的反馈归咎于对黑人的偏见。然而，当黑人被试知道白人评价者并不清楚其种族时，他们则会将消极反馈归咎于自身。正如预测的那样，只有当认为评价者不知道自己的种族时，消极反馈才会降低黑人被试的自尊；而当评价者知道他们的种族时，黑人被试的自尊并没有明显地受到消极反馈的影响。与许多理论所预测的相反，那些意识到自己处在弱势状态，对种族歧视相当警惕的人会具有特别高的自尊。

弱势群体保护自尊的第二种机制是仅与群体内部的人、与自己相似的人比较。例如，当我们问“总体上来说，你对自己的生活满意吗?”时，你需要一个对照组来给出答案。“我有多满意要看跟谁比较。”一个残疾人可能会说“跟其他残疾人比，我做的很不错”；一个非裔美国人会说“与美国的其他黑人相比，我对自己的生活相当满意”。换言之，弱势群体中的成员避免拿自己与优势群体成员相比较，更倾向于与自己群体中的其他成员相比较。研究者（Crocker & Major，1989）指出，弱势群体成员采用所谓的**群体内比较**（in-group comparison）的原因有三个。其一，由于环境隔离的原因，跟他们相似的人更容易被想到；其二，他们想获得一种精确的自我评价；其三，因为他们想避免与优势社会群体相比较所带来的痛苦结果（Crocker & Schwartz，1985）。

弱势群体成员保护自尊的第三种机制是贬低优势群体所看重的品质，认同其自己群体所表现出的主要品质。只有当人们在自己所看重的事件上取得成功或者失败时，其自尊才会受到影响。例如，如果有的人并不看重烹饪的技巧，那么说他做饭糟糕根本不会影响他的自尊。同样，如果他们不看重运动，那么说他们缺乏运功天赋，也不会影响其自尊。如果他们不看重教育，考试不及格也不会对其造成影响。这种自尊保护策略被称为**选择性评价**(selective valuation)。

尽管很少研究直接涉及这种机制，但是研究者（Crocker & Major）认为，通过选择认同群体内的品质，选择性贬低优势群体的某些品质，弱势群体的成员得以保护自己的自尊。比如，女性可能会说，她们在工作中看重的是帮助他人的机会，高薪和升职对她们而言并不重要。这种工作价值观反映了某种现实状况：较之男性，女性获得高薪或者升职的机会要少，她们更可能去从事某些助人的行业（Nieva & Gutek，1981）。通过认同所拥有的，贬低所缺少的，弱势群体的成员可以保护他们的自尊。

人们会选择不同的标准来评判自己。在一项对大型城市中七八年级学生所做的研究中，研究者(Tashakkori，1993）发现，白人学生的容貌与自尊的关系最密切。在非裔美国学生中，知觉到的控制感对男生而言是重要的，受欢迎对女生来说是重要的。该研究表明，不同群体成员的自尊基础不同，正像人与人之间的差异。

许多社会心理学家致力于研究群体间的关系。为什么会有敌意和刻板印象产生？不同群体如何团结在一起？如果用短短几句话概括为数众多的研究，会有过度简化的风险。尽管如此，在促进群体团结的研究中，许多重视群体间接触的研究发现，熟悉和增加接触本身并不足以减少群体间的对抗。事实上，强迫不同群体中的成员进行互动或许会适得其反。大部分研究表明，减少不同群体成员对抗的最好方式是让他们拥有共同的目标。例如，消除学校中的种族歧视，仅仅把来自不同群体中的成员送入一个学校是不够的。这些来自不同群体的学生必须拥有共同的目标。比如，作为同一个组参加竞争，或者成为同一个学校参赛的成员。换句话说，他们必须看到彼此有着同样的命运。在为共同目标而努力的互动中，来自不同群体中的个体可以有机会消除刻板印象，并意识到他们拥有相似的价值、技巧和信念，意识到他们之间的相似多于差异。事实上，他们拥有的共同目标越多，自我概念就越相似。

总之，弱势群体和其他受压制、名誉受损群体中的个体会遭受许多歧视、偏见和不公平的待遇。许多心理学理论预测这样的人将会拥有较低水平的自尊。然而，研究发现，弱势群体和优势群体的个体在自尊水平上并没有一致的差异。弱势群体有三种保护个体自尊的机制。(1）将消极反馈归咎于他人对其群体的偏见。（2）仅与群体内部的人、与自己相似的人比较，避免与优势群体比较。（3）选择性地贬低本群体所不擅长的品质和能力，赞扬本群体擅长的品质和能力。然而，弱势群体成员能保护自己的自尊不受伤害，并不意味着偏见不会对他们的其他重要方面带来伤害。

要的生活事件时往往会表现出交互作用（Kernis，Grannemann，& Barclay，1992）。

其次，自尊的可变性与个体自我评价的可变程度有关。也就是说，一些人的自尊比其他人的自尊更容易受到生活事件的影响。心理学家 Michael Kernis 曾经就此特征写过很多论述。他认为在某些人身上自尊的可变性是非常高的，因为他们：

- 对社会评价有过高的敏感性。
- 对自我观（self-view）有过高的关注。
- 过分依赖社会环境的评价。
- 对评价会做出愤怒和敌意反应。

有些研究开始考察自尊的可变性是否起到了调节自尊水平与抑郁等其他变量之间关系的作用（Gable & Nezlak，1998）。在一项研究中（Kernis et al.，1991），自尊水平与抑郁相关，但这种相关对自尊可变性高的人来说更强一些。基于这些发现，研究者将自尊的可变性视为抑郁的易感因素（Roberts & Monroe，1992）。也就是说，抑郁是因为个人对日常自我贬低事件特别敏感（Butler，Hokanson，& Flynn，1994）。

自我的社会层面：社会同一性

社会同一性是指在他人面前展现的自我，它是自我的一部分。我们通过社会同一性来制造一种印象，让他人知道我们是谁，可以对我们有哪些期待。社会同一性与自我概念不同，同一性包含着可被他人所观察的元素，是为公众所了解的、外显的自我表达。性别和种族是社会同一性的组成部分，可以归入也可以不归入个体的自我概念，但它们却是社会自我的一部分，是可以为他人所了解的同一性。

社会同一性具有连续性，因为它的很多方面是不变的，如性别和种族。日复一日、周而复始、一年又一年，人们都会认为你是同一个人。如果有人要你的“身份证明”，你可以拿出护照或者驾照，这些证件上有一些关于你的社会可用信息，如你的身高、体重、年龄、眼睛颜色，以及你的姓名、住址。所有这些信息都是你同一性的组成方面，向其他人提供了你的基本信息。

同一性的本质

同一性具有两种重要特征：连续性和对照性。**连续性**（continuity）指人们能够把今天的你和明天的你看做同一个人。显然，个人在以各种方式发生着改变，但是社会同一性的许多重要方面保持着相对稳定性，比如性别、姓氏（尽管有些女性结婚后选择改姓）、语言、种族和社会经济地位。

同一性的其他方面可以发生变化，但是变化非常缓慢，从而具有某种意义上的稳定性。比如教育、职业和婚姻状况。同一性的有些方面涉及公开的行为模式，比如是一名运动员、一个违纪者、一个“派对动物”（译者注：派对动物指这样的一类人：他们白天各干各的事，夜晚倾巢而出，衣着光艳地从一个派对赶到另一个派对），这些也具有一定的连续性（Baumeister & Muraven，1996）。

对照性（contrast）是指你的社会同一性把你和其他人区别开来。同一性使你在他人的眼中变得独特。构成同一性的各种特征的组合将你与其他所有人区分开来。例如，可能有其他学生的讲话方式与你相同，你们在同一个地方工作，但你是惟一一个喜欢某种风格音乐的人，有自己的种族背景和眼睛颜色。某些特征对一些人的社会同一性而言比对其他人更加重要。现在我们将讨论，人们是如何通过选择强调自我的某些方面来发展他们的社会同一性。

同一性的发展

尽管任何能够提供同一感的东西都有可能成为同一性的一部分，但是人们总是选择那些想要他人了解的内容。例如一个学生可能会努力加入游泳队，选择成为运动员；另一个可能总是违纪，成为一个违纪者。人们也在同一性的强度上存在差异。有些人非常重视声誉，有些人在社会关系中漫无目的，不知道自己该是什么样子。事实上，大部分人都要有一段时间（通常在高中或者大学）在尝试各种同一性。对很多人而言，这是一个令人不舒服的时期，他们在发展自己社会同一性的时候可能会有社会不安感或过于敏感。

正如在第 10 章中提到的，同一性这一术语在 20 世纪 60 年代因埃里克森（Erikson，1968）而流行起来。他认为同一性源于个体脱离父母时所做的努力，个体要摆脱对父母的依赖，自己决定应该持什么样的价值观，追求什么样的生活目标。埃里克森认为同一性的获取需要付出努力，而且总是存在同一性获取失败的风险，从而导致角色混乱。埃里克森指出，人们需要持续努力去获取和维持这种同一性。

埃里克森（1968）指出了获取同一性的几种方式。很多人都在为了获取同一性而努力，特别是在青春期后期和成年早期。人们尝试各种不同的同一性，就如试戴不同的帽子，看看哪个最合适。在尝试各种同一性的过程中，一个年轻人可能在第一学期当运动员，而在下个学期加入辩论协会和棋类协会；接下来的一个学期，他做了纹身，并在身体的某些部位穿了些小洞，开始同一些具有相似的破坏性的人在一起。人们努力去获取一个适合自己、令自己感到舒服的社会同一性。通常，经过一段时间的尝试，大部分人会找到一个合适的社会角色，并保持一定的稳定性。

对有些人而言，获取同一性的方式并不是尝试各种同一性，而是接受和采纳一个既定的社会角色，从而形成自己的同一性。一般而言，这些人接受父母或者重要他人所实践或提供的同一性。比如，接管家族生意；在家乡买一套房子；去父母所去的教堂。这些人在同一性中表现出稳定性和成熟性，甚至在十几岁的时候，他们就有了成熟的价值观、计划和目标。另一个获取同一性的例子是包办婚姻，即父母决定孩子和谁结婚，而孩子欣然接受，这种情况在今天的印度依然存在。

然而，这种快速的同一性获取方式是有风险的，因为这样的同一性可能有些刻板和僵化，使个体不再接受新观念和新生活方式。这些人在社会中表现出固执、缺乏灵活性，特别是面对压力的时候。尽管如此，对大多数人而言，这种获取同一性的途径是可以接受的，也是一个合理健康的选择。这些人不必承受因拒绝父母的目标和价值观所带来的同一性危机的阵痛。他们把父母的价值观当做自己的，并形成与父母或者重要他人非常相似的同一性。

应用

"马丁格尔归来"的真实故事非常有趣，有几部电影都以此为题材。故事发生在16世纪的法国，故事中，农民马丁格尔丢下妻子去参加"百年战争"。妻子耐心地等待他，但9年过去了，却毫无音信，她猜想马丁已经死了。但让她吃惊的是，当她深信自己已经是一个寡妇的时候，马丁突然回来了。尽管邻居为马丁的归来举行了庆祝，但也有邻居怀疑他是一个冒名顶替者，认为他并不是"真"马丁，而是一个非常了解马丁的人在盗用其身份。然而，对孤独的妻子而言，他看起来和说话都像马丁，而且他知道许多他们以前的亲密细节。另外，现在的这个男人比十年前去参战的那个男人更优秀、更绅士、更爱她、更有责任感。因此，她非常希望这个男人就是她的马丁。

慢慢地，假马丁出现了暴露其伪造身份的蛛丝马迹，他的社会自我揭露了这个聪明的伪造者。邻居告知了当地的法官。妻子竭力辩护说马丁就是她的丈夫，即使不是，她也希望他留下来。然而事实证明，他是一个冒名者，此马丁并不是真正的马丁格尔。人们认为他强迫真实的马丁说出了其自我概念和社会同一性的细节，然后用这些知识创造了一个与马丁如此相似的自我概念和社会同一性，以至于连马丁的妻子都相信他真的是归来的丈夫。法官证明了他并不是真的马丁，判其通奸，罪当处死。但马丁的妻子并未获罪，因为她坚信这就是她的丈夫。

1993年，以这个故事为题材的法国电影《马丁格尔归来》赢得了三项法国学院奖。在刻画自我和社会同一性方面，它是一份非常好的电影研究材料。从故事中我们看到，许多细节一起形成了社会同一性。这部电影展示了人们如何在同一性的基础上形成他人对自己社会行为的预期，以及对这些预期的微小背离如何导致猜疑。

法国电影《马丁格尔归来》（*The Return of Martin Guerre*）（Gerard Depardieu 饰演）描述了中世纪的一个真实的个人身份信息被盗的故事。图片中出现的是"新"马丁在离家9年后归来时的场景，他拥抱着"旧"马丁的妻子。该片获得了三项法国学院大奖。

同一性危机

个体的同一性每时每刻都会受到挑战。对"他人认为我是一个什么样的人？"的回答是会发生改变的。例如，一个女人离婚后，其社会同一性从"我结婚了"转变到"我离婚了，成为新的单身贵族"。而一个男人放弃了经理人的职位到一个小农场工作时，他的同一性从"我是一个经理人"转变为"我是一个农夫"。同一性面临的其他挑战还可以是改变个体声誉、家庭生活或经济状况的事件。

埃里克森（1968）独创性地提出了**同一性危机**（identity crisis）这一概念，意指伴随个体界定或重新界定个性和社会地位的努力而产生的焦虑感。对大部分人而言，经历同一性危机是一个重要且富有纪念意义的生活阶段。有时它发生得比较早，在青春期；有时它发生得比较晚，在中年期。有些人在一生中会出现多次同一性危机。心理学家鲍迈斯特指出存在两种不同类型的同一性危机：同一性缺失和同一性冲突（Baumeister，1986，1997）。

同一性缺失

如果个体没有形成充分的同一性就会产生**同一性缺失**（identity deficit），这样在做出重要决定时会遇到麻烦。“我应该上大学吗?”“如果上大学，我该选什么专业?”“我要服兵役吗?”“我要结婚吗?”一个没有安全的、确定的同一性的人在做决定时会出现问题，因为他（她）缺乏一个内在的基础。当面对艰难的决定时，人们往往转向内心寻找答案，往往许多人立刻就能获得行动方案。因为他们对自己的价值观和偏好非常了解，知道“一个像我这样的人”在这样的情形下应该怎样做。然而，当一个同一性缺失的人转向内心世界时，他们很难找到做出此类生活选择的基础。

同一性缺失往往发生在个体抛弃以前的价值观和目标的时候。比如，大学生经常会抛弃旧观点，支持他们在大学中接受的新观点和新价值。事实上，一些大学课程会鼓励学生怀疑和挑战他们先前关于自身和世界的假设。大学校园里经常可见的“标语”是“质疑权威”。但是拒绝旧的观念和假设会导致一段真空期或同一性缺失，并伴随有空虚感和不确定感。这种感受促使人们寻找新的信念、价值观和目标。努力填补同一性缺失的人会尝试新的信念，探索新的关系，寻找新的观念和价值。他们要么会在某段时间陷入抑郁和困惑，要么为生活中的各种可能性感到欣喜。

同一性缺失的人很容易受到各种组织教义的影响。他们经常对他人的信念感到好奇，因此很容易受到他人的影响。由于他们的空虚感以及对新价值和观念的寻找，这个时期的他们很容易被说服。正如研究者（Baumeister，1997）所指出的，从正经历同一性缺失危机的人中征募信徒往往会取得成功。

同一性冲突

同一性冲突（identity conflict）是指同一性的两个或多个方面产生不相容的现象。当强迫个体去做一个重要而又艰难的人生决定时就会发生这种危机。例如，一个美国移民，既想同化到美国的主流文化中，又想维持他的种族同一性，这时就会产生同一性冲突。同样的同一性冲突也会发生在一个想拥有家庭的工人身上。如果一个有着强烈家庭承诺的人获得了工作上的升迁，从此需要长时间且频繁出差，此时他就会经受同一性冲突。只要同一性的两个或多个方面发生碰撞（如职业女性和全职妈妈），就有发生同一性冲突的可能性。

同一性冲突是“双趋冲突”，即人们想达成两个相互冲突的目标。尽管这些冲突涉及两种都想要的同一性，但在同一性冲突中却没有多少快乐可言。同一性冲突经常牵涉到负罪的紧张感，或者对知觉到的个人同一性的某一重要方面的不踏实性感到自责。处于同一性冲突中的人会感到自己让自己和他人都很失望。

克服同一性冲突往往是个艰难和痛苦的过程。一种方法是先抛开同一性的某一部分，放弃自我中先前非常重要的一个方面。有些人能够在他们的生活中获得一种平衡。比如，一个大学教授可以从事较轻的教学任务，以便拿出更多的时间陪孩子；一个商业主管可以通过利用远程办公实现每周上两天班，从而有更多的时间陪孩子。有些人能将他们的生活加以划分，以避免这种冲突的出现。比如，有些人将工作和生活完全分开。

同一性危机的解决

同一性危机（包括缺失和冲突两方面）经常发生在青春期，但并不是所有的青少年都会经历同一性危机。研究者发现，解决同一性危机需要两个步骤（Baumeister，1997）：首先，决定哪种价值观对他们而言是最重要的；其次，将这些抽象的价值观转化为欲望和实际行动。例如，某人可能会得出结论，对他而言最重要的是有一个家庭。然后，便是把这些价值观转化为行动。诸如去找到一个也想建立家庭的伴侣，努力维持关系，准备从事可以养家的职业等等。当这个人开始朝着目标努力时，他便拥有了一个安全的同一性，也不大可能再经历同一性危机。至少他早期的生活是这样的。

到目前为止，我们已经讨论了解决发生在青少年晚期和成人早期的同一性危机的方式。第二个经常发生同一性危机的阶段是中年期。对某些人而言，他们在这个时期开始不满于现有的同一性，可能是对工作不满，也可能是对婚姻不满。不管什么理由，人们出现中年同一性危机后会觉得事情并没有像他们所希望的那样发展，或许会感到他们的生活不真实。经历中年同一性危机的人开始怀疑自己早年是否做出了正确的选择，并反复思考。“如果当初我……”是他们经常出现的抱怨。这是一个懊悔自己花时间追求一些不能让人满意的目标或不可能目标的时期。许多这种状态的人决定放弃目标，会体验到同一性的缺失，因为他们放弃了先前指导他们生活的原则。

应用

凯文•斯帕西在奥斯卡获奖电影《美国丽人》中所扮演的莱斯特，经历了严重的中年同一性危机。事实上这部电影描述的是莱斯特在经历同一性危机期间，他向家庭、邻居和同事发泄所造成的大混乱。莱斯特从一个勤奋的丈夫、一个被忽略但却是老好人的父亲、一个顺从的员工，变成了一个无论是在家里还是在工作中都想按照自己的方式行事的人。一天，莱斯特决定不再像过去那样生活，他决定做出彻底改变。在整个转变过程中，莱斯特毁了他的婚姻，导致女儿离家出走；丢掉了工作，吸食毒品；将未站稳的邻居推倒在崖边，并促成了两个未成年人的不良行为。显然，在电影中，莱斯特对重新界定自己所做的尝试都属于青春期心理，而且是机能失调的。然而在电影结尾，莱斯特似

在奥斯卡获奖电影《美国丽人》（*American Beauty*）中，凯文·斯帕西（Kevin Spacey）扮演了莱斯特，一个经历严重中年危机的人。在改变自己社会同一性的努力中，莱斯特改变了与妻子、老板、孩子甚至邻居的交往方式。在做出了一些草率的决定后，在电影结尾，我们发现莱斯特最终形成了一个积极的新同一性。

乎走上了正轨，他最终发现了某种整合，朝向一个积极的方向前进。从莱斯特决定不再同女儿的女性朋友发生性关系的场景中可以看出，在其认同的新同一性里，他至少应是个成熟的男人。

经历中年危机的人就像又一次经历了青春期。也就是说，同一性危机似乎是一样的，不管它发生在青春期还是中年期。当事人面临可选择的生活方式，形成新的关系，抛弃旧的关系和旧的理想。在中年危机中，人们经常换职业、换配偶、改变宗教信仰、变换居住地等等。有时候，他们仅仅是改变一些优先顺序。例如，一个女性可能维持原有的工作和配偶，但是决定花更多的时间在配偶身上，而花较少的时间在工作中。中年危机同青春期危机一样，好比是在乘坐情绪化的过山车。

总而言之，社会同一性由你社会性的或公开的一面构成，是你给他人留下的印象。你的许多可观察的特征，比如性别、种族和职业，形成了你的同一性。其他的一些特点，比如构成声誉的特点，也可以形成同一性。你的同一性可以带给自己和他人一种连续感，使得今天的你和明天的你仍然是同一个人；同一性还可以使你在他人的眼里变得独一无二。

总结与评论

本章概述了人格心理学家所了解的自我。这些知识被分为三个领域：自我概念、自尊和社会同一性。它们对理解人格非常重要。在我们的日常生活和经验中，自我才是有意义的。我们经常在日常生活中使用一些术语，如自私、自我崇拜、忘我、自我意识和自尊。在语言的进化中，我们发展出了丰富的词汇来描述自我。这些都反映了人们对自身的关注。心理学家对自我感兴趣的另一个重要原因在于，它在组织个体关于世界的经验时具有重要的作用。例如，个体认为重要的事情是与他（她）的自我概念相关的事情。而且，当个体自我卷入的时候，他（她）的行为是非常不同的。因此，自我概念对理解个体如何解释自己的世界、行为和经验是非常有用的。自我是个人内在的主要组织力量。

自我概念是个人的自我理解，是关于自己的故事。自我概念始于婴儿期，那时婴儿第一次区分了自己的身体和外物。通过反复的自我意识体验，自我概念的这一萌芽继续发展，形成儿童用以自我界定的品质的集合，如性别、年龄和特定的家庭成员身份。儿童获取了技巧和才能，并开始与他人作比较，重新界定自我概念。他们还发展出隐私感和保守自己秘密的能力。因而开始产生了私人自我概念，即一些自己知道而他人不知道的关于自我的事情。然后根据自我的各个方面产生自我认知图式，这些认知结构是与自我概念相关的特征的集合。人们还形成了对未来自我的看法，他们的可能自我包括希望的（理想自我）和不希望的特征。总的来说，自我概念就是个体对这些问题的回答："我曾经是谁?""我现在是什么样的?""我将来想变成什么样子?"

自尊是个体在好—坏这一维度上对自我做出的评价。人们在是否将自己视为有价值的人方面存在差异。自尊的研究重点是人们如何对失败作出反应，研究发现，高自尊的人面临失败时会继续坚持，低自尊的人在失败后往往会放弃。高自尊的人能很好地逆转生活中的挫折与失败。他们经常采用的一个策略是，当某些生活方面的事情变得很糟糕时，提醒自己生活中的其他方面进展顺利。正确看待消极事件能帮助他们应对失败。自尊过高者往往会有自恋倾向，有时会对威胁其自尊的对象作出攻击反应。研究发现，自恋型的人经常对消极反馈采取报复行为。另一个与自尊相关的临床问题是极端羞怯。羞怯的确具有某种生物基础，但它也与过分控制的教养模式相关。羞怯通常可以通过治疗来改变。另一个研究领域表明，高自尊的人经常关注提升自我概念，而低自尊的人则关注保护自尊免于受辱。最后，关于自尊的可变性，易变的人似乎对具有评价性的生活事件格外敏感，比如社会怠慢和公共场合的失败。

本章所讨论的自我的最后一个方面是社会同一性，即个体的外在表现或留给他人的印象。同一性是通过与他人的长期交往发展起来的。对有些人而言，同一性的发展需要时间去尝试；而另一些人通过接纳预定的社会角色而使整个过程变得更容易。人们会在生活的某些阶段经历同一性危机，不得不重新界定自己的社会同一性。形成同一性是一项终身的任务，因为同一性会随年龄增长所带来的社会角色的改变而改变。

埃里克森所阐述的同一性危机是指伴随重新界定个体的社会地位而产生的焦虑感。危机的类型有两种：同一性缺失，没有形成充分的同一性；同一性冲突，同一性的两个或多个方面陷入冲突。尽管存在着危机和挑战，但大部分人都形成了一个牢固的同一性，并且因为这些独特性而为他人所熟悉。

关键术语

自我概念
自　尊
社会同一性
社会比较
私人自我概念
观点采择
客体自我意识
叙事自我
自我图式
可能自我
理想自我
应然自我
自我导向
社交焦虑
杏仁核
自我复杂性
自我设障
自尊的可变性
偏见归因
群体内比较
选择性评价
连续性
对照性
同一性危机
同一性缺失
同一性冲突

第五编

社会与文化领域

社会与文化领域强调的是人格的公开一面。该领域假设人格并非是仅存在于人的头脑或是神经系统之中，抑或是通过基因传递的东西。它强调在我们的生活中，人格通过社会情境、社会角色和社会预期以及与他人的交流得以表达，并被这些因素所影响。

在第 3 章我们已经看到，某些特质分类强调人际特质，或者说是关于交流方式的特质，如支配与服从、爱与恨。实际上，我们的语言里大多数重要的特质形容词都是对人际行为的描述，诸如一个人是否愿意与他人合作，是否值得信赖，是否随和、易于相处等等。人们在与他人的交流方式上存在很大的个体差异。而且这些人际特质对我们生活的影响是长期的。例如，个体是控制的还是随和的，将会影响到他（她）与配偶、同事之间的冲突等不同方面，以及达成目标的策略。一个人是紧张不安、压抑的，还是乐观、愉快的，可能导致不同的社会结果，例如离婚或在营销事业上取得成功。许多最重要的个体差异和人格特质都体现在我们的人际关系之中。

我们将介绍人格影响社会交往的三种基本方式。第一种方式是选择，人们会基于自己的人格来选择特定的社会环境。同征择偶（assortative mating）便是一个例子：人们寻找那些与自己具有相似人格特质的人结婚。第二种方式是唤起他人的反应。例如，夫妻之间的争吵，有些是丈夫让妻子生气，有些则是妻子让丈夫觉得难受。我们将考察人们如何唤起他人压抑或积极的情感。人格影响社会交往的最后一种方式是通过操控来影响他人。人们采取什么策略从他人那里获得自己想要的东西？人们如何影响他人？我们将讨论关于社会影响策略的研究，其中重点讨论马基雅维利主义策略。这一策略因一位中世纪的国王顾问而得名，他写了一本如何利用他人的书。

人际交往的一个重要方面是关注男性和女性之间的关系。社会认同的一个根本方面是我们的性别。长期以来，人格心理学家对男性和女性之间的性别差异一直有着浓厚的兴趣。实际上，人格心理学家对性别差异的研究成果以不同的方式被女权主义的理论所吸收。在这个领域里，政治、价值观和人格科学混在一起。有些学者倾向于缩小男女之间的差异，强调性别差异很小，性别内的变异（如女性之间的差异）远远大于性别间的变异（如男性和女性的差异）。而另一些学者关注性别间的差异，强调某些差异是非常大的，而且在不同的文化中都发现了这些性别差异。例如，女性比男性的口头表达能力稍强；而男性的空间视觉能力比女性强。在人格方面，男性在自信、攻击性上的得分高于女性；而女性在信任、关怀上的得分高于男性。这些差异是从何而来的呢？

许多我们称之为性别的东西都有

其文化根源，也就是说，社会对男性和女性有不同的规则与期望。在格雷（John Gray）的一本畅销书《男人来自火星，女人来自金星》（*Men Are from Mars, Women Are from Venus*）中，作者认为男人和女人是如此的不同，以至于他们似乎来自不同的星球，或者说他们是不同的物种。然而男女两性并非不同的物种，但你可以说他们来自不同的文化。男孩在成长过程中所经历的文化氛围可能与女孩很不一样。例如，与男婴相比，父母抱女婴的时间倾向于更长。因此，在生命的早期，人们对待男孩与女孩的方式就开始存在差异了。这种差异日积月累，最终导致了成年男女的人格差异。

社会因素对性别差异的影响已得到了有力的证据支持，在不同社会与文化中都显示出了这些差异。例如，迄今为止，所有研究均表明男性更具攻击性。因此，一些理论强调性别差异可能与性激素有关。例如，男性和女性体内的雄性激素有较大差异，而雄性激素被确认与支配性、攻击性和性行为等人格特质有关。

在性别差异水平上，男性的人格与女性的人格显著不同。为什么男性和女性会不一样呢？这可能要从人类久远的历史中寻求答案。因为面临不同的压力，所以男性和女性分别进化出了不同的行为模式。也就是说由于面对不同的挑战（如抚养后代，为获得配偶而与同性竞争）分别采取了不同的解决方法，继而形成了行为上的差异。无论起源如何，人格心理学家对性别差异一直都很感兴趣。性别差异是社会文化领域的内容之一，因为它们涉及到人际关系且体现在人际关系中。

个体间另一种重要的社会性差异来自于文化、社会规则系统、社会预期以及个体成长于其中的文化习俗。例如，在一种文化下，父母总是会将哭闹的婴儿抱起来安抚；而在另一种文化下，父母对哭闹的婴儿则会听之任之。是因为成长在两种不同文化中才导致了成人的人格差异吗？不同文化中的人确实有不同的人格吗？即使是在同一个国家，来自不同地区的人彼此也不相同吗？在美国东海岸长大的人与其他地区长大的美国人相比有差异吗？南方人和北方人是否不相同呢？

我们假设文化影响人格的形成，因此不同文化中的人有着不同的人格。我们也经常听说来自不同文化的个体之间的共性多于差异。然而，真实的情况是，当来自不同文化的人近距离地生活在一起时，他们之间的细微差异就被放大了。例如，近年来在美国的一些大城市，新近移民的亚洲人与已经融入居住地的非裔美国人之间出现了一些不愉快。而其中很多摩擦就是由两个在不同文化背景中成长的群体彼此不能理解对方的行为而造成的。

来自不同文化背景的人常常在一起生活、工作，就此意义而言，世界正变得越来越小。当有误会存在时，一些原本很小的文化差异，例如谈话方式、隐私、穿衣打扮、对空间的利用、注意、认为什么样的行为是礼貌的、怎样表达情感或者什么时候不表达情感、对朋友和熟人的期望等，就可能被放大。人格心理学的一个重要目标是理解文化如何影响人格的形成，以及文化之间的共性和差异。来自不同文化的人有不同的经验，这些经验教给他们不同的关于社会和物质世界的知识。寻求彼此之间的理解，寻找来自不同文化的个体之间的差异来源无疑是非常重要的。

大多数跨文化研究都关心的一个人格变量是集体主义与个体主义的价值观。与大部分欧洲文化一样，美国文化通常是个体主义，强调自主、个人奋斗、自我提升。而亚洲文化以及大多数先前的社会主义国家更加认同集体主义的价值观，即集体目标、公共利益高于个人愿望、个人利益。与个体主义文化下的个体相比，集体主义文化下的个体更看重社会情境，不爱出风头。

滋养个人的文化在许多方面对个人的自我概念有着深远的影响。例如，在美国长大的人描述自己时更多地使用抽象概念，例如，“我是可信赖的”或者“我是友好的”；相反，亚洲文化下的人往往通过社会关系来描述自己，例如，“我是刘某的朋友”

或者“我是李红的女儿”。这些差异就是文化传承的例子。也就是说，文化是一代一代地延续下来的。此外，很重要的一点在于，文化差异只是程度的问题。因为即使在东方文化中，也能找到个体主义倾向的人。当一些东欧国家以及俄罗斯经历社会巨变，文化转变为更加开放、更加民主的文化时，观察他们的改变是很有趣的事。为了完成转变，这些文化中的人会不会放弃他们对社会群体的关注，转而关注自我提升呢？

除了承认不同文化中的个体存在差异，心理学家也在寻求文化间的共性。文化共性的一个典型例子是特定情绪的表达。例如，所有文化中的人，高兴的时候都会笑，伤心的时候都会皱眉，愤怒的时候咬紧牙关，厌恶的时候吐舌头。而且，世界各地的人们都能够通过他人的表情识别其情绪。例如从爱荷华的迪比克到印度的加尔各答，人都能够识别表达愤怒的各种表情：咬牙切齿，鼻孔张大，眉毛下垂或紧皱。另一个表现文化共性的是人格特质的五因素模型。通过分析各种不同语言中的形容词，人格心理学家发现了许多支持五因素模型的有力证据。至少在自然语言对人格的描述中，人格结构具有跨文化的高度相似性。

在本书的该部分内容中，我们将关注更为广阔的人格领域：社会与人际交往，很多学生都会发现它很有趣。毕竟，要理解人们的行为，就要理解他们的社会行为。为什么他们以某种特定方式与他人交往？为什么他们可以（或者不能）保持友谊？为什么在一个群体里他们可以（或者不能）合作？许多重要的人格特质都与人际交往方式有关。例如，自恋的人非常需要被关注，需要他人的认可和赞扬。我们对这个神奇领域的探索将从人格与社会交往这一章开始。

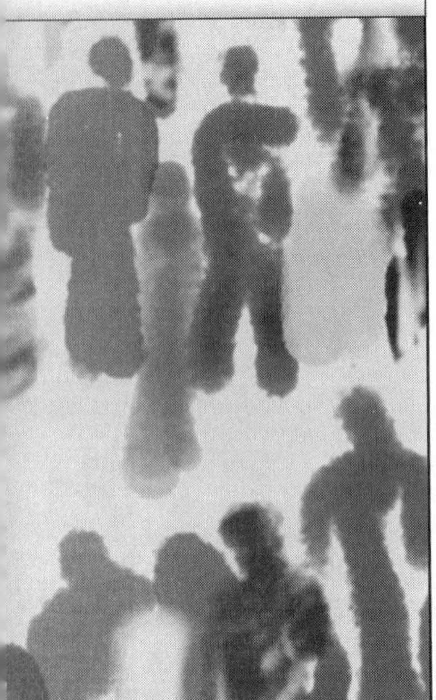

15

人格与社会交往

社会与文化领域

苏和琼一边喝咖啡一边谈论着各自在前天晚上的约会经历。“迈克尔看起来像是个不错的人，至少刚开始是这样的，”苏说道，“他很有礼貌，问我喜欢吃哪种食物，似乎很真诚，很有兴趣了解我。但是他对服务员很粗鲁，这让我有点讨厌。他冲着她叫喊，好像人家是他的佣人似的。他坚持为我挑选食物，为我点了一盘猪排，可我不喜欢吃猪肉。我想可能是他很想表现自己，但这确实让我很厌烦。整个晚饭期间，他一直在讲他自己的事。晚上告别的时候，他很想去我家，我告诉他我很累了，可以再打电话联系。”“你吻他了吗？”琼问道。“是的，我向他吻别道晚安，可是他却想要对我无礼，我只好推开他。这时所有的礼貌都不见了，他非常生气。我想他根本就不是个好男生，很不成熟。你的约会怎样？”

在这番对话里，苏揭示了其约会对象迈克尔的一些重要信息，即当我们面临社会抉择时最突出的信息。无论是对服务员，还是对苏的吻别，迈克尔都表现出了攻击性。他以自我为中心，整个晚餐过程中只关注自己。他缺乏同理心，这可以从他对服务员的态度，以及对苏的性侵犯行为中看出来。他表面上的一点礼貌在那晚很快就消失得无影无踪，在交往中逐渐显露出的粗鲁本性，使苏感到厌烦。

上面的片段描述了人格影响社会交往的几种基本方式。正如我们在第 4 章讨论过的，人格与情境的交互作用通过三种方式表现出来：选择、唤起和操控情境。这三种机制可以用来理解人格对交往情境的影响。第一，对方的人格特征影响我们是否选择（select）与其约会、交朋友，甚至成为结婚对象。在这个故事中，迈克尔的攻击性、以自我为中心的人格特征让苏感到厌烦。人格特征也会影响到我们参与的人际交往情境类型。例如，一个和苏不同的人可能会被迈克尔这类人所吸引，能够容忍迈克尔的自我中心以及进一步的行为。

第二，他人的人格会唤起（evoke）我们的特定反应，反之亦然。迈克尔的攻击性让苏讨厌，引起了苏的反感，如果他表现得更温和、更礼貌一点就不会令苏讨厌了。另外，与人格相关的行为可引发他人各种各样的反应，从攻击到社会支持，甚至是亲密关系中的婚姻满意感。

第三，人格与我们试图影响或操控（manipulate）他人的方式有关。在上面的故事中，迈克尔先是采用了吸引策略，然后使出自夸策略，最后，他使用了强迫策略，试图强迫苏。一个有着不同人格特征的男性可能会使用不同的社会影响策略，如劝说或奖赏。

选择、唤起和操控这三个过程都是人格与社会环境交互作用的重要方式。在日常生活中，一个人不可能接触到所有可能的社会环境；人们会有选择地寻找或者避免某些社会情境。人格还影响我们将如何唤起他人的反应，以及他人如何唤起我们的反应，有时候是无意的。对于我们选择交往的人，我们如何有意识地影响、改变、利用和操控他们也会受到人格的影响。在这三个过程中，选择是首要的，因为这将决定我们与谁交往。

选　择

在日常生活中，人们会选择进入一些情境而避开另一些情境，这些**情境选择**（situation selection）取决于我们的人格特征和我们如何看待自己。下面的故事就描述了选择的过程。在这个例子中，一对夫妇不经意地涉足了一个情境，然后很快退出了。

> 奇普和普丽西拉是一对来自芝加哥的雅皮士夫妇（译者注：Yuppie，指大都市中青春焕发的专业人才，特指继嬉皮士之后崛起的一类精英人群）。他们刚刚搬到达拉斯，正在格林维尔大街寻找一些体面点的夜总会。当他们推门进去的时候，看到了如电视剧《硝烟》（*Gunsmoke*）场景中的大厅。迎面碰见“红魔”摩托车党的六个大汉坐在酒吧的高脚凳上，转过身盯着他俩。他们每人平均有两个以上的刺青，还掉了三颗牙齿，空气中充满了火药味。其中两人挑衅地望着奇普，一人不怀好意地盯着普丽西拉。奇普对普丽西拉说：“此处不宜久留。”随即，他俩匆匆离去了。（Ickes，Snyder & Garcia，1997，p. 165）

我们的日常生活中充满了社会选择。这些选择的重要性不同，从琐碎的事情（我要不要参加今晚的聚会？）到意义深远的事情（我应该选择这个人作为婚姻对象吗？）。社会选择决定我们选择一条道路，而避开另一条道路。选择决定了我们所在社会环境和世界的本质，它们通常以选择者的人格特征为依据。

配偶选择是该机制的一个生动范例。当你选择了一个长期的配偶，你就会与这个特定个体密切且长期交往。这可能会改变你所面临的社会环境和居住环境。在选择一个配偶的同时，你还选择了可能会接触到的社会行为，以及产生这些行为的朋友和家庭网络。

基于人格特征，人们会选择与谁谈恋爱呢？是否存在每一个人都想要的共同人格特征呢？我们会寻找一个与自己人格相似的人还是不同的人谈恋爱？亦即，是物以类聚呢，还是刚好相反？配偶的选择是如何与婚姻的稳定性相关的？在过去的几十年里，有一系列研究都在关注这些问题。在本节，我们将探讨人格如何影响人们选择配偶和婚姻的长久性。

对配偶人格特征的期望

一项跨国研究调查了“人们对于长期的配偶有些什么样的期望？”。该研究的10 047 名被试分别来自世界的六个大洲和五个岛屿（Buss et al.，1990）。全部的37 个样本来自 33 个国家，代表了重要的种族、宗教和政体。样本范围从澳大利亚沿海到南非的祖鲁人；经济地位从中等、中等以上的大学生阶层到社会经济地位较低的群体，如印度古吉拉特人和苏联爱沙尼亚人。50 名研究者参与了数据的收集过程。标准化的问卷被翻译成各种文化的本土语言，并由与被试同一文化的主试施测。这些关于对长期配偶期望的广泛研究显示，人格在配偶的选择中扮演了重要角色。在下面的练习和表 15.1 中，你也可以完成这份问卷，将你的选择偏好与其他被试做一番比较。

练习

指导语：评价以下因素在选择恋爱对象或配偶时的重要性，如果你认为这个因素是：

必不可少的，打 3 分；

重要的，但并不是必不可少的，打 2 分；

你所希望的，但并不是很重要的，打 1 分；

是无关紧要的，或根本不重要的，打 0 分。

题目：

1. 擅长烹调和料理家务。
2. 让人感到愉快。
3. 善交际。
4. 相似的教育背景。
5. 优雅，整洁。
6. 有较好的经济基础。
7. 贞洁（未发生过性行为）。
8. 可靠。
9. 情绪稳定，成熟。
10. 希望有家庭和孩子。

11. 有较好的社会经济地位。
12. 长相好。
13. 相似的宗教背景。
14. 有抱负，勤奋。
15. 相同的政治背景。
16. 彼此吸引，互相爱慕。
17. 身体健康。
18. 有教养，聪明。

现在将你的评价与 10 047 名来自世界各地的男性和女性样本做一个比较吧，见表 15.1。

正如你在表 15.1 中所见，彼此吸引或爱慕是最重要的特征，世界上的大多数人认为它是不可或缺的。也许正如著名的摇滚乐队“甲壳虫乐队”（Beatles）所倡导的，“你所需要的只是爱”。在彼此吸引或爱慕之后，人格特质在配偶选择偏好上显得非常突出。被认为与彼此爱慕同样重要的一些人格因素是：可靠、情绪稳定、让人感到愉快。你可以回忆一下，这与人格“大五”模型中的三个因素非常接近（见第 3 章）。可靠接近于尽责性，情绪稳定与大五模型中的第四个因素相同，让人感到愉快与第二个因素随和性十分接近。其他一些得到被试高度评价的人格因素包括：善于社交；优雅、整洁；有抱负、勤奋。

表15.1　全体样本中两种性别的评价结果

	男性的评价结果			女性的评价结果		
评定等级	变量名	平均分	标准差	变量名	平均分	标准差
1.	彼此吸引，互相爱慕	2.81	0.16	彼此吸引，互相爱慕	2.87	0.12
2.	可靠	2.50	0.46	可靠	2.69	0.31
3.	情绪稳定，成熟	2.47	0.20	情绪稳定，成熟	2.68	0.20
4.	让人感到愉快	2.44	0.29	让人感到愉快	2.52	0.30
5.	身体健康	2.31	0.33	有教养，聪明	2.45	0.25
6.	有教养，聪明	2.27	0.19	善交际	2.30	0.28
7.	善交际	2.15	0.28	身体健康	2.28	0.30
8.	希望有家庭和孩子	2.09	0.50	希望有家庭和孩子	2.21	0.44
9.	优雅，整洁	2.03	0.48	有抱负，勤奋	2.15	0.35
10.	长相好	1.91	0.26	优雅，整洁	1.98	0.49
11.	有抱负，勤奋	1.85	0.35	相似的教育背景	1.84	0.47
12.	擅长烹调和料理家务	1.80	0.48	有较好的经济基础	1.76	0.38
13.	有较好的经济基础	1.51	0.42	长相好	1.46	0.28
14.	相似的教育背景	1.50	0.37	有较好的社会经济地位	1.46	0.39
15.	有较好的社会经济地位	1.16	0.28	擅长烹调和料理家务	1.28	0.27
16.	贞洁（未发生过性行为）	1.06	0.69	相似的宗教背景	1.21	0.56
17.	相似的宗教背景	0.98	0.48	相同的政治背景	1.03	0.35
18.	相同的政治背景	0.92	0.36	贞洁（未发生过性行为）	0.75	0.66
	平均值	1.87	0.57	平均值	1.94	0.63

数据来源：摘自 Buss et al.（1990），p19，表 4.

注意，在被试的回答中，除了彼此相爱以外，排在前面的全部都是人格特质。因此，全世界的人寻求长期配偶时，人格因素都扮演了重要的角色。

人格的同征择偶：寻求相似性

在上个世纪，关于谁被谁吸引的问题有两个从根本上彼此对立的理论。**需求互补理论**（complementary needs theory）假定人们会被那些与自己有着不同人格特征的人所吸引（Winch，1954；Murstein，1976）。例如，一个支配性的人需要与一个他（她）可以支配、控制的人建立人际关系。根据互补需求，一个顺从的人则需要选择一个可以支配他（她）、控制他（她）的人。成语“异性相吸”就是对该理论的一种简单解释。

相反，**相似吸引理论**（attraction similarity theory）假定人们会被那些与自己有着相同或相似人格特征的人所吸引。一个支配性的人也许会喜欢一个同样具有支配性的人，因为他们喜欢能够“反击”的人。再比如，一个外向的人也会喜欢一个同样外向的配偶，这样他们可以一起去参加各种聚会。要理解相似吸引理论，只要想想成语“物以类聚”就可以了。尽管每一种理论都不乏支持者，但研究结果却很明显：大量的证据支持相似吸引理论，没有证据支持需求互补理论（Buss，2003）。实际上，“异性相吸”似乎只体现在生物学的性别方面：男性易被女性吸引，女性易被男性吸引，尽管可能会有例外。研究显示人们常常会被那些与自己相似的人所吸引。

人们通常会喜欢与自己相似的人，这就是同征择偶概念之所指。

有关配偶选择的研究有一个共同的发现：人们通常会跟那些与自己相似的人结婚，这种现象被称为**同征择偶**（assortative mating）。几乎在所考察的每一个变量上，从个人行为到民族、种族，人们都会选择与自己相似的人婚配。即使是身高、体重以及鼻梁的高度、耳垂的长度等身体特征，夫妻之间都有正相关。

但是这些正相关是源于对配偶的主动选择吗？或者只是其他原因导致的副产品？例如，从原则上来说，纯粹接近也能解释这种正相关。众所周知，人们通常会跟自己周围的人结婚。要注意的是，除了一见钟情式的浪漫爱情，你的“惟一”通常住在驱车可至的范围。自然，人们很容易遇到自己周围的人，并与之形成亲密关系。周围的人之间本身就可能具有某些共同特征，因此，配偶间的正相关也许只是由本来就临近所造成，而不是源于恋爱时对相似性的主动选择。一些文化机构（如学院和大学）对入学者有一定的要求，使其成员在某些变量（如智力、动机以及社会技能）方面具有相似性，更可能会促进同征择偶。

表15.2 择偶偏好的人格相关

特质	未婚情侣				新婚夫妇			
	男性		女性		男性		女性	
	自我	整合	自我	整合	自我	整合	自我	整合
外向性	.33*	.42**	.59***	.35**	.20*	.15	.30**	.25**
随和性	.37*	.17	.44***	.46***	.30**	.12	.44***	.31**
尽责性	.34**	.45***	.59***	.53***	.53***	.49***	.61***	.53***
情绪稳定性	.29*	.36**	.52***	.30*	.27**	.21*	.32***	.27**
智力—开放性	.56***	.54***	.63***	.50***	.24*	.31**	.48***	.52***

*$p<.05$

**$p<.01$

***$p<.001$

注：表中每一个相关系数指的是个体的人格特质与其理想配偶人格特质之间的相关。如，男性、自我报告这一栏中，.33* 表示高度外向的人也喜欢同样外向的配偶。表中所有的相关系数都是正的，许多还相当显著，表明人们大都希望配偶与自己具有相似的人格特质。

资料来源：Personality and Mate Preferences：Five Factors in Mate Selection and Marital Satisfaction. Botwin，M. D.，Buss，D. M. & Shackelford，T. K.（1997）.

为了检验这两种对立的预测，鲍特温与其同事（Botwin，Buss，& Shackelford，1997）研究了两个被试样本：未婚情侣与新婚夫妇。第一步，要求被试描述自己对配偶人格特征的偏好。采取的方法是，被试在一个包含 40 个项目的量表上进行评定，这些项目可分别归为人格的五个维度：外向性、随和性、尽责性、情绪稳定性、智力—开放性。第二步，用同样的量表评定被试自己的人格特征。第二步的数据来源于三个方面：自我报告、配偶报告以及观察者的单独报告。后两者对被试的选择偏好一无所知。然后计算两组数据之间的相关：一组是被试的评价（自我），另一组数据是配偶与观察者对被试所做评价的平均分（整合）。被试对配偶人格的偏好决定他们是否喜欢与自己相似的人。

如表 15.2 所示，数据之间显示出了一致的正相关。在外向性上得分较高的人会选择一个同样外向的配偶。尽责性得分高的人也希望有一个尽责的配偶。当然，此研究的结论还需要考虑这样一个重要因素：也许人们对理想配偶的描述受到了其现有配偶的影响。假如一个情绪稳定的人已经有了一个情绪同样稳定的配偶，也许声称他们确实被配偶吸引才能证明自己的选择是正确的。这也可能会导致个体的人格特征与其理想配偶的人格特征之间的正相关。然而，对没有配偶的单身个体所做的研究也得到了同样的结果：人们喜欢与自己相似的人（如 Buss，1984，1985，1987），这支持了相似吸引理论。

这些数据表明，夫妻之间人格变量的正相关至少部分源于选择过程——个体以其自身人格特征为基础的社会偏好。总之，在选择的心理机制中，人格特征起着重要的作用。

人们会找到自己理想的伴侣吗

事实上，我们在生活中常常不能得到想要的东西，对配偶的选择也是如此。

表15.3　偏好的配偶人格与实际的配偶人格

	未婚情侣				新婚夫妇			
	女性的偏好		男性的偏好		女性的偏好		男性的偏好	
配偶的人格特质	自　我	整　合	自　我	整　合	自　我	整　合	自　我	整　合
外向性	.25	.39**	.28*	.24	.39***	.49***	.31***	.32**
随和性	.28*	.32	.24	.02	.20*	.40***	.03	.25
尽责性	.28*	.29*	.24	.26	.36***	.46***	.13	.24
情绪稳定性	.36**	.12	.40**	.10	.27**	.37**	.07	.12
智力—开放性	.33**	.41**	.40**	.11	.24**	.39***	.14	.39***

*p<.05

**p<.01

***p<.001

资料来源：Personality and Mate Preferences：Five Factors in Mate Selection and Marital Satisfaction. Botwin，M. D.，Buss，D. M. & Shackelford，T. K.（1997）.

你可能想找一个温和、善解人意、可以依靠、情绪稳定和聪明的配偶。但是，与找寻这种配偶的人相比，这样的人往往“供不应求”。因此，很多人最终找到的配偶常常不是很理想。我们可以做出这样的预测：与找到理想配偶的人相比，没有找到理想配偶的人的满意感较低。

表 15.3 显示了人们理想的配偶人格特质与实际的配偶人格特质之间的相关（Botwin et al.，1997）。在四个样本群体中有三个群体（恋爱中的女性、已婚女性和已婚男性）其理想的配偶特质与实际的配偶特质之间均有中等程度的正相关。其中，在外向性和智力—开放性这两个维度上的相关较高。简言之，从人格特质来说，人们基本上找到了自己想要的配偶。

但是，这些相关系数也表现出了个体差异。找到自己理想配偶的人是否比没有找到的人的婚姻更幸福呢？为此，鲍特温等人（Botwin et al.，1997）计算了每一个个体理想的配偶特质和实际的配偶特质之间的分数差异。在控制了配偶人格特质的主效应以后，用分数差异来预测婚姻满意度。研究得出了一致的结果，配偶的人格特质对婚姻满意度有实质性的影响。具体来说，当一个人与一个高度随和的、情绪稳定的和开放的配偶结婚，那么他（她）对自己的婚姻有较高的满意感。而理想的配偶特质与实际配偶特质之间的差异并不能预测婚姻满意度。换言之，婚姻幸福的关键在于找到一个随和、情绪稳定、聪明开放的配偶，而对方是否在某些方面达不到自己的理想并不重要。

表 15.4 列出了被调查者的婚姻满意度与其配偶人格特质（通过其配偶的自我报告得到）的相关。无论是对男性还是女性来说，有一个高随和性的配偶能最好地预测其婚姻幸福。配偶随和性高的个体对他们性生活的满意度也较高，觉得自己的配偶更可爱、情感更丰富，将配偶视为共享快乐的源泉和愉快交流的对象。那些与随和性较低的配偶结婚的人，其婚姻大多都不幸福，离婚的风险很高。

另一些与婚姻满意度有关的人格因素是尽责性、情绪稳定性和开放性。与其他男性相比，妻子在尽责性上得分较高的男性对性生活的满意度更高。丈夫尽责

表 15.4 婚姻满意度与配偶自我报告的人格特质

婚姻满意度	配偶自我报告的人格特质 S	A	C	ES	I-O
丈夫的婚姻满意度					
总 体	.12	.32***	.06	.27**	.29**
配偶是值得信赖的	−.05	.27**	.07	.11	.05
性生活	−.08	.31**	.32***	.25**	.04
配偶是鼓励和支持的源头	.03	.29**	.11	.26**	.18
爱与情感表达	.07	.31**	.14	.21*	.26**
享受与配偶在一起的时光	.11	.30**	.13	.28**	.08
与配偶一起欢笑的频率	.19*	.23*	.19	.11	.24**
配偶是愉快交流的对象	.06	.12	−.04	.21*	.17
妻子的婚姻满意度					
总 体	.07	.37***	.20*	.23*	.31***
配偶是值得信赖的	.06	.25**	.15	.24**	.27**
性生活	.08	.19*	.14	.09	.13
配偶是鼓励和支持的源头	.04	.47***	.06	.20*	.31***
爱与情感表达	−.04	.29**	.14	.28**	.33***
享受与配偶在一起的时光	.06	.27**	.06	.33***	.18
与配偶一起欢笑的频率	−.02	.27**	−.02	.10	.08
配偶是愉快交流的对象	.23*	.24**	.25**	.18	.45***

注：S=外向性，A=随和性，C=尽责性，ES= 情绪稳定性，I-O=智力—开放性

*p<. 05

**p<. 01

***p<. 001

资料来源：Personality and Mate Preferences：Five Factors in Mate Selection and Marital Satisfaction. Botwin，M. D.，Buss，D. M. & Shackelford，T. K. (1997).

性高，妻子对婚姻的总体满意感也较高，同时将配偶视做愉快交流的对象。无论男性还是女性，当配偶情绪稳定性较高时，他们对婚姻的总体满意度也较高，同时将配偶视为鼓励和支持的源头，并享受与配偶在一起的时光。与此相似，当配偶的开放性较高时，无论男性还是女性，他们对婚姻的总体满意度均较高，在婚姻中体验到更多的爱和情感。开放性高的丈夫常被女性视为愉快交流的对象。

简言之，配偶的人格特质对婚姻满意度有重要的影响，那些选择了高随和性、高尽责性、高情绪稳定性和高开放性配偶的人有更高的婚姻满意度。而那些选择了在以上人格特质上得分较低的配偶的人的婚姻更不幸福。不过，实际配偶特质与理想配偶特质之间的差距并不会影响婚姻满意度。

人格与配偶选择失败

我们已经探讨了人格影响配偶选择的两种方式。第一，人们在择偶时有普遍

性的选择偏好，希望自己的配偶具有可信赖、情绪稳定等人格特质。第二，除了每个人对理想配偶的共同期待之外，人们喜欢那些与自己有相似人格特质的人。例如，支配性的人喜欢支配性的配偶，有责任心的人喜欢有责任心的配偶等等。但是在选择配偶的过程中，人格还有第三种影响方式：婚姻选择失败。

根据两性冲突理论中的**愿望破灭**（violation of desire）理论，当一个人的愿望没有得到满足时，关系更可能破裂（Buss，2003）。据此，我们可以预测，假如一个人的配偶不具备其理想配偶的人格特质，如可依赖性、情绪稳定性，则婚姻更可能解体。基于人们对与自己人格相似的人的偏好，我们还可以预测，与彼此相似的配偶相比，人格差异大的配偶更可能分开。以上预测结果是否能够得到研究证实呢？

大量的研究显示，情绪不稳定性能更好地预测婚姻不稳定与离婚，几乎在所有的研究中它的预测效应都很显著（Kelly & Conley，1987）。冲动控制能力较差、或责任心低（如冲动、不可靠）也能很好地预测婚姻的破裂，尤其是当这些特质出现在丈夫身上时（Bentler & Newcomb，1978；Kelly & Conley，1987）。最后，低随和性也可能导致婚姻不幸和离婚。不过与情绪不稳定和低尽责性相比，随和性的预测缺乏一致性和强度（Burgess & Wallin，1953；Kelly & Conley，1987）。

这些结果表明，如果和一个缺乏大家所期待的人格特质（可信赖、情绪稳定、让人愉快）的人结婚，可能有婚姻破裂的危险。因此，人们都在主动寻求那些值得信赖的、情绪稳定的配偶，如果没能找到这样的配偶，那么婚姻破裂的风险就会较大。

另一项研究考察了 203 对恋人两年内的关系结果（Hill，Rubin，& Peplau，1976）。在这段时间里，几乎有一半情侣的关系中断，一半持续了下来。继续保持恋爱关系的最重要的预测变量是人格和价值观的相似性。彼此间最不相似的情侣最有可能分手。这些结果为愿望破灭理论提供了进一步的支持。那些没能得到自己所想要（这里指与自己相似的配偶）的人比那些得到了的人更可能中断情侣关系。

总之，人格在选择配偶时有两方面的作用。首先，在最初的选择过程中，人格决定了我们会被谁所吸引、我们想要什么样的配偶。其次，人格会影响我们对配偶的满意度，并因而决定婚姻选择是否会失败。那些没能选择与自己相似的配偶的人，以及没能选择一个让人愉快、有责任心的、情绪稳定的配偶的人，比那些成功地得到了这样配偶的人更可能出现关系破裂。

羞怯与冒险情境的选择

尽管配偶选择是人格影响社会选择的一个生动例子，但人格研究者们还探讨了人格对一些其他方面的选择的影响。其中一个与人格效应有关的重要因素是羞怯。**羞怯**（shyness）是指社交过程中或者仅仅想到社交就感到紧张、担忧和焦虑的一种倾向（Addison & Schmidt，1999）。羞怯是一种很普遍的现象，超过 90%的人在生活中的某个时刻都曾有过羞怯体验（Zimbardo，1977）。然而，有些人似乎有特质性的羞怯，即在大多数社交情境中他们都会感到紧张，因此他们会避开那些不得不与他人打交道的情境，正如第 14 章所描述的那样。

已有很多研究探讨过羞怯对情境选择的影响。在整个高中阶段和成年早期，羞怯的人倾向于逃避社交情境，这可能导致孤立（Schmidt & Fox，1995）。羞怯的女性更可能逃避去医院做妇科检查，因而产生更大的健康风险（Kowalski & Brown，1994）。她们不太可能在性交前与配偶谈论难于启齿的避孕问题，因而她们在性行为中更可能意外怀孕（Bruch & Hynes，1987）。

最有意思的是，羞怯似乎会影响一个人是否愿意选择赌博之类的风险情境（Addison & Schmidt，1999）。在一项实验研究中，首先，使用羞怯量表（Cheek，1983）将羞怯的与不羞怯的被试区分开来。量表中的内容包括如，“我觉得与陌生人交谈很困难”，“在社交场合我觉得很拘束”。进入实验室以后，每一个参与者都听到这样的指导语：“在实验中，你将看到一个盒子，里面装有 100 个扑克筹码，分别标以数字 1~100。你有机会从中抽取筹码来赢钱……”。被试可以为自己选择一个成功可能性较大的赌注（成功概率为 95%），但是所得到的钱很少（如 25 美分）；也可以选择一个有风险的赌注（成功概率只有 5%），但是，一旦被试获胜，就可以得到 4.75 美元。在被试选择赌注的时候，实验者记录下他们的心率。

结果十分明显，羞怯的女性与不羞怯的女性的选择行为有较大差异，前者多选择成功概率大但赌注小的目标；相反，不羞怯的女性更多选择成功概率较低但有较大回报的目标。在选择的过程中，羞怯的女性心率加快，表明害怕的情绪让她们回避具有风险的选择。

这些研究表明了特质性羞怯对情境选择或者回避的影响。羞怯的女性可能会回避与他人接触，导致社会孤立，避免冒险行为。不可思议的是，羞怯的女性不愿意去医院进行妇科检查，避免使用避孕工具。因此，与不羞怯的女性相比，她们会面临更大的健康危险。简言之，羞怯对一个人选择或回避某种情境有实质性的影响。

其他的人格特质与情境选择

研究显示，许多其他的人格特质也会影响到情境的选择和回避（Ickes，Snyder，& Garcia，1997）。例如，富有同情心的人更可能成为团体活动的志愿者（Davis et al.，1999）。高精神病倾向的人比正常的、稳定的个体更可能选择自发的、爆发性的情境（Furnham，1982）。高马基雅维利主义的人更加喜欢面对面的情境，或许这样为他们提供了更好地使用操控技巧利用他人的机会（Geis & Moon，1981）。

得到较全面研究的影响情境选择的人格变量是感觉寻求。高感觉寻求者更可能自愿参与新奇实验，如吸毒或性行为研究（Zuckerman，1978）。此外，即使是在高中，高感觉寻求者也会更频繁地涉足冒险情境（Donohew et al.，2000）；与低感觉寻求者相比，高感觉寻求的高中生更可能会参加提供酒类、大麻等物品的聚会；醉酒之后更可能发生意外的性行为。高感觉寻求者喜欢选择发生高风险性行为的社会环境（McCoul & Haslam，2001）。一项对 112 名异性恋者的研究显示，与低感觉寻求者相比，高感觉寻求者更有可能频繁地进行没有保护措施的性行为（$r=.21$，$P<.05$）。更令人吃惊的是，高感觉寻求者与更多不同的人发生过性关系（$r=.45$，$P<.001$）。有趣的是，在对 104 名男性同性恋者的研究中并未看到感觉寻求与风险性行为选择之间的关联。总之，在人们选择进入或避开某种情境时会受其人格的影响。

唤　起

一旦他人选择了进入我们的社会环境，人格与社会行为的第二种交互作用的方式就开始起作用：唤起他人的反应。**唤起**（evocation）可定义为由人格特征引发的他人的反应。回忆一下第 3 章中有关高活动性儿童的研究（Buss，Block & Block，1980）。与低活动性的儿童相比，高活动性的儿童容易引发他人更多的敌意和竞争。家长和老师都会陷入与高活动性儿童的权力争夺中，而低活动性儿童的社会交往则更平静和谐。这是一个唤起过程如何起作用的很恰当的例子，即人格特征（本例中指活动性水平）激发了他人的可预测的社会反应（敌意和权力争夺）。

引发唤起的人格特质有很多，不仅仅是活动性水平。设想你正要去上课，通过一个长长走廊的时候，有人撞了你一下。对其行为背后意图的解释取决于你的人格。如果你是一个攻击性的人，那么你很可能将碰撞解释为敌意的、故意的；如果你是一个随和性较高的人，则更可能将其解释为一个意外。

攻击与敌意的唤起

众所周知，有攻击性的人常常引发他人的敌意（Dodge & Coie，1987）。从本质上说，有攻击性的人总是预期别人对自己有敌意。最近一项研究显示，有攻击性的人总是把他人的行为（如被撞了一下）解释为故意的、敌意的（Dill et al.，1999）。这被称做**敌意归因偏见**（hostile attributional bias），即在面对他人的不确定行为时，倾向于将其解释为故意的、敌意的。

由于认为他人对自己有敌意，所以高攻击性的人就会用攻击性的方式对待他人，而被攻击的人则会以同样的方式还击。在这种情况下，他人的攻击性反应更验证了高攻击性的人最初的假设，即他人对自己有敌意。但是他们没有认识到，他人对自己的攻击只是自己行为的产物：攻击者对他人的攻击唤起了他人对自己的攻击。简言之，唤起即人格特质引发的他人的反应，是人格影响社会交往的第二种基本方式。

配偶间愤怒与烦躁情绪的唤起

当一个人选择好配偶之后，人格对亲密关系中冲突的影响至少有两种方式。第一，一个人的行为可能会引发其配偶的情绪反应。例如，一个支配性强的人会以高傲的或不容分说的方式行事，这自然会唤起配偶的烦躁情绪；一个缺乏责任心的丈夫可能不注意个人仪表，总是把衣服乱扔在地上，这两种行为都会让妻子感到烦躁。简言之，人格可能通过行为表现唤起他人的情绪反应。

第二种方式是，当一个人引发了他人的行为后，他人行为又会反过来令引发者很心烦。例如，一个攻击性的男性可能会引发妻子的冷战，反过来冷战又会使他很沮丧，因为妻子不想和他讲话。一个高傲的妻子可能会伤害了丈夫的自尊，然后又因丈夫自信的丧失而变得更加生气。总之，人格会引发他人的情绪反应，要么通过自己对待他人的方式产生直接影响，要么通过他人的情绪行为产生间接影响。

为了探讨这些唤起问题，有必要设计一个研究来评价唤起双方的人格特征。有人做了这样一项研究，考察了五个人格维度（以大五模型中的五个维度为代表）对愤怒、伤心情绪唤起的作用，被试为已婚夫妇（Buss，1991）。通过三种来源评价丈夫和妻子的人格特征：自我报告、配偶报告以及两名访谈者的单独报告。此研究试图通过男性和女性的行为表现来评价亲密关系中愤怒、烦躁情绪的来源（Buss，1989）。此量表的简本见下文练习。

练习

指导语：我们都可能时不时做出一些让他人生气、心烦的事。请想象你的一个亲密配偶或好友，下面列出了他（她）可能让你感到愤怒或心烦的表现。阅读以下内容，简要指出在过去的一年里，你的配偶或好友做过的让你生气、愤怒、苦恼和心烦的行为。

____ 1. 他/她对待我的方式让我觉得自己很愚蠢，很没用。
____ 2. 他/她需要我大部分时间都陪伴其左右。
____ 3. 他/她忽视我的感受。
____ 4. 他/她打了我。
____ 5. 他/她与其他人关系亲密。
____ 6. 他/她不帮忙打扫卫生。
____ 7. 他/她太在意自己的外表。
____ 8. 他/她太喜怒无常。
____ 9. 他/她不愿意和我发生性行为。
____ 10. 他/她谈论异性的语气就像人家是她/他的性对象。
____ 11. 他/她总是醉酒。
____ 12. 他/她在社交场合衣冠不整，或穿得不合时宜。

____ 13. 他/她告诉我，我很丑。
____ 14. 他/她要我满足她/他的性需要。
____ 15. 他/她很自私。

这些项目代表了可能使异性心烦或生气的 147 种行为中的一部分。这些行为分别对应以下因素：（1）高傲，（2）占有/嫉妒，（3）忽略/拒绝，（4）虐待，（5）不信任，（6）不体贴，（7）关注自己的身体，（8）喜怒无常，（9）性拒绝，（10）与他人发生性关系，（11）酗酒，（12）不整洁，（13）贬低配偶的外貌，（14）性侵犯，（15）自我中心。结果表明，与我们关系亲近的人的人格可以很好地预测他们是否会做出这些令人烦恼的行为。

资料来源：Buss（1991）.

在收集了丈夫和妻子的人格特征，以及配偶做的那些可能使人不爽的事件之后，研究者对数据进行了统计分析，探讨哪种特质可以预测配偶会变得烦躁。男性和女性的结果十分相似，因此我们用男性烦扰女性的特质来描述此项研究结果。

高支配性的丈夫的高傲可能会使配偶心烦。他们认为妻子的想法愚蠢而低级，只看重自己的想法。低责任心的丈夫可能因发生婚外情而伤害妻子，例如与他人关系暧昧或发生性关系。低开放性的丈夫可能因拒绝（忽略妻子的感受）、虐待（打妻子）、关注自己的身体（过分关注自己的外貌和发型）、性拒绝（拒绝妻子的性信号）、醉酒（喝醉酒）而使妻子受到伤害。

到目前为止，研究表明愤怒和烦躁情绪唤起的最强预测源是随和性和情绪稳定性。低随和性的丈夫可能因为以下几种方式激怒妻子：高傲，如认为妻子愚蠢低等；忽略和拒绝妻子，如没有足够的时间陪伴妻子，忽视对方的感受；虐待妻子，例如打妻子耳光，踢打妻子，朝妻子吐唾沫；不忠，如和其他女性发生婚外情；醉酒；嘲笑妻子的容貌，如叫她小丑；以及自我中心。事实上，丈夫的低随和性比其他任何人格特征都能更好地预测妻子烦躁情绪的唤起。

丈夫随和性低、情绪不稳定最能预测妻子的愤怒和对婚姻的不满。

情绪不稳定的丈夫也会唤起妻子的愤怒和烦躁情绪。除了高傲、虐待、不忠、不体贴和醉酒外，丈夫的喜怒无常、嫉妒和占有欲也会让妻子愤怒与烦躁。例如，情绪不稳定的男性可能因需要过多的关注，占用妻子的时间，太依赖妻子，太容易嫉妒而使妻子不爽。

最近的一些研究结果证实了随和性和情绪稳定性在引发和缓解人际冲突方面的重要作用。一项研究通过理论评估和日记评定了人际冲突，发现高随和性的人的人际冲突较少（Jenson-Campbell & Graziano，2001）。其中一个原因可能是高随和性的人倾向于用“妥协”的办法来处理人际冲突；而低随和性的人不愿意妥协，更多采用言语侮辱或身体暴力等方式来解决冲突。低随和性可能会在很多不同的人际交往中引发冲突，例如工作场合（Bono，Boles，Judge，& Lauver，2002）。人格与冲突之间的关系至少在青少年早期就已经显现出来，例如低随和性的高中生不仅引发更多的冲突，而且更容易受到同伴侵犯（Jenson-Campbell，Adams，Pery，Workman，Furdella，& Egan，2002）。另一项研究显示，消极情绪上得分较高的人（高神经质）在所有的人际关系中都有较多的冲突体验；而积极情绪上得分较高的人（类似于随和性）在所有的人际关系中体验到的冲突均较少（Robins，Caspi，& Moffitt，2002）。

简言之，人格对情绪唤起有重要的影响——此处指愤怒与烦躁情绪的唤起。到目前为止，最能预测烦躁情绪的人格特征是低随和性和情绪不稳定性。然而，现在就断言说不应选择这类人结婚（换句话说，就是避开情绪不稳定和不随和的人）是不成熟的。但我们可以说，假如你和一个具有这些人格特质的人结婚，他（她）很可能会以让人愤怒的方式行事。

应用

心理学家高特曼（John Gottman）用了30年的时间来研究已婚人士。他的主要问题是“幸福婚姻与不幸婚姻的区别是什么?”研究调查了上千名已婚者，有的拥有幸福婚姻，而有的正在申请离婚。他发现幸福夫妻和不幸夫妻在很多方面有所不同。他将研究结果编撰成一本书，专门探讨了如何经营婚姻（Gottman & Silver，1999）。下面是他提出的维持婚姻中积极关系的7个原则。其中部分原则与配偶的情绪唤起有关。

1. 充分地理解你的配偶（见第11章对移情的讨论）。去了解对方的“世界”，对方的喜好，对方生活中的重大事件。例如，试着每天发现一件对配偶来说意义重大的事件：对方想要什么，在对方身上发生过什么重要的事情。虽然听起来微不足道，但是每天都问一句“今天过得怎么样?”
2. 保持对彼此的喜爱，努力培养与配偶之间的感情。别忘了你是为什么喜欢这个人的，并且要告诉对方。例如，共用一个影集并经常翻阅，回忆你们共度的美好时光，想想你是多么喜欢和对方在一起。
3. 危难时，共同面对而不是逃避。生活好的时候也要共同面对。换言之，不要想当然地对待你的配偶，即使在每天的日常生活中也不要忽视对方。关注对方，保持联系，彼此保持身体的接触，经常谈心。
4. 权力共享，即使你认为自己更在行。让你的配偶影响你，偶尔向对方求助。你会惊讶地发现，你的配偶可以在很多方面给你帮助。询问他们的想法，让对方知道他（她）的想法对你很重要。
5. 无疑，你们会有争执。但是，只争论那些可以得到解决的问题。当争吵时：
   - 平和地开始；
   - 尊重地进行；
   - 如果情感受到了伤害，则停止争吵，修复受到伤害的情感；
   - 避免情绪失控；

- 愿意妥协。

6. 要认识到有些问题是无法解决的。例如，也许你们中的一个人信奉宗教，另一个人则不信奉，两个人都不想改变。避免触及这类不可能解决的问题，不要让它总是成为争吵的话题。承认他人的不同，接受两人在某些问题上的观点不一致。
7. 用“我们”取代“我”和“我”。让这种关系变得真实而重要，不要仅仅考虑自己的愿望，想想什么对“我们”最好，而不是对“我”最好。

资料来源：摘自 Gottman & Silver，1999.

除了婚姻关系，人格还会在很多其他的社会情境中唤起他人的情绪反应。外向的人更幽默，比内向的人更能引人发笑（Eysenck & Eysenck，1985）。随和性高的人可以从配偶那儿获得更多的社会支持（Gallo & Smith，1999）。攻击性高的人可能唤起陌生人更多的敌意（Dodge & Coie，1987）。简言之，通过情绪唤起，人格创造了个体所面临的社会环境。

期望证实引发的唤起

期望证实（expectancy confirmation）是指个体对他人人格的某种信念会导致唤起他人与自己最初信念相一致的行为反应的现象。这种现象也被称做自我实现预言和行为确认。仅仅信念本身就能有如此大的唤起他人行为的作用吗？

在一项关于期望证实的有趣研究中，研究者（Snyder & Swann，1978）让被试相信自己将和一个敌意的、攻击性的人打交道，然后介绍两人认识。结果，预先持有的信念使被试采用攻击性的方式对待另一个并不知情的对象。然后考察不知情者的行为。结果非常有意思，具有攻击预期的被试真的引发了不知情者更加充满敌意的行为。在这个例子中，对他人人格的预期确实引发了相应的行为，证实了被试最初的信念（Snyder & Cantor，1998）。

期望证实在生活中有着广泛的影响，毕竟我们经常会在接触他人之前（或之后）听到与其名声有关的信息。我们可能会听说某人是聪明的、善于社交的、自我中心的或者是控制的。对他人人格特征的看法对引发他人的相应行为有着深远的影响，而这些行为反过来又证实我们最初的看法。有时候人们会说，为了改变你的人格，你得搬到一个无人认识你的地方。在期望证实的过程中，认识你的人会使你的行为符合他们对你的预期信念，因而可能会制约你的改变。

操控：社会影响的策略

一旦选择了社会环境后，唤起便不再贯穿于联结人格与社会环境的整个过程。**操控**（manipulation），或说是社会影响，包括了人们试图改变他人行为的一切方式。操控并不意味着有恶意，尽管有时并不排除有恶意的成分。父母也许想要影响孩子，让其不要在停着的汽车之间穿来穿去，我们不能说这种行为是恶意的。实际上，社会生活的一部分就在于我们每时每刻都在影响着他人。因此，这里的操控一词只是描述性的，并无贬义。

从进化的角度来看（见第 8 章），自然选择青睐能够成功操控环境客体的人。有些操控客体是无生命的，例如，用来建造房舍、制作工具、衣服和武器的原材料。另一些操控客体则是有生命的，包括不同物种的捕食者和被捕食者，以及配偶、父母、孩子、对手和同盟者。人们可以通过影响他人的心理和行为来操纵他人。

在人格心理学中，可以从两个方面来考察操控过程：第一，我们可以这样问，“是否一些人总是比另一些人更有操控欲？”第二，我们可以问，“假如每个人都有影响他人的欲望，那么稳定的人格特征是否能够预测不同的操控策略？”例如，外向者是否更多使用吸引策略，而内向者则更多使用冷处理策略？

11 种操控策略的分类

分类（taxonomy）只是一种划分的框架，用以在特定领域内对群体进行区分和命名。例如，植物和动物的分类法主要是对所有主要的植物和动物进行区分并命名。元素周期表则是对已知元素的分类。我们在第 3 章讨论过的大五人格特质是对主要人格维度进行分类的一种尝试。在本节，我们来看看操控策略分类的发展，即对人们在社会环境中使用的试图影响他人的几种主要方式进行区分和命名。

可以通过两个步骤对操控策略分类：（1）对影响行为进行提名，（2）对先前这些通过自我报告法和观察者报告法提名的行为进行因素分析（Buss，1992；Buss et al.，1987）。行为提名的做法如下（见第 2 章）：“我们对这种现象很感兴趣，即人们往往通过影响别人来得到自己所需要的东西。请想想你的伴侣、亲密朋友、母亲、父亲等，你是如何让他们做某些事的？你是怎么做到的？请写下当你想要他们做某些事情时，你的具体行为或做法？请写下尽可能多的不同行为。”得到行为列表后，研究者将其转换成可以通过自我报告或观察者报告法施测的问卷。你可以做一做下面练习中的测试，看看自己会采用哪些社会影响策略。

练习

指导语：当你希望配偶为你做某事的时候，你可能会怎样做？看看下面的项目，根据你可能会做出的行为评价每一个项目。没有哪一个项目适用于所有希望配偶为你做某事的情境，因此请你从总体上评价下面的描述。如果你极有可能这么做，请在项目前的横线上写“7”；如果你不太可能这样做，写“1”；如果你有时会这样做，写“4”；对中等可能性的行为表现给予中等的评定。

____ 1. 我会恭维他/她，这样他/她就会去做了。

____ 2. 我展现自己的魅力，这样他/她会去做。
____ 3. 当我有求于他/她时，努力表现得浪漫、充满爱意。
____ 4. 我在要求他/她之前，会先送上一份小礼物或一张小卡片。
____ 5. 我会不理睬他/她，直到他/她做了为止。
____ 6. 我会忽视他/她，直到他/她做了为止。
____ 7. 我会保持沉默，直到他/她做了为止。
____ 8. 我会拒绝为他/她做某事，直到他/她做了为止。
____ 9. 我要求他/她为我做。
____ 10. 我会冲他/她叫喊，直到他/她做了为止。
____ 11. 如果他/她没做，我会批评他/她。
____ 12. 如果他/她不做，我会威胁他/她。
____ 13. 我会告诉他/她，他/她应该这样做的理由。
____ 14. 我会向他/她指出这样做会带来哪些好处。
____ 15. 我会向他/她解释为什么想要他/她做这件事。
____ 16. 我会让他/她了解到，我很愿意为他/她做这件事。
____ 17. 我会面露不悦，直到他/她做了为止。
____ 18. 我会愠怒，直到他/她做了为止。
____ 19. 我会向他/她抱怨，直到他/她做了为止。
____ 20. 我会哭泣，直到他/她做了为止。
____ 21. 我会贬低自己，这样他/她会去做。
____ 22. 我会放低姿态，这样他/她会去做。
____ 23. 我会表现得很谦卑，这样他/她会去做。
____ 24. 我会表现得很顺从，这样他/她会去做。

以四个为一组将分数相加，就能得到你的分数。项目 1~4=吸引策略；项目 5~8=冷处理策略；项目 9~12=胁迫策略；项目 13~16=理性说服策略；项目 17~20=退缩策略；项目 21~24=自我降低策略。分数最高的那一组就是你最常用的策略，分数最低的是你用得最少的策略。这是 Buss 在 1992 年所用的研究工具的简化版。

大量的被试完成了扩充版的问卷，该问卷由 83 种影响行为组成。研究者对数据进行因素分析以识别不同的影响方式或策略，一共发现了 11 种策略，见表 15.5。

操控策略上的性别差异

男性和女性在操控策略的使用上有性别差异吗？研究者（Buss，1992）发现，

阅读

人格特质之马基雅维利主义

"马基雅维利主义"一词源于意大利外交官尼科罗·马基雅维利之名，他于1513年写了经典论著《君主论》（*The Prince*）（Machiavelli，1966/1513）。由于他的外交官身份，马基雅维利看到统治者们不断更换，辉煌又衰落，掌权又失势。《君主论》对如何获得和保持权力提出了建议。此书是马基雅维利在他曾经为之效力的君主被推翻之后，为了迎合新的统治者而写。书中完全抛弃了信任、荣誉、正派等传统价值观，以操控他人的策略为基础。例如，书中写道："人是如此地简单，如此地热衷于满足眼前的需要，因而欺骗者从不会缺少受害者。"（Machiavelli，1966/1513，P63）形容词**马基雅维利主义**（Machiavellian）最终与社会交往中操控他人的策略和为了达到自己的目的而利用他人的人格类型联系起来。

尼科罗·马基雅维利写了一本讲述操控他人策略的书，人格特质之马基雅维利主义便是因其而命名。

一些心理学家（Christie & Geis）认为这部经典著作可能涉及了一种重要的人格类型，因此他们设计了一份自我报告量表来测量人格的马基雅维利主义的个体差异（Christie & Geis，1970），以下是该量表部分项目示例，括号中的答案表示马基雅维利主义者的倾向。

- 操控他人最好的办法就是说他们想听的。（是）
- 任何相信他人的人都是自找麻烦。（是）
- 在任何时候诚实都是最好的办法。（否）
- 决不要把你做事的真实原因告诉任何人，除非这样做有利于达成目标。（是）
- 大多数人基本上都是友好、善良的。（否）
- 世界上大多数顶尖人物都过着清白、道德的生活。（否）
- 罪犯与其他人最大的差异在于罪犯过于愚笨而被擒。（是）
- 奉承重要人物是明智的。（是）

从这些项目中你可以看到，在马基雅维利主义量表上得分高的人（被称为高马基雅维利主义者）是操控性的人，具有愤世嫉俗的世界观，将他人视做达到个人目标的工具，不信任他人，缺乏同情心。而在此量表上得分较低的人（称为低马基雅维利主义者）是值得信任的人，有同情心，相信事情纯粹地非错即对，认为人性本善。

回顾有关马基雅维利主义的文献，高分者和低分者分别代表了两种不同的社会行为策略（Wilson，Near，& Miller，1996）。高分者代表一种利用型社会策略：背叛友谊，利用他人。从理论上说，与那些受到规则制约的社会情境相比，当社会情境有较大的变革空间时，使用这种策略比较好。例如，政治机构或独立的企业受到的制约相对较少，高马基雅维利主义者有较大的操作空间。另一方面，社会结构性越强，高马基雅维利主义者的机会就越少。

相反，低马基雅维利主义者代表着一种合作型社会策略，有时也被称为投桃报李（tit-for-tat）。这种策略以互利互惠为基础，即你帮我，我也会帮你，结果是我们大家都好。这是一种长期的社会策略。相反，高马基雅维利主义者采用的是短期的社会策略。

由此观之，高马基雅维利主义者的成功较多地依赖于情境，而不具有跨情境的一致性。一项研究考察了真实世界中股票经纪人在两种不同组织情境下的营销策略（Shultz，1983）。一种是高度组织化的情境，例如纽约纽英伦电话公司（NYNEX），一家高度结构化的股票代理公司，受规则制约，股票经纪人没有多大的操作空间。雇员需要遵守两本手册上的规则。第二种情境，组织结构较松散，如美林证券（Merrill Lynch）、西尔森（Shearson）、雷曼（Lehman）和赫顿（Hutton）股票代理公司，其职员都有较多的机会玩弄手段。

研究根据两种情境下两种类型的股票经纪人所获得的委托书数量来评定其业绩。在结构松散的组织情境下，如美林证券，高马基雅维利主义者有更多的客户，他们获得的订单几乎是低马基雅维利主义者的两倍。基于这项令人吃惊的发现，也许有人会得出结论，高马基雅维利主义总体上是一种更加成功的社会影响策略。但是，在高度结构化的组织情境中，低马基雅维利主义者所得到的订单数量是高马基雅维利主义者的两倍。此研究表明，高马基雅维利主义者的成功极大地依赖于情境。因此，马基雅维利主义并非在任何时候都有效。规则完善的社会情境不允许马基雅维利主义者在欺骗、说谎、背叛信任他们的人之后还能免受惩罚。在这种情境下，高马基雅维利主义者可能会被拆穿，荣誉会受到损害，可能经常被解雇。而在流动性大的职业情境下，高马基雅维利主义者可以灵活应对，因为他们可以独立行动，迅速转移，在规则不完善的情况下利用可行的机会。

许多研究显示马基雅维利主义是一种迅速背叛他人的社会策略（Wilson et al.，1996）。那么是否有直接的证据证明马基雅维利主义者比其他人有更多的背叛行为呢？在一项实验研究中，让被试有机会在有工作督导的情境下偷钱（Harrell & Hartnagel，1976）。被试扮演工人，他们接受另一个人的监督。这个人非常信任他们，而且表明不需要密切监督被试。在此研究中，高马基雅维利主义者更有可能从信任的督导那里偷钱。81%的高马基雅维利主义者偷了钱，而低马基雅维利主义者的比例只有24%。而且，高马基雅维利主义者偷到的钱的数量大于低马基雅维利主义者。他们会隐瞒事实，当督导询问偷窃事宜时，他们一般更可能撒谎。

高马基雅维利主义者不仅更会撒谎、更可能背叛他人的信任，而且有证据显示他们还编造了更多可信的谎言（Exline et al.，1970；Geis & Moon，1981）。在一项研究中，要求高马基雅维利主义者和低马基雅维利主义者在任务中作弊，并对实验者说谎（Exline et al.，1970）。实验者会变得越来越怀疑，并询问被试他们是否撒了谎。高马基雅维利主义者与实验者保持目光接触的时间比低马基雅维利主义者更长。坦白真相的高马基雅维利主义者少于低马基雅维利主义者。最后，让不知情的评价者对被试进行评价（他们并不知道被试在马基雅维利主义量表上的得分），结果发现，与低马基雅维利主义者相比，高马基雅维利主义者被评为是更擅于说谎的人。

高马基雅维利主义者的操控策略也会延用到恋爱和性领域。高马基雅维利主义者更可能做出爱对方的假象，以期与对方发生性行为（如“当我希望与其发生性关系时，我会说‘我爱你’，实际上我不是这个意思”）；或者将对方灌醉以诱导性行为；甚至在对方不情愿时不惜使用武力来达成性行为（McHoskey，2001）。在其他类型的人际关系中，高马基雅维利主义者更可能会欺骗对方，对伴侣不忠。有趣的是，马基雅维利主义与特定操控策略之间的所有这些相关，都是男性高于女性。

马基雅维利主义者可以获得较多的利益，但是也要付出代价。由于背叛、欺骗、说谎，高马基雅维利主义者可能遭到被利用者的报复。此外，高马基雅维利主义者更可能会损害自己的名誉。一旦一个人背上利用他人的名声，别人就会回避他（她），拒绝与他（她）接触。简言之，在松散、短期的情境中高马基雅维利主义可能会最有效，操控者可以在名誉受损之前迅速转移到另一个情境之中。

对马基雅维利主义策略的深入探讨同样解释了人格影响社会交往的三种基本过程。第一，高马基雅维利主义者会选择那些结构松散、没有足够的规则可以制约其利用策略的情境。第二，高马基雅维利主义者会唤起他人的特定行为，如愤怒和因被利用而产生的复仇心理。第三，高马基雅维利主义者用可以预期的方式操控他人：利用、自私自利和欺骗。

表 15.5　对 11 种操控策略的分类	
策　略	行为示例
吸　引	当我有求于他/她时，会有爱的表示。
胁　迫	我会冲他/她叫喊，直到他/她做了为止。
冷处理	我会不理睬他/她，直到他/她做了为止。
理性说服	我会解释为什么想要他/她做这个。
退　缩	我会向他抱怨，直到他/她做了为止。
自我降低	我会表现得很顺从，这样他/她会去做。
责任引发	我会让他/她承诺去做。
强　硬	我会打他/她，这样他/她就会去做了。
快乐诱导	我会让他/她看到这样做会多有趣。
社会比较	我会告诉他/她别人都是这样做的。
金钱奖励	我会给他/她钱，这样他/她就会去做了。

注：这些策略是后续分析的基础，如操控策略的使用有无性别差异，人们对操控策略的使用是否与人格特质有关。

在操控策略方面基本上是没有性别差异的。男性和女性对所有社会影响策略的使用大致相同，只有一个例外：退缩策略。在未婚情侣和已婚夫妇的样本中，女性比男性报告了更多退缩策略，包括哭泣、抱怨、面露不悦、愠怒，但是差异较小。总体上来说，男性和女性在操控策略的使用上是相似的。

从人格预测操控策略

下一个有趣的议题是，是否具有特定人格特质的人更可能使用某种操控策略。在一项研究中，200 多名被试对其在四种人际关系（配偶、朋友、母子、父子）中所使用的每一种操控行为的影响程度进行评定（Buss，1992）。然后，研究者考察被试的人格特质与其操控策略之间的相关。

那些在外向性方面（支配性、外向性）得分较高的人可能会使用胁迫的操控手段，如强求、威胁、咒骂、批评以达到自己的目的。他们也可能会用责任引发的策略，让他人认为这是应该做的，并让其做出承诺。

那些在外向性上得分较低的人（相对顺从的个体）则可能会使用自我降低的策略影响他人。例如，他们会装出很可怜的样子来达到自己的目的。有趣的是，顺从的人比外向性的人更多使用硬式棒球策略（hardball tactic），即他们会采取欺骗、说谎、退缩甚至暴力等手段让他人按自己的意愿行事。

随和性高的人用得最多的两种主要策略是快乐诱导和理性说服。亦即随和性高的人会告诉他人做这件事会有很多乐趣，解释需要他人做出某种行为的理由，而且会指出这样做以后随之而来的好处。

相反，随和性低的人更多使用胁迫和冷处理策略。他们不仅会使用威胁、批评、吼叫、尖叫等方式达到自己的目的，也可能会保持沉默，拒绝同对方讲话，直到对方满足自己的要求。他们更可能在认为他人冒犯了自己时对他人进行报复，更在意自己在人际关系中的付出，而不是得到的收益（McCullough，Bellah，Kilpatrick，& Johnson，2000）。有趣的是，在集体资源的使用中，低随和性的个体表现得更加自私；而当集体资源短缺或受到危害时，高随和性的个体更加自律（Koole，Jager，Van den Berg，Vlek，& Hofstee，2001）。

尽责性人格特质仅仅与一种社会影响策略有关：理性说服。尽责的个体会解释为什么希望他人这样做，他们会提供逻辑性的理由，解释这样做的潜在合理性。最近的一项研究发现低尽责性的人会更多使用违法的方式获得资源，这从累犯（获释后又再次入狱）的犯罪记录中可以得到证实（Clower & Bothwell，2001）。

“冷处理”（译者注：指保持沉默，拒绝同对方讲话，直到对方满足了自己的要求）也是一种操控策略，多为随和性低的人使用。

情绪不稳定的人使用的操控策略较多，例如强硬和胁迫，也有理性说服和金钱奖励。但是他们使用得最多的是退缩策略。他们会不高兴、生气、发牢骚、哭泣。从某种意义上说，这些表现与情绪不稳定的核心定义十分接近，即情绪反复无常，时而积极，时而消极。这些研究结果有趣的地方在于，情绪波动是策略性的动机，即通过影响他人来得到自己想要的东西。

高智商—开放性个体会使用什么样的策略呢？毫不奇怪，这些聪慧的、有洞察力的人使用的策略首先是理性说服。当然，他们也会使用快乐诱导和引发责任的方法，尽管不是很显而易见。你能猜到那些低智商—开放性的人使用的是什么策略吗？是社会比较，即将配偶与他人相比较，指出别人都是这样做的，如果不这样做会显得很愚蠢。

总之，这些研究证明，人格特征并不是被动地存在于头脑中的稳定实体。人格对社会交往有深远的影响。比如，人格影响人们在社会环境中用来影响他人的策略。有时候，个体使用的策略与其人格特征之间的关系非常明显，几乎是其定义的一部分。例如，情绪不稳定的人使用退缩策略，随和的个体使用理性说服的策略。在另外一些情况下，二者的关系并不那么显而易见，例如，顺从的个体会采用硬式棒球策略，低智商—开放性个体会采用社会比较策略。

自恋与社会交往：在社会交往中更深入地分析一种人格维度

在本章的前面部分结束时我们曾提到过**自恋**（narcissism）是一种人格维度，它是指高度地自我陶醉、自我欣赏；将自己的愿望和需要置于他人之上；表现出非同寻常的自夸；有较强的权力欲；对他人的情感、需要和愿望缺乏同理心（见第 10 章和第 14 章，Raskin & Terry，1988）。自恋水平高的人倾向于表现自我（如向他人炫耀自己很有钱，希望给他人留下深刻的印象），自夸（如告诉别人他有多么伟大)，自我中心（如为自己挑选喜欢的食物)，人际利用（如为了自私的目的利用他人）（Buss & Chiodo，1991)。最近，人格心理学家研究了自恋对社会交往的影响，为人格在社会选择、唤起和操控中的作用提供了有趣的证明。

在选择过程中，自恋者往往选择那些崇拜他们的人，这样可以印证他们对自己持有的过分积极的观点。他们希望周围的人认为自己是非同寻常的、漂亮的、非常聪明的人（Buss & Chiodo，1991)。事实上，由于自恋者自认为是“非同寻常的表演者”，所以他们会选择那些自认为有机会提升其荣誉的情境，而回避他们认为别人无法注意到他们光彩的情境（Wallace & Baumeister，2002)。他们喜欢拥有权力（Buss & Chiodo，1991)，竭力回避无法展现其光彩的情境（Wallace & Baumeister，2002)。但是，生活常常不如人意，因此自恋者有时会被拒绝。遭到拒绝的时候，自恋者会对其认为伤害了自己的人表现出极大的愤怒。有趣的是，自恋者的社会知觉有较高的选择性，即与非自恋者相比，他们常常认为自己是人际冲突中的受害者（McCullough，Emmons，Kilpatrick，& Mooney，2003)。在配偶选择方面，自恋者的选择更不稳定。因为他们对配偶的承诺较低，或许因为他们总是觉得自己比对方“更好”、“更优秀”（Campbell & Foster，2002；Campbell，Rudich，& Sedikedes，2002)。

在社会环境中自恋者也唤起他人的可预测反应。由于他们总是表现自己，使自己成为被关注的焦点，自恋者可能会引发两种完全不同的反应：一部分人认为他们是聪明的、有趣的，不会让人感到乏味；而另一些人则认为他们很自私、粗鲁（Campbell，Rudich，& Sedikedes，2002)。有时候自恋者的自夸行为会让人感到愤怒，例如仗势欺人、彰显自己。

同样可以预测的还有自恋者的操控策略。他们很会利用他人，人们往往将其描述为“利用他人的人”。他们冷漠地利用朋友的财富和社会关系。一旦拥有了权力，他们会利用职位盘剥下属，毫不迟疑地在他人面前仗势羞辱地位低的人。在面临失败时，他们会不顾情面地贬损他人，企图把过失归于他人（South，Oltmanns，& Turkheimer，2003)。而面对自己的过失时，他们会对他人发火，猛烈地攻击他人（见第14章)。总之，自恋这一人格维度与社会选择有多方面的联系，自恋者会唤起他人的反应，使用操控策略来达到自己的目标。

回顾：人格与社会交往概观

本章最重要的信息是：人格并非被动地存在于个体内部，人格会影响每一个人的社会环境。这种影响通过三种方式：选择、唤起和操控（详见表15.6)。

这些基础机制在社交环境和物理环境方面都起作用。让我们先来看看选择。在物理环境方面，一个内向的人更可能选择生活在郊区，而外向的人更可能选择城市生活，因为城市生活有更多的社交机会。在社交方面，外向的人更可能选择一个同样外向的配偶，而内向的人更可能选择一个同样内向的配偶，这样他们可

表15.6　人格与环境的因果机制：物理环境与社会环境		
机制	物理环境	社会环境
选择	内向者选择居住在城郊	外向者选择外向的配偶
	回避寒冷天气	情绪稳定者选择稳定的室友
唤起	脚步过重的人可能引发雪崩	不随和的人唤起关系冲突
	笨拙的人制造噪音与嘈杂	自恋者唤起追随者的崇拜
操控	尽责的人营造一个干净整洁的房间	不随和的人使用“冷处理”策略
	高开放性的人的房间格调高、色彩感强，有各种书和唱片	自恋者将过失归咎于他人

以一起安静地阅读。

在唤起方面，爬雪山的时候，一个说话声音很大、脚步很重的人更可能引发一场雪崩。在社交领域，自恋者可能会唤起追随者的崇拜；但对于那些不喜欢他们过分以自我为中心的人而言，可能会产生厌恶情绪。在操控方面，近来一些有趣的研究揭示了人格如何影响人们整理房间的方式（Gosling，Ko，Mannarelli，& Morris，2002）。例如，尽责性高的人会让自己的房间干净整洁、不凌乱；而尽责性低的人其房间则更脏更乱。开放性高的人用来装饰房间的物品多是时尚的、不俗的，有很多不同种类的书和唱片；而那些开放性低的人有更多传统的饰物，书和唱片的种类也较少。在社交领域，随和性低的人更可能使用“冷处理”的操控策略；高智商—开放性的人更多使用理性说服的方式达到目标；而自恋者常常将过失归咎于他人。

简言之，人格决定人们对恋人和朋友的选择，以及人们选择进入或回避某种情境（选择）；人格决定了唤起他人的反应和物理世界的反应（唤起）；人格还会影响改变个体选定的物理环境和社会环境（操控）。这三种方式见图 15.1。

进一步的研究需要探讨人格与社会环境的因果关系是否是双向的。例如，一个人选择了一个与自己人格相似的配偶，那么社会环境是否进一步强化了人格的相似性，从而使相似性表现出跨时间的稳定性？不随和的人是否唤起了冲突，致使他们处于一个得到太多消极反馈的环境，因而使其保持了不随和的人格特征？情绪不稳定的个体所使用的大量操控策略（从强硬态度、恐吓到生闷气、发牢骚、不高兴）是否实际上都导致了一个更加混乱的环境，因此使其继续保持神经质的特征？无疑，以上问题要由今后几十年的研究来回答了。

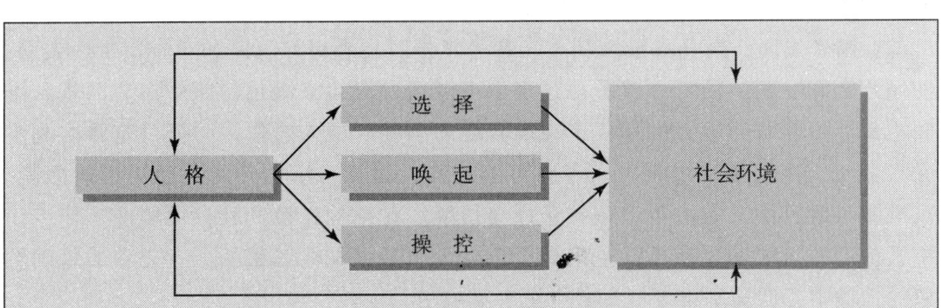

图 15.1
人格与社会交往

总结与评论

人格并非只是孤立地存在于我们的大脑之中，人格特征可作用于外部世界。也许，最重要的是，人格决定我们与他人的交往方式。

本章描述了人格影响社会交往的三种方式。第一，我们会选择他人，选择环境，选择我们参与其中的社会情境。在选择的过程中人格扮演了极其重要的角色。例如，在择偶时，全世界的人都会寻找可依赖的、情绪稳定的、让人愉快的人。其次，我们都会寻找那些与我们的人格相似的配偶，这叫同征择偶。需求互补理论认为具有不同特征的人会彼此吸引，但它没有得到实证支持。与成功地选择了自己想要的配偶的人相比，那些没能得到自己理想配偶的人(例如，找了一个情绪不稳定、不随和的配偶）的婚姻更可能不幸福，更可能离婚。

选择的过程并不仅限于婚恋对象的选择。例如，羞怯的女性可能回避妇科检查，可能因羞于讨论避孕而卷入有风险的性行为之中，避免赌博性质的冒险事件。与此相似，与低感觉寻求者相比，高感觉寻求的异性恋者更可能选择有风险的性情境，如发生未采取保护措施的性行为，拥有更多性伙伴。

第二，我们会唤起他人的情绪与行为。这些唤起部分地基于我们的人格特征。有人做了一项研究考察男性和女性的哪些方式会让其配偶感到生气和烦躁。结果，最能预测生气、烦躁情绪唤起的人格特征是低随和性和低情绪稳定性。例如，随和性较低的个体在其社交情境中（包括与朋友和恋人）通常制造大量的冲突，他们在高中期间更可能成为社交情境中的受害者。其次，有一种现象被称为期望证实，即我们对他人人格特征所持有的观念有时会激发他人表现出与我们的预期相一致的行为。例如，相信某人有敌意，就会真的激发他人的敌对行为。

第三种方式是操控，是指人们有意改变和利用他人的方式。人们会使用各种各样的策略影响他人，如吸引策略、冷处理策略、胁迫策略、理性说服策略、退缩策略以及自我降低策略等等。在策略的使用上，男性和女性之间基本不存在差异。只有在退缩策略上略有差异，女性用得稍多一点。然而，人格在我们使用何种策略影响他人上扮演了相当重要的角色。例如，情绪稳定性差的人更可能使用退缩和冷处理策略，但他们也会使用理性说服和金钱奖励策略。这说明了人格与操控策略之间的一些非直觉性的联系。高智商—开放性的个体可能使用理性说服策略，但也会使用社会比较策略。人格在我们可能使用的策略中起着关键的作用。

与操控策略有关的一种人格特征是马基雅维利主义。高马基雅维利主义者可能会向人献媚、奉承他人以达到自己的目的，他们高度依赖谎言与欺骗等手段。例如在婚恋方面，高马基雅维利主义者可能会假装爱对方以期和对方发生性关系；使用药物和酒精迫使对方就范；甚至也可能通过武力来满足性愿望。高马基雅维利主义者可能背弃他人的信任，在欺骗之前假装与他人合作。与低马基雅维利主义者相比，高马基雅维利主义者更可能偷盗，而且在事情败露之后更可能撒谎。高马基雅维利主义者的得逞依赖于社会情境。在结构松散的社会情境或工作组织中，他们有可能通过使用操控策略而获益。但是在结构紧密的、有完善的规则约束的情境中，低马基雅维利主义者更容易成功。

我们还证实了自恋这种人格特质的三种影响过程。自恋者会寻找崇拜他们的人，回避对其“伟大”表示怀疑的人。他们会选择有机会表现其光彩的情境，回避无法看到其光彩的情境。对于追随者，自恋者会唤起他们对自己的景仰；而对于那些其嘲弄和欺侮的受害者，自恋者则会唤起他们的厌恶、愤怒情绪。在操控策略上，自恋者会高度利用他人，利用朋友的财富与社会关系，当事情变得糟糕时将过失归咎于他人。考察自恋者的这些方面为我们描绘了一幅有趣的画面，即人格如何与我们所创造的社会交往、我们生活于其中的社会环境紧密相联。

总之，人格影响我们对配偶、对社交世界的选择，影响我们选择最初唤起他人反应的方式，影响我们为了达到某种目的而用以操控他人的方式，它与我们的社会交往有着可预测的系统性的联系。

关键术语

情境选择	羞　怯	分　类
需求互补理论	唤　起	马基雅维利主义
相似吸引理论	敌意归因偏见	自　恋
同征择偶	期望证实	
愿望破灭	操　控	

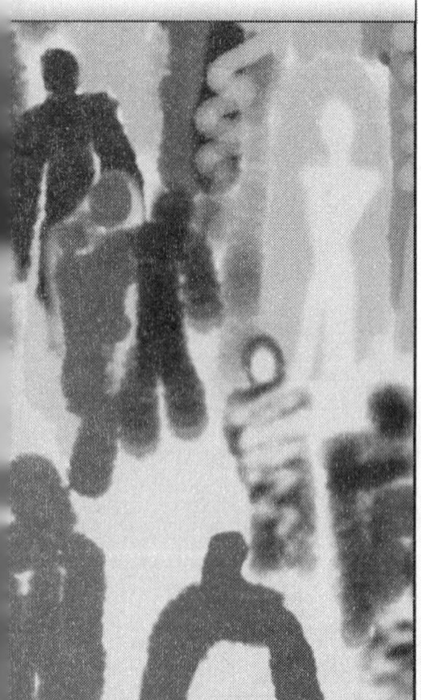

性、性别与人格

16

16

社会与文化领域

“尽管女权主义已经取得了一些成绩，但是男性至上主义与暴力倾向的增强（从智力歧视到小学的性骚扰事件）导致女孩们压抑了她们的创造性与上进心，这最终会极大地破坏她们的自尊。”（Pipher，1994，书封）这段话引自《拯救奥菲莉娅》（*Reviving Ophelia*）一书，该书曾连续135周上了畅销书排行榜（Kling et al.，1999）。这段话阐述了这样一种广泛的观点：女性比男性的自尊水平低，成年男女的人格差异源于发展过程中的破坏性事件。

尽管我们无法确切了解为什么《拯救奥菲莉娅》一书会如此长期地受欢迎，但有几点是可以肯定的。首先，人们对心理学意义上的**性别差异**（sex difference），即男性与女性在人格与行为上的平均差异非常感兴趣。流行刊物和其他大众媒体经常会报道一些有关性别差异的科学发现。其次，许多人关心性别差异的政治意义。这些发现可以被用来强化性别刻板印象吗？这些发现可以被用来压制女性吗？再次，人们关心这些性别差异对他们的日常生活有何意义。例如，性别差异的知识是否可以帮助我们更好地理解他人、更好地与他人沟通？

本章主要关注性别差异的科学观点，以及与此相关的广泛争论。就人格而言，男性和女性本质上是相似的还是不同的？这些差异是否会因为人们的刻板印象（男性应该是什么样的，女性应该是什么样的）而被放大？什么理论可以完整地解释人格中与性别有关的特征呢？在本章，我们将通过探讨研究者已得出的关于性别差异的结论来回答这些问题。我们在本书中所使用的*性别差异*一词指的是男性和女性在一些特征上的平均差异，例如身高、体内脂肪的分布，或者人格特征，对这些差异的来源并无预先判断。

首先简要概括人格领域中关于性别差异研究的历史。这些背景知识将向你展示性别差异是多么复杂：实际上，我们将看到，**性别**（gender）一词的定义，或是从社会化的角度解释什么是男性、什么是女性，本身就是随时间而变化的。然后，我们来看看心理学家使用什么技术从研究数据中梳理出这些性别差异。这可以帮助你理解性别差异究竟指什么，及其在现实世界中有何意义。

在简要概括了性与性别的研究背景后，我们将讨论某些特质上的性别差异，如自信、犯罪行为和性。这样我们可以了解该话题对人格心理学而言究竟意味着什么，并用这些差异来探讨一个有趣的话题，**性别刻板印象**（gender stereotype）：与真实存在的性别差异相对的，关于男女存在的或理应存在的不同的信念。最后，我们将探讨那些试图解释性别差异的理论。当你看完这一章时，对男性和女性将会有更加深入的理解——他们的相似性以及他们的差异。

性与性别研究的科学和政治

很少有主题像性别差异这样引起如此多的争议，尤其是当我们考察男性和女性可能存在的不同时。正如最近一则关于性别的讨论所说："公众对男女两性本质的讨论总是那么引人注目，无论是媒体对最新研究成果的报道，还是高度曝光的法律案件，如关于男女分校的教育机构，以及性骚扰案例。"（Deaux & LaFrance，1998）有人担心性别差异的研究结果会被用来支持某些政治议程，如将女性排除在领导角色之外；有人担心研究结果会被用来支持现状，如让男性当权，而让女性远离权力；还有人认为研究结论只是性别刻板印象的反映，而不是真实的差异。此外，还有一些心理学家认为，任何有关性别差异的发现都只是科学家自己的偏见而已，并非对现实的客观描述。事实上，一些心理学家提倡停止对性别差异的研究，因为这些研究结论有悖于平等主义的理想（Baumeister，1988）。

但是，有一些人认为，如果不去讨论真实存在的性别差异，那么科学心理学和社会变革都是不可能实现的。例如，女权主义心理学家伊格利（Alice Eagly）认为，性别差异确实存在，这已经在很多研究中得到了证实。不能仅仅因为它与某些政治议程相矛盾而忽视它（Eagly，1995）。实际上，伊格利认为那些试图缩小这些差异，或者装作根本没有这些差异的女权主义者，会制造一个不切实际的假象而妨碍女性的发展。而另外一些人（如 Janet Hyde）则认为，性别差异被夸大了，在大多数人格特质上男女两性都有很多相同之处，性别差异是非常小的（Hyde & Plant，1995）。下面我们将详细地讨论这些相互对立的观点。

性别差异研究的历史

在心理学界，性别差异的研究历史非常有意思。1973 年以前，很少有人关注性别差异。事实上，心理学的研究通常都是使用同一性别的被试，而且大多是男性。即使研究中既有男性也有女性，也很少有文章分析和报告是否存在性别差异。

到了 20 世纪 70 年代早期，情况才开始有了变化（Eagly，1995；Hoyenga & Hoyenga，1993）。1974 年，迈克比和杰奎琳（Elenore Maccoby & Carol Jacklyn）出版了一部经典书籍：《性别差异心理学》（*The Psychology of Sex Differences*）。他们在书中回顾了数百个心理学研究，得出了有关性别差异的几个基本结论。他们认为女性在语言表达方面略优于男性；而男性则在数学能力（例如几何与代数）和空间能力（例如想象一个三维图形旋转 90°后的形状）上略胜一筹。在人格特征方面，他们认为男性和女性只有一种差异：男性比女性更富攻击性。在其他的人格与社会行为方面，他们认为没有足够的证据支持男性和女性存在什么不同。总的来说，他们认为性别差异是很少的，而且微不足道。

《性别差异心理学》一书引起了极大的反响，受到来自各方面的批评。有人认为性别差异比迈克比和杰奎琳所描述的要多得多（Block，1983）；有人对男性更富攻击性的结论提出了挑战（Frodi，Macauley，& Thome，1977）。此外，当时研究者所使用的方法也遭到质疑。尽管当时采用的是标准化的研究程序，但以今天的标准看来却是很粗糙的，即研究者只是总结了得出显著性差异结果的研究就做出了解释性的结论，这种做法可能存在一定的主观性。

自《性别差异心理学》出版以后，心理学刊物改变了原来的报告惯例。如果研究中有两种性别的被试，它们开始要求作者统计并报告性别差异。另外，有人抗议心理学的研究主要是以男性为被试，呼吁在研究中大量增加女性被试，由此引发了对性别差异的研究，出现了数以千计的关于两性之间差异的研究。实际上，到 1992 年，在联邦政府资助的所有研究项目中，都要求包括两种性别的被试（除非有正当的理由限制为单一性别，如对乳腺癌的自检）。

继迈克比和杰奎琳早期的工作之后，研究者们提出了更加精确的量化研究程序，以检验各种研究结果，从而确定性别差异，此种研究程序被称为元分析。元分析是对大量研究进行整合的统计方法。直至 20 世纪 80 年代中期，元分析的方法才开始得到普遍使用。它可以让研究者更客观、更精确地计算某种差异（如性别差异）在不同研究中是否存在一致差异。而且，研究者还能评估该差异究竟有多大，即效应大小。

效应大小的计算：性别差异有多大

一种最常用的元分析统计方法是**效应大小**（effect size），或称为 *d* 检验。*d* 检验代表一种标准差的差异（见第 2 章）。*d* 值为 0.50 表示组间差异是半个标准差；*d* 值为 1.00 表示组间差异为一个标准差；*d* 值为 0.25 表示组间差异是 1/4 个标准差。对每一项研究中的性别差异都可以计算出其效应大小，然后将不同研究中得到的数据平均，就可以对是否存在性别差异，以及差异到底有多大进行更准确、更客观的评价。

大多数元分析法都是这样解释效应大小的（Cohen，1977）：

d 分数	意义
0.20 或–0.20	差异较小
0.50 或–0.50	中等差异
0.80 或–0.80	差异较大

当我们将男性与女性进行比较时，假如 *d* 分数是正数，如.20 或.50，表明男性的平均分数高于女性。*d* 为负数，如–.20 或–.50，则表明女性分数高于男性。例如，*d* 分数为–0.85 表明女性在某项特质上的分数远远高于男性。

当涉及谁能将球投得更远的问题时，男性和女性之间差异的效应大小为 2.00，即男性做得更好。尽管在总体能力上有较大的差异，然而仍然有一些女性投得比大多数男性更远，因为男女投球能力的分布有重叠的部分。

为了对各种不同的效应大小有一个初步的认识，让我们先来看看人格领域之外的一些研究。男性和女性谁能够将球抛得更远？尽管在每一种性别内部都有很大的个体差异，但是很明显，一般而言男性抛得更远，*d* 分数接近 2.00（Ashmore，1990）。这意味着性别差异相当大，达到了两个标准差。在大学里，男性和女性谁的平均学分更高呢？学分的 *d* 分数是–.04，非常接近于零，这说明男性和女性的学业成绩上基本相同。

男性和女性谁的语言能力更强？似乎是女性更好，不过 *d* 分数只有–0.11。男性的数学能力比女性强吗？*d* 分数也很小，只有 0.15。这些研究与大多数研究结果一致，在认知能力上男性和女性是大致相当的（或差异不大）。得到证明的惟一例外是空间旋转能力，例如将一个长矛或足球准确地投到一个运动着的物体上面，如动物或接球手。这种空间能力的 *d* 分数为 0.73，接近差异“较大”的标准。

重要的是，即使是很大的性别差异，对某一特定个体而言也并不一定具有意义。在投掷方面，即使 *d* 分数为 2.00，也有一些女性投得比大多数男性远，而有些男性投得不如大多数女性远。当我们评价效应大小的时候需要谨记这些两性分布上的重叠部分（见图 16.1）。

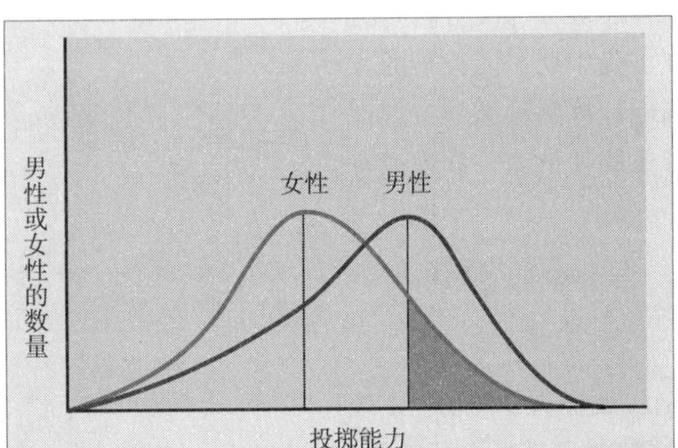

图 16.1
平均差异分布上不同性别之间的重叠。在某种能力上，即使一种性别远远地超过了另一性别，但还是存在很大的重叠部分。图中阴影表示部分女性的投掷能力超过了男性的平均水平。

“极小派”与“极大派”

对性别差异的争论主要集中在对效应大小的讨论上：性别差异很小、相对微不足道，还是有着本质上的重要差异。认为性别差异非常微小、微不足道的人属**极小派**（minimalist），他们提出两点论据：第一，从实证研究结果来看，大多数性别差异的效应都是很小的（Deaux，1984；Hyde & Plant，1995）。极小派还强调，男性和女性在任何一个人格变量上的分布都有大量的重叠部分，这说明性别差异的效应非常小（见图 16.1）。第二，他们认为无论性别差异是否真实存在，它们对人们日常生活中的行为并无特别重要的意义。如果性别差异本来就很小，且对人们的生活又没有影响，那么也许我们应该关注其他更加重要的心理学话题。

相反，**极大派**（maximalist）则认为，性别差异的大小和许多其他的心理学效应是一样的，不应该被忽视（Eagly，1995）。根据这种观点，有些性别差异确实很小，有些却非常显著，还有一些是中等显著水平。其次，伊格利（Eagly，1995）指出，即使是很小的性别差异也有重要的实际价值。例如，助人倾向上的性别差异很小，但从长远的角度考虑，在危难时刻两种性别的人助人行为的次数却有很大的差异。当你阅读本章时，请记住心理学家们对性别差异所持的两种观点：极小观和极大观。

人格的性别差异

在第 3 章我们讨论过人格的五因素模型。此模型可以提供一个便利的框架，帮助我们将人格的性别差异研究的各个分散结果组织起来（见表 16.1）。我们将首先讨论五因素模型中的几种人格特征的性别差异，然后探讨其他人格领域的性别差异，如性、犯罪行为、攻击性、压抑和心理变态，以及群体中男性与女性的互动模式。

五因素模型

请回忆一下，在第 3 章我们讨论过，许多心理学家提出人格包括五个基本因素。五因素模型为我们提供了可以考察男性和女性是否存在差异的几种主要的人格特质。

表 16.1　人格性别差异的效应大小：五因素模型

维　度	效应大小
外向性	
合群性	-.15
自　信	.50
活动性	.09
随和性	
信　任	-.25
友　善	-.97
尽责性	
秩　序	-.13
情绪稳定性	
焦　虑	-.28
冲动性	.06
开放性	
观　念	.03

注：正数表示男性比女性得分高；负数表示女性比男性得分高。

摘自 Feingold，1994.

外向性

研究者考察了外向性的三个成分上的性别差异：合群性、自信和活动性。女性的合群性略高于男性，不过差异很小。同样，男性的活动性略高于女性。外向性中惟一一个有实质性差异的因素是自信，男性和女性存在中等差异，男性得分高于女性。

在自信上，中等程度（d=0.50）的性别差异可能表现在群体背景下的社交行为中。大量研究显示，在一个两性群体中，男性比女性更多地打断交谈中

研究显示，女性比男性有更多的微笑。但是研究者们对此差异的意义有不同的意见：一些人认为微笑是随和性的表现；而另一些人认为这是顺从的表现，或是在社交情境中减轻紧张感的一种方式。

的人（Hoyenga & Hoyenga，1993）。两性间冲突的重要来源（谈话不时被打断）可能是由自信上的性别差异引起的。

随和性

随和性上的性别差异有两个因素得到检验：信任和友善倾向。**信任**（trust）是与他人合作的一种倾向，愿意让他人受益，认为他人本质上都是好的。**友善倾向**（tender-mindeness）是一种善意倾向，即有同情心，对那些受压迫的人表示同情。从表 16.1 你可以看到，在信任上的得分女性与男性相差不大，但是在友善上女性的得分远高于男性，效应大小 *d*=-.97。显然，这已经是很显著的差异了。

另有一项研究与随和性密切相关：*微笑研究*。对微笑的元分析结果显示，女性比男性笑得更多，*d* 分数为-.60（Hall，1984）。如果把微笑视为随和性的反映，我们可以得出结论，女性比男性更随和。但是一些研究者将微笑视为顺从的标志而不是随和性的反映（Eagly，1995）。还有人认为地位较低的人笑得更多。如果真是这样，那么微笑就不是随和性的反映，而更可能是地位较低的表现。

攻击性

攻击性与随和性是相对的。毫不奇怪，你可能会发现男性比女性更具攻击性。这在人格测试、攻击想象，以及在对实际行为的测量中都有所体现（Hyde，1986）。一般而言，在投射测验中攻击性的效应是最大的，例如 TAT（*d*= .86）；其次是同伴评价的攻击性（*d*= .63）；自我报告的攻击性的效应最低（*d*= .40）。攻击想象研究是评价男性和女性想象的对他人表现攻击性的频次。此研究中发现了较大的性别差异，效应值为 .84。

这些性别差异对日常生活有着深远的影响，表现在暴力犯罪行为上的效应尤为显著。全世界 90%的杀人犯都是男性，而且大部分被杀者也是男性（Daly & Wilson，1988）。此外，男性参与了更多种类的暴力犯罪，从攻击到团伙战争。图 16.2 从年龄和性别两方面提供了美国暴力犯罪的拘留情况。你可以看到，男性比女性更多地参与了这些犯罪行为。有趣的是，最大的性别差异出现在青春期以后，在青少年期和 20 几岁时达到顶峰。50 岁以后，各种形式的暴力犯罪的发生率均开始下降，在暴力犯罪方面男性和女性变得十分相似。

这些发现并不仅限于美国。在其他所有文化中都显示，大多数杀人和暴力犯罪都是年轻男性所为（Daly & Wilson，1988）。这些发现使人们相信从进化的角度解释某些性别差异是正确的。

尽责性

研究者只考察了尽责性的一个成分：秩序。女性在这方面的分数稍高于男性，效应值仅有–.13，这足以说明男性和女性在该维度上的表现基本相同。但是，即使是很小的差异经过长期积累也可能会有大的影响。例如，夫妻之间在秩序性上的细小差异在一年之中可能会导致大量关于清理房屋的争吵。

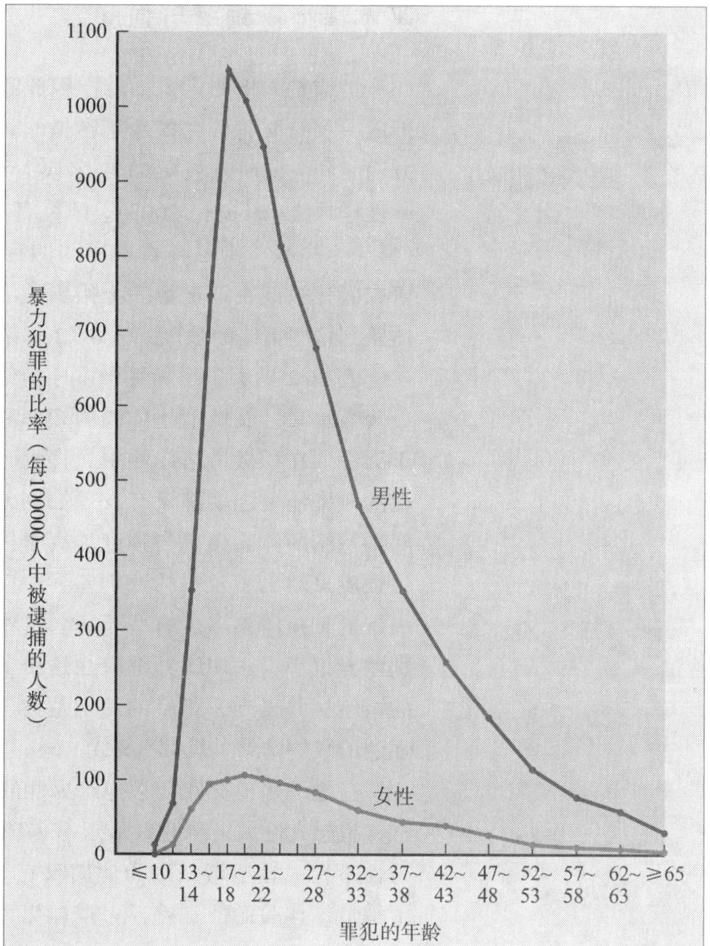

图 16.2

美国暴力犯罪的情况，以年龄与性别为函数。

情绪稳定性

情绪稳定性可以说是五因素模型里面最有价值的一个维度。你可以回忆一下第 3 章的内容，此维度的一端是指那些坚定、平静、稳定的人。许多人称之为“情绪稳定型”，但是心理学家们却将其称为“情绪抑制型”。相反的一端是情绪的爆发性和多变性。尽管很多人称之为“情绪不稳定型”或“神经质”，但是我们也可以将其命名为“情绪表达型”。重要的是记住此维度的心理学意义，即它所包含的特质，而不是其每一端的命名。

研究者考察了情绪稳定性在两个因素上的性别差异：焦虑水平和冲动性。在冲动性上，男性和女性是几乎等同的，效应值仅为.06；但是在焦虑水平上，女性的分数比男性高，效应值为–.28，效应较小。因此，尽管在焦虑水平上存在性别差异，但是这种差异被认为是很小的，可能仅表现为女性更害怕蜘蛛或蛇等方面。

对经验的开放性

研究者还对开放性进行了元分析。开放性是一种态度，是指一个人所持有的一系列思想或观念。在这一点上男性和女性相似，效应值仅为.03。最近的一项研究证明在此维度上不存在性别差异。鲍特温等人（Botwin et al.，1997）用三种数据检验了开放性的性别差异：自我报告、配偶报告、访谈者报告（一个男性访谈者和一个女性访谈者报告）。分别对三种来源的数据进行分析，结果都未发现性别差异。因此，我们可以得出结论，在此人格维度上男性和女性是相同的。

基本情绪：频率与强度

情绪是人格的重要内容，因此我们用了一整章来讨论它们（见第 13 章）。最近的一项跨文化研究揭示了在情绪体验上，男性和女性在哪些方面不同，在哪些方面相同。此研究包括 2199 名澳大利亚人，以及 6868 名来自 41 个不同国度的国际性样本（Brebner，2003）。研究者考察了 8 种基本情绪，包括四种“积极”情绪（喜爱，高兴，满足与自豪）与四种“消极”情绪（恐惧，愤怒，悲伤，内疚）。研究者让被试在评定量表上指出：（1）他们体验到这些情绪的频率；（2）他们体验到这些情绪的强度。表 16.2 总结了这项研究的结果。

表 16.2 显示，国际性样本中情绪体验的性别差异很小，但是达到了统计学的显著性水平。女性情绪体验的频率和强度（无论是积极情绪还是消极情绪）都高于男性。在积极情绪体验中，喜爱和高兴的性别差异最大；但是，无论是自豪体验的频率还是强度都没有发现性别差异。在消极情绪体验中，女性对恐惧和悲伤两种情绪的体验频率与强度均高于男性，尤其是在强度方面。不过，内疚感的体验强度显示出了较小的性别差异，而在体验频率上没有差异——这与女性更容易内疚的刻板印象多少有些矛盾。这些结论可以分为两大类：第一，总体而言，性别差异很小，一切解释都应在这个前提下进行；第二，其他研究探讨了更多特定的情绪，并得到了相反的性别差异，例如在对配偶的性不忠上，男性体验到更加强烈的嫉妒情绪（见第 8 章）。

有趣的是，女性常常抱怨男性的情绪表达不够（Buss，2003）。相反，男性也常常抱怨女性太情绪化。最近有一项跨国研究为这些抱怨提供了一种可能的解释：男性不善表达情绪是因为他们没有像女性那样体验到那么多、那么强烈的情绪。了解情绪体验的性别差异可以让男性与女性更好地互相理解，最终可能会减少两性之间的冲突。

表 16.2　情绪体验的性别差异

情　绪	频　率	强　度
积极情绪	.20	.23
喜　爱	.30	.25
高　兴	.16	.26
满　足	.13	.18
自　豪	ns	ns
消极情绪	.14	.25
恐　惧	.17	.26
愤　怒	.05	.14
悲　伤	.16	.28
内　疚	ns	.07

注：表中条目均为效应大小（d）。“ns”指性别差异不显著。正值表明，女性在该情绪上的体验频率和强度都高于男性。

资料来源：Brebner（2003）

人格的其他维度

还有一些人格维度与五因素模型中的几种人格特质有关，但是并不直接包含于其中。我们将探讨其中三个维度：自尊、性与婚姻、人—事维度。

自　尊

有关男性和女性的一个有趣话题就是自尊，即我们觉得自己有多好。此话题可在许多畅销书中反映出来，例如《校园中的女学生：探究年轻女孩自尊与自信的缺口》（*Schoolgirls：Young Women，Self-esteem，and the Confidence Gap*）（Orenstein，1994）。尽管研究者已经探讨了自尊的许多层面，例如个体运动能力的自尊、社交技能的自尊，但到目前为止被讨论得最多的是**总体自尊**（global self-esteem），即一个人对自己的总体评价（Harter，1993，p. 88）。总体自尊的范围可以从高度积极到高度消极，如第 14 章所述，它反映了一个人对自己的总体评价（Kling et al.，1999）。

总体自尊与许多机能特征有关，常被认为是心理健康的核心元素。那些高自尊的人能够更好地应对生活中的压力与紧张。在实验研究中，当得到消极反馈信息时，高自尊的个体在认知任务中的表现好于低自尊的个体。高自尊的人常常对成功充满信心，但是他们也通常拒绝承担失败的责任（Kling et al.，1999）。

元分析结果揭示了自尊维度上性别差异的有趣模式（Feingold，1994；Kling et al.，1999）。总体效应很小（*d*=.21），男性的自尊略高于女性（Kling et al.，1999）。但是当研究者根据年龄分析自尊的性别差异时，发现了更有趣的现象。儿童（7~10 岁）之间的性别差异很小（*d*= .16），但是当孩子们接近青少年期时，性别差异逐渐增大。在 11~14 岁时，*d*=.23；到 15~18 岁时，性别差异达到峰值（*d*=.33）。与男性相比，女性在青春中后期的自尊水平似乎较低。令人欣慰的是，在成年期自尊的差异开始减小。在 19~22 岁时，效应值减至 0.18；在 23~59 岁之间，两性的自尊水平更加接近，*d* 值为 0.10。在老年期，60 岁以后，*d* 值仅为–0.03，这意味着男性和女性在自尊水平上相同。

自尊之性别差异的所有效应值都相对较小，即使是在性别差异最大的年龄段——青春期也是如此。从上面的结果来看，担心女性的自尊持续较低无疑是一种夸大。但是，即便是很小的性别差异也能对日常生活的幸福感产生重要影响，因此性别差异是不能够被忽视的。让研究者感兴趣的是为什么女性的自尊在青少年期下降了，是否有方法能够成功地提高自尊水平呢？

性与婚姻

正如我们在第 3 章所见，性活动的个体差异与五因素人格模型有一部分重叠，但不是完全重叠（Schmitt & Buss，2000）。元分析显示，在性欲、性动机、性态度等方面存在复杂的性别差异。其中最大的性别差异表现在对随意的性行为的态度上，如第 8 章所述。研究者（Olive & Hyde，1993）发现这一态度上的 *d* 值为 .81，男性更希望发生随意的性行为。在另一项研究中，男性希望自己一生能够拥有 18 个以上的性伴侣，而女性只希望有 4~5 个性伴侣（*d*=.87）（Buss & Schmitt，1993）。

在婚姻的其他领域也存在性别差异，其中一些与男性和女性对随意的性行为的态度有关。男性和女性可以只做“朋友”吗？在与异性建立朋友关系上，男性比女性有更大的困难。男性更可能与有吸引力的异性发展友谊；更可能因为性而被他们的异性朋友所吸引；也更可能因为无法与对方发生性关系而放弃友谊（Bleske & Buss，2001）。

对于随意的性行为来说，男性对异性的兴趣一般比女性对异性的兴趣更大。

阅读

抑郁的性别差异

抑郁有以下特征：低自尊，悲观主义（期待最坏的事情发生），缺少生活控制感。这是现代人最常见的心理疾病之一，有证据表明抑郁症的发病率在升高。五项共包含了39000名生活在世界五个地区的被试的研究显示，年轻人比年长的人更容易体验到抑郁，至少经历过一个主要的抑郁发作期（Nesss & Williams，1994）。另外，在经济发达国家抑郁的发生率似乎更高(Nessse & Williams，1994)。

成年男女的抑郁发生率是不同的，且抑郁症的本质也不同，但这并不是与生俱来的，儿童期不存在抑郁体验的性别差异。但是在青春期，女性的抑郁发生率是男性的2~3倍（Hoyenga & Hoyenga，1993）。几乎有25%的女性在其一生中至少有一次抑郁体验；但是，只有10%的男性曾经体验到抑郁。抑郁体验在18~44岁之间的性别差异最大。44岁以后，两性在抑郁体验上逐渐接近。

下面列出了抑郁症状上的一些关键的性别差异（Hoyenga & Hoyenga，1993）：

1. 抑郁的女性比抑郁的男性报告更多的贪食和体重增加的症状（尽管两性都有缺乏食欲这种最常见的抑郁症状）。
2. 抑郁时女性更可能哭泣，直面自己的情感；而男性抑郁时更可能表现出攻击性。
3. 抑郁的女性比男性更可能寻求治疗；而男性更可能只是简单地放弃工作。
4. 抑郁的女性更可能表现出神经质行为（如坐立不安）；而男性更可能表现得沉闷。
5. 在大学生中，抑郁的男生更可能社会退缩，更可能吸毒，更可能体验疼痛感；而抑郁的女生更可能体验到情感伤害，自尊水平下降。
6. 青春期以前，两性的抑郁发生率相同。只是在青春期以后女性的抑郁发生率才是男性的两倍。
7. 抑郁的男性更可能“成功”自杀，也许是因为男性更可能使用枪支；女性更可能实施非致命性自杀，因为她们采用了非致命的方式，例如吞食过量的药片。

一项由1100名社区成人参加的研究揭示了抑郁的本质和抑郁发生率上的性别差异（Nolen-Hoeksema，Larson，& Grayson，1999）。研究者推断女性之所以更容易抑郁是由某些因素引起的，如她们在工作中缺少权力；相对而言，她们对生活中的重要方面缺少控制；她们的工作负荷过重；在与异性的关系中处于较低的地位。因为她们想要寻求能够控制生活的方式，于是她们开始反思。**反思**（rumination）包括反复关注自己的某种症状或抑郁状态(如“为什么我总是感觉自己这么糟糕？”或“为什么我的老板不喜欢我？”)。根据这个理论，由于女性的反思并未找到有效的解决办法，她们会继续反思，这最终导致她们更进一步的抑郁体验。研究证实了反思的重要性。女性比男性更多地进行反思，而反思又导致她们出现更多的抑郁症状。

另有一种理论认为，女性更容易陷入抑郁困境是因为现代人生活在一个个彼此隔离的小家庭里，缺乏传统社会中才能拥有的亲人支持和其他社会支持（Buss，2000b）。

还有一种理论认为，女性的抑郁与寻找配偶时的同性内部竞争有关，是由对自己的外貌不满而导致的（Hankin & Abramson，2001）。实际上，女性的抑郁及抑郁的性别差异最早出现在13岁，这也正是异性交往开始增多的时候。研究文献均表明男性在选择配偶时非常看重对方的外貌，因此女性在吸引配偶方面有压力（Buss，2003）。其次，青春期女性对自己外貌的不满开始增多，出现诸如暴食、节食等饮食障碍行为，且对自己的体重不满(Hankin & Abramson，2001)。最终结论是女性对自己身体与外貌的不满与抑郁的增加有关。在男性择偶时，女性的外貌是很重要的因素，所以女性的自我价值感部分地与此相连。所以自青春期以后，择偶与同性之间的竞争等因素就可能导致抑郁。

无论起源是什么，抑郁体验的性别差异是最大和最重要的人格差异之一。

当女性不愿意发生性关系时，男性更可能使用暴力强迫对方（Buss，2003）。但是并非所有的男性都会使用性暴力。最近有研究表明，表现出“男性敌意”的态度（即对女性持傲慢、蔑视的态度）以及在人格特质上缺乏同情心的男性，更可能使用性暴力（Wheeler，George，& Dahl，2002）。另外，自恋的男性更可能表现出对强暴行为的支持，对被强暴者缺乏同情心（Bushman，Bonacci，Dijk & Baumeister，2003）。尽管在性暴力方面存在性别差异，但是性暴力也仅限于部分男性之中，例如自恋者、缺乏同情心和表现出男性敌意的人。

总之，在主要的人格维度上表现出的性别差异或小或大。目前为止，表现出最大性别差异的人格维度是：友善性，女性明显高于男性；攻击性，男性明显高于女性；对随意的性行为的态度，男性得分高于女性。存在中等水平性别差异的人格维度是自信，男性高于女性。性别差异较小的人格维度有信任和焦虑，女性在二者上的分数均略高于男性。男性和女性大致相同的人格维度包括合群性、活动性水平、秩序、冲动性，以及对经验的开放性，即“观念”。这些似乎并不支持某些关于男性和女性的刻板印象，如女性比男性更合群，男性比女性活动性更高、比女性更冲动。

人—事维度

另一个人格维度被称为**人—事维度**（people-things dimension）（Little，1972a，1972b；Lippa，1998）。此维度涉及职业兴趣。得分靠向“事”这一端的个体喜欢从事非人目标（如机器、工具、原材料等）的职业，例如木匠、自动机械师、建筑承包者、工具制造者以及农场主。而那些得分靠向“人”这一端的个体喜欢从事社会性的职业，例如高校教师、社会工作者以及宗教顾问，这些职业涉及到考虑他人的想法、照顾他人或引导他人。

你可以想象，在职业兴趣方面有着很大的性别差异。性别与人—事维度的相关为 .56，d 值为 1.35。这表明男性的得分更接近“事”这一端，女性的分数更接近“人”这一端（Lippa，1998）。

当要求女孩子描述自己时，她们比男孩子更多提到自己与他人的亲密关系。她们更加看重与群体和睦相处的个人特征，例如对他人的敏感性。她们更可能将人际关系视为个体特性的重要部分（Gabriel & Gardner，1999）。

毫不奇怪，这些结论符合我们关于男性和女性的刻板印象，有趣的是这种现象几乎在一个世纪以前就被发现了：“[研究者] 发现男性和女性之间最大的差异是：男性对物以及对它们的机制更感兴趣，而女性对人及其之间的情感更感兴趣”(Thorndike，1911，p.31)。

无论这些不同的喜好源于什么，这些喜好对于男性和女性所选择的职业、所爱好的娱乐活动有着重要的影响。男性多以“事”为取向，他们在业余时间更喜欢摆弄器械、木工制作。女性多以“人”为取向，她们更可能与周围的人一起参加周末活动。

男性化、女性化、双性化与性别角色

男性和女性在某些维度上是不同的：自信、友善性、焦虑，以及攻击性、性和抑郁。这些差异是否意味着存在男性化和女性化的人格呢？本部分我们将讨论男性化和女性化的概念，以及这些主题随时间的发展而出现的变化。

自上世纪 30 年代起，人格研究者开始注意到在一些大型的人格问卷中，男性和女性对很多项目的反应是不一样的。例如，当问到喜欢泡浴还是淋浴时，女性表示更喜欢泡浴，而男性更喜欢淋浴。以此为基础，研究者提出可以用一个简单的人格维度描述这种性别差异：一端是*男性化*，另一端是*女性化*。一个人如果在男性化上得分高，那么在女性化上得分就低，反之亦然。研究者假设每个人都处于男性化—女性化维度的某一个位置。用表现出很大性别差异的项目，如"我喜欢阅读《大众机械》（*Popular Mechanics*）"（男性得分较高）和"我喜欢做图书管理员的工作"（女性得分较高）建构一份男性化—女性化量表。但是，一端是男性化、一端是女性化的单一维度是否真的抓住了这些重要个体差异的本质呢？有没有可能某些人*既是*男性化的，*又是*女性化的呢？这个问题带来了一个与性别相关的人格差异的新概念：双性化。

寻求双性化

20 世纪 70 年代初期，由于女权运动的兴起，有研究者开始对男性化—女性化的单一维度的假设提出挑战。这些新的研究者提出假设，男性化和女性化是彼此独立的两个维度。因此，一个人可以在这两个维度上都得高分，或者都得低分；或是典型的男性化，即在男性化上得分高，而在女性化上得分低；抑或是典型的女性化，即在女性化上得分高，而在男性化上得分低。这使人们对男性化、女性化和性别角色的认识有了根本的转变。

1974 年公开发表的两个主要的人格测量工具就是根据新的性别角色概念来评定人的（Bem，1974；Spence，Helmreich，& Stapp，1974）。**男性化**（masculinity）维度包含的项目主要反映自信、大胆、支配、自负和工具性。那些具有这些人格特质的人在男性化维度上得分较高。**女性化**（femininity）维度包含的项目主要反映关怀、情绪表达、同情心。具有这些人格特质的人在女性化维度上得分较高。在两个维度上得分均较高的人被称为**双性化**（androgynous），指一个人同时具有男性化和女性化两方面的特征。表 16.3 给出了组合后可以产生的四种可能的人格。

制定这些问卷的研究者认为双性化的人是发展得最成熟的人。双性化的人被假定综合了两种性别中各自最有价值的元素，例如在工作上的自信心，以及人际交往中对他人情感的敏感性。其次，双性化的个体被假定摆脱了传统性别角色概念的桎梏。然而在对此进行深入分析之前，我们不妨先来看看你在这个测量中处于什么位置。

表 16.3 20 世纪 70 年代提出的性别角色概念

	低男性化	高男性化
低女性化	未分化	男性化
高女性化	女性化	双性化

要想知道自己的位置，请完成下面的练习。

练习

指导语：下面有 40 道题目。每道题都有一对完全相反的特征描述。也就是说，你不可能同时选择两个，例如非常有艺术气质和完全没有艺术气质的。两个极端描述之间的字母构成了等级，选择一个最能描述你情况的字母。例如，如果你觉得自己完全没有攻击性，可以选择 A；如果你认为自己很有攻击性，可以选择 E；如果你处于两者之间，可以选 C，也可以是 B 或 D。每一个题目都要选择一个答案。在你选择的字母上画一个“X”作为标记。

1. 完全没有攻击性	A...B.....C.....D.....E	非常具有攻击性
2. 很爱发牢骚	A...B.....C.....D.....E	从不发牢骚
3. 非常依赖	A...B.....C.....D.....E	非常独立
4. 完全不自大	A...B.....C.....D.....E	非常自大
5. 从不情绪化	A...B.....C.....D.....E	非常情绪化
6. 非常顺从	A...B.....C.....D.....E	非常具有支配性
7. 很喜欢自夸	A...B.....C.....D.....E	从不自夸
8. 在较大的危机中从不冲动	A...B.....C.....D.....E	在较大的危机中非常冲动
9. 非常被动	A...B.....C.....D.....E	非常主动
10. 从不以自我为中心	A...B.....C.....D.....E	总以自我为中心
11. 无法将自己完全托付给他人	A...B.....C.....D.....E	可以将自己完全托付给他人
12. 完全不怯懦	A...B.....C.....D.....E	非常怯懦
13. 很粗心	A...B.....C.....D.....E	很细心
14. 从不抱怨	A...B.....C.....D.....E	经常抱怨
15. 从不帮助他人	A...B.....C.....D.....E	乐于帮助他人
16. 不喜欢竞争	A...B.....C.....D.....E	喜欢竞争
17. 服从他人	A...B.....C.....D.....E	从不服从他人
18. 很内向	A...B.....C.....D.....E	很世俗
19. 很贪心	A...B.....C.....D.....E	从不贪心
20. 很不友善	A...B.....C.....D.....E	非常友善
21. 对他人的赞许漠不关心	A...B.....C.....D.....E	非常需要他人的赞许
22. 非常专制	A...B.....C.....D.....E	从不专制
23. 不容易被伤害	A...B.....C.....D.....E	很容易被伤害
24. 从不唠叨	A...B.....C.....D.....E	经常唠叨
25. 从不注意他人的情感	A...B.....C.....D.....E	关注他人的情感
26. 很善于做决定	A...B.....C.....D.....E	很难做决定
27. 非常挑剔	A...B.....C.....D.....E	一点也不挑剔
28. 很容易放弃	A...B.....C.....D.....E	从不轻易放弃

29. 非常愤世嫉俗	A....B.....C.....D.....E	从不愤世嫉俗
30. 从不哭泣	A....B.....C.....D.....E	很容易哭泣
31. 一点也不自信	A....B.....C.....D.....E	很自信
32. 从不只关注自己，有原则性	A....B.....C.....D.....E	只关注自己，毫无原则性
33. 感觉很自卑	A....B.....C.....D.....E	觉得自己比他人强
34. 没有任何敌意	A....B.....C.....D.....E	很有敌意
35. 从不理解他人	A....B.....C.....D.....E	非常理解他人
36. 对他人很冷漠	A....B.....C.....D.....E	对他人很友善
37. 非常谦卑	A....B.....C.....D.....E	一点也不谦卑
38. 不太需要安全感	A....B.....C.....D.....E	对安全感有强烈的需要
39. 从不会受骗	A....B.....C.....D.....E	很容易受骗
40. 面对压力很容易崩溃	A....B.....C.....D.....E	能够很好地应对压力

资料来源：Spence et al.（1974）

在美国，这种新的广为流传的性别角色概念是女权运动的产物。女权运动兴起后，关于男性和女性的传统观念正逐步被废除。开始进入工作场合的女性数量是前所未有的；而一些男性则担负起更多照顾家庭的角色。例如前“甲壳虫”乐队的成员列侬就决定留在家里照顾儿子，而他的妻子大野洋子则出去工作，独掌经济大权（Coleman，1992）。很多人对列侬选择的新角色大加赞赏。这场政治运动强化了这样的观念，即男性可以变得更顾家、更会照顾人、更有同情心；同时，当女性进入那些由男性所从事的传统职业时，可以变得更加自信。心理学中改变性别角色的概念和测量方法的趋势就是这场声势浩大的政治运动的反映。

但是，双性化的概念也受到了批评。新量表的几个基本方面受到了质疑。一种批评指向量表的项目及项目之间的相关。一些研究者假定男性化和女性化分别是单一维度的两端。然而，另一些研究者则认为两种建构都是多维度的，有多个层面。

另一种批评指向双性化概念的核心。有些研究发现，实际上男性化和女性化是由一个单一的、两极化的特质所构成。例如，在男性化上得分高的人在女性化上的得分就低；而在女性化上得分高的人在男性化上的得分就低（Deaux & Lewis，1984）。

作为对这些批评的回应，新性别角色概念的发起人逐渐修正了他们的观点。其中，一个量表的编制者（Janet Spence）不再认为自己的问卷评价的是性别角色（Swann，Langlois，& Gilbert，1999），而是测量人格特质的工具性和表达性。**工具性**（instrumentality）包含了这样一些人格特点：工作目标明确、以直接的方式完成工作任务、表现出独立性、自我满意。与之相反，**表达性**（expressiveness）指的是个体能轻松地表达情绪，例如哭泣、对困境中的人表示同情、照顾那些需要帮助的人。

研究者贝姆（Sandra Bem）也改变了她对性别角色的看法，认为她的性别角色量表（*Bem Sex Role Inventory*）（Bem，1974）测量的是**性别图式**（gender schamata）或认知取向，这些取向能引导个体在性别的基础上处理社会信息（Hoyenga & Hoyenga，1993）。根据这些新的性别概念，最理想的类型并非双性化，而是性别适应（gender-aschematic），即理想的人格类型是不用性别或伴性遗传（sex-linkage，指性染色体上的基因所控制的某些性状总是伴随性别而遗传的现象。——译者注）的观念来处理社会信息。

在过去的几十年里，我们的文化对什么行为适合女性、什么行为适合男性的区分，即社会角色，发生了巨大的变化。

尽管大多数研究者认为男性化、女性化、性别图式是受社会化、父母、媒体、文化等因素影响的人格特征，但是至少最近有一项研究对此提出了挑战。研究者（Cleveland et al.，2001）发现，与性别类型有关的行为和态度本身具有中等的遗传力。例如，对女性而言，一些行为倾向，如哭泣、情绪表达、对他人情绪的敏感性、冒险甚至争斗，有 38%的变异可以用基因差异来解释。这些发现虽然为环境影响留下了较大的空间，但是无论哪种性别，基因显然对性别角色的形成有着重要的作用。

总之，与性别有关的差异的研究遇到了很多困难，结果也不尽如人意，测量的外部效度也受到质疑。男性化和女性化彼此独立而并非单一维度的观点也不再站得住脚。新一代的研究者能否超越前人的局限，发展出更有力的理论和测量工具来评估男性化和女性化，我们拭目以待。

性别刻板印象

到目前为止，本章主要关注的是男性与女性的差异。另一个重要的相关主题是我们所持有的关于性别差异的信念，无论这些信念是否准确反映了性别差异的真实所在。这种对男性和女性所持有的信念就叫做性别刻板印象。

性别刻板印象有三个方面的内容（Hoyenga & Hoyenga，1993）。第一个内容是认知以及处理我们所形成的**社会类别**（social category）的方式。例如，我们可能把所有的男性归为两类：“拈花惹草的风流人物”或“有责任感的爸爸”，即那些整天玩耍、不愿意做出承诺的男性，以及可以信赖的、愿意为子女投资的男性。第二个内容是情感，你会仅仅因为将某人归于某一社会类别就对其产生敌意或感到温暖。性别刻板印象的第三个内容是行为。例如，你可能仅仅因为某人属于某一社会类别，如“男性”，就区别对待之。后面部分我们将讨论性别刻板印象的这三个成分——认知、情感和行为，用以阐述社会类别如何形成，以及它在日常生活中如何表现。

性别刻板印象的内容

尽管不同的文化之间有差异，但是性别刻板印象的内容（男性和女性分别应该有什么样的特征）却有着跨文化的高度相似性。在已经实施的最全面的研究中（Williams & Best，1982，1990），研究者考察了世界上 30 个国家的性别刻板印象。在所有这些研究中，男性都被认为比女性更具攻击性、更自主、更具成就取向、更有支配性、更具表现性、更加坚定。与男性相比，女性则被认为更亲和、乐于付出、更倾向于异性恋、更会照顾他人、更可能自我降低。这些性别刻板印象有着共同的主题。30 个国家的文化都认为，女性更具*社会性*，集体取向；相反，男性则更具*工具性*，强调独立于群体。这些性别刻板印象在很多方面与已经被发现的实际性别差异是一致的。但是也有证据显示人们高估了人格上的性别差异，夸大了性别差异的实际大小（Krueger，Hasman，Acevedo，& Villano，2003）。

男性和女性的刻板类型

除了普遍的性别刻板印象之外，研究显示，大部分人对两种性别都会有更细微的不同的刻板认识。在一项研究中，研究者（Six & Eckes，1991）考察了对男性和女性的认知分类，然后归纳出几种子类型，如图 16.3 所示。男性有五种子类型。例如，“花花公子型”的男性很酷、很随意、多情、有男子气。“职业型”的男性很有社会进取心，是管理者。女性的刻板类型数量较少，其中之一被称为“传统女性型”，包括家庭主妇、秘书以及母性较强的女性。在现代社会中，这类女性就像是“足球妈妈”（译者注：指那些家住市郊，每天开车接送孩子们参加

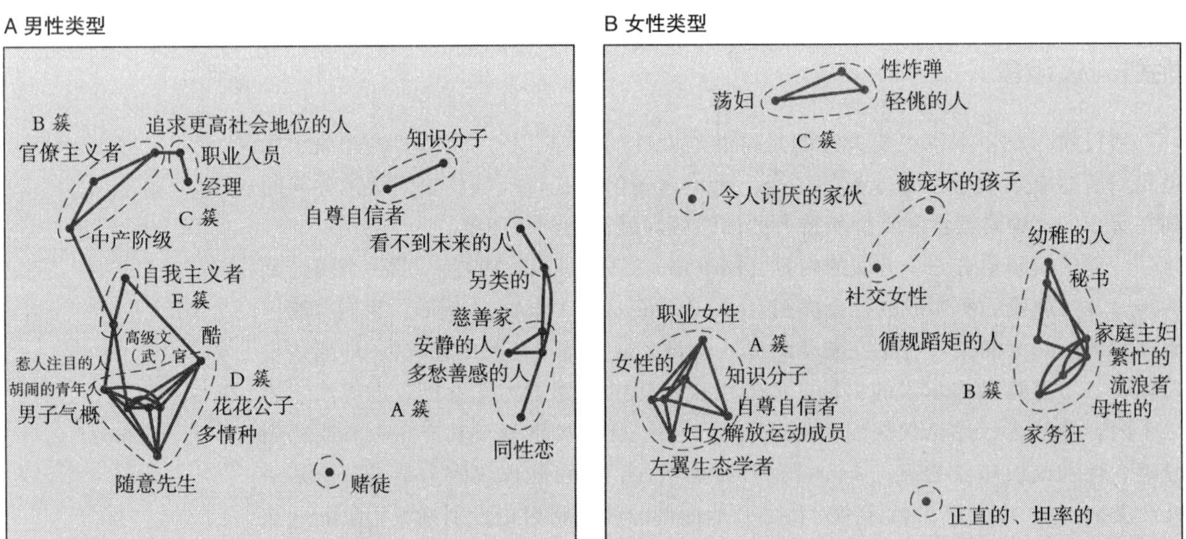

图 16.3

性别类型的结构。各种男性和女性子认知类型的结构。图中子类型之间的距离与人们对性别刻板概念的认知距离相对应。有一些子类型彼此之间非常接近，已被虚线圈起形成不同的簇。

各种体育活动的妈妈），全身心照顾自己的丈夫和子女。第二种子类型被定义为追求短期或开放性关系的女性，包括以美色诱惑他人的女性，以及轻佻的女子和荡妇。以上两种子类型分别对应于“圣女—妓女”的二分法，这是在日常生活中一种非常普遍的对女性的分类（Buss，2003）。亦即，这两种类型的女性分别对应好母亲和靠外表追求随意的性关系的女性。

但是，第三种子类型的女性可能只是在近二三十年里才出现的，她们是自信、知性、获得解放的职业女性。希拉里·克林顿就是该类型的最好例证。在法学院读书的时候，她名列前茅，并在政治上产生了较大影响。该类别中还包括女权主义者、妇女解放者，以及左翼生态学者。这些例子表明，在被试看来，政治取向与独立、自信、职业女性相对应。

关键点在于，从认知方面来看，大多数人并非只简单地持有一种性别刻板印象，而是将认知类型分成了许多男性和女性子类型。这些刻板印象的子类型是否有实证基础尚待证实。即花花公子型的男性是否比其他男性更酷、更随意、更有男子气？家庭主妇是否比其他女性更质朴、更忙碌、更循规蹈矩？这些问题需要在将来的研究中寻求答案。

美国参议员、前第一夫人希拉里·克林顿（译者注：现任美国国务卿）代表着一种相对较新的性别刻板印象：聪明、自信、自由、有职业头脑的女性。

偏见与性别刻板印象

对性别的分类，以及与之相联系的刻板印象并非是仅存于人的头脑中的认知结构中，它们对真实世界也有影响。偏见行为就是性别刻板印象的弊端之一。在很多重要活动中都能发现偏见的不良后果，如法律裁决、医疗、购车、支票兑现以及求职过程（Hoyenga & Hoyenga，1993）。

例如，在非正常死亡的诉讼中，如果受害者是男性，那么其家庭得到的赔款要比受害者是女性时多（Goodman et al.，1991）。在医疗中，男性病人比女性病人更多地被劝告进行冠状动脉搭桥手术，即使他们的心脏受损情况是一样的（Khan et al.，1990）。一项研究考察了男性和女性向汽车代理商咨询汽车价格的行为。结果发现，对于同样的汽车，女性被告知的价位比男性的高（Larrance et al.，1979）。

当然，并非所有性别差异都有益于男性。对《当代心理学》（*Contemporary Psychology*）杂志“书评”栏目的调查发现，男性作者得到了更多负面的评价（Moore，1978）。有趣的是，无论评论者是男性还是女性，男性作者都比女性作者受到更多的消极评价。一项研究评价了对作者提交给出版社的手稿，发现女性对女性作者的手稿给予了更加积极的评价（Lloyd，1990）。然而，与上一个研究不同的是，男性评论者没有任何偏见。

总之，性别刻板印象对男性和女性都有重要的影响，这种影响达到一定程度时会对人们造成伤害，例如对人的健康、工作、晋升机会，以及社会声望所造成的伤害。

性别差异的理论

至此，我们已经看到了两性在人格上的一些差异，也了解到人们对性别差异持有的刻板印象远远超过了实际存在的差异，刻板印象对人们的日常生活有长期的影响。本节将考察解释性别差异从何而来的主要理论，包括传统的社会化理论，更复杂的社会角色理论，其他的“性别环境”理论、激素理论以及最近的进化心理学理论。

社会化与社会角色

社会化理论（socialization theory）认为男孩和女孩之所以不同，是因为男孩子得到父母、教师、媒体的强化要成为有“男子气”的个体；而女孩子则被强化要成为“女性化”的个体，这是人格理论中最被认可的性别差异理论。该理论可概述如下：让男孩子玩棒球、卡车，而让女孩子玩布娃娃；鼓励男孩子参与争斗式的游戏，而鼓励女孩子要可爱、顺从；男孩哭泣会受罚，而女孩哭泣则会受到安抚。根据社会化理论，时间一长，儿童便学会了符合其性别的行为。

根据班杜拉（Bandura，1977）的**社会学习理论**（social learning theory）（社会化理论的一种变式），男孩和女孩也通过观察同性别的他人的行为来学习，即榜样。男孩观察父亲、男老师和男性同伴；女孩观察母亲、女老师、女性同伴。男孩看见父亲工作，女孩看见母亲做饭。时间长了，即使没有受到直接强化，榜样也会为男性化行为和女性化行为提供指导。

现有的一些实证研究支持了社会化理论和社会学习理论中关于性别差异的观点。对社会化的研究发现，无论是母亲还是父亲都更加鼓励女孩依赖他人（Block，1983）。其次，父母通常会鼓励女孩留在家里，而允许、甚至鼓励男孩外出游历。另一些研究显示，父亲更多地与儿子而不是女儿玩体育游戏（Fagot & Leinbach，1987）。最后，显然父母会为孩子提供“性别化的玩具”。一般而言，男孩比女孩得到的玩具种类更多，他们有更多的汽车和卡车、更多的运动器材以及工具（Rheingold & Cook，1975）。女孩得到更多的布娃娃、粉红色的衣服和服饰、小推车、秋千以及家用设备等。有相当多的实证研究支持了社会化理论和社会学习理论的这些观点。

社会化和社会学习理论都认为，性别角色的根源在于早期的性别差异学习经验。简言之，鼓励男孩子朝一个方向发展，而鼓励女孩子朝另一个方向发展。

跨文化研究也显示，父母对男孩和女孩的教养方式确实存在差异。在很多文化中，父亲与儿子互动的时间比与女儿多（Whiting & Edwards，1988）。大多数文化中，分配给女孩的家务事比男孩多，男孩被允许离家更远（Hoyenga & Hoyenga，1993）。最后，在大多数文化的社会化过程中，男孩比女孩具有竞争性（Low，1989）。一项大型的跨文化的社会化过程研究（Low，1989）发现，在 82%的文化中，女孩都被训练得更善于照顾他人，而且在任何文化中都没有发现相反的模式。有趣的是，大多数文化在对女孩的社会化上有更多的性约束。也就是说，父母教育女儿要尽量推迟第一次发生性行为的时间，但是男孩的性行为却受到鼓励（Low，1989）。总之，跨文化研究的证据告诉我们，在美国发现的社会化模式并非是独一无二的。

但是，问题在于很难确定社会化模式效应的方向：是父母用性别化的教养方式对儿童进行社会化，还是儿童的性别使得父母的行为符合他们的性别偏好(Scarr & McCartney，1983)？也许正是儿童的兴趣驱使了父母的行为，而不是相反的情况。开始，父母可能会给孩子提供各种不同的玩具。但是，如果男孩对布娃娃不感兴趣，女孩对卡车不感兴趣，那么以后父母便不再会为男孩提供女性化的玩具，为女孩提供男性化的玩具。社会化理论的这种单向（从父母到孩子）因果关系论至少还存在一些问题。

传统的社会化理论的另一个问题是，它没有告诉我们不同的教养方式缘自何处。为什么父母希望男孩和女孩长大后不一样？这种性别社会化是仅存于美国和其他西方文化中呢，还是具有普遍性？理想的情况是，一个完整的关于性别差异起源的理论应该考虑到性别社会化的起源问题。总之，父母对待男孩和女孩的方式是不同的，这支持了人格的性别社会化实践理论，但是这些不同的社会化实践的起源仍然是一个谜。

与传统社会化理论很接近的一个理论是**社会角色理论**（social role theory）(Eagly，1987；Eagly & Wood，1999)。根据社会角色理论，之所以有性别差异是因为男性和女性分别承担着不同的职业和家庭角色。例如，人们期望男性承担养家糊口的角色，而女性则承担操持家务的角色。时间一长，孩子们大概也就学会了与其性别角色相符的行为。女孩子学会了照料他人，给予他人情感支持，因为这些品质与母亲的角色相连；男孩子则学会了坚强与攻击，因为这些品质是养家糊口的角色所期望的。

就像传统的社会化理论一样，也有一些证据支持社会角色理论（Eagly，1987，1995）。在美国，男性和女性被认为承担着不同的职业和家庭角色，女性更多地从事家务和照顾孩子，男性更多地承担职业性的角色。另有支持社会角色理论的研究采用事件取样的方法调查了男性和女性行为在其角色功能上的差异：管理者的角色、合作者的角色以及被管理者的角色。社会角色分配对支配性行为有重要的影响。担任管理者的男性和女性明显表现出更多的支配性行为，作为被管理者的男性和女性则表现出更多的服从行为（Moskowitz，Suh，& Desaulniers，1994）。这些发现尤其重要，因为该研究属于被试内设计。也就是说，当角色调换，被试从管理者变成被管理者以后，先前表现出的支配性行为便转换成服从行为；当由被管理者变成管理者角色以后，先前的服从行为开始变成支配行为。

但是，和社会化理论一样，社会角色理论也没能告诉我们性别角色的起源。是谁在分配不同的角色呢？为什么男性和女性会被动地接受分配给自己的角色呢？

为什么儿童有时会不遵守安静地坐在飞机座位上或吃菠菜的规定？为什么女性比男性更多地承担从事家务的角色？在所有文化中都能找到角色分配吗？

随着家庭和职业角色的变化，社会角色理论越来越需要检验。女性比过去更多地承担了职业性角色，而男性则比以往承担了更多家务。基于这些改变，如果社会角色理论是正确的，那么性别差异将会完全消失。换言之，20 年以后的研究者将发现两性在自信和关怀方面的差异会比现在小得多。另一方面，如果角色分配的平等性逐渐增加，而性别差异仍然存在，那就为反驳社会角色理论提供了实证依据。

激素理论

性别差异的**激素理论**（hormonal theory）认为男性和女性之所以不同，不是因为外部社会环境的不同，而是在于两性有着不同的内在激素。是生理差异导致男孩和女孩越来越不同，而不是社会环境差异。因此，很多研究者开始致力于寻找激素，如睾丸激素（主要对男性而言），与性别化行为之间的联系。

睾丸激素与支配性、攻击性以及大块结实的肌肉组织有关。图中是美国奥运会举重冠军麦克雷（Tim McRae）在成功抓举了 145 公斤，创造了一个新的美国记录之后的喜悦表情。在与他重量级相同的女性选手中，没有一个人能够取得这样的成绩。通常会对奥运选手体内的睾丸激素水平进行检测，以确定他们处在其性别群体的正常范围以内。

有证据显示，激素对性别差异的影响始于子宫。例如，胎儿在发育过程中接受的激素水平会影响其大脑结构，进而影响其性别兴趣和个体活动。先天性肾上腺增生症（congenital adrenal hyperplasia，CAH）的案例可以很好地说明这一点。这类女性胎儿的肾上腺过分活跃，结果导致其激素水平男性化。患先天性肾上腺增生的女孩喜欢“男性化”的玩具，例如“林肯圆木”（译者注：一种积木类玩具）和卡车（Berenbaum & Snyder，1995）。成年后，患先天性肾上腺增生的女性在传统的男性认知技能，如空间旋转能力和投掷准确性方面表现突出，喜欢从事传统的男性化职业（Kimura，2002）。这些发现表明，胎儿发育时接受的激素水平对性别兴趣和能力有长期的影响，但这还有待进一步的研究证实。

男性和女性的激素循环不同。在一个月经周期内，女性的睾丸激素水平最低为每毫升血液中 200~400 微微克，最高为每毫升血液中 285~440 微微克（排卵期之前）（Hoyenga & Hoyenga，1993）。相反，男性每毫升血液中的睾丸激素含量为 5140~6460 微微克。青春期以后，两性体内的睾丸激素水平完全不再有重叠，男性体内的睾丸激素水平是女性的 10 倍之多。

体内睾丸激素水平的性别差异与已经发现的行为上的传统性别差异有关，如攻击性、支配性和职业选择。例如，对女性而言，具有高水平的睾丸激素与获得男性化的职业、获得更大的事业成功有关（Hoyenga & Hoyenga，1993）。对于女同性恋，睾丸激素水平与其对性角色的认同有关：与“女性化”的女同性恋者相比，

“男性化”的女同性恋者有较高的睾丸激素水平（Singh et al.，1999）。无论哪种性别，高水平睾丸激素都与高支配性、高攻击性相关。例如，在一项对在押女性犯人的研究中发现，经常因违规而受到训诫的人，其睾丸激素水平也较高（Dabbs & Hargrove，1997）。研究者（Dabbs，Hargrove，& Heusel）发现，大学学生会成员中，行为粗暴的人比行为端正的人有更高水平的睾丸激素。

体内的睾丸激素水平还与性欲有关。在排卵期即将来临之前，女性的睾丸激素水平达到最高值。有趣的是，女性报告的性欲最高值几乎也是在该时间段。在此高峰期女性报告了更多的主动性交和更多对性交的渴望（Sherwin，1988）。睾丸激素水平高的男性同样报告了较高的性动机（Dabbs & Dabbs，2000）。睾丸激素水平在一周内的变化、或者季节性的变化都与性动机的变化一致（Hoyenga & Hoyenga，1993）。

这些发现并不能证明两性在性欲、支配性、攻击性、职业选择上的性别差异源于激素水平的性别差异，相关并不意味着因果。实际上，对灵长类动物的研究显示，激素水平是随着个体在群体中的地位与支配性的增高而增高的，而不是相反的方向（Sapolsky，1987）。其次，性唤起本身也可以导致激素水平的提高（Hoyenga & Hoyenga，1993）。一项研究显示，刚获胜球队的球迷的激素水平高于失利球队的球迷的激素水平（Bernhardt et al，1998）。这些结果表明激素与行为之间的相关是双向的。高的激素水平可能源于行为变化，也可能导致行为的变化。

激素理论的另一个局限与社会化理论相同，即都没能很好地解释性别差异从何而来。具体来说就是，为什么男性和女性的激素水平会有巨大差异呢？这种差异是否只是随机的？激素水平差异导致了支配性行为和性行为的差异，那么是否存在一个系统的过程导致了两性之间激素水平的差异？进化心理学探讨了这些问题。

进化心理学理论

根据进化心理学的观点（回忆第 8 章），男性和女性只是在人格的某些领域不同，在大多数领域内有很大的相似性。具体而言，从人类进化的历史来看，在所有两性面临相同*适应性问题*的领域里，我们都可以预测两性在本质上相同。与此类似，我们也可以预测，在进化的历史中，男性和女性只是在较小范围内面临不同的适应性挑战，因此两性只是在很小的范围内存在性别差异（Buss，2004）。

适应性问题（adaptive problems）是个体为了生存和繁衍必须解决的问题。例如，两性对糖、盐、脂肪和蛋白质有着同样的偏好，这也是快餐店如此受欢迎的原因，他们将男性和女性都喜欢的富含脂肪和糖的食物打包销售。饮食偏好反映了人类对一个重要的适应性问题的解决——保持足够的热量和营养以便存活下去。我们喜欢甜食和富含脂肪的食品，是因为它们有很高的热量，寻找这些食物是个体存活的关键。

根据进化心理学家的观点，在婚姻和性方面，男性和女性面临不同的适应性问题（Buss，1995b）。为了繁衍后代，女性必须用9个多月的时间来孕育一个胎儿。相反，男性仅需要一次性行为就可以达到繁衍的目的。因而，女性面临的适应性问题是寻求安全的资源，以保证她们度过寒冬和干旱。寒冬和干旱时资源极为匮乏，女性的行动会因怀孕而极大地受到限制。根据这个逻辑，如果在择偶问题上做出错误选择，女性可能会比男性受到更大的伤害。因为女性繁衍需要有充分的资源，所以女性择偶时偏好那些有能力，并愿意为她们和孩子投资的男性。

按照这一推理我们可以预测，男性在性方面更加随意；在获得接近女性的机会时，男性之间有更多的攻击行为。因为女性对后代的付出较多，所以她们成为非常有价值的繁衍资源，男性必须通过互相竞争来获得此资源。另一方面，女性对伴侣的选择更加严格：对她们愿意与之发生性关系的人有更加详细的了解。草率择偶，或者选择了一个不够好的配偶的女性可能面临这样的问题：在没有丈夫帮助的情况下养育后代。简言之，对远古时代的男性而言，越是随意的性策略对繁衍后代越是有利，而对女性却并非如此。

一些关于性别差异的实证研究与这些预测相一致。显然，男性对更多性伴的追求欲望高于女性（Buss，2000a；Buss & Schmitt，1993；Symons，1979）。男性希望有较多的性伴侣，在与对方简短接触后就希望发生性关系，对随意性行为有更多的幻想。其次，男性更愿意为获得女性所认为的重要资源和地位而冒险（Byrnes，Miller，& Schafer，1999）。因此，男性更具攻击性、更喜欢冒险、对随意的性经历更感兴趣。这些发现与进化心理学的预测相一致。

虽然有这些证据的支持，但进化心理学和其他理论一样，仍然留下了一些未能回答的问题。每一性别内的个体差异从何而来呢？为什么有些女性也很渴望随意的性体验？为什么有些男性很温顺、依赖他人、乐于照顾他人，而另一些男性却很冷漠、富有攻击性？有些问题已经开始得到解答。例如，一些女性从短期的性策略中获益较大。短期性策略可以使她们获得更多、更好的资源，找到一个比其固定配偶更好的性伴，而且有可能为其后代提供更好的基因（Buss，2003；Gangestad & Cousins，待出版）。最后，一个完整的性别差异理论应该考虑每种性别内的差异以及性别间的差异。

一种整合的理论视野

我们所考察的这些理论解释似乎非常不同，但它们并不是不相容的。实际上，在某种程度上，每一种理论代表了不同的分析水平。进化心理学指出两性之间为什么不同，但是没有详细告诉我们他们是*如何*变得不同的。激素理论和社会化理论告诉我们两性之间是*如何*变得不同的，却没有涉及他们*为什么*会不同。

性别差异的整合理论应该考虑到所有不同的分析水平，因为这些不同的水平应该是彼此相容的。例如，父母对男孩和女孩的社会教化不同，这些社会化的差异在某种程度上具有普遍性（Low，1989）。并且，有大量的证据显示，男性和女性改变自己的行为是为了让其符合自己被分配的角色。处于管理者的地位时，两性都会更具支配性；而当处于被管理的地位时，男性和女性都会显得更加服从。简言之，社会化与社会角色对任何性别差异的整合理论而言都应是核心内容。

显然，男性和女性的激素循环是不同的。这些差异与两性在性、攻击性、支配性、职业兴趣上的差异有关（Hoyenga & Hoyenga，1993）。但是，我们也不能忽视这样一种可能的因果关系：已有证据显示，支配性的地位会导致激素水平的升高。因此，社会角色与激素可能密切相关，这种联系对性别差异的理论整合是非常必要的内容。

这些相近的途径，如社会化与激素理论，可能回答了两性是*如何*不同的，而进化心理学则回答了*为什么*会有性别差异。父母更多鼓励男孩的攻击性和支配，而鼓励女孩照顾他人，我们是否从进化的角度给出解释呢？是否有进化论的观点可以说明当一个人升至支配性阶层时激素水平会升高呢？在性别差异的研究历史中，这些问题还没有得到回答。但是，若要完整理解性别差异，当前的社会因素、体内的激素水平和进化过程这三个分析水平都是必要的。

总结与评论

在过去的几十年里，对性、性别与人格的研究引起了很多争议。也许在人格心理学中，没有其他领域能把政治、价值观与科学结合在一起了。一些被称做“极小派”的研究者强调不同性别间的相似性。他们指出，性别差异很小，两性的分布有很多重叠之处。另一些研究者被称为“极大派”，他们强调性别差异是真实存在的，并且可以得到重复验证，强调差异的效应大小而不是两性之间的相似之处。

回顾这些争议，有利于我们更加准确地理解性、性别和人格。在过去的20多年里，我们已经见证了性别差异研究和元分析统计方法的发展，元分析更加坚定了从实证研究数据中得出的结论。

首先，某些性别差异是真实存在的，不是某些特定研究方法或研究者人为制造的。有证据显示，性别差异在不同文化、不同年代间表现出了相对的稳定性。但是性别差异的大小有很大变化。因此，当我们要问有关性别差异的问题时，必须指出是“什么方面的性别差异”。

表现出性别差异的一些大大小小的领域现在已经很清楚了。在自信、攻击性(尤其是身体攻击)、随意的性经验等人格特征方面，男性的分数总是比女性高；而在焦虑、信任、友善倾向（照顾他人）方面，女性得分总是比男性高。女性比男性更易于体验到积极情绪（如友情、快乐）和消极情绪（如恐惧、悲伤），但这些差异并不大。男性更可能表现出性攻击，强迫女性与之发生性关系，但这种现象只出现在部分男性身上：自恋的、缺乏同情心的、表现出男性敌意的男性。尽管在青春期之前没有显示出抑郁发生率的性别差异，但从 13 岁起女性的抑郁发生率开始高于男性。有理论认为这种性别差异与女性更善于反思有关，也有理论认为这是因为在寻求配偶的竞争中女性的外貌比男性的更重要。在人—事维度上，男性得分偏向于“事”一端，女性偏向于“人”一端。但是男性和女性在任何一个人格领域上的分布均有重叠。某些女性会比大多数男性更加果断、更富攻击性、更加以“事”为取向；而某些男性会比大多数女性更焦虑、更具关怀他人的倾向，更加以“人”为取向。

在上世纪 70 年代，研究者的大部分注意力都集中在双性化上。但是，更多的实证研究表明，就像双性化论者所断言的那样，男性化和女性化并非是彼此独立的。在男性化或工具性上得分高的人，在女性化或表达性上的得分就低，反之亦然。并且，很多最初的双性化论者现在都认为这些维度抓住了性别差异的本质，男性更具工具性，女性更善于表达。

在过去的 20 年里另一个重要话题是性别刻板印象，即人们对性别所持的信念，不管这些刻板印象是否准确。跨文化研究发现性别刻板印象有显著的普遍性。在所有的文化里，人们都认为男性更具有攻击性、更自立、更有支配性、更加以成就为取向、更喜欢表现自己；而女性更加亲和、更乐于付出、更愿意照顾他人、更可能自我贬低。有关性别的这些刻板印象与已经发现的、实际存在的性别差异是一致的。人们将每种性别内部的人分为几种子类型，男性被分为花花公子、职业人或失败者；女性被分为女权主义者、家庭主妇和性开放者。

传统的性别差异理论强调社会因素：父母的社会教化，对社会榜样的观察学习，以及社会角色。关于社会环境的重要性已有明显的证据支持。跨文化研究揭示出，在社会化过程中，男孩子通常被教化以成就为取向；而女性则受到更多限制，尤其是在性方面。

最近，对激素的研究（例如睾丸激素）表明社会因素并不能解释所有的性别差异。例如，睾丸激素关系到人格的支配性、攻击性和性。因为男性和女性体内的睾丸激素水平有着本质的不同，所以某些人格差异可能是由激素差异引起的。

根据进化心理学家所说的，男性和女性只是在进化历史中面临不同的适应性问题的领域中才会有性别差异。在所有其他领域，两性之间是高度相似的。根据该理论，两性在攻击性和随意的性行为上有所不同，已有证据支持了这些预测结果。我们所需要的是一种包含了所有这些因素的针对性、性别与人格的整合理论——社会性因素、生理因素和进化因素。

关键术语

性别差异
性　别
性别刻板印象
效应大小
极小派
极大派
信　任
友善倾向
总体自尊
反　思
人—事维度
男性化
女性化
双性化
工具性
表达性
性别图式
社会类别
社会化理论
社会学习理论
社会角色理论
激素理论
适应性问题

17

文化与人格

17

社会与文化领域

生活在委内瑞拉的雅诺马马印第安人搭建临时住所来储藏食物、狩猎。当庇护所内的食物消耗完后，他们就到别的地方居住。某个清晨，男人们集合在一起，准备攻打一个邻近的村落。男人们很紧张，因为进攻的过程中他们有可能会受伤。胆小的男人可能会逃回来，告诉别人自己的脚被刺扎伤了，以此来为自己开脱。但是，经常这样做的男人会名声扫地。对一个雅诺马马人来说，没有什么行为比胆小更损害名声的了（Chagnon，1983）。

但是并非所有的雅诺马马人都是一样的。至少有两个可辨别的部落在人格上完全不同。在低地居住的雅诺马马人具有高度的攻击性，即使是敬茶太慢这样小的“违规”行为，他们也会毫不犹豫地对妻子棍棒相加。他们经常会群殴或使用斧头与其他男人争斗，常常宣布要与邻近的村庄交战，杀死敌人，抢夺他们的妻子。这些雅诺马马人会削光头顶的头发，骄傲地露出在战争中留下的伤疤。有时还会将伤疤涂成红色，展示他们的勇气与耐力。在低地居住的雅诺马马人中，攻击性最强的人拥有的妻子最多。事实上，只有在杀死了另一个男人以后，一个男性才会被认为是真正的男人——获得“unokai”的荣誉称号。成为unokai的人拥有的妻子最多（Chagnon，1988）。

在高地居住着一群不同的雅诺马马人。他们喜欢和平，不喜欢战争。在他们的脸上可以看到高度的随和性。这些雅诺马马人不会攻击邻近的村落，不会用刀斧作战，不会参与群殴，他们强调合作的价值。然而不幸的是，具有攻击性的雅诺马马人支配的低地部落的食物资源会更加充沛。

我们如何理解生活在高地和低地的雅诺马马人在人格上的差异呢？是不是气质上更具攻击性的人驱使那些随和性高的人到了高地，远离了食物资源？或者两个群体本来是一样的，后来一个群体的文化价值观与另一个群体产生了差异？这些就是我们本章要讨论的问题。文化对人格有什么影响？人格对文化又有何影响？更概括地说就是，我们如何理解人类共性之下的文化变异？

近来，对文化与人格的研究越来越受到关注，人格心理学家们指出，有几个重要的理由表明，跨文化的人格研究非常有益（Church，2000；Paunonen & Ashton，1998）。第一个理由是，在一种文化（如美国文化）中流行的人格概念是否也适合于其他文化。第二个理由是，在某一个特定的人格特质水平上，是否存在文化差异。例如，日本人是否比美国人更随和，还是这只是一种刻板印象？第三个理由是，人格特质结构是普遍的，还是存在文化差异。例如，从美国样本中得到的五因素模型是否可以在荷兰、德国、菲律宾被重复验证？第四个理由是，人类在某些人格特质上是否具有共性，是否与人格分析水平上的人类本性相一致（见第1章）。

在本章我们将考察：哪些人格特征是所有人共有的，但在某些文化中的引发方式不同；哪些特征会被一代一代地传承下去，并成为某些特定群体的特征，其他群体不具备这些特征；哪些特征为所有文化中的人所共有。首先我们来看看文化有何不同。

文化违例：一个例证

请思考下面的事件：

1. 你的一个家人经常吃牛肉。（吃牛肉的家人）
2. 一个年轻的已婚女性没有告诉丈夫就独自去看电影。回家后，丈夫说："如果你再这样做，我会把你打得鼻青脸肿。"她又一次这样做了，丈夫真的把她打得鼻青脸肿。（殴打妻子的丈夫）
3. 一个在事故中受重伤的穷人来到医院，医院拒绝为其治疗，因为他无法支付医疗费用。（拒绝治疗的医院）

现在请你仔细考虑一下，你认为括号中的人或机构的行为是错误的吗？如果你认为是错误的，那么它是严重的违例行为呢，还是一种微不足道的过错，或者根本算不上是违例？

如果你是一个婆罗门印度教徒，可能会认为第一件事，即吃牛肉，是严重的违例行为；但是第二件事，丈夫因妻子违背他的意愿而殴打妻子，就不是违例行为（Shweder，Mahapatra，& Miller，1990）。但如果你是一个美国人，你的看法可能是相反的——除非你是一个素食主义者，不然你会觉得吃牛肉没什么不对，但是丈夫殴打妻子是非常不应该的。然而，不管你是一个婆罗门印度教徒还是一个美国人，你都可能认为医院拒绝治疗病人是很严重的违例行为。

该例子突显了一个让人格心理学家非常感兴趣的问题。人格的某些方面(如态度、价值观和自我概念）在不同文化中差异较大。但是人格的其他一些方面是普遍的，即各地人共有的特征。本章的中心问题在于："不同文化中的人的人格在哪些方面是不同的，在哪些方面是相同的?"

什么是文化人格心理学

在进一步讨论之前，我们先简要对文化进行界定。从一项观察开始："不管在什么地方，同一群体内部，人们的行为和思维方式有着惊人的相似性，而群体之间却有着巨大的差异。"（Tooby & Cosmides. 1992，p. 6）群体内的相似性与群体间的差异可以来自各个方面：生理、心理、行为或态度。这些现象通常被认为涉及**文化变异**（cultural variations)。

再来看前面提到的吃牛肉的例子。对美国人而言，吃牛肉是很普遍的事，但是对于印度教徒而言是不太可能发生的，而且会被认为是令人憎恶的行为。印度教是印度最大的宗教团体，它影响着大部分印度人的价值观和行为。印度教徒对吃牛肉的态度与美国人截然不同。这种差异，即群体内的相似性和群体间的差异性，就是文化变异的一种例证。

将这类现象贴上"文化"或"文化变异"的标签是对其进行描述而不是解释。当然，为吃牛肉的态度贴上"文化"的标签也是在描述这一现象，说明我们面对的是群体内的相似以及群体间的差异。但是贴标签并不能解释是什么造成了文化差异，以及为什么群体之间存在差异。**文化人格心理学**（cultural personality psychology）有三个主要目标：（1）揭示不同文化下的规律；（2）探索人类的心理如何塑造文化；（3）反过来，探索文化的理解如何塑造我们的心理（Fiske et al., 1997)。

文化的三种主要研究取向

某些特质是人类所共有的，但有些特质在不同群体间却表现出显著的差异性。群体间人格的差异是由文化变异引起的。心理学家发展了三种主要的研究取向来探讨和解释不同文化下的人格：唤起的文化、传承性文化和文化的普适性。

唤起的文化

唤起的文化（evoked culture）被界定为由激发了一系列可预期反应的不同环境所导致的一种文化差异。我们来看一个生理上的例子：皮肤上的茧和汗腺。无疑，人体皮肤上茧的厚度与分布，以及汗腺的数量都存在文化差异。例如与大多数美国人相比，博茨瓦纳的布须曼土著人有更厚的脚茧，因为他们赤脚走路。这些差异可被看做是唤起的文化特征：不同的环境导致了长茧机制与汗腺数量的个体差异。再如，生活在赤道附近的扎伊尔人比生活在北方（如加拿大）的人能忍受更强的高温天气。观察发现扎伊尔人比加拿大人出更多的汗，这是环境因素所引起的全人类共有的汗腺机制的不同。

在解释文化变异时，有两点很重要：（1）一种基本的、普遍的机制（本例中指所有人都有汗腺）；（2）激活基本机制的环境差异的程度（本例中指气温的差异）。要做出完整的解释，以上二者缺一不可。

同样的解释逻辑也适用于由环境造成的、存在于某一群体成员之中而其他群体成员没有的现象。干旱、竞争、毒蛇都是一些环境因素，它们对某些群体的影响可能多于另一些群体，从而引发了这些群体的应对机制，但对另一些群体却不然。在下一节，我们将讨论几个唤起的文化的心理学实例，看一看唤起的文化是如何导致群体间的人格特质差异的。

唤起的合作

某人是合作的还是自私的，这是人格的核心内容之一，但是这种倾向在不同的文化中是不一样的。在以狩猎和采集为生的部落中，分享食物的合作模式就是唤起的文化的一个具体例子（Cosmides & Tooby，1992）。对不同级别的食物有着不同的分配方式。高变异食物的可得性每天都可能不同。例如，在巴拉圭的阿切部落，猎物的肉就是一种高变异资源。在任何一天里，猎人能够带回肉食的可能性为60%。因此，在某一天，一个猎人可能满载而归，而另一个猎人可能两手空空。另一方面，采摘而得的食物是低变异的食物资源。采摘的食物更多依赖于技能和一个人所付出的努力，而不是运气。在**高变异环境**（high-variance conditions）中，分享食物会给双方带来很大的益处。今天，你和一个运气不好的猎人分享了你的猎物，下次他也会和你分享他的猎物。因此在高变异的环境中，通过合作来分享食物会带来很大的益处。在下面的例子中，分享者也能获益，例如，当捕获了一个很大的猎物时，一个人、甚至一个家庭根本无法消耗掉这么多肉。如果不与他人分享，肉就会腐烂。

雅诺马马印第安人正在宰杀一只巨大的猎物。在他们的文化中，成功狩猎的猎人会与整个部落一起分享猎物。在他们所处的环境中这种合作性的食物分享有很多益处（Chagnon，1983）。

研究者（Kaplan & Hill，1985）发现，实际上，在阿切部落里，肉食是被共同分享的。猎人们将猎物堆在一起，由一个“分配者”根据家庭人数多少将食物分配给不同的家庭。但是，同样是这个部落，采摘得来的食物并不与家庭以外的其他人分享。简言之，合作分享是由食物本身的高变异性引起的。

走遍了半个世界后，研究者（Cashden，1980）发现在喀拉哈里沙漠，一些桑族人比其他群体更加看重平均主义。**平均主义**（egalitarianism）的程度与食物供给的变异情况密切相关。桑族人的食物来源很不稳定，因此他们共享食物，表达平均主义的信念。在这个族内被称为“吝啬鬼”是一种最大的羞辱，群体成员强烈反对吝啬行为，对分享食物给予极大的认可。相反，在加纳桑族里，食物的变异性较小，就会有更多的经济不平等。加纳桑族人会把食物储藏起来，而不与外人分享。

环境条件会引发某些行为，例如合作与分享。每一个人都有分享与合作的能力，但从一定意义上讲，群体在何种程度上表现出合作与分享则取决于外在环境条件，例如食物供给的变异性。

早期经验和唤起的择偶策略

唤起的文化的另一个实例源于贝尔斯基及其同事的研究工作（Belsky，Steinberg & Draper，1991）。这些研究者认为，苛刻、拒绝、不一致的儿童教养方式，无规律的资源供给，以及父母不和会导致儿童冲动的人格和早育的择偶策略。相反，敏感、支持、积极回应的儿童教养方式，可信赖的资源供给，父母和谐的关系会使儿童形成尽责的人格特征和负责任的择偶策略，这些儿童一般会晚育且婚姻稳定。简言之，在不确定、不可预测的环境中长大的孩子，似乎学会了不能只依赖一个配偶。因此，他们倾向于很早就开始性生活，从很多对象那里寻求即时的满足。相反，成长于稳定家庭中的孩子，由于父母对他们的关爱是可靠的，他们长大后会选择长远的择偶策略。因为他们希望吸引一个稳定的、高投入的配偶。有关离异家庭孩子的研究支持了这一理论。这些孩子比完整家庭中的孩子更加冲动，更早进入青春期，更早发生性关系，有更多的性伴侣。

基于早期经验的人格敏感性、择偶策略有助于解释不同文化对贞洁的价值观。例如在中国，婚姻是长期的，很少有人离婚，父母在相当长的时期里给予孩子大量的投资。而在瑞典，有很多孩子是私生的，离婚现象非常普遍，很少有父亲会一直抚养孩子。这些文化经验可能导致两个群体采取不同的择偶策略：瑞典人比中国人更倾向于短期的婚恋关系，更加频繁地更换性伴侣（Buss，2003）。

尽管还需要更多证据证实该理论，但上面的例子说明了不同的文化如何引发稳定的个体差异模式，产生群体内的相似性与群体间的差异性。假设所有的人都可能有两种择偶策略：一种是短期策略，其特征是频繁更换性伴侣；一种是长期策略，其特征是长期的承诺与爱（Buss，2003）。这两种择偶策略在不同的文化中会得到不同的激发，从而导致择偶策略上的持久的文化差异。他们放大了这样一种观点：重要的人格成分，例如择偶策略的形成，可能取决于一个人成长的文化环境。

荣誉、侮辱和唤起的攻击

为什么在某些文化中，人们对哪怕是很小的挑衅也倾向于诉诸武力；而在另一些文化中，人们只是在忍无可忍的情况下，才会表现出攻击性？为什么在某些文化中，杀人的发生率较高，而在另一些文化中却极低？尼斯比特（Nisbett，1993）提出了一种以唤起的文化为基础的理论来解释这些文化差异。

尼斯比特假设，一种文化的经济生活方式会使群体成员发展出不同程度的**文化荣誉**（culture of honor）。对文化荣誉而言，侮辱被视为极具攻击性的公开挑战，这可能会导致直接的对峙和身体上的攻击。尼斯比特的理论认为，荣誉感的差异是文化的中心内容，而这种差异最终是由经济状况决定的。具体来说，即食物的获得方式。在畜牧经济中，一个人的所有储备品可能会被偷盗一空。在这种文化下，培养出用武力来维护荣誉，即当受到侮辱时做出攻击行为，可以防止被他人盗窃财产。在较稳定的农业社会中，攻击性名声的培养显得不那么重要，因为一个人的财产不可能被迅速地破坏掉。

尼斯比特（Nisbett，1993）收集了美国不同地区的凶杀统计数据，并用实验法研究了美国南方和北方的被试在受到侮辱时的不同表现，以此来检验自己的理论。有趣的是，总体而言，南方人（历史上以畜牧业为生）对于使用武力的态度并不比北方人（历史上以农业为生）更加积极。但是，为了保护自己或受到侮辱时，南方人确实比北方人更可能诉诸武力。其次，南方杀人案件的发生率远远高于北方，尤其是为了维护名誉而引发的谋杀事件。

在实验室里，尼斯比特让一位实验者分别对南方人和北方人进行侮辱，结果发现了一种相似的模式。在研究中，实验者故意撞向被试，随后对被试说“狗屁”。接下来让被试完成一系列残词补全任务，如“h _ _ _”。南方被试比北方被试写下了更多含有攻击意义的单词，例如 *hate*。这表明对南方人来说，被侮辱激发了其更高水平的攻击性。在另外的研究中，当南方人和北方人都面临威胁的实验情境时，南方被试的睾丸激素水平上升更多，表现出更高的攻击性反应（Nisbett & Cohen，1996）。

尽管还需要更多的研究证实该假设，即攻击性和杀人事件的文化差异源于不同的经济生活方式，但现有的研究已为唤起的文化提供了很好的例证。大概所有人都会发展出对当众受辱的高度敏感性和以武力做出回应的能力。但是这种能力只是在某些文化中才会被激发出来，而在某些文化中则处于潜伏状态。

唤起的文化提供了一个理解和解释人格特质的文化变异的模型，如合作与攻击。其假设是所有人都有同样的潜能或能力。这些潜能的激发依赖于社会环境和物理环境的特征。唤起的文化是考察文化变异的一种方式，另一种方式是传承性文化。

传承性文化

传承性文化（transmitted culture）是指那些最初至少存在于某个个体的头脑中，然后通过交流传递给其他人的观念、价值观、态度和信念（Tooby & Cosmides，1992）。例如，吃牛肉是错误的这种观点就是传承性文化的一个例子。这种价值观最初大概只是某一个人的，是他将其传递给其他人。随着时间推移，吃牛肉是严重的违例行为就成了印度教徒的信念。尽管我们并不知道文化究竟是如何得以传承的，为什么有些观念被传播而另一些却没有，但是文化中的一些看似随意的价值观差异为传承性文化的存在提供了证据。在某些文化中人们认为吃牛肉是错误的；而另一些文化中的人认为吃狗肉是不对的；有些人觉得无论是吃牛肉还是吃狗肉都没什么错，还有一些人则根本不吃肉。

道德观的文化差异

人们的道德信念存在较大的文化差异。例如，想想你是否同意以下说法："对成年人来说，违背父母是不道德的"（Rozin，2003，p. 275）。假如你是一个印度教徒，你很可能会同意这种说法（80%的女性印度教徒和 72%的男性印度教徒同意）；但假如你是一个美国人，你很可能不会同意这种说法（只有 13%的美国女性和 19%的美国男性同意）。为了更具体地体会这种差异，请完成下面的练习。

练习

阅读下面每一个项目，考虑每种行为是否是错误的。用以下的四点量表标明过错的严重程度（括号中为潜在的过错者）。

a：不是违例行为

b：有一点违例

c：较严重的违例

d：非常严重的违例

__ 1. 在父亲去世的第二天，长子就去理发、吃鸡肉。

__ 2. 你的一个家人经常吃牛肉。

__ 3. 你的一个家人经常吃狗肉。

__ 4. 你生活的社区里有一名寡妇一周吃两三次鱼。

__ 5. 在丈夫去世半年后，寡妇佩戴了珠宝首饰，穿了颜色鲜艳的衣服。

__ 6. 一名妇女为其丈夫和丈夫的兄长做饭，然后和他们一起吃。（妇女）

__ 7. 一名妇女为家人准备食物，并在月经期间与丈夫睡在一张床上。（妇女）

__ 8. 一个男人的妻子不能生育。他想要两个妻子，于是征询第一个妻子的意见，妻子说她并不介意。于是他娶了第二个妻子，三人在一起幸福地生活。（男人）

__ 9. 一位医生的女儿认识了一名垃圾清理工，并与他坠入情网，决定与其结婚。医生极力反对并试图阻止他们，就因为他是一名垃圾清理工。女儿不顾父亲的反对，坚持嫁给了垃圾清理工。（女儿）

__ 10. 一名寡妇与一名未婚男子相爱了，寡妇请求嫁给他。（寡妇）

__ 11. 兄妹二人决定结婚生小孩。

__ 12. 在第一个孩子出生的第二天，男人走进教堂，向上帝祈祷。

__ 13. 妻子在家与朋友玩扑克牌，丈夫为他们做饭。（丈夫）

__ 14. 晚上，妻子要求丈夫为她做腿部按摩。（妻子）

__ 15. 父亲与其长子及最小的女儿乘船去旅游。他们只有一件救生衣，只能救一个人。船就要沉了。父亲必须决定到底要救谁。最后他决定救小女儿，父亲和长子被淹死了。（父亲）

__ 16. 两位男性在等公共汽车时手挽着手。

研究者们就以上问题对婆罗门印度教徒和美国人进行了访谈（Shweder et al，1990）。为了举例说明文化差异，下面来看看一个婆罗门印度教徒对第4题的回答：一周吃两三次鱼的寡妇（节选自 Shweder et al.，1990，p. 168）：

访谈者：寡妇的行为是错误的吗？

婆罗门印度教徒：是的，寡妇不应该吃鱼、肉、洋葱或大蒜，以及任何“热性”的食物。她应该限制自己的饮食，应该吃一些“凉性”的食物，如米饭、木豆、酥油和蔬菜。

访谈者：这种过错有多严重？

婆罗门印度教徒：非常严重。如果她吃了鱼，将会感到非常痛苦。

访谈者：这是可耻的事吗？

婆罗门印度教徒：是的，是非常可耻的事。

访谈者：如果其他人不知道这件事呢？

婆罗门印度教徒：那（也）是错误的。一个寡妇应该花时间寻求救赎，寻求与其丈夫的灵魂再次结合。辛辣的食物会刺激她，激发她的性欲，她会失去圣洁。她会想要性，就像个妓女一样……如果她吃鱼，这会侵犯丈夫的灵魂。

现在来看看美国人的回答（Shweder et al.，1990，p. 168）：

访谈者：寡妇的行为是错误的吗？

美国人：不，她可以吃鱼，如果她想吃。

访谈者：这种过错有多严重？

美国人：这根本不是过错。

访谈者：这是可耻的事吗？

美国人：不是。

访谈者：如果其他人不知道这件事呢？

美国人：这没什么错，不管是偷偷的还是公开的。

不仅是在吃鱼的问题上，在许多其他活动方面，美国人和婆罗门印度教徒的态度也是非常不同的。对以下这些行为，婆罗门印度教徒认为是错误的，而美国人则认为没什么错：妻子与丈夫的兄长一起吃饭；吃牛肉；妻子要求丈夫为其按摩足部；称呼父亲的名字；在父亲死后理发和吃鸡肉；穿着脏衣服做饭；寡妇穿颜色鲜艳的衣服；丈夫为妻子做饭；寡妇再嫁。相反，下面这些行为是美国人认为错误，而婆罗门印度教徒认为并没有什么过错：男性后代继承更多遗产而不是女性后代；殴打不服从丈夫而独自外出看电影的妻子；棒打犯了错误的小孩。

资料来源：Shweder et al，1990.

文化中的道德观念从生命早期就开始传递给孩子了。例如，在美国，5岁的儿童就能像成人一样进行是非判断。成人观点与5岁儿童观点的相关为+.89（Shweder et al.，1990）。

道德行为观，即什么是对的和什么是错的，被认为是指导行为的重要心理原则，也是人格的核心内容。不同文化下的对错观不同，有时看来是武断的。例如，对马来西亚的塞孟人来说，以下这些行为都被认为是罪孽深重的：在打雷的时候梳头，看狗交配，戏弄一只无助的动物，杀死一只令人恐惧的黄蜂，白天发生性行为，从一个烧黑的容器中取水，对岳母做出随意或不正式的行为（Murdock，1980）。

孰对孰错的道德观上也存在普遍性。例如无论是婆罗门印度教徒还是美国人都认为以下行为是错误的：对事故受害者坐视不管，违背诺言，毁坏他人的照片，踢一只不会伤害人的动物，兄妹之间的乱伦，以及偷摘花草（Shweder et al.，1990）。大多数文化都认为无缘由的杀戮、乱伦、近亲之间的性关系是错误的。但即使是这些似乎普遍存在的观念，在某些文化中仍有所不同。例如，在一些亚文化环境中，如果一个人当众受辱，那么其杀戮行为就是正当的（Nisbett，1993）。另一个例子，在某些王室中，为了维护家族的财富和权力而鼓励兄妹之间的乱伦行为。我们谈到的文化普遍性在一定程度上是相对的，总有某些文化或亚文化存在例外情况。

关键在于，许多道德观只是某些特定文化的特殊现象，这很可能是传承性文化的例证。这些道德观似乎是一代一代传承下来的，不是通过基因遗传，而是通过父母和老师的教导或行为观察得以传承。现在让我们来考察传承性文化的另外一种可能的例子：自我概念。

自我概念的文化差异

正如我们在第 14 章讨论过的，我们界定自己的方式，即自我概念是人格的核心部分。自我概念对行为有重要的影响。例如，如果一位女性认为自己是尽责的，那么她会带病按时上课，会回电话给朋友、家人，在学期论文最后打印之前会检查拼写错误。如果一位男性将自己界定为一个随和的人，那么在决定在哪儿吃饭时他会考虑他人的想法，会为慈善事业捐献更多物品，会在餐桌旁等待其他人而不是独自享用美食。简言之，自我概念决定我们在他人面前的表现，影响我们在日常生活中的行为。在人格中没有什么比自我概念的地位更加重要。研究显示，不同文化间的自我概念有本质的区别。

马库斯等人（Markus & Kitayama，1991，1994，1998）指出，每个人都必须面对两个基本的“文化任务”。第一个是联合性，或称**互倚性**（interdependence）。这种文化任务涉及你如何加入某个群体、依附于群体并投身于其中。相互依赖包括个体与群体内其他成员的关系，以及你的群体嵌入性。第二个是主控性，或称**独立性**（independence），意指你如何区别于你所在的群体。独立性包含你的独特能力、个人动机和人格倾向，以及你独立于群体的方式。

根据马库斯等人的观点，不同文化中的人在平衡这两个任务时是有差异的。例如，美国和西欧等西方文化是以独立性为特征的，各种文化制度和文化实践为独立性提供了支持和阐释。个体间的交往强调的是个人选择（如：“今晚你想去哪里吃饭?”）。薪酬体系重视个体的价值，即你的薪水与你的表现挂钩。

阅读

跨越鸿沟：跨文化婚姻心理学

来自不同文化的人相遇或相爱会发生什么？我们可能会认为，文化之间的差异越大，婚姻的潜在困难就越大。一些心理学家认为，事实上男性和女性本来就生活于不同的“文化”之中。因此，在某种程度上，所有异性之间的结合都是跨文化的。再加上其他的文化差异，如语言、宗教、种族、政治与阶层，你会发现这些巨大分歧可能会使跨文化婚姻解体。不同文化之间还有社会学和法律上的差异。例如，某些国家不承认包办婚姻（例如德国），但在某些国家中包办婚姻是非常普遍的（例如印度）。事实上，在印度的某些地区，自由恋爱的婚姻（以爱情为基础的婚姻）被视为不正常的、卑劣的。因爱而结合的伴侣可能会受到歧视和诋毁。

社会心理学家（Bregar & Hill，1998）对跨文化婚姻做了详细的阐述。在整本书中，他们重点关注文化差异如何挑战跨文化婚姻。例如，许多关于食物和饮食的文化传统。在某些文化中，丈夫接受妻子的服务，在妻子之前进餐。而来自其他不同文化的男性可能会礼貌地等待妻子，在妻子进餐之前根本不会去碰自己的食物。假如妻子是来自丈夫应先进餐的文化，她可能会猜测丈夫对她准备的食物不满，或者觉得事情有些不对头，因为他没有在她之前进餐。一种文化中的礼貌行为，在另一种文化中可能被视为不满的信号。

在跨文化婚姻的日常生活中有许多这样的细小差异。例如，谈话的方式、个人隐私、穿着、空间利用、关注、礼貌、对丈夫和妻子的角色期待、教育孩子的信念和方法、甚至什么样的婚姻是“好的”等等。例如，某些文化认为，大家庭也是配偶生活中的一部分，甚至会和其家庭成员同在一间卧室里休息。在这些文化中，你并不仅仅是与某一个人结婚，你是与他（她）的家庭结婚。

根据拉森等人（Larsen & Prizmic-Larsen，1999）的研究，跨文化婚姻最大的挑战来自于母语的差异。例如，他们报告了这样一个案例：来自东欧的妻子对丈夫说：“你好烦啊”，其实她的本意是：“你是不是很烦？”当然，良好的交流对任何婚姻来说都是相当重要的。但当一个人必须用另一种语言经营婚姻时，那么配偶间就很可能会有充满误解的雷区。其次，即便是在交流内容非常准确的时候，口音太重也会导致误解。用另一种语言交流需要心智努力。如果在很疲劳或有强烈情绪的状态下（范围可以从愤怒到狂喜），一个人可能无法很好

跨越两种文化的婚姻关系为配偶们带来了独特的挑战，同时也提供了一种独特的机会。

相反，许多非西方文化是以互倚性为特征的，例如日本和中国。这些文化强调群体内成员的相互联系。根据这一观点，只有将自己视为群体的一部分，自我才是有意义的。在这些文化里，成员主要的任务是适应群体，促进群体团结与和谐。个人的愿望受到约束，而不是以一种自私的方式表达出来（如：“今晚我们去哪里吃饭？”）。各种文化实践活动与机构都在培养个体间的互相依赖。个体间的

地用第二语言进行交流。

在寻求跨文化婚姻的意义时，拉森等人（Larsen & Prizmic-Larsen, 1999）认为，除了挑战，心理学家也应考虑跨文化婚姻的积极特征和可能性。例如，当涉及性别角色、家庭关系、语言应用、儿童教养，以及日常的生活方式时，跨文化婚姻中的夫妇比单一文化下的夫妇有更广泛的选择余地。尽管这种选择很可能带来冲突，但也带来了关系的多样性。选择一部分他们各自所崇尚的、并希望保持的原有文化，夫妻双方通过协商可以为他们的家庭营造一种新的“婚姻文化”。更广泛的文化实践选择当然是这一关系中值得庆贺的部分。跨文化婚姻的孩子会经历独特的困难，不过他们可以在两种文化认同中选择一种、甚至轮换。

跨文化婚姻至少在两个方面引起了人格心理学家的兴趣。一个问题是：什么样的人最有可能与本文化以外的人结婚？是否有些人格变量会吸引与个体不同文化的人？另一个问题关注过程，在跨文化婚姻中发生了什么，从而使它与单一文化下的婚姻有所不同？两个人是如何分享这种差异，并互相适应的？是否有某种方式让人们可以从自己的文化中释放出来，并促成新的跨文化婚姻关系？当人们生活在国外、用外语经营婚姻时，如何保持对自我的认同和理解？

历史上一直存在着跨文化婚姻。这似乎是必然的，人们会寻找并爱上一个来自遥远地方的人。但是，今天跨文化婚姻所面临的问题有所改变。在过去，可能更多的困难与社会阶层（如罗米欧与朱丽叶）、不被某一方的家庭所接受［例如英国的爱德华八世，为了迎娶沃利斯·沃菲尔德·辛普森（Wallis Warfield Simpson）这个离过两次婚的美国人，宁愿放弃王位］、宗教或种族联系在一起。在 20 世纪的大部分时间里，按照美国大多数地区的法律规定，不同种族（黑人和白人）间通婚是不合法的。但是现在这已经被普遍地视为一种个人选择，黑人和白人通婚已被社会最高层所接受。同时，其他因素，如移民法、社会经济地位、种族，对建立成功的跨文化婚姻有着更复杂的影响。

出生于加纳的（前）联合国秘书长安南，在联合国难民事务高级专员署工作时认识了瑞典律师娜内·拉格尔格伦（Nane Lagergren），两人于 1984 年结为伉俪。

在很多方面，文化间的界限已经越来越模糊，尤其是在欧洲共同体内。另一方面，也存在许多由文化差异所带来的仇恨，以及它所引发的战争与种族冲突。这些仇恨会妨碍跨文化婚姻中不同文化结合的时机，甚至是妨碍这种结合的可接受性。在前南斯拉夫有一个很好的例子，穆斯林人与塞尔维亚人通婚，或者塞尔维亚人与克罗地亚人之间的通婚都曾经是普遍的、被接受的。但是自从 1991 年前南斯拉夫解体以后，冲突就出现了，科索沃、波斯尼亚、蒙特尼哥罗地区发生了巨大的社会变革。甚至产生了一个新词：**巴尔干化**（Balkanization），意指经过一段时间的和平时期与社会变革以后社会再度隔离。各种文化中的巴尔干化会导致跨文化婚姻生活的困难。

交流强调同情、顺从和友善。薪酬常常取决于个体在群体中的资历，而不是个体的表现。

为了更好地理解独立性和互倚性这两种相对的取向，我们来看看下面的描述。第一个描述来自一名美国学生，第二个描述来自一名日本学生。这是两人对“简要描述你自己”的回答：

> 我喜欢积极地生活。我感觉有许多事情要做、要看、要体验。但是，我也了解娱乐的价值。我喜欢默默无名。我喜欢玩飞盘、变戏法、单轮脚踏车，偶尔会玩点录音机和乐器。我有独特的品味。我对人非常友好，而且在大多数情境下是很自信的。我总是很快乐，不开心常常是因为压力。(Markus & Kitayama，1998，p. 63)
>
> 对于该做什么我不能迅速地做出抉择，常常因为他人的意见而犹豫不决。我不能违背那些因其年龄或地位而理应受到尊敬的人的观点。即使我很不愉快，也会向周围的人妥协，因而不能摆脱不愉快。当我无法决定时常常会考虑他人的意见。我很关心别人对我的看法，并经常据此来做决定。我希望自己不会受到伤害。当我与他人表现一样时，我会觉得内心平静。（Markus & Kitayama，1998，p. 64）

我们可以注意到，这两个人的自我描述有不同的主题。美国学生倾向于使用总体的、与情境无关的特质描述自我，如友好、自信和快乐。日本学生对自我的描述植根于社会情境，例如尊敬长者或地位较高的人，甚至将依附于社会群体作为获得心灵平静的方式。这些欧美人和日本人的自我概念的特征分别说明了独立性和互倚性。独立性的自我观，其特征是自主、稳定、一致，不受他人的影响。互倚性的自我观，其特征是关系、人际灵活性、与他人密切联系（Markus & Kitayama，1998）。

这种关于独立性与互倚性的区分和其他文化心理学家所做的区分是相似的。例如特利安第斯（Triandis，1989，1995）提出了**个体主义**（individualism，指自我是独立自主的，个人目标更加重要）和**集体主义**（collectivism，自我更多与群体相连，彼此依赖，群体目标更加重要）来描述这种差异。根据特利安第斯（2001）的观点，在个体主义社会中，人们的行为倾向独立于群体之外，个人目标比群体目标更加重要。他们依照自己的态度与愿望行事，而不是屈从于群体的标准与态度。相反，在集体主义社会，人们与群体其他成员互相依赖，群体目标更加重要。集体主义社会中的人尤其关注社会关系。他们更强调背景和外部特征，而不是自己的愿望和目标。最后，在集体主义社会，人们倾向于谦让，很少夸耀自己的个人成绩。正如你所看到的，马库斯等人用独立性与互倚性来描述文化差异，而特利安第斯则用个体主义与集体主义来描述，但两者之间有较大的重叠部分。

是否有实证研究支持定义自己的方式（人格的基本内容）依赖于所处的文化的观点？研究者使用“二十条陈述测验”（Twenty Statements Test）发现，来自北美的被试倾向于使用抽象的内部特征描述自己，例如聪明的、稳定的、可靠的、思想开明的（Rhee et al.，1995）。相反，中国被试喜欢用社会角色来描述自己，如“我是女儿”或“我是简的朋友”（Ip & Bond，1995）。美国人则很少用社会角色来描述自己。这些结果表明，在自我概念上确实存在文化差异。这些差异应该是通过父母、教师或其他社会机构传递给其文化成员的。美国人更可能具有独立的、个体主义的自我观，而中国人倾向于具有互相依赖的、集体主义的自我观。

另一项研究分别对来自韩国首尔的亚洲人、纽约市的亚裔美国人和欧裔美国人实施了“二十条陈述测验”（Rhee et al., 1995）。研究在考察自我概念的文化差异的同时，还引发了一个有趣的问题：同样生活在纽约，那些认同自己亚洲人身份的人与不认同此身份的人相比，其自我概念有何不同？换言之，是否有些人会改变自己的自我概念，以使其与所处文化内的其他成员相似？适应新文化中普遍的生活方式和信念的过程被称为**文化适应**（acculturation）。

结果很明显，不认同自己亚洲人身份的亚裔美国人在描述自己时使用高度抽象化的、自主的语言，与欧裔美国人的回答相似。有趣的是，他们（45%）比欧裔美国人（35%）使用的特质类词语更多。马库斯等（Markus, Kitayama & Heiman, 1996）认为由于不认同自己的亚洲人身份，他们努力想要获得适应美国文化的自我概念，但似乎做得过头了。

相反，在该研究中，那些生活在纽约、但认同自己亚洲人身份的人更多使用社会性的语言进行自我描述，就像中国人那样。他们常常通过自己的社会角色（例如学生）和家庭角色（例如儿子）来描述自己。而且他们更可能根据社会化情境来定义自我概念。换言之，他们对自己的描述是“在家里我是值得信赖的”，而不是像欧美人那样认为自己是一个值得信赖的人。

另一项研究要求日本和美国大学生在四种情境下完成“二十条陈述测验”：单独一人、和朋友一起、和其他学生一起在教室里、在教授的办公室里（Cross et al., 1995）。在这四种情境下，日本大学生均更倾向于用偏好（如我喜欢喝冰冻的酸奶）和依赖于情境的活动（如周末我喜欢听摇滚乐）来描述自己。就像前面的其他研究一样，美国学生倾向于使用抽象的、与情境无关的特质，如友好、果断等描述自己。日本学生在不同情境下对自己的描述有所不同，美国学生则不然。例如，在教授的办公室里，日本学生提到自己是“一个好学生”。但在其他三种情境中他们并未提及此角色。美国学生在这四种情境下的反应更加一致。

一个来自索马里的难民家庭，现生活在亚利桑那州。当进入一种新的文化后，文化适应就是适应此文化中普遍的生活方式与信念的过程。

另一项研究发现，超过30%的日本学生在描述自己时会提及他人。例如，“在我做出最后决定之前，我常常要和他人谈一下”，这样的自我描述是依赖性反应的典型特征（Markus & Kitayama，1998）。相反，欧美学生中只有不到5%的人有这样的互倚性自我描述。

另有研究考察了日本学生和欧美学生在描述自己时，对各种品质词的使用频率（Markus & Kitayama，1998）。84%的日本学生使用“普通的”来形容自己，而只有18%的美国学生用这个词形容自己。相反，有96%的美国学生形容自己是“特别的”，而只有55%的日本学生这样形容自己（见表17.1）。

在美国和日本的民间俗语中，我们可以分别看到杰出、独特与相处融洽、融入群体的主题。在美国文化中人们常说：“吱吱叫的轮子有油加。”（译者注：相当于“会哭的孩子有奶吃”）表明一个人想要获得利益就要表现得突出。而在日本，人们常说：“突出的钉子易受敲打。”（译者注：相当于“枪打出头鸟”）这说明美国人的社会策略在日本使用可能会失败。

文化差异可能与人们的信息处理方式有关。与美国人相比，日本人倾向于对事件做出**整体性**（holistically）的解释：关注关系、情境以及对象与整体情境的关系（Nisbett et al.，2001）。相反，美国人倾向于**分析性**（analytically）地解释事件：将对象从情境中分离出来，对物和人分类，依据“类”的规律来解释行为。例如，当看到鱼儿自由自在地在水中游时，日本人比美国人更多关注情境信息，将鱼儿的行为与周围的环境联系起来（Masuda & Nisbett，2001）。因此，个体主义—集体主义，或独立性—互倚性的人格特质的文化差异与个体注意以及解释周围世界的

表17.1 描述“我是……”出现频率最高的词

欧裔美国人		日本人	
品 质	出现频率	品 质	出现频率
尽责的	100%	快乐的	94%
有礼貌的	100	风趣的	94
有恒心的	100	放松的	92
合作的	98	直率的	92
特别的	96	自信的	90
快乐的	95	随和的	86
独特的	95	平静的	86
有思想的	95	精神自由的	86
风趣的	93	散漫的	84
有同情心的	93	普通的	84
努力的	93		
有抱负的	93		
可靠的	93		
独立的	93		

资料来源：Markus & Kitayama（1998），p. 79，表1.

内在认知倾向有关。

总之，有证据表明不同文化的人有不同的自我概念。这些不同的自我概念可能是由家长和教师传递给孩子的。研究发现，认同自己是美国人的亚裔美国人的自我概念更加类似于欧裔美国人，而不是本土的亚洲人。这种自我概念的改变是由社会环境事件引起的，不能代表遗传的群体差异。

对互倚性—独立性和集体主义—个体主义概念的批评

一些研究者从理论基础和实证研究两方面对马库斯等认为的西方人的独立自我观和亚洲人的互倚自我观提出了批评。有研究者（Matsumoto，1999）指出，马库斯等人的理论取证大多来源于北美和东亚（尤其是日本），并不能代表其他文化。其次，不同文化的自我概念有较大的相似性，而并非像马库斯等人所说的那样。例如，许多集体主义文化中的人在描述自己时也使用了总体性的特质（如，随和的、风趣的）；而许多个体主义文化中的人也会使用关系性的描述（如，我是某某的女儿）。文化差异只是程度上的区别而已。

在理论层面上，有研究者（Church，2000）提出："想要概括文化的特征，只用二分的方法显得过于简单了"（p. 688）。在某种意义上，所有文化中的自我观都混合了独立性和互倚性两方面的特征，所有文化中的自我概念都因社会情境而变化。简言之，马库斯等人所发现的日本人和美国人之间的差异只是量的区别而不是质的不同。

最近，对 12 项研究所做的元分析显示，在用个体主义、集体主义描述文化差异时需要谨慎（Oyserman，Coon，& Kemmelmeier，2002a）。研究发现，尽管有时欧裔美国人比某些其他文化下的个体有更强的个体主义倾向（重视独立），更弱的集体主义倾向（重视依赖），但是效应值很小，并且有很多重要的例外。例如，欧裔美国人并不比非裔美国人、拉丁美洲人有更强的个体主义倾向。欧裔美国人的集体主义倾向也并不比日本人或韩国人（这两种文化被认为处于互倚性的一端）的弱。实际上，中国人比日本人或韩国人有更加强烈的集体主义倾向。

其次，独立性—互倚性和个体主义—集体主义特征显得太过概括化，混合了不同的社会关系，而且忽视了它们得以表达的特定情境（Fiske，2002）。例如，在工作和玩计算机游戏时，美国人是个体主义的、独立的；但是与家人在一起或者在教堂时，他们又是高度集体主义的、互倚的。未来的研究应该能够区分在何种情境下存在或不存在文化差异。

尽管存在这些批评，但是很显然，不同文化之间确实存在差异。尽管存在一些重要的限定条件，但这些差异必须得到解释。大部分研究者认为，在个体主义—集体主义和独立性—互倚性维度上的文化差异是传承性文化的一个例子：在一种文化中，观念、态度以及自我概念由一个人传递给另一个人，或传递给下一代。最近，一些研究者根据进化心理学和唤起的文化对文化差异做了不同的解释（Oyserman，Kemmelmeier，& Coon，2003b）。他们假设，人类已经进化出了两种自我概念的心理机制，可以根据适应度从一种转变为另一种。具体来说，假如一个人所属的群体流动性很小，资源有限，附近有许多亲属，那么高度集体主义、彼此依赖就能带来适应的优势。有血缘关系的亲属（通常是集体主义的受益者）会从中获益。另一方面，当群体流动性高，人们频繁地从一个地方转移到另一个地方，且资源较充沛，邻近的地方没有亲属时，更加个体主义的、独立的倾向能够为个体带来更大的好处。正如其作者所说，对这一假设的最好总结是："因此，从进化的视角来看，独立性与互倚性的'基础'，与所有社会系统的可能性一样，都存在于个体身上。个体将其全部表现出来，还是表现其中某一个，要视当时的情况而定"（Oyserman et al，2002b，p. 116）。未来的研究需要确定，进化心理学与文化心理学的融合是否提供了关于文化差异的更加一致的、更有预测性的描述。

自我提升的文化差异

自我提升（self-enhancement）是指个体使用积极的或社会所看重的品质，如友善、善解人意、聪明和勤勉，来描述或表现自己的倾向。自我提升倾向具有跨时间的稳定性，因此是一种稳定的人格特征（Baumeister，1997）。许多研究表明，北美人对自己有较积极的总体评价（Fiske et al.，1997）。例如，一项研究显示，美国人的自我概念中积极品质是消极品质的 4 倍之多（Herzog et al.，1995）。与美国人相比，日本人很少用积极的语言描述自己。日本人在自尊量表上的得分低于美国人（Fiske et al.，1997）。其次，日本人对自己的描述更加消极，例如"我想得太多了"以及"有时我很自私"（Yeh，1995）。即便是积极的描述也是以消极的形式表现出来，如"我不算懒惰"。美国人可能会这样表达相似的意思："我是一个很努力的人"。

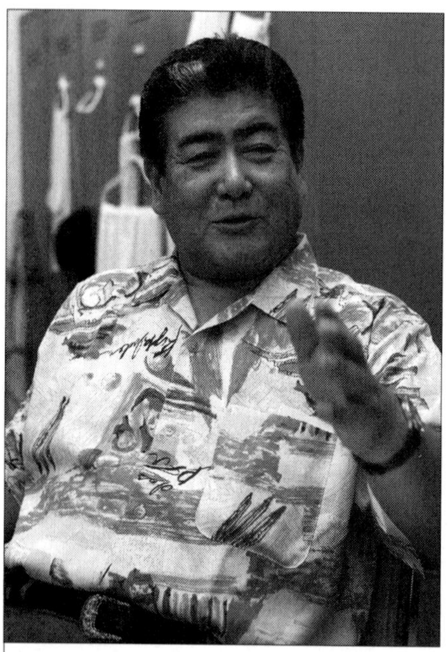

田中先生是日本棒球联盟的一名裁判员，他正在接受访谈。他所处的文化，更看重和谐而不是冲突。为了在激烈比赛中保持平和，田中经常起着调解者的作用。比赛中，他很少处罚球队，或是罚下球员，而这些在美国棒球队里是相当平常的事。而且，田中有时会承认自己犯了错误，这在美国裁判员中从未听说过。

在韩国人和美国人之间也发现了同样的文化差异（Ryff，Lee，& Na，1995）。韩国人更倾向于用消极的陈述描述自己，美国人则更多使用积极的陈述。当父母在描述自己对子女的教养方式时也表现出了自我提升的差异（Schmutte，Lee，& Ryff，1995）。总体而言，美国的家长多用自豪的口吻描述自己对子女的教育实践，而韩国家长给出的评价大部分是消极的。

自我提升的文化差异还表现在群体比较中，对自己所属群体的评价。在一项研究中，研究者（Heine & Lehman，1995）让日本学生和加拿大学生分别将自己的大学与本文化中的另一所大学做比较。研究中使用的两所大学的名气相当：加拿大的不列颠哥伦比亚大学（University of British Columbia）和西蒙弗雷泽大学（Simon Fraser University），以及日本的立命馆大学（Ritsumeikan）和同志社大学（Doshisya）。结果，加拿大学生有很强的内群体提升倾向，在比较中给对手学校以消极的评价。而日本学生并未在比较中表现出对自己所在学校的偏向性评价。

心理学家对自我提升的文化差异提出了两种解释。一种解释是，亚洲人关注印象整饰（见第 4 章），可能在内心深处，他们对自己的评价实际上是积极的，但是如果公开表达就可能损害自己的名声。第二种解释是，文化差异反映了个体深层次的主观体验。根据这一观点，由于价值观上的深层文化差异，亚洲人对自己的评价确实比北美人对自己的评价更加消极。有一个实证研究曾对这两种互相矛盾的解释加以检验（Fiske et al.，1997）。当被试在完全匿名的情境下进行自我评价时（没有人可以将其区分开来），研究者发现在美国人中常见的自我提升并未出现在亚洲人中。此研究支持了这一理论，即自我提升的文化差异反映了个体内心实际的主观体验，而不仅仅是亚洲人印象整饰所导致的表面差异。

还有一点很重要，那就是我们要认识到文化差异只是程度上的，因为所有文化中的人在某种程度上都有自我提升的倾向（Kurman，2001）。在一项涉及三种文化（新加坡人、德鲁兹以色列人和以色列犹太人）的研究中，研究者（Kurman，2001）让参与者从六个特质——智力、健康、社会性（动因性特质）和合作、诚实、慷慨（公共特质）来评价自己在所属性别、年龄群体里的相对位置，是高于还是低于平均水平。尽管新加坡人比另两种文化中的个体有稍高的自我提升倾向，但这仅适用于动因性特质。所有文化中的个体都表现出自我提升的倾向。在公共特质方面，三种文化中的参与者中有 85%的人认为自己在所属的性别与年龄群体中高于平均水平。在动因性特质方面，德鲁兹以色列人和以色列犹太人的自我提升水平分别为 90%和 87%，新加坡人的也接近 80%。因此，各种文化中的人都有自我提升倾向。所以文化差异必须在整体相似性这个大背景下进行解释。我们还必须认识到，每一种文化内部都存在巨大的个体差异：某些人的自我概念更加偏重个体主义、更加独立；而另一些人则更加偏重集体主义、更具依赖性。

总之，人们的自我体验程度存在显著的文化差异。北美人对自己有更加积极的体验，总体上表现出较高的自我评价。相反，亚洲人的自我提升水平较低，用消极的、批评的眼光看待自己。这些自我观是人格的核心内容，它们决定了一种稳定的思考自己的方式、在他人面前表现自己的方式以及在不同社会情境中的行为方式。

文化内的人格变异

传承性文化的另一个维度是**文化内变异**（within-culture variations），但它并没有得到和文化间变异相同的关注。文化内变异有几种来源，包括不同的社会经济地位导致的成长背景差异、不同历史时期以及个体成长的种族背景导致的差异。

例如，有证据表明，**社会阶层**（social class）会影响人格（Kohn et al.，1990）。社会阶层较低的父母更强调服从权威的重要性，而阶层较高的父母则强调自我导向的重要性，不听命于他人。研究表明，这种社会化源自于父母对子女未来职业的期待。高阶层的工作（如管理者、公司创始人、医生、律师）常常需要较强的自我导向，而低阶层的工作（如工厂工人、加油站职员）则更需要服从规则，不允许个人有创新的空间。一项对美国人、日本人和波兰人所做的研究显示，所有文化中，社会阶层较高的男性与社会阶层较低的男性相比，更倾向于自我导向、服从水平更低、思维上更灵活（Kohn et al.，1990）。

这些结果是相关性的，所以还不能明确地确定因果关系的方向。也许自我导向的、思维较灵活的个体更可能趋向较高的社会阶层；也许不同的教养方式导致高社会阶层的父母培养出的孩子与低社会阶层的孩子有着不同的人格。无论是哪一种情况，这个例子都凸显了文化内差异的重要性。在一种文化中，并非所有个体的人格都相同。实际上，个体间文化内的差异比文化间的差异更显著。图 17.1 描绘了两种文化中个体主义—集体主义的分布情况。图中阴影部分便是两种文化间重叠的地方。因此，即使在某一人格特质的平均水平上存在文化差异，一种文化内的部分个体还是可能比另一文化内的部分个体的水平要高（或低）。这就是为什么我们首先要将一个人看做一个个体，而不是某个文化群体的成员，因为任何个体都可能偏离其所属文化的平均水平。

另一种类型的文化内变异涉及**历史时期**（historical era）对人格的影响。例如，成长于 20 世纪 30 年代大萧条时期的人，工作安全感较低，更容易感到焦虑，可能采取更保守的消费方式；在 20 世纪六七十年代性解放运动时期成长的人表现出更高的开放性；而成长于网络时代的人可能会把更多的时间用来与远方的人联系，社交范围的扩展可能会影响其人格的发展。遗憾的是，要解答不同历史时期对人格的影响作用是件极其困难的事，因为大部分当前使用的人格测量方法在过去并未使用过。

文化的普适性

人格与文化研究的第三种取向是试图识别普遍的，或在大多数文化中都存在的人格特征。正如我们在第 1 章里描述的，正是这些普适性组成了人类本性水平上的人格分析。

在文化与人格的研究史上，对**文化普适性**（cultural universals）的研究曾经长期受到冷落。在 20 世纪的大部分时间里，人们主要关注文化差异。对文化差异的

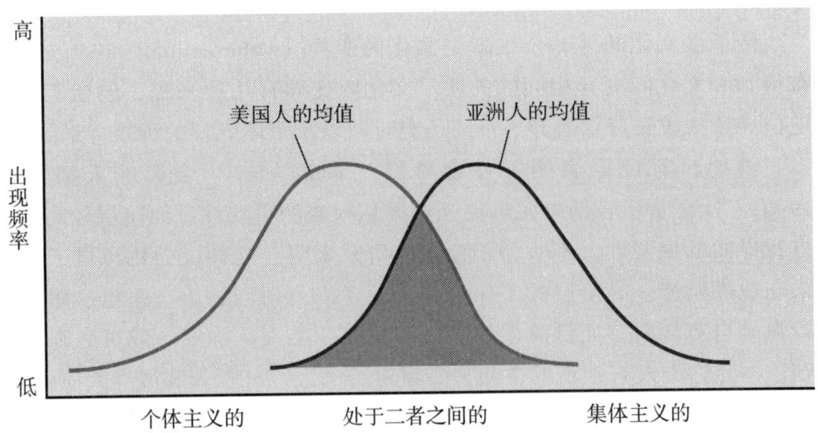

图 17.1
美国文化与亚洲文化下的个体主义与集体主义。两个群体的分布在均值上有显著差异，但也有相当多的重叠部分。这表明，尽管一个群体的均值低（或高）于另一个群体，该群体里的某些个体可能比另一个群体中的大部分个体的分数还要高（或低）。亚洲人的集体主义均值高于美国人，但是总会有部分美国人的集体主义得分高于部分亚洲人（阴影部分）。

关注源于人类学家对异域文化的报告，报告中所记录的每一件事都与美国的情况不相同。例如，米德（Margaret Mead）声称发现了一种完全没有性嫉妒的文化，在这种文化下性别角色倒置，也没有青春期的压力与混乱（Mead，1928，1935）。米德称发现了“与我们的文化完全不同的性态度。女性处于主导地位，不受个人情感影响，支配配偶；而男性的责任较少，是情感上的依赖者”（Mead，1935，p. 279）。人性被假定具有无限的变异性和灵活性，并不仅限于一种普遍的本性，“我们不得不得出结论，人性具有令人难以置信的可塑性，能对不同文化环境做出准确的、相应的反应”（Mead，1935，p. 280）。

在过去的二十多年里，有关文化差异的观点正在向更加折衷的方向发展。人类学家再次考察了米德曾经到过的小岛，但并未证实米德的发现（Freeman，1983）。在这个被认为完全没有性嫉妒的文化里，性嫉妒是导致家庭暴力和家庭谋杀的直接原因。再如，人们通常认为在坎布里的文化中性别角色是完全相反的，然而人类学家却发现妻子是丈夫买来的，男性更加强壮，并经常殴打女性，处于统治地位（Brown，1991；Gewertz，1981）。其次，坎布里人认为男性比女性更具有攻击性，女性比男性更顺从。对坎布里人在社会交往中的行为观察证实了这些观念（Gewertz，1981）。1850 年后的所有证据，其中包括米德的观察记录（与她所做的推论相矛盾），都显示坎布里人的性别角色与西方文化有着惊人的相似性。表 17.2 中是布朗 1991 年列出的一些行为和态度，它们可作为文化普适性的极好例证（亦可见 Pinker，1997）。

在本部分，我们将考虑四个文化普适性的例子，即关于男性和女性人格特征的信念、情绪的表达、对他人的人格描述与评价的维度以及人格的五因素模型的可能的普适性。

关于男性和女性人格特征的信念

在一项考察关于男性和女性人格特征的信念的研究中，研究者（Williams &

表 17.2 具有文化普适性的行为与态度
避免乱伦
基本情绪的面部表情
对群体内成员的偏爱
对亲属的偏爱
集体认同
害怕蛇
按性别的劳动分工
报复和复仇
区分自我与他人
制裁那些对抗群体的罪行
关系中的互惠
嫉妒、性嫉妒以及爱

资料来源：Brown，1991.

Best，1990）在长达15年的时间里调查了30个国家。这些国家包括西欧国家（如德国、荷兰和意大利）、亚洲国家（如日本和印度）、南美国家（如委内瑞拉）以及非洲国家（如尼日利亚）。在每一个国家，研究者请大学生检验300个特质描述性形容词（如*攻击性的*、*情绪化的*、*支配的*），并指出每一个特质词更多与男性有关还是与女性有关，或者与两者都可产生联系。然后对每种文化下的被试反应进行归纳。结果让人大吃一惊：很多特质形容词都与某一种性别高度有关，且在不同的文化中有较大相似性。表17.3列出了在不同文化中与男性和女性相关最大的特质形容词。

我们应该如何归纳与解释对男性和女性的信念的差异呢？研究者（Williams & Best，1994）从以下几个维度对每一个形容词进行了评分：*偏好度*（特质被期望的程度）、*强度*（特质所显现的力量）、*活动性*（特质所表征的能量的大小）。这几个维度源自该领域中已发现的几个普遍的语义维度：*评价*（好—坏）、*力量*（强—弱）、*活动性*（主动—被动）（Osgood，Suci，& Tannenbaum，1957）。总体上，归于男性和女性的特质在偏好度上是相等的。一些男性化的特质，如*严肃的*、*创新的*是受人欢迎的；而*傲慢的*、*专横的*则是不受欢迎的。某些女性化的特质，如*迷人的*、*有眼光的*是受人欢迎的，而*胆小的*、*做作的*则是不受欢迎的。

我们应该如何解释关于男性和女性人格特征的信念的文化普适性呢？一种解释是，这些信念是以性别角色的普适性为基础的。例如，研究者（Williams & Best，1994）认为，由于男性比女性更加强壮，因此常由男性担任士兵、建筑工人等角色。时间长了，人们就会对男性和女性的人格特征形成刻板印象。因此，这种解释认为普遍的性别差异反映了刻板印象，当然，这只是观念上的差异，并非真实的或持久的差异。

另一种可能是在全部的30种文化中分别刻画男性和女性的特质反映了两性之间真实存在的人格差异。例如，五因素模型的研究发现，女性在情绪稳定性上的得分低于男性，这表明她们更胆小、更情绪化。没有人会怀疑，男性普遍比女性

表17.3 与男性和女性相关的泛文化特质

与男性相关的特质		与女性相关的特质	
主动的	说话大声的	做作的	谦让的
冒险的	令人讨厌的	友爱的	紧张的
攻击的	固执己见的	有眼光的	有耐心的
傲慢的	机会主义的	谨慎的	愉快的
专制的	寻求快乐的	多变的	一本正经的
专横的	精细的	迷人的	敏感的
粗鲁的	敏捷的	依赖的	脆弱的
自负的	不计后果的	情感丰富的	善良的
进取的	炫耀的	胆小的	羞怯的
冷静的	坚韧的	宽容的	温和的

资料来源：摘自 Williams & Best，1994.

更有攻击性或暴力倾向（见第 16 章）。简言之，关于男女人格差异的共同信念反映了人格的真实差异。要知道哪一种解释是正确的（刻板印象的解释还是真实差异的解释）须等待进一步的跨文化研究。

情绪表达

人们大都相信处于不同文化中的个体，其情绪体验也不同。因此，人格心理学家认为，不同的文化中有着不同的描述情绪的词语。有人指出，塔希提人没有体验过悲伤、渴望和孤独，因此在他们的语言里没有描述这些情绪的词语。例如，根据人类学家报告的故事，当一个塔希提男孩在格斗中死亡时，他的父母仍然微笑，不会悲伤。这与现代西方世界中经历同样事件的父母的那种悲痛感觉完全不同。情绪词在某些文化中存在或在某些文化中不存在，一些人格心理学家认为这种文化变异现象是由于情绪体验本身的存在或缺乏造成的。

但是，情绪真的存在文化差异吗？还是情绪体验存在文化普适性？心理学家平克（Steven Pinker）这样总结道："不同文化成员在情绪表达、言语，以及情绪反应上不一样。但这并没有告诉我们人们究竟有什么样的感受。有证据表明，所有正常个体的情绪都是以相同方式表达的。"（Pinker，1999，p. 365）

情绪普遍性的最早证据来源于达尔文。在为他的《人类与动物的表情》（*The Expression of Emotions in Man and Animals*）一书搜集证据时，达尔文（1872/1965）让接触过五大洲的人的人类学家、旅行家详细讲述了当地人是如何表达情绪的。如悲伤、蔑视、厌恶、恐惧和嫉妒。他做出如下总结："世界各地的人在表达同一心理状态时有显著的一致性；该现象本身的意义在于，它是各种族的人在身体结构和心理特征上极其相似的证据"（Darwin，1872/1965，pp. 15，17）。

当然，用今天的科学研究标准来看，达尔文的方法太粗糙了，但是随后二十多年的研究证实了他的基本结论。心理学家埃克曼（Paul Ekman）将人们对六种基本情绪的表达制成一系列照片，之后将照片给不同文化中的人看（Ekman，1973）。在他的研究中，某些文化中的人，如新几内亚的弗雷部落的人，从未接触过西方人，他们不会说英语，也没有看过电视和电影，从未与白种人一起生活过。他还对日本人、巴西人、智利人、阿根廷人和美国人也进行了同样的测试。埃克曼要求被试辨认每张照片上的人所表达的情绪，并就此人的体验编一个故事。这六种情绪，即快乐、悲伤、愤怒、恐惧、厌恶与惊奇，都能够被各种文化中的人准确地辨认出来。后来在其他文化中的研究也重复验证了以上发现，如意大利、苏格兰、爱沙尼亚、希腊、德国、中国香港、苏门答腊和土耳其（Ekman et al.，1987）。而且，研究已经扩展到了第七种普遍情绪：厌恶情绪（Ekman & Friesen，1986）。

除了发现各文化中的人都能毫不费力地辨认照片上的情绪以外，埃克曼还反转了研究的程序：他让弗雷部落的人依情境做出反应，例如"你的孩子夭折了"，"你很生气，打算动手打人"，然后将他们的表情拍下来。照片上弗雷族人表达的情绪很容易从面部表情上进行辨认，而且它们与白种人照片中表达的情绪极其相似。情绪是普遍的，是与生俱来的，此观点的进一步证据来自对先天失明儿童的研究，他们的情绪表达方式与正常人的完全一样（Lazarus，1991）。

平克注意到，如果问人们是否以同样的方式体验情绪，那么一种语言中是否有描述该情绪的词语并不重要。前面提到塔希提人的语言里没有悲伤一词。但是，"当一个塔希提妇女说'我丈夫死了，我感觉很不舒服'时，她的情绪并不难以理解，她可能只是不去抱怨这种酸楚感而已"（Pinker，1977，p. 367）。

另一个例子是德语词"幸灾乐祸"（schadenfreude）："当说英语的人第一次听到这个词时，他们的反应并不是'让我想想……以他人的不幸为乐……可能是什么样呢？我不明白，在我的语言和文化里没有这个词'。他们的反应是'你是说你们有这样一个词，真酷！'"（Pinker，1997，p. 367）。在敌人遇到不幸时，人们普遍会以同样的方式感到高兴，即使所有的文化中都没有一个单一的词来形容这种情绪。

语言并非是人们情绪体验所必需的观点与所谓的**语言相对性的沃尔夫假说**（Whorfian hypothesis of linguistic relativity）相对立。后者认为语言创造了思维和体验。作为一种极端的观点，沃尔夫假说认为，人们的观念和情绪受到其语言和文化中的词语的限制（Whorf，1956）。

解决该争端的关键在于情绪体验与情绪的公开表达之间有何不同。埃克曼（Ekman，1973）实施了一项巧妙的实验研究，以探究这二者的区别。他给日本和美国大学生放映一部关于原始部落青春期仪式的电影，其中包括阉割的片断，并秘密拍摄了他们的面部表情。在一种情境下，一名实验者穿着白大褂出现在放映厅；而在另一种情境下只有被试。在有实验者在场的情况下（公开情境），日本大学生一直礼貌地微笑着，而美国学生则表现出惊恐和厌恶。假如只有这样一种实验情境，我们可能会得出结论：日本学生和美国学生体验到的厌恶情绪不同。但是当学生们独自在房间里看电影时，日本学生和美国学生表现出了同样的惊恐表情。这表明，日本学生和美国学生体验情绪的方式是一样的，纵然他们在公开情境下可能有不一样的表达方式。

总之，有证据表明，情绪体验和情绪表达存在文化普适性，至少对快乐、悲伤、愤怒、恐惧、厌恶和惊奇等情绪而言是如此。迄今为止，研究中涉及的所有文化中的人都能通过他人面部表情的照片描述和识别这些情绪。当然，并非所有文化中都有相应的描述这些情绪的词语。与描述情绪的语言相比，情绪的体验和表达更具文化普适性。

人格描述与评价的维度

在美国文化中，我们通常会用特质术语来描述他人。我们会把一个女性描述为热情的、聪明的和自信的。我们甚至会使用俚语，说她很酷、棒极了、活泼等等，有时全部用形容词表达我们的观点。尽管直觉告诉我们，不同文化中的人用不同的词语来描述他人的人格，但仍有证据表明存在人格描述的普遍性。

一位文化人类学家研究了几种文化中所共有的 37 个人格描述词的相似性，例如所罗门群岛圣伊萨贝尔的阿拉米文化（White，1980）。研究者为每一个被试呈现其母语中的一个词语，例如热情的、尽责的或自信的，然后请被试从词表中找出意义与该词语最接近的另外五个词语。对所得数据进行多维度分析（这是一种用于确定数据主要维度的统计方法，与因素分析法非常相似。见第 3 章），结果出现了两个维度。第一个维度的一端是支配，另一端是服从；第二个维度独立于第一个维度，一端为友好，另一端为冷酷与敌意。你可以回忆一下第 3 章的内容，这正是人际行为环形模型的两个重要维度（Wiggins，1979）。

评价与描述他人人格的两维度结构具有惊人的跨文化相似性，即使是在大不相同的奥里亚语（译者注：印度东部奥里雅州的一种印度语）、阿拉米语（译者注：阿拉米语是中东地区阿拉米人使用的语言，是旧约圣经后期书写时所用的语言，也被认为是耶稣基督时代的犹太人的日常用语）和英语中亦如此。这使研究者推测“这些维度代表一种普遍的概念图式，它是在人类的先天心理语言结构与基本社会生活环境的互动中产生的，例如，许多行动者在目标和行为上一致与否的可能性（团结/冲突），一个行动者对另一个行动者施加的不对等影响（支配/服从）”（White，1980，p. 759）。

这些描述他人人格的普遍性维度的意义何在？在这一点上，我们只能推测。人格理论家霍根（Robert Hogan，1996）认为，之所以有这些普遍性的维度是因为它们代表了人际互动中必须面临的两个最重要的任务：相处和超越。因此，我们对他人支配与服从的评价反映了其在成功超越方面的情况；对他人热情（随和）或冷酷（敌意）的评价反映了他们是否能够与社会环境中的其他人和睦相处。

人格评价存在这两个普遍维度的另一个原因来自于从进化的角度看待社会适应性问题的解决（Buss，1996）：“在进化的过程中，与那些对其他个体存在差异浑然不觉的人相比，那些能够注意到其他适应个体的差异，并能应对这种差异的个体能够更成功地生存和繁衍”（p. 185）。简言之，自然选择产生了评价他人个体差异的“差异探测机制”。

以支配—服从维度为例，了解他人是强大的还是弱小的是一种适应性需要。了解他人的力量或支配性可以告诉我们，什么样的人是无需担心的（服从的人），什么样的人我们必须服从他们（更具支配性的人）。不能准确了解这方面信息的人可能会犯适应性错误。例如，对一个更强势的人吼叫可能会遭到群体排斥。许多社会性抉择，例如对谁友好、忽视谁都有赖于对他人人格支配—服从的准确评价。

人格评价的另一个维度是热情—冷酷，或说是随和—敌意，也会影响适应性抉择。例如，谁可以成为朋友、成为同盟（随和、热情的人），也可以提醒个体警惕那些追求攻击性社交策略的人，他们可能妨碍个体的目标和愿望的实现。

要做出确定的结论声称这两个维度（支配和热情）代表了我们对周围其他人人格进行评价与描述的普遍性还需要更多的证据。但是已有的证据与研究者的推测是一致的。毫无疑问，人格心理学将来的研究应该致力于理解为什么这些人格评价维度对人们如此重要（MacDonald，1998）。

人格的五因素模型

一些人格心理学家认为，人格的普遍性维度并非是仅有的评价他人的途径，它们只是描述个体差异的普遍性维度。这类研究大部分致力于探究人格的五因素模型是否具有普遍性。

一个有趣的问题是，是否真的存在普遍的人格结构，如五因素模型，或是在不同的文化中还有不同的结构模型。为了对此加以验证，有必要概括一下现有的理论观点。

根据某些心理学家的说法，人格概念本身就缺乏普适性。如有研究者（Hsu）谈到："……人格概念是西方个人主义观念的表达"（Hsu，1985，p. 24）。著名的文化心理学家史威德（Shweder）辩解道："来自……人格问卷的资料错误地支持了这样的信念，即人格可以用与情境无关的总体特质、因素或维度来描述（Shweder，1991，pp. 275–276）"。

近期，有研究者更清楚地阐述了这些观点："普遍的（人格）结构本身并不意味着在欧美框架下对人格的理解就是人类行为的一种普遍特征……也不意味着表现为人类生活显著特征的变化性是被称为人格的这些内部品质集合的一种功能"（Markus & Kitayama，1998，p. 67）。最后，一位文化人类学家（Lawrence Hirscheld）曾谈道："在很多，也许是大部分文化中，缺乏用特质和气质这些跨情境稳定的动机特征来解释人类行为的论述"（Hirschfeld，1995，p. 315）。

所有这些引述反映了对人格心理学的基本挑战：特质的核心概念是普遍的，还是仅适合于西方文化。其中最极端的说法是，人格概念作为一种内部心理特征，只是西方文化的武断建构而已（Church，2000）。假如这种极端说法是正确的，那么所有在非西方文化中识别与测量人格特质的努力都注定会失败（Church，2000）。另一种极端的立场是，认为人格特质是普适的，在各种文化中有着相同的人格结构。正如两位人格研究者最近指出的："……人格判断的最重要的维度就是其不变性和普遍性"（Saucier & Goldberg，2001，p. 851）。

这场争论的首要证据来源是其他文化中特质术语的存在。事实上，很多非西方心理学家描述了一些本土文化中类似于特质的概念，它们与西方文化中的特质非常相似。来看下面的例子：菲律宾语中的 *pakikiramdam*（意指敏感、同情）和 *pakikisama*（与他人和睦相处）；韩语中的 *chong*（人类情感）；日语中的 *amae*（对依赖的纵容）；中国有"人情"概念（关系取向）；墨西哥语中的 *simpatico*（和谐，避免冲突）（Church，2000）。总之，许多非西方语言中也有类似于美国文化和英语中描述特质的概念。

这场争论的第二个证据来源是不同文化中的人格特质是否存在相同的因素结构。也就是说，不同的文化对特质的分类是否大致相同？当然，人格的特质论并不需要在各种文化中都有完全一样的特质。事实上，即使在不同文化中所使用的特质维度也会完全不同，特质论也是非常有用的。但是，如果能发现各文化中人格特质的结构相同，这才是对特质论最有力的支持（Church，2000）。

为了检验此观点，研究者采用了两种研究方法。第一种方法可以被称为"输出与测验”策略。心理学家将现有的问卷与形容词列表翻译成其他语言，对不同文化下的当地人施测。采用这种方法得到了大量支持五因素模型的一致结果。实际上，五因素模型（外向性、随和性、尽责性、情绪稳定性和开放性）已在许多文化中得到重复验证，如法国、荷兰、菲律宾；而且在许多完全不同语系的语言中也得到了验证，如汉藏语系、闪含语系、乌拉尔语系以及马来群岛玻利尼西亚语系（McCrae et al., 1998）。采用输出与测验策略，五因素模型结构在不同文化中似乎是普遍存在的。例如，表 17.4 显示了从菲律宾样本得到的因素结构。但是，最近在爱沙尼亚人中所做的一项研究发现，只有当参与者有较高的认知能力时，五因素模型才可能得到重复验证（Toomela, 2003）。在智力水平相对较低的群体里并未出现大五结构。

但是，检验普遍性更有效的方式应是首先采用本土的人格维度，然后分析是否会出现大五结构。这种方法已在荷兰、德国、匈牙利、意大利、捷克和波兰使用过（De Raad et al., 1998）。在以上每种文化中，都识别出了该语言中的特质词。但是不同语言中的特质词的数量不同：荷兰语中有 8690 个特质词语，意大利语中有 1337 个。在各种语言中，特质词所占的比例大致相似，大约为总词汇量的 4.4%。你可以回忆第 3 章中的**词汇学假设**（lexical hypothesis），该假设认为大多数重要的个体差异根植于本土化的语言之中。

研究者（De Raad et al.）下一步的研究工作是将每种文化下确认的特质词减少到几百个便于操控的词，然后在每种文化下进行施测。对每一种文化的样本进行因素分析，结果发现各种文化在五因素模型的四个因素上有极大的相似性：外向性（*健谈、善交际对羞涩、内向*），随和性（*有同情心、热情对缺乏同情心、冷漠*），尽责性（*有原则、有责任心对无原则、粗心*）以及情绪稳定性（*轻松、沉着对喜怒无常、情绪化*）。

虽然在这四个因素上具有跨文化的一致性，但该研究还发现在第五个因素上存在差异，这在第 3 章中曾提及过。在某些文化中，例如波兰和德国，第五个因素类似于美国的“开放性—智力”，一端为*聪明的、有想象力的*；而另一端是*木讷的、缺乏想象力的*。最近一项对菲律宾人的研究也发现，尽管有些固有的结构（如社交好奇心、服从、理解能力）和大五模型的拟合不是太好，但是依然重复验证了五因素模型，其中包括类似于开放性—智力的第五个因素（Katigbak, Church, Guanzou-Lapena, Carlota, & del Pilar, 2002）。然而，在其他语言中第五个因素完全不同。例如，在荷兰，第五个因素似乎更像是政治取向的维度，一端为*保守*，另一端为*进步*；在匈牙利，第五个因素似乎是诚实，一端为*公正、诚实和仁慈*，另一端为*贪婪、伪善和假情假意*（De Raad et al, 1998）。总之，不同文化中的第五个因素似乎并不相同。

显然，要确定人格结构的五因素模型是否具有文化普适性，还需要更多的本土化研究。但是，在已有研究的基础上，我们可以得出这样的结论：真理就存在于本章开头我们提到的两种极端观点之间，更偏向于普遍性一端。各种语言中都有描述特质的词语。以美国人的研究工具为基础的因素结构，经翻译并输出到其

表 17.4　对菲律宾样本大五人格量表（NEO-PI-R）的因素分析

NEO-PI-R	N	E	O	A	C
N1：焦虑	**76**	−08	00	00	06
N2：愤怒的敌意	**67**	−19	01	−44	−10
N3：忧郁	**73**	−23	03	−02	−25
N4：自我责任感	**68**	−14	−15	22	−04
N5：冲动性	**40**	20	04	−37	−47
N6：脆弱	**70**	−22	−23	04	−30
E1：热情	−21	**69**	17	28	08
E2：合群性	−29	**65**	−02	07	04
E3：自信	−28	**42**	23	−29	35
E4：活动性	−15	**51**	10	−24	25
E5：寻求兴奋	−08	**51**	26	−29	−12
E6：积极情绪	−16	**66**	14	15	01
O1：幻想	16	27	**47**	−06	−27
O2：审美	14	20	**65**	14	22
O3：情感	30	32	**53**	03	12
O4：活动	−39	−03	**46**	01	04
O5：观念	−04	−01	**69**	01	30
O6：价值	−13	−06	**62**	−05	−16
A1：信任	−20	41	09	**52**	−10
A2：进取	−03	−22	−02	**57**	10
A3：利他	−12	27	13	**65**	31
A4：顺从	−20	−10	−09	**75**	12
A5：谦虚	18	−27	−03	**55**	−13
A6：友善	22	27	09	**49**	20
C1：竞争	−38	22	16	−10	**69**
C2：秩序	−04	−15	−08	10	**73**
C3：尽责	−08	12	07	21	**69**
C4：成就驱动	−12	06	01	11	**83**
C5：自律	−24	02	00	07	**81**
C6：深思熟虑	−27	−20	03	24	**65**

注：N=696。省略了小数点；负荷大于 40 的数字用黑体表示；N=神经质，E=外向性，O=开放性，A=随和性，C=尽责性，L=爱，S=服从。

他文化后，发现了很大的跨文化相似性。但是，在使用了更加严格的本土化研究工具后，仅发现其中的四个因素具有跨文化的一致性。第五个因素因文化不同而各不相同，这可能反映了人格特质结构普遍性的一个重要不足。

总结与评论

不同文化中的人在重要的人格特质上，如自我概念、攻击性表现水平以及所持有的价值观上是不同的。这些差异被称为文化变异，包括群体内的相似性和群体间的差异性两种形态。

考察文化变异的方法主要有两种。第一，唤起的文化，即所有人都具备的能力，仅在某些文化背景中才会被激发出来。唤起的合作就是一个例子：当获得食物的成功性具有较高变异性时，人们倾向于与他人分享自己获得的食物。理论上，所有人都有合作和分享的倾向，但是这些倾向只会在特定的文化背景中被激发出来。唤起的攻击是唤起的文化的第二个例子。理论上讲每个人都有攻击的本能。但是，如果个体在看重名誉的文化下长大，那么当一个人的名誉受到侵犯时，他（她）比一个成长在非名誉文化中的个体更有可能表现出攻击。

第二种将文化变异概念化的方法叫传承性文化：最初仅存于某一个人或某些人头脑中的观念被传递给其他人。传承性文化的三个文化变异的例子是道德价值观、自我概念和自我提升水平。特定的道德模式，如认为违背父母意愿、吃牛肉、以及妻子独自去看电影等行为是否恰当，适合于特定文化。这些道德观在文化内互相传递。自我概念的文化差异是传承性文化的另一个例子。例如，许多亚洲文化促成的自我概念是高度依赖的、情境化的，强调个体融入群体。相反，欧美文化提倡独立的自我概念，强调个体与群体的分离。

一个与文化差异有关的维度是个体主义与集体主义。个体主义文化中的个体更加自主，追求不同于群体的行事方式，强调个体自己的目标比集体目标更加重要；而在集体主义文化中，个体认为集体的目标更加重要，个体的行为方式要适合于特定的社会背景，要谦卑。

关于互倚性—独立性与集体主义—个体主义的跨文化研究受到了几个方面的批评。第一，差异的效应值很小。第二，这样的二分法似乎过于简单，忽略了情境特异性的影响（如美国人在工作时是个体主义的，而在家里可能是集体主义的）和文化内的个体差异（如部分韩国人是个体主义倾向的，另一部分是集体主义倾向的）。但是，有些文化差异是真实存在的，应该得到解释。大部分研究者认为这些差异是传承性文化的例子。最近有另一种解释认为，所有的人都进化出了个体主义和集体主义两种心理机制，同时还有一种转换机制，它使个体可以从一种模式转换至另一种模式，这取决于适应的获益大小。我们期待进化心理学与文化心理学的融合，为文化差异提供更加有趣的解释。

我们成长于其中的文化会影响我们的自我概念。研究者通过“二十条陈述测验”发现：北美人倾向于使用抽象的内部特征描述自己，如“我很聪明”、“我是可靠的”和“我是友善的”。而亚洲人更多地使用社会角色来定义自己，如“我是……的儿子”、“我是刘的朋友”。自我概念的这些差异是传承性文化的例子，它们被一代一代地传递下去。要记住的一点是，文化差异可能只是程度的不同。即使在集体主义文化下，也有人用总体性的特质来描述自己；而个体主义文化中的人也会用关系性的词语来描述自己。

另一种稳定的文化差异是自我提升，即个体用积极的、被社会所肯定的品质看待自己的倾向。与美国被试相比，韩国和日本被试更可能消极地描述自己，如“我很懒惰”或“我是个有点自私的人”。而美国被试倾向于积极地描述自己，如“我工作很努力”或“我很有创造性”。这些自我提升的差异同样是传承性文化的例子。

除了文化变异，人格的某些成分也具有跨文化的普适性。其中的一个例子是人们对男性和女性性格特征所持有的观念。全世界的人都认为男性更加主动、更坚持、更爱冒险、更让人讨厌、攻击性更强、更加固执己见、更傲慢、更粗鲁、更自负；而女性则更加感情丰富、更温和、更焦虑、更有欣赏力、更耐心、更善变、更有魅力、更胆小、更宽容。

另一种文化普适性是对特定情绪状态（如恐惧、愤怒、快乐、悲伤、厌恶和惊奇）的体验与辨认。意大利人和苏门答腊人都能从他人的照片上识别和描述这些情绪，即使照片上的人是另一种文化下的人。

最后，人们对他人人格的评价维度也表现出文化的普适性。强有力的证据表明，描述与评价他人人格时有两个基本维度，即支配和热情。其次，也有证据显示，人格特质的结构——以人格的五因素模型为代表，可能也具有文化普适性。至少在五因素中的四个特质上是如此，即神经质、外向性、随和性和尽责性。

关键术语

文化变异
文化人格心理学
唤起的文化
高变异环境
平均主义
文化荣誉
传承性文化
巴尔干化
互倚性
独立性
个体主义
集体主义
文化适应
整体性
分析性
自我提升
文化内变异
社会阶层
历史时期
文化普适性
语言相对性的沃尔夫假说
词汇学假设

第六编

调适领域

调适领域有别于本书前面所提到的其他领域。前五个领域都是对人格做出特定解释的知识的集合。也就是说，每一部分都就人格成因及个体差异给出了自己的观点，是相关的知识的集合。在最后一个部分——调适领域，将考察人格所带来的后果。我们关注调适是因为，人格在很多方面都可以帮助我们每一个人以独一无二的方式来适应生活的挑战和要求。在该领域我们着重介绍两个重要方面：生理健康和心理健康。

日复一日，我们每个人都要适应生活的挑战并对生活事件做出反应。有些人会认为生活中有太多的压力。然而，压力并不是“摆在那儿”的事，而是与我们对生活事件的反应相关。我们如何解释事件决定了该事件是否会带来压力。用唤起压力反应的方式去解释事件的倾向受到人格的影响。人格对我们如何评价和解释事件，如何去应对、适应和调节日常生活的起起伏伏起着关键作用。此外，有些人所表现出的行为模式、情绪和人际关系给他们自己以及周围的人带来了麻烦。应对压力和人格障碍这两个方面界定了调适领域，因为它们涉及人们如何有效地互动和应对来自环境的挑战。

已积累的大量证据显示，人格与一些重要的健康结果有联系，比如心脏病。对于如何存在和为什么存在这些关系，心理学家提出了一些理论，提供了改变危害健康的行为模式的方法。人格还和各种与健康有关的行为有联系，比如吸烟、喝酒以及冒险。甚至有些研究表明人格与人的生命长短相关联（Peterson，1995，2000）。

除了健康和应对压力，生活中很多其他的重要问题也与人格有关。在调适领域内有“障碍（disorder）”这样一个概念，意指有些人格是如此反常或成问题，以至于给个体的生活带来明显的困扰，尤其是在工作和社会交往中。与适应不良和不良生活结果有关的特定人格特征被称为人格障碍。我们将用整章的内容来描述人格障碍，比如反社会人格和自恋人格。我们相信，通过考察人格问题可以增加对“正常”人格功能的理解。这与医学有相似之处：对正常生理功能的理解通常建立在对异常和疾病的研究之上。我们将从压力、应对和健康的三个主题来讨论调适领域。

VI

18

压力、应对、调适与健康

18

调适领域

人类大部分的历史都在和病菌作斗争，以战胜疾病。由病菌导致的疾病非常多，包括许多流行病。比如，1520 年西班牙征服者带着古巴殖民地的一些奴隶登陆墨西哥，其中一个奴隶得了天花。这样天花迅速蔓延到当地的阿兹特克部落，而当地人对此病没有一点免疫力。很快该部落有一半的人死于天花，包括他们的国王库伊特拉华克（Cuitlahuac）。靠着天花病菌的帮助，西班牙人不费吹灰之力地占领了整个墨西哥。可以想象，这些当地人当时是多么地无助，这种神秘的疾病只会杀死他们，而却伤害不了对它有免疫力的西班牙人。因此阿兹特克人也许认为西班牙人是不可征服的。当西班牙人登陆墨西哥时，当地人口有 2000 万，但在随后不到 100 年的时间里，墨西哥人口跌至 160 万（Diamond, 1999）。

现在，世界正在面临着另一种传染性疾病的威胁：HIV 病毒，它导致了艾滋病。导致艾滋病的病毒存在于体液中，只要带有病毒的体液相互交换，病毒就会由一个人传至另一人。到目前为止，我们还没有找到治愈艾滋病的方法，也没有研制出阻止 HIV 病毒传播的疫苗。这种传染病的迅速蔓延令医学研究者感到吃惊。比如，在一些非洲国家，感染 HIV 的成人的比例非常高。博茨瓦纳有 36% 的人感染 HIV，斯威士兰和津巴布韦各有 25%（Tarantola, Lamptev, & Moodie, 1999）。想象一下生活在每三四个成年人中就有一个人携带 HIV 病毒的国家会是什么样。

当前艾滋病的流行的一个突出特征是：虽然它的病因是病毒，但却是通过特定行为来传播的。比如，不安全的性行为（不用安全套）大大地增加了艾滋病传染的可能性。另一种高危险行为是吸毒者共用静脉注射针头。当医学研究者致力于寻找艾滋病疫苗和治疗方法时，心理学家也在寻求改变人们高危行为的最好方法。

这只是说明行为对理解疾病而言非常重要的一个例子。在先前的几个世纪里，大多数使人类痛苦不堪的疾病都由病菌感染而造成的，包括肺结核、流感、麻风病、小儿麻痹症、黑死病、霍乱、天花、痢疾、麻疹、狂犬病以及白喉。由于现代医学研制出了有效的疫苗，这些先前致死的传染性疾病几乎已经消失了（至少在美国如此）。如今，导致死亡和疾病的原因除了病菌外，还有生活方式，比如吸烟、过度节食、缺乏锻炼和压力过大。换句话说，在我们治愈细菌感染的同时，也不能忽视导致疾病发展的心理因素。

由于意识到心理和行为因素对健康有着重要影响，**健康心理学**（health psychology）应运而生。该领域研究身、心的关系，以及身、心对外部环境挑战（如压力事件、细菌）的应对方式，这些不同的应对方式决定了我们是健康的还是患病的。许多令人感兴趣的心理变量都与稳定的行为模式有关，这些行为模式包括：是否能够很好地应对压力，经常锻炼或从不锻炼，每晚睡 7~8 个小时，适度饮酒，系安全带，把体重控制在理想水平，不吸毒，性生活安全健康以及避免不必要的冒险行为等。研究者发现这些行为与人的寿命相关。事实上，研究者指出，在美国半数以上的早死，也就是在 65 岁前死亡，是由生活方式所导致的（Taylor, 1991）。

人格影响健康的方式有很多种，人格心理学家正在发展新的方法来研究这种关系。当前的研究是以人格与健康的潜在机制的具体结构模型为基础（Smith & Spiro, 2002）。对生命全程的研究显示人格对健康有着毕生的影响，尽管这些影响因所考察的特质（Aldwin, Spiro, Levenson, & Cupertino, 2001），或特定的健康结果而有所不同，如以不自信与情绪压抑为特征的癌症易感人格、以敌对和攻击为特征的冠心病易感人格（Eysenck, 2000）。

本章，我们将把重点放在与人格和个体差异有关的健康心理学部分。该领域的一些主要研究问题是："有些人会比其他人更容易生病吗？" "有些人会更快地痊愈吗？" "有些人会比其他人更能承受压力吗？"了解这些差异的本质和特征是本章的重点。我们将通过讨论人格影响健康的不同方式来开始本章的内容。在健康心理学里，研究者已提供了几个理解人格与疾病关联的模型。

人格—疾病联结的模型

研究者提出了几种模型来考察人格与健康的关系。可以用图解的形式来列出这些模型的主要变量，用箭头描述变量间的因果关系。模型可以有效地指导研究者思考特定变量及其相互关系（Wiebe & Smith，1997）。在大多数模型中，我们都会讨论一个重要变量：压力。**压力**（stress）是指由不可控制或威胁事件所导致的主观感受。压力是在某些情境下对知觉到的需求的一种反应，认识到这一点非常重要。压力并不存在于情境之中，指的是人们如何对特殊情境做出反应。

早期关于人格与健康关系的一个模型被称为**交互作用模型**（interactional model），见图 18.1（a）。该模型指出，客观事件发生后，人格因素通过影响个体的应对能力，决定这些事件的影响力。在此模型中，人格可以影响应对方式，也就是说，人格影响人们如何对事件做出反应。之所以被称为交互作用模型是因为它假

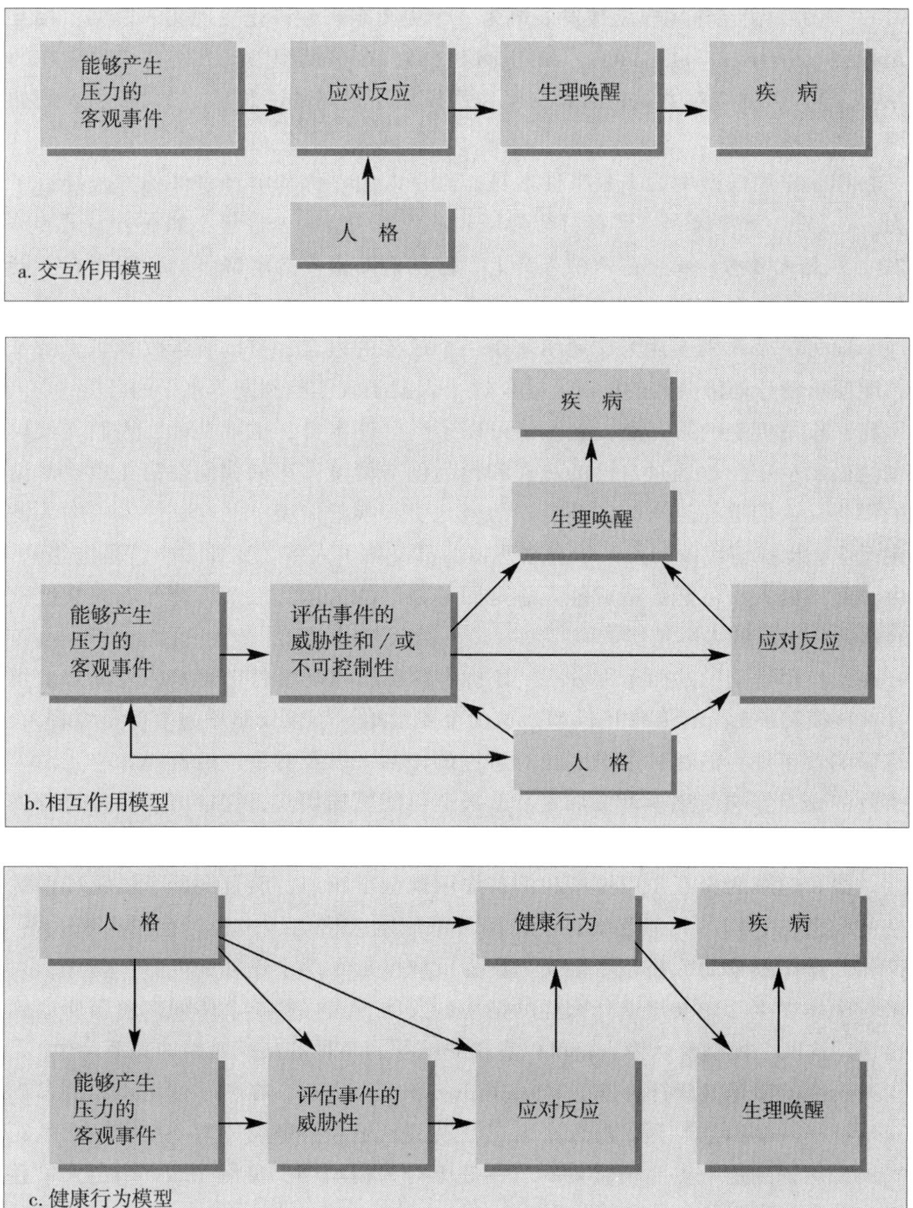

图 18.1
三个模型阐述了人格在压力影响疾病上的调节作用：（a）交互作用模型指出，人格影响人们如何应对；（b）相互作用模型指出，人格影响人们如何应对，以及如何评价和影响情境；（c）健康行为模型指出，人格影响人们如何应对、评价以及影响情境，同时影响人们可能实施的健康行为。

定人格调节（影响）着压力与疾病的关系。换言之，诸如接触病菌或长期面临压力等事件会导致疾病，但是人格因素会使有些人或多或少地易于受到这些事件的打击。人格影响个体如何应对压力事件。例如，如果一个有着强硬的、好胜人格的人感染了感冒病毒，他将不会休息，不会请假，也不会采取一些必要措施来快速治愈自己的感冒。这样他会病得越来越重，也许会由感冒转为肺炎，因为其人格决定了他如何应对病毒感染。个体的应对方式会影响压力事件作用的程度、持续的时间和频率。

尽管交互作用模型在早期的研究中很有用，但健康心理学家很快发现了它的局限性。问题之一在于研究者无法识别稳定的适应或不适应反应（Lazarus，1991）。随后，交互作用模型被发展成为一个更复杂、也许是更现实的模型：**相互作用模型**（transactional model），见图 18.1（b）。在该模型中，人格有三种潜在的作用：（1）影响应对方式，这和交互作用模型所描述的一样；（2）影响人们如何评价和解释事件；（3）影响事件本身。最后两点尤其值得注意。

在相互作用模型中，不是事件本身，而是人们评价和解释事件的方式导致了压力。在第 12 章曾提到，解释对行为是非常重要的。同一件事，如在去面试的路上发生了交通堵塞，发生在两个人身上，但他们对事件的解释不同，因而有不同的体验。一个人会认为交通堵塞是如此令人沮丧，因此有大量担心、压力和焦虑反应；而另一个人则会认为交通堵塞是一个放松的机会，可以听听收音机里的音乐，顺便重新计划待会儿的面试，这样这个人就不会体验到同等水平的压力。

相互作用模型的第三点提到人格可以影响事件本身，也就是说，人们不仅仅对情境做出反应，也通过自己的选择和行为创造情境，正如我们在第 4 章曾讨论过的那样。人们选择进入特定类型的情境之中；唤起情境，尤其是情境中的人的特定反应；操控情境中的人；所有这些方面都反映了人格。比如一个总是抱怨的、高度神经质的人，可能会造成他人总是回避自己的情境；一个坏脾气的人会经常使自己陷入争论的人际情境。

相互作用模型的这两个部分——评价事件和个体对事件的影响，有助于理解为什么该模型被称为相互作用模型。这两个要素暗示不仅仅是压力事件影响着人，人也影响着事件。而这种影响来自对事件的评估，以及对事件的选择和修正。人与事件的相互影响使该模型更加复杂，甚至可能更加切实，它指出了各种过程如何准确地运作。

人格和健康的交互作用模型和相互作用模型很相似，而且同属于该领域内的早期的模型。它们的相似之处在于，两者都假定人格与压力应对存在因果关系。然而相互作用模型对人格是否会唤起压力反应增加了两个额外的内容：首先，人格影响个体在生活中会遭遇什么样的情境；其次，人格影响个体如何解释所遇到的情境。这两个模型都认为人格可以直接影响压力事件和疾病之间的关系。

第三个模型是**健康行为模型**（health behavior model），在相互作用模型的基础上又增加了两个因素。到目前为止这三个模型只是人格影响压力—疾病关系主题的扩展，意识到这一点是很重要的。在健康行为模型中，见图 18.1（c），人格并非直接影响压力与疾病之间的关系。相反，人格通过促进健康或有损健康的行为间接影响着健康。每个人都知道一些危害健康的行为，如吃高脂肪的食物、吸烟、不安全的性生活，会增加患某些特定疾病的风险。健康行为模型指出，人格会影响个体从事各种促进健康或有损健康的行为的程度。健康行为越来越被公认为对人格—健康之间的关系有着重要的贡献（Wiebe & Smith，1997）。比如，外向性会与吸烟倾向有关联（Eysenck，1989），而吸烟自然会带来一些健康问题，包括肺癌、高血压以及心脏病。

第四个关于人格与健康关系的模型是**倾向性模型**（predisposition model）（译者注：predisposition，意思为容易得某种疾病的体质，因此这种倾向性可以理解为先天倾向性，或者将该模型理解为体质性模型），见图 18.2（a）。前三个模型都是同一主题的不同变式，即人格直接影响（交互作用和相互作用模型），或间接影响（健康行为模型）压力和疾病的关系。第四个模型则完全不同，它认为人格和疾病都是潜在倾向性的表现。该模型的概念非常简单，它指出人格和疾病之间的联结是由第三个变量导致的。比如，交感神经系统反应性的提高，可能会导致产生一系列疾病，也会导致一个人特定的行为和情绪，而这恰恰是神经质的表现。也就是说，由于某种倾向性的存在，我们才可以在人格和疾病之间找到联结。尽管倾向性模型还未得到系统研究，但它似乎会引起研究者对疾病的遗传基础的兴趣。它将很好地证明一些遗传倾向既会以稳定的个体差异表现出来，也会表现为对特定疾病的易感性（Bouchard et al.，1990）。比如，有些研究者推测新异寻求（一种与感觉寻求相似的人格特质）可能存在遗传学的原因，该基因序列也会导致个体

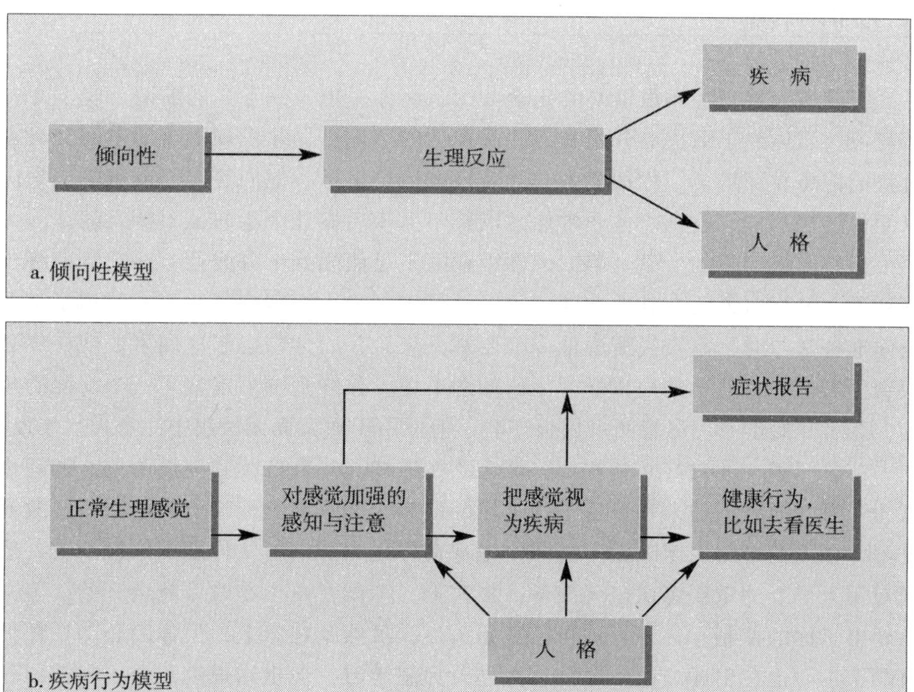

图 18.2
人格和健康关系的另外两个模型：（a）倾向性模型，认为人格和健康通过一个共同的倾向性相联结；（b）疾病行为模型，强调人格如何影响个体寻求医疗关注或报告疾病症状。

更容易吸毒成瘾（Cloninger，1999）。因此，新异寻求的人格特质与毒品成瘾（如可卡因、苯丙胺和海洛因）之间的关系也许在于，这两个变量是由第三个变量——基因所导致的。这个简单的模型对人类基因组工程的进步（见第 7 章）——从绘制基因图谱到理解特定基因的控制作用都是有帮助的。

我们要考虑的最后一个模型被称为**疾病行为模型**（illness behavior model），本质上它不是一个疾病模型，而是疾病行为模型。疾病被界定为表现出一种可客观测量的异常的生理过程，比如发烧、高血压或肿瘤；而疾病行为则是当人们认为自己生病时所采取的行为，比如向他人抱怨自己的症状，去看病，请假在家休息，或者吃药。疾病行为与真实的疾病有联系但并不完全相关。有些人会忍受疾病，以苦为乐，坚持不表现出疾病行为（比如生病时坚持工作）；相反，有些人即便没有生病也会表现出各种疾病行为。

图 18.2（b）描述了疾病行为模型。它指出人格会影响个体知觉和关注自己身体感觉的程度，以及将这些感觉解释为疾病的程度。个体对感觉的知觉及解释会影响其疾病行为，比如报告症状和去看病。正如第 13 章所讨论的，神经质的人格特质与抱怨生理症状的倾向相关。生理症状的自我报告和疾病行为可能会受到其他因素的影响，而非真实疾病。然而，对症状的报告和采取的行为则取决于个体如何知觉和理解身体的感觉。

大部分的人格和疾病联结的模型都包含了一个重要的变量：压力。压力是一种重要的但却经常被误解的现象。

压力的概念

假设马上将有一场很重要的化学考试，而你一直等到考试的前两个晚上才开始复习。当你终于下决心开始复习并寻找你的笔记时，才发现上个周末回父母家时将笔记忘在那里了。你很慌张，然后打电话给父母。他们答应连夜将笔记寄出以便你能在第二天收到。你非常焦虑以至于上床后好几个小时也不能入睡，因为你很担心即将到来的考试。第二天你因睡眠不足而感到十分疲惫。课堂笔记终于寄到了，但你白天还有其他的课，所以只好等到晚上回宿舍再复习。而到了晚上当你准备学习时，室友提醒说他今晚要举办聚会，而你却忘了这回事。现在你必须到别的你不太熟悉的地方学习，比如图书馆。你冲到图书馆找了一个安静的角落，然后开始学习。尽管图书馆很安静，但你由于太累而无法集中注意力。午夜，图书馆关门了，你只好回到住处。聚会还在继续，一直持续到凌晨两点。期间你试图学习，但周围的人和音乐干扰了你。最后，你感到已经超负荷了，只好放弃复习并在人们走后上床睡觉。但即便是现在你也无法入睡。你感到焦虑不安，感到对明天早上的重要考试毫无准备。事实上，考试在几个小时后就会开始。事情已超出了你的控制。你注意到自己开始头疼，虽然躺在床上，但你的心却在怦怦直跳，手心也在出汗。你不知该怎么办。你想学习，但也知道睡几个小时会比较好。但你好像两样都做不到。

这就是压力，它是一种被看似无法控制的事件击溃的感觉。产生压力的事件被称为**压力源**（stressor），它们表现出几个共同特征：

1. 就某种意义而言，压力源是极端的，它们能产生一种让人无法承受的被击溃或超负荷的感觉。
2. 压力源经常产生对立的倾向，比如想要的同时又不想要一个活动或事物——想学习但又想尽可能拖延。
3. 压力源是无法控制的，也是我们无法影响的，比如我们不能逃避考试。

考试复习是否有压力主要取决于是情境控制你还是你控制情境。当事件无法控制和存在威胁时，压力就产生了。按时做作业，计划好每一天，及时准备，可以减轻学习压力。

压力反应

当一个压力源出现时，人们通常会体验到一种情绪和生理反应模式。例如，当你走在一辆汽车前面，有人按喇叭时会吓你一跳。你经历了惊吓，心跳会加快，血压会上升，手掌脚掌开始冒汗。这种反应模式通常被称为反抗—逃跑反应，是受交感神经系统活动性的增强所控制（更多神经系统反应的细节见第 6 章）。心跳加快和血压升高使个体产生反抗行动或是逃跑反应。手脚出汗也是一种拿起武器或逃跑的准备。这种生理反应通常比较短暂，而且，如果压力源是像有人按喇叭吓你一跳这类小事，你也许不到一分钟就能恢复原态。

然而，如果一个人每天都处在一个特定的压力源之下，那么在塞里（Selye，1976）这位压力研究的先驱者眼里，反抗—逃跑的生理反应就是**一般适应性综合征**（general adaptation syndrome，GAS）事件链的第一步。塞里提出，GAS 遵循一系列阶段，如图 18.3 所示。第一阶段被称为**警戒期**（alarm stage），由交感神经系统的反抗—逃跑反应和与之相伴的外周神经系统反应组成。这些反应包括身体为迎接挑战而释放的荷尔蒙。如果压力源继续存在，就会进入下一个阶段**抗拒期**（resistance stage）。即便反抗—逃跑反应已经平息，身体的消耗也会超出正常水平。在这一阶段，虽然抵抗了压力，但却消耗了大量的力气和精力。如果压力源仍然继续，就会最终进入到第三阶段**衰竭期**（exhaustion stage）。塞里认为这是个体最

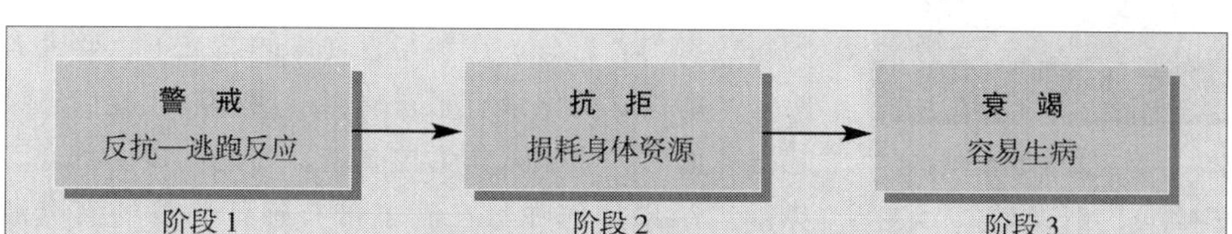

图 18.3
塞里提出的一般适应性综合征的三个阶段

容易生病的阶段，因为他（她）的生理资源已经被耗尽了。

主要生活事件

什么事件是唤起多数人压力感的常见压力源呢？霍尔姆斯和拉赫（Holmes & Rahe，1967）研究了各种**主要生活事件**（major life events），即需要人们去适应的生活事件。在他们的研究中，霍尔姆斯和拉赫期望评估大范围内的各种生活事件的潜在压力值。他们首先列出一长串的事件，如家庭成员的死亡、失业或者是坐牢。然后让大量被试评定每个事件会产生多大压力。每一事件都会有压力“值”，统计个体所经历的事件，将所有事件的压力值相加，就可以很好地估计出个体体验到的压力的数值。

表 18.1 展示的是以霍尔姆斯和拉赫的研究为基础的压力事件调查表的学生版。按照教学的意图，它被修订成了大学生版，是压力水平和健康状况的粗略指标。在这个调查表里，事件后的数字指的是与该事件有关的压力“值”。你可以看到，亲密家庭成员死亡、好友死亡、父母离异是能引起最大压力的事件。有趣的是，一些“积极”的事件，如结婚、上大学或者是取得一些学业成就也可能会导致压力。这凸显了这样一个事实：压力是对事件的主观反应。即使事件是积极的，它也会带有与压力源相联的三个特征：强度、冲突和不可控性。

如果你完成了表 18.1 的学生压力测验后，发现压力值超过了某一高度，那么你就需要去做以下几件事：首先，监测早期的压力迹象，比如反复的胃疼或头疼；其次，避免消极思想、悲观主义或灾难化情绪；再次，通过营养饮食、保持充足睡眠和锻炼来强身健体；另外，定期进行放松练习；最后，当你需要时向朋友和亲属寻求支持。

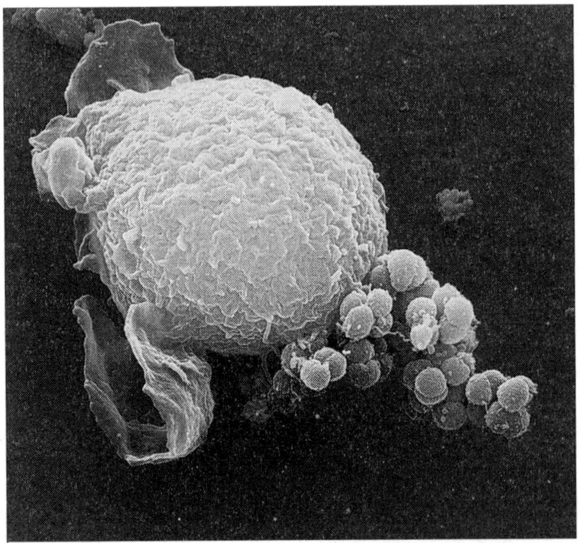

巨噬白细胞正在吞噬一群淋球菌——导致淋病传播的细菌。大型的巨噬白细胞通常包围并破坏细菌，履行它们在人类免疫系统中的防御职责。

在最初的研究中，霍尔姆斯和拉赫计算了每一个被试在前一年里累积的压力值。他们发现，压力值最高的被试最有可能在这年得重病。该研究是最早地系统地演示压力增加（心理现象）会导致某些疾病风险提升的研究之一。这些发现改变了医学研究者认为除了细菌和器官障碍之外，其他因素都不会引起疾病的观点。

其他研究者做了更多实验来研究压力是否与疾病的易感性有关。比如，有研究者（Cohen，Tyrrell，& Smith，1997）获得了一组志愿者报告的生活压力事件，并按照霍尔姆斯和拉赫的各种事件压力值的标准为每位参与者打分。在参与者允许的前提下，研究者给一半的被试提供带有感冒病毒的滴鼻液让他们感染感冒；而另一半被试作为控制组，为他们提供普通滴鼻液。结果如何呢？在滴了带有感冒病毒的滴鼻液后，那些在前一年遭遇过更多消极生活事件，有着更

表18.1　学生压力测验

指导语：在下表中，找出过去一年内发生在你身上的每一件事。把在过去一年内所经历事件的相应分数相加就是你的压力分数。如果你的分数达到 300 或更高，就有因压力而生病的风险；如果分数在 150~300 之间，而且接下来几年里压力继续存在，那么你就有 50%的患病可能；如果分数低于 150，相对而言你因压力而导致严重的健康变化的风险就会较低（DeMeuse，1985；Insel & Roth，1985）。

学生压力调查表

事件		分数
1. 亲密家庭成员的死亡	____	100
2. 好友的死亡	____	73
3. 父母离异	____	65
4. 坐牢	____	63
5. 较严重的个人伤害或患病	____	63
6. 结婚	____	58
7. 失业	____	50
8. 重要课程考试失败	____	47
9. 家庭成员的健康问题	____	45
10. 怀孕	____	45
11. 与性有关的问题	____	44
12. 与好友发生严重争执	____	40
13. 经济状况的改变	____	39
14. 大学专业的改变	____	39
15. 与父母有矛盾	____	39
16. 结交新女友或新男友	____	38
17. 工作负担加重	____	37
18. 个人取得显著成就	____	36
19. 进入大学的第一季度/学期	____	35
20. 生活条件改变	____	31
21. 与老师发生严重争执	____	30
22. 比预期的分数低	____	29
23. 睡眠习惯的改变	____	29
24. 社会活动的改变	____	29
25. 饮食习惯的改变	____	28
26. 连续的汽车故障	____	26
27. 生活在一起的家人数量的变化	____	26
28. 缺课太多	____	25
29. 转学	____	24
30. 不止一门课成绩下降	____	23
31. 轻微的交通违规行为	____	20
总计	____	

资料来源：摘自 T. H. Holmes 和 R. H. Rahe，*Journal of Psychosomatic Research*，1967，Vol.11，p. 213-217. Elsevier 授权。

多生活压力的被试，要比在生活中有着较少压力源的被试更容易感染感冒病毒，即后者对感冒病毒的抵抗力更强。研究者认为这一发现符合一般适应综合征：持续的压力最终会使人耗尽身体资源，而变得易被细菌感染。

压力增加与对病毒和细菌感染的抵抗降低之间的关系已经被反复证明（如，Cohen et al.，1995）。目前，大多数研究者将这些发现作为压力对免疫系统影响的例证。也就是说，压力可以降低免疫系统对现存细菌有效反应的能力，从而导致免疫能力下降，进而导致疾病（Marsland et al.，2001；Miller & Cohen，2001）。

日常琐事

尽管对主要生活事件的研究结果十分有趣，但压力研究者还在继续探讨新的问题。一条新的研究路线始于对并不经常发生的主要生活事件的观察。在大多数人的生活中，压力的主要来源似乎是**日常琐事**（daily hassles）（Delongis，Folkman，& Lazarus，1988；Lazarus，1991）。只有那些琐碎的日常事务才是无休无止的。比如总是有太多的事要做，购物时要和一大群人挤来挤去，经常遇到严重的交通堵塞，总是要排队，上班时老板太挑剔，不得不担心钱的问题等。尽管这些日常琐事并没有引起由主要生活事件唤起的一般适应综合征，但总是会让人心烦不安。日常琐事的研究结果表明，与主要生活事件相似，生活中有太多小压力的人也会出现更多的身体和心理症状。表 18.2 列出了最普遍的 10 件日常琐事。

压力的种类

压力是对知觉到的需求和压力源的一种生理和心理反应。在压力反应中，人们调动身体和情绪资源以适应需求和压力源。太频繁、太极端或太长的压力反应会消耗大量甚至耗尽个体的生理、社会和心理资源。强压力源也会导致痛苦的情绪。我们的身体会以不同的方式来表达这些痛苦，通常包括急躁、愤怒、焦虑、消沉、疲劳、紧张头疼、胃疼、高血压、偏头痛、溃疡、大肠炎。最终，压力会导致更严重的疾病，比如癌症、糖尿病或甲状腺功能失调。

表18.2　10 件最常见的日常琐事

琐　事	百分比 *
关心体重	52%
家庭成员的健康	48
物价上涨	43
家用开支	43
太多事要做	39
放错地方或丢失东西	38
整理花园或户外维护	38
财产、投资或税收	37
犯　罪	37
外　形	36

* 超过 9 个月的时间内，这些百分比代表人们指出该琐事是一个重要的压力来源的平均百分比。

资料来源：摘自 Kanner et al.，1981，p. 14。

心理学家区分出四种压力：

- **急性压力**（acute stress）是与大多数人都有联系的一种压力。急性压力是突发需求导致的结果，会使人体验到紧张性头疼、情绪低落、肠胃消化不良、激动不安和压力。在 2001 年 9 月 11 日，许多人都经历了急性压力。即便对没有直接卷入这一可怕事件的人来说，由于感知到事件的不可控，许多人也产生了压力感（Peterson & Seligman，2003）。
- **情境性急性压力**（episodic acute stress）更加严重，它指的是反复的情境导致的急性压力，比如紧张的周末工作或者每月不得不面临的最后期限。情境性急性压力会导致偏头痛、高血压、中风、焦虑、消沉或严重的肠胃不适。
- **创伤性压力**（traumatic stress）指的是急性压力的一种极其严重的情况，其影响能持续许多年甚至是一生（Bunce，Larsen，& Peterson，1995）。创伤性压力和急性压力的主要区别在于，伴随压力反应的症状不同。这些症状的集合被称为**创伤后压力障碍**（posttraumatic stress disorder，PTSD，也译为“创伤后应激障碍”），是个体在经历或目击了威胁性事件，如战争、自然灾害、恐怖事件、重大意外或强奸之类的暴力攻击后出现的症状。9·11 恐怖主义事件后，许多美国人都体验了创伤后压力障碍。最近一项对科索沃难民的研究发现，60%的人都表现出了创伤后压力障碍症状（Ai，Peterson，Ubelhor，2002）。遭遇创伤后压力障碍的人经常会通过噩梦或强烈的闪回重现当时的经过，他们难以入睡、身体不适、情绪低落、感到他人疏远自己。如果这些症状足够严重，持续时间足够长，就会危害个体的日常生活，比如难以与人相处或无法胜任工作。
- **慢性压力**（chronic stress）是另外一种严重的压力形式。它指的是无休止的压力。每天，慢性压力都折磨着我们，直到我们再也无法坚持。许多严重的系统疾病，如糖尿病、免疫系统功能下降或心血管疾病，都是由慢性压力造成的。

健康心理学家相信压力具有**加法效应**（additive effects）。也就是说，随着时间的流逝，压力会在个体身上叠加或积聚。压力对每个人的影响不同，我们每个人对需求和压力的知觉、应对压力的资源或技能也不同。这些压力过程中的个体差异就成了研究人格和健康的心理学家关注的核心问题。

2001 年 9 月 11 日，许多在纽约世贸中心或附近的人都经历了创伤性压力。后来他们中的许多人出现了创伤后压力障碍。

初级评估与次级评估

每个人对压力源的反应方式不同。两个人经历相同的事件，其中一个人被击垮或完全崩溃，而另一个人却把这件事当做一种挑战并采取积极行动。人们对相同事件的反应不同也许是因为压力在环境“之外”。压力是个体对潜在压力源的主观反应

(Lazarus & Folkman, 1984)。这一点值得强调，因为许多人认为事件本身就是压力，就好似压力是事件的一个特征。但是，压力实际上是对事件的反应。比如，两个人都在主修有机化学课，他们参加了相同的考试，并且都没有及格。其中一个人会因不及格产生很大压力，而另一个却不在意，完全没有因失败而感到压力。同样的事件发生在两个人身上，为何一个人有压力反应而另一个人却没有呢？

按照心理学家拉扎罗斯（Richard Lazarus, 1991）的观点，要唤起个体的压力感，必须要经过两个认知过程。第一个认知过程被称为**初级评估**（primary appraisal），是指个体将事件理解为会威胁到其个人目标的事件。第二个认知过程是**次级评估**（secondary appraisal），指个体得出他（她）没有资源去应对该威胁事件的结论。如果缺少这两种评估中的任何一个，即如果个体不认为事件有威胁性，或者如果个体认为他（她）有足够的资源去应对威胁，那么就不会产生压力。比如，如果有一个事件（如即将到来的考试）被理解为对个体目标的威胁，而个体感到自己有足够的资源应对它（比如，这个人一直在努力学习或者已经为考试做好了准备），他（她）就会把考试当做挑战而不是压力。或者，这个人会感到他（她）没有足够的资源应对这件事（次级评估），但认为这件事对他（她）的长远目标并不重要（初级评估），那么也不会产生压力反应。

是什么导致某些个体持续避免压力反应呢？人们用来克服压力和与之相伴的焦虑、挫败感的策略是什么呢？接下来我们将考察几种有助于对抗压力的人格变量。

应对策略和风格

每个人的生活中都会有不愉快的事情发生。在日常生活中，我们都会产生暂时的挫败、失落和沮丧。然而，有些人似乎能更好地应对压力事件，或将那些事件看做挑战而不是压力源。我们所研究的一个与压力有关的人格变量就是在第12章提到的归因风格。

归因风格

归因风格是指以一种倾向性的方式来解释坏事件的原因。考察归因风格的一种方法是提出以下问题：“当事情出错时，你通常应责备谁？”请再回忆一下，归因的三个重要维度是外部与内部、不稳定与稳定、特殊与一般。我们可以用不同的方法来评估人们的典型归因风格。回忆第12章由心理学家皮特森及其同事(Peterson et al., 1982）提出的归因风格问卷（ASQ）。然而，还有一种很有用的归因风格评分方法，即分析人们口述或写出的解释。人们经常会自然而然地在每天的交谈或记录中对事件做出解释。我们可以在他们的言辞中找到这些解释，并从内在性、稳定性以及一般性上评价这些解释。这也是由皮特森及其同事提出的另一种测量归因风格的方法（Peterson et al., 1992），他们称之为言语解释内容分析法（Content Analysis of Verbatim Explanations, CAVE）。

练习

从报纸或杂志上找一篇关于某人解释某事件的故事：可以是对近期股市轻微下跌的解释或是为什么本地球队会输掉比赛的解释。仔细阅读，从解释风格的三个维度进行分析：内在—外在、稳定—不稳定、一般—特殊。根据此人如何对事件的责任进行归因，得出其归因风格。

言语解释内容分析法有助于研究者考察那些不能或不愿参加研究的人，只要提供这些人的公开的解释资料（Peterson，Seligman，& Vaillant，1988）。比如总统讲话，尤其是对美国全民的讲话，经常包含了对许多事件的解释；接受采访的明星也会对其生活中的一些事件做出解释。心理治疗的录音带也可以采用言语解释内容分析法，因为它们通常包含了个体对发生在其身上的事情的归因。同样，歌词、儿童故事、对体育活动的描述，以及一些神秘文章和宗教文章都包含了对事件的解释，我们可以从内在性、稳定性和一般性上对它们进行评估。

皮特森对归因风格进行了大量的研究。现在他更倾向于用乐观主义一词来谈论归因的个体差异（Peterson，2000）。那些把坏事归因于稳定的、一般的和内在的因素的人被视为悲观主义者；而那些把坏事归因于不稳定的、特殊的和外在的因素的人则被视为乐观主义者。乐观主义/悲观主义被看成是区分不同个体的一个类似特质的维度。乐观主义者认为生活事件是不稳定和具体的，他们所做的事确实能够影响生活的结果。相反，悲观主义者认为当出现不好的事情时，他们无能为力，坏事情有稳定的原因，反过来它也会对生活的各个方面产生负面影响（例如，他们过分夸大某事）。因此，悲观主义者认为他们的行为和生活结果之间没有

2001 年 9·11 事件之后，当时的纽约市长朱利安尼（Rudolph Giuliani）表现了一种政府的应对风格，把这些事件归因于外在的、暂时的和特殊的因素。

阅读

积极情绪在应对压力中的作用

关于人格和健康的研究主要集中在消极情绪，以及它们如何导致压力和疾病上。然而，近年来，一些研究者开始对积极情绪、积极评价以及它们如何产生保护作用感兴趣（综述见 Tedeschi, Park, & Calhoun, 1998）。一般认为，积极情绪和积极评价会降低压力对健康的影响（Lyubomisky, 2001）。

几十年前，研究者（Lazarus, Kanner, & Folkman, 1980）就推测，积极情绪在压力产生过程中发挥着三个重要作用：（1）维持应对的努力；（2）缓解压力；（3）给人们时间和机会恢复耗尽的资源，包括社会关系的重建。然而，在将近20年的时间里，健康心理学领域都没有人真正重视这些观点。

近来，心理学家弗雷德里克森（Barbara Fredrickson）引领了关于积极情绪对压力和疾病影响的研究。她提出了积极情绪的“扩建理论”，指出积极情绪拓宽了注意、认知和行为的范畴。让人们认识到在压力情况下他们能有更多的选择；考虑其他可选择的方法并尝试用不同的方法来应对压力。在她的模型中，“建设”部分提出积极情绪能帮助人们增加能量的储备和构筑社会资源，特别是积极情绪帮助人们建立一个社会支持网络。她提出积极情绪在促进适应性应对和调节压力方面很重要（Fredrickson, 1998, 2000）。在一项实验研究中，研究者（Fredrickson & Levenson, 1998）发现积极情绪能帮助人们更容易地从急性压力期中恢复过来。具体来说，研究者考察了人们在处理焦虑和威胁时的心血管反应，他们发现在压力情境下有积极情绪的参与者的心跳速度和血压恢复要比那些没有积极情绪的参与者快。

心理学家弗克曼等（Susan Folkman & Judith Moskowitz, 2000）在弗雷德里克森观点的基础上提出，有几种重要机制决定着人们在严重的压力状态下是否会体验到积极情绪。他们举出了一些积极应对机制的例子，这些例子来自于他们对伴侣死于艾滋病的男同性恋看护者的研究。看护慢性疾病患者，如艾滋病或阿兹海默症患者，会让看护者产生极大的压力，使看护者因压力和紧张而损害健康。通过对这些看护者的研究，弗克曼等识别了三种能够在压力下产生积极情绪的应对机制，这与减轻消极情绪的主要应对策略是对立的。

第一种积极情绪应对策略是**积极再评价**（positive reappraisal），即关注正在发生或已经发生的事情的好的一面。这种积极应对策略包括看到个人成长的机遇和个人的努力如何有益于他人。通过改变对正在发生的事情的解释，人们实际上改变了对逆境的认识，给自己以力量。弗克曼等对艾滋病病人看护者的研究发现，那些能够对情况进行积极再评价（例如：“我会从这个挑战中变成一个更强更棒的人”）的看护者在看护病人的过程中和伴侣死后都表现出了更好的调节能力（Moskowitz et al., 1996）。

弗克曼等提醒说，并非所有的积极再评价都是适用的。例如，如果一个人没有达到目标，然后贬低该目标，就不会产生积极情绪。例如，假设你想去哈佛法学院读书，

关系。

关于乐观主义有几种不同的界定，它们的差异在于内在建构上的不同（Peterson & Chang, 2003）。例如，皮特森及其同事使用的乐观主义建构（例如，Peterson & Steen, 2002）是指，将坏事归因于不稳定、特殊和外在原因的解释风格。然而，其他的研究者提出了略有不同的解释（Carver & Scheier, 1985, 2000）。他们强调**气质型乐观主义**（dispositional optimism），即期望未来充满好事而少有坏事。例如，乐观主义者更倾向于认为自己会在大部分生活领域有所成就。因此，该定

但是申请被拒。你可能会评价说“哈佛法学院其实并不是那么好”。通过弱化目标的重要性，你可能不再感到消沉，但是这也并不能产生快乐情绪或弗克曼等谈到的其他积极情绪。

弗克曼等人（Folkman et al., 1997）确定的第二种积极应对策略是**问题中心应对**（problem-focused coping），即运用思想和行为来管理或解决引发压力的内在原因。这种策略通常在人们对事情的结果有一定掌控力的情况下非常有效。但是，弗克曼和莫斯科维茨也指出了当事情从表面上看起来似乎不可控时，如何有效使用这一策略。在对艾滋病病人看护者的研究中，很多看护者照料的是濒死的伴侣，即无法阻止、无法逆转、甚至是不能延缓的情境。然而，即使是在这样一些看似不可控的情况下，一些看护者还是可以关注于他们所能控制的事情。例如，列出一些要做的小事的清单，如取药方、喂药和为伴侣更换床上用品。按照这些清单，划掉已完成的项目，这让看护者有机会感到自己是有用的，感到自己能在其他方面掌控这种不可控的目标。很多被试报告说，完成事情，即便是很小的事情也会带来积极的情绪体验；令他们感到精力充沛，专注于这些问题定向的行为之中。另外，在完成这些事情后，他们体验到了来自伴侣和其他人的感激之情。简言之，专注于解决问题，即使是很小的问题，也能带给人一种积极的控制感，即使是在压力最大和最难控制的情况下也会如此。

第三种积极应对策略叫**创造积极事件**（creating positive events），也就是创造逃离压力的休息时间。这可以通过许多方式来完成。把通常要做的事暂停下来，想些积极的事情。比如曾得到的称赞，美好有趣的回忆或日落。这些休息时间能让人从长期的压力中得到暂时的缓解。很多艾滋病病人的看护者都会花时间来回忆积极的事情或者是计划些积极的事情，比如带伴侣去兜风。有些人尝试通过为普通事件注入积极意义来创造一些积极的事情，试图在非常压抑的情况下捕捉片刻的快乐。有些人报告说可以通过幽默来获取积极的放松。长久以来，幽默都被认为是缓解紧张的途径，并对心理和身体健康有益（Menninger, 1963）。弗克曼和莫斯科维茨注意到，即使是处于压力最大的黑暗时期，幽默也会带来积极的情绪。通过这种方式，幽默和积极情绪能够暂时缓解压力，甚至帮助个体建立和巩固社会联结。

这种对积极情绪及其对健康和疾病作用的关注是崭新的，该领域的研究尚处于初级阶段。很多早期的发现非常令人感兴趣，不过也为研究带来了新的问题。例如，不同的积极情绪，如兴奋、快乐和满足，是否会在压力过程中发挥不同的作用呢？在处理某种特定压力时，积极情绪是否是最有效的？例如，积极情绪是对长期慢性压力更有效，还是对短期急性压力更有效？最后，人格研究者特别感兴趣的问题是在应对压力的时候人们产生积极情绪的能力的不同（Affleck & Tennen, 1996）。例如，在应对压力的不同阶段，哪些人会制造幽默？能够教授人们采用不同的利用积极情绪的策略去应对压力吗？具体的人格特征，比如外向和乐观，是否与积极情绪的应对风格有关？这些重要问题为人格研究者指明了未来研究的方向：他们将采取必要的研究来弄清为什么拥有一定积极性的人能从灾难、困苦以及不幸中生存下来。

义强调的不是归因风格，而是对未来的期望。

另一个与乐观主义相关的概念是**自我效能感**（self-efficacy），由班杜拉（Bandura, 1986）提出。自我效能感是指对自己能采取必要行动来达到预期结果的信念，亦指认为自己有能力通过努力去获得特定成果的信心。例如，有些人有能够攀登珠穆朗玛峰的信念和信心——这种主观感觉，即对采取必要行为去攀登山峰的积极预期，就叫做自我效能感。

最后，第四个与乐观主义相关的概念是风险感知。想象一下，要你评估各种事件发生在你身上的可能性，用0到100之间的数字表示其可能性：0表示“永远都不会发生在我身上”；100表示“肯定会发生在我身上”。你需要评估的事件包括：死于飞机失事，被诊断为癌症，得心脏病，被雷电击中等。乐观主义者认为这些消极事件发生在他们身上的几率低于普通人的平均水平。然而，真正有趣的是大部分人都普遍低估自己可能面临的危险，比真正的平均水平还要低。这就是**乐观主义偏差**（optimistic bias），它通常会让人们忽视或最小化生活中的危险或让他们冒更大的风险。然而，对与日常生活相关的危险，人们的看法非常地不同。相对于乐观主义者，悲观主义者更高地估计了风险。

练习

有很多种方式可以将健康概念化，并对其进行定义。例如，测量健康的最好方式是询问个体的感觉还是个体去看医生的次数？还是说测量个体感染了多少病菌，评估其免疫系统功能会更好？抑或是仅仅看一个人活了多久？尽管有很多考察健康的方法，但这些方法并不都互相关联。例如，女性比男性更频繁地去看医生，我们能说男性更健康吗？另一方面，女性通常比男性寿命更长，我们能说女性更健康吗？很显然，一个人如何解释研究的结果取决于每个研究中的健康定义。

很多人格和健康的研究把健康视做不生病或人们寿命的长短。心理学家关注他们的参与者是否生病，或者是否会在一定的年限后死去。当谈到人格与健康时，认为健康就是不生病的看法只是健康的一角而已。另外健康可能与生活质量有关。是否生活得好，一个人会活多久，或者是否会生病都不是衡量身体健康的良好指标。身体健康超越了普通意义上的健康含义。它指的是充满活力，参与各种事务和活动的生活，有满意的事业，有一群可靠的朋友以及良好的家庭关系。将来，心理学家对人格和健康的兴趣将开始关注哪些人格变量不仅可以提高身体健康，还会让人生活得更好，过高质量的生活，即远离疾病且快乐、满意、专注和有意义的生活。如果是这样，那么对于到底什么是衡量健康最好的方法尚无定论，因此我们应该注明使用了何种方法来测量健康，限定研究的结果。

然而，在健康研究中确实有一些可取的方面。这类研究必须是纵向的，也就是说应该持续一段时间。另外，这段时间必须足够长，在此期间健康可以发生变化。在研究开始时，应该测量健康。在研究结束时，要进行同样的测量。这使研究者可以研究健康的变化：经过这段时间，谁病了、谁更健康了。通过此类研究，研究者可以考察特定心理变量，如乐观，是否与疾病的发生有关。

乐观主义与身体健康

许多理论家使用不同的乐观概念研究了乐观的个体差异与身体健康、幸福的关系。皮特森及其同事详细回顾了乐观与健康关系的研究（Peterson & Seligman，1987；Peterson & Bossio，1991）。他们总结到，乐观通常可以预测通过自我报告、医生对被试健康状况的评定、看医生的次数、心脏病发作后存活的时间、免疫系统的功能、乳癌手术后的复原情况，以及寿命来测定的健康状况（Carver et al.，1993；Scheier & Carver，1992；Scheier et al.，1999）。而且，乐观还与一系列积极的健康行为有关，如定期锻炼、不吃脂肪含量高的食物、有节制的饮酒或根本不饮酒，以及对感冒采取适当的应对措施（例如，休息和吃流质食物）等。

在大量的人格研究中，乐观与健康或健康行为的相关通常在.20 和.30 之间。另外，因为都是相关研究，所以我们无法真正获知健康—乐观关系的因果机制。例如，乐观可能和下列变量相关：患病可能性更低，病情恶化缓慢，康复速度快以及旧病复发的可能性降低。

让我们来看看皮特森及其同事对乐观与健康关系所做的一项深入研究（Peterson et al.，1998）。此项研究在 50 年的时间里调查了 1000 多个个体。研究者发现更悲观的被试要比更乐观的被试去世得更早。在一个较小的样本的研究中（我们曾在第 12 章提及）也得到了类似的发现。由于皮特森及其同事（1998）的研究样本较大，研究者可以通过不同的死因来观察乐观主义者和悲观主义者的最大区别。他们认为最大的区别在于癌症和心脏病造成的死亡，并推测悲观主义者更容易患上这些致命的疾病。然而，事实并非如此。研究者发现，在死因方面，乐观主义者和悲观主义者的真正不同在于意外事故死亡和暴力导致死亡的概率。悲观主义者中有更多意外死亡和暴力导致的死亡，导致他们通常比乐观主义者的平均寿命短。这一效应在男性样本中尤为明显。

悲观主义者，尤其是男性悲观主义者似乎习惯在错误的时间出现在错误的地点。该研究并没有真正告诉我们被试遭遇不测或暴力事件时具体在做什么。然而，似乎他们都处在一个错误情境中。而且悲观主义者，特别是男性悲观主义者，似乎频繁地选择了错误的情况。皮特森等曾提到过一桩轶事：一个人说“我在两个地方摔伤了鼻子”；另一个人回答说，“如果我是你就不会待在这两个地方”。悲观主义者似乎会更频繁地出现在一些错误的场合。

最近，上述结论得到了验证，悲观的归因风格与事故频发性相关（Peterson et al.，2001）。悲观主义与更大的灾祸可能性联系，可能是因为悲观者偏好潜在的危险情境和活动；也许，悲观者更喜欢选择令人兴奋但危险的情境和活动来逃避其悲伤情绪。

由于乐观明显地有益于健康，心理学家塞利格曼和他的同事尝试研发治疗方案以期提高人们的乐观程度（Seligman & Peterson，2002；2003）。特别是，塞利格曼将“预防悲观”的方案引入到小学的课堂活动当中。详细介绍可以在塞利格曼等（2003）以及塞利格曼博士在宾夕法尼亚大学的网站 http://www.psych.upenn.edu/seligman 上找到。该方案以乐观主义的原则为基础，教授了认知和解决社会问题

阅读

乐观是怎样促进健康的？

有可能通过学习变得乐观，从而避免那些与悲观相关的健康风险吗？一旦克服了悲观的行为，如抽烟，健康会不会迅速回复到正常水平？心理学家塞利格曼（Martin Seligman）及其同事实施了一个教授小学生怎样保持乐观的方案。根据他们对该方案的评价（Gillham et al.，1995），结果看起来较为合理。在研究中，那些被教会更加乐观的学生比那些没有接受乐观训练的学生更少出现抑郁。这些参与者都很小，因此，还要继续观察对被试将来的影响。看看那些接受乐观训练的孩子们长大后的状况将非常有趣。他们是否比那些没有接受乐观训练的孩子更加健康呢？

如果心理学家确切地知道了乐观是如何促进健康的，那么他们就可以传授具体的技能了。他们提出了一些联结乐观与健康的可能机制。不要把这些机制看成对立的假设，而是认为其中两种或多种机制在促进乐观者健康的过程中发挥重要作用。

一种机制是通过免疫系统起作用。塞利格曼及其同事的研究（Kamen-Siegel，Rodin，Seligman，& Dwyer，1991）表明，与悲观者的免疫系统相比，乐观者的免疫系统能更好地做出反应，更有力地应对挑战。其他研究者考察了乐观与艾滋病毒恶化的关系。尽管结果很复杂，但有文章指出，乐观者出现艾滋病症状后能活更长时间，这可能是因为乐观者有更强的免疫功能（Peterson & Bossio，2001）。

另一种乐观与良好健康相关的机制是情绪机制。关于乐观主义者如何对抗抑郁，已有大量文献进行了探讨。还有研究把抑郁与患病机率的增加以及糟糕的健康状况联系了起来。有可能乐观与健康有着间接联系，因为乐观保护个体免于抑郁，从而削弱这些不良情绪对健康的影响。

另一种联结机制是认知过程。乐观可能与大量关于自己和世界的信念相关，这些信念会在某种程度上促进健康或健康行为。例如，研究者（Peterson & de Avila，1995）表示，乐观和个体的信念有关，信念会维持和促进个体良好的健康状况，降低健康风险。也有研究表明乐观者与悲观者相比，乐观者看到的麻烦更少，因此压力也会更小。

还有一个途径是增进社会联系这一机制。悲观者更孤独，社会孤独是身体不好（Cobb，1976）、一般性忧伤和对生活不满意的稳定预测源（Diener，1996）。在事情开始变糟的时候，朋友和家人能提供最早的反馈。例如，朋友可能会说“你今天看起来很紧张”或者室友可能会说“你最近看起来很疲惫，没事吧？”如果悲观者喜欢孤立，避开社会接触，那么他们收到的这种社会反馈就少，因此就不会接收到这种有利于他们健康状况的信息来源。

最后也是最明显的方式是直接的行为机制。乐观会引发一些对健康有益的行动。例如，乐观者会采取更高水平的问题中心应对方式和低水平的回避应对方式，如忽视问题的存在（Scheier，Weintraub，& Carver，1986）。这样乐观和健康如何相关的答案就变得很简单：乐观者采取了不同的行动，比悲观者更关心自己的健康；或说是乐观者更擅长应对压力，比悲观者的压力体验要少。行为仅仅是多做有益的事（比如充足的睡眠和运动），少做无益的事（如喝酒、不安全性交），这可能是乐观和健康之间最关键的联结。

如你所见，乐观和健康之间的关系非常复杂。由于关于该主题的大部分研究都是相关研究，心理学家还无法明确指出哪个因素导致了这一相关。然而，心理学家推测了关系背后的因素。将来的研究会帮助我们确定乐观主义人格中的哪个成分能使人们更健康、更长寿。

的技巧。此方案能有效地预防少数家庭收入较低的中学生（Cardemil，Reivich，& Seligman，2002）和中国大陆成年人（Yu & Seligman，2002）的抑郁症状。

情绪管理

有时我们控制情绪，有时情绪控制我们。情绪，尤其是消极情绪，特别难以控制。然而，我们可以试着抑制消极情绪的表达，特别是在某些特定的环境下。试想你的校队刚刚输了一场很重要的夺冠比赛。你真的非常不开心、很沮丧，可能会一触即怒，对裁判很生气，对自己的队伍很失望。然而，明天你有个重要的考试，所以你必须抑制住这些令你分心的不良情绪，全心投入学习。你可以想一些类似的**情绪抑制**（emotional inhibition）的例子，控制焦虑或隐藏你的失望。例如，你曾收到过不喜欢的礼物吗？也许你当时会抑制自己的失望而代之以积极的虚假情绪，微笑着对对方说："多谢，我非常需要这个。"

我们都曾有过这样掩饰自己失望情绪的时候。但是如果一个人经常掩饰情绪，把所有的事情都藏在心中将会怎样？如果长期抑制个人情绪，结果会怎样？有些理论家认为情绪抑制会导致令人不快的结果。例如，弗洛伊德（见第 9 章）认为，大部分的心理问题都是由抑制消极情绪和动机所引发的。也就是说，压抑以及其他防御机制的功能是抑制不被接受的情绪，而不是接受、直接体验和表达情绪。早期精神分析学家把情绪的抑制以及将不被接受的愿望和冲动压抑到潜意识中看做是心理问题的根源。精神分析疗法（或谈话疗法）就是将潜意识的情绪带到意识之中，然后以一种成熟的方式体验它和表达它。另外，治疗关系也可以促进体验并表达长期被压抑的情绪。有些疗法可以被称做"表达性治疗"，其目标是让人们释放被压抑的情绪。

其他一些理论家更乐观地看待情绪抑制。从发展的观点来看，抑制情绪的能力在个体很小的时候就具备了，大概 3 岁左右，并且被认为是一个主要的发展成就。也就是说，当儿童悲伤时，能够忍住不哭；或者当他们生气时可以忍住不去回击（Kopp，1989；Thompson，1991）。抑制消极情绪的能力被认为是儿童时期需要学习的一种非常有用的技能。孩子们需要学习控制情绪，比如控制想打那个拿走他玩具的人的冲动。我们都看过一些不能很好地控制失望情绪或挫败感的成年人，他们的行为（例如，乱发脾气）通常像个小孩子。然而，有些人很擅长控制消极情绪，即使是很强烈的消极情绪亦如此。比如，你可能会在电视上看美国小姐的比赛。到最后，比赛会在两个最出色的女士之间展开。当宣布获胜者的时候，摄像机正对准她们两人。那个没有获胜的女士优雅地微笑着，看上去很开心，像是在为获胜者感到高兴。但是，在那个时候亚军是否正在抑制自己真实的情绪呢？她真的为对手的胜利而感到开心吗？她是否正在抑制深深的失望和失败的悲伤？

哪个女性是真正的开心？左边的女性是来自北卡罗来纳州的布拉德肖（Kelli Bradshaw），图为她听到自己在 1998 年美国小姐比赛中获得亚军时的反应。右边的女性是来自弗吉尼亚的约翰逊（Nicole Johnson），此时是她意识到自己才是接下来要宣布的美国小姐时的表情。

心理研究者对于长期抑制情绪的影响有多少了解呢？令人吃惊的是，只有几个做得很好的研究直接关注了这一问题。例如，心理学家格罗斯等（James Gross & Robert Levenson，1993，1997；Gross，2002）设计了一个研究，要求部分被试在观看唤起快乐（一个喜剧节目）和悲伤（一个小孩子的葬礼上，有一个发狂的、情绪失控的母亲）的影片时，控制住他们所感受到的任何情绪。一半被试被随机安排到抑制条件下，要求他们“在看影片时有任何感受都尽最大努力不要表露出来。换句话说，你要表现得让在观察你的人压根不知道你的感受是什么。”而另一半被试被安排到非抑制条件下。他们只是观看影片，没有任何要求抑制情绪的指导语。

研究者录下了被试观看影片的整个过程，以考察被试观看影片时情绪表达的程度。研究者还收集了一些生理测量指标，比如我们在第6章里所讨论的那些。看完每个片段都要求被试讲述他们的感受。

结果表明，相比那些没有被要求抑制情绪的被试，被要求抑制情绪的被试表现出了生理唤起水平的增加，甚至在影片开始之前就如此。这种普遍的生理唤起反应意味着被试正在准备抑制情绪。在观看影片的过程中，与无情绪抑制的被试相比，抑制情绪的被试也表现出了更强的生理活动，意味着他们有更强的交感神经唤醒。研究者认为，情绪的抑制需要付出努力，还需要除了情绪唤起外的生理消耗。正如你所想象的，抑制组被试与控制组被试相比，表现出了更少的外部情绪表达。比如，抑制者的面部表情很少带有感情，说明他们确实是在抑制情绪的外露。与控制组相比，抑制组被试自我报告对快乐影片的积极感受稍少，而对悲伤影片的伤感却并不少。

在该研究中，研究者提出，掩饰情绪特别是消极情绪并不一定会影响真实的感受。另外，抑制情绪会引起一些生理唤起的增强，特别是交感神经系统的唤醒(与反抗—逃跑压力反应有关)。这个研究表明，在生理层面，情绪抑制与一种和压力反应很相似的生理唤起模式有关，也就是说，情绪抑制似乎会使神经系统付出某种代价。

除了生理唤起外，抑制情绪还有其他的负面影响。在一系列研究中，格罗斯等（Gross & John，2003）指出，通过掩饰真实感受来隐藏消极情绪，会在随后的实验中削弱积极情绪。另外，这些研究者还用问卷来评估是否有人把抑制作为应对消极情绪的常用手段。其他一些研究者（Butler et al.，2003）也表示，与善于表达情绪的人相比，抑制自己消极情绪的人的人际关系更差，幸福感也更低。由于不善于表达，抑制者破坏了正常形式的交流。这对关系的形成有阻碍作用，并且会减少人们之间的和睦感。

在一系列对情绪的有趣研究中，研究者（Ochsner，Bunge，Gross，& Gabrieli，2002）试图定位大脑中的情绪控制中心。当参与者尝试用没有感情色彩的词语重新解释能引起消极感受的场景时，研究者用fMRI扫描他们的大脑。结果发现大脑的很多区域都和成功地控制消极情绪有关，这些区域主要分布在大脑的前额皮层。大脑的前额部分还与计划和执行控制有关，在人们控制感情的时候该区域似乎表现得很积极。有趣的是，该区域也是第6章中讨论的盖吉案例中，其大脑受损的区域。盖吉在事故发生后很难控制自己的消极情绪，公开咒骂、易怒并且经常侮辱人。

有时候控制感情是很有必要的。也许你不想伤害他人的感情，不想与某个位高权重的人对抗，或者不愿激怒某个已经表现出攻击行为的人（Larsen & Prizmic，2004）。例如，你的老板可能因为错误的原因而朝你发脾气，你很想对她发火。然而，你不能表现出你的愤怒，因为她是老板，有权管理你的加薪、工作负荷和工作条件。很简单，生活中有些时候选择掩饰情绪是明智的。

然而，当长期抑制情绪，当某个人习惯性地掩饰情绪时就会出问题。那些喜欢掩饰感情，不让其自然表露的人可能会长期承受交感神经系统被唤醒带来的影响。例如，有研究（Levy et al.，1985）表明，那些把消极情绪都隐藏于心的人比善于表达的人的死亡率更高，癌症治疗后更有可能复发，免疫系统也更差。例如，那些表达了消极情绪，与疾病斗争中表露情绪的癌症患者，常常会比那些接受事实、抑制情绪并安静地接受治疗的患者活得更长久（Levy，1990；Levy & Heiden，1990）。

一项关于恋爱中的情绪表达的研究充分说明了情绪表达的重要性。研究者（Noller，1984）发现，对伴侣表达感受越多，两人关系中存在的问题就越少。了解他人的感受会让你相应地调适自己的行为。如果伴侣从不表达他（她）的感受，那么你就很难知道什么会让他（她）开心，什么会让他（她）伤心。

其他研究也认为情绪表达对心理健康和一般调适有好处。研究者（King & Emmons，1990）要求被试在连续三周的时间里，每天记录下当天的感受。同时完成一份情绪表达的问卷调查。研究者发现，情绪表达与过去三周里的更高的幸福感有关，也与更低的焦虑和罪恶感相关。其他类似研究（Katz & Campbell，1994）发现情绪表达和更高的自尊水平有关。

表　露

与情绪表达有关的主题是**表露**（disclosure），即告诉他人自己的隐私。很多理论家认为，不对他人敞开心扉、把什么都闷在心里是压力的来源，并会最终导致心理压力和身体疾病。他们还进一步论述，对他人敞开心扉可能会有治疗的效果：谈话治疗能起作用，部分原因在于通过谈话我们把自己的秘密告诉了他人。

心理学家彭尼贝克（James Pennebaker）是研究表露作用的一位先驱。在一个经典研究中，他要求参与者回忆发生在自己身上的苦恼的或伤心的事，也是他们从没有和任何人说过的事。要求参与者写下这些秘密。人们写下了各种不开心的事，如各种尴尬时刻、轻率的性行为、非法或不道德的行为、耻辱等等。有趣的是，所有参与者都能很迅速地记起他们所保守的秘密。这说明也许我们每个人都有一些小秘密。

彭尼贝克认为，对创伤、消极或郁闷事件避而不谈可能会引发问题。他认为，要抑制与这些事件有关的想法和感受需要消耗身体能量。换句话说，保守秘密是不容易的。特别是当这个秘密是很大的创伤体验时，保守秘密更是件烦人的事，需要消耗大量精力。随着时间的流逝，这些压力积压起来，就像所有的压力一样，会增加与压力有关的问题的出现的可能性。如睡眠问题、易怒、身体症状（如胃疼和头痛），甚至因免疫功能下降而导致疾病。按照彭尼贝克所说，说出秘密会减轻压力。通过告诉他人或记录事实的方式来正视创伤记忆，会让人从保守这些秘密的压力中得到解脱。

彭尼贝克及其同事围绕表露主题进行了很多研究。在其中一项研究中（Pennebaker & O'Heeron，1984），他们接触了配偶死于意外或自杀的被试。很明显，在这种毫无准备的情况下突然地、彻底地失去所爱的人，对生者而言有着怎样巨大的影响（配偶的死亡是霍尔姆斯和拉赫所列的最具压力性的生活事件）。询问生者他们会对朋友、家人或者其他帮助者（如牧师、治疗者）谈及这一悲剧的程度。研究者还对被试自从配偶死后的健康进行评估。他们发现，被试越多与他人谈及悲剧，其随后的健康状况也会越好。换言之，那些把伤痛留给自己的人比把感受表露给他人的人更容易遭遇健康问题。

在此主题的其他研究中（Pennebaker，1990），大学生被试被随机分配到两组中。要求其中一组回忆并写下他们的一次压抑经历；另一组写下琐碎的小事，比如早餐通常吃什么。连续四个晚上，学生们每晚花 15 分钟时间写下分派给他们的话题。写下创伤性事件的学生表示，在写的过程中感到更多压力和不适；并且血压测量也显示，他们比记录琐事的被试有更多压力。六个月后，再次联系被试，获取他们的相关健康记录。与记录琐事的学生相比，那些在四天中写下创伤事件的人在接下来的六个月中更少生病。此外，从健康中心获得的记录显示，写下创伤事件的学生确实要比记录琐碎事件的学生去校园健康中心的次数少。有趣的是，个体只是写下不愉快的事情，即使从来没人看过这些记录，也会对个体健康有益。

在彭尼贝克及其同事的另一项研究中（Pennebaker，Colder，& Sharp，1990）被试是将要开始大学生活的新生。在连续三晚的时间里，要求一部分人写下对离开家和朋友，开始独立的大学生活的困难和担心；另一些人（控制组）则记录琐碎的话题。在学生们入学至少一个学期后进行健康测量。在接下来的这个学期中，记录感受和问题的学生比记录琐事的学生更少去健康中心。

其他研究也显示，把一些不高兴的事情埋在心里的人比告诉别人的人更容易产生焦虑和抑郁（Larson & Chastain，1990）。心理治疗师通常会要求当事人，特别是经历了创伤或其他极端事件的当事人，讲出或写下创伤事件。有些心理学家甚至建议通过写日记记录生活中的事件以及对这些事件的感受。这种日常的自我表露会帮个体从正面的角度看待自己的情绪，并弄清这些事件在生命中的意义。该过程会让人们洞悉自我和生活中的事件。

练习

尝试通过一个小实验检验彭尼贝克关于表露秘密甚至是写下秘密会让人更健康的假设。记录你在两周内每天的健康状况，如记录下每天你是否胃痛、头痛、肌肉痛、喉咙痛或者流鼻涕。在这个记录健康的基线期过后，尝试坚持每天写日记，持续两周。写下并描述你每天经历的压力，反思这些压力带给你怎样的感受。注意记录每一个困难、压力或是尴尬难受的时刻。两周过后，停止写日记，重新开始记录每日的健康状况。尽管这不是真实验（你既是被试又是实验者，在真正的实验中不能这样），然而你可以感受一下该主题下的研究是怎样进行的。而且，你也许会体验到，记日记让你变得更健康。

表露是怎样促进健康调节的呢？彭尼贝克的第一个理论关注说出秘密而获得的释放感。换句话说，把事情放在心里需要付出努力，并且有压力感。表露则可以消除努力、缓解压力（Niederhoffer & Pennebaker，2002）。从根本上说，该理论认为表露减少了抑制这些信息所需的精力消耗。就在最近，彭尼贝克（2003a）对表露如何促进健康提出了第二个解释。该解释关注记录事件如何让个体重新理解并重组该事件的内涵。换句话说，写下或说出过去的创伤性事件可以让人更好地理解该事件，并寻找其中的积极意义（乌云背后总有一线阳光），并将之整合到当前的情境中。释放压抑和重构事件这两个过程都可能会发生，并且两种解释都可能是正确的。事实上，彭尼贝克（2003b）推测，这两者可能是大多数谈话疗法能够成功的最基本因素。

总之，关于表露的研究表明，保留创伤事件和对这些事情的感受对我们来说是一种压力。事实上，用语言表达感受会产生缓解压力的效果。此外，我们如何表达自己的感受似乎无关紧要：跟值得信赖的朋友或亲戚诉说，和细心的心理治疗师交谈，去教堂忏悔或与牧师交谈，和自己的丈夫或妻子讨论，或写日记都可以。不管采取何种形式，表露创伤事件和对其的反应比将它们放在心里更有益于健康。

A 型人格与心血管疾病

心血管疾病是美国最频发的引起死亡和残疾的原因之一。健康专家一直在寻找使人们患上此病的危险因素。目前已经知道的因素有高血压、肥胖、吸烟、家族心脏病史、懒惰的生活方式和高胆固醇。在 20 世纪 70 年代，医生开始思考一个新的因素，即一种特定的人格特征。第 13 章中曾提及，医生通过观察发现，一些曾经患过心脏病的人，其行为很不一样。他们似乎有着与其他病人不一样的人格。这些心脏病患者通常更具竞争性、更好斗，言行更积极，精力更充沛，更有野心（Friedman & Rosenman，1974）。研究者把这类行为称为 **A 型人格**（Type A personality）。

第 13 章主要讲述的是 A 型人格的维度和情绪。这里我们关注 A 型人格和健康的关系。在考察一些有关 A 型人格的研究结果之前，让我们先看看几种误解。尽管研究者经常提到 A 型人和 B 型人，但并不是说人们就属于这两个不同的类别。只有少数变量是真正的类别变量，通过它们把人划分为不同的种类。生理性别是类别变量的一个例子，血型是另一个例子。然而，很少有人格特质是类别变量，它们大多数都是维度变量，从一个极端到另一个极端，大部分人处于中间位置。A 型和 B 型的区别就是这样。A 型人处于一端，B 型人处于另一端，中间有很大一部分既不是 A 型也不是 B 型的人。因此，A 型人格变量是一种特质或气质，正如在第 3 章中提到的那样。如图 18.4（a）所示，它是正态分布

经常同时做两件事情是 A 型人格的特征。然而，时间紧迫感并不是 A 型人格最易患心脏病的原因之一。

的，而不是一个类别变量。心理学家通过参照一端（如 A 型人格）来描述这种正态分布的人格特质，这暗示着另外一端的人（所谓的 B 型）有着相反的性格。

另一种误解在于认为 A 型人格是一种单一的特质。在现实中，A 型人格是多种特质的症候群。更详细地说，它是三个子特质的集合，它们一起组成了 A 型人格。这三个子特质的其中之一是**竞争性成就动机**（competitive achievement motivation）。A 型人经常为达到目标勤奋工作。他们喜欢认同、权力和战胜挫折。当与他人竞争时他们的自我感觉最好。例如，一个参加环法国自行车大赛慈善热身赛的人是在展现他的竞争性成就动机。A 型人格的第二个特征是**时间紧迫感**（time urgency）。A 型人讨厌浪费时间。他们通常很匆忙，感觉要在最少的时间里完成最多的事情。通常，他们会同时做两件事，比如一边吃饭一边看书。红灯是他们的敌人，他们讨厌排队。A 型人格的第三个特征是**敌意**（hostility）。当目标受阻，即遭受**挫折**（frustration）时，他们会变得充满敌意和攻击性。他们很容易受挫，受挫会使他们表现得很不友好甚至是恶毒。当你看到一个人对着自动售卖机叫喊并踢打时，可能正是 A 型人格的人表现出的敌意。

关于 A 型人格的早期研究表明，它是导致心血管疾病的独立性风险因素。独立性风险因素的作用并不依赖于其他已知的风险因素，如超重和抽烟。因此，并不是说 A 型人就一定抽更多烟，从而由抽烟引发心血管疾病。而是说，A 型人格与吸烟是相互独立的因素。吸烟的 A 型人比只吸烟或只是 A 型的人患心脏病的风险要大些。事实上，一项研究发现，尽管高胆固醇和吸烟也对心脏病有单独的影响，但 A 型人格比吸烟史或胆固醇水平能更好地预测心脏病（Jenkins，Zyzanski，& Rosenman，1976）。

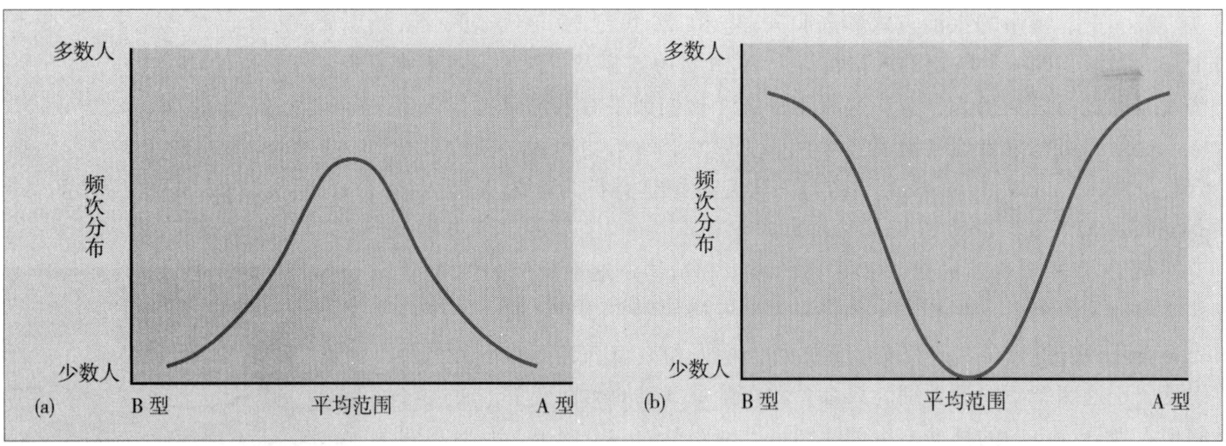

图 18.4

A 型和 B 型并不是真正的类型，也并不涉及对人的分类。A 型人格指的是人们的一种正态分布：处于一端的人表现出大量的 A 型行为，而另一端的人则很少显现这些行为（a）。然而，大部分人都处于中间或平均水平。几乎所有人格特质都是这样的。一个真正的类型或类别变量，其分布如图（b）所示，大部分人处在两端，只有很少一部分人居于中间。A 型人格的分布并非如此。

大部分关于 A 型人格的早期研究是由医生来做的。为了测量该人格变量，他们发展出了一种结构式访谈。访谈者提出标准化的问题，并记录被试的回答以及他们对问题的反应。事实上，访谈者感兴趣的是被试的行为表现。例如，他们说话的节奏怎样？他们是否会不断打断访谈者或插话？访谈过程中他们会烦躁不安吗？他们是否频繁而有力地打手势或做出头部动作？在访谈中，访谈者试图通过放慢速度来激怒被试。在谈话速度放慢后 A 型人明显被激怒了，他们打断谈话，不按顺序谈话，或是帮他人把话说完，从而加快谈话的节奏。

随着 A 型人格研究在 20 世纪 80 年代获得的发展，研究者试图设计一种更有效的测量方式。因为访谈的速度很慢，一次只能测量一个人，而且测量每个被试都需要一个访谈者。简言之，对任何一个人格变量的测量而言，访谈法的花费较高，相对费时。问卷调查则要便宜得多，因为它的施测一般较快。问卷可以发给所有的被试，一个研究者一次可以评估 100 个以上的被试。因此，研究者努力开发问卷来测量 A 型人格。后来，一个广为使用的 A 型人格问卷是詹金斯的活动性调查表（Jenkins Activity Survey，JAS）。它包含了体现 A 型人格的三个组成部分，如“在最后期限到来时，我的工作效率提高了”；“有人说我吃饭太快了”；“我喜欢竞争”。

使用结构式访谈的早期研究者通常发现 A 型人有患心脏病和心血管疾病的风险。而之后大部分使用詹金斯调查问卷的研究，通常不能重复验证该结果。这令研究者困惑了很多年。有些心理学家怀疑，是否 A 型人格只在某个时期才是患心脏病的一个危险因素，但随着时间的发展变化就不再是危险因素了。另一些心理学家开始仔细审视这些研究，希望找到研究结果不一致的原因。他们很快就发现使用问卷测量法，在 A 型人格和心脏病之间找到联系的可能性要比使用结构式访谈小得多（Suls & Wan，1989；Suls，Wan，& Costa，1996）。研究者认为，问卷测量与结构式访谈相比，它溶入了更多不同方面的 A 型行为。很明显，结构式访谈包含了更多 A 型人格的致命部分。但是，A 型行为的哪些部分更致命，或者说是与心脏病更密切相关呢？

敌意：A 型行为模式中最致命的成分

请记住，A 型人格实际是一种症候群，是三个子特质的集合。这三个子特质通常，但并非总是，出现在同一个人身上。例如，一个人可能有时间紧迫感和高成就动机，但不一定有敌意。当医生提出 A 型人格的访谈测量法时，他们更强调对敌意和攻击性的评估。例如，他们会评估当谈话变慢时被试是否感到受挫，在访谈中是否会咒骂，是否会有很多手势或捶打桌子。后来，当问卷测量法出现后，测量重点更多放在了时间紧迫感和成就动机方面。例如，被试是否说自己总是很忙，是否在最后期限来临时工作得更好，或者是否比同龄人有更多成就？

随着研究者越来越多地使用问卷调查（因为问卷调查比访谈更快、更便宜、更便于实施），越来越多的证据表明总体 A 型人格并不能预测心脏病。在将访谈法与问卷法进行比较之后，研究者了解到访谈法比问卷测量法包含了更多的敌意因素。因此，研究者开始检验这样一个假设：是否是敌意特质，而不是A型人格的总体症候，更能预测心脏病？

研究者所说的敌意特质是什么意思呢？有很强敌意的人并不一定表现出暴力或攻击行为；他们也不一定过分自信或者对他人要求过高。相反，他们面对失望、挫折和麻烦时更有可能表现出不友善。挫折可理解为当不能达到一个重要目标时的一种主观感受。例如，你要从自动售货机中买冷饮，它吞了你的钱却没有给你想要的东西，这就是挫折。一个敌意的人会用不友好的行为来处理这种挫折，他会拍打机器、咒骂，或者把垃圾桶踢开。具有敌意的人易怒，即使一点小挫折，如错放了车钥匙或在零售店排队，也会激怒他们。在这种情况下，充满敌意的人会明显地变得不高兴，有时甚至会变得粗鲁、不合作甚至敌对。

现在有研究发现敌意是心血管疾病的一个重要预测源（Dembrowski & Costa，1987；Helmers，Posluszny，& Krantz，1994；Smith，1992；Wiebe & Smith，1997）。事实上，研究证明，对敌意特质的问卷调查比对A型人格的问卷调查能更好地预测动脉疾病。近来，许多研究表明敌意与身体炎症有关，以血液中的**白细胞**（leukocyte）数量（也叫白血球的数量）的增加为标志（Surtees et al.，2003）。医生们早就知道慢性炎症和冠心病有联系，因此建议有患病危险的人每天吃一片阿司匹林，因为阿司匹林可以减少炎症。然而，瑟蒂斯等人的研究（Surtees et al.，2003）首次验证了敌意和白血球数量增加之间的直接联系。尽管白血球数量增加和敌意的相关并不大，但却具有统计意义上的显著性。甚至在考虑了导致慢性炎症的其他风险因素，如年龄、性别、吸烟史和酗酒后依然保持显著。慢性炎症可能是敌意与心血管疾病相联系的通道。

该项研究的积极发现是，并非A型人格的所有方面都对心脏和动脉不利。假设敌意是致命成分，我们能勾画出A型人格的“健康”形象吗？为获得成功和成就而奋斗似乎是好的，但在奋斗过程中不要充满敌意和攻击性；为达到目标即使成为工作狂也可以，但不要为日常生活中不可避免的小挫折感到挫败；喜欢急匆匆，尽可能多做事也可以，但当不能每件事都做好时不要感到挫折与生气；喜欢竞争也可以，只要竞争是友好的，不是充满敌意的。有时候在商店排长队也是一种很好的治疗方式。在这些情境下，保持放松，不要充满敌意或愤怒。

成为一个没有敌意的A型人似乎还是有很多益处的。在一项关于男性的纵向研究中，研究者发现，正如所预期的那样，A型人比B型人更易患心脏病。但是，在心脏病发作后，A型人比B型人更可能存活下来并成功地恢复（Ragland & Brand，1998）。似乎A型症候群的特定组成部分，如奋斗和成就动机，帮助A型人形成和保持了一种有效的从心脏病中恢复的方式。

练习

通读本章，你应该能够在本章开头的模型和后面的材料之间建立某种联系。例如，对评估和归因风格的研究是人格与健康交互作用模型的例子，因为这些研究强调了人们怎样通过一定的评估方式来影响环境。在这个练习中，我们将考察如何应用已经介绍过的不同模型来对 A 型人格和一些例证进行不同的理解。

早期关于 A 型人格的研究认为，这种人格是对具体事件，如挫折（Glass，1977）做出反应时的特定行为和情绪模式。这符合交互作用模型的观点，因为它假定 A 型人格代表了一种对环境中的威胁和挑战做出回应和应对的风格，并且很多研究者发现该模式是很有用的。例如，一项研究（Glass，1977）表明，A 型人对失去控制很敏感，他们会尽全力重新获得控制权。某类事件（如失去控制）和健康之间的相互影响受到 A 型人格的应对风格的调节。

关于 A 型人格的大部分研究也符合相互作用的模型。在该模型中，A 型人特定的思维和行为模式为他们的生活带来更严重、更频繁或更长时间的压力（Smith，1989）。相互作用模型的作用在于，引导研究者找到 A 型行为与对生活事件的看法之间的相互影响。例如，A 型人如何看待特定的环境，这种看法反过来又会使他们产生更强的心血管反应吗？A 型人经常把生活中的事件视作竞争（Smith，1989），做出竞争性的回应。

健康行为模型也被用于 A 型人格研究。这类研究考察 A 型人更有可能采取的健康行为。有研究发现在心脏病发作的男性中，A 型人存活下来的可能性更大，尤其是在长期的追踪调查中（Ragland & Brand，1988）。研究者发现 A 型人在恢复身体健康的问题上具有与参与其他活动同样的热情、时间紧迫感和竞争性。因此，A 型人与非 A 型人相比，更有可能接受锻炼计划且坚持的时间更长，调节饮食，并更积极热情地去从事新的健康锻炼计划。

倾向性模型同样被用于 A 型人格的研究。与非 A 型人相比，A 型人被认为天生对压力有更强的心血管反应。这可能表明遗传因素是使某些人容易患心血管疾病，容易形成以勤奋、竞争和敌意为特征的 A 型人格的原因（Wiebe & Smith，1997）。

最后，疾病行为模型也被用于 A 型人格的研究之中。研究（Larsen & Kasimatis）显示，A 型人更少抱怨各种症状，包括感冒、肌肉痛和其他微小的日常身体症状。假设 A 型人会患病可能是因为他们开始没有注意到微小的症状，并且没有对其采取任何恢复措施。

在使用不同的模型研究人格与健康相互关系的过程中，研究者就哪些变量是重要的，它们具体是怎样彼此影响的形成了一些观点。这些模型本身并非相互矛盾。也就是说，它们在引导研究者寻找疾病和人格的各种联系和联系路径时可能都是正确的。

敌意的A型行为是如何损伤动脉的

A型行为，尤其是其中的敌意因素，如何对心脏和动脉产生损害呢？强烈的敌意和攻击性能够导致反抗—逃避反应。这种反应包括血压升高，并伴随着动脉的收缩、心跳加速、每次心跳输血量增加。简言之，人的身体突然通过更小的动脉输送了更多的血。这些变化会对动脉的内壁造成破坏，引起微小的磨损。磨损处会变成胆固醇和脂肪堆积的地方。除了在动脉壁上产生的机械磨损外，压力荷尔蒙也会在反抗—逃避反应中释放到血液里，可能会引起动脉损坏和之后动脉壁的脂肪堆积。随着脂肪分子在动脉内部的不断堆积，动脉变得越来越窄，就会形成**动脉硬化**（arteriosclerosis），或称动脉变硬或阻塞。为心肌提供供应的动脉阻塞时，就会导致心脏供血的持续不足，从而导致心脏病发作。

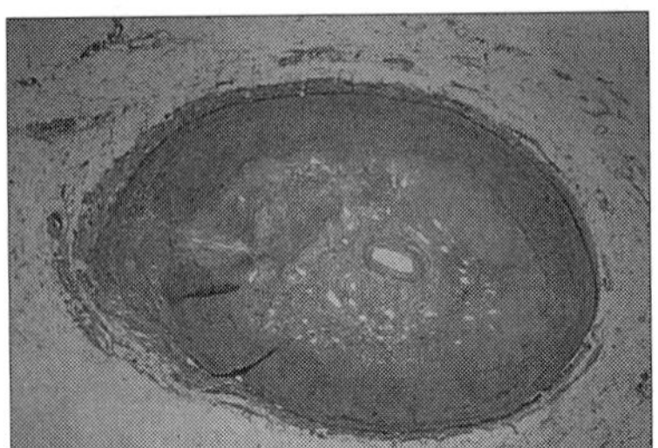
人类冠状动脉的横截面，为心肌供血的动脉本身表现出了严重的动脉硬化。由于动脉内壁斑块的堆积，这条动脉的直径变得极为狭窄。

总的来说，A型人格的研究经历了很多坎坷。起初，一些心脏病专家注意到心脏病发作者和其他病人在人格上存在一些不同。由此，他们认为A型人格由以下三种特质组成：竞争性成就动机、时间紧迫感和敌意。经过几十年的研究后，心理学家发现敌意是A型人格中最有害的成分。现在大部分关于心血管疾病和人格的研究，都关注于特定的成分。了解敌意如何形成和保持、如何破坏动脉、如何被特定情境唤起，以及如何克服与掌控敌意，对将来的人格研究者来说都是非常重要的问题。

总结与评论

本章主要关注人格心理学与生理调适和健康有关的部分。从人格—疾病联结的几个模型引入，然后考察了压力的概念。压力是对极端事件产生的主观反应，通常伴随着冲突情感，对此人们少有或没有控制能力。压力有四种不同类别：急性压力、情境性急性压力、慢性压力和创伤性压力。创伤性压力可能会引发身心失调，被称做创伤后压力障碍。它使人做噩梦或重现事件，难以入睡，引发其他的身体问题；使人感到与现实隔离或被人们疏远。压力并不存在于事件本身，而是在于人们怎样去评估事件，认识到这一点很重要。初级评估指评价事件对个体的目标和欲望有怎样的威胁；次级评估指人们在遇到威胁性事件的挑战时，对个体的资源进行评估。这两种评估对理解事情如何引起压力反应非常重要。现在的有关研究正在探索积极情绪在应对慢性压力时的作用。

大部分关于人格和压力的研究都始于对主要生活事件的关注，如失去所爱的人或被解雇。尽管很严重，但这些事毕竟相对少见。更多的潜在危害源于日常琐事，即那些相对较小但却频繁发生在日常生活中的挫折和失望。压力研究者已经开始关注这些日常压力对健康的影响。

人格心理学家一直试图理解为什么有的人好像更能抵抗压力。也就是说，有的人能更从容地应对挫折和失望，而不会遭受慢性压力带来的健康损害。受到关注的一种人格维度是乐观主义。很多研究结果表明对抗压力、良好的健康、良好的免疫系统和长寿都与乐观有关。心理学家正在开发一种分级训练的学校方案，希望通过训练使人们变得更乐观。与更好的健康预测有关的人格特征是情绪表达和个人表露。

本章也关注了具体的疾病，如心血管疾病，这是美国最普遍且最严重的疾病之一。本章介绍了关于哪种人格维度可能成为心脏病的危险因素的研究。A 型人格提供了一个有趣的且不断取得进步的研究例证，该研究领域对某一种效应越来越肯定，研究发现也越来越精确。在 A 型人格的研究中，现在大部分研究者都同意敌意是与易患心脏病相关最大的因素。幸运的是，只要人们不具有 A 型人格症候群中的敌意倾向，他们就可以成为颇具竞争性的工作狂，努力在更少的时间里完成更多的事情。

关键术语

健康心理学
压　力
交互作用模型
相互作用模型
健康行为模型
倾向性模型
疾病行为模型
压力源
一般适应性综合征
警戒期
抗拒期
衰竭期
主要生活事件
日常琐事
急性压力
情境性急性压力
创伤性压力
创伤后压力障碍
慢性压力
加法效应
初级评估
次级评估
积极再评价
问题中心应对
创造积极事件
气质型乐观主义
自我效能感
乐观主义偏差
情绪抑制
表　露
A 型人格
竞争性成就动机
时间紧迫感
敌　意
挫　折
白细胞
动脉硬化

19 人格障碍

调适领域

斯科特从小在洛杉矶中南部长大。12 岁时他加入一个叫“83 街土匪瘸子帮”的街道团伙。加入的当天晚上他就开枪杀死了第一个受害者。由于他极度凶残，逐渐赢得了“恶魔”的称号。在青少年时，他曾野蛮地殴打过一名反抗他抢劫的人。即使对方不再反抗，他仍不罢手。事实上，他似乎很享受从伤害他人中获得的乐趣。

斯科特的生父是一名职业足球运动员，与其母亲只维持了一段短暂的婚姻。后来，斯科特的母亲嫁给了他的继父，这段婚姻充满了暴力，而且很不稳定。在斯科特 6 岁时，继父离家出走。他的家是位于各种黑帮经常出没的贫民区，母亲就是在这样的环境中把六个孩子拉扯大的。

斯科特从小就是个聪明健壮的男孩，喜欢惊险和刺激。他原本可以成为一名职业运动员，或者是一名从事与冒险和大量运动有关的事业的人，比如警察、士兵甚至宇航员。然而，他最终却变成了恶魔，一个无所畏惧、不知悔改、渴望刺激的人。

斯科特曾是洛杉机中南部青少年犯罪团伙中最臭名昭著的人物。小时候他就立志要成为“瘸子帮”团伙里最令人惧怕的角色。为实现这一目标，他杀了很多人，给他人带来了无数苦难。执行团伙任务或杀害敌对帮派的成员带给斯科特无穷的刺激和兴奋。1993 年他因开枪射中一名毒贩的膝盖而被捕入狱，被判七年徒刑。在狱中，他被列为最具威胁性的犯人，与其他犯人隔离。被羁押在圣昆廷监狱期间，他假借舍库尔（Sanyika Shakur）的名字写下了《恶魔：一名洛杉矶黑帮成员的自传》（*Monster: The Autobiography of an L.A. Gang Member*）一书(1994)。

人格障碍的成分

在前面的章节中我们所讨论的许多话题都有助于描述和理解不同的人格障碍。人格障碍的症状表现为我们在很多领域所讨论过的适应不良的变量，包括特质、情绪、认知、动机和自我概念等。本章所介绍的10种人格障碍都是建立在这些更为宽泛的概念之上，因此，我们将扼要地讨论一些它们与本章相关的内容。

正如第3章所述，人格特质描述的是个体在行为、思想或行动上的一致性，代表了有意义的个体差异。人格障碍可以被视作正常人格特质的适应不良的变量或者组合。一项研究表述了某种特定特质维度的两个极端如何与人格障碍相联系(Widiger et al., 2002a, 2002b)。例如，一个信任水平极低、敌对感极高的人可能具有偏执型人格障碍；一个极端孤僻又极度焦虑的人很可能表现出回避型人格障碍；相反，一个善于交际、低焦虑水平的人则可能显示出表演型人格障碍。因此，诸如五因素模型中的特质概念对描述人格障碍极有帮助（Trull & MaCrae, 2002）。

动机是人格的另一主要成分，可以帮助我们理解人格障碍。动机描述的是个体的某种需求以及特定行事方式的目的。在第9章至第11章的心理动力领域中，我们讨论了几种不同的动机，从弗洛伊德理论的性和攻击动机，到现代研究涉及的亲密动机、成就动机和权力动机。几种人格障碍的一个共同主题就与这些常见动机的适应不良有关，尤其是亲密动机和权力动机。其中一个重要的变量是亲密动机的极度缺失，它会表现在某些特定的人格障碍中；另一个变量是超强的权力欲，当达到极高的水平时，就会导致另一种适应不良的人格障碍。其他动机亦可见诸于人格障碍之中，如在自恋型人格障碍中你会发现极爱出风头、喜欢被赞扬等需求；强迫型人格障碍患者则表现出对条理和细节的极高要求。

认知为我们更好地理解人格障碍提供了必要的基础。正如第12章所述，认知是指在知觉、解释和计划过程中的心理活动。这些认知过程都有可能在人格障碍中被扭曲，如某些障碍就是对他人意图的经常的一致性的曲解。人格障碍通常涉及一种不健全的社会判断力，例如，一个偏执型人格障碍患者会认为他人都与自己作对；表演型人格障碍患者则认为自己会得到所有人的喜爱；患有边缘型人格障碍的人会把无心的评论视作是抛弃、批评或拒绝的信号。总之，每一种人格障碍都涉及对他人观念或社会认知的扭曲。

情绪也是理解人格障碍的一个重要领域。我们在第13章中谈到了个体间正常的情绪差异，但在许多人格障碍中存在极端化的情绪体验。有些人格障碍表现为对情绪的极端释放（如边缘型），另一些则表现为焦虑（如回避型）、恐惧（如偏执型）或愤怒（如自恋型）等情绪的极端化。大多数人格障碍都包含某种有助于理解该障碍的核心情绪。

自我概念是人格障碍的另一重要成分。如第 14 章所述，自我概念是一个人对自我认识的集合。大多数的人格障碍都涉及自我概念的扭曲。我们中的大多数人都能建立并维持一种稳定且真实的自我意象：我们了解自己的观点，了解自我价值，知道自己想要的生活。然而很多人格障碍患者的自我概念缺乏稳定性，他们可能会觉得自己是一个空壳，害怕做决定，或者需要不断得到来自他人的肯定。自尊也是自我的一个重要部分，某些人格障碍与过高（如自恋型）或过低（如依赖型）的自尊有关。总之，自我为我们理解人格障碍提供了一个重要的视角。

人格障碍中经常包含对社会关系的困扰和适应不良。第 15 章至第 17 章所讲述的社会和文化领域的内容对理解和描述人格障碍也很重要。例如，拥有良好的亲密性关系的人知道何时发生性行为是合理的、被接受的，何时是不合理、不受欢迎的。亲密关系问题，不论是与他人的关系过于疏远，还是过于亲近，是某些人格障碍的常见特征。同理心（empathy），即了解他人的内心感受，是重要的人际交往技巧，大多数人格障碍都涉及同理心的缺失。例如，人格障碍患者要么曲解他人，要么完全不在意他人的感受。很多人格障碍患者的社交技巧都很差，如精神分裂症患者，他们常常盯着对方看却不开口说话；表演型人格障碍患者则表现出举止轻浮。

生理因素也可以导致某些人格障碍。因此，第 6 章至第 8 章中有关生理因素的讨论也与本章内容相关。研究已经发现某些人格障碍与基因构成有关，而另一些人格障碍则是通过考察患者的生理成分来加以研究，如研究反社会型人格障碍患者的大脑功能。甚至，有研究者提出一种进化理论来解释人格障碍（Millon，2000a）。

大多数的人格教科书都不涉及人格障碍。然而，我们认为，研究某事物的失常状态有助于理解它的正常功能。此外，我们相信，人格障碍确实与构成人格的各个要素和领域相关联。要理解人格如何会产生障碍需用到本书前面章节中的内容，因此，我们在本书结束部分来讨论该话题是非常恰当的。

障碍的概念

今天，心理学意义上的**障碍**（disorder）指的是使个体产生烦恼和痛苦的行为模式或体验，它会导致个体在重要的生活领域（如工作、婚姻或人际关系恶化等问题）中无能，与痛苦的加深、功能丧失、死亡等风险的增加有关（American Psychiatric Association，1994）。人类很早就认识到人格会出现问题。早期的一些医学精神病学的文献就有关于人格障碍和心理障碍的分类和描述（e.g.，Kraeplin，1913；Kretschmer，1925）。*缺乏谵妄的躁狂症*（manie sans delire），即未丧失理性的疯狂，是由法国精神病学家菲利普·皮内尔（Philippe Pinel）提出的一个较早的概念。它适用于那些并未与现实失去接触，但表现出行为或情绪障碍的人(Morey，1997)。在20世纪初流行的另一个相关概念叫做悖德病（moral insanity)，它强调个体没有任何智力损害，而在情感、气质或习惯上出现了异常。一位颇有影响力的精神病学家施奈德（Kurt Schneider，1958）提出了*病态人格*（psychopathic personality）这一术语，用来表示导致个体或群体遭受痛苦的行为模式。施奈德强调对个体和个体所生活的群体产生不利影响的行为出现的统计概率极小。此定义强调，所有的人格障碍都涉及社会关系的受损：他人因此受到的痛苦一点不比人格障碍患者小，甚至更大。

人格障碍这一概念虽然抽象，却很有用。它有助于指导我们区分什么是正常的人格，什么是变态或病态的人格。**变态心理学**（abnormal psychology）就是研究各种心理障碍的学科，包括思维障碍、情感障碍和人格障碍。本章我们将主要讨论人格障碍以及它将如何影响人的行为。

什么是变态

变态（abnormal）的定义有很多种。一种简单的界定是指任何异于常态的状态，这是一个统计学上的定义，因为研究者可以通过统计计算某事出现的频率，如果极为少见，就被称为变态。从这个角度讲，色盲和多指（或趾）畸形（手指或脚趾多于10个）都被视作变态。另一个概念是建立在社会容忍度基础上的社会学定义（Shoben，1957)。如果在此意义上界定变态，那么任何不被社会所接受的行为都为变态。因此，乱伦和虐待儿童是变态行为。不论是统计学意义上还是社会学意义上的变态，其含义都随时间和社会文化规范的改变而改变（Millon，2000a，2000b)。20年前被认为具有侵犯性或被社会视作不合理的行为今天有可能会被认为是合理的。例如二三十年前，同性恋是极其罕见且不被社会认可的现象，被人们视为一种变态的行为或精神疾病。如今，同性恋已不再被认为是变态(American Psychiatric Association，1994)，在美国同性恋还受到民权法的保护。因此，统计学和社会学上对变态的界定只是短期的，因为社会在不断改变。

心理学家期望找到其他识别变态行为和体验的途径。他们审视人的内心，考察人的主观情感，如焦虑、沮丧、不满、孤独等。他们考察人们如何思考和体验自己与世界。心理学家发现，有些人思维混乱、知觉分裂、观念和态度异于常人，与所处的环境格格不入。心理学家找到了人们无法融洽相处，无法在社会中和谐生活的种种问题。他们分析了人们应对这些境况时所做的无效行为，甚至将他们置于更大的困境中，这些行为通常会给人们带来伤害而非帮助。从心理学的角度看，它们都是变态行为。

结合所有这些变态的研究方法（统计学、社会学、心理学)，心理学家和精神病学家发展了一个被称为**精神病理学**（psychopathology）的领域，来研究心理障碍。对心理障碍的诊断既是一个独立的学科，又是精神病学家和心理学家的一项重要临床工作。了解如何定义与识别障碍是制订治疗方案和设计研究的第一步。

普遍被认可的诊断和描述心理障碍的体系可以在《精神障碍的诊断与统计手册》（*Diagnostic and Statistical Manual of Mental Disorders*）中找到。目前该书的第 4 版已出版，被称为 ***DSM-IV***，由美国精神病学协会出版（1994）。该手册被广为应用，对照手册中的各种症状和行为特征，可以确定某种心理障碍的性质和程度。手册列举了两百多种心理障碍，该书是学习变态心理学的高级课程或研究生课程的基础。

对心理障碍感兴趣的学生需要学习的东西有很多。本章仅涉及人格功能障碍，此外还有许多其他障碍种类，如影响思维过程的障碍（如精神分裂症）、影响情绪的障碍（如恐慌障碍）、影响饮食行为的障碍（如易饥症）、与性功能失调有关的障碍（如恋童癖，或对青春期前的儿童进行性诱导）以及一些由药物滥用所引起的障碍（如可卡因成瘾精神病）。总之，人格障碍只是精神病理学研究领域中很小的一部分。

什么是人格障碍

人格障碍（personality disorder）是指与个体文化预期相去甚远的一种持久的体验和行为模式（*DSM-IV*）。如第 3 章所述，特质是个体体验、思考以及与自身或外界互动的模式，可在广泛的社会和个人情境中观察到。例如，尽责性高的个体是勤奋的、坚定不移的。如果一种特质变得适应不良，缺乏弹性，并导致明显的功能损害和心理痛苦，那么它就被认定是一种人格障碍。比如，一个人如果过于尽责，以至于每晚都要检查门锁 10 次以上，并且在早晨离家前查看家用设备 5 遍以上，我们就可以将其视为一种人格障碍。

依据美国精神病学协会（1994）的观点，我们将人格障碍的基本特征列在了表 19.1 中。人格障碍通常表现在以下一个或多个方面：如思维方式、感知方式、与他人的交往方式、或控制自己行为的能力。障碍行为模式比较呆板，且会在多

表 19.1　人格障碍的一般标准

1. 明显偏离个体文化预期的持久内部经验和行为模式。该模式可体现在以下两个或以上方面：
   - 认知（如感知并诠释自我、他人和事件的方式）
   - 情感（如情绪反应的范围、强度、能力和适度感）
   - 人际功能
   - 冲动控制
2. 在大范围的个人及社会情境中表现出顽固的、弥散性的持久行为模式。
3. 能够导致临床上的巨大痛苦，或促使个体在社会、职场或其他重要功能领域受到巨大伤害的持久的行为模式。
4. 该模式稳定长久，可追溯到青春期或成年早期。
5. 该固定模式不能被更好地解释为另一心理障碍的表现或后果。
6. 该固定模式不是由某物质（如药物滥用、治疗手段）或脑外伤等一般医疗情况引起的直接生理效果。

资料来源：American Psychiatric Association，1994.

种情境下表现出来，能产生精神上的痛苦或导致在工作、人际交往等重要生活领域中出现问题。比如，一个过于尽责的人会因为不停地查看家用设备而使妻子忍无可忍。人格障碍的行为模式通常在个体的生活中已有较长的历史，可以追溯到个体在青少年期甚至是儿童期的表现。既然被划归为人格障碍，那么这种行为模式通常不是由药物滥用或医学治疗（如脑损伤）等引起的。

人格障碍的分类

DSM-IV 列举了 10 种人格障碍，这 10 种人格障碍又被分为三类。所有的人格障碍都包含不和谐的社会关系或人际交往困难。人格障碍患者也会危害他人，人格障碍的独特性在于，障碍者不仅给自己带来痛苦，也会经常使周围的人感到不自在。

类别还是维度

一种区别人格障碍的方式是按类别来分类：不具有某种障碍的人划为一类，具有某种障碍的人划为另一类。这种**类别观**（categorical view）是精神病学和临床心理学的主要分类法。一个人要么具有某种障碍，要么没有。例如，一项对加拿大最高戒备监狱中的 600 多名重案犯所做的研究表明，反社会人格是罪犯表现出的一个很重要的特征（Harris，Rise，& Quinsey，1994）。类别观认为，具有反社会人格的人和没有此种人格的人有着质的差异。类别观适用于各种障碍，认为障碍与每种特质的极端表现有明显的、质的差异。

与类别观相对的是**维度观**（dimensional view），这种观点认为每一种障碍是一个连续体，其一端是正常的，另一端是严重缺陷或功能缺失。因此，个体有无障碍只是程度上的差异而已。比如，反社会精神病患者的表现之一是对他人情感的漠然，而这种漠然是有程度差异的。有些人只是表现为冷漠；发展下去，可能会变得毫无帮助他人的意愿，既冷漠又无情；继续发展下去，可能会有意伤害或利用他人；最终发展到极端，变成“恶魔”。就像本章开头所提到的斯科特，以伤害或恐吓他人为乐，最终走向犯罪。

一项对美国大学生所做的研究表明，反社会人格的特质通常是正态分布的，如冲动、急躁、无情、控制欲、对社会冷漠等特质。这些特质表现出从低到高的程度差异，而非独立的类别。因此，一个人所表现出的反社会人格的程度依他（她）在连续体中所处的位置而不同，从非常随和、具有合作精神，到极度冷酷无情、缺乏社交兴趣。维度观认为，不同程度的某些行为模式构成了障碍，给个体自身或他人带来麻烦。现代理论家（Costa & Widiger，1994；Widiger，2000）认为，维度观提供了一个更可靠、更有意义的划分障碍的方法，将障碍视为正常人格特质的极端形式。

文化、年龄与性别：背景的影响

处理人格障碍问题的时候，必须综合考虑个体的社会、文化和民族背景。比如，移民通常会在适应一种新文化的过程中出现问题。个体原有文化中的风俗习惯、表达方式、价值观都会和新文化发生冲突，或带来社会问题。比如，美国文化推崇个人主义，看重并奖励在群体中脱颖而出的个体；而更看重个体如何融入群体的集体主义文化，则认为想要从集体中脱颖而出是自我中心的、不受欢迎的表现。美国文化实际上被认为是一种自恋型文化；因此在美国社会中，努力吸引他人关注自己被认为是合理的、正常的。

在判断某种行为是否为一种人格障碍的症状时，我们必须首先熟悉个体的文化背景，尤其是当它与主流文化不同的时候。在一项对挪威的第三世界移民的研究（Sam，1994）中发现，其中显现出的许多适应性问题似乎都已构成人格障碍。比如，许多年轻男性移民表现出反社会行为；但当这些移民逐渐适应了新文化后，这些行为特征逐渐消失了。

年龄也是判定人格障碍的一个相关因素。例如，青少年通常会经历不稳定期，如同一性危机（见第 14 章），它通常与某种特定的人格障碍有关。不过，大多数经历多重同一性的青少年最终并未形成某种人格障碍。因此，美国精神病学协会（1994）对 18 岁以下的人格障碍患者的诊断非常谨慎。当然，一个成年人经历丧偶或失业等重创时也会表现出一段时期的情绪不稳或冲动行为，这些看起来很像某种人格障碍。如一个曾经经历过上述灾难性事件的人会流露出暴力或性冲动倾向。为了排除个体仅仅是处于发展期，或是对灾难性事件做出的反应，应该考虑其年龄和生活环境因素。

最后，性别也是理解人格障碍的一个背景因素。某些障碍，如反社会人格障碍，多见于男性身上，而另一些人格障碍则多发于女性之中。这些性别差异可能反映了人们的应对差异。例如，一项对 2 000 多人的调查研究（Huselid & Cooop-er，1994）发现，男性更多表现出外化问题，如暴力和故意破坏等；而女性表现出相对更内化的问题，如压抑和自我伤害。另一项研究（Kavanagh & Hops，1994）也得出了类似的结论。男性和女性应对问题时的差异导致了与人格障碍有关的行为差异。心理学家必须要小心，在寻找某种人格障碍的证据时不要仅看性别差异。尤其临床医师处理具体案例时，不要让性别角色的社会刻板印象影响诊断。

练习

在本章，你将了解到一些特定的人格障碍。对每一种障碍，举例说明文化、性别、年龄等因素如何影响到对个体行为是否构成障碍的判断。例如，来自较低社会经济阶层的人是否会被认为更可能形成某种障碍呢？仔细考虑这与社会刻板印象或偏见有无关系？与警察局或其他法律执行部门使用的档案是否相符？

人格障碍的类型

以下部分将描述一些特定的人格障碍，以及判定某人是否患有某种人格障碍的诊断标准。我们将通过举例的方法来描述每种人格障碍的具体特征。人格障碍的成因将在反社会人格障碍的专栏部分，即“反社会心理的理论”（本章第 558~559 页）和本章最后“人格障碍的成因”中讨论。

反常类：各种不能预测的、暴力的、情绪性的障碍

被诊断为反常类人格障碍的人通常难以控制情绪，与他人相处时存在特定困难。这类人通常惹人注目，很情绪化，反复无常。这类人包括四种障碍类型：反社会型、边缘型、表演型和自恋型。

反社会型人格障碍

反社会的人通常漠视他人，也不关心他人的权利、感受和幸福。反社会者也被称作社交障碍者（sociopath）或精神病患者（psychopath）（Zuckerman，1991）。通常，具有这种典型障碍的成人在儿童期就有各种行为问题。这些早期行为问题常表现为侵犯他人权利（诸如小偷小摸），违反该年龄应遵循的社会规范（如幼年抽烟或与其他孩子打架）。其他一些常见的问题行为还包括：残忍地对待动物、威胁恐吓其他年幼的儿童、破坏公物、撒谎、违反规章等。这些早期的行为问题往往被学校的老师们最先发现，逐渐地，这些问题行为儿童也会引起警察或监管人员的注意，因为有些年龄很小的儿童在与其他孩子发生争执时会使用诸如棒球杆或小刀等能够严重伤害身体的武器。问题行为儿童通常会违背父母意愿而晚归。彻夜不归或几天不回家，以及逃学等都是司空见惯的事。

一旦儿童期的行为问题形成了稳定的模式，就极有可能发展成**反社会型人格障碍**（antisocial personality disorder）（American Psychiatric Association，1994）。随着问题儿童体力、认知能力的发展和性成熟，情况往往会恶化。撒谎、打架、入店偷窃等小问题会演变为诸如入室抢劫、故意破坏等较为严重的问题，强奸、残酷伤害被盗者等更严重的攻击行为也会成为可能。有些儿童甚至会很快养成一种极其危险的、虐待成性的人格。例如，我们有时会在新闻里听到不满 13 岁的儿童（通常是男孩）非常残忍地杀害其他儿童的消息，而且他毫无悔意。一项研究表明，具有行为问题的青少年早在 5 岁时就被幼儿园老师发现具有冲动性和反社会人格倾向（Tremblay et al.，1994）。一项对 6~13 岁儿童的研究也发现，有些儿童会表现出反社会行为的综合征，如冲动、行为问题、社会态度冷漠、爱心缺失等（Frick et al.，1994）。

儿童期的这些行为问题在男孩身上更为常见（American Psychiatric Association，1994）。研究表明，行为问题在男孩身上的发生率是女孩的三倍还多（American Psychiatric Association，1994）。在行为问题的表现上也存在性别差异：男孩更

容易盗窃、故意破坏、斗殴等；而女孩则经常撒谎、出走、逃学、甚至卖淫。在过去的几十年里，儿童的行为问题呈现出上升态势（American Psychiatric Association，1994），并且城市的发生率高于农村。

如果一个孩子在 16 岁时未表现出任何行为问题的迹象，那么成年后就不太可能形成反社会人格。而且，即使存在行为问题的儿童，大部分也能在成年早期摆脱该问题的困扰（American Psychiatric Association，1994）。然而，有些儿童成年后却会发展成为完全意义上的反社会人格障碍。童年早期（如 6 岁或 7 岁时）就出现行为问题的儿童，比在中学才有苗头的孩子更有可能在长大后发展成反社会人格障碍（Laub & Lauritsen，1994）。

反社会的成年人延续着始于童年期的行为问题，但程度比童年期更为严重。“反社会”意味着“*缺乏对他人的关爱*”。反社会者无视法律，反复表现出骚扰他人、打架、破坏公物、盗窃等违法行为。“冷血”是对他们与他人互动的最好描述。为了获得奖赏和快乐（如金钱、权力、社会资源、性等），反社会者会操控或欺骗他人。

反社会人格的另一个普遍特征是*易冲动*，通常表现为缺乏事先的计划。反社会者会实施一系列毫无规划的行为，更不会思考其后果。例如，进入加油站后一时兴起抢劫服务人员，即使他（她）并未想好如何撤退。具有反社会人格的犯人常抱怨，由于事先没有计划好而导致自己被捕，他们更后悔的是被捕这一事实而非自己的犯罪行为。

更为常见的一种冲动性表现是，不加思索地做一些日常决定，完全不计后果。例如，一位反社会人格障碍者不向妻儿作任何交代便离家出走好几天。这样通常会导致关系危机，并给工作带来麻烦。他们常常更换工作、更换伴侣、迁移住所。

反社会者也常表现出*易怒倾向*，面对极小的问题和挫折也会反应激烈。被售货机吞掉几枚硬币就足以令其暴怒。他们有*好斗*的倾向，尤其对配偶或孩子等最亲近的人。打架或身体攻击是他们的家常便饭。*鲁莽*也是反社会者的典型特征之一。他们毫不在意自己或他人的安全。酒后驾车、超速行驶、不采用任何保护措施就和多名异性发生关系正是这种鲁莽性的典型表现。

*不负责任*是反社会人格的另一关键特征。反社会者很容易产生厌倦情绪，无法承受单调或枯燥的生活压力。比如，他们会一时头脑发热而辞去工作，对再找一份工作却毫无计划。频繁地无故旷工是反社会人格的常见特征。他们在经济上不负责任的表现是，经常欠债不还，或借钱去还另一个人的债。他们会大把挥霍赖以养家的钱，或把日常开销的钱用于赌博。

有些反社会人格者*能言善辩、风度翩翩*，在社交中很圆滑。他们充满自信，给人印象颇佳。通常，他们在初次见面的时候会给人留下很好的印象，以便日后能利用新“朋友”。很多人因反社会者所表现出的魅力而上当，甚至警察、心理医生等职业人员也曾被蒙骗。事实上，这类反社会者通常被称作*行骗高手*。

*冷漠的社会态度*也是反社会人格的特征之一。这类人对自己的行为毫无悔意，总为自己的罪行开脱，认为被害者“罪有应得”。例如，他们有时把责任强加在被

害者身上，认为他们是“咎由自取”。他们通常会给自己的行为找借口说“我一定要在他下手之前先下手”，即使对方毫无敌意，他们也会如此。反社会者的报复心强，极具攻击性。他们比常人更容易死于杀人、意外事故等暴力方式（American Psychiatric Association，1994）。

应用

1993年，理查德·艾伦·戴维斯（Richard Allen Davis）因在加利福尼亚的帕塔鲁马市绑架并杀害了波利·科纳斯（Polly Klaas）而被判刑。理查德被法庭指派的精神病专家诊断为反社会型人格障碍患者（Toobin，1994），因此，理查德表现出了众多反社会人格特征。他的童年生活很艰辛，由带有暴力和酗酒倾向的父亲抚养长大。有时，在酗酒导致的幻觉中，父亲会带枪出去乱射。母亲的情况更为糟糕，所以在父母离婚时，小理查德的监护权被判给了父亲。在父亲的影响下，他十几岁时就已经形成了暴力行为模式。他残忍地对待小动物，曾给小猫浇上汽油活活地将其烧死；他还曾持刀捅死过流浪狗（Toobin，1994）。理查德很聪明，很容易取得他人的信任，但这一切只是为了利用他人。他常以犯罪为乐：偷盗、抢劫、斗殴，直到被捕入狱。在长期的服刑生涯中，他学会了很多技艺，他善于制作金属片，并有望成为该领域的一名成功商人。但他对稳定的工作毫无兴趣，而宁愿掠夺他人所有。他从未从事一份工作超过数月。在一次暴力抢劫被捕后，法官问他对所做之事有无愧意，他回答说：“如果有内疚感，我就不会做了。”法官又问：“你就一点也不受良心的谴责吗？”“一点也不，”他回答，“如果愧疚我就不会那样去做了。”（Toobin，1994，p.43）

在1993年的一次出庭中，理查德被指控在加利福尼亚的帕塔鲁马市绑架并杀害了12岁的波利·科纳斯，他被法庭指派的精神病专家诊断为反社会型人格障碍患者。

毫无愧疚感和对他人疾苦的冷漠态度是反社会人格的标志。反社会者残忍、毫无同情心、缺乏社会责任感。请参见后面的阅读专栏，了解当前关于人们如何形成反社会型人格及其内心驱力的理论与研究。表19.2总结了反社会型人格障碍的主要特征和患此障碍者的常见心理。

练习

接下来的一周，请你每天至少阅读一份报纸或新闻杂志，寻找关于反社会型人格障碍人物的报道，如谋杀者、白领罪犯或骗人高手。把这些报道剪下来，然后和其他人讨论。从该人物的生活和实际行为中寻找与表19.2中所列举的反社会型人格障碍特征相符合的证据。

当我们评价反社会人格时，最好要考虑到个体所生活的社会环境。心理学家关注了这样一种现象：人们常给那些生活在特定环境中的人贴上反社会的标签，

表 19.2　反社会型人格障碍的特征
对他人缺乏关爱
易冲动
脾气急躁，具有攻击性
鲁莽，责任感缺失
能言善辩，风度翩翩
冷漠的社会态度
无愧疚感
不关心他人疾苦
反社会型人格的典型想法或信念
“记住，自己小心点。”
“世道一片混乱，只有强者才能生存。”
“为达目的，我不惜一切代价。”
“我不在乎他人怎么看。”
“生活对我来说太残酷了，我该得到一些机会了。”
“我没必要守信用，那些人活该。”

在这种环境中，不良行为（如打架）是一种自我保护的策略。例如，在某些犯罪高发区，反社会的态度会保护个体免于受害。因此，“反社会”应该只用于指那些表现出功能性障碍的行为模式，而非只是对社会环境的即时反应行为。例如，那些来自被战争蹂躏的国家、视攻击为生存之道的年轻移民，不应该被看做具有反社会的人格。在判断某些不良行为是否为功能性障碍的标志时，一定要考虑到个体的社会和经济背景。

边缘型人格障碍

边缘型人格障碍（borderline personality disorder）患者的生活以不稳定为特征。其人际关系不稳定，行为模式不稳定，情绪也不稳定，甚至其自我意象也不稳定。下面我们从人际关系开始逐一展开。

边缘型人格障碍者的人际关系通常很紧张、比较情绪化、甚至有暴力倾向，他们非常害怕被遗弃。如果这类人感觉到自己在重要的关系中被孤立或排斥，就会导致他们的自我意象和行为模式发生巨大变化，如变得易怒。他们有明显的人际关系障碍。当他人离开时，他们会产生强烈的被抛弃的恐惧感，变得易怒，甚至带有攻击性。为了挽回人际关系，他们有时会做出自残行为（如烫伤或割伤自己），甚至有自杀企图。一项对 84 名边缘型人格障碍者的研究发现，72%的人有自杀史（Soloff et al.，1994）。事实上，每个人至少有过 3 次的自杀尝试。他们的人际关系紧张而多变。他们可以从仰慕一个人很快过渡到嘲弄此人；他们对人际关系的看法也多变，时而充满关爱，时而严苛无情；对于以前受过的委屈，他们时而顺从接受，时而要愤怒复仇。影片《致命诱惑》（*Fatal Attraction*）中塑造了一个具有边缘型人格障碍特征的人物。作为 1987 年的奥斯卡提名影片，“阅读”部

阅读

反社会心理的理论

我们将比较两个有关反社会型人格障碍起源的理论：生物学的解释和社会学习的解释。许多心理学家认为，反社会人格是由生理的缺陷和不健全所引起的（e.g., Cleckley, 1988; Fowles, 1980; Gray, 1987a, 1987b）。这类研究强调，精神病患者缺乏体验恐惧的能力（Lykken, 1982）。恐惧体验的缺失有助于解释为什么此类精神病患者无法从惩罚或奖励中学会恐惧（Newman, 1987）。他们追求罪恶和无法无天的生活，部分原因在于他们根本不害怕惩罚，没有恐惧感。

格雷（Jeffrey Gray, 1990）的理论对那些致力于探求反社会人格的生物学原因的许多研究者产生了很大影响。请回顾第6章内容，格雷提出人的大脑中有负责抑制行为的系统。这种行为抑制系统（BIS）扮演着心理刹车手，当惩罚信号出现时，该系统负责抑制正在发生的行为。格雷认为，行为抑制系统是大脑的一部分，对来自外界的惩罚信号格外敏感。意识到惩罚危险的人通常会立即停止所做的事，以逃避惩罚，行为抑制系统在面对惩罚信号时会产生焦虑感，使人中断即将发生的行为。格雷（1990）认为，在行为抑制系统的敏感性上，人们表现出了极大的差异。

研究人员开始审视反社会精神病人的情感经历，尤其是与焦虑和其他负面情绪有关的体验。精神病学家帕特里克（Chris Patrick）和他的同事按照这种有趣的思路进行了一系列研究，其中一项研究追踪了一群犯有性侵犯罪的罪犯（Patrick, Bradley, & Lang, 1993）。对照精神病检验标准（Hare, Hart, & Harpur, 1991），即使在这群重案犯里，某些个体的反社会倾向也比其他人更严重。帕特里克及其同事让这些犯人观看一些令人不愉快的图片（如受伤的人、吓人的动物等），并伴以突然爆发出的巨大声响，试图引发他们的焦虑情绪。人们在受到巨大噪音惊吓时，通常会眨眼睛。且处于极度惊吓和恐惧情绪中的人，眨眼的频率会高于情绪正常的人。这说明，人受到惊吓后眨眼的速度可作为衡量其心理恐惧程度的一个客观心理标准。也就是说，研究者可通过**惊吓眨眼法**（eye-blink startle method）来测量人的焦虑程度。

对犯人的测试结果显示，精神病程度更严重的罪犯在受到惊吓后眨眼的次数更少，表明他们面对同

这是心理学家帕特里克在研究中所使用的图片。他发现精神病患者在面对这些恐怖刺激时并未表现出正常的恐惧反应。

分讨论了该影片如何栩栩如生地刻画了这种人格障碍。

边缘型人格障碍者对自我的认识时常变换。他们目标短浅，价值观多变，观点也会发生突变。他们尝试结交各种类型的朋友，有多种性取向。在内心深处他们通常认为自己很邪恶。他们经常自我伤害，当他人威胁要离开或要求他们承担新责任时，尤其如此。

情绪强烈在边缘型人格障碍者身上也很常见，如恐慌、愤怒、绝望。这些情

样的不愉快图片所体验到的焦虑感更小。然而，当问及他们是否害怕这些图片时，精神病患者和非精神病患者都说他们感到恐惧。这表明，精神病患者虽声称感到恐惧，但神经系统的直接测量结果表明，他们体验到的恐惧感比正常人要轻。

在另一项研究中，帕特里克等（Patrick, Cuthbert, & Lang, 1994）再次找到一组具有不同程度反社会倾向的犯人作为被试。这次，要求被试想象恐怖画面(如不得不做手术)。结果显示，不同程度的反社会者在其描述中并未呈现出差异，都说自己在这些恐怖画面中体验到的焦虑感大于普通画面（如在院子里散步)；而对这些恐怖画面的心理反应却呈现出巨大差异，反社会倾向程度较轻者的恐惧感更强。也就是说，用心理尺度测量时，反社会型的罪犯很少表现出恐惧反应。这些结果与反社会型人格障碍者缺乏恐惧体验的说法一致。在一篇文献综述中，帕特里克（1994）指出，精神病患者的最大问题是恐惧感的缺失。能唤起正常人恐惧焦虑情绪的事件对精神病患者无效，其结果是，反社会型人格障碍者不会为避免惩罚或不利后果而中断自己的行为。

另一些研究并不强调生物学因素，而是认为精神病患者情绪反应上的迟钝是习得的（Levenson, Kiehl, & Ftzpatrick, 1995)。在他们身上观察到的无所畏惧可能是系统脱敏的结果。如果一个人长期面对暴力或其他反社会行为（如儿童期虐待或帮派活动)，那么他（她）对这些行为就会变得不敏感。也就是说，他们对他人的冷酷无情（反社会人格的标志）是脱敏这一众所周知的学习形式的结果。一项对400多名受虐儿童的研究表明，相对于控制组，受虐儿童在20年后形成反社会人格的几率明显高很多（Luntz & Widom, 1994)。作为虐待和争吵的受害者，他们习得了虐待他人是掌握权力、控制他人、得到自己想要的东西的方式和途径。很多精神病患者通过控制他人感受权力的乐趣。有时我们可以从公司董事会、政界、警察局等有机会掌控他人的场所了解到这一现象。在某种程度上，该研究说明了，那些成为恶霸的人极有可能是小时候的受虐者。

研究者（Levinson, 1992）用这些结果来支持反社会人格的社会学习模型，认为从某种意义上说，这些人具有反社会行为是因为他们通过观察他人得知这是得到自己想要东西的方式。由于感觉脱敏，使得反社会行为的反复出现成为可能。

心理学家目前正对这两种理论的价值展开讨论。不管形成反社会人格的原因是什么，反社会行为的次数和严重性通常随年龄的增长而减少。据说对这类人的最佳治疗方法是把他们关进监狱里一直到老。个体在40岁以后，这种行为出现的频率会大大减少（*DSM-IV*)。确实，相比那些20岁或30岁的人，年过40的人由于反社会行为被捕的可能性小得多。比如，一项对809名16~69岁的男性罪犯的研究发现，冲动和反社会行为在年长罪犯身上发生的几率要小得多（Harpur & Hare, 1994)。随着个体年龄的增长，反社会的信念和冷漠的社会态度随之下降。虽然年长的精神病患者仍不太会顾及他人的感受，但他们却不太可能实施反社会行为。不管何种原因，总之反社会行为在中年的时候都有所下降，即使是最顽固的罪犯。

绪多由人际事件所引发，尤其是在遭抛弃或被忽略时。面对他人的压力，边缘型人格障碍者会猛力回击、怀恨在心、挖苦讽刺，并具有攻击性。愤怒期过后他们常会因此而深感愧疚，有负罪感。他们常抱怨感到空虚，也会自我破坏，使努力前功尽弃。例如，在一项训练计划结束前夕放弃，或在一段重要的关系刚走向正轨时抽身而出。

表 19.3 列举了边缘型人格障碍者的主要特征，以及他们可能持有的普遍观点

表 19.3　边缘型人格障碍的特征
人际关系、情绪和自我意象极不稳定
害怕被遗弃
具有攻击性
有自我伤害倾向
情绪强烈
边缘型人格的典型想法或信念
“没有你我什么都不是。”
“如果你离开我，我会死。”
“如果你离开，我就自杀。”
“我恨你，我恨你，我恨死你了。”
“我太爱你了，我愿为你做任何事，或成为你的一切。”
“我内心感到空虚，不知道自己是谁。”

和想法。这类人在童年时遭受虐待或性虐待、被忽略、或经历父母早丧的几率比常人更高。很多研究者认为，边缘型人格障碍是由于个体早年丧失了父母的关爱所引起的，如父母早逝、被虐待、无人看管或父母吸毒、酗酒等（Millon et al., 2000）。这种早期关爱的缺失会影响他们处理人际关系的能力，在这种环境下，儿童会认为没有人值得信任。虽然边缘型人格障碍者有人际关系障碍，但如果得到足够的帮助，他们还是能够建立稳固的社会关系的。如果他们发现某人随和友善，符合他们的期待和标准，有爱心并能化解矛盾，也能和这些人建立良好的人际关系。

表演型人格障碍

表演型人格障碍（histrionic personality disorder）的突出特点是过度寻求关注和情绪化。通常，这类人的情绪过于戏剧化，喜欢成为被关注的焦点。他们通常爱展现个人魅力，甚至举止轻浮，其中大部分行为带有挑动性和煽动性。他们的这些性挑逗举动通常不分场合，如在职场中表现出来。他们通常非常注重外表，竭力吸引他人，博得他人恭维。然而，他们也常常因表现过头而显得华而不实、俗气（如表演型人格障碍的女性通常浓妆艳抹）。

表演型人格障碍者常常夸张地表达自己的观点，然而他们的观点既肤浅又善变。例如，他们会说某政治家或官员是位出色的领导人，但又举不出任何具体事例。这类人重感觉，轻事实，通常靠直觉行事（Millon et al., 2000）。在公众场合他们通常也会表现得情绪强烈，有时甚至使周围的朋友和家人备感尴尬。他们会因某个小挫折而大发脾气，或因某件微不足道的伤感事件而放声痛哭。在他人看来，他们的情绪虚假且夸张，仿佛演戏一般。他们的观点很容易受暗示影响，因其没有任何事实依据，所以他们的观点常常摇摆不定，当前流行什么他们就喜欢什么。

阅读

致命诱惑

惊悚片《致命诱惑》由迈克尔·道格拉斯和格伦·克洛斯（Michael Douglas & Glenn Close）主演。道格拉斯在剧中扮演丹（Dan），一位富有且有实力的律师，他娶了一位漂亮妻子。他们有一个出色的女儿，两人都深爱自己的女儿。在一次商务晚宴中，丹遇见了克洛斯所扮演的亚历克斯（Alex），一位妖娆迷人的单身女郎，并为之深深吸引。因为当时妻子在场，丹与亚历克斯之间什么也没发生。几个星期后的一个周末，丹在一次单独出席的商务旅行中，再次遇见亚历克斯，他们相互调情，互相为对方所吸引。丹当时并未意识到这是一场致命的诱惑。他们发生了几次性关系，两人都为之销魂。其中有一个场景，两人做爱后躺在床上，摄像机对准炉子上烧开的咖啡壶，这是对他们危险的通奸关系后果的一个微妙暗示。

在这次不忠的行为之后，丹回到了妻子身边。亚历克斯对丹企图遗忘她感到很伤心，她既爱他，又为他的离开而怨恨他。在接下来的几个星期里，她给丹的家里打电话，并暗中跟踪他数次。最后，她终于见到丹并告之已经怀了他的孩子，要求他离开妻子，来到她身边。然而，丹却叫她去堕胎，并明确说自己并不打算和她生活在一起。亚历克斯在极度的爱与恨中备受煎熬，她想要独占丹，认为得到他就必须除掉挡在他们之间的障碍——丹的妻子和孩子。亚历克斯开始不断威胁和骚扰丹和他的家庭，该片变得越来越惊悚。

影片刚开始时，很多观众把亚历克斯这一角色错误地看作“痴心恋人”、“爱情疯子”。实际上，她好几次显露出具有边缘型人格障碍的特征。她有明显的人际关系障碍，她徘徊于占有欲和破坏欲之间，游弋在摧毁自己和毁灭他人的边缘。在影片中她因愤怒而越来越具有攻击性，观众不知道她最终是会摧毁自己还是毁灭他人。所有这些都是由被遗弃感所引起的，这也是边缘型人格障碍的特征之一。被遗弃或抛弃是这一障碍的重要成因之一，因为他们会通过人际关系来界定自己（如“没有你，我什么都不是”），他们害怕失去这些关系。然而，正因为他们的情绪强烈而多变，他们的人际关系通常不稳定、不如人意，经常夭折，而这又是最令他们害怕的。

在影片《致命诱惑》中，格伦·克洛斯扮演的亚历克斯是一个有着边缘型人格障碍特征的人。

由于表演型人格障碍者总爱出风头，他们通常很难与他人相处。他们常常因为没有受到应有的重视而情绪低落或行为冲动。为得到他人的注意，获得关爱，他们会采取自杀的举动或威胁性的行为，且他们的轻佻举动使自己容易受到性侵犯。表演型人格障碍者的肤浅也会给他们带来其他社交障碍。换言之，他们热衷于激情、新异性。虽然他们开始工作或人际交往时热情洋溢，但兴趣却无法持久，他们会为了暂时的激情而放弃长期的目标。

表 19.4　表演型人格障碍的特征

过度寻求关注
情绪过激、情感过剩
富有性挑逗
观点肤浅
受暗示性强
强烈需要他人的注意

表演型人格的典型想法或信念

“嘿，看着我！”
“当我成为关注的焦点时，感觉最幸福。”
“枯燥令人难以忍受。”
“我喜欢跟着直觉走，我不必深思熟虑。”
“我能吸引、逗乐任何人，令人印象深刻，主要因为我很风趣幽默。”
“只要我想做什么，我就会去做。”

表 19.4 列举了表演型人格障碍的主要特征和典型的信念。在所有的这些标准里，举止得当的标准随文化、时代、性别的不同而显示出差异。因此，我们在判断某些行为是否为表演型人格障碍时必须考虑这些行为是否造成了对社会的破坏或危害。例如，在一种文化中被认为具有挑逗性的举动，在另一种文化里可能是被接受的。一位来自意大利南部海岸的妇女可能被美国人认为是轻佻的，而事实上，只是由于她所处的文化更友善，人与人之间相处更随便，相互调情是一种常见的交往方式。再来看看性别，表演型人格障碍者的表现往往带有性别刻板印象。表演型人格障碍的男性通常过于“大男子气概”，企图靠夸耀自己勾引异性或炫耀自己的工作能力来赢得他人注意；而女性则过于女性化，靠绚丽性感的服饰或装扮来博得他人青睐。

应用

表演型人格障碍的案例：罗克斯安是一名学生，晚上在一家成人俱乐部担任舞者。她告诉人们这只是暂时的工作，她与在那里工作的其他舞者不同。但她也承认此工作满足了自己的两大需要：金钱和人们的关注。“离开这两样东西，我无法生活。”这是她的心声。罗克斯安决定参加一些自我改善的心理培训课程。她衣着华丽，在班上的同龄人中她显得格格不入。一次她去教授的办公室，却似乎没有任何问题想谈，她只是想炫耀一下自己和自己的兼职工作。在这之后，便有人听说她和老师是私交很好的朋友。课堂上她总是设法吸引他人的注意，如在老师发表意见后大声惊叹，或脱口而出反问老师。在临近课程结束时，她却退出了，也没参加最终考试。她发邮件告诉老师自己身体越来越虚弱，要经常躺着才不会晕倒。她说她看了几位医生，没人能说出她是什么病。从此，她再没和老师联系过。

自恋型人格障碍

自恋型人格障碍（narcissistic personality disorder）最突出的特征是希望得到赞

美，妄自尊大，缺乏洞察他人感受的能力。自恋者自视清高，炫耀自己的成就，贬低他人的功劳。自恋者常白日做梦，幻想财富、成功、影响力、他人的赞美以及权力。他们总想得到他人的赞美，总埋怨他人对自己不够崇拜。他们表现出明显的权力欲望，认为自己应该受到特别的尊重和待遇。实际上，他们什么也没做，不配拥有任何殊荣。

自恋型人格者身上弥漫着一种优越感。他们总觉得自己非同一般，只有那些同样出类拔萃的人才有资格和自己交往，由于他们只和这些特别的人交往，因此也会越发觉得自己了不起。这样的人会坚持请最好的律师，上最好的大学，认为自己与众不同，高人一等。

具有此人格者对周围人的要求很高，他们希望定期得到他人的赞美，尤其热衷于获得自己亲近的人的赞美。许多自恋者喜欢和社会地位较差或不受欢迎的人交朋友，他们不会和自恋者争夺他人的关注。**自恋的悖论**（narcissistic paradox）是指：虽然自恋者的自尊心很强，但他们膨胀的自尊也很脆弱。也就是说，虽然他们看起来很自信，但仍需要来自他人的赞美和关注，而一个真正自信的人是不需要他人赞誉的。当自恋者出现在舞会上，他们希望引起轰动的明星效应；去餐馆和商店时，他们也希望店员和服务生能一下就注意到自己，冲过来为自己服务。因此，自恋者依赖于他人的反应来证实自己的重要性。

自恋者自尊心脆弱并不是说他们在掩饰自己的低自尊，而是说他们对批评格外敏感。当他们认为自己没有得到应有的重视时，会勃然大怒。他们的自尊高度膨胀，即使没有任何证据的支持，他们也迫切希望别人看到自己的突出、独特和优越性。他们的弱点还表现为一种敏感，一种容易被激起的敏感，类似于小孩子发脾气、撅嘴时的情绪。这意味着他们的自我膨胀没有边界。

使自恋者产生交往障碍的另一个原因在于他们意识不到他人的真实需求和想法。在谈话中，他们总是在说自己："我"这样，"我"那样。他们比一般人更倾向于使用第一人称（我，我的）（Raskin & Shaw，1987）。心理学家（Richard Robins & Oliver John，1997）发现，在自恋心理测试中得分高的人对自己表现的评价比他人对自己的评价高，这说明了自恋者的自我提升。和自恋者交往的人总是抱怨自恋者以自我为中心，情感冷漠，不愿接受礼尚往来的交往模式。

自恋者与人交往时还有一大障碍，就是容易对人心生嫉妒。当听到熟人的成功或成就时，自恋者就会诋毁其成功，他们认为自己比那些获得成功的人更值得被称赞，尤其喜欢在公众面前贬低他人。虚荣心有时会让他们在成功者面前掩饰自己的嫉妒和愤怒。

表 19.5 列举了自恋型人格障碍者的主要特征，以及他们典型的信念。由于其自信和抱负，自恋者有时也能取得较高成就。然而，他们的人际交往总是因为其自视甚高和虚荣而受挫，他们很难与他人建立起亲密关系。

表 19.5　自恋型人格障碍的特征

表 19.5　自恋型人格障碍的特征
希望得到他人赞美
妄自尊大
缺乏洞察他人心理感受和需求的能力
权利欲望
优越感
自尊心强但很脆弱
嫉妒他人
自恋型人格的典型想法或信念
“我就是与众不同，我应该得到特别待遇。”
“通常的规范对我不适用。”
“如果他人不给我应得的赞美和肯定，那他们就应该受到惩罚。”
“他人应该按我的吩咐去做。”
“你是谁呀？来批评我？”
“我完全有理由得到生活对我的最好奖赏。”

练习

每个人或许都认识一些有自恋倾向的人，想想你所认识的最自恋的人，列举你认为体现其自恋人格倾向的五种性格特征或行为。看看你所列举的这些特征与表 19.5 中列举的症状是否相吻合？

古怪类：各种怪异的人格障碍

第二类人格障碍是那种使人感到不自在、与众不同的类型，其古怪之处在于与人相处的方式。有的对交往毫无兴趣，有的与人交往时感觉极不自在，有的则对他人疑神疑鬼。发展到极端时，这些人际交往方式便会形成三种人格障碍，分别为分裂样、分裂型和偏执型人格障碍。

分裂样和**分裂型人格障碍**（schizoid and schizotypal personality disorder）都与精神分裂症有关。精神分裂症作为一个术语，字面意思是指心灵与自身和现实相分离，这是一种严重的精神疾病，包括产生幻觉、妄想或知觉失常。上面的两种人格障碍都表现出精神分裂症的某些症状，如分裂型人格障碍表现为性情古怪，对怪异的思想感兴趣，而分裂样人格障碍则表现为社交冷漠。精神分裂症除包含这两类特征外，还包括幻觉、妄想等。因此，这些人格障碍与精神分裂症这种严重的精神疾病有颇多相同点。在分裂型人格障碍的案例中，有些个体可能拥有导致精神分裂症的基因类型，因为在有精神分裂症患者的家庭中，其大部分成员举止古怪，这些古怪行为也是诊断分裂型人格障碍的一大依据。

分裂样人格障碍

分裂样人格障碍者的人格是分裂的，他们游离于正常社交之外。这种人似乎没有与人维持亲密关系或友谊的需要或欲望。家庭生活对他们来说没有太大意义，因为他们不会从群体中得到乐趣。他们几乎没有密友，宁愿自己待着也不愿与人为伴。他们的爱好也通常是一个人就能够做的，如集邮。择业时通常选择那些独立完成的工作，如机械师或计算机编程人员。通常，分裂样人格障碍者从感官知觉刺激中，如吃喝或性交，极少获得乐趣，他们的感情生活非常匮乏。

应用

罗杰 (Roger)，一个具有分裂样人格障碍特征的研究助手。罗杰是一名大学生，自愿在实验室里帮一位心理学教授干活。他工作负责，按时上班，任劳任怨。但他似乎游离于工作之外，虽然他已经工作了几个学期，但对工作既不感兴趣又不会从中获得兴奋感。他经常在晚上工作。有好几次，几个研究生向教授告状说罗杰盯着他们看。问及细节时，这些学生说，当他们开着门时，转身就会发现罗杰站在门边盯着他们看。几个女学生抱怨说，他就像“幽灵”一样诡异，所以她们总是锁着办公室的门。

罗杰的弟弟与他读同一所大学，他们住在一起。弟弟负责处理一切日常事务，如与房东打交道、买日常用品等。因此，罗杰过着受人照顾的生活，一心学习、读书和上网。在课堂上，他从不发言，也不参与讨论。在课下，他既没有朋友，也不参加课外活动。他为之工作的教授以为他在使用药物，但经过询问发现并非如此。获得心理学文凭后，他回去与父母住在一起。他重新布置了父母的车库，一直在那里住了 15 年。每隔几年，他会给他为之工作过的心理学教授打电话，但对话总是很简短，且毫无要点。

最好的情况是，分裂样人格障碍者只表现出对他人的冷漠，既不受他人的批评所扰也不需他人的鼓励。他们的情感世界一片空白。通常他们对社交暗示毫无反应，表现为举止不当或反应迟钝。例如，分裂样人格障碍者走进一个房间，看见另一个人时，虽会盯着这个人看，但毫无与之交谈的意图。有时，分裂样人格障碍者面对令其讨厌的情境时也会表情冷漠，对重大事件缺乏有效的回应。这样的人似乎毫无方向性。

在有些文化中，人们应对压力的方式就像分裂样人格障碍患者。换言之，他们在感到压力时会表现出麻木和被动。例如，从偏僻的乡下搬到大城市居住的一些人会在几个星期或几个月的时间内表现出类似分裂样人格障碍的症状。由于受到噪音、光线和拥挤的刺激，他们会选择独处、抑制情绪，表现出社交迟钝。同样，移民也表现冷漠或保守。例如，20 世纪七八十年代从东南亚移居到美国的人，在习惯了美国主流文化的人看来往往冷漠而充满敌意。这都是一些文化差异，不应该被看做是人格障碍。

分裂型人格障碍

分裂样人格障碍者表现为社交冷漠，分裂型人格障碍者则在社交中感到极不自在。他们在社交场合中很焦虑，尤其是有陌生人在场时。分裂型人格障碍者总觉得自己与他人格格不入或不合群。有趣的是，当他们不得不与他人打交道时，他们并没有因与他人越来越熟而减少焦虑感。比如，当加入一个群体集会时，他们不会越来越放松，反而会越来越紧张。这是因为他们对他人怀有戒心，不信任

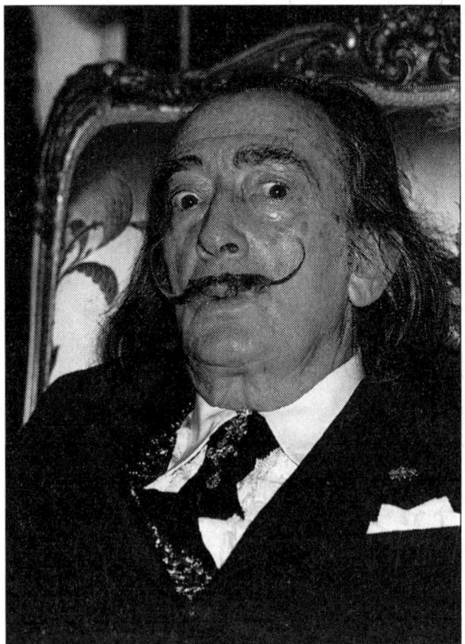

著名的超现实主义画家达利表现出了很多分裂型人格障碍的特征。

他人，因而也无法放松自己。

分裂型人格障碍者的另一特征是行为古怪。他们常常有很多迷信思想，如相信超感官知觉（ESP）和许多其他非正常的、与其文化格格不入的精神现象。他们相信魔法或认为自己有超常的法力，如用自己的思想控制他人或动物的能力；他们有超常的感知能力，由此产生幻觉，如觉得其他人都在注视自己，或听到有人在低声呼唤自己的名字。

由于他们怀疑他人、社交不适和总是举止古怪，所以分裂型人格障碍者在社会交往中存在种种障碍。他们常常违背一些社交常规，如不与人交流眼神、衣冠不整或衣着古怪。在许多方面，他们很难融入社交群体。

由于二者在社交障碍方面具有某些相似性，我们把分裂样人格障碍和分裂型人格障碍的主要特征一起列在了表 19.6 中。同时，表中还列举了能刻画这两类人格障碍者的典型信念。

有研究者（Mason，Claridge，& Jackson，1995）发表了一份测量分裂型人格特征的问卷，并在一些英国样本中得到了验证。其中一个分量表包含对异常体验的测定，如“你的想法有时是否会强烈到你可以听见它们？当有人盯着你看或触摸你的时候，你是否有一种力量倍增或突然虚脱的感觉？你有时是否为自己拥有擅长控制他人的能力而惊讶不已？”另一个分量表是关于测量认知混乱的一些题目，如“你有时是否感到自己措辞混乱，说话毫无头绪而难以理解？你是不是常常觉得很难开始做一件事？”还有测量社交逃避倾向的项目，如“你是否过于独立，不愿与人交往？你是否经常在聚会上远离他人，独自寻找乐趣？”最后一个分量表是关于不从众的测量，如“即使知道他人的建议是正确的，你也喜欢反其道而行之吗？你会服用那些效果不明或有不良后果的药物吗？”

练习

很多名人举止怪异，艺术家（如达利）、作家（如纳西·威廉斯）、音乐家、影星甚至政治家都表现出一些怪异的行为。你可以举出最近表现出奇怪想法和行为的公众人物吗？想想他们的行为是否还符合分裂型人格的其他特征？

偏执型人格障碍

分裂型人格障碍表现为与人相处时极不自在，偏执型人格障碍则表现为对他人极度不信任，视他人为威胁。他们总是毫无根据地认为他人在利用和欺骗自己。偏执型人格障碍者认为自己总是被伤害，总是怀疑他人的动机。

这类人通常不向他人透露个人隐私，害怕他人借此利用自己。他们对他人的反应是“不要多管闲事”。他们常常曲解周围的社会事件，比如，他们会把他人随

表 19.6　分裂样人格障碍和分裂型人格障碍的特征

分裂样人格障碍

游离于正常的人际交往之外

生活毫无乐趣

举止不当，反应迟钝

消极应对不愉快事件

分裂型人格障碍

社交焦虑，避免与人相处

“不寻常”，不从众

对他人疑神疑鬼

想法怪异，如相信超感官知觉或魔法

知觉或体验异常

思想和表达混乱

分裂样人格和分裂型人格的典型想法或信念

“我讨厌受制于人。”

“和与人交往相比，我觉得隐私更重要。”

“最好不要与他人交往过密。”

“人际关系总是一团乱麻。”

“我喜欢我行我素，一个人待着时最自在。”

“我并不看重与他人建立亲密关系。”

意的评论理解为一种恶意或带有威胁的评论（如在内心纳闷“他那样说的用意是什么?”）。他们总是寻求他人评论和行为背后的含义及动机。

具有**偏执型人格障碍**（paranoid personality disorder）的人经常因为一点小事就对人心怀怨恨。他们会因为小的口角就嫉恨他人，甚至诉诸法庭。有时这类人为了维护自己的利益会恳请当权者进行干预，如不惜给议员写信，或不厌其烦地骚扰当地警长。

病态的猜疑是偏执型人格障碍的常见表现。例如，一个病态猜疑的女性，哪怕她并没有任何证据，也会怀疑丈夫或情侣对自己不忠，她会为了验证自己的猜测而不厌其烦地寻找证据，并限制伴侣的行动或反复盘问其行踪。她不会轻易相信伴侣的解释或忠诚的表白。

偏执型人格障碍患者会伤害那些威胁到他们信念的人。他们爱争论和敌对的天性会激起他人的好斗的反应，这种好斗的反应反过来又会验证偏执者最初的猜测：他人都与自己作对。极度猜疑和思想上的不理性使他们难以与人相处。表 19.7 列举了偏执型人格障碍的主要特征，以及此障碍患者的典型信念。

阅读

邮寄炸弹的恐怖分子：多重人格障碍

1996年，卡钦斯基（Theodore Kaczynski）因长期邮寄炸弹谋杀他人而被捕。在长达17年的时间里他不断向一些毫不知情的大学教授和科学家邮寄炸弹（因此他的FBI代码为：Unabomber（炸弹客），university and airline bomber的缩写）。尽管他的主要目标是计算机科学家，但他邮递的炸弹却伤害了一位心理学教授，即密歇根大学的麦克康纳尔（James McConnell）教授。警察虽然知道所有的炸弹来自同一个人，但却不清楚他这样做的动机是什么，为何把目标瞄准大学教授。在长达17年的远距离的匿名谋杀伤害他人之后，卡钦斯基决定明目张胆地表达自己的不满。他给联邦调查局寄去了几封嘲笑信，还写了一篇漫长而不着边际的宣言刊登在《华盛顿邮报》（*Washington Post*）和《纽约时报》（*New York Times*）上，诽谤谩骂科技和现代社会。这导致了他的毁灭，他的弟弟从这篇宣言中认出了他，并通知了警方。蒙大拿州警察在其10~12英尺的小木屋里逮捕了他。

在《新共和》（*New Republic*）杂志（1996年6月10日，p. 20）上刊登了一篇史卡夫（Maggie Scarf）的报道，她认为卡钦斯基可能患有自恋型人格障碍。史卡夫用DSM-IV中自恋型人格障碍的描述来解释卡钦斯基的行为。比如，在哈佛大学读书时，他是如此封闭以至于没有同学记得关于他的任何事。他认为自己是一个不被理解的天才，相信总有一天世界会承认自己。在密歇根大学攻读数学研究生时，他比以前更加封闭自己。在其封闭的世界里，他幻想着自己天生有着威望和能力，并报复那些拒绝赞扬他的人。作为加州大学伯克利分校的一位颇有前途的年轻数学教授，1969年他突然离职，因为没有人意识到他的卓越，没有认识到他有着超常的智力和优秀的洞察力。他认为同事们都是笨蛋，因为他们没有看到他显而易见的超常之处。其学生们却对他的教学方式怨声载道，在教学评估里，学生们指责他的课枯燥无味，并且对学生提出的问题置之不理。或许卡钦斯基认为学生们也是笨蛋。

史卡夫在她的文章里论述说，

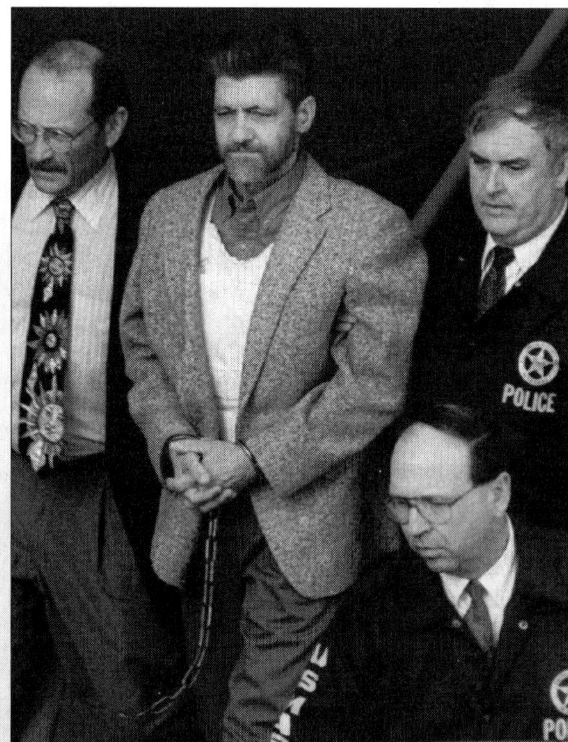

前加州大学伯克利分校的数学教授卡钦斯基因为在17年里制造了一系列“邮寄炸弹”式的恐怖袭击而被判有罪。卡钦斯基的性格里表现出了多种人格障碍症状。

当卡钦斯基离弃社会时，他实际上是在说："我很特别，我应该受到你们的尊敬。"当他嘲笑警察试图抓获他的行为时，实际在说："我如此出众我应该被免罪；你们 17 年都没有抓到我，你们将永远抓不到我。"最后，当他向全世界发布他的宣言时，他实际在说："你们最好意识到你们正在与史无前例的天才交锋。我是如此地聪明、强大和杰出，我会告诉你们世上所有的难题及其解决的办法。如果你们对我的指令置之不理，你们就会陷入危险之中。"在互联网的搜索引擎上输入"Unabomber"你就会找到他的狂妄宣言。

史卡夫只是一名记者而非心理学家，因此她的诊断只是基于猜测，但卡钦斯基的确有自恋型人格障碍的某些特征，但大多数自恋者并不是连环杀手。对于他的异常行为，我们还可能找到什么其他线索吗？法庭指定的精神病专家对卡钦斯基所做的全部报告可在以下网址中找到：http://archive.abcnews.go.com/sections/living/ InYourHead/kaczynskievaluation4.html。该报告由官方指定的精神病专家约翰逊（Sally Johnson）出具，从另外的角度分析了卡钦斯基的行为。还在哈佛大学时，卡钦斯基就参加过我们在第 11 章中提到的默瑞的实验。心理测验结果显示，他极端内向，且有点抑郁。30 年后的心理评估发现他主要患有偏执型精神分裂症（一种严重的心理疾病）。然而他的智商高达 136，属于智商最高的 10%的人群。精神病专家总结说，卡钦斯基患有偏执型人格障碍，并具有回避型和反社会型人格障碍的一些特征。下面引用的是约翰逊发布的正式报告：

> 卡钦斯基先生被诊断患有偏执型人格障碍，并具有回避型和反社会型人格障碍的一些特征。回顾其成长史，他在青年期及成年早期生活中就显露了这种人格障碍的一些症状。这种人格障碍导致他不信任他人，恶意曲解他人的动机。卡钦斯基还表现出明显的偏执型人格障碍症状，比如毫无根据地怀疑他人在利用、危害或欺骗自己；容易把一些善意的交谈和无关事件理解为不尊重和威胁自己的方式；总是心怀怨恨，从来不会饶恕令自己受到侮辱、伤害或轻视的人；当别人无意中损害他的人格或名誉时，他会马上发怒或进行反击。
>
> 除了偏执型人格障碍，卡钦斯基还有另外两种人格障碍的特征。其回避型人格障碍特征表现为，他在早期生活中的社会抑制，对负面评价完全不适应和过度敏感。正因为如此，他害怕被羞辱或讥笑，不愿与他人建立亲密关系，过分在意在社交场合会受到批评或拒绝。这些不胜任感而抑制了新的人际交往。反社会型人格障碍的特征表现在他忽视或侵犯他人权利的方式上。包括他不遵守社会准则，不断地做出违法的行为。这种描述以他自己的文章和访谈为依据。与反社会型人格障碍特征相符的还有他的欺诈性，一直以来他都精心地掩盖自己的罪行。他无视他人的安全，在他的著作中他对伤害、不公正对待以及剽窃他人漠不关心。卡钦斯基还不能被诊断为具有反社会型人格障碍，因为他在 15 岁之前并没有出现品行障碍。（摘自北卡罗莱纳州布特纳市联邦矫正局健康中心副监狱长、首席精神病医师约翰逊的报告，1996 年 1 月。）

卡钦斯基至少表现出了四种不同人格障碍的特征，其中最为显著的是偏执型人格障碍。这种障碍伴随着偏执型精神分裂，产生幻想和复杂的信仰。这种在一个人身上同时表现出两种或多种人格障碍的现象被称为**多重人格障碍**（comorbidity）。当一个人同时具有两种或多种人格障碍，或某种类型的人格障碍的两种或多种症状并存于同一个人时，那么此个体就会出现多重人格障碍。多重人格障碍十分普遍，它使障碍的诊断变得更加困难。

表 19.7　偏执型人格障碍的特征

不信任他人
将社会事件误解为带有威胁性
对他人心怀怨恨
病态嫉妒心理
敌视他人，爱与人争执

偏执型人格的典型想法或信念

“在他人治服你之前先治服他们。”
“他人都有不可告人的动机。”
“人们总是说一套，做一套。”
“不能饶恕任何人。”
“我必须随时保持警惕。”
“他人要是对你好，那很可能是因为他们对你有所图，要当心了！”

焦虑类：紧张、恐惧、抑郁

最后一类障碍的人格特质由回避焦虑的行为模式构成。同其他人格障碍一样，这类人格障碍也存在**神经症性的矛盾**（neurotic paradox）：一种行为模式在成功解决一个问题的同时，会产生另一个同样严重或更严重的问题。

回避型人格障碍

回避型人格障碍（avoidant personality disorder）的主要特征是：强烈的不胜任感和对他人的批评敏感。显然，没有人喜欢被批评。但是，回避型人格障碍者会极力避免在学校、单位或其他场合给他人提供挑剔自己行为或性格的机会。他们焦虑的主要原因是对他人批评与拒绝的极度恐惧，出于这种恐惧，他们会尽量少交朋友，或少在新场合露面。为了劝他们参与新活动，朋友们不得不讨好他们或承诺、鼓励与支持他们。

应用

艾伦是一名患有回避型人格障碍的大学生。她今年 21 岁，因为总是在社会交往中感到不适，她去学校心理诊所寻求帮助。她非常害羞和紧张，所以把自己的社会交往限制在最小范围内。她害怕下学期的分班，因为那样她就必须与一拨新同学相处。她尤其害怕上心理课，因为“这样其他同学就会发现我是个怪人”。她补充说，“他们会发现我是个机能障碍的笨蛋，因为我太害羞，一想到要在一群陌生人面前发言就紧张不已。”她还说她正在考虑从心理学专业转到计算机学科，虽然她对人很感兴趣，也喜欢心理学，但在他人面前还是不免感到尴尬。她认为计算机对她来说要容易许多。

艾伦说，她从小就在学校里受到其他孩子的戏弄，每当这时候她总是回避他人，尽量不引起别人的注意。十几岁时，她曾经试过做保姆，但她从未拥有一份真正的工作。读大学时她没有朋友，至少说不出任何一位朋友的名字。因为担心别人知道其真实面目后会不喜欢她，所以她尽量避免任何社会交往。事实上，她说话时甚至从来不敢迎视咨询人员的目光。

在大学里，她习惯于把功课积攒到一起，然后一次性把它们做完。她尽量每天都找点事情做，把宿舍收拾得很整洁，每月去食品店两次。她形容自己的生活“不是很开心，但至少有规律”。她喜欢在宿舍里上网，她说她喜欢网上聊天室，但是当进一步询问时，她坦白说她只是看别人聊天，从没有真正参与过。她喜欢待在一边，看其他人交流。她说：“别人根本不知道我也在，所以就不会嘲笑我。”

回避型人格障碍者害怕受到批评，所以他们会*限制自己的活动*，以避免可能的尴尬。比如，一位回避型的男性会因找不到合适的衣服而在最后时刻取消一次相亲。虽然这种做法能回避焦虑，但同时也会出现一些新问题，如机会的丧失。另外，回避型人格障碍者会给人一种温顺、安静、羞涩和孤独的印象。

回避型人格障碍者对他人怎么看待自己很敏感。他们很容易受到伤害，看起来很脆弱，不愿参与社会交往；因为害怕被嘲笑，也不愿发表自己的观点或表露自己的情感。他们的*自尊水平通常很低*，不能应对日常生活中的许多挑战。由于他们与社会隔绝，也因此很少得到周围人的帮助。他们虽在内心也愿意与人交往，甚至幻想与他人建立亲密关系，但由于害怕被拒绝或受到谴责，往往会刻意避免与他人的亲密接触。这其中的矛盾是，在避免社交焦虑的过程中，他们也丧失了与他人建立良好关系，以帮助自己重塑自信的机会。表 19.8 列举了回避型人格障碍的主要特征，以及他们的典型信念。

依赖型人格障碍

回避型人格障碍者尽量避免与人相处，而依赖型人格障碍者则处处依赖他人。**依赖型人格障碍**（dependent personality disorder）的主要标志是*过分需要他人的照顾和呵护*。他们以*顺从*的方式行事，以便获得他人更好的呵护，让他人控制情境。他们需要大量的鼓励和建议，甚至会把做决定的责任也推给他人。关于应该住在

表 19.8　回避型人格障碍的特征

不胜任感
对批评敏感
为避免尴尬而限制社交活动
低自尊

回避型人格的典型想法或信念
“我很无能，不受欢迎。”
“我希望你能喜欢我，但我想你一定会恨我。”
“我不能忍受批评，它让我感觉很不舒服。”
“我会不惜一切代价去避免不愉快的处境。”
“我不想自己被他人注意。”
“如果我忽略某个问题，它会得到自行解决的。”

哪里、上哪所学校、修哪门课程、与哪些人交往等决定对他们来说都很困难，他们需要寻求他人的肯定和帮助。甚至对于很小的决定，如今天出门是否带伞、穿什么颜色的衣服、在餐馆里点什么菜等也需要他人的建议，他们很少掌握主动权。

由于依赖型的人害怕失去他人的帮助和建议，他们会尽量避免与被依赖者发生分歧。由于极度需要支持，依赖型人格障碍者甚至会屈从于本不赞同的建议或决定，以避免惹被依赖者生气。

他们缺乏自信，需要他人不断地肯定自己，因而他们无法单独完成工作。他们会等他人一起开始工作，在工作中总是需要他人指点。他们总强调自己能力不够，以便得到其他人的帮助。他们尽量不让自己表现得很能干，以免他人不再帮助自己。一个总是依赖他人解决问题的人不可能学会独立生活和独立处理问题的技能。

依赖型人格障碍者为得到他人的支持和帮助可以忍受各种极端的处境。他们会屈从于一些无理要求，忍受屈辱或与他人保持扭曲的关系。他们认为自己无力照顾自己，所以需要忍受屈辱来维系与被依赖者的关系。他们的悲哀在于，他们推卸责任和过于依赖他人，永远也发现不了自己有照顾自己的能力。表 19.9 列举了依赖型人格障碍者的主要特征和典型信念。

应用

侮辱和虐待关系的出路　使他人处于某种关系中的一种常见策略是使他们确信没有人需要他们，该策略在扭曲的婚姻关系中很常见，例如，丈夫经常贬低自己的妻子。这是一种心理虐待，表现为经常指责妻子的缺点，侮辱她的外表或能力。一些在婚姻生活中缺乏安全感，担心配偶会离弃自己的男性会极力贬低配偶的自信，让她们相信自己不好，有的甚至会进行身体虐待。虽然有时女性也侮辱、虐待男性，但更多的是男性侮辱女性。

表 19.9　依赖型人格障碍的特征
过于依赖他人的呵护
屈从他人意愿
寻求他人的肯定
很少采取主动行为，很少发表不同意见
无法独立工作
为获得支持，不惜忍受屈辱
依赖型人格的典型想法或信念
“我很脆弱，我需要帮助。”
“最糟糕的事情是被他人抛弃，独自一人。”
“我不能得罪那些我需要的人。”
“为得到别人的帮助我必须顺从。”
“我需要别人帮我做决定。”
“我希望有人告诉我该怎么做。”

在经受长期的侮辱和心理虐待以后，许多女性的自尊会降低。在这种情况下，为了获得肯定，女性会越来越依赖男性，为了避免惹怒丈夫，避免丈夫侮辱自己，妻子会变得逆来顺受。妻子不再主动做任何决定，把做决定的机会让给丈夫，因为他一旦发现她过于主动，就会找机会侮辱她，以示惩戒。为得到他的肯定，她选择忍受一切。此外，他会想办法让她相信，除了他以外，她找不到更好的男人。总之，丈夫使妻子在心理上形成对自己的依赖。

处于这种心理或身体虐待关系中的人应该认识到，她们不需要忍受这种不公平的对待，她们并不是配偶所描述的那种无能的人，她们需要做的第一步就是学会自己做决定。第一个决定常常是离开虐待她们的人，去安全的地方，比如寻求妇女救助中心或亲人的帮助。她们必须认识到，自己有主动行为的能力。通常，有了第一次决定，也是最困难的决定后，做出其他决定就会容易很多，她们会慢慢学会自己照顾自己。

强迫型人格障碍

强迫型人格障碍者刻意关注事物的条理性，极力追求完美。对秩序的高要求可以体现在对细节的关注和对规则、程序的遵循上。比如，他们会提前计划好每天上班要穿的衣服，每周六和周三下午 5~7 点进行大扫除。**强迫型人格障碍**（obsessive-compulsive personality disorder）者对自己的要求通常很高。他们努力追求完美，但很少对自己满意。例如，强迫型的学生可能从不交论文，因为他总觉得写得不够完美。对完美的追求会影响他们做事的效率。

强迫型人格障碍者的另一特点是为了工作有时会牺牲业余时间和友谊。他们往往对工作过于认真，他们会占用夜晚和周末的休息时间去工作，很少休息。在一本关于成人人格发展的书中，研究者（George Vaillant，1977）提及，当他的成人被试报告说每年至少休假一周时，他认为这是积极心理调节的征兆。强迫型人格障碍者通常达不到这一调节标准。当他们真有时间放松娱乐时，也更愿做些严

表 19.10 强迫型人格障碍的特征

刻意关注事物的条理性
完美主义倾向
为工作会牺牲休息时间与友谊
通常吝啬小气
僵化固执

强迫型人格的典型想法或信念

"我信奉条理、规则和高标准。"
"其他人都不负责任、过于放松懈怠。"
"细节很重要，瑕疵和错误是不允许的。"
"我做事的方法才是惟一正确的。"
"如果你不能把它做好，就干脆别做它。"
"我只信赖自己。"

肃的事，如集邮或下棋。对于业余爱好，他们还是愿意选择一些要求较高、需关注细节的活动，如绣十字绣、电脑编程等，他们的游戏更像工作。

强迫型人格障碍者在伦理和道德问题上也很不灵活。他们的自律性很强，从来都循规蹈矩。他们的责任心很强，对别人也如此要求。通常，他们认为只有一种正确的做事方式，即他们自己的方式。他们不放心把工作分派给他人，所以常常不愿意和他人一起工作。他们常常抱怨“要想把事情做好，你必须亲自动手”。如果他人不像自己那样认真对待工作，他们就会很生气。

强迫型人格障碍者也表现出其他一些古怪行为，其中之一是不愿丢弃废弃物。很多这类人都小气吝啬，喜欢攒钱。最后，他们不仅做事不灵活，还极端顽固。比如，他们会坚持说，由于别人的不尽力，导致他们无法完成工作。你可以想象，他们总在工作中给其他人找麻烦。表 19.10 列出了强迫型人格障碍的基本特征以及此类人格障碍者的典型信念。

强迫型人格障碍的许多特征在某些方面是具有适应性的。比如，尽可能追求完美，从某种角度来看是可取的，应该奖励；坚持自己的意见也是有个性的表现；讲求干净整洁有时也是好习惯；只要不过于频繁，出门前检查门窗、炉子也很合理。怎样才能判断这些行为和特征是否已构成强迫型人格障碍呢？我们如何才能区分高尽责性和强迫型人格障碍？我们将会在人格障碍的维度模型部分讨论这一话题。

应用

丽塔是一个强迫型人格障碍患者。她今年 39 岁，是一名电脑程序员，已结婚 18 年。她总是井井有条，把家布置得很整洁，整洁到能发现书架上的书放错了位置，或哪个小摆设被移动了位置。不管有无需要，她每天都用吸尘器打扫房间，以致她每年都要更换新的吸尘器。丈夫认为她古怪，说她对脏的忍受度太低，而她却常常因为丈夫不像自己那样事事要求整洁而絮叨，甚至发火。他们没有小孩，因为丽塔认为小孩会给她增加太多的额外工作。她确信在照顾小孩和收拾房间方面不指望丈夫能做对任何事。此外，孩子也会打破他们的生活秩序，把一切搞得乱糟糟。

这些年来，丽塔每天都在自己的事务清单上加新内容，却从没划去其中任何一项。除吸尘外，她还加上了每天要清扫房间。此外，她还每天用强效清洁剂擦洗水池。她早上必须很早起床，才能完成所有的这些事情。

老板总抱怨她速度慢、效率低。老板并不喜欢她在上交任务前一遍一遍地检查。丽塔也不善于和团队中的其他人合作，她总嫌别人做事不尽责，说他们工作中不精益求精。最后老板不得不把她独立出来，让她单独工作。

丽塔的朋友很少。她认为自己没有时间和朋友在一起，她把大部分业余时间都耗费在打扫和整理房间上，还热衷于不断检查各项设备。在她允许自己与丈夫一起度过的为数不多的假期里，大多数时候她还是在谈论家里的事：水龙头是否关上？煤气关了没有？门窗都锁好了吗？最后，丈夫说只有分开度假才是最佳选择。而丽塔却认为，丈夫工作不够卖力，不配得到假期。

每天离家前，丽塔都要检查门窗、煤气、水龙头和其他各项家庭设施。几个月后，检查一遍都不够了，她开始检查两遍。丈夫为此总是抱怨，所以她干脆让丈夫先到车里等，她来检查一切。刚开始丈夫每天毫无怨言地等她，然而几个月过去了，等待的时间越来越长。他现在每天要在车里等上一个小时，等待丽塔把房间的每一样东西都检查好。一天早上，她检查完一切后，发现丈夫已经一个人先走了。当天下午，她收到丈夫发的电邮，说再也受不了她了，要求离婚。

人格障碍的发生率

图 19.1 给出了 10 种人格障碍的发生率。**发生率**（prevalence）一词指的是一定时期、一定人口总数里出现人格障碍个案的数量。图 19.1 中的数据是通过汇总几个社区样本得出的（Mattia & Zimmerman，2001），指的是选取样本时人格障碍的发生率。比如，在特定的时间里，有多少人被诊断为偏执型人格障碍呢？结果显示，强迫型人格障碍最普遍，发生率超过 4%；其次是分裂型人格障碍、表演型人格障碍和依赖型人格障碍，每种的发生率大约是 2%；最不常见的是自恋型人格障碍，只占人口总数的 0.2%。不过，这些诊断都是基于访谈做出的，出现这一结果也有可能是因为自恋型人格障碍患者最不愿意承认自己具有更多的障碍症状。事实上，研究者发现，自恋型人格障碍患者的自我报告与他人关于他们自恋的报告几乎无关联，而其他人格障碍的自我判断和他人判断的相关性则稍微高一些（Clifton，Turkheimer & Oltmanns，in press；Oltmanns，Friedman，Fiedler & Turkheimer，in press；Klonsky，Oltmanns & Turkheimer，2002）。这些发现表明，

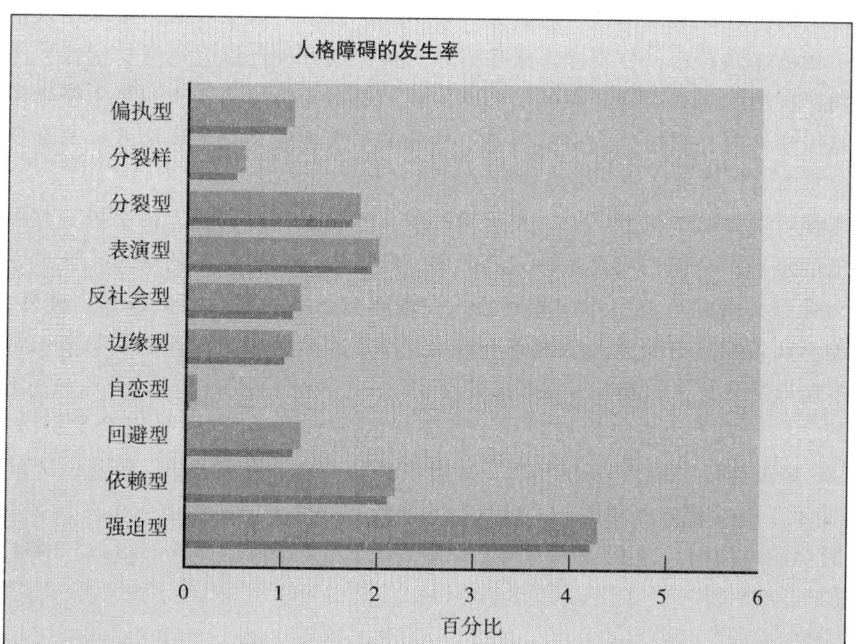

图 19.1　估计的人格障碍发生率

资料来源：摘自 J. I. Mattia and M. Zimmerman, "Epidemiology." In W. J. Livesley (ed.), *Handbook of Personality Disorder: Theory, Research, and Treatment.* New York: Guilford, 2001.（获版权许可）

图 19.1 中的数据都是根据受访者的自我报告得出的，所以被试有可能低估自己患某一人格障碍的可能性，尤其是自恋型人格障碍。

患有至少一种人格障碍的人数比率是总人数的 13%，也就是说，在任何既定时期内，大约有 13%的人被诊断为患有至少一种人格障碍。这就产生了我们在阅读部分“邮寄炸弹的恐怖分子”中提到的多重人格障碍问题。大约有 25~50%的具有某种人格障碍的人也具有另一种人格障碍，这一比例相当大（Oltmanns & Emery，2004）。许多人格障碍包含相同特征。比如，好几种人格障碍都含有社交隔离的特点，包括分裂型、分裂样、回避型等人格障碍，很多强迫型人格障碍案例中也具有此特点。不加约束和不负责任的行为都是诊断边缘型人格障碍和反社会型人格障碍的标准之一。因此，在人格障碍的鉴别诊断上很具挑战性。**鉴别诊断**（differential diagnosis）指面对两种或两种以上相类似的诊断，临床医生从中寻找到支持某种诊断结果的证据。

人格障碍的维度模型

正如本章开头所暗示的，现代理论家们正在致力于探讨一种与类型观相对的、人格障碍的维度观。根据人格维度模型的观点，人格障碍与正常人格特质之间的惟一区别在于其极端性、僵化和不适应性。比如，研究者（Widiger，1997）曾指出，人格障碍只是正常人格特质的不良变异和变异组合。被视为人格障碍之源的五种特质是我们在第 3 章中提到的五因素模型中的五种特质。考斯塔等（Costa & Widiger，1994）编写了一本很有影响的书支持这样的观点，即大五特质提供了研究人格障碍的合理框架。例如一份研究（Widiger，1997）数据表明，边缘型人格障碍是一种极端的自恋；分裂样人格障碍是一种伴随低神经质（情绪稳定性）的极端内向；极端内向和高神经质的组合则构成回避型人格障碍；表演型人格障碍的特征是极端外向；强迫型人格障碍是一种极端尽责性的不良表现形式；分裂型人格障碍是内向、高神经质、低随和性和极端开放性的组合。

维度观有点类似于化学：加一点这种特质，加一点那种特质，就会提升到极高或极低的水平，从而构成了某种人格障碍。维度模型有其特有的优点，比如它能解释为什么具有同种类型人格障碍的人在表述自己的障碍时相去甚远。此外，维度模型承认人们具有多重人格障碍。最后，维度模型明确表示，正常与非正常之间更多地只是程度上的差异，并非质变。

当然，目前关于人格障碍的分类主要还是依据 *DSM-IV* 里所呈现的类别法。当 *DSM-IV* 经过修订，成为 *DSM-V* 后，维度模型会被给予更多关注。目前，*DSM-IV* 只是暗示了维度观的可能性：“只有当人格特质缺乏灵活性和适应不良，导致了严重的功能障碍时，才构成人格障碍（American Psychiatric Association，1994，p. 630）。

人格障碍的成因

到目前为止，本章的内容大多是描述性的，主要就 *DSM-IV* 里提出的诊断标准展开阐述。变态心理学是一门描述性很强的科学，主要致力于发展分类系统和对障碍分类，但这并不意味着该学科不研究障碍的发展过程以及形成特定障碍的原因。研究者一般会考察那些导致人格障碍的生理和环境因素（Nigg & Goldsmith，1994）。例如，具有边缘型人格障碍的人在儿童期的依恋关系很糟糕（Kernberg，1975，1984；Nigg et al.，1994），并且他们中许多人在童年期还受过性虐待（Westen et al.，1990）。有充分的证据表明，大多数的边缘型人格障碍患者是在混乱无序的家庭氛围中长大，接触了大量的成人暴力行为（Millon，2000b）。

遗传因素在边缘型人格障碍中似乎并没有起到什么作用，大多数的证据都表明父母的早逝或对孩子的忽略是重要的原因（Guzder et al.，1996）。

说到分裂型人格障碍，更多证据指向了遗传因素。许多家庭研究、双生子研究和收养研究表明，分裂型人格障碍在遗传上很类似于精神分裂症（Nigg & Goldsmith，1994）。此外，直系亲属患有精神分裂症的人出现分裂型人格障碍特征的可能性要比普通人大得多。并且，在其亲属患有精神分裂症的人群中偏执型人格障碍者和回避型人格障碍者的比例有上升的趋势，这表明，这些人格障碍都与精神分裂症有遗传上的相关(Kendler et al.，1993)。

关于反社会型人格障碍也有一些解释性理论。例如，许多反社会者在幼年时就曾受到虐待和伤害（Pollock et al.，1990），可以从社会学习和心理分析理论来对其进行解释。反社会者中有很大比例的人也是吸毒和酗酒者，因此有研究者认为，由药物滥用产生的生理变化也可能会导致反社会型人格。反社会型人格障碍有明显的家族趋势，这说明该障碍也有遗传方面的原因（Lykken，1995）。另一些研究者提出反社会型人格的学习理论，因为有研究表明这些人在惩罚学习上存在缺陷（Newman，1987）。

对其他障碍的解释亦遵循此模式：既有生物学的解释，学习性的解释，心理动力学上的解释，又有文化因素的作用。每种解释都有其合理性，像其他正常人格一样，人格障碍也有多种成因。此外，我们很难把生理因素和社会习得因素截然分开，把先天因素和后天教化分离。比如，个体的早期经历（如具有暴力倾向的父母）可导致个体特定脑区的神经变化（如影响视丘下部和脑垂体的功能）(Mason et al.，1994)。因此，当早年受虐经历导致生理变化时，我们还仅把它当作习得因素是不恰当的。

显然，生理因素和后天经验是紧密联系在一起的，很难说某一障碍是单纯由哪一种因素导致的。那种把障碍成因归结为单一因素（如基因）的做法过于简单化，因此，我们应该接受这样一种观点，即诸如人格或人格障碍这类复杂的东西是有着多种成因的。表 19.11 列举了所有的人格障碍以及障碍者的自我概念、情绪特征、行为特点和社会关系等。

表19.11 各种人格障碍者的自我概念、情绪特征、行为特点及社会关系

障碍类别	自我概念	情绪特征	行为特点	社会关系
反社会型人格	自我游离于社会制度之外	畏惧感、负疚感较低，急躁易怒，鲁莽冲动	不计后果、冲动、具有攻击性	能言善辩、外表风度翩翩，对他人冷酷无情
边缘型人格	自我意识模糊、多变、不稳定、自我认同感不强	不稳定、紧张、易怒、害羞、常有负疚感	行为无常，可能伤害自己和他人	紧张、不稳定、害怕被抛弃
表演型人格	自视有魅力、受欢迎	喜欢在公共场合卖弄	吸引他人注意、狂妄	寻求关注
自恋型人格	自认为是惟一的、独特的、富有魅力的	自视甚高，当不被认同时报复心强	爱自我表现、寻求赞誉	嫉妒心强、缺乏同情心
分裂样人格	不合群、无抱负	感到乏味、生活了无生趣	被动	游离于社会之外，朋友少或没有朋友
分裂型人格	自视与众不同、特别的	不自在的、疑神疑鬼的	行为古怪、思想与众不同	社交焦虑、回避他人
偏执型人格	受伤者的形象	有威胁感、善辩、爱猜忌	不信任他人、自我保护意识强、爱报复	敏感、易误解他人意图、树敌多
回避型人格	自视无能	常感到窘迫、害怕被指责或拒绝	安静、害羞、自闭	退缩、对批评敏感
依赖型人格	依赖性强、缺乏自我定向	脾气温和、优柔寡断	依赖他人、极少采取主动	顺从、受保护欲强、避免冲突
强迫型人格	刻板、自我要求和期望值高	易怒、固执、缺少乐趣	工作狂、喜欢重复、重细节	无暇交友，对他人要求高

总结与评论

本章从讨论人格障碍与前面介绍的几乎所有其他主题的关系入手。障碍的概念建立在对正常和变态区分的基础上。变态的定义有几种：一种是统计学意义上的，依赖于某一现象在总人口中出现的几率；另一种定义是社会学意义上的，考察社会对某一特定行为的容忍度。心理学意义上的定义则强调某一特定行为模式造成自己或他人痛苦的程度。比如，该行为是否与个体思想、情绪或是社会交往的混乱有关呢？对变态的心理学定义是指那些妨碍个体达成满意的交往关系或有效完成某项工作的任何因素。大多数障碍会导致社会交往问题，因为它们削弱了个体与他人交往的能力。许多障碍也会削弱个体高效工作的能力。我们发现所有的人格障碍都涉及引起人际关系问题或工作问题的症状，或者二者兼有。

变态心理学（亦称作精神病理学）已成为了心理学和精神病学领域内的一门新学科。该学科的主要目标是找到有效的精神障碍分类法。最广为使用的变态心理分类系统（至少在美国）是《精神障碍的诊断与统计手册（第四版）》（*DSM-IV*）。该书是诊断和描述所有心理障碍的依据，本章中我们仅关注人格障碍。

人格障碍是指个体异常经验和行为的持久模式，这些反常的行为和经验完全背离正常标准和个体所在群体中他人的期待。障碍通常在人的思维、情感、与他人相处或控制自己行为的能力中表现出来。该模式在各种情境中都会有所表现，给自己和他人带来痛苦，如在工作中或与他人的关系中。人格障碍在个体的生活中有史可查，通常可追溯到青少年，甚至童年时期。

本章中我们讨论了 *DSM-IV* 中涉及的 10 种人格障碍。我们把这些障碍分为三类：反常类（与行为反复无常或暴力倾向有关的障碍）、古怪类（与行为怪异有关的障碍）和焦虑类（与焦躁不安和痛苦有关的障碍）。每一类都有特定的症状和行为特征。事实上，人格障碍是维度性的，按照个体显示的某障碍的症状强度和数量来确定障碍的严重程度。

关键术语

障　碍
变态心理学
变　态
精神病理学
人格障碍
类别观
维度观
反社会型人格障碍
边缘型人格障碍
惊吓眨眼法
表演型人格障碍
自恋型人格障碍
自恋的悖论
分裂样人格障碍
分裂型人格障碍
偏执型人格障碍
多重人格障碍
神经症性的矛盾
回避型人格障碍
依赖型人格障碍
强迫型人格障碍
发生率
鉴别诊断

20 总结和展望

人格心理学领域的现状

知识领域：人格心理学已发展到什么程度，将走向何方

- 特性领域
- 生物学领域
- 心理动力领域
- 认知—经验领域
- 社会文化领域
- 调适领域

整合：新千年的人格心理学

20

总 结

在阅读了本书前 19 章的内容后，下次如果有人再问你“那个人为什么会有这样的行为表现?”时，你应该能够回答该问题。有时，人们为什么会那样做似乎是个谜，而人格心理学正试图用科学调查的方法来解开这个谜。如果你着迷于人类的各种行为、人们所做的聪明事或傻事、人们解决问题或自找麻烦的方式以及关于这些行为的各种解释，那么你便与人格心理学家有些相似的地方了，即对人性有着深深的好奇心。

尽管完全理解整个人性看起来似乎是一项不可能完成的任务，但这却是人格心理学的终极目标。虽然理解人格的全部是几乎不可能的，但人格心理学家正积极地去弄清它的一切。心理学家卡弗（Charles Carver，1996）曾说过：“人格是个太大的话题，以至于我们一下子把握不了。”当我们面对一个巨大而困难的任务时，有时候把它分解成更小的、更可控制的领域会益于解决，这就是当代医学所采用的方法。医学研究者各有其擅长的领域，包括皮肤科医生、心脏病专家、肺病专家等等。我们在本书中采用的方法基于这样一个假设：通过关注人格主要领域的不同机能，可以在理解人类的人格方面取得进展。很显然，这些机能领域是彼此联系的，就像心脏和皮肤之间有重要关联一样（如心脏供血滋养皮肤细胞）。对人类人格的完全理解不仅需要了解每个领域的机能，还需要知道领域之间是以什么样的方式联系在一起，从而整合成一个完整的人。

人格心理学领域的现状

对人格心理学领域来说这是个令人兴奋的时代。关于人格的本质、结构和发展，近来的研究已经达成了一定程度的共识，促使近几十年来的研究持续发展(Robins，2002)。最近有评论者总结说，该领域正在蓬勃发展着（Diener & Scollon，2002；Funder，2002)。一个研究领域步入正轨的标志之一是看它所拥有的手册。人格心理学已拥有数本手册（Pervin & John，1999；Hogan，Johnson，& Briggs，1997；Saklofske，1995)，还包括人格障碍方面的手册（Magnavita，2003)。一个领域繁荣发展的另一个标志在于，是否存在致力于推动该领域发展的专业协会。人格心理学有许多协会，包括人格与社会心理学学会（Society for Personality and Social Psychology）以及近期成立的人格研究协会（Association for Research in Personality)。后者成立于 2001 年，主要致力于人格的跨学科研究。此协会主要通过年会和官方刊物《人格研究杂志》（*Journal of Research in Personality*）来促进人格的科学研究。

如今，人格心理学家们所做的研究主要聚焦于人格的特定成分，如自尊，具体特质（如外向性或随和性)，或具体的过程（如对信息的无意识加工)。这是在过去 100 年里人格心理学领域研究方向的不断变化。早期的人格理论家（如弗洛伊德）建构了整体人格的理论。这些大理论主要关注人性的普遍属性，如弗洛伊德的理论认为，所有的行为都受到性或攻击本能的驱动，所有的人都会经历心理性欲发展的特定阶段。

大约 50 年前，人格心理学家开始将其注意力从人格大理论转向别处，他们开始构建人格具体领域的小理论，也就是说，研究者们开始关注完整人格的不同成分，这使心理学家得以将自己的研究放在具体问题上。例如，人们是怎样发展和维护自尊的？自尊心高的人和自尊心低的人在哪些方面不一样？一个低自尊的人该如何提高其自尊？当然，自尊只是人格的一部分，只是冰山一角，但是了解自尊对了解完整人格却是有益的。

人格整体是相互联系的各个组成部分的总和，要理解整体就需要理解部分。就像是“盲人摸象”的典故中所说的，当今的大部分人格研究，只研究特定部分。当所有这些部分，从特质到生理、心理动力、认知经验、社会和文化再到调适领域形成一个整体时，我们才具备了理解完整人格的基础。

某种程度上，要了解整只大象需要先了解它的各个部分。因此盲人们只有通过共同合作，汇集每个人对大象某一部分的印象，才能最终形成一个关于整只大象的合理理解。盲人们可以比较系统地去了解大象，每个人采用不同的方法研究大象，然后彼此清晰地交流他们对于大象的看法。人格心理学家们就像这些盲人一样，因为他们通常一次主要关注人格的某一领域。当然，人格心理学家在合作和互相交流方面做得很好，他们有各种各样的方法和途径来研究和评估人格。很多致力于某一人格领域研究的心理学家都知道另一人格领域里的进展。因此，我们可以通过了解人性知识的不同领域来了解人格整体。

所有当代的研究和理论都可归入六大主要的知识领域。它们组成了本书的基本结构，让我们先来简要回顾一下每个领域。

知识领域：人格心理学已发展到什么程度，将走向何方

六大知识领域中的每一个领域都代表了人格心理学研究的专门领域。当某一知识领域变得更广阔和复杂时，该领域的工作者就不得不变得更专业化。例如，之前的医学领域就比现在简单、有限得多，所有的医生都是全科医生。那时的医学知识少得以至于每个从业者都可以全部掌握。今天的医学领域是如此之广阔和复杂，没有人能无所不知，因此现在的医生只能是某方面的专家。人格心理学亦如此，即研究者在本书所列的六大知识领域上具有专门化的倾向。在本章接下来的部分，我们将回顾每个知识领域的主要特征，最后预测每个领域可能的发展方向。

特性领域

特性领域关注人格的稳定方面，它们使人们彼此不同。例如，有的人外向、健谈；有的人则内向、害羞。有的人情绪化、喜怒无常；有些人则安静沉稳。有的人尽责、值得信赖；有的人却很不可靠。人和人之间有很多不同，其中的很多差异可以用人格特质来描述。

该领域的心理学家主要研究：存在多少种人格特质？我们如何才能最好地发现和测量这些特质？人格特质是如何发展的？这些特质是如何与环境相互作用而产生行为的？

人格特质心理学家将会持续关注人与环境的交互作用。心理学家们已经意识到行为总是在某种情境中出现。对此有心理学家（Shoda & Mischel，1996）提出了一个公式，即“如果–那么”的关系，并提供了一个“如果–那么”关系模型。例如，如果一个少年具有攻击性，那么就意味着特定行为（如语言侮辱）很可能出现在特定的场合（如被同伴嘲笑）。用不同的“如果–那么”关系模型可以刻画个体的特征。一个特定个体在什么情况下会变得压抑、愤怒或烦躁？在具体的“如果–那么”关系模型中，每个人都有一种鲜明的特殊心理特征：当情况 Z 发生时，个体可能会表现出行为 A；而当情况 Z 没发生时，则表现出行为 B。两个人可能同样好斗，但引发他们攻击性的情境可能不一样。这就是个人–情境交互作用的要义。

什么样的特定情境才能唤起具有某种特质（敌意）的人的特定行为（如争吵），人格心理学家们将会进一步地去完善对这些问题的理解。

特性领域主要强调对特质和能力的精确测量。与人格的其他知识领域相比，特性领域更强调测量和研究人格的量化技术。这种趋势很可能会继续下去，特质心理学家将不断开发测量人格特质的新方法，以及评价人格研究的新统计技术。测量理论的未来发展很可能会对人格特质测量的发展与评估产生重要影响（West，2002）。例如，人们正在努力让施测者能够对人格测验中的每个项目的精确性和有效性进行评估。其他统计方法的发展使得人格研究者即使在不采用实验的情况下，也能够考察变量间的因果关系。统计方法、测量技术和测验手段的不断进步将是未来特性领域不可或缺的一部分。

不同的特质理论使用不同的程序来识别最重要的个体差异。有的使用词汇学策略，即用语言中数以千计的特质术语进行研究；有的则用统计技术来识别重要的个体差异。将来，我们会看到研究者们共同合作，各自运用不同的方法来发现某些特定的特质结构。事实上，研究者们还在用这些策略继续探索其他尚未被识别的特质。例如，在词汇学策略中，早期的研究者们删除了与性或性别有关（只适用于某一性别而不适于另一性别）的形容词，这样做的结果是，研究者可能错过了与性或性别差异有关的一个或多个特质。

生物学领域

人格的生物学领域的核心假设是：人类属于生物系统。该领域关注影响人格或与人格有关的内在身体机制，以及形成这些身体机制的进化过程。与其他知识领域相比，这一领域对人格的研究并不是更基础的，其知识也没有更接近人格的实质。生物学领域仅仅包括影响行为、思想、感觉和欲望的身体因素和生物系统，它们同时也被行为、思想、感觉和欲望所影响。生物过程会导致可观察到的个体差异，或只是与这些个体差异有关而已。另外，人的生物学方面的差异也许是人格差异的原因（如外向性的生物学理论），也可能是人格差异的结果（如心脏病是敌意 A 型人格类型的结果）。

对接近与回避心理的研究很可能在将来变得非常活跃（Carver，Sutton & Scheier，1999）。当前，很多关注行为的生物学基础的研究者们认识到人类的行为和情绪有两种内在倾向：（1）感受到积极情绪并去接近该情绪的倾向；（2）感受到消极情绪并试图避免和消除该情绪的倾向（Davidson，2000）。第 7 章中回顾的大部分研究主题就是例证，包括对与积极和消极情绪相关的脑区的研究，格雷（Gray）的行为接近和行为抑制理论，及其对奖惩敏感性的研究。这些研究很可能会被进一步汇总，接近和回避动机将会成为人格心理学研究中的重要主题。

影响人格的另一个主要的生理因素是基因，基因组成决定了我们是高是矮，是蓝眼睛还是褐色眼睛，是瘦还是胖。基因结构还影响与人格有关的行为方式，如我们有多积极，好斗与否，是喜欢与人相处还是喜欢独处。理解基因如何影响人格正是生物领域的内容。

行为遗传学的研究在天性与教养问题上取得了很大进展。大部分的重要人格

一名技术人员正在处理 DNA 序列的信息。

特质显示出中等遗传力（范围在 0.20~0.50）。这些特质的总变异中有 20%~50%可归于遗传基因的差异，还有 50%~80%可能是测量误差与环境因素造成的。环境分为共享和非共享两种。共享环境是兄弟姐妹所共同拥有的，如同样的父母、相同的教养方式（可推测），以及相同的学校和宗教信仰等。非共享的环境因素包括机遇因素和偶然因素，前者如不同的朋友或同伴、不同的老师、潜在的不同的教育方式；后者如事故或疾病等。研究者指出，共享和非共享的环境因素对人格都很重要，因此，我们将看到与直觉相反的一幕：遗传学研究者将重点放在了仔细评估环境因素上。

另一些研究者在分子水平上考察遗传。人类基因组工程始于 20 世纪 90 年代，是人类有史以来实施的规模最大和最昂贵的科学计划。人类基因组工程的目标是绘制整个人类的基因组图谱，用分子技术来了解每束 DNA 的作用。双生子研究和收养研究是行为遗传学的基本研究方法，通过评估亲属相似性间接估计特质的基因成分。另一方面，分子遗传学研究可以直接识别个体遗传差异的 DNA 构成。有了这些新技术，“研究者们正在迎接新世纪的曙光，……通过识别引起行为变异和障碍的特定基因，革新人格的遗传学研究”（Saudino & Plomin，1996，p. 344）。研究者们已经开始用分子遗传学技术来探索与酗酒、认知能力、犯罪和冲动控制有关的基因，他们很可能会找到能够合成特殊神经递质的基因，而这些神经递质又与特定特质有关。不久的将来，人格心理学家将与分子遗传学家合作，找出与人格维度有关的特殊基因（Plomin & Crabbe，2000）。

生物学领域还包括有关人格的进化论思想。从进化心理学的角度看，可以在三个层面上对人格进行分析：人类本性、性别差异和个体差异。在每个层面上，进化论都提出了两个相关问题：在漫长的进化历程中，人类面临过哪些适应性问题？在解决这些适应性问题时，哪些心理应对策略得以进化？

适应性问题都很具体，例如食物的选择和择偶是有区别的，其心理解决的方法也倾向具体化。因此，进化论观点使我们预期到人格将会相当复杂，是大量进化而来的心理机制的集合，每一种机制对应一个具体的适应性问题。从进化角度看，特定的择偶偏好、嫉妒、恐惧和恐惧症、亲缘利他倾向等，也许都是进化心理机制的组成部分。

然而上述观点并没有宣称人类现在处于最佳的适应状态，或者说适应得较好。由于进化过程的缓慢，拥有石器时代的大脑的我们却生活在一个网络遍布、全球旅行便捷和现代医疗展现奇迹的新世纪。因此，当远古时代（我们的适应性得以进化并适应该时代）和我们创造的新世界存在很大差异时，就会出现问题。

尽管它也许不会取代其他观点，但是进化论观点将会继续保持其重要性。然而，进化心理学将会带来一个新问题，因此，当从经验的角度回答这些问题时，需要具备一种必要的洞察力。最关键的也许是，进化论会提出这样的问题："每种心理机制的适应性功能是什么?"提出关于适应性功能的问题可能会让我们发现：人类的人格更加复杂，包括了更多的心理机制；人类并不像弗洛伊德所想象的那样，仅仅是受性与攻击本能的驱使，而是受十几个或更多的动机所驱使。当人类的人格被证明确实如此复杂时，我们不应对此感到惊奇。毕竟，如果人格真的很简单，只包含一些简单易懂的心理机制的话，那么本书就应该比现在要薄得多。

生物学并非宿命论，记住这一点很重要。生物学领域与其他领域一样，包括一系列影响人格或与人格有关的因素。我们最好认为人格有着多种决定因素，如本书六大领域中所涉及的那些影响因素。

心理动力领域

心理动力领域关注那些影响行为、思想和情感的心理因素。该领域的先驱是弗洛伊德，然而新的观点已经远远超越了他最初的观点。心理动力领域主要关注人格的基本心理机制，其中很多机制都是在意识之外运作的。该领域的理论通常始于对动机系统的基本假设，例如，弗洛伊德假设驱动大部分人类行为的是性与攻击性。尽管这些基本假设通常无法直接进行验证，但有研究表明动机是强有力的，即使有些动机处于意识之外，可以通过其对真实行为的影响进行验证。心理动力领域还包括对防御机制的研究，如压抑、否认、投射，其中的一些已在实验室中被研究过。

本书将精神分析的观点和贡献分为了两部分：弗洛伊德及其追随者们提出的经典精神分析理论；当代精神分析理论对这些基本观点的扩充和改变。例如，新观点强调社会性危机才是人格发展的任务而不是性冲突；另外，精神分析的现代观点强调重要人际关系内在表征的重要性。现代精神分析理论保留了童年是理解成人人格的关键因素这一观点，但它更强调的是关系，如婴儿与最初照料者之间的依恋关系。

心理动力领域的基本假设是：存在很多意识之外的心理领域。每个人的内心都有一部分连自己都不知道的心理，即潜意识。在经典精神分析中，潜意识心理被认为有自己的生命，它拥有自己的动机、意志和能量，它能干涉心理其他部分的功能。实际上，它被认为是所有心理问题的根源。现代关于动机的研究（例如，权力动机、成就动机、亲密动机）也同意动机能在意识之外起作用的观点。

心理学家将继续对人们意识以外的思想感兴趣，但他们否认弗洛伊德所认为的：这样的思想是潜意识动机的结果，或仅仅是无法被立即注意到的想法。很多心理学家把潜意识看做自动的信息加工机制，能够影响意识（Bargh & Chartrand, 1999）。他们还发展了研究潜意识的方法，如启动和阈下研究。现在我们似乎可以去更多地了解有多少认知活动发生在意识之外和潜意识思想对行为有多大程度的影响了。

研究者和临床医师会持续关注的另外一个主题是压抑记忆。研究者们可以在实验室演示虚假记忆，如让被试学习一个单词表，之后，他们时常会错误地回忆起与此单词表上的词相关的单词，但实际上这个单词并不在词表上（Roediger & McDermott，1995），实验中的很多被试都确信目标词就在这张表上。当然，这类虚假记忆的实验演示与创伤事件的压抑，或虚假童年记忆的主题还是有很大区别的。但是，传统的认知科学家正在着手考察记忆是怎样运作的，以及记忆是怎样让人们回忆起一些没有发生过的事情（Roediger，McDermott，& Robinson，1998）。

认知—经验领域

认知—经验领域关注主观经验和其他心理过程，如思想、感情、信仰以及对自己和他人的期望。它的一个核心概念是自我。自我的某些方面涉及我们如何看待自己：对自己的认识、对过去自我和将来可能自我的意象。我们认为自己是善还是恶？在自我观念中，过去的成功或失败很重要吗？我们是否积极地设想未来的自己？心理学家将会继续关注自我概念和同一性。心理学家可能吸纳这样一个观点：同一性就如一个故事，而我们可以通过叙事研究或个案史研究来理解它，这将继续成为人格心理学的一部分。

有人把人格心理学比喻为信息加工过程或计算机。人类接收感觉信息；通过复杂的认知系统加工这些信息，并对获得的大量信息进行选择和修正；然后再储存到记忆之中，记忆与原始事件不存在一对一的关系。这个过程中的每一步，从注意和感知到记忆和回忆，人格都有机会对其产生影响。心理学家将继续认真关注人们如何建构他们的经验。理解这一过程如何运作以及它如何解释人格将是该领域的一个目标（Pervin，1999）。

在认知—经验领域中，一个稍有不同的方面是人们的奋斗目标。该传统领域通过研究个体试图完成的个人目标来研究人格（Little，1999）。目标概念将继续成为人格心理学的重要研究部分。目标含有认知、情感和行为的成分，通常是对社会制度、规范或标准的个人表达，因此目标概念也许是心理学家研究个体与复杂社会系统的关系的一个途径。

主观经验的另一个方面是情绪。个体通常是开心的还是伤心的？是什么让一个人愤怒或恐惧？快乐、悲伤、胜利的感觉和失望的感觉都是我们主观经验的基本成分，这些都包含于认知—经验领域之中。如果你想知道对一个人来说什么是真正重要的，那就问问他（她）的情绪。他（她）上次生气是什么时候？什么让他（她）感到伤心？什么让他（她）感到恐惧？情绪将继续是人格中的一个重要概念。

社会文化领域

本书的一个新特点在于重视人格的社会层面和文化层面。人格不仅是存在于个体的大脑、神经系统和基因中的某种东西，它也受个体生活中的重要他人的影响，并反过来影响着重要他人。

人类并不是其所处环境的被动接受者，人格在社会交往中发挥着关键作用。我们有选择地进入或回避一些人际环境，我们会主动地选择自己的配偶和朋友，我们唤起他人的反应，有时是完全无意识的。我们主动地影响或操控那些进入我们的生活世界的人。人格影响着这些选择、唤起和操控的过程。例如，情绪不稳定的个体喜欢选择情绪同样不稳定的人作为伴侣；他们的喜怒无常会唤起伴侣可预期的愤怒；他们更常用“冷处理”的策略来影响伴侣。简言之，人格会通过我们的社会选择、唤起和操控等行为来表现自己。

其中一个重要的社会领域涉及男性和女性之间的关系。在某些方面，人格对男性和女性的影响会有所不同。性别是自我统一性的一个基本方面，我们所说的性别有其文化起源：社会如何为男性和女性建构不同的准则、角色和预期。性别的另一方面是男性和女性在过去面临不同的适应压力，从而进化出不同的行为模式。不管起源是什么，人格心理学家将继续关注性别差异。为了更好地理解性别差异，心理学家很可能将向其他学科的专家，如人类学家、动物行为学家、社会学家和生物心理学家寻求帮助。

在文化层面，很显然不同的群体之间各不相同。有的文化是个体主义的：人们喜欢自己做决定，主要对自己负责；有的文化是集体主义的：人们喜欢把自己看做是社会群体的一部分，并认为个人的需要没有集体的需要重要。这些群体间的人格差异也许正是传承性文化或唤起性文化的例证。一些心理学家认为这些差异是由文化传递引起的——父母或其他人将其文化下的观点、价值观和表征传递

与来自不同文化背景的人相互作用、相互影响是世界各地日常生活中的一个事实。理解来自不同文化的人的不同之处和相似之处，将继续成为人格心理学的一个重要部分。

给下一代。但是，另一些心理学家指出这些都是唤起性文化的例子。据此观点，每个人都有进化出个体主义的能力，只顾自己；同时每个人也有发展出集体主义的可能，更在乎集体的利益。个体会表现出哪一种能力，主要取决于他是生活在一个高度流动、周围的亲属很少的文化（产生个体主义倾向）中，还是生活在高度稳定、周围有很多亲属的文化之中（产生集体主义倾向）。这个充满魅力的新方向体现了文化心理学和进化心理学的理论融合。

对文化内和跨文化的差异性与相似性的研究将继续在人格心理学中发展。我们的世界正在逐渐成为一个全球共同体，多样性表现在日常生活的很多领域中。我们中的很多人经常会在学校、工作和社区遇到来自不同文化的人。事实上，来自不同文化背景的人正在逐渐互相依赖。人格心理学的一个重要目标就是理解文化如何塑造人格，以及具体文化之间的差异性和相似性。我们要寻求对彼此的理解，并找出是什么力量使得来自不同背景的人彼此不同，这都是非常重要的事情。

调适领域

在我们处理、适应和调适日常生活中的各类事件时，人格发挥着重要作用。大量的证据显示人格与一些重要的健康状况（如心脏病）相关，人格还与和健康有关的各种行为，如抽烟、饮酒和冒险相关，人格甚至与我们的寿命有关联（Peterson，2000）。用模型来说明这些过程是如何运作的，以及弄清人格对健康和幸福的作用将是人格心理学将来的一个重要内容。关于积极情绪作用的看法目前有一个转变，这种对心理的积极方面的强调将很可能会成为人格心理学研究的另一个重要部分。另外，还有一些几十年前开始在美国各个社区进行的纵向研究，这些研究中的被试现在已经是成年人了，研究者正着手研究特定生活方式和人格因素对寿命和健康的长期影响。

很多应对和调适的重要问题都可以追溯到人格障碍。通过研究人格障碍，可以加深对“正常”人格功能的理解，反之亦然。心理学家运用特质研究取向来理解人格障碍（Costa & Widiger，2002；Widiger，2000）。这将有助于我们更加深入地理解人格障碍的本质。

整合：新千年的人格心理学

各知识领域应该被视为互补的，而不是矛盾的。人有多面性，我们可以从不同的视角来观察和研究。我们说心理机制是在人类解决社会问题的过程中进化而来，并不意味着精神分析的原理是错误的。同样，人格特征的多样性是基因造成的，并不表示个体的人格在成年期不会再有所发展和变化。

现实中的人格研究将发生于各领域的交叉之处。例如，用核磁共振成像技术（fMRI）实行脑部扫描的脑研究者和研究人际特质的心理学家之间的合作（Aharon, Etcoff, Ariely, Chabris, O'Connor, & Breiter, 2001)；研究文化差异的本质和起源的文化心理学家和进化心理学家的合作（Oyserman et al., 2002a）；研究信息加工机制下的稳定的个体差异的特质研究者和认知心理学家的合作（Brendyl, Markman, & Messner, 2001）。当研究者们拓展出涵盖各个领域的理论，并试图在各个领域之间或人格心理学与其他科学领域之间找到联系时，就会取得最激动人心的进展。

新千年人格心理学的发展将依赖于研究者们跨领域研究的意愿和能力。最令人兴奋的进步将表现在：研究者们组成跨学科团队，在研究人格心理学领域中很重要的核心问题时，综合使用不同的分析水平和不同的研究方法。以新的、有趣的方式建立起将各知识领域连接起来的桥梁，这将对如何理解人类本质产生最重要的影响。

如果环顾一下今天的人格心理学领域，我们就会发现在某些领域之间已经建立起了桥梁。例如，关于接近和回避动机的主题，心理学家们正在通过大脑活动进行研究，探索这些动机的发展过程，研究其文化差异，并探究这些特质是如何造成心理障碍的。当不同的科学家们如特质心理学家、生物心理学家、文化心理学家和健康心理学家共同致力于人格心理学领域的重要问题时，所研究的问题将取得标志性的进展。不难想象这种有趣的可能性，例如，也许不久的将来，对压抑记忆感兴趣的心理学家会使用功能核磁共振成像的方法来研究此问题，而对自尊感兴趣的心理学家则开始从神经化学和文化影响两方面着手进行研究。随着新千年的推进，我们将不断增进对人类本性的了解，这是非常令人振奋的。

专业术语表

a

变　态
abnormal Broadly defined, the term abnormal is based on current levels of societal tolerance. In this sense, behaviors that society deems unacceptable would be labeled as abnormal (e.g., incest and child abuse). Yet, because these tolerance levels (e.g., towards homosexuality) can change over time, psychologists have started directing their attention towards people's subjective views and experiences. Anxiety, depression, and feelings of loneliness may be linked to disorganized thought patterns, disruptive perceptions, or unusual beliefs. These may inhibit a person's ability to work or socialize, and may all be considered abnormal. 550

变态心理学
abnormal psychology Abnormal psychology is the study of the various mental disorders, including thought disorders (such as schizophrenia), emotional disorders (such as depression), and personality disorders (such as the antisocial personality). 550

文化适应
acculturation Acculturation is the process of, after arriving in a new culture, adapting to the ways of life and beliefs common in that new culture. 497

智力的成就观
achievement view of intelligence The achievement view of intelligence is associated with educational attainment—how much knowledge a person has acquired relative to others in their age cohort. 365

默　认
acquiescence Acquiescence (also known as yea saying) is a response set that refers to the tendency to agree with questionnaire items, regardless of the content of those items. 99

行动倾向
action tendencies Action tendencies are increases in the probabilities of certain behaviors that accompany emotions. The activity, or action tendency, associated with fear, for example, is to flee or to fight 372

活动度测量仪
actometer An actometer is a mechanical motion-recording device, often in the form of a watch attached to the wrist It has been used, for example, in research on the activity level of the children during several play periods. Motoric movement activates the recording device. 123

急性压力
acute stress Acute stress results from the sudden onset of demands or events that seem to be beyond the control of the individual. This type of stress is often experienced as tension headaches, emotional upsets, gastrointestinal disturbances, and feelings of agitation and pressure. 527

适应
adaptations Adaptations are inherited solutions to the survival and reproductive problems posed by the hostile forces of nature. Adaptations are the primary product of the selective process. An adaptation is a "reliably developing structure in the organism, which, because it meshes with the recurrent structure of the world, causes the solution to an adaptive problem."(Tooby & Cosmides,1992, p.104). 9, 208

适应性问题
adaptive problem An adaptive problem is anything that impedes survival or reproduction. All adaptations must contribute to fitness during the period of time in which they evolve by helping an organism survive, reproduce, or facilitate the reproductive success of genetic relatives. Adaptations emerge from and interact with recurrent structures of the world in a manner that solves adaptive problems and hence aids in reproductive success. 211, 479

加法效应
additive effect Health psychologists describe the effects of different kinds of stress adding up and accumulating in a person over time as being an additive effect. 527

接近性
adjacency In Wiggins circumplex model, adjacency indicates how close the traits are to each other on the circumference of the circumplex. Those variables that are adjacent or next to each other within the model are positively correlated. 75

调适领域
adjustment domain Personality plays a key role in how we cope, adapt, and adjust to the ebb and flow of events in our day-to-day lives. In addition to health consequences of adjusting to stress, there are certain personality features that are related to poor social or emotional adjustment and that have been designated as personality disorders. 17

收养研究
adoption studies Adoption studies examine the correlations between adopted children and their adoptive parents, with whom they share no genes. These correlations are then compared to the correlations between the adopted children and their genetic parents, who had no influence on the environments of the children. Differences in these correlations can indicate the relative magnitude of genetic and environment contributions to personality traits. 159

情绪强度
affect intensity Larsen and Diener (1987) describe high affect intensity individuals as people who typically experience their emotions strongly and are emotionally reactive and variable. Low affect intensity individuals typically experience their emotions only mildly and with only gradual fluctuations and minor reactions. 395

随和性
Agreeableness Agreeableness is the second of the personality traits in the Five-Factor Model, a model which has proven to be replicable in studies using English language trait words as items. Some of the key adjective markers for Agreeableness are "good-natured," "cooperative," "mild/gentle," "not jealous." 80

汇聚技术
aggregation Aggregation refers to adding up or averaging several single observations, resulting in a better (i.e., more reliable) measure of a personality trait than a single observation of behavior. This approach implies that personality traits refer to average tendencies in behavior, how people behave on average. 92

警戒期
alarm stage The alarm stage is the first stage in Seyle's general adaptation syndrome (GAS). The alarm stage consists of the flight or fight response of the sympathetic nervous system and the associated peripheral nervous system reactions. These include the release of hormones, which prepare our bodies for challenge. 523

α压力与β压力
alpha and beta press Murray introduced the notion that there is a real environment (what he called alpha press or objective reality) and a perceived environment (called beta press or reality-as-it-is-perceived). In any situation, what one person "sees" may be different from what another "sees." If two people walk down a street and a third person smiles at each of them, one person might "see" the smile as a sign of friendliness while the other person might "see" the smile as a smirk. Objectively (alpha press), it is the same smile; subjectively (beta press), it may be a different event for the two people. 311

α波
alpha wave The alpha wave is a particular type of brain wave that oscillates 8 to 12 times a second. The amount of alpha wave present in a given time period is an inverse indicator of brain activity during that time period. The alpha wave is given off when the person is calm and relaxed. In a given time period of brain wave recording, the more alpha wave activity present the more we can assume that part of the brain was less active. 202

矛盾型依恋
ambivalently attached Ambivalently attached infants, as determined by Ainsworth's strange situation paradigm, are very anxious about the mother leaving. They often start crying and protesting vigorously before the mother even gets out of the room. While the mother is gone these infants are difficult to calm. Upon her return, however, these infants behave ambivalently. Their behavior shows both anger and the desire to be close to the mother; they approach her but then resist by squirming and fighting against being held. 295

矛盾型人际关系风格
ambivalent relationship style In Hazan and Shaver's ambivalent relationship style, adults are vulnerable and uncertain about relationships. Ambivalent adults become overly dependant and demanding on their partners and friends. They display high levels of neediness in their relationships. They are high maintenance partners in the sense that they need constant reassurance and attention. 296

杏仁核
amygdala The amygdala is a section of the limbic or emotional system of the brain that is responsible for fear. 415

肛门期
anal stage The anal stage is the second stage in Freud's psychosexual stages of development. The anal stage typically occurs between the ages of 18 months and three years. At this stage, the anal sphincter is the source of sexual pleasure, and the child obtains pleasure from first expelling feces and then, during toilet training, from retaining feces. Adults who are compulsive, overly neat, rigid, and never messy are, according to psychoanalytic theory, likely to be fixated at the anal stage. 263

分析性
analytic To describe something analytically would be to explain the event with the object detached from its context, attributes of objects or people assigned to categories, and a reliance on rules about the categories to explain behavior. 498

双性化
androgynous In certain personality instruments, the masculinity dimension contains items reflecting assertiveness, boldness, dominance, self-sufficiency, and instrumentality. The femininity dimension contains items that reflect nurturance, expression of emotions, and empathy. Those persons who scored high on both dimensions are labeled androgynous, to reflect the notion that a single person can possess both masculine and feminine characteristics. 470

前扣带回
anterior cingulate Located deep toward the center of the brain, the anterior cingulate cortex most likely evolved early in the evolution of the nervous system. In experiments utilizing fMRI to trace increased activation of parts of the brain, the anterior cingulate cortex seems to be an area of the brain associated with affect, including social rejection. 386

反社会型人格障碍
antisocial personality disorder A person suffering from antisocial personality disorder has a general disregard for others and cares very little about the rights, feelings, or happiness of other people. Also referred to as a sociopath or psychopath, a person suffering from antisocial personality disorder is easily irritated, assaultive, reckless, irresponsible, glib or superficially charming, impulsive, callous, and indifferent to the suffering of others. 554

焦虑
anxiety Anxiety is an unpleasant, high-arousal emotional state associated with perceived threat In the psychoanalytic tradition, anxiety is seen as a signal that the control of the ego is being threatened by reality, by impulses from the id, or by harsh controls exerted by the superego. Freud identified three different types of anxiety: neurotic anxiety, moral anxiety, and objective anxiety. According to Rogers, the unpleasant emotional state of anxiety is the result of having an experience that does not fit with one's self-conception. 189, 253

焦虑与冲动性
anxiety and impulsivity According to Gray's reinforcement sensitivity theory, people differ from each other in the relative sensitivity of their Behavioral Inhibition System (BIS) and the Behavioral Activation System (BAS). According to Gray, the BIS is responsible for the personality dimension of anxiety and the BAS is responsible for the personality dimension of impulsivity. 189

统觉
apperception The notion that a person's needs influenced how he or she perceives the environment, especially when the environment is ambiguous. The act of interpreting the environment and perceiving the meaning of what is going on in a situation is termed apperception. 313

智力的潜能观
aptitude view of intelligence The aptitude view of intelligence sees intelligence less as the product of education and more as an ability to become educated, as the ability or aptitude to learn. 365

原型
archetypes According to Carl Jung, archetypes are the common symbols of core human feelings and experience that turn up in myths and stories across vastly different cultures. Jung felt that these are expressions of images of basic human needs and instincts with which we are all born. 248

唤醒水平对唤醒能力
arousal level versus arousability In Eysenck's original theory of extraversion, he held that extraverts had lower levels of cortical or brain arousal than introverts. More recent research on Eysenck's theory suggests that the difference between introverts and extraverts lies more in the arousability j of their nervous systems, with extraverts showing less arousability or reactivity than introverts to the same levels of sensory stimulation. 185, 187

动脉硬化
arteriosclerosis Arteriosclerosis is hardening or blocking of the arteries. When the arteries that feed the heart muscle itself become blocked, then the subsequent shortage of blood to the heart is called a heart attack. 544

上行网状激活系统
ascending reticular activating system (ARAS) The ascending reticular activating system is a structure in the brainstem thought to control overall cortical arousal, and this was the structure Eysenck originally thought was responsible for differences between introverts and extraverts. 185

同征择偶
assortative mating Assortative mating refers to the phenomenon whereby people marry people who they are similar to. In addition to personality, people also show assertive mating on a number of physical characteristics, such as height and weight. 437

依恋
attachment Attachment in the human infant begins when he or she develops a preference for people over objects. Then the preference begins to narrow to familiar persons, so that the child prefers to see people he or she has seen before compared to strangers. Finally the preference narrows even further, so that the child prefers the mother or primary caretaker over anyone else. 294

相似吸引理论
attraction similarity theory The attraction similarity theory of attraction states that individuals are attracted to those whose personalities are similar to their own. In other words, "birds of a feather flock together" or "like attracts like." As of 2003, attraction similarity has been proven to be the dominant attraction theory except in biological sex choices, i.e., women tend to be attracted to men and vice versa. 437

偏见归因
attribution to prejudice Attribution to prejudice is a mechanism put forth by Crocker and Major whereby members of oppressed groups blame their poor outcomes and negative treatment on the prejudice of others toward their group. This process helps to explain how, given frequent experiences of rejection, discrimination, and pre-judgment, members of oppressed groups manage to maintain a positive evaluation of themselves. 418

自主神经系统
autonomic nervous system (ANS) That part of the peripheral nervous system which connects to vital bodily structures associated with maintaining life and responding to emergencies (e.g., storing and releasing energy), such as the beating of the heart, respiration, and controlling blood pressure. There are two divisions of the ANS; the sympathetic and parasympathetic branches. 182

平均倾向
average tendencies Average tendency is the tendency to display a certain psychological trait with regularity. For example, on average, a high-talkative person will start more conversations than a low-talkative person. This idea explains why the principle of aggregation works when measuring personality. 6, 97

回避型依恋
avoidantly attached Avoidantly attached infants in Ainsworth's strange situation avoided the mother when she returned. Infants in this group typically seemed unfazed when the mother left, and typically did not give her much attention when she returned. Avoidant children seem to be aloof from their mothers. Approximately 20 percent of the infants fall into this category. 295

回避型人格障碍
avoidant personality disorder The major feature of the avoidant personality is a pervasive feeling of inadequacy and sensitivity to criticism from others. The avoidant personality will go to great lengths to avoid situations in which others may have opportunities to criticize their performance or character, such as school or work or other group settings. Such a person may avoid making new friends or going to new places because of fear of criticism or disapproval. 570

回避型人际关系风格
avoidant relationship style In Hazan and Shaver's avoidant relationship style, the adult has difficulty learning to trust others. Avoidant adults remain suspicious of the motives of others, and they are afraid of making commitments. They are afraid of depending on others because they anticipate being disappointed, let down, abandoned, or separated. 296

b

巴尔干化
Balkanization Balkanization refers to social re-segregation following a time of peaceful integration and social diversity. The term is derived from breakup of Yugoslavia on the Balkan Peninsula during the 1990's, where national groups split apart and re-segregated the formerly integrated countries in the Balkans. 495

巴纳姆陈述
Barnum statements Barnum statements are generalities or statements that could apply to anyone. A good example of these is the astrology columns published in daily newspapers. 106

行为激活系统
behavioral activation system (BAS) In Gray's reinforcement sensitivity theory, the Behavioral Activation System (BAS) is the system that is responsive to incentives, such as cues for reward, and regulates approach behavior. When some stimulus is recognized as potentially rewarding, the BAS triggers approach behavior. This system is highly correlated with the trait of extraversion. 188

行为抑制系统
behavioral inhibition system In Gray's reinforcement sensitivity theory, the Behavioral Inhibition System (BIS) is responsive to cues for punishment, frustration, and uncertainty. The effect of BIS activation is to cease or inhibit behavior or to bring about avoidance behavior. This system is highly correlated with the trait of neuroticism. 189

归属需要
belongingness needs At the third level of Maslow's motivation hierarchy are belongingness needs. Humans are a very social species, and most people possess a strong need to belong to groups. Being accepted by others and welcomed into a group represents a somewhat more psychological need than the physiological needs or the need for safety. 325

生物学领域
biological domain The core assumption of biological approaches to personality is that humans are, first and foremost, collections of biological systems, and these systems provide the building blocks (e.g., brain, nervous system) for behavior, thought, and emotion. Biological approaches typically refer to three areas of research within this general domain: the genetics of personality, the psychophysiology of personality, and the evolution of personality. 15

两极性
bipolarity In Wiggins circumplex model, traits that are bipolar are located at opposite sides of the circle and are negatively correlated with each other. Specifying this bipolarity is useful because nearly every interpersonal trait within the personality sphere has another trait that is its opposite. 75

盲评
blind ratings Blind ratings is a type of research in which the rater of one factor (e.g., body type) among a sample is "blind to" (does not know about) the ratings of another factor (e.g., personality), thereby lessening the possibility that researcher biases or expectations might influence the results. 180

体液说
bodily-fluid theory The ancient idea that the amounts of four fluids (phlegm, blood, yellow bile, and black bile) present in the body were responsible for individual differences in personality. For example, an excess of phlegm was thought to make the person phlegmatic, that is, passive and lethargic. 178

边缘型人格障碍
borderline personality disorder The life of the borderline personality is marked by instability. Their relationships are unstable, their emotions are unstable, their behavior is unstable, and even their image of themselves is unstable. Persons with borderline personality disorder, compared to those without, have a higher incidence rate of childhood physical or sexual abuse, neglect, or early parental loss. 557

适应的副产品
by-products of adaptation The evolutionary process produces mechanisms that are not adaptations, but rather are byproducts of other adaptations. Our nose, for example, is clearly an adaptation designed for smelling. But the fact that we use our nose to hold up our eyeglasses is an incidental byproduct. 211

C

强心反应
cardiac reactivity The increase in blood pressure and heart rate during times of stress. Evidence suggests that chronic cardiac reactivity contributes to coronary artery disease. Also known as Cardiac Reactivity. 183

个案研究法
case study methods In case studies, researchers examine the life of one person in particular depth. Case studies can give researchers insights into personality that can then be used to formulate a more general theory that is tested in a larger population. They can also provide in-depth knowledge of a particularly outstanding individual. Case studies can also be useful in studying rare phenomena, such as a person with a photographic memory or a person with multiple personalities—cases for which large samples would be difficult or impossible to obtain. 46

阉割焦虑
castration anxiety Freud argued that little boys come to believe that their fathers might make a preemptive Oedipal strike and take away what is at the root of the Oedipal conflict: the boy's penis. This fear of losing his penis is called

castration anxiety; it drives the little boy into giving up his sexual desire for his mother. 263

类型取向
categorical approach Emotion researchers who suggest emotions are best thought of as a small number of primary and distinct emotions (anger, joy, anxiety, sadness) are said to take the categorical approach. Emotion researchers who take the categorical approach have tried to reduce the complexity of emotions by searching for the primary emotions that underlie the great variety of emotion terms. An example of a categorical approach to emotion is that of Paul Ekman, who applies criteria of distinct and universal facial expressions, and whose list of primary emotions contains disgust, sadness, joy, surprise, anger, and fear. 373

类别观
categorical view In psychiatry and clinical psychology today, the categorical view is the dominant approach to viewing personality disorders in distinct categories. There is a qualitative distinction made in which people who have a disorder are in one category, while people who do not have the disorder are in another category. 552

因果归因
causal attribution Causal attribution refers to a person's explanation of the cause of some event. 362

慢性压力
chronic stress Chronic stress refers to stress that does not end, like an abusive relationship that grinds the individual down until his or her resistance is eroded. Chronic stress can result in serious systemic diseases such as diabetes, decreased immune system functioning, or cardiovascular disease. 527

昼夜节律
circadian rhythm Many biological processes fluctuate around an approximate 24-to 25-hour cycle. These are called circadian rhythms (circa 5 around; dia 5 day). Circadian rhythms in temporal isolation studies have been found to be as short as 16 hours in one person, and as long as 50 hours in another person (Wehr & Goodwin, 1981). 198

来访者中心疗法
client-centered therapy In Rogers' client-centered therapy, clients are never given interpretations of their problem. Nor are clients given any direction about what course of action to take to solve their problem. The therapist makes no attempts to change the client directly. Instead, the therapist tries to create an atmosphere in which the client may change him or herself. 332

认知
cognition Cognition is a general term referring to awareness and thinking as well as to specific mental acts such as perceiving, interpreting, remembering, believing, and anticipating. 345

认知取向
cognitive approaches Differences in how people think form the focus of cognitive approaches to personality. Psychologists working in this approach focus on the components of cognition, such as how people perceive, interpret, remember, and plan, in their efforts to understand how and why people are different from each other. 344

认知—经验领域
cognitive-experiential domain This domain focuses on cognition and subjective experience, such as conscious thoughts, feelings, beliefs and desires about oneself and others. This domain includes our feelings of self, identity, self-esteem, our goals and plans, and our emotions. 16

认知图式
cognitive schema A schema is a way of processing incoming information and of organizing and interpreting the facts of daily life. The cognitive schema involved in depression, according to Beck, distorts the incoming information in a negative way that makes the person depressed. 389

认知三元素
cognitive triad According to Beck, there are three important areas of life that are most influenced by the depressive cognitive schema. This cognitive triad refers to information about the self, about the world, and about the future. 389

认知潜意识
cognitive unconscious In the cognitive view of the unconscious, the content of the unconscious mind is assumed to operate just like thoughts in consciousness. Thoughts are unconscious because they are not in conscious awareness, not because they have been repressed or because they represent unacceptable urges or wishes. 282

时代效应
cohort effects Cohort effects refers to personality change over time as a reflection of the social times in which an individual or group of individuals live. For example, American women's trait scores on assertiveness have risen and fallen depending on the social and historical cohort in which they have lived. Jean Twenge has posited that individuals internalize social change and absorb the cultural messages they receive from their culture, all of which, in turn, can affect

their personalities. 137

集体潜意识
collective unconscious According to Carl Jung, the collective unconscious is a prehistoric, inherited unconscious content that is passed on from previous generations and contains the collected primordial images common across the human species. 248

集体主义
collectivism In collectivist societies, people are interdependent with others in the group, giving priority to the goals of their in-groups. People in collectivist societies tend to be especially concerned about social relationships. They focus more on context, features external to their own wishes and goals. In collectivist societies, people tend to be more self-effacing, less likely to boast or brag about their own personal accomplishments. 496

大五变量的组合
combinations of big five variables "Traits" are often examined in combinations. For example, two people high in extraversion would be very different if one was an extraverted neurotic and the other was extraverted but emotionally stable. 82

多重人格障碍
comorbidity Comorbidity is defined as the presence of two or more disorders of any type in one person. 569

跨领域与水平的相容性和整合性
compatibility and integration across domains and levels In science, a theory that takes into account the principles and laws of other scientific domains that may affect the study's main subject For example, a theory of biology that violated known principles of chemistry would be judged fatally flawed. 19

竞争性成就动机
competitive achievement motivation Also referred to as the Need for Achievement, it is a sub-trait in the Type A behavior pattern. The Type A person likes to work hard and achieve goals. They like recognition and overcoming obstacles and feel they are at their best when competing with others. 540

需求互补理论
complementary needs theory The complementary needs theory of attraction postulates that people are attracted to people whose personality dispositions differ from theirs. In other words, "opposites attract" This is especially true in biological sex choices, i.e., women tend to be attracted to men and vice versa. Other than biological sex choices, the complementary needs theory of attraction has not received any empirical support. 437

综合性
comprehensiveness Comprehensiveness is one of the five scientific standards used in evaluating personality theories. Theories that explain more empirical data within a domain are generally superior to those that explain fewer findings. 19

有条件的积极关注
conditional positive regard According to Rogers, people behave in specific ways to earn the love and respect and positive regard of parents and other significant people in their lives. Positive regard, when it must be earned by meeting certain conditions, is called conditional positive regard. 329

价值条件
conditions of worth According to Rogers, the requirements set forth by parents or significant others for earning their positive regard are called conditions of worth. Children may become preoccupied with living up to these conditions of worth, rather than discovering what makes them happy. 329

确认偏误
confirmatory biases A confirmatory bias is the tendency to look only for evidence that confirms a previous hunch, and to not look for evidence that might disconfirm a belief. 281

尽责性
Conscientiousness Conscientiousness is the third of the personality traits in the Five-Factor Model, a model which has proven to be replicable in studies using English language trait words as items. Some of the key adjective markers for Conscientiousness are "responsible," "scrupulous," "persevering," "fussy/tidy." 81

意识
conscious The conscious mind is that part of the mind that contains all the thoughts, feelings, and images that a person is presently aware of. Whatever a person is currently thinking about is in his or her conscious mind. 246

意识目标
conscious goals A person's awareness of what they desire and believe is valuable and worth pursuing. 346

一致性
consistency Trait theories assume there is some degree of consistency in personality over time. If someone is highly extraverted during one period of observation, trait psychologists tend to assume that she will be extraverted

tomorrow, next week, a year from now, or even decades from now. 89

连续性
continuity Identity has an element of continuity because many of its aspects, such as gender, ethnicity, socio-economic status, educational level, and occupation, are constant Having an identity means that others can count you to be reliable in who you are and how you act. 420

对照性
contrast Identity contrast means that a person's social identity differentiates mat person from other people. An identity is what makes a person unique in the eyes of others. The combination of characteristics that make up a person's identity differentiates him or her from everyone else. 421

建构
construct A construct is a concept or provable hypothesis that summarizes a set of observations and conveys the meaning of those observations, e.g., gravity. 354

建构性记忆
constructive memory It is accepted as fact that humans have a constructive memory; that is, memory contributes to or influences in various ways (adds to, subtracts from, etc.) what is recalled. Recalled memories are rarely distortion-free, mirror images of the facts. 281

结构效度
construct validity Construct validity generally refers to whether a test measures what it claims to measure. It is often assessed by determining whether a test correlates with what it is supposed to correlate with, and does not correlate with what it is not supposed to correlate with. Construct validity is the broadest type of validity, subsuming face, predictive, convergent, and discriminant validity. 40

内容
content The content of emotional life refers to the characteristic or typical emotions a person is likely to experience over time. Someone whose emotional life contains a lot of pleasant emotions is someone who we might be characterized as happy, cheerful, and enthusiastic. Thus the notion of content leads us to consider the kinds of emotions that people are likely to experience over time and across situations in their lives. 376

聚合效度
convergent validity Convergent validity refers to whether a test correlates with oilier measures that it should correlate with. Convergent validity is high to the degree that alternative measures of the same construct correlate or converge with the target measure. 40

核心条件
core conditions According to Carl Rogers, in client-centered therapy there are three core conditions that must be present in order for progress to occur. The three core conditions are: 1. an atmosphere of genuine acceptance on the part of the therapist: 2. the therapist must express unconditional positive regard for the client, and 3. the client must feel that the therapist understands him or her (empathic understanding). 332

相关法
correlational method A correlation is a statistical procedure for determining whether there is a relationship between two variables. In correlational research designs, the researcher is attempting to directly identity the relationships between two or more variables, without imposing the sorts of manipulations seen in experimental designs. 44

相关系数（方向与大小）
correlation coefficient (its direction and magnitude) Researchers are interested in the direction (positive or negative) and the magnitude (size) of the correlation coefficient. Correlations around .10 are considered small: those around .30 are considered medium: and those around .50 or greater are considered large (Cohen & Cohen. 1975). 44

皮质醇
Cortisol Cortisol is a stress hormone that prepares the body to flee or tight. Increases in Cortisol in the blood indicate that the animal has recently experienced stress. 203

平衡
counterbalancing In some experiments, manipulation is within a single group. For example, participants might get a drug and have their memory tested, then later take a sugar pill and have their memory tested again. In this kind of experiment, equivalence is obtained by counterbalancing the order of the conditions, with half the participants getting the drug first and sugar pill second, and the other half getting the sugar pill first and the drug second. 42

创造积极事件
creating positive events Creating positive events is defined as creating a positive time-out from stress. Folkman and Moskowitz note that humor can have the added benefit of generating positive emotional moments even during the darkest periods of stress. 531

效标问题

criterion problem The criterion problem arises in convergent validity studies and concerns how we define and measure the criteria with which the measure should converge or correlate with. For example, if one developed a new measure of intelligence, what would be the criteria against which one would evaluate the convergent validity of that measure? 108

效准效度

criterion validity Criterion validity or predictive validity refers to whether the test predicts criteria external to the lest. Scales that successfully predict what they should predict have high criterion validity or predictive validity. 39

跨文化普适性

cross-cultural universality In the lexical approach, cross-cultural universality states that if a trait is sufficiently important in all cultures so that its members have codified terms within their own languages to describe the trait, then the trait must be universally important in human affairs. In contrast, if a trait term exists in only one or a few languages but is entirely missing from most, then it may be of only local relevance. 63

（智力的）文化背景

cultural context of intelligence The cultural context of intelligence looks at how the definition of intelligent behavior varies across different cultures. Because of these considerations, intelligence can be viewed as referring to those skills valued in a particular culture. 367

文化人格心理学

cultural personality psychology Cultural personality psychology generally has three key goals: (1) to discover the principles underlying the cultural diversity; (2) to discover how human psychology shapes culture: and (3) to discover how cultural understandings in turn shape our psychology (Fiske, Kitayama, Markus, & Nisbett, 1997). 487

文化普适性

culture universals Cultural universals are features of personality that are common to everyone in all cultures. These universals constitute the human nature level of analyzing personality and define the elements of personality we share with all or most other people. 502

文化变异

cultural variations Within-group similarities and between-group differences can be of any sort—physical, psychological, behavioral, or attitudinal. These phenomena are often referred to as cultural variations. Two ingredients are necessary to explain cultural variations; (1) a universal underlying mechanism and (2) environmental differences in the degree to which the underlying mechanism is activated. 487

文化

culture Culture is a set of shared standards for many behaviors. It might contain different standards for males and females, such that girls should be ashamed if they engage in promiscuous sex, whereas boys might be proud of such behavior. With it being culturally acceptable for them to even brag about such behavior. 290

文化荣誉

culture of honor Nisbett proposed that the economic means of subsistence of a culture affects the degree to which the group develops what he calls "a culture of honor." In cultures of honor, insults are viewed as highly offensive public challenges that must be met with direct confrontation and physical aggression. The theory is that differences in the degree to which honor becomes a central part of the culture rests ultimately with economics, and specifically the manner in which food is obtained. 490

d

D4DR基因

D4DR gene The D4DR gene is located on the short arm of chromosome 11. This gene codes for a protein called a dopamine receptor. The function of this dopamine receptor is to respond to the presence of dopamine, which is a neurotransmitter. When the dopamine receptor encounters dopamine from other neurons in the brain, it discharges an electrical signal, activating other neurons. 171

日常琐事

daily hassles The major sources of stress in most peoples' lives are what are termed daily hassles. While only minor, daily hassles can be chronic and repetitive, such as having too much to do all the time, having to tight the crowds while shopping, or having to worry over money. Such daily hassles can be chronically irritating though they do not initiate the same general adaptation syndrome evoked by some major life events. 526

演绎与归纳推理法

deductive and inductive reasoning The deductive reasoning approach to scientific investigation is the top down, theory-driven method of empirical research. The inductive reasoning approach to scientific investigation is the bottom-up, data-driven method of empirical research. 214

防御机制

defense mechanisms Strategies for coping with anxiety and threats to self-esteem. 254

防御性悲观主义

defensive pessimism Individuals who use a defensive pessimism strategy have usually done well on important tasks but lack self-confidence in their ability to handle new challenges. A defensive pessimist controls anxiety by preparing for failure ahead of time: they set low expectations for their performance and often focus on worse-case outcomes. This strategy overcomes anticipatory anxiety and transforms it into motivation. 364

否认

denial When the reality of a particular situation is extremely anxiety-provoking a person may resort to the defense mechanism of denial. A person in denial insists mat things are not the way they seem. Dental can also be less extreme, as when someone re-appraises an anxiety-provoking situation so that it seems less daunting. Denial often shows up in people's daydreams and fantasies. 256

依赖型人格障碍

dependent personality disorder The dependent personality seeks out others to an extreme. The hallmark of the dependent personality is an excessive need to be taken care of, to be nurtured, coddled, and told what to do. Dependent persons act in submissive ways so as to encourage others to take cave of them or take charge of the situation. Such individuals need lots of encouragement and advice from others, and would much rather turn over responsibility for their decisions to someone else. 571

抑郁

depression Depression is a psychological disorder whose symptoms include a depressed mood most of the day; diminished interest in activities: change in weight, sleep patterns, and movement: fatigue or loss of energy; feelings of worthlessness: inability to concentrate: and recurrent thoughts of death and suicide. It is estimated that 20 percent of Americans are afflicted with depression at some time in their lives (American Psychiatric Association, 1994). 389

发展危机

developmental crisis Erikson believed that each stage in personality development represented a conflict, or a developmental crisis, that needed to be resolved before the person advanced to the next stage of development. 286

素质—压力模型

diathesis-stress model of depression The diathesis-stress model suggests that a pre-existing vulnerability, or diathesis, is present among people who become depressed. In addition to this vulnerability, a stressful life event must occur in order to trigger the depression, such as the loss of a loved one or some other major negative life event. The events must occur together—something bad or stressful has to happen to a person who has a particular vulnerability to depression—in order for depression to occur. 389

群体差异

differences between groups See group differences. 11

鉴别诊断

differential diagnosis A differential diagnosis is arrived at when, out of two or more possible diagnoses, the clinician searches for evidence in support of one diagnostic category over all the others. 576

相异基因复制

differential gene reproduction According to modern evolutionary biologists, evolution operates by the process of differential gene reproduction. Differential gene reproduction is denned by reproductive success relative to others. The genes of organisms that reproduce more than others get passed down to future generations at a relatively greater frequency than the genes of those who reproduce less. Since survival is usually critical for reproductive success, characteristics that lead to greater survival get passed along. Since success in mate competition is also critical for reproductive success, qualities that lead to success in same-sex competition or to success at being chosen as a mate get passed along. Successful survival and successful mate competition, therefore, are both part of differential gene reproduction. 209

差异心理学

differential psychology Due to its emphasis on the study of differences between people, trait psychology has sometimes been called differential psychology in the interest of distinguishing this sub-field from other branches of personality psychology (Anastasi. 1976). Differential psychology includes the study of other forms of individual differences in addition to personality traits, such as abilities, aptitudes, and intelligence. 89

维度取向

dimensional approach The dimensional approach to understanding me complexity of emotion has been based on empirical research rather than theoretical criteria. In this approach, researchers have garnered data by having subjects rate themselves on a wide variety of emotions, then apply statistical techniques (mostly factor analysis) to identify the basic dimensions underlying the ratings. Almost all the studies suggest that subjects categorize emotions using just two primary dimensions: how pleasant or unpleasant the emotion is, and emotion bow-high or low on arousal the emotion is. 374

维度观
dimensional view The dimensional view approaches a personality disorder as a continuum that ranges from normality at one end to severe disability and disturbance at the other end. According to this view, people with and without the disorder differ at degree only. 552

方向性问题
directionality problem One reason why correlations can never prove causality is known as the directionality problem. If A and B are correlated, we do not know if A is the cause of B. or if B is the cause of A. or if some third, unknown variable is causing both B and A. 45

表露
disclosure Disclosure refers to telling someone about some private aspect of ourselves. Many theorists have suggested that keeping things to ourselves may be a source of stress and ultimately may lead to psychological distress and physical disease. 537

区分效度
discriminant validity Discriminant validity is often evaluated simultaneously with convergent validity. Whereas convergent validity refers to what a measure should correlate with, discriminant validity refers to what a measure should not correlate with. The idea behind discriminant validity is that part of knowing what a measure actually measures consists of knowing what it does not measure. 40

障碍
disorder A disorder is a pattern of behavior or experience that is distressing and painful to the person, leads to some disability or impairment in important life domains (e.g., work, marriage, or relationship difficulties), and is associated with increased risk for further suffering, loss of function, death, or confinement. 549

替代
displacement Displacement is an unconscious defense mechanism that involves avoiding the recognition that one has certain inappropriate urges or unacceptable feelings (e.g., anger, sexual attraction) toward a specific other. Those feelings then get displaced onto another person or object that is more appropriate or acceptable. 256

特性领域
dispositional domain The dispositional domain deals centrally with the ways in which individuals differ from one another. As such, the dispositional domain connects with all the other domains. In the dispositional domain, psychologists are primarily interested in the number and nature of fundamental dispositions, taxonomies of traits, measurement issues, and questions of stability over time and consistency over situations. 14

气质型乐观主义
dispositional optimism The expectation that in the future good events will be plentiful and bad events will be rare. 530

异卵双生子
dizygotic twins (DZ) Dizygotic twins, or fraternal twins, are not genetically identical. They come from two eggs that were separately fertilized ("di" means two; so dizygotic means "coming from two fertilized eggs"). Such twins share only 50 percent of their genes with their co-twin, the same amount as ordinary brothers and sisters. Fraternal twins can be of the same sex or of the opposite sex. 157

知识领域
domain of knowledge A specialty area of science and scholarship, where psychologists have focused on learning about some specific and limited aspect of human nature, often with preferred tools of investigation. 13

领域特异性
domain-specificity Adaptations are presumed to be domain-specific in the sense that they are "designed" by the evolutionary process to solve a specialized adaptive problem. Domain specificity implies that selection tends to fashion specific mechanisms for each specific adaptive problem. 212

多巴胺
dopamine Dopamine is a neurotransmitter that appears to be associated with pleasure. Dopamine appears to function something like the "reward system" and has even been called the "feeling good" chemical (Hamer, 1997). 196

梦的分析
dream analysis Dream analysis was a technique that Freud taught for uncovering the unconscious material in a dream by interpreting the content of a dream. Freud called dreams "the royal road to the unconscious." 266

动力
dynamic Dynamic refers to the interaction of forces within a person. 310

e

外胚叶体型，中胚叶体型，内胚叶体型
ectomorph, mesomorph, endomorph The three body types suggested by William Sheldon in his physiological approach to personality: skinny (ectomorph), muscular (mesomorph), and plump (endomorph). In his research, Sheldon found that participants rated as skinny ectomorphs tended to be thoughtful and introverted, those rated as muscular mesomorphs tended to be assertive and bold, and those rated as chubby endomorphs tended to be sociable and fun-loving. 180

一夫多妻效应
effective polygyny Because female mammals bear the physical burden of gestation and lactation, there is a considerable sex difference in minimum obligatory parental investment. This difference leads to differences in the variances in reproduction between the sexes: most females will have some offspring, while a few males will sire many offspring, and some will have none at all. This is known as effective polygyny. 221

效应大小
effect size An effect size in meta-analysis indicates how large a particular difference is, or how strong a particular correlation is, as averaged over several experiments or studies. 461

平均主义
egalitarianism Refers to how much a particular group displays equal treatment of all individuals within that group. 489

自我
ego The ego is the part of the mind that constrains the id to reality. According to Freud, it develops within the first two or three years of life. The ego operates according to the reality principle. The ego understands that the urges of the id are often in conflict with social and physical reality, and that direct expression of id impulses must therefore be redirected or postponed. 252

自我心理学
ego psychology Post-Freudian psychoanalysts felt that the ego deserved more attention and that it performed many constructive functions. Erikson emphasized the ego as a powerful and independent part of personality, involved in mastering the environment, achieving one's goals, and hence in establishing one's identity. The approach to psychoanalysis started by Erikson was called Ego Psychology. 284

恋父情结
electra complex Within the psychoanalytic theory of personality development, the electra complex is the female counterpart to the oedipal complex, which both refer to the phallic stage of development. 264

电极
electrode A sensor usually placed on the surface of the skin and linked to a physiological recording machine (often called a polygraph) to measure physiological variables. 182

脑电图
electroencephalograph (EEG) The brain spontaneously produces small amounts of electricity, which can be measured by electrodes placed on the scalp. This measure is called the electroencephalogram (EEG). EEGs can provide useful information about patterns of activation in different regions of the brain that may be associated with different types of information processing tasks. 202

情绪
emotion Emotions can be defined by their three components: (1) emotions have distinct subjective feelings or affects associated with them; (2) emotions are accompanied by bodily changes, mostly in the nervous system, and these produce associated changes in breathing, heart rate, muscle tension, blood chemistry, and facial and bodily expressions; (3) emotions are accompanied by distinct action tendencies or increases in the probabilities of certain behaviors. 371

情绪抑制
emotional inhibition Emotional inhibition refers to the suppression of emotional expressions, and often thought of as a trait, e.g., some people chronically suppress their emotions. 535

情绪智力
emotional intelligence Emotional intelligence is an adaptive form of intelligence consisting of the ability to: 1. know one's own emotions; 2. regulate those emotions; 3. motivate oneself; 4. know how others are feeling; and 5. influence how others are feeling. Goleman posited that emotional intelligence is more strongly predictive of professional status, marital quality, and salary than traditional measures of intelligence and aptitude. 332

情绪稳定性
Emotional Stability Emotional Stability is the fourth of the personality traits in the Five-Factor Model, a model which has proven to be replicable in studies using English language trait words as items. Some of the key adjective markers for Emotional Stability are "calm," "composed," "not hypochondriacal," "poised." 81

情绪状态
emotional states Emotion states are transitory and depend more on the situation or circumstances a person is in than on the specific person. Emotions as states have a specific cause, and that cause is typically outside of the person (something happens in the environment). 372

同理心
empathy In Rogers's client-centered therapy, empathy is understanding the person from his or her point of view. Instead of interpreting the meaning behind what the client says (e.g., "you have a harsh super-ego that is punishing you for the actions of your id."), the client-centered therapist simply listens to what the client says and reflects it back. 335

环境
environment Environments can be physical, social, and intrapsychic (within the mind). Which aspect of the environment is important at any moment in time is frequently determined by the personality of the person in that environment. 9

环境主义观
environmentalist view Environmentalists believe that personality is determined by socialization practices, such as parenting style and other agents of society. 172

环境解释力
environmentality The percentage of observed variance in a group of individuals that can be attributed to environmental (non-genetic) differences is called environmentality. Generally speaking, the larger the heritability, the smaller the environmentality. And vice versa, the smaller the heritability, the larger the environmentality. 153

情境性急性压力
episodic acute stress Episodic acute stress refers to repeated episodes of acute stress, such as having to work at more than one job every day, having to spend time with a difficult in-law, or needing to meet a recurring monthly deadline. 527

平等环境假设
equal environments assumption The equal environments assumption is that the environments experienced by identical twins are no more similar to each other man are the environments experienced by fraternal twins. If they are more similar, then the greater similarity of the identical twins could plausibly be due to the fact that they experience more similar environments rather man the fact that they have more genes in common. 158

埃里克森的八个发展阶段
Erikson's eight stages of development According to Erikson, there are eight stages of development: trust versus mistrust, autonomy versus shame and doubt, initiative versus guilt, industry versus inferiority, identity versus role confusion, intimacy versus isolation, generativity versus stagnation, and integrity versus despair. 285

尊重需要
esteem needs At the fourth level Maslow's motivation hierarchy are esteem needs. There are two types of esteem: esteem from others and self-esteem, the latter often depending on the former. People want to be seen by others as competent, as strong, and as able to achieve. They want to be respected by others for their achievements or abilities. People also want to feel good about themselves. Much of the activity of adult daily life is geared toward achieving recognition and esteem from others and bolstering one's own self-confidence. 326

优生学
eugenics Eugenics is the notion that the future of the human race can be influenced by fostering the reproduction of persons with certain traits, and discouraging reproduction among persons without those traits or who have undesirable traits. 151

唤起
evocation Evocation is a form of person-situation interaction discussed by Buss. It is based on the idea that certain personality traits may evoke consistent responses from the environment, particularly the social environment. 95, 443

唤起的文化
evoked culture Evoked culture refers to a way of considering culture that concentrates on phenomena that are triggered in different ways by different environmental conditions. 487

进化副产品
evolutionary by-product Incidental effects evolved changes that are not properly considered adaptations. For example, our noses hold up glasses, but that is not what the nose evolved for. 211

进化噪音

evolutionary noise Random variations that are neutral with respect to selection. 212

进化预测的性别差异

evolutionary-predicted sex differences Evolutionary psychology predicts that males and females will be the same or similar in all those domains where the sexes have faced the same or similar adaptive problems (for example, both sexes have sweat glands because both sexes have faced the adaptive problem of thermal regulation) and different when men and women have faced substantially different adaptive problems (for example, in the physical realm, women have faced the problem of child-birth and have therefore, evolved adaptations that are lacking in men, such as mechanisms for producing labor contractions through the release of oxytocin into the bloodstream). 220

衰竭期

exhaustion stage The exhaustion stage is the third stage in Seyle's general adaptation syndrome (GAS). Selye felt that this was the stage where we are most susceptible to illness and disease, as our physiological resources are depleted. 523

期望证实

expectancy confirmation Expectancy confirmation is a phenomenon whereby people's beliefs about the personality characteristics of others cause them to evoke in others actions that are consistent with the initial beliefs. The phenomenon of expectancy confirmation has also been called self-fulfilling prophesy and behavioral confirmation. 447

经验取样

experience sampling In experience sampling, people answer some questions, for example about their mood or physical symptoms, every day for several weeks or longer. People are usually contacted electronically ("beeped") one or more times a day at random intervals to complete the measures. Although experience sampling uses self-report as the data source, it differs from more traditional self-report methods in being able to detect patterns of behavior over time. 27

实验法

experimental method Experimental methods are typically used to determine causality—to find out whether one variable influences another variable. Experiments involve the manipulation of one variable (the independent variable) and random assignment of subjects to conditions defined by the independent variable. 41

解释风格

explanatory style Whenever someone offers a cause for some event, that cause can be analyzed in terms of the three categories of attributions: internal-external, stable-unstable, and global-specific. The tendency a person has to employ certain combinations of attributions in explaining events (e.g., internal, stable, and global causes) is called their explanatory style. 362

表达性

expressiveness Expressiveness refers to the ease with which one can express emotions, such as crying, showing empathy for the troubles of others, and showing nurturance to those in need. 472

外在解释风格

external explanatory style Interpreting the causes of events as being outside of one's control; the opposite of internal explanatory style. 362

外控

external locus of control Generalized expectancies that events are outside of one's control is called an external locus of control. 357

极端反应

extreme responding Extreme responding is a response set that refers to the tendency to give endpoint responses, such as "strongly agree" or "strongly disagree" and avoid the middle part of response scales, such as "slightly agree," "slightly disagree," or "am indifferent." 99

惊吓眨眼法

eye-blink startle method People typically blink their eyes when they are startled by a loud noise. Moreover, a person who is in an anxious or fearful state when startled will blink faster and harder than a person in a normal emotional state. This means that eye-blink speed when startled may be an objective physiological measure of how anxious or fearful a person is feeling. The eye-blink startle method may allow researchers to measure how anxious persons are without actually having to ask them 558

f

表面效度

face validity Face validity refers to whether a test, on the surface, appears to measure what it is supposed to measure. Face validity is probably the least important aspect of validity. In fact, some psychologists might argue that face validity refers to the assumption of validity, not to evidence for real validity. 39

因素分析

factor analysis Factor analysis is a commonly used statistical procedure for identifying underlying structure in personality ratings or items. Factor analysis essentially identifies groups of items that covary (i.e., go together or correlate) with each other, but tend not to covary with other groups of items. This provides a means for determining which personality variables share some common underlying property or belong together within the same group. 64

因素负荷

factor loadings Factor loadings are indexes of the how much of the variation in an item is "explained" by the factor. Factor loadings indicate the degree to which the item correlates with or "loads on" the underlying factor. 65

欺骗

faking Faking involves the motivated distortion of answers on a questionnaire. Some people may be motivated to "fake good" in order to appear to be better off or better adjusted than they really are. Others may be motivated to "fake bad" in order to appear to be worse off or more maladjusted than they really are. 99

错误一致性效应

false consensus effect The false consensus effect refers to the tendency many people have to assume that others are similar to them, i.e., extraverts think that many other people are as extraverted as they are. To think that many other people share your own traits, preferences, or motivations is to display the false consensus effect. 260

错误记忆

false memories False memories are memories that have been "implanted" by well-meaning therapists or others interrogating a subject about some event. 278

虚假否定与虚假肯定

false negative and false positive There are two ways for psychologists to make a mistake when making decisions about persons based on personality tests, e.g., when deciding whether or not to hire a person, to parole a person, or that the person was lying. For example, when trying to decide whether a person's answers are genuine or faked, the psychologist might decide that a person who was faking was actually telling the truth (called a false positive). Or they might conclude that a truthful person was faking. This is called a false negative. 99

家族研究

family studies Family studies correlate the degree of genetic overlap among family members with the degree of personality similarity. They capitalize on the fact that there are known degrees of genetic overlap between different members of a family in terms of degree of relationship. 156

成功恐惧

fear of success Homey coined the phrase "fear of success" to highlight a gender difference in response to competition and achievement situations. Many women, she argued, feel that if they succeed, they will lose their friends. Consequently, many women, she thought, harbor an unconscious fear of success. She held that men, on the other hand, feel that they will actually gain friends by being successful, and hence are not at all afraid to strive and pursue achievement. 291

女性化

femininity A psychological dimension containing traits such as nurturance, empathy, and expression of emotions (e.g., crying when sad). 470

场依存性与场独立性

field-dependent and field-independent In Witkin's rod and frame test, if a participant adjusts the rod so that it is leaning in the direction of the tilted frame, then that person is said to be dependent of the visual field, or field dependent. If a participant disregards the external cues and instead uses information from their bodies in adjusting the rod to upright, they are said to be independent of the field, or field independent; they appear to rely on their own sensations, not the perception of the field, to make the judgment. This individual difference may have implications in situations where people must extract information from complex sensory fields, such as in multimedia education. 347

五因素模型

five-factor model The Five-Factor Model of personality is a trait taxonomy that has its roots in the lexical hypothesis. The first psychologist to use the terms "Five-Factor Model" and "Big Five" was Warren Norman, based on his replications of the factor structure suggesting the following live traits: Surgency (or extraversion). Neuroticism (or emotional instability), Agreeableness, Conscientiousness, and Openness to Experience (or intellect) The Five Factor Model has been criticized by some for not being comprehensive and for failing to provide a theoretical understanding of the underlying psychological processes that generate the five traits. Nonetheless, the Five Factor Model remains heavily endorsed by many personality psychologists, and continues to be used in a variety of research studies and applied settings. 76

固着
fixation According to Erikson, if a developmental crisis is not successfully and adaptively resolved, then personality development could become arrested and the person would continue to have a fixation on that crisis in development. According to Freud, if a child fails to fully resolve a conflict at a particular stage of development, he or she may get stuck in that stage, a phenomenon known as fixation. If a child is fixated at a particular stage, he or she exhibits a less mature approach to obtaining sexual gratification. 262, 286

迫选式问卷
forced-choice questionnaire In a forced-choice questionnaire format, test-takers are confronted with pairs of statements and are asked to indicate which statement in the pair is more true of them. Each statement in the pair is selected to be similar to each other in social desirability, forcing participants to choose between statements that are equivalently socially desirable (or undesirable), and differ in content. 101

自由联想
free association In free association, patients relax, let their minds wander, and say whatever comes into their minds. Patients often say things that surprise or embarrass them. By relaxing the censor that screens everyday thoughts, free association allows potentially important material into conscious awareness. 265

自由运转
free running Refers to a condition in studies of circadian rhythms, where participants are deprived from knowing what time it is, e.g., meals are served when the participant asks for them, not at pre-scheduled times. When a person is free-running in time, there are no time cues to influence their behavior or biology. 199

频率依赖性选择
frequency-dependent selection In some contexts, two or more heritable variants can evolve within a population. The most obvious example is biological sex itself. Within sexually reproducing species, the two sexes exist in roughly equal numbers because of frequency- dependent selection. If one sex becomes rare relative to the other, evolution will produce an increase in the numbers of the rarer sex. Frequency-dependent selection, in this example, causes the frequency of men and women to remain roughly equal. Different personality extremes (e.g., introversion and extraversion) may be the result of frequency dependent selection. 230

前额不对称性
frontal brain asymmetry Asymmetry in the amount of activity in the left and right part of the frontal hemispheres of the brain. Studies using EEG measures have linked more relative left brain activity with pleasant emotions and more relative right brain activity with negative emotions. 202

挫折
frustration Frustration is the high-arousal unpleasant subjective feeling that comes when a person is blocked from attaining an important goal. For example, a thirsty person who just lost his last bit of money in a malfunctioning soda machine would most likely feel frustration. 540

机能充分发挥者
fully functioning person According to Rogers, a fully functioning person is on his or her way toward self-actualization. Fully functioning persons may not actually be self-actualized yet, but they are not blocked or sidetracked in moving toward this goal. Such persons are open to new experiences and are not afraid of new ideas. They embrace life to its fullest. Fully functioning individuals are also centered in the present. They do not dwell on the past or their regrets. Fully functioning individuals also trust themselves, their feelings, and their own judgments. 328

功能性
functionality Functionality is the notion that our psychological mechanisms are designed to accomplish particular adaptive goals. 213

功能分析
functional analysis In his book, *The Expression of the Emotions in Man and Animals*, Charles Darwin proposed a functional analysis of emotions and emotional expressions focusing on the "why" of emotions and expressions. Darwin concluded that emotional expressions communicate information from one animal to another about what is likely to happen. For instance, a dog baring its teeth, growling, and bristling the fur on its back is communicating to others that he is likely to attack. If others recognize the dog's communication, they may choose to back away to safety. 372

功能性核磁共振
functional magnetic resonance imaging (fMRI) Functional magnetic resonance imaging (fMRI) is a non- invasive imaging technique used to identify specific areas of brain activity. As parts of the brain are stimulated, oxygenated blood rushes to the activated area, resulting in increased iron concentrations in the blood. The fMRI detects these elevated concentrations of iron and prints out colorful images

indicating which part of the brain is used to perform certain tasks. 33, 184

基本归因错误
fundamental attribution error When bad events happen to others, people have a tendency to attribute blame to some characteristic of the person, whereas when bad events happen to oneself, people have the tendency to blame the situation. 256

g

性别
gender Gender refers to social interpretations of what it means to be a man or a woman. 460

性别认同障碍
gender identity disorder (GID) According to the DSM-IV, a diagnosis of gender identity disorder requires that two aspects be present simultaneously: (1) cross-gender indentification that is strong and persists over time, and (2) persistent psychological discomfort with one's biological sex. A recent study of twins has concluded that there is a strong heritable component in GID. 165

性别图式
gender schemata Gender schemas are cognitive orientations that lead individuals to process social information on the basis of sex-linked associations (Hoyenga & Hoyenga, 1993). 473

性别刻板印象
gender stereotypes Gender stereotypes are the beliefs that we hold about how men and women differ or are supposed to differ, which are not necessarily based on reality. Gender stereotypes can have important real-life consequences for men and women. These consequences can damage people where it most counts—in their health, their jobs, their odds of advancement, and their social reputations. 460

性别差异
gender differences The distinction between gender and sex can be traced back to Horney. Horney stressed the point that, while biology determines sex, cultural norms determine what is acceptable for typical males and females in that culture. Today we use the terms masculine and feminine to refer to traits or roles typically associated with being male or female in a particular culture, and we refer to differences in such culturally ascribed roles and traits as gender differences. Differences that are ascribed to being a man or a woman per se are, however, called sex differences. 291

一般适应性综合征
general adaptation syndrome Seyle's general adaptation syndrome (GAS) has three stages: When a stressor first appears, people experience the alarm stage. If the stressor continues, then stage of resistance begins. If the stressor remains constant, the person eventually enters the third stage, the stage of exhaustion. 523

一般智力
general intelligence Early on in the study of intelligence, many psychologists thought of intelligence in trait-like terms, as a property of the individual. Individuals were thought to differ from each other in how much intelligence they possessed. Moreover, intelligence was thought of as a single broad factor, often called "g" for general intelligence. This stands in contrast to those views of intelligence as consisting of many discrete factors, such as social intelligence, emotional intelligence, and academic intelligence. 366

概括性
generalizability Generalizability refers to the degree to which a measure retains its validity across different contexts, situations, and conditions. Greater generalizability is not always better; rather, what is important is to identify empirically the contexts in which the particular measure is and is not applicable. 41

泛化预期
generalized expectancies Rotter claimed that a person's expectations for reinforcement hold across a variety of situations, what he called generalized expectancies (Rotter, 1971, 1990). When people encounter a new situation, they base their expectancies about what will happen on their generalized expectancies about whether they have the abilities to influence events. 357

基因
genes Genes are packets of DNA that are inherited by children from their parents in distinct chunks. They are the smallest discrete unit that is inherited by offspring intact, without being broken up. 209

基因垃圾
genetic junk The 98% of the DNA in human chromosomes that are not protein-coding genes used to be called "genetic junk" because scientists believed that these parts were functionless residue. Recent studies have shown that these portions of DNA may affect everything from a person's physical size to personality, thus adding to the complexity of the human genome. 150

生殖期
genital stage The genital stage is the final stage in Freud's psychosexual stage theory of development. This stage begins around age 12 and lasts through one's adult life. Here the libido is focused on the genitals, but not in the manner of self-manipulation associated with the phallic stage. People reach the genital stage with full psychic energy if they have resolved the conflicts at the prior stages. 264

基因组
genome Genome refers to the complete set of genes an organism possesses. The human genome contains somewhere between 30,000 and 80,000 genes. 150

基因型—环境的相关
genotype-environment correlation Genotype-environment correlation refers to the differential exposure of individuals with different genotypes to different environments. 169

基因型—环境的交互作用
genotype-environment interaction Genotype-environment interaction refers to the differential response of individuals with different genotypes to the same environments. 169

基因型变异
genotypic variance Genetic variance that is responsible for individual differences in the phenotypic expression of specific traits. 153

一般解释风格（与特殊解释）风格
global (versus specific) explanatory style The tendency to explain causes of events in terms of very global rather than specific causes is referred to as a global explanatory style. People with a global explanatory style tend to blow things out of proportion. 362

总体自尊
global self-esteem Although researchers have explored many facets of self-esteem, by far the most frequently measured component is global self-esteem, defined as "the level of global regard that one has for the self as a person" (Harter, 1993, p. 88). Global self-esteem can range from highly positive to highly negative, and reflects an overall evaluation of the self at the broadest level (Kling et al., 1999). Global self-esteem is linked with many aspects of functioning and is commonly thought to be central to mental health. 467

好理论
good theory A good theory is one that serves as a useful guide for researchers, organizes known facts, and makes predictions about future observations. 17

群体差异
group differences People in one group may have certain personality features in common, and these common features make them different from other groups. Examples of groups studied by personality psychologists include different cultures, different age groups, different political parties, and people from different socioeconomic backgrounds. The most common group difference studied by personality psychologists concerns differences between men and women. For example, in the realm of physical development, for example, females go through puberty on average two years earlier than males. At the other end of life, men in the U.S. tend to die seven years earlier than women. These are sex differences in development. 11

h

幸福感
happiness Researchers conceive of happiness in two complimentary ways: in terms of a judgment that life is satisfying, as well as in terms of the predominance of positive compared to negative emotions in one's life (Diener, 2000). It turns out, however, that people's emotional lives and their judgments of how satisfied they are with their lives are highly correlated. People who have a lot of pleasant emotions relative to unpleasant emotions in their lives tend also to judge their lives as satisfying, and vice versa. 377

伤害避免
harm avoidance In Cloninger's tridimensional personality model, the personality trait of harm avoidance is associated with low levels of serotonin. People low in serotonin are sensitive to unpleasant stimuli or to stimuli or events that have been associated with punishment or pain. Consequently, people low in serotonin seem to expect harmful and unpleasant events will happen to them, and so they are constantly vigilant for signs of such threatening events. 196

健康行为模型
health behavior model In the health behavior model, personality does not directly influence the relation between stress and illness. Instead, personality affects health indirectly, through health-promoting or health-degrading behaviors. This model suggests that personality influences the degree to which a person engages in various health-promoting or health-demoting behaviors. 520

健康心理学
health psychology Researchers in the area of health psychology study relations between the mind and the body,

and how these two components respond to challenges from the environment (e.g., stressful events, germs) to produce illness or health. 518

遗传率
heritability Heritability is a statistic that refers to the proportion of observed variance in a group of individuals that can be explained or "accounted for" by genetic variance (Plomin, DeFries, & McClearn, 1990). It describes the degree to which genetic differences between individuals cause differences in some observed property, such as height, extraversion, or sensation seeking. The formal definition of heritability is the proportion of phenotypic variance that is attributable to genotypic variance. 153

启发价值
heuristic value Heuristic value is an evaluative scientific standard for assessing personality theories. Theories that steer scientists to important new discoveries about personality that were not known before are superior to those that fail to provide this guidance. 19

需要层次
hierarchy of needs Murray believed that each person has a unique combination of needs. An individual's various needs can be thought of as existing at a different level of strength. A person might have a high need for dominance, an average need for intimacy, and a low need for achievement. High levels of some needs interact with the amounts of various other needs within each person. 310

高变异环境
high-variance conditions One key variable triggering communal food sharing is the degree of variability in food resources. Specifically, under high-variance conditions, there are substantial benefits to sharing. 488

人格测验历史偏差
historical bias in personality tests Some structured personality tests, such as the Minnesota Multiphasic Personality Inventory (MMPI), contain an unspecified number of test items mat refer to historical events in a person's life. Examples of such items are: I have never been in trouble with the law and I have used alcohol excessively. Tests containing items that refer to past behaviors may appear to be more reliable or stable than they actually are. When measuring personality over time, it is prudent to avoid excessive reliance on self-report assessment instruments that contain historical bias. 39

历史时期
historical era One type of intracultural variation pertains to the effects of historical era on personality. (People who grew up during the great economic depression of the 1930s, for example, might be more anxious about job security or adopting a more conservative spending style.) Disentangling the effects of historical era on personality is an extremely difficult endeavor since most currently used personality measures were not in use in earlier eras. 502

表演型人格障碍
histrionic personality disorder The hallmark of the histrionic personality is excessive attention-seeking and emotionality. Often such persons are overly dramatic and draw attention to themselves, preferring to be the center of attention or the life of the party. They may appear charming or even flirtatious. Often they can be inappropriately seductive or provocative. 560

激素理论
hormonal theories Hormonal theories of sex differences argue that men and women differ not because of the external social environment, but rather because the sexes have different amounts of specific hormones. It is these physiological differences, not differential social treatment, which causes boys and girls to diverge over development. 478

敌意归因偏见
hostile attributional bias A hostile attributional bias is the tendency to infer hostile intent on the part of others in the face of uncertain or unclear behavior from others. Essentially, people who are aggressive expect that others will be hostile toward them. 443

天敌
hostile forces of nature Hostile forces of nature are what Darwin called any event that impedes survival. Hostile forces of nature include food shortages, diseases, parasites, predators, and extremes of weather. 208

敌意
hostility Hostility is a tendency to respond to everyday frustrations with anger and aggression, to become irritable easily, to feel frequent resentment, and to act in a rude, critical, antagonistic, and uncooperative manner in everyday interactions. (Dembrowski & Costa, 1987). Hostility is a sub-trait in the Type A behavior pattern. 392, 540

人本主义传统
humanistic tradition Humanistic psychologists emphasize the role of choice in human life, and the influence of

responsibility on creating a meaningful and satisfying life. The meaning of any person's life, according to the humanistic approach, is found in the choices that person makes and the responsibility they take for those choices. The humanistic tradition also emphasizes the human need for growth and realizing one's full potential. In the humanistic tradition it is assumed that, if left to their own devices, humans will grow and develop in positive and satisfying directions. 323

人类本性
human nature Human nature is defined as the traits and mechanisms of personality that are typical of our species and are possessed by everyone or nearly everyone. 10

i

本我
id The id is the most primitive part of the human mind. Freud saw the id as something we are born with and as the source of all drives and urges. The id is like a spoiled child; selfish, impulsive, and pleasure-loving. According to Freud, the id operates strictly according to the pleasure principle, which is the desire for immediate gratification. 251

理想自我
ideal self The self that a person wants to be. 409

自居
identification Identification is a developmental process in children. It consists of wanting to become like the same-sex parent. In classic psychoanalysis, it marks the beginning of the resolution of the Oedipal or Electra conflicts and the successful resolution of the phallic stage of psychosexual development. Freud believed that the resolution of the phallic stage was both the beginning of the superego and morality, as well as the start of the adult gender role. 263

同一性冲突
identity conflict According to Baumeister, an identity conflict involves an incompatibility between two or more aspects of identity. This kind of crisis often occurs when a person is forced to make an important and difficult life decision. Identity conflicts are "approach-approach" conflicts, in that the person wants to reach two mutually contradictory goals. Although these conflicts involve wanting two desirable identities, identity conflicts usually involve intense feelings of guilt or remorse over perceived unfaithfulness to an important aspect of the person's identity. 423

同一性混乱
identity confusion Identity confusion refers to a period of a person not having a strong sense of who she or he really is in terms of values, careers, relationships, and ideologies. 287

同一性危机
identity crisis Erikson's term "identity crisis" refers to the desperation, anxiety, and confusion a person feels when he or she has not developed a strong sense of identity. A period of identity crisis is a common experience during adolescence, but for some people it occurs later in life, or lasts for a longer period. Baumeister suggests that there are two distinct types of identity crises, which he terms identity deficit and identity conflict. 284, 423

同一性缺失
identity deficit According to Baumeister, an identity deficit arises when a person has not formed an adequate identity and thus has trouble making major decisions. When people who have an identity deficit look toward their social identity for guidance in making decisions (e.g., "what would a person like me do in this situation?"), they find little in the way of a foundation upon which to base such life choices. Identity deficits often occur when a person discards old values or goals. 423

同一性早闭
identity foreclosure Identity foreclosure occurs when a person does not emerge from a crisis with a firm sense of commitment to values, relationships, or career, but forms an identity without exploring alternatives. An example would be young people who accept the values of their parents or their cultural or religious group without question. 288

本我心理学
id psychology Freud's version of psychoanalysis focused on the id, especially the twin instincts of sex and aggression, and how the ego and superego respond to the demands of the id. Freudian psychoanalysis can thus be called id psychology, to distinguish it from later developments that focused on the functions of the ego. 283

特殊规律
idiographic The study of single individuals, with an effort to observe general principles as they are manifest in a single life over time. 11

疾病行为模型
illness behavior model The illness behavior model suggests that personality influences the degree to which a person perceives and pays attention to bodily sensations, and the degree to which a person will interpret and label those sensations as an illness. 522

想象膨胀效应

imagination inflation effect An imagination inflation effect occurs when a memory is elaborated upon the imagination, leading the person to confuse the imagined event with events that actually happened. 279

内隐动机

implicit motivation Implicit motivation refers to motives as they are measured in fantasy-based (i.e., TAT) techniques, as opposed to direct self-report measures. The implied motives of persons scored, for example, from TAT stories, is thought to reveal their unconscious desires and aspirations, their unspoken needs and wants. McClelland has argued that implicit motives predict long-term behavioral trends over time, such as implicit need for achievement predicting long-term business success. 312

族内适应性理论

inclusive fitness theory Modem evolutionary theory, which is based on differential gene reproduction, is also called inclusive fitness theory (Hamilton, 1964). The "inclusive" part refers to the fact that the characteristics that affect reproduction need not affect the personal production of offspring; they can affect the survival and reproduction of genetic relatives as well. 210

独立性

independence Markus and Kitayama propose that each person has two fundamental "cultural tasks" that have to be confronted. One such task, agency or independence, involves how you differentiate yourself from the larger group. Independence includes your unique abilities, your personal internal motives and personality dispositions, and the ways in which you separate yourself from the larger group. 493

独立性训练

independence training McClelland believes that certain parental behaviors can promote high achievement motivation, autonomy, and independence in their children. One of these parenting practices is placing an emphasis on independence training. Training a child to be independent in different tasks promotes a sense of mastery and confidence in the child. 318

个体差异

individual differences Every individual has personal and unique qualities which make them different from others. The study of all the ways in which individuals can differ from others, the number, origin, and meaning of such differences, is the study of individual differences. 11

个体主义

individualism A sense of self as autonomous and independent, with priority given to personal goals. 496

影响力

influential forces Personality traits and mechanisms are influential forces in people's lives in that they influence our actions, how we view ourselves, how we think about the world, how we interact with others, how we feel, our selection of environments (particularly our social environment), what goals and desires we pursue in life, and how we react to our circumstances. Other influential forces include sociological and economic influences, as well as physical and biological forces. 8

信息加工

information processing Information processing is the transformation of sensory input into mental representations and the manipulation of such representations. 345

低频率量表

infrequency scales A common method for detecting measurement technique problems is to use an infrequency scale embedded within a set of questionnaire items. The infrequency scale contains items that most or all people would answer in a particular way. If a participant answered more than one or two of these unlike the rest of the majority of the participants, a researcher could begin to suspect that the participant's answers do not represent valid information. Such a participant may be answering randomly, may have difficulty reading, or may be marking his or her answer sheet incorrectly. 98

群体内比较

in-group comparison In-group comparison is a mechanism put forth by Crocker and Major whereby people from stigmatized groups buffer their self-esteem through a tendency to make comparisons only with their in-group, with people like themselves. 419

顿悟

insight In psychoanalysis, through many interpretations, a patient is gradually led to an understanding of the unconscious source of his or her problems. This understanding is called insight. 268

检测时

inspection time Inspection time, a variable in intelligence research, refers to the time it takes a person to make a simple discrimination between two displayed objects or two auditory intervals that differ by only a few milliseconds. This variable suggests that brain mechanisms specifically involved in discriminations of extremely brief time intervals represent a sensitive indicator of general intelligence. 368

本能

instincts Freud believed that there were strong innate forces that provided all the energy in the psychic system. He called these forces instincts. In Freud's initial formulation there were two fundamental categories of instincts: self-preservation instincts and sexual instincts. In his later formulations, Freud collapsed the self-preservation and sexual instincts into one, which he called the life instinct. 245

工具性

instrumentality Instrumentality refers to personality traits that involve working with objects, getting tasks completed in a direct fashion, showing independence from others, and displaying self-sufficiency. 472

诚实性测验

integrity testing Because the private sector cannot legally use polygraphs to screen employees, some companies have developed and promoted questionnaire measures to use in place of the polygraph. These questionnaires, called integrity tests, are designed to assess whether a person is generally honest or dishonest. 103

交互作用模型

interactional model The interactional model suggests that objective events happen to a person, but that personality factors determine the impact of those events by influencing the person's ability to cope. This is called the interactional model because personality is assumed to moderate (that is, influence) the relation between stress and illness. 519

互倚性

interdependence Markus and Kitayama propose that each person has two fundamental "cultural tasks" that have to be confronted. The first is communion or interdependence. This cultural task involves how you are affiliated with, attached to, or engaged in the larger group of which you are a member. Interdependence includes your relationships with other members of the group and your embeddedness within the group. 493

内在解释风格

internal (compared to external) explanatory style Psychologists use the term explanatory style to refer to tendencies some people have to frequently employ certain attributional categories when explaining the causes of events. People with an internal (compared to external) explanatory style tend to blame themselves for bad events and setbacks. Persons with an external explanatory style would do the opposite, that is, blame events on forces outside of their control, e.g., luck, fate. 362

内化

internalized In object relations theory, a child will create an unconscious mental representation of his or her mother. This allows the child to have a relationship with this internalized "object" even in the absence of the "real" mother. The relationship object internalized by the child is based on his or her developing relationship with the mother. This image then forms the fundamentals for how children come to view others with whom they develop subsequent relationships. 294

内控

internal locus of control An internal locus of control refers to the generalized expectancy that reinforcing events are under one's control, and that one is responsible for the major outcomes in life. 358

人际特质

interpersonal traits Interpersonal traits pertain to what people do to and with each other. They include temperaments traits, such as nervous, gloomy, sluggish, and excitable; character traits, such as moral, principled, and dishonest; material traits, such as miserly or stingy; attitude traits, such as pious or spiritual; mental traits, such as clever, logical, and perceptive; and physical traits, such as healthy and tough. 73

解释

interpretation Interpretation is one of the three levels of cognition mat are of interest to personality psychologists. Interpretation is the making sense of, or explaining, various events in the world. Psychoanalysts offer patients interpretations of the psychodynamic causes of their problems. Through many interpretations, patients are gradually led to an understanding of the unconscious source of their problems. 268, 346

内部评价者信度

inter-rater reliability Inter-rater reliability involves the use of multiple observers to gather information about a person's personality and then allows investigators to evaluate the degree of consensus among the observers. When different observers agree with one another, the degree of inter-rater reliability increases. When different raters fail to agree, the measure is said to have low inter-rater reliability. 28

异性选择

intersexual selection In Darwin's intersexual selection, members of one sex choose a mate based on their preferences for particular qualities in that mate. These characteristics evolve because animals that possess them are chosen more often as mates, and their genes thrive. Animals that lack the desired characteristics are excluded from mating, and their genes perish. 209

心灵内部的
intrapsychic Intrapsychic refers to factors within the mind that influence behavior, thoughts, and emotions. 10

心理动力领域
intrapsychic domain This domain deals with mental mechanisms of personality, many of which operate outside the realm of conscious awareness. The predominant theory in this domain is Freud's theory of psychoanalysis. This theory begins with fundamental assumptions about the instinctual system—the sexual and aggressive forces that are presumed to drive and energize much of human activity. The intrapsychic domain also includes defense mechanisms such as repression, denial, and projection. 15

同性内部竞争
intrasexual competition In Darwin's intrasexual competition, members of the same sex compete with each other, and the outcome of their contest gives the winner greater sexual access to members of the opposite sex. Two stags locking horns in combat is the prototypical image of this. The characteristics that lead to success in contests of this kind, such as greater strength, intelligence, or attractiveness to allies, evolve because the victors are able to mate more often and hence pass on more genes. 209

j

岗位分析
job analysis When assisting a business in hiring for a particular job, a psychologist typically starts by analyzing the requirements of the job. The psychologist might interview employees who work in the job or supervisors who are involved in managing the particular job. The psychologist might observe workers in the job, noting any particular oral, written, performance, or social skills needed. He or she may also take into account both the physical and social aspects of the work environment in an effort to identify any special pressures or responsibilities associated with the job. Based on this job analysis, the psychologist develops some hypotheses about the kinds of abilities and personality traits that might best equip a person to perform well in that job. 105

k

动觉图形后效
kinesthetic figural aftereffect In Petrie's kinesthetic figural aftereffect (KFA), subjects are blindfolded and presented with different sized wooden blocks. One block is a long wedge, and subjects can slide the fingers of one hand up and down the wedge. Using the other hand, participants are presented with wooden rectangular blocks of different size. Participants are asked to feel the width of a rectangular block with the other hand, and slide their other hand up the wooden wedge until they judge that the width of the wedge is equal to the width of the wooden block in their other hand. The KFA is a measure of individual differences in sensory reducing-augmenting. 351

l

潜伏期
latency stage The latency stage is the fourth stage in Freud's psychosexual stages of development. This stage occurs from around the age of six until puberty. Freud believed few specific sexual conflicts existed during this time, and was thus a period of psychological rest or latency. Subsequent psychoanalysts have argued that much development occurs during this time, such as learning to make decisions for oneself, interacting and making friends with others, developing an identity, and learning the meaning of work. The latency period ends with the sexual awakening brought about by puberty. 264

隐意
latent content The latent content of a dream is, according to Freud, what the elements of the dream actually represent. 266

习得性无助
learned helplessness Learned helplessness refers to the finding that animals (including humans), when subjected to unpleasant and inescapable circumstances, often become passive and accepting of their situation, in effect learning to be helpless. Researchers surmised that if people were in an unpleasant or painful situation, they would attempt to change the situation. However, if repeated attempts to change the situation failed, they would resign themselves to being helpless. Then, even if the situation did improve so that they could escape the discomfort, they would continue to act helpless. 359

白细胞
leukocyte A leukocyte is a white blood cell. When there is an

infection or injury to the body, or a systematic inflammation of the body occurs, there is an elevation in white blood cell counts. Surtees et al, in a 2003 study, have established a direct link between hostility and elevated white blood cell counts. 542

词汇学假设

lexical hypothesis The lexical hypothesis—on which the lexical approach is based—states that important individual differences have become encoded within the natural language. Over ancestral time, the differences between people that were important were noticed and words were invented to communicate about those differences. 62, 509

力比多与塔纳托斯

libido and thanatos Freud postulated that humans have a fundamental instinct toward destruction and that this instinct is often manifest in aggression toward others. The two instincts were usually referred to as libido, for the life instinct, and thanatos, for the death instinct. While the libido was generally considered sexual in nature, Freud also used this term to refer to any need-satisfying, life-sustaining, or pleasure-oriented urge. 246

生活史数据（L数据）

life-outcome data (L-data) Life outcome data, or L-data, refers to information that can be gleaned from the events, activities, and outcomes in a person's life that are available to public scrutiny. For example, marriages and divorces are a matter of public record. Personality psychologists can sometimes secure information about the clubs, if any, a person joins; how many speeding tickets a person has received in the last few years; whether they own a handgun. These can all serve as sources of information about personality. 35

生活任务

life tasks Life tasks refer to personal versions of culturally mandated problem-solving goals. Life tasks are the problems that people work on solving in their day-to-day lives. 364

李克特评价量表

Likert rating scale In using questionnaires, participants answer each item using the response options provided. These response options are in the form of various rating scales. One example is "true or false" as a rating scale. A common rating scale is called the Likert scale, and it provides numbers that are attached to descriptive phrases, such as 0 = disagree strongly, 1 = disagree slightly, 2 = neither agree nor disagree, 3 = agree slightly, 4 = strongly agree. 26

边缘系统

limbic system The limbic system is that part of the brain responsible for emotion and the "flight-fight" reaction. If some individuals have a limbic system that is easily activated, then we might expect such persons to have frequent episodes of emotion, particularly those emotions associated with flight (such as anxiety, fear, worry) and those associated with fight (such as anger, irritation, annoyance). Eysenck postulated that the limbic system was the source of the trait of neuroticism. 385

控制点

locus of control Locus of control is a concept that describes a person's perception of responsibility for the events in his or her life. It refers to whether people tend to locate that responsibility internally, within themselves, or externally, in fate, luck, or chance. Locus of control research started in the mid-1950s when Rotter was developing his social learning theory. 356

纵向研究

longitudinal study A longitudinal study examines individuals over time. Longitudinal studies have been conducted that have spanned as many as four and five decades of life and have examined many different age brackets. These studies are costly and difficult to conduct, but the information gained about personality development is valuable. 123

m

马基雅维利主义

Machiavellianism Machiavellianism is a manipulative strategy of social interaction referring to the tendency to use other people as tools for personal gain. "High Mach" persons tend to tell people what they want to hear, use flattery to get what they want, and rely heavily on lying and deception to achieve their own ends. 450

主要生活事件

major life events According to Holmes and Rahe, major life events require that people make major adjustments in their lives. Death or loss of a spouse through divorce or separation are the most stressful events, followed closely by being jailed, loosing a close family member in death, or being severely injured. 524

显意

manifest content The manifest content of a dream is, according to Freud, what the dream actually contains. 266

操控
manipulation Researchers conducting experiments use manipulation in order to evaluate the influence of one variable (the manipulated or independent variable) on another (the dependent variable). 42, 95, 447

人际互动中的操纵
manipulation in interpersonal interactions Manipulation is a form of person-situation interaction that can be defined as the various means by which people intentionally or purposefully alter, change, and exploit others. Manipulation differs from selection in that selection involves choosing existing environments, whereas manipulation entails altering those environments already inhabited. No evil or malicious intent need be implied by the term "manipulation," although such intent is not excluded either. 95

男性化和女性化
masculine and feminine Masculine and feminine refer to traits or roles typically associated with being male or female in a particular culture. 291

男性化与女性化
masculinity and femininity Traits that define the cultural roles associated with being male or female. Two major personality instruments were published in 1974 to assess people using this new conception of sex roles (Bern, 1974; Spence, Helmreich, & Stapp, 1974). The masculinity scales contained items reflecting assertiveness, boldness, dominance, self-sufficiency, and instrumentality. The femininity scales contained items that reflected nurturance, expression of emotions, and empathy. Masculinity and femininity are traits that refer to gender roles, as distinct from biological sex. 470

均数水平的稳定性
mean level stability Mean level stability refers to a population maintaining a consistent average level of a trait or characteristic over time. If the average level of liberalism or conservatism in a population remains the same with increasing age, we say that the population exhibits high mean level stability on that characteristic. If the average degree of political orientation changes, then we say that the popu-lation is displaying mean level change. 117

分子遗传学
molecular genetics Molecular genetics techniques are designed to identify the specific genes associated with specific traits, such as personality traits. The most common method, called the association method, identifies whether individuals with a particular gene (or allele) have higher or lower scores on a particular trait measure. 171

单胺氧化酶
monoamine oxidase (MAO) Monoamine oxidase (MAO) is an enzyme found in the blood that is known to regulate neurotransmitters, those chemicals that carry messages between nerve cells. MAO may be a causal factor in the personality trait of sensation seeking. 195

同卵双生子
monozygotic twins (MZ) Monozygotic twins are identical twins that come from a single fertilized egg (or zygote, hence monozygotic) that divides into two at some point during gestation. Identical twins are always the same sex because they are genetically identical. 157

情绪诱导
mood induction In experimental studies of mood, mood induction are employed as manipulations in order to determine whether the mood differences (e.g., pleasant versus unpleasant) effect some dependent variable. In studies of personality, mood effects might interact with personality variables. For example, positive mood effects might be stronger for persons high on extraversion, and negative mood effects might be stronger for persons high on neuroticism. 382

情绪变异性
mood variability Mood variability refers to frequent fluctuations in a person's emotional life over time. 398

道德性焦虑
moral anxiety Moral anxiety is caused by a conflict between the id or the ego and the superego. For example, a person who suffers from chronic shame or feelings of guilt over not living up to "proper" standards, even though such standards might not be attainable, is experiencing moral anxiety. 254

延缓
moratorium In terms of identity development, a moratorium is the time taken to explore options before making a commitment to an identity. College can be considered a "time out" from life, in which students may explore a variety of roles, relationships, and responsibilities before having to commit to any single life path. 288

早晨型—夜晚型
morningness-eveningness Refers to stable differences between persons in preferences for being active at different times of the day. The term "morningness-eveningness" was coined to refer to this dimension (Home & Osterberg,

1976). Differences between morning- and evening-types of persons appear to be due to differences in the length of their underlying circadian biological rhythms. 198

动机性潜意识

motivated unconscious The motivated unconscious refers to the psychoanalytic idea that information that is unconscious (e.g., a repressed wish) can actually motivate or influence subsequent behavior. This notion was promoted by Freud, and formed the basis for his ideas about the unconscious sources of mental disorders and other problems with living. While many psychologists agree with the idea of the unconscious, there is less agreement today about whether information that is unconscious can have much of an influence on actual behavior. 249

动机

motives Motives refer to internal states that arouse and direct behavior toward specific objects or goals. A motive is often caused by a deficit, by the lack of something. Motives differ from each other in type, amount, and intensity, depending on the person and his or her circumstances. Motives are based on needs and propel people to perceive, think, and act in specific ways that serve to satisfy those needs. 308

多动机网格技术

multi-motive grid The multi-motive grid, designed to assess motives, uses 14 pictures representing achievement, power, or intimacy and a series of questions about important motivational states to elicit answers from test subjects. In theory, the motives elicited from the photographs would influence how the subject answers the test questions. 314

多元智力

multiple intelligences Howard Gardner's theory of multiple intelligences includes seven forms: interpersonal intelligence (social skills, ability to communicate and get along with other), intrapersonal intelligence (insight into oneself, one's emotions and motives), kinesthetic intelligence (the abilities of athletes, dancers, and acrobats), and musical intelligence. There are several other theories proposing multiple forms of intelligence. This position is in contrast to the theory of "g," or general intelligence, which holds that there is only one form of intelligence. 366

多重社会人格

multiple social personality Each of us displays different sides of ourselves to different people—we may be kind to our friends, ruthless to our enemies, loving toward a spouse, and conflicted toward our parents. Our social personalities vary from one setting to another, depending on the nature of relationships we have with other individuals. 29

迈尔斯-布里格斯人格类型测验

Myers-Briggs Type Indicator (MBTI) One of the most widely used personality tests in the business world. The Myers-Briggs Type Indicator was developed by a mother-daughter team, {Catherine Briggs and Isabel Myers, based on Jungian concepts. The test provides information about personality types by testing for eight fundamental preferences using questions in a "forced-choice" or either/or format. Individuals must respond in one way or another, even if their preferences might be somewhere in the middle. Although the test is not without criticism, it has great intuitive appeal. 111

n

自恋

narcissism Narcissism is a style of inflated self-admiration and the constant attempt to draw attention to the self and to keep others focused on oneself. Although narcissism can be carried to extremes, narcissistic tendencies can be found in normal range levels. 292, 453

自恋矛盾，自恋的悖论

narcissistic paradox The narcissistic paradox refers to the fact that, although a narcissistic person appears to have high self-esteem, they actually have doubts about their self-worth. While they appear to have a grandiose sense of self-importance, narcissists are nevertheless very fragile and vulnerable to blows to their self-esteem and cannot handle criticism well. They need constant praise, reassurance, and attention from others, whereas a person with truly high self-esteem would not need such constant praise and attention from others. 292, 563

自恋型人格障碍

narcissistic personality disorder The calling card of the narcissistic personality is a strong need to be admired, a strong sense of self-importance, and a lack of insight into other people's feelings. Narcissists see themselves in a very favorable light, inflating their accomplishments and undervaluing the work of others. Narcissists daydream about prosperity, victory, influence, adoration from others, and power. They routinely expect adulation from others, believing that homage is generally long overdue. They exhibit feelings of entitlement, even though they have done nothing in particular to earn that special treatment. 562

叙事自我

narrative self In a modern society, the narrative self is an individual's sense of his or her own past, present, and future—the person's autobiography. According to Dan McAdams, these internalized autobiographical stories allow individuals to reconstruct their pasts and anticipate their futures by providing them with a degree of unity and purpose. According to McAdams's theory, this personal narrative situates a person in a particular psychosocial niche in the modern world. 407

自然观察

naturalistic observation In naturalistic observation, observers witness and record events that occur in the normal course of the lives of their participants. For example, a child might be followed throughout an entire day, or an observer may record behavior in the home of the participant. Naturalistic observation offers researchers the advantage of being able to secure information in the realistic context of a person's everyday life, but at the cost of not being able to control the events and behavioral samples witnessed. 29

自然选择

natural selection Darwin reasoned that variants that better enabled an organism to survive and reproduce would lead to more descendants. The descendants, therefore, would inherit the variants that led to their ancestors' survival and reproduction. Through this process, the successful variants were selected, and unsuccessful variants weeded out. Natural selection, therefore, results in gradual changes in a species over time, as successful variants increase in frequency and eventually spread throughout the gene pool, replacing the less successful variants. 208

天性与教养之争

nature-nurture debate The nature-nurture debate is the ongoing debate as to whether genes or environments are more important determinants of personality. 154

成就需要

need for achievement The need for achievement, according to McClelland, is the desire to do better, to be successful, and to feel competent. A person with a high need for achievement obtains satisfaction from accomplishing a task or from the anticipation of accomplishing a task. They cherish the process of being engaged in a challenging task. 315

亲密需要

need for intimacy McAdams defines the need for intimacy as the "recurrent preference or readiness for warm, close, and communicative interaction with others" (1990, p. 198). People with a high need for intimacy want more intimacy and meaningful human contact in their day-to-day lives than do those with a low need for intimacy. 321

权力需要

need for power Winter defines the need for power as a preference for having an impact on other people. Individuals with a high need for power are interested in controlling situations and other people. 318

需要

needs Needs refer to states of tension within a person; as a need is satisfied, the state of tension is reduced. Usually the state of tension is caused by the lack of something (for example, a lack of food causes a need to eat). 308

消极同一性

negative identity In resolving their identity crises, some people develop negative identities, identities founded on undersirable social roles, such as "gangstas," girlfriends of street toughs, or members of street gangs. 287

神经性焦虑

neurotic anxiety Neurotic anxiety occurs when there is a direct conflict between the id and the ego. The danger is that the ego may lose control over some unacceptable desire of the id. For example, a man who worries excessively that he might blurt out some unacceptable thought or desire in public is beset by neurotic anxiety. 254

神经质

neuroticism Neuroticism is one of the "big five" dimensions of personality, and is present, in some form, in every major trait theory of personality. Different researchers have used different terms for neuroticism, such as emotional instability, anxiety-proneness, and negative affectivity. Adjectives useful for describing persons high on the trait of neuroticism include moody, touchy, irritable, anxious, unstable, pessimistic, and complaining. 385

神经症性的矛盾

neurotic paradox The neurotic paradox refers to the fact that people with disorders or other problems with living often exhibit behaviors that exacerbate, rather than lessen, their problems. For example, borderline personality disordered persons, who are generally concerned with being abandoned by friends and intimate others, may throw temper tantrums or otherwise express anger and rage in a manner that drives people away. The paradox refers to doing behaviors that make their situation worse. 570

神经递质

neurotransmitter Neurotransmitters are those chemicals in the nerve cells that are responsible for thc transmission of a nerve impulse from one cell to another. Some theories of personality are based directly on different amounts of neurotransmitters found in the nervous system. 195

抑郁的神经递质理论

neurotransmitter theory of depression According to the neurotransmitter theory of depression an imbalance of the neurotransmitters, at the synapses of the nervous system causes depression. Some medications used to treat depression target these specific neurotransmitters. Not all people with depression are treated successfully with drugs. That suggests that there may be varieties of depression; some are biologically based, while others are more reactive to stress, physical exercise, or cognitive therapy. 391

一般规律

nomothetic The study of general characters of people as they are distributed in the population, typically involving statistical comparisons between individuals or groups. 11

与内容无关的反应

non-content responding Non-content responding, also referred to as the concept of response sets, refers to the tendency of some people to respond to the questions on some basis that is unrelated to the question content. One example is the response set of acquiescence or yea saying. This is the tendency to simply agree with the questionnaire items, regardless of the content of those items. 99

非共享环境

non-shared environment Non-shared environment is a concept referring to features of the environment that siblings do not share. Some children might get special or different treatment from their parents, they might have different groups of friends, they might be sent to different schools, or one might go to summer camp while the other stays home each summer. These features are called "non-shared" because they are experienced differently by different siblings. 167

去甲肾上腺素

norepinephrine Norepinephrine is a neurotransmitter involved in activating the sympathetic nervous system for flight or fight. 196

新异寻求

novelty seeking In Cloninger's tridimensional personality model, the personality trait of novelty seeking is based on low levels of dopamine. Low levels of dopamine create a drive state to obtain substances or experiences that increase dopamine. Novelty and thrills and excitement can make up for low levels of dopamine, and so novelty seeking behavior is thought to result from low levels of this neurotransmitter. 196

O

客观化认知

objectifying cognitions Processing information by relating it to objective facts. This style of thinking stands in contrast to personalizing cognitions. 345

实因性焦虑

objective anxiety Objective anxiety (fear) occurs in response to some real, external threat to the person. For example, being confronted by a large, aggressive-looking man with a knife while taking a shortcut through an alley would elicit objective anxiety (fear) in most people. 254

客体自我意识

objective self-awareness Objective self-awareness is seeing oneself as an object of others' attention. Often, objective self-awareness is experienced as shyness, and for some people this is a chronic problem. Although objective self-awareness can lead to periods of social sensitivity, this ability to consider oneself from an outside perspective is the beginning of a social identity. 407

对象关系理论

object relations theory Object relations theory places an emphasis on early childhood relationships. While this theory has several versions that differ from each other in emphasis, all the versions have at their core a set of basic assumptions: that the internal wishes, desires, and urges of the child are not as important as his or her developing relationships with significant external others, particularly parents, and that the others, particularly the mother, become internalized by the child in the form of mental objects. 293

观察者报告的数据（O数据）

observer-report data (O-data) Observer-report data are the impressions and evaluations others make of a person whom they come into contact with. For every individual, there are dozens of observers who form such impressions. Observer-report methods capitalize on these sources and provide tools for gathering information about a person's personality. Observers may have access to information not attainable through other sources, and multiple observers can be used to assess each individual. Typically, a more valid and reliable assessment of personality can be achieved when multiple observers are used. 28

强迫型人格障碍
obsessive-compulsive personality disorder The obsessive-compulsive personality is preoccupied with order and strives to be perfect The high need for order can manifest itself in the person's attention to details, however trivial, and fondness for rules, rituals, schedules, and procedures. Another characteristic is a devotion to work at the expense of leisure and friendships. Obsessive-compulsive persons tend to work harder than they need to. 573

俄狄浦斯冲突
oedipal conflict For boys, the main conflict in the Freud's phallic stage is the Oedipal conflict. It is a boy's unconscious wish to have his mother all to himself by eliminating the father. (Oedipus is a character in a Greek myth that unknowingly kills his father and marries his mother). 263

开放性
Openness Openness is the fifth personality trait in the Five-Factor Model, a model which has proven to be replicable in studies using English language trait words as items. Some of the key adjective markers for Openness are "creative," "imaginative," "intellectual." Those who rate high on openness tend to remember their dreams more and have vivid, prophetic, or problem-solving dreams. 81

最佳唤醒水平
optimal level of arousal Hebb's believed that people are motivated to reach an optimal level of arousal. If they are underaroused relative to this level, an increase in arousal is rewarding; conversely, if they are overaroused, a decrease in arousal is rewarding. By optimal level of arousal Hebb meant a level that is "just right" for any given task. 193

乐观主义偏差
optimistic bias Most people generally underestimate their risks, with the average person rating their risks as below what is the true average. This has been refereed to as the optimistic bias, and it may actually lead people in general to ignore or minimize the risks inherent in life or to take more risks than they should. 532

乐观解释风格
optimistic explanatory style An explanatory style that emphasizes external, temporary, and specific causes of events, 363

口唇期
oral stage The oral stage is the first stage in Freud's psychosexual stages of development. This stage occurs during the initial 18 months after birth. During this time, the main sources of pleasure and tension reduction are the mouth, lips, and tongue. Adults who still obtain pleasure from "taking in," especially through the mouth (e.g., people who over-eat or smoke or talk too much) might be fixated at this stage. 262

有组织和持久性
organized and enduring "Organized" means that the psychological traits and mechanisms for a given person are not simply a random collection of elements. Rather, personality is coherent because the mechanisms and traits are linked to one another in an organized fashion. "Enduring" means that the psychological traits are generally consistent over time, particularly in adulthood, and over situations. 7

正交性
orthogonality Discussed in terms of circumplex models, orthogonality specifies that traits that are perpendicular to each other on the model (at 90 degrees of separation, or at right angles to each other) are unrelated to each other. In general, the term "orthogonal" is used to describe a zero correlation between traits. 75

应然自我
ought self A person's understanding of what others want them to be. 409

结果聚焦策略
outcome-focused strategy In the outcome-focused strategy for pursuing life-goals, some people turn many situations into opportunities for attaining their goals. For example, a person with academic goals might turn every situation, even social situations, into opportunities to focus on academic tasks. This strategy is used to seek reassurance. Very often, a person who employs this strategy will, when under stress, seek out those persons who, in the past, gave her encouragement and reassurance. 364

p

疼痛耐受性
pain tolerance Pain tolerance is the degree to which people can tolerate pain, which shows wide differences between persons. Petrie believed that individual differences in pain tolerance originated in the nervous system. She developed a theory that people with low pain tolerance had a nervous system that amplified or augmented the subjective impact

sensory input. In contrast, people who could tolerate pain well were thought to have a nervous system that dampened or reduced the effects of sensory stimulation. 350

偏执型人格障碍

paranoid personality disorder The paranoid personality is extremely distrustful of others and sees others as a constant threat. Such a person assumes that others are out to exploit and deceive them, even though there is no good evidence to support this assumption. Paranoid personalities feel that they have been injured by other persons and are preoccupied with doubts about the motivations of others. The paranoid personality often misinterprets social events and holds resentments towards others for slights or perceived insults. 567

简约性

parsimony The fewer premises and assumptions a theory contains, the greater its parsimony. This does not mean that simple theories are always better than complex ones. Due to the complexity of the human personality, a complex theory, that is, one containing I many premises, may ultimately be necessary for adequate personality theories. 19

被动性、反应性与主动性基因型—环境相关

passive, reactive, and active forms of genotype-environment correlation Passive genotype-environment correlation occurs when parents provide both genes and environment to children, yet the children do nothing to obtain that environment. Reactive genotype-environment correlation occurs when parents (or others) respond to children differently, depending on their genotype. Active genotype-environment correlation occurs when a person with a particular genotype creates or seeks out a particular environment. 169, 170

阳具妒羡

penis envy The female counterpart of castration anxiety, which occurs during the phallic stage of psychosexual development for girls around 3 to 5 years of age. 263

人—事维度

people-things dimension Brian Little's people-things dimension of personality refers to the nature of vocational interests. Those at the "things" end of the dimension like vocations that deal with impersonal tasks—machines, tools, or materials. Examples include a carpenter, auto mechanic, building contractor, tool maker, or farmer. Those scoring toward the "people" end of the dimension prefer social occupations that involve thinking about others, caring for others, or directing others. Examples include a high school teacher, social worker, or religious counselor. 469

变异率

percentage of variance Percentage of variance refers to the fact that individuals vary or are different from each other, and this variability can be partitioned into percentages that are related to separate causes or separate variables. An example is the percentages of variance in some trait that are related to genetics, the shared environment, and the unshared environment. Another example would be the percentage of variance in happiness scores that are related to various demographic variables, such as income, gender, and age. 153

知觉

perception Perception is one of the three levels of cognition that are of interest to personality psychologists. Perception is the process of imposing order on the information our sense organs take in. Even at the level of perception, what we "see" in the world can be quite different from person to person. 345

个体—环境相互作用

person-environment interaction A person's interactions with situations include perceptions, selections, evocations, and manipulations. *Perceptions* refer to how we "see" or interpret an environment. *Selection* describes the manner in which we choose situations—such as our friends, our hobbies, our college classes, and our careers. *Evocations* refer to the reactions we produce in others, often quite unintentionally. *Manipulations* refer to the ways in which we attempt to influence others. 8

个体—情境交互作用

person-situation interaction The person-situation interaction trait theory states that one has to take into account both particular situations (e.g., frustration) and personalities traits (e.g., hot temper) when understanding a behavior. 92

个人建构

personal construct A personal construct is a belief or concept that summarizes a set of observations or version of reality, unique to an individual, which that person routinely uses to interpret and predict events. 354

个人计划

personal project A personal project is a set of relevant actions intended to achieve a goal that a person has selected. Psychologist Brian Little believes that personal projects make natural units for understanding the working of personality, because they reflect how people face up to the serious business of navigating through daily life. 360

个人潜意识
personal unconscious According to Carl Jung, the personal unconscious developed from a person's own unique experiences. 248

人格
personality The set of psychological traits and mechanisms within the individual that are organized and relatively enduring and that influence his or her interactions with, and adaptations to, the environment (including the intrapsychic, physical, and social environment). 4

人格的一致性
personality coherence Personality coherence is defined as changes in the manifestations of personality variables over time, even as the underlying characteristics remain stable. The notion of personality coherence includes both elements of continuity and elements of change: continuity in the underlying trait but change in the outward manifestation of that trait For example, an emotionally unstable child might frequently cry and throw temper tantrums, whereas as an adult such a person might frequently worry and complain. The manifestation might change, even though the trait stays stable. 117

人格描述性名词
personality-descriptive nouns As described by Saucier, personality-descriptive nouns differ in their content emphases from personality taxonomies based on adjectives and may be more precise. In Saucier's 2003 work on personality nouns, he discovered eight factors, including "Dumbell," "Babe/Cutie," "Philosopher," "Lawbreaker," "Joker," and "Jock." 83

人格发展
personality development Personality development is the continuities, consistencies, and stabilities in people over time, and the ways in which people change over time. 116

人格障碍
personality disorder A personality disorder is an enduring pattern of experience and behavior that differs greatly from the expectations of the individual's culture. The disorder is usually manifest in more than one of the following areas: the way a person thinks, feels, gets along with others, or controls personal behavior. To be classed as a personality disorder, the pattern must NOT result from drug abuse, medication, or a medical condition such as head trauma. 551

个人化认知
personalizing cognitions Processing information by relating it to a similar event in your own life. This style of processing information occurs when a person interprets a new event in a personally relevant manner. For example, they might see a car accident and start thinking about the time they were in a car accident 345

观点采择
perspective taking A final unfolding of the self-concept during the teen years involves perspective taking; the ability to take the perspectives of others, or to see oneself as others do, to step outside of one's self and imagine how one appears to other people. This is why many teenagers go through a period of extreme self-consciousness during this time, focusing much of their energy on how they appear to others. 407

悲观解释风格
pessimistic explanatory style The pessimistic explanatory style puts a person at risk for feelings of helplessness and poor adjustment and emphasizes internal, stable, and global causes for bad events. It is the opposite of optimistic explanatory style. 363

性器期
phallic stage The phallic stage is the third stage in Freud's psychosexual stages of development. It occurs between three and five years of age, during which time the child discovers that he has (or she discovers that she does not have) a penis. This stage also includes the awakening of sexual desire directed, according to Freud, toward the parent of the opposite sex. 263

表现型变异
phenotypic variance Phenotypic variance refers to observed individual differences, such as in height, weight, or personality. 153

生理需要
physiological needs At the base of Maslow's need hierarchy are the physiological needs. These include those needs that are of prime importance to the immediate survival of the individual (the need for food, water, air, sleep) as well as to the long-term survival of the species (the need for sex). 324

生理系统
physiological systems Physiological systems are organ systems within the body. For example the nervous system (including the brain and nerves), the cardiac system (including the heart, arteries, and veins), and the musculoskeletal system (including the muscles and bones which make all movements and behaviors possible). 178

快乐原则
pleasure principle The pleasure principle is based on the desire for immediate gratification. The id operates according to the pleasure principle; therefore, it does not listen to reason, does not follow logic, has no values or morals (other than immediate gratification), and has very little patience. 252

积极错觉
positive illusions Some researchers believe that part of being happy is to have positive illusions about the self— an inflated view of one's own characteristics as a good, able, and desirable person—as this characteristic appears to be part of emotional well- being (Taylor, 1989; Taylor et al., 2000). 377

积极评价
positive reappraisal Positive reappraisal refers to a cognitive process whereby a person focuses on the good in what is happening or has happened to them. Folkman and Moskowitz note that forms of this positive coping strategy include seeing opportunities for personal growth or seeing how one's own efforts can benefit other people. 530

积极关注
positive regard According to Rogers, all children are born wanting to be loved and accepted by their parents and others. He called this in-born need the desire for positive regard. 328

积极的自我关注
positive self-regard According to Rogers, people who have received positive regard from others develop a sense of positive self-regard; they accept themselves, even their own weaknesses and shortcomings. A person with high positive self-regard would trust themselves, follow their own interests, and rely on their feelings to guide themselves to do the right thing. 330

可能自我
possible selves The notion of possible selves can be viewed in a number of ways, but two are especially important. The first pertains to the desired self—the person we wish to become. The second pertains to our feared self—the sort of person we do not wish to become. 408

后现代主义
post modernism In personality psychology, post modernism is the notion that reality is a construct, that every person and culture has its own unique version of reality, and that no single version of reality is more valid or more privileged than another. 354

创伤后压力障碍
post-traumatic stress disorder (PTSD) Post-traumatic stress disorder or "PTSD" is a syndrome that occurs in some individuals after experiencing or witnessing life-threatening events, such as military combat, natural disasters, terrorist attacks, serious accidents, or violent personal assaults, e.g., rape. Those who suffer from PTSD often relive the trigger experience for years through nightmares or intense flashbacks; have difficulty sleeping; report physical complaints; have flattened emotions; and feel detached or estranged from others. These symptoms can be severe and last long enough to significantly impair the individual's daily life, health, relationships, and career. 527

权力压力
power stress According to David McClelland, when people do not get their way, or when their power is challenged or blocked, they are likely to show strong stress responses or "power stress." This stress has been linked to diminished immune function and increased illness in longitudinal studies. 319

前意识
preconscious Any information that a person is not presently aware of, but that could easily be retrieved and made conscious, is found in the preconscious mind. 246

预测效度
predictive validity Predictive validity refers to whether a test predicts some criteria external to the test. Scales that successfully predict what they should predict have high predictive validity. 39

倾向性模型
predisposition model In health psychology, the predisposition model suggests that associations may exist between personality and illness because a third variable is causing them both. 521

前额叶皮质
prefrontal cortex The prefrontal cortex of the brain has been found to be highly active in the control of emotions. Many people who have committed violent acts exhibit a neurological deficit in the frontal areas, portions of the brain assumed to be responsible for regulating negative emotions. 386

压力
press Murray used the term press to refer to need-relevant aspects of the environment. A person's need for intimacy, for example, won't affect that person's behavior without an appropriate environmental press (such as the presence of

friendly people). 311

发生率
prevalence Prevalence refers to the total number of cases that are present within a given population during a particular period of time. 575

初级评估
primary appraisal According to Lazarus, in order for stress to be evoked for a person, two cognitive events must occur. The first cognitive event, called the primary appraisal, is for the person to perceive that the event is a threat to their personal goals. See also secondary appraisal. 528

初级加工思维
primary process thinking Primary process thinking is thinking without the logical rules of conscious thought or an anchor in reality. Dreams and fantasies are examples of primary process thinking. Although primary process thought does not follow the normal rules of reality (e.g., in dreams people might fly or walk through walls), Freud believed there were principles at work in primary process thought and that these principles could be discovered. 252

启动
priming Priming makes associated material more accessible to conscious awareness than material that is not primed. Research using subliminal primes demonstrates that information can get into the mind, and have some influence on it, without going through conscious experience. 282

私人自我概念
private self-concept The development of an inner, private self-concept is a major but often difficult development in the growth of the self-concept. It may start out with children developing an imaginary friend, someone only they can see or hear. This imaginary friend may actually be children's first attempt to communicate to their parents that they know there is a secret part, an inner part, to their understanding of their self. Later children develop the full realization that only they have access to their own thoughts, feelings, and desires, and that no one else can know this part of themselves unless they choose to tell them. 407

问题中心应对
problem-focused coping Problem-focused coping refers to thoughts and behaviors mat manage or solve the underlying cause of stress. Folkman and Moskowitz note that focusing on solving problems, even little ones, can give a person a positive sense of control even in the most stressful and uncontrollable circumstances. 531

投射
projection Projection is a defense mechanism based on the notion that sometimes we see in others those traits and desires that we find most upsetting in ourselves. We literally "project" (i.e., attribute) our own unacceptable qualities onto others. 260

投射假设
projective hypothesis The idea that what a person "sees" in an ambiguous figure, such as an inkblot, reflects his or her personality is called the projective hypothesis. People are thought to project their own personalities into what they report seeing in such ambiguous stimulus. 267

投射技术
projective techniques In projective techniques, a person is presented with an ambiguous stimulus and is then asked to impose some order on the stimulus, such as asking them what they see in an inkblot. What the person sees is interpreted to reveal something about his or her personality. The person presumably "projects" his or her concerns, conflicts, traits, and ways of seeing or dealing with the world onto the ambiguous stimulus. The most famous projective technique for assessing personality is the Rorschach inkblot test. 34

心理能量
psychic energy According to Sigmund Freud, there is a source of energy, psychic energy, within each person that motivates them to do one thing and not another. In Freud's view, it is this energy that motivates all human activity. 245

精神分析
psychoanalysis Psychoanalysis is a theory of personality and is also a method of psychotherapy (a technique for helping individuals who are experiencing some mental disorder or even relatively minor problems with living). Psychoanalysis can be thought of as a theory about the major components and mechanisms of personality, as well as a method for deliberately restructuring personality. 264

心理机制
psychological mechanisms Psychological mechanisms are like traits, except that mechanisms refer more to the processes of personality. For example, most personality mechanisms involve some information-processing activity. A psychological mechanism may make people more sensitive to certain kinds of information from the environment (input), may make them more likely to think about specific options (decision rules), or may guide their behavior toward certain categories of action (outputs). 6

心理特质
psychological traits Psychological traits are characteristics that describe ways in which people are unique or different from or similar to each other. Psychological traits include all sorts of aspects of persons that are psychologically meaningful and are stable and consistent aspects of personality. 4

精神病理学
psychopathology Psychopathology is the study of mental disorders that combines statistical, social, and psychological approaches to diagnosing individual abnormality. 550

心理病态
psychopathy A term often used synonymously with the antisocial personality disorder. It is used to refer to individual differences in antisocial characteristics. 231

心理性欲阶段理论
psychosexual stage theory According to Freud's psychosexual stage theory, all persons pass through a set series of stages in personality development. At each of the first three stages, young children must face and resolve specific conflicts, which revolve around ways of obtaining a type of sexual gratification. Children seek sexual gratification at each stage by investing libidinal energy in a specific body part. Each stage in the developmental process is named after the body part in which sexual energy is invested. 262

心理社会冲突
psychosocial conflicts As posited by Erik Erikson, psychosocial conflicts occur throughout a person's lifetime and contribute to the ongoing development of personality. He defined psychosocial conflicts as the crises of learning to trust our parents, learning to be autonomous from them, and learning from them how to act as an adult. 285

r

随机分配
random assignment Random assignment in an experiment is assignment that is conducted randomly. If an experiment has manipulation between groups, random assignment of participants to experimental groups helps ensure that each group is equivalent. 42

等级顺序
rank order Rank order refers to maintaining one's relative position within a group over time. Between ages 14 and 20, for example, most people become taller. But the rank order of heights tends to remain fairly stable because this form of development affects all people pretty much the same. The tall people at 14 fall generally toward the tall end of the distribution at age 20. The same can apply to personality traits. If people tend to maintain their position on dominance or extraversion relative to the other members of the group over time, then we say that there is high rank order stability to the personality characteristic. Conversely, if people fail to maintain their rank order, then we say that the group has displayed rank order instability or rank order change. 90

合理化
rationalization Rationalization is a defense mechanism that involves generating acceptable reasons for outcomes that might otherwise be unacceptable. The goal is to reduce anxiety by coming up with an explanation for some event that is easier to accept than the "real" reason. 257

反向作用
reaction formation A defense mechanism that refers to an attempt to stifle the expression of an unacceptable urge, a person may continually display a flurry of behavior that indicates the opposite impulse. Reaction formation makes it possible for psychoanalysts to predict that sometimes people will do exactly the opposite of what you might otherwise think they would do. It also alerts us to be sensitive to instances when a person is doing something in excess. One of the hallmarks of reaction formation is excessive behavior. 257

反应性遗传特征
reactive heritable Reactively heritable traits are secondary consequences of heritable traits. 230

现实原则
reality principle In psychoanalysis, it is the counterpart of the pleasure principle. It refers to guiding behavior according to the demands of reality, and relies on the strengths of the ego to provide such guidance. 252

缩小—放大理论
reducer-augmenter theory Petrie's reducer-augmenter theory refers to the dimension along which people differ in their reaction to sensory stimulation; some appear to reduce sensory stimulation, some appear to augment stimulation. 350

敏感性强化理论
reinforcement sensitivity theory Reinforcement sensitivity theory is Gray's biological theory of personality. Based on recent brain function research with animals, Gray constructed a model of human personality based on two hypothesized biological systems in the brain: the Behavioral Activation System (which is responsive to incentives, such

as cues for reward, and regulates approach behavior) and the Behavioral Inhibition System (which is responsive to cues for punishment, frustration, and uncertainty). 188

信度

reliability Reliability is the degree to which an obtained measure represents the "true" level of the trait being measured. For example, if a person has a "true" IQ of 115, then a perfectly reliable measure of IQ will yield a score of 115 for that person. Moreover, a truly reliable measure of IQ would yield the same score of 115 each time it was administered to the person. Personality psychologists prefer reliable measures so that the scores accurately reflect each person's true level of the personality characteristic being measured. 38

角色建构库测验

Rep Test See role construct repertory test. 355

重复测量

repeated measurement Repeated measurement is a way to estimate the reliability of a measure. There are different forms of repeated measurement, and hence different versions of reliability. A common procedure is to repeat the same measurement over time, say at an interval of a month apart, for the same sample of persons. If the two tests are highly correlated between the first and second testing, yielding similar scores for most people, then the resulting measure is said to have high test-retest reliability. 38

压抑

repression One of the first defense mechanisms discussed by Freud, refers to the process of preventing unacceptable thoughts, feelings or urges from reaching conscious awareness. 255

阻抗

resistance A psychoanalytic term, it refers to when a patient's defenses are threatened by a probing psychoanalyst, the patient may unconsciously set up obstacles to progress. This stage of psychoanalysis is called resistance. Resistance signifies that important unconscious material is coming to the fore. The resistance itself becomes an integral part of the interpretations the analyst offers to the patient. 268

抗拒期

resistance stage The resistance stage is the second stage in Seyle's general adaptation syndrome (GAS). Here the body is using its resources at an above average rate, even though the immediate fight or flight response has subsided. Stress is being resisted, but the effort is making demands on the person's resources and energy. 523

反应定势

response sets The concept of response sets refers to the tendency of some people to respond to the questions on some basis that is unrelated to the question content. Sometimes this is referred to as non-content responding. One example is the response set of acquiescence or yea saying. This is the tendency to simply agree with the questionnaire items, regardless of the content of those items. 99

责任训练

responsibility training Life experiences that provide opportunities to learn to behave responsibly, such as having younger siblings to take care of while growing up. Moderates the gender difference in impulsive behaviors associated with need for power. 319

约束型性策略

restricted sexual strategy According to Gangestad and Simpson (1990), a woman seeking a high-investing mate would adopt a restricted sexual strategy marked by delayed intercourse and prolonged courtship. This would enable her to assess the man's level of commitment, detect the existence of prior commitments to other women and/or children, and simultaneously signal to the man the woman's sexual fidelity and, hence, assure him of his paternity of future offspring. 231

全距限制

restriction of range When two variables are correlated with each other, the size of the resulting correlation depends, in part, on whether each variable spans its full range in the study sample. A violation of this principle occurs whenever participants are selected on the basis of one variable or score, and then that score is correlated with another variable on which the participants have been measured. This problem is called restriction of range. 110

奖励依赖

reward dependence In Cloninger's tridimensional personality model, the personality trait of reward dependence is associated with low levels of norepinephrine. People high on this trait are persistent, they continue to act in ways that produced reward. They work long hours, put a lot of effort into their work, and will often continue striving after others have given up. 197

通过仪式

rite of passage Some cultures and religions institute a rite of passage ritual, usually around adolescence, which typically is a ceremony that initiates a child into adulthood. After such ceremonies, the adolescent is sometimes given a new name, bestowing a new adult identity. 287

棒框测验
rod and frame test (RFT) Witkin devised an apparatus called the rod and frame test to research the cues that people use in judging orientation in space. The participant sits in a darkened room and is instructed to watch a glowing rod surrounded by a glowing square frame. The experimenter can adjust the tilt of the rod, the frame, and the participant's chair. The participant's task is to adjust the rod by turning a dial so that the rod is perfectly upright. To do this accurately, the participant has to ignore cues in the visual field in which the rod appears. This test measures the personality dimension of field dependence-independence. 347

角色建构库测验
Role Construct Repertory Test (Rep Test) George Kelly developed a technique, the Role Construct Repertory Test or Rep Test, to assess the social constructs in an individual's construct system. Using a list of 24 people the subject knows through personal experience, he or she is asked to identify how two people out of three in a group are similar, but different from the third person. According to Kelly, after 20 or so comparisons, the subject has generated a list of the most common personal constructs that he or she employs in social interactions. 355

反思
rumination Rumination involves repeatedly focusing on one's symptoms or distress (e.g., "Why do I continue to feel so bad about myself or "Why doesn't my boss like me?"). Because their ruminations fail to lead to efficacious solutions, according to this theory, women continue to ruminate. Rumination, according to this theory, is a key contributor to women's greater experience of depressive symptoms. 468

S

安全需要
safety needs At the second to lowest level of Maslow's need hierarchy are the safety needs. These needs have to do with shelter and security, such as having a place to live and being free from the threat of danger. Maslow believed that building a life that was orderly, structured, and predictable also fell under safety needs. 324

分裂样人格障碍
schizoid personality disorder The schizoid personality is split off (schism) or detached from normal social relations. The schizoid person simply appears to have no need or desire for intimate relationships or even friendships. Family life usually does not mean much to such people, and they do not obtain satisfaction from being part of a group. They have few or no close friends, and they would rather spend time by themselves than with others. 564

分裂型人格障碍
schizotypal personality disorder Whereas the schizoid person is indifferent to social interaction, the schizotypal personality is acutely uncomfortable in social relationships. Schizotypes are anxious in social situations, especially if those situations involve strangers. Schizotypal persons also feel that they are different from others, or that they do not fit in with the group. They tend to be suspicious of others and are seen as odd and eccentric. 564

次级评估
secondary appraisal According to Lazarus, in order for stress to be evoked for a person, two cognitive events must occur. The second necessary cognitive event, called the secondary appraisal, is when the person concludes that they do not have the resources to cope with the demands of the threatening event. See also primary appraisal. 528

次级加工思维
secondary process thinking The ego engages in secondary process thinking, which refers to the development and devising of strategies for problem solving and obtaining satisfaction. Often this process involves taking into account the constraints of physical reality, about when and how to express some desire or urge. See also primary process thinking. 252

安全型依恋
securely attached Securely attached infants in Ainsworth's strange situation stoically endured the separation and went about exploring the room, waiting patiently, or even approaching the stranger and sometimes wanting to be held by the stranger. When the mother returned, these infants were glad to see her, typically interacted with her for a while, then went back to exploring the new environment. They seemed confident the mother would return. Approximately 66 percent of infants fall into this category. 296

安全型人际关系风格
secure relationship style In Hazan and Shaver's secure relationship style, the adult has few problems developing satisfying friendships and relationships. Secure people trust others and develop bonds with others. 296

选择性繁殖
selective breeding Selective breeding is one method of doing behavior genetic research. Researchers might identify a trait and then see if they can selectively breed animals to possess that trait. This can only occur if the trait has a genetic basis. For example, dogs that possess certain desired characteristics, such as a sociable disposition, might be selectively bred to see if this disposition can be increased in frequency among offspring. Traits that are based on learning cannot be selectively bred for. 156

选择性安置
selective placement If adopted children are placed with adoptive parents who are similar to their birth parents, this may inflate the correlations between the adopted children and their adoptive parents. In this case, the resulting inflated correlations would artificially inflate estimates of environmental influence since the correlation would appear to be due to the environment provided by the adoptive parent. There does not seem to be selective placement, and so this potential problem is not a problem in actual studies (Plomin et al., 1990). 160

选择性评价
selective valuation Selective valuation is a mechanism put forth by Crocker and Major whereby members of stigmatized groups protect their self-esteem from discrimination by devaluing those characteristics that the majority group deems important and valuing those characteristics that are present primarily in their group. 419

自我实现需要
self-actualization need Maslow defines self-actualization as becoming "more and more what one idiosyncratically is, to become everything that one is capable of becoming" (1970, p. 46). The pinnacle of Maslow's need hierarchy is the need for self-actualization. While Maslow was concerned with describing self-actualization, the work of Carl Rogers was focused on how people achieve self-actualization. 326

自我归因动机
self-attributed motivation McClelland argued that self-attributed motivation is primarily a person's self-awareness of his or her own conscious motives. These self-attributed motives reflect a person's conscious awareness about what is important to him or her. As such, they represent part of the individual's conscious self-understanding. McClelland has argued that self-attributed motives predict responses to immediate and specific situations and to choice behaviors and attitudes. See also implicit motives. 312

自我复杂性
self-complexity The view that each of us has many roles and many aspects to our self-concepts. However, for some of us, our self-concepts are rather simple, being made up of just a few large categories. Other people may have a more complex or differentiated self-concept. For people with high self-complexity, a failure in any one aspect of the self (such as a relationship that breaks apart) is buffered because there are many other aspects of the self that are unaffected by that event. However, if a person was low in self complexity, the same event might be seen as devastating, since they define themselves mainly in terms of this one aspect. 413

自我概念
self-concept The way a person sees, understands, and defines himself or herself is that person's self-concept. 403

自我效能感
self-efficacy Self-efficacy is a concept related to optimism developed by Bandura. This concept refers to the belief that one can behave in ways necessary to achieve some desired outcome. Self-efficacy also refers to the confidence one has in one's ability to perform the actions needed to achieve some specific outcome. 531

自我提升
self-enhancement Self-enhancement is the tendency to describe and present oneself using positive or socially valued attributes, such as kind, understanding, intelligent, and industrious. Tendencies toward self-enhancement tend to be stable over time, and hence are enduring features of personality (Baumeister, 1997). 500

自尊
self-esteem Self-esteem is defined as "the extent to which one perceives oneself as relatively close to being the person one wants to be and/or as relatively distant from being the kind of person one does not want to be, with respect to person-qualities one positively and negatively values" (Block & Robbins, 1993, p. 911). 131, 403

自尊的可变性
self-esteem variability An individual difference characteristic referring to how much a person's self-esteem fluctuates or changes over time. It is uncorrelated with mean level of self-esteem. 417

自我实现预言
self-fulfilling prophesy The tendency for a belief to become reality. For example, people who think they are a "total failure" will often act like a total failure and may even give up trying

to do better, thus creating a self-fulfilling prophecy. 390

自我导向
self-guides The ideal self and the ought self act as self-guides, providing the standards that one uses to organize self-relevant information and motivate appropriate behaviors to bring the self in line with these self-guides. 409

自我设障
self-handicapping Self-handicapping refers to situations in which people deliberately do things that increase the probability that they will fail. 417

自我报告数据(S数据)
self-report data (S-data) Information a person verbally reveals about themselves, often based on questionnaire or interview, is self-report data. Self-report data can be obtained through a variety of means, including interviews that pose questions to a person, periodic reports by a person to record the events as they happen, and questionnaires of various sorts. 24

自我图式
self-schema The term self-schema (schemata is plural, schema is singular) is used to refer to the specific knowledge structure, or cognitive representation, of the self-concept. Self-schemas are the network of associated building blocks of the self-concept. 408

自我服务偏差
self-serving bias Self-serving bias refers to the common tendency for people to take credit for success, yet to deny responsibility for failure. 291

感觉寻求
sensation seeking Sensation seeking is a dimension of personality postulated to have a physiological basis. It refers to the tendency to seek out thrilling and exciting activities, to take risks, and to avoid boredom. 193

感觉剥夺
sensory deprivation Often done in a sound-proof chamber containing water in which a person floats, in total darkness, such that sensory input is reduced to a minimum. Researchers used sensory deprivation chambers to see what happens when a person is deprived of sensory input. 193

分离焦虑
separation anxiety Children experiencing separation anxiety react negatively to separation from their mother (or primary caretaker), becoming agitated and distressed when their mothers leave. Most primates exhibit separation anxiety. 295

5-羟色胺
serotonin Serotonin is a neurotransmitter that plays a role in depression and other mood disorders. Drugs such as Prozac, Zoloft, and Paxil block the re-uptake of serotonin, leaving it in the synapse longer, leading depressed persons to feel less depressed. 196

性别差异
sex differences As used in this book, the phrase "sex differences" simply refers to an average difference between women and men on certain characteristics such as height, body fat distribution, or personality characteristics, with no prejudgment about the cause of the difference. 459

性选择
sexual selection Sexual selection is the evolution of characteristics because of their mating benefits, rather than because of their survival benefits. According to Darwin, sexual selection takes two forms: intrasexual competition and intersexual selection. 209

性别分化
sexually dimorphic Species that show high variance in reproduction within one sex tend to be highly sexually dimorphic, or highly different in size and structure. The more intense the effective polygyny, the more dimorphic the sexes are in size and form (Trivers, 1985). 221

共享环境
shared environment Shared environment refers to features of the environment that siblings share, for example, the number of books in the home, the presence or absence of a TV and VCR, quality and quantity of the food in the home, the values and attitudes of the parent, and the schools, church, synagogue, or temple the parents send the children to. 167

羞怯
shyness Shyness is a tendency to feel tense, worried, or anxious during social interactions, or even when anticipating a social interaction (Addison & Schmidt, 1999). Shyness is a common phenomenon, and more than 90 percent of the population reports experiencing shyness at some point during their lives (Zimbardo, 1977). Some people, however, seem to be dispositionaly shy—they tend to feel awkward in most social situations and so tend to avoid situations in which they will be forced to interact with people. 441

情境选择
situational selection Situational selection is a form of interactionism which refers to the tendency to choose or select the situations in which one finds oneself. In other

words, people typically do not find themselves in random situations in their natural lives. Instead, they select or choose the situations in which they will spend their time. 94, 434

情境论

situationism Situationism is a theoretical position in personality psychology which states that situational differences, rather than underlying personality traits, determine behavior. The situationist position is that the situation, not personality traits, influences behavior; for example, how friendly a person will behave or how much need for achievement a person displays will depend on the situation, not the traits a person posseses. 91

社会与文化领域

social and cultural domain Personality affects, and is affected by, the social and cultural context in which it is found. Different cultures may bring out different facets of our personalities in manifest behavior. The capacities we display may depend to a large extent on what is acceptable in and encouraged by our culture. At the level of individual differences within cultures, personality plays itself out in the social sphere. One important social sphere concerns relations between men and women. 16

社交焦虑

social anxiety Social anxiety is discomfort related to social interactions, or even to the anticipation of social interactions. Socially anxious persons appear to be overly concerned about what others will think. Baumeister and Tice propose that social anxiety is a species-typical adaptation that functions to prevent social exclusion. 215, 414

社会关注

social attention Social attention is the goal and payback for Surgent or Extraverted behavior. By being the center of attention, the Surgent or Extravert individual seeks to gain the approval of others and, in many cases, through tacit approval controls or directs others. 80

社会阶层

social class Variability between people based primarily on economic, educational, and employment variables. In terms of within-culture variation, social class can have an effect on personality (Kohn et al, 1990). For example, lower-class parents tend to emphasize the importance of obedience to authority, whereas higher-status parents tend to emphasize the importance of self-direction and not conforming to the dictates of others. 501

社会比较

social comparison Social comparison is the evaluation of oneself or one's performance in terms of a comparison to some reference group. 406

社会制约

social constraint Social constraint is a strategy for pursuing life tasks. A person using this strategy overcomes his or her anxiety by taking the lead from other people. 364

社会称许性

social desirability Socially desirable responding refers to the tendency to answer items in such a way as to come across as socially attractive or likable. People responding in this manner want to make a good impression, to appear to be well adjusted, to be a "good citizen." 100

社会同一性

social identity Identity refers to the social aspects of the self, that part of ourselves we use to create an impression, to let other people know who we are and what can be expected from us. Identity is different from the self-concept because identity refers mainly to aspects of the self that are socially observable or publicly available outward, such as ethnicity or gender or age. Nevertheless, the social aspects of identity can become important aspects of the self-concept. 403

社会学习理论

social learning theory A general theoretical view which emphasizes the ways in which the presence of others influence people's behavior, thoughts, or feelings. Often combined with learning principles, the emphasis is on how people acquire beliefs, values, skills, attitudes, and patterns of behavior through social experiences. 476

社会权力

social power Horney, in reinterpreting Freud's concept of penis envy, taught that the penis was a symbol of social power rather than some organ that women actually desired. Horney wrote that girls realize, at an early age, that they are being denied social power because of their gender. She argued that girls did not really have a secret desire to become boys. Rather, she taught, girls desire the social power and preferences given to boys in the culture at that time. 290

社会角色理论

social role theory According to social role theory, sex differences originate because men and women are distributed differentially into occupational and family roles. Men, for example, are expected to assume the bread-winning role. Women are expected to assume the housewife role. Over time, children presumably learn the behaviors that are linked to these roles. 477

社会化理论
socialization theory The socialization theory is the notion that boys and girls become different because boys are reinforced by parents, teachers, and the media for being "masculine," and girls for being "feminine." This is probably the most widely held theory of sex differences in personality. 476

社会性别定向
sociosexual orientation According to Gangestad and Simpson's theory of sociosexual orientation, men and women will pursue one of two alternative sexual relationship strategies. The first mating strategy entails seeking a single committed relationship characterized by monogamy and tremendous investment in children. The second sexual strategy is characterized by a greater degree of promiscuity, more partner switching, and less investment in children. 66

特定预期
specific expectancies Recent researchers have developed specific locus of control scales for specific categories of events. This approach is referred to as specific expectancies, where the emphasis is on locus of control in discrete areas of life, such as health locus of control. 358

特殊解释风格
specific explanatory style An aspect of explanatory style, referring to attributing the causes of events to specific, rather than global, causes. 362

激活扩散
spreading activation Roediger and McDermott applied the spreading activation model of memory to account for false memories. This model holds that mental elements (like words or images) are stored in memory along with associations to other elements in memory. For example, DOCTOR is associated with NURSE in most peoples' memories because of the close connection or similarity between these concepts. Consequently, a person recalling some medical event might falsely recall a nurse rather than a doctor doing something. 280

稳定对不稳定解释风格
stable versus unstable explanatory style When bad events happen, some people tend to think that the cause of such situations are permanent, that the causes are stable and long-lasting. This tendency is called a stable explanatory style and its opposite is called the unstable style. 362

稳定性系数
stability coefficient Stability coefficients are the correlations between the same measures obtained at two different points in time. Stability coefficients are also called test-retest reliability coefficients. 123

发展阶段模型
stage model of development A stage model of development implies that people go through stages in a certain order, and that there is a specific issue that characterizes each stage. 285

评价人格理论的科学标准
standards for evaluating personality theories The five scientific standards for evaluating personality theories are comprehensiveness, heuristic value, testability, parsimony, and compatibility and integration across domains and levels. 18

统计学取向
statistical approach The statistical approach consists of having a large number of people rate themselves on certain items, and then employing a statistical procedure to identify groups or clusters of items that go together. The goal of the statistical approach is to identify the major dimensions or "coordinates" of the personality map. 62

陌生情境程序
strange situation procedure The strange situation procedure was developed by Ainsworth and her colleagues for studying separation anxiety and for identifying differences between children in how they react to separation from their mothers. In this procedure, a mother and her baby come into a laboratory room. The mother sits down and the child is free to explore the room. After a few minutes an unfamiliar though friendly adult enters the room. The mother gets up and leaves the baby alone with this adult After a few minutes, the mother comes back into the room and the stranger leaves. The mother is alone with the baby for several more minutes. All the while, the infant is being videotaped so that his or her reactions can later be analyzed. 295

策略
strategies Strategies are characteristic ways that people respond to the challenges of making progress on a particular life task. 364

压力
stress Stress is the subjective feeling that is produced by uncontrollable and threatening events. Events that cause stress are called stressors. 519

压力源
stressor Events that cause stress are called stressors, and they appear to have several common attributes: (1) Stressors are extreme in some manner, in the sense that they produce a state of feeling overwhelmed or overloaded, that one just cannot take it much longer, (2) Stressors often produce opposing tendencies in us, such as wanting and not wanting some activity or object, as in wanting to study but also wanting to put it off as long as possible; and (3) stressors are uncontrollable, outside of our power to influence, such as the exam that we cannot avoid. 523

结构化与非结构化
structured versus unstructured Self-report can take a variety of forms, ranging from open-ended questions to forced-choice true or false questions. Sometimes these are referred to as unstructured (open-ended, such as "Tell me about the parties you like the most") and structured ("I like loud and crowded parties"; answer true or false) personality tests. 24

情绪生活的基调
style of emotional life Style of emotional life refers to how emotions are experienced. For example, saying that someone is high on mood variability is to say something about the style of his or her emotional life, that his or her emotions change frequently. Compare to the content of emotional life. 376

升华
sublimation Sublimation is a defense mechanism which refers to the channeling of unacceptable sexual or aggressive instincts into socially desired activities. For Freud, sublimation is the most adaptive defense mechanism. A common example is going out to chop wood when you are angry rather than acting on that anger or even engaging in other less adaptive defense mechanisms such as displacement. 261

阈下心理动力激活
subliminal psychodynamic activation Subliminal psychodynamic activation is Silverman's research technique designed to study the validity of psychoanalytic concepts. In these studies, subjects are presented subliminally with phrases on a screen. The phrases are designed to represent some psychoanalytic concept For example, the phrase "Beating daddy is okay" may have oedipal overtones, and theoretically may interact with repressed conflicts in adult men. Studies which show that such phrases, when presented outside of people's conscious awareness, have the effects predicted from psychoanalytic theory have provided some support for important concepts from that theory. 250

超我
superego The superego is that part of personality which internalizes the values, morals, and ideals of society. The superego makes us feel guilty, ashamed, or embarrassed when we do something wrong, and makes us feel pride when we do something right The superego sets moral goals and ideals of perfection and is the source of our judgments that something is good or bad. It is what some people refer to as conscience. The main tool of the superego in enforcing right and wrong is the emotion of guilt 253

外向性
Surgency or Extraversion Surgency or Extroversion is the first fundamental personality trait in the Five-Factor Model, a taxonomy which has proven to be replicable in studies using English language trait words as items. Some of the key adjective markers for Surgency or Extroversion are "talkative," "extroverted" or "extroverted," "gregarious," "assertive," "adventurous," "open," "sociable," "forward," and "outspoken." 80

象征符号
symbols Psychoanalysts interpret dreams by deciphering how unacceptable impulses and urges are transformed by the unconscious into symbols in the dream. (For example, parents may be represented as a king and queen; children may be represented as small animals.) 266

综合征
syndrome A collection of related traits. There is a consensus that Type A personality is actually not a single personality trait, but rather a syndrome or cluster of several different traits, which includes achievement striving and competitiveness, impatience, and hostility. 393

同义词频
synonym frequency In the lexical approach, synonym frequency means that if an attribute has not merely one or two trait adjectives to describe it, but rather six, eight or ten words, then it is a more important dimension of individual difference. 63

t

分类
taxonomy A taxonomy is simply a technical name given to a classification scheme—the identification and naming of groups within a particular subject field. 448

遥控测量
telemetry Telemetry is the process by which electrical signals

are sent from electrodes to a polygraph using radio waves instead of wires. 182

气质
temperament Most researchers define temperament as those individual differences that emerge very early in life, are likely to have a heritable basis, and are often involved in behaviors linked with emotionality or arousability. 121

友善倾向
tender-mindedness Tender-mindedness is defined by a nurturant proclivity, having empathy for others, and being sympathetic with those who are downtrodden. 464

可检验性
testability Testability is the capacity to render precise predictions that scientists can test empirically. Generally, the testability of a theory is dependent upon the precision of its predictions. If it is impossible to test a theory empirically, the theory is generally discarded. 19

测验数据(T数据)
test-data (T-data) A common source of personality-relevant information comes from standardized tests (T-data). In these measures, participants are placed in a standardized testing situation to see if different people react or behave differently to an identical situation. Taking an exam, like the Scholastic Aptitude Test, would be one example of T-data as a measure used to predict success in school. 29

塔纳托斯
thanatos Freud postulated that humans have a fundamental instinct toward destruction and mat this instinct is often manifest in aggression toward others. The two instincts were usually referred to as libido, for the life instinct, and thanatos, for the death instinct While thanatos was *considered* to be the death instinct, Freud also used this term to refer to any urge to destroy, harm, or aggress against others or oneself. 246

主题统觉测验技术
thematic apperception technique The Thematic Apperception Technique (TAT), developed by Murray and Morgan, is a projective assessment technique which consists of a set of black and white ambiguous pictures. The person is shown each picture and is told to write a short story interpreting what is happening in each picture. The psychologist then codes the stories for the presence of imagery associated with particular motives. The TAT remains a popular personality assessment technique today. 313

理论取向
theoretical approach The theoretical approach to identifying important dimensions of individual differences starts with a theory, which then determines which variables are important. The theoretical strategy dictates in a specific manner which variables are important to measure. 62

理论桥梁
theoretical bridge A theoretical bridge refers to the connection between two different variables (for instance, dimensions of personality and physiological variables). 181

理论建构
theoretical construct Most personality traits refer to constructs, or what Allport called convenient fictions. For example, if someone asks you to show them your level of extraversion, there is nothing you could produce. Extraversion is a convenient fiction, a theoretical construct useful for explaining aspects of personality. Constructs are represented by observable measures, such as self-reports or observations of behavior. So, to explain how extraverted you are, you could produce scores on an extraversion scale. The construct, however, is always more than the observations. 40

理论和看法
theories and beliefs Beliefs are often personally useful and crucially important to some people, but they are based on leaps of faith, not on reliable facts and systematic observations. Theories, on the other hand, are based on systematic observations, that can be repeated by others, and that yield similar conclusions. 18

第三变量问题
third variable problem One reason why correlations can never prove causality is the third variable problem. It could be that two variables are correlated because some third, unknown variable is causing both. 46

时间紧迫感
time urgency Time urgency is a sub-trait in the Type A personality. Type A persons hate wasting time. "They are always in a hurry and feel under pressure to get the most done in the least amount of time. Often they do two things at once, such as eat while reading a book. Waiting is stressful for them. 540

特质描述性形容词
trait-descriptive adjectives Trait-descriptive adjectives are words that describe traits, attributes of a person that are reasonably characteristic of the individual and perhaps even enduring over time. 4

相互作用模型

transactional model In the transactional model of personality and health, personality has three potential effects: (1) it can influence coping, as in the interactional model; (2) it can influence how the person appraises or interprets the events; and (3) it can influence exposure to the events themselves. 520

移情

transference Transference is a term from psychoanalytic therapy. It refers to the patient reacting to the analyst as if he or she were an important figure from the patient's own life. The patient displaces past or present (negative and positive) feelings toward someone from his or her own life onto the analyst. The idea behind transference is that the interpersonal problems between a patient and the important people in his or her life will be reenacted in the therapy session with the analyst This is a specific form of the mechanism of evocation, as described in the material on person-situation interaction. 269

传承性文化

transmitted culture Transmitted culture refers to representations originally in the mind of one or more persons that are transmitted to the minds of other people. Three examples of cultural variants that appear to be forms of transmitted culture are differences in moral values, self-concept, and levels of self-enhancement. Specific patterns of morality, such as whether it is considered appropriate to eat beef or wrong for a wife to go to the movies without her husband, are specific to certain cultures. These moral values appear to be transmitted from person to person within the culture. 490

创伤性压力

traumatic stress A massive instance of acute stress, the effects of which can reverberate within an individual for years or even a lifetime is called traumatic stress. It differs from acute stress mainly in terms of its potential to lead to post-traumatic stress disorder. 527

三维人格模型

tridimensional personality model Cloninger's tridimensional personality model ties three specific personality traits to levels of the three neurotransmitters. The first trait is called novelty seeking and is based on low levels of dopamine. The second personality trait is harm avoidance, which he associates with low levels of serotonin. The third trait is reward dependence, which Cloninger sees as related to low levels of norepinephrine. 196

信任

trust Trust is defined by the proclivity to cooperate with others, giving others the benefit of the doubt, and viewing one's fellow human beings as basically good at heart. 464

双生子研究

twin studies Twin studies estimate heritability by gauging whether identical twins, who share 100 percent of their genes, are more similar to each other than fraternal twins, who share only 50 percent of there genes. Twin studies, and especially studies of twins reared apart, have received tremendous media attention. 157

A型人格

type A personality In the 1960s, cardiologists Friedman and Rosenman began to notice that many of their coronary heart disease patients had similar personality traits—they were competitive, aggressive workaholics, were ambitious overachievers, were often hostile, were almost always in a hurry, and rarely relaxed or took it easy. Friedman and Rosenman referred to this as the Type A personality, formally defined as "an action-emotion complex that can be observed in any person who is aggressively involved in a chronic, incessant struggle to achieve more and more in less and less time, and if required to do so, against the opposing efforts of other things or other persons" (1974, p. 37). As assessed by personality psychologists, Type A refers to a syndrome of several traits: (1) achievement motivation and competitiveness; (2) time urgency; and (3) hostility and aggressiveness. 183, 392, 539

4 型多巴胺受体基因

Type 4 Dopamine Receptor Gene According to Schinka, Letsch, and Crawford, very specific types of repeated genetic codes on the Type 4 Dopamine Receptor Gene are associated with novelty seeking. 171

u

潜意识

unconscious The unconscious mind is that part of the mind about which the conscious mind has no awareness. 246

非约束型择偶策略

unrestricted mating strategy According to Gangestad and Simpson (1990), a woman seeking a man for the quality of his genes is not interested in his level of commitment to her. If the man is pursuing a short-term sexual strategy, any delay on the woman's part may deter him from seeking sexual intercourse with her, thus defeating the main adaptive reason for her mating strategy. 231

V

效度
validity Validity refers to the extent to which a test measures what it claims to measure. There are five types of validity: face validity, predictive validity, convergent validity, discriminant validity, and construct validity. 39

效度系数
validity coefficient Validity coefficients are the correlations between a trait measure and measures of different criteria that should relate to the trait. An example might be the correlation between a self-report measure of agreeableness, and the persons' roommate reports of how agreeable they are. 123

愿望破灭
violation of desire According to the violation of desire theory of conflict between the sexes, break-ups should occur more when one's desires are violated than when they are fulfilled (Buss, 1994). Following this theory, we would predict that people married to others who lack desired characteristics, such as dependability and emotional stability, will more frequently dissolve the marriage. 441

W

语言相对性的沃尔夫假说
Whorfian hypothesis of linguistic relativity In 1956, Whorf proposed the theory that language creates thought and experience. According to this Whorfian hypothesis, the ideas that people can think and the emotions they feel are constrained by the words that happen to exist in their language and culture and with which they use to express them. 506

愿望实现
wish fulfillment If an urge from the id requires some external object or person, and that object or person is not available, the id may create a mental image or fantasy of that object or person to satisfy its nccds. Mental energy is invested in that fantasy and the urge is temporarily satisfied. This process is called wish fulfillment, where something unavailable is conjured up and the image of it is temporarily satisfying. 252

文化内变异
within-culture variation Within-culture variations are variations within a particular culture that can arise from several sources, including differences in growing up in various socio-economic classes, differences in historical era, or differences in the racial context in which one grows up. 501

个体内部
within the individual The important sources of personality reside within the individual—that is, a person carries the sources of their personality inside themselves—and hence are stable over time and consistent over situations. 7

工作模型
working models Early experiences and reactions of the infant to the parents, particularly the mother, become what Bowlby called "working models" for later adult relationships. These working models are internalized in the form of unconscious expectations about relationships. 296

X

仇外
xenophobia Xenophobia is the fear of strangers. Characteristics that were probably adaptive in ancestral environments, such as xenophobia, are not necessarily adaptive in modem environments. Some of the personality traits that make up human nature may be vestigial adaptations to an ancestral environment that no longer exists. 211

参考文献

Abelson, R. P. (1985). A variance explanation paradox: When a little is a lot. *Psychological Bulletin, 97,* 129–133.

Abrahamson, A. C., Baker, L. A. & Caspi, A. (2002). Rebellious Teens? Genetic and environmental influences on the social attitudes of adolescents. *Journal of Personality and Social Psychology, 83,* 6, 1392–1408.

Adan, A. (1991). Influence of morningness-eveningness preference in the relationship between body temperature and performance: A diurnal study. *Personality and Individual Differences, 12,* 1159–1169.

Adan, A. (1992). The influence of age, work schedule and personality on morningness dimension. *International Journal of Psychophysiology, 12,* 95–99.

Addison, T. L., & Schmidt, L. A. (1999). Are women who are shy reluctant to take risks? Behavioral and psychophysiological correlates. *Journal of Research in Personality, 33,* 352–357.

Affleck, G., & Tennen, H. (1996). Construing benefits from adversity: Adaptational significance and dispositional underpinnings. *Journal of Personality, 64,* 899–922.

Aharon, I., Etcoff, N., Ariely, D., Chabris, C. F., O'Connor, E., & Breiter, H. C. (2001). Beautiful faces have variable reward value: fMRI and behavioral evidence. *Neuron, 32,* 537–551.

Ai, A. L., Peterson, C., & Ubelhor, D. (2002). War-related trauma and symptoms of posttraumatic stress disorder among adult Kosovar refugees. *Journal of Traumatic Stress, 15,* 157–160.

Ainsworth, M. D. (1979). Infant-mother attachment. *American Psychologist, 34,* 932–937.

Ainsworth, M. D., & Bowlby, J. (1991). An ethological approach to personality development. *American Psychologist, 46,* 333–341.

Ainsworth, M. D., Bell, S. M., & Stayton, D. J. (1972). Individual differences in the development of some attachment behaviors. *Merrill-Palmer Quarterly, 18,* 123–143.

Aldwin, C. M., Spiro, A. III, Levenson, M. R., & Cupertino, A. P. (2001). Longitudinal findings from the normative aging study: III. Personality, individual health trajectories, and mortality. *Psychology & Aging, 16,* 450–465.

Alexander, R. D., Hoodland, J. L., Howard, R. D., Noonan, K. M., & Sherman, P. W. (1979). Sexual dimorphisms and breeding systems in pinnepeds, ungulates, primates, and humans. In N. A. Chagnon & W. Irons (Eds.), *Evolutionary biology and human social behavior.* North Scituate, MA: Duxbury Press.

Allport, G. W., & Odbert, H. S. (1936). Trait-names: A psycho-lexical study. *Psychological Monographs, 47* (1, Whole No. 211).

Allport, G. W. (1937). *Personality: A psychological interpretation.* New York: Holt, Rinehart & Winston.

Allport, G. W. (1961). *Pattern and growth in personality.* NY: Holt, Rinehart & Winston.

Almagor, M., Tellegen, A., & Waller, N. G. (1995). The big seven model: A cross-cultural replication and further exploration of the basic dimensions of natural language trait descriptors. *Journal of Personality and Social Psychology, 69,* 300–307.

Alston, W. P. (1975). Traits, consistency and conceptual alternatives for personality theory. *Journal for the Theory of Social Behavior, 5,* 17–48.

Amato, P. R., & Keith, B. (1991a). Parental divorce and adult well-being: A meta-analysis. *Journal of Marriage & the Family, 53,* 43–58.

Amato, P. R., & Keith, B. (1991b). Separation from a parent during childhood and adult socioeconomic attainment. *Social Forces, 70,* 187–206.

Amato, P. R., & Keith, B. (1991c). Parental divorce and the well-being of children: A meta-analysis. *Psychological Bulletin, 110,* 26–46.

Amelang, M., Herboth, G., & Oefner, I. (1991). A prototype strategy for the construction of a creativity scale. *European Journal of Personality, 5,* 261–285.

American Psychiatric Association. (1994). *Diagnostic and statistical manual of mental disorders* (4th ed.). Washington, D.C.: Author.

Anastasi, A. (1976). *Psychological testing.* New York: Macmillan.

Ando, J., Ono, Y., Yoshimura, K., Onoda, N., Shinohara, M., Kanba, S. & Asai, M. (2002). The genetic structure of Cloninger's seven-factor model of temperament and character in a Japanese sample. *Journal of Personality, 70,* 5, 583–610.

Andrews, J. D. W. (1967). The achievement motive in two types of organizations. *Journal of Personality and Social Psychology, 6,* 163–168.

Angier, N. (1996, January 2). Variant gene is connected to a love of the search for new thrills. *New York Times,* Section A, p. 1, col. 1.

Angier, N. (1999). *Woman: An intimate geography.* Boston: Houghton Mifflin.

Angleitner, A., & Demtroder, A. I. (1988). Acts and dispositions: A reconsideration of the act frequency approach. *European Journal of Psychology, 2,* 121–141.

Angleitner, A., Buss, D. M. & Demtroder, A. (1990). A cross-cultural comparison using the act frequency approach (AFA) in West Germany and the United States. *European Journal of Personality, 4,* 1–21.

Aschoff, J. (1965). Circadian rhythms in man. *Science, 143,* 1427–1432.

Asendorpf, J. B., & Scherer, K. R. (1983). The discrepant repressor: Differentiation between low anxiety, high anxiety, and repression of anxiety by autonomic-facial-verbal patterns of behavior. *Journal of Personality and Social Psychology, 45,* 1334–1346.

Ashmore, R. D. (1990). Sex, gender, and the individual. In L. A. Pervin (Ed.), *Handbook of personality: Theory and research* (pp. 486–526). New York: Guilford Press.

Ashton, M. C., Lee, K. & Paunonen, S. V. (2002). What is the central feature of extraversion? Social attention versus reward sensitivity. *Journal of Personality and Social Psychology, 83,* 1, 245–252.

Assor, A. (1989). The power motive as an influence on the evaluation of high and low status persons. *Journal of Research in Personality, 23,* 55–69.

Averill, J. R. (1975). A semantic atlas of emotional concepts. *Catalog of Selected Documents in Psychology, 5,* 30.

Azar, B. (2002). Searching for genes that explain our personalities. *American Psychological Association Monitor, 33,* p. 44.

Bailey, J. M., Dunne, M. P., & Martin, N. G. (2000). Genetic and environmental influences on sexual orientation and its correlates in an Australian twin sample. *Journal of Personality and Social Psychology, 78,* 524–536.

Bailey, J. M., Pillard, R. C., Neale, M. C., & Agyei, Y. (1993). Heritable factors influence sexual orientation in women. *Archives of General Psychiatry, 50,* 217–223.

Bailey, J. M., Kirk, K. M., Zhu, G., Dunne, M. P., & Martin, N.G. (2000). Do individual differences in sociosexuality represent gene tic or environmentally contingent strategies? Evidence from the Australian Twin Registry. *Journal of Personality and Social Psychology, 78,* 537–545.

Bailey, S. L., & Heitkemper, M. M. (1991). Morningness-eveningness and early-morning salivary cortisol levels. *Biological Psychology, 32,* 181–192.
Baker, R. A. (1992). *Hidden memories.* Buffalo, NY: Prometheus Books.
Balay, J., & Shevrin, H. (1988). The subliminal psychodynamic activation method: A critical review. *American Psychologist, 43,* 161–174.
Bandura, A. (1977). *Social learning theory.* Englewood Cliffs, NJ: Prentice Hall.
Bandura, A. (1986). The explanatory and predictive scope of self-efficacy theory. *Journal of Social and Clinical Psychology, Special Issue: self-efficacy theory in contemporary psychology, 4,* 359–373.
Barenbaum, N. B., & Winter, D. G. (2003). Personality. In: D. K. Freedheim (Ed), *Handbook of psychology: History of psychology* (pp. 177–203). New York, NY: John Wiley & Sons, Inc.
Bargh, J. A., & Chartrand, T. L. (1999). The unbearable automaticity of being. *American Psychologist, 54,* 462–479.
Baron, M. (1993). Genetics and human sexual orientation. *Biological Psychology, 33,* 759–761.
Bar-On, R. (2001). Emotional intelligence and self-actualization. In: J. Ciarrochi & J. P. Forgas (Eds), *Emotional intelligence in everyday life: A scientific inquiry* (pp. 82–97). Philadelphia, PA: Psychology Press.
Baron, R. A. (1977). *Human aggression.* New York: Plenum Press.
Barrick, M. R., & Mount, M. K. (1991). The big five personality dimensions and job performance: A meta-analysis. *Personnel Psychology, 44,* 1–25.
Barron, J. W., Eagle, M. N., & Wolitzky, D. L. (1992). *Interface of psychoanalysis and psychology.* Washington, DC: American Psychological Association.
Bass, E., & Davis, L. (1988). *The courage to heal: A guide for women survivors of child sexual abuse.* New York: Perennial Library/Harper & Row Publishers, Inc.
Bastone, L. M., & Wood, H. A. (1997). Individual differences in the ability to decode emotional facial expressions. *Psychology: A Journal of Human Behavior, 34,* 32–36.
Baumeister, R. F. (1986). *Identity: Cultural change and the struggle for self.* New York: Oxford University Press.
Baumeister, R. F. (1988). Should we stop studying sex differences altogether? *American Psychologist, 43,* 1092–1095.
Baumeister, R. F. (1991). The self against itself: Escape or defeat?: In R. C. Curtis (Ed.), *The relational self: Theoretical convergences in psychoanalysis and social psychology* (pp. 238–256). New York: Guilford Press.
Baumeister, R. F. (1997). Identity, self-concept, and self-esteem: The self lost and found. In R. Hogan, J. Johnson, & S. Briggs (Eds.), *Handbook of personality psychology* (pp. 681–711). New York: Academic Press.
Baumeister, R. F., & Leary, M. R. (1995). The need to belong: Desire for interpersonal attachments as a fundamental human motivation. *Psychological Bulletin, 117,* 497–529.
Baumeister, R. F., & Muraven, M. (1996). Identity as adaptation to social, cultural and historical context. *Journal of Adolescence, 19,* 405–416.
Baumeister, R. F., & Tice, D. M. (1990). Anxiety and social exclusion. *Journal of Social and Clinical Psychology, 9,* 165–195.
Baumeister, R. F., & Vohs, K. (2004). *Handbook of self-regulation.* New York: Guilford.
Baumeister, R. F., Bushman, B. J., & Campbell, W. K. (2000). Self-esteem, narcissism, and aggression: Does violence result from low self-esteem or from threatened egotism? *Current Directions in Psychological Science, 9,* 26–29.
Baumeister, R. F., Dale, K., & Sommer, K. L. (1998). Freudian defense mechanisms and empirical findings in modern social psychology: Reaction formation, projection, displacement, undoing, isolation, sublimation, and denial. *Journal of Personality, 66,* 1061–1081.
Baumeister, R. F., Smart, L., & Boden, J. M. (1996). Relation of threatened egotism to violence and aggression: The dark side of high self-esteem. *Psychological Review, 103,* 5–33.
Baumeister, R. F., Tice, D. M., & Hutton, D. G. (1989). Self-presentational motivations and personality differences in self-esteem. *Journal of Personality, 57,* 547–579.
Beauducel, A., Debener, S., Brocke, B., & Kayser, J. (2000). On the reliability of augmenting/reducing: Peak amplitudes and principal components of auditory evoked potentials. *Journal of Psychophysiology, 14,* 226–240.
Beauregard, M., Levesque, J., & Bourgouin, P. (2001). Neural correlates of conscious self-regulation of emotion. *Journal of Neuroscience, 21,* RC165 (1–6).
Beck, A. T. (1976). *Cognitive therapy and the emotional disorders.* New York: International Universities Press.
Belle, D., Doucet, J., Harris, J., Miller, J., & Tan, E. (2000). Who is rich? Who is happy? *American Psychologist, 55,* 116–117.
Belsky, J., Steinberg, L., & Draper, P. (1991). Childhood experience, interpersonal development, and reproductive strategy: An evolutionary theory of socialization. *Child Development, 62,* 647–670.
Bem, D. J. (1995). Exotic becomes erotic: A developmental theory of sexual orientation. *Psychological Review, 103,* 320–333.
Bem, S. L. (1974). The measurement of psychological androgyny. *Journal of Consulting and Clinical Psychology, 42,* 153–162.
Benjamin, J., Ebstein, R., & Belmaker, R. H. (in press). *Molecular genetics of human personality.* New York: American Psychiatric Press.
Benjamin, J., Li, L., Patterson, C., Greenberg, B. D., Murphy, D. L., & Hamer, D. H. (1996). Population and familial association between the D4 dopamine receptor gene and measures of novelty seeking. *Nature Genetics, 12,* 81–84.
Bentler, P. M., & Newcomb, M. D. (1978). Longitudinal study of marital success and failure. *Journal of Consulting and Clinical Psychology, 46,* 1053–1070.
Berenbaum, S. A., & Snyder, E. (1995). Early hormonal influences on childhood sex-typed activity and playmate preferences: Implications for the development of sexual orientation. *Developmental Psychology, 31,* 31–42.
Berman, S., Ozkaragoz, T., Yound, R. M. & Noble, E. P. (2002). D2 domapine receptor gene polymorphism discriminates two kinds of novelty seeking. *Personality and Individual Differences, 33,* 867–882.
Bernhardt, P. C., Dabbs, J. M., Jr., Fielden, J., & Lutter, C. (1998). Testosterone changes during vicarious experiences of winning and losing among fans at sporting events. *Physiology and Behavior, 65,* 59–62.
Berry, D. S. & Miller, K. M. (2001). When boy meets girl: Attractiveness and the Five-Factor Model in opposite-sex interactions. *Journal of Research in Personality, 35,* 62–77.
Black, J. (2000). Personality testing and police selection : Utility of the Big Five. *New Zealand Journal of Psychology, 29,* 2–9.
Bleske-Rechek, A. L. & Buss, D. M. (2001). Opposite-sex friendship: Sex differences and similarities in initiation, selection, and dissolution. *Personality and Social Psychology Bulletin, 27,* 10, 1310–1323.
Block, J. (1971). *Lives through time.* Berkeley, CA: Bancroft Books.
Block, J. (1977). Advancing the psychology of personality: Paradigmatic shift or improving the quality of research. In D. Magnusson & N. S. Endler (Eds.), *Personality at the crossroads* (pp. 37–63) Hillsdale, NJ: Erlbaum.

Block, J. (1989). Critique of the act frequency approach to personality. *Journal of Personality and Social Psychology, 56,* 234–245.

Block, J. (1995b). Going beyond the five factors given: Rejoinder to Costa and McCrae (1995) and Goldberg and Saucier (1995). *Psychological Bulletin, 117,* 226–229.

Block, J. H. (1983). Differential premises arising from differential socialization of the sexes: Some conjectures. *Child Development, 54,* 1335–1354.

Block, J. H., & Block, J. (1980). *The California Child Q-Set.* Palo Alto, CA: Consulting Psychologists Press.

Block, J., & Robbins, R.W. (1993). A longitudinal study of consistency and change in self-esteem from early adolescence to early adulthood. *Child Development, 64,* 909–923.

Blonigen, D. M., Carlson, S. R., Krueger, R. F. & Patrick, C. J. (2003). A twin study of self-reported psychopathic personality traits. *Personality and Individual Differences, 35,* 179–197.

Bochner, S. (1994). Cross-cultural differences in the self-concept: A test of Hofstede's individualism/collectivism distinction. *Journal of Cross-Cultural Psychology, 25,* 273–283.

Bonanno, G. A. (1990). Repression, accessibility, and the translation of private experience. *Psychoanalytic Psychology, 7,* 453–473.

Bonanno, G. A., Wortman, C. B., Lehman, D. R., Tweed, R. G., Haring, M., Sonnega, J., Carr, D., & Nesse, R. M. (2002). Resilience to loss and chronic grief: A prospective study from preloss to 18-months postloss. *Journal of Personality and Social Psychology, 83,* 5, 1150–1164.

Bono, J. E., Boles, T. L., Judge, T. A., & Lauver, K. J. (2002). The role of personality in task and relationship conflict. *Journal of Personality, 70,* 311–344.

Boomsma, D. I., Koopmans, J. R., Van Doornen, L. J. P., & Orlebeke, J. M. (1994). Genetic and social influences on starting to smoke: A study of Dutch adolescent twins and their parents. *Addiction, 89,* 219–226.

Borkenau, P., Riemann, R., Angleitner, A. & Spinath, F. M. (2001). Genetic and environmental influences on observed personality: Evidence from the German observational study of adult twins. *Journal of Personality and Social Psychology, 80,* 4, 655–668.

Bornstein, R. F., & Masling, J. M. (1998). *Empirical perspectives on the psychoanalytic unconscious.* Washington, DC: American Psychological Association.

Bornstein, R. F. & Masling, J. M. (1991). Perception without awareness and electodermal responding: A strong test of subliminal psychodynamic activation effects. *The Journal of Mind and Behavior, 12,* 33–48.

Bornstein, R. F. (1999). Source amnesia, misattribution, and the power of unconscious perceptions and memories. *Psychoanalytic Psychology, 16,* 155–178.

Botwin, M. D., & Buss, D. M. (1989). Structure of act-report data: Is the five-factor model of personality recaptured? *Journal of Personality and Social Psychology, 56,* 988–1001.

Botwin, M., Buss, D. M., & Shackelford, T. (1997). Personality and mate preferences: Five factors in mate selection and marital satisfaction. *Journal of Personality, 65,* 107–136.

Bouchard, T. J. (1994). Genes, environment, and personality. *Science,* pp. 700–1701.

Bouchard, T. J., & McGue, M. (1990). Genetic and rearing environmental influences on adult personality: An analysis of adopted twins reared apart. *Journal of Personality, 58,* 263–292.

Boudreau, R. A. (1983). An evaluation of Graduate Record Examinations as predictors of graduate success in a Canadian context. *Canadian Psychology, 24,* 191–199.

Bowlby, J. (1969a). *Attachment and loss: Vol. 1: Attachment.* New York: Basic Books.

Bowlby, J. (1969b). *Attachment and loss: Vol. 2: Separation, anger, and anxiety.* New York: Basic Books.

Bowlby, J. (1980). *Attachment and loss: Vol. 3: Loss, sadness, and depression.* New York: Basic Books.

Bowlby, J. (1988). *A secure base: Parent-child attachment and healthy human development.* New York: Basic Books.

Brand, C. R., & Egan, V. (1989). The "big five" dimensions of personality? Evidence from ipsative, adjectival self-attributions. *Personality and Individual Differences, 10,* 1165–1171.

Braun, K. A., Ellis, R., & Loftus, E. F. (2002). Make my memory: How advertising can change our memories of the past. *Psychology & Marketing, 19,* 1–23.

Brebner, J. (2003). Gender and emotions. *Personality and Individual Differences, 34,* 387–394.

Brebner, J., & Cooper, C. (1978). Stimulus- or response-induced excitation: A comparison of the behavior of introverts and extraverts. *Journal of Research in Personality, 12,* 306–311.

Breger, R., & Hill, R. (Eds.). (1998). *Cross-cultural marriage: Identity and choice.* New York: Berg.

Brendl, C. M., Markman, A. B., & Messner, C. (2001). How do indirect measures of evaluation work? Evaluating the inference of prejudice in the Implicit Association Test. *Journal of Personality and Social Psychology, 81,* 760–773.

Brennan, K. A., & Shaver, P. R. (1993). Attachment styles and parental divorce. *Journal of Divorce & Remarriage, 21,* 161–175.

Brennan, P. A. & Raine, A. (1997). Biosocial bases of antisocial behavior: Psychophysiological, neurological, and cognitive factors. *Clinical Psychology Review Special Issue: Biopsychosocial Conceptualizations of Human Aggression, 17,* 589–604.

Bretherton, I., & Main, M. (2000). Obituary: Mary Dinsmore Salter Ainsworth (1913–1999). *American Psychologist, 55,* 1148–1149.

Brickman, P., Coates, D., & Janoff-Bulman, R. J. (1978). Lottery winners and accident victims: Is happines relative? *Journal of Personality and Social Psychology, 36,* 917–927.

Brody, J. E. (1996, March 27). Personal health. *New York Times,* Section B.

Brown, D. E. (1991). *Human universals.* New York: McGraw-Hill.

Brown, J. D., & Dutton, K. A. (1995). The thrill of victory, the complexity of defeat: Self-esteem and people's emotional reactions to success and failure. *Journal of Personality and Social Psychology, 68,* 712–722.

Brown, J. D., & Smart, S. A. (1991). The self and social conduct: Linking self-representations to prosocial behavior. *Journal of Personality and Social Psychology, 60,* 368–375.

Bruce, J., Davis, E. P., Gunnar, M. R. (2002). Individual differences in children's cortisol response to the beginning of a new school year. *Psychoneuroendocrinology, 27,* 635–650.

Bruch, M. A., & Hynes, M. J. (1987). Heterosexual anxiety and contraceptive behavior. *Journal of Research in Personality, 21,* 343–360.

Bruggemann, J. M. & Barry, R. J. (2002). Eysenck's P as a modulator of affective and electrodermal responses to violent and comic film. *Personality and Individual Differences, 32,* 1029–1048.

Bryant, F. B., & Yarnold, P. R. (1990). The impact of Type A behavior on subjective life quality: Bad for the heart, good for the soul? *Journal of Social Behavior and Personality, 5,* 369–404.

Bryant, F. B., Yarnold, P. R. & Morgan, L. (1991). Type A behavior and reminiscence in college undergraduates. *Journal of Research in Personality, 25,* 418–433.

Buerkle, J. V. (1960). Self attitudes and marital adjustment. *Merrill-Palmer Quarterly, 6,* 114–124.

Bullock, W. A., & Gilliland, K. (1993). Eysenck's arousal theory of introversion-extraversion: A converging measures investigation. *Journal of Personality and Social Psychology, 64,* 113–123.

Bunce, S. C., Larsen, R. J., & Peterson, C. (1995). Life after trauma: Personality and daily life experiences of traumatized persons. *Journal of Personality, 63,* 165–188.

Burgess, E. W., & Wallin, P. (1953). *Engagement and marriage.* New York: Lippincott.

Burns, M. O., & Seligman, M. E. (1989). Explanatory style across the life span: Evidence for stability over 52 years. *Journal of Personality and Social Psychology, 56,* 471–477.

Burnstein, E., Crandall, C., & Kitayama, S. (1994). Some neo-Darwinian decision rules for altruism: Weighing cures for inclusive fitness as a function of the biological importance of the decision. *Journal of Personality and Social Psychology, 67,* 773–789.

Burt, S. A., McGue, M., Iacono, W., Comings, D. & MacMurray, J. (2002). An examination of the association between DRD4 and DRD2 polymorphisms and personality traits. *Personality and Individual Differences, 33,* 849–859.

Bush, G., Luu, P., & Posner, M. I. (2000). Cognitive and emotional influences in anterior cingulated cortex. *Trends in Cognitive Sciences, 4,* 215–222.

Bushman, B. J., Baumeister, R. F. (2002). Does self-love or self-hate lead to violence? *Journal of Research in Personality, 36,* 543–545.

Bushman, B., & Baumeister, R. (1998). Threatened egotism, narcissism, self-esteem, and direct and displaced aggression: Does self-love or self-hate lead to violence? *Journal of Personality and Social Psychology, 75,* 219–229.

Bushman, B. J., Bonacci, A. M., van Dijk, M. & Baumeister, R. F. (2003). Narcissism, sexual refusal and aggression: Testing a narcissistic reactance model of sexual coercion. *Journal of Personality and Social Psychology, 84,* 5, 1027–1040.

Buss, 1995b in 1/e.

Buss, A. H. (1989). Personality as traits. *American Psychologist, 44,* 1378–1388.

Buss, D. M. (1981). Predicting parent-child interactions from children's activity level. *Developmental Psychology, 17,* 59–65.

Buss, D. M. (1984). Toward a psychology of person-environment (PE) correlation: The role of spouse selection. *Journal of Personality and Social Psychology, 47,* 361–377.

Buss, D. M. (1985). Human mate selection. *American Scientist, 73,* 47–51.

Buss, D. M. (1987). Selection, evocation, and manipulation. *Journal of Personality and Social Psychology, 53,* 1214–1221.

Buss, D. M. (1989). Sex differences in human mate preferences: Evolutionary hypotheses tested in 37 cultures. *Behavioral and Brain Sciences, 12,* 1–49.

Buss, D. M. (1990). The evolution of anxiety and social exclusion. *Journal of Social and Clinical Psychology, 9,* 196–201.

Buss, D. M. (1991). Conflict in married couples: Personality predictors of anger and upset. *Journal of Personality, 59,* 663–688.

Buss, D. M. (1991b). Evolutionary personality psychology. *Annual Review of Psychology.* Palo Alto, CA: Annual Reviews, Inc.

Buss, D. M. (1992). Manipulation in close relationships: Five personality factors in interactional context. *Journal of Personality, 60,* 477–499.

Buss, D. M. (1993). Strategic individual differences: The role of personality in creating and solving adaptive problems. In J. Hettema & I. Deary (Eds.), *Social and Biological Approaches to Personality.* New York: Wiley (pp. 175–189).

Buss, D. M. (1995a). Evolutionary psychology: A new paradigm for psychological science. *Psychological Inquiry, 6,* 1–49.

Buss, D. M. (1995b). Psychological sex differences: Origins through sexual selection. *American Psychologist, 50,* 164–168.

Buss, D. M. (1996). Social adaptation and five major factors of personality. In J. S. Wiggins (Ed.), *The five-factor model of personality: Theoretical perspectives* (pp. 180–207). New York: Guilford Press.

Buss, D. M. (2000a). *The dangerous passion: Why jealousy is as necessary as love and sex.* New York: Free Press.

Buss, D. M. (2000b). The evolution of happiness. *American Psychologist, 55,* 15–23.

Buss, D. M., & Barnes, M. L. (1986). Preferences in human mate selection. *Journal of Personality and Social Psychology, 50,* 559–570.

Buss, D. M., & Craik, K. H. (1983). The act frequency approach to personality. *Psychological Review, 90,* 105–126.

Buss, D. M., & Schmitt, D. P. (1993) Sexual strategies theory: An evolutionary perspective on human mating. *Psychological Review, 100,* 204–232.

Buss, D. M., Abbott, M. Angleitner, A., Asherian, A., Biaggio, A., et al. (1990). International preferences in selecting mates: A study of 37 cultures. *Journal of Cross-Cultural Psychology, 21,* 5–47.

Buss, D. M., Block, J. H., & Block, J. (1980). Preschool activity level: Personality correlates and developmental implications. *Child Development, 51,* 401–408.

Buss, D. M., Gomes, M., Higgins, D. S., & Lauterbach, K. (1987). Tactics of manipulation. *Journal of Personality and Social Psychology, 52,* 1219–1229.

Buss, D. M., Larsen, R. J., Semmelroth, J., & Westen, D. (1992). Sex differences in jealousy: Evolution, physiology, and psychology. *Psychological Science, 3,* 251–255.

Buss, D. M., Shackelford, T. K., Kirkpatrick, L. A., Choe, J., Hasegawa, M., Hasegawa, T., & Bennett, K. (1999). Jealousy and the nature of beliefs about infidelity: Tests of competing hypotheses about sex differences in the United States, Korea, and Japan. *Personal Relationships, 6,* 125–150.

Buss, D. M. & Chiodo, L. M. (1991). Narcissistic acts in everyday life. *Journal of Personality, 59,* 2, 179–215.

Buss, D. M. (2003). *The evolution of desire: Strategies of human mating (Revised Edition).* New York: Basic Books.

Buss, D. M. (2004). *Evolutionary psychology: The new science of the mind (2nd ed.).* Boston: Allyn & Bacon.

Buss, D. M. (in press). *The evolutionary psychology handbook.* New York: Wiley.

Buss, D. M., & Greiling, H. (1999). Adaptive individual differences. *Journal of Personality,* 67, 209–243.

Buss, K. A., Schumacher, J. R. M., Dolski, I., Kalin, N. H., Goldsmith, H. H., Davidson, R. J. (2003). Right frontal brain activity, cortisol, and withdrawal behavior in 6-month-old infants. *Behavioral Neuroscience, 117,* 11–20.

Butler, A. C., Hokanson, J. E., & Flynn, H. A. (1994). A comparison of self-esteem lability and low trait self-esteem as vulnerability factors for depression. *Journal of Personality and Social Psychology, 66,* 166–177.

……

更多参考文献，请咨询

010–84931276–802

心理学教材中译本系列

心理学与生活（第 16 版），菲利普·津巴多、理查德·格里格 著，王垒 等译

教育心理学（第 7 版），罗伯特·斯莱文 著，姚梅林 等译

社会心理学（第 8 版），戴维·迈尔斯 著，侯玉波、乐国安、张智勇 等译

组织行为学（第 9 版），弗雷德·鲁森斯 著，王垒 等译

人力资源管理（第 7 版），劳埃德·拜厄斯、莱斯利·鲁 著，李业昆 等译

人力资源管理（第 10 版），韦恩·蒙迪 著，谢晓非 等译

异常与临床心理学，保罗·贝内特 著，陈传锋、严建雯、金一波 等译

理解孩子的成长（第 4 版），彼得·史密斯 等著，寇彧 等译

心理学（第 7 版），戴维·迈尔斯 著，黄希庭 等译

健康心理学（第 3 版），简·奥格登 著，严建雯、陈传锋、金一波 等译

自我，乔纳森·布朗 著，陈浩莺、薛贵、曾盼盼 译

决策与判断，斯科特·普劳斯 著，施俊琦、王星 译

亲密关系（第 3 版），莎伦·布雷姆 等著，郭辉、肖斌、刘煜 译

态度改变与社会影响，菲利普·津巴多、迈克尔·利佩 著，邓羽、肖莉、唐小艳 译

影响力心理学，菲利普·津巴多、迈克尔·利佩 著，邓羽、肖莉、唐小艳 译

管理决策中的判断（第 6 版），马克斯·巴泽曼 著，杜伟宇 、李同吉 译

阅读障碍与阅读困难——给教师的解释，达斯 著，张厚粲、徐建平、孟祥芝 译

APA 出版手册（简明版），美国心理学会 编著，周晓林、叶铮、张旋、曹琳 译

心理学与我们（第 7 版），罗伯特·费尔德曼、黄希庭 著，黄希庭 等译

心理学实验的设计与报告（第 2 版），彼得·哈里斯 著，吴艳红 译

心理学研究方法（第 7 版），约翰·肖内西 著，张明 等译

危机中的青少年（第 3 版），麦克沃特 等著，寇彧 等译

心理学精要（第 5 版），戴维·迈尔斯 著，黄希庭 等译

跨文化社会心理学，史密斯 等著，严文华 等译

心理统计导论（第 9 版），理查德·鲁尼恩 等著，林丰勋 译

改变心理学的 40 项研究（第 5 版），罗杰·霍克 著，白学军 译

像心理学家一样思考（第 2 版），唐纳德·麦克伯尼 著，王伟平 译

心理学史（第 4 版），戴维·霍瑟萨尔 著，郭本禹、魏宏波、朱兴国、王申连 等译

人格心理学（第 2 版），兰迪·拉森、戴维·巴斯 著，郭永玉 等译

生物心理学（第 10 版），詹姆斯·卡拉特 著，苏彦捷 等译

心理学英文影印版系列（教育部高等学校心理学教学指导委员会推荐用书）

心理学与生活（第18版），理查德·格里格、菲利普·津巴多 著

普通心理学（第6版），罗伯特·费尔德曼 著，黄希庭教授推荐

心理学实验的设计与报告（第2版），彼得·哈里斯 著，沈模卫教授推荐

心理统计（第9版），理查德·鲁尼恩 等著，张厚粲教授推荐

心理学研究方法（第6版），约翰·肖内西 等著，周晓林教授推荐

社会心理学（第8版），戴维·迈尔斯 著，彭凯平教授推荐

发展心理学（第9版），黛安娜·帕帕拉 等著，林崇德教授推荐

变态心理学（第9版），劳伦·阿洛伊 等著，王登峰教授推荐

心理测验与评估（第6版），罗纳德·科恩 等著，彭凯平教授推荐

认知心理学基础（第7版，双语版），里德·亨特 等著，傅小兰教授推荐

心理测验与评估学习指南，罗纳德·科恩 著

心理统计学习指南（双语版），戴维·皮滕杰 著，林丰勋教授译注

异常与临床心理学，保罗·贝内特 著，陈传锋教授推荐

人格心理学（第2版，双语版），兰迪·拉森 等著，郭永玉教授推荐

生物心理学（第9版），詹姆斯·卡拉特 著，苏彦捷教授推荐

心理测验：历史、原理及应用（第5版），罗伯特·格雷戈里 著，闫巩固教授推荐

英汉对照心理学大词典（第3版），阿瑟·雷伯 等著，王垒 等译注

变态心理学（第13版），詹姆斯·布彻 等著，贾晓明教授推荐

社会研究方法（第6版），威廉·纽曼 著，辛涛教授推荐

如何成为质性研究专家（第3版），科琳·格莱斯 著，刘力教授推荐

改变心理学的40项研究（第5版），罗杰·霍克 著，白学军教授推荐

这才是心理学（第8版），基思·斯坦诺维奇 著，杨中芳教授推荐

当代组织行为学，莉·汤普森 著，谢晓非教授推荐

教育心理学（第7版，双语版），罗伯特·斯莱文 著，姚梅林 等译注